上海圖書館 編
陳建華 王鶴鳴 主編

中國家譜資料選編

詩文卷 

梁穎 整理

國家清史編纂委員會·文獻叢刊

上海古籍出版社

入蜀省親圖題詠

方薰等

謹按：先本生高祖藥房公緣事胥靡蜀中，歷三十八年。曾祖薌圃公入蜀省親，方蘭墅先生爲作水陸兩圖，武進趙味辛先生作序送之。序文刊入《傳志録》。同人題詠靡不推重孝子之行。迨歸，復屬蘭墅先生繪歸裝圖，抵家慰母。江都焦理堂先生所作記尤沉摯。之榛謹識

方　薰

朱子仲嘉省覲入蜀，余已繪圖贈之矣。閱趙子暎川所爲文并詩，則余不能無辭，乃復吮毫作歌，書其紙尾云。

蜀山高兮蜀水深，梯天之難兮從古今。黄牛白馬波屢折，白鹽赤甲巋千尋。燭龍迴照日色薄，纖阿不到蟾光沉。林煙嵐氣錯昏晝，巀嶫石壁霾羣陰。君家老翁久留滯，骨肉兩地情何任。去時君幼今已壯，一十八載縈寸心。白華奉母見君志，把卷願做書中蟫。臨風憶父轉愁思，螢窗涕泗雙涔涔。嘗從夢寐見顔色，一夜離恨生秋衾。今冬告母獨長往，陸從鳥道舟巴灊。臨別叮嚀煩再四，有淚且莫沾衣襟。征衣不少慈母意，密密線縷縫宵鍼。況兹歲晏風力峭，吴綿濕透嚴寒侵。望雲犯雪向前路，別恨乃復牽朋簪。我欲從之躡嵁嶔，手披浮雲捫曉參。題詩欲招杜陵叟，共聽山水流清音。路長翮短不可臨，嗟乎我亦無巢禽。窮猿哀鳴挂脩棧，瘦馬登頓迴空林。風餐水宿歷險阻，外無所憚中由忱。畫圖注目轉惆悵，深杯絮語分餘斟。買騻早發錢江水，杜鵑啼春紅滿岑。遲君從父還故國，蘭陔日暖華森槮。君家骨肉會有日，悽然誰聽孤兒吟。

趙懷玉

生兒別父十八載，蜀道如天那畏難。豈爲朋交怨離曠，好將書札報平安。星河夜艇穿三峽，風雪朝鞍走七盤。知爾中宵有歸夢，北堂清淚未曾乾。

憶去歲三月，薌圃大兄以入蜀省親圖索贈長歌。余賦此奉題。旋因先慈疾作，未及録册。九月初，痛遭大故，數蒙慰唁。兄言歲暮將有入蜀之行，乃未幾，而忽溘逝。鮮民之生重以寢門外之痛，長君珍孫屬余擇地。余於小西溪先人墓北二里之帷圩爲君卜吉，將以十月十三日葬。披圖並記，不自禁其揮淚如雨也已。

張　誠

白雲茫茫西極天，劍門仙閣相鉤連。中有一人歌慎旃，芒鞋繭足窮其巔。咄哉妙手丹青傳，開緘忽起征塵烟。君別高堂十八年，總角未幾鬚眉鬈。一朝相見魂黯然，悲喜交集情纏綿。君承嚴命守墓田，身歸故里心天邊。倏忽歲月更變遷，春風夜夜啼杜鵑。錦官城中愁不眠，蕭蕭白髮非從前。焉知終夕無懸懸，想君默坐如針氈。若柰倚閭深情牽，人生那得皆萬全。上書終古緹縈賢，薌圃嘗有句云："上書終古愧緹縈。"竭力自得皇天憐。問君何日重遊川，爲君三復蘭陔篇。

顧汝修

京華勝友昔如雲，桐鄉朱君字端叔。風流倜儻稱人豪，三載瀛洲氣誼足。君萋萱花廢蓼

我，長辭宦海臥嘉禾。廣陵握手重嘆息，癸酉秋，余晤端叔於維揚舟次。有弟益州悵蹉跎。弟曰藥房人大雅，抛兒雙髻垂垂者。早晚哀號望爺歸，四座聞之淚欲瀉。彈指韶華十六春，老我柴扉錦水濱。扣門客有青雲氣，乃是當年垂髫人。秦關蜀棧勢嶙峋，吴儂錯鍔重逡巡。嗟君匹馬來何壯，一片蓮心切天倫。手挽鬚眉證此身，悲歡交集兩情伸。但得阿翁含笑看，回頭萬里失難辛。行將返櫂鴛湖湄，又見畫圖巫峽真。細語北堂靈椿好，他年綵舞娛雙親。我披此圖悽欲絶，棖觸塤篪舟中説。天涯白首憶羣仙，雨散煙消空勞結。

張　楝

屺岵重賡長短吟，捫參歷井苦相尋。八千里外艱難路，十九年來離别心。未必鬚眉還似昔，空交涕淚復沾今。慰親兩地情誰識，圖畫緣知意象深。

日落煙生遊子衣，遥瞻劍閣勢巍巍。盤江直上白雲渺，繞棧驚看紅葉飛。萬里辭親含淚别，一身念母冒霜歸。欲知孝子辛勤意，莫向圖中問是非。

楊　謙

河橋風雪不勝寒，省覲寧辭行路難。馬首蠶叢程萬里，天邊鳥道走千盤。趨庭未覺容顏改，秉燭還如夢寐看。回憶倚閭人在望，早馳尺素報平安。

錢伯壎

早歲輕乘入峽船，南冠羈滯到華顛。那知萬里尋花萼，卻爲青山住幾年。花萼，蜀山名。

萬峰迴合若連環，遠道寧親向此間。想得鵑啼猿嘯處，高堂爲爾一開顔。

程晉芳

倚船窗眺蛾眉雪，絶景何曾易得來。可奈思親逢急難，愁看落日下長堆。江隨峽束枝枝瘦，樹有鵑啼字字哀。此種畫圖難過眼，引人清淚墮瓊瑰。

賈朝宗

非慕蠶叢賦壯遊，庭闈眷戀不遑留。瀟湘煙雨夔巫月，盡惹征人陟岵愁。

先生用晦方蒙難，令子能文自克家。載酒草元頻問字，法言虚授愧侯芭。戊寅秋，藥房先生以讀書家法寄示。癸未適蜀，遂得請業左右。

鳶肩火色早騰飛，莫向西風淚漬衣。待得陳情螭陛後，板輿親奉白頭歸。

萬里萱庭輕絶裾，雲封巫峽少鴻書。展君定省西行卷，目斷巴渝子舍虚。家嚴慈亦寄蜀未歸。

方　藹

汝父罹憂患，于今十九年。弟兄何日聚，書札幾回傳。天道真難問，人情幸見憐。謂費、曹二公。只愁歸有信，彼此已華顛。

嗟爾思親切，渾忘蜀道難。捫參兼歷井，水宿更風餐。行橐愁空乏，征裘慎薄寒。慈幃憶游子，須早報平安。

總角遭離别，相逢已壯時。親懷悲復喜，家業問方知。婚嫁經營畢，去歲爲仲嘉授室，今春嫁侄女於維揚汪氏。門庭黽勉持。語翁休遠念，癡叔幸非癡。

陶　澍

十八年來陟岵思，七千里外路逶遲。情殷定省三巴日，力盡馳驅九折時。至性共推心匪石，披圖猶有淚如絲。誦芬詠德貽型遠，忠孝門風凜在兹。

歸裝慰母圖題詠

阮　元

三十七年，胥靡以鋪。非有愷弟，曷代兄辜。一解蜀棧雲寒，烏啼古木。非有孝子，曷省父獄。二解貧無丸熊，淚濕機杼。非有慈親，曷支門户。三解行道揚名，稽古之力。非有文孫，曷彰先德。四解

梅曾亮

不忍兄罪弟代羈，子念父羈步省之。痛夫念子，有婦獨處傷伊戚。省父父安在？乃在蠶叢蜀道陰雲古木萬里天西垂。望夫夫竟來，三十七年少出而老歸。家人不識，聞者爲嘘唏。嗚呼！孝子元逝矣，其有知而無知。弟友子孝婦義天所慈，侍郎起家光國儀。有圖掩淚披，有詩泣血題，使我展讀心神悲。嗚乎！孝義、獨行、列傳史所司，誰載筆者徵此詩。

黎吉雲

蜀棧詰屈行李艱，古木蓊鬱陰雲寒。驟綱替戾慘徒御，山禽格磔摧心肝。問客來何從？省父成都獄。代兄役胥靡，不見馬生角。問客去何適？慈親久睽隔。汲爨揞持勞，望遠血淚竭。柴門向夕鵲聲喜，踉蹡負擔兒歸矣。爲述圜扉幸無恙，行奉金竿返鄉里。此畫流傳經幾時，繪出全家孝弟慈。艱危孤詣人莫知，真宰上訴天知之。吾師崛起金閨籍，中外勛名照金石。先芬扇發後嗣昌，天道方知無假借。願乞此圖摹萬本，以爲萬古倫常作標準。

覺羅崇恩

人生處順境，奇節末由見。古來大賢孝，恒值人倫變。我攬歸裝圖，廢卷發三嘆。卌年困胥靡，悌弟急兄難。故園田就荒，賢哉婦誠健。孝子奉慈命，萬里穿雲棧。疏食詎果腹，短衣不掩骭。手足盡胼胝，寒暑恒交戰。省父難久留，將母有餘戀。二老尚星霜，一身先露電。夫婦雖重聚，父子竟不面。奇節萃一門，金石不勝讚。千秋萬世名，同登孝義傳。

顧文彬

行李客身單，崎嶇蜀道難。躡風霜、萬里山川。幸是靈椿無恙在，歸報與，北堂萱。　辛苦舊熊丸，流光卅七年。數更番、離合悲歡。便赴玉樓休抱恨，兒死别，父生還。調寄《南樓令》。

竹柏得真圖題詠

謹按：先曾祖仲嘉公自蜀省親歸，取左太沖"峭蒨青蔥間，竹柏得其真"詩意，屬蘭墅先

生圖之。自坐石上，襟懷高遠，可仰見矣。柘田，公別字也。之榛謹識

趙懷玉

萬里初歸蜀道難，一竿新理柘湖灘。竹堂栢閣風流遠，珍重還從此畫看。

倪家高閣米家船，五畝閒居五畝田。一別歲寒春又半，梅花零落雨和煙。

張人棟

高標玉樹與隋珠，信是南鄰也姓朱。西蜀省親馳匹馬，北堂奉母感巢烏。數年同席惟予女，一點閒情寄畫圖。笑我亦曾傳阿堵，海濤滾滾興全羸。

□□□□恣幽尋，脱帽單衣蔭茂林。皎皎當頭天際月，琤琤盈耳静中琴。可知背俗非諧俗，一任長吟更短吟。試讀愚溪新句子，行間字裏盡兼金。

沈　燦

濯濯風前柳，何人不道君。胸藏充萬卷，筆陣掃千軍。至孝憐懷石，登山切望雲。子規吟自苦，蜀道險誰云。雞黍晨供母，琴樽夜樂羣。聞名欽李迪，覿面識劉殷。衡宇東西接，往還蚤暮勤。探花園並入，買醉酒微醺。示我傳神妙，不嫌衆謗狺。長林看獨往，得趣想無垠。幽壑全高寄，清標謝俗氛。自慙衰病甚，琢句奈龍文。

張人標

朱君文采誰與倫，形貎映麗神仙人。數年與之共晨夕，如坐春風如飲醇。文章崢嶸入平淡，詩篇卓闊兼清新。鹹酸與俗更殊好，几席璀璨羅古珍。澆胸素不藉清聖，問字日常多嘉賓。一從卜居南河曲，爐香茗椀同逡巡。春華妖艷疇不慕，底似竹柏饒清真。男兒未遂淩雲志，只合邱壑藏其身。會得此意畫此幅，方生妙筆能傳神。足底惟穿阮孚屐，頭上懶頂郭泰巾。尋詩獨往秋色裏，深淺妙句抽紛綸。霜幹拔地龍拏攫，雲峰插天鐵嶙峋。何來飛雨晴日灑，奔流千丈光粼粼。心謀耳謀得佳趣，一掃紛秩無纖塵。嗟余落拓過二十，長年善病空食貧。披圖大笑忽有得，行當隨君學隱淪。

望雲圖遺照題詠

朱爲弼、朱爲燮

嗚呼！此先大夫望雲圖遺照也。寫真者爲嘉興張君貢植。時乾隆癸卯之季秋。是年冬，先大夫將省先大父於西蜀，行有期而遘疾，遂於初冬廿八日捐舘舍。其明年，求父友石門方蘭墅先生補圖。圖名“望雲”，從先大夫思親之志也。越三年丙午，先大父旋自蜀，骨肉重聚。先大夫不及見矣！言之痛心。此圖攜之京邸已三十年。道光甲午十月廿八日，率弟爲幹，子善旂、善驥，侄善雝、善楹設奠，和淚謹記霜露之感逾五十載，敬告後嗣世守云。不孝男爲弼。

爲燮生僅八閱月，即遭先君子見背，鮮民之痛及今五十三稔矣。道光乙未春正七日，省視伯兄於淮濡漕節署。齋公餘鐙次樂聚天倫，緬述先德。翌日，恭展先君子望雲圖遺照，謹讀伯兄甲午年誌跋，語切攢心，淚垂沾膝，形容想像，痛何如也。男爲燮謹記。

月潭八景茶院三十二世孫之榛編輯，三十三世孫景邁增補陳鴻壽書首，王學浩畫。

謹按：先世於南宋末由婺源遷休邑之月潭村。八景爲村之名勝。太高祖中翰公於康熙閒還浙桐鄉，曾懷舊居八景，每景各系五律一首，刻入新安先集。是圖爲伯祖侍郎公追念祖居，丐崑山王椒畦孝廉所作。題詞甚夥。謹録中翰公八詩於首，以次諸公題句，而侍郎公詩列於末云。之榛謹識

余來浙江已二十餘載，回憶故鄉八景，時存心目，閒各紀一律，不忘釣游之意。明儀。

春暮柳成陰，緡蠻弄好音。紅篩千縷日，黄落一鈎金。宛轉調簧舌，遲回正苦吟。携柑思古昔，起我故園心。柳隄鳴鶯

新霽高巒矗，神遊協壯心。峰迴松屈曲，嶺壓石嶇嶔。入畫情猶愜，扶笻興定深。何年重住此，結屋好鳴琴。松石晴嵐

童時遊釣處，烟雨一臺孤。勝地流風盡，高名絶世無。絲緡真愜意，簑笠信難圖。堪笑嚴灘叟，羊裘畏熱夫。釣臺烟雨

磯石立如門，山高飛瀑奔。深溪千尺漲，入夜萬尋喧。驚練瞥人目，吼雷昏海暾。縱觀何快似，結契默忘言。石門瀑漲

秋月白于練，澄潭倍覺明。蟾蜍驚失脚，星漢倒懸泓。何日方移棹，此時擬弄笙。故鄉思浩浩，一葦倩誰迎。澄潭印月

兩山誇勝景，屏石立秋風。遠巘千般翠，深秋一抹紅。僧歸新雨後，鳥語夕陽中。更聽鐘聲度，怡情萬籟空。南屏疊翠

向晚西山眺，寒烟漠漠横。犢驅紅蓼岸，童吹白銀笙。雁陣驚寒唳，風林落葉聲。畫圖如可入，頓令俗塵清。西山晚烟

銀峰何潔白，昨夜雪飛花。種玉千嵐合，凍雲一片遮。路迷牧子徑，門閉高人家。入目真堪賞，開圖望眼賒。玉峰積雪

阮　元

平湖朱氏右甫之始祖諱瓌，居婺源，爲唐茶院官。傳十一世，諱興，遷休寧月潭。十四世諱汝賢，爲宋浙西常平提舉，五世同居，度宗賜“紫陽義居”榜以旌其閭。後遷丹陽桐鄉，至於平湖逮右甫三十世矣。月潭八景之目自我朝始。右甫述祖德而懷舊廬，屬崑山王孝廉分圖之，自繫以詩。元爲之序，且題之。

黄鳥何睍睆，楊柳何依依。未若紫陽山，脊令鳴且飛。柳隄鳴鶯

松石交清蒼，晴嵐浮暖翠。虚亭寂無人，此中有古意。松石晴嵐

苔磯新緑濕，隔溪烟雨暗。垂釣本忘機，清川向人澹。釣台烟雨

一夜風雨聲，聒耳何縱横。曉來看飛瀑，石上春雷鳴。石門觀瀑

月出東南隅，澄潭影先得。疏林風定後，浮作淡黄色。澄潭印月

莫買鵝溪絹，畫作堂前屏。請看南山色，疊如螺髻青。南屏疊翠

晚山緑沉沉，平林烟漠漠。閒煞寺門秋，一杵殘鐘落。西山晚烟

空山多雨雪，尚有千年樹。詩人慕月潭，敝廬在何處。玉峰積雪

陳廷慶

雨餘濕柳色，風外驕鶯聲。當携斗酒聽，豈不懷友生。柳隄鳴鶯
黄海幾臥游，空際翠濤落。石縫裂之而，晴天看龍躍。松石晴嵐
雨霽烟自淡，烟羃雨正濛。忘筌臺上坐，只有羊裘翁。釣台烟雨
紫陽劍削成，月潭鏡新鑄。欲捉玉蟾蜍，倒景水中見。澄潭印月
玉龍蜿蜒來，千條争一門。陡覺洗眼净，所愁出山渾。石門觀瀑
東籬見南山，山色常悠然。有時爛屏嶂，疊髻青於煙。南屏疊翠
致爽朝嵐佳，撲烟晚翠活。可要顛米顛，淡墨秋空抹。西山晚烟
朗朗玉峰行，中有太古雪。誰家白戰豪，酒沃詩腸熱。玉峰積雪

鮑桂星

茉堂示我茉畦畫，畫出吾鄉仙境界。八幅烟雲白嶽分，一番刀翦并州快。君言先葉居海陽，五世雍睦同一堂。月潭奥區發靈淑，天光聖藻交輝煌。義門更啟善人室，寇至薪木不敢傷。自從三遷閲五世，流寓依棲於越地。客夢時牽藍水波，羈情暗繞蘿峰翠。如今匏繫燕山側，十載爲郎歸未得。八景休論雨舊新，一身莫定天南北。君言未竟我長吁，我歙君休魯與邾。廿年索米寒息壤，孤負六六青芙蕖。亦知人生等蜉寄，無奈關山惹鄉思。越禽代馬尚有情，何况吾徒在天地。安得與君歸去來，澄潭釣月登古臺。南屏西嶺披蒿萊，雨嵐晴雪相徘徊，撫松弄石聽瀑雷。更求鶯友酌緑醅，臨風泥飲三千杯。

程邦憲

幾日東風散柳荑，緑陰深處有鶯啼。好音占盡二三月，春色半歸長短隄。棖觸詩懷遊騎外，較量歌板畫樓西。江南舊恨無人會，草長花生夢總迷。柳隄鳴鶯

松石蒼然一望閒，天風謖謖水潺潺。但能遠俗宜招隱，便欲偷閒此閉關。千尺虬龍雲際樹，六朝金粉夕陽山。隔林依約聞清響，樵唱不知何處還。松石晴嵐

斜風細雨暗河潰，自向荒臺理釣綸。愛結忘機鷗鷺侶，不妨貪飽鱖鱸春。王孫枉用悲年少，天子何由問故人。渺渺予懷寄簑笠，烟波無際一潛民。釣台烟雨

乍疑天險鑿龍門，界道飛流雪浪噴。委玉千尋懸峭壁，跳珠萬斛擁雲根。湖山極目神先王，江海横波氣已吞。誰話匡廬奇絶處，故鄉風景與重論。石門瀑漲

百頃風潭夜氣明，一匳圓鏡耀晶瑩。澄澄卵色天邊見，淡淡鵝黄絹上生。詩思有人涼似洗，虚懷若箇印同清。古時月並今時朗，八景還從此得名。澄潭印月

合沓峰迴勢蹔停，丹岩碧嶂啓瓏玲。天如有意開生面，我愛當軒列畫屏。薄雨乍收林外暝，輕衫微颭酒邊青。祁門石照皆棲隱，似此林巒見幾經。南屏疊翠

遥岑翠靄接欃槮，一徑蒼茫暮色侵。雲意乍看浮淰淰，煙痕微覺沍沉沉。前溪渡遠纔通彴，古寺鐘寒未出林。正有詩情降不得，莫教啼破竹間禽。西山晚煙

削玉千峰絶點埃，輞川畫筆爲重開。荒寒老屋支崖出，璀璨璚樓寫照來。應有飛鴻留指爪，獨看孤鶴踏莓苔。硐邊鬱鬱蒼松樹，此是幽人手自栽。玉峰積雪

黄文暘

友聲求正急，小鳥解扶春。況我舊同里，與君新結鄰。予祖籍新安，南宋時自婺源遷歙之竦塘，近與右甫同客阮芸臺中丞署中。披圖心自遠，有柳態如人。斗酒期相共，此中無世塵。柳隄鳴鶯

松石雙清處，悠然念舊山。隱心無遠近，畫意入荆關。嘉樹絶時態，青峰終古閒。晴光照嵐翠，時有片雲還。松石晴嵐

片石留高座，來治獨繭絲。雨添青笠重，煙罨碧苔滋。水暖看魚上，風飄任柳欹。歸樵呼我起，高唱入蓬茨。釣台烟雨

門因招隱闢，終古少人來。飛瀑簾垂户，晴川車走雷。險邀千派合，勢挾衆山頹。何處宜趺坐，蒲團此一隈。石門飛瀑

清氣此間得，氣精春亦秋。水天光一色，水月影雙浮。心照新磨鏡，潭空不繫舟。楞嚴開妙諦，眼觀思悠悠。澄潭印月

插天排翠障，萬樹響秋風。樵唱宜無路，雲歸只此中。崖迷幽草碧，峰轉夕陽紅。不盡蒼蒼意，偏教眼界空。南屏疊翠

落日看不盡，蒼茫暮色横。影浮萬樹黑，勢合衆山平。樵認歸家路，漁傳隔浦聲。晚風愛飄拂，回首月初生。西山晚烟

高處寒偏迴，峰頭雪漸齊。入山人有約，策杖路休迷。雲凍壓茅屋，梅香尋舊谿。鬚眉清可照，最愛此幽棲。玉峰積雪

張　鑑

寒緑盪微波，輕陰動高柳。好鳥鳴其間，春風扇已久。清江落花時，言念故園友。柳隄鳴鶯

石上兩蒼髯，吹之風泠泠。中有水雀巢，松花瘵餘騈。安得結團茆，日夕鋤茯苓。松石晴嵐

愛此富春山，清湍映喬木。谿堆秋雨繁，水鳥嘑茅屋。垂竿頗未能，相期釣台宿。釣台煙雨

石梁青嶄嶄，秋瀑落寒翠。洗彼雙荷葉，岩花無算墜。山路愜幽期，知近清涼寺。石門觀瀑

團團古初月，照我空林端。擥之不盈袪，竟夕澂潭寒。眝目望天末，露下衣裳單。澄潭印月

晴雲翳遠岑，疑畫丹鄣濕。夢入南屏游，梵放鐘杵急。問訊山中人，濃嵐滴圓笠。南屏疊翠

水煙夕不起，懶雲向秋低。高士織籧篨，泊宅西谿西。風雨多古意，喔喔凌晨雞。西山晚煙

柴門對寒流，積雪皓已素。一吟幽蘭操，炊煙不知暮。僵臥空山中，寂寞芭蕉樹。玉峰積雪

屠　倬

煙碧絲柳長，忽作漫天絮。江南春可憐，吾欲携柑去。柳隄鳴鶯

蒼官挺百尺，特立不可攀。問君一卷石，何似紫陽山。松石晴嵐

直鈎夫何傷，忘餌亦頗妙。東湖湖水深，曷不往垂釣。釣臺煙雨

壁立下清快，萬古風雷鳴。跳波一何驟，送我過笻聲。石門觀瀑

月本不照潭，潭自不隔月。人在水月間，俯仰澈毛髮。澄潭印月

寂寂彼南山，青眼若吾待。行雲幾往來，玉立終不改。南屏疊翠

西山在何許，漠漠蒼煙積。爽氣待朝來，償爾風雨夕。西山晚煙

飛鴻一以振，未可戀邱樊。卻因玉峰瘦，留此雪泥痕。玉峰積雪

許 珩

春光遍矣，把滿腸詩思，這番呼起。踠地條青，粘天樹碧，調出好音如許。萬種閒愁無賴，訴向杏花風裏。携柑酒，去濃陰深處，洗箏琶耳。 懸儗。算只有，十里揚州，繞郭生春水。的歷珠圓，丁東玉滑，啼過清明上巳。訂得歸期猶未，辜負金衣公子。誰堪伴，有近隄茅屋，燕泥新壘。柳隄鳴鶯，調寄《喜遷鶯》。

峨峨千尺老蒼鱗，似漢疑秦論。交合共緣溪石，風塵外、相對輪囷。何處遠山屏幛，黛眉螺髻横陳。 三間矮屋不須鄰，着個閒身。有時箕踞長松下，趁晴光、放眼嶙峋。那更容人來訪，此中是葛天民。松石晴嵐，調寄《風入松》。

正蒼茫、暝煙疏雨，前溪春水新漲。頹雲濕樹連天暗，唼喋游鱗初上。沿溪訪，有數尺莎臺，巧借虛岩障。閒情冷。況好携得長竿，抛將獨繭，摇曳錦桃浪。 冥濛裏，驀地又增惆悵。天涯風景相望。故人西塞無消息，青篛緑簑無恙。還凝想。待傍蔣依蘆結個鷗鷺舫。釣綸纔放。便拍槳高歌，前村買醉，老作五湖長。釣台煙雨，調寄《摸魚子》。

壯哉天下奇觀，無端瀉向青山界。吕梁流沫，竟三千里，圖經虛載。如此飛流，直么魔耳，令人神駭。借王郎腕胝，龍之而力，盡寫出，聲澎湃。 笑我生平好怪，挽洪濤、欲澆磊磈。朝來對爾，横歕直欲，眼如箕大。秋水生時，倘容我至，舉頭天外。任揮毫石上，詞源傾倒，是朝宗派。石門瀑漲，調寄《水龍吟》。

海霧收餘，寒潭潦盡，印來，如許澄澈。心境雙清，不藉微雲點綴。争比似、金鏡冰壺，總幻作、珠宫銀闕。癡絶。轉祝月如潭，更休教缺。 行向潭邊月下。笑對影成三，空煩饒舌。天上人間，到此真難分别。恍解道、圓覺三生，儼證入、虛明一轍。方徹。問冰輪萬古，可曾消歇？澄潭印月，調寄《月華清》。

當窗一帶青難了，莫認是，山陰道。絶似錢王祠畔好。斜陽明滅，疏鐘斷續，摹就鄉園稿。 看山饞眼應堪飽，勝地何人肯休早。料理南軒爲君掃。怎教負卻，丹崖碧嶂，荏冉風塵老。南屏疊翠，調寄《青玉案》。

夕陽沉，山氣紫。纔上茆檐，又結林梢裏。一抹依山横不起。任着餘霞，散作澄江綺。 遠峰平，春水瀰。古寺斜封，依約僧歸矣。道是停雲渾不是。白鳥銜開，杳杳凌波逝。西山晚煙，調寄《蘇幕遮》。

高樹凌兢，尖風栗烈，昨宵堆滿羣峰。柴關深閉，篘窗未啓，朝光晃漾簾櫳。擁衾眠正熟，夷然欲、問南陽臥龍。起來思賞，前溪山色，一片玉玲瓏。 誰耐得、扁舟尋舊雨，更敲冰打槳，蕭瑟孤蓬。且偎罏坐，閒斟緑醑，舉杯對素芙蓉。野梅花放未，也愁被、瓊瑶冱封。只般清味，先生那減桑苧翁。玉峰積雪，調寄《飛雪滿羣山》。

椒堂大弟繪祖居月潭八景於册，紀以詩并敘，且附録世系於左。方暇日，出以相視。謹案：文翰所藏譜自婺源始遷祖瓌公以下，第四世惟甫公，曰歙溪派；五世振公，曰蘆邨派；七世瓚公，曰臨溪派：與此册一一脗合。翰與椒堂所同出也。其分自第八世奕公始，而自此以下，譜與此册亦小有異者。臨溪府君凡四子，第二則奕公也，第四則透公也。透公第三子曰時公，始遷月潭，是爲月潭派。此譜所載也。册載奕公生德公，又三傳至興公。自臨溪遷月潭，則與譜小異。意者遷有先後，系有分合邪？難以遽詳矣。月潭府君第三子垍公，以南宋紹興辛酉遷歙環溪，元改環溪曰語邨，今仍其名。至翰計廿一世，聚族而居者垂七百年。憶昔里居，時值清明節，偕族人司年者汎舟往臨溪展墓謁祠，又必經由月潭，亦展謁如禮。今忽覩此册，風景宛然，不覺其心之怦怦然動也。詩云："必恭敬止。"又云："勿替引之。"翰與君家門第相望，譜系相聞，昭穆秩然，祠墓俱在。今復同官於朝，旬時過從，歡忻道舊，亦可知國恩祖澤，均非偶然。然則行己立身，允宜互相勸勉，用副古人"恭敬勿替"之義。他日解組歸田，相與游釣故鄉，諮訪耆舊，因以考譜系、擴見聞，又豈非人生之至樂哉！謹記於册尾而系以贊曰：

脈脈浙水，悠悠漸江。名氏遞衍，畎畝相望。美矣邱壑，巋焉祖堂。先民之澤，源遠流長。嘉慶十有九年甲戌夏六月朔日，月潭廿二世孫杏城里人文翰。

謹案：時公始遷月潭，後嗣遷環溪，是爲環溪派。滄湄所出之祖在益茂公遷月潭之前閬仙云。弼識。

嘉慶庚辰之春，休寧同族孝廉名鵬翼計偕來都，熟翫此册，謂八景内惟"澄潭印月"與真景不相似。蓋月潭之水發源婺源山，西流而下。溪中有州，環抱如月，非僅一圓潭也。其餘風景俱相似。然當時余屬茉畦畫，但虛擬之，不求似，而竟似，奇矣！鵬翼字閬仙，爲月潭府君廿二世孫。爲弼識

爲弼

月潭舊有八景：曰月潭，曰石門，曰臨清閣，曰觀瀾亭，曰釣雪舟，曰平林小隱，曰星洲寺，曰顏公山。元儒趙東山汸爲作記，並係以詩。至明季，萑蒲猝起，邨里爲墟，八景亦湮廢過半。國初定爲新八景，即今王茉畦孝廉所繪之圖是也。自題五律八首，廣徵題詠。

一鏡柳陰碧，蓬蓬太古春。深林黄鳥樂，小屋白鷗鄰。烟鎖易迷路，花飛不見人。何時携斗酒，來此謝紅塵。柳隄鳴鶯

捲幔快新霽，蒼然見遠山。老松飛翠靄，奇石壓柴關。長嘯和濤響，高情與鶴閒。茅亭吟望久，日夕不知還。松石晴嵐

煙雨高臺上，空濛理釣絲。谿流珠點急，山色墨花滋。何處歸颿重，伊人短笠欹。得魚沽美酒，歸坐小茅茨。釣台煙雨

巨石似門立，山頭飛雨來。懸將千匹練，迸作一川雷。古木凌風傑，陰雲帶濕頹。何如秋八月，濤湧曲江隈。石門瀑漲

潭仿月輪幽，潭秋月亦秋。沙鋪平野闊，樹接淡煙浮。對此雙明鏡，因之一泛舟。先人釣游處，對景思悠悠。澄潭印月

南山秋正好，錦石列屏風。人語晴煙外，亭開夕照中。回崖分竹翠，老樹着苔紅。覓徑尋聲去，雲岩黛掃空。南屏疊翠

西山臨晚眺，峰斷白煙横。邨落知何處，林梢入望平。暮樵歸谷口，古寺隔鐘聲。偶向潭西立，淙淙水暗生。西山晚煙

詩思沁人骨，門前積雪齊。萬山寒玉疊，一徑凍雲迷。把酒遲佳客，扁舟歸故谿。茆堂聞剥啄，驚起暮鴉棲。玉峰積雪

西泠話别圖陳鴻壽書首，楊昌緒畫

謹按：《西泠話别》兩圖皆楊補帆昌緒所繪。時侍郎公館阮文達節幕，餞别諸君半爲幕

中人,其餘後來補題也。之榛謹注

阮　元

一卷新圖好護持,送君應到鳳凰池。邀將金石論交契,付與湖山記別離。談遍五年書裹事,藏來七子集中詩。在余署内下榻,今去者端木子彝、陳雲伯、陳曼生、吴澹川、童萼君、邵東匯,并椒堂爲七子矣。飛騰頗願諸君去,但惱雲山寂寞時。

楊昌緒

我豈前身楊補之,先生索畫又催詩。長安此去春風早,再寫看花得意時。

郭　麐

制器能銘文能賦,當今作者紛無數。槃槃誰是大雅材,眼中之人庶一遇。眼中無如當湖朱,好古與世酸鹹殊。心靈所照蝌斗活,意匠欲到龍蛇驅。湯盤孔鼎今餘幾,記載存之有至理。不然人自記姓名,此世何須結繩字。如君肯作薛尚功,學古以古爲心胸。偶然下筆自古色,何必佶屈人難通。我生事事皆流俗,文愛韓歐詩蘇陸。經談鄭孔恨太繁,字説商周苦難讀。見君雖晚聞君早,一昨相逢未知好。辟如入手古尊罍,滌器乃交酒家保。豈知君意殊相親,謂我小異尋常人。酒酣以往互握手,自厓而返能傷神。方今中朝古學重,幾輩天門一時玒。長眉廣額縱不屑,略作時粧已驚衆。送君行矣風滿窗,飂縷莫笑言多哤。旂常鐘鼎好相待,不識字筆猶如杠。

潘曾瑩

湖雲一碧湖煙膩,指點西湖舊遊地。西湖小别已經年,畫裹青衫半憔悴。春風曾傍讀書帷,載酒當年願未違。時芸臺丈督學浙中,君在署内。山色翠圍朝讀畫,燭花紅冷夜談詩。琅環福地披圖籍,金石心期文字癖。壯志俄揮祖逖鞭,離情更贈繞朝策。愁絶長亭酒一瓢,征魂此際黯然消。一聲風笛催人别,不管雲山太寂寥。峭帆忽卦斜陽路,柔艣匆匆渡江去。東風紅上杏花枝,春水緑平楊柳渡。軟紅塵裹一勾留,回首鄉園起暮愁。長安看盡春如海,只戀西湖一段秋。展卷疑游水雲裹,自寫閒情寄蘭芷。昨夢扁舟一棹歸,風鷗雲鷺多歡喜。西窗剪燭最相思,七子騷壇藉主持。謂子彝、雲伯諸君。遥知天末停雪處,同憶門前立雪時。

方廷瑚

雪意含山山欲暝,别緒惺忪語難罄。一樽且復因君開,小舟摇向湖堤來。堤邊梅柳澹無色,似我留君留未得。君今橐筆游長安,萬言射策陳金鑾。十年績學恣搜討,三載公車催就道。悵我西湖舊寓人,與君交誼孚雷陳。提撕噓植情良厚,友誼師恩媿相負。忍對斜陽訴别離,酌君盃酒讀君詩。他年雁塔題名日,憶否湖干判袂時?

爲　弼

又是匆匆話别時,故人相勸酒盈巵。飛騰壯志鯤鵬遠,冷淡交情鷗鷺知。凝紫晚風初墮葉,半黄衰柳尚牽絲。生綃寫出離亭怨,更感多情楊補之。

原憲長貧可奈何,師門五載受恩多。傳經深愧通章句,摹古從教識隸科。直以爨焦邀獨賞,每忘竽濫放高歌。掛颿欲去頻回首,一路春風送緑波。

此身已悔誤虚名,枯菀誰能與命争。但得一官酬禄養,歸棲三畝足平生。敝裘衝雪寒無奈,古劍飛花氣尚横。去去不堪憶前度,當年猶擬表陳情。

静對青山把别樽,行藏蹤跡試重論。知於何地袂還把,到及長安花正繁。依舊短檠緇白笈,恥彈長鋏事朱門。同岑愛我無他望,珍重臨歧索贈言。

西泠話别第二圖題詞

阮　元

我與郎官皆舊人,幾回雲水幾風塵。五年手種西湖柳,今日攀條緑最新。

楊昌緒

湖上青山憶故人,六年京洛夢游塵。分襟兩折西泠柳,昔日殘條今又新。

王　豫

節署相逢意氣真,蝎來訪我到西津。眼前突兀見之子,海内風騷無此人。楊柳緑垂陶令宅,桃花紅近武陵春。京華仙侣如相憶,爲道飄零尚釣緡。謂秦小峴司寇,法時帆、吴山尊兩學士,吴棣華殿撰,程定甫、吴蔭華兩編修,鮑野雲孝廉。

陳廷慶

識君初自清風涇,未能脱略泯畦町。畏人瑟縮若處女,望雲樓上停雲停。與君再見東湖曲,麈尾雄譚謝羈束。三人醒看高陽徒,妬煞歌郎衣慘緑。一回相見一軒渠,得御龍門意漸舒。卞經三月仍懷璧,賓集聯珠慰倚閭。倚閭暉戴三春草,書傭有筆愁難掃。南翔同深銜恤悲,沅湘悔不投簪早。傾君辭藻本豪雄,口辯懸河腹笥充。槖筆螭頭纂會典,含香雞舌副司戎。曲江幾輩金閨彦,文章獻納麒麟殿。羣慴朱雲折角才,非徒張鷟青錢選。郎官氣已燭星雯,同列争高武庫勛。俄看南省鵷鷺侣,重狎西泠鷗鷺羣。西泠鷗鷺盟恬鵠,書巢詩境欣良覿。依舊當年骯髒懷,温岐叉手枚飛檄。酒酣一淬玉鹿盧,鞭絲摇颺紅珊瑚。纔追韓孟聯吟鼎,遂乞荃熙補畫圖。前度驪歌畫鴻雪,方干楊炯兼張説。春明若憶西泠遊,玉壺春盎金尊凸。

高廷瑑

離愁百斛濃於酒,緑遍西泠萬楊柳。才喜歸裝慰故人,輕颿又挂東湖口。東湖西湖湖水清,同此一别難爲情。折柳罷唱落楳發,一聲長笛飛江城。炎風五月長安道,雲路如君致身早。出處冰心映玉壺,碧梧窗下推襟抱。顧我村栖岫幌扃,出山遠志慚小草。稜稜病骨砭有誰,不才依舊能潦倒。蒼生安石各如何,八方待施霖雨多。文章報國豈吾事,洗眼竹帛休蹉跎。蒜髮星星我老矣,一竿煙雨園漁簑。把君此圖情默默,贈君此言三太息。丈夫恥作兒女態,他年面目仍相識。渡頭記取柳毿毿,搓作新綿點客衫。婆娑樹底不忍去,功名莫説桓征南。

屈爲章

柳綿霏雪，作去聲陰晴時候，最難將息。湖上春痕湖裏水，併作一船愁色。倦燕身輕，殘鶯語冷，煙罥叢林碧。天涯人去，一鞭遥指山驛。　憐我感慨無端，舊游如夢，俯仰成今昔。瘦沈才華詞句好，先是勞勞行役。謂沈二判官客邗上。壯志如君，戎曹足伴，不數天人策。嵐雲靉靆，驅風吹送帆疾。《百字令》一闋。

青衫舊跡卷題詞

嘉慶庚申，科試古學卷，兒子善旂裝成請題。時道光癸巳夏六月爲弼識。

此余庚申夏古學卷也。是年，學政爲吾師劉文恭公。是日，余經解、古學並試。公懸牌經解、古學並考，准繼燭。經解卷先交。古學屬稿初成，移至堂上，正欲燃燭謄寫。公查號到余案前，索看草稿，云："此草甚清楚，不必謄清。明日我尚須起早，我屬幕中友人爲爾評閲可也。"余遂納卷而出。閲日，經解、古學招復，皆名列本學第一。只今已三十餘年矣。回憶師門誼重，今墓木拱矣！白首門下士僅存，而陸氏莊荒，未能仰報昔日知己之恩，能無慨然！此卷草稿到通署始補謄。字學似稍進，詩賦則荒疎已久。諦視之，若再應青衿試，須吞墨汁矣。爰誌數語，以博大雅題句。幕中友閲草稿者，揚州孝廉何君孫錦也。以此卷贈余者，吴江繆明經朗夫烜也。爲弼又識。

余之識拔茉堂也，在嘉慶元二年。此則四五年劉文恭同年繼余督學時試卷也。今尚書白楊作柱，而茉堂爲漕帥，又以疾告假居京師。白頭師弟，四十年文字因緣，金石交契，悵念無已。道光十六年六月朔，揅經老人識，時年七十有三。

道光庚子夏，門下士建卿學正奉其尊甫椒堂漕帥庚申科試古學卷求題。余與椒堂先生先後出朱文正、阮相國兩師之門。學問文章夙所畏慕，乃嚮用方殷，遽捐館舍，展閲遺迹，不勝愴然。建卿寶藏手澤，孝思可嘉，爰書數語而歸之。湯金釗。

椒堂同年於道光元年爲御史時，奏請毁部院無用文案。宗昉以二年二月擢禮部左侍郎。時部中燬積年鄉會試卷，適見壬戌中式硃墨卷，遂攜以歸。至道光辛卯，始裝成册一、卷一。會椒堂令子建卿京兆鄉科出昉門下來謁，見之。癸巳夏，建卿以其尊人所存科試古學卷裝軸，乞題。夫人於幼年玩弄之物不忍棄置，必愛惜而藏弆之，況文字因緣，歷三四十年，而知己之感尤令人怦怦心動者，即烏得以荃蹄而忘之哉！今觀椒堂此軸，亦見結習相同，而前後試卷之燬不燬者，殆亦有數存乎其間。日後兩家子弟傳之，當必以爲佳話也。建卿將捧軸省親於通州節署，爰爲之記，書以歸之。李宗昉，

右同年朱椒堂倉帥爲諸生時應古學試卷也。自題其端曰"青衫舊跡"，並於中幅記其始末甚悉。誠以結習難忘，而當年與諸英俊角勝文場，獨出冠時之技，尤惓惓不忍釋於懷也。竊以大鈞斡運，四序代嬗，無時不新，亦無新不舊。光陰之速，幾於無可把玩，而偶有所感觸，輒復流連低徊而不能自已者，豈不以其迹哉！昔王逸少有云："俯仰之閒已爲陳迹，不能不以之興懷。"

而況疇昔得意之作，一旦復還舊觀，披閲之下，想見當時風檐落筆，驪珠獨探，卓越乎同儕，見稱於宗匠，忽忽如昨日事，而屈指追溯相去已三十餘年，能無感慨係之也！余以乙丑同榜之誼始識椒堂，而交最契。及庚辰改外，時椒堂方直諫垣；比再入春明，椒堂已佐京兆。今此來京，而椒堂遂秉節通潞，爲國家籌轉運、裕倉儲，受聖主知益隆且篤。余亦幸得供職京華，與椒堂時時促膝話舊，不似從前之僅作數月聚首而遽别去也。余爲諸生時，嘗一應古學試，其文無足取，亦不知向何處覆瓿。椒堂斯卷其光采熊熊，自有不容掩没者。而令嗣建卿孝廉尤能世其家學，保護維持之。余以是深羨椒堂之貽穀方長，而不僅其文之足貴也。以椒堂之渥膺宸眷，譽望交孚，異日躋台衡，持鼎鉉，則今兹所爲秉節通潞、籌運倉儲者，不將又視爲舊迹耶？余故綜敘前後離合之由，書諸卷尾，以爲他日之券云。史譜。

漕帥朱椒堂同年學問經濟聲名振天下。及觀庚申科試卷，根柢盤深，質有其文，自爲秀才時已卓卓自立如此。朱子言，有好人材，須有好秀才。信哉！道光庚子，陳官俊。

此椒堂同年庚申試拔萃古學卷也。椒堂博學多聞，天才卓犖，尤究心金石文字，爲耑門名家。而立朝建事，侃侃䚵䚵，靖共正直，是以屢荷天慈，頻寄重任。而猶惓惓於矮屋前塵，亦可謂篤於師門矣。天不慭遺，仙龕遽返，良可悼嘆。而建卿世講能承先志，寶此勿諼，從此手澤流傳，保世滋大，豈徒納卷都堂，競誇盛事已哉！葉紹本跋此余同年朱君椒堂庚申科試，並試拔萃古學卷也。學使爲山左劉文恭公。公相士步趨琅環，故多得才俊。余與椒堂受知琅環，是歲同在琅環浙撫幕。椒堂擁皋比，余與家曼生司筆札，朝夕相見，今四十餘年矣。今年夏閒在京師相見於横街邸第。冬春過邗上，兩見琅環師相，追話疇昔，往事如在目前。今閲此卷，更如白髮伶工追話開元天寶矣。是歲拔貢，文恭因不能決，卜之以枚，舉昌黎生。論者方之樂天之於徐凝、張祜。其實兩人之優劣不煩枚也。當日情事憶及，附誌之。余於文恭亦執弟子禮。因科試不録，録遺才入闈，獲雋稱師，例也。且其人品足師也。道光己亥十月，陳文述。

余婣家茮堂漕帥爲諸生時已負重名，試於學使者，屢冠其曹。是卷乃庚申科試古學作也。試事顛末，公自誌已詳。時余方十歲，即聞此佳話。閲十九年，始識公於京師。一見輒青眼，謂座客曰："此吾鄉人物也！"比選吉士，將假歸。公力止余行，且招留寓邸。時以詩賦就正，獲益良多。嗣是，疑相質，事相助，休戚相關，二十餘年如一日，蓋不待締婣始然焉。公之裝是卷也，以志知己之感。余於公知己爲何如！展卷棖觸，不禁長言及之。余嘗三試古學，兩爲本學第二，一爲第一。然以視公之作，則瞠乎後爾。嗣君建卿聞余在告，屬爲跋。時則公已墓有宿草矣。悲夫！徐士芬謹識。

右爲朱茮堂夫子庚申科試考卷也。嗣君建卿孝廉裝池成卷，屬慶題識於後。夫文字因緣成於寸晷，竹素陳迹珍逾尺圭。舉燭方就，仿給札於文園；擊鉢將成，擬煎茶於試院。文士以之興懷，達人於焉感舊。榮悴殊致，謳詠係之。蓋我夫子夙摛藻於髫辰，久蜚聲於黌序。韻流刻楮，吟徹燒樺，折角冠軍，驚其儕偶，叉手超乘，賞自宗工。珠還溢於鴛湖，紙貴傳於鶴市。一時遇合，卅載於兹。昔明太倉王文肅公南宫首舉之故牘，至公孫煙客奉常得於老兵之手。吴梅村先生嘗跋之。今建卿藏庋此卷，其殆名德相望，好事收藏，非僅如趙璧楚弓徒供愛玩已也。夫子摩挲舊物，深感兩朝知遇之隆，兼述生平翰墨之緣。世德家聲胥於是乎在。貽以令名，彰新詞於黄絹;葆其秀世,播舊業於青箱云爾。文慶。

椒堂年翁、家大人辛酉乙丑兩次同譜,此卷猶辛酉以前作,而古試謄真則總督倉場時補書。三十餘年成此完璧,可謂文苑中極雅極奇事矣。翁與大人同居京師,業等每從問字,訓誘詳切,如子侄,如生徒。既乃以舊藏《天發神讖碑》見賜,又撿金石佳拓若干種,手加跋識,付業兄弟校藏。方是時,後生學士欽慕翁之好古,常恨不能一瞻起居。孺子無知,特蒙教愛,亦何幸哉!翁今總督南漕,睽隔兩載,就正之念,乃益拳篤。展讀此卷,千里溯洄。己未八月,何紹業敬識。

余老而不文,顧念是卷前而椒翁遭遇之奇,後而建卿購獲之巧,文字因緣,箕裘餘澤,此中皆有天也。余既不獲見故人,幸見故人手澤,且喜故人之有後也。爰爲頌曰:

懿惟傑搆,炳焉曜靈。河嶽之氣,奎壁之精。譬彼蘭芷,能不升庭。草稿獲賞,古所未經。老成雖往,尚有典型。寶此旌節,永照丹青。道光癸卯六月,金元恩。

張廷濟

重檢青衫舊墨痕,一條官燭正黄昏。籌稽劉晏貧如昔,剩有零文付子孫。

白首論交總似新,燕吴筆札兩情親。鄭公門下同登日,十七人今有幾人?嘉慶丁巳九秋,儀徵師按視科試事畢,集嘉湖兩郡門下士十七人,置酒論文於後堂慎獨齋,今四十三年矣。

邱　煌

錦標誰許集文壇,脱稿風簷墨未乾。白首猶縈知己感,從來覿面賞音難。建卿賢倩屬題是卷,時已俶裝告别,匆匆成廿八字。

宋翔鳳

緬昔春風裏,曾看殘月低。青衫留賦草,紅燭補官題。感遇情何極,飛騰命孰齊。九霄今俯瞰,擾擾下方迷。

沈　濤

濤受知於茮堂夫子在嘉慶四年,時年十一。吾師題濤《篝鐙圖》云:"頻遇賞音皆大賢,愧於期許最居先。"是也。此卷爲師次年試古學卷。是年,學使者劉文恭公,即濤座主。兩家恩地,一片荒莊。展卷三復,不覺淚痕之盈睫也。道光二十三年,受業沈濤。

跋尾後意有未盡復題一首。

旌節花開吉讖逢,青衫舊夢可憐蟲。先生後日衣拖紫,幾輩當年帛勒紅。一片荒莊枯樹賦,兩家恩地白楊風。人生若不逢知己,泣盡中郎爨下桐。

丁　晏

余嚮在都中,同鄉李芝齡宗伯檢得儀部舊牘,鄉會廷試各卷,裝池長軸,屬余題識。今又見椒堂先生昔爲青衿學子詩賦試卷黏合一編,屬草塗乙亦附存焉。先生與宗伯嘉慶壬戌同年,當時士大夫風尚如此,想見席帽離身不忘舊也。爰綴律句以志景行。同治四年,丁晏。

儒生況味歷酸鹹，鎖院森嚴立史監。天禄竹書猶在後，秀才虀粥已非凡。風檐刻燭英詞吐，月旦傳衣錦字緘。袞袞諸公旌節擁，幾人記得著青衫。

陳希敬

一篇賦藁流傳久，三十餘年爲補書。千載藝林佳話在，兩行官燭鎖廳虚。直從旌節開花日，追念文場屬草初。想見槐庭人老健，更將筆力掣鯨魚。

世家公子珍先澤，不使殘編飽蠹魚。白首久悲知己没，青衫重憶受恩初。即今作序求皇甫，誰更論文薦子虚。拂拭焦桐收爨尾，愛才何似老尚書。謂學使劉文恭公。

譚祖同

尚書舊卷留鴻爪，公子清聲有鳳毛。當日賦題佳讖在，相期奕世樹旌旄。

黄爵滋

昔者從公游，燕台好風日。公時面未棃，我尚髮如桼。往事春花飄，遺編碎錦截。嘗招公看花分韻賦詩，今集軼之，惟存子年記中。長安見公子，雍然識所述。青衫舊文章，白頭新故實。落實指梅炎，名花兆旌節。既工文通擬，復擅放翁律。乃嘆知遇緣，即在尋常轍。世人淡忘之，所業遂不卒。高情薄天雲，舉酒爲公醊。

殳慶源

英靈翰墨策奇勳，四十年前獨冠軍。一領青衫留舊迹，居然風味范希文。

文苑儒林兩得之，文章從古寸心知。驪珠獨探驚儕輩，想見風檐得意時。

槐蔭西園緑滿池，奪標往事費尋思。誰知旌節花開日，補寫鴛湖試院詩。

傳經有子繼青箱，舊物摩挲尚寶藏。文字因緣知己感，宦成頭白總難忘。

吴榮光

六翮風痕，七襄雲影，卅五年前初地。翰墨英靈，篇章斷爛，驚人僅留斯紙。看他神仙冉冉，少年此飛去。思往事，慰孤寒、幾人開淚眼？　快五色、場中奪標青紫。奈青紫磨人，更容易、鬢絲顛顇。一領青衫，問前程、是甚風味。羨宦成回首，聊作文章游戲。調寄《法曲獻仙音》。

陶　樑

話青衫遇合舊因緣，歲月已駸駸。記驪珠探得，龍門躍後，文字銷沉。忽地重逢故我，把卷感尤深。流水高山外，誰是知音？　我亦東華滯跡，慣譜簫月底，載酒花陰。自蓉城人遠，塵影黯瑶琴。對幾筆、淋漓墨瀋，想風簷、搔首費沉吟。空惆悵、卅年如夢，夢也難尋！調寄《八聲甘州》。

易佩紳

愛華年風味是青衫，舊夢苦難尋。記風簷矮處，萬人叢裏，獨自高吟。兩耳鍾期未塞，猶賞伯牙琴。也似梁公門第，桃李成陰。　豈待文章華國，要斡旋天地，始報知音。讀新安先集，世澤本來深。竹石以其家傳《新安先集》見貽。椒堂先生所著尤富。看吾友、著鞭努力，俾家聲、祖德不銷沉。

須珍重、白駒過隙，歲月駸駸。調寄《八聲甘州》。倒用陶鳧薌侍郎韻。

許乃釗

竹石世兄以先德椒堂漕帥青衫舊跡圖徵題。先生與奉常先兄爲同年知交。余兄文恪公有文字之契。釗官京師時，先生方由京兆尹總督漕運，既而養疴都門，時接談論，距今幾四十年矣。公之從孫竹石出此徵題，浩劫之餘，猶能世守遺澤，珍重弗替。展誦之餘，不勝感慨。同治十年歲次辛未九月，許乃釗，時年七十有三。

老去先生有盛名，少年墨迹認縱橫。秀才尺二休相笑，恍聽春蠶食葉聲。

文昌八座擁軺車，謂劉文恭公。名士軒前盡雅魚。此是龍鸞初脱稿，幅巾字字抵璠璵。

阿兄同日詠霓裳，棣蕚相隨步玉堂。猶憶春明接謦欬，當前公是魯靈光。

海内名卿氣誼敦，軸中題句幾人存。傳家便是箕裘守，珍重收藏有從孫。

昔阮文達公暮年得應學使試卷裝手卷題記。茮堂朱先生，文達弟子也，繼文達入詞垣，貴壽幾同。《積古齋鐘鼎款識》則先生創稿，此卷事亦相類。上有文達題跋，異矣。予子國瑾官京師，得一册爲某相國入學試卷。相國檢旗牘，得同案名次，使朱修撰昌頤録之，自爲記，徧徵題詠。有祁文端、陶文毅、藕耕、石芳諸老筆，皆可寶貴。故事，鄉會試卷儲禮部逾三十年乃焚。其人已貴顯，司事者或取而存焉。學使科歲試，人解一卷，餘場不盡達部，亦往往有流傳者。唐杜荀鶴及第試卷，宋南渡尚存。明王文肅公試卷，煙客得諸老兵，事所恒有。獨自其身得之，回憶少年，俯仰興懷，此先生所以有青衫舊迹之感也。文達手卷流傳人間，予曾及見。某相國册尚存予家，嘗語其後人，意其乞還，略不省顧。獨朱氏此卷三世傳守，尊若圖球。予既異先生與文達沆瀣之契於是，又欽朱氏之流澤爲孔長也。先生子建卿曾相見於京師，今又與先生從孫竹石同官吴會，得書其後。光緒十六年黄彭年題。

余夙聞椒堂先生有青衫舊迹長卷，道光來名人多有題詠，然未之見也。今年夏，其從孫竹石觀察出以見示余。奉而嘆曰："雖無老成，尚有典型。斯之謂乎？"宋葉夢得《石林燕語》云："王禹玉作龐潁公神道碑，其家送潤筆金帛外，參以古書名畫三十種。杜荀鶴及第時試卷亦是一種。"蓋杜荀鶴試卷至宋猶存也。可見名人試卷傳之數百年後，古人原與古書名畫並視。然杜荀鶴不過唐代一詩人耳，若先生之經術文章德業，視杜荀鶴何啻倍蓰。此卷之流傳後世，其寶貴更當何如也。余生也晚，不及見先生，而今年二月閒校刻先君子時文，其中數篇有先生評語。先君子自注其下云："朱椒堂師評。"然則先君子固嘗游先生之門矣。余雖不才，竊附再傳弟子之列，因敬書數語于後。光緒八年，俞樾記。

吴承潞

朱侯磊落人，家學世久推。示我詩賦草，云是先德遺。鍊神一再讀，想見磅礴時。風簷賈餘勇，擩染何淋漓。鏗鏘戛金石，鬱律蟠蛟螭。速藻躒瘦沈，賞音遘鍾期。緬維補題意，不盡知己悲。昔公勤著述，歐趙遥肩隨。洎持督漕節，畫一隨蕭規。平生不朽業，根柢端在兹。揚子悔少作，讆言實自欺。杜陵賸膏馥，沾丐良未涯。豈假元晏序，争寫韓陵碑。後昆重手澤，寶之過尊彝。詠言嗣清塵，請續祖德詩。

湯紀尚

亂濡墨汁噴心痕，矮掭蛛絲草不昏。待廣詞林嘉話録，蒼涼巾卷護文孫。

墨桃旌節迹同新，吾家藏公繪贈先大夫墨桃短軸。想見論交誼最親。畫品詩心金石志，不慙科第僅斯人。

陳夔龍

鎖廳燒燭拭焦桐，袖卷黄昏愛馬工。猶認糊名人第一，草書墨淡印泥紅。

斑斕手澤鬱英姿，劉阮門墻感舊知。好付千秋談掌故，科名織記更何時。

百頭師弟躋臺閣，文字因緣觸夢痕。似讀太倉元馭稿，剪燈題句愧梅村。

陳啓泰

一寸名心九轉丹，節樓回首話孤寒。誰言故紙無文字，猶見先朝惜羽翰。壓卷淋漓燕許筆，傳家清白惠文冠。從知娱老青鐙夜，洗眼東湖萬徧看。

東湖草堂圖題詞

東湖在余居平湖縣城之東門外，寒潮九派，水木明瑟，有弄珠樓、鸚鵡洲諸勝。余童時釣遊地也。離鄉廿餘載，魂夢思之。戊子，凱鈠卿先生爲作圖，本年周芸皋觀察又作焉。合裝成并識。道光庚寅冬至前三日，爲弼。

宦遊卅載嘆塵鞿，千里湖鄉夢裹歸。九派潮翻孤月朗，一堤柳趁晚風微。誰家又闢新花圃，此地難忘舊釣磯。最是傷心城北路，松楸手植已成圍。

茫茫身世感蘧廬，欲買青山計尚疏。小築漫紆塵外想，生綃先卜畫中居。經綸霖雨文章伯，渲染煙雲藝事餘。他日君恩許投老，好留佳話付樵漁。戊子秋闈，凱鈠卿先生爲寫東湖草堂圖，賦此志謝。

咸豐癸丑冬十月，建卿助教出示先德椒堂先生東湖草堂圖，徵爲弁引。余曰："嘻哉！微吾子言蒙固有不能已於言者。"圖凡二：一凱侍郎音布作於道光戊子九月，一周觀察凱作於庚寅七月。時先生官京卿，蹀躞輦轂而涓峙引其思，掮讓紳笏而蘿薜結其夢。某山某水，憶先世之釣游；半郭半村，聽寒潮之春盪。寓雅跡於圖畫，作優游之左券，實未嘗爲是堂也。越歲甲午，先生奉命督漕。其明年，以病解職，仍僦居都門。又四年，卒。一官癯瘁，八口漂摇，美疢不斟，退居空賦，可勝慨哉！雖然世有初服未製，菟裘早營，土木凌霄，丹緑芬繚，重樓蜿蟺，洞穴嵔巋。感羈宦於千里，思巢林之一枝。或且脂車以須，秣馬以待。而南瀕幽宅未歸何令，東海仙龕已迎白傅。其有文成誓墓，録著歸田，抽身拂衣，投老結宇，幽棲榜谷，天隱名洞。地極林艿之美，人有魚鳥之樂。或鍵户掃軌，情頣典素；或開閣留賓，歡洽觴酌：亦足揖讓饔餼，睥睨井邑。而乃百歲易盡，一經無貽，燕辭王謝之堂，鬼瞰金張之室。十年之木未覩成陰，五畝之園已嗟易主。斯古賢所深喟，洵人事之可哀。若先生者，經世明道，憂國忘家。八州溢清德之頌，儒林有丈人之目。王事靡盬，首邱莫償。買山無錢，泛梗畢世。而高韻未邈，芳蹟斯在。煙雲一橙，風飈千古。以視前所云者，其相去不甚遠哉！余弱冠游燕，幸依有道，執經捧席，先後十稔。疇昔之夜，寒齋良集，炳膰命酒，合尊促坐，醉出兹圖，傳示座客。於是同里沈觀察蘭生起爲壽，並請任草堂之資。先生莞然曰："不餌而釣，意趣存也；不弦而琴，音響蓄也。吾不能必吾願之償，吾亦不能必子言之踐也。"於虖！言猶在耳，追人海之微塵；目極傷心，望平原之拱木。建卿他日者戢躬林皐，息影湖天，約白鷗以爲鄰，面緑水而營舍，更選隙地，别治邃館，以藏楹書，以奉栗主。余幸獲須臾無死，落成之文猶將泚筆以俟矣。張金鏞

潘世恩

故鄉有此好湖山，底事春明去未還。坡老不歸非得已，謝公一出肯求閒？松篁猶認當時徑，魚鳥應知舊日顔。我向西泠住三載，至今清夢繞煙鬟。

湯金釗

披讀東湖圖，令我思湘湖。湘湖在何許？蕭山西南隅。灣環數十里，瀦水沈稻稌。不爲游觀飾，溪山自可娱。石巖如獅蹲，壓塢湖心鋪。越城何耽耽，石磴盤雲衢。埴土供陶瓬，瓬甓沿隄儲。魚莊雜蟹舍，墓田連邨廬。最是上冢節，畫船蕭鼓俱。秋羹蓴絲滑，夏果楊梅腴。别來十六載，最後假歸在道光戊戌年。清夢時縈紆。忽焉見畫卷，恍如歸枌榆。此湖與彼湖，何必墟是拘。君圖即余圖，人我見都無。

曾 燠

鴛鴦湖上歌聲斷，鸚鵡湖中畫圖展。一家文采相輝映，百里煙波接平遠。展卷如聞鸚鵡呼，主人别後相憶無？主人於此嘗結廬，佳處不減小長蘆。奈何久不歸來乎，草堂三間安且適。鄉里無人與争席，主人日在人海中。轉似浮家與泛宅，豈不懷歸歸不得。人人喜作西湖游，西湖那似東湖幽。君若能歸招我去，月明同坐弄珠樓。

陳嵩慶

記别東湖久，京華幾度春。草堂無恙在，鷗鳥若爲親。江水曾留約，枝官易乞身。月明風露静，閒煞弄珠人。

我本無家客，披圖一惘然。煙雲成幻想，風雪逼殘年。是日雪霽寒甚。宦味久逾淡，鄉心衰益堅。山貲何日辦，容易説歸田。

顧 蒓

天地爲逆旅，到處可徜徉。胡越亦肝膽，何曾限一方。離家遠隔三千里，朝看天日同清光。東湖君故居，西湖我泛航。佳山水如好文字，掩卷中覺心茫茫。百年强半客中過，歌習燕趙聲慨慷。白雪壓車堆野鹿，每歲冬至後，遼東來鹿麀之類，甚多。春草滿地炰肥羊。羊至三四月，北人謂之春草羊，味更肥美。官閒醉飽百無慮，何必魚腥斫膾美酒沽餘杭。此二物爲貴鄉人所尚。我恠世人多妄念，如魚思走獸望翔。得官欲去官，去鄉思還鄉。當時何不老牖下，誰令役役趨名場。看君翰墨脱畦逕，胡爲刻舟之見猶未忘。詠花舫，茱堂寓中齋名。舊草堂，付之平等觀何妨。

鄭祖琛

我家碧浪君鴛鴦，百里雙湖一葦杭。鷗鷺笑人閒不得，弄珠樓名浮玉塔名兩俱忘。憶昔與

君初識面，梅花雪裏紅橋讌。相約春明共一輪，雞聲殘月同茅店。意氣金門射策頻，杏花紅入曲江春。誰知蓬島三山路，忽墮風塵七尺身。君領冰曹差强意，詠花舫裏搜奇字。蘆溝飛絮獨行人，金臺回首無言淚。十載西江水一杯，匡廬山色草堂開。空懷泉石經綸志，那稱湖山管領才。兩度朝天重握手，君甫一官紆紫綬。上馬同聽禁苑鐘，换貂痛飲平原酒。平地風雲振羽翰，遭逢千載一時難。鏡湖忝换元稹帶，京兆方彈貢禹冠。離合升沉知有數，爲感深恩屢回顧。驚我倉皇風木悲，憐君躑躅雲霄路。我自前年返故鄉，苕溪清夢負湖莊。東山敢信蒼生雨，北闕重來短髩霜。喜君昨領銀臺職，凜凜風裁號青直。酒邊釣弋感兒時，一角東湖苦相憶。鷗波渺渺樹蒼蒼，畫裏相思墨幾行。認我半生鴻雪影，傲君五採白蘋香。余於筮仕後曾五次返里。君今載筆趨朱閣，通才早裕匡時略。西風那便戀蓴鱸，北山且免愁猿鶴。人海茫茫卅載秋，文章勛業幾時酬。他年倘遂耆英會，撥棹先登煙雨樓。

張祥河

九派寒潮尺幅長，弄珠樓上月茫茫。恩高自是依丹陛，宦久誰非憶故鄉。芳草春心托鸚鵡，公家詩境在鴛鴦。霓幢他日東南指，添築湖邊緑野堂。

徐寶蓋

烏帽黄塵三十年，故鄉空憶好林泉。鴛湖梅里春風夜，鶴渚梧涇秋月天。
東湖遠山横似蛾，東湖湖水輭于羅。燕捎細艇斗門去，煙雨一聲聞棹歌。
筼簹萬个聽竹嘯，奴婢千頭收橘租。誅茆宋玉在何許，少陵草堂空畫圖。
七十懸車几杖安，勸君更辦十年官。秋風千里月明夜，我亦滄浪垂釣竿。

何紹基

我讀東湖别思詩，白華慈竹不勝悲。宦成不覺霜雙鬢，歸夢空縈柳萬絲。鉛槧已傳鴻集富，鬻彝無復古歡追。弄珠樓畔佳風物，扇底寒梅剩折枝。東湖别思圖見《蕉聲館集》，先丈曾爲余畫扇作古梅，最奇崛。

寶　鋆

白雲明月弄珠樓，水碧山青鸚鵡洲。南國芳馨誰月旦，西湖輝映足風流。邈爻莫卜朱元晦，畫稿同珍顧虎頭。凱將軍戔卿畫筆蒼古。文子文孫蕃聖世，草廬名較卧龍優。苿翁族衆蕃盛，乙丑年兄少虞其一也。

先生健筆寫梅花，神往孤山處士家。我屋瞻依資景慕，一庭香影豔横斜。苿翁畫梅極有古趣，挂壁已多年矣。風塵隊裏情懷澹，雲水光中興味賒。俯仰謳吟無好詠，檐前老鶴笑啞啞。

殷壽彭

用世才高不受鞿，立朝恩重敢言歸。方承心簡虚黄閣，未許頭銜署翠微。烏帽紅塵留爪迹，緑簑青笠夢漁磯。釣游略憶童時地，垂柳依依已十圍。

空濛煙水足吾廬，每寄心期漢二疏。歸夢要酬鷗鷺願，全家真向畫圖居。投簪謝笏商量定，種竹分花位置餘。指點弄珠樓下路，便思同泛五湖漁。

李嘉樂

鸚鵡洲，弄珠樓，名臣昔年所釣游。此景忽焉百年過，此圖美兮千載留。留貽今遇賢孫子，又見政聲蔚然起。交章推薦鶴書徵，那許高卧嗚珂里。我浮宦海嗟蒼茫，仗有僚友示周行。相期濟美詠花舫，再構東湖舊草堂。

陳夔龍

詠花移舫接潮流，尺幅林亭好蒐裘。沽酒鄉村魚上市，弄珠煙水雁當樓。楊彪戀闕餘雙髩，謝傅圍棋寄一邱。我亦西湖謀築屋，簡書催作劍南游。時將入蜀。

陳啓泰

清時文獻多陳迹，畫裏湖山憶世臣。夜静尚餘籌筆感，月明誰見弄珠人。到門有客姜千里，上表何年賀季真。觸我歸心南嶽寺，殘師芋火最相親。

課孫授硯圖題記

朱為弼

弼甫三歲，时於大母能言，教之誦詩。比就傅，每夕出塾，即課以日所誦書，且爲講釋大義，夜分始息。晨起，命背讀精熟，乃令就塾。日以爲常。弼於經書至今能誦習弗忘者，皆賴大母訓課之勤也。弼年十三而孤。閱三年，大父自西蜀旋里，教以詩、古文辭。每有所作，輒加點定。指案頭鵝形歙石硯以授弼，曰："此汝曾祖遺物，汝慎守之。"忽忽十餘稔，而大父母皆棄養矣。李虔之陳情未遂，烏鳥增悲；范喬之捧硯徒傷，蟾蜍滴淚。前年在武林節署，求楊君補颿寫《課孫》、《授研》二圖。奔走鹿鹿，未暇題句。嘉慶丙寅孟秋，僦居崇文門外，休沐少閒，敬題五古二章，以誌感慕焉。爲弼

篝鐙夜課讀，催起雞鳴初。恩勤閱卅載，始見登賢書。西山日以落，痛悔乘公車。長安聽官鼓，夢繞慈竹居。

注經業無就，判牘才非長。但存一片石，祖澤含膏良。無田事游宦，吉圭矢弗忘。持以勖諸弟，泣下沾衣裳。

東湖送別圖題詞

圖書共載一輕舟，遥望煙雲萬里浮。此日江南梅已放，寄將春色到皇洲。

結伴看花過上林，春風桃李被恩深。紅綾餅餡應先得，忠孝知堪副聖心。甲子嘉平，題贈茮堂大兄北上。路　錞

梅峰年伯餞別東湖，並繪《送別圖》以贈。屬來長安，携藏篋衍，於今三年，自爲郎後，案牘笥束，黄塵隨輪，真如叔夜之七不堪矣。丁卯夏仲，休沐偶閒，僅步年伯原韻題二絶，盼望司馬入覲，日日以冀武城子羽如河之舫，相見時必曰："狂奴故態猶昨也！"爲弼。

鸚鵡湖邊送客舟，夕陽黯黯鷺鶿浮。自知不作陽鱎躍，長嘯滄浪蘆荻洲。洲古通州。

回首家鄉楓樹林，一波棠澤載情深。馬曹拄笏向南望，佇接行旌慰素心。嘉慶甲子之冬，弼將北行應南宫試。

侍郎公五十歲小像題詞

自題　爲弼

此何人也，乃東湖西畔、兀然貧士。贏得科名登仕籍，風木痛傷無已。六典抒毫，九圻籌筆，所就惟如此。而今近艾，祗餘清白傳耳。　回憶鼇禁移家，鷹臺扈蹕，又曾觀灤水。幾度思歸歸未得，時夢蓴鱸江市。雪上雙顛，風吹兩袖，分少封侯事。樗顔勞寫，佛云如是如是。《百字令》步竹垞檢討韻。

張文棠

是我師也，看長松獨立，是真名士。五十爲郎頭未白，忠孝至情而已。黼扆書名，樞曹議政，稽古榮如此。長安春好，輭紅小住佳耳。　他日論事臺垣，宣謨節鉞，定行如流水。立德功言稱不朽，名徧山林朝市。買宅臨湖，藏書置閣，料理歸田事。澄潭自照，百東坡影皆是。

事先生久，記樓開鄰碧，座中佳士。執摯傳經纔弱冠，小友驚呼無已。五載緇帷，十年絳帳，更坐春於此。才人如鯽，愛才有幾人耳。　愁聽連夜西風，空庭落葉，擬重衾如水。破帽衝寒聊自慰，差勝吹簫吴市。小别携尊，深譚下榻，共話平生事。家山尋夢，蹔歸何必非是。次自題韻

方　垌

飛霞冠丹岑，高朗見懷抱。置身霄漢閒，特立何矯矯。天子記姓名，學者尊師表。瑰奇不輕洩，蘊爲國之寶。我師懷遠略，長風騁騕褭。樞曹十餘載，規畫悉明了。年深節愈堅，才鉅心益小。五十爲郎官，丹墀步深窈。喻麋香一丸，槐陰時起早。偉議動諏咨，精心辨分杪。堂堂奏筆聲，頗擬田京兆。屬當攬揆辰，自書倚聲稿。傳家念清白，報國謝温飽。平生忠孝心，慷慨見詞藻。流景邁羲輪，曩遊感鴻爪。東湖水一曲，其上蔭松篠。琴尊花下携，圖籍閣中討。此景久低徊，煙雲紛浩浩。朝廷方進賢，中外勤咨考。簡畀將特隆，訏謨良不少。即今官諫垣，直節無屈撓。黼服佇委蛇，蒼生待康保。豈能戀蓴鱸，悠然狎魚鳥。煌煌鐘鼎名，千秋庶其紹。小子愧無成，頻年走塗潦。身緣繩墨檢，迹異脂韋巧。賃廡囊久空，攬衣塵莫澡。我師特念之，援引到蓬保。下榻慰羈愁，吹嘘振枯槁。高齋氣清淑，碧陰四圍繞。爛爛月堆銀，溶溶酒斟醥。深談霑忱悃，感激申頌禱。丹青儼披雲，閒炯雙眸瞭。願公茂德音，勳績炳圭繅。恩隨霖雨深，思共冰壺皎。作詩媿雅材，爲歌山有栲。

侍郎公六十壽詩

郭　麐

我初識君由陳侯，新橋老屋多朋儔。琅環弟子稱入室，録古不數趙與歐。陳侯於君中表誼，自少同學長同游。吾與陳侯但異姓，實同昆弟同喜憂。因陳爲介亦弟畜，心交三數不外求。

當君訃偕將就道，放言出口如探喉。旁人見謂又妄發，君獨擊節爲長謳。從此一别幾卅載，我羈君宦兩不謀。洮湖之長雅好客，大啟賓館羅觥籌。君家季弟亦招往，白藤織笈烏几㮁。猥蒙師事盡禮敬，亦推兄愛加綢繆。臨風對月雁行念，兩篇在紙互倡酬。人生聚散安可料，百年歲月風鐙遒。生存零落遽如許，又見玉樹薶荒邱。曼生父子。三輔趙張竗爲政，諸侯賓客老足羞。寄聲千里通問訊，鵷鷺乃憶滄江鷗。甲子相配窮六十，吾已過四君裁周。臣年雖老卿尚少，三公便到非黑頭。當湖鶴湖不百里，來往任放蜻蛉舟。何時歸田共話舊，鄰曲指點談風流。兄酬弟勸頌綰綽，吉金貞石供彫鎪。應誇意氣尚如昔，衹少百尺元龍樓。

侍郎公六十五歲小像題詞

麟　慶

松風起高空，青泉灑平地。迸作山水音，煙嵐籠幽翠。童子斸芝來，庭階報蘭瑞。中有註經翁，撚鬚饒樂意。岸幘自逍遥，泊然淡名利。漕節去年持，淮浦襄郅治。經濟證平生，金石孚氣誼。何當轉粟行，一别寒暑異。君方謁三醫，賓雁難成字。秋水溯蒹葭，繾綣縈寤寐。披圖見君顔，歷歷往事記。拈毫意茫然，芳訊憑驛使。

殳慶源

飛瀑灑長空，白雲流滿地。颯然松風來，衣裳濕空翠。松下産靈芝，五色徵上瑞。官清見晉陵，對之有仙意。公示維摩疾，恬退謝名利。蒼生望霖雨，贊襄唐虞治。因病公得閒，託經陳正誼。坡翁詩可證，瓊田草何異。童子偶斸之，金光隱壽字。留此報國身，恩遇感寤寐。采藥且著書，勿藥喜可記。旦晚召雲中，旌節勞驛使。

識　篆　圖

朱爲弼

我與我相周旋，少壯幾時兮，霜雪盈顛。惟此心之淳穆兮，仍與古今而同堅。還我真面目，以悦我性天。後之觀者或有取焉。

道光辛卯仲冬，雲間徐秋池爲我寫六十小像於後，因自作贊。頤齋爲弼。

自　題　小　像

朱善旂

道光癸巳春，旂元配徐宜人逝世。有雲間徐秋池上舍極工寫真，名公鉅卿轟傳一時。因屬爲亡荆繪神影，無一似處。神既歸矣，即有工傳神者從何摹仿？乃信生時寫照不可因循。越數日，復招作《倚松映竹伴蕉》之圖，並自繪此幀出示。所親皆不能識面。然秋池爲生嚴寫照頗得神，又爲嗣嚴繪《待漏圖》、《撰杖圖》，添畫舊時《識篆圖》及《乙丑同年圖》，名公數十輩，無不神皃兩得。因疑之故，是年秋又屬畫《讀書秋樹根圖》，以示同人，仍不識，乃懸之齋壁。婢媪指爲緇流。豈此事亦有因緣耶？秋池作此時，勸予名《臭蘭圖》，姑應之。偶憶十二三歲時，生嚴每以家日中落爲慮，夜常趺坐假寐，及醒，謂旃曰："頃夢見一人，以愁慮告之。其人引至一室，於壁間啟户示之，中有鮮蘭一朵，曰此爲兩碉箭藏華，汝何慮焉？"因訓旃益勵學。但此五字是當時口授語，初不知義所從。及甲午春，與馮荔生二弟淦同在潞河緑團書屋，清課偶談及，因商定爲此五字，屬許珊林年丈以繆篆題之，且屬勿款，爲留空地，冀後或有所就，可詳誌焉。及今又六年，距癸巳爲七年。癸巳以正值内子喪，不赴禮部試。六年中，三戰三北。丙辰，已爲總裁王曉林先生植取中數日矣，旋奏請吾浙中額較上届少五名，遂隨手撤去五人，皆償以謄録。時李芝齡師任少宰，拆封填謄録榜，見予卷取閱，深惜之。房師爲編修方鐵君師，謂予曰："曉翁處僅中汝一卷，又復撤去。我房中竟無曉翁取中之卷。"頗覺不平，嘵嘵不已。予自知從此休矣。自癸巳冬考取學正，至是年冬始補，區區者曷當此兆。今春二月，本生母沈太宜人棄養，旋里守制，一鐙淒然，百感交集，恒至夜深無寐。傷修名之不立，致欲養而未能，憾抱終天，哀纏五内，復何事進取爲耶？再展是圖，珊林司馬出牧膠東，秋池上舍久歸道山。生離死别之感猶其後焉。

此自題草藁，書於道光乙亥之夏，久置敝簏。所以遲遲未書者，猶冀或有可書之事以神其夢。今則已矣。齒摇髮落，衰病時侵，息影人世無幾年矣。因取舊稿閱之，頗不愜意，欲解未能，遂補書而藏之，俟之松五兒長授之，使知乃父含恨以殁，而刻責奮發，以克自樹立，則予當含笑於九京也。尚其勉旃！即以當遺囑也可。咸豐元年四月二十五日，建卿朱善旃補録舊稿於京寓南柳巷。

謹案：伯祖國教公此像不知何時散佚於外。景邁於丙辰年在里中購得之。計公之題忽忽已六十餘年矣，而茂如五叔、景範從兄相繼早世，其後亦難繼述。慨族運之衰微，愧箕裘之莫紹。景邁至此烏能無懼耶？循誦再四，爲之悚然。景邁謹識。

先方伯公七十小像題詞

鄭文焯

感懷三十年中，酒鑪咫尺山河異。生平四海，文章風義，如公能幾？故國青蕪，滄江白髮，而今何世？伴長松怪石，空山獨立，問誰識，倉茫意。　猶喜甘棠笏在，誦清芬、故人有子。東湖舊隱，草堂無恙，曾題高致。夜壑哀湍，塵梁落月，淒其對此。更山陽邃裏，依稀墜夢，認須看是。

象甫仁兄世講屬爲其尊甫大人布政公竹石先生遺像補景，爰寫松石閒意，並題越調《水龍吟》以寄慨云。柔兆執徐之歲宿月既望，大鶴山人鄭文焯記於吴小城東墅之威熹芝寫。

先方伯公秉賦强盛，年五十無異少壯。自六十三壬寅歲病痢後，體漸瘦。丙午、丁未間，則鬚髮皓然矣。宣統紀元己酉仲春，屬蘇州顔元繪此照，形神頗肖。不期月而先公薨。越五年，求父友鄭小波舍人補景，記其事。景邁鮮民之痛，淚血未乾，風木增悲，音容愈渺，瞻仰遺像，痛何如之！甲寅八月，男景邁謹記。

梅花册題詞

天瓶居士亦工寫梅花。余所見不止一册。余亦曾購得一册，與此相仿。爲女壻吴公謹持去。此册乃翁覃溪先生摹天瓶册，朱椒堂漕帥又摹翁本，字則遜於張翁，而畫則不亞天瓶矣。

阮元

此真椒翁檝本，其題字乃屬朱伯瓚大令代録。阮相國云，字遜於畫，信哉！張祥河

前册係倣得天先生。此册則仿覃溪先生臨本。前册老極，此册秀極，各得其妙。建卿世兄宜何如寶藏之耶？薩迎阿

供奉班高瀛海仙，文敏公書石刻名《瀛海仙班帖》。又參疏影畫中禪。唐臨晉帖燈無盡，從此三家合併傳。彭邦疇

茮堂先生梅花，余昔曾於馮子少眉處見設色小幀，全學梅花道人，古香古致，令人愛不釋手。往歲又於詩舲方伯家見大小數幅，水墨設色，俱極精妙。其間或倣金章，或仿天瓶，或學冬心先生，幾有出藍之譽。詩翁、椒翁爲中表兄弟，故所藏最富。此册爲陳蓮甫表阮新購，諸法悉備，亦是椒翁傑搆。屬跋一言，爰書所見如此。雷良樹

戊申十一月十三日，蒙朱涵翁見招，下榻西偏，晨夕與蓮甫陳君、辛楣吴君及雪門昆季縱論古今書畫，娓娓不倦。時或談高興酣，每至夜分而散。蓮甫大兄即以所藏茮堂朱河帥墨梅册見示，囑題一言。讀次，輒覺其一種古豔冷逸之氣浮於筆端，苟非其人具冰雪姿、結歲寒盟者，曷能與梅兄寫照耶？可不寶諸！爰書數語以還，允宜什襲而藏之。何章

花卉册題詞

朱壬林等

吾兄茮堂先生，淹雅宏通，胸次高曠。偶於著述餘暇，作花卉小幅，隨意點染，而一種秀潤之姿饒有生色，雖陳白陽、沈啓南無以過之。此册爲家阮子同珍藏，出以相示，展玩再三，怳憶東華過從談藝，見其興來點筆時也。先生尤愛寫梅，頗自矜重，嘗題句云："不師華光及如願，家風傳自雙橋老。"蓋吾家春橋翁夙以畫擅名。知先生淵源有素矣。余向弆有數幅，都爲友人攘去，可悵也。因附誌於此。壬林

表伯茮堂朱公工寫生，法得其家春橋老人之傳，而又私俶於天瓶尚書，近時第一手也。己丑後，余官京師，嘗侍公側，見其興酣落筆，如僧繇畫龍，解衣磅礴，畫竟投筆，掀髯浮一大白。此情此景，忽忽二十餘年矣。子同表弟奉此册屬題，僅十二頁，生氣拂拂，着紙欲飛，嗅之猶有酒氣。昔李方叔云："徐熙畫花傳花神，趙昌畫花寫花形。"形耶？神耶？識者辨之。金安瀾

我鄉故漕帥茮堂先生，以宏文博學爲士林推重。登第後，以勤奉職，以忠直結主知。晚年總督倉儲轉漕淮上，皆著清節。公餘之暇，閒事書畫。大經少時見親串中多有先生翰墨，心愛重之，每以不獲得一紙爲憾。辛丑，試都下，先生没已餘年。老成云亡，典型莫覯，爲之悵悵。今年，先生從子子同明府出所藏畫册見示。大經於繪事茫無知識，而覩茲手蹟，如見鄉先達儀型，不勝大幸。即明府之能守先德，亦良可敬。爰誌數語，以展欽敬之忱。王大經

苿堂先生文章經濟彪炳宇宙，餘事雅擅三絶，得者莫不珍若圖球。蓋論其神韻，則經籍之光輝也；論其筆墨，則篆籀之英華也。翰題忝附通家之末，既獲與校先生《蕉聲館詩文集》之刻，復於伯仲閒得時時展對先生之書若畫，雖生也恨晚，已不啻親承先生之耳提面命矣。是册於道光庚子秋子同親家曾出視於雲閣書堂，閲今忽忽三十餘年矣，復得再讀於吴門。頻年浩劫，保守弗失，固知翰墨精靈在在有神物呵護，抑亦見子同之誦芬述德爲不可及也。謹誌簡末，以慶眼福。唐翰題

外舅苿堂先生敭歷中外垂三十年，公餘輒好揮翰，尤精畫理。人得片紙，珍若連城。元錫居甥館時，嘗賜以題咏書翰，而獨未及繪事。丙申夏，曾乞墨梅一箑。時公已抱疴，自謂腕下少神，不當意。至今謹貯篋中此幀爲子同内弟所藏，猶是公中年筆墨。庚戌里居，出以見視。焚香展讀，如對音容，不勝今昔之感矣。吉光片羽，子同幸永寶之。徐元錫

尚書淹雅儔，詩書窺奥窔。餘事工寫生，一一臻至妙。老榦鬱奇姿，繁花無俗貌。晴窗時展玩，疑有祥雲繞。此圖兵燹餘，幸未經火燎。願言世守之，文采相照耀。顔培瑚

嗚呼先生人中龍，五嶽列宿羅心胸。藝林樹幟皋充宗，長劍耿耿孰當鋒。立朝蹇諤清而丰，秋風秋月圖君容。湯湯淮水春復冬，冰臺玉鑑留芳蹤。東序若許列大鏞，乾坤一氣歸陶鎔。忠懷亮節襄時雍，當湖前輩相追從。寄情翰墨揮長松，琪花瑶草盤蒽蘢。相見興酣扶短笻，豁然長嘯凌高峰。施汝懋

平湖湖水清且碧，秀色瀠洄紫陽宅。中有名人閒世生，節比長松功柱石。文章經濟本天成，妙有生花一枝筆。大才何必以才名，餘技猶堪擅三絶。時花古豔各自然，寫出精神真發越。君家舊有曝書亭，同此丰標同此格。劫餘幸藉竹林賢，收拾瓣香勤拂拭。靈物從來不易磨，滿紙煙雲護幅尺。吁嗟乎！尚書功業古無儔，畫日書雲第一流。留得丹青緜手澤，吉光片羽足千秋。陶守廉

傳石齋圖題詞

郭　麐等

謹按：圖有二，一爲立軸，錢叔美畫，一爲長卷，畢仲白筆焉。之榛謹注

當湖朱薌圃先生嘗購奇石二，竅穴瓏玲，刻露戌削，而渾然天全，甚自珍惜。桐鄉金君鄂巖欲得之，引王晉卿假仇池石例，屬其友方蘭坻先生爲圖以易。先生還圖而弗與，至今藏於家。其令嗣理堂以爲先人之所珍重而愛惜者，因以傳石名其居，乞工畫者人作一圖，而索余爲記。余思東坡之爲人胸中浩浩無物，故能蜉蝣富貴，糞土金玉，而獨留意於一石。仇池欲奪而不許。壺中九華未及買而拳拳致意，何哉？豈特以文字爲戲娱耶？抑真有所愛惜珍重而不可以言喻耶？昔元裕之作故物譜，以爲三代鼎鐘出聖人之制，其款識不曰“永用享”，則曰“子子孫孫永寶用”。豈聖人超然遠覽，而不能忘情于一物？蓋備物致用，守器爲智，固異於方外莊列之徒矯情取異於世者之所爲。其論韙矣。況爲人子孫者，於其祖父之留遺，即非所甚愛，猶當有手澤之不忍先疇舊德之思焉。況於其平生所珍惜，不以與人如此石者乎？理堂之寶此石而欲傳之永

久，又豈以石之形狀奇詭爲可愛玩乎？夫固有大於此石者，理堂其永念之哉！是爲記。嘉慶丙子吴江郭麐

皺雲未見見蒼雲，絶勝奇礓倚夕曛。他日當湖訪傳石，故應袍笏拜清芬。陳鴻壽

瀨陽煙水揚州月，與君相依似蛩蟨。臨歧視我傳石圖，一朵蒼雲藏（萬）〔禹〕穴。爲言此石先子貽，不將畫馬易仇池。自昔摩挲同愛女，於今珍弆有佳兒。百年喬木依然好，手澤長留堪世寶。崎嶔端藉畫傳神，孱顔不與人俱老。太息平泉賸幾株，研山既去泣蟾蜍。能誦清芬在卷石，況復鑿楹千卷書。君家兄弟文章最，羅列諸峯宗泰岱。此是眉州木假山，他時合下空庭拜。張迎煦

秋風寒削芙蓉瘦，濕翠撲簾雲景皺。低頭再拜米南宫，稜稜石骨苔華繡。碧雲一朵在君家，先人手澤留清華。昔年醉墨飛曉霞，喜來點點紅桃華。畫圖一幅寫秋冷，石罅泉聲落金井。匡床扶枕妥安排，煙痕青滴梧桐景。錢人杰

片石傳非易，人傳石乃傳。令名深仰止，古澤足留連。米老珍千拜，香山袖一卷。階前頻拂拭，猶帶舊雲煙。

瘦削何年劚，芙蓉朵朵青。雙峰成聳峙，萬竅印瓏玲。藤幅人争繪，苔紋歲幾經？問誰知寶貴，梅鶴共閒庭。

敝廬蔽風雨，餘蔭亦前人。矧石能千古，和檐日數巡。交從先世訂，文合後賢親。老屋嗟頻别，披圖一愴神。理堂時客邗上。陳和泰

一片奇礓影，何時到檻前。鴛湖標勝概，青士濟。驥子守遺編。束髮趨庭日，玉年乃穀。隨肩問字年。玲瓏嵌似玉，濟。峭蒨握如拳。檐際初收雨，穀。壺中别有天。珍逾員嶠錦，濟。秀削華峰蓮。未許仇池易，穀。頻教米老顛。書楹從此繼，濟。喬木至今傳。家有聯珠集，穀。詩賡棣萼篇。門材看衮衮，濟。文采記翩翩。北望懷京兆，穀謂哲兄椒堂先生。南遊見惠連。盈千丹帙富，濟。第五白眉賢。夢草人千里，穀。栽梅屋數椽。高齋自風雨，濟。頑石亦神仙。落壁寒雲縐，穀。蕉窻宿露研。開軒題到溉，濟。割宅署平泉。乞得荆關筆，穀。攜來書畫船。輕裝同鶴載，濟。情話喜蟬嫣。索我壎篪奏，穀。添君翰墨緣。臨歧烏榜判，濟。夕照落江邊。穀。許乃濟

昔年君泛京江檝，交臂失之不相浹。今年君泊滬江濱，逆旅重逢笑語親。爲言片石流傳久，十笏書楹梅鶴守。此是先人世澤貽，裝池合付丹青手。丹青展玩畫者誰？蘭陵家法世所希。南宫輒下丈人拜，米家墨妙傳虎兒。仲白尊甫焦麓先生以畫名世。嗚呼！到公宅廢平泉古，世事遷流何足數。惟有圖書善秘藏，名子由來繼名父。斯圖置篋經十年，萍踪聚散非偶然。如逢故我見真宰，恍挹九華壺中天。嶔崎磊落靡不有，獨客無憀盡尊酒。天涯珍重歲寒盟，訂作石交君許否？葛慶曾

舊家喬木鬱蒼煙，一片玲瓏石亦傳。曾記先人具袍笏，直教後世等栝棬。春雲欲活風吹動，秋雨如愁溜滴穿。卻比衛公貽澤久，子孫猶得守平泉。張濼

蒼雲微皺古苔纏，風雨消磨質愈堅。寶貴不教隨硯北，摩抄知己在弓先。仇池往事追蘇老，海嶽遺圖認米顛。此亦人間孝子石，巍然一品立中天。聯璧

未須甲乙品奇章，繡澀苔痕小朵蒼。留與虎兒重下拜，故應呼作丈人行。
記從江上夢湘靈，卅六奇峰列硯屏。何似君家遺世澤，百年傳石更傳經。屠倬

籯金傳固愚，楹書傳或智。愚智茫茫兩莫知，後人那識前人意。況此一拳石，攜來自震澤。坡老仇池何處攀，昔日百金今一擲。文孫堀堁走風塵，天生丰骨何嶙峋。謂是家傳手澤存，范喬捧硯黯傷神。覆以六角紅闌亭，繞以孤山梅萼馨。伴以褷褷之鶴羽，茶煙一夢醒未醒。豈必愛石果成癖，此即服疇還食德。家珍一一無可數，圖畫傳來期共識。烏虖！石乎汝既不隨媧皇以補天，萬古一碧愁如煙。又不爲泰岱之興雲，崇朝渥澍懽黎民，胡爲終朝抑塞存空齋。紛紛翠蝕與苔蘚，長抱此嵚崎磊落之胸懷。昌頤

童時嬉戲鋤經堂，玉蘭樹下叢桂旁。大盆在西繡球種，金絲荷葉苔斑蒼。中有石峯兩突兀，洞天一品丈人行。記得趨庭值會客，忽然詩卷隨畫囊。盉簪主人最嗜此，託以借石來商量。五山見假蘭士繪，券據灼然豪奪將。趨庭仰見莞爾笑，人各有寶無庸商。先志匪石不可轉，嗚呼舊宅成滄桑。長淮節院弱弟至，出此令我沾浪浪。宅縱可移石不改，世寶不啻彤弓藏。爲弼

夢梅圖題詞

謹按：夢梅圖又名夢詩。世父曾夢中得句有"盤空硬語如梅花"，因而命名圖。有五一爲山水長卷，姚伯昂總憲所繪。餘爲尺頁，張温和圖老梅一枝，瑞親王戴文節、陶梅石琯各畫一頁，身在梅林，朦朧月色，均極神妙。之榛謹注

建卿世講夢一境，饒有江山之趣，明月當空，村落如畫，老梅盤曲莓籬之外，忽得"盤空硬語如梅花"之句，其胸懷曠直於斯可見。姚元之

正始元音已渺茫，搓酥摘粉競時粧。孤山省識林和靖，便是詩人換骨方。
前身誰是九方皋，硬語盤空興自豪。笑我羅浮頻入夢，只圖趁韵學龍褒。陶樑

初雪寥天逼峭寒，卻尋詩夢到江干。怪來老鶴蹁躚甚，爲寫横空硬語盤。黄爵滋

海山仙人心似鐵，玉真峯頂嚼霜雪。寒入肺腸苦吟出，夢與老梅鬥奇崛。似嫌緐葩太嫵媚，不妨雋語少唐突。清詞生硬肖花神，更比寒花多傲骨。我家舊住峩谿側，千樹萬樹花争發。卅年背花作遠客，絶少吟魂戀香國。惟餘瘦句耐寒餓，十丈堅冰骨驚折。北地徒憐雪壓林，江南誰寄春來驛。欲煩畫手寫横枝，貌我詩肩如鶴立。陳希敬

心境如斯即夢鄉，須知無夢本清涼。飛華舞絮尋常見，只有癯仙鐵石腸。譚祖同

梅花沁我心，明月照我肝。適從何處來，疑此非塵寰。長安名利地，車馬紛喧闐。縱令入夢中，歧路猶萬端。君夢獨清絶，此境何超然。身如古木春，心同皓魄圓。即此契真如，何用求金仙。詩魔胡未伏，飛出胸鬲間。欲與花月敵，硬句空中盤。畫家不能繪，粉墨空蕭閒。我詩爲補出，吟聲如在天。君喜爲起舞，花月同蹁躚。我句與君句，奇想誰争先？問花花無語，問月亦不言。忽悟我亦夢，何事争媸妍。

香雪海中月如鏡，千花萬花光相映。飛來奇句忽高吟，是花是月如同聽。建卿爲余言，此乃疇昔夢。夢義果何爲？請君爲參綜。笑我雖非掌夢官，尚能説夢求其端。君才清合比梅花，故爾化身千百億萬皆奇葩。君身前或是明月，自覺一片清光耿耿難磨滅。擾擾塵寰大夢中，此夢實有仙凡别。况復夢中得句尤奇絶，太人占之真大吉。吁嗟乎，笑余薄秩滯京華，辜負西湖之月孤山花。便擬隨君夢魂去，花月是處皆吾家。錢步文

素月移空檽，冷香襲幽夢。梅花映空發，嫩萼和煙凍。尋詩天地寂，萬壑陰雲重。芒角忽杈枒，枝柯互參綜。是時披鶴氅，得句意豪縱。知君抱仙骨，不受塵羈控。安得負郭田，繞屋殷勤種。風雪共追尋，醉撥扶桑甕。何元愷

盤空硬語更何人，夢裏吟成覺有神。除卻老梅少同調，寒香一力挽陽春。

佳書合借清儀閣，妙畫真推竹葉亭。傳出千秋詞絶妙，夢回花外夜天青。孔憲彝

黄梅影裏雨點大，北牕夢醒且對坐。舊雨不來今雨來，傾蓋如故更稱快。與君欣訂兩世交，述德通家念先輩。追感尊甫侍郎公爲先大夫同年。余昔歲在都時極蒙垂愛。春明舊夢記分明，廿年不忘韋弦佩。吉金貞石同摩挲，片紙珍重詩中畫。久知君能讀父書，高談雄辯才無礙。今喜初識君故人，論詩傾倒方三拜。謂懷寧方小東。才名日下首推君，知音相賞風塵外。我正披懷思見君，鷗鷺聯羣魚逐隊。西湖吟侣頗寂寥，不待催租興乃敗。新開三徑有羊求，雅集西園酒可載。纔得逢君已恨遲，匆匆會面何時再。爪痕留印夢梅啚，許通縞紵酬詩債。君身應上玉山行，自是清品無俗態。鐵石心腸宋廣平，賦筆流傳未爲最。盤空硬語如梅花，七字君夢中所得句。佳句千秋成佳話。我亦梅花結夙緣，夢繞江山空眼界。斯境髣髴九里洲，那獨煮石山農愛。剌舟幾訪舊隱居，桐江載月曾描繪。余有《桐江載月啚》以紀九里洲梅花之勝。何當共君作臥遊，紙帳一枝春長在。羅以智

我聞逋仙種梅三百株，天寒放鶴孤山孤。又聞羅浮之山老梅下，師雄一夢良清娱。長安塵頭高十丈，車馬喧闐事鞅掌。紛紛名利魂夢勞，誰復寄情到林莽。安得銀蟾照玉梅，下有幽人自來往。那知斯景共斯情，一齊幻作勞人想。盤空硬語有真評，梅花受知如有情。成均養士累千百，宜君品騭多髦英。梅花入詩詩入夢，君夢應比梅花清。君不見廣平丞相心似鐵，梅花一賦自妍絶。山林廊廟豈殊致，鼎鼐鹽梅自君事。祗今梅花在地月在天，夢遊且作逍遥仙。唐秀鍾

詩夢寄梅花，詩心契姚最。峭韻吟暗香，難得真仙繪。斯境宏測量，妙原應物類。寢興念俱徵，迺見行誼粹。君家世澤長，縹緗承秘邃。箸述代有人，璨若球琳萃。媿我役校讐，魚豕雙瞳昧。饑驅久渡淮，奚識調鼎瑞。羨君清望崇，誦芬思不匱。披啚喻深衷，風雅漫期會。硬語

誠空談，實是求素位。但勵冰雪心，何必不遑寐。高均儒

尺　頁

余嘗作梅品蒼勁一則云："老鶴戴雪，飛身危厓。"建卿夢中所謂"盤空硬語"者，得非此耶？張祥河

建卿朱世大兄嘗夢至一處，煙月漫天，香雪成海，身如孤鶴迴翔其中。忽得"盤空硬語如梅花"之句，因屬寫啚，草草數筆，花耶？詩耶？夢耶？畫耶？慧業人當自領之。戴熙

壬寅春正月，建卿先生夢入梅花林中，得七古一章，中有"盤空硬語如梅花"之句，屬余補啚，爰賦是詩。陶琯

一聲老鶴明仙霞，當頭寒月圓不斜。詩人吟入羅浮夢，盤空硬語如梅花。斯時冷馥沁詩骨，肺腑清虛塵慮絶。雅懷不似趙師雄，孤山林叟同其潔。臨風獨立意灑然，惝怳何處調冰弦。凍禽一雙飛下上，啼香弄影景愈妍。遠鐘朗朗忽入耳，幽夢驚殘興難已。急喚奚奴覓剪刀，披裘起擘銀光紙。銀光紙好如葉輕，寄我作啚寫素情。爲君點筆博君笑，題詩亦似冷官清。

盤空硬語如梅花，用原唱。朱君詩思争叉牙。前身明月自皎皎，夢裏相逢蕚緑華。烏巾鶴氅花前立，高吟驚起林間鵶。銀雲滿空自燦爛，香風匝地迷横斜。高寒仙境在紙帳，夢醒猶有輕煙遮。以詩說夢夢作畫，此意好與逋仙誇。我願作詩兼作夢，清芬長向啚中賒。瑞親王

一樹梅花一建卿，幾生修到此神清。九皋有鶴方尋夢，合與寒天訂古盟。湯金釗

玲瓏胸次槎枒骨，曾共梅花鬥標格。十年京國軟紅塵，冷蕊疎香渾不識。豈知寤寐精神通，一笑相看忽相值。玉照堂前千百本，移來植向華胥國。藏神訴罷蹴蔬羊，縞袂翩然入瑶席。知君夙昔被花惱，對花哦詩輒永夕。年來結習漸懺除，奇句翻從夢囈得。不裁綺語盤硬語，始信廣平真鐵石。試看畫裏聳詩肩，想見花前邉吟魄。我生亦具愛梅癖，江北江南勞夢憶。羅浮村下擬尋君，落月猶疑照顔色。沈濤

梅格人所珍，梅骨人尠識。虬柯軋霄崢，詎怵峭寒逼。低横不可汙，高仰孰能抑。畫家寫未真，詩筆峻堪即。君洵翰墨豪，幽夢繞香國。屋豈元章營，句已君復得。七字轉遒勁，芒角出胸臆。昌黎評郊詩，横空肖其力。擢芳荒穢中，痛遭坡老刻。"孤芳擢荒穢"，坡公讀孟郊詩語也。況敢比梅花，孤根清且直。兀傲有餘妍，娬媚不藉飾。論花渺莫儔，品詩此稱特。鐵石宋廣平，賦手庶無忒。沈兆霖

詩格雄强寤寐通，語如梅瘦峭盤空。搴來古月千枝雪，嚼透疎香一篴風。屈鐵裁冰寒鍊骨，染桃註柳笑爲容。昌黎健筆羅浮夢，都在先生冶鑄中。斌良

建卿愛詩兼愛梅，日繞梅花一百回。有時對梅動詩興，筆花未吐梅爲催。有時借詩寫梅

照，綺腮未著詩先裁。詩耶梅耶兩合并，相視相笑無相猜。空山夜呼祁孔賓，此境清妙無纖埃。蓬蓬遠春萬玉破，浩浩白月千枝開。滿衣不覺風露冷，排雲但訝金銀臺。忽然秀句出奇絶，生峭非自人間來。定是孤山老處士，否亦水部真雅才。羅浮美人豈解此，啁啾翠羽徒詼咍。夢回詩意填胸臆，凡骨换盡成仙胎。一啚兩啚畫未已，蒼茫獨立時徘徊。香暗影疎盪簾蒜，酒醒寒重巡階苔。詩魂花魂鬥標格，冰肌玉貌追參陪。俗工艶説桃李面，動筆空爾儕輿臺。只愁我無詩中畫，枉煩佳釀撥春醅。君自製酒娘絶佳，曾以餉余。殷壽彭

正是衝寒欲放時，河干無處覓南枝。喜君早入羅浮夢，高詠盤空硬語詩。
冰雪敲成七字新，寒空鶴語助精神。此行應放孤山棹，笑向癯仙證夙因。許翰

故山繞屋樹千株，手種寒梅今有無？人事蕭寥兵燹後，雲霄惆悵月輪孤。多君寄興牽文藻，飛夢頻來入畫圖。同向天涯羈薄宦，聊將詩酒作歡娱。葉名澧

山意衝寒欲放梅，山黑家中已眠臥。春渚日落夢相牽，仰見明星當空大。獸立蒼茫自詠詩，幾回細寫愁仍破。冷蕊疎枝半不禁，金節羽衣飄婀娜。自是君身有仙骨，竊攀屈宋宜方駕。屈鐵交錯迴高枝，矯矯龍性合變化。還如何遜在揚州，富豪有錢乘大舸。復憶襄陽孟浩然，三步回頭五步坐。橘刺藤梢咫尺迷，倏忽東西無不可。穿花蛺蝶深深見，卻繞并欄添箇箇。海鶴階前鳴向人，青兕黄熊啼向我。顧我老非題柱客，庭前把燭嗔兩炬。草堂少花今欲栽，山禽引子哺紅果。梅熟許同朱老吃，杖藜不睡誰能那。忽憶兩京梅發時，至今夢想仍猶佐。用少陵句。金德麟

寒蕤多勁姿，高文絶凡響。同是羅浮仙，風標自遒上。元鶴横空來，相期塵外賞。寥寥天地心，斯人安可仰。吕佺孫

風骨園林畫不成，夢中光景最分明。年來詩筆知何似，應與梅花一樣清。
不求形似求神似，老幹摩空意得之。一種天然風致在，莫嫌標格太清奇。
雪後風前獨倚欄，尋詩涼夜自盤桓。孤山疎影横斜甚，説與旁人下筆難。勞宗煥

僊風吹人不可留，故人有夢來羅浮。丹巖十丈天阻修，中有萬道飛泉流。横空璧月懸當頭，老梅作花清且幽。古榦屈鐵枝蟠虬，苔鬚倒挂珊瑚鈎。花光雪影争迎眸，數聲翠羽鳴啁啾。夢回枕簟涼如秋，夜深倚壁長吟謳。千軍横掃苦未休，作圖紀事頻雕搜。摩挲好景情夷猶，長安車馬黄塵稠。幾人擁蓋矜鳴騶，孤山花發縈鄉愁。西湖舊約輸盟漚，何當夢作凌雲游。與君拄杖尋丹邱，琪花瑶草盈芳洲。君歌我答共倡酬，吁嗟此樂誰與儔。沈敦韶

一痕天外羅浮霞，梨雲低護冰月斜。夢覺惺忪象恍惚，盤空硬語如梅花。原句。飄飄逸興珊珊骨，乾坤之氣最清絶。西湖之西孤山孤，魂游香雪海光潔。同起鄉愁思渺然，天寒有鶴琴無弦。東風吹醒離騷夢，笑看百花紛鬥妍。紅羅一聲驚入耳，黯黯古懷思無已。欲與題詩寄藐姑，書殘三萬衍波紙。碧霞天上曉寒輕，只有花知古性情。願花化作身千億，宜檝疎狂相與清。王鴻

半朧寒月，正綺窻寂寞，銀釭明滅。静憶故園，空負芳姿點香雪。江北江南問訊，偏不隔、屏山重叠。把近日、多少相思，親與素娥説。　清絶，記髣髴。步十里暗塵，沁來詩骨。好春漏洩，銅笛吹殘更誰折。知我遊蹤甚處，還算有、羅浮雙蝶。怪底事、推枕起，冷香旋歇。調寄《暗香》。汪藻

夢繞羅浮側。乍相逢、翩翩縞袂，似曾相識。獨立空山明月裏，衣上露濃苔濕。誰喚醒、翠禽啾唧。君住江鄉花萬樹，滿園林晴雪濃無隙。醒與夢，總堪憶。　無端同作長安客。空想像、檐前索笑，樓中聞笛。驛使南來頻問訊，可有故人消息？更誰寄、一枝春色。昨過僧房花事早，瓦盆中短榦才盈尺。如此夢，儘難得。調寄《金縷曲》。馮志沂

一片冰心入畫工。花倚東風，人倚東風。吟魂翔舞萬香中。詩也盤空，鶴也盤空。　淺雪昏黄縞袂逢。煙又朦朧，月又朦朧。欲尋驛使寄郵筒，春思愁儂，鄉思愁儂。調寄《一剪梅》。顧文彬

虬枝綴玉，問幾生修到，香海同宿。夢入羅浮，花影詩魂，天寒共倚修竹。飄然一葉隨風去，竟繞遍、枝南枝北。想夜來、香霧縈身，滿地月明人獨。　忽得盤空硬語，那時乍夢覺，燈火猶緑。早與安排，調鼎先聲，漫比疎籬茅屋。嗟余夢想徒勞耳，敢更和、郢中高曲。倘許君、好夢重尋，願備鏡光千幅。調寄《疎影》。繆冠瀛

翠羽聽啾啁，銀雲凍不流。認苔枝、萬樹花稠。如此黑甜真不負，須問訊，幾生脩？　舊夢説羅浮，探幽願未酬。曩曾索儀墨農爲寫夢游羅浮圖。讀君詩、奇横清幽。料是寒香同醞釀，須製取，錦囊收。調寄《南樓令》。祁之鏁

良夜沈沈香雪凍。縞袂留人，髣髴羅浮洞。萬樹瓊瑶曾手種，一雙仙鶴寒同夢。　林下微吟邀月共。硬語盤空，驚破蒼苔縫。此際故鄉芳信動，離愁譜入梅花弄。調寄《蝶戀花》。孫福清

保石圖題詞

旂家向有崑山石一座，色白玲瓏，苔攢青翠，同邑高文恪公舊物，先祖薌圃光禄公購置雲谷書堂中庭，筆墨閒餘，欣然顧賞。乾隆十六七年間，桐鄉金鶴年比部倩方蘭墅丈繪《借石圖》以謀之不可得。及先祖棄世，家方中落，見山樓所藏書畫珍玩皆歸比部，仍欲并得此石。家人將與之，時家嗣嚴僅數齡，抱石號咷，不爲所奪，故是石至今尚存當湖里居。己亥六月，李青岩上舍爲旂寫真圖成，未之名，適見是石爲幼稺輩磚硾剥損，慨然有感，默念百年後不知落誰氏手，因以名圖，留示後人，并移石内院，累甓加大缶其上，貯水供養之，命家人時加防護云。石之西有松一本，係旂十四五時至常華港掃墓，於大松下取歸手植，僅寸許耳。乙酉歸，已與屋齊，今高數丈矣。或勸以“一松一石”名圖。旂以松所自植也，并稱焉則不敢。是爲記。

夫某水某山認釣游於故里，一花一石誌戒約於平泉。惓念貽謀，永懷先澤，正不獨受楹書而勤讀，捧祖硯而知珍也已。先祖光禄公林泉清暇，幽寂是耽。圖書肴列乎千編，金石崢嶸於

一室。安排花石，具見經綸；吐納煙雲，藉資供養。有崑山石一具，雲根斵翠，山骨縈青，斑鮮紛霙，蒼罅洞裂。峯皴中乎畫理，嵐氣滃於庭除。風雨如晦，呼之爲兄；寒暑載更，交惟是友。固已好同玉局，納九華於壺中；嗜比元章，玩一拳於袖底。既而滄桑改易，人事侜張。惜妙畫之神通，慨銀杯之羽化。峯來靈鷲，幾欲同飛；石寶仇池，將遭豪奪。維時家大人失懼楚弓，抱同趙璧，保僅存之碩果，遂巋矣若靈光。旂蔭藉門型，家承庭誥，敝廬一畝，猶托先人，喬木百年，彌懷舊德。清芬未沫，敢效木山之吟？法物同尊，難忘石丈之拜。剔滌塵垢，頓還舊觀。埋盆作池，高麗之銅何慕；栽蒲種石，文登之玉猶存。嗟乎！專門有業，愧鄭小同之傳經；先烈能揚，慙謝客兒之述德。惟前人之留貽，期子孫之永保。爰托繪事，以誌敬承。甲乙鐫自奇章，尚乏香山之記；圖畫傳夫柏石，冀徵坡老之詩云爾。

巋然片石若靈光，手澤摩挲憶舊藏。自有堅貞真性在，安排甲乙笑奇章。瑞親王

有一片石，清芬手澤。孫又生孫，永保貞石。
介石貞吉，永保子孫。雲起膚寸，霖施八埏。湯金釗

此是補天餘，石爲高文恪舊物，建卿之尊人椒堂漕帥世傳寶之。仇池石豈如？百金焉可買，一品豈云虛。甘露猶霑溉，卿雲定卷舒。請君還細認，可有米公書。

賤子昔題識，經年迹又陳。蹔歸虛白室，輕卸軟紅塵。酒進高堂壽，建卿歸自京邸，介本生封公壽。苔深太古春。笑他標甲乙，牛李是癡人。張廷濟

世有崑山石，珍藏玉不如。開緘示圖照，其品共清虛。妙手昔曾搨，壽眉時泊舟城外，翌日將發，率次叔未同年第一首韻。叔未晚號眉壽老人。先已舒。蓬門欣枉顧，況復奉遺書。賜讀尊甫茉堂侍郎《蕉聲館集》。侯雲松

玉局仇池希代寶，紫陽片石祖芬留。一般傳世貞珉重，未許豪家任取求。
劇喜元章有虎兒，長松磊落抱奇姿。九華山色壺中滿，合有神人爲護持。陶樑

廿年抱膝小草堂，藥爐茗椀紛吾旁。舊交生死見聞絶，但見稚子鬚眉蒼。夢魂一夜數萬里，西落灔澦北太行。朝來鵲噪至佳客，有童背負古錦囊。蕉聲遺集一千首，名山事業才難量。詩題傳石誌佚事，保石又見君攜將。君家金石甲海内，彝鼎羅列夏與商。獨保此石重先澤，長與松菊存柴桑。孝思不匱即此見，摹寫皺瘦煩滄浪。石爲六舟上人所繪。六舟有“滄浪僧”印。此非范硯非魏笏，世間竟等彤弓藏。咸豐壬子五月，建卿世大兄過訪琴隱園，見貽先德《蕉聲館詩集》，並索題保石圖，即次集中《題傳石圖》韵。湯貽汾

大唐牛奇章，皇宋米元章，二子愛石具癡癖，文人交締名高揚。或持苕帚滌蒼蘚，執笏雅拜恭而莊。亦有牙牌週記注，分標甲乙閒評量。我生夙具金石契，祥金樂石矜收藏。回憶趨庭武林日，詁經裙屐曾相羊。儀徵相國今歐陽，雞碑爵禄勞稽詳。編成款識號積古，堪與薛氏相頡頏。精拓銘辭摹篆籀，能事獨數朱茉堂。復齋青吏工考據，新安若較尤孔臧。髫齡嗜古有同調，曾偕尊甫摹琳琅。建卿先生嗣家學，出藍譽動宣南坊。嶔岑仰止懷祖澤，善拳卓立遺尊鄉。

雕鐫硯陰出新意，小隸深刻懷寧方。一品淮南詎足匹，九華壺裏親相將。子孫永保守毋替，湯盤禹鼎齊輝煌。邀我清吟表家乘，雲亭政冗惜未遑。蕪詞讕陋妄塗抹，聊申蘭誼瓊瑶償。吮豪詠就寄江左，要與畫石新記傳芬芳。阮芸臺相國新刻畫石記，尚未刻成。斌良

建卿學正既能世其家學，復思守其先澤，以保石圖屬題。因爲之贊：崑山片石，當湖世珍。竹窗延賞，雲谷來賓。白舒虹帶，緑藉苔茵。高松百尺，蔭守千春。葉志詵

一石巋然表故園，尚書曾此護雲根。後賢更有摩挲者，何況親承手澤存。譚祖同

熊羆突兀疑搏客，云是雲谷堂前石。愚公袖手莫能移，勇士彎弓不敢射。石穴何玲瓏，疑是巨鼇負戴之仙峯，海水千載相磨礲。石質何光怪，疑是女媧補天之遺塊，洪鑪鑄出多奇態。客云此石未爲奇，奇莫奇於保此石者真奇兒。當日人亡家道蹙，難向平泉問草木。萬軸都隨羽化飛，一卷幾欲他山屬。童子何知忽大哭，抱石悲哀如骨肉。石不能言亦淚流，叢苔水滴蒼茫緑。完璧因同趙國珍，披圖肯向金門鬻？指金鶴年比部。吁嗟乎！艮嶽山，歸何處？仇池穴，誰能住？鑪韝山河有轉移，萬物滄桑真旦暮。難得斯石竟家傳，匪石緊珍世澤綿。堂搆毋忘先緒永，箕裘更見後人賢。後人與我齊年輩，出示斯圖發長喟。我如歸里躋公堂，定具衣冠向石拜。錢步文

崑山割取玉一片，雲谷堂中昔曾見。故家藏弆幾長存？此石居然屹不變。當年光禄訂石交，一卷長傍讀書巢。蒼寒斑蘚暈煙夕，夜半海風來枕坳。平泉轉眼星霜换，見山書畫隨雲散。賸有仇池希世珍，皎映瓏玲青不斷。何來假璧巧營私，交質分明圖券詩。納袖須防次公攫，借觀肯受晉卿諆。髫齡謝客力持久，世寶何堪落人手。悲憤填膺抱石號，嘉話流傳猶在口。文孫文采輝後先，保石圖成計百年。奉手期偕祖硯守，敬心室名。要共古彝傳。虬枝更喜蟠雲直，此是童時親手植。合作寒臕二友圖，松石皆含太古色。清白家風紹鬱林，聲華日下比璆琳。憑將保世綿延意，貌出嶔寄磊落襟。壬林

我山啚，他山啚，公子愛石過於青珊瑚，最後復有保石圖。此石得自文恪高平湖，雲谷書堂舊所儲。秀色自昔傾三吴，拜則如米詩則蘇。惜哉見山樓，書畫雲煙過眼都模糊。十三齡童子寶石同球珠，豪家不能奪。其後稱通儒，敭歷中外督轉輸。公子承清芬，特立懷瑾瑜。傳經徧胄監，金石聊自娱。一朝忽應玉樓召，尚賴賢耦爲撫鶵。可憐秀州方鳴枹，千村萬落生榛蕪。何時殺賊如催枯，當湖歸去甘菰蒲。此石便合稱望夫，永保此石貽諸孤。許乃普

崑山奇石擅玲瓏，珍重傳家有素風。壺裏九華蘇内翰，洞天一品米南宫。圖垂後代貽謀遠，記溯前徽保赤同。光禄淵源綿舊澤，鼎彝世守繼無窮。花沙納

爽氣生秋齋，披啚見奇石。崑山毓靈根，雲谷留世澤。肅拜未爲顛，豪奪固所惜。痛哭荆山璞，完全趙氏璧。相對几案閒，鬚眉掩映碧。仇池已煙銷，艮嶽亦陳迹。巋然此一拳，世守莫輕擲。陸應穀

胥山一片蒼雲根，海風吹墮鴛湖濱。到公搜羅置齋室，不與沙礫埋幽塵。謌謌延陵氣英邁，髫歲偏能守貞介。一拳珍重侔鼎彝，肯使通靈等厨畫。綿延世德貽文孫，蓬萊坐擁忘朝昏。摩挲匪侈家珍富，寶貴常因手澤存。京國迢迢宦遊遠，粉本攜來翠華滿。霜豪妙寫仇池看，片玉玲瓏青在眼。鄉園風物記分明，夢中時聽松濤聲。一樹梅花伴清影，同心合證他山盟。我亦探奇抱孤癖，古字瓴磚肆磨剔。輸君磊落多英姿，襟袖中藏東海闊。方今庠序開經筵，倒傾邊笥誇便便。異時待試補天手，此圖無乃先聲傳。吕佺孫

石兄磊磊清且癯，斒斕古色充堦除。何人妄欲負以趨，重如九鼎不可舁。護持豈有神鬼俱，淚痕手澤苔模糊。平泉片石古所歔，艮嶽輂載來燕都，方君此石良不如。願君慎守同璠璵，石交難逢此其徒。馮志沂

雲谷書堂吾未到，詠花詩舫先丈人齋名。侍遊頻。丈人意壓千峯小，令子才兼百璧珍。冷抱奇礓撑雪骨，淡將古色鬭松鱗。社公酒熟同斟酌，夢入當湖煙雨春。何紹基

舊德仍名氏，高齋幾雪霜。巋然一片石，肅若丈人行。岩岫總深秀，煙霞彌老蒼。平泉空作記，誰與護奇礓。沈兆霖

范喬之硯魏謩笏，子孫勿替防墜越。莫言一物徒區區，重是先人見遺澤。朱君保石如保身，一卷珍重無比倫。摩挲那肯仇池易？位置真疑海嶽珍。此石傳自祖庭手，皺透玲瓏無不有。雲谷堂前呼作兄，見山樓下交同友。世事過眼驚風燈，雲煙變幻安可憑。巧偷豪奪工作計，蘭亭直欲賺山僧。維時年丈纔總角，抱石驚呼淚溢目。詭失幾如楚國弓，力完略比秦庭玉。當湖故里花木春，縈青環翠如有神。要與平泉分次第，亦同雪浪峙嶙峋。家學淵源愛不釋，家珍守護好非癖。供以雲腴水上池，蔭之嘉樹松千尺。滄浪詩僧遠擅場，妙繪肇錫嘉名揚。斯啚斯石足千古，卓哉前輝後復光。累牘連篇各機杼，《折揚》《皇荂》柰何許。君是他山可以攻，我媿韓陵未能語。殷壽彭

足跡未登雲谷堂，畫裏且看堂前石。瘦似一束女兒腰，岸然百歲老人幘。稜飛角峭不可捫，月黑風吼誰敢射。薌圃光禄常摩挲，手澤留傳重圭璧。平泉艮嶽今何如？此石孤撑皺寒碧。當年落拓遊上都，吾師大雅具真識。飲食教誨車載之，與君咿唔共長席。彈指聲中三十年，他山攻錯今似昔。渾身圭角都磨礱，本性堅貞未改易。此心稍可對九原，餘事敢詡傳一脈。君保此石如璆琳，宜告後賢更愛惜。莫忘吾師方童時，抱石呼號淚沾腋。江開

江村昔所珍，雲谷今誰侶。閲世幾滄桑，問石終不語。
幾點蒼苔斑，中有淚痕涴。想當哭抱時，豪奪氣先挫。
貯以銅池盆，養以菖蒲水。爲緣先澤留，對之不敢倚。
石西手種松，於今已合抱。相賞松石意，子孫其永保。胡仁頤

君家舊在當湖住，入眼湖山足幽趣。中庭有石更奇絶，日向階前吐煙霧。由來此石出崑山，不知何時落人間。文恪故物豈易致，兼金購置非等閒。憶昔光禄歸來日，見山樓下啚書集。

閒來賞勝自題詩，自掃蒼苔揮椽筆。誰知滄海須臾化，奇章一去風流謝。名蹟都歸米老收，異書盡被張華借。就中此石猶巋然，不與書畫飄雲煙。桐鄉比部好事者，搜羅玩物方垂涎。君家嚴君多至性，心傷豪奪遭强横。愴然獨抱遺弓號，遂免奇珍歸異姓。君從髫齡見此石，愛之已如雙拱璧。卅年隨宦入京都，猶復魂夢縈朝夕。去歲來歸向珂里，一見石兄已先喜。須髮渾如對故人，磚硾肯使憂童子。回頭卻見陰青葱，舊日手植長華松。去時尺餘今丈許，已覺老幹盤虬龍。時物變化盡如此，太息此石應難恃。最後千秋百載餘，不知流傳更誰氏？青岩上舍善寫真，對石作畫清入神。圖成命名蓋有以，保此將共球啚珍。君曰我非石之寶，手澤摩挲承祖考。鑑古應同彝器尊，君輯有《敬吾心室鐘鼎彝器款識》，皆淵源家學。攻玉或比他山好。我聞世家重宗器，後人什襲憂失墜。古來緑埜與平泉，往往瞥眼成蕪穢。奇峯異石知幾許，展轉遷移或棄置。君家盛德在人口，羣推海内清白吏。箕裘世業定堪傳，忠孝門風此其寄。不然石隱老此生，高蹈巢由終何濟。涼秋八月江已波，布颿直下通州河。君歸爲我問石丈，質之此語當如何？龍啟瑞

江村遺物不多得，余寶吉金君欒石。石爲高江村故物。余所藏秦平陽斤亦江村物也。欒石傳來自祖庭，片玉崑山同潔白。雲谷書堂伴注經，詩歌皓皓復粼粼。袖中東海攜空闊，眼底蓬萊接杳冥。仇池重比傳家笏，何事晉卿欲豪奪。漕帥維時尚弱齡，抱石長號愛難割。到公石不爲人牽，里第煙霞供養虔。九華皺透琢山骨，一品高寒占洞天。君紹箕裘敦古道，愛石心誠如赤保。寫啚妙筆倩山僧，作記高文摛采藻。種松其側翠蓋張，雨餘苔蘚攢青蒼。雲根鐫字仿彝器，子子孫孫永保藏。王憲成

元章虎兒保奇石，祖德能述珍手澤。小同傳經喬執硯，守此崑山一拳白。貽謀惓念感滄桑，愳失楚弓抱趙璧。仇池豪奪幸無恙，幾輩摩挲苔蘚碧。真同九華藏玉局，匪比燕石玩周客。子孫永寶吉金壽，珍重先人有石癖。殳慶源

片石嶙峋玉不如，摩挲手澤伴遺書。玲瓏不數仇池穴，中有白雲時卷舒。潘曾瑩

一拳皺瘦蘚痕青，手澤摩挲憶祖庭。想見江邨銷夏處，虚堂静對玉瓏玲。
石畔親栽松一枝，胸中清癖冷於詩。百年好共尊彝重，定有神靈爲護持。潘曾綬

一拳瘦石苔花屯，多年位置偕琴尊。主人愛石如愛友，相與臥起忘朝昏。奇礓卓立到公圃，松風高矗平泉村。楚弓得失偶然爾，無端散落他人門。主人厚力杜争敓，喚迴貝闕珠宫魂。神呵鬼護勢倔强，依舊庭宇蟠雲根。涼煙夕暈蛾緑色，靈泉曉掛天紳痕。仇池肯受晉卿紿，妙諦合共髯蘇論。生綃尺幅託圖畫，文登玉藉高麗盆。爲君題句發三嘆，世家故物誰長存。用東坡《雪浪石》韵。邊浴禮

卷石托知已，凄涼已百年。授經垂北海，遺澤比平泉。氣以静能壽，質因貞益堅。仇池焉足擬，矧藉晉卿傳。葉名澧

一石珍如此，丹青着意傳。桮棬重先澤，花木護平泉。志尚切繩武，材應儲補天。兩文並工妙，珠玉喜新鐫。許翰

栽成十丈松,護此一卷石。舊物溯清吟,共守先人澤。高三祝

一卷之石,三世之傳。承祖父澤,惟孫子賢。圖繪徵題,珠璣聯幅。保之之艱,人咸作肅。我愛山骨,矻立堅貞。休夸礧礧,且矢硜硜。中正之吉,豫占其介。清白家風,望塵而拜。確然操行,睟然滿容。永懷先德,手植長松。高均儒

百年靈物巋然存,清絶風流萃一門。試問襄陽耽石叟,可能相賞到兒孫?
偶然寫意便思鄉,風雨從今趣更長。此是君家傳世笏,莫教容易入膏肓。方朔

春風吹我長安居,長安冠蓋轟街衢。國子先生官獨冷,心腸鐵石形清癯。酌我蘭陵酒,飫我郇公厨,坐我敬心室,視我保石啚。先生與石兩超絶,一拳岝㟧凌空虚。云是江邨舊時物,流傳三世珍璠璵。壺中九華那足比,洞天一品渾難如。憶昔祖庭初購置,歲寒伴著名山書。胸中獨具海岳癖,眼前漫笑雲林迂。此時頑石亦頭點,翠痕蜿蜒落座隅。世事滄桑感彈指,白衣蒼狗驚須臾。人生不及貞石壽,圖書散若煙雲徂。巧偷豪奪意未愜,奢願直欲兼熊魚。此時頑石亦垂淚,空庭髣髴聞長吁。侍郎皝皝尚年少,抱持片石號階除。誠心貫石石不轉,涕洟斑駁苔花鋪。我聞坡公昔寶仇池石,晉卿欲借空躊躇。何况先人手澤重摩撫,縱有大力竊負焉能趨。君之斯圖具深意,不僅皺透誇琳腴。魏公留笏競傳玩,范喬捧硯增欷歔。清芬世守冀勿替,他山盟約期毋渝。夢魂夜夜繞邱壑,心與爲追手爲摹。作文泐石誌年月,蟲書鳥篆形模糊。商彝周鼎共珍秘,護以盆盎栽菖蒲。子孫世世永寶用,勝如金谷七尺之珊瑚。君不見故家遺物不長守,平泉草木荒榛蕪。此石年年屹相向,空中定有神靈扶。其旁手種松一株,昔纔寸許今尋餘。濤聲謖謖響空際,石鯨鱗甲當風舒。夜深或恐化龍去,仙雲一片從之俱。雲龍翕合作霖雨,槁者潤之枯者嘘。吁嗟乎!丈夫遭逢會有時,所貴善保千金軀。山川鍾毓本非偶,風塵賞識誰云無?披啚爲君三嘆息,知君保世懷良謨。宦成何日歸東湖,夜潮我亦乘輕艫。訪君草堂拜奇石,下風可許將兄呼?青松不凋石不泐,千秋常護先人廬。慙媿忘年托深契,石交私願徒區區。孫福清

崑山石,何玲瓏,江村有癖雲谷同,書堂供養生清風。一解清風歇,飛雨集,主人死,石孤立。豪家奪石何太急,石不能言石欲泣。二解爾石不泣,主人不死。主人雖死幸有子,有子年纔十三耳。愛石抱石淚如水,彼奪石者駭而止。三解石兮石兮今尚存,及見其子與其孫。子又生子孫又孫,子孫保此石丈尊。石兮石兮還,以保爾之子孫。四解謝榮照

九華壺中凸,夏鼎商彝列。三世論心訂石交,忍便使、仇池奪。腰定元章折,涕定元超雪。棖觸鄉愁此一拳,江南山色青如髮。右調眉峯碧顧文彬

致憂圖題詞

張用熙等

謹按:同治甲子,先公督勦沛縣新團奮匪,勞瘁疽發。八月,疾篤,口誦王文成"身可益

民寧論屈，心存經國未全灰"句。之榛在營侍湯藥，祈天罔應，莫致其憂。奉喪南歸，屬甘泉陶小峯橅像，山陽趙冠山補啚，以志終身之慕。當咸豐元年，河決豐工，黄流湮灌微山、昭陽兩湖。銅、沛及魚臺之民田匯爲巨浸。不數年，水去沙停，積淤成壤。東民潛來耕種湖淤，繳價輸租於官。兩湖界江蘇之銅沛、山東之魚臺。沛民以東民佔及沛淤，屢請驅逐。東民之不逞者，羣呼奋匪。沛民苦其擾累。先公督師陣殲其渠，鋤近千人。新團餘衆俯首乞命。擬遷東民回東境，以其地還沛，設官治團，各安耕鑿。而沛之好事輩必欲盡驅東民始快於心，争控相繼，議格不行。四年乙丑春，旨交曾文正勘辦。文正籌畫數月，廉得實情，飭縣勘明原有各界，按址清丈。其淤之應歸沛民者，悉數撥還。大抵辦法採用原議。東民留遣但憑良莠。沛人慴服文正勳德重望，不敢再萌異議，案克大定，民慶樂業。之榛謹注

忠本於孝，思以心純。自古孝子，首重慕親。慕親不已，鬱志不申。丹青妙筆，敬繪如神。昔在黌門，素稱傑士。及官袁浦，王之藎臣。明發不寐，志切心真。一言不忘，跬步是遵。其慕稍釋，其香始伸。孫孫子子，永寶同珍。君子有穀，以貽後人。張用熙誄

公諱善張，字子弓，號山泉，浙江平湖人。公擩染家學，道光閒以諸生率義旅守鄉邑，敘勞南河通判。當髮賊與捻賊紛擾於江北，公未嘗不在行閒，所向有功，官至淮徐揚海兵備道，歿於王事，追贈都察院右都御史，卹廕甚渥。自湖團變起，公督勦奋匪，日思爲長策以杜後患，憂憤填膺，疽發而卒。余既誌其墓矣。玆公之部民追懷遺愛，籲祀於名宦。喆嗣竹石司馬出公遺像索題，謹綜其崖略而爲之贊。其辭曰：

矯矯我公，移孝作忠。幼而植學，壯即從戎。黄流任劇，翠羽階崇。武功拜爵，憲府飾終。人亦有言，生於憂患。長鬣南侵，緑林西竄。堅築重闉，廣通鄰援。應敵隨機，龍驤虎變。徐方作鎮，幕府宏開。歌風識里，戲馬名臺。芻茭畢集，耕耨無猜。長城保障，倚是雄才。千頃湖波，萑蒲接踵。麻或争池，桑還競隴。雖殲其渠，人情洶洶。宗澤病疽，神清氣涌。以死勤事，憂尚填膺。宸懷震悼，祀典爰徵。遺言訓後，笥有傳經，惟忠惟孝，堂構其承。昔我京遊，識公父行。道光戊戌，振倫通籍，曾謁茶堂年伯於京邸。今泛淮流，闕然造訪。講舍燈青，肅瞻遺像。攬涕陳詞，式銘貞亮。錢振倫并序

贈都察院右都御史，分巡淮徐揚海兵備道山泉朱公既歿之三年，公子之枏、之榛自里門具書齎《致憂啚》，命一言於後。噫！公之豐功成績久著淮徐，酬庸異數，飾終鉅典，生榮死哀。其垂於史策而光於里閭者，固已與日星河嶽同昭布於天壤。不朽盛事，孰逾於斯，夫又何待於言！既念公與翰題於道光癸巳歲訂昇弟交，厥後文酒征逐，宦轍馳驅，後先三十餘年如一日，則知公生平之詳且悉又莫余若，焉能無一言以報二公子大孝終身之慕乎？展卷三復，腹輒作痛，爰濡筆而爲之頌。頌曰：

茶院苗裔，派衍皖浙。明德達人，鸞優虎劣。篤生我公，爲世英傑。既擅文雄，亦揚武烈。公之爲學，明體達用。陋彼嚴徐，雍容侍從。五刑六工，旁搜兼綜。藹藹吉人，乘時飛控。疇昔之年，海疆不靖。公率義旅，捍衛鄉井。海不揚波，鯨鯢息警。别駕是膺，驥足方騁。隤彼林竹，徂彼茭蘆。沮洳下隰，化爲上腴。方奠昏墊，忽起萑蒲。公則奮袂，蕩滌誅鋤。整旅朐山，大造惟浦。轉戰皖江，力守揚部。洊秩監司，漸達儀羽。帝錫嘉名，曰巴圖魯。公持簜節，旬宣

徐方。團民搆釁，主客争戕。公謂宜撫，力持慨慷。積憂成憤，疾發於瘍。大星既隕，朝野悲愴。錫以上公，褒忠懋賞。秩祀功宗，高山景仰。紫閣待圖，丹忱留像。維公之功，能戰能守。維公之行，則孝則友。耆年孺慕，上娱壽母。行道揚名，迪光啟後。粲粲門子，撫卷興悲。象賢繼志，錫類孝思。案山之麓，當湖之湄。佳氣葱鬱，竹帛永垂。唐翰題

維同治甲子七月，江南淮徐揚海兵備道朱公督師勦辦沛縣民團，逾月疾殁于軍。事聞，天子震悼，褒恤備至。溯湖團之始，本以山左逋客、江東流氓，累世隱占，一旦殺伐，事殊掃籜，釁等争桑。葢畛域强分，初非有意；而梗頑弗即，所賴攻心。義憤填膺，美疢纏體。勝之持斧，一舍猶稽；宗澤渡河，三呼未已。迨夫蠻觸罷戰，載戢干戈。虞芮質成，不聞桴鼓。廟堂念師旅之臣，氓庶感生成之德。經斬蛇之澤，英爽猶存；望雲龍之山，墮淚可掬。峩峩廟貌，奕奕烝嘗。榮可知已，愴亦深焉。僕見聞素稔，顔色親承，不揣鄙蕪，敬揚徽美，敢爲譔述，用詔將來。公諱善張，浙江平湖人，事蹟具備國史，兹不盡書。其詞曰：

當湖世胄，東徐蓋臣。奮武致果，唯德是鄰。百夫之特，一人之身。金終躍冶，玉豈從磷。疇昔里門，防海著績。爲國禦侮，謀社存策。煌煌懋功，門列棨戟。選舉茂材，洊爲邦伯。楗竹堤茭，筮仕之初。賈讓導淮，鄭國疏渠。日省月料，協志愉愉。立誠于閫，儀象偉如。何圖逆氛，南北澒洞。元甲縱横，羽檄倥傯。明月廣陵，列雉環供。蠢爾豕狼，庸殊蟻蠓。一戰而捷，天子褒嘉。凝士凝民，陵苕尃華。率彼曠野，雨露桑麻。陳匪麗魚，道乃啟騂。建節彭城，傒我來後。紀綱條教，挈領取鈕。爰及士卒，釜甑飯糗。將以和蒸，敉此羣醜。青絲白馬，壽春以烖。排困市井，擔鼓喧豗。公主轉糈，聚米盈堆。功收朱邸，鯤縱鵬恢。岩厂幽明，日麗晴昊。粒餘棲畝，居沿築堡。二民一田，同馬異皂。盜弄潢池，憫矣襁褓。奉檄濟師，我瘏如何。櫛苗耨髮，所利孔多。敢爲不遑，莠民增訛。鉏芸益力，慈惠奚苛。志不遂成，疽發于背。我心匪石，殷憂耿内。父老存問，日數百輩。籲禱神祇，徧走海岱。天不憖遺，奄及殲良。皓魄横空，旂旐央央。論心終恕，具事匪張。纍然而静，酸風隕霜。走客袁江，獲覿丰度。恂恂善下，未改儒素。毅烈勇誠，弦應節赴。閲年二十，畫圖如故。厥惟令子，繼志能文。克勤厥職，祐兹吴民。勉旃令德，後有達人。永寶無斁，子子孫孫。劉履芬并序

同治初元，贈右都御史、平湖朱公備兵淮徐揚海，焯有聲績，方略條教，濟變不驚。旋以湖團事率師駐沛上，未畢役而疾作。三年八月，殁於行館。湖團者，咸豐辛亥，河決豐工，凡銅、沛、魚臺之民田與微山、昭陽之湖地皆匯爲巨浸。既而水涸田荒，山東貧民相率來此墾闢，立團自雄。其桀猾尤無良者，頗與撚寇通聲息，焚掠剽殺，外訌内仇，累驅不去。公以急之召釁，緩之養癰，憂憤成疾，賫志長逝。葢所謂以死勤事者也。癸酉之夏，哲嗣竹石太守持所藏《沛上致憂噴[illegible]》見示。福成因書其後曰：

近歲，皖南粤中皆患客民。而湖南北流民游匄，數省議者憚於安集，其事略與湖團同。古之人日夜勞徠其民，常不使國有棄土，民有羡力。葢輔相天地之宜以左右民道固如此。漢武帝因歲饑徙流亡新秦中，七十萬民樂其業而邊備大實。未嘗不嘆漢氏以來，如此大舉後世未嘗有也。所以民鮮恒産，而沃土往往千里不墾。濱湖之區，沮洳蒲葦之地，其利至微淺。客主挺争，禍結不解者十餘年。其後至發重兵遷客民，給鉅帑復故籍，患乃少弭。然則輔相左右以大奠其民，今日固未易言也。田不官授，而民私其土。法令滋密，而長吏漸輕。人事時變，日相推移，兵刑水土之政其難理皆有甚於古人者，其所由來者漸矣。公沛上之役葢將有紓籌卻顧而重慨

焉者。覽是圖也，感勞臣之靡鹽，怵時事之多艱，爲之四顧而惘然矣。薛福成撰

《沛上致憂圖》者，圖故贈右都御史平湖朱公治湖團事也。湖團者何？咸豐初元，河決豐工，自銅、沛、魚臺南，盡微山、昭陽湛爲巨壑。議墾淤澱濟軍實，則有山東貧民、逐利不逞之徒，衽大男，劍稚女，亡命逃匿其閒，叢叢蟊蟊，旁絡數百里，鱗沓億萬户。于是土客佤離，酒月敫盪，一端睽沮，輒瞋目語難，刀槊戛戛，深宵有聲，期殺傷抵乃已，不則刻時日更鬭。名捕戎首，則攩挖狡逞，不以實獻。其尤桀黠，往往與大寇唇齒。時公備兵徐海，時會摇迫，萬唇然疑，武競恩狎，緜相怨懟。公憤悱于聱牙，騰逴而出瘠心紆圖，卒沮衆議，憂悴以歿。烏乎！若我公者可謂勞臣也已。阡陌裂，人私其土，輕徙若駭獸。吏仇視其民，民迺罔託命。貧相軋，富相猶。貧者危而完，富者擁而覆。詭異不侔之氣鬱而爲戈鋋。人禽冤痛，山河潰瘉。迨菑患徂，安集慶，而槁瘵在野，國勢已阽，其不亦晚計已乎！夫同利者必争，恒情然也。恒情所樂趨而不爲，亭毒以劑之平，則蓬跣之子將頩怒其長上而售厥奸。故治術之善，任擇將率不若任擇守令。時乎休息，與之安舒。蹈舞焉以凝其嚚競，使之回易志慮，馴導血氣，渾渾乎相融，以漸臻夷佚之化。其道如是而已！吾觀公之用心，匪扈聚之，又捍庇之，更嗅咻而姁嫗之。自非孤忠鬱律，恣摩盪而無鯁避，安能繚戾詰曲中積憤求大慊若此。公子竹石方伯捧圖督題，用奮旌玆卷，以誶痛心民勞者。壬午仲冬，蕭山湯紀尚謹題

竹石太守嘗出《先都憲公沛上致憂圖》遺像，示鐸於吴門經注經齋。鐸敬觀，退而爲之贊。其辭曰：

於穆使君，盛德彌光。始仕河渠，疏瀹有章。恩宣春日，威立秋霜。時艱孔棘，狂寇狓猖。東征西撫，扶弱抑强。正躬率下，夙夜不遑。黄河海口勳匪，鐸隨辦行營文案。帝嘉厥功，秉節徐方。乃文乃武，實柔實剛。湖團搆隙，兇豎煽殃。炎蒸沛上，盡瘁云亡。彼都人士，莫不哀傷。荷承天寵，卹贈焜煌。哲嗣侍疾，致憂不忘。翳忠若孝，令名顯揚。圖留遺像，奕世垂芳。視如球璧，其永珍藏。楊鐸

昔蘇子瞻移守徐州，上書略云："覽觀山川之形勢，察其風俗之所上，而考之於載籍，然後又知徐州爲南北襟要，而京東諸郡安危所寄也。""其民皆長大，膽力絶人，喜爲剽掠，小不適意，則有飛揚跋扈之心，非止爲盗而已。"昔人之言若此，今又數百年矣。雖涵濡教化，當有轉移，而其習俗既深，斷難全變。矧值粤寇縱横，湖團萌蘖，而謂守兵備之官抱澄清之志者，能以臥閤治之乎？此《沛上致憂圖》朱都憲公所爲作也。未幾遺疏上聞，九重震悼，飾終典禮，有過尋常，所以禮勞臣至矣！圖中侍疾者爲今署蘇臬竹石觀察，任子起家，明習吏事，治獄尤所專精。時諸吏避參限多不以實，輒執例繩之，有投劾去者，捕治乃肅然。蓋其憂盛危明之心真能善承家學。顧時論方以守成法爲苛，而以縱詭隨爲惠。所謂變民風易，變仕風難，蓋亦世道之憂。願我竹翁堅持道力，冀挽時趨，是即此日贈言之意也夫。李嘉樂

大旗落日撾軍鼓，坐擁雄師奮貔虎。紛争赤子好弄兵，幹濟書生能用武。維公握槧老戎行，詔錫嘉名勇可賈。雲飄孔翠冠珊瑚，豸繡巡方駐徐土。昔年千丈落黄河，耰鋤耒耜來東魯。膏腴繞郭禾黍青，沛上秋風原膴膴。閭閻肇釁起漚麻，虞芮質成皆負弩。維時皖賊逼城闉，我正與公商禦侮。公曰君守余試征，弓矢芻糧分部伍。倉皇六月冒炎蒸，血汗三軍勞鎮撫。此疆

爾界毋越畔，婦饁男耕令安堵。醫國奏績不自醫，病入膏肓心瘁苦。馬援裹革死疆埸，宗澤背疽憂肺腑。帳下湯藥侍文郎，和緩無功悲失怙。騎箕長去公不還，練石呼天終莫補。呼嗟乎！臣事君，子事父。靡盬應歌杕杜詩，丹青寫出蘭陔譜。奇哉忠孝萃一門，披閱斯圖足千古。汪堯辰

舊雨凋零重愴傷，懷人何處奠椒漿。卷首有張介純誄詞。介翁宰吾邑十年，清操惠政，今春亦歸道山矣。憂時如見恫瘝隱，被澤猶傳姓氏香。鳩户具徵棠蔭頌，鴒廬應廢蓼莪章。至今豐沛思遺愛，式穀無忘讀禮堂。丁晏

王事賢勞獨感傷，汝霖無術乞瓗漿。先生治師淮徐，秋暑徂征，疽發於背，論者謂與宋宗澤同。後先同造三吳福，哲嗣竹石廉訪五權臬政，有聲。姓氏應教萬古香。省識治民勤撫字，《述懷》句"政重招徠勞撫字"。非從報國在文章。披圖如見憂時志，颯颯英姿映一堂。敬用山泉先生《述懷》元韻。黄彭年

蠻觸紛爭苦未休，耰鋤一變起戈矛。聖朝自悉民閒隱，賢者常先天下憂。眼底瘡痍皆赤子，古來盜賊起徐州。當時執卷沈吟意，擬共何人借著籌？俞樾

先生憂已先天下，惜不能留後樂身。食報兒孫原在後，一斑已見捧茶人。圖中捧茶侍先生側者，竹石也。

不識蕭山湯柏石，高文獨有古人風。勞臣心事能傳出，更在吾心戚戚中。余素不知湯柏石爲何許人，今於卷中見其文，通治體，抱古懷。"阡陌裂，人私其土"以下一段，尤娓娓惻惻，侃侃鑿鑿。易佩紳

蕭蕭風木咽淮波，掩卷沈吟感蓼莪。煙静藥爐香未歇，霜寒刁斗夜高譌。青緗家世看聯駟，白髮英雄悵渡河。回首瞻園停節地，一門棠蔭遜公多。陳夔龍

人生有愛日，中歲各已度。如何朱大夫，七十復能慕。咸同昔喪亂，一錯六州鑄。頗聞江海閒，社鼠伏無數。湖團豈小患，厝火鬱誰訴，籌防有至難，孤掌崛枝梧。春陵賊未退，烈日逼秋戍。瘁躬安自持，憂患積成痼。披啚見忠孝，風貌肅毫素。就中嘗藥人，又鎮淮揚路。慶州賢父子，鐵石心如故。顧迴風樹悲，鞏此藩籬固。陳啟泰

微山湖淀接昭陽，督漕三年歷水鄉。時聽農夫漁父語，先生遺澤與天長。

急則生心緩養癰，貔貅壓境且從容。那期一夜星先隕，盡瘁臣躬等臥龍。

使君遺恨在淮徐，未竟勛勞痛擲虚。昔日捧茶貴公子，又看繼述再遷除。竹石方伯仍補兹缺。

萬載當年際順康，棚民土客各披猖。調和亦似公平恕，留得文翁舊講堂。先少參公昔宰萬載，亦遭土客相争事。萬載立講堂，至今不廢。吴重憙

中散天人表，侍中立鶴羣。當官避正舍，小吏識郎君。全活多陰德，艱危語夜分。吴民化忠孝，天未喪斯文。公父子繼任淮揚，一時以爲盛事。壬子六月，象甫世仁兄以遺卷屬題，距賢翁竹石先生之没又三年矣。世事滄桑，不可不識。沈瑜慶

致憂身則死，不憂將如何？淮水千年在，斯民幾歲痾。先朝重循吏，往事起高歌。夢夢天何醉，蕭蕭我已皤。梁鼎芬

地曠民堪殖，湖淤隰可耕。官司能主撫，客土爾何争。仁者言爲利，朱公政有聲。先憂在天下，吾亦閔蒼生。鄭孝胥

時事正堪傷，何當覓酒漿。致憂圖粉本，治術見遺章。袁浦承先德，平湖有瓣香。沛中耆舊在，佳樹蔭祠堂。癸丑莫春之初，用卷中《述懷》原韻敬題。劉世珩

顯廟江淮際，維公一手支。天心慳後樂，人事昧先棋。桑海千生淚，遺容百世思。叔平留故物，濡筆獨漣洏。沈曾桐

建封作鎮彭城日，先公奕奕賓從間。每聞父老頌前政，力任保障誅凶殘。威名無乃韓范亞，循惠若是龔黄班。使君往矣八龍在，慈明尤是青琅玕。當時紀羣話投分，後來陽禹爲同官。益知匡濟本庭教，相許光大迴時艱。天空鳥飛那可測，東勞西燕何䴗䴗。幾回離合已晚歲，最後言笑猶鄉關。通家誼重及子姓，麻裳葛帔矜我頑。拄車借喻愧才絀，毁瓦得食嗟恩寬。是時叔季國多制，侍坐罕得窺開顔。嘗從賓退得請間，手出長卷呼同看。圖中清肅見遺象，紙上恍惚聞長嘆。遺詩跋尾墨淒黯，思親淚跡紅斕斒。我時避席致深敬，公起掩卷悲汍瀾。神羊獨角棲公冠，軺車仍指雲龍山。使君有子我民母，江淮千里方同歡。大星飛墜風雨急，息壤尚在丹青寒。空餘賸客落湖海，重對舊蹟摧心肝。枯桐已殉子期往，華表不迎令威還。烏衣年少自風度，花樹族大存羽翰。感時懷舊意無極，筆乾腸結空潸潸。金兆蕃

撫循安土客，斯語可書紳。憂患緣民事，兵戈瘁已身。淮徐冬日趙，喬梓福星侁。山泉方伯、竹石觀察相繼爲淮徐道。世變今殊昔，披圖感喟頻。陳夔麟

（朱之榛輯、朱景邁補《[浙江桐鄉]朱氏重修遷浙支譜》 1915年平湖朱氏刻本）

繹如公助橋田記

朱能作

浦邑，仙華爲屏，南江爲帶。出南郭里許，向有大南橋綿亘於浦陽江上。其左圍右繞匯流於江者，有東溪、西溪。而石橋遂分峙於東西。咸寧門外有西石礄，去礄百餘步爲溪下，逾溪下而西爲石陵，其間隔西溪之水，邑人造木橋以便行人者亦名西橋。過西橋則平疇沃野，碁布星羅。力穡服田者，朝往暮歸，迄無虚日。不有田以資經理，何以永占利濟乎？族曾祖繹如公創捐田六斗，以爲布橋人工食，庶搶修有時，積潦無患，後人利賴之，至於今不廢。公之元孫承虎懼滄桑遞變，田號無稽，致埋没先人之美意也，懇余記其事以爲載譜張本。余惟善行著於一時，義名傳於奕世，恩沾利涉，今古同稱。非但族人觀感興起，即聞風者亦毅然奮矣。故當日同捐者有族祖光新公，并外姓璩景青各助田五斗。公助約名下亦係田五斗。今公之橋田在五都八保土名𡑞頭頂者，爲田六斗。以立約在前，入田在後，有議約、助約原契内年月及糧册畝分可

證，將來載列宗譜，信而有徵。公既以利澤及人，其善與人同之，志復相助爲理，非欲立功德於不朽者哉！至公立品之端，持躬之正，備詳於先曾祖雪蕉公奉祠記中，玆不贅。

時道光廿一年十月上澣，孫能作謹記。

立朱氏樸樹派譜田記

朱興悌

《周官禮・春官》：小史掌繫姓昭穆。古者，族姓領於史官，爲後世宗譜之權輿也。漢有《鄧氏官譜》，應邵撰《氏族篇》，王符譔《姓氏篇》，晉賈弼撰《姓氏簿狀》，宋何承天撰《姓苑》，劉湛撰《百家譜》，王儉、王僧孺從而廣之演之。唐太宗命諸儒撰《氏族志》，路敬淳撰《姓畧》，柳沖撰《姓族系録》，《唐書》有"世系表"。歷代纂述譜學修明，皆合海内有族著姓而品藻之。至宋韓氏琦、程子顥、司馬氏光、歐陽氏修、蘇氏洵，創爲一家族譜，所以尋本溯源，凜凜於尊祖敬宗收族之誼也。浦陽朱氏始祖婺州通判公於宋太宗端拱元年由吴興來遷，傳四世，析爲三支。七世祖建寧刺史公勒朱氏世系圖于碑，洎九世後，各自纂譜牒，迄今傳二十八世。每歲春秋之仲，三派合祭於大宗祠。祭合而譜分，輯者有九。吾樸樹派其一也。悌嘗有志於合譜，而力未之逮。乾隆丙子與戊戌，兩次修本派譜，余與共事，詳世系，列行傳，核藝文，補闕訂訛，兢兢弗之敢懈。其支費所出，自康熙庚午定於十二世祖常七公長至寒食兩祭減丁胙以營辦。大凡届二十餘年而一修。嘉慶四年春重纂家乘，族巨齒繁，工料頗昂，胙減而費仍苦不資。余議於嘉慶元年新立建寧公誕辰祀内幫入以竣事。每念自玆以後，族益巨，齒益繁，工料益增，非創立譜田則修輯良非易易。余近董三派大宗祠事，辦合祭及修祠葺墓，并立祠産外，於本派經費漸有贏餘。與諸同事經營生息，不煩捐輸，已陸續買田二十七畝零。創祀建寧公九月十日誕辰，玆與同事者酌議，竭力區晝。復於嘉慶四年夏買田三畝，創立朱念祖户。復於九年秋添入一畝五分，逐年積息，永爲修譜之資。纂輯以十二年爲率，可不虞歲月稽緩，并可不藉減祭胙以竣事矣。後之經理者思譜田所由創，庶矢公矢慎，敦尊祖敬宗收族之誼。余其有厚冀焉。於是乎記。

大清嘉慶歲次丙寅菊月上浣，第二十四世孫興悌謹譔。

幼派侍御公創立繼絶祠序

朱　寯

夫苾芬孝祀，神自居歆，肸蠁通靈，鬼亦求食。陰陽一致，微顯同歸，理固然也。況纍纍孤塚，血食無從；渺渺遊魂，香烟永絶。天陰雨濕，既飲憾以吞聲；春露秋霜，亦空腸而枵腹。一盂麥飯，墳上何人？幾串紙錢，墓中誰享？此誠有道仁人之所增感，而爲同宗共本之所深悲者矣。朱姓幼派任嚴州府分水縣訓導承宧之父諱能作，以名進士登部曹，由侍御史告終養。曾念本派祖考妣及子孫之孤絶者，隻鷄絮酒，未免向隅，鵠面鳩形，儘多掩泣，願出資立祠，寒食冬至祭奠，依期以慰泉壤。未及舉行，于咸豐甲寅冬仙逝。其臨終時猶殷殷以此事付囑，承宧誌之不敢忘。夫豚肩不掩地下多瞻之屋烏，而犀貫挺生池上有遺毛之鳳。善繼善述，肯構肯堂。遂於丙辰年，將祖廳東邊旁屋一所，計樓上下三楹，平屋一間，坐北朝南，西旁出甬道一直，并屋後空基一塊，路沿大門朝北，題其牓曰"繼絶祠"。既醉既飽，其在斯乎；呼癸呼庚，吾知免矣。嗣捐田十石一斗，敦請本族殷實公正者四人經理糧祭。矢慎矢公，出力與出資相埒；以妥以侑，圖終與圖始無殊。從斯二仲届期，紳耆咸集，九泉蒙祉，牲醴薦馨。鄭無伯有之驚，爲之歸也；楚免若敖之餒，豈等忽諸。國立厲壇，此亦不至爲厲君稱冥漠，今宜安在幽冥，新鬼大故鬼小，詎明見焉。俾爾熾，俾爾昌，固其所矣。是爲序。咸豐九年七月下浣，堂弟千尋寯拜譔。

豹橋派新置公産記

朱　寯

浦陽城内市東豹橋朱大宗祠次派，九世祖百七省元府君之所始遷也。世有哲人分遷不少亦既族大人衆矣，而附近以居者未免式微，除公屋明堂外，竟爲人所佔。識者傷之。於是裔孫爾來等合同派下捐銀生息，置産備用。自道光十九年己亥，捐錢一百八十三兩，修譜之年開胙一次，炤錢分給。除用外，今已受田一石九斗。糧掛珍南二公户收租息，以俟後用。又自咸豐元年辛亥捐享十九名，每名十五兩。雖未開祭分胙，今已受田四石零。糧掛壽俊户，以爲養老尊賢之費。又約譜紙會十人，每會五兩，今已受田八斗。糧掛修牒户，以爲次卷領譜紙費。計自道光十九年至今咸豐九年僅二十年耳，而生息贏餘田産增置。洵董事者之矢公矢慎，亦祖宗之以引以翼也。語云："國將興，賢才聚；家將大，賢子孫出。"吾於豹橋派下諸人見之矣。異日者，靈保居歆，宗盟鞏固，耆艾歌咏，簪紱聯綿。届十二年修譜之期，不煩傾囊倒囷，而綵舞於庭，觴稱於室，豈不盛歟！予承乏譜事，値合譜之暇，喜豹橋派下諸人之相與以有成也。於是乎記。時大清咸豐九年歲次己未七月上浣，幼派裔孫寯謹識。

世 哲 堂 記

朱之恩

世哲堂者，豹橋派下之祖基也。其基，堂樓一間，中庭一間，廳三間，西邊衖衕一直，明堂一圍。其命名也，蓋取"敬宗、録世、有哲人"之意也。俟後地隘人稠，分房遷徙者莫可勝計，而居祖基者反見瓜稀。世哲一堂幾爲强鄰所佔。幸賴堂懸一扁曰"節並西山"，係爲鄉賢君正公立。佔者語塞而止。堂之復歸派下者，依哲人之靈也。但年久屋圮，不加修整，仍歸朽蝕。族弟守績、侄學標，爰偕族中合予千十翰林公派下共計十二人等，同心協力，捐享四十一名，計金四百十兩。公舉殷實公正者，生息置産，以勷祀事，上妥先靈，遠資修葺。歲時致祭，子孫一堂，得以聚集而薦馨香，皆斯舉之力也。登斯堂者，見先哲之流芳，其亦興而思奮也與。是爲記。

議立鄉賢君正公享一名，有廿五都五保土名高塢口葉塢山三畝八分，助入公中，以作享資。時咸豐九年歲次己未六月日族長之恩。

重建豹橋堂屋記

朱守深

豹橋者，次派始遷之祖基也。堂名"世哲"，蓋因先祖有哲人之意也。其屋，堂樓一間，中庭一座，廳三間，爲派下之公屋。然近居者，丁少瓜稀；而居住遠處者，繁衍甚矣。自粤匪入境，被火焚毁，僅留破碎廳屋三間。派下子孫星散。欲重建而甚難。賴有房長邦梅仝守元兄等深念祖德，加銓董事，舉宗泰司錢，舉學盛、紹魁、紹宗、宗華，并前董共計十一人，協力同心，善爲捐享,動土,鳩工,備料,建造堂樓中庭,并修葺廳屋樑柱,其錢項將咸豐年間享息先支付用。又珍甫、南二兩公享會幫助錢五拾兩。其新捐享錢陸續支收應用。迨工程既畢,會董合算,共計費用錢四百四十二兩。然後興祭多寡給胙,而新享續捐。至今共計九十七名,合享錢九百七十兩,現已受田九石一斗,其田價書明祭簿,藉此以妥先靈。後之子孫興祭相延,皆祖宗顯靈之默爲祐也。今值三派合修宗譜,註明前造情由,以示後人,并所捐享名與所受田産永垂不朽。是爲記。光緒癸未年裔孫守深百拜謹誌。

(《[江蘇]湳陽朱氏宗譜》 清光緒九年木活字本)

胥溪朱氏捐墓田碑

朱昌穀

井田廢而君子無圭田,宗法廢而支子無不祭。今所謂祭田,古所謂圭田也。吾宗本出婺源,元代勉軒公官嘉興路主簿,始遷海鹽。四傳至半軒公,而族始大。十五傳而爲我高高祖曾三公。公生子三:長魯璠公,次中璜公,次五峯公。中璜公數傳無後,今從附祀。魯璠公亦生三子,中諍可公昌穀之曾祖也。昌穀賴先人餘蔭,以勤儉而享温飽念,曾祖以下皆有田以祭。禮崇追遠,則當爲高祖魯璠公立祭田、圭田五十畝。今捐爲一百五十畝者,以高祖下三支,分一百五而三之,則一支適得五十畝,數仍無逾也。《會典》:品官家祭之禮,三品以上時祭,徧舉;八品以下春一舉。今以其一爲春祭,餘爲支子秋冬之祭,禮亦非僭。推而上之高高祖,雖舊有祭田不滿五十,兩支承祭。舊則一年一值,今捐加一倍,俾兩支分值。則高高祖下兩户,高祖下三户,皆歲有祭田,承祭之外,得私其餘報本也,而贍族寓焉。況昌穀前曾捐有義田百畝,庶乎可矣。又推而上之爲七世祖汝楫公墓下捐私祭田十畝,而六世祖公含公拜墓無胙,亦以五畝補其缺。一切規條具刻碑陰。

道光二十年庚子仲夏,勉軒公第二十世孫昌穀謹記

一高祖祭田一百五十畝,册立振興春秋臘三祭,各五十畝。

一祭期定以春分重陽臘日。

一祭用四筵,費六千錢,祭畢散福。

一助高高祖祭田三十畝,册立振興捐胙爲祠内分胙之費,每人肉一觔,折錢八十文。

一七世祖汝楫公墓下今助祭田十畝,其租米糶錢以八千文備祭品十桌。爲半軒公祫祭不得與本祭併辦,凡我七世祖以下以此散福,再以餘貲於十都祀墓時每人給茶點兩品。

一助六世祖公含公頒胙田五畝,春秋兩祭,每人一觔,折錢八十文。六旬以上以次遞增。

一高高祖下兩支分管新舊田,以五年對换。高祖下三支分管,現捐田亦以五年遞輪,用昭均平。

一錢漕必年清。年款若有虧欠,將是田交殷實者,清理後再輪。

小木山宅兆記

朱錦琮

《禮》:大夫三月而葬。甲戌冬,先君卒京邸,奉柩歸,宜水程。時水凍,且絀於費。明年秋,

始發引。故事，京官卒，兵部給勘，合需船若夫，由地方官支應。程途四千里，遄行百二十日，資用不乏。抵籍，入城治喪，則執照給自禮部。國恩厚矣。時丙子春正也。遵制治喪畢，買小舟，挾葬經與形家者入鄉，凡近似者即歷其地觀之。自三月至八月，得南鄉小木山東麓之地邑南鄉曰邵灣者，多山水。先君在日，常曰："他日歸於邵灣山高士湖之閒，闢小圃，足娛老矣！"此從前志也。

此山從高陽山祖山起頂，又起大木山，作少山。大木山過峽起本山，亦有正頂。從正頂落脉，一綫辛龍右旋入穴，東有界水。青龍砂自本山發出，作下臂緊抱兜收，一臂之力極重。龍自右來，得左砂關鎖，一山之氣盡注於此。又其右有小水，分清落脉，龍不涣散，石迹層層，至結穴之處石盡，純土。穴内四山環繞，真氣凝聚。案山平正，巨門星體。正面出水，兩山交牙，不直瀉。辛龍辰消出煞立酉山兼辛卯向兼乙爲金局。養向辰方水出口，與外水自丁方來，爲酉巳丑右旋金局。水案外過堂，入湖會消巳方龍庫。水局同一金氣流行。惟右多高山似虎山太重。然穴近龍砂，轉似與虎山相當。以右首放寬，高山不逼也。又此地四面皆山，坤申方稍有空缺，外山補之，不作凹風論。至穴結山麓，朝山宜低，不可高壓。麂山在水口交牙之外，去穴甚遠，無强賓欺主之嫌。若以近山巽峯作案，則不惟左首放寬，且嫌逼穴。况巽峯在貴人方，辛龍得之，又爲兩貴人相見云。

遂于十月吉開穴，後深六尺，前深三尺，土色黄紫。其藏也，附棺以甎，附甎以三合土。外封土如法。其西爲祠宇，縱横各三楹，後室中奉祏。高山在後，流水在前，以妥以侑，以誌弗諼。道光五年冬十月男錦琮謹記并書。

重建永思宗祠記

朱丙壽

吾宗自主簿公始籍海鹽，卜葬陳灣山之陰，向有祠堂。後改建爲文公祠，而以主簿公配焉。自半軒公始葬甘泉鄉韓明廟，河西有祠焉，祀主簿公以下數世，而祔以各支祖栗主。以永思公祭，歲奉烝嘗，典至重也。斯祠創自何年，舊譜不載。歷年以祭産羡餘爲修葺之費。辛壬之變，祠宇蕩然。事平，司祀事者草草葺饗堂成，謀集資規復舊制。予時典潮郡，郵三百緡以助，而擲如虛牝，迄用無成。歲戊子，乞養歸里，展拜松楸，睹門庭荒落，所建正楹又料物窳敗，無以持久遠，因謀諸族老，思更新之。而墓田多蕪，歲入寖薄。予乃捐金獨任其事，延族叔丙齋營度工作，撤饗堂舊料，改繕旁室。其前後兩進則易以木之堅厚而大者。更拓後圍地三尺許，增建前楹爲子姓瞻拜之所。鳩工庀材，崇庳廣輪，悉仍舊法。經始於光緒十五年冬月之吉，閱五月落成，縻金錢二千緡。凡採購物料，督視工匠，丙齋叔實始終焉。朝夕監工者，爲族子義山。族兄小泉則隨時察視，俾無偷減。乃工甫竣，而丙齋叔遽歸道山。顧念敬宗祖，篤孝享，力任勞怨之難，其人能勿悲歟！吾尚胥里支派向稱繁衍，自寇亂以來，房族凋零，子姓寥落，至有覿面不識親疏遠近者。斯祠之成，適值清明，修明祀事，頒受福胙，子孫振振，拜起秩秩，此由衰而盛者幾也。後之人尚其鑒兹成功之艱，歲加葺治，毋或廢墜，以貽祖宗羞，則予庶可告無罪云爾。光緒十六年，歲在庚寅清明後日，廷珍公支裔孫丙壽謹記。

豐山祖塋祭田勸捐議

佚 名

支祖竹軒府君葬於豐山之麓，迄今二百餘載矣。府君生我南谷、北巖二祖，由是瓜瓞緜延。值是祭者，南北兩分子孫輪辦，所有祠田，五年一交。但子孫繁多，不敷於祭，間有終身不一到者，有至老而未識面者。兹何以故？蓋肆筵設席，限於其數。此從宗合族來者所以不廣。嗟乎！有此雲礽而不能畢集於前，祖宗之心應亦惻焉傷之！夫禮反其所自始，樂樂其所由生，血脈本自一貫，可因惠下之不廣，不能敬宗而收族乎？善體祖心者，已有子息，欲其莫遠具邇，揆之於祖猶是也。即已艱子息，慮其烝嘗有闕，揆之祖宗，憂子孫之心亦猶是也。思及此，通追來孝之心可油然生矣。用是播告本支，繼自今丁財俱盛者，務先捐資以培植，使祖宗惠澤得以旁流，如葛藟之能庇其本根，此敬宗之第一義也。即或有財而兒傷伯道，鬼餒若敖，心不更戚矣乎？則宜下綴旁枝，亦當上體宗祀。苟能推其孝思，酌撥祭田，俾設主祔祭，享苾芬于祠堂，同宗祖以合食。諒爲人後者之心，無不願其親之推孝思於靡窮也。遵斯議也，盡慈盡孝之道於是乎在。將見祠田克廣，惠愛必均，樂《行葦》，歌《既醉》，童叟畢至，少長咸集。我祖顧而樂之，不依然一家人萃聚之象也哉！由是積久之後，凡有死喪急難者，亦可藉是以酌施焉。此仁之至，義之盡也。墓下嗣孫均宜凜遵毋違。是爲議。

西洲公歷壽詩

六十逢全盛，西洲花草新。雲霄諸令子，天地一仙人。佳氣來瀛海，祥光動北辰。年年當此日，歌舞宴長春。

右壬辰夏澹泉鄭曉

桑榆晚景樂西洲，身在江湖百不憂。近海波濤浮日月，遠山巒嶂出林邱。吟詩自得乾坤趣，酌酒還期耄耋儔。庭下森森丹桂茂，酡顏鶴髮老春秋。

雙湖戴經

吾鄉有逸士，七十美風神。鶖衣緑玉杖，鶴髮烏紗巾。跡邁趣則遠，蕭散無懷民。野出具樽榼，山限水之濱。維兹孟夏朔，正值懸弧辰。膝下戲諸綵，座中列嘉賓。歌管沸堂記，鼎俎錯前陳。鶴飛自南來，長鳴翅如輪。聖皇開壽域，六合咸同仁。興言感殊遇，舉手加額頻。予也歸故里，與爾友且親。願從此耄期，共醉花前春。

右壬寅歲東濱徐咸

綸巾野服稱清遊，酒溢春缸客正稠。海上青山瑶草長，庭前芳樹碧雲浮。樵漁自喜酬初志，風月何期屬晚收。記取南飛嘉宴罷，畫船歌舞下西洲。

西皋鍾梁

舊家喬木老滄洲，清世儒流。百年已過三之二，纔稱慶、七十春秋。白髮烏紗鶴氅，綵衣緑酒金甌。　蘭芳桂樹草堂幽，花外起高樓。不須更覓神仙境，閒心地、自有丹邱。借問壽齡何似？大江東去悠悠。右調《風入松》。

西村朱朴

西洲華屋幽且偏，徵君嘉遁傍林泉。好書插架有千卷，拄杖看花攜百錢。黄金滿眼獨睨視，烏紗裹頭長醉眠。青松白鶴日爲侶，祝爾遐齡松鶴年。

勾溪陳鑑

杏花春雨喜初晴，忽見南山分外青。何處飛來雙白鶴，西洲相應徹天聲。

白川張嘉秀

西洲老，眉壽正如川，七十四值華筵。高情寄與清風去，樂處常隨春酒邊。意何如？吟月下，醉花前。　掛香囊，任飄氤氳，題紅紙，扶掃雲烟。洛下耆英最少年，謫仙風味今何在？香山逸興莫争先。從今後，登遐算，想椿天。右調《最高樓》。

見川李儒烈

八十仙翁壽域開，壽徵須信自天培。身承奕世紫陽後，眼見四朝昌運來。利遠不求心更逸，畫圖閒寫句還裁。碧桃花發春千載，歲歲花前薦壽杯。

右壬子夏南白聞華卿

西洲公桃源圖詠

佚　名

桃源古云神仙之境，自晉陶澤令昉稱避秦士所居，故韓退之、王介甫、蘇子瞻輩遐想逸勝，高談已事。予竊意神仙之説非君子所道，第山隈澗邃，花草靈異，華甽古豆，爰若天成，似非人間界也。且秦迄晉，子孫衍久，皆能臥石飱鮮，忘塵絶累。南陽席側時不忻，黄初鼎沸勢弗及。悠悠六伯，休庇其家，世有神仙，豈其儔乎！彼商山皓老，羽翼終年；東海義人，同捐赤召。予益羡若人之奇也。嗟夫！山不必陟其巔也，惟石可盤；水不必臨其淵也，惟瀾可觀；人不必喬其歲，悟其元也。惟頤吾志，永吾傳，茅居野散，皆爲神仙，又何異乎桃源？予故拙其繪而俚其言。

武原七十五翁西洲朱栻畫并跋

朱　朴

水石盤旋路幾重，泝流沿澗進孤篷。村田到處多相似，禮俗逢人稍不同。異境祗疑忘歲月，窮岩依舊見春風。四山芳草連雲碧，千樹夭桃夾岸紅。幽鳥隔花鳴絶壁，暗泉如雨落虚空。更無縣府差科擾，且有比鄰饋餉通。乍到不知行遠近，重來無復辨西東。武陵勝事傳今古，却恐漁翁詫夢中。

八十三翁西村朱朴識

跋西洲翁詩畫後

予束髮與西洲仲子廷璽讀書於莆陽陳亦山先生館下。西洲爲館主人，故日夕聞見乎西洲。蓋勤儉起家，詩書訓子，淡然于世俗紛華，吾知西洲爲長者矣。

予釋褐去遊京師，廷璽貢入成均，爲六館高才生。後廷璽以族叔祖南野繼嗣被誣，鄉人冤之。衆意西洲必動心爲廷璽計。西洲曰："聽之天。"嗟乎！廷璽少讀書，無機警心，宜爲人陷，而西洲竟付之不較，以聽于天。予益知西洲蓋去白守黑，爲知元長者矣。今觀西洲詩畫，予昔與西洲處，如一無所能者，而其畫與詩今若此，多天然自得趣。予知西洲其心澹然，其氣穆然，故白首而發其英華，其能燦然爲不可量。長者矣！予讀書今年且五十，於理道無聞，故伎倆或爲人所限量。吾亦反觀，自諒尚故吾也。今吾始觀西洲自一西洲；既觀其處世，又一西洲；乃今觀其詩畫，又一西洲。夫西洲不可量如此！觀其自贊曰：苟能師乎衛武。意可想見矣！吾當觀法焉！謹跋以還廷璽。廷璽名玭，同邑姻生。海石錢薇頓首拜書

晦翁孫子宅，十里隔城東。楊柳四圍水，蘆花兩岸風。樹啣秋月白，簾捲夕陽紅。待看春雷動，遊魚盡化龍。犢舟翁王仟

韋布凡陽八十秋，衣冠門第舊儒流。花前消息長春酒，野外行藏明月洲。海甸年華詩伴盡，桃源風景畫圖收。紫芝白髮商山老，何必相逢説五侯。秦川沈奎

西洲膴士，翰墨珠琳，筆端山水勝吴愔。誰足樂、閒中風月，舒落魄胸襟？煮茶鐺，醉[illegible]根。要甚麽冠簪，編竿釣洲鯉，愛與白鷗盟。構椽結隱，傍高岸、琴消清晝，隔樹聽禽音。右調《水府龍宫》。寅谷嚴熙

山間避世輕榮辱，眼看時事如碁局。梧月松風間往來，更傍西洲結茆屋。洲前樹色曉蒼蒼，洲外寒沙煙漠漠。胥水繞其南，胥橋亘其北。薜荔春深一徑通，抱膝孤吟常自足。乞花自栽，買牛自牧。酡顔鶴髮老山林，憐君本自陶朱族。陶朱好賢更好文，富甲吾鄉書滿櫝。但向鷗江理釣絲，那知紫陌驅塵轂。桃源寫出胸中奇，筆跡雅淡殊不俗。我昔讀書東溪樓，曾來邀我洲中宿。春堤芳草夕陽西，小槽呼酒嘗新緑。知君授業有奇方，麟趾鳳毛相繼續。喬木春風世澤新，誰云賢者多寂寞？碧里山人徐鵠

西洲主人朱家翁，清標邃養無懷風。主人一去二十載，洲前芳草空成叢。冉冉丹青開卷册，頃刻烟雲生几席。有子若孫世寶之，羹牆如覩前人澤。椒館光儀不可親，桃源花落幾迴春。南岵白雲懸望斷，北郭茆松入夢頻。君不見、東家嬴金侈十萬，平康一笑成虚幻。又不見、西鄰羅綺白面郎，醬瓿之上覆虞黄。君家種德亦云久，翁生獨蚤吾偏後。仙源岐路何處尋？新詩題就悲人心。從曾孫學顔頓首書

奉次前高韻

哲人良羨西洲翁，行歌樂有榮期風。耄齡仙去貽謀在，家林喬木猶蕖蕖。生前費金積書

册，肯同野老閒争席。詞翰兼之圖畫工，芳嗣賢孫珍手澤。吾想丰神杳莫親，鶴歸華表須千春。兹從卷裹觀仙筆，珠玉雲霞焕目頻。君不見、當年房杜禄餘萬，承芳乏賢罄如幻。又不見、昌黎作詩警賢郎，不學即蟾蜍，勤學成飛黄。翁今逝矣家慶久，玉樹芝蘭更多後。紫陽流脈億萬尋，書香繩繩紹此心。眷生嵩陽山人徐定夫

宗孟弱冠壻於朱，則聞婦翁有祖西洲翁，以耆德重於鄉，若彦方、仲弓其人者。初不知翁兼長藝事也。天啟辛酉春上巳日，婦叔完始公出一卷相示，獲見翁自贊及手畫《桃源圖》并所書跋，翩翩各具其致。前輩襟韻，恍焉若新。翁有藝若此，而絶不以藝名。古人闇然内斂，無一毫矜炫意，事事皆然。今不逮古，此亦一徵。且題贈多鉅公名流，尤可寶尚，敬附贊語于左。後人其善藏之。

太素之質，質有其文。雖則有文，(而)不滑厥真。於惟我翁，含英醖醇。華胄維國，庚桑維人。樂兼山水，體合知仁。閒一遊藝，筆彩常新。璀璨璆琳，充卷陳陳。猗歟來哲，永襲家珍。

曾孫壻彭宗孟謹題

西洲府君挺拔俗之韻，高不仕之節，取驩仁智，寄暢山水，狎主詩酒之盟。至髦期而風尚愈恬，天遊益遠，自綴像贊數言，亦古而澹，亦秀而野，繫心徽國，惓惓不忘。所自始者，手繢《桃源圖》，儼然長林豐草間，揖柴桑處士而接言通微，真所稱胸有邱壑，筆生雲煙。諸先正贊誦之美洵不虚矣！紫陽眇緒何忝在兹，再傳而爲完。始叔祖珍其家學，載揚祖德，披圖瞻像，自足千古。吾宗後學之型摹也。敬拜手颺言，以附不朽。從元孫泰禎頓首跋

靈巖四時皆春風，異花無名移碧紅。飛流電掣隔人境，頓有一日漁舟通。重尋雲壑遽深鎖，已遣子墨傳其蹤。武原高士西洲翁，塘南遯跡如牆東。偶拈故實託縑素，卻似胥湖之畔鳴孤篷。舊是先公讀書處，晴嵐芳草低冥濛。柴門鐙火映溪步，天機清妙來山中。長者意厚晚追述，想見猶龍元旨蟠心胸。先八世祖太常公少日讀書先生家，跋語述及之，並以"知白守黑"之義稱揚先生。道義相遺重菽粟，松柏謹護凌霜冬。居今望古不可接，此意渺與仙源同。人間煙雲過眼空，先生世澤留無窮。雪窗俯仰三百載，幽蘭太息遺芳叢。先生所著《幽蘭集》今鮮傳本。故居何處東海上，君不見、碧桃流水春溶溶。

道光庚寅早春雪中，里後學錢儀吉敬題

皇清待旌孝子文學誠齋朱公廬墓詩序

朱彝尊

《廬墓詩》者，吾宗孝子誠齋公於親没後廬墓六年諸紳士感而作也。乙酉秋，予歸梅里。誠齋公賢嗣時南以其詩裒爲一集，欲光之梨棗，走乞一言，以表尊人孝行。予素欽其孝，序一言以答之，曰：《問喪禮》有云，"成壙而歸，不敢入處室，居於倚廬"，此廬墓所由昉也。顧古者哀親，在外則哭泣無時，服勤三年，以將思慕。後人不能，乃有葬親中野，宴客後堂者矣。且有雨中封墓，月下思家者矣。吾乃於誠齋公之六年廬墓而有感也。公天性純孝，父母有疾，籲天身代。奉薌澤具甘毳者歷五十餘年不稍衰。及父没，雞斯徒跣，哀毁過當。葬，引至壠，廬墓三年，幾以身殉，念有老母而止。母以天年終，伏屍傍，一慟而絶。周戚急救蘇之，苦口曰："爾尚有大

事，且未有後，獨不念先人窀穸將誘之何人乎？"因强起視事，殮畢，負土成墳，復結廬墓側者三年。維時仙草生隴，靈鵲巢樹。學士大夫以爲典籍所載白鹿紫芝之瑞，曠世一逢。當吾身親見其事，不可以無紀，爰各賦詩投贈，得如干首。遠近流傳，共知諸生中有朱其姓，諱廷采，字子鮑，號誠齋者，爲鹽邑孝子。迄今時異世殊，猶令人稱道勿衰，豈非敦本力行足爲矜式，而詩亦有味其言之哉！予考古之廬墓者，若漢歐竇，晉李玭六年，陳張昭十年，唐李彦忠、張徹八年，宋徐中行、明徐獻章三年，皆炳炳史册。今吾誠齋公至孝性成，後先映燿，而諸君子又復咏嘆其事。夫同里有碩行而不爲表彰，邑士之責也。同譜有闇修而不爲揚扢，宗人之恥也。予忝在鴈序，兼以舊厠史館，出入禁闥，伏念今天子首重孝行，闡微索隱，所在寵錫旌表，以爲世勸，是集彙錦繡之才，寫《蓼莪》之意。輶軒下採，合呈御覽，列諸史册，豈特公身後之榮，抑亦吾族之光也。故樂爲之序。康熙卌四年旃蒙作噩，梅里宗弟彝尊拜譔

朱孝子誠齋公廬墓詩

彭孫遹羨門

松楸月落叫棲烏，奈此雙親不見何。尚想音容來碧落，那堪色笑隔巖阿。白雲枉悼悲無及，黄土空銜痛最多。莫把葺廬詩再贈，蓼莪篇已刺心窩。

查慎行他山

秋水寒郊外，荒廬緑水涯。三莖周智墓，孝童周智六歲廬父墓，生紫芝。連理蔡邕冢。蔡邕廬母墓，木生連理枝。銜恤悲何極，嬰啼路正賒。縣知林澤茂，天子孝，天龍負圖，地龜出書。士庶孝，澤林茂，浮珍舒。國史足增華。不忍離親側，三年伴墓眠。名齊兩曾子，宗滕俱有曾子之目。慕切一王延。王延失母，匍匐往尋。山雨羣靈泣，家風萬姓傳。韓陵知有石，留待表重泉。

楊中訥晚研

墓門攀柏紀當時，再見精誠志行奇。兩度松楸弔形影，六年堂斧灑漣洏。物緣孝感啼靈鵲，地效休徵茁瑞芝。恭與聖朝光史册，褒章稠疊降彤墀。

曹辰容抒亭

理學傳青史，宗風溯紫陽。一經緜世澤，五典植綱常。天性朱絲直，人倫玉尺長。雨雷增涕泗，風木動凄凉。瘁矣營邱壟，愴哉伴舄裳。六年甘野宿，百歲願身償。至行追前哲，覃恩待我皇。表揚宜樹碣，積厚遠流芳。

錢瑞徵鶴菴

胥溪清絶抱書樓，里號南陔我舊遊。四葉宗滕傳杖履，六霜歐李伴梧楸。廢詩堂上銜黄雀，讀禮庭前下白鳩。好待湘東招記室，書成金管上垂旒。

汪兆堪宸瞻

經營馬鬣手長鑱，宿草芊芊日自芟。痛憶深恩真罔極，墓門風雨泣松杉。茫茫泉路泣終天，痛傍松楸寄一椽。定省永違憐孑影，傷心豈望孝名傳。

陸士清麟長

恩大如天欲報難，悲餘風木剩孤單。若教海水流爲淚，哭到三年恐亦乾。三載靈風撤繐幃，墓門猶是戀依依。至今華表聲聲怨，月下難堪聽子規。

陸之楨子國

如君孺慕知何似，孝隱從前可並論。兩度奉親歸宅兆，六年廬墓伴晨昏。悲深風木常流血，痛絶泉臺幾斷魂。聖代久崇褒錫典，恩旌不日降重閽。

許文奎伯禽

已隔重泉不可求，結廬營墓傍松楸。可憐枕塊三更夢，猶着斑衣侍白頭。荒村久處已忘家，朝夕思親痛莫加。血淚洒沾墳上樹，行人錯認杜鵑花。

祖炯麗大

痛絶南陔補逸詩，君今邱隴有同悲。非關矯世驚人眼，自爾聞聲沁入脾。定省不離堂斧畔，槃匜無間寢興時。依廬痛切情何限，願繼笙歌譜孝思。

金德新用修　調寄《望江南》

重廬墓，舊塚接新阡。記伴嚴君心太恝，而今又痛殞靈萱，血淚正連緜。

重廬墓，舊舍葺新簷。怙恃本來同罔極，先慈今又繼先嚴，忍使隔幽潛。

重廬墓，一慟欲□肝。飲泣三年猶未了，苦於慈母又罹殘，誓死永依壇。

毓期雅師

一帶平蕪遶緑坡，忍抛親骨置岩阿。靈芝應有黄公異，仙果常看羽客過。嶺上綵雲連白草，塚前黄鳥噪青蘿。只看至孝呈符瑞，自有天神早護呵。

挾鋈樹菴　四時詞

忍見春風揺兔葵，涔涔滴淚露華滋。子規莫向枝頭叫，漬透廬中血兩頤。亂蟬愁聽柳條嘶，露坐堂封無見期。記得蒲葵驅莞簟，而今何處撲親幃？獵獵金飈滿地吹，愁看玉粒告成時。泉臺路杳無時令，誰把新粳進一匙？料峭寒威直刺肌，幽宫凍骼有誰知！可憐縞素盈天地，一色飄蕭入繐幃。

冲益三

婺源分派到胥川，孝子天生繼昔賢。囓指深情今再見，居廬異瑞世争傳。鹿來銜土成邱隴，鳥爲攀花插墓田。那識餘生惟剩骨，哀哀猶恨隔黄泉。

宏模奕範

忍使重泉隔，形離神不離。祇求寒骨慰，豈願達人知。一任星霜改，猶嫌歲月馳。九京如可作，天地若爲悲。

周宣猷雪舫

六載依邱壠，多君孝行高。居廬忘毀瘠，伴墓倍號咷。蔡順聞雷痛，宗承負土勞。顯名非所願，敢望聖恩褒。

沈曾懋寓園

紫陽家法重千秋，孝行芬芳青史留。涕淚松杉風雨恨，凄涼霜露古今愁。年逾耄耋仍孺慕，計及宗祊獨遠猷。心事豈期邀寵錫，澤宫偏見五雲浮。

楊崑近仁

夙昔承歡志未償，死生何忍各殊方。千行滴淚泥常濕，兩度誅茅草不長。朝撫松枝防鹿觸，暮攀柏葉看烏翔。壽昌純孝君能繼，感得宸聽特賜坊。

徐中道赤符

先後居廬紀歲華，三三哭望渺天涯。自從築室兒啼後，壟樹猶棲萬點鴉。孺慕依依自性成，墓前草色歷枯榮。祇憂生未能無忝，那計羣稱孝子名。

錢元昌野堂

朱子盡孝道，晚近嗟罕有。六年兩廬墓，號泣血常嘔。敬事一存亡，哀慕無暫久。百行振紀綱，終身鮮瑕垢。孝哉孰間言，不媿大賢後。

許焞醇夫

攀樹號穹蒼，穹蒼何浩浩！上有靄靄之春暉，下有萋萋之寸草。寸草叢中芝草生，又有白鶴凌空鳴。孝誠感格誰與京？千秋竹帛中郎偉。元同芳名。吁嗟乎，阡原落日烏烏情，烏烏啞啞不忍聽。

水有源兮木有根，至情肫篤空廬存。空廬尚留血淚痕，夜夜音容返墓門。墓門月照松楸樹，此是朱公孺慕處。地久天長孺慕心，孝子精靈何曾去。

徐寗菉龍

《忠經》可不作，移孝乃兼全。千古難數覯，朱公名復傳。承顔甫角丱，克循《内則》篇。養志豈在貌，喪葬尤慎旃。漁經還蒐史，祇讓古人先。或對像垂涕，或諾書布筵。或鳩棲記異，或雀入見憐。或爲揚州米，玉粒戒其專。或爲蜀郡魚，清流祝芳鮮。朱公真可並，廬墓且六年。松風悲月落，蟲語咽霜前。哀哀雞骨立，盈盈銀海乾。拜奠依窀穸，誠敬格蒼天。嵇公賢相國，章奏光重泉。聖治隆孝行，煌煌天語宣。崇祀典禮重，純孝配前賢。

陳世佶士常

昊天之恩本罔極，生養敢云已竭力。古人念兹有餘悲，往往築居傍兆域。伯喈喪母廬中宿，有兔馴擾依房屋。三載哀號苫塊間，松楸忽成連理木。偉元痛父心驚愕，淚沾松柏樹枯索。又聞士行守喪廬，弔客突來雙白鶴。諸公事死仍孺慕，天地鬼神自呵護。炳列前朝史册間，姓名千古猶堪數。吁嗟世風日披靡，誰能廬墓作孝子？不見郊原馬鬣封，道傍寂寂成荒壘。翹然獨有誠齋公，純孝何曾與俗同。定省不因生死隔，一椽重蹈塋前迹。淚漬團團土未乾，後先六載忘毁瘠。生前至性原難已，豈期没後邀恩旨。綸音特把里門旌，輿論稱公應如是。行同古人德無慚，錫類源淵足媲美。

鼎鋐豐岩

孝子係血性，本非奇絶行。云何太塊中，不聞後先映。吾宗胥里一異人，此身惟知有二親。纏綿生死不忍舍，窀穸依然省昏晨。側聞羈丱便邁越，跬步蹔離輒飲血。豈徒飾僞博親驩，毋乃丹誠素團結。天陰鵶舅叫啾啾，悲風謖謖來梧楸。茫茫吾親竟何在？山魈木客應爲愁。不求淚枯天地惻，不求腸斷鬼神泣。瞻依但知烏鳥哺，六載冰霜祇晷刻。吾聞歙州黄君芮，墓産靈芝木連理。又聞成象淳化中，號泣篩土感虎兕。咄哉吾公行無疵，誰無父母誰似之。風謡採入垂青史，照耀天地豈云私。

元美凌雲　步四時廬墓詞

桃花開落不知春，好景凄凉痛煞人。顧復恩深何以報，墓前飲恨抱終身。薨薨白鳥聚成雷，扇枕焉能入夜臺。只恐阿香車轣轆，驚心時向墓門來。蘆碧楓丹散錦雯，一抔黄土葢嚴君。只今隴上嗟孤另，何處秋風望白雲。雪花飛舞大於拳，枕塊茆廬淚泫然。孝子渾忘寒徹骨，惟思感慕訴重泉。

佩蓮玉階

孝隱豐山陽，百年漸零落。胥里表人倫，獨將生面拓。家法紹鶩湖，椒瓞綿宗祏。切雲萬卷樓，經炊還史酌。理學一經傳，英聲蜚煜爚。兩葉傷孤單，煢煢鮮跗蕚。華髮侍雙親，養堂屏藜藿。玉鱠糁金虀，佐餕或歌咢。冬爐驅炳魚，夏扇麾豹脚。中衣手湔洵，茹苦嘗百藥。哀哀杖竹桐，弔客來雙鶴。負土封若堂，結廬傍林薄。六載過跳丸，嘯聚一邱貉。愁霖挾凄風，號咷銀海涸。蒼灝格精忱，瑞應如有托。芊芊三秀芝，躍躍三足雀。無知幻有情，懽然伴離索。潛德久必光，風採紫薇閣。懿行合褒揚，天畫鳳尾諾。廟貌肅陰森，溪毛馨祠禴。仰視慈雲浮，九京儼可作。

炎桐川

聞之居喪禮，倚廬制在昔。苫塊中門外，風雨感存没。既虞乃翦屏，既練居堊室。後來此禮廢，孝子心觤觤。窆穴反如疑，終天恨永别。傍墓爲結廬，不忍違體魄。或躬親畚插，或手植松柏。居或廢櫛沐，藉或無茵席。腐背或濡涕，推膺或咽塞。悲號樹或枯，哀感土或裂。班班史册書，盛名壯麻經。今我誠齋公，後先廬墓側。憶昔先大父、與公稱莫逆。昆弟時過從，門内久心折。夕膳共晨羞，馨香發清潔。遺經讀父書，殷勤護手澤。五十孺子心，斑斑舞華髮。柔色樂怡怡，雙丸驚過隙。相依長夜宫，不忍親寂寂。我嘗聞遺訓，稱公獨昭晰。爲公述舊聞，爲公表大節。嗚呼公之心，千古磨不滅。

漳衡山

兩度居廬傍鬣封，六番宿草變青葱。影移苫塊茅廬月，聲助悲號墓木風。但識瞻依如膝下，豈期俎豆祀黌宫。恩褒接踵先臺憲，伯侄同祠孝與忠。

維嶠雲峰

罔極深恩已莫酬，孤蹤空向墓門留。手揮涕淚情無限，目斷雲山痛未休。苫塊曰長生死恨，松楸風動古今愁。一生孺慕精誠聚，千載依依在壟頭。

維巍瞻瀧

銜哀何忍守家園，築室依親托墓門。未向泉臺承色笑，却於坵壟省晨昏。烏啼月夜難成夢，鹿觸松枝幾斷魂。自出胥溪純孝子，不教孝隱獨名村。

世熲懷白

六載孤身壟上留，恩深罔極詎能酬？試攀栢葉空追慕，縱伴親魂未解憂。霜露已霑時拜掃，風雷雖息在山邱。誰能事死如公孝，千古流傳媲李歐。

朱母方太孺人節壽詩

翰林院编修阮學濬

丹山萬仞簇芙蓉，壁立猶輸太姥峰。號錫宣文長馥郁，門承通德鎮從容。漫將紺髮輝彤管，賸把貞心寄碧松。是處西池傳好信，啣箋小鳳正相從。

博學宏詞翰林院編修僧格勒

幔亭高唱寶珠詞，玳瑁筵開進壽卮。有子能爲名下士，何人不識女中師。瑶池花甲方週日，綺閣奉秋正盛時。多少斑斕欣集慶，躋堂歌應管弦遲。

禮科給事中劉方藹

艱辛堂以北，錯節與盤根。心淨瑶池雪，風清健婦門。桂香生荻葦，珠顆集魚軒。三豆呈沙幔，宣文老更尊。

翰林院侍講何玉梁

寶婺呈輝設帨辰，板輿樂處舘長春。徽音嗣昔曹家範，慈教於今孟氏隣。芝檻光榮尊壽母，蘭陔花暖集詞人。含飴盛事稱觥會，還羨庭階繞鳳麟。

翰林院侍講觀寶

淑氣鍾坤軸，芳聲播四陲。慇勤姑舅洽，慈受室家宜。彤管輝方遠，冰壺澈更奇。雞鳴歌在昔，荻畫驗今兹。歲晚松常茂，庭虚鶴自怡。人間增壽算，天上介繁禧。桂子翔雲路，蘭孫捧玉飴。遥瞻華屋下，拜舞醉金巵。

内閣侍讀金志章

早從珂里挹清芬，畫荻丸熊母範聞。高行共傳金管記，長生新注玉函文。芝華燦爛光盈座，玉樹蘢葱影拂雲。此日称觥歌燕喜，鸞章寵錫耀榆枌。

監察御史胡蛟齡

西極尊金母，南維重女媊。閫儀三族仰，慈範一身全，雪蕊寒逾馥，霜條晚更堅。翾翖傷斷翼，哀怨寄危弦。字向灰邊畫，書從幔裏傳。義方嚴父並，明鑒哲人先。遂啓青雲路，欣承白髮前。桂香凌月窟，蘭茁近金鈿。賜錦裁斑袖，宫花簇絳筵。玉桃高似斛，碧藕大如船。鶴下雲中駕，鸞扶海上仙。相過應有約，真訣話長年。

户部主事陳士璠

萱閣陳春酒，詞人競彩毫。丸熊堪繼柳，剉薦可儀陶。徐淑書無敵，文宣幔自高。亭亭瞻玉樹，柳汁染仙袍。

花甲初周日，春風入座時。絳雲連海屋，青鳥度瑶池。應有桃花發，先看梅蕚滋。龍眠疑島嶼，紫誥出丹墀。

桃源教諭梅理

北堂懸錦帨，萊舞及良辰。繡閣扶鳩老，深閨茹蘗人。一牀書訓子，千丈髮留賓。苦節媊星鑒，華筵甲子新。觴稱眉壽酒，香泛牡丹春。王母方長歲，麻姑不老身。板輿花下樂，丹桂膝前珍。佇看恩綸賁，年年戲彩頻。

欽賜進士主事桑調元

南國音徽内則中，喜傳樵楷珮璁瓏。風謡採處舟爲柏，汗竹書來管是彤。九節茸抽春嶼碧，一枝香糝月輪紅。裴家坊看連雲起，鳥楔嶙峋照海東。

内閣學士禮部侍郎王會汾

共指瑶池獻壽杯，華堂璀璨綺筵開。高年競羡璇宫瑞，有子欣從月殿來。佳氣氤氲庭際柳，祥烟繚繞砌邊梅。計添海客如澠酒，笑倚東風醉幾回。

左春坊左中允翰林院修撰于敏中

青雀西飛自絳臺，恒春琪樹照筵開。堂懸紫府綵金笈，酒晉餘杭瀲灧杯。松柏千年貞素質，鳳鸞一羽邁羣才。天香月桂秋風滿，記取霓裳次第裁。

悲安南并敘

朱炳清

族叔秋田刺史，諱右賢，寄籍四川。道光丙申進士，授貴州梓桐令，升威寧州牧，署安南縣事。咸豐甲寅,賊陷縣城,力竭被害,妻周氏及女同時殉節。

羅施鬼國開遐方,前明文教歸宗邦。茫茫尾灑安南衛,江山峻險尤巖疆。紅頭攖人軍聲閧,孤城一角小如甕。烽火連天白石崖,髑髏滿地清源洞。吾家進士人中龍,登陴守禦何其雄。王琳城陷節不奪,韋粲軍孤死效忠。巾幗隨殉淚珠潸,銀瓶更入水清淺。全家白骨歸黄泉,千古赤心光青簡。回首荒郊廢壘環,層崖深箐鳥鳴關。可憐馬革無尸裹,血污游魂此往還。中原守土誰如此?不降即走惟畏死。我公正氣激雷霆,常山之舌睢陽齒。刀鋸難奪真丈夫,綱常名教賴以扶。悲莫悲兮安南衛,英靈雜遝如可呼!

烈婦詞并敘

朱炳清

從子庠生,名時康,妻黄氏。咸豐辛酉二月廿七日,賊陷武原。先一夕聞警,從子挈眷出郭,沲西北行,避姻亞張姓家。次日,賊麕至。黄氏與子庚榮,年二歲,女唫娥,年八歲,俱死寓後池中。退叟師收入《殉難録》,併撰傳誌其事。予作長古弔之。

寄奴城外鼙鼓震,赤眉銅馬紛刀刃。寶婺星沉碧落光,媧皇石缺蒼天恨。嫩晴寒食棠梨開,出郭夜避烽煙災。未攜雞酒殘壟祭,已傳鴛水羣盜來。我家小阮驚心目,挈眷避亂牽衣哭。娥眉憔悴蹙難開,繭足蹣跚愁不速。連宵燈火西北行,舊時姻亞尋茅屋。破曉賊至搜郊坰,蛟鱷瘴滿門徑腥。苦勸良人先走避,妾心知死投清淪。雙璧俱埋隨殉節,真宰上訴愁神靈。一匳池水浸形影,綽約青蓮不染身。焦氏烈婦沈金井,岳家貞女抱銀瓶。黄巾寇退歸從衆,收骨倉皇伉儷慟。泣血愁聞杜宇聲,折翼忍憶鴛鴦夢。回首風聲鶴唳時,就道驚惶力不支。祇今潘岳悼亡恨,畢竟黄泉知不知?馬嘷城郭竄狐兔,鸞鏡樓臺散煙霧。夜深一曲歌招魂,月黑楓林來無路。劫後吾師翰墨勳,一編殉難搜羅勤。已闡潛德備狐史,更憑椽筆摛鴻文。呼延西崇陝媍室,度尚東祭曹娥墳。芳徽備誌傳簡册,女貞木似凌寒柏。巾幗捐軀愧世賢,不獨青谿血影石。吁嗟乎!豺狼入室驚狓猖,紫玉成煙先避戕。罡風摧折穠桃李,彈射凋殘小鳳凰。君不見智井六人姓不彰,陳氏雙節蘭蕙芳。婦女堅剛鐵石腸,邱壟悲風颯白楊。

崇祀頌十二章并序

彭孫求、彭孫貽

維歲在庚,維月在酉,維令仲秋,維朔元午。

大清順治之七載,明文林郎南京畿刷卷道監察御史白岳朱公秩祀於頖宫,叶輿論也。上其議者,邑文學博士弟子員也。主其事者,學使者也。執豆籩襄事者,邑大夫鄉先生也。

先生勤於官者厥十有七年,既而歿於官,又十有九年。以其樹德植業也若彼,而論定遲且久焉又若此。此都人士之愧也。然以其歿且久焉,終不忘也,亦足以見先生入人者深,而食報者遠矣。求、貽等雀躍駿奔,灌助之餘,述爲詩歌,用被瞽史,上叶金石,下流管弦,庶幾神明咸格,亦以昭示來兹云爾。

肇紫陽先生紫陽從裔,以曲臺名儒試高第。

倬彼邾,紹厥氏。自陶唐,俾而大。篤厥生,亶紫陽。於鑠哉,集大成。隮其堂,高者閫。流者婺,道不亡。衍哲昆,支百世。胡多良,猗哲人。以似續,取而光。緝三禮,先大戴。後后蒼,帝明試。拔其尤,登巖廊。

龍巖樂先生宰龍巖,地狹民貧,歲饑,斬木爲亂,先生殲其渠魁,合邑懾伏。

龍巖岧嶤,維瘠維膜。曾巢以居,不稼不穫。公來其喜,實維膏以雨。民之饑矣,伐木而舞。載殪其梟,載殲其鼠。載耟其竿,載藝其黍。巖以東,巖以西,巖以南,巖以北,懷哉我公民乃穀。

巖之水龍巖淫雨,山水四溢。先生稽首水涯,水爲卻流。人民廬舍漂没,多方賑救,孑遺獲甦。

巖之水以淫,其雨其雨,鼉蠙之衣遊鬴鬵。魚潛木末,鼋偃我屋。山流湯湯,民填河腹。陽侯不仁,我心盡傷。推琴而嗟,操崩山兮巖之陽。巖石落落,河流活活。我衣衮衣,白波以卻。咄彼商羊汝胡虐!

白　鶴先生龍巖治最,徙漳浦,異政益騰。浦之民築畏壘,尸祝先生於白鶴嶺。

白鶴高飛兮集于浦,不食惡草薰兮冠文以趾武。我公戾止兮而保而父,漳海洋洋民予懷。銅山峩峩,廣帝德兮炎之涯,荔子既丹兮椒其黄。陟高山兮登公堂,燕公尸兮壽無央。

南　征先生初入臺,臺規巡方多需次。滇在萬里,待次者多引避。先生慨然叱馭而前,陛辭之日,天語嗟咨,嘉其愛君者再。

承帝曰咨,朕衮女補。臣曰休哉,亂爲四輔。朝以訟矣,黈充耳矣。有觸者豸,崩柱爲正。非草是指,廷也無佞。帝顧南服,炎炎不毛。瘴我洱海,持斧孔勞。毋曰日遠,朱方南交。毋曰荒域,舞羽有苗。

馴　象先生在南方將用兵,指授大帥演易象陣,削平諸苗。

維時南狩,獲其大獸。象徠介福,天子萬壽。蚩尤墜地,弄兵于滇。食人猰貐,狂而吠天。桓桓大象,衝陣無堅。孰謂貔虎,孰載鳴鳶。爲公獻琛,文具流泉。

水藺烏水藺烏三大寇犯滇。先生獎帥道將以六千之師大破其衆,斬馘萬計,會城以定。

水藺烏尾,掉女卒瘏。既啄我痡,既剥我膚。女嘯幽篁兮,銅牙伏機,狼拔其毒兮,虎嗥以嘻。車長轂,馬白足,繡衣大夫,帝賜以朱襮。喑我水藺烏,籍汝骸,灰汝肝,朱殷離披草木繁。寃五兵不仁兮,敬天之威,卒莫我敢干。洱海爲我池,南詔爲我陵。黔之山崔崔,瀘溪直如繩。天子命我,嗟爾苗民胡不懲。

四　城先生築四城于炎方,曰懷德、畏威、招攜、來遠。

維德維威,維高維厚。維山川平,維天地久。言言四城功不朽。

銘霑益先生擒叛酋竜戈資，斬之，封京觀于霑益，勒銘以宣上威德。

滇最大，天萬里。不知義，尊天子。槩之瓠，椎者結。磨其牙，呥于穴。怒汝臂，當我轍。尸汝魁，五車裂。霑之山，益之石。江西流，日東出。億萬年，銘無極。

空　青空青産絶嶺苗落中。苗蠻珍之，不可得。先生威德格苗蠻，苗人重購鼓吹以獻。先生飛寄封翁官宇公，久痼之目豁然復明。皆先生大孝所感也。

石髓嵳峩，空青孕兮巖阿。夜光焉朏，零露焉湑。沐日浴月，神瀵泥泥。箐篁連蜷，刺天杳冥。鼪鼯跳梁兮，山無人；修蛇若陵而噏象兮，元羆晝瞑。雕題金齒，載斧載钁，望星而入，白石鑿鑿。喧鐃吹兮出崇崗，集玀猓兮獻公堂。大夫孝友兮，羞胡耇；方瞳再爛兮，日咸池而月生西。

義　疇先生封翁官宇欲置義田以贍宗族。先生克終其事，區畫詳悉，復設祭田奉祀先祖三峯公以永孝思。

我田每每，我黍與與。嗟我宗人，人餔無麋。若考式穀，汝荷天百禄。惟考父曰：女是饘是粥，瓶之恥矣。祭器不鬻，經斯營斯，籲我國族。

頖　宫官宇久祀賢祠，先生後先世濟云。

頖宫巖巖，鼓鐘其鏜。先聖昭格，德音是皇。我祖文公，奕世憲章。烈我先考，豆登用光。侯入祼矣，朱芾斯煌。多士至止，厥篚元黄。公子受福。公孫肅將。千秋咸秩，椒馨燔薌。

後學年表侄彭孫求孫貽仝頓首拜頌

（清朱丙壽輯纂《［江蘇］海鹽朱氏族譜》　清光緒十七年胥川祠堂刻本）

紫江朱氏海濱塋地建置始末

朱啟鈐

河北臨榆縣北戴河者，古碣石之域，居秦皇島之右。瀕海有聯峰山，巉巖起伏，林壑幽濬。近岸則平沙淺瀠，周回三十餘里，蜃樓鱗次，蓋久爲海客避暑勝地。余於民國七年買山結廬，初築平屋數椽，署曰“蠡天小築”。時方謝政避嚚，又嘗從事於嶧山礦業，人或以陶朱公相況。余亦慕鴟夷子皮之志，固欲終老於斯矣。時鐵路初達海濱，游屐麕集。同人從余游者，咸拓地置别業，漸成聚落。乃組公益會，醵金助役，架橋治路，種樹疏泉。本好事之閑情，作自治之初桄，推余爲會長。初試行於西山之一隅，期年規模粫具，西人亦斂手就吾範圍，三年而築路程功，漸被於東隅。政府知其績效，亦認爲自治團體焉。京奉鐵路當局亦以歲費資其修治。如是者且十年，衆擎所舉，如會所、醫院、學校、公園、苗圃，乃至闢山蹊，葺古刹，凡所以便游觀，正風俗者，次第畢興。山林斧斤不入，行道蔭樾以時移栽，漫山徧谷，鬱乎蔥蔥，非復初來時之赭山彌望矣。域内消夏名區，南則匡廬、莫干，北則青島、大連，闢治稍先，或出僑商越俎代謀，或竟淪於治外。惟海濱經營較後，僻陋莫之與京，而遠隔城市，冠蓋不臨。游者每愛其道路之修潔，民風之醇厚，故雜居無物我之嫌，比隣有任恤之誼，純出自然。人民安之，頗頌吾輩自治之力。然稽其既往，初爲僑建之區，後覩化行之治，輿論所歸，不當屬之一人。公益會者，實政府與人民合力之效。近復經河北省府改正市制，設爲風景區管理局，公益會遂名存而實亡矣。此海濱地方建置之大凡也。溯余自卜築以來，載琴書，挈婦孺，暑期必盡室而行，歲以爲常。冬盡春融，或爲巡視工務，策蹇獨行。過鄉村遇父老，時道款曲，或就問其疾苦，平息其争忿。鄉人亦頗幸余一顧，相親無殊鄉黨。繼室于夫人夙有偕隱之志，性慈祥而好施與，每蒞山居，恒躬執炊爨，課兒女操作，具肴核以款賓客，蓄藥物以濟暍者。鄉人過吾廬者，必頷首爲禮，歲時以果蓏魚鮮來獻，輒酬以過當之值。膝下凡二男十女，以洎婦壻孫男甥女輩，提者抱者，以長以養，耳目漸習，每以供役使爲樂，與傭保雜作無間言，皆夫人之教也。故吾家人婦子皆有歌斯哭斯童時游釣之戀，豈惟余之啁啾躑躅已哉！去吾廬不百步有邱林焉，昔爲德僑米樂氏豢牛場。原上虬松數株，蟠拏如蓋。下臨深壑，陂陀逶迤，碧草漸被。余架石几於松間，可以聽泉，可以玩月，每與荆人盤桓其間，酌酒具餐，顧而樂之。一日夫人從容言於余曰："黔湘道阻，恐不得歸。君胡不乞此牛眠地以代首邱?"時夫人年未五十，大病初起，忽有此愀然之思。余初未知所以對，而竊亦邈然長懷。吾家開州永興場祖業本爲水西宣慰司養牛圈，豈若或啟之使爲符契邪？越歲丁卯，夫人竟卒。會内戰再起，湘漢烽火徹天，北土方相驚動，倉卒奉遺蜕至海濱厝焉。即嚮所流連憑眺之地，牛眠一語，遂成讖兆。噫嘻，異矣！余固東西南北之人也，羈棲朔方，四十餘年，家無一廛之託。本欲傍吾母於湘山，既不得南歸，則不如援古人隨葬爲達之義。遂於穿穴時自營生壙，而共爲一墳。惟地本同功堂别業所有，因商之曹潤田、任振采兩君，以周環墓趾林谷約廿五畝割讓歸於吾家，建置朱氏塋地。西偏有牧人老屋，形家以爲阻龍脈，宜徹去，乃遷之垣外爽塏地，名曰"聽鹿軒"，可作墓廬。其地則積善堂張氏所有，亦備價購置，畫爲觭角形，約十畝有餘，與蓮花石公園山道接界。經之營之，遂成今日之形勢焉。方余之治壽藏也，故舊部曲來以技術襄事者，因高就下，闢治階砌，廣樹嘉卉。又欲於西坡開饗堂基趾，營造學社。諸生將於其上建傑閣，庋余所蓄圖書遺物，而棲余栗主其中。構架定矣，木石庀矣，余以海瀕多蠹浥，非藏書所宜。生祠亦非薄德所堪，亟止之。已成之基不可廢，乃因而區畫爲子孫祔葬地，序昭穆焉。先是七女浦筠殤，祔葬其母墓右脅。冢婦孟氏歿，卜葬巽方昭穴，以其爲(九)〔八〕世冢嗣配也。其階上堂基必當保守，則禁止越葬。他日子孫有能繼吾志者，可建石室三間，如漢武梁祠之制，恭刻歷代考妣諱氏生卒仕履系次於石屏，嵌入屋壁，奉爲望祭之宗祊，以永孝思。此余之夙願而未逮者。又于夫人卒時已題碑碣曰"紫江朱府君繼室于夫人之基"。余死就窆，亦不必改書。旁留兩石，可勒合葬時年月及子孫名次，不妨隨俗行之。其啟穴合葬之法别詳《埋琴録》中，不具於此。民國三十三年歲在甲申春日，蠖公記。

祠 宇 記

朱 封

竊惟我文公闡明聖經，以開絶學，今從祀先師廟庭，列十哲之次，配享其報，盛矣！然闕里於誕生之鄉，叢祠於父母之國，兩授祠官以主祀事，他若過化講學之處，於今無不隆其廟貌。此天理之在人心者，炯炯不泯没也。公嘗提舉浙東，備修荒政，台郡各屬思其教而感其惠，遂各建祠宇，以隆祀報。杭族方亭公鼎材等，以居杭子姓係文公季子敬之，公之嫡支若無專祠，何以崇祀典而慰瞻思？因於嘉靖四十四年會同三學諸生楊公洲等，請於督學秦公梁援台州郡守徐公鵬舉題准事例，請建專祠於會城，以隆祀典，併乞表揚宅里，胥獲允議。嗣於隆慶四年五月用價契買瑪瑙山居僧廣明石山三十畝、房屋一所，請於郡守涂公改建爲祠，以祀文公，額曰"紫陽書院"。萬曆五年,建安裔孫河公來杭爲郡學教授,偕方亭公鼎材等上牒方伯余公一龍、臬使朱公炳如,允准飭行。仁和縣洪公仕督修祠宇,增建崇道堂及前門兩廡。復請于督學喬公因阜循照孔曾例請給衣巾,以專掌祀,荷即給帖世守。時柄相議毁天下書院,九月奉郡檄下邑查覈,結覆存改紫陽先生祠。十二年,鼎材公等白於巡臺范公鳴謙,改額"先儒祠"。十六年,督學蘇公濬准録十五世孫顒然給帖守祀,紳士方伯陳公善采入郡志,又爲《修祠記》。略云:紫陽先生發明斯道有功于鄒魯,所謂集諸儒之大成也。闕宫禋祀而又講學,過化之地無不尸而祝之。當淳熙中出提舉浙東,修舉荒政,俾七州之地民不告飢;奏蠲丁絹繁役,建立社倉與修築水利;而又創置書院,延教生徒,迄今東南文獻甲于海内,厥德懋矣。正德丁卯,台郡守臣謂:先生于浙東施民定國,捍患禦災,正合祀法。上疏請以崇道觀改建祠祀,從之。其東部屬邑之祠又十餘所特會城未建,懿典久湮,非所以昭崇報,慰瞻思也。黌校請于督學秦公,亟可其議。後隆慶庚午,裔孫鼎材等始購廢錦塢山居,白于郡守涂公改建,額曰"紫陽書院"。萬曆丁丑,建安裔孫河來爲郡博,偕子姓請修于藩伯余公、憲使朱公,下于仁和增新之。于是先生之祠焕然改觀矣。是年,監司復以先生之祠不當與諸書院毁,更額"紫陽先生祠"。歲癸未,巡臺范公更額"先儒祠"。余適有郡乘之役,特爲收捃于乘。嗟嗟漢儒,沉溺痼陋。出入口耳,葩藻日繁,本真浸失,幸宋儒載出,如日中天,而先生尤能以明道之功爲最。至于臨民釐政,飫温綏膏,儒術循聲,并垂不朽。今兹堂廡之崇,俎豆之備,余知肸蠁有靈,冥冥昭格,無俟言矣。矧兹地也,湖海山郭,近在目前,萃勝標奇,神怡心曠,先生詩所謂"湖闊天容,潮通海氣",祠皆得而擅之,山川秀異,詎非斯道一大助哉!後有官斯土者,倘能瞻戴先生功德,俾一畝宫墻而有滋大之圖,庶雅稱其道術之隆哉。余以門人鼎、履二生爲其雲仍,得升先生之堂徘徊瞻仰,式動滄洲雲谷遐思,特摛一言,以紀歲月云爾。二十四年二月,十四世孫與白公履材等請於方伯劉公渾成修葺,下仁和令胡公澄,給資撤舊,改建祠制:正堂四楹,中設神廚,奉木主,上匾曰"百代真儒"。萬曆二十四年秋七月吉旦,浙江左布政使劉公渾成、仁和縣知縣胡公澄立。堂楹之前,匾曰"道學正宗"。萬曆五年八月吉旦,浙江布政司左參議余公一龍、按察司按察使朱公炳如、提學僉事喬公因阜、杭州府知府吴公自新、仁和縣知縣梁公鵬、錢塘縣知縣姜公召立。兩廡齋房各五楹,東廡祔祀杭州府儒學教授建安唐石公神位、仁和庠士方亭公神位,以其有功于祠也。甬路前爲儀門,門東偏即葛仙翁煉丹井在焉。儀門前爲正門,匾曰"先儒祠"。萬曆癸未秋九月吉旦巡按浙江監察御史范公鳴謙立。右爲司土神亭侯祠,侯故有像,傳聞同父盡節睢陽,不詳其姓。祠於本山舊矣,嘗著顯靈。左爲初陽山房,由堂西角門出數武,有池曰"浴日",水流入溝,經小石橋入伏溝至祠前,橋北爲瑪瑙坡,盤旋而上爲崇道堂,迤南爲寶雲茶塢。自祠門下至山麓,抵街有坊,曰"紫陽先生祠",每歲春秋仲月,次丁會族致祭,儀注祭品即今之所行者,此屬萬曆二十七年定也。至國朝順治十三年六月,十七世孫贍生公錫丸等因文公祠春秋未有額設官祀,以闔族裔孫璧人公佳瑋、峰可公佳登、青可公琬、文生公式、赤王公錫生等,又闔郡舉人吴公百朋、貢生嚴公津、生員沈公九如等,合請于督學張公安茂。呈略:具呈闔族裔孫進士某某、舉人某某、廪增附生員某某等呈,爲公懇憲恩光昭祀典,以隆斯文,以垂永守事。竊某先祖宋太師文公配享先師,功垂萬禩。昔提舉浙東建立常平倉,發粟賑飢,芳規遺澤,奕世永賴。向于會城西湖錦塢山特建專祠,以昭報本。歷蒙院司各憲增建重修,録孫守祀,郡誌碑記,文獻足徵。但春露秋霜,子姓雖隆胙饗而報功崇德,官祀豈宜缺然?竊思全書誌載,凡有功德于人,專祠奉祀者,例得官給蒸嘗,萬年血食。況先祖文公惠政未泯,翼道尤彰,恭遇大宗師名世禎符,斯文宗主。伏唯恩飭仁和縣每逢春秋祭期,支給官銀,備品致祭,不但俎豆增光,几筵生色,抑且蒸嘗毋替,祀典永垂不朽矣　又呈爲籲請祀典春秋兩舉,用培道統,以賁儒風事。竊惟宋儒朱子晦菴文公,道接孔孟之傳,學闢漢唐之後,述經考禮,爲諸儒之指南,達本窮源,闢羣家之瞀惑。立朝侃直,風節卓然,行部施仁,政效匪一。況昔曾提舉洞霄,又經再官東浙,建社倉而垂百世之型規,舉荒政而拯生民于衽席。昔人比歲寒之松栢,在今實斯道之棟梁。向于西湖錦塢山專祠崇報,載在誌典,雖子孫奉有蒸嘗,實春秋未叨官祀。幸逢宗師大人今代主衡,斯文法匠,當聖主崇儒之盛,隆千秋道統之源。仰祈俯鑒下情,恩賜丁祭,俾俎豆重新,馨香永藉,則先儒既獲褒揚,而後學深資獎掖云云。憲批云:仰仁和縣每祭給銀肆兩,少佐先賢蒸嘗之典,給帖申覆繳。"七月,檄下仁和縣給帖世守。檄略:欽差浙江等處提刑按察使司提調學政僉事張爲興祀典以垂永守事。照得宋儒朱子配享先師,功隆萬禩。季支裔孫,世居會城。向有專祠,未行官祀,爲此牌仰該縣官吏遵照:每遇春秋次丁,于學租銀内支發官銀肆兩,辦製祭品。給帖世守,仍候本道委官致祭。須至牌者。右牌仰仁和縣官吏准此。順治十三年七月日給帖文:杭州府仁和縣石爲興祀典以垂永守事。蒙欽差提學道張憲牌到縣,遵奉在案,隨據杭州府仁錢海等縣儒學廪、增、附生員具呈裔孫朱某某等呈爲仰遵憲行,籲請給帖,以期永久,以崇禋祀事:"竊十七世祖徽國文公向建專祠于西湖錦塢山,俎豆之禮雖修，春秋之祀未設。某等具呈學憲，蒙行臺下：每祭次丁于學租銀内支發官銀肆兩，給辦祭品。既奉憲行襄助，例得請給帖文。伏乞天臺電賜印帖，永遠遵領”云云等情前來，據此爲照，徽國文公闡述六經，昌明後學；德配先師，功在萬世。西湖既有專祠，官祀毋容或缺。今奉憲行，相應歲遇春秋次丁，于學租銀内動支前銀預發賢裔，備辦致祭。雖牲醴不敷，姑存二簋用享之誠，以昭祀典者也。除載入憲綱、詳覆學憲併申報本府外，合行給帖世守，爲此帖給賢裔生員朱某某等收執。凡遇春秋二祭，先期赴縣支領學租銀肆兩，照例備辦品物，毋得違錯。須至帖者順治十三年七月日給。八月十四日丁未，學憲行錢塘縣儒學教諭張公之楙主鬯。檄略：欽差提學道張爲祭祀事，仰錢塘學張教官于本月十四日赴朱文公祠，代本道致祭，毋違。十四年八月，錫丸公等又因先祠歲久頹圮，且山路險峻，艱於登陟，倡議於闔族共白督學谷公應泰，移建祠宇。呈略：具呈闔族裔孫某某等呈爲移建先儒祠宇，懇憲加意振興，以培道統，以妥神禋事。竊惟先祖宋儒朱子徽國文公，闡揚道蘊，羽翼六經，學接羣聖之宗，功邁諸儒之上。侃直立朝，建言悉裨于時政；單車行部，創興永澤于遐陬。昔曾提舉洞霄，又復按部東浙，修舉荒政，建立社倉，深仁良法，奕世永垂。允爲斯道棟梁，實乃百世麟鳳。孔孟之後一人，周程之下無匹。向于西湖錦塢山專祠崇祀，載在誌典，屢蒙當道修葺。鼎新以來，兵荒相繼，風雨飄搖，堂廡傾圮。迺今闔族擬合力重建，增廓舊觀，奈錦塢祠址山高路峻，歲時拜奠爲難，子姓駿奔不易。卜地平曠，鳩工興築，聿光俎豆之典，用展孝思之誠。幸遇宗師大人，道德主盟，文章宗匠，伏乞化筆勅行郡縣，擇地拓基，移建祠宇，庶廟貌重光，神靈永奠云云。會文學鄒東仲、鄒叔夏孤山莊屋欲售，于是肖泉公錫命、文生公式、膽生公錫丸、益生公錫謙、畹生公錫蘭等捐銀壹百柒拾壹兩，赤王公錫生捐銀拾兩，膽生公錫丸、培宗公高治又捐銀伍拾兩，正價、貼價并雜費共用銀貳百叁拾壹兩。鹽官嘉徵公作《移建文公祠序》以襄厥事。祠制：正堂三間，中設神廚，供奉文公木主。旁側夾室二間，兩廡齋房各三間。甬路前爲儀門，儀門前爲正門。此國初時移建祠宇之制也。至乾隆乙酉，已經百有餘年，雖屢加修葺，而風雨損壞日漸傾頹。適十九世孫雨森公棻元丁艱回籍，遂會集杭、寧、鹽三族公捐修葺。左側增建啟賢祠三間，中設神廚，供奉制置茶院公王橋、美夫公承事、良材公奉使、少章公獻靖、韋齋公木主，左右神廚供奉附配賢裔木主，并贖回琴鶴樓房屋一所。此屋原係空地，有徐姓者租地造屋，開張酒館，至是始贖回。又於乾隆戊子年呈請鹽道給發歲修當，蒙鹽道憲徐公綿詳、明鹽院憲永公德批准，於龍井生息項下每年給發銀拾陸兩作爲歲修之費，此雨森公之功也。迄嘉慶元年又歷三十餘載矣，二十世孫榮文公慶光等復會集杭、寧、鹽三族公捐，杭族共捐銀□百兩，海寧西族共捐□□□□□海寧東族共捐□□□□□□海鹽尚、胥族共捐□□□□□撤舊改建，規模悉遵前制，惟兩廡增供文公門人木主。左廡黄氏榦、張氏洽、李氏子方、黄氏灝，右廡蔡氏沈、李氏燔、陳氏淳、范氏念德。正堂中間上懸聖祖仁皇帝御書“正學闡教”匾額，神廚上匾曰“百代真儒”，萬曆二十四年秋七月，浙江左布政使劉公渾成、仁和縣知縣胡公澄立。中間屏門上匾曰“與造物游”，高安朱公軾摹。左間屏門上匾曰“翼聖啟賢”，康熙元年浙江巡撫朱公昌祚立。左間簷前匾曰“道統在是”，康熙壬子瀋陽范公承謨立。右間屏門上匾曰“孔孟一燈”，康熙戊寅浙江巡撫陳公應泰立。右間簷前匾曰“文在聖湖”，順治十五年婁東王公時敏立。中柱聯曰：“德盛教尊，廣千古聖賢傳心之要；仁昭化溥，垂萬年子孫敬守之基。”里人黄公機立。邊柱聯曰：“由孔孟而來，二千年衛道傳經，獨振斯文統緒；當光寧之世，五十日格心陳善，允宜此地烝嘗。”大興朱公珪立。啟賢祠神廚上匾曰“源頭活水”，大興朱公珪立。儀門中間簷前匾曰“道學正宗”，萬曆五年，左布政司參議余公一龍、按察司朱公炳如、提學僉事喬公因阜、杭州府吴公自新、仁和縣知縣梁公鸍、錢塘縣知縣姜公召立。左夾門簷前匾曰“山高水長”，康熙戊寅兩浙巡鹺使者董公鄂博泰立。右夾門簷前匾曰“繼往開來”，順治十五年仁和縣知縣石公禎立。正門匾曰“朱文公祠”。所有一切工程均荷同里庠生項公世祥經理其事，并將文公遺像敬摹上石，供奉正堂後軒，以垂不朽。惟幸後之司理者隨時修葺，不致荒落，爲俎豆光是爲厚幸云。嘉慶癸亥夏六月二十一世孫封敘次。

孤山重建朱文公祠記

張安茂

自鄒魯以來，崛起聖位、纘承道統未有若文公之著者矣。夫道不可變，教因其時，今天下學術敝壞，而始趨文公之傳註，凛凛遵循以救末流之失。嗚呼！不可没矣。如是則盡世宜祠以示不忘，而浙獨專者何？葢以文公提舉浙東，脩荒政，建社倉，興水利，惠政赫赫，猶存其功與德，不止唤人聾瞶也。雖然，祠於浙固矣，於杭尤盛且得從祀者何居？曰：杭有文公季支長孫嫡系在焉，其譜派甚覈而詳，公血胤在杭則血食亦宜在杭，固知士庶之蒸嘗與箕裘之俎豆兩無缺失，而祠之永峙葢有自哉。前朝嘉靖間督學使秦公梁援台郡守題准事例，表揚宅里於錦塢山，拓地作祠。然歲老貌荒，風雨侵蝕，土木圮崩，況經變以來，愴惶失理。順治丙申十七世孫錫丸首事具呈，控以本末，余即檄行仁和，令歲祀之。聞其奉主别室，展奠荒榛，俱慘然悲愴，愀焉無色。且其地紆僻嶙峋，四方仰止者不便摳升，由是諸裔孫擇地，更置孤山之麓。不憚勞悴，相與陶甓度材，躅處節縮，竭經營力而新之六橋如帶，兩峰似眉；雪濤千頃，雲壘萬堆。且羣山環繞，若辟雍諸儒端拱正揖圜橋，觀聽逡巡在尋丈之内，而巍巍禮樂之獻儼然肅處其中。于是繡錦之區得睹宗廟之美，歌舞之地獲聆金玉之音。日月在天，幽遐畢照。膏沐遺訓者繩繩濟濟，如陽之升、川之至，豈止朱氏後昆將龍矯鶚横、雲蒸飈發於性命之閫奥也哉！總其成者爲某，某悉紀載之以記其盛云。華亭筆學張安茂謹記。

孤山朱文公祠碑記

張安茂

葢自有道統至孔子而其統始一，自有孔子之書至朱子論定而孔子之書始一。然則朱子者孔子以後一人，讀孔子之書者讀朱子之書者也，其功不昭昭乎若日月之經天、山河之畫地哉？孔子大宗在魯而分支在浙之衢，爲南宗。朱子長、次二支在閩、婺，而季子之嫡裔在浙之杭。杭之有朱猶衢之有孔，神明之後血食非一地，異流而同源者也。嘉靖中其子孫援孔氏南宗例，請卹祠。學政秦公允建祠于錦塢山，次丁遣官專祀。隆慶二年，奉詔修安遺像。萬曆五年，臬憲朱公、方伯余公捐俸加修，復建崇道堂及前門兩廡。八年，廷臣請毁郡縣各書院令下，有司議與萬松先聖祠并存，學政喬公、蘇公咸録後以守祠。迄今歲月既久，風雨侵蝕，又因錦塢紆僻嶙峋，四方仰止者艱于登陟，于是朱氏子孫謀遷祠于孤山之麓，陶甓度材，經營備至，落成不日。樸斵雘丹，華堂翼翼，方庭周垣，前門旁寮，後蒔竹木。祭之日上祀文祖，配以賢裔。布筵設几，爇芳烈燎，清醴潔粢，嘉餚時蔬。有司獻爵，子孫駿奔。幼者歌詩，長者奏樂。盥洗而進，飲福而退，從容折旋，彬彬合度。余每過其下，低徊不忍去，嘆典型在望，古禮猶存也，豈不甚盛矣哉！夫賢人君子祠於孤山者葢亦多矣，其道德、功勛、文章、品節炳燿今古，要其實皆本於誠意正心，則朱子之學術淵源正諸公道德、功勛、文章、品節所自出也。亞孔子之祀而專祠，又豈諸君子之祠所得方哉？今公之賢子孫時時習禮祠中，肯堂肯構而勤學進修，永言孝思，聿追祖烈，所以纘承之者，又不在俎豆之末已也。祠有祀田在仁錢海、餘，御史湯谷王公業行各邑給帖爲祭産，余則檄行勒石，俾歲歲無廢伏臈。賢裔復請余爲祠記，余不佞，承乏較士，竊悼末流文墜，惟文公之傳註凛凛遵循，以救其敝。生平所學在此，抑何敢自外，雖不文而聊志景行之意，綴以頌曰：宏惟斯道，如水發源。百王千聖，波決瀾翻。宣尼既出，羣流歸海。海則有航，書則有解。指示萬世，闡揚六經。誰爲功首？厥惟考亭。考亭之裔，建安闕里。轉運於杭，季嗣之子。惟杭有朱，如衢有孔。華胄分宗，纘承一統。爰有賢孫，告于有司。翬飛鳥革，巍巍建祠。始自錦塢，遷于孤麓。名山清流，圜拱在目。設爾鐘磬，儐爾籩豆。碩爾牲腯，潔爾酯糗。古樂既奏，詩歌既陳。主鬯肅敬，子孫駿奔。行人咸嘆，嘆曰休哉！典型在望，斯文未霾。惟予小子，三泖末學。私淑我公，兹邦秉鐸。尊公傳註，敢違明訓？式瞻廟貌，惶恐惕兢。豐碑作頌，樹兩楹間。萬禩不替，有如湖山。

順治十二年乙未仲秋，兩浙督學使雲間張安茂敬撰。

（清朱封纂《［浙江杭州］紫陽朱氏武林派宗譜》 清嘉慶八年刻本）

胡文昭公祠添祀三子及朱公公綽記

吴 俊

自文正范公守鄉郡，從郡人朱公綽請捐地建孔子廟庭，吾吴於是乎有學。復延文昭胡公爲教授，從游向學者至數千人，而吾吴之學者亦於是乎顯。後文正之子純禮制置江淮，公綽之子長文繼文昭掌教事，復相與闢南園地爲齋廬。文正次子忠宣又名相也。故後人爲兩公各建專祠於學之西偏，以文正之四子配食文正，以長文配文昭，得報本返始義矣。

嘉慶十七年，今中丞涇川朱公來撫吾吴，首捐廉倡修郡學。越一年而成。范氏之子孫皆出資爲文正修葺祠宇。文昭之裔孫鳳儀等亦相與醵金庀治文昭之祠。乃按其家牒考諸史乘，以爲文昭嘗有三子伊川先生稱爲篤學孝友，乃弗克如文正之四子得祔於祠。且長文配文昭，其父公綽實首倡建學者，反不得食報於今日之饗序，得毋有闕憾乎？於是爲公三子及公綽位涓吉日而祔焉。自宋迄今千有餘年，文正之子孫累世嘗有聞人，科名爵禄弗替。文昭之後家於吴者，亦皆恂謹儒素。近年以來，屢有掇巍科登入第者。二公之澤可謂長矣！使天下之爲政者盡能爲文正，而爲之師者盡能如文昭，郡國之人不爲鼓舞而奮興不可得也。舉是二公可以風厲天下，而況吾桑梓之英乎！文昭長子名志康，進士第，終杭州觀察推官。次志寧，仕永州知州。次志正，宣議郎，奉文昭之衣冠歸葬於如皋。俱載《如皋縣志》。公綽以光禄卿知舒州。載府志《長文傳》。賜進士出身誥授通議大夫原任光禄寺少卿前山東布政使廣東按察使吴縣吴俊撰并書，嘉慶十八年歲次癸酉冬十二月。

義田乘韋記

朱 冀

稽古義田之制，規模宏遠，非予小子所敢望也。雖然，於予心有極不忘者。憶辛亥既秋，先君子五秩伯兄天儀公率不肖輩跪請稱觴，先君太息，固辭曰："吾聞古君子之稱此觴也，感祖宗之餘蔭，必有以卹族黨之困窮。痛予髫年失怙，與汝母華碩人備嘗艱苦。賴汝母賢，夙興夜寐，稍克自立。今不幸破家，汝曹復困青氊，不能爲無米炊，稱觴徒滋顔汗耳。"蓋先君之不遂斯志也。因癸卯春，姑丈錢貢候逋糧潛遁，姑母就擒。先君聞之，驚泣曰："吾兄弟在也，而坐視先人之弱息受辱縣庭乎？"即挺身赴救，姑母幸得釋，而歷年糧折當事盡責之先君矣。虎冠吏追呼絡繹,以一身當其衝,寢食不遑者五六載,將伯莫應,籲天不聞。至鬻千金之敝廬尚不足,又稱貸而益之。是即所云破家之大概也。親故有代爲惋惜者。先君輒曰:"得失,命也。假令我生立錐無地可若何?今敝廬雖棄,未至露處也。況人生如寄,有朝徹手歸見兩大人,當歡然相勞苦耳。無責言,面無慚色,予所獲不既多乎?"其仁心爲質,仗義疎財類如此。

逮辛酉花甲,復跪請如前。先君泫然曰:"爾忘十年前語耶?族鄰之賙衈力猶未能也,奚以舉觴爲?且也汝大父明德而天靳其六十之年。我何忍及此?"語未畢而哭失聲。不肖每一念之,不禁淚涔涔下也。緬惟吾族自始遷以來,宗支日茂,而貧富不齊,情隔勢睽,如越人視秦人之肥瘠。先君所爲惄焉憂之,無其力而常存其志者也。

冀不才,亦週花甲矣,愧無以繼前人之志,日夜疚心。屈指昔年授田三百四十七畝,豚犬四人,約計將來授田各如其數,幸餘五十畝,願以公族人,不過少佐不給而已,敢名義田哉!然汪洋巨浸,實始涓涓;霮霼風雲,起自膚寸。今吾族中英賢林立,敦倫睦族,素有同心。予小子以是爲乘韋之先,必將有踵其事者,亦猶水之涓涓,雲之膚寸,從兹遠紹古人義田之規模。豈惟予小子所厚望,即先君九京尚嘉賴之。是爲記。

康熙丁亥年三月上浣,公約此田與祀田擇先君本支中一人公平出納。倘有擅動者,合族公討,務使永存。謹約。復歸吴中二十二世孝廉候選中翰冀悔广氏譔。

始建不遷祖祠并置祀田述略

朱　冀

先君子有言曰:"家之有祖廟也,猶水有源,木有本也。無源之流,雖盈易竭;薄植之木,雖榮必枯。"斯言也,冀竊心焉識之。

粤稽吾宗自漢靈帝時有尚書公諱梁者,直言請弛黨禁,謫守吴郡,子孫因家焉。十三傳而子奢公顯於唐,賜御書,吴中首姓。又八傳而遷越。居越四傳,而潤德公具經世鴻才不仕。五季,宋太祖屢徵不就,以比漢之四皓云。復歸吴中。始祖尚書延年公其文孫也。公歘歷臺省,出守大邦。成之公復以文學躋九列。父子相繼爲名臣,士論榮之。篤生大儒樂圃公弱冠登科,隱居樂道,伊川先生稱爲子游之後一人,四方從游無慮千數,大臣多薦公自代者。乃歷官編修,没謚文貞,錫祠額。有功道學,猗歟列祖,德炳史册,功裕後昆,凡吾宗人當百世不遷者也。至陽山東卜築自竹鄰公。公好行其德,配惠碩人,無子。嘗夫婦進香武林,夜聞哭聲,詢之。土人云:有陳姓者逋糧繫獄,妻將鬻女,是以痛悲。公固挾貲貿易,聞而惻然,令碩人往慰其妻,叩所需,傾囊金二百畀之。其妻感碩人之賢,且悉公之閥閱里居也,欲納女以報德。公曰:"以義始,以亂終乎?"立促舟人解維去。後陳姓卒送其女以來歸,遂連舉五丈夫子。則今之宗支繁衍,公實貽之矣。四傳而生我王考端仁公,少好學,授徒。曾王父母没時,家中落,惟公僅存長孫田五十畝,不以自私,盡鬻以葬兩世數棺。人稱其孝焉。輔翼幼弟,推己所有以析箸。人稱其友焉。歲科試,屢冠軍,弟子益進。公多所成就,士林被澤焉。樂善好施,所識窮乏者,往往賴公以舉火,鄉鄰歸仁焉。故公在而人愛敬,公没而人歌思,則今之書香不墜,公實開之矣。惟兹二祖,百世載德,不忝前人。凡我本支當百世不遷者也。

顧廟祀闕如,報本之謂何?昔王父曾建之而徒存遺址。先君所以不勝故宫黍離之痛也。

冀追維往訓,草創草椽,奉安列祖。以顯考上升府君祔,非私也。先君有三大隱德而世莫知:生素封之家,而處約以終身,無幾微見辭色,一也。盜劫世父,誤及先君,責令引導,被撻無完膚，卒不應，盜終不得其門。夫手足重而白刃輕，至他年奮不顧身，急世父之難，又在原之恒誼矣，二也。棄千金産爲姑母償逋賦，而無怨言，無德色，尤人情所難，三也。又嘗迹其生平，光明磊落，不設城府。物與酬對，如坐春風。及事關大節，則有確乎不可拔者。蓋人樂先君子之和而不知其和而介也。至於急人之困，字人之孤，笑談而解紛争，捐金以完骨肉，懿行嘉言，指不勝屈，祔廟奚忝焉！樂成之日，勉置田十五畝，供春秋享祀。然此亦乘韋云爾，願後人以漸擴充，由此達彼，庶墳壠累累，不虞貽禍松楸也夫。康熙四十八年季春下浣，復歸吴中第二十二世孫冀百拜謹述。

邑侯朱老父臺諱宗洛字紹川號選齋像記

甚矣！德化之入人深也，使受之者不知何以動其思慕，何以發之聲歌，何以形諸寤寐，而至於流連之不置。豈非感之者不在跡而在心，不在形表而在性情哉！

惟我邑侯朱大老爺温和天錫，莊敬性成，涖任邊陲，深知疾苦，多方撫字，家室賴以相安。行簡臨民，徭役因之不擾。養廉德以持躬，操同秋日；本慈祥而接物，度若春風。政治雖未滿乎三載，教養實已洽乎四民。允兩漢之龔黄，洵一時之卓魯。凡我士民，方思再稱兕觥，行立石碣。孰意福星遽隕，哲人云亡。士農工商，如喪考妣，深山窮谷，莫不悲哀。良由恩德沛爲膏澤，斯感激發爲號啼。

然感戴者或徒存於心，而不見之於事，則今日感戴而異日淪亡。不獨無以自表其心，抑亦士民之缺略，何以報我侯於萬一乎？於是共相私議曰：侯之仁德業已協乎循良，諒無慚乎社祭，烏可不仿三十年前感陳侯之德，望像於本城北關帝廟之西廊者，而望侯像於東廊。合邑紳士又出所以感侯者，或序述，或歌詠，共紀情事以抒其流連無已之懷。噫，斯非侯之感人在心而不在跡，在性情而不在形表，亦安能入人之深且切若是乎？是爲記。天鎮縣闔邑士民公記。

朱氏奉先祠記

朱　琳

乾隆辛丑，族叔母楊太孺人以苦節恭邀恩命，奉詔榮旌。越九年庚戌，擇地建坊於宅之東南隅，即建宗祠於後，其侄載文、載成董厥工，共肩斯費。蕆事，屬記於余。

余維吾族自唐度支判官潤德公諱滋五傳至宋。嘉祐四年進士、教授本州稱樂圃先生諱長文以道學著，俎豆吴中。後八傳，至原直公諱獅徙永昌。又五傳，至尚仁公諱忠遷無錫，今隸金匱之毛莊東。弟尚禮公諱信居其西，爲毛莊始祖。尚禮後八傳，爲仲明公諱承珮，即載文載成高祖。載文、載成遵節母命，奉曾祖子祥公妣華太孺人、祖廷獻公妣華太孺人、尤太孺人、瞿太孺人、考宏聲公、妣瞿太孺人、叔宏遠公并叔嗣子載武，均祀新祠。於是，節母之心安，載文、載成之心俱安。夫亦古人作室先廟之遺意歟！

嗚呼，余家世守清貞，雖支分代遠，而孝義之風後先相望。前載文、載成曾叔祖心求室華、子爵室金，暨余先曾祖母曾叔母并以妯娌雙貞，崇祀節孝祠，勒表坊石。今楊太孺人茹荼飲蘖，積四十餘年，得清標彤管。其孀媳錢亦早年矢志柏舟，奉姑撫孤，備嘗辛苦，有不可及者。仰見我國家化洽重熙，湛恩溥被，無間窮簷。而載文、載成兄弟叔侄尊祖敬宗，敦氣誼，勵詩書，其光大正未可量。余於斯祀覘之，故不敢以不文辭，謹誌緣始，鐫諸壁，俾後起者覽焉。乾隆辛亥二月族孫琳拜譔。

節婦方氏捐銀記

朱　楠

荆村方氏懿德妻，年二十一而孀，無所出，撫侄武賢爲子。及長頗游蕩，氏因析居。家無恒産，閉門紡織，以度朝夕。今其年亦既老矣。會吾族謀建始祖祠於錫山之麓，余從族長勸捐至其地。氏囑恒芬來告曰："願捐銀三十兩，請夫之木主附藏於祠。"族長重違其意，諾之。

噫，以公宗祠之創始維艱，且規模宏遠，故公議族有捐銀滿百金以上者，聽其或祖或父附入於祠，所以鼓族人之孝思而使之踴躍從事也。今氏區區數十金，亦欲附於斯例，其志無乃侈乎？然氏以餬口不給之身，閱數十寒暑燈前月下之勞，積成此金，一旦肯出而爲已死之夫費，則數十金重於數百金也遠甚！

且夫用財視乎其志。嘗見富家婦女登山入廟，到處佈施，某有佛像解囊而再塑，某有殿宇指囷以重修，揮金如土，不過一時豪舉耳。而氏能不惑於此，獨念夫無主祠，捐銀入祠，俾夫之神主有所依歸，則其志有足嘉，而生平之苦志守節不從可見耶！譜舊有《閫範集》，凡族之慈母貞妻賢婦淑女皆備載。時輯譜將竣，余因採附於其末云。嘉慶己未四年小春月静山甫楠謹識。

朱黄氏節孝序

薛倬雲

己未之春，錫邑朱氏統修宗譜，荻坂忻公之一支實惟紹川輩諸君纂輯之力居多。紹川素與余往來，偶及譜事，謂將告竣待發，特恨遺修一節孝爲耿耿。

余曰："忠孝者，丈夫之立身也；貞節者，婦女之潔志也。夫求忠孝於丈夫爲易，求貞節於婦女爲難。求貞節於搢紳之婦女猶易，求貞節於邨莊之婦女尤難。君固樂道人善者，曷不爲余一述之。"曰："侄媳黄氏者，横林鳴岐公之女，年十九而歸族侄永發。入門克盡婦道，勤機杼，和妯娌，事姑敬謹，夫婦和諧。至二十八歲十月，永發竟患病不治。氏時哀哭痛絶再三。商諸叔氏，草爲買棺成殮，扶柩安葬祖塋。氏苦無出而家貧，姑屢勸伊改嫁，弗負青春。氏曰：'媳婦願事姑天年。有侄可嗣爲夫後，雖之死靡他也。'不一年，姑忽命婦登舟，佯言伴往親所。氏不省，且不敢違姑意。渡至東村，已許醮於吴氏爲室。氏時無奈，以頭觸柱。吴氏鄰衆悉來勸解。氏曰：'我黄氏生爲朱氏人，死爲朱氏鬼，縱然逼勸，寧死不從。然而我死何足惜，竊慮姑老在堂，無人侍奉；先夫嗣立未定，爲不瞑目耳！'時鄰衆聞言，各爲讚嘆流涕，咸趨其姑而歸之。氏即拜謝勸解者，又向姑跪叩全志之恩。至家後，姑復難以艱鉅事，氏必竭力服勞無悔，不辭辛苦，日夜紡織，極盡甘旨以事其姑，齋慄倍至。撫侄漢榮爲嗣，視如己子，并爲聘媳。氏年今已四十餘矣。"

余聞之竦然敬起而嘆曰："嗚呼，若黄氏者不惟有光朱氏，實堪爲百世壼範也。兹雖未列於譜，如郡邑士大夫廣採貞潔孝行以訂敬節録者，豈其遺焉。"

及辛酉譜發，細核世系，類多舛誤遺漏，重爲校正而改鐫之。紹川遂以黄氏序問余。余曰："幽光原無不發之理，此非黄氏節孝未張，以至譜之所以重刊也歟！"余因不辭固陋，憶前所聞，欣然序之，爲誦《柏舟》三復。嘉慶歲次癸亥仲春錫邑庠生薛倬雲拜撰。

貞節合序

薛倬雲

節婦張氏孺人者，君彦公次女也。年十九而歸朱氏壽龍，秉性温柔敦篤，敬事翁姑，相夫和順。

至乾隆二十一年六月二日，壽龍身故。氏時年才二十七，止索一女，家無擔石。奉二老如前，後翁姑相繼而逝，日夜悲哀，辛勤紡織。及女長大，欲爲有家。女聞將許本村吴氏，竟縊死。氏驚覺叫號，鄰里相解而甦。詢其故，曰："母氏無昆季，願奉終身，誓死不字。"氏知其非十年所可字也，遂與終相處操作度日。氏歷冰霜四十年，享壽六十七而終。戚族咸欽苦節焉。

從來忠臣出於孝子之門，詎知貞女亦生於節婦之後。張氏卒，其女竭力盡喪。葬畢，茹長齋命名曰星月。爲之顧名思義，洵知其爲女子之貞者矣。

昔者齊有北宫之女嬰兒子，撤其環瑱，至老不嫁，以奉父母。趙威后稱其率民而出於孝情者，何爲至今不朝也。星月其嬰兒之流亞歟？

星月後撫一侄爲嗣，似續父脈。娶媳顧氏，已得一孫。迄今置田數畝，創屋數廛，克家之子亦不過是。

適值族修宗譜，共推列名於壽龍之後，爲補嗣侄前一世數，以光家乘，因問序於余。嗚呼！吾不知嬰兒之子亦曾列譜於北宫否也？抑亦未知星月之將朝與不朝否也？人之言曰，生男不若生女好，壽龍不其有子云。樸齋薛倬雲拜序。

施太宜人訓

朱　紈

戊子歲，紈守官南曹。太宜人就養官邸。臘月二十三日，紈夜歸省太宜人寢所。時微雨弄寒，燈青籟寂。太宜人猶擁衾坐，愀然有憂色。紈請其故。太宜人太息曰："此吾與汝出獄之夕也。吾懷之三十五年矣，汝豈盡知之耶？"紈曰："願卒聞之。"

太宜人曰："汝父辛勤四十餘年，僅以儒官創立門户。辛亥歲，買園孔顔巷之間，將老焉。時汝嫡母生汝兄衣、冠、綬。吾生紹，未免於懷。汝父嗃嗃持家，分命衣、綬治生産，教冠讀書爲郡學生。衣性不順，有妻父鈕讓者復間之。讓世吏也，譎詐多術數。其季壻王元無嗣，衣挾紹以請汝父。不得已，割吾愛以絶其猜。一日，冠有過，汝父訓之。冠弗率，繞廬以走。又明日，弗見。汝父訴於學官，笞之。冠由是與衣一矣。甲寅歲五月二十日，讓置酒及門，請爲衣分異。汝父不聽。明日，讓舉家羣至，謂有毁其陰私者，以詰汝父。汝父茫然，則出避之，數日乃已。六月十四日，汝父方病熱，卧帳中。讓羣忽至，見床頭懸刀，執以舞，忽傷其僕鈕富額。血纔及傾，讓號於里曰：'朱某殺人！'遂以刀去。衣舉室叛入鈕氏居焉。富尋愈，充郡推萬公廝役，有犯被笞。汝父聞知之曰：'無患矣。'乃訴衣於萬，詞連讓不法事。衣與讓懼，夜偕王元謀。召富至室，醉之酒，囊麥三斗壓其口鼻死，遂以所執刀剖其額。時七月十六日也。法，刃傷越三十日不坐。讓乃前其期以誣汝父。時綬年十九，尚未娶。有戒之者曰：'勿告汝父。鈕將縶其頸錮於死者之足。'綬密言之。汝父嘆曰：'吾豈能辱此奴隸手耶？'逐出亡，綬從之。先是，有家僮來佑者忽不知所在。謂其逃也,至是乃縊於别室,腐矣。時吾娠,汝方八月。外侮内侵,室如被籍者,左右前後皆衣黨也。數被逮,吾僅以娠免。九月一日方寅,汝乃生,湯沐無具。有颺言户外者曰:'父且不知死所,養此何爲?'吾恐汝之及於禍也,坐卧寘於懷。吾尋中毒大泄,甫三日,逮者紛至。吾驚且汗,泄遂止。乃與汝俱就長洲縣獄。久之,日益寒,吾剪絮被爲襖以蔽汝。一日,冠使其所親王倫以餉至,忽攜汝以出。時汝伯父孟輝,洎汝伯兄清皆在禁,聞之大譁。守獄者懼,往返數四,信宿乃還汝。冠復諭餉者絶吾餉。汝伯父兄大詬之,由是諸餉皆絶,仰給於肆。冠復戒諸肆曰:'償汝之值,吾弗與也。'時獄庭内外無一人不爲吾不平者。吾日結網巾以餬口。居百有十日,有司歲暮閲獄,乃縱歸,即今夕也。數有鄰婦來慰勞,且告以汝父所在,呼與俱去。吾泣曰:'死則死耳,去將何之?'時汝父絶不相聞者五閲月矣。衣、冠輩方且揚揚閭里間。或問衣曰:'脱知汝父所在,汝將生還之耶?'衣答曰:'是當置之百里之外耳,正勿聽其還也。'問者曰:'還則何如?'衣曰:'今日縱飲高歌,誰則與我?'故憲副冷菴陳公傷汝父之冤也,數爲郡守史公言之。數曰:'此非死獄,第須出耳。'陳公救汝父弗得,乃召衣問富死狀。對曰:'吾父殺之耳。'公曰:'合抵命耶?'曰:'公法官也。殺人者不死乎?'公怒曰:'此爾妻家奴非耶? 爾欲爾父抵家奴之命,爾夫妻先寘極刑,然後議之耳!'叱使出。他日,復召冠諭之曰:'父死非命,爾游學校得乎? 且爾兄賊也,爾讀何書,顧黨賊耶?'冠感悟,乃訴於郡,以自縊之佑當殺富之辜。初汝父之亡也,投友人蔡惟中,匿北城灣俞震家,每欲自裁。綬覺之,坐卧與俱,乃已。捕者日急,變姓名走邳州,食盡始返。臘月二十八日,夜入城望冷菴公之門投焉。大喜,延之,供帳甚盛。冠至,則歷毁吾於汝父、公,且曰:'訟事易了,必出此婦耳。'公曰:'第努力。'讓知公之白於郡也。適史公爲郡人楊璞所誣,乃縱反間曰:'楊璞之誣,朱某之力也。'附會甚切,史爲之動。一日,見陳公,言之。公曰:'此必鈕讓之計也。公不聞讓乃猾吏乎?'反覆申辨不解。公乃指其子豸爲誓,且曰:'吾老矣,止此幼子耳。所恨猾吏欺公,爲明府累也。'史雅敬重公,由是不疑汝父。乙卯正月七日,衣復忤汝嫡母,觸之仆地,訴於官。衣夫妻匿不敢出。越六日,汝父就長洲獄,相遇者日訟吾母子受抑之狀。有司驗富屍,仵者曰:'刃傷入骨,非青則紫。今此潔白無瑕,異哉!'蓋謂其非生前之傷也。讓鄰馬醫者素與讓不睦,來言曰:'予我十金,吾首鈕富死狀。'汝父疑之,弗從。訊者竟據冠詞以佑當之。汝父僅得末減。溯佑之死先富三日,讓以辜限,自易其期,本以誣汝父,而適爲汝父之地。衣之造亂,本爲縱飲高歌耳。而汝父竟還,衣夫妻先以罪匿,不然汝父之獄必多坎坷。冠不游學校,必不能爲汝父伸。吾不娠汝,必不免於刑辱。後非久禁,恐汝父未及生還,吾母子皆爲虀粉矣。弛禁之後,五日而亡者還,九日而亂者匿。自今觀之,皆若有鬼神者主張其間,而非人所能爲也。今衣、冠死,其妻若子嗣皆死,讓家澌盡死,王元梃死,讓僅存其孫曰相,亦以吏弊戍邊。而吾與汝得有今日,綬且有子,獨無恙。天道昭昭,毫釐不爽。惟富之死不暴於人。汝父至死疑之。近有福受者,讓故僕也。爲綬傭作,乃備言之,而汝父已矣。生死殊途,憂樂異時。因念汝父常誦人定勝天、天定勝人之論,謂其曲盡天人之際。汝惟無以得於天者爲幸,而以未盡於人者爲憂,則庶乎無負於天,無負於人,[無負]於父母矣。"

時漏下四十刻,紈與太宜人相對沾衣。諸兒在鄰,方酣聲雷動。一侍者張目熟視,良久則垂首合睫。太宜人曰:"謹書吾言,示爾後人。"紈乃退,抆淚爲志。

(清朱鏡泉監修、朱鳳銜匯輯《[江蘇無錫]古吴朱氏宗譜》
清光緒九年敘倫堂木活字本)

奕山八景詩

朱明誠

石橋跨水

天生奇巧別尋常，片石橫飛化作梁。旋引清流歸古洞，秘開仙萼發奇香。龍形駕若天邊度，鰲首占同海際翔。翠黛橋浮迎遠景，水聲并處似仙鄉。

古洞藏春

傳來古洞究何年？形勝幽然別有天。滿地暄和生嫩緑，一泓環佩逗温泉。時逢九夏花猶艷，數歷千秋樹尚懸。疑若壺中藏色相，春光長此統乾元。

越王曉霽

凌空聳翠勢參天，黛色嵐光在眼前。暮雨深嫌雲黯黯，朝曦喜見樹芊芊。惟占曙景霞光赭，便識清和爽氣翩。從遣西施吴地去，登臨凝望日如年。

黄兆春陰

誰言山色正繁華，雨後清陰望轉賒。醞釀紫煙霏澗壑，参差翠靄隱桑麻。森森古樹隨雪合，疊疊層巒帶露斜。可意春光當此際，蒼巖到處是仙家。

前池釣月

一泓止水貯方塘，丹景雲光兩渺茫。畫艇欲乘王子興，銀鈎謾釣志和狂。饒他芊竹黄昏後，挽住娥眉清夜長。直待東方開曙色，矢心忘慮誦滄浪。

後隴耕雲

春深處處可耕耘，后隴陰餘緑似雲。牽犢荷篠驚雨暗，提壺挈榼喜風薰。曉煙犁破千重靄，宿霧耡翻萬丈文。堪羡龎公真隱樂，塵囂遠避不相聞。

東臯牧唱

儘日東臯覔草坪，牧人隨地得崢嶸。簑衣影裹雨方暗，褦襶承時風更輕。未踵南山敲白石，非觀漢史負牛行。生蒭滿載争歸路，一曲悠然舒性情。

西嶺樵歸

踏破層雲爲往還，生涯擲倒此青山。高低石磴風偏急，偃仰虬枝手自攀。猶恐爛柯閒歲月，謾隨鹿豖鬪塵寰。買臣當日行歌事，五十雄心鬢未斑。

壬午秋自翁村回奕山

尹廷高

竟别桑乾月，歸并卻似家。春風故巢燕，夜雨廢池蛙。石徑曾栽竹，磚煙舊煮茶。自憐萍梗跡，何日定生涯。

楓塘别業

尹廷高

白雲缺處露簷牙，雞犬相聞僅數家。幽鳥不啼林寂寂，滿山黄霧落松花。

贈朱少塘山人見訪鷺石溪居

王養端

杜老南鄰本姓朱，白沙翠竹并幽居。十年清夢長思爾，一夜扁舟忽過予。猿鶴山中今自在，干戈海上復何如？移床且傍梅花月，促膝同君誦蓝珠。

送朱山人之松陽兼柬徐龍陽

王養端

一春多雨不出户，偶爾新晴起曝書。既促儲軍填海島，遂疎農饁傍菑畬。聞君有約將銀鹿，愧我無能寄鯉魚。此去若逢徐孺子，爲言道路有征車。

送朱山人之西安

王養端

偃王城頭楊柳新，相送行人發早春。此去青霞山下過，爲尋王質後來身。

朱山人約余春酌不赴

王養端

多謝柴桑舊主人，漫將壺榼賞芳春。便呼白鹿尋花約，更解青蚨賽酒神。海上昨來猶轉戰，山中今且洽比鄰。爲期後會知何處？流水柴門竹色新。

答朱克明

王養端

四十餘年共歲星，無緣移榼一班荆。從題詩字憑魚素，已許神交定友生。六館文章予視草,五湖煙月爾浮萍。柴門竹屋黄山下,何日元談罄此情。

題循良四著卷後贈奕山朱參軍文盛

王一麒

使君出牧年方壯,佐郡歸來鬢尚青。樂構小亭鄰黨序,羞將長力走公庭。半生清望從輿論,諸子時髦起一經。聖代異時脩逸史,高名千古足流馨。

前　　題

王邦偉

宦績當年滿四方,春風處處有甘棠。謾誇仙尉同梅福,最喜清聲繼孟嘗。千里楚波沾雨露,百年粤國覩冠裳。歸來不獨黄花好,庭桂迎秋次第香。

前　　題

王任臣

念年宦績紀名區,三覲賢聲滿帝都。漢代蕭曹應未愧,明時楊趙竟何殊。荀門佳允孫仍子,白社髫年樂且娱。可信天心偏眷德,全齊五福似君無。

從　龍　閣

朱文盛

數弓甌脱地,竹樹植成陰。信得閒中趣,偏多方外心。菟裘堪自老,羊仲間相尋。課讀蒔花罷,白雲深復深。

前　　題

朱九綸

飛閣遠塵埃,登臨一快哉。地偏車馬寂,野静鷺鷗來。竹徑依山轉,柴門不浪開。會心處處是,何必説蓬萊。

前　　題

黄國龍

其　一

憑欄時極目,野趣較偏多。雨後山光潤,風前鳥語和。捲簾雲自入,泛斝客能過。卓矣柴桑士,清貞寄薜蘿。

其　二

談笑蓮花幕，歸來鬢尚元。大饒栽竹興，賸得買山錢。樽酒嘉賓洽，琴書俗事蠲。一經行有托，池上看聯翩。

奕山晤友人朱家瓚詩

胡效憲

魯國而儒止一人，牙如慧也百其身。縱横七發堪療病，游戲千年擬答賓。候至宋悲方入夜，氣暄鄒谷已生春。裁書欲寄湘南燕，卻怪朝來不我親。

奕山塘亭

胡效憲

蘺緣旭日分朝爽，桂喜秋林足晚香。反照漫疑花是葉，揚輝可是蚌含光。每思惠子臨濠濮，纔過夷門問大梁。見説雙峰新釀就，東籬菊綻報蜂黄。

迎盟伯胡效憲於奕山朱家瓚從龍閣

方亨咸

空谷幽輝麗少微，煙霞骨月古知稀。幾重雲路通三徑，萬壑溪聲聚一扉。柯爛石壇僊賸子，家依青魯俠流徽。惠然幸返跫然足，奕奕山城鶴正飛。

香　滿　樓

朱　霞

桂樹迎風植，書窓向樹開。有香皆入室，蜂蝶蔽窓來。

試後送案元朱炯敬歸奕山

陳大受

君是平昌第一人，肯教蒹依玉爲鄰？場中聯案無終日，雲外馳神每隔春。久慕竹林清籟遠，近聞蘭畹異香頻。群芳聚處山應好，夢寐仙源幾問津。

從龍之閣家穎海先生讀書處也
自哲人萎而梁木亦壞久矣壬辰重建感而得句

朱宗濂

金屋笙歌月易昏，閒齋風雨亦頹垣。蟲棲破硯吟花影，鼠抱殘編宿樹根。堂構乍新權笑語，滄桑依舊聽乾坤。樓頭醉卧渾無夢，不擾莊生化蝶魂。

咏方塘

朱宗濂

覆螺峰影漂摇處，十畝方塘地底深。似蜃樓虛凝水面，化龍樹老攫波心。落花蕩漾千層錦，斜日銷鎔萬斛金。夜静一村燈熌爍，滿天星斗共浮沉。

石泉唱和詩共十六人，各八首。兹各梓一首，名不拘次，以題爲序。

雷門峽

陳世修

南山聞殷雷，審之自地起。波神赫斯怒，游子輾然喜。

前題

葉繼珽

雙峽瞰巖阿，時聞怒雷吼。驚醒高卧人，起爲蒼生壽。

天琢橋

毛　桓

胡麻浮水面，怪石亂雲根。笑指天台路，曾無斧鑿痕。

前題

朱宗鏘

片石自成橋，橋西達何處。山月挂煙蘿，山翁獨來去。

白虹巖

周十年

飛泉挂白虹，不阻山中雨。助雨潤巖花，晴空尚萬縷。

前題

毛紹壥

懷玉幽巖下，巖前現白虹。秋風吹不散，直射碧潭空。

元鼃瀨

陳　錕

胡不隨日行，中流獨延佇。水聲喧雜間，恍若與人語。

前　題

朱宗瀛

離海入空山，山泉常獨處。激瀨何悲鳴，無人來與語。

人文矼次韻

童國柱

同心欲擎天，聚首忽成字。能學石交者，無有不傳秘。

前　題

陳克鈞

石室書搜去，遺文賸澗阿。水中寒雁影，波磔勁如何。

雲篆澗

王　業

山人愛雲窩，疏澗篆雲字。字間結草廬，終日卧雲次。

前　題原唱

朱　楷

司空治水時，適值書雲日。水伯巧臨摹，迴湍隨走筆。

迴瀾石

祝咸敘

射潮傳古昔，曾倒狂瀾勢。片石砥中流，不減萬努鋭。

前　題

毛儀炌

急水逢橫石，厓陰住白波。更流何處去？好景此間多。

漱玉崖次韻

徐來章

抱璞斷崖中，水從石罅吐。漱玉期無瑕，玉人云在遇。

前　題

朱　榜

山靈入酒家，吟詩悔饒舌。化石吸瓊漿，漱之以自潔。

方塘即景

朱宗瀛

閒來池上受南薫，獨掉扁舟盪夕曛。荷灑鮫珠啼水面，柳牽綵線繡波紋。乍來新月魚驚釣，飛去孤雲鷺唤群。静看樓臺摇浪影，千家歷歷夜能分。

聞朱函熙夫子述令侄翼唐所建閣曰文鑑者未及從游恭呈采桑詞一闋

周應枚

閣成文鑑名何取？閣上文星。閣下書燈，閣外方塘一鑑明。 遥聞勝地無因到，賴有先生。照徹諸經，久矣相隨入鑑行。

游奕山見其林巒雅麗人物瑰奇因不自揣漫成一律以寄欣慕時秋之九月也

毛　桓

逶迤一徑到幽居，遠岫平陵入望舒。幾畝方塘泉眼古，百尋秋樹屋頭疎。螺峰高覆南山霧，鹿洞遥分東壁書。纔得登堂稱習禮，因知人盡碧璠璵。

寄懷梅岡朱翰仙

毛　桓

羨君少小擅髦譽，邊笥奚囊富有餘。聞説幽棲閒過鹿，何堪契闊久無魚。逢人每問梅岡屋，買紙多求柿葉書。著述已成休閉户，從來重道莫今如。

題從侄楷石泉别業

朱宗基

清泉百折石千層，巖下幽齋掩古籐。莫戀佳山長遯世，請看瀑布又成冰。

大塘亭

朱宗鏘

天光上下漾亭基，曲檻青摇四面漪。星斗翻從波底出，樓臺倒向鏡中窺。雖憑密柳隔村火，卻溯伊人在水坻。他日化鯤將奪跡，千尋風雨起深池。

登眺從龍閣懷家穎海蓮亭二先生

朱宗鏘

榛荒成曠宇，蒼靄接高岑。樓冷蒸雲氣，庭虚錯樹陰。戲猿翻碧瓦，浴鳥戀清潯。堦滑飛英積，門扃濺雨深。但來聞燕雀，何處覓人琴？晦夕頻搖蕣，幽靈輒出吟。頡頏帝左右，存没運升沉。酹唱丹霄上，可能勝竹林？

登螺峰

朱宗鏘

今古青螺在，何時逐水流。插天摩日脚，拔地出雲頭。下界雞聲小，山深人語幽。捫蘿登絶頂，萬象一時收。

留楚畹山居

朱　楷

朝市奔忙徒自苦，山翁禄位更超群。尊居天半千尋嶂，富有空中萬疊雲。此樂他人争不得，爲逢同調讓平分。疏泉爲禹耕爲稷，相助聊成世外勳。

從龍書院先嚴多題咏歿後久閉復啟書所見聞以誌痛

朱　楷

書齋久寂忽吟詩，鎖澁金蟾欲啟遲。倚檻荻花垂白首，秋蛩獨語日斜時。
曳杖歌殘院已空，忽聞卓杖到庭中。趨庭四顧無形影，啄木循梁啄蠹虫。

暮秋寄呈家衡山先生

朱　楷

雁回尋舊浦，葉落戀寒枝。陶令歸來未，黄花又滿籬。

思孝亭俗呼“四跤”，當是思孝。

朱　楷

奕山東二里，有竹生道旁。冬笋起林外，爲竹蔽風霜。夏笋聚林中，使竹受清涼。笋生不離竹，解籜相扶將。有亭當路築，竹繞如短墻。我行庇亭下，寒暑亦可忘。庭闈失温凊，豈不愧叢篁。顧亭名思孝，回首獨彷徨。

戊午紀事咸豐八年歲在戊午塘邊

朱　辰

驀驚賊寇近村莊，垂淚離家適遠方。祝拜宗祊神戰慄，提攜眷屬步匆忙。塹崖無路攀籐過，雲洞有磔學鳥翔。覓到林間投一宿，夢中猶是戀吾鄉。離家遠避

賊兵聞欲上山梁，黑夜忙奔下脊岡。乍借電光分洞壑，卻因雨猛濕衣裳。是夜雷雨，又缺燈火。摹崖展步魂幾斷，攜幼徐行路覺長。幸值更闌天已曉，雲程豁眼趁朝陽。夜下烏尖

寇戎嗜殺欲窮林，我避妖氛覓逕深。紅日當頭忘暑熱，白雲繞足任風侵。一家暫別偕禽隱，獨坐終朝聽狖吟。幸得山靈呵護穩，晚歸纔許釋憂忱。晝隱叢林

纔欣寇退室廬全，梓里初歸轉惻然。綠樹陰中留敝屋，室爲賊毁。紫荆籬外賸殘秈。禾爲賊刈。親朋晤似重圓月，衣食艱如大歉年。會看矛頭星早歛，閭閻應共樂堯天。寇退回里。

仲義祠聯句

開五帝以紹三皇，鼻祖勳名第一；
註六經而躋十哲，家賢理學無雙。應櫝題

松桷盤雲，看山高水長，奕葉烝嘗酬祖德；
芝纏傍斗，應地靈人傑，聯芳科甲鞏王休。王鍾琦題

序尊五德，爲鄉士國士天下士，郁郁蘭芝，方信貽謀有穀；
祭重十倫，願歌斯哭斯聚族斯，綿綿瓜瓞，會知中錫無疆。武林吴之鯨題

祠面數高峰，起子姓烝烝，仰止先德；
楹開雙瑞草，應英材濟濟，柱石明時。四明劉之棟題

金石鐫功榮，擁常山旄節；
弦歌著治芳，流涉縣桃花。同安池浴德題

考亭垂教近，天下斯文正脈；
沛國著聲長，博士邦相題古今喬木人家。南陽石谷題

衍漢廷良牧之傳，由會稽而再三遷，族著東南稱最舊；
分宋室名賢之緒，來平昌已廿六世，地隣婺閩恰居中。芝田韓錫祚題

詹螺峰而闢宇世，留池月隴雲，景觸羹墻祖德；
兆玉笋以開祥代，鍾翔龍翥鳳，名鐫竹帛人文。祠孫宗鏘百拜

遡累朝德業功名，代代紳袍傳世澤；
願闔族孝友慈愛，人人禮讓振家風。

孝弟道通神明，修孝弟者方能格祖；
忠義名標册史，盡忠義者始克光宗。

萬物生乎，登斯堂也，洋洋乎如在上，如在左右；
百福聚兮，盡此道者，斷斷兮及其身，有其子孫。
胥古訓，胥保惠，胥教誨，各修爾典，率乃祖考；

以德進，以事舉，以言楊，相觀而善，達乎朝廷。

分宗義重本支别，
罔極恩深嫡庶同。

文鑑閣記

何其偉

余案牘之暇，嘗與諸生爲聯雲之會，雖所論在文，而諄諄以立德爲立言之本，望諸生躬全六德，非徒文燦五雲也。西鄉道遠，不能與會。聞奕山朱氏自有義塾曰"文鑑閣"者。余未遑就觀，不知其塾何似。今奉委散積穀，得便入境。見方池十畝，一片空明，萬象悉照。入池中之閣，心神頓清。文人有作，咸於此定其妍媸，其斯以爲"文鑑"乎？閣上有梓童君像，登者肅然。蓋外見之文可鑑於師友，而作文之本隱不易知，是必鑑於神明也。閣下有龕祀省齋先生，以其能賑饑息訟，埋骨洗冤，撫孤恤寡，甘鼎鑊以衛同氣，冒斧鉞以救同鄉。即文之有本鑑於人心之同然而立以爲後學之表者也，尚德哉！斯塾孰浚其池而建其閣？孰懸之鑑而立之表？奕山之士曰：建閣以祀文昌；聚生徒者省齋之孫明經翼唐；浚池者衆力。祀省齋者，公論也。省齋原自有可祀而又適宜於塾者，不以其孫之能立塾也。翼唐但知立塾，不料人之即祀其祖也。嗟乎！奕山諸君之尚德誠愈乎他族。而翼唐之所庇亦與乃祖俱遠矣，無俟吾言自當不朽。而有不可不以示兹塾之後學者，曰：作文有本，神鑑於幽。本之既立，永砥中流。文弗售者，惟德是求。時康熙五十九年歲在庚子維夏之吉，鄉進士出身、勅授文林郎、知遂昌縣兼攝宣平瑞安兩縣事、丁酉科浙闈分校滇南何其偉撰文。

奕山記異

朱家選

自宋歷明，吾族漸盛，正德嘉靖隆慶間可稱庶富。建恩市橋亭，曾與鄰都争界，見丁助功，壯者八百。萬曆間習刀筆攻詩書者咸仕宦，青衿三十餘，赴童試者四十餘。明末猶然。本族一十五派，首數仲義一派，而敏行兄弟一百九十四人，惠行亦一百八十零，别派可知也。至崇禎六年癸酉，天雨黑穀，吾境官塘嶺最多，方丈地可掃一斗。丙子年大旱，米價每石長至一兩陸錢。

人情洶洶，取足於龍游，而靈山廟下截路遏糴。庚辰，有閩地赤脚捲被過遂昌奪界，沿途殺戮，直抵湖山亭門下，遍地横屍，至周公源覓去路。甲申，燕京有闖賊之變。大清破闖入都登位。明藩未肯遽降。乙酉歲，東南隔絶，米價每斗仍一錢六分，鹽價每一斤一錢二分，豬雞鵞每一斤一錢，荔枝龍眼每一斤三錢六分，粗布每尺三分。至丙戌八月，惟閩地未平，連年進勦。及丁亥，米價每斗長至三錢。辛卯仍舊，每穀一石，舂米七斗。米糠雜賣，每斗二錢七分。其去糠者，每斗賣紋銀三錢五分。至癸巳春，閩人魏福賢爲寇首。二月初五日入吾境，家財席捲一空。被獲者勒餉，動以數千計。被殺者百餘。幸得竄者或寓龍游，或寓本邑城奕山境内，不留一人。甲午五月十九日，吾族大廈回禄幾盡，湖山亦然。人之逃者，大半死於疫厲。被擄從賊者，多陣亡。田荒三載。至戊戌春，天殲魏賊，漸歸，復開其半餘。因人少不能再墾，無租以供國課，歷年之欠漸多。順治十八年，有生户之報因追積欠動以數百計。七八載後漸有起色。而逆耿據閩倡亂，擲劄勒餉，左據江右湖廣，右屯兵衢府。城外處府松遂二縣任其出没。廿三廿四，兩都處處屯兵，惟不殺不淫，若搜山搶奪，則公行無忌。故人多流亡不返者。甲寅乙卯，居民猶保饘粥，鹽價每斤五分，得之珍如玉屑。菜茹野蔬。其酒糟米醬，則貯以待客者也。丙辰秋，各營僞官勒諸晨穫稻，半與耕者，半給營餉，田主不得收租。八月間，李部院破巢，招撫還家安集，得收餘粒。二十餘年，兩遭大亂，朱姓男女三亡其二，存者家家乏食。人文不振由是而起，舊時之盛不知再見於何日也！因修譜之暇，書此以誌盛，且使後賢知此地先年未嘗不盛，勿以今之衰而輕去其鄉，并使知致衰之由，勿恃其偶盛而坐待禍來。各努力自奮，則復盛而謹守焉。雖有天災，終無大害也。家選識。

奕山社前神厨記

朱　俊

社僅有壇耳，焉用此數椽爲覆灶也？向無覆斯灶者，今曷爲覆之？以建常平倉者斬百年蔽坳之木，故坳風急甚，非隔以墻屋莫能舉爨也。

斬木以建倉久矣，何至今乃始營此？曰：昔者避倉之禍，人多逃散，斯爨恐不復。今幸倉去而人歸，則斯社仍可久長。而覆斯灶者自不可以不營也。

倉與社皆民食之所自出，何禍福之相背若此？山居幽僻，有至老不見官者。自境有此倉，而官吏之來絡繹矣。吾宗向恥爲僕隸之事，官吏卒至卒行，急難遠募輿人，畏鞭朴之加，恒隱忍而自供役。此不得不逃者一也。地峻雲濃，倉穀易壞，又山鼠群耗，入倉爲役、與倉爲鄰者，破家賠補。此不得不避者二也。凶年防盗，晝夜巡守，費工捐財，且呈求發貸。初求不允，既允未來，既來未發。里人廢業，匍匐往反。飢民早聚而坐食於吾境，倉穀未沾而本境之糧先盡。此不得不逃者三也。且飢民罕實惠，而豪儈常爲利藪。一人領穀，僞數十名，登龍斷而罔利。吾境田瘠收薄，盡糶新穀不足以供國賦，不得不待價而沽。而龍斷一阻，積滯不行，恐逋租受朴，故負粟而還。此不得不避者四也。貸穀原欲得穀也，以奉文採買之。故每春半給以穀，半給以價，其無求於倉穀者亦擲以價，至秋誰敢不如命以償？此不得不避者五也。吾境爲衢處之界，又險峻可據。亂世亦幸免禍者，無糧也。今倉積既盈，復擲價採買，屢增倉以貯之，故彭寇據此，人僅數十，據僅一宿，而受害已不小。使聚黨久屯，居民不死於賊者，將盡死於兵。得留命以賠積穀者，大幸。此不得不逃者六也。

賴本社同志協力求官移倉，經曲折萬狀。余不惜殘年，必求事濟。其苦衷有不可以言傳者。蒙社之靈，得建斯厨，而復飲社酒。恐同社後人不知此害，就别境倉領穀，仍啟建倉之議，則此社神廚難垂久長矣。故爲記以告之。時雍正元年癸卯冬月魯庵氏俊謹識。

善報録

朱德衿

元至正壬寅，我祖騰遠公商于楚，道經芝城旅次，夜聞鄰婦哭聲徹旦。公憐之，詢其故。曰："夫被誣陷獄，需千鈔可豁也。家貧無措，故泣。"公遂啟橐取鈔，如數與之。迨夫歸，始晰委曲，遂識公之名。後復商于楚，夢一道士，自言姓胡，名充，鄉人也。家于三十都。故鄉久旱，何不歸而禱之。公曰："旱乃天數。"道士曰："爾德可格天，禱必雨。吾亦助汝。"公急歸，訪之，絶無道士如夢所謂者。有山名胡充，甚幽邃，公遂禱焉，而雨果盈疇，咸慶有秋，公之力也。嗣是設公之位于山之椒，以報厥功。時值明初，樂平寇號鐵元帥哨集烏合，巢于婺治之南鄉，搜獲附近名士，誘至則殺之。適公所助鈔脱罪者先在獲中，見公被獲，乞于寇願代公死，併述前事。寇義之，並委以腹心。公知非其主，固辭而歸，耕讀是樂，益孜孜爲善。意得則吟哦嘯詠，朋來則煮酒譚詩。著有《雲谷詩集》若干卷、《警世隨編》等書，藏於家。今之子孫千萬指，皆公一人卜居羅浮之後也。天之報施信不爽矣！直録其事，以爲善報之一證。

時乾隆甲申歲新秋月裔孫德衿識。

香田百頃賦桐川八景之一

王思謙

沕穆初開，坤貞甫奠。曠悢平原，氤氲四旋。境幻神恬，雲舒霧濺。茅茨未改於堯階，穎粒已登於禹甸。畎畝繁區，溝洫營繕。井井有條，畇畇一片。靈星祀於辰，戩穀式於佃。囷廩之燦爛光騰，萬千之贏餘歌遍。萃和氣之郁郁紛紛，起編氓之欣欣眷眷。

婺之爲地也，田非上賦，邑處重山。障都雖舊，武水長灣。沿曲折之香溪，搴阯膏澤；控嶙峋之馬石，嵺廓躋攀。朱氏始開基而卜宅，衡宇遂飭創以層闢。谿谷源源瀦洩，淤澱縷縷敷憪。趣味固芬芳於苗黍，丰韻當馢馥於畿寰。

爾乃運回序啟，日暖春融。隴上早分穜稑，遂畔新砌菁蔥。柳如線而萍始生，極目疑栴檀之脂欲墜；桃似火而李溥雪，挹鼻類蘭麝之液成叢。及期耕而澾濊泥濘，乘時轉而灌溉疏通。窅渺靡涯，膏腴之區堪賞；迷茫一望，澤國之藪無窮。

時而夏木森陰，秧鍼澄澈。二麥之浪，縠繡波紋；新茗之香，龍團雀舌。塍畔花萎荼蘼，道旁聲殘鶗鴂。愛赤帝之炎炎日長，恰農父之芒芒時節。此疆彼界，無滆汃之堋隁；爾耔我耘，祛稗穮之芽蘖。饁餉藉蒲酭之獻盈樽，解愠飄虞帝之弦數闋。玢玻涾潗，潫汩霧雺。蓟菈蔓賫，氾湳英茁。稻花盼處穲霧，羽扇揮來艫暇。

若夫茫茫禾熟，湛湛露施。紛攘鐮銍，先後參差。多稌多穛，是穫是持。輕嬛䅓拂，轠轤聲馳。歡呼囊橐，彳亍負齎。饔飧取辦，秸粟賴而。餘三餘九，載樂載嗤。豚蹄之祝往昔，篝篓之報今兹。浩浩乎綿邈之域，芃芃乎儲蓄之資。疄疄之逸香黄菊，膴膴之清韻紫芝。於是樂歲薦新，築場納稼，翹式崇墉，繽紛穲稏。

大有年登，三冬日迓。凛朔風，滌金斝，慶亨嘉，處臘蜡。霜露潤而滋長稻孫，田園廣而縱橫廬舍。梅馥馥而含玉葩,雪霏霏而粘瓊樹。負暄之叟,攜竹杖以嬉娛;比屋之鄰,肅盤飧於姻婭。積畝成頃,越陌度阡,三歲曰畬,楚陂蜀壩。

至若扶桑乍起,曉翠才收。嫩葉之珠未碎,松林之月尚留。早炊兮煙飛縹緲,歸犢兮坡曲逗遛。濕徑憐鮮妍之草,霽色喚滴瀏之鳩。類崆峒於四達,遥繾綣於雙眸。宜乎朝昏常變易,自爾晴雨供優游。

脈絡聳而硌磧,涵文理透點蒼之緻;經緯分而肥饒,衍耕耨非磽地之疇。因是地以人傳,食以田計,億兆倉箱,薰蒸黍稌。溯沛國之遺徽,毓桐川之後裔。潔俎豆以薦馨,守松楸於勿替。繁庶無異當年,熾昌依然奕世。賦税不敢緩於徵輸,人文漸更新於科第。襏襫耰鋤之作苦,祖宗之貽謀最精。稻粱菽稷之蓋藏,庚癸之驚呼利濟。深塘浥瀺灂之淵,古井汲潾瀜之滴。斯謂香田族聚而適樂郊,百頃豐收而誇富麗歟!

時乾隆甲申歲新秋之吉蚺麓王思謙稿。

謁始祖介公墓

朱德衿

翠液叢中紫霧開,乾坤鍾毓此靈胎。千秋事業光垂計,奕葉瞻依嗣續來。茶院桐川原一脈,蛟騰鳳翥簇三台。要知磅礴祥臻處,鬱鬱松楸洵異哉。

又

朱光淳

芳傳沛國祖宗功,地毓林池氣象雄。襟帶香溪波織錦,帶迴障麓勢搴鴻。豐碑苔蘚長堆砌,古墓菁英自感通。躬晉一盃遥滴際,鑒觀縹緲駕雲中。

又

朱大執

長安宦夕幾經年,環繞森陰繡叢旋。祖訓衹頒詩禮學,劍光直映斗牛邊。雲仍萬派因源遠,喬蔭千株爲本堅。景仰遺徽殘碣在,不勝遐想黯悽然。

又

朱德遐

百年身世沐高深,俎豆慚予未薦馨。欲並楷模枝幹茂,宜思霜露歲時臨。楚人蠶食見前譜序。知非昔,郗子虹翔已羨今。貽厥嘉謀追遠事,栝棬增感淚涔涔。

甲申同文開叔祖舟行至德興譜局

朱青選

霉霖初霽雨濛濛，猶愛看山撤短篷。虎是何年攜子去，洪流大漲，老虎灘深在水底。鳥應盡室避船通。迎風葉偃連天白，出港煙低覺水紅。覓句不須窮兩岸，與君同載畫圖中。

取道薛家嶺復至香田

朱青選

苦雨霖鈴壯志淹，今朝抖擻始掀髯。恰從山縫穿雲出，好進杯中索酒拈。橋折上流官路曲，人争晚渡板痕添。此行一事真成負，馬鬣難忘未許瞻。指錫林祖墓。

香溪探梅歌

朱光澤

最愛年來春色早，探春人道香溪好。梅花香拂有無中，丰韻應知霜雪澡。雪沃霜鋪不染塵，冰姿掩映在溪濱。瀟疏舒向巉巖側，挑逗先天已繪真。傳神只在阿堵裏，尋來冒凍輕舟艤。此中滋味問花神，梅兮梅兮，數點春葩情旖旎。

桐川喬蔭歌

朱德珍

森陰松栢參天起，直離雲霄才一咫。屏衛桐川華蓋新，祖宗樹木何年始？于斯七百有餘春，飽歷風霜誰與比。枝幹輪囷蒼翠中，虬蟠掩映人家倚。人家聚族本桐川，大觀榮旌錦字鐫。怙冒後昆遺閥閱，葳蕤喬蔭更新妍。或耕或讀勤生計，作孝作忠啟後賢。奕葉菁葱霑雨潤，至今桑梓溯當年。

（清朱彦祥等纂輯《[江西婺源]桐川朱氏宗譜》 清乾隆二十九年木活字本）

記奉寶明公爲始祖并初謁墓事

朱一鳳

宋御史中丞匹馬渡江寶明公，五縣之共祖也。他縣遠難考徵，就泰、靖言，兩縣宗祠皆託始焉。顧朱氏之原始，由來甚古。相傳顓頊元孫陸終第五子安受堯封於邾，厥後子孫去邑爲氏。歷漢迄唐，代有顯者，支派亦久遠矣，寧獨始於公？第其譜牒散佚，幾等杞宋之無徵。惟寶明公則自徽婺遷泰，傳三世至十二官人任宣慰使，十三官人贈兩淮行省左丞。十二官人生佑一、佑二、佑三。三公爲泰族祖。十三官人生鎮南藩府總管佑四公，爲靖族祖。佑四公生五世祖，元延祐，乙卯進士、揚州路總管正言公。公生進士、兩淮都轉鹽運使忠七公。公生第六世遷靖始祖、明吏部左侍郎德庸公，諱觀小，字安五。同時公從弟秦府紀善祟祀鄉賢安七公，諱德剛，亦遷於靖。朱氏在靖有東西分之名。蓋安五公爲東分祖，而安七公則爲西分祖也。西分不具論。我東分由實明公十一傳至懷柏公，諱承恩，與弟夢柏公，諱承榮，分爲南北分。十三傳至廣東澄邁縣主簿鄉飲大賓毅所公，諱大楨，與胞弟石峰公，諱大綬，又分而爲二。舊譜載，石峰公爲江陰派，實爲遷江始祖。則自實明公以前無可稽，公以後，由宋歷元、明、清，世次鑿鑿，足資考證。故泰、靖朱族以實明公爲始祖，要亦取其信而有徵耳。公之塚，泰譜稱大家墳，連附葬凡七塚，有芝草之異。稱爲大家墳者，謂夫朱氏通族所公共也。但公雖爲兩縣祖，而靖族向例只上安五公塚，未聞有上實明公塚者，緣安五公爲遷靖祖，而實明公稍遠故也。安五公附葬常家巷西原祖塋，距公從兄秦府長史雪江公諱杲墳咫尺。每歲三月，必由主祠祭者赴泰謁祠，兼祭掃焉。泰族以安五公與雪江公支派最近，且雪江公遺有祭田也，凡靖族之到泰祭掃者，必竭誠招待，且送給川資，碑勒宗祠，垂爲定例。第均是祖也，且均葬泰興，爲子孫者對於靖祖則祭掃，共祖則弭忘，揆諸報本返始之義，殊非所宜。壬辰歲，適靖祠協議停祭修譜，辦理祠祭及赴泰祭掃事宜，皆公推代表主持，由是有祭掃實明公墓之發起。癸酉上巳前一日，族中推派鳳及笠夫、含夫僱舟前往，謁祠之日，族叔雲浦亦命車至，遂於翌日備辦祭菜、冥鏹等，實行祭掃實明公墳墓之舉。鳳等初到泰，人地生疏，由泰祠派二人同往。奈彼二人者不更事，領導鳳等至泰族疏遠無稽之朱氏另一墳塋，與大家墳形勢略似、塚數相同者，冒昧致祭，而不知其誤也。迨祭畢，沿例至鞠家莊族人家散祭，談及此事，有　年已耄耋、見聞較多之老族人正其謬，并謂大家墳之祭田爲族内少數人把持，故祭掃亦僅由少數人專主，祠内不遑過問，故知其底藴者鮮，迄今未及整理也。爰遣其子復與鳳等偕往，囑之曰："此去西北不遠，俗名沙灰堆。譜載綦詳。附近朱姓甚夥，詢之即可得也。"如其言往至其處，訪得實地名潭原，亦曰潭沿。沙灰堆，其俗名也。稍北即大家墳。急趨視之，墳列七塚，北向，雅與塋圖合。噫！此殆實明公真塚歟！塋中叢柏參差，石坊因年久傾圮矣。相與嘆惋者久之。時則夕陽西下，暮色沉沉，而僱來之舟猶相約泊在張家橋相待也，遂與偕往之族人别，而登舟歸。記其事并賦詩一章，俾後之人一望而知實明公爲始祖之原委，赴泰掃墓者知所從事。并議定自是而後，歷年族人赴泰謁祠，必辦祭禮掃公墓，以盡報本之誠云。

附謁墓五言詩一首。

沙阜潭沿北，朱家古巷西。連阡判昭穆，叢柏自高低。産隴稽芝草，渡江想馬蹄。共來謁共祖，惆悵晚風凄。

（朱一鳳纂修《[江蘇]靖江資善堂朱氏支譜》 1941年資善堂木活字本）

梅隴朱祠記

朱宅豐

吾邑朱姓蕃衍，其各聚而居，稱望族者十有餘處，而隴頭居一焉。然如赤岸、溪西、野墅諸族，俱各本宗傳派，隴頭之朱，則自千十一府君珍華公，爲百十府君之子，實遷隴頭始祖。紹熙四年舉進士，不第，歸隱於兹。迨宋元迄明，有五世孫端和處士第五子諱肇者，以己卯舉人永樂間擢户科給事中，創立宗祠，尚書胡公濙作記，縣乘可考也。維時黄門公嫡侄、嫡孫俱以明經出仕，一理郡刑，一治花縣，其列名黌序者十有四人，食餼者二三人，彬彬濟濟，爲朱姓冠。嗣後，祠燬於火，譜牒散失，支分派析，統系不序，歷有年矣。再越六世孫，吾王父號慎軒公亦以明經秉鐸，處紹兩庠。解綬歸，年已七十餘矣。每嘆曰："吾賴祖宗之廕，讀書食禄於朝，每乘春秋禮祀聖廟，耿耿以不能興復祠堂獲罪宗祖，今老矣，其屬之後人乎！"時伯父肖梅公已登戊戌榜，鳴琴江右，卓異行取，除儀部主事，因奉命送李相國歸閩，還值内艱，讀禮之餘，謂先君曰："先大人在日，欲創祠繼業，望之後人，吾與汝言猶在耳，此固吾素志也。向因王事覊縶，今其時乎？吾與若共圖之。"先君唯唯。但今族衆蕃多，舊基狹隘，東有曠地數區，相與族長謀，計售值得地方廣若干丈。誅茅驅磊，隨高下而經度之，後枕横岡，前臨大路，有上、中、下三級，遂卜築焉。伯父捐資，即於上級獨造寢室五間，墻垣門壁，不華不儉；先君亦捐金爲倡，族中之素封賢達優於財者欣欣樂助，或數十金，或數金，約略三百餘兩，遂於中級創竪廳堂五間，棟梁楹柱，宏壯高敞，焕然偉觀矣。此經始於萬曆甲寅歲也。暨將落成，而伯父奉制起服，將行，曰："廟貌聿新，吾弟與族長共終其事。"先君即與同事構築門牆，措置祖室，遷始祖以下共八代祖敬肅木主，奉祀于廟。蓋予族自祠燬後，第於清明墓祭各祖，冬至祭始祖。今始仍談春秋二祭，雖草創未備，相率祭於廟而享胙於輪，祭家，亦恪如也。先君以前級不可無門樓，相與構材締造。乃工未就而先君逝矣，嗣是經理無人，垣墻倒塌，門壁散逸，風雨飄摇，竟爲圮宇。迄崇禎丙子，十五世孫諱之錫者都中歸童子試，每奉祀嘆曰："吾輩讀聖賢書，繼述之謂何？而顧令先世之祀事荒廢若此乎？"越興朝丙戌，奏捷南宫，選入詞林。丁酉，治河濟上，以内艱奪情，屢疏哀控，獲奉命扶柩葬祭。五月抵家，六月謁祠，即謀修葺，捐金數百，擇族之謹厚敏達者敦理匠事。厥功伊始，八月秋祭，即遷封公入祠，并合始祖以下崇祀焉。此順治庚子歲也。迨諭祭畢，即還濟復命。吾祠長輩同心協力，修飭寢室五間、廳堂五間。又于前級造門房五間，上構平閣，中開三門，其上、中、下三級疊石砌階，各長七丈，各高五尺，上下皆砌蹈道。經始于庚子，竣工於癸卯。嗣是，子孫於祭之日循級而上，入於室，穆兮幽邃；躋於堂，巍乎軒敞。洞開中門，將將嚴正，方塘如鑑，横案如屏。於以祭於斯，飲於斯，言笑歆舞於斯，真可以妥先靈、光來祼矣。噫，異哉！隴頭之祠也，黄門公創而始之，我伯父繼而興之，梅麓公終而成之，語所謂"莫爲之先，雖美弗彰；莫爲之後，雖盛弗傳"。三公相隔，或百有餘歲，或數十餘年，總皆孝敬之誠，諄諄世德之作求，而豈僅僅輪奂之美已哉？夫有祠則有記，胡尚書爲黄門公記之於先矣，後未有爲儀部公記其中興者，今又未有爲梅麓公記其成終者。然則奕奕寢廟，竟無可記乎？憶予自壬子爲弟子員，于甲寅即親見伯父之經始，於庚子復親承梅麓公之締構，至今壬子，躬承祀事已六十年，其間廢而興，興而圮，圮而復成，歷歷皆吾目中事，歷歷皆吾心中事也，可弗記乎？然予不記之，誰爲記之者？用是惴惴，姑詳其廢興，序其(姑)〔始〕末，記雖不工，不猶愈於今人而姑待後人，今歲而姑俟來歲者乎？雖然，予猶有厚望焉。誰無宗祖？誰非孫子？入斯祠者，或肅然起尊祖敬宗之念，藹然動仁人孝子之思，于以增飾廟貌，光飭俎豆，則奕世與有重光矣，予又何贅焉？是爲記。

時康熙十一年歲次壬子七月望日，十四世裔孫宅豐謹誌。

（《[浙江義烏]梅隴朱氏宗譜》　清光緒四年木活字本）

祠　堂　記

王　稌

自先王宗法廢而譜學以盛，廟制定而祠堂以興。此有志於立家尊祖者，必以二者爲先務也。夫何近代以來,士大夫家莫不苟簡以廢禮? 若予同邑朱君,世居隴頭,才識敏達,器量宏深,稍長游縣庠,即登洪武鄉進士第,補太學生。永樂改元之初,選除户科給事中,遂以奏對敏異練達稱旨。持節江西撫安軍民,賢勞五載,不俟秩滿,即急流勇退,解組歸田。深念早歲嘗欲建祠以祀先祖,修譜以統族屬,闢家塾以訓一族子孫。自登仕版,宦轍四方,夙志未酬,常以爲歉。今得謝事歸,度基於正寢之東南向,一遵朱子禮制,建祠五楹,分爲四龕,以奉高、曾、祖、考之主。於是棲神有位,拜謁有所,升降有階,翼以兩廡,繚以周垣,抗以外門。崇卑廣約,雅中規度。復割常稔之田若干畝,以供粢盛醴牲之費。月朔必謁,有故必告,歲時奉其明薦,春秋致祭,則躬率内外羣從子姓迎主於正寢而行禮焉。籩豆静嘉,蘋藻蠲吉,牲醴苾芬,祖考來格。祭畢,送神於祠,則行燕胙之禮。族之長而尊者位於上,幼而卑者序於下。卑者獻而尊者飲,長者言而幼者聽,或述祖訓,或講家規。而退又懼後世子孫不知創始之艱,非託之文字則不足以傳悠久,爰徵余言以記之。予以不敏辭不獲,因念少時侍先人博士府君於太學,嘗稱先祖待制公之言曰:“齊家有道,禮樂爲先;保家有道,惟善是積。未有爲善而子孫不興,爲惡而身家獲保者。”予游江湖,顛髮種種矣,見富貴起滅如浮漚,未嘗不嘆先祖之言之驗於世也。向使其能效朱君之先種德以遺子孫,子孫能效朱君之尊祖敬宗,既脩譜以統其族,復創祠以祀其先,曷致有傾覆之患也哉! 予聞《楚茨》之詩曰:“我倉既盈,我庾維億。以享以祀,以妥以侑,以介景福。”朱君有焉。其卒章曰:“孔惠孔時,維其盡之。子子孫孫,勿替引之。”予於朱君之後有厚望焉。是爲記。時正統庚申年秋八月既望後三日,同邑王稌叔豐撰。

(清朱承統編《[浙江義烏]梅隴朱氏支譜》 清光緒間鈔本)

朱馬氏宗譜

插花山居詩

馬思贊

未必桃源便弗如，此鄉洵美是吾居。衣冠俗儉風猶古，耕鑿人多力有餘。繞屋定裁千箇竹，幾家同種一池魚。近來長算村翁富，賣與山田得買書。

濃雲暖雨互悠悠，寒食前頭社後頭。兩月笋膏充肉味，一年茶事算春收。鳥當久坐聲逾美，花到無名種最幽。料理藥壚兼酒榼，獨尋萱草對忘憂。

最愛西風換夾衣，一番秋色到柴扉。不除衰草留蟲語，但掃空堦候葉飛。帶角未妨菱稍貴，燃萁或恐豆旋稀。直愁惱亂比鄰意，珍重兒童喚鴨歸。

醉鄉差與性相宜，静裡分明閲歲時。遠近川原濃淡樹，宋元人畫晚唐詩。窻虛西北風歸早，山擁東南月上遲。傳語此間非捷徑，欠伸纔罷欲何之。

雨後同内子登南樓作

馬思贊

避暑眠樓下，今朝雨後登。寒添半臂重，秋入亂山凝。索爾詩同韻，偏吾酒一升。紗厨凉意足，正好謝花冰。

與内子夜話南樓

馬思贊

富貴浮雲誰解得，任他取次鬧中看。如吾已抱齊門瑟，倩爾同持秋水竿。可惜世情真似紙，也知束草便爲官。他時或恐終相及，有負今朝一笑懽。

病起食粥得真字。

馬思贊

藥草香幽室，花枝負好春。病多偏使氣，母老愛迎神。今夕三杯粥，明朝兩世身。也知空問信，差喜更無人。

客中見月得家信

馬思贊

永夜相思看月華,惟憑好夢繞天涯。夢魂已可同千里,明月何曾隔兩家。
征車半路是長沙,撲面行塵夾柳花。今夜故鄉書信到,美人已勸早歸家。

花 山 草 堂

馬思贊

先公講習地,獨宿憶吾曾。犬吠荒村月,鄰梭半夜燈。年光同逝水,世態已堅冰。老我空堂裡,將來或可能。

題郭河陽春畊圖

馬思贊

口口趁陰晴,家家打伴畊。畏荒思夏雨,還債想秋成。椎髻壺漿婦,牽牛小後生。可憐圖畫裡,辛苦已分明。

德宣喪偶悼之慰之

馬思贊

終古同一死,所悲未白首。憶爾完婚時,丙寅冬至後。我爲母舅尊,來倍會親酒。爾母爲我言,有媳堪箕箒。我笑答爾母,佳兒稱佳婦。斯言未作陳,爾已嘆喪偶。死者無生兒,廬墓誰拜守?繼室縱多男,究非死者有。祭掃虔春秋,神其吐之否?嗟哉一遺女,學語未學走。寒隈乳母傍,飢捧乳入口。但知哭與啼,那識母爲某。待他憶母年,母骨敗落久。徒見他姓人,日夕呼母母。宜爾兩月餘,一想血一嘔。天地空久長,六載情難負。獨思爾母在,藉爾奉升斗。死者魂有知,亦定念姑舅。況爾生者身,未必百年壽。

聞 蛙

馬思贊

亂蛙夜叫錢塘城,對面不聞人語聲。忽疑錢塘江水漲,波浪直向屋角生。五更月落又未落,趁天不明叫轉惡。一夜遠客已無眠,此時逼人離莞弱。吁嗟亂蛙一小蟲,得志驚人可耳聾。

聽 漏

馬思贊

老屋正苦漏,霉雨忽滂沱。去年無漏處,今年漏反多。承漏老瓦盆,雜以小銅鑼。分明司天匠,夜漏滴銅壺。更次雖不明,可作兩耳娱。絶勝江湖中,秋雨聽菰蒲。

除　夜

馬思贊

尋常兒女也團圓,底用今宵笑語喧。獨剪燭花獨把盞,先生守歲到明年。

先公除帛之辰

馬思贊

床前遺語聽如昨,倏忽三年别影堂。盡道暑寒同草露,可憐時景半滄桑。讓人頭地黄金少,著力支吾此意長。自後莫談今近事,泉途聞得倍心傷。

歲寒雜感

馬思贊

貧賤夫妻意苦辛,愁眉怨黛總休論。兩姑敢信難爲婦,十載空煩敬似賓。宛轉掌珠同覆卵,寂寥池草類殘春。離披家業頽唐氣,齋奠經營愧此身。

作先公年譜成

馬思贊

筆成年譜倍心酸,留與孫曾仔細看。無數仁慈有數壽,廿年書卷一年官。
自署惟應撫字勞,未妨庭訊及秋毫。竹西歌吹今零落,猶有衣冠像叔敖。

經城中故居

馬思贊

一天薄霧一村煙,共作糢糊誤小船。此是大東門外路,爲誰嬾到竟三年。
緑榆樹蔭赤欄橋,白石長街北一條。曾記兒時引隊走,無腔鼓板亂元宵。
豪家門第忽然新,聞有庭槐尚舊春。昔日比隣諸父老,今呼我是客中人。

登吟香閣有歎

馬思贊

同穴無期終有期,重幃空自恕魂歸。從教散盡平生物,留得南窻儘淚垂。

自遣三絶

馬思贊

存亡見慣淚聲乾，敢笑胸懷似石頑。匹似向平婚嫁了，先生到死十分閒。
倩兒一去比珠沉，得汝分明抵萬金。喚取重來不無意，重來重去又何心。
爲有遺嬌足遣愁，久枯涕淚灑南樓。無端一對珠跳掌，從此神傷又起頭。

勵志詩

馬翼贊

治生競浮薄，學古資沉潛。有如熊掌魚，二者不可兼。賣田購圖籍，一字值一縑。敝帚享千金，所得毋乃廉。妻孥或竊笑，自喜偏沾沾。惟余與仲氏，性僻兩不嫌。明知是痼疾，此疾何用砭。終勝多田翁，瑣屑問米鹽。但嗟未聞道，昏旦移烏蟾。努力行自兹，兄錘我當鉗。

有感

馬翼贊

衰年長與世無争，惡事何來夢亦驚。酒隔歡腸偏易醒，憤非意料最難平。漸無魚肉共刀俎，幸得詩書記姓名。底事獨來穿我屋，可知鼠雀有經營。

對鏡自歎

馬翼贊

事與心違忽數年，不堪鏡裏面滄然。鬚隨髮短兒猶挽，瘦共愁增婦亦憐。剩有粗豪眉似戟，本無丰度貌如蓮。珥貂久絶頭顱望，誓向林泉結小緣。

英兒納婦口占以訓

馬翼贊

草草匆匆四十春，艱難百事總安貧。德微愧我爲人父，慶遠看兒欲嗣親，瑟柱琴絃宜静好，晨吟夜績要辛勤。須知耕讀家風舊，努力支持在後人。

乙未遠歸閲英兒詩頗有思致因用其韻

馬翼贊

我非彌勒可同龕，涉世原知七不堪。客久歸裝如落葉，漏殘添課當朝参。居心漸欲忘冰炭，擇術從來判矢函。惟有南山山徑好，頻年入夢費幽探。

内子誕辰姪輩以生魚稱祝感而有作

馬翼贊

黔婁老作書中蠹，德曜欣占夢葉鱣。知是阿咸工頌禱，譬他賑望食神仙。鯤鵬擊水慙衰朽，機抒添膏謝管弦。料理殘年惟强飯，遠歸不用尺書傳。

丁酉嘉平祝壻生子遂作洗兒詩以賀之

馬翼贊

年來頻望子生枝，今日歡聞女得兒。但使孫行林椂立，不嫌髩影雪成絲。年衰漸切添丁念，家落長懷啓後思。欲助洗兒囊已罄，漫邀老筆寫新詩。

病中示子詩

馬翼贊

在虎須爲彪，在馬須爲駒。於龍吾取子，於鳳吾取雛。羊鞭視其後，牛牿觀其初。人生望多男，願有不願無。既有復多望，望賢不望愚。愚者亦可憐，賢者誠足娱。賢愚雖定分，所向多岐途。陶公達者流，責子猶勤劬。我亦爲人父，此情夫豈殊。願汝自上學，朝夕親師儒。琅然讀書聲，病枕或起予。

燕山旅館病中偶作

馬翼贊

學道無成鬢已華，形骸粗識似摶砂。生原如寄歸何戀，病要安心藥便差。聊與維摩同示疾，笑他温序苦思家。無端勞動平生友，念我蹩躠暗悼嗟。

落月殘燈顧影憐，鄉關白髮總三千。身隨風際浮萍影，病負秋來看菊天。瓶罄似呼庚癸日，數窮疑值巳辰年。悟來萬事皆天定，得喪悲歡總淡然。

先公除帛志痛

馬翼贊

久病難成拜，繩床淚滴穿。魂亡如一日，腸斷已三年。貽教關身後，扶行記膝前。辛勤門户計，兒小最堪憐。

秋　旱

馬翼贊

汗滴秋禾淚亦垂，天高葉脱雁聲悲。雲無雨意還山早，煙斷厨頭唤飯遲。誰對魚蝦憐竭澤,漫勞簫鼓乞荒祠。儒生敢有蒼生意,却悵重陽釀熟時。

冬至早朝

馬翼贊

黄鐘應候飛葭管,絳幘鳴鞭啟建章。爛熳旭光凝綵仗,氤氲瑞氣撲爐香。天開泰運陽方進,人拜皇恩日漸長。日愧非才陪侍從,鳳書頒自鳳池傍。

聖駕乘舟賞春命賦

馬翼贊

暖風吹動碧潾潾,青雀欣來比幸巡。水底魚龍皆欲奮,岸間花鳥亦相親。横汾昔日長歌發,浮洛當年五福陳。何似春波寬似海,聖恩北海更無津。

上太史本房師辛丑禮闈,蒙夫子首薦。

馬翼贊

雲泥且莫論升沉,一字褒踰華衮尊。宋五自知宜下第,陳三誰信最銜恩。骨凡難隸神仙籍,材枉偏容大匠門。投老江湖添遠夢,每懷臯比望台垣。

下第

馬翼贊

青山淚點濕斑斑,下第心情中酒間。孤館乍辭僧罷送,扁舟巳具客將還。流年似水真難住,高步如雲豈易攀。歡笑入門緣底事,博將慈母一開顔。

癸卯十月釋褐後接家書知英兒舉一子喜而賦此

馬翼贊

南宫新得第,子舍喜添兒。假在少壯日,翻無合併時。急移湯餅會,來趂曲江池。莫笑鳳雛小,行棲上苑枝。

將出京邸留别仁山同學

馬翼贊

數易星霜客上京,相依燈火讀書聲。不材雖幸邀天簡,暮齒何心戀世榮。歸計尚遲緣惜别,窮途得慰見交情。尺書念我應頻寄,矯首雲天望雁程。

丁未仲春余將有山左之行因賦小詩留别瞻東山同學

馬翼贊

插架圖書繫夢思，相依數載忽輕離。别時莫怪難分手，未卜衰年再見期。
頭白慙爲捧檄人，征衫從此走郵程。一庭梧竹婆娑久，多作蕭蕭送别聲。
有愧微員著腐儒，喜君榮擢得新除。臨岐執手無他祝，正趁官閒好讀書。

與友人談及近況感賦十韻

馬之隨

偶說淒涼事，君應感慨生。出門慵暫引，入室恨難平。忍鼓莊生缶，愁聽趙女箏。捲簾通乳燕，繞樹愴啼鶯。緑酒誰人共，寒燈徹夜清。孤衾香散久，好夢醒還驚。池妬鴛鴦浴，機傷絡緯聲。一春常寂寂，兩字感卿卿。鏡掩從塵暗，樓空任月明。不同荀奉倩，莫道苦鍾情。余凡兩喪妻，兩喪妾。

悼　亡

馬之隨

要發狂言欲問天，人間恨事我偏全。春歸那許牽留住，鏡破曾無續補圓，忍聽嬌兒常索母，轉憐布被屢添綿。從今嬾鼓雲和瑟，或恐情傷五十絃。

燈下示兒女

馬之隨

半生光景少歡時，愁對殘燈卧獨遲。未免多情傷奉倩，可能無淚泣微之。異時荆布慚爲父，向後琴書賴有兒。我愧不如田舍老，飽看婦子共嘻嘻。

病　中　作

馬之隨

伏枕呻吟度一春，轉思何事不傷神。欲描遺像憐兒幼，未葬先慈愧我貧。巢覆想無完卵日，敵强難恃一舟人。浮生早死尋常事，何苦偏多病繞身。

初夏懷四弟積高

馬之隨

雪打征鞍歲盡頭，别來又見竹新抽。加餐幸有黄河鯉，未解樽前飽啖否？
可憐南北迢迢路，一紙平安瑣屑傳。此後莫頻問米價，全家幾次斷炊煙。

癸卯省試題院中壁

馬之咸

星河漸淡月微明，七藝書完一欠申。殘角斷更清有韻，戰蝸酣蟻静無聲。人羣自古分雞鶴，珠外何須拾爪鱗。詩陣文壇原不礙，揮毫題罷有餘情。

剪燭烹茶呂未紅，清甘瀹腹腋生風。心遊利市風流外，身坐重門糞土中。舉世梳粧惟愛儉，只今花樣不相同。桃蹊蹈遍蓉江冷，誰辨椽[illegible]與爨桐。

三 十 初 度

馬之咸

壯志蹉跎年復年，他鄉聊寄作詩肩。形容槁去憐椰大，稜角磨來笑芡圓。擇術窮途無一好，讀書精舍覺差賢。嚴扉岫幌知猶昔，不信身名便寂然。

漫道芙蓉自晚開，韶光空擲負青鞋。題名雁塔人人偶，不識江東處處皆。萬里浪高宗慤破，九天風緊杜勤排。黄雞白日催時節，莫聽清歌動遠懷。香山有《黄雞白日歌》。

賀少萍兄生日

馬之咸

高人豈爲稻粱謀，聊宰名區建大猷。偶墮煙霄重輯羽，尚饒風骨肯低頭？嶺雲猶護甘棠緑，湖水還兼舊澤流。最是今朝堪一醉，途歌巷舞慶添籌。

三年流滯怨天涯，又見賓鴻度曉霞。好對晴山酬緑醑，漫將冷眼看黄花。宦從罷後詩彌富，遊到秋來興轉加。驥足何妨縶永夕，如君强仕正堪誇。

聞雁有懷八弟建侯

馬之咸

朔風初勁曉星微，千里寒空旅雁稀。見説稻粱肥處少，不須辛苦更遥飛。

送四兄積高入都

馬之復

從前苦芡團圞日，忍送君行復黯然。楓葉落殘南北路，蘆花遮斷别離船。德容孝養原初志，洵美勳功定有年。清白風流應未歇，廣陵明月馬頭前。

征衫未着意逡巡，臨去難忘是老親。定省稍留歸後願，奔馳須愛客中身。救貧算是文章好，談命還憑骨相真。明歲槐花期決計，天涯海角望尤頻。

舟中寄弟元考

馬之復

小舫重登可斷腸,此即隨行先君子之舟也。炎天俄頃換冰霜。眼前事事渾如夢,忍聽秋風作薄涼。

蕭蕭風景薄寒天,此夜蓬牕耿不眠。明月蘆花荒岸宿,可憐終少對牀緣。

七月四日作此詩在長垣幕府作,次日即殁。

馬之豫

天上佳期近,人間長會難。秋閨今夜裡,應念客長安。

病中詩

馬之履

余昔兒時疾,嚴君最愛憐。無醫常遠速,有藥必親煎。稍懶童遭朴,頻呼媪敢眠? 迢迢如隔世,追憶一潸然。

得八弟建侯長垣凶信詩以哭之

馬之履

誰知生死別,却在兩年中。淚滴殘秋雨,魂驚獨夜風。光陰憐作客,慘痛想臨終。志共前程遠,何堪向此窮。

舊有相隨約,於今尚忍言。未能離故國,漫想到長垣。迢遞稀書疏,團圞藉夢魂。不知辭世夕,誰與共清樽。

骨月無由別,君應悔遠離。晨昏兄慰母,衰絰姪爲兒。中道拋琴瑟,三年幾唱隨。兄於卯秋續耦,未匝月即事出遊,嗣後乍歸旋出,計三載中在家無多日。煢煢長抱恨,難訴九原知。

塵緣方滚滚,那許遽言歸。偶病成無救,孤踪極可危。死生同瞬息,賓主暫投機。兄到長垣,數月即殁。想得衙齋裡,鄉心尚欲飛。

輓黄太君次嶧桐姪韻

馬之履

吟來無字不含悽,我亦愀然把筆題。霧掩仙山黄月暗,雲騰海屋黑風迷。悠悠夜比常時永,渺渺魂從何處栖? 落葉蕭蕭蛩切切,悲聲都在草堂西。

聞從弟天衡客死中州因寄西林

馬惟陽

事到關心處,傳聞每怕真。早知當客死,悔不在家貧。豫讓原奇士,馮煖乃上賓。卅年門户冷,難覓舊交親。寒中二叔祖在口,門下食客甚衆。

寄從弟西林

馬惟陽

長夏分襟去,天寒衣正單。無家爲客易,有病欲歸難。十載貧如故,三秋淚不乾。哭兒兼哭女,誰復勸加餐。

十月一日謁王父南和公墓

馬惟陽

獨上東山塚,傷心又小春。蒸嘗雖不廢,祠宇卻難新。歎息經三世,興衰係一身。零丁何至此,掃墓漸無人。

寄　弟

馬惟陽

十年形影互相依,忍逐傷弓雁獨飛。甑冷轉憐常斷食,身寒誰念獨無衣。欲全家業終難再,若説人情近更非。往事傷心今已矣,鄧攸恩義古來稀。

哭五叔父文抄

馬惟陽

春雨春風惱夜眠,老人星忽隕長天。一生高潔原非癖,垂老孤單亦可憐。閒處枕書徒有興,花時沽酒卻無錢。水邊林下行猶健,不信吟聲便寂然。

蕭然門第冷如冰,此病從知亦有因。白首正逢閑散日,皇天偏喪老成人。身經波浪千重險,叔遭顛沛後,奔走齊楚之間二十餘年。家苦東西一樣貧。先祖與先叔祖仕宦虧賠,家各中落。六十年來顛沛後,追思何事不傷神。

歲暮感懷

馬惟陽

衰頽門户寂寥時,倦愜衾裯睡起遲。多病殘年添藥債,被災冷竈斷晨炊。時逢歲飢,田租不入,故有斷炊之歎。世間失意無如我,天下傷心是哭兒。安得熊羆重入夢,十分歡減一分悲。

冬日登大尖山謁宋宣教郎萬十一公墓

馬惟陽

水繞山環别有天，憑誰指點得牛眠。故家後裔雖微矣，南渡遺碑尚凛然。獨樹凋時横怪石，一峯尖處掛飛泉。多因代遠無人掃，荒却郎官好墓田。

謁絲如公墓

馬惟陽

昭穆原無序，親疏本自分。雖然同一姓，却是两家墳。旁有同姓墳，故云。

哭弟

馬惟陽

一病無端竟喪身，阿兄孤立轉傷神。最憐喫盡兒時苦，豈料偏爲不壽人。

孤燈小閣夜悠悠，話到傷心淚共流。第一難抛身後事，彌留猶是囑牀頭。

天意茫茫不可窺，浪言成讖悔難追。去年除夕，弟誤出不吉語。鴒原急難無兄弟，此恨人間更有誰？

苦憶高堂繐帳飄，爾猶襁褓我垂髫。凄凉門户朝朝掩，腸斷無人唤阿朝。余幼名朝陽，弟名朝棟。

千古寒心事可吁。毁巢那顧墮春雛。九原父母如相見，應悔從前錯托孤。

回思家運苦顛連，抛爾爺娘冷柩邊。閉户忍飢從小慣，不曾一飯受人憐。

南遊曾上越王臺，蹤迹飄零亦可哀。送我錢塘江口路，丁寧惟道早歸來。

仲叔宗祧係兩孤，從來好事恨多魔。不堪臨死呼兄嫂，扶起燈前唤奈何。

籌策人推爾最良，補牢曾不迨亡羊。尤憐五載辛勤意，添種牆陰百本桑。

孤苦相依十七年，一朝飽煖便難全。何由再世爲兄弟，重結今生未了緣。

長宵秉燭話牀頭，姜被初分煖尚留。從此凄凉風雨夜，不堪重上小南樓。

十分苦自從心出，一半詩皆帶淚成。記起臨終腸斷語，弟臨危云："數世宗祧係兄一身矣，當自愛惜。"又增餘痛哭三聲。

弟亡已一載餘痛未盡詩又哭之

馬惟陽

渺渺泉臺路幾千，死如歸去竟悠然。眼看庭下花重發，腸斷人間又一年。時庭桂盛放，弟歿在去年八月二十九日，故云。

未了平生事已休，眼枯涕淚幾時收。人間老去猶兄弟，偏遣儂家不到頭。

哭次女

馬惟陽

由來慘痛此無加，人世遭逢獨汝爺。善不可爲寧定論，報施天道偶然差。
本無罪孽少餘殃，豈是聰明易夭殤。盡却鄰家糕果饋，傷心不忍更分嘗。
静思何事不沾襟，學繡空存乞巧針。阿母睡忘嬌女死，枕邊低唤最傷心。
貧家珠翠望空懸，幸免饑寒過十年。從此漸消姑息愛，一棺荒草夜綿綿。

哭次兒阿真

馬惟陽

崢嶸頭角纔周歲，學語還能更學行。不願生兒愚似父，而今翻悔太聰明。
衰頹門户怕單丁，前事傷心總莫論。同是行年四十五，别家生子又生孫。

嫁女詞

馬惟陽

草草匆匆感百端，老來萬事取粗完。貧家養女談何易，布被銅釵遣嫁難。
單生早嫁足酸神，愛惜原同掌上珍。嬾惰嬌痴從小慣，女紅還恐不如人。

臧伯姪入泮詩以誌喜

馬惟陽

王謝家聲縱未泯，敢誇子弟獨超塵。自從冷落烏衣巷，三十年無與選人。
賀汝成名預有詩，一衿未足慰衰慈。須知家世多科第，要看宫袍再着時。

自題小照

馬惟陽

拂面曾無紫陌塵，不衫不履稱閒身。自從斷送頭皮後，天下誰能識此人。

余年逾五旬始舉一孫詩以誌喜

馬惟陽

黄花黄葉滿山村，喜見桑弧掛蓽門。莫怪老夫頭雪白，最遲生子又生孫。
老妻縫褓暫停針，挑盡殘燈話夜深。我但含飴弄孫子，米鹽從此不關心。
生孩畢竟要聰明，祝汝如爺易長成。縱使飄零雙燕子，人家豈可斷書聲。
掌上重添掌上珍，他年容我樂閒身。厨頭一甑黄粱熟，不怕家無唤飯人。

哭亡兒貢名

馬惟陽

挑盡殘燈撿藥方，就醫翻悔僦僧房。從頭記起生前事，説與家人總斷腸。

隣舍添丁我喪丁，何曾作孽負神明。向來天道原難問，偏遣顏家夭後生。

水田租貸去年饑，飯熟隣家讓早炊。縱使有柴誰負米，老來最苦獨無兒。

三世單傳兩世孤，久衰門祚力難扶。憑他流盡西河淚，第一傷心是老夫。

薄命煢煢尚苟全，争詩賭酒記從前。如今王謝堂中客，散盡斜陽燕子邊。

嗣世有兒偏早死，到門無客不長吁。獨留多病衰翁在，重撫伶仃四歲孤。

半牕殘月夜凉時，坐蒻秋燈卧獨遲。露冷蓮房依舊好，無人更讀杜家詩。

三年一病負居諸，斷簡殘編飽蠹魚。只道書田有真味，不教勤把種花鋤。

自從嘔血駭更闌，瘦影旋消弗藥難。着意烹鮮煩老母，朝朝苦口勸加餐。

静養孱軀庶久延，春遊嬾踏落花天。嶄新衣履何曾着，撇在空箱已兩年。

阿姊明知病已沉，搗衣淚濕女嫛碪。調羹煮粥何曾寐，虚費殷勤夜夜心。

寂寂塵封牀下履，凄凄影亂架頭衣。話殘蠟燭臨終夜，猶恨行家管見非。臨危時，猶論及新舊兩世先塋，恐皆有碍。

老無侍饍最悲吾，淚滴盤餐忍獨餔。只道秋來能健飯，枉呼奴子覔尊罏。

醫來力疾强周旋，茗鼎頻頻唤婦煎。倘使爺娘重卧病，誰傳湯藥到牀前。兩年前，余與内子同卧病，見力疾侍湯藥，未嘗少懈。

雨暗空齋户半扃，更無人伴一燈青。傷心收拾閒衾枕，猶剩牀頭藥滿瓶。

情同白老失崔兒，從此原無不恨時。誰遣遠尋吴墅去，半年藥石誤庸醫。兒因誤信人言，就醫吴墅，凡半載，病劇而返。

蕭條冷室篋猶存，撿點衣裳有淚痕。記得舊年嬌女死，燈前扶病哭黄昏。

共踏黄山十里遥，廿年來往自垂髫。他時細雨斜風裏，怕殺重過舊板橋。兒自五歲，余即攜之往來黄山，屈指二十年矣。

百年文獻已無徵，缺事商量感歎曾。坐久小牕眠食減，一編真悔促兒謄。去年編輯家乘，兒爲謄録。

顧影徬徨氣轉低，哭兒詩帶淚痕題。秋風秋雨傷心處，半在孤燈小閣西。

哭叔父眷春

馬宸翰

自有家貧累，憂傷漸減餐。行年未衰老，無病忽摧殘。夜雨連宵冷，孤燈照柩寒。空餘王母在，血淚幾時乾。

悼亡後送紝女適阮氏

馬宸翰

怯弱髫齡更病軀，可嚀遣嫁泪如珠。不須繞膝頻憐父，此去低顏好事姑。嘆我形踪同斷梗,倩人羽翼覆嬌雛。出門但少無違訓,拜向儀床受得無。

病中作兼悼陸細君

馬宸翰

葯烟冉冉接昏晨,一榻花陰覆病身。未必有才天欲忌,巳知無命鬼猶嗔。眼昏倦枕惟頻閤,足冷孤衾强自伸。豈獨醫來門徑熟,并教犬不吠醫人。

骨月情親看果然,護持湯葯最周旋。時在陳甥楚玉家。别攜石鼎當牕下,更置風爐近榻前。青鏡光分傷往日,黄楊運厄怕今年。時屆閏七月。凉颸又送瀟瀟雨,亂打芭蕉擾夜眠。

哭　母

馬宸翰

苫塊餘生淚未乾,髫年空憶咽熊丸。一篇慈訓分明在,筆墨淋漓不忍看。

疾染河魚嬾下牀,久抛無效古時方。呼兒欲語還悲咽,説到南陽總斷腸。母系出南陽吕氏。

悼　亡

馬宸翰

中路無端鏡忽分,粧臺冷落鎖殘雲。那堪燈盡黄昏後,獨擁秋衾哭細君。

病骨崚嶒强自支,求醫何事竟遲遲。空教腸繞車輪轉,一日思君十二時。

太息謀生計漸非,累君典盡嫁時衣。未聞一語愁中寄,祇笑休文减帶圍。

寂寂寒牕短短檠,讀書聲間紡車聲。從教罷盡鄰機後,不敢偷安向五更。

儉素由來衆共聞,任他羅綺自紛紛。從今不忍開箱看,零落荆釵與布裙。

山雲嶺樹隔東西,有女生離最慘悽。二女遥寄外家,故云。昨夜紙牕風正冷,可憐索母夜深啼。

老姑一夢杳難尋,風樹同悲直至今。今日又添無限泪,爲君忍作悼亡吟。

歸魂何處但疑猜,癡想臨(卬)〔邛〕道士來。若使精誠能感格,懇將此恨達泉臺。

元　旦

馬步瀛

通宵爆竹滿皇城,指點年華入太平。玉律乍殘除夜漏,金雞巳報歲朝明。近陽梅蕚胎先破,得意鳥聲韻轉清。舉目儘教添喜氣,萬峯排闥送新晴。

遊　尖　山

馬步瀛

大海蒼茫捲怒潮,孤峯突起鎮靈鰲。三吴雲岫窗前列,兩浙帆墻檻外遭。日轉山尖樓影遠,風廻雲際磬聲高。遐陬保障知誰力,仙仗時臨敢憚勞。

詠菴姪處鄉里事有豪狹氣詩以美之

馬步瀛

秉性由來正,剛方不可磨。臨財明義理,着意削偏頗。嶽嶽鷄中鶴,便便江上波。治生兼貨殖,意態更婆娑。

配恒姪誼敦孝友力成宗譜詩以喜之

馬步瀛

誰非瓜瓞派,編緝爾偏誠。雖有遺篇在,而今繼緒成。譜自配先世巳草創。至己亥歲,余伯嶧桐與配搜羅編緝,始得告竣。抄書憐夜短,鋤草愛春晴。耕讀家風古,柴門映水清。

五雲姪醇謹敦厚酷愛誦讀詩以勗之

馬步瀛

一經勤呫嗶,學業爾偏深。未遂千霄志,猶懷汲古心。輕狂非所尚,質樸最堪欽。言佩箴規訓,寥寥空谷音。

泉源姪舉止卓犖雅度從容詩以勵之

馬步瀛

厥考遺謀遠,鯉庭得後賢。恢宏才自廣,矩矱守偏堅。年少老成望,言將大雅傳。挑燈論壯志,慷慨訴樽前。

讀秋客伯得孫誌喜詩敬次原韻

馬步瀛

家近山村又水村,凋零王謝冷重門。兩家久切添丁望,今喜東堂巳得孫。
有女聰明只弄針,虺蛇吾夢恨方深。忽聞人報充閭喜,得姪從教也快心。
頭顱轉眼看分明,骨相端凝生巳成。最怕烏衣深巷冷,他年還望振家聲。
五色明珠本是珍,含飴樂事趂閒身。傳家料得無他物,撿點詩書付後人。

初冬隨從伯秋客從叔西林小葫蘆山看紅葉用郡尊杜補堂《會稽道中》韻。

馬步瀛

輕衫短帽恰相宜,愛看楓林景最奇。墮去亂紅迷古道,剩來疎影逗荒祠。停車且作題詩客,曳杖還逢採藥師。從此不知誰寄恕,漫隨流水使人疑。

哭從伯秋客

馬步瀛

荆樹風凋恨未平,又摧喬梓使人驚。幾翻殤逝悲何極,孑爾嬰孩係不輕。學語鶯纔依澗谷,試飛燕始傍檐楹。引雛覆翼都無賴,隻影哀音倍愴情。

名關覷破等浮塵,静掩柴門近水濱。十載飄零憐作客,廿年株守苦安貧。賞花得句傾盃盞,留客烹茶剪棘薪。白老忽乘箕尾去,何人更問渡頭津。

哭從弟菊庭

馬步瀛

彼蒼復彼蒼,照臨何茫茫。善豈不可積,餘慶反餘殃。覷彼横逆人,厥後偏繁昌。不聞有夭折,饕餮塞四荒。吁嗟吾與爾,孤飛乏雁行。形單影正隻,相顧兩神傷。庶幾唇齒依,荆樹尚聯芳。高祖與余共,在曾惟君良。寂寂烏衣巷,寥寥王氏堂。汝父吾之伯,斑斑兩鬢霜。汝孤吾小阮,總角繫錦襠。三世千鈞重,藉君繼序長。奈何天不弔,壯者忽摧傷。俄傳凶信至,疑信起彷徨。彷徨不成寐,明月落空梁。憶昔追懽日,彈琴據竹床。花時一聯句,月午每喞觴。此樂不可再,此情安可忘?余本無兄弟,於君情好將。今君委朝露,余境更凄凉。昆弟絶其倫,棠華永斷香。哭爾雙親老,請車事斷腸。哭爾遺孤幼,一(杯)〔抔〕殯何鄉。慘痛於斯極,欷歔淚滿眶。是來無罪過,豈緣宿孽償。報施一何爽,搔首問彼蒼!

哭歸孫姑母

馬步瀛

廿載相依撫育深,追思事事可沾襟。衣裳念冷頻添絮,病欲求醫累典簪。癸巳歲,予患血症,姑母爲予延醫調治。語對銀燈空尚記,魂歸碧落杳難尋。依然故我真堪愧,未報孺人一片心。

不辭勤苦性生成,昨夜猶聞紡織聲。姑母患霍亂而卒。嬌女及時催學繡,侍兒無事戒閒行。去年運厄曾逃死,去年秋,姑母大病幾死。今日災臨竟喪生。最是不堪回首處,繐幃無子奠杯羹。

乙亥歲恭和易梧岡刺史勸賑詩四首敬次原韻

馬步瀛

歲星出右欠亨豐,半載民饑菜色同。罍耻有瓶空已久,爨嗟無米不爲功。哀鴻在野嗷何補,辟穀如仙術未工。此日若非調濟手,那教井里睦婣通。

無年保庶即豐年,活我蒼生大有緣。勸富不慳囷有粟,濟貧好免石爲田。綢繆心苦期安堵,挹注功深勝雨錢。自是海邦傳德政,羣濡厚澤敢忘旃。

萬口爭傳散俸金,焦勞克副至尊心。閭閻快得承恩溥,獄訟還知種德深。華國文章工自昔,救荒政事布於今。官聲直共仁聲遠,兩浙東西孰不欽!

議賑殷勤幾度招,轍魚將涸在崇朝。成裘良策裁千腋,飲水高懷寄一瓢。甘雨淋漓都潤草，和風彼拂不鳴條。太平賴有回春力，依舊歡騰鼓腹謡。

懷　父

馬　簬

旅館添霜鬢，還家夜不眠。遥知心事苦，多半在燈前。

惜西林叔翰墨

馬　簬

清狂風致絶無倫，滿篋詩存體换新。祇有文姬偏早嫁，可憐書卷付何人？

陪從叔西林探海南麓步原韻

馬　簬

經過山莊又水莊，古藤多半掛危牆。自從雪打元宵後，猶剩殘梅一點香。

慶堂姪食餼於庠詩以勗之

馬錫蕃

汝本聰明吾素嘉，側身人秀未堪誇。明年槐蕊初黄候，快到蟾宫折桂花。
祖德留貽正未泯，蕭條門祚忽然新。今朝克紹箕裘業，後啟從知自有人。

封三弟得子詩以誌喜

馬錫蕃

吾夢虺蛇氣轉低，誰云生女勿悲悽。忽聞弟得弄璋喜，不覺歡騰小閣西。
抱孫未遂每吟呻，兩老關心渴望頻。今日幸開湯餅會，九原含笑慰先人。

辛巳中元節哭奠先人作

馬錫蕃

己卯九月，先慈見背。庚辰六月，先君又辭世。九月之間，叠遭大故。嗚呼痛哉！今值中元節，哭奠之餘，慨然賦五排十六韻。

堂上遺容在，瞻依倍慘然。感今彌抱痛，憶昔覺堪憐。鬻子殊鍾愛，添丁況晚年。予生多疾病，親意更纏綿。錦褓懷長置，金丹手自煎。極情勤保護，着力費週全。衣暖還添絮，餚嘉屢擊鮮。趨庭曾訓學，截髮爲留賢。厚德誠難報，遐齡那得延。未隆三釜養，忍廢一經傳。炙雀供猶缺，哀蟬響忽聯。閔凶遭暑月，擗踊悵霜天。嘆息重泉隔，徘徊百感牽。幾時封馬鬣，何處卜牛眠？宿鳥啼秋雨，飛花散曉烟。夙興陳薄奠，瞻拜涕漣漣。

幽居有感

馬錫蕃

仰止高山邁等倫，龍門登躋歎無因。自從王謝凋零後，欲振家聲恨少人。

五十述懷

馬錫蕃

壯志蹉跎五十年，雪泥鴻印憶從前。蓼莪篇廢悲難釋，柳絮吟殘恨又牽。郤愧才疎倍鼓篋，曾經調急感離絃。半生碌碌無長策，依舊寒窻守故氈。

學業荒蕪事業微，年華屢易廹知非。青山列牖臨書案，(曰)〔白〕水盟心坐釣磯。飽嚼菜根滋味永，懶交蘭臭往來稀。池塘春草饒佳興，姜被常温夢欲飛。

兩眼昏花兩鬢絲，衰容頓改舊丰姿。家貧薪水長謀婦，體怯䅉苓轉忌醫。荆布難償多女債，桑蓬枉届服官期。纔生一子差堪慰，繈褓甫離未有知。

先代曾將姓氏揚，至今史帙尚留香。承家愧負生花筆，涉世嗟無益智囊。但種禾麻盈畎畝，漫栽桃李門門牆。天嫌春小應開泰，仕我壺中日月長。

荒村閒眺雜書所見

馬康年

聞道禺貙最暴殘，蕩雲沃日勢瀰漫。田疇漂没禾生耳，見《荆楚歲時記》。塘壩摧頹地走湍。農力無功饑凍速，歲儲易罄轉輸難。道旁乞食皆良善，扶老攜童更可歎。

繪圖鄭浹繫人思，菜色難邀當路知。薪種采空山露骨，草根挑盡地無皮。誰家蓬稗猶勞杵，幾處庾廩盡付炊。相對村翁籌莫展，漁樵何補比年飢。

田園雜興

馬康年

傳得宅邊田五頃，生涯依舊托桑麻。結欄添種君臣葯，鋤圃勻澆子母瓜。竹有清陰遮暑倚，酒爲聖德觧饞賒。課耕事了恒多暇，祗聽公私兩部蛙。

讀寒中老人詩集書後

馬康年

插花山色欝蒼烟，中有先生筆補天。今日僅餘殘楮葉，先生詩稿尚未全梓。白雲空護舊林泉。已無架上三千軸，曾此名高百十年。愧我未能成學業，每因展讀倍凄然。

春日謁敬涵公墓

馬遇孫

吉兆占何處？汪家橋畔東。弟兄原並列，子姪復相從。明道、順庭二公與公同墓，旁有祔穴，公之子姪也。

題明道公祠順庭、敬涵二公同。

馬遇孫

楹桷無丹刻，依然陟降神。何時能改作，廟貌一番新。

謁廣成公墓

馬遇孫

世澤留貽遠，詩書擁舊城。盡云科甲地，何日振家聲。

哭弟丕謨

馬遇孫

同胞同學兩相歡，被共姜家信不寒。一旦溘然長逝後，思君不獨淚難乾。
常棣歌殘恨最深，漫言往事劇傷心。鴒原急難誰相禦，每見茱萸感不禁。弟卒於重九日。

悼亡

馬宗援

曩日鸞分痛未蠲，如何慘變又離絃。生平自覺非躭過，恨事重遭欲問天。
衰病常扶白髮慈，晨昏鄭重侍盤匜。而今益懲因傷汝，欲問泉途可否知。
平時規勸總難忘，聽到臨危語最傷。敦囑照常好眠食，莫教淚眼到高堂。
忙理殘粧兩月餘，先人窀穸共相於。尋常事事勞鄉輔，痛我今如失水魚。
不獨持家井臼親，一回思後淚沾巾。八年歡笑無多日，勤苦經營總累貧。
子不生寒異子騫，何曾蘆絮當鋪綿。一般鞠育無分別，贏得傍人盡説賢。
苦憶音容喚不回，令人萬念冷如灰。縱教膠柱絃能續，那有温和體性來。
曇花空幻現浮生，縱了塵緣未了情。語與夜臺聊一慰，嬌兒依舊撫如卿。

四十述懷

馬宗援

自笑疎慵本性成，聊從鷗鷺結同盟。地多山水思招隱，身遠塵囂怕近名。爲訴牢騷詩易就，欲澆魂礧酒頻傾。韶華迅速如彈指，天許清閒已半生。

藐從一線任仔肩，辛苦門閭已卅年。先君見背時，余僅四齡，累慈親教育已三十餘矣。窀穸初安心尚在，前年營先尊祖暨先大父母窀穸，惟先君葬事尚未舉。棬棬獨撫淚潸然。深慙涉世無長策，轉惜鋤經少夙緣。莫道安仁多感慨，瑶琴兩度悵離絃。余已兩次悼亡。

哭冢兒文源

馬宗援

大母恩勤絶少雙，宵燈撫視到晨窻。關心寒暖問眠食，空費衰年血一腔。
初知色笑倍依依，自幼何曾一語違。記得阿娘抛汝日，汝纔弱歲淚痕緋。
昔年予病溯悽酸，汝日煎憂淚不乾。瘦骨强支忘寢食，旬餘百遍問平安。
家計艱難願未伸，備嘗辛苦廿餘春。浮華世態何曾染，草草衣冠念我貧。
何苦功名獨認真，勞勞不顧病中身。去年風雨杭州路，百里征帆最愴神。去年猶抱病應試。
幾番嘔血漸心摧，念汝尫羸亦可哀。慰我憂懷扶病起，朝朝總説好些來。
減食形銷十日眠，客來猶自問周全。一絲喘息還呼我，斷盡柔腸慘問天。卧床只十日。
匆匆兩度逐名場，諱病常搜九轉腸。筆墨依然堆滿案，淒涼不忍過書堂。
瞑已無知終不返，千呼萬唤哭號呶。七旬大母髫年弟，我病將衰忍棄抛？
嘆余孤露甫三齡，逆事生平幾度經。汝又長眠今已矣，衰頹難振舊門庭。

三十述懷

馬宗融

每因回首歎流川，草草光陰已卅年。白石難炊生計拙，黄花空負昔時妍。先父喜種菊。籝書無恙還思讀，先父見背已十二年矣。衣線猶存不忍捐。余十二歲失恃，十五歲繼母又見背。萬種感傷成我病，時多病。何堪又累白頭憐。繼母在堂。

四十述懷

馬元傑

少小嗟跎學欠工，光陰虚度四旬中。松楸未卜先塋奠，薪米常憂舉室空。劫海逃生驚昔曰，咸豐十年三月，逆匪擾武陵境，至同治二年臘月廿九，克復甯邑。孫山落第感秋風。庚午科鄉試。思量兒輩書香繼，招手花陰自課蒙。

甲戌中秋下澣蒙張筱華觀察表叔惠顧兼示以詩敬步原韻兩首

馬元傑

不厭蓬門似水寒，高軒過我儘盤桓。趨扶玉杖私心喜，盥接瑶章另眼看。誼託葭親承訓廸，齡延椿壽祝平安。鄉村供客無甘旨，爲煮園蔬笑捧槃。

公昔嬰城守歲寒，熊羆隊裏仰桓桓。循聲已向鳴琴著，偉烈還從借箸看。移到福星羣將賀,掃除妖霧萬民安。衡陽德政碑猶在,豈獨遺賢舉澗槃。

輓誠華叔曾祖

馬元傑

誦經嗜素積功深,碩德從來梓里欽。宗譜重修空有緒,本年六月初三,擬欲重修宗譜。未經兩月,倏而去世。所謂有志未逮,良可慨已! 向平雖了未安心。叔曾祖在時,屢言先父母尚未安葬,故云。公堂料理胸懸鑑,家政操持座列箴。一夕拈花西域逝,臨風那顧淚沾襟。

五十述懷

馬元傑

我生不幸屢逢饑,宿疾纏綿切禱祈。窀穸何年安二老,園林終日掩雙扉。情關舐犢嗟明喪,癸未年,哭次子餘慶。夢斷離鸞忍淚揮。甲申年,悼繼室劉氏。安得心源傳伯玉,韶華五十悟前非。

宗崙士弟以碧山草堂吟稿見示喜而有作

馬元傑

居然宗派接蘇韓,一啟芸編即大觀。豪士才華名士氣,烟雲五色落毫端。
半生知己訂金蘭,誼篤同宗分外歡。慚愧阿兄才未及,鴛鍼肯否度來看?
奚必胸襟不自寬,慇懃告語且加餐。男兒會有功名路,瞬息雲霄展鳳翰。

悼亡繼室劉氏

馬元傑

汝體素强健,一病胡然侵。牀蓐久纏綿,無益灸與鍼。憶汝在平日,晨夕勞其心。雜務操箕帚,餘功及紃紝。相夫盡内則,教子輸真忱。臧獲靡弗喜,娣姒咸相欽。儉衣兼儉食,恪守女史箴。方期白頭守,終老此山林。誰料二豎擾,催促歸重陰。臨終囑婚娶,寓意殊遥深。所嗟余不才,匱乏囊中金。頑軀漸孱弱,勉力服葠苓。緬懷炊臼夢,曷以舒胸襟。生前密有誓,死後茫無音。幼孫不解事,偏弄斷絃琴。繐帳對中宵,淚雨流涔涔。

遊西湖偶咏

馬元傑

武林繁華地,百貨居其奇。所惜塵市中,習俗不可醫。何如西子湖,一碧漾淪漪。雨晴各有(玫)〔致〕,濃淡總相宜。攜身入畫圖,小艇坐瓜皮。先登蘇白堤,繼謁左蔣祠。摳衣一展拜,令我睪然思。思公不朽業,吾浙實賴之。旋乾轉坤手,百萬提雄師。妖氛盡撲滅,二十年於兹。先後祠落成,仰答仁恩施。我來瞻廟貌,鴻爪因緣遲。遊興未有艾,勾留移片時。日暮盪槳歸,援筆成此詩。

呈家仲安

查　惜

周鼎浮洛水，寶劍出豐城。萬物無終没，(仌)〔云〕胡墮遠情。不如乘騏驥，不如駕長鯨。北遊向京洛，南走入蓬瀛。茂先勵素志，終軍請長纓。修能繼内美，特達宏家聲。

人言夫壻殊，夫壻殊文章。冥思出天地，抽筆開洪荒。高舉振六翮，梧桐棲鳳凰。德輝被天下，不與燕雀翔。繇來三都賦，紙價貴洛陽。

慰仲安下第

查　惜

梧桐秋漸老，王孫憶芳艸。春去秋復來，何自傷懷抱。鵬飛垂北溟，豹隱自南山。驚破三秋夢，相看鬢未斑。

西山晚眺武仲安韻

查　惜

白日已西頹，陟彼山巍巍。青松夾白道，迅瀑驚狂雷。好鳥鳴幽谷，閒花發路隈。轉去坐南澗，南澗好徘徊。遠看江上山，山有鳳凰臺。遠看江邊樹，樹上結奇瑰。欲往從梁父，弱水隔蓬萊。欲駕舟與楫，東海生黄埃。觀之長嘆息，同歸步紫苔。仙乎復仙乎，多情得得來。

憶　母

查　惜

數載别慈闈，曰歸未得歸。忘憂空樹草，開篋便沾衣。豈乏三更夢，其如兩地違。願隨雙鳥翼，長傍故園飛。

苦雨寄仲安

查　惜

苦雨滴三更，閨中獨夜驚。殘缸分夜照，孤局冷疎枰。游子歸思急，幽人百感生。南窓長寂寂，若個惜惺惺。

冬歸寄仲安

查　惜

輕寒侵碧瓦，薄袖倚紅欄。開篋刀針在，應知客子單。錦字緣誰達，銀缸獨自看。北風吹雁去，寄語且加餐。

代兄鑒揆寄内

查　惜

天妹本無雙,風流配大邦。忽驚歸雁北,難遣睡魔降。鴛帳燈孤照,龍文鼎獨扛。幾番蝴蝶夢,飛不到湘江。

家園南樓

查　惜

(庾)〔庾〕亮有南樓,斯樓不與儔。屏開山似畫,簾捲月如鈎。詩思憑高得,晴光入望收。自應仙史駐,彷彿鳳簫留。

寄　兄

查　惜

予自結褵南麓,一再歸甯。丙寅秋九追歡兩大人後,裘葛數更,晨昏久缺。遠父母兄弟,風人所以致慨也。未免有情,能無眷眷。當此雨雪益復凄其,爰賦短章,以寄瞻望,非敢曰愁苦之音易好也。

夢繞西廳舊薜蘿,晨昏久矣缺經過。寒侵雨雪愁歸路,調入陽春孰和歌。自嘆樓頭來雁少,空懷江上落梅多。吾家池草年年緑,柳絮飛時近若何?

對奕呈仲安

查　惜

怪殺當年王積薪,山中對奕暗傳神。如何七尺奇男子,指點偏須一婦人。

春　望

查　惜

一望頻驚物候新,雨餘烟柳占盈盈。鶯藏樹底間關轉,花向霞邊掩映明。緑水移來艇子疾,青山踏去馬蹄輕。畫闌整日凭高處,芳草凄凄遠更生。

七　夕

查　惜

梧桐葉落火西流,七日還逢七夕秋。牛女星從河畔濟,關山月自笛中收。參差羣鵲空成渡,多少深閨獨倚樓。天上已增離别恨,人間謾莫説綢繆。

除夜呈仲安

查　惜

藏鈎戲罷意珊珊，小閣挑燈送臘殘。鳥篆金爐添寶鴨，杯傳琥珀醉辛盤。寒灰吹谷春將到，蠟炬裁詩夜未闌。勸爾莫悲往去事，且同兒女話團圞。

代仲安遊嶰山作

查　惜

嶰山眺罷轉前溪，行盡山溪日又低。纍纍荒邱成古昔，紛紛村社雜東西。慚無洗耳高風在，孰是登臺逸興齊。歸路欲尋迷去住，亂揚枝上鳥空啼。

夜讀周南示姪克凝

查　惜

荇菜當年冠國風，須知蘋藻起深宮。后妃一自歌樛木，小婦還能賦草蟲。嘆息流風千載後，依稀淑氣二南中。椒房世守睢麟意，周轍何爲西復東。

人日辭姒氏飲

查　惜

臘破新年日漸長，懶將梅鈿試新粧。春來不解愁何事，辜負東家玉女槳。

送姪女入楚

查　惜

浣花軒子各分箋，曾記挑燈相荷憐。一自今朝長別後，幾時重與話當年。
桃花零落杏花殘，畫槳夷猶入楚灘。一路烟雲湖水濶，應憐紅袖倚船闌。

寄仲安山齋

查　惜

凄風苦雨響梧桐，驚起愁人曉夢中。寄語齋居好自愛，寒林莫聽雨和風。

代仲安許氏枕濤莊看梅二首

查　惜

一時蠟屐踏蒼苔，選勝還尋玄度來。知是今宵良宴會，數枝冷艷爲君開。
漫道名花庾嶺栽，枕濤莊上雪成堆。今朝已醉花問酒，隴上何須更寄梅。

衡堂感賦

馬友筠

結褵六載總憂貧，自入衡堂苦更深。拋却剪刀雙淚落，轉思何事不傷心。

（清朱惟陽纂輯《[浙江海寧]朱馬氏家乘》
清咸豐七年惇遠堂刻宣統二年增補印本）

江 氏 宗 譜

宏聲公訓子記

江九曲

子弟之率不謹，皆由父兄之教不先。執此以論公，而公之所以訓子者足録矣。

公諱宏聲，字祖侯，習舉子業，博聞强識，以經解拔取郡庠生。配莊氏。孺人生二子。余業師東軒先生軾，其冢嗣也。嘗館於貞族水雲書塾者再。日則課徒，夜還自課，不遑假寐，直至東方之欲白。勖貞等曰："少成若天性，習慣成自然。予自垂髫受業，先君子以質之有造也，期望甚切，教養兼至，課讀之餘，嚴行督責。擬之周公之訓伯禽，三見三笞者，殆無異。此所以上元燈夕、中秋月夜游賞地無由見予蹤跡。即至寒折膠，暑流金，曷有所謂暇豫者乎！故予今以未克承先人之志是懼，努力燈火，何知自苦。"

孟子曰："故人樂有賢父兄也。"此言益信夫！以公之有此哲嗣也，不知其實者，鮮不謂公教子有義方矣。而貞親得於吾師之傳誦若此。惜乎公未見吾師之屢試優等而名著一時也！惜乎以吾師之學僅食廩餼而遽登僊籙也！

貞有憾夫世之爲父兄而任子弟之自爲，致有皓首無成者。故因令孫培之請，姑舍他行誼而録教子一節，以垂家乘、勸來世云。宗侄孫九曲汝舟拜撰。

弔世弟厚載墓兼賀得孫之喜

司徒一堂

君家繼述夢花樓，胡遽長眠衣架邱。十世文章憑月旦，丁亥春，學院朱時彦以蓋十世命題選入邑庠。半生功業在春秋。承歡地下鍾靈永，遺愛人間報施幽。將弔更之以賀也，會逢湯餅想詒謀。

八 景 詩

江宏聲

塔嶺古址

一座邱陵古，名標塔嶺芳。土平雲聳勢，形老草新粧。雨洗煙塵色，風飄稷黍香。孤墟留旺相，千載壯村傍。

九曲迴泉

洋門詩九曲,邑里繞清流。抵北疑窮岸,歸東又一洲。轉旋堤柳暗,層折浪花幽。似得仙源接,乘槎泛斗牛。

貼水蘆洲

河徑灣環入,中洲蘆一叢。素花浮月色,清質傲霜楓。沐浴三秋水,吹嘘一夕風。夜深魚去後,交頸睡羣鴻。

吴山砥柱

吴碶山前築,潮平水日悠。田禾滋灌溉,門户挹清瀏。莫許財源散,謹成地勢優。中流深砥柱,功績沛千秋。

北洞晚霞

薄暮青天闊,丹霞北洞横。不須三日織,渾似七襄成。玉女餐華去,仙人乞佩縈。還宜裁作帔,鞭鶴到瑶京。

潮音曉鐘

古寺依江滸,鐘聲隔遠聞。暗同雞唱曉,徐引日光昕。東序含清韻,西堂理舊芸。晨風飄玉殿,户外息塵氛。

龍渠翠林

傍渠栽茂樹,高竦插中天。月曉横臨水,雲深緊鎖煙。翠連青麓暗,影入緑波鮮。幽處高人宅,停車訪仲賢。

壺瓶緑藻

爲愛壺瓶藻,芊綿翠色團。縷交波閃閃,痕淺月珊珊。舊入詩人賦,新承君子歡。不言相對處,煙水一川寒。

又和元韻

司徒一堂

塔嶺古址

塊然邱隴麗朝陽,塔嶺名傳自古芳。穹石流形洗夏雨,野雲聳勢駐春粧。經商往復三弓峻,禾黍低昂一路香。爲有江公南向卧,址高猶是鎮村傍。

九曲迴泉

閒步洋門九曲頭,原泉迴繞數村流。灣堪消夏綿三里,水可釀春勝十洲。屈指煙波頻宛轉,回腸風景各清幽。最憐金鳳橋邊寺,乞巧人來拜女牛。

吴山砥柱

碶築吴山緬我侯,中流砥柱日悠悠。禦鹹潮比孟歐急,蓄淡水同溱洧瀏。保障周原名不朽,經營禹甸績偏優。試看常浦今安在,惟此津梁歲有秋。

貼水蘆洲

江村貼水小橋通,洲白蘆花吐幾叢。樵斧偶然刊老榦,漁船閒或泊疎楓。葭蒼人在秋凝露,石黑潮來夜起風。故我欲通千里信,會逢北向託征鴻。

北洞晚霞

十里洞天北更明,霞光傍晚看縱横。川原遠近蒸皆透,雲漢高低散欲成。餘綺錦沙相掩映,斜陽壽塔共回縈。浮生若得餐如許,仙骨珊珊上玉京。

潮音曉鐘

潮音入寺誰題額?破曉鐘聲到處聞。百八蒲牢春夢醒,兩三村舍曙光昕。敲殘静隱明香火,催起真儒理舊芸。住近璡琳餘韻在,生涯於我少塵氛。

龍渠翠林

林泉聳翠十分妍,大矣龍渠别一天。頷下明珠涵夜月,枝頭好鳥弄朝煙。根深葉茂稱翹楚,源遠流長伏小鮮。喬木世家兼墓道,瓣香不墜有名賢。

壺瓶緑藻

漕似壺瓶名不刊,藻生水面緑痕團。綺思逼肖金箋句,秀色原殊鐵網珊。行潦采來難媲美,先人薦去足承歡。東風吹出差差後,會看村西盟未寒。

繼述堂記

江宏聲

爲人後者當思繼述乎前人之事,啟曰承敬,文曰遹追,武曰儀型。下至士庶之家,分雖相懸,而要皆肯堂而肯構焉。蓋道之盡乎後者,固如是而已也。

追念始祖若石公擇居於此,親築作,積善行,爲後人創久大之業。厥後英才鵲起,顯宦蟬聯。十六世德瑜公雖以讒人之罔極,誣以方國珍之目,而受抄札。然要之何罪哉?天下不能禁彼之不來,而惟在我之不取。彼方國珍嘗封以萬户侯矣,苟稍有所私,則將安而受之;而何閉門長謝,惟是委贄於洪武朝以任江西靖安縣令也?《詩》曰:“無罪無辜,讒口囂囂。”此之謂也!

永樂年間,罪明獲宥,收拾餘燼,恢復前業。至二十世九公,氏族殷繁,卜地於錦沙河南之中創一堂以妥先靈,而名之曰“繼述”。是非徒誇耀乎耳目也,蓋誠有見於歷世之祖立志行事皆克當乎天心,而爲後人所可繼而可述。苟非率乃攸行,淫昏用自絶,後之罪也,祖之辱也!懸名於堂,所以自警而示後云。由九公而來至於今,又八世矣。夫代愈遠者,緒愈長;生愈後者,責愈重。苟能各懷孝心，敦詩書，勤農桑，上之顯揚乎朝廷，下之光耀於閭里，誠足慰九公名堂之意而無忝於爲後之道歟！

予自維駑駘，知無當於萬一，不勝含愧。庚戌春，檢叔篋中，見宗譜之凋殘，而繼述堂之有題無文。因慨焉，力議修譜，追補舊記，仍顔其額曰"繼述堂"，以爲觸目而驚心焉。

駿惠堂記

江　培

嘗聞敦孝思者僉曰："祖有功，宗有德。"而於惠獨未之詳焉。抑亦思德之所以成，功之所以施者乎？夫德者，惠之體也；功者，惠之用也。其功德之垂而不敝，莫非惠之流而不窮。則爲後人者，思祖宗之功德，尤當思祖宗之惠矣。

我始祖若石公系分苕霅，居卜錦沙，親築作，積善行，啟後人久大之模，謂非惠我無疆者乎！至我二十一世祖揞寶公，族繁派衍，於錦沙河之南創建一祠，額曰"繼述"，以尊奉九府君誠，盛舉也。嗣後族衆，嫌規模狹隘，不足以妥先靈也，爰是舉議，於嘉慶甲戌年間，相河之北，另構一祠。越數載，黝堊丹漆，咸告竣焉。蓋顯以昭神明精爽，實陰以表祖宗之大澤，而因以"駿惠"名其堂。

思夫卜宅卜居，惠以功見；止慈止孝，惠以德明。而且詩書以貽孫謀，惠及士也；茨梁以溥孫庾，惠及農也。此固言惠而概言功德可，言惠而不言功德亦可。《詩》曰："駿惠我文王，曾孫篤之。"其意不有相符合者乎？予生也晚，嘗登堂而同議譜事，因補記之，使後之繼繼繩繩、駿奔在廟者，庶不忘祖宗惟惠惟懷之意也夫。

承志堂記

江　琛

堂名"承志"，誌孝也。父有志而子承之，祖有志而孫承之，世分遠近，而其孝之足誌一也。剡川江氏錦沙爲最。自大二公開基業於河之南，貽謀善矣。而河北之營建，有志未逮。歷傳二十餘世，未有能繼其志者。獨能傑公崛起而圖之，面錦沙而爲堂，規模宏遠，以妥先靈，以延嗣續。迄今觀風河北，幾與河南媲美。猗歟休哉！蓋貽厥孫謀者，大二公之志也。繩其祖武者，能傑公之孝也。微大二公不能作之於前，微能傑公孰能述之於後？公之五世孫鼎良等顔其堂之額曰"承志"，予故爲之記，以著其孝云。

承恩堂記

江　琛

大鼎公，錦沙第十八世裔也。作堂於舊址之北，連足三楹，名以"承恩"。倘亦法崔鄆一門孝友，躬不辭勞，而計慮其子孫之深且遠乎？奉之有江，自濟陽郡徙會稽，與邑之奉化、苕、霅始，而大二公卜居錦沙，至十八世大鼎公於斯爲盛，各分房派。爰築其堂，顔之曰"承恩"，取義固深且遠也。久之而遭寇圮。以下第三世深一、深二、深五三公，慨堂廢無以洽禮，重新告竣。庶人無廟制，規仍舊址，額仍舊名。視堂之輪奂與公之恩同其美也。美哉輪！美哉奂！無過舉，亦無苟率，俾得依然，仰瞻有所，昭穆可序，事至要，功甚偉矣！德大恩倍深矣！奉先思孝，啟後咸正。大抵世服先疇，風俗勤儉，足資温飽，無他奢望，而齊明奉祀。以《孔帖》取“承恩”二字而追報者，尤兢兢焉，似亦過於崔鄲之宅乎？志孝、珍性等過郡邸，囑予爲記。予思奉邑江氏，以予祖籍錦沙前江一派中分，予記數言，恐不足爲華宗重。然予重其所請，又不敢辭，爰爲之記。

餘慶堂記

江静涵

嘗讀《易》曰：“積善之家，必有餘慶。”子孫之所以能光耀門楣者，端本於祖宗之積德累仁，而發越靡窮也。然天之所以予，人之所以受者，或豐焉，或嗇焉，或宜豐而偶嗇，或方嗇而隨豐，或顯食其福，或默承其祥，亦必視其人之生平以爲符合。果行善而積厚，未有不較然畫一者。迺知天之報施善人，爲益信而不可易。錦沙江氏大鼎公於宅里中，相其地居上游之處始構一堂，規模宏敞，上以報德於祖宗，下以垂裕於後昆，顔之曰“慶餘”。其爲慮誠周且遠也！蓋積善有餘慶，慶方始慶，至於餘慶將終，後之人登斯堂而顧名思義，惟善是積，不使慶爲式微也可。派下宗子議簽幹士成金、伯南、明性、珍邦等，將蕪基佈種，每年收租貫壹千五百文，以權子母。十餘年來積錢三百餘貫，而幹士多物故矣。另立董事成才、明山、德裕、珍康、珍川，仍與明性重相扃鑰，竭力經理。至嘉慶九年間，置田十四畝，并儲資若干。於十年春起，建中堂五楹，門塾五間，左右旁廡各三間。舉凡榱題垣墉焕然一新。越十月，始告成焉。子孫奉主其中，衣冠整肅，歲時蒸嘗，罔不洽禮。將見雲礽攸集，肯堂肯構。而餘慶永後者，莫非積善之所遺留也。是爲記。

光裕堂記

江静涵

語云：莫爲之前，雖美勿彰；莫爲之後，雖盛勿傳。父能作者，尤貴乎子能述也。

前明嘉靖間，繼公作堂於宅之東隅。倚同山之秀以立勢，隨九曲之渚以儲清。左龍渠，右壺瓶。吞山光，挹水紋。外無欂櫨藻棁之華，昭儉德也；内有詩書文章之富，承先志也。堂之三圍皆巨室。其東震龍向離，轉兑而入宅。沃野之盤紆多河洲，其流長可佃可漁，且俗尚惇龐，人稱仁里。架堂五楹，所以爲居家計，而妥先靈於堂之上，匾曰“光裕”。蓋以有光前烈者，即以垂裕後昆也。

乃世運有變易，盛衰相遞嬗，越數傳而傾圮爲荒址矣。至本朝康熙間，元禮公慨斯堂之久廢，力謀重光，焦思瘁慮，儲資不盈百數，始築五架，將祖先栗主奉於上。其子允珮公見子孫繁盛，堂頗逼窄，欲廣大焉，而末由創議。祖先忌辰血食，折聚貲財以權子母，二十餘年得錢數百貫。宗子茂彩暨首事祖業等，力肩重新之任，以承先人光裕之義，卜築於道光三年。凡宋霤、楶栱、瓴甋、垣墉咸焕然一新。構九架廊廡，東西各列出門，環顧龍渠、壺瓶諸勝，皆縈抱焉。子孫奉祀其中，歲時洽禮，罔不祗肅。

惟是堂成而未有記，因請於余。余思敝廬足以蔽風雨，而道賴以不墜。治第止於容履絢，而身賴以尊崇。況是堂之直欄横檻，釘頭磷磷，有安全永久之法也哉！吾願其族之子孫尊祖敬宗，興仁焉，興讓焉，遵道遵路焉。愿者耕，秀者讀，庶幾培植有方，人文鵲起，上以光先祖之德澤，下以裕後嗣之昌大。則相與輝映於斯堂者，其爲美所集而盛所昭，不尤大歟！爰樂爲之記。

知止堂記

汪 國

具一往直前之氣，以之處天下事，有進而無退，似亦足重於天下。而君子弗取者，非惡其進，惡其輕進，後必至於欲退不及退也，而敗亡之禍實基諸此。

剡川錦沙江氏自大二公贅齊氏，卜居，傳十餘世至諫公，特建一堂於錦沙舊址之東，妥先靈而隆報享，情與分固宜。而名其堂曰"知止"，其義安在？或者曰："公好學人也，取聖經'知止有定'之義，以明德新民止至善爲奕禩勸，故名。"

吾謂其説當不盡然。族當子姓繁衍以後，有爲士者，亦有爲農、爲工、爲商者。大學之道所以造士，而農工商不與。祖宗貽家法，重其一而遺其三。登斯堂者，得毋猶有憾？體其命名之意，要之取於"知止不殆"之義者近是。今夫棄取者，得失所由分也。静躁者，安危所由定也。人生盡百年，所需於天地間者何幾？而一身之精力亦只有此數。貪取而狃以爲安，危即乘於躁妄中而不自覺。如逐北然，中道而返，全軍可以無恙；乘敗而極追之，轉不免困寇之一鬬。朱子云："得意不宜再往。"蓋言止也。江氏自諫公迄今數百年，派下子姓雖僅謀及一家、謀及一身者，皆進退見幾，無敗亡禍。未始非得力於知止堂之陰爲垂鑒也。前輩明亭先生例授將仕郎，不榮莅而退歸田園者，亦職此故。識者擬之陶靖節云。

明亭先生令嗣東池翁見斯堂之歷久而欲頽也，會萃房衆，修而葺之，仍顔其額曰"知止"，而囑余爲之記。余以爲堂者先人之所以憑依，知止者後人之可以炯戒，以先人憑依之處，爲後人炯戒之資，亦固其所。是故"知止"二字可以當江氏家訓一部讀之。

重建燕貽堂記

司徒一堂

塔嶺之西，龍渠之北，土地平曠，元辰水歸，堂固幽深佳境也。江氏世居之，俗呼外田屋。左右修竹，中有祖堂數楹，係能何公建，額曰"燕貽"，蓋取葩經《文王有聲》卒章之意。按能何公生平樸素自守，茹素好善，儒書梵帙，念兹在兹。劉禹錫題江總尚書云："南朝詞臣北朝客，歸來惟見秦淮碧。池臺竹樹三畝餘，至今人道江郎宅。"差可移贈。余年十八九時從東軒夫子，嘗過之，見其門庭宏廠，柱懸一聯，皆清雅有致，心甚善之。後二十餘年過此堂，西南徧遭融風之虐，則爲墟矣，而貽堂燕雀不知災。後又二十餘年過此，栗主復遭回禄，則爲煨燼矣。列祖之所憑依一日變爲荒煙蔓草，爲咨嗟悼嘆者久之！夫燕之爲言安也。詩人之意言文王遷豐，武王遷鎬，創業而謨烈之謀敬，遺厥孫則子可以無事，故曰：詒厥孫謀，以燕翼子。

今士庶人之家，非有繼伐之事，亦非有君臣會盟之燕，而取之以名其堂，蓋其分雖殊，而以燕安貽子孫無貴賤一也，夫祖宗之堂宇與子孫之居室同也。子孫雖甚愚賤，必有所居以蔽風雨。其富貴者則峻其宇，雕其墻，細旃廣廈，以安其身，而於祖宗則聽其野居露處，風雨漂摇。所謂燕貽者安在乎？且匪獨無以貽子孫也。影堂以妥先靈，不能有以妥之，即春秋享祀不忒，亦必有怨恫於冥冥中者，而燕飲燕樂猶其後焉。故以"燕貽"名其堂，其所以垂戒後人者，思深而慮遠也。

咸豐十年,董事珍水、珍達、良齊等承房長家法之命,鳩工飭材。仲秋經始,至冬落成。額雖未懸,而人已燕賀。裔孫國學悦金先生囑余作記,登諸譜牒。余聞之而興感。公家果能上安祖考之靈,下安室家之好,中安賓客之心,是誠燕翼貽謀矣!昔江文通夢人授五色筆,文藻日新,齊孝武朝除侍郎,梁天監中遷金紫光禄大夫,封醴陵侯。其孫敩,孝武異之爲名器,尚臨安公主。亦其貽謀之有素也。今外田屋江公寢成孔安,俾朴者耕,秀者讀,將見燕貽之堂當與金紫名門并美,豈獨讓江文通哉!余既以此告悦金先生,退而爲之記。

(江五民編《[浙江奉化]錦沙江氏譜續編》 1928年木活字本)

拾　慧　草節録

江希曾

避亂嶺下咸豐庚申

避地逢佳節,登高意興灰。家山憑夢到,風雨挾愁來。敗葉彌空墮,幽花冒冷開。連朝烽火逼,排悶且銜杯。

將赴江右至黄山遇賊折回庚申

百里黄山路,奔馳一日中。塵沙征士骨,烏衣關多陣亡士卒塚。鐘磬梵王宫。躡屨穿雲白,傳烽隔嶺紅。可憐名勝地,往復太匆匆。

憶亡婦芮恭人辛酉

百計逃生竟喪生,怨卿時過又憐卿。無端反目緣知盡,如此埋頭事不平。一死信能完汝節,九泉何以慰予情。龍鍾老母呱呱子,地下相逢也淚傾。

請假省墓出都雜感光緒丙戌

染盡征衫九陌塵,鳳城回首繫吟神。一門不改團圞樂,兩代同承雨露新。本科與小濤、古恂會試同雋。殿卿、肇豐一得教職,一得小京官。文字豈能臻絶詣,科名畢竟有前因。蓬山已到年華老,搔首徒嗟髩似銀。溯從甲子筮賓王,話到遭逢劇足傷。六度春明空毷氉,一官冰冷等蠻荒。論文莫證酸鹹味,嫉惡難回鐵石腸。身世蹉跎心自定,懶將禍福問蒼穹。豈真百里裕長才,珍重春風拂上臺。官州學十三年,以俸滿保和升知縣,會試,乃適獲雋。擬借雲帆超苦海,不期星火爇寒灰。天門詄蕩容親到,粉署深嚴許暫陪。人世浮名何足計,喜同絶域得生回。默將行止寸心籌,後顧茫茫百可憂。才退書難中秘讀,性剛仕豈繭絲優。商量舊學慙空腹,涉歷人情畏出頭。乞得仙方能辟穀,便當散髮老林邱。南歸人羨錦衣旋,遐想松楸意惘然。綸綍縱能光地下,雞豚已不逮生前。矧當烽火萑苻逼,并失妻孥骨肉全。九死餘生叨此日,不堪回首亂離年。

感　舊戊申重至四川作

早歲歸田未得歸,偶從江畔息塵鞿。斷金自謂依良友,鑄錯誰期釀禍機。門祚漸衰生計盡，親知如故世情非。赭山山下犀湖畔，回首當年淚濕衣。教育人人負盛名，誰知攘利有深情。能防鬼蜮機謀幻，差免風潮几席驚。春夢早醒蘇内翰，高蹤遠媿魯諸生。敬亭山色蟂磯水，自有鄉人月旦評。兵燹離鄉四十春，頻年歸省劇傷神。田園册復魚鱗舊，邱隴封崇馬鬣新。胔骼旁收三五代，飢寒少救子孫身。誰知老去窮逾甚，重作鈴轅聽鼓人。

病中生日感懷己酉

病到兼旬勢莫瘳，崦嵫何意得淹留。年華已届風中燭，生計翻同水上舟。弧矢漫稱門户慶，詩書姑待子孫收。傳家此外無長物，慙媿衰齡事遠游。

修短無常亦有常，早將塵夢醒黄粱。儒冠誤我洵非妄，暗箭傷人豈易防。詞館文章芻狗賤，貧家鹽米磨驢忙。閒中細數年來事，萬斛悲愁未計量。

桃花開後牡丹開，久病渾忘歲月催。九死僅能全性命，一官堪笑等塵埃。翔雲燕雀風生翼，失水蛟龍淚漬顋。世事如棋何日定，問天無語獨徘徊。

麥秋天氣正清和，隔院青青上薜蘿。一榻直同郊外卧，百年都是夢中過。山河擾攘安危亟，朝市經營感慨多。留得閒身成底用，未能縱飲且高歌。

粤匪之亂荼毒生靈予輯旌德雜誌就耳聞目見者書之不敢一言失實不意事隔五十餘年海上報章忽于洪楊推崇備至姑就記憶所及者綴成小詩以示子孫俾免爲邪説所惑也

是誰曲筆肆譏褒，蔑視綱常等弁髦。直道在人心未死，肯將盲説任兒曹？

粤西種類雜猺獞，山僻多年痛伏戎。

更得耶蘇爲護法，七天禮拜守宗風。累戰曾將逆匪擒，駢誅何事費沈吟。

釀成一代紅羊刦，誤國端由鄭祖琛。鄭爲巡撫，素佞佛，得賊不殺，縱惡養奸。逆渠凶狡首推楊，兵事由來屬主張。

除卻臨朝呼萬歲，目中何處有天王！咸豐六年，向軍營潰，楊欲自稱萬歲。洪曰："何以處我？"楊曰："可稱萬萬歲。"因此生隙，相屠戮。

不分男女總同胞，實意何曾有一毫！殺擄直教雞犬盡，可憐經過地無毛。

欲提三尺定山河，僭竊匆匆一紀過。仁政不施綱紀亂，至今遺孑怨聲多。

蹂躪名城數百餘，追思逆蹟不勝書。就中忠翼差稱善，大憝終當盡剪除。李石非不殺擄，較之他賊彼善焉此耳。

攻城陷陣冠羣凶，一代奸民戾氣鍾。父母不知倫紀滅，誰將統系溯黄農。賊中男女分居，蕭朝貴以父母同居犯令，執而杖之。

讃美頻頻禱上清，不言天父即天兄。託生直與空桑等，種族憑誰代證明。逆不自明爲黄帝子孫，而必附會證明且牽及甘狪海寇，大可笑也。

縱横戎馬十餘秋，似與生靈有宿仇。若論旗人遭慘刦，只聞白下與杭州。逆匪到處殺擄，旗人被害者究屬無多，并無排滿之説也。

安民有示豈相欺，仁義居然王者師。此往彼來終一擄，暗中交易孰能知。逆至，必派人安民，索取金銀食物，月奉若干，名曰"進貢"。民以相安無事。避難者莫不遷回。而鄰邑賊來，大肆殺擄。詢之，則曰：此非我所轄也。其實彼此交易，早已串通，每月例貢仍不能少減。假仁義以誘人，其貪狡有如此者！

秋審刑曹重録囚，必須情實例方勾。誰將人命供兒戲，無故牽來即斷頭。逆以殺人爲戲。打館予鄉，一夜大雪，衆方賭博，一人意趣以爲無趣，一人曰："殺人何如？"衆皆贊成，遂於俘獲中擇一年老身弱者殺之，始欣然各歸寢。

閱時不過一年餘，白骨如山委道途。江左并非遼瀋地，可稱黄帝子孫無。咸豐庚申，逆陷甯廣。次年臘月，人民相食，肉盡則舂骨爲粉而吞之，兩屬雞犬俱盡。

出身大半是貧民，暴殄曾無一念仁。甯可焚琴兼煑鶴，不留銖寸與他人。逆所擄掠，惟在子女、金銀。至飲食衣服，但求足用，若有贏餘，必盡行毁棄。

漫言鄴架與曹倉，到此難求辟穢方。一炬能超清净界，始知解事是秦皇。予家藏書數千卷，橱被焚燒，書則委地，藉以養馬，兼拭糞穢。後宅被燬，亦省卻無窮懊惱也。

少小珍同掌上珠，陷身賊窟嘆何辜。飄茵墮溷無須惜，怒則豺狼媚則狐。逆擄幼童，美者以爲龍陽。殺人則使之操刀，故莫不異常桀黠。

曾聞發塚設專官，虐政從來屬阿瞞。差幸逆氛經過處，尚餘枯骨未遭殘。逆所至，拆墻掘地，以求窖藏，而墳塚無恙，惟此差有人心云。

始終兵事粤西東，故壘曾沾血點紅。堪嘆欃槍終掃盡，又嘘毒燄散長空。

田園無處不抛荒，千里難求半菽嘗。多少殘軍枵腹過，盡攜人肉作行糧。

話到洪楊盡怨呰，忽傳鍾阜建專祠。略將逆蹟從頭寫，好作神功聖德碑。

甲寅九月績谿解任踰嶺至村展謁先壟即柬族中父老

江慕洵

還家落落仍爲客，猿鶴今能識姓名。展壟宵分葵骨火，吾鄉取葵梗浸水中，去皮，曝乾，夜行燃以代燭。飣槃朝進蕨拳羹。傳家德業承肩重，脱手楹書淚眼明。淡人從兄以先子所書横幅見貺。白髮朱顔漫相慰，予髮早白，時已霜華滿鬢矣。媿從梧杓話平生。

（江志伊等輯《[安徽旌德]濟陽江氏金鼇派宗譜》 1926年石印本）

阮氏宗譜

培養子孫論

[题]莘田公

天下不患無賢子孫，患有子孫者馭之不得其法，卒害其終身而不可問。

夫祖父之愛其子孫也，非特賢者愛之，貴者愛之，即愚頑而貧賤者亦無不愛之。此其天性使然，固無足怪。愚觀世有子孫，以少子也而憐憫之，以獨子也而矜貴之，以聰明之子也則更珍奇之，於是吐詞之婉如對佳賓，視膳之勤如奉老母。嗚呼！膝有垂髫而寤寐尚多餘快，豈同堂有白髮而晨夕并不縈懷哉！

且子孫果能孝敬其祖父者有幾人耳！吾見以寬縱之，彼則生驕，驕則傲；以恕宥之，彼則生玩，玩則肆。傲且肆，淫慾之心由此生，奢侈之習由此起，恣睢侮慢之風幾累祖父而及先人。嗟乎，不可挽矣！斯時，爲祖父者理諭不可，勢禁不可，疾首痛心，深恨子孫之不肖至於斯也。

然而毋庸恨子孫也，恨昔日憐憫之，矜貴之，珍奇之，而適以害之者耳。溺愛不明，其釀禍有必然者。

然則養子孫者宜如何則可？夫骨肉相愛之間根於天性，出於至情。雖有凶暴，彼見子孫未有不慈祥者。吾欲以不愛愛之，豈不大遠人情哉？所貴愛在心，不在貌耳。且夫嚴峻者，子孫之所憎也。使聰明激之而始生勞苦者，子孫之所畏也。使筋骨煉之而彌堅困頓者，子孫之所憂也。使體膚凍之饑之而知世事之艱難，雖其中質有强弱，資有賢愚，惟在權衡得其當耳。故飲食之間，不必其甘美也，一糲飯也可矣；服御之際不必其鮮華也，一緼袍也可矣。祖父非爲吝於財，但願子孫薄滋味，思衣服，使將來啜菽飲水，歷困境亦有餘歡；麻縷布帛，對大庭不足爲耻也。忍在今日，即愛在終身，其防微杜漸爲子孫謀者，非賢祖父何能至此！噫，彼子孫何幸而得此賢祖父也！

（陶念欽、倪文瀾輯《[浙江紹興]越州阮氏宗譜》 1928 年世懋堂木活字本）

何氏宗譜

嘉慶庚辰之夏及道光癸未之冬祠内甘蕉花連開兩次知吾宗發祥有兆也賦詩二章特以誌異

何鴻寓

赤嶺分來已有年，攢形布影立堂前。早同嘉樹勤封植，特放奇花供祖先。甘露一苞深醞釀，芳心百結致纏綿。更看棣萼相輝映，不獨成林號緑天。

往年花發衆稱殊，今日重看吐一株。冷艷最宜雪裏畫，仙葩菀粲日初芙。滿庭不減三槐蔭，比象還呈百子圖。知道吾宗多競秀，屢先瑞草報祥符。

前　　題

何鴻烈

吾宗家廟之庭前，種得甘蕉已有年。培植根株深且厚，翩風緑葉映遥天。芳心徐展精華結，浥露含香蘊深密。一朝特地發奇英，擁護祥光高捧日。乘時吐露早含胎，取次争奇兩度開。圖呈百子花房滿，花放皆云獻瑞來。豈不見王家槐植中庭裏，槐茂公卿相繼起。問花可否與相同，秀發連番應有以。

遊庠感賦二首

何鴻寓

雪案螢窗二十年，而今始到泮池邊。自慚幾坐冰氊破，前年《秋興詩》有"青毡坐破漸成翁"句。誰信能磨鐵硯穿。千古文章無定價，一朝遇合有奇緣。細思此道明還未，豈識當然所以然。試題係"道之不明也"一段，講中有"其所當然，必有其所以然"二句。宗工大加稱賞，以此獲售。

忝列黌宫賦采芹，青衫滿袖挹清芬。敢同鼓篋陪多士，會向圜橋覩盛文。强仕可堪仍選秀，微名雖竊尚無聞。時年已四十矣。幸逢膏澤豐年瑞，得熟書田稼似雲。院試詩題係《膏澤多豐年》。

述何君鏡堂始末諱金年，字應宿。四十六世。

吴　植

鏡堂與予訂交最晚，而相知最深。其爲人也，秉性清鯁，處事縝密。其接物也，氣誼所投，腹心可託，所謂有血性者也。惜强年早世，未竟其志，同人悼之。爰述以詩。邑庠生世愚弟吴植。

書生矻矻守一編，對此疇足圖凌煙。壯夫慷慨慕投筆，幾見移封到酒泉。讀書譚道在尚志，阨塞窮通心不懸。有得勿恤蠖久屈，浮名徒笑蟻慕羶。古來乘史今具在，惟有實際斯足傳。持此以論天下士，昔者吾友何金年。鏡堂始以金年爲字。金年先生號鏡堂，家聲清棻累葉長。秉性深穩資穎悟，立志磊落行昂藏。食牛吐鳳少畸異，弱冠握筆成文章。棱棱嶄然見頭角，先輩嘖嘖交揄揚。共推君爲臺閣器，鷃雀未許相頡頏。君亦必期學有用，左圖右史常在旁。經史參酌梁與李，文理發揮王與方。誰識文人命多否，三戰三北類管子。抱璞不遇楚人傷，空負文名噪閭里。十年面壁揣摩成，衿不能青遑問紫。人爲君惜君不知，人爲君悲君且喜。儒者一室有千秋，庸俗耳目由來鄙。書城坐擁志益堅，疑自君胸結書痞。從此經術與文章，慇懃一一求根底。吁嗟乎，造物生才爲世用，時未際兮世勿重。一朝艱險列當前，幹濟之才自殊衆。庚申髮逆肆炰烋，大江以南皆驚騷。吾常獨當衝要地，大吏畏逼夜遁逃。賊氛所至如拉朽，名城立陷同吹毛。先生仗義貞志節，團兵河北廣見招。檄書獎借來浙撫，遠邇多君意氣豪。衆寡强弱不相敵，善刀而藏弓且櫜。寓兵於農法古制，布置井井不憚勞。嗟君曾不持尺寸，豈真十萬胸中褒。而況身居虎口下，磨牙曾不怖餓虓。即此智勇能兩全，知君權變深六韜。將軍倏忽來天上，進退險要亟咨訪。幕下誰爲郭景純，山川形勢無人講。倩君貼説并繪圖，君聞躍躍早技癢。畫沙聚米尺幅中，攻守之地如指掌。大帥一覽意欣然，不勝繫節亟相賞。金年草茅一布衣，腹中乃有此伎倆。軍行羽檄多飛馳，精細如君且仰仗。擇要設局如星羅，聲勢消息若應響。吁嗟乎，先生數十年來積功苦，此日此時庶一吐。豈知李廣真數奇，纔踰强年竟化羽。但聞五夜擊柝聲，未聞一路凱旋鼓。憶昔避亂江之干，日夕相處兩暑寒。厥後戎行共所事，又居一室芝若蘭。君病君死我親檢，至今回憶酸心肝。十年不字亦已矣。一見其貞如是難。幸君生平有表見，否則草木同朽殘。悲君賫志以没地，願君夜臺作達觀。甲子以來五千載，升沉顯晦非一端。其中有幸有不幸，畢竟何足深長歎。

(何其焯等纂修《[江蘇武進]何墅何氏續修家乘》 1927年賜策堂木活字本)

戒勉子弟詩四首七言

何國璋

架上詩書溪上田，傳家生業此爲先。犂鋤清早催童僕，燈火黄昏對聖賢。我已蹉跎成白首，汝宜刻苦向青年。且耕且讀男兒志，勤惰由人命在天。

同氣連枝住一家，門庭長幼戒喧譁。能親九族閨闈始，勿蹈三愆禮法嘉。豈僅羔羊速樽酒，且分雞犬話桑麻。謹嚴顰笑皆成習，白叟黄童鄰里誇。

作苦持家自習勤，莫教怠惰輒欣欣。績麻訓子知勞逸，運甓艱辛惜寸分。有限年華隨逝水，無成事業等浮雲。劇憐垂暮謀生拙，日薄西山情孔殷。

紅塵白浪兩忙忙，忍辱柔和是妙方。到處隨緣延歲月，終身安分過時光。休將自己心田昧，莫把他人論短長。謹慎應酬當仔細，耐煩作事好商(良)[量]。從來硬弩絃先斷，每見剛刀刃易傷。惹禍盡從閒口舌，招尤多爲熱心腸。

(清何國璋纂修《[江蘇無錫]何氏宗譜》 清宣統元年思敬堂木活字本)

前山書屋記

蔡　珍

前山書屋者，型周何公繼父越川公之志而作者也。先是，越川公性好讀書，意欲另構别業以課子姪，而家務冗繁，有志未果。越數十載，型周公克承父志，爲構正室三楹，中奉越川公神主，而已配之。亦可見善繼父志也。左右側室各三楹。左側外爲臺門，右側外爲庋廚。正室前築魚池。池旁雜植花卉。池上設圍牆，而羣芳之蔓延其上者亦鮮明可愛。右側後爲厠二間；少上數步爲空房二間，可以貯薪芻。由空房前數百級，至前山之巔，建文昌閣。登閣而望，岫山峙其右，檀水繞其前，獅巖踞其左，而村居錯落，棋布星散，盡在指顧間焉。山廣數畝，四圍栽竹，中植嘉菓。每當暮春之初，新筍緑苔，繁葩競豔，洵足長學士之文思，而助騷客之詩興也。又立田一十八畝，又地八分零，山六分六釐，塘七分。一爲修葺書室之費，一爲遊庠者作膏火之資。噫，公誠不愧承先啓後者矣。昔余曾課徒於此，公以書屋記相屬。余因承命而爲之記。時嘉慶二年歲次丁巳榴月上浣之吉眷晚恩貢生蔡珍拜撰。

遭劫記畧

何品梅

西匪於道光季年由廣西而起，咸豐初已盤踞金陵十年。庚申仲春之月二十六日，大股賊闖入省垣。滿城不失，聞大帥張國梁遣兵三日乃逸。十一年辛酉之秋九月朔，匪由浦義竄暨。二十六日上午，城陷。暨主雪門師率勇力敵，頭面受傷幾殞。幸五里亭有馬，以渭輩同護至楓。下午一别，由紹局稟驗而去，以爲後圖。二十有九晦日辰初，匪如蜂擁，報范、黄二僞將賊兵從東南而來。僞勢無異山崩。頃刻，黄館宣店，范即館我何肇。運棺木以疊土城，毁佛像而燒營火，絶壑深林，靡不搜到。須離賊營三十里外方不擄到。玉帛子女，遍處虜來。佔居七日，陰雨連天，神號鬼哭，慘難勝言。至十月六日未底五更，炮聲四起，火光燭天。黄從上谷嶺過餘姚，竄入甯城；范從駐日嶺進新昌，竄入甯城及台温。絡繹不絶者三日，大股賊已退。旋里探望，巷口村邊，横挺直卧，都是屍骸；門前屋後，破腹抽腸，有何罪孽。悄然而悲，廢然而返。嗣後，賊兵來往不休，虜掠如故；把卡僞官，誅求無厭。其何以堪，只得避匿山裏過年。明春壬戌同治元年，逆氛稍净，散者復聚，計圖田蠶。及四月二十六日，繭可繅絲，賊兵又到，聚者復散。是時賊兵會集不止數萬，攻打包村。底七月四日，包村破。進賊仍回我何肇，作館五旬有餘，至八月二十二日方退。時有山寇乘間搶掠，即於次日一炬燬盡全村。我族元氣大喪。此際，東則有寇，西則有匪。匪來則散，匪退則聚。如是以底癸亥之春，曾營大兵一到，浙東漸清。左爲撫憲，蔣爲藩憲。雪門師辦理善後，由暨及紹，設粥廠，拏土匪，勸米捐。梅與王、駱二紳曾迭承憲諭，在楓局同理年餘，閤屬受惠匪淺。迄今兵氣已銷日月光，閭閻重慶熙皞象。竊恐後來者安不思危，附載記略，以爲炯鑒云。

時光緒庚辰年仲冬月，廿六世孫品梅謹誌。

遭劫詩八首

何炳耀

咸豐辛酉九月廿六日，西匪入暨，延及於村。時余家已避山裏。不數日，而與兄與弟并侄五人各路虜去，日行百里，幾於足不能步。櫛焉以風，沐焉以雨，諸多艱苦，身歷之矣。悲慨之餘，不禁感而致詠。後幸俱得脱歸，一家完聚。此固由皇天之眷佑，亦未始非賴宗祖之庇護也。玆當修輯譜乘，爰記而録之，以示不忘險阻艱難之嘗云。

避　難

飛馬走來疾似梭，鄉村到遍作巢窠。紅顔忍與魚龍伴，白髮悲同鳥雀羅。舉步虧教行李少，出門還賴友朋多。世間擾擾歸何處，南北山頭日夜過。

古嶺嵯峨踏不平，人家盡處白雲生。肩挑衣服長途歇，身冒風霜黑夜行。猿嘯逼空巖下樹，鳥啼驚破夢中聲。饑來口腹何堪飽，一日饔飧一菜羹。

夕陽流水去滔滔，風急濤聲萬木號。屋得居時何慮小，山當登處不嫌高。倦眠長簟肱爲枕，攀折枯柴手作刀。那有桃源仙境好，逍遥洞裏免奔逃。

愁雲陰雨積冥濛，黑黑天公殺氣雄。徧地江山烟燼墨，滿城沙土血流紅。燕尋舊主殘基在，鼠入餘家粒米空。指點故村何處是，春來荆棘鎖深叢。

被　虜

昨夜同家宿，今宵宿不同。爹娘悽闊别，兄弟散西東。望眼愁烟碧，驚心落葉紅。故鄉何所見，遥見夕陽空。

囚作籠中鳥，躊躇未得眠。門庭新榛警，子女别人憐。脱足思無地，全身望有天。仍前閨裏月，偏在異鄉圓。

烽火連宵燭，雲光赤若霞。愁生千點雨，淚落一燈花。路遠憂先切，衣單冷倍加。關心晨與夜，雞犬復誰家。

多裹餱糧負，隨行日不休。登山雙足軟，涉水一身浮。鳥獸都藏跡，骸屍亂枕頭。何時拋得去，脱此釜魚憂。

光緒庚辰年仲冬月，廿七世孫炳耀謹誌。

（何笠山等總理、何華廷等纂修《[浙江]暨陽檀溪何氏宗譜》
1913年永思敦睦崇德堂木活字本）

吴氏宗譜

書吴氏族人殉難事

鄭翔霱

民國二十六年丁丑十月下旬,倭寇侵及江南,民多敵愾。有忠義救國軍澄錫虞行動縱隊隊長高杏寶者,時出没芙蓉圩,伺隙創寇者屢。寇嫉甚,率衆萬餘,圍杏寶,縱横近百里,電網纚屬不斷。杏寶不得遁,欲戰則衆寡懸殊,乃散匿圩間。寇偵得其實,徧躪芙蓉圩,逼民獻杏寶,不從,遂大肆殺戮。吴氏族人之被害者都十一人,而首遭其難者爲黄泥涇子英、子勇,時辛巳十二月十四日事也。翌日,灣里富泉又以槍殺聞,俄而十房村得信、六房村洪章復就戮於吴祠西偏之新厦。東四房村榮、馨樓,下村興宗,北横河茂生及世泉、竹茂父子亦皆相繼刺殺。而興宗之死也,其妻周氏營救未遂,乃戟指詈倭寇,寇怒,褫其衣炙之,垂斃而投諸河,時孕方八月,遂亦殉焉。至被活埋而得救者,僅劉家村兆海一人而已。嗚呼,子英、子勇諸人,雖不能執干戈馳逐疆埸,而不忍忿忿之心,思欲助義民以挫寇焰,而拯黄胄於存亡絶續之秋,其忠藎誠不可及,而卒遭倭寇之碁,以身殉國。孔曰成仁,孟曰取義,實可當之無愧矣。余嘗觀世之士大夫,平居誦説詩書,挺身昂首,鼓掌稱義烈者何限,一旦有事,則抱首鼠竄,甚且屈膝求全,爲世所詬病者相接也。聞子英、子勇諸人之風,其能無忸怩於心乎。予故著之,備他日國家采風者之覽觀焉。

(吴菊泉纂修《[江蘇無錫]蓉湖吴氏族譜》 1937 年至德堂木活字本)

咸豐丁巳譜竣書事

吴載仁

蓋聞陸機賦清芬之誦,謝公作思德之詩。是知祖宗創垂之盛,固爲後人所樂稱者也。維我六房自克富公於前明正德己巳卜創下鄭田,即今雅港。富公子良萬,萬公子四:思秀、思珪、思祥、思憲又繼創而居之。是雅港實由克富公所肇基焉。自是繼長增高,門開户列。萬曆間,敦創東邊正居,塤創西邊上横居,繼創塘樓,純創西邊中横居,承甫、亨甫創西邊正居。羊牯腦,則文謨公所創。大坪段則文訓公所創。二公乃思憲公之哲嗣也。至若湖田之許家壠,則思秀公之孫覺亭公修譜之精舍在焉。聞之故老,譜師入局,其女孫譜英方纔墜地,遂因以譜爲名。至出閣時,譜始告竣。嗚呼!何先人用心之勤且苦若是也耶!後之作者藉以徵信,而是譜僅與土龍合再修於國朝。族高伯祖尊三公亦僅增樃坑焉。迨乾隆庚子,通編六族,合爲大同。房伯祖天池公實與有力。道光甲申,六族重修。房兄賡廷接董其事。賡廷又天池之孫,可謂作述重光,後先輝映已！迄今三十餘載,瓜緜椒衍,合族又復倡修。諸父老囑仁以譜事。仁義不容辭,彙稿於辛亥冬初,落成於丁巳春杪,附諸君驥尾,不揣陋劣,亦聊以述我雅港一支,繼志述事,代有微勞,敢云序乎哉！

鄉試誌喜

吴　鴻

乾隆壬午,吴鴻督學湖南,典試爲嘉興錢大昕、韓城王杰,皆負重望。闈後諸生以墨藝呈吴。吴最賞者五人,榜發,皆售。四人冠其經。吴賦詩志喜云。

天鼓喧傳昨夜聲,大宫小徵盡含鳴。當頭玉筍排班出,到眼珠光照乘明。喜極轉添知己淚,望深還慰樹人情。文昌此日欣連耀,誰向西風訴不平？

題忠孝祠屈子、羅孝烈妃。

吴　佐

忠孝由來是秉彝,仰瞻遺像獨興思。一時大節俱無愧,千古英靈并有祠。楚樹月明精衛泣,湘江雲暝怒濤知。嗟余未報君親德,手薦溪毛空爾爲。

徐師巖即景

吴佑行

深河迴曲徑,天地鑄奇盤。壁立千尋迥,中虚百丈寬。巖前環古木,巖内構禪壇。雲氣三天下,鐘聲五夜殘。金繩維覺性,寶筏破迷瀾。石奥晴如霧,崖懸雨亦乾。有塵風掃徑,無瓦月臨巒。汲井通厨竈,蔬園敏梵欄。煎茶淘麥飯,拔竹掛蒲團。負曝冬曛暖,迎風夏日寒。幽禽狎人側,高樹蔽雲端。讀罷無相語,澄心作静觀。

和易師祚坤晚秋原韻

吴佑行

慘澹清空入畫圖,蕭蕭風雨響疏梧。棲蟬老去吟聲瘦,旅雁歸遲落影孤。四塞寒山多見骨,滿林霜葉半成枯。浮雲刮盡乾坤闊,冷洗愁腸倒玉壺。

春日薄暮口占迴文

吴　弼

求精學業世傳家,冷軸侵煙靄帳紗。樓炫綵箋詞織錦,閣凝香霧墨飛花。篝燈燦蘂含紅艷,匣劍舒光助月賒。幽興寄吟憑眺遠,浮羣雁字映紅霞。

登黄鶴樓

吴天寵

登臨恰趁杏花天，撲地閭閻氣萬千。俯瞰平陽彈夏口，高瞻遠岸沼晴川。放歌紅色梅花曲，獨坐青雲白日間。無怪純陽長戀此，一聲玉笛和江煙。

往湖北德安任省父路經武昌游黄鶴樓

吴佳德

大別山高古渡頭，仙人騎鶴此間游。江邊明月風横笛，城上斜陽客倚樓。彭蠡湖連吴地闊，洞庭帆掛楚天秋。登臨頓覺胸懷豁，萬里煙波一望收。

舟抵漢口游梅子山

吴佳德

青山聳峙月湖邊，一徑遥通極浦前。栽得梅花千萬樹，江城如畫水如煙。

題吴鏡爐泛舟游金焦山小照

李和卿

記得當年飲郡樓，藕花香裡夢揚州。腰纏跨鶴平生願，輸與先生是此游。
芰荷十里起漁歌，萬頃澄漪静不波。何必乘槎問牛斗，眼前風景勝來多。
兩點金焦落酒杯，畫船簫鼓檻中開。二分明月一分水，都被先生占得來。
六朝山色五湖春，無限煙波趁此身。但願買舟同一醉，圖中添個倚歌人。

勵志

吴定邦

人生貴自立，毋與俗徘徊。亂石不埋筍，苦寒偏長梅。世情千折水，知己一銜杯。多少荆榛處，應成有用材。

登土龍山

吴定邦

怪石嶙峋立，披襟放膽行。山高風有力，溪遠水無聲。長老初相識，兒童卻有情。歸心何太急，皎皎秋月明。

春暮重光樓即事

吴定邦

課得兒詩又課書,偷閑無事小樓居。種花卻喜新晴後,抱膝長吟覺夢初。飲罷春深香醉蝶,釣餘人去浪驚魚。幾回笑指煙霞外,一段風光畫不如。

登道靈山

吴定邦

道靈峰鎖古煙霞,曩日禪房半種茶。誰解碧紗籠蘚壁,我尋丹竈認桃花。殘鐘乍叩驚朝鶴,遺像空存弔暮鴉。俯瞰漁溪依舊在,灘聲長咽夕陽斜。

赴院試歸過山西嶺

吴錫鉞

未上蓬萊快素心,山西峻嶺入雲深。千尋飛瀑青峰掛,十里危溪白石沉。徑曲羊腸傳水碓,橋高雁齒答秋砧。會當絶頂攜筇遍,天近風高一嘯吟。

題吕仙試劍石

吴錫鉞

曾袖青蛇助朗吟,洞庭飛過少知音。霜鋒欲斷蛟螭首,怪石先分此碧岑。

題伍員渡江圖

吴錫鉞

古木蕭疏壓水濱,漁家相望杳無人。蘆中大有英雄在,一劍挐摩正問津。

剪髮詞

吴錫鉞

從來斷髮説勾吴,記得荆蠻採藥無?原是先人三讓地,大家光復好頭顱。
曾聞韃虜入關時,令下如山不可移。留髮留頭憑自擇,黌宫聚哭有誰知?

追悼湘軍援鄂陣亡諸烈士二首

吴錫鉞

八千子弟舊同仇,一洗從前奴隸羞。聽報民軍剛起義,争先援鄂勇如由。

田横壮士死何多，枉把英風付逝波。争似吾湘佳子弟，頭顱换出舊山河。

春　近

吴錫鉞

山色二分水一分，巖田新緑漾苔紋。農書未進農心迫，間理青蓑對夕曛。

漸長天氣不寒時，柳岸煙容漾緑絲。記取雙柑聽鼓吹，丸泥早欲擲黄鸝。

壬子譜竣誌喜

吴錫鉞

纂修猶憶卅年前，同事多成曠代仙。何幸古稀留二老，又參壇席佐羣賢。壬午同事，惟余與柳村先生在。

鉅典修成歲一終，和衷共濟仗諸公。渾忘世代爲秦漢，恍在桃源古洞中。

壬子譜竣誌喜

吴丁爕

六合宗盟已五修，支開異地更新收。嗤他著姓多分局，始信延陵讓德優。

卅年世轉局重開，舊兩何曾酒共陪。幸有雅溪人罷釣，同庚同學復同來。族兄選鄉廣文，余同庠老友，自號雅溪釣叟，同逾七旬。壬午、壬子兩修，均同校譜。

壬子譜竣誌喜

吴光鴻

家乘原來史乘同，好憑筆削凛秋風。我慚駑鈍空隨驥，又逐流光一歲中。

近來著姓局翻新，骨肉參差等越秦。怎似延陵綿舊澤，依然六族一家春。

壬子譜竣誌喜

吴　忠

煌煌家乘肇商周，六合宗盟歷五修。義例森嚴誰可法？古來班馬史才優。

乾坤光復羽書驚，風(兩)〔雨〕無邊筆欲停。終是吾家三讓後，一團和氣藹門庭。

壬子譜竣誌喜

吴龍駒

三讓家風肇自周，延陵譜牒焕新猷。本源歷溯元明後，民國開基第一修。

闢蘇譜式競宗歐，六族編成紀一周。筆削端資諸老宿，森嚴義例法春秋。

壬子譜竣誌喜

吴錫光

巴山湘水兩分支，道遠年湮久隔離。最喜譜編今合訂，依然聚族又於斯。恩溪龍盤巴陵一支，下鄉湘陰邵家段一支，已分修數世，令復來合。

世風終莫辨沉浮，我輩關心半白頭。此後卅年重纂輯，問誰秉筆似春秋？

巡陵九老同游道巖詩有記

蓋聞齒序潞公，洛邑紀耆英之會；詩吟白傅，香山傳九老之圖。自來勝境名山，類動騷人雅興；矧屬洞天福地，早留羽容仙踪。我邑道巖，葆真觀象，探太極之圖，名列道書之册。在昔許吴試劍，石潭驚起潛龍；繼自葛艾煉丹，雲路雙飛仙鶴。所以元初九老，壇席迭主魯吴；清季十朋，簪笏復聯鍾李。莫不名題巖壁，詩勒貞珉。共成曠世大觀，同作千秋佳話。兹值滿清遜位，民國改元，正山靈招隱之時，實吾輩逃名之候。余等來從譜局，聚一姓之高年，緒纂延陵，續九老之勝會。爰記其名，曰吴錫鉞廣文、吴丁燮茂才、吴光鴻廣文、吴寶忠司馬、吴之先茂才、吴健翮茂才、吴忠廣文、吴會英貳尹、吴龍駒廣文。年或七十，或六十餘，命曰延陵九老，同游道巖。時有同事吴鎮基少尹、吴錫光廣文、吴燦璠茂才，雖未及年，亦願與會，誠盛事也。因各題詩於石，以爲記。

吴錫鉞

逸韻遥傳九老吟，名山佳勝樂重尋。巖穿一洞通前後，嶂疊三峰無古今。嵐影倒杯凝酒色，松風入座朗琴音。攀蘿躡磴人齊健，譜訂同游愜素心。

混沌初開古洞天，累朝詩句滿巖鐫。從無帝國更民國，漫説前賢勝後賢。葛艾丹成爐已冷，魯吴風渺會重聯。此行莫問秦和漢，嘯傲煙霞即散仙。

一朝鼎革兩經秋，罷釣歸來百感休。萬斛珠璣塵土棄，半生心血浪花浮。宋儒理學成千古，墨子宗風播九州。世界自新人自老，洞天福地好遨游。

何須世運歎升沉，洞口桃花鎖自深。道悟靈巖今古夢，圖參太極地天心。五洲志士争馳騄，一姓騷人此嘯吟。爲問石潭龍在否，幾時雲雨起爲霖？

吴丁燮

勝地重經憶故吾，懸巖峭壁認模糊。年來訪舊星難聚，譜訂同心德未孤。笑我看山忘歲月，輸人浪跡徧江湖。相期道悟三峰外，古洞先探太極圖。

稀齡老眼局看奇，萬里江河一日移。無限心懷增我感，不平山勢問誰知？孔門守舊株猶待，民國更新黨更歧。勝蹟摩挲追好會，題名漫笑豹留皮。

吴寶忠

贛水歸來已一年，桑閑同訪道巖仙。名山到處留鴻爪，故里從兹息鶴肩。勝紀洞天尋廿五，倦游容路返三千。明秋此會重攜手，我願提壺早着鞭。

共和改紀譜初修，一姓耆英此唱酬。新政未諳嗟老大，名山無恙任遨游。香爐峰上窮仙蹟，席帽巖巔豁遠眸。東岱南衡如在望，好扶鳩杖樂歸修。

吴光鴻

我登泰岱渡重洋，歸自榆關又幾霜。今日道巖尋勝蹟，去年民國促戎裝。慰懷譜牒編纔定，放眼滄桑感正長。一姓耆英聯世外，好陪杖履醉飛觴。

廊廟江湖兩聽之，桃源雞犬樂相隨。渾圇太極圖如我，修煉仙人姓是誰？欲喚老龍詢往事，且尋舊石證前期。漫誇文字三都重，新學而今歧更歧。

吴之先

靈巖金石炳千秋，幾輩耆英紀勝游。會續後賢多唱和，名題前哲溯風流。洞中歲月忘秦漢，海外波濤静美歐。九老此來聯一姓，逸民佳話繼成周。

桑田變易世風殊，理學誰知有宋儒？萬劫餘灰存古蹟，一朝新政改分區。香山勝會今猶昔，泮水遺黎老更迂。我步後塵成小隱，石龍終不到江湖。

吴健翮

名山兩度憶前游，會繼耆英樂唱酬。多少詩詞增感慨，往來世界任沉浮。龍潭變幻風雲渺，鶴舍荒蕪今古憂。葛艾仙成丹井在，幾人憑弔溯千秋。

遺黎身世際滄桑，麟鳳傷窮道改常。自愧一生多落拓，敢云三代擅文章？香山白傅圖前繪，瀔水吴訢會再觴。亘古英雄巖壑老，優游杖履共枌鄉。

吴 忠

我來南嶽三百里，走向雲山大麓巔。光緒丙子，由衡州至嶽麓。一卷文章成廢業，科舉廢，遂歸田。卅年譜牒訂新編。桃源未覩熙朝政，蓮社重聯故國賢。今日扶筇同訪古，滿腔熱血灑桑田。

時局紛更已兩秋，老龍終困石潭游。觀内有龍潭。丹忱敢曝遺黎腹，白髮翻留道士頭。宋學恍遭秦火劫，學新，中無言性理者。杞人無補孔門憂。年年讌會尋前約，世外嬉娱樂未休。

吴會英

元初宋末盛遺賢，民國基開後勝前。百度維新車易轍，萬邦同歷矢更弦。青雲有路非吾志，白雪齊賡愧少年。勝會祇今尋九老，名山結伴即神仙。

纔向潮州避鱷魚，故鄉福地樂樵漁。三千里外今歸隱，四十年前此讀書。丹竈已飛仙鶴去，石潭猶認老龍居。七星井尚峰巔潤，我欲巢雲作寄廬。

吴龍駒

八十歸田白髮親，耆英會約記前因。先君致仕後，與余鳳笙太守、方劍冶、方椿仔廣文原育九老之約。爲尋九老成先志，勉附諸公步後塵。宦海風波今異昔，名山壇席舊更新。三峰嶂列青雲外，何事桃源去問津。

春風兩度坐青氈，丁酉前後，攝新田晃州學篆。歸卧煙霞别有天。地近龍潭甘屈伏，家鄰鶯谷早喬遷。甲午，由土龍趙居遷湖田樹山塝。逢時不講朱程學，避世應懷葛艾仙。我欲丹崖續爐火，健行卻病好延年。抱病經年，强與同游。

吴鎮基

廿年鞅掌敢言勞，時代遷移世可逃。薄俸不貪彭澤米，狂瀾好避浙江濤。洞天勝蹟追前哲，綺里高蹤感我曹。欲步後塵隨九老，漫將歸思譜風騷。

虚度韶光五十秋，敢仍宦海任沉浮。懶隨舊令諳新政，願效同人紀勝游。丹井七星清世味，青峰三嶂豁吟眸。錢塘江上風潮險，争似斯巖樂唱酬。

吴錫光

麓山歸隱幾經秋，半畝園蔬半釣鉤。萬卷書難維世變，卅年心苦付波流。仙家福慧輸人占，海外風潮爲國憂。借問會中諸老宿，丹巖許我後來不？初游，獨予未往。

耆英又换一班新，我愧緣慳步後塵。世局孰醒長夜夢，名山虚負半生春。巖蒼壁峭宜今古，鶴老龍眠任屈伸。來歲九仙同與會，鬚眉添個少年人。座中惟余年少有鬚。

吴燦璠

欲窮佳境陟山巔，覽古尋幽慕昔賢。到此道書探廿五，渾忘世界换三千。煙迷洞口疑無路，月照崖中别有天。九老留題碑碣在，苔痕封處跡依然。

皎皎寒泉映玉壺，老龍潭外認元都。勅書尚有崇寧詔，妙義高談太極圖。細雨千年磨劍石，斜煙一縷入丹爐。我來紅葉蕭疏候，遠照餘霞萬里鋪。

題鳳尾蕉註：宅東蕉爲吾高祖手植，歷二百年如故。

吴裔雲

亭亭鸘翅畫堂東，不易僑賓易主翁。多少居停成異物，鬱蒼猶是舊家風。

葉舒葉謝不凋身，簾外蕭蕭夜雨頻。爲問百年無限意，一生曾見幾詩人。

岳陽樓遠眺

吴裔雲

洞庭如許闊，萬象闢清幽。霽色明遥岱，湖光貯滿樓。疏風散仙笛，柔櫓下輕舟。倦翮縱横去，纖鱗上下浮。水天渾一色，雲物共千秋。隔岸驅黄犢，長楊繫紫騮。静觀還自得，野趣更誰儔？俯仰今猶昔，煙波起暮愁。

梅花吟

吴裔雲

玉作骨，冰作肌，一生不受造化小兒欺。秋殺候，冬寒時，草盡摇落，物皆傷悲。獨欣欣生意，向冰天雪地，挺然撑持。嗟人生柔媚與世轉移，争見此孤山處士，不肯首低眉。

牡丹吟

吴裔雲

稱國色，號花王，蘧然頓覺南柯夢一場。冬吟白，秋飲黄，寒酸鬥雪，清澹傲霜。獨孱孱艷骨，對東風西雨，泣斷肝腸。嗟人生氣節歷久彌光，休羡他眼前富貴，忽零落飄颺。

吴生行贈吴伯衡美不負死友也

劉人熙

潘生陋巷士，洋溢字濟川。弱冠齒膠庠，美秀而文焉。新政罷科舉，將以實業傳。甄拔送梧州，蠶桑事精研。長洲開講席，教習集羣賢。王芝祥，時任桂平梧道。高嘯桐，時任梧州知府。創厥基，多士慶嬋嫣。炎州蠶六熟，練習慎起眠，學理闡西陵，染織工且妍。黽勉六寒暑，畢業回桂垣。是時張伯純，犂牧實粵邊。官荒一億畝，集貲百萬緡。約生作導師，貴縣借一廛。同事得舊友，風雨喜牀聯。平江吴伯衡，肄業實比肩。伯衡爲表德，異姓昆弟然，道長悲運促，潘生遽棄捐。醫藥苦無靈，淚下如奔泉。屬纊目不瞑，邱首正淮川。伯衡吞聲諾，殯殮禮無愆。告哀求士友，旅櫬返霜天。鵂鶹咒弱鬼，幾沉陽朔船。篙師呼將伯，奪之饞淵蛟。泝灘浮清湘，歸骨瘞新阡。今之江忠烈，古之范仲宣。丈夫貴意氣，至誠金石穿。生不負死友，寸心慊幽潛。我作吴生行，登之太史篇。

吴宜盛先生百歲歌

張嘉瑞

在昔湖南湯老人，壽高一百四十春。米肉絹帛歲存問，適逢天子又南巡。當朝聖主駕親幸，恩賜非常詔侍臣。御書金字大如斗，健筆縱横龍蛇走。壽考維祺自古稀，皇帝不名稱曰叟。借問此後繼者誰？延陵苗裔有黄耇。黄耇今年九十九，加餐健步如少年。再閱寒暑即百歲，直從百歲壽彭籛。我爲先生試點籌，歲月猶餘七百秋。會當詳情牒大府，褒狀榮頒仗錫鳩。世間那有此難老，當是神仙陸地游。陸地神仙賢子孫，康强逢吉叶箕疇。嗟哉，近今多少名利客，富貴功名何煊赫！轉瞬消滅等浮雲，始嘆壽徵在大德。如此老翁福禄綿，高隱昌北卧林泉。世局滄桑都不管，黄沙青嶂樂無邊。願與洞天同把臂，唱酬詩酒了餘年。

賓月齋雅集五言排律

吴燦瑜

三徑濃清蔭，青青柳一灣。江聲寒草閣，山色静柴關。簾外鳥窺客，庭前花駐顔。清樽浮緑螘，素手放孤鵬。韻鬬尖又險，琴調音律閑。林泉容小隱，風雨念時艱。中澤鴻嗷苦，雄關豕突頑。蒼生霖雨望，望起謝東山。

詠史七絶

吴燦瑜

唐堯仁聖子朱嚚，虞舜猶生不肖均。逆廣淫昏兒反孝，遺傳天理兩無因。丹朱，商均，隋煬三子杲。

禮義治邦不可無，傾城豈必盡名姝。周亡齊敗皆因笑，褒姒蕭同美醜殊。周褒姒，齊蕭同叔子。

無瑕方可録人非，同惡相殘笑楚圍。倘戮慶封無一語，彼昏且自詡天威。楚虔。

西施入國便淫荒，三載庭呼恥竟忘。若使父仇終刻骨，越王懸膽亦徒嘗。夫差。

五十述懷

吴燦瑜

立名劬學寸心違，蒿目時艱賦式微。已過一萬八千日，詎知四十九年非。靈臺一點冰壺濯，陋室三楹玉樹圍。静研羲爻消歲月，放懷山水自忘機。

椿庭垂蔭澤流長，束髪傳經戒怠荒。千石輸公師范相，一心壽世比韓康。先君子以藥業起家，捐租千石於公賑。池塘草緑縈春夢，臺館芳殘學坐忘。室有萊妻勤旨蓄，百花生日共傾觴。

性愛梅花雪裏枝，生無媚骨不諧時。青衿逐隊韶光早，入泮年方十四。白社聯吟夜漏遲。江蘇虞社社員。秃管成叢箋退采，焦琴閟響鬢添絲。輯修家乘昭來許，典誥猶尋一字師。本届纂修家乘，與雁樵、吟湖稽古旁求，搜遺正誤。

萬事浮雲過太虚，借句。牙籤兩度惜焚如。藏書數千卷，一遭匪燹，一被寇焚，惜哉！無聞遑曰文憎命，貽則還宜子讀書。辟世隨緣參佛老，逃名直欲溷樵漁。假年學易思繩武，百歲光陰尚半餘。九世祖日輝公，壽百歲，入縣志。

來鳳吴毅諳同寓武昌以紅桂坡省墓圖詩卷見贈爲賦七古

吴燦瑜

吴家節母來自陳，性同薑桂比松筠。年纔廿八悲黄鵠，顛連撫孤六十春。不幸兒孫皆早喪，倍令慈衷增悽愴。候米充饑腸欲枯，懷刃罵賊聲何壯！爲有曾孫一脈存，他日幸能大吾門。艱辛倍嘗安若素，井臼親操曷足論。吴君毅諳年十五，英姿颯爽堪繩武。因恐獨學或荒嬉，遂令橐筆嘗攻苦。臨别殷勤淚欲傾，叮嚀三載速歸程。桂坡落葉傷心色，蕉溪流水斷腸聲。力學十年金百煉，歸覲慈顔不復見。墓門空有酒雞陳，松楸摩撫暉春戀。追念劬勞未敢忘，丹青吉壤壓詩囊。卧游故里情何限，展拜時申一瓣香。精誠一縷頻祈禱，天爵榮膺頒紫誥。夢中孺慕似當年，節孝如斯應食報。上國觀光幾度頻，果將拔萃貢成均。書生作宰官聲美，公餘時憶白髪親。我與毅諳未謀面，誼重同宗贈詩卷。披讀聲疑入五都，永言孝思尤堪羡。我從去年僑武昌，猶幸雙親健在堂。戎馬關山何日靖，故鄉祖壠缺椒漿。展君詩圖心景仰，鏗鏘尤令塵襟爽。自笑東施輒效颦，雕蟲難比洪鐘響。

弔湘陰譚烈女

吴燦瑜

天地正氣鍾巾幗，品如珪璋心鐵石。譚氏有女名菊英，紅顔薄命全完璧。烈女生長自名家，青春廿二擅才華。巧習女紅猶餘事，詩文秀逸字簪花。惜哉未得匹吉士，誤字鄉曲之儇子。艷羡富實負初盟，忍作退婚書一紙。從來烈女不二夫，古訓昭垂足楷模。如此狂且信非偶，污泥幸未溷明珠。雖是琵琶羞别抱，青鐙繡佛可終老。高堂白髪有雙親，不嫁貞軀猶能保。孰知芳心痛莫論，緘詩赴水叩天閽。琳瑯尚作長虹氣，簫管應迎夜月魂。屈子諫君忠心苦，曹娥尋父孝烈伍。貞魂從此有千秋，誰實無良爲怨府。我謂浪子固薄情，强委禽者尤應懲。爾亦有女爲人婦，人爲禍首爾寧平？讀《斷腸辭》烈女臨難時所作。含宫徵，奇行堪入班姑史。吁嗟乎！濁世狂瀾有如此，濁世狂瀾有如此！

甲戌九月十五夕望祀南嶽黄帝巖

吴燦瑜

霜菊雁連天，雲階拜洞仙。芳醪松子落，涼露草頭圓。香篆隨風裊，星光漏竹妍。丹崖翹首望，秋月倍澄鮮。

丙子人日登祝融峰賞雪

吴燦瑜

走馬上層峣，風和雪半消。天籠花萬樹，峰鎖練千條。鳥篆疑銀瀉，龍鱗類白描。潘公空歎賞，無句入詩瓢。清潘耒登此賞雪，歎爲奇景，無詩紀勝。

中秋偕友登黄帝崖賞月

吴燦瑜

羣峰環拱望仙臺，結伴登臨亦快哉！風月無邊盈一匊，嶽雲有幸爲重開。擘窠尚紀宣和蹟，宋徽宗書“壽嶽”二字，勒石徑五尺，餘蹟尚在。畫野曾傳少典來。黄帝爲少典氏之子，相傳駐此臺野。午夜涼生香惹袂，山靈招我且徘徊。

次日偕内子游山歷磨鏡臺藏經殿諸勝

吴燦瑜

層巒聳峭白雲深，曳杖同將勝蹟尋。磨鏡臺高丹鳳立，臺前有唐僧懷讓輪塔，地名“丹鳳啣書”。藏經殿古暮蟬吟。殿址爲前朝古刹，老樹參天。五流環繞雙虹險，試心石下視五流，雙徑凌空。萬木蕭森一徑陰。探景龍池歸已晚，山妻兩袖桂香侵。

題南畝饁耕

吴毓湘

詠事描農作，春來樂更融。加餐齊席地，把酒喜臨風。筐筥安排早，虀鹽檢點同。杯羹分隴畔，簞食飽籬東。乞莫來公子，仇猶話餉童。關心防莩餓，拭目祝綏豐。黍肉誰多餽，倉箱一樣充。最憐田婦孺，相約日怱怱。

嚴子陵釣臺懷古

吴毓湘

功名不欲顯雲臺，何事玄纁物色來。徒動客星驚太史，詎甘諫議備鹽梅。富春蓑笠如山斗，東漢興衰視草萊。萬乘可師非可屈，獨留芳躅長莓苔。

前題疊原韻

吴毓湘

九鼎終輪此一臺，安車枉向富春來。賢如文叔方知友，識似先生始見才。野有逸民王室重,士隳天爵故人猜。二千年後思東漢,衹剩漁磯傲劫灰。

作客黔陽唐王昌齡貶龍標尉,即其地。王建芙蓉樓於城北,政暇賦詩,又將“一片冰心在玉壺”句篆成一大壺字,刻石碑上,後人覆以亭,至今存。

吴毓湘

龍標一尉戍黔陽,唐代詩人艷説王。暇政樓空傷往事,冰心石刻傲殘霜。柳州遠謫文名重,工部南遷岳色光。身入巖疆吟興倍,五溪風月任徜徉。

乙亥洪江紀游洪江在會同縣,爲湘西大商部,即五溪蠻地,位老鴉山麓市濱雄溪。

吴毓湘

湘西遠度萬山中,觸盡蠻煙路始通。九折飽經春暮雨,三生幸遇故人風。仰觀鴉麓形何壯,下視雄溪畫未工。山水自奇人自賞,亂離飄泊古今同。

洪江紀游之二并上章,均和胡恕涵原韻。

吴毓湘

身似浮鷗況異鄉,怕從佳節引壺觴。窮年挾策家無定,亂世生民德更涼。書劍飄零猶癖畫,箕裘尚在豈終狂。揮戈艷説荒唐事,餘勇還思賈魯陽。

平江縣長朱興曙調省作此送之

吴毓湘

門森棨戟畫屏開,儒將新平劇寇回。湘水不波衡岳静,感恩人似上春臺。
攀轅黔首失元戎,誤小功多議不同。身是金剛心是佛,殺人仍在至仁中。
亂山狐兔走披猖,賴有神弓射窟藏。野火蔓延焚玉石,故鄉回首斷人腸。
大衆追隨脱虎口,至今心悸在巖疆。去思碑刻齊天岳,報答何須爇瓣香。

民國辛酉同金峙生觀察赴施南清鄉散賑旋攝建始縣篆感賦四律

吴振鵬

夜郎古國三千里,攬轡來游二月天。滿地萑苻驚旅夢,萬山煙雨靖塵緣。鶯花委地春如許,鴻爪留題興欲仙。問月臺邊懷勝蹟,一樽遥對李青蓮。

乾坤莽莽行無定,鼙鼓聲聲戰未停。劫後英雄餘幾輩?天涯知己等晨星。血飛壁壘苔仍紫,夢逐東風草又青。馬上詩囊樽上酒,不堪風雨話荒城。

讀律讀書緣底事,自南自北苦奔馳。嗷鴻待哺憐民隱,羸馬長駈感路歧。壯志未酬鸚鵡賦,屈身無補鳳凰饑。早知不學能經世,悔治《春秋》久下帷。

峰巒層疊疑無路,城郭深沉别有天。論世已成蠻觸國,救災能散水衡錢。花飛江渚紅成錦,蘚上珠庭緑又鮮。赢得腰間秋水在,化龍何日費磨研。

重游赤壁

吴振鵬

蕭蕭木葉湧江波,斷岸危巖此再過。兩賦才名猶炳耀,三分霸業久銷磨。壁間舊跡留鴻爪,天子閒情寄釣蓑。前日洞簫聲未歇,聊斟清酒佐狂歌。

振衣又上白雲端,四顧蒼茫獨倚欄。烏鵲南飛猶繞樹,大江東去此迴瀾。清風入座添新爽,明月留人結古歡。卻笑髯蘇輸我輩,不因謫宦到齊安。

輪過山東晚眺

吴振鵬

黄海遥通鴨緑西,雄關十二認青齊。三山影逐長風遠,半島煙浮九點迷。終古石痕潮漲落,層巒罨畫樹高低。乾坤放眼真如粟,勺水拳峰袖欲攜。

過威海晚眺憑弔甲午海戰將士

吴振鵬

無端天險失雄關,銕艦檣聯玉筍班。近水樓臺垂倒影,夕陽金碧耀秋灣。鞭餘怪石争趨海,斗大孤城半枕山。君子六千猿鶴盡,令威一去幾時還?

榆關懷古

吴振鵬

巖嵲連山到海嵎,雄關左擁帝王都。當年將帥悲猿鶴,轉眴興衰孰雉盧。野戍無人空廢壘,長城有罅貫通衢。中原回首蕭條甚,落日寒雲憶霸圖。

過保定石家莊弔吴綬卿將軍

吴振鵬

吴任山西巡撫,辛亥反正之役,吴謀獨立,清廷遣人刺吴於石家莊車站。

大陸風雲蹴地翻,將軍壯志逼天閽。横刀夙具姜維膽,葬劍誰歸先軫元。奇氣久聞驚日月,精誠真可對羲軒。祇今斗室傷心處,燐火秋風碧血斑。

旅順感懷

吴振鵬

巍巍天險扼遼東，勝局仍歸百戰雄。蜃市乍驚人鬼半，鯨吞違問是非公。扶餘今識虬髯客，震旦誰爲龍準翁？大好河山還我否？百年歲月太匆匆。旅順租借日本，訂期九十九年。

彤霞山館即事

吴振鵬

湖海歸來認故居，置身猶自愛吾廬。林花着雨紅穿户，庭草無人緑映橱。正喜良朋來遺鯉，又聞好鳥勸提壺。祇慚生計輸良賈，敢學深藏待價沽。

闢得荒園爲種花，春來先到野人家。流鶯語妙雙柑聽，嫩柳陰濃半畝遮。香草舒青環几案，古藤牽緑上籬笆。長卿何物堪消渴，親試紅兒白乳茶。

題岳陽樓洞賓背劍圖

吴振鵬

涼風直送洞庭秋，攬勝雲程背劍游。鐵笛吹開天地竅，金波淘盡古今愁。偶離上界真人侶，笑被巴陵太守囚。底事神仙曾買藥，至今猶説岳陽樓。

玄武湖在金陵豐潤門外。民國十六年，國民政府成立，闢爲五洲公園。

吴振鵬

金湯艷説六朝時，前代垂基後代師。最喜新都初闢定，我來攜酒看園池。
荷花深處葉田田，活潑游魚任意穿。欲指昆明談劫運，蒼茫煙水碧連天。
公園新向後湖開，無數名花徧地栽。青紫紛紛香嫋嫋，似聞擣麝作飛灰。
卌里瀠洄擁五洲，小娃摇曳泛輕舟。采蓮歌罷漁歌起，一曲柔聲一洗愁。
人煙簇簇繞湖居，山色湘光翠入廬。水榭風亭環四面，十洲三島近何如？
紫金山擁碧千尋，倒影葱蘢透水潯。滿目風光無限好，斬新畫本萃園林。
滄桑閲盡幾經春，此日湖山洗滌新。十字河淤御溝廢，更誰問話到三神。
畫意詩情靡有那，閑來興寄水雲窩。刦灰莫證胡僧去，徙倚長亭一嘯歌。

感懷示友民國丙寅。

吴　昀

幕阜同游逾數載，羅江分袂又經旬。年華逝水真堪嘆，眼看春來又送春。
偶從沈約賦郊居，抽得閑身鶴不如。獨坐蓬窗無一事，笑扶花影護琴書。
暮雲春樹感離情，品擬芝蘭氣味清。事業前途應遠大，相期起舞聽雞鳴。

俄傳烽火連湘鄂,礮雨横飛汨水湄。韜略自深人自顯,英雄端有出羣時。

六十述懷

吴正方

轉眼韶華六十春,蹉跎自愧不如人。功名偃蹇文無價,骨肉分離命不辰。兩鬢蕭疏秋後柳,頻年栗碌劫餘身。於今回里編家乘,喜與親朋共解酲。

漫説身心没掛牽,追思往事任然然。人生聚散原由數,吾道隆污祇信天。菽水承歡忻母健,鹿車共挽賴妻賢。韜光悶世無何可,一日清閑便是仙。

時局張皇尚校經,晨昏静默禱空庭。百年荏苒虚身世,兩字平安慰性靈。詎敢稱觴徵壽己,愧無妙術拯伶丁。旁人不解希文志,惟譽蘭蓀續桂馨。

隱居求志本恒心,怎奈愁魔帶酒侵。白髪頓增遲暮感,素懷惟寄短長吟。風聲鶴唳驚殘夢,月落雲停感舊林。百歲尚餘年四十,暫將過去報知音。

(吴振鵬纂修《[湖南平江]吴氏大同族譜》 民國三十年延陵堂木活字本)

五十生辰旅館述懷八首

吴有邦

五十無聞愧此身,那知由命不由人。未能一遂生平願,常使英雄氣莫伸。
百歲如流已半過,追思往事淚滂沱。男兒總有沖霄志,生不逢辰可奈何!
服政無由最可傷,奔馳赢得鬢如霜。而今落魄邯鄲道,空作繁華夢一場。
光陰彈指若浮漚,一事無成已白頭。自恨才微多困厄,滿腔熱血付東流。
清和佳節是生辰,夜坐無聊把酒卮。自飲自斟還自醉,炎涼况味自家知。
獨對銀燈恨轉生,惱人心緒夢難成。枕邊淚和窗前雨,一様含愁滴到明。
滿腹牢騷訴阿誰,對人强笑背人悲。生兒不若還生女,蕩子飄蓬淚暗垂。
卅年如夢客他鄉,底事含毫欲斷腸。兩袖清風仍故我,爲誰辛苦爲誰忙。

重建季子祠有序

吴 涣

庚申兵燹,祠宇盡燬。克復後,林、金兩邑尊倡議重建。蒙大憲捐廉,邑紳及後裔亦解囊相助,集資興工,差得告成。祠旁植梅花數十株,以擬其高潔之操。後侍郎彭撫憲吴軍門吴又各捐銀生息,并撥田以爲祭祠香火之費。嗣是祀典聿昭,游觀者蓋如雲之盛焉。爲作長歌以紀其事。

讓國退耕紀名賢,節兼達守憶當年。祠建有宋盛明季,至德第三額高懸。穹碑十字推聖筆,風雷保護斷復連。逮至我朝重題贈,謝恩樓建金石鐫。忽驚赭寇肆跋扈,丹青頃刻變雲煙。繡闥雕甍堆瓦礫,苔侵蘚蝕孰周旋。幸有卓哉賢令尹,稽首瞻拜荒階前。高風碩學素欽仰,南邦文教實開先。何可一任埋幽草,瓣香願奉意拳拳。爰向上游陳簡牘,捐金建復各欣然。搢紳先生分鶴俸，華胄士庶相蟬聯。集腋鳩工興土木，是斷是遷方斲虔。竹苞松茂稱鞏固，黝堊丹雘相新鮮。更有翼亭供小憩，松風桂月左右偏。幸得落成欣瞻眺，氣象豁達開萬千。北瞰大江噴雪練，南俯秦嶺插雲巔。繞墓更樹梅百本，清超拔俗姑射仙。韻勝骨高孰可媲，賢者庶幾相比肩。不知花猶有時謝，賢歷百世節彌堅。名公巨卿深仰止，百年爲續香火緣。丹楹聯句懸歷歷，字跡古勁八分全。薄田數頃菴廟撥，朱提三百子母權。什一取息崇祀典，衣冠蹌濟薦豆籩。四方觀者蓋如堵，車聲轔轔接雲軿。

六十述懷四律

吴鳳苞

荏苒光陰六十年，未酬壯志已華顛。棘闈屢黜劉蕡策，蓬巷終懸士雅鞭。早歲幸承宗祖澤，註一。今生不賺子孫錢。註二。縹緗幾篋親標識，詒翼聊當負郭田。註三。

註一：先君承先業，頗稱中貲，好行其德，不自惜財，漸至空匱。

註二：先君操鄉政二十年，直道待人，不貪非分。

註三：家藏四書五經，先君均用紅緑色分别圈點，眉目筋節，一覽了然。自云，當年圈點此書，至於腰疼臂折，不肯釋手。

衣食驅人走四方，註一。尼山轍跡認周行。明簪有慶占由豫，註二。童子何妨見互鄉。註三。江樹千重親舍遠，齊金百鎰筆花香。註四。耘人舍己心滋戚，報道庭前丹桂芳。註五。

註一：武進沈某宦山左，延先君爲西席。

註二：曹君遠模與先君同學。君游宦山左，正交卸新城縣篆進省，他鄉故知，時相過從，備極親厚。

註三：館東某不理衆口，先君以主非其人，深爲抱憾，特以内東頗明理，孺子亦尚可教，姑留之。

註四：先君在館，借考濼源書院，月課試，輒前列。巡撫張勤果公加課，花紅尤厚，統計期年所得膏獎，不下百金。

註五：不孝應縣試，蒙孫邑尊取列第九，而院試未獲售。先君恐不孝因家累荒功課，年杪辭館歸，親理家政，嚴行督課。嗚呼！不孝之得效用於政學兩途，因應不匱者，皆先君愛而能勞之效果也。

更著班衣學老萊，潯陽書幣漫相催。註一。匡廬真面躬親睹，註二。桃李濃陰手自栽。註三。似水年華傷白傅，擁氊風味指青梅。不求利達從吾好，兩袖清風歸去來。

註一：先君回籍經年，復應九江道署許君焕曾之聘。

註二：先君常謂官場總是公正人，吾所見適得其反，詩有含蓄。

註三：江西贛州太守許丹丞君，暨其弟柱丞，均係先君受業門生。

賢明令尹比陳蕃，下榻留徐異數尊。詎有微勞裨善政，了無私謁到公門。註一。天懷淡定貧而樂，註二。夜氣幾希操則存。註三。愛日舒長腰脚健，註四。向平願畢復寧論。

註一：劉邑尊謙山夫子到任之明年，不孝應縣試，蒙取列第二。入泮後，先君帶同晉謁劉公。一見先君如舊相識，談次大悦。他日，邀請入署，下榻相留，縱談竟夕，稱爲學道君子。其平日評先君試卷，曰："自是君身有仙骨，世人那得知其故"，又曰"此豈食人間煙火者！"蓋相契久矣。嗣後凡西十鄉有要政，必諮先君而行。人皆以爲榮。先君處之坦然。鄉人有請託悉卻之。

註二：先君晚號樂天，其應事接物大都仁愛之心勝而自甘受虧。嘗訓不孝等曰："喫别人的虧總是有數，卻不要喫自己的虧。"

註三：先君無親兄弟，視房族如一家，維持調護，不遺餘力。嘗曰："房雖有遠近之分，然我祖視之則皆孫也。昔范文正置義田以贍宗族，在寒儒固論不到此，然宗族不可不顧，良心不可不存。"

註四：先大母年登大耋，舉動不能舒暢。先君侍寢，晝夜爲之撫摩，衣不解帶者經年。時先君年逾花甲，常以得及事親爲樂，不辭勞瘁也。

總註　先君著有《碧梧軒稿》及《山左隨筆》各一册，未及付梓。近年屢遭兵亂，遺稿散失，不無缺憾。憶光緒丁未，不孝由浙江歸省,先君出詩相示。不孝沈思良久曰:"首律第六句'用'字擬易'賺'字,意思似較顯露。"先君微笑曰:"可。"遂易之。本届續修宗譜,特爲檢出付刊。不孝之霖謹註。

勵族行

吴鳳苞

行雲無停軌,流水去不回。人生數十載,日月遞相催。夜眠佔七尺,焉用廣樓臺。晝食飽三餐,奚藉金纍纍。堂前紫荆樹,祖考親栽培。房族同一氣,披牒見根荄。榮枯互倚伏,物理巧安排。寒林一株秀,庇衆禦其災。何心獨醉飽,才也養不才。雍和比以安,厲吠禦外來。大上有謨訓,濟困兼扶危。胞與聖賢量,異類蒙矜哀。況乃同根生,心忍著寒灰。吁嗟乎!范氏義田贍宗族,兒孫食報挺翹材。張公九世陳十八,同居合爨不私財。篤生賢哲補不足,有餘於己胡爲哉!君不見韋家有子教一經,靈椿株老丹桂開。

甲辰歲重游杭州西湖

吴鳳苞

廿年别夢繞西湖,此日重游興不孤。鹾署停驂呼鯉對,吴山立馬覽雄都。曾祠林墓新詩本,三竺六橋舊畫圖。二我傳神西法妙,一輪皓月映冰壺。

譜成誌感

吴　鍾

我族草譜,自咸豐年間仲明公偕芝田公二人精心細校,廣采博搜。鍾亦周旋其間。稿凡三易而畢,乃事裝訂成帙,擬付剞劂,艱於費而不果。庚申之變,髮逆東下,散佚殆盡。克復後,幸獲全稿。前於光緒九年倡議重修,剔蠹簡之餘,檢蟫編之跡,因流溯源,補遺訂誤,閱數寒暑,而稿甫成。兹幸今春付刊,獲蕆厥事。余以老病纏身,不克親臨讐校,齎恨終身矣。因作七律一首以誌感喟,藉作編譜之字號云。

十年辛苦煉名都,劫换紅羊隻字無。試向秦灰搜片玉,幸從孔壁得明珠。功同填海何言瘁,志等移山任笑愚。自恨殘齡心力散,未能詳較手編摹。

譜事感懷

吴之瀛

卅年立志未名揚,半讀詩書半似商。愧我無才留亥豕,任他有字誤辛羊。蠅頭同覓甘居後,雀角相爭事孔長。人世是非心澹泊,潔身重返下帷堂。

書己巳續修宗譜後

吴之霖

攬予己巳墜小刦,輪甲巡回紀六一。滄海桑田眼見來,蒼黄反覆何須說。家藏舊譜四十年，三届捐丁議續輯。或應恪守舊宗規，或應迎合新道德。或主獨裁一事權，或主公開廣衆益。此是開宗第一章，大綱卓卓誰解決。陰血周作脈僨張，岱宗竪石憶秦皇。倒行逆施意何作，把持公賬稱豪强。咄嗟我祖曾讓國，忍覩骨肉或參商。仁義行師不侵楚，讓國成名謂子常。宗譜續修緣底事，胡乃數典祖可忘？耕延老農性迂闊，讓王祠畔拙鳩藏。蚓吟蟬噪學弄舌，謹與潛德闡幽光。從事獨賢有希老，招予子姪參翱翔。風雨隆冬虚兩壁，三更呵凍煉星霜。龍窠九子各異性，甘苦何嘗一例嘗。欲善人誰不如我，無才僥倖老江郎。彭澤官米差足飽，舌耕有獲飯也香。君不見釋迦七三離五濁，孔聖七二歸帝闕。天厚庸材假以年，蒲柳何堪擬松柏。百年定論期蓋棺，舜蹠孳孳一邱貉。蒼狗白雲變靡常，何必勞心苦相逐。

（吴希敬等纂修《[江蘇江陰]延陵夏浦吴氏宗譜》 民國十八年觀止堂木活字本）

譜　説

吴　匯

事有恪恭祇肅，上以篤尊親，下以聯愛敬者，惟修譜。有矜門第，炫家聲，卒乃南北轍轅，方圓枘鑿者，亦惟修譜。

江陰故季子，邑吴氏皆其後人。顧季子以上，著於經，詳於史，釐然已。季子以下，事實悉憑乎宗譜，而各支之譜多不可盡憑。吾宗自季子以來，閱周迄宋，至茂深公始居后底涇，傳世二十。有明間，譜牒代修，支派井井不紊也。厥後，條衍益蕃，多有未經纂輯者。乾隆庚申，族叔夢李、族弟樞、長兄淵各遵祖父遺命，遍告族人，建局限程，謀集乃事。維時夢李、淵、樞總其成，諸叔昆季暨侄等各肩其任。採輯校謄，罔間宵旦，閲春徂暑，聿底乃功。顧以舊譜世系祇列季子以下六十三世，而世表直以茂深公爲始祖，其間異同離合未著明文，恐無以昭示來許。乃俾匯廣集各支宗譜，反覆校勘，沿其源委，判以派流；間值齟齬，徵以平時敎習所獲者，爲辨説若干條，贅列簡右，以備發凡。夫聽遠者不聞其歕，望遠者不察其形。立乎定哀，以指隱桓。二百年間，國有典，典有官，猶以傳聞爲憾。矧修譜者閲數人手，敘千百年事，其爲異同離合，豈待問哉！惟共期不昧其心，不欺其祖，不誤其後人，斯可耳。昔胡文定公謂聖人闕文，有斷以大義削之而非闕者；有本據舊史因之而不能益者；又有先儒傳授承誤而不敢增者。闕疑而慎言其餘則可，倘必曲爲之説，則鑿矣！又謂夏五闕疑，疑而益見聖人之慎。世有以私意改古書者，盍視此爲鑒。讀此二條，可以白前人述譜謹慎之心，可以悉各支序譜異同之故，并可以定後人修譜畫一之程矣。

萬物本乎天，人本乎祖。故始祖之祭以冬至，重本始也。各支之譜有以始遷爲祖，但侈陳其崛起家聲。而於季子以來，世德世勳，乃竟視爲唾餘而不可復食者。雖其科第騰輝，絲綸濟美，誠不藉先代以爲榮。但數典者不忘其祖，數家聲者顧乃徒矜新貴乎？依舊譜世系，序列季子以來累世勳德，非以遥遥華胄，博一笑於茂先也。過河洛者思禹功，登首陽者懷孤竹，況以子孫而踐其茅土者乎？《詩》曰："無念爾祖，聿修厥德。"《春秋傳》曰："葛藟猶〔能〕庇其本根。"季子不欲有吴國，而子孫不得不以吴爲姓，念祖德，庇根本也。後人體此可不勗與！

按公子之後氏皇父，字季子，不欲有其國，而子孫不得不姓吴。雖以延陵後而祖太伯，非祖有國之君者比也。雖更有直溯后稷者，亦非以有周受命之祖爲祖也。何則？春秋之義爲有國者，慮其僭也。今日之姓，數典不忘水源木本之意也。惟別子爲祖，繼別爲宗。依舊譜世表，以季子爲始祖，以宋茂深公爲分支之祖。别尊親，權等殺，於禮無不合也。

有父子然後有昭穆，有昭穆然後有世次。世次淆則昭穆變。多一代，則父子爲祖孫；少一代，則高曾爲祖禰。可不慎與！各支之譜有以始遷爲祖者，既謂以前譜系無存，或云幾世後闕幾世矣，乃又各謂其祖爲季子幾十幾世孫。夫既曰"有闕"，何知世數？既有世數，何謂無存？吾不知其所謂世者，父子相繼之謂乎？抑統計其時，約以三十年除之而得其數乎？我茂深公與季子六十三世孫思賢時會相際，將及二三百年。及考嘉靖辛丑，義烏族良猷持譜謁墓，大集羣宗，其中六十五世有永齡、永祚，六十七世有鐸與石。而石中紹興二十一年趙逵榜進士，爲紹興知録，乃吾宗分支之祖。因依義烏譜所載，於六十三世後增系七世，而以茂深公世系另起，非謂絶續之，原已悉於此。但使後人體此其難其慎之心，庶可告無罪於九京耳。

古者有經無傳，至左丘、公、穀始著傳例。所謂先經起義，後經終事者也。漢史遷、班、范等乃作列傳，紀古人行事本末，以備國史。季子事實，三傳載之詳矣。而一譜乃有以季子本傳署曰"東里子産"撰者。夫季子讓國名賢，子産博物君子，又生平有縞紵歡，作傳宜已。獨怪所載死後事特詳。按《左傳》，子産之卒在魯昭公二十年。至哀公十年，經書"吴救陳"，而《左傳》以爲"延州來季子"。此時已隔三十八年矣。子産雖賢能前知三十八年以後事，而預爲作傳乎？附識於此，以辨無稽。

古者諸侯之女以父氏爲字，魯姬、齊姜、秦嬴、宋子、杞姒、楚芊，經傳載之詳矣。嬀姓之女其嫁於列國者，曰戴嬀、厲嬀、息嬀，未有以姜代之者。而諸譜載季子娶陳邑姜，豈有嬀之後將育於姜，兆甫見於卜蓍，事乃徵於稱謂乎？乃敬仲之子孫，則又或以田爲氏矣。必有舛譌，姑爲删正。

古者因生以爲姓，因事以命名。僑如之生以長狄，故未聞叔孫之子皆以如爲例也。成師與仇之名皆以戰故，未聞曲沃之子孫皆從成字以命名，或從仇字而肖其半體也。故壽夢之子，長曰"諸樊"，亦曰"謁"，次曰"餘祭"，曰"夷昧"，季乃曰"札"，無義例也。舊譜載季子子曰"徵生"，曰"重道"。重道即葬嬴博間者，無子。而一譜以爲季子子曰"僑"，曰"代"。僑乃道葬者。僑生亢，代生先，夫僑、代字體皆類僚亢，先又與光類。僚與光皆季子侄也。子名以一侄爲例，孫名又另與一侄同行，此何説乎？又一譜謂，季子有子四：曰僑、代、侯、任。有孫九：僑生得夫況、夫潔、夫浄；代生者夫隆、夫盛；侯生者夫巨、夫大；任生者夫忙、夫恒。按吴有夫差，又有夫概，何妨更有夫況等九人。但春秋列國公子與吴前世俱未有編字定名之例，今何以忽有此例。吴既有此例，則黄池之會有王孫雄，於越入吴時有太子友、王子地、王孫彌庸等又何以稱也。凡此命名，方諸兒戲，悉與删除。

古者男女以正，婚姻以時，故媵女者必同時。而魯莊遲娶齊女，待年，俱爲失禮。一譜謂季子長子徵生娶齊桓公女，而一譜又謂季子長子僑娶春申君女。按經書，小白卒在魯僖公十有七年，而季子來聘乃在襄公二十九年，相距者九十九年。桓公即多内寵，其如夫人者斷無孕百年而生女，及其女百年而後嫁之理。若黄歇之相楚在昭烈元年，當周赧王五十三年，則去季子歷聘之年當周景王二年已越二百八十三年矣。春申君即善謀，能以其子寄李園妹腹，昌楚王嗣，豈能以其女先二百餘年而預爲鄰國公子媳耶？此等不經之説，已經删革，不必更論。但恐後人無識，或見他譜未除，反疑前人之略，附記於此，以杜後誤。

古者諸侯之卿大夫，命於天子。春秋時，列卿擅國，世其子孫，置卿命將事皆不由君命。至戰國縱横之士，始有立談而取卿相者。一譜謂，季子之孫啟蕃好勇，魯定公悦之，舉以爲相。夫魯自四分公室後，民不屬公。公臣且不具三耦，況定公爲季氏所立，其勢尤若贅疣，何得擅用鄰國公孫以賈速禍？且曹會以子臧之後去國出奔，猶以蟾帷待放見貴於春秋。而啟蕃乃徒以好勇著稱，與人家國，其何以爲讓國高賢後乎？此等事無大背，説似無稽，亦并删正。

人不知祖則愚；不知而務爲子虛以塞聽聞則妄；若更攀附前古以來名賢勳貴，借其茅土河山以示華壯，使吾先世舍嫡嗣而更置一嗣，中世棄本祖而更奉一祖，其罪更當何如？番君芮封長沙王，傳國五世，以無嗣絶。便侯淺以長沙次子，無功而侯亦傳五世。至於千秋以酎金國除。遷固所紀詳矣。千秋有子曰衍陵，載在世系。而一譜有以衍陵爲長沙長子臣後著之子，且曰襲長沙王爵者。夫漢興，非同姓而王者八人，皆不數傳而滅。長沙王無罪，故得傳五世，孝景元年以無嗣而絶。次年已更置國，立帝子發矣。衍陵素無汗馬功，又非椒房戚，其父以酎金除國，其子且不得襲便侯，何得遠襲王爵。照舊譜改正爲千秋子，更誌其謞，以絶後誤。

舊譜記季子長子徵生傳九世至芮，芮傳十世至漢，漢傳二十七世至佐與兢。而一譜乃謂季子第四子任之子夫恒始以國爲姓，傳十六世至漢，漢傳十三世至克與兢，兢傳十六世至直方。其間世次相錯，乃至有十餘世者，而名號爵謚又皆悉合。則其人是，而世次非矣。乃其祖父與其兄弟子孫又多不合。天下豈有祖父可移，兄弟子孫可變者乎？漢在漢，兢在唐，直方在元，勳業聞望，國史炳然。而其祖父與其兄弟子孫又皆各有勳業聞望，非徒藉後人之旌贈、襲先代之蔭封者。而諸譜異同若此！此乃諸譜盡不可憑也。今悉遵舊譜，而并録其所輯，以備參校。然兢與吾宗爲分支之始，直方不在吾宗一派，而并及之者，因論漢事而連類數之耳。

（清吴鑑清等纂修《［江蘇江陰］後底涇吴氏宗譜》　清光緒十三年木活字本）

北征吟詩序

徐時泉

同邑衍瑞吴君，性倜儻好游，足跡幾遍天下。余壯其人，而未獲與之交也。壬午秋，僑居都下者半載，余亦於次年之春與計偕入京師。方期握手訂平生，縱談古今事蹟，發抒胸中之鬱積以爲快。及余北上，而君已南，遂終不一謀面，交際之緣蓋亦慳矣。乙酉嘉平，余居金臺，墐户避寒。門外大風如吼，吹作三日雪。吴君方裹氈策騎，從太原來叩余寓門。相見甚懽，爲之酌酒拭塵，落落道半生蹤跡，意氣豪舉，余亦不自知其興之勃發也。留一旬，君復别去。洎余自昨歲南歸，而今夏君亦從晉旋里。因思夫居同桑梓之友，而論交乃在四千里外。迨各返鄉閭，轉不能素共晨夕，與之上下其議論，則人生離合聚散之不常，亦概可知矣！比讀其《北征吟稿》，多半屬贈人懷古之作，得之據鞍駐馬之餘。抒寫性情，語皆獨造，蓋不求工而自工者也。今夫歌詠之道之不可易索解人也。俗儒執一卷書，咿唔呫嗶，足跡不出里門，無名山大川足以盪其塵心，而鼓其奇氣，猶然倚聲比律，自謂不可一世。正古所謂屈步之蟲，循條失枝者也！以吴君嶔奇磊落，志在四方，十數年來，南入黔滇，北走燕趙，東西過齊魯汾晉之區。曉月放歌，夕陽弔古，其感觸爲何如！宜其歌詩所及，性靈係之矣。倘余異日得與君聯轡長安道上，垂鞭呼酒，唫遍帝城風物，則將來作合之故亦未可量。而余於斯能無遐望哉！

題吴椒村雪關征馬圖小照

盧衍仁

辛卯秋，始見吴太學衍瑞，竊愛其倜儻卓犖。繼而出示詩草，多歌詠閱歷之作，慷慨健舉，一唱三嘆，心益異之。太學足跡幾遍天下，無怪其浩潮蓬勃，具有不可一世之概也。其《病中憶舊游詩》有"匹馬驕嘶固關雪"之句，繪成小卷，屬爲之記。余展圖披閲，雪中人，人中景，景中詩，詩中畫，一一關情欲躍。益信史公文章有奇氣爲不虚矣！宗少文撫弦動操，衆山皆響，謂得江山之助。太學不誠足自豪矣乎！抑聞太末盧襄謂，人生七尺男子軀，苟甘瓶罌如醯雞，寧不愧桑弧蓬矢之志哉！欲長游遠睇，窮極天下壯麗奇偉卓絶，一廣胸中之氣。余壯之，師其意，爲《高秋洗馬圖》以示抖擻馳驅、乘雪御風之想。今老矣，對此圖令人益增蹀躞之懷矣。時乾隆丙申臘月之望，東峴山樵盧衍仁呵凍并書。

題匹馬驕嘶固關雪小照

葉　蓁

椒村今世古豪士，嶔奇磊落喧朋儕。遠游萬里更萬里，壯志直欲無天涯。滇秦燕趙車轍遍，大開眼界攄吟懷。才鋒淬發當者破，如劍露鐔箭出靫。朅來弔古固關道，據鞍顧盼山之厓。槎枒老樹餓鴟叫，同雲一色風飄飄。玉樓凍合銀海炫，漫天作雪飛豆藍。馬蹄凌兢毛縮蝟，僕指皸瘃頭閉廱。此時鞭梢指前路，凍骨卓立中央柴。琴書漂泊那須惜，吐氣足可開陰霾。關門不落高崴裹，客行雖樂歸亦佳。返涉泗濟江河淮，吾廬修竹白雲裹。征袍未浣無煩揩，舊游入夢賦新句。獨彈古調删淫哇，才名藉甚識面乍。雙溪邂逅聯譚諧，一言知蔑芥鍼合，彼哉貌俱神不偕。我思丈夫志四海，跳踉肯逐井底蛙。十年抱病氣衰嗛，摇膝坐守焦先蝸。九死一生有天幸，譬彼壞木重抽荄。狂奴故態久復作，骯髒不計人擠排。坳堂膠舟藐杯水，奮翅妄謂天可階。何當急裝趁君去，駏驉彳亍交形骸。題君此圖當息壤，行辦蓆帽椶皮鞵。

題匹馬驕嘶固關雪小照

樓上層

吴君對我氣兀兀，南走滇池東溟渤。一鞭遥指固關雲，踏破雪山等殘月。馬蹄削玉風泠泠，清澈詩脾只餘骨。樹頭木介忽成行，地底冰筋擢如髮。劍花欲映塞外紫，堞雉半向雲邊没。因思擊筑過燕市，況經走狗歷海碣。忼慨固是傍無人，萬里横飛一霜鶻。歸來朝飲盡溪水，松根茯苓老可掘。哦詩自謂堪長年，起㒓何勞占十笏。郡城洞府圍夕霞，赤松千載今恍惚。醉來示我一幅圖，使我有若喜照蝎。幽并年少今誰是，霜驥長鳴尾絲窣。愧我當年陋巷徒，閉門一夕興蓬勃。何當悲歌入燕趙，獨自風煙理輗軏。

題椒村耕餘鼓腹小影

湯慶祖

十年書腹枵且枯，拙守硯田課食租。椒村家世延陵吴，忽來示我豳風圖。桐芭拂拂春畹晚，水田漠漠煙有無。憶昔騷壇訂風雅，曾囑奚奴結蓮社。何來雪山白澤犎，换卻當年款段馬。耕餘縱入澄潭游，目中所見無全牛。秔田幾坺秫幾坺，家有細君弗與謀。短褐單衣才至足，白石南山森在目。郢中春雪君家曲，請君高唱飯牛歌，我其爲君戛圓腹。

題吴椒村小像

韋昌崇

君不聞谷口船耕鄭子真，寂默修道存吾神；又不聞栗里先生陶元亮，自鋤秫稻成新釀。一邱一壑清且幽，君乃耽此追前儔。半生足跡遨游遍，名山佳水留詩卷。腹笥早同邊孝先，掄才合上金華殿。胡爲不冠復不履，耕餘坐領煙霞趣。上有龍門百尺桐，何年手植鬱青葱。曷勿裁爲白民琴，一彈再唱開塵蒙。君其爲我歌一曲，餘音應繞青山緑。詩奚不復荷琴囊，但驅烏犉澄潭沐。小雨初霽波鱗鱗，蘆蒲風日相依因。夏正緯來趁兹辰，倉箱各足東西囷。箕踞鼓腹太平春，無懷民歟葛天民。

（《[浙江東陽]靈嶽吴氏宗譜》 清乾隆四十五年木活字本）

厚　我　論

吴玉烈

蓋天下之人心不一，而來往之報施相同。其有不往而來，未施若報之事？此理，有俗人不得而知者。未始非平日間不必論其來而且往，不必論其報而且施之故。余小子年三十名未成，訓蒙童以爲業。於詩書六藝未能精通，僅僅講求本原之事，以爲庶可自慰耳。所以至親如骨肉，至戚如朋友、姻親，凡吾人往來之道不外乎此也，報施之事不出乎此也。余於是回想平日之爲人矣。遇有難分解之事能剖析焉；有告急之事能助焉；有樂善之事能與焉；且有隱情難言之事能善爲安釋焉；有才德可稱之事能取爲師資焉。是以，世之人縱有智愚之分，賢不肖之别，皆不以常人視余也。此何故哉？衹亦盡其在我而已。間有庸衆之徒，居己厚而遇人薄，不知何爲往來，何爲報施。可知先往先施之事，若輩生平未之有也。乃存諸内者發於外，見於心者出諸口。方以人之待我過厚爲疑。予驚聞之下，意甚鄙之。夫以人之待我不同，遂覺人情或異，是豈人情之爲我而改乎？我亦盡其在我而已。公而恕，何等心！寬而明，何等量！委曲周旋，何等近情！謙卑遜順，何等合節！骨肉情深，親朋誼篤，何等天良！不求諸人，但求諸己，何等學問！雖不能盡如是，而未嘗不從事於斯。從可知人之待我獨厚，而實我之待人有獨加也。由是推之天人，一理也。禍福有因也。天理不外乎人情，人情不出乎天理。一旦立朝廟，對於天下，即以平日之爲人誠心應之，不知果能悦服斯世斯民否乎？

述所已能，勉所未至。自記。

未免誇張，然卻言言心得。吾於此益信友筠之爲人矣。費庚吉讀。

余幼時見先祖父藹然其容，絶少怒色，訓誨後進，總以婉言相導，絶無高聲。今讀此論，如聆當日謦欬。不過自道生平志向，并非誇張也。末後一結，即范文正作秀才時以天下爲己任氣量，惜未一見諸施行耳。吁！孫男振鳳謹註。

捐田自記

吴 圻 吴衡森

祠之有田，上以供祭，下以贍族，親親之道於是焉賴，典顧不重哉！吾宗自元季以來，傳至七世懋雲公，始建宗祠，而制未備。十傳而至我先君墨濤公，乃擴祠宇而更新焉。有垣有門，有堂有橱，廟制幾備。復買家人某看管掃除，捐田四畝以給口糧。祠之有田兆於此矣。四十年來竟無繼我先君而起者，亦獨何哉？乙巳冬，圻、衡森繼先志，合捐田租六十六石爲宗祠義産。擇族中愿而才者駕雲兄主之。凡租税之入，除辦漕糧外，積而不散，以爲續置祠産之資。雖祭祀不取足焉。越兩歲，木魯叔續捐田租三十三石。時圻待罪漢川，得弟衡森報，不勝喜躍。謂敦本收族，吾宗大有人在也。戊申夏，圻乞休歸里，點檢祠田，將及二百畝。私心竊計，率此以往，不過三四年，可擴田至三百畝。夫然後四時供祭之外，可以養老，可以恤孤，可以興義學，可以助科舉而資公車。但經管務須簡擇出入，咸登簿書，月計歲會，毋濫毋私。蓋田爲祠田，即係祖宗之物。嗣後捐田之子孫不得以田自我捐而侵其利。族人亦不得以田爲公物而竊其餘。如有此等，鳴鼓共攻！今姑就三百畝之産酌定規條數則，刊載於左。後有賢者擴其業，大其規，俾供祭贍族綿於勿替，庶不失墨濤公裕後之志也夫。

十一世孫圻、衡森謹識。

捐田記

吴 翰

《禮》云："士無田不祭。"將謂無田即廢祀，而神其餒乎？非也！人之告親其親者，其任專其情篤也。自禰而上而服遞降矣，自高曾而上而服遂絶矣。世漸遠，禮漸殺，勢使然也。至統一族而建大宗，傳十世後則爲遠祖。通族所自出，則爲共祖。近者宗法不行，祭無常主，不有祭産，即不至廢祀，或簡褻以將之，則不誠；或倉卒以辦之，則不備。將所謂盡物盡志兩有虧焉。是無田非不祭，雖祭而未盡乎祭之義也。吾宗建祠歷有年所矣。而初無田也。曩者每當清明十月朔墓祭之期，非不兼行祠祭，計丁派費，按分承當，諸凡祭儀祭品以及飲福俱草草焉。予自束髮迄壯年所習見者。創祠伊始，吾父墨濤公捐田四畝給祠僕以養。夫豈不念及於祭？而志未逮也，然亦已兆其端矣。雍正歲丙午，吾牧人四兄、若谷五兄，慨然以承先爲志，因相謂曰："我等服先疇食舊德渥矣，不爲祖宗血食計，可乎？"遂倡義捐田七十畝。越歲，而堂叔父木魯公嘉乃志，更增益之，捐田五十畝。又越歲，而葵齋侄解組歸，共襄義舉，捐銀二百兩，置田三十畝。擇族中一二醇謹者經理，數年，又增田一百五十畝。統計田三百畝。遂爲履成堂祖業。嗣此，每歲定春分冬至兩祭，而祭有常期矣。三牲五簋，豐儉適宜，而品有定式矣。牲牷酒醴，一切所需者，先期豫備，不致臨時拮据矣。與祭者十世後每分一人趨蹌拜跪，餕餘飲福，皆飽祖先之德，而愛敬油然生矣。夫然而後能盡祭之義，且不徒供祖宗血食已也。惠族之典漸次舉行：

與試者給卷資;游庠者給頂帶;中式公車獎賜尤厚,以及優老恤寡、家課諸費,無不取結於田。則田之爲功於祠,豈淺鮮哉! 嗟乎,莫爲之先,孰開其美;莫爲之後,孰守其成。惟共體捐田至意,爲祖宗廣惠,則當實心辦理,爲祖宗裕財,務使日增月盛,歲歲贏餘,則解推於族衆者,正未有艾。此祖先之幸,而實子孫之利也。吾於管業者有厚望焉。乾隆歲次辛未閏五月,十一世孫翰謹識。

前後捐公總記

吴　湛

捐輸誠善事。但莫爲之倡,無以開先;莫爲之繼,無以裕後。伯玉之所以恥獨爲君子,大舜之所以善與人同也。祠自墨濤公以捐田四畝倡;雍正丙午牧人、若谷二公共捐田七十畝;越歲,木魯公捐田五十畝;又越歲,葵齋解組歸,捐銀二百兩,置田三十畝;壬戌歲,吾先君吉初公、叔秋輪公合捐公田五畝;雍正甲寅,去慾、孝思二公捐東堂基地三分五厘;壬戌歲,松鄰、半山二公亦捐後堂基地五分;悦安在龍溪署中寄捐銀五十兩,置田七畝。數十年間,相繼彙捐如是。吾因之有望矣。憶自望溪公統領合族捐資起造宗祠,如懸磬耳,數傳而下,或捐田,或捐基,或捐銀置産,持籌記算,積田一百六十餘畝。後有賢能聞風振起,則百而千,千而萬。祠田百億,吾意中事也,豈區區數百畝哉! 十二世孫湛撰。

捐款續記

吴溶川

《禮》曰:"萬物本乎天,人本乎祖。"蓋以天者,羣物之祖,包含徧覆而無所殊。祖者,一家之天,栽培曲成而無弗至也。我族自有明建祠,幾經前人之式廓,創立祠規,畢臻美善。而於栽培子孫之條,尤三致意焉。履成堂家課每歲四舉。每課文詩,必擇名師評定甲乙。列前茆者,花紅賞給有差。遇童子試及鄉會兩試,各給考資。入泮、中式,從優獎勵。以故雲蒸霞蔚,争自濯磨。凡列膠庠、領鄉薦、登甲榜者,接踵而起。藉非我祖宗薰陶涵育栽培於百年之深,曷克丕振家聲,世濟其美若此。夫祖宗盡其栽培,子孫各圖報效。閱前後《捐公總記》,其間,如墨濤公倡捐,木魯、松鄰、秋輪、半山諸公,或捐基以闢祠宇,或捐金以擴祭田。此物此志也,有爲之説者曰:"報效之數,貴從其多。前人之情有加無已,而子孫之圖報者十不補一焉。安用此區區者爲?"余曰:"否! 否!"夫物之不齊物之情也,人之處境亦然。如必以多爲貴,則惟丞陽公捐銀千兩,蓮峰公捐銀三百兩、緡百千,禮石公捐銀五百兩,可謂報效。其次亦必如健菴公、帆風公後堂捐基,柏心捐緡百千,誠夫捐銀百兩,星榆捐緡七十千,尚可以報效稱。其餘如柔濟公沿街捐基,緘菴公宅後捐基,師陸公捐緡二十千,肩一公捐田五畝,冰心公捐銀五兩,朗溪公捐田七分、緡五千,伯蔭捐緡十四千,難言報效,而直同於自鄶無譏乎? 執莊周齊物之論,强之以太難,適足寒捐者心,將何以爲來者勸? 總之,捐無論多寡,惟力是視。捐之數不必同,其報效之心則同也。或又謂滄舡前經捐田十二畝、番錢二十元,兹復續捐緡五十千文,其報效之數不爲少矣。不知田係捐公給寡,番錢乃賠補捐田漕糧,惟續捐五十千文可謂報效。實不可没,名亦不可假也。乾隆壬子以前各捐款詳載《總記》一編,迄今又六十餘年矣。續捐者後先相繼,闕而弗誌,後嗣何觀? 兹因續修宗譜,特彙萃而復爲之記云。又僑寓黔省之瑞庭信回立嗣,捐番錢十六元外，邀請族分折酌番錢二十元族分，亦一并捐公。因板成，不及列入，附記於後。道光歲次乙巳孟春，十四世孫溶川謹誌。

（清吴延年纂修《[江蘇]毘陵西郊吴氏宗譜》 清光緒三十四年振宜堂木活字本）

世系傳派歌

吴頤慶

永春潛璽完，山尚汝之有。文景政清頤，詠德存忠厚。光承駿業昌，瑞應麟圖壽。名世顯英華，傳家遵孝友。大衍詔來兹，奕載書香守。

吾宗代遠派繁，子姓綿衍。或聚處一方，或散居千里。五世而外，往往名諱不知，尊卑莫辨。爰取本支世系，自始祖諱起，編爲傳派歌五十字。願後之命名者遵而勿替。則問名而知輩行，誦歌不忘遠諱，亦敬宗收族之一道也。十五世孫頤慶謹識。

（吴簡纂修《[江蘇]毘陵吴氏族譜》 1934年至德堂木活字本）

讀書堂記

關己山

吾人以太倉稊米之身，立於前古後今之際。欲爲天壤扶名教，不愧於古人；欲爲州黨樹儀型，不怍於今人。則必求先知先覺者，舍往聖之書，其奚適矣？楊子有云："衆言淆亂折諸聖。"惡覩乎聖而折諸？在則人，亡則書。書所以傳往聖之道，授後人之業，而解天下萬世之惑者也。蓋與世相終始者，聖人之道；與道相終始者，聖人之書。書以載道。自人倫以及庶物，自修齊以至治平，聖人盛德大業，何一不備於書！讀是書者，帝臣王佐出其中，仁人義士出其中，即功利、權謀、刑名、術數、衆技百家亦無不隱托於其中。是又在讀之者力守乎吾道之正，不入於曲學之非。斯可以爲名教干城，而儀型下里矣！董子曰："正其誼不謀其利，明其道不計其功。"其爲善讀書者歟！

吾郡南吴氏舊有"讀書堂"，爲吴君巨源崑來伯仲讀書所也。其尊人孔彰公親賢樂善，多延老師宿儒以經學課諸子。故巨源崑來學業皆成，文章悉本經術。至諸孫育槐、召南昆季又肄業於其中，遂以"讀書"名其堂。夫古人之堂不一其名，而其可傳者無幾如。宋王晉公祐以直道顯於時，手植三槐於庭。曰："吾子孫必有爲三公者已。"而王魏公旦相真宗，光昭先德，後人遂名其堂曰"三槐"，蘇文忠爲之記。此其最上者矣。其次，如元人吴伯厚有"尊經堂"，虞伯生爲之記云："吴君伯厚之上世受學於陸文安公，文安公題其堂曰'經德'。歲久，堂不存。伯厚之父更築之，易之曰'尊經'。蓋尊敬奉持夫經德之訓也。"此又後人能嗣守先業，而堂之名亦藉以永存矣。今吴君育槐之堂，奉承先訓，仍以"讀書"名之，得毋類是。昔晉陶淵明解組後，其詩云："得知千載外，正賴古人書。"又云："既耕亦已種，時還讀我書。"是道不可以一日而不聞，書即不可以一日而不讀。然則登斯堂也，風雨一編，必思前有千古，後有萬年。吾人所以不泯於古今者，惟賴斯道。道所以不晦於古今者，惟賴此書。書以孔聖爲宗。五經，其纂定者也；二論，其講貫者也；《大學》、《中庸》、《孝經》、《孟子》，其傳授者也。至於《爾雅》、三傳，亦皆得其支派而輔翼聖經者也。外此諸史，則以朱子綱目爲宗；諸子則以周張四子爲正；諸集則以韓歐蘇八家爲軌：要以不謬於孔子者爲正。是書也，蓋以天地同其大，與日月同其明，與江河同其流，與寒暑同其信。要在讀之者攻苦弗輟，不鹵莽爲功，涵泳優游，不滅裂以進。日奉聖人之書以爲觀摩，而一切非聖之書，嚴加屏絶。將見於行者順以祥，發於文者雅以正。處則爲純儒，出則爲良吏。而所以爲天壤扶名教、爲州黨樹儀型者，端在於是。彼一切權術自矜，材藝自見，由讀書稽古而進者，斯亦卑之無甚高論矣！

余過吴氏之堂，見其子弟皆好讀書，出入坐立皆循循雅飭，遂樂爲之記，以爲後人勗。嘉慶元年秋九月記。

荆山寒壁賦以雪峰倒影湖光生寒爲韻。

吴嘉誨

探鳩水之幽清，仰荆山之巇嶥。奇峯毓彩，卞生搜訂情殷；絶壁凝寒，歐子鐫題眉列。嵐浮曉岫，氣蒸夢澤之雲；霜覆陰崗，色湛峩嵋之雪。則有探奇高士，攬秀遐踪，閒拖蠟屐，側倚仙筇。淩丹梯於百仞，挹翠色於千峯。遥窺江練長飛，儼星河之高瀉；俯覽湖烟四塞，訝蜃氣之高衝。良以山插晴霄，壁懸煙島。留仙遺於鶴跡，神警三危；鏤佛座於雲根，心祛八倒。蒼崖隱日，淡光氣於斜曛；碧澗垂虹，瀉寒聲於流潦。以故時而春也，谷鳥和鳴，山花明靚。緑蘿高掛，覆澗草以摇青；碧蘚斜侵，逗湖光而弄影。招提晝永，晴絲與香篆齊飄；石竇雲空，流水與落花俱静。時而夏也，奇幻雲峯，冪山椒而杳靄；陰生夏木，傍樵徑而扶蘇。吐濕氣於幽巖，如蒸柱礎；掛雨絲於絶崿，似綴冰珠。匪惟謝炎敲於窮谷，亦且消羹沸于晴湖。

若夫金風送暑，好雨迎凉，菊滋於露，葉剪於霜。上瞻翠巘之嵯峩，丹楓吐焰；下睇清流之灧灩，皓魄同光。作長公赤壁之遊，應起潛蛟之舞；擬賀監鏡湖之泛，宜歌明月之章。迨夫窮陰積，急景并；飄風發，列日呈。午夜猿聲，振孤松而慘切；長天雁唳，度高嶺而淒清。山空兮木葉脱，水寒兮凍雲生。雪擁雲鬟，妬蛾眉而淡掃；冰凝水鏡，照螺黛而晶明。此皆兹山之勝概，歷四時而遞更者也。爰爲之歌曰："山韞玉兮拔秀攢，地起氛兮入雲端。臨漚湖兮鎖奔湍，立峭壁兮矗危巒。踞虎豹兮翔虬鸞，仰而視之手骨寒。欲振衣千仞兮，尚其展九霄之飛翰。"

五月鳴蜩賦以吸露餐風居高自足爲韻。

吴嘉詳

原夫蜩之爲物也，出污泥而就潔，自下濕以升高；有翼而走，無口而號；榆枋供其棲止，風露助其清操。其蜕有時，每到黄昏人悄悄；其鳴應節，初升紅日響嗷嗷。爾乃甘露宿，曉風餐。嘒嘒時沉葉密兮，幸其棲穩；嘤嘤彌迫枝高兮，樂其居安。正欲吟時，小院日長清蔭轉；憶曾聽處，斷橋風静夕陽殘。亭角孤吟，最愛垂楊婀娜；牕前對語，偏宜修竹檀欒。則見乍抑乍揚，如怨如訴，烈烈柴門，蕭蕭庭樹。或隔院而輕颺，或臨溪而遥度。雜銀箏而欲亂，風發韻流；學細管而難成，眉揚氣吐。發高吟於巖畔，五柳微風；寄清韻於蔢林，三槐瑞露。斯時也，月乃維五，夏則方中。茂樹拂檻，繁陰蔽空，噪徹野風時，洛上之晴光可悦；吟來新雨後，輞川之暮色方隆。何處最多，京省之青林社樂；幾時暫默，吴園之黄雀沖飛。樹杪過時，一曲高情臨爽月；花叢度處，數聲急響送薰風。於是歌惱羈人之耳，賦別者悽清；音傷遷客之情，感懷者嗚咽。驚楚客兮啾啾,怨齊王兮揖揖。據高柯而常鳴,繞平林而爰集。得美蔭而忘官骸,借薄翼以爲呼吸。

當其徹郊野,繞林廬,蟪蛄楚號,螇蠬齊譽。五德之稱陸雲所擬,八名之别《爾雅》曾書。或珍於長康,敲人不見;或蜕而有角,花冠相如。兩腋風生,宫省之高槐雅韻;一丸羽化,江村之疎柳幽居。至如丸不轉而成,時必昏而出。揭高標於子建,似貞士之介心;著美德於賓王,有達人之高致。風前微咽,依稀竿籟之歌;月夜遥聞,彷佛簫韶之吹。洞巖谷之空虚,匝池臺之幽邃。爰爲歌曰:"窺爲蜩蟬兮,冠緌自束。吸露餐風兮,似高人之無欲。舒清嘯於長林兮,任抑揚而斷續。聲豈藉乎秋風兮,信居高之自足。"

天 馬 徠 賦以天馬徠龍爲友爲韻。

吴天澤

帝德配天,皇恩遍野。無方不照,知祥瑞之遥傳;有境皆通,羨休徵之難假。四夷來服,貢獻曾見於帝衢;百粤沾仁,靈異遥傳夫天馬。爾其赤帝道亨,萬方咸有。登瑶階而遠眺,百辟共仰其來朝;步漢室以遥看,神駿羣知其莫友。聲價無遐而不羨其高,材技萬物而難與爲偶。原夫天馬之爲質也,神實超乎九駟,骨自儕乎遊龍。如馳如驅,不減五花之駿;或奔或躍,常含千里之容。汗或流血,性有獨鍾。此德驥可參其列,而伯樂可以相逢。於是騰西極,歷東夷,過帝室,躍鳳墀。躡雲雙耳俊,奔霧四蹄馳。望去追風,(鼠)[鬣]干青霄之上;看來逐電,蹄過浴日之池。何能至此,由質所爲。美夫騆騆,愧彼駑駘。誚凡資之薄質,羨神馬之良材。表奇特於穆王,曾傳八駿;獻殊尤於北越,恰過九垓。爾乃參六龍之列,占百匹之先。或佩銀鞍,騰雲兮繚繞;曾牽金勒,飛遠兮蹁躚。似天漢之來下,儼神馬之在前。知聖人之有道,貢景物於帝天。孰不引領而觀美質,極目而望錦韉也哉!

夏賞緑荷池賦以中通外直香遠益清爲韻。

吴天淞

若夫聽鸝館北,鬬鴨闌東。水檻延幽,翠葉則連錢而點點;竹陂避暑,青莖則張蓋以叢叢。綺閣移來,可是曉粧儺步;蘇臺宴罷,猜將薄醉還宫。豈如夜合薇葩,漫迎忽爽;更異傾楊秋卉,偶向禺中。斯時也,烟滿一溪,睡驚乍醒;香連十里,笑解初工。水擢孤莖,養清標之淡淡;花敷並蒂,弄纖影之濛濛。在鄭則荷華托始,於陳則菡萏要終。雖命名之不一,究義類之可通。招攜皷棹之聲,五湖烟霧;指點凭欄之客,十里香風。於是來品題於周子,疑貌似乎張郎。雲封載酒之船,碧筒消夏;雨洗問花之屐,緑蓋迎凉。似對客以含羞,田田漾日;恍照波而憐影,柄柄生香。小艇移時,錦鱗遊戲;晚凉深處,繡羽廻翔。影落微瀾,青柄則行行倒碧;盤傾宿露,明珠則顆顆流光。則有清詞學士,雅興書生,弱幹亭亭,意觸濂溪之説;淩波皎皎,心通康樂之評。宛在中央,等蒹葭於采采;相依曲沼,争月露以盈盈。依稀句裏寫來,或疎或密;彷佛神工幻出,一縱一横。彼君子兮,既相見之恨晚;亦香草也,偏處濁以能清。又有深閨淑媛,撫景回塘;幽閣名姝,尋芳水澤。攜將茗椀,正潮平波軟之時;唱徹蓮歌,適月淡星疎之夕。通仙可慣,宛置身於華山;解語依然,似凝眸於太液。低方貼水,平分對鏡。新姿弱不勝風,忽露浣紗逸格。鄙夷俗艷,業分外以增鮮;矯出清塵,且虚中而受益。是則水中鸂鶒,那比丰神;帳裏芙蓉,難方勁直。亭亭特立,知獨表夫姱修;灼灼紛披,恍自標其淨植。銀塘散彩,擢千葉以參差;蘭棹迎香,垂並頭而反側。幾陣荷風微扇，枕簟清幽；一杯荷露祛煩，簾櫳静默。況復雅稱侵晨，淡宜傍晚。最愛清芬，劇憐偏反。欲比王孫之草，孰嚴以都；將侔秦嶺之松，更清而婉。依之爲幕，聊同庾子盤桓；集以爲裳，足供騷人偃蹇。覩逸態於靡窮，共美人而俱遠。歌曰："維緑荷之團團兮，出五沃之淺瀨。幸不染夫汙泥兮，又何慮乎埃壒。招酒伴以騁懷兮，拉詩仙而高會。葉翻翻而摇青兮，香撲鼻而馣馤。質既異乎凡姿兮，莫不切泝洄於緑波之外。"

吴江楓色賦以霜葉紅於二月花爲韻。

吴天濤

維時金風嫋嫋，玉露瀼瀼。囊萸剩紫，籬菊留黄。褪菡萏之紅衣，香消十里；嚲芙蓉之粉面，水隔一方。西陸車馳，未停白帝之駕；朔鴻信到，旋霏青女之霜。於焉芝蘭改其芳馥，蒲柳易其蘢葱。林踈踈而漸老，柯歷歷以皆空。别無佳色，獨有靈風。潛移黛緑，倏鬭猩紅。天酒酣偷醉容，安倩孤松掩；燕支濃染新粧，誰許野棠同。赤焰高標，萬樹珊瑚出海；丹暉遠映，千排靺鞨成叢。閃火齊之珠光，遥騰百琲；蔚赤城之霞彩，近耀雙瞳。然世通教里，獨樹風摇；大鑒禪林，一株雨裛。蒼崖泠立，固云綺綰枝枝；深谷寒攢，亦自草敷葉葉。寒山愛上，杜樊川嘗爲停車；巴峽快望，李玉溪曾緣泊楫。除非堂上，地盡合生；獨是吴趨，豈能衆厭？兹吴江也，鍾具區而派遠，匯笠澤而流徐。東達君山，映美人之螺黛；北通甫里，環高士之蓬廬。招我素心，盪松舟而共往；入兹佳境，酹醁醽而相於。春光鬭百卉之妍，固堪游泳；秋色擅三吴之勝，更耐容與。故當此萬木皆凋，羣芳悉歇，惟矗矗之華林，爛重重之花窟。朝暾東射，一片光明；夕照西烘，千般焕發。晴爊璀璨，連堤綵纈平諸；雨潤，晶瑩夾岸，綉旛高揭。從波暈赤綺，河色共鮮妍；細浪翻(舟)[丹]纈，水光同蓬勃。匪越女浣紗之浦，何來綺(榖)[縠]千端？詎魚郎迷洞之源，却似陽春三月。是以從來韻士，自昔名家，覩十里之彤雲不散，愛千層之錦幄周遮。風摇絳綺，雪研丹砂。莫不欣舒意蕊，怒發心花。固不特嚴武清吟，騷壇傾倒；信明高唱，藝苑堪誇。也緣乃臨如練之波，游列錦之地。豈是棲來靈鳳，彩耀丹葩；詎皆化作羽人，霞裁紫幟。趁斯秋欲道三，景偏無二。安能不掉桂楫以浮江，坐霜林而賭醉？

積雪占豐年賦以豐年之冬多積雪爲韻。

吴天心

萬川凍合，四野雲同。凉飈颭颭，瑞雪濛濛。朔霰初團，遠認珠璣之積；飛霙密布，預占歲序之豐。攻蚮蚄於禹甸，識化育於天工。爾其漠漠霏霏，瀌瀌奕奕，砌北乍飄，牆東旋積。既因方而成圭，亦遇圓而成璧。藍田種玉，可化遺蝗；緑野棉堆，堪滋宿麥。其比如櫛，卜大有於來兹；其崇如墉，兆豐年於今夕。時則朔風届節，太皞司天。巧剪冰花，誤梅飄於瓊嶺；輕鋪玉葉，認璧彦於瑶田。積厚則螟螣潛消於北陌，堆濃則蟊賊深入于南阡。使户慶倉箱，田父擊壤而歌樂歲；野盈穛穧，太史簪筆而書有年。于是主伯顔開，亞旅心悦。且驚且喜，倩落絮之繽紛；疑假疑真，恐飛花之騷屑。十里逕封，千山鳥絶。蓋期時若於雨暘，先獲濃陰之霙雪。六出之花應時廣布，五穀之精隨地博施。則誰不仰天上之絮飛走相告也，倩宫中之鹽撒傾而樂之。爰爲之歌曰："氣栗冽兮嚴冬，雪紛飛兮花濃。青山失兮白雲封，蒼松改兮吐玉容。溝塍不見兮尋芳蹤，徙倚田間兮遇老農。"又歌曰："渺渺江初冷，漫漫雪正多。老翁占有歲，忭舞遍謳歌。"

采石磯賦

吴德霖

覽名區於姑孰，喜競秀之層巒。青山則四圍嵐擁，翠螺則萬笏峯攢。慈姥遥横，插嶙峋於雲際；天門中斷，鎖浩渺於江干。孰若李謫仙捉月之濱，奔崖斗峙；温太真燃犀之側，峭壁高蟠。山多怪石，色焕五彩。疑襯錦袍之袂，霞披雲繡常新；曾連煙壘之營，虎戰龍争何在？岸藏鐵鎖，作底柱於中流；崖掛銅鉦，映晴波而散綵。爾其磯也，臨水國，枕江湄，排崒嵂，聳崎嶬。昂藏鬬險，突兀争奇。影棱棱而瘦挺，勢蒼蒼而斜欹。鑿頓巨靈之斧，深潛怪族之姿。懸崖則古柏低垂，卧虬龍而偃蹇；怪石則蒼苔皴皵，蹲虎豹而離披。匹練衝磯，鏜鞳碎喧雷之下；浪艘激湍，噌吰駭陣馬之馳。上有亭簷縹緲，斗欲連甍，樓影嵯峩，烟生卷箔。松鱗吼澗，湧巨浪以長撞；鵰鶚摩空，側健翮而半落。啼□旅人之夢，□□□□□□；□□仙子之騎，林杪音清唳鶴。幾片雲迷蕭寺古，履寂僧扉；一聲鐘度晚山空，風翻竹籜。下有雪浪瀰漫，走三山而撼岳；銀波沆漭，浮萬里而連天。牛渚春濤，白通海市；(漂)[溧]陽雲樹，青入淮邊。平開兩道之眉，凝曉黛而修蛾鬬影；穿破一江之腹，亘沙洲而白鷺争妍。水護濃煙，認迷離之遠浦；山啣落日，淡殘照於層巔。輕帆與孤鶩齊飛，躍馬而衝波直射；皓魄共晴川一色，開奩而寶鏡澄圓。此皆采石之奇觀，而見賞於前賢者也。

是以載酒高人，浮家逸客，生近林泉，性耽竹石。舟洄山麓，每轉輒得一奇；徑造峯巔，更上愈形欹窄。一峯壁立如人，千嶂崖森似戟。坐卧不抛邱壑，情同釣叟之間；往來長傍蘆汀，興抵沙鷗之僻。千秋月冷，照徹樓孤；萬壘風寒，收殘羈迹。閑憑山水而遐觀，每憶古今而慨惜。賞詞客之長吟，争傳名將；羡仙才之狂醉，快説騎鯨。詠史舟空，雜樹尚留文綺艷；夜朗人去，長江猶似酒杯清。墓遺十字之碑，苔蘚磨挲而斷碣；祠建千年之宇，薜蘿環抱而空横。又見古戍蒼凉，殘烽蕭瑟。海牙軍破，競渡江初；宋室營連，轟傳檄日。黥鯢暮吼，喧填鉦鼓之聲；雷雨朝鳴，疾走傳車之驛。扼要害以頻争，慨英雄於銷失。懷往事以茫茫，付長流之汩汩。

披沙揀金賦以求寶之道同乎選賢爲韻。

吴德植

懿精金之燦爛，恣九牧之旁搜。名重雙南，原期鎔鑄；材呈三品，用待雕鎪。覽麗水之奇光，或沉瓦礫；瞻恒河之晃朗，爰試謀求。爾其灼灼金川，輝輝金島，孕厥精奇，閟乎珍寶。類繁星之燦乎銀河，似流螢之聚於腐草。詎敢棄之如遺，安忍求之不早。彼夫玉韞於山，猶須剖石；珠沉於海，亦望探驪。豈大賂之珍而弗深採取，巴邱之産而或可棄遺？所以披索必勤，勿慕郈原之却也；討尋必力，毋效管公而擲之。於是恣冥搜，縱幽討，極淘汰之功，盡爬羅之道，毋俾辱于泥塗，必使呈其堅好。想其托生於窮荒之壤，混跡於泥汙之中。赤氣霏微，幾望之而莫名其寶；精光熠熠，亦顧之而其羣可空。然而莫或收焉，終覺潛而未躍；恣其取也，乃如塞而忽通。非種必耡，庶擲地之可望；無幽不探，詎逐彈之可同。於焉去其近似，析以錙銖。似聚狐而取腋，如棄瑕而求瑜。既妍媸之必判，亦高下之是區。揚簸而存，燦矣爛矣；别白而出，焜乎焕乎！由是覽在鎔之精艷，疑永康之黄鳥初飛；瞻躍冶之光芒，擬學士之青錢入選。配貂餙於簪珥，秀發垂紳；作鼎銘於廟堂，貴同旒冕。是故天不愛道，物必呈妍。維彼金之在礦，何殊寶之沉淵。出之汙淖之中，精華著矣；拔之塵埃之内，光氣熊然。又何異乎論秀三朝，野不匿秀；求賢三代，進石隱賢也哉！

謫仙樓賦以詩留太嶽氣壓寒濤爲韻,並序。

吴德棠

昔太白受長庚以孕精,命名有自;挺岷峩而毓秀,葢世無儔。追古風於幽渺,破一世之聾喑。繡口錦心,詩歌追乎正始;冰神玉骨,詞賦擅其清新。雖建安七子,莫與比肩;江左諸豪,悉皆避舍。眼空四海,酌一斗以徜徉;面闊青天,詠百篇而瀟灑。故畢文簡之藻鑑,期以王佐而非誇;賀知章之明哲,目以謫仙而豈過?是以躬在隴西,才已超於六代;家居成紀,聲早揚於四方。固應明皇有道之年,就徵金馬;元寶改元之日,降輦步迎。列爵玉堂,賓以商顔之禮;寶牀方丈,寵以供奉之班。既而歌清平之瑶章,昭陽含怒;脱虎靴於春殿,力士見嗔。皇心歡終,龍顔愠見。遂失職而遠辭翰苑,乃離次以長流夜郎。由是邀殊恩以脱罪,即故人而徜徉。棄屣軒冕,寄意江山。逍遥江海,着宫錦兮下蘭舟;嘯傲雲烟,駕長鯨兮歸空冥。所以後人多寤想而莫忘,過客常流連而太息。故於遊目之鄉,爰築層樓於上。風流雖邈,依然精爽動山川;勝事堪追,允矣輝光争日月。爰作賦曰:

懿夫郡稱姑孰,牛渚擅名勝之雄奇;地接金陵,采石據上游而峭卓。訪温公之勝事,舊址飄零;尋謝尚之風流,遺踪悠邈。惟騎鯨之仙子,歷萬古而流傳。對化石之佳人,建高樓而昭倬。擬墮淚之羊碑,寄仰高於韓嶽。於是勝擬蓬瀛,勢通象緯。棟甍叠複,高侔金碧之居;櫺檻縱横,上接青霄之氣。近睇望夫之螺髻,數點依稀;遠憐對影之峩眉,兩行髣髴。紅欄雨霽,忽聞鳥語勾輈;碧瓦春暄,偏聽松濤騰沸。爾其下襲苔衣,上張虬蓋。俯喬柯於庭際,爛若青葱;列遠岫於窻中,紛如烟靄。沙明水落,鳥過白露洲前;月小天寒,雁落黄山渚外。覽峯巒之菴藹,勢擢千尋;瞻竹樹之蕭森,材呈兩太。則有牽船荻港,繫纜蕒洲。鸂鶒間間而對語,鵁鶄澹澹而雙浮。細雨飄來,添半篙之新漲;和風吹去,飛一葉之扁舟。風捲青帘,争覓林間之酒;嵐生碧嶂,深藏花外之樓。起靄靄之雲煙,將疎乍密;聽冷冷之江瀨,欲去還留。又或掛玉免於山椒,光射雲屏而蕩漾;繫陽烏於樹杪,輝流朱檻而盤桓。一抹螺鬟,鬬半鈎之新月;長江鏡面,映幾點之烟巒。豈接暮雲之亭,迷濛霧薄;抑傍清風之闥,蕭瑟風寒。由是高人嘯傲,韻士追隨。共攜笻而至止,偕步屧而來兹。倚檻凝眸,見楊柳千家緑蔭;凭欄遥睇,愛山花十里紅垂。層層蟹舍漁莊,歌聲斷續;處處雞棲豚栅,烟影迷離。古木喬松,染出倪迂之畫;崩厓欹樹,吟成杜老之詩。莫不情濃而命酌,興至而摛詞也。彼夫亭名賞咏,映謝氏之高齋;臺號凌敲,接天門之雙峽。非不煌煌榱桷,動學士之流連;佳麗軒楹,供遊人之歡洽。孰若兹樓也,仙留而虚檻雲生,仙去而重簷花壓陋臨,春之綺靡,媿方壺之岌業也哉。是以倚檻而長歌曰:"登彼高樓,憶錦袍兮。緬彼謫仙,思鬱陶兮。駿馬名姬,興趣豪兮。衾天枕地,志意高兮。詩酒仙聖,擅風騷兮。大雅久衰,仰基址兮。祠廟空存,風飋飋兮。不盡愁心,萬里濤兮。"

讀書燈賦以短檠還對讀書燈爲韻。

吴德權

蘭臺積學,石室藏書。探精微於載籍,嘗菽粟於經畬。才貴成乎八斗,功宜殫夫三餘。繼晷常吟,月出光明清漏永;焚膏未滅,風來烟裊夜牕虚。爾其萬卷勤披,孤燈獨對。照開睡眼,覽墳典於良宵;剔起灰心,切磨礱於嚮晦。咿唔誰和,雞鳴蓬户之中;熘火堪親,人在蕭齋之内。

乃知戒以晏安，勤兹誦讀。既無倦於厥心，又何寐於其目。光盈雪案，用窺垂露之書；影透疎檽，恰是青燈之屋。蘭膏未盡，焕蝌蚪而晶熒；鳳腦初然，辨魯魚而炳煜。是以玩其道味，愛此書燈。錦軸徐開，緑字數行可考；牙籤乍啟，明光一寸堪憑。醉殘豪傑情懷，助苦吟而愈熾；炤見聖賢心志，豈借鏡之無能。懿夫是燈也，提攜甚便，低小仍擎。喜丹心之不染，羨三尺之短檠。置向藜床，不必乞鄰家之火；移來帷幕，何庸借東壁之明。效車子之勤修，明勝囊螢三照；師孫康之攻苦，夜存映雪之情。維時乍聽更闌，旋驚宵短。燈與書兮相依，我與燈兮作伴。焰吐每因篝夜雨，燭永夜以無殘；花開不爲媚春陽，結數枝而未散。雖非太乙藜燃，暗兆筆花香滿。輝增蓬蓽，文焕鴛班。既已發憤忘寢，自宜衣錦而還。可知此燈實光聖賢經之傳，而顯吾身於人寰。

彼沙揀金賦以求寳之道同乎選賢爲韻。

吴德粲

翳精瑩之鏐鈑，列珍寳以呈奇。表雙南之聲價，分三品之等差。閃爍之精光莫並，晶融之美質無虧。九牧輸供，擅中央之正色；五行順布，稟太白之華姿。但未有過而問者，則庶其卷而藏之。當其産沙際而秘其光，生淤泥而藴其寳。濳於石礦，嗟美好之沉淪；未出風塵，嘆異姿之幽抱。静而又静，奚由耀厥聲華；奇之又奇，亦幾窮於搜討。然而崑山之美玉中含，猶可研尋而獲；濁水之明珠内孕，亦邀清鑒之求可知。有實者不尚浮名，在彼固無求知之念；掄才者貴有卓識，在野乃無良善之留。豈其青氣紫光，意瞻望之弗及；蟠泥積水，果藻鑑之難周。惟夫具燭照之明，盡慎擇之道。恒河雖衆，披之則無使其混淆；麗水堪珍，揀之則無譏於潦草。是非有辨，見選拔之咸宜；棄取無偏，庶俗見之可掃。於是前雖沉乎石竇，今則出乎險中。謝泥塗而耀熠，登太府以尊崇。陽邁之奇光詎常煙没，狼牨之寳氣終耀華戎。既象罔探珠之得似，復卞和剖玉之相同。由是性惟從草，堅莫能逾。置大治之洪爐，可供皷鑄；資良工之百錬，爰就規模。用作鼎鉉之珍，洵無愧也！燦若星辰之耀，不亦宜乎！方今韞櫝之士，席珍之賢，學藴五車之富，才成萬選之錢，徒傷遇於矮屋，如坐困於重淵。莫不太息咨嗟，思躍冶而不得；雕章鏤句，期擲地以争先。乃今聖主當陽，垂裳端冕，握金鏡之明昭，築金臺以揀選。旁羅俊彦，舉不遺才；博網賢能，進不隱善。不幾若披灼爍之晴沙，而揀精英之鏐銑也哉！

白紵山懷古賦

吴德讓

惟姑孰之名區，尋廢興之遺跡。有名山焉，去城咫尺。倚東閣而屏開，映龍山而雲積。松聲夜捲，撼來滚滚之濤；樵徑春迷，聳出漸漸之石。問兹山之姓字，尚將曲罷而名存；緬晉代之風流，空對峯青而月白。爾乃始號楚山，繼稱白紵。嘉名肇錫，無殊太守之青山；勝事堪傳，何異謫仙於牛渚。饒多好景之廻環，稚有昔人之延跓。遂乃幽厓林麓，問停宋主高軒；至今野老山僧，更説將軍盛舉。原有司馬移鎮此間，勢真拔扈，情若寬閒。當公餘之暇日，放豪興於好山。主薄參軍，盡是風流之伴；燕姬越女，並參歌舞之班。倚山巔而眺望，俯小澗而彎環。正如身置雲中，樂也洩洩；豈若樹逢道上，淚每潸潸。於是開瓊筵於澗畔，飛羽爵於幽厓。徵新詞於坐客，起妙技於宫娃。曲曲歌來，香霏玉屑；翩翩舞去，細墮金釵。執樂三千，何異霓裳仙曲；紅粧四面，恍如繡幕齊排。如此江山，信堪悦目。加以點綴，倍覺怡懷。更復有興未闌，餘情盡吐。斜着裹衣，閒揮玉麈。眺清潭之月影，高朗嘶駿；掛石畔之宫袍，斑爛似虎。此尤其跡傳至今，事垂往古者也。今則舊迹云遥，斯人已故。遶蕭寺而低徊，上峯頭以延步。峯廻路轉，詎異當年；遺臭流芳，盡如朝露。無復紅裙妬殺，尚留楓落山家；可憐綵鬌聲消，空聽鶯啼芳樹。則能勿望古而興懷，登高而作賦？

玩鞭亭碑擬庾子山體。

吴德蘭

若夫然犀怪誕，語近齊東；捉月詼諧，言傳好事。碧雲絳雪，衹供退食之優閒；折柳頒春，惜少遺踪之延攬。識歸舟於天際，徒留五字之馨；送客舫於吴波，莫辨六楹之址。惟此玩鞭勝事，堪與賞詠齊芳。一則江上留銘，月照將軍之魄；一則湖陰紀跡，春生帝子之魂。溯夫七帝告終之日，八王兢起之餘。清洛碧嵩之野，悲歎銅駝；龍盤虎踞之都，浮來天馬。方冀祖鞭先着，庾塵不污。越石枕戈，立奇功於河朔；太真絶裾，延美譽於江南。孰意穢漲膻流，鯨鯢未聞授首；抗旌犯順，鼠狐忽見憑城。指片帆於建業，妄期方太甲於瑯琊；營堅壁於鳩兹，謾欲艾牛金於典午。金陵門户，宿霧漫天；京尹咽喉，妖氛塞野。偉矣鮮卑之子，下赤日於雲霄；咄哉酣鼻之夫，驚黄鬚於卧榻。虎符雨驟，麾五騎以追奔；驥步雲騰，駕六龍而飛閃。擲寶鞭於歧路，若劉邦解冒頓之圍；策巴馬於長途，類主父脱(贏)[嬴]秦之縶。是雖老嫗詒兵，誤追程於傳玩；要亦百靈効順，破賊膽於先幾。例前茅於夸父，棄杖宜嗟；擬健步於魯陽，揮戈莫返。桑榆嘆逝，智慚向日之葵；見晛終消，劣比射烏之羿。振海旗兮蔽日，憑誰贈策而來；被雪甲兮排江，孰謂投鞭可截。空令唾壺碎擊，聲銷老驥之吟；徒使朽骨殘誅，罰及枯魚之肆。迄今戰壘烟開，賊城雲杳。徘徊七寶之遺，彩散花光草色；諷誦八叉之句，魂消楚岫吴波。爰有宋代禪宗，瞿曇法嗣。茅屋三間之外，標勝跡而引金繩；白雲一塢之間，搆危亭而開覺路。簷牙掛日，苔痕欲上豐碑；曲檻留春，玉勒閒嘶芳草。雨飛紅杏林中，臙脂透染；風捲緑楊堤畔，晴雪横飄。碧毯綫頭，抽新畬於早稻；青羅裙帶，展遠水之新蒲。是皆兹亭之勝概，當三春而逾妍者也。銘曰：鳩水之北，淮曲之陽。東晉繼統，此爲畿疆。五馬初渡，股肱惟良。夷吾佐命，克厭羣望。烏衣子弟，布列巖廊。稱共天下，惟馬與王。寇獗河朔，我武未揚。敦總征討，方賴安攘。奈圖不軌，猛噬大張。悉衆入寇，舉兵武昌。于湖重鎮，側踞饑狼。惟瑁神武，志披猖狂。陰察營壘，匹馬載行。妖狐晝寢，金烏騰光。堅壁若失，氣壓凶鋩。繞城三匝，夢斷黄(梁)[粱]。爰趣飛騎，載策驪黄。白羽如日，枝戟如霜。追奔逐走，勢若探囊。至人無阨，龍媒高翔。神鞭墮玉，傳觀周詳。前騎已遠，四顧茫茫。猗哉晉明，無贼無戕。時變物化，追論莫忘。搆亭紀勝，曰惟藴湘。輝生萬彙，澤布東皇。奸雄遺臭，景物呈芳。

孟嘉落帽賦以笑倩旁人爲正冠爲韻。

吴德邦

昔桓司馬之鎮姑孰也，羅幕府之清才，扼東南之險要。乘九日以登臨，望龍山而憑眺。騶從紛紜，賓筵宴笑。渚清沙白，看孤雁之横飛；風急天高，聽哀猿而長嘯。時有參軍，厥姓惟孟。曠達爲懷，風流適性。戎粧燦若，雜絳葉以繽紛；皂帽依然，俯澄潭而掩映。比林宗之折角，厥製偏新；似山簡之接䍦，何嫌不正。俄而清飈拂樹，爽籟迎凉。白雲高飛兮嶺上，紅葉亂飄兮峯旁。絳幘翻空，醉容可掬；烏紗忽墮，華髮凝霜。張旭露頂以啣杯，同其傲兀；袁耽探冠而擲地，共此清狂。於是司馬笑顧賓僚，授簡孫盛爲文以嘲之曰："燕凱載賡，梗楠秀競。裘帶蹁躚，壺歌諷詠。何物楚狂，亂我觴政。隕帽莫知，正冠誰倩？覩苗髮之盈頭，應羞顔於芳鏡；歌相鼠以侑觥，維宰夫之是命。"嘉乃睪然而思，輾然如戲，援筆以答之曰："人貴作達，士宜適志。流水易趨，浮雲暫寄。散髮臨風，科頭含醉。腰適忘帶，足適忘屣。將明月以爲冠，飛霞以作帔。披謭謭之陋人，又烏知其所爲？"維時羣英咸伏，四坐盡歡。洗盞更酌，援琴載彈。歌曰："風蕭蕭兮落木寒，水浩浩兮秋雲漫。簫皷奏兮振林巒，樂莫樂兮此盤桓。"歌罷，司馬乃命左右還之以冠。顧視日夕，返旆回鞍。然而盛遊不再，往事空淪。徒欣高會，共悵蕭辰。佩雜茱萸，問明年之誰健；帽簪黄菊，笑短髮之如新。彭城戲馬同蕭瑟，一種秋光愁煞人。

太白樓觀潮賦以題爲韻。

吴德榛

探勝蹟於東南，眺危樓於蒼靄。雄臨牛渚之間，遠揖天門之外。丹梯翠壁，上薄星辰；烏帽錦袍，名高嵩太。緬供奉兮云遥，尚風流兮如繪。爾乃山號翠螺，樓名太白。朱欄虚映，放眉黛之雙青；畫棟淩空，散遥天之一碧。笑宏景兮三層，陋元龍兮百尺。松聲夜静，秋高則鶴唳空山；帆影朝飛，春暖則烟開畫壁。遥分雲水之鄉，俯瞰黿鼉之宅。蓋其依山結屋，臨水爲樓。啟檻而銀濤欲撼，開窻而雪練難收。萬馬聲驅，直送湘沅之水；三山氣捲，渾迷建業之舟。沙鳥飛廻於洲畔，舫燈明滅於灘頭。風力奔檣，失江間之鐵鎖；月光射水，現波底之金牛。則有名流振策，高士凭欄。眄千尋之駭浪，指萬里之洪瀾。浩漫而聲流六代，奔騰而影浸雙丸。湧江豚兮欲出，奮海鵬兮思摶。夜雜松濤，摧將軍之戰壘；寒迷荻影，失漁子之沙灘。錢王之箭遥飛，氣淩島嶼；周京之鐘乍起，響振林巒。莫不登樓極目，曰此天下之大觀也。已而狂風徐歇，巨浪欲消。洲邊霧斂，水面雲飄。晚烟生兮葭浦，殘照下兮山椒。漁笛聲聲，咽波間之新月；客帆點點，趁天外之歸潮。然而清景依然，昔人難遇。每懷古而長吟，試登高而騁步。見水白兮山青，與落霞兮孤鶩。問騎鯨之往事，逝水匪今；思披錦之勝遊，流風已故。從此句題閣上，還同崔灝之詩；莫教思起樓頭，竊擬仲宣之賦。

麥　浪　賦以秧針刺水麥浪翻雲爲韻。

吴德材

唯薰風之乍扇，正麥浪之輕揚。起微波於陸地，疑新漲於方塘。碧色遥侵，高映千章之樹；黄陰近接，低連半畝之秧。爾乃歷三時之久，經四氣之深，横鋪繡壤，遠映芳林。湧銀濤兮渺渺，添桃雨兮潯潯。遥指花村，半俯拖藍之沚；微行綺陌，尤翻冒緑之針。時則暑氣初蒸，炎氛乍至。晴烟漠漠，墨帳猶低；布穀聲聲，秧針欲蒔。值煖煖之風光，慶浮浮之滯穗。非月湧夫江湖，豈波廻於湘泗。何明翠之横流，竟靴紋之如刺。而且忽抑忽揚，乍掀乍止。等沅芷以同芳，比澧蘭而並美。烏衣拂去，莫辨山溪；白鷺飛來，還迷沼涘。輕風捲處，都成不涸之鄉；濃露零時，盡入沿流之水。於是瞻彼平疇，覩兹瑞麥。欣萬傾之皆青，樂千畦之一碧。依稀宿海之出崑崙，彷彿瑶池之融玉液。白雲未起，不異横江；清風徐來，何殊赤壁。亦有感善治之嘉徵，緬呈祥於野曠；誌五日以無愆，苗兩歧以成浪。廻波輕縠，漾去彌高；舞秀飛芒，翻時愈暢。舒卷無心，輕颺欲泛。況乎時和世稔，物阜民繁。聖天子膏澤頻零，遍郊圻而輕黄欲綻；恩波共沐，布邱隴而細碧頻翻。同雲影與天光，徘徊長夏；來浴凫兮飛燕，蕩漾周原。以故良苗錯縱，惠穗紛紜。秧馬争排，尚待豐年之卜；麥歧輕疊，已如滄海之沄。使河漢之能通，應拂月中之桂；若鵬程之可化，自垂天際之雲。

雪　賦以玉滿天山爲韻。

吴德昌

若夫律中應鐘，令司誰屬。冷放階除，寒侵山曲。翳同雲之密布，銀絮時翻；占宜麥於三農，瑞花可矚。偏教綽約，剪水兮而落輕綃；到處飄颻，研塵兮而霏碎玉。三分遜白矢，孤艷而超塵；六出飛瓊表，奇姿而絶俗。爾其飄旅舍，遍驛館，效野盈，山谷滿。灞橋之詩思宛轉微吟，梁山之歸心低徊吐欸。簷庭素彩，蝶亂難禁；林葉瓊瑶，花飛莫管。皚皚而逐雨流飄，皎皎而因風拂散。若乃花飄落地，光澈通天。彩筆淋漓，喜切賓王之句；錦箋活潑，願同韓愈之篇。真是仙人，快行而時披鶴氅；那知徑滅，獨釣而偏繫漁船。淨若蘆花之白，輕同柳絮之牽。影入空幃，想像映書之子；光侵遠水，還思訪戴之賢。筆費評章，開簾詠歎；詩傳禁體，展幕流連。是則謝氏林亭，盡在廻眸之内；梁王池館，無非跬步之間。漉漉浮浮，光同上下；霏霏脉脉，景混天山。座暖難消，書齋偏增閴寂；爐烟方熾，茶竈多羨清閒。應日而生，惟優渥之羣黎咸沾帝澤；因時而降，故瓊花之三白競媚天顔。凡在皇恩之被化者，孰不願賡颺於鴛鷺之班。

映雪讀書賦以雪影透書幃爲韻。

吴德炎

大宇沉寥，朔飈凜冽。冰結銀塘，雲飛梨雪。乍玲瓏而入座，虚白窻生；忽掩映以含姿，奇書行列。詎燃華燭，秉蓮炬以咿唔；孰假夜光，資蘭膏以披閲。書對雪而熠燦炳烺，雪映書而精瑩澄澈。則有孫氏辛勤，三餘箴警。藉六出之飄零，勵六藝之馳騁。魯魚可證，不須螢火之流；亥豕足徵，聊作藜光之炳。寸陰時惜，雅韻欲流；五夜更闌，素輝眼冷。誰云寂寞，快淅瀝兮敲窻；孰謂淒涼，喜瓊瑶之射影。於是五車三篋，鋭意冥搜；諸子百家，屏心研究。或讀來思之句，霏霏擬諸形容；或讀同雲之章，雰雰曲爲寫就。或讀莊子，皓方姑射之肌；或讀楚詞，譜入陽春之奏。取鑑在物，理境潛孚；取精在心，春光暗透。至於盈尺呈祥，堪印謝家之賦；封條彌篤，信符董氏之書。古典遥稽。青雨廣延之國；古文近鑠，赤布河陰之墟。倘讀梁山黄竹之辭，應景仰古人之仁孝；若歌露寢履穿之事，定慨想高士之安舒。寶篆香殘，宛若火珠列几；銀壺漏淺，恍如金鏡横疏。羅古今而鑑别，探精藴於歲餘。彼夫踏雪尋梅，鍾情癯叟，披裘釣雪，矢志清沂。衣鶴氅以繞行，雅擅神仙之號；閉柴扉而僵卧，時留賢令之騑。孰若小闢明窻，向素霙而展卷；聊方鑿壁，對冷艷而捲幃。固宜上追夫明哲，下葆夫幾希也。

山明望松雪賦以題爲韻。

吴本志

雲迷銀漢，雪擁柴關。片片遄飛，認梅花之綴樹；紛紛密布，訝柳絮之鋪山。點石玲瓏，裝成玉貌，披松晶皎，露出冰顔。盻雪梯之冉冉，拖蠟屐而閑閑。爾其峭壁凝寒，虬龍卧雪。盈眸以望，儼皓鶴之集林；溯澗而前，似白狼之遊㞐。含風謖謖，滚錦浪於蒼松；綴地濃濃，吐秀雲於丹穴。人踪斷而徑封，鳥飛還而影絶。遠眺沼堤，瓊琚徧覆；閒瞻石竇，瑜瑕齊呈。其始也，凍結陰凝，虬枝披而玉花皎潔；其後也，雲收日馭，鱗甲露而碧蘚晶明。倩錯落之晶毬，冰壺欲盛；眺琳琅之玉筍，雲嶺成行。山得松而偏饒葱靚，松得雪而彌顯幽清。時則灰飛葭琯，律應黄鐘。碧澗流清，冰沍而潺湲杳杳；緑梅香永，雪披而馥郁濃濃。貓頭之筍新抽，金枝乍迸；輪囷之椿長挺，翠幹高衝。非不足供騷人之遠矚，終未若嶺上之喬松。則有踏雪而來，披裘以望。比之君子，不嫌晚歲方知；號曰大夫，即作明山之相。斯對錯節與盤根，莫不神移而心曠。於是琴揮石上，願抒白雪之歌；角掛峯頭，倩得白雲之護。快瓊嶺之秀攢，愛玉樹之徧布。當游日之騁懷，遂摛毫而作賦。

姑孰八景賦以江山之勝天下稱奇爲韻。

吴本輝

攬風景於姑孰，稱制勝於南邦。憑湊吴楚，襟帶淮江。地誠非一，景合無雙。白紵青青，霏晴嵐於碧漢；松風謖謖，瀉逸響於幽牕。夜半枕上聞來，恍疑泉沸；亭午寺中聽去，欲亂鐘撞。漫道絃歌寂寞，猶然佩玉琤瑽。

爾其渡河尋勝，再睹佳山。烟籠香翠，水影螺鬟。素質亭亭，移瑶臺之瓊樹；金波穆穆，掛天際之眉彎。蟾窟仙人，伴梅皎皎；羅浮倩女，映月珊珊。索笑升高，係吟魂於子夜；飛觴盡醉，結綺夢於雲關。是爲尼坡之景，並存指顧之間。若夫春風微扇，春水含滋。登牛渚而下視，駭濤浪之奔馳。迅湧天門，飛雲帆之片片；順流建業，綰霧縠之漪漪。映兩岸之桃花，波面千重文錦；漾沿堤之柳影，水中萬疊金絲。信屬東南之勝也，將行溯洄以從之。逮乎秋到人間，菊開晚徑。紅葉遍看，龍山居勝。霜酣萬樹，輝初日於朝晴；野燒千林，豔餘霞於夕暝。一帶茅茨村舍，繡帳横開；幾間金碧禪林，錦屏適稱。登高此處，桓宣武倍係幽情；落帽何辭，孟參軍適饒逸興。

然而古人不作，世事頻遷。疇能廟食，永以千年？惟李白者，有遺祠焉。建之青山之側，安其物外之天。路轉峯廻，恰聞清磬；林深谷秀，時繞祥烟。仙塚詩壇，風雨窮碑獨綺；筆蘆星管，春秋翠色交妍。緬宫袍兮安在？睹遺跡兮依然。循麓登山，有泉自瀉。源源而來，滚滚不(含)[舍]。風聞如瀑布之飛，雨聽似湍流之下。應旱潦而清涓，遍寒暑而飄灑。井誠古物，等桓氏之潺湲；名以元暉，識謝公之風雅。乃若幽探未厭，横望繼秤。山中宰相不來，晨吹應斷；洞裏丹爐宛在，清焰猶騰。縹緲上岡巒之百尺，氤氳浮巖壑之千層。冠嶺則丹霞以蔚，觸石則白雲以蒸。帶垂松而暗結，飄古洞以常凝。

至於黄山片石，凌歊故基。粉黛三千，宋武行歌之地；竹荷四映，當年避暑之期。悵望荒臺，久沉烟雨；霏微夕照，猶傍江涯。天際遥看，波放一江紅紫；山中反射，樹皆五色迷離。景得斯而成八，名振古以同垂。如争妍而鬭媚，恍立異而矜奇。又何羨乎環滁之幽秀，而遠企夫五嶺之高危。

滿架薇薔一院香賦以題爲韻。

吴本支

薰風徐扇，夏日已長。深深静院，灼灼紅薔。啼漢女之粧，娟娟弄影；濯文君之錦，靄靄流光。金谷園中，盼奇葩之掩映；華林苑裏，羡繡萼之芬芳。爾其色擅窻前，香浮階下。乍晴乍雨，想艷色之霏微；半萼半開，傍朱楹而低亞。含情欲語，氣消蘭畹之魂；用意初匀，濃映珊瑚之架。懿夫牛勒久傳，郊扉競出。清和節至，愛三三徑裏芳情；爛漫開齊，疑七七掌中妙術。貫四時而不絶，應羞桃李之花；覽一院而俱芳，儼入芝蘭之室。莫嫌既醉有三，定是花中第一。

爰乃牆側陰深，林鶯巧囀。雞苗色麗，芳來叠雪之衣；紅制花融，香襲輕羅之扇。或摇漾於玉堂，或紛披于幽院。沾一旬之膏雨，能逐月而頻開；覆六枳之巴籬，對斜陽而愈絢。於時淺深重暈，高下含香。紉青莖以作佩，剪文綃而綴房。吟詩獲麗錦之袍，光生魏紫；買笑有金錢之奉，品重姚黄。既迷離而舒艷，亦糺縵而倚牆。則見絳帔開遲，紅雲吸緩。吐萼不同潘縣争春，鬬雪可與梅花作伴。細滴燕脂之汁，帶露盈盈；横呈羅綺之觀，淩烟欻欻。瑶臺月下，欣看妖艷常留；雲母屏前，愈覺芳菲已滿。

彼夫紅蓮色映，緑柳烟霏。芍藥紛敷於玉戺，朱櫻瀉出於闌闈。非不足爲乘時之景物，要未若滿架之薔薇。香拂朝衣，宫黛三千共賞；色迷舞袖，朱欄十二齊輝。織罷仙機，落地而飛霞猶燦；漬成香澤，着衣而瑞露未晞。辭曰："一莖獨秀兮青枝布護，四面垂條兮烟光徐度。喜濃華之滿院兮芬菲可慕，覩品彙之咸亨兮用濡毫而作賦。"

新　燕　賦以輕燕受風斜爲韻。

吴本祖

春風乍扇，社雨初晴。紫陌烟深，栩栩莊生蝶影；青郊日麗，嚶嚶仲若鸝聲。伊珠簾之半捲，聽玄鳥之方鳴。偶尋石氏歌臺，啣泥未及；旋傍王家酒榭，掠水偏輕。入幕何時，且喜烏衣夢轉；梳翎欲罷，猶疑白玉釵横。爾其喃喃絮月，故故斜風。翩翩出入，兩兩西東。細草成茵，訝輕衫之染碧；芳葩似錦，看小喙之粘紅。時追飛于林外，亦頡頏于園中。將傳繫足之書，對人欲語；乍試裁雲之剪，雙尾排空。懿夫故主可懷，舊巢堪戀。吸玉瀣於高柯，墜芹泥於小院。似絢水晶之色，牽來紅縷幾條；如增玳瑁之光，颺去玄裳一片。集馬樞之案几，愛聯影以成雙；翔景素之烟雲，隨清飂而甚便。擬盛世之珍禽，陋趙家之飛燕。時或競度村前，争鳴巷口。時唤黄(梁)[粱]之夢，偏惱羈人；疑寫繡幙之愁，暗驚思婦。棲簷則畫棟潛窺，集户則遺書可受。名爲神女，藏金屋以愈嬌；號作仙人，漾紅衿而多趣。羣美武陵春色，驚飛灼灼之桃；獨逢御苑風光，欲妬青青之柳。彼夫鳴鳩拂羽，浴鷺眠沙。布穀之聲已急，戴勝之降非賒。皆足爲春時之好鳥，要未若新燕之堪誇。來從朱雀橋邊，金鈎乍掠；去向青雲館外，緑樹將遮。低伏堂中，卍字蘭前人醉；偕穿窻裏，波紋簾外風斜。沾聖朝之雨露，樂今日之繁華。值羽毛豐滿之時，方幸出留郎之國；逞天半飛鳴之志，豈常居百姓之家。

青山賦并序

吴本宏

大江之南蜿蜒扶輿，鬱而爲山者不知凡幾。而姑孰面臨溪水，入望數十里，有山名曰“青山”。山不止高大，而名公鉅卿騷人才士往往逗舟其下，無有不觴且咏者，蓋以齊宣城太守謝公玄暉家焉。世遂呼爲“謝公山”。越後，塗之人又祠供奉李公於其上，尚亦欲遂其臨風懷謝之意乎？南宫米先生書之於石，以爲第一山，洵然。愚請染翰而爲之賦曰：

塗邑之望，山名曰青。右托根於溪沚，左結體於郊坰。既征塗之所歷，亦舟楫之所經。俯臨石室，仰踞蒼冥。捫苔蘚而直上，搆巢雲之危亭。恣遊覽以選勝，景先哲之餘馨。雅愛山棲，徑穿石隙。烟樹鬱而迷人，幽鳥閒而唤客。嵐光與密篠分青，雲影共寒泉競碧。一覽而萬壑俱縈，四顧則三江頓窄。探袁記室之逸興，未免有情；笑桓將軍之勝遊，聊能免俗。至若亭依峭壁，寺隱山椒。背景峯而若接，枕牛渚而匪遥。睇泉灣之入抱，環塔影以干霄。謝家舊地，梅竹争饒。以石爲池，自昔通泉於海眼；就松架屋，何年結宇於山腰。

爾乃代異齊梁，詩稱供奉。招目下之仙靈，披雲間之蒙茸。沉香亭畔，曾遊御墨之題；桂樹山中，猶見宫袍之擁。方將摛玉管以揚休，豈止藉金閨以爲重。乃知山以人顯，人以詩傳。思臨摩兮石碣，廛芳躅兮前賢。啟白雲兮古寺，汲保和兮清泉。奠椒漿兮玉液，尋逸韻兮瑶篇。宜後賢兮繼起，與日月兮俱懸。

槃圓盂方賦以器之方圓有符君德爲韻。

吴本寯

今夫聖人之上在也，百辟爲型，萬邦作式。綜作威作福之尊，立從欲從風之極。光於上下，驗蟠天際地之休；徵諸器名，昭暗合潛符之德。若夫器有不同，分乎貴賤，判夫方圓。盂之爲形，方以象地；槃之爲制，圓以象天。陳諸明堂，與連城鼎鐘而並重；藏之典瑞，等赤刀大訓以俱傳。緊夫槃也者，其象爲規，非方塘之堪比；其形爲璧，豈方矩之相妨。製自良工，金鑑堪相掩映；呈之淨几，冰壺好共比方。欲著同風之盛，爰昭一道之彰。至若盂也者，象非同明月之一輪，形有似銀塘之半畝。擬以中規之實，責實奚存？授以如蓋之名，循名未有。想秦鏡之奩張，方兹或可；思石池之月照，比此無難。惟兹器也，君德符之。銘槃勤日新之德，張弓協天道之宜。擬於其倫，非支吾而强復；適如其分，豈交介而游移。故夫昭地道之成，洵無愧也；著銘盂之警，不亦宜乎？過化存神，在上之性情胥洽；風行草偃，爲下之觀感罔殊。朝野無相隔之形骸，豈歧其致；尊卑有從同之道法，若合其符。是蓋聖德同天，譬圓槃以無别；皇猷協地，等方盂以何分？位乎上，位乎下，位乎中，兼三才而建極；合其柄，合其明，合其德，配兩大以爲君。曲擬焉，理有可得；罕譬焉，物必以羣。我皇上仁知性成，聰明天賜。卑以法地，俯察而不異其形；崇以效天，仰觀而詎殊其類。欲知聖治之無方，曷爲取譬於美器云。

修學務早賦以習與性成不易自然爲韻。

吴本佳

學必乘時，功當孔急。惜去日之餘三，讀藏書而累十。貴總角而横經，豈頒白而負笈。後生可畏，無遺將落之嗟；童子有知，宜篤及時之習。於是博覽遺經，遍尋墜緒。鑿匡衡之壁，竟夜不眠；閉孫敬之門，無時少沮。書籤滿架，敢廢業以優游；血氣方剛，詎失時而容與。假令徒務虚名，初無實行。宰寢當戒，偏教北牖高眠；顔學宜尋，弗向南牕苦詠。意與歲去，將老大而難以研精；年與時馳，詎衰殘而反能理性？誠以小子天真未鑿，少時氣質猶清。嗜欲將開，洗磨猶易。工夫漸進，探索能精。志不分於心糞，功可鋭於舌耕。卷帖浩繁，篤學可云習慣；神明專注，敏求何羨性生。將厚殖不同，枯落而好修，何異少成？緣是善學者務取及時，致知者須求博物。家儲無斗，王歡之誦讀安休？年少不廉，朱翼之淹通靡迄。學當自屈聖門，恒致美乎弗如；思必通微詩人，徒餙言於豈不。以故用力貴乎加勤，循途庶幾漸至。其年甚富，盛德端在懋修；其力方强，大業尤當遜志。卓彼先覺，乃云動合自然；勉兹後人，須知功成不易。惟是藝圃情馳，文苑心醉。漫道老當益壯，暮年竊恐無聞；誰云器大晚成，早歲勿甘自棄。十四而觀書不倦，任末終無常師；二十而雜藝兼通，沈約何妨面試。經生鑽紙，惟戒鹵莽之功；文士雕龍，豈昧淵源之自。所以窮年矻矻，終日乾乾。志以一而不失，年以少而愈專。曹氏良圖，書倉早積。桑生舊業，鐵硯必穿。聚萬卷於墨莊，殷勤播厥；擁百城於武庫，寢食淡然。

登太白樓望江賦以題爲韻。

吴本高

山横螺翠，樓矗雲層。緬仙人之舊館，着蠟屐而頻登。俯浩渺之烟波，江天一攬；縱迢遥之清盼，闌檻間凭。則見夫瀉寒流，飛急瀨，雪浪奔騰，銀濤硼磕。石趾漱兮樓撼江聲，岫雲蒸兮水環山帶。敞踈櫺而嘯傲，身居圖畫之中；臨皎鏡而徘徊，心寄烟霞之外。洵如歷夫蓬壺，又何羨乎嵩太？緬維天寶(祠)[詞]宗，金閨詩伯。人號謫仙，名稱李白。清平賦就，邀七寶以調羹；宫錦披來，寄五湖而浪跡。捉月於揚子之江，臨風於謝公之宅。乃人遐宅邇，但遺弘景三層；仙去樓空，徒羨元龍百尺。然而地傳名勝，境號清幽。彼齊雲之軒翥莫並，摘星之高敞寡儔。元規據胡床以抒嘯，仲宣假暇日以銷優。要不若兹之長笛一聲，龍吟巨壑；朱霞半落，月上危樓。數行雁字書空，影摇蝌蚪；(雨)[兩]道蛾眉映碧，色釅青油。於是時，簾鉤晚掛，收烟景於樓中；茶竈晨炊，沸濤聲於几上。蕭森葦葉，裝成兩岸秋容；欸乃漁舟，唤起一江烟瘴。揚孤帆於極浦，遠借長風；擊短檝於中流，踏平駭浪。壯哉天塹之奇，久矣四瀆之望。有不對之而意遠、顧之而神王者哉！爰爲之歌曰："如練兮澄江，下天門兮奔瀧，觸危磯兮聲錚鏦。闢雲牖兮啟雕窻，一目千里兮意未降。"又歌曰："江流浩浩兮仙樓如故，大雅不作兮賞心誰遇？憑軒騁望兮前修是慕，素心暫托兮雲中江樹。酹酒仙靈兮風流如晤，登臨寄興兮聊抒詞而作賦。"

宗祠養倉記

佚　名

從來饑穰之歲，天運靡常。旱水之災，世不免此。《周官》所以有“遺人之委積”，以備凶荒也。迨春秋時，委積法廢，魯饑則乞糴於齊，秦饑則乞糴於晉，無備故耳。至於戰國，魏有李悝爲文侯作盡地力之教，始有糴貴傷民，糴賤傷農之説。必謹觀歲熟之上中下：上熟，則公糴三；中熟，則公糴二；下熟則公糴一。而糴庶不至甚賤以傷農。若遇饑歲，則亦酌量上中下，發其所藏而(糴)[糶]，亦不至甚貴以傷民。此雖爲富國計，而後世之倉法實始於此矣。

於是漢耿壽昌踵其説而行之，爲常平倉。此儲之在官，而出入亦在官也。隋長孫平、唐戴胄又師其意，而設之爲義倉。此斂之於民，而官代儲之以爲出入也。朱子因義倉而變通之，借常平之粟别立社倉。使社長一人稽其出入，行之三年，民以饒裕。還常平之粟外，餘千担儲之於倉。自後，秋不取利，只取耗米，而民稱便。此儲之在民，而出入亦在民也。是三法皆爲國家積藏之良策，而行之必在乎其人。有其人則法良，無其人則法壞。法壞則弊端百出，美意虚存，即兇荒無所補矣。夫古之君子，達則廣惠於國，窮則爲善於鄉。故大學之教，治國必先齊家。家者，鄉之望，國之型。其惠猶易廣，而其善可自爲也。

今郡南吴族金幹先生倡義宗祠設立義倉，以備凶荒，以惠同族。是誠爲善於鄉，而家政得其人歟！余詢其措置：則族中量力歡輸，儲爲公廪；宗督一人，總稽其多寡之數；司貨、司書二人，兼理其出入之繁。沿義倉之名而不拘其法，本社倉之意而不泥其制。夏糶秋糴，則猶是常平之例；而斟酌貴賤，以爲積藏遠謀。遇小饑則輕息以貸之；遇中饑則抑價以糶之；遇大饑則臨時變通，酌其貧乏次極量口以賑之。信斯舉也，凶荒有備，而惠及一族。他族倣之，而善及一鄉矣。是齊家此即所以治國，而古人良法美意亦藉是以稍留矣。程子曰：“君子存心愛物，於物必有所濟。”其謂是乎？

嘉慶元年十一月十五日記。

（吴健邦等纂修《[浙江]姑熟吴氏宗譜》 1926 年木活字本）

龜山訟事本末

吴　熙

龜山，世葬祖塋，從無他姓混雜。乾隆元年清明，魆有石姓來龜山認墳。查厥原由，因白水山石文卿與吾族有田土嫌，詐以龜山遺秀哄聳石卜裔。故于是年清明到山認祖。初在南向荒塚，繼即到獻十一太祖墓側掛紙。族人叱曰：“此古土堆也。”挨至第三級左側，思欲祭奠。族又叱曰：“此吾袁氏等太祖妣也。”俯首赧顔，至第四級墓前遊視不定，爲之屈膝。吾族衆笑之：“以爲我家絶墳，何冒認至此！”乃卜裔輒誑云：“吾元代世祖，被爾吴作絶墳久矣。”遂于中心拜祭兩穴，族人即揭去其掛紙。卜裔無顔，歸家，四處挽衆誘議合祭。議内有云：龜山左側向南有墳兩級，石姓，自元相傳至今。西向四級，吴姓，自明成化年間開葬至今。其第四級中心兩穴，在石認爲二世之祖，在吴執爲本房無嗣之墓。各以宗譜爲憑，幾至角口。某等誼屬親友，勸令西向兩穴兩家各盡追遠之誠，不得培高立石。至山與樹木仍歸吴姓管業蔭様，石姓不得争論等語。

吾族誤聽勸議者以不和則訟,訟則終凶也。然而君子論是非,不論得失。以世守之祖塋一旦被異姓混佔,安有與和之理?不和而訟,則墳即被佔,可對祖宗於地下?和即免訟,究竟卧榻鼾睡,亦赧顔于人世。雖李太尊審時稱議單有春秋筆法,看"相傳""認""執""仍歸"等字樣,然已聽騙議,終非完璧矣。

不意二年,勉祭四穴。族人驚駭,相與詈罵。石即呈控。大兄宸瞻偕弟輩亦隨投訴。此時吾父年六十三矣。生平氣識敏達,奈二十年内瘋疾纏染,神氣衰薄。前年與議之時,亦以年老病劇,冀其息事,可以安養身心。及聞此變,日夜憂忿,瘋疾轉爲傷寒。時醫誤投麻桂,急用參苓,莫可補救。四月二十三日巳時,遽爾棄世。嗚呼,痛哉!更可異者,有《洪範傳》所云"鼓妖",每遇黄昏,如虎鳴山谷間。父未病時,忽鳴至牀下。大兄宸瞻九月病殁。余亦病篤。卜裔請縣主方以恭委糧衙楊鳳翔履勘,擁擠多人,聲勢赫然。五叔父暨三哥聖瞻,五弟我瞻,六七弟武瞻、盛瞻,胞弟明瞻、楚瞻,俱與控理調處。然彼隱爲鑽謀。三年正月二十六日,縣方開篆,百務未興,卜裔即請縣履勘。余病猶未起,聞音即墨絰候勘。即出縣候審,寓大雄寺前文炎太公家。猝有酈阿連在大雄寺前隨酈承熊後,拾着無名謗帖一紙,到縣出首,説是承熊所造。即收承熊入禁。謗帖云:縣主方受吴、石二姓賄銀之語。兹不具載。卜裔暗囑縣主方將謗帖内插入墳案,説石姓之譜與塚相符,吴姓之譜與塚互異,偏詳督撫各憲。余驚駭靡寧,訪諸識者,謂通詳案件宜隨詳呈告。彼之所以不催審墳案,而故捲入謗帖通詳者,墳案無罪加吴,而思以謗帖陷吴,可以依律擬處。如此舞弊,陰謀叵測。余連夜往府偵候,詳文數日莫到。適有幕友自雲南藩署歸家,説爾敵人險詐,文書必從上落,不得淹留此地矣。即過省詢問督撫、藩臬各衙門,文書已到數日,殆將批轉。隨以勢謀冒佔事呈告臬憲胡,蒙批府親審,不得發縣。孰料府主吴琳芳將墳案閣起,謗案轉發山邑劉、會邑曾會審。自三月十一起至九月二十止,連審七次。余力爲審釋。文炎太公因酈阿連供攀同審,亦堅不承認。後酈阿連供認,謗帖在縣西門外拾着,定爲疑案斷詳各憲。詎卜裔謡言,府主同姓,轉囑山、會審脱,以致十一月初五,府主復提案親訊。又力爲審釋。嗚呼!以墳案而捲入謗案,已出意外。謗案又添入謡言,覆審一番,誰能逆料?痛念余應縣府連審,時以劇病,一聞傳訊,心如火焚。《内經》云:"心與腎相連。"心火熾則腎患淋濁,氣血俱病,成爲勞傷。余幾瀕死之人矣。然爾時亦遑計及生死也。

謗案一結,墳案即起。臬司行牌飭府選員履勘提審。而石姓鑽謀撫牌發本縣勘審。府主奉撫、臬兩牌,案發上虞邱主政會同本邑方履勘。時乾隆四年三月中旬也。余即馳赴上虞投呈請勘,寓關帝廟内。呈詞寫至午夜,饑餓困憊,形影相弔,撫膺欷歔,徹晨不眠。勉力投遞,又聞新制臺到任,即過省遞呈。三月三十日,府主人趕到省寓,説邱公以四月初一不理刑名,徑同本邑踏勘矣。余即忙起身,連夜趕回。四月初一午後到家。老母以熙勞瘁之極,賜服人參數錢。奈困頓之下,心事交迫,反側不安。而會勘者已入境矣。隨即迎接到山履勘。邱公首問及譜,將石姓之譜詰問石姓,其尊卑排行應對俱錯。且"龜山肩麓"字樣,俱與上文墨跡濃淡不同,欹斜不直,明係訟後刊入。石姓亦無以應。又問方公云:"兩家宗譜,寅翁看過不曾?"方公回説:"不曾看過。"余即詰他云:"老師既不曾看過兩家宗譜,緣何謗詳内有'石姓之譜與塚相符,吴姓之譜與塚互異'等語,難道不是混詳麽?"方公默然無應。邱公將向盤定視龍脈,説此山是太陰金星,風水俱在上面,下邊是絶氣了,那裏是爾二世之祖發得爾這班人來?次問及山。此山坐用字五百三十八號,計山三畝一分。鱗册載明"業主吴龍"。詎料石姓將長瀾莊靈柘祠户内拱字九百三十八號山拍一畝五分,以拱字九字洗補,改作用字五字,現有水跡皺痕。邱公以此詰難石姓,石姓説縣册既有獘病,鱗册自可作據。余以鱗册親自看過,並無石姓字樣,意以激他請鱗,自可憑鱗作斷。遂起文請鱗。而石姓早以暗通管册經承,將鱗號抄發紙條吴龍下添有石字。適新府尊李蒞任。余則據臬牌具呈,懇親提審。石姓則據撫牌,懇發本縣方獨審。蒙府尊查,此案係熙等呈准臬司發府親提、不得轉發之案,隨批開訟提審。乃府批後,又有接方任之馮縣令詳請發審。豈知李太尊係剛毅果斷之人,豈肯聽其游移。

自六月中旬回家,暫定得月餘,至開期,邀得原議陳倬長與周翼升、松年兩尊太洎鄭滄柱、宗頤世兄赴府候審。九月十四日,府坐大堂,遂審此案。未點名時,陳倬長邀吾原議翼翁輩,與彼原議陳復旦等會面合供。翼翁輩俱耿介不阿,説到官説話,總憑天理,何合供之有?松年先生問余可驚謊否?余惟凝神息氣,不顧訟之勝負,但憑理之正直。所謂自反而縮,雖千萬人吾往之概,此時頗有領會。隨即傳訊。首點吴,次點石。只聽得太尊在暖閣上高聲喊叫道:"好紅帽子多到本府面前不怕爾多的。"叫着石文卿,府尊見他穿一件白布衫、黑外套,説道:"爲什麽到本府這裏穿了白袍子來的?可惡之至!"余心中暗喜,覺這場官司大有起色,陡起精神,竭力從頭至尾,條分縷晰,剖白一場。口供不及細叙,别載一本可閲。訊石卜裔道:"什麽元朝的祖宗,隔了一個明朝,到而今本朝已五百年了,還要去認麽?本府坐的所在,前邊是越王殿爾,也去(尋)〔尋〕越王來?這個石文卿不是好人,爾爲什麽聽他唆弄?"遂放倒要打。石文卿鬢髮雪白,口叫七十餘歲,再三求饒,方免。石卜裔説:"有墳有山,貢生印册上拍有用字號山一畝五分,可以查得的。"府尊道:"爾把拱字九百三十八號,改作用字五百三十八號,現有洗補皺痕。爾假造印册,强管人家的山,是什麽罪?少不得要重處!"卜裔前一日見蕭山進士沈元鋐爲墳山争訟,府尊用戒尺打手心過的,膽怯心虚,遂扣首求免。又説:"貢生縣册上既作不得准,這箇鱗册吴龍石的石字是可以作准的?"府尊道:"爾偷改鱗册,我在錢塘做縣官的時節早曉得這個獘病。我禀明藩臺,把管册經承一夾棒,少不得要去爾的前程。"卜裔遂將頂帽除下。府尊因將議單内"相傳""開葬""認""執""仍歸"字樣,仍加密圈,以爲有春秋筆法。謂"相傳"二字,是恍惚之辭;"開葬"則確有實據的;"認"是識認之認,元時祖宗爲何至乾隆元年始認的麽?"執"是執守之執;"仍歸"二字,確是吴山,益無庸議的了。熙即力求府尊説:"前日聽他誘議合祭,已竟誤了。而今不可再誤,望太宗師作主。"意以如此審法,必定撇去合祭之議矣。不意後發看語,竟照議單叙詳各憲。詎知卜裔因府審輸,隨于臬司衙門將府詳盡行翻轉,暗詳督撫。余遂呈告撫臺盧,駁飭再查。府遂覆詳,據鱗册開明四至,内有"北至己田"字樣,遂以田爲吴龍己田,山爲吴龍己山,而墳實爲吴墳。斷明不許合祭。由司及撫司亦改看撫批如詳。石卜裔等不得以陳倬長立議再行滋訟。取具遵依報查繳。至乾隆五年二月出縣,聞得卜裔將撫批隱下,單以臬司翻案看語抄示通族,説官司大贏。約費數千百金,通族該照田丁派還,將以覔利圖翻也。余遂以此案刊知通縣,石姓自相抄閙,説官司已經大輸,尚要假冒看語,騙通族銀錢。如此擾亂數月。值撫牌嚴催,不許合祭。遵依。無奈呈送完結。至六年九月,德制臺同試武闈,石又鑽營,將此案重翻,照臬司初詳。幸蒙撫臺嘗查,以石姓擅改糧册,發縣取石,不得再訟。遵依。卜裔因思此案以我吴理正,勢若騎虎,翻不出頭,復求照議合祭,山仍歸吴獨業。且面説前日誤聽文卿挑唆,一時到山屈膝,難以回臉,因與爾争虚氣。到今目下,不必爾吴家同吾打官司,我石家來播弄吾的已了不得。吾歇只當替爾歇,爾歇只當得吾歇。無奈息結具,不再滋訟。遵依。于八年三月,詳送撫臺完結此案。

余念此事受七載魔難,今雖龜山如舊,而父喪不守,抱恨終天。母以憂憤至傷右明。積怨深恨,畢生悔悶。爰述其本末,以示後人云。時乾隆甲子年春正月祀孫熙手録謹誌。

賊退後歸里雜憶避難時事

吴　杰

滄桑成小劫，歸路耐羊腸。僻隖人煙冷，殘村户牖荒。米空愁客至，衣薄怯風狂。却厭逢隣叟，悲辛話夕陽。

追憶三年事，真如夢寐中。兵戈餘性命，食宿異西東。自愧形容賤，羣憐智計空。人情偏厚處，未忍歎途窮。

煙火迷天起，喧傳賊已營。登山輸捷足，冒夜趂兼程。曲徑人牛雜，危崖擔負争。假眠聊藉草，蓐食又三更。

繭足荒山道，行行越翠微。貧添筋力健，亂悟知交稀。到處甘卑瑣，傳言訝是非。昨聞鄉里信，打草復成圍。

世事乘除際，艱危可若何。藏身天地窄，失路棘荆多。豺虎窺樵徑，鯨鯢狎海波。何當銷厄運，擊壤繼衢歌。

賊燬居廬殆盡覩之悵然

吴　杰

劫火餘灰嘆式微，斷甎零瓦境全非。春深廢圃花仍發，巢失雕梁燕怕歸。頹壁半存人語静，敗扉斜掩客來稀。傷心六十三年事，彈指樓臺願恐違。

（清江瀾等纂修《[浙江諸暨]暨陽孝義里吴氏宗譜》　清光緒十四年聚慶堂木活字本）

宋 氏 宗 譜

長至祭金太君上溯辛祖庚祖丙祖序

宋志學

長至之祭，祭始祖也。曷爲祭金太君？悲太君也。太君曷爲悲？不良死也。曷爲不良死？死病狂。貞祖淚血無已時也。事何始？始姚祖姑祖。姑以節著，載邑乘。稔太君不良死，貞祖淚血無已時，晚而揮淚爲諸父言，肇此祭也。然則曷爲上溯辛祖？長至之祭斷自太君，非禮也。然則曷爲止溯辛祖？《禮》諸侯不祭天子，大夫不祭諸侯，庶人祭遷祖，不敢漫及遠祖。魯禘文王，夫子非之。三家祭桓公，則直斥之矣。朱干玉戚，始用文王廟，因及周公，其後溢及羣廟。季祭桓於庭，習非而《雍》佾不自知，其悖亂無紀極也。遷祖以上不生於虞而祭於虞，疑於望。望，王者之大祭，以祭羣岳。子孫微，望遠祖，懼瀆也。或誰而噱曰：是死叔孫通制此禮也。使子故鄉有傳人焉，遠祖猶釋無祀之痛；如其微也，秋霜春露不獲薦一盃於荒煙蔓草之中，而子猶守死叔孫通忘郊冥禘嚳焉爾，遠祖不爲若敖之鬼，臯陶、庭堅之不祀忽諸歟？予因遽然驚悟，移辛祖之祭而祭庚祖，又移庚祖之祭而祭丙祖，使後世子孫歲歲而祀之，歲歲而稔聞。丙祖、庚祖爲予祖，或遠適異國。近蒐家乘，河源樹本，庶其有合矣乎。祭，思也。思金太君，上及辛祖，又上而及丙祖、庚祖等思也。即祭，悲也。悲金太君，上及辛祖，又上而及丙祖、庚祖等悲也。蓋辛祖棄官不仕，有托而逃，不以其家世里居告後人。或可因是祭而徧搜通國，確徵自出，得所謂冥與嚳焉，不大利賴歟？予小子其拭目俟之後賢。

題鄭雪樵外正圖

宋登抒

懼隕墜吾先子業，羞諂屈於富貴人，此先生云，奉其言乃可以立身。廣延賓客如朝市，避遠僉壬若芒刺，此先生志，踐其墨乃可以處世。吾稔先生幾二十年，得其性度眉睫之間。開卷在玆，風規凜然。

登 南 山 記

宋 璇

余家南樓之後有山焉，山在樓南，因以南名山。余生二十餘年，未嘗一陟其巔。每登樓抒眺，則繁蔭蒼翠，怪石嵯峩，纍纍几席間物。仰視山頭，平如展掌。而中峰特起者曰烏石岡。其環繞於岡之東者曰翦刀嶺。嶺與岡之名從俗也。壬午寎月既望，與劉子綺園小飲南樓，酒半酣，遂乘興登山。杳靄之狀，與山俱出。下視湖東，則舟行如凫，人行如蟻，而向所登樓抒眺之處已莫辨矣。因即石危坐，瞰崖長嘯。綺園拍手而歌曰："丈夫閉户咿唔不見日，忽經登山胷開闢。儼如鸞鳳摶九霄，下視安知燕雀嚇。"予續之曰："白雲閶闔清光開，我欲乘風遊上台。本傍香案作小吏，胡爲墮地生塵埃。"歌未罷，聞嶺下咳笑聲，有三童子採山花數朵，旋風而上。嘻！此童子也，胡爲乎來哉？凝視之，即余南樓中課讀之小子也。未幾，而紅日西沉，山光漸紫。予與綺園攝衣行。三童子更轉巨石擲崩崖，一落千丈，對此歡譃。予亦啞然而笑，既又悄以悲思。兹山終古，而予數人不得終處於此。茫茫大塊，又孰識此山今日之宋齊雲哉！雖然，山靈其知我者。倘後有至此慨我舊遊，則尚呼我於煙霞淼茫之中。

宋氏人物賦

宋　璇

宋氏之先，微子之裔，歷世久遠，未遑悉紀。其上自戰國，以下迄昭代，凡挺生之人物，姑撮舉其大槩。孝悌，則傷親歿而守墳，球方稺齒；《府志》：宋球、上虞人，年十二父殁，既葬，朝夕哭於墓。争兄先以代父，瑜未娶妻。章世法《青峯集》：宋瑜，字茂純。建文朝會稽諸生。其父黼亦諸生。當靖難兵南下，感遜國變，設位於堂，爲詩文奠哭，被仇家首告。當赴獄，四子争先代父罪。季子瑜争益力，謂我未婚，棄止一身。父兄勉從之。出涕哀哀，心痛松枝爲鹿嚙；《府志》：球于父墓傍植小松，爲野鹿所嚙。球隕涕曰：爾不念我父蔭庇乎？屠腸慘慘，魂歸鏡水化鵑啼。《青峯集》：瑜以次年三月三日讞定屠腸。臨刑詩有"魂歸故國化啼鵑"之句。節義，則天顯、學朱、一鶴、文玉。或刃可面受，《廣輿記》：宋學朱，字用晦；長洲人，巡按山東，聞北兵至，冒圍入省城，率司道堅守。六旬，城陷。急率兵救援，刃中面，死於城樓。或堦堪頭觸；《明史》：崇禎十七年，中書舍人宋天顯，賊偪寫僞詔。天顯擲筆大駡，觸堦死。或授命於萊陽，《廣輿記》：宋玫，字文玉，山東萊陽人，以少司空里居。時北兵雲擾，與同宗吏部應亨經畫守禦。及城陷，俱被殺。或喪元於安陸。《明史》：崇禎十六年春，李自成陷承天，巡撫宋一鶴死之。承天，即今安陸府。晉陽出甲，老生力戰以陣亡；《隋史》：恭帝義寧元年七月，隋遣宋老生帥精兵二萬屯霍邑。八月，李淵進軍大敗老生，斬之。山左被兵，九青城守而巢覆。《梅村集》：山東被兵，傍躪東萊。九青率家人登陴守。城陷，不屈死。嫂夫人亦死。宗人殲焉。按，九青官司農卿。爲黎爲魏，且婦節之崢嶸；《府志》：宋大賓妻黎氏年二十，賓患病卒，即治二棺，殮其夫訖，自衣殮衣，投繯於棺側。《府志》：宋允中妻魏氏年十六，贅允中僅三日。允中歸，尋殁。其家火之，投骸澗水。魏奔號，就水拾骸埋夫家圃中，服喪三年，乃潛之圃中自縊。從宣從周，復女性之貞淑。《府志》：宋氏者，山陰人，歸諸暨宣拱。拱娶氏逾年卒。氏年甫十七，容髪姝麗。淮安巨商適諸暨，見之大驚，遣女僧以多金啖氏伯君修。君修喜甚，亟爲氏治裝。氏痛哭仆地。君修與女僧謀陽緩之，而潛訂巨商，至期欲以帛縛氏置輿中擁之去。鄰婦知其計，告之。氏遂密縫其上下衣，夜半潛奔下堰塘投水死。水舊汙濁，自氏死後，澄碧如秋，因名其池曰"殉節池"。○《府志》：宋氏者，嵊縣周亮賡妻也。康熙甲寅，寇亂，氏匿山谷中，遊兵搜得之，將挈以行，氏引菜刀自刎。卓行，則元僖棄官遯跡，《府志》：宋元僖，餘姚人。元至正間，中一榜，授繁昌教諭，才十九日，即棄歸，遁諸山澤。鵞池嗜學安貧。《廣輿記》：宋登春晚居江陵天鵝池，因號"鵝池生"。少嗜酒，家貧不能常得酒，則時時發憤讀古人書，壯而遊跡遍天下。囊中無一錢自隨，以是數窮餓。即窮餓，不肯輕見一貴人。貴人或物色之，稍拂意，竟掉頭去。處宗對窗下雞談，晉宋處宗，官兖州刺史，置一長鳴雞于窗間。後雞作人語，與處宗談論，極有玄致。處宗因此玄學大進。令文負人中龍名。《廣輿記》：宋纖，字合文。弟子從遊者三千餘，累辟不應。太守馬岌造訪，纖堅避之。岌嘆曰：今而後知先生人中龍也。瑀也八俊見推月旦；宋瑀，桓靈時人，與李膺、荀昱、杜密、王暢、劉祐、魏朗、趙豐稱八俊。白也五鳳飛入翰林。宋白，與吕蒙正輩五人同舉翰林，人謂五鳳飛入翰林中。儒術，則訥稱博涉，《明史》註：宋訥，滑人，學問該博，有造詣，累官文淵閣大學士。克號多聞。宋克，字仲温，博涉書傳。明初，徵爲侍書。家南宫里，高侍郎啓爲作《南宫生傳》。徵修《永樂典》者爲公傳，《府志》：宋緒，字公傳，餘姚人。篤學，有志操，同修《永樂大典》。時餘姚被徵者五人，皆授官。緒獨辭歸。詔撰《新唐書》者爲子京。宋祁,字子京。宋仁宗嘉祐五年秋七月,與歐陽修同譔《新唐書》二百二十五卷。讀書矢志名家,懿矣貝州女學士;宋延芳五女,長若莘,次若昭,四若憲,俱善屬文,不願事人,欲以學名家。唐德宗朝嘗召五人入禁中,問經史大義,呼爲學士。隔幔置徒授業,賢哉韋母文宣君。宋氏韋逞,母通《周官音義》,號文宣君。名臣,則宏對糟糠不棄,公主之事豈諧;《[後]漢(史)[書]》:湖陽公主新寡,帝與共論諸臣,微觀其意。主曰:宋公威容德器,羣臣莫及。後弘被引見,帝令主在屏風後。因謂弘曰:"諺言,貴易交,富易妻,人情乎?"弘曰:"臣聞貧賤之交不可忘,糟糠之妻不下堂。"帝顧謂主曰:"事不諧矣。"昌言王者無私,太尉之語頓塞。《漢(史)[書]》:代王迎至渭橋,羣臣拜謁稱臣。太尉勃進曰:願請閒。昌曰:所言公,公言之。所言私,王者無私。欽道竭誠北齊主,請削强宗威權;宋欽道,廣平人,魏吏部尚書弁孫也。初爲北齊大將軍主簿典書記,後爲黄門侍郎,又遷秘書監。與鄭子默幸於兩宫,諸王大臣莫不敬憚。延祖被眷南宋朝,爲克秉心忠直。《府志》:宋延祖,字嗣宗,濟南人。建炎南渡,家於虞,登紹興乙丑進士。孝宗朝,上疏言招軍利害,重湖廣帥權。帝嘉納之,除起居郎,權給事中。繳駁奏論無顧避。改諫議大夫,遷兵部尚書。延祖以忠直受知,亦自謂遭時,遇主知無不言。大本置三十八閘於河,利資轉運;《明史》:永樂九年二月,命工部尚書宋禮發山東丁夫開濬會通河。按,禮字大本,修復會通河,置閘三十有八,漕運以濟。卒賜祠,祀會通河上。務光論一十七州之水,禍由臣妾。《唐(史)[書]》:中宗神龍元年,河南北十七州大水。制求直言。右衛參軍宋務光上疏曰:水陰類臣妾之象,恐後庭有干政者,宜杜絶其萌。潛溪受孝陵之知,以口無毁,以身無飾;《廣輿記》:宋濂號潛溪,浦江人。明太祖徵至金陵,初授太子經。天下既定,凡郊廟山川諸禮文大政皆濂裁定。上曰:濂事朕十九年,口無毁言,身無飾行,寵辱不驚,始終不異,可不謂君子人乎!廣平輔開元之治,其腸爲石,其心爲鐵。《古今合璧》:宋廣平爲相,其貞姿勁質、剛態毅狀,疑其鐵心石腸,不解吐媚辭。然觀其作梅花賦,清新富豔,得南朝徐庾體,殊不類其爲人。循吏,則叔庠之任而虎渡,宋均,字叔庠,爲九江太守。民方患虎。均至,下令曰:勞勤張捕,非優恤之本也。其務退奸貪,進忠善,可一去檻穽。虎皆渡江而東。元友爲郡而盜奔。《梅村集》宋世良,字元友,廣平人。除清河太守,施八條之制,而盜奔他境。登刺潁川,遺道之物不拾;《[後]漢書・宋登傳》:登爲潁川太守,市無二價,道不拾遺。景官歸德,中貴之牒不行。《廣輿記》:宋景明敏剛方不避權要,時中貴廖横於河南,誅索無已。凡遺文至郡,景悉罷閣不行。守之治瓊,州氓始知向學;《廣輿記》:宋守之知瓊州,教諸生讀五經於先聖廟,建尊儒亭,暇日躬自講授,由是州人知向學。宗年令剡,金虜不敢加兵。《府志》:宋宗年,郊之孫也,建炎中令剡。金人攻越,越守李鄴以城降,屬邑皆潰。宗年城守獨堅,民賴以安。累遷東平、西河,朝端重漢之威望;《[後]漢書・宋弘傳》:弘弟嵩。嵩之子由,有二子,長漢,字仲和。以經行著名,舉茂才,四遷西河太守。永建元年爲東平相、度遼將軍,立名節,以威恩著稱。首拔法真、韋著,海内多則之知人。《[後]漢書・宋弘傳》:漢子則,字元矩,爲鄢陵令,拔同郡韋著、扶風法真,稱爲知人。文辭,則三閭高弟,《招魂》之志堪悲,神女之夢有託;宋玉,三閭大夫屈原弟子,憫其師放逐,作《九辨》、《招魂》哀之。《神女》、《高唐賦》皆寓言託興,有所諷也。二妙同臺,東方之袍倏奪,雲卿之紙亂落。宋之問,字延清。時韋臯善裁決,之問善詩。二人同臺,稱一臺二妙。武后幸洛苑,詔從臣賦詩。東方虬先就,賜以錦袍。及得之問詩,嘆賞不置,乃奪袍賜之。中宗春日集明池,令侍臣應制,屬上官昭容選第一者。昭容從樓上落紙如飛,惟沈、宋二詩不下。又移時,落一紙,乃沈詩也。評曰:二詩工力悉敵。宋末句:"不愁明月盡,自有夜珠來。"較佺期更勝耳。尚書被紅杏之稱,宋子京詞:"紅杏枝頭春意鬧。"遂名紅杏尚書。學士傳梅花之作。《羣芳譜》:唐垂拱三年,宋璟從父之東川授館,官舍有梅一本,敷蒍於榛莽中,感而成興,遂作《梅花賦》,世稱梅花學士。壺山詞高一代,其集則自號漁樵;宋自遜,號壺山,詞筆絶高,其詞集名《漁樵笛譜》。公垂文動九重,與父而同登館閣。宋綬,字公垂,召試中書。宋真宗奇其文,聽於秘閣讀書,召爲集賢校理。與父臯同在館閣。武畧,則冠軍能策項梁之敗,《綱鑑輯畧》:高陵君謂楚王曰:武信君之敗,宋義實先策之。夫未戰而先見敗徵,此可謂知兵矣。王召宋義計事,悦,以爲上將軍,諸將皆屬義,號卿子冠軍。友文有拔牛角之力。《廣輿記》:宋友文官學士,富文辭,善書,有膂力。都下一牛横甚,人莫敢攖,友文直往拔其角,殺之。晟鎮涼州河西,大破叛羌;宋晟,字景陽。洪武中,三鎮涼州,破哈密。建文中,遣鎮河西,平羌有功。永樂三年,勅獎晟招徠之功,封西寧侯。冕蒞永春鄖陽,盡殲劇賊。萬斯同《明史稿》:宋冕,字公瞻,餘姚人,成進士,除福建左參政。永春流賊起,冕選精騎百人挑戰,誘之離巢,禽其渠魁數人,賊乃歸。按地設伏,盡禽之。嘉靖初,巡撫鄖陽,遇疾,乞休,而劇賊馬興爲亂。

冕曰：吾不可以貽後人，遂進兵會勦賊且滅。至於工繪事，則有迪之山水。《筆談》：宋迪工畫，尤善爲平遠山水。善書法，則有遜之草隸。宋之遜習父友文書法，尤工草隸。若元白之道術，能辟穀以服氣，喜飲酒而食肉，極行蹤之詭秘。《續仙傳》：宋元白身長七尺，眉目如畫。有道術，能辟穀服氣。善飲酒，或食肉五斤，蘸以蒜韲一盆，即飲二斗許。人有得片蒜食之者，壽可八九十。逮國朝興治右文，吾族爲高門望姓，累世有魁儒鉅卿。長白茂才，堂構繼美；宋俊，字長白，號柳亭，山陰諸生，博學工詞章。著述載《皇朝文獻通考》。其子西洲、西樵有二珠之稱，入《文苑傳》。嘉升銓部，花萼競榮。《曝書亭詩》註：宋聚業，字嘉升，長洲人。康熙丁丑進士，官吏部文選司郎中，著《南園詩稿》。兄弟五人俱有文名。匡業愛梅，帙滿香影之咏；宋匡業，長州貢士，以子宗元貴，贈中憲大夫。性愛梅，咏梅成帙。伯侯好義，門標守令之旌。《府志》：宋伯侯，會稽人，以力田起家。一日，見孀婦哭甚哀，問其故，曰：夫亡子幼，諸債蝟逼，非嫁則死耳。伯侯如所需給之，婦得守志。乾隆丙子，邑大饑，伯侯助賑，不足，乃檢契券向富家抵金散給。鄉里感其義，守令並旌之。斌貽廣識博聞，雄辯折山薑禮部；宋祖昱，字斌貽，會稽諸生，學博而肆，諳於國家掌故。公卿延致無虛日。禮部田山薑嘗與賓筵論詩，上下千古，終席不能屈。玉才多情扼命，遺稿編亦韓司成。宋樂，字玉才，常熟諸生。少年多才，學以嘔血亡。陳亦韓司成定其遺詩。德宜望隆政府，宋德宜，字右之，號廖天，長洲人。乙未進士，康熙中除尚書。謹涵譽顯藝林。宋照，字謹涵，長洲人。康熙戊戌進士，官翰林。徵輿歷諫垣，爲職司風憲之碩輔；宋徵輿，字直方，華亭人。順治丁亥進士，官副都御史參軍行。讓木守炎嶠，爲崎嶇戎馬之勞臣。《梅村集》：讓木，直方兄弟，凡計偕六上始收。既已簪筆侍從，又不得已從事於戎馬鉦鼓之間。主者差其勞勩，奏授一郡，崎嶇嶺南，刻廉自苦。昆季三珠，則有若德宏；江東獨秀，則有若既庭。宋實穎，字既庭，號湘尹，長洲人。順治庚子舉人，舉鴻博，放歸，著《讀書堂集》。與宗弟疇三、德宏有三珠之稱。而湘尹又號江東獨秀。或問湘尹何如人？汪太史琬曰：阮思曠都不及真長逸少，而能撮有諸人之勝。牧仲以風雅提唱後進，《曝書亭詩》註：宋牧仲，諱犖，號漫堂，商邱人，大學士權子。官吏部尚書。懷童時釣遊之所，築圃於郭西，名曰西坡圃，内曰淥波村，曰釣家，曰緯蕭草堂，曰和松菴，曰芰梁，曰放鴨亭，各系以詩，都人士屬而和焉。荔裳以文章潤色太平。宋琬，字玉叔，號荔裳，萊陽人。順治丁亥進士，按察四川，其詩爲本朝六家詩第一，有《安雅堂集》。鴻博施愚山讀其遺稿云：西川終古流殘淚，東海從今少大風。大業主西江考，甄拔皆一時佳士；宋大業，字彦功，長洲人。乙丑進士，以編修放。康熙癸酉，江西正主考取朱軾解元。甲戌連捷，列詞館，官至大學士。雨恭典南宫試，搜羅多當代偉人。宋權，號雨恭，商邱人。前明乙丑進士。順治四年會試，大總裁取吕宫、馮溥、黄機、王熙、李之芳等，官皆大學士。順治六年會試，大總裁取劉子壯、熊伯龍、左敬祖等，皆大有文名。若乃膺徵辟，起科名，山林之彦，巖穴之英，筆之固腕幾欲脱，數之亦僕不勝更。璇學殖久荒，掲撦畧備。比籍父忘祖，差免深譏；方郯子論官，何能仰企。徵文考獻，竊慕芳徽於我前人；砥行立名，深期繩武於爾後嗣。

年近六旬自訟

宋　璇

嗚呼，悠悠忽忽，余年已近六十矣。回憶少時，清虚狂誕，曾慕玄風；徜徉林泉，別有天趣。先孺人嚴加課督，勉就經訓，倖拾一巾。中年命途抑塞，履涉風波，每於讀史感清流之氣節，傷東林之顛沛，磊落坎軻，百折不回，慨然慕其爲人者久之。年來老病交迫，客氣漸消，時坐黄葉閒佇白雲，興至，偶託毛穎，聊抒管見，而積紙滿架。迺識見既庸，筆力又弱，徒虚鉛槧，未堪問人。嗚呼，少壯怠惰，老大傷悲，花甲將週，未獲耳順。習藝不成，嘗見棄我聖世；修身無術，實負愆於孔門。碌碌終身，是用悼嘆。所望加我數年，補救末路，而茫茫造化未可預期。惟祈賢士大夫老友良朋匡我不逮，用策老馬之鞭，勿謂衰朽瞠目以俟就木也。幸甚！

駁皐李湖易名曹黎湖説

宋　璇

皐李湖以湖形長如皐筴，員如李實，故名。後有易皐李爲曹黎，謂曹黎兩姓割田而成，因名湖以曹黎。余以爲其説大謬。湖周迴十五六里許，以里數計，湖爲田不下千百餘畝。當今富家鉅室不過一頃之田，中間尚多分疆畫界，不能爲一姓有。況以千百畝之廣，曹黎兩姓得以連阡合陌，盡有之而盡割之耶？若非盡爲兩姓有，則誰肯爲所割者？就使任其所割，終不得專以曹黎名。況湖經刻於正統七年，郭志成於正統辛酉年皆名皐李，並不稱爲曹黎。何不當其時更正？若曹黎兩姓爲己田患旱，割而成湖，則將私爲己有，亦安肯公之人者？若捨千百餘畝之田瀦水以濟人，此絶大義舉，有司宜詳之憲，採訪宜入之志，鄉里宜勒之碑，其人之姓名當照耀於千古而爲婦孺之所皆知，何至今泯滅不傳也？明初，征南大將軍湯舟膠議決湖防。洪武己卯，通明鎮民希圖分蔭。若湖果爲二姓所割，則首事控争者宜在曹黎之後嗣，胡讓湖民黄正倫、黄直如始則具事上白，繼且統衆會阻耶？湖之爲利，所以救禾黍之枯槁也。曹黎果爲備旱而割，則宜置湖於村側，與耕種之田相密邇，而便於浥注。豈有隔山越嶺極四五里之遥，爲此迂曲之事以資灌溉耶？余觀十八堡形勢，黎隩與西華窰壤相接。西華窰有湖廣百餘畝，以此分潤黎隩之田，不爲不足。曹家堡地屬通衢，可引漕河之水以入村，不此他村猶急急於水利，亦何事乎此湖而顧勞勞焉爲他人謀利澤耶？湖之底淺者丈餘，深者數十丈。夫以十五六里之廣，重以數十丈之深，若割田而成，無論如愚公移山非人力所能成，即所浚塗泥當堆成一大阜。何今湖邊諸山皆石齒纍纍，未有以泥土疊成者？以是知湖固非曹黎兩姓所割而成也。然則曷爲而有是湖？查唐貞觀間，杜君諱良興兄弟三人家於此，憫農夫苦涸，割己田成渠以公桔槔。天成其志，一夕風雨，陸沉爲湖。惟其陸沉，故滄海桑田變化無端，不必浚深而自成爲巨浸也。然則後之人曷以割田爲湖美杜君？余謂割田者杜君之惠，爲湖者天之意。惟天因其割田而陸沉爲湖，則是湖不啻杜君之割而成也。其稱爲曹黎者，當時湖民與任宗鄭用九等迭次争奪，托言曹黎兩姓所割，不能分涓滴之水於漕河以示確據，而兩家子姓遂久假其名，而以謂伊祖上功。其實上虞如夏蓋、白馬、西溪、大小查湖皆蔭庇陰於一方，則即不假名於曹黎，而亦無能奪之也。余故辨駁其易名之非，以俟後之修志者刊削曹黎二字，則得之矣。

皐　湖　賦

宋　梁

愛湖主人離塵壤，隱林陬，俯仰自得，於世無求。客有慕其名而訪者，望岡頭之烏石，指山缺之南樓，撥雲覓徑，到門停舟。主人乃揖而入，款而留，埽苔布席，瀹茗斟甌。於是肴核雜陳，觥籌交錯，意興縱横，議論揮霍。説經則詞源滚滚，評史則辯鋒諤諤。客曰："以子之識力超拔，意氣磊落。胡不出素抱，展偉畧，敷文於丹墀，勒名於紫閣，顧乃匿跡巖阿，棲身邱壑，終肆志以徜徉，甘求音於寂寞？吾不解子之所以爲樂。"主人曰："予豈不願列仕班，襄吏治，膺簪纓之榮，居清要之地。今且以疏布爲衣，藜藿爲食，爨虚而釜生埃塵，事煩而家無僕使。蠖偃蹇以屈身，鳥倦飛而垂翅。余實樂乎皐湖之美，而不忍恝棄。"客曰："湖美若何？"主人曰："緊湖昉於唐代，象皐李以命名。其山蒼翠，其水澄清，波明鏡澈，雲截几平。瀾嶺溪頭一帶，泉吞月色；寒天峰頂四山，松引風聲。築成楊柳之塘，長途紆曲；鑿就蓮花之石，峭壁崢嶸。此山水之清秀也，可謂美乎？”客曰：“未也。”主人曰：“亦有高人卜宅，名士結廬，占一方之輿地，聚百室而羣居。重門比户，望衡對閭。訪宋氏之遺庵，緑筠粉墮；尋曹家之别墅，紅蓼花疏。野亭之行李偕來，斜陽繫馬；水閣之重簾齊捲，秋港觀魚。此村莊之幽雅也，可謂美乎？”客曰：“未也。”主人曰：“且與君遊香谷，入芳叢，撲飛蝶，逐遊蜂。蓮蕊並頭，映帶銀塘之水；松枝三管，周遮鐵甲之峰。春光至楊柳橋邊，林羃煙緑；秋信到楓林逕畔，豔蒸霞紅。此花木之綺麗也，可謂美乎？”客曰：“未也。”主人曰：“又若晚菘新蒻，秋芋初煨。碧藕則齏之爲粉，黑秬亦釀以成醅。問風味於初秋，實收菱芡；烘日華於炎夏，果熟楊梅。晚炊蒸撥刺之魚，筍鄉飯稉；夜火照爬沙之蟹，菊圃樽開。此飲食之肥甘也，可爲美乎？”客曰：“未也。”主人曰：“爾其禾稼登場，倉箱盈户。家報賽而豳吹，人祈年而曲譜。雞豚羅列，杜君則奉爲社神；棨戟遥臨，桑王則迎自侯府。燭祥光於祠宇，春夜張燈；聽樂歲之歌謡，秋田繫鼓。此賽會之隆盛也，可謂美乎？”客曰：“未也。”主人曰：“則且載酒以往，扶筇而行。當夫谷風微暖，新雨乍晴，人影衣香滿路，樵歌漁唱齊鳴。蒔花則山翁鍤荷，門草之婦女筐盈。到眼皆詩思畫本，相邀則茶會酒盟。有水有山，於此間得少佳趣；非絲非竹，亦足以暢敘幽情。此遊賞之勝槩也，可謂美乎？”客曰：“未也。”主人曰：“更有繚如曠如，奇絶陡絶，靈秀鬱鍾，代生人傑。陳南峰政績譜人歌詩，郭世楠志書居然史筆。深山廬墓，里門旌表其孝思；恩騎襲封，朝廷褒嘉其忠烈。痛妝臺之鏡破，烈婦捨命而投繯；慨勝國之鼎遷，義士入山而抗節。此人才之輩出也，可謂美乎？”客曰：“善哉，有美如此，可以追芳躅，可以式前模。非入山而招隱，實與古以爲徒。宜子之友麋鹿，狎鷗鳧，逍遥曳杖而終老於是湖。”

湖東雜記

宋 棠

吾村後枕蘿巖，前面皁湖。湖舊爲杜良興公宅。良興公生唐貞觀朝，兄弟俱行善，憫歲旱，割己田瀦水以濟人。天成其志，一夕風雨陸沉爲湖。今其故居遺墩尚在。鄉先輩劉公翼南、葉公坦齋皆有詩以識其事，載在《湖經》。而吾虞自元迄今凡五修邑志，均未採入焉。僻壤窮鄉，輶軒不到，古蹟之湮滅不彰也，可勝言哉！

湖週迴十五里，沿塘多種菱藕，夏杪蓮花競開，紅白相間。少時嘗偕昆季輩泛舟月夜，波光雲影上下徘徊。興至則瀹茗飛觴，浮瓜沉李以爲樂。季弟漁邨披芰荷衣，吹洞簫，其聲嗚嗚然。余亦扣舷而歌，夜闌人静，寒不可耐，乃返棹而回。歲華荏苒，去日如梭，回首光陰已四十餘年矣。

入湖之溪水凡三：自翦刀、孝聞二嶺發源逶迤而入湖者爲門前溪；自上庵山發源直注於湖者爲大溪。兩溪之水皆碧。獨窰溪自王家埠發源，回環紆曲，自東而南注於湖，色如塗粉。澗底荇藻繽紛，茫無可見，以其爲水之白所掩也。若近水築一樓臺，余亦擬以泉白堂稱之。湖之北村莊數十家，以捕魚爲業。每紅日將沉，暮炊四起，漁翁賣魚换酒，挈壺歸來，與家人柳陰團坐，飽飯黄昏，真鷗鄉樂事。余曾有詩云：“習慣風波年復年，漁家終日在漁船。得魚賣去便沽酒，醉抱船頭明月眠。”湖景宜於月夜，無月時尤佳。當晚春初夏之交，滿塘漁火歷亂摇紅，與水底星光互相激射，鼇山火樹之輝彷彿遇之。環村山之最高者，在北則有寒天岡，岡頂可以望海。同人九日登高，多至其處。雖著重緜，上坐久猶凜冽焉，因名曰寒天。由寒天發脈、蜿蜒曲折而上聳者有兩山：一曰蒿尖，一曰鐵甲。鐵甲荒塚纍纍，不可言狀。蒿尖如文筆一支，高插天表。

其下松陰密布、蔚然而深秀者，則余曾祖墓在焉。

杜公祠在吾村西北，即所祀杜良興公者。公以死勤民，吾鄉食其利，奉爲社神。祠久荒落，癸酉春，重修葺之，書神逸事，豎碑於東軒之左。歲正月，張燈演劇兩晝夜而罷。村中男女聚觀，位次秩然，無市鎮嘈雜氣。鄉之衣冠者列俎豆於神座前，祭畢，則飲福而散。田家報賽意在斯乎？祠内同社向有周劉二姓。周無人矣。劉自翼南公以徵召起，官至少常伯，榮顯甲於一鄉。今子孫式微，無一能繼起者，舊時王謝變爲尋常百姓之家，撫今思昔，爲之悵然。村西向有楓墩，今楓枯矣。高阜上植一大樟耳。旁間烏桕數株，經霜葉脱。昏黄時近，明滅斜陽，有寒鴉幾點飛繞林樹間作觳觳聲，則又一荒涼景色也。

墩以西沿隄一帶爲湖之南岸，柳陰深處，閒坐觀魚，勝似濠梁風趣。若夫朔雪將下，野鶻盤空，雲陰四垂，澄波凝碧，恍如臘日之游孤山也。惜不得蘇學士援筆賦之。雪景之佳無踰姜山，山深而峻。嘗著鹿巾，披白氅衣，騎秃驢，折梅花一枝，緣厓而上，面湖瞻眺，真置余身於銀世界矣。杜公祠之下自西而東有横河。河窄如溪，順流而下約里許，紅樹青山，互相映帶。嶺頭無數黄葉隨西風片片飛來。余嘗晚陽時坐石磴觀玩，勝杜司勳之遠上寒山也。横河南爲楊樹橋。族聚涵公作《楊橋鶯梭詩》。余幼時亦有和句云："行過小橋人倦憩，緑陰深處聽黄鸝。"河以北則郭氏舊宅也。郭爲湖東巨族。朱欄畫檻，結構連雲。世楠公以掾吏爲大令，當日豪華榮盛無倫比者。世界滄桑，人物代謝，今但見夕陽冷淡，蔓草荒蕪，而寒蛩唧唧亂吟於衆緑叢中，令過者聞之淒(測)[惻]。富貴浮雲可常也乎？

河盡則聖濟庵也。庵住俗家，非復清淨地。安得延雲林老衲來此間結香火因緣，與余燃佛燈同坐於蒲團上静參禪理，曉起則撞鐘聲百八杵，唤醒我今生一夢耶？自庵而東爲大隩。隩極深衍，咸豐間，吾族多避兵於此。隩前平原數十丈，臨溪皆種桃花。暮春三月，落英繽紛，如入武陵之勝，但未有漁父過而問津耳。過此南行四百餘步則爲石蕩，深莫測底。上有數仞峭壁屹立於巉巖穹谷間。山花倒映，藤蘿下垂，經水面風生織就錦紋一幅，是亦天然圖畫也。石盪以南則爲孝聞嶺矣。嶺係漢時包娥宅。娥孝於姑。姑病卒，女弟懷夙嫌，誣娥以鴆毒致姑死。枉法受誅，閲三年不雨。里人孟嘗白諸太守，冤始雪。前朝憫其孝，飭立專祠，歲命守土官祀焉，迄今罔替。其事蹟先君子齊雲公曾書以額諸楣，後祠坍塌。歲丙子，議重修，余董其事。丹青黝堊，焕然一新，並撰其楹聯云："是嶺埒清風，看花草緑慘紅悽，想見毒手試小姑，冤深沉海；有祠留今日，聽道途口碑額頌，比諸遺尸負迺父，孝感動天。"自嶺而北則法聖庵也。自嶺而南則五癸亭也。法聖庵爲余舊時讀書處，地極幽僻，人跡罕至。莊子所云跫然足音者非耶？

五癸亭離吾村遠矣。以經余修造並記之。亭向無垣宇，余改建三楹，增以茶室，後豎立屏門，旁置迴欄數座，前裝冰梅花窗嵌五色洋鏡，中設阬椅爲遊人啜茗所。亭之左則五婆泉在焉，味甘美，甲於吾虞。余於是亭落成後題七絶，懸作匾額，綴以小序。其絶句云："問泉曾記五婆名，淺碧平涵浪不生。點滴莫流城市去，出山争似在山清。"并於楹上書聯云："客路繞青山，借此地款停行李；婆泉涵碧水，請諸君留飲清茶。"泉水之在吾村者有四。大井汲飲者多，易涸。泉井在溪溝旁，潦盛則水渾。華水城之水性過於寒冽。最佳則山潭焉。潭上有石，形如虎蹲，歲久泥積，被以苔衣。中有細孔數十枚，泉從孔出，如孕乳，如懸溜，嵌空玲瓏之狀最堪流玩。時雖逢亢旱，滴未竭。至如驟雨初過，冰雪融化，山上溪流洶湧，而徐徐注下者仍不見多。潭小而深，泉味與五婆不相下。予昔作五絶云："拳石覆山阿，泉從石中出。一滴一珠零，無數水圓折。"蓋謂此也。翦刀嶺爲吾村入城要道，巉削崎嶇，險踰九折坡。歲丁丑，余遣工鑿成石堦百六十餘級。山南細徑泥於滑澾，不可行，悉砌以石，往來者歌坦坦焉。沿山人家編竹成籬，多種秋蔬，如蹲鴟、紫芽薑，味美可以佐酒。谷口日暮時氣氤氲，莫可分辨。忽清響出林，喝破白雲一片，則芒鞋草笠，紅葉一肩，荷樵者于于而來矣。嶺東北曰燕窠，范氏之祖葬此。乾隆朝，恭廷公以一甲第三人入爲侍御，均謂發祥於此。堪輿家説，余未之信。後憑其穴，見前有小山，平如几案，下聞溪流琤琤然，如漱玉聲。旁則蘿巖高峙，秀氣直射人眉宇。地靈人傑，或在斯乎？范氏墓山之後即吾村焉。宋理宗朝，我始祖辛一公舉四川解元，避賈氏之亂不仕而來隱於此，顔所居曰"筠緑庵"。遺址今無可考矣。十傳至東蘿公，建廳堂數十楹，自署爲"清幽居士"。尋廳燬於火，堂猶存焉。今奉爲祖堂，每歲小除日，各家具牲醴羅列堂上，族尊拈香拜跪，擇能文者宣祝章。自酉至子，禮始畢。時農夫野老從旁環列而觀，無嘻嗃者。臘也，蜡也，古風其猶存歟！

烏石岡爲湖之南岸最高峰。東望吾村，屋瓦比連，人煙稠密。南覰縣城，近若咫尺。北看平疇數百畝，繡錯星羅。西則阜湖環抱，夕月朝曦，煙波萬狀，洵洋洋一大觀也。過岡數十步即爲南山，先君子有《登南山記》，篇長不及録。南山之下，則宗祠與吾宅在焉。

宗祠建自雍正三年，光緒間重加修理。余繪歷代祖先事蹟於屏風上，凡十八幅。有明以來，貞節義行，代有其人。最著爲孝子球一公野鹿嗜松事，詳郡志。科目雖寥寥，而子弟輩彬彬儒雅，克守縹緗。緑陰叢樹之中，時有書聲朗朗然與琴音相互答，讀先君子潘陡歌，可以想吾村風俗矣。余宅前臨溪水，如彎弓圍抱。溪北地勢平曠，多植桑麻。地盡峰巒羅列，當煙銷雨霽時，爽氣飛撲門楣。王荆公云："一水當門將緑繞，兩山排闥送青來。"真恰合此宅也！湖東稱别墅者，三族昭選公瑞蓮塘廬舍，今委爲禾黍場矣。現存者，村外有觀瀾堂，村中即吾家南樓焉。觀瀾堂爲曹雲鶴先生守墓處，於白蘋紅蓼溪邊築屋數間，頗稱幽雅。其室中有對聯云："瀾嶺泉飛，一帶溪流吞皓月；草堂花砌，數聲啼鳥弄春風。"野趣高情，都從一筆寫出。南樓後背青山，三面皆蔽以竹。庭中石欄屈曲，四季花木徧列。階除壁上多名人題咏。先君子彈棊賦酒，讀畫敲詩，嘯傲於是樓者七十載。比殁，錢塘周雪山世伯誄辭云："崇岡烏石之旁，古舍緑筠之側，夕陽樓閣，明月簾櫳，風景不殊，斯人安在？"展讀至此，淚輒涔涔下矣。余於村西松陰下構屋數楹，環以短垣，高可四五尺。庭栽香草十餘本，間以藥欄花架。中堂，酒盞茶鐺楚楚安置。孫子輩分坐兩廂，令習詩賦歌古文。余則學雪溪朱十白頭林下風幔讀書，以消遣吾晚境，願斯足矣！噫，宇緣築室於杜谿，野翁結廬於瀛壤。一丘半壑，地以人傳。余能無意也哉！

七旬自述

宋　棠

余質魯，七歲甫就學。九歲識稍開，解時文，師不命作，自撰破題。先君許可，命隨兄輩按旬課。十歲讀書，日五十行。以連年病，輒廢學。十七歲從車梅隱師，極相得，病亦愈。十八歲赴院試不售，尋英夷陷甯郡，停考。癸卯春，受知於督學羅公諱文俊，入邑庠。六月録科舉，八月應秋試。秦公介庵以庶常爲龍游令，分房得余卷薦元，主司侯批"氣息未醇"，被黜。丙午薦、己酉堂備，俱報罷。自是余懶作制藝，喜著書，《四書圖解》、《經學吉光》、《經世秘書》、《子史粹珍》、《通鑑類鑰》、《駢言集腋》，歲各成一集。乙卯薦，己未已擬中，以覆勘見棄，仍堂備。庚申補增，不數月，丁外艱。乙丑補廩，又即丁内艱。己巳服闋，歲試，督學徐公名樹銘擢第一。壬申科試，督學丁公諱紹周復擢第一，登選科航海，應禮部試不列上取，南旋後再入秋闈，卒不中。遂絶意進取。此余之艱於科名也。先君年五十，愛静，公事至，輒遣余往。咸同間，軍需急。余疊辦餉捐。辛酉冬，粤匪闖上虞，城陷搜鄉，余匿不出。明年秋賊退，屯踞會稽，復逼虞。余邀王君霞西援外國兵防守，並帶農民荷耒鋤隨大隊渡江破賊營，抵東關，懼有伏，乃止。丙子歲，撫憲札飭立社倉，余襄辦。丙戌，虞東城梁折幾崩，縣主延余重修造，及五門城樓皆完葺。豫晉魯直隸連歲荒，余歷籌户捐以賑。此余之勞於公務也。村南翦刀嶺巉險礙於行，余率工開鑿砌石一百六十餘級。嶺下山徑及孝聞嶺官道、黄泥嶺通衢，均以次鋪填。杜君祠係吾族社廟，修理者再。本村宗祠聖濟庵、蓮花菴，外村法聖庵、包娥祠、桑三侯王廟，皆董其事重修。出北關七里許，改造五癸亭，便行旅。此余之勤於義舉也。大嵐山爲鄞奉餘上嵊五縣發脈處，邑豪某仗夷勢議開礦。王君小籛謂余曰："壙開地傷動禍莫測，宜會紳鳴官。"余曰："化外人非官所能制，不若入京請御史奏部議，必允禁。"王君如所行，事乃寢。聖廟燬，闔邑籌款萬計。富紳某司土木，槩從儉建造，多違制。逾年，其子乞名手撰記鐫碑石，立東廡，彰伊父功，同學氣憤憤走告余。余曰："以士子爲先師建宫殿，且違制，何功可紀？況兩廡禁地也，不合竪碑石。事宜稟學師廣文謝君次圭。"許廢置，乃舁入曠地。辛巳歲，天霪雨，江水漲，廬舍被衝決。邑令昏夜詣勘，鄉民與牙行家有隙，請廢舊塘易新塘較固。令準所請，曉起視知礙，復示禁，衆持前諭抗。令招余商議。余曰："是地爲兵差經過所，塘移地必稟大憲諭準乃可。今築雖就塘宜毁。"令曰："如聚衆何？"余曰："毋恐。"詰朝，余請往。令飭差會營兵護。余先至塘上，呼衆陳利害，酌酬以工費，皆散去。逮兵差至塘，已開決矣。視老塘塌加高八尺，沿江居民照舊安社倉，例按田書捐。北鄉經董某圖私槖並派山騷擾，貧民不堪苦，乞余救。余白之官，免山捐。余家瀕皂湖，湖分潤堡下田萬二千畝，湖有閘。歲辛巳，閘董私鑿高閘限二尺，值霉泛水漲溢，湖上人行没過膝。湖民率衆啓閘板，堡下諸紳稟官掣籤拘急，愬邑紳陳。陳上湖人，官編修，在京，弟幼不能敵。邑令王耳余名，請晉署詢曲直。余曰："閘高低依限。限七尺，載在《湖經》。"令曰："此案定矣。"翼日駕勘，村民環視者三千餘人。水汪漾無邊際，令亦見之慘。及登岸量限，祇七尺。余知作弊，語令曰："必有石填水底。"言出，諸紳失計，遽喝衆掊擊。余船在水，不得近岸，上石塊亂擲如雨下。余一無所見，羅衫紈扇，澹如也，蓋似有神相之者。後諸紳控府，太守霍直湖民照縣斷，上湖得不受水災。庚辰歲，江潮壞南塘。塘董詣署乞唐令稟憲發帑。某出，余踵入，以某言告余曰："南塘有竈地可捐，若請帑，將來北塘決奈何？"某争之力，卒如所請。越二年，北塘圮，某故作難，召不赴，訪之辭不見。時海水日上衝潑塘隄，民將爲魚鼈。勢急，唐公過見余商策。余曰："北塘有塘衛局田，由公捐，司事者歲收其息，不此應用，欲何爲？"且余逐塘丈量，約計損不過里許，無須帑。傾歷年所積資足敷用。某聞之，即出任修築，雖報銷數浮，塘照舊完固矣。己丑秋，沿海水災，有虎而冠者某，仇謝某，唆飢民搶其穀石。謝投訴，官飭差提。某爲逋逃主，差畏勢不敢入。余聞之曰："如若爲匪類，將横行矣。"急入署白其事。適某亦來縣稟見，官以正言責。某懼，乃送案枷辦，自是各村知斂跡。此余之喜於行直也，而怨謗自此集矣。今秋受聘書纂修邑志，筆削之間，衆謗羣疑，皆所不免。蒼蒼者天，余惟求問心無愧而已，他不計焉。來歲修譜，且有修尊經閣之役。七旬老叟，況瘁劬勞，無安息之日，不知造化顛顛倒倒，何如此苦我一生也！今届懸弧之辰，同門進壽，章多溢美，辭不敢當，乃歷敘生平所爲如左。

爲陳星橋師殉難徵詩啓

宋 棠

蓋聞授首西師而不屈，麟筆摛芬；捐軀北水以無還，龍山記實。台陽纂志，甯忘陳克孤忠；

高令篆文，不没恩宣勵節。光無幽而不闡，德雖隱而必彰。況乃冒險重圍，挺身危地。氣奮常山之舌，慷慨宣言；口銜温序之鬚，從容就死。剖丹心而報國，戴血面以朝天，則如我師陳公星橋先生者，忠可愍矣，烈尤甚焉！先生派分隴右，望重浙東。自幼即黌序蜚聲，比長而春官列選。龍鱗暫失，覘梓里以遄車；鹿洞宏開，搜杞材而入貢。乃絳帳譚經之日，正黄巾倡亂之年。李自成逞盡凶横，血皆成碧；趙風子恣其劫掠，草不留青。迨闖入於台陽，遂窺伺乎虞地。時則妖雲蔽日，毒霧障天。石馬之汗不流，紙鳶之信遂斷。三軍驚鶴唳，旂盡靡披；萬口委蟲沙，陴誰哭守？公乃鳩聯豪勇，鷹集村氓。江右勤王，半是文成弟子；皋亭捍敵，無非周氏家丁。創義舉則士願同仇，激軍心而人皆左袒。三撾鼓動，看擒青兕以立功；六耦弓開，請梟黑龍以息燧。爾乃市譁三虎，兵澌澌其散離；竟至毒縱一梟，天夢夢其如醉。遂使梅嶺倉黄之地，允武喪師；潼關慘黑之交，哥舒陷陣。焚負羈之舊第，械許遠於洛陽。公已懷沙自沉，賊復倒戟以出。徐君復張拳擊敵，氣奪鴟張；周宇和切齒罵讐，鋒攢蝟集。於是黄羊被刺，白馬遽歸。雖魂散兮難招，知忠精之不汨。一泓清水，上高之骨有餘香；三日遺骸，先軫之面猶生氣。然而錦囊已瘞，汗簡無傳。張給事未録韓碑，屍徒馬裹；王子明不登歐史，名豈豹留。所望蘭臺作史之才，藝苑能文之士，華函寵錫，下酬入地英魂；大筆宏題，布告普天臣子。

募修包娥祠啓

宋　棠

蓋聞高邑留祠，花産白蓮之種；娥江崇祀，碑鐫黄絹之詞。莫不輝廟宇於丹青，焕亭臺之金碧。矧以茹苦辛而供婦職，秉命不猶；含血淚而赴鬼門，臨刑尤酷。則如我虞包孝娥者，幼承嚴訓，長適寒門。奉堂上之笄，不耀豔妝於釵鳳；翦閨中之髮，冀得歡意於慈烏。何圖變起倉黄，災星倏至；冤成不白，皦日難明。蓋氏尊姑負疾以終，而夫女弟懷嫌而訟。誣爲鴆毒，誰揚黑水之波；禍及雉罹，遽入赭衣之獄。黄用章性原唐硬，狐不疑懷；張廷尉法尚深文，烏難冤釋。遂至丰蜂毒肆，鬼蜮計成。骨瘠眼枯，繫琅璫而坐罪；紅悽緑慘，飲鋒刃而隕身。枉哉死也，痛斯極矣。然而茫茫泉路，魂徧地以難招；赫赫英靈，道在天而不夢。旱非爲虐，假炎暑以宣威；事得終伸，梟兇讐而祭墓。嗟乎，翻雲覆雨，總成姑惡之禽；歷雪經霜，始見女貞之木。逮寵承乎前代，乃詔立乎專祠。姓名合二美争輝，俎豆閱千秋罔替。無何社歷年而鼠穴，墉經久而雀穿。畫棟雕甍，零落鳥翬之采；蘚紋苔篆，淒其龍象之筵。無復傑構之淩雲，竟至金身之暴露。棠覩就頹之勢，急若燃眉；思再造之功，力難援手。所望洪都貴客，上邑仁人，共切檀那，同爲奈布。庶幾囊滿蚨飛，裘成狐集。占星攷吉，乞捨施乎白鏹黄金；計日成功，看重新乎紺宫紫宇。

秋日客中思從兄弟賦

宋貫彝

日向夕兮暮雲，庭幽陰兮積雰。風颼飀兮入户，雨淅瀝兮打門。漏丁丁兮永夜，燈耿耿兮黄昏。則有異鄉羈客，旅邸愁人，擁氈獨坐，倚柱長呻。影隨形兮作伴，身孤棲兮無鄰。思故鄉兮道遠，悵哀雁兮失羣。值茱萸之令節，憶同室之弟昆。自昔庭除，懽愉永日，姜被誼親，蘇牀情密。花次第兮棣開，翼參差而雁列。擘吟箋於春風，醉羽觴於夜月。歡會幾何，離筵揖别。聽驪唱而登途，數駒馳其迅疾。望復望兮天長，隔復隔兮地闊。孤復孤兮身單，悲復悲兮書絶。

渺渺長途，寥寥羈旅。極目天涯，故鄉何處？心結悁兮未舒，氣鬱鬱兮誰語？思倦疲而慵眠，魂倘彷兮飛去。馳夢轂兮還家，瞻室廬其如故家。兄岸幘以前來，羣季一堂而會晤。道音問之闊疏，傾離懷而悉吐。正絮絮其未終，忽雞鳴而覺悟。起看猊爐，香栴猶(蛀)〔炷〕。四顧無人，淚如雨注。

楓墩紅葉賦

宋士蘭

一望兮疎疎密密，整整斜斜，燒同絳蠟，豔若茜紗，爛似靺鞨之玉，赭比勾漏之砂。日非夏而撥火，天未晚而烘霞。恍入榴海世界，如逢桃源人家。長老告余曰：此楓墩也！在昔始祖，來自婺州，避彼俗壤，喜此清幽，依山結屋，面湖建樓。相陰陽而度地，厭直瀉之波流。爰沙墩之高築，栽喬木於上頭。千年留種，一樹迎秋。後有芷淵先生者夙躭吟咏，雅擅文詞。嘗登山而涉水，喜選勝而搜奇。倡湖東之八詠，索和句於同時。每看九月風光，如開圖畫；愛此一林楓葉，寫入新詩。時則霜華冷淡，風葉飄摇，桂宫子落，蓮房粉消。桑應候而已隕，柳未老而先凋。但看菊圃秋容，黄粘蝶翅；難得杏林春色，紅織蚊綃。晚雨初晴，荒郊獨步，彌望青林，忽逢赤樹。飛絳雪以漫天，訝紅塵之失路。白茅黄葦之村，斜日荒煙之渡。秋景已闌，春容如故。則有山家門掩，野岸車停，夕陽未下，曉霜初經。奪彩衣之絢爛，裝錦幔兮瓏玲。彤管留題，詩客之吟箋欲染；酡顔醉卧，漁翁之宿酒未醒。亦有香閨弱女，繡閣名姬，采菱折角，切藕弄絲。望熒熒如火樹，擬灼灼之花枝。靧罷桃湯，臉敷香粉；唾殘荔實，口暈胭脂。感秋風之敗葉，寄紅豆兮相思。余乃爲之歌曰：西風起處微寒逼，樹頭留得殘秋色。行人莫折一枝紅，此是先人手親植。又歌曰：當年八景詠湖東，擊玉敲金字字工。我把扁舟林下泊，一聲唱徹滿江紅。

孝

宋崇德

何謂孝？善事父母乃爲孝。人何以當？善事父母。父母本也，善事之不忘本也。惟不忘本，故爲孝。舊學無論已，吾論新學。夫今之尚新學者，不外教育與實業兩途。就實業言之，本之是固，業乃興焉。耕耨須耒耜，耒耜本也。斲削須斧斤，斧斤本也。懋遷須資本，資本亦本也。就教育言之，本之是尚，言乃中焉。化學之一切方程式，本也。算學之一切公理，本也。物理學之一切定名與定理，亦本也。噫！實業有其本則興，教育有其本則新。今於爲人之道而偏忘其本，獨何與？不惟是也，農學則有母體之選擇焉。算學則有以成數、子數而求其母數焉。英文則尤賴 AEIOU 五母音以發聲焉。邦人君子試思之，此選擇之母體，業農者保護之與，抑敝屣之與？算利息者能徒取其子而棄其母與？讀英文者能置 AEIOU 五母音於度外與？噫，學科種種，尚有不能舍母以言子者。今於爲人之道而偏忘其父母，獨何與？且夫譯新書、明新理新學之士，竭一生之精力而孜孜不已者，豈非以爲實業發達，教育普及，國家乃克臻於富强哉！不知國家者集人民而成者也，於人民則富强之，於父母則貧弱之，是不以父母爲人民也。又人民皆各有其父母也，於人民則富强之，於人民之父母則使之貧弱之，天下無是理也！且己身亦有爲父母之一日也，於爲人子時而富强之，於爲父母時則貧弱之，天下又無是理也。況國之富也，非富於富之日，蓋必有所由始。國之强也，不强於强之日，亦必有所由起。是何也？是即新學家之所謂原因與結果也。欲收其果，當造其因。而因字非即本字之代名詞哉？要而論之，萬物起於一本，本立而道生矣。實業如是，教育如是，即一切學術制度罔不如是，人亦何獨不然。父母者，人之本也，有父母而後有我。以因果二字言之，我果也，父母乃其因也。故夫人之爲人，舍父母以言我，猶農工商之舍耒耜以言耕耨，舍斧斤以言斲削，舍資本以言懋遷也。且舍父母以言我，猶從事教育者之舍方程式以言化學，舍公理以言算學，舍定名與定理以言物理學也。然則孝之一字，人其可須臾離哉！離乎此以求諸彼，君子不齒。縱研究新學，發明新理，亦奚益哉！是故時有古今，孝道則無分古今也；國有中外，孝道則無分中外也；學有新舊，孝道則無分新舊也。識者曰：學術最新者，不能舍孝而新其學術；制度最美者，不能舍孝而美其制度。至哉斯言，誠務本之論也。吾將效子張之書諸紳。

辛酉冬日將徙越東作

宋　達

村落歲將暮，蕭蕭草木荒。沙揚風作勢，雲慘日沉光。世事憐衰謝，天心入閉藏。桃源何處是，擬問釣魚郎。

偶　　成

宋志學

當午苦炎燠，袒裼坐迴廊。倏忽大雨過，涼颸動松篁。有酒旨且多，傲彼南面王。泥飲不計數，嬌兒來我傍。手中有所持，衫袖半淋浪。問兒何至此，笑語如欲狂。今日偶乘興，借船問漁郎。阜湖泛煙水，荷芰紛在望。身入緑雲裏，只顧覓蓮房。一聲巨雷震，仰視天無光。急點老拳下，打頭不可當。禦雨既無具，幸得趨避方。荷葉大于繖，竄身葉底藏。此真下酒物，摘取已盈筐。老妻顧之笑，呼去换衣裳。剝蓮滿几上，勸我重舉觴。陶然忽已醉，高卧夢羲皇。

舉世兵擾惟夢裏差安

宋志學

尋樂無如學睡仙，搿尋樂地黑甜邊。池塘有草經春茂，蝴蝶無心帶夢翩。多少人民耕化域，一番花柳媚光天。自從深入華胥國，高隱于兹不計年。

義師焚練

宋志學

膽抗天兵在練中，刀頭夜月血漂紅。但思征葛如霖降，不合破秦便火攻。一炬咸陽灰廟社，滿村赤壁燬艨艟。荒山遥望悲何極，淚盡西風白髮翁。

山　居

宋志學

深村晝永年，閒卻避秦仙。春早瀟湘雨，秋遲章貢天。月來山粒粒，風去水嫣嫣。鄰得荷花宅，開窗挹紫煙。

答沈清遠見招

宋志學

五十年來已息機，荒齋終日掩蓬扉。衰頹不合興朝佐，容我空山老布衣。
懶隨袍笏侍金門，桑柘閒閒長子孫。幸藉故人傳好語，餘年終荷聖朝恩。
附沈諱文奎原作
烽煙盪埽海波清，争向旂常勳績銘。紅霧初開朝日上，不應更作少微星。
蘿岫山中阜水濱，沙鷗野鶴稱閒身。思求助理呼將伯，知否朝端有故人。

蘆　花

宋夢熊

湖上西風急，蘆花飛玉屑。傍晚釣艇歸，漁翁滿身雪。

觀阜湖荷寄友

宋夢熊

南湖夜看荷花去，畫船直到深深處。深處掉船回，擬君湖上來。　君家花正發，夜夜明明月。明月百花洲，君知儂夜遊。菩薩蠻

明經鄭金門約張孝廉鳳閣看花不至卻寄

宋　楷

門外荷花十里長，葫蘆中人花中央。薄暮稺子報芳信，公子朝來當獻觴。夜看月落雞鳴起，稽生柳陰爲梳理。花紅不見眼中人，影落南湖弄秋水。

寄友傅學沆

宋　楷

三日不相見，見人還寄書。書中何所語，念子定尋余。君行桂樹陰，我坐水天閣。桂樹生蘭亭，水天飛一鶴。大婦金梭小婦絃，中秋歌笑落誰邊。鑑湖露下菱絲老，何限相思明月船。

喜趙蓋峰張宗薬見訪

宋 楷

歲暮陽回白日和,雲端仙侶忽經過。漫勞公子霑霜露,豈有幽人帶薜蘿。枚馬才名終薦達,河汾著述幾蹉跎。即今時月頻相見,來去空山木葉多。

閒

宋登抒

閒倚庭柯小立,不覺苔侵鞋溼。風來收拾殘紅,鋪作花氈容膝。

村西晚望

宋登抒

高樓極目送殘暉,野鳥呼羣繞樹飛。斷續風吹牛背笛,白雲隩裹牧童歸。

阜湖即景

宋登抒

煙水蒼茫十里湖,湖邊無樹不啼烏。雨過牛嶺溪聲壯,日夕龜山月色鋪。荷葉山在湖南。春歸三徑鬧,蓬蒿山在湖北。雲散一峰孤。興來揮筆松林下,巖壑收歸入畫圖。

清明弔孤墓

宋登抒

孤墓誰培土一坏,殘碑斷碣枕荒邱。空山薄晚蕭蕭雨,翁仲無知淚亦流。

湖東六咏

宋 涵

吾族村西阜湖頗多名勝。余於暇時嘗簑笠屨鞋循湖遊賞,每有所得,寫入詩句。昔莫嗛甫先生嘗作《阜湖八咏》。余仿其意,舉湖東之景,晰爲六詠,各作律句一章,求同人續和焉。

風吹葉浪

山在村東,當秋霜初降,紅葉捲山,如湖海之疊浪然,故名葉浪岡。

霜侵岡上葉嫣紅,宛似滔滔浪蔽空。澗水正飛千點雪,松濤又引四山風。帶煙湧去斜陽裹,捲地翻來急雨中。且把樵歌聽仔細,山翁莫認作漁翁。

月照寒天

山在村西北,勢高接天。登其巔者,雖炎夏亦生寒意,因呼爲寒天岡。

寒天月色淨如磨,一片清光照素娥。輪轉重巒沉玉影,盤擎高掌漾金波。幾株古木淡煙盡,半角幽巖白雪多。意到無涯千仞上,應嫌今夕著輕羅。

牛食蒿尖

蒿尖在村西北牛山之首。向之父老狀其景者以爲牛食蓬蒿然。

小山形體牸牛如,面向蒿尖食也乎?齒硬居然能漱石,腹枵何事再求芻。糗糧應藉樵夫給,鞭策無容牧豎呼。日夕山中猶未下,一欄虛設嶺邊湖。湖中有牛欄墩。

魚戲蓮塘

塘在村西南,每歲開瑞蓮一朵,一莖雙蕊,分外可人,故以瑞蓮名塘。鄉人多養魚於塘内。

數畝方塘罩晚煙,游魚潑剌戲香蓮。梭衝花落飄紅影,尾掉蘋開綯碧天。無數文鱗翻藻翠,幾條玉尺漾荷錢。興來把釣垂楊下,風雨一蓑思渺然。

楊橋鶯梭

橋在村北。橋旁楊樹一帶,濃陰裊裊,臨流繞岸,時見春鶯之流擲。

橋邊楊柳緑陰垂,宛轉新鶯繞滿枝。織就翠條煙漠漠,穿成金縷雨絲絲。半篙春漲添紋處,一路東風撲絮時。爲愛簧聲攜斗酒,鍼砭俗耳傍清漪。

龜山漁火

山在村西阜湖中。山旁居民捕魚爲業,入夜則漁燈焰焰,返照入湖。

龜山日暮雨初晴,漁火遥看隔岸横。影射紅波呈瀲灩,光翻白水見澄清。往來幾處離還合,出没無端滅復明。酷似衆星羅列徧,熒熒未淡曙鐘鳴。

由瀾嶺行至湖口書所見

宋載菜

數家茅屋翠微中,石齒磷磷小徑通。一抹殘紅秋色麗,夕陽移影上丹楓。

西風吹散一林煙,向晚漁翁放釣船。棹入中流人不見,滿湖秋水緑涵天。

壟上有感

宋佳梅

撐開兩眼望千秋,多少英雄鬥智謀。今日都成荒塚在,一堆黄土壓公侯。

南樓自書

宋　璇

倚雲眠月性疎慵，無意庭閒理竹松。一枕溪聲喧磤硙，半簾花氣醉遊蜂。胷涵詩酒添豪興，膽怯烽煙逼瘦容。赢得桃源堪避刼，林泉高趣近羲農。

溪上觀梅

宋　璇

水際驚逢萬玉妃，淩霜縞袂自霏霏。清溪倒映浪成雪，滿路白雲寒不飛。

立秋日自湖上歸

宋　璇

世間何處不蓬萊，人自蓮花界裹迴。天意似憐儂苦熱，滿湖風月送秋來。

皁湖採蓮詞十首

宋　璇

一聲聲喚促梳粧，相約採蓮水一方。人採蓮花儂採葉，須知花落葉猶香。
採蓮不唱採蓮詞，姊妹商量有所私。料識漁郎窺不見，畫船低護緑楊枝。
臺蓮即千層蓮照水淨無塵，豔奪牡丹富貴春。小妹折來郎欲看，看花休看采花人。
何處嬌娥放棹來，木蘭舟上故徘徊。若教早放陽春棹，羞煞芙蓉那得開。
生香不斷去來波，兩袖荷風冷碧羅。蕩入湖心無意採，白鷗先占好花多。
漁翁醉倒緑楊邊，緊束漁舟古岸前。小女嬌癡忙解纜，釣魚船作採蓮船。
手攜畫槳盪斜陽，閒看兒童競納涼。笑摘蓮花抛水面，髫年原不惜紅香。
採蓮未識誰家女，姊妹雙雙嬌欲語。休擬蓮花並蒂開，阿儂不是鴛鴦侶。
輕舟蕩過碧山頭，可柰紅蓮花半留。捲起一雙桃葉袖，戲抛蓮子打沙鷗。
一齊排著採蓮船，結伴回來娘未眠。底事到門重掉槳，花间遺卻小金鈿。

送　客

宋　璇

送客偶過前溪，隨入松陰小坐。匆匆歸到茅齋，門被緑雲封鎖。

夏夜山館漫成

宋　璇

迎涼人坐漏三更，雲淨天空一色清。風帶碎星飛竹杪，月移破影過松棚。宵深荷氣呈秋意，山静巖泉壯雨聲。乘興出遊呼秉燭，相隨童冠嘯歌行。

村西别業

宋　璇

别業生幽趣，閒居好賦詩。深山無曆本，花上定天時。

竹　聲

宋　璇

颼颼復颼颼，可聽不可數。山翁睡頻驚，疑是茅簷雨。

田舍歌

宋　璇

舍南舍北萬樹齊，緑陰濃處曉鶯啼。隴頭一叟鬢眉古，手挽碌碡背荷犂。桔槔平布長溪岸，上有桑柘相因依。轉眼黑雲浸樹杪，竹籬茅舍煙霏微。秧鍼細插黄梅雨，縠紋影碎緑蓑衣。君不見道旁老農穰新田，豚蹄再拜祈皇天。但願田家年豐熟，不願君王賜米粟。

山中雜詩

宋　璇

雨來天欲低，雨歇晚山寂。茅舍闃無人，黄犬吠紅葉。

寄族姪文光在燕京

宋　璇

俠氣凌凌志力堅，單衫匹馬走幽燕。未甘泉石思高隱，特向風塵鍊少年。趙北爾彈賓館鋏，浙東我理釣翁船。隋珠卞玉終難秘，得意雙魚早晚傳。

示兒輩

宋　璇

少年意氣每凌兢，人到老來閱歷增。梅儘寒酸無過士，雪雖冷澹只如僧。讀書以外見真學，應世之才有別能。凡事執中權更好，六經何必苦相繩。

雨後野興

宋 璇

雨霽尋詩興倍賒，呼筇緩步出籬笆。野田白鷺飛晴雪，高柳金蟬噪晚霞。溪口蜺横孤嶺斷，峰頭煙鎖夕陽斜。泉噴峭壁天根溼，雲過茅菴塔頂遮。枕石倒看山吐月，臨風忽訝浪生花。賣魚船返謳聲起，隔岸亂啼幾樹鴉。

咏懷

宋 璇

耳順年將近，撫躬每自思。心酸先怕酒，神健尚能詩。求巧甯藏拙，安常不炫奇。幽居何限意，嶺上白雲知。

秋夜散步

宋 璇

墟落羣動息，幽人猶未眠。褰衣踏清露，倚杖聽流泉。山月夜寒甚，林風秋颯然。東方看漸白，野寺曉鐘傳。

登蘆灣岡

宋 璇

層巒疊嶂鬱岧嶤，岡插秋蘆近碧霄。洞口雲歸連雨脚，木頭橋壞斷山腰。震二公墳下向有木橋，今已廢壞。巖伸拳石疑招日，岡在村東日出處。泉挾松風怒化潮。岡下有澗水古松。坐久忽驚衣帶冷，頓思天路去非遥。

潘陡歌

宋 璇

四圍青山成幽谷，百竈團團蔭喬木。辛一老祖荒其彊，秀者務讀愿者牧。渠流繞帶通阜湖，湖山倒涵光的緑。每當小滿芒種時，桑柘滿園啼布穀。男子緑野移秧馬，豔陽汗發常赤足。女子空廊鳴繅車，匹練挂牆如琚玉。好將杯酒話桑麻，無復空廂悲杼柚。燈火羣兒課讀書，書聲朗朗出茅屋。中有逸叟坐横琴，琴音嘹喨散青竹。持我詩，滿村讀，桃源圖，如在目。君不聞天陰雨溼有鳥徹旦鳴，還願各家勤匍匐。

咏烈婦黎孺人

宋　璇

幾尺黄絲血染丹，青年貞操捋如蘭。苦心欲共雙魂剖，完節非徒一死難。玉碎崐岡雲氣慘，珠沉滄海月波寒。宋家賢婦黎家女，留取芳型後代看。

詠節婦徐孺人

宋　璇

兩大綱常忠與孝，載入史册日星耀。臣道事君子事親，此事不當問婦人。忠節孝慈無二理，婦人能之爲難爾。相夫還代夫養姑，臣道子道一身俱。撫兒又以母代父，夫亡兒幼倍艱苦。畢世恩勤母也賢，好徵詩賦紀彤編。彤編紀事堪不朽，前並鍾郝後歐柳。吁嗟乎，節母徐太君，紫誥行輝五色雲。

南樓漫興

宋　璇

小築山樓，勝買愚丘。倚南窗、四望清幽。松篁舊植，卉木新收。有杏林春，榴花夏，桂香秋。　　爵列公侯，金印輪流。問何如、嘯傲山陬。吾廬吾愛，樂事無憂。是月爲朋，琴作伴，鶴同遊。行香子

題陸景涵親家遊天台圖

宋　璇

者先生科頭脱帽，飄然入山尋勝。芒鞋遍踏春光破，行到深林幽徑。梵宇静，聽桃柳、枝頭鳥鵲初驚醒。扶晴日嫩。愛霽色分明、淡霞拖水，清絶碧山景。　　披圖認，可是天台勝境。樓臺高聳華頂。神仙世界紅塵淨，只有白雲千頃。仙厨近，待捧出、冰桃火棗和香酩。仙人同飲。好把盞高歌，餐英漱玉，一石醉應肯。摸魚兒

春　遊

宋鳳兆

雨過青山寫緑油，茫鞋藤杖破雲游。千竿竹嫩臨風軟，一路桃紅夾水流。草色春歸楊柳岸，溪聲夜入杏花樓。兒童伴我來雙屐，又逐啼鶯到隴頭。

丁酉三月廿四舉一男

宋　杰

駒隙光陰又暮春,半生落魄在風塵。古來多少奇男子,不願兒還肖我身。

咏湖上漁父

宋　杰

把釣伊誰子,宛在水中坻。獨立鬢眉古,儼乎有所思。孤舟無四鄰,蕩入曲水濱。歌聲隔煙樹,溪月白滿身。月白蘆花飛,出水人依稀。不知是耶非,但見一蓑衣。

賦得梅花

宋　杰

戊寅春正八日,内人初生。適外舅車璞山公來齋中探梅,家君戲云:"聞君有門楣之喜,寒荆亦將分娩。時母孕已十有二月。倘得弄璋,舊瓜葛可結新絲蘿焉。"舅笑云:"君其有脱虜之夢與?"戲題紅柬,交拜青廬。至五月,余始墮地,遂合爲配。《詩》云:"娶妻如之何,匪媒不得。"讀此不覺赧然。結褵時,舅過訪,謂家君曰:"君,余家之宅相也。凡人壻生甥,余家甥生壻。"此言頗爲解頤。今春梅競作,花林間醉卧,適見内巡簷索笑,挺兒亦在旁戲舞。余徘徊良久,忽訝忽疑,水邊籬落間彷彿一幅羅浮夢梅圖矣。但我果是趙師雄否耶?因想余未生時,兩家聯姻定在此日間。呵呵!

何曾青女作良媒,夢得美人林下來。閲盡繁華儂不愛,一枝清映讀書臺。

松本爲朋何用媒,余小字松。妻儂早得向春來。孤山處士家風淡,不必妝成帝子臺。

咏烈婦黎孺人

宋　杰

萬里彤雲天欲雪,虬松斑駁含古節。扶輿磅礴鬱精英,繡閣香閨鍾奇傑。釵鳳分飛鏡鸞孤,孤燈黯淡千巖碧。幽芳冷豔冰雪中,雪爲丰神冰爲骨。妾心井水不可移,泉路茫茫一輪月。天上月缺有圓時,人間形影何單隻。慷慨旌心捐身軀,白璧裂作貞女石。三尺紅絲誓不生,黄鵠歌殘杜鵑血。墓木淒淒煙霏霏,晴日無輝泉流咽。殘月霜高夜半分,夜夜烏啼啼不徹。

過半山菴

宋　杰

翠靄溟濛裏,林梢挂落暉。空山無客到,孤鳥傍雲飛。詩寫黄泥壁,苔封白板扉。牆頭春色老,一架晚薔薇。

客　歸

宋　杰

客路歸來晚，征衫細雨斜。回風兜笠舞，吠犬答門撾。老僕安行李，嬌妻歇紡花。瓶中無斗酒，爲我貰鄰家。

村西探梅

宋　梁

睡起山窗約四更，荒村幾處有雞鳴。耐寒獨步溪橋月，梅影詩魂一樣清。

板　橋

宋　梁

板橋低傍釣翁家，楊柳依依一道斜。日夕無人門閣掩，鳥聲啼落紫藤花。

由姜山行至杏樹下村

宋　梁

藤蘿勾屈路横斜，拋得籃輿健步誇。泉激峰頭千樹雨，鶴飛雲際一天花。秋山閒似吟詩客，楓葉裝成賣酒家。便擲囊錢沽醉去，滿甌新釀勝鮮茶。

小　飲

宋　梁

小飲溪邊閣，蒼蒼暝色催。片雲隨雁過，微雨帶秋來。身世雙蓬鬢，光陰一酒杯。干戈正未已，愧乏濟時才。

白樓弟遠歸口占一絶

宋　梁

一去邗江久未回，西堂春思爲誰催。荆花開遍題新句，恐重君愁不寄來。

秋宵不寐

宋　梁

山中秋氣肅，欲眠眠不熟。偶聞槭槭聲，疑是雨灑竹。看雨起開門，門前月上屋。尋蹤到宅西，西風吹落木。落木枝葉疎，中有寒鴉宿。倒影入寒潭，棲鳥見其腹。歸來索點燈，擬寫詩一幅。

留避難諸親友

宋　梁

爲客妻孥累，羈棲身未安。稍聞征戰息，便作太平看。縱抱離鄉恨，還防行路難。盤飧吾長物，底事急歸鞍。

湖西看會自楊橋而回

宋　梁

東風吹緑滿江濱，楊柳依依二月春。十里煙波晴放棹，一村簫鼓社迎神。樽前雞卜占豐歲，花下鶯歌囀比鄰。攜得雙柑鎮日聽，歸來眉月一鉤新。

夜　起

宋　梁

恍惚墮殘滴，因之幽夢驚。披衣起看雨，月色皓將盈。老葉不勝露，風前時一聲。閒階獨立久，秋思滿懷生。

晚　歸

宋　梁

江浦晚潮平，扁舟自在行。月描帆影淡，風遞雁聲清。遠樹連郵暗，孤燈隔水明。到家門未掩，弟妹笑相迎。

新莊小憩

宋　梁

三兩人家隔竹居，背籬小坐夕陽餘。緑陰滿地腥風到，知有人來喚賣魚。

夜泛皁湖

宋　梁

木落湖光闊，煙沉月影斜。白鷗飛片片，道是浪中花。

閒　居

宋　梁

一自征車返，閒居已屆秋。山深雲意懶，林静鳥聲幽。索果兒依膝，解詩婦點頭。在家貧亦好，前度悔遨遊。

宗祠屏風樂府

宋　棠

玉公諷君

巫山神女下虚空，陽臺雲雨行夢中。誰將睡眼吹惺忪，颯然大王之雄風。蘭臺宫裏臣從容，手捧彩筆賦化工。化工之筆未爲工，臣言恢諧臣心忠，願持諷諫格宸衷。

昌公扈駕

大興炎劉鼎未墜，繼統皇帝迎自代，弼臣絳侯列公衛。長安橋上入進謁，欲言請侯羣臣退。王言公無私，王心豁達天下知。日月光明照四海，屬耳豈容曖昧辭。中尉一言折太尉，太尉捧璽馬前跪。

宏公辭婚

湖陽公主失伉儷，皇帝爲之擇佳壻。朝端威儀數宣平，詔遣中使引臣至。貧賤交，不可忘，糟糠妻，不下堂。回顧屏風語公主，事不諧矣難再商。嗚呼臣言對君君記否，莫寵麗華廢郭后。

均公去虎

猛虎咆哮出山阿，白日摇尾向人過。朝朝逐虎虎更多，虎不畏人人則那。太守下令去罝羅，虎不爲患患政苛。屏去貪姦人燮和，虎負虎子東渡河。吁嗟乎，虞民其歌。

璟公賦梅

姿綽約，影飄揚，一枝筆含梅花香。采陸離，詞媚嫵，一篇賦入羣芳譜。長安歸來卧病久，千花萬花開户牖。玉質冰姿脱塵垢，寫出清品時無偶。二十五歲戰胡負，相公已具和羹手。

之問公詠詩

唐代多才，二妙同臺。車駕幸洛苑，詞臣同追陪。當年東方先得句，御前領得錦袍去。宏農學士詩在後，錦袍終竟爲我有。集明池邊詩競作，雲卿主選良不錯。樓上紙如花亂落，只有二詩才相若。沈郎詩篇亦奇絶，猶爲末聯終被黜。如何盛唐兩詩人，卻把佺期居第一。

棻公教女

一女持不律，一女捧卷帙，二女執經几旁立。更有一女初梳櫛，手把舊書勤温習。乃翁端坐絳紗中，五女一一侍在側。芝蘭草，蘿鬘華。終身不合鴛鴦配，學成詩文各名家。皇帝召來問經史，宫中呼作女學士。

守之公興學

瓊州之地近荒徼，不識朝廷有詔誥。刺史奉勅來此邦，特爲黔黎興文教。鳩工建立尊儒亭，四書六經勤考校。鸞旂旆旆俎豆馨，從此人人知學校。學宫立，禮書頒，興起人物非一班。前有海剛峰，後有邱瓊山。

郊公登第

一門瑞氣鍾奇異，兄弟同科皆及第。太后謂弟不先兄，是一是十易位次。殿上傳臚出金門，一榜遂有兩狀元。狀元狀元官階崇，不獨走馬看花紅。巍巍禄位冠同列，一作尚書一相公。呼大宋，呼小宋，千年佳話人傳誦。休説林中飛五鳳。

祁公吟杏

小樓一夜春雨晴，暖日烘花花滿城。長安年少結隊行，春風得得馬蹄輕。史官餘事作詩人，宫商填譜詞句新。杏花紅處春意鬧，紅杏移作尚書號。

濂公修史

帝聞浙東有名士，徵爲翰林始入仕。初爲日講起居官，詔乃並策修《元史》。一部典要六月成，裁制筆削俱稱旨。《昭鑒録》，《辨奸録》，分校文華堂，御膳分光(録)[禄]。儒士歐陽採訪回，北平之事再補續。

晟公平羌

别怯就擒哈密平，千三百人械至京。奉議南丹諸州叛，天子復使督西征。文皇將將重倚任，終始待臣以誠信。便宜行事不爲專，臺諫之言詎可聽。昔年三鎮古涼州，今年河西服羣酋。璽書手賜帝恩渥，子孫襲封西甯侯。

瑜公孝父

正學不肯鈔詔書，八百七十人伏誅。濟南尚書真是鐵，油鼎投尸死更烈。靖難兵來明社覆，設位於堂奠而哭。禍及文字逮捕速，四子代父願就戮。季子争前泣而訴，三兄皆婚弟未娶，弟當爲父受刑去。嗚呼！卧龍山下古會稽，可憐魂歸來，化作杜鵑啼。

禮公治河

黄河西來繞兖州，三千餘年河爲憂。完隄高堰無善策，上流未濟下流塞。尚書奉命督河工，親點兵夫出山東。廣置三十有八閘，漕運以濟國用充。文皇恩賜一何厚，詔許立祠在河口。年年歲歲荷神庥，歲歲神祠進椒酒。

登春公清節

江陵城下一逸民，翩然自號鷺池生。酒瓢以外無别物，日日飲酒忘家貧。丈夫豈肯終高卧，踏徧天涯芒鞋破。囊中更無一錢隨，日落荒亭甘槁餓。吁嗟乎，二日一餐安我素，貴宅豪門羞依附。戔戔物色在人間，掉頭歸去不復顧。

元白公遊仙

子房辟穀，不如食肉。王母進藕，不如飲酒。食肉可五斤，飲酒可二斗。佐以虀一盆，羶腥俱入口。世人不識是神仙，只道山中一逸叟。脩眉如畫身七尺，飛昇已作羽衣客。祇留片蒜與人間，採而食之壽可百。

處宗公談雞

代郡亭，雞能吹笛爲人聽；《拾遺記》，雞作人言不爲異。兖州有雞置籠中，十年養成毛羽豐。元致妙理悟虚空，佐以麈尾助譚風。君不見雄雞一聲天下曉，萬事從此俱了了。

烈女殉節

郎爲宣，妾爲宋，百年冀作鸞與鳳，米鹽辛苦與郎共。十六身初嫁，十七鏡遽破。哀哀黄鵠啼，聽之淚交下。淮南突來巨商客，豔豔黄金紿我伯。置妾以輿縛以帛，妾不伯從心如石。郎在泉下待，妾志誓不改，妾遲郎死衹一載。君不見殉節池邊水變色，昔年濁河今澄碧。

六旬感懷詩八章

宋　棠

梅花香透小春天，賤誕十月二十五日。彈指光陰六十年。怕入歡場先卻酒，性不嗜飲。憐傷生命罷開筵。素心以外都辭客，誕日不分箋邀客。丹訣無靈莫問僊。記取椿萱遺訓在，笙歌底事慶弧懸。甲寅歲，爲先大人慶祝。斥曰："我生辰正母氏臨危之日，顧屠生物笙觴以爲樂乎？"遂止。比先慈七旬，又以祝釐請。母曰："爾父每逢介壽年，除夕焚債券。爾曹毋設筵宴，亦爲我舉行善事而已。"棠等遵慈命，鋪村西大路里許。

天倫完聚昔曾誇，膝下瞻依樂歲華。室有三珠吟柳絮，先姊玉珍有絶句，刻入《國朝上虞詩集》。妹小珍、拾珍亦通文墨。門栽五樹豔荆花。昆季五人余齒四。縹緗書喜藏千卷，先大人築室宅後，顔曰"南樓"。置書偏架，延師爲余輩課讀。文字言同著一家。先大人有《南樓吟草》行世，并刻《宋氏一家言》。余兄弟輩詩、古文附焉。太息雁行相繼逝，姊妹及伯兄仰雲、仲兄笠耕，均去世。現同存者三兄滁人、季弟漁郕而已。争教哀淚不横斜。

黌宫舊侶半僊班，癸卯，同郡入泮者鍾君峙山，欽點傳臚。馬君春暘、蔡君季珪，均以會元入詞林。外如周、駱諸君，列庶常、授編修者，不能悉記。自顧青衫鬢已斑。貢樹幸隨人共列，謬膺選拔。桂花未許我同攀。秋闈十三試不售。五科膺薦奚嫌屈，房薦五，堂備二。兩次辭官爲愛閒。壬戌十月，防守娥江，破東關賊寨。同事以可得保舉來開籍貫，余辭。乙亥，中丞楊石泉師函致余，往就教諭職，亦未赴焉。乞取此生消受福，一湖秋水半房山。

回頭安樂少行窩，半世身都險處過。賊破紅巾争要害，張翼伯觀察往紹攻賊，余繪地理圖以進。帆揚黑水遇風波。朝考南歸，舟過黑水洋，風浪大作。全憑膽畧能降鬼，横塘借緑居孤墳疊疊，歸安局後義冢三千餘穴，前後館九載，寂無警覺。不借靈符也伏魔。村西有猴精，白晝能作人語，憑空擲刀石，放火。余具疏告城隍東嶽神，怪遂滅。到此年華嗟老大，尚餘豪氣未銷磨。

工興土木我能知，勞瘁艱難兩不辭。廿幅畫圖陳祖德，癸亥，修造宗祠，繪歷代祖宗事蹟於屏風上，均繫以樂府。千年利澤紀神祠。唐貞觀朝，杜良興公憫旱，割己田瀦水以濟人。天成其志，一夕風雨陸沈爲湖，今承蔭田一萬二千畝有奇。事載《湖經》，邑志尚未採入。吾村食公利，立朝祀之，癸酉，余爲重修，勒神事蹟豎碑廡下。闡揚孝烈羣資集，戊寅董理修包孝娥祠。鑱削崎嶇獨力支。村南翦刀嶺極危險。余遣工鑿石階一百六十級，并於嶺下及村左砌路二里許，便於行。猶憶五婆山下路，亭成曾記一聯詩。五婆嶺爲北鄉通衢。去冬，余改造路亭三楹，顔曰"五癸亭"，兼置茶房，裝修頗雅。亭側有水曰"五婆泉"，味甲吾虞，曾作七言絶句，懸爲匾額。

阜李湖東舊卜居，市廛遠隔俗塵除。緜延世澤由培德，我祖積德累世。辛酉之變，一家三十七口并廬舍穀米書籍均無虧損，人稱爲善之報。清白家聲在讀書。有子難言升俊秀，大兒光笏入監，次兒光簡由附生入貢，俱未能顯達。生孫敢望大門閭。秀生、仁生、坤生三孫皆已就學。惟餘一語須諄囑，莫使遺編飽蠹魚。著有《四書圖考》、《四書典解》、《經學吉光》、《經世秘書》、《子史稡珍》、《兩宋四六集腋》、《通鑑類鑰》、《湖東第一山文集》、《閑閑録》待梓。

傳經十載得英才，列第登科一一推。謂及門胡光甫中翰以軍機用。莫堅卿進士以比部用。錢秋槎、朱黻卿、杜鞠如皆登乙榜。喜見文星都照耀，敢言時雨善栽培。風行謬許金鍼度，大題文多刻入《經正課藝》、《徐試牘》、《丁試牘》、《大題金丹》、《啜茗軒聯章》、《中庸文陬》。并梓有《白樓小題》上下兩卷行世。月課慙爲玉尺裁。居停王君又喬會課多士，余忝司文衡。寄語家人休悵望，嫁衣未了莫歸來。

清廉願與水同盟，坦白之中見性情。生作輓詞消幻想，已自作輓聯及像上題跋。歿留詩稿總虚名。刻有《湖東第一山詩鈔》五卷。一身勿藥行常健，尚能步行數十里。兩目無花視尚明。介壽不須鄰里集，舉卮相對有寒荆。內子長餘五年，尚健，持家。

哭女珊珊

宋　棠

愛汝性和婉，趨承慰我心。不堪垂老日，竟作斷腸吟。泉土悲埋玉，香山罷聽琴。木蘭花謝去，那免淚涔涔。

生小聰明甚，靈姿奪過余。爲防人折福，不使汝知書。弄筆箋描鳳，持鍼袋繡魚。零星遺蹟在，把玩重唏嘘。

自幼病纏體，經年受苦辛。從無行樂日，都是可憐身。藥石投無濟，砭鍼效不神。茫茫泉路下，調護更何人。

世業素崇儉，兒尤愛淡妝。稱身惟疏布，耀首乏明璫。不借鉛華飾，常看舉止莊。至今遺篋在，那有綺羅裳。

十載辭腥醴，持齋爲報親。女誓不出閣，終身奉事持齋十載，以報父母養育恩。今朝赴冥府，孝女值生辰。女卒於五月廿二，是日爲曹娥誕辰。偶墮紅塵刧，依然白璧身。拈花歸去後，好與證前因。

父已遠遊外，謀生又二兄。時余就王氏館。焕兒開鋪貿易，淵兒亦出外教讀。全家人散處，獨力汝經營。內子年老多病，家政賴女經理。不靳濟施費，頗知敦睦情。蓋棺今論定，嘖嘖有賢聲。

去歲憂堂上，支離病卧牀。殷勤調藥餌，冷煖進羹湯。母體幸痊可，兒身遽没亡。反令頭白老，鎮日淚淋浪。

信至余旋里，喘喉未斷絲。但言倫紀事，女病重，請余歸，泣而告曰："兒不能奉侍終身，歿後望父母勿以哭重兒罪。惟長兄生意虧折甚多，仲兄稍有餘資，析爨時，公款略分潤於長兄，使兩家一式，并向淵兒涕泣懇勸。"不涉女兒私。病危，次兒問以殮衣營葬諸事。女曰："余蒙兩兄友愛，莫能酬報。且得病以來，耗費甚多，何以此爲。"再問之，默默不語而已。含笑如仙逝，今年春女自知五月有缺，先製殮鞋試著之，言笑如常。回眸爲母慈。女料歿後母必悲慟，於凡來問疾者，泣而懇曰："余死去，余母哀泣時，望爲寬解，毋使以衰邁之年因哀成疾。"愛憐猶子意，女愛果品，臨歿時以花紅、火齊給諸姪，曰："余分甘自此止矣！"言訖淚下。不忍並回思。

悼内子錢孺人四十首

宋棠

一曲蒿歌不忍聞，門庭慘淡鎖愁雲。傷心未了荆花哭，五弟漁村先内子四日去世。又向蘭閨哭細君。

耳聰目炯老何曾，争道年華八秩增。畢竟人生修短定，衰頹强健兩無憑。

自昔思親淚暗揮，先岳母早年守節，衹一女。香車幾次省慈闈。憐渠母女難分手，陌上花開尚未歸。

連朝堂上問安過，阿母稱渠智慧多。歲歲春前曾進奉，弓鞋新様製紅羅。

解賦雞鳴昧旦篇，勤勞事事在人先。比鄰相見如相問，只説余家妯娌賢。

門第虞東第一家，内子堂伯小坰公任湖北兵道。謙和絶不露矜誇。小姑房内同言笑，相愛渾如姊妹花。

樸素情懷與我同，澹妝洗盡粉脂紅。内子歸余一載後，即不施脂粉。縞衣蕙帶亭亭立，綽有夫人林下風。

風雪瀟瀟滿敝廬，猶將苦況憶當初。寒閨一盞青燈共，卿自裝緐我校書。

插架芸香卷萬千，日從書裏苦鑽研。米鹽未識居家事，賴汝撑持五十年。

粗茶淡飯歷終身，未見居常食異珍。不是秕糠堪適口，要分餘粒濟貧人。

琴尊儂亦愛風流，日向賓筵事唱酬。斗酒缺時勞脱釧，不曾詈我廣交游。

申地繁華俗共誇，曾經北上駐公車。與君臭味常相得，不愛東風桃李花。余三過上洋，不曾訪一狎邪。

鼎立三孫秀茁荄，謂士英、士蘭、士芳。殷勤勸我善栽培。可憐病骨支離甚，猶向書齋供膳來。

次子牀前侍起居，撫摩差使體安舒。連宵未許寬衣帶，酬爾恩勤兩月餘。

氣息奄奄一線停，呼儂遺語致叮嚀。生平未解參因果，莫向靈筵誦佛經。内子遺囑，殁後毋延僧道設醮誦經。

季秋十七夜微明，冥府曾聞遣使迎。内子逝世夜，長孫女在錢宅危病，囈言：冥司備輿迎内子，至陰命之坐，并以今生善蹟頗多，來世許加榮貴。願向慈雲低首祝，再將鴛譜訂來生。

多時瞑目復蘇醒，起死良方感我甥。病經余甥陸肯堂救回，不圖復症終不起。早識今番終訣絶，微陽何苦再回生。

小井淘從矮屋旁，余於屋側新開一井，術家謂係天醫方，飲之可免疾病。堪輿家説是生方。天醫有水曾何用，一勺難爲續命湯。

春到園林日掩扉，育蠶苦費爾心機。新絲賣盡酬書債，那有餘綾作殮衣。

御下仁慈孰似卿，飢寒隨處體人情。至今嬴得俱悲惋，衆口稱賢共一聲。

七旬眉壽共推尊，蘭桂森森喜溢門。只是月圓微有缺，老蒼遲與一曾孫。

旬餘絶粒已傷脾，料得精神極困疲。冢婦年前先去世，長媳胡氏亡於丙戌年。寄聲泉路好扶持。

小女當年病不支，臨終永訣淚如絲。女珊姑守貞不字，持齋十餘年，頗知孝養。於光緒庚辰病故，年三十有三。而今莫漫悲離别，一笑泉臺見母時。

短髮毵毵尚未齊，曾孫女賴汝提攜。憐他嬌小無知識，猶傍靈牀索棗梨。

螟蛉有女最堪憐，撫養於今近十年。知爾素諳娘食性，倩調羹齊供靈筵。

離離荒草偏新墳，落落晨星悵失羣。屈指親朋凋謝盡，何堪門内更無君。

京華留滯未曾回，勞爾音書次第催。千里刀環終有日，泉臺畢竟没重來。

生計全從筆墨餘，勞勞無日得安居。九原憑報慈親道，七秩兒猶課讀書。

輓歌絡繹贈琳琅，惹得詞場筆墨忙。垂死也應含笑靨，今生不愧嫁文郎。

紛紛騶從出城隈，門爲迎賓次第開。底事褰帷同灑淚，長官也是斷絃來。謂唐邑尊。

東山老謝是吾師，謂謝次圭廣文。惠我先頒哀輓詞。一語痛心看不得，白頭人賦悼亡詩。係謝師輓聯末句。

爲怕寒風迅速催，小窗幾扇面南開。内子素畏寒，余以新宅北向朔吹凛冽，於今夏面南啓窗爲納日計。隆冬未至人先去，辜負朝陽送暖來。

生成傲骨太嶙峋，賴汝常時勸解頻。今日疏狂萌故態，回頭婉語更何人。

生辰記在小春時，曾對寒梅共舉巵。余《六旬感懷詩》中有"梅花香透早春天，舉巵相對有寒荆"句。到此花開都是淚，酒邊怕賦感懷詩。

爾爺卷帙散亡多，贈我端溪硯有窩。内子嬪余時，攜有先岳父端硯見贈。惆悵一方遺物在，麝香和淚共研磨。

卿曾祭埽我同陪，余同内子每歲省先岳父母墓。泰岱峰前酒一杯。從此梨花寒食路，荒塋誰共捧香來。

曾營生壙傍溪濆，邀與同遊夕照曛。誰道經年重到此，一坏黄土葬釵裙。

芹香同采桂同攀，多是吾門子弟班。余門下入泮者百餘人，登賢書者四人，捷南宫者二人。慰汝生前相款待，素衣幾輩送歸山。

君去何堪我獨存，茫茫後事向誰論？惟餘數畝荒田置，留與兒孫守墓門。

肝腸哭斷淚漣漣，自識餘生亦苟延。地下有知應早待，遲君同穴不多年。

內子錢孺人於丁亥九月十七日逝世。余愁緒千絲，情波萬疊。撫籬邊黄菊，悉助悲哀；覩江上丹楓，都成血淚。絃沉鳳杳，荀奉倩因以傷神；鏡破鸞飛，元微之能無飲泣？嗚呼，五十年紅鹽白米，累汝苦辛；三千里閬苑瑶池，空余悵望。魂招何處？涕下難禁。未忍爲蒙莊觀化之遊，聊以賦潘岳悼亡之句。靈其如在，鑒我哀思。小春月六日，夫壻白樓棠識。

自 挽 詩

宋　棠

術者謂余七十二歲八月有限，今去其時祇一十有六日矣。爰成七絶二十四章，先以自挽。

七十年華謝世遲，更何依戀更何思？塵緣了卻心無著，一笑蓬山歸去時。

公務勞勞費苦辛，老蒼爲我惜精神。鸞書一紙雲中下，遣作逍遥世外人。

本是塵寰暫寄生，今朝甲馬喜相迎。爾曹莫漫悲啼哭，且酌梨花餞我行。

冥使催余快著鞭，此行何事再遷延。已知不墮紅羊劫，謂咸豐辛酉之亂。儌倖餘生四十年。

老去無才懶應酬，詞章猶向我催求。年來欠盡詩文債，多謝閻羅一筆勾。

鏖戰文場幾十秋，西風阻我月宮遊。至今了結科名局，一箇明經到白頭。
叢叢紅紫豔生新，歲歲春來讌賞頻。從此園林應寂寞，花開不見詠花人。
衣鉢還須後代傳，臨終呼向卧牀前。案頭遺稿分明在，此是余身未死年。
憑心作事總無私，毁譽由人兩不知。到此是非應論定，笑余已在蓋棺時。
儒服儒冠我自宜，金魚厚葬計都非。號寒須念貧家苦，莫把綾紈作殮衣。
談言放縱不留餘，自悔生平檢點疏。寄語禪門諸老衲，爲余口孽讖消除。
人生富貴由天定，堪笑庸愚昏不知。我本生來無夢想，休言今是夢醒時。
詞壇贈我盡琳琅，佳句搜羅入錦囊。抄就封章呈紫府，來生乞再作文郎。
陸路肩輿水路舟，每逢名勝輒句留。靈魂若得風幡引，好向諸仙洞府遊。
蒿里歌傳阜水濱，聞聲花鳥亦傷神。他年遊客如尋訪，少箇湖山舊主人。
溪山風月暢吟情，況復孫曾繞膝盈。占盡此身清福去，延醫何事再回生?
歲歲糟牀釀緑醅，每逢佳友輒銜杯。而今埽榻誰迎迓，孤負諸君捧盞來。
忙煞文園筆一支，終年酬唱不停時。今宵容我清閒甚，獨坐靈幃看輓詩。
庭闈久已隔慈顔，讀罷莪詩淚自潸。此去若能重奉侍，反教地下勝人間。
鳳鸞分散動哀吟，枕席淒涼直到今。此後不須愁鏡破，夜臺重理斷絃琴。
瓊花一樹土中埋，謂女珊珊。無復嬌癡慰老懷。今日泉臺應早待，琴尊料爲我安排。
村西小築屋三間，修竹叢林四面環。垂死未甘抛別去，佳城猶傍舊湖山。
名鐫碑碣豎嵳嵳，占得荒邱地幾弓。遲待看山人到此，千年遺墓認詩翁。
茫茫往事等雲煙，此去靈魂散九天。我到重泉難瞑目，回頭要看子孫賢。

長歌行

宋潤

男兒既不能提刀殺賊貴封萬户侯，又不能堆金積鏹富置千頃疇。徒然坐抱書盈帙，飢莫能療寒莫瘳。一領敗絮問誰贈，一簞噂爾令人羞。低頭溷僕隸，小心事倡優。昂藏身七尺，隨俗共沈浮。忽然思乘波浪去，天風倒吹阻行舟。長安萬里不可到，駿骨千金無復求。鸞鶴不至，紛飛鶬鶖；駑駘得路，氣短驊騮。山荒荒兮雲悠悠，日慘慘兮風颼颼。冤氣凝積天地愁，愴然淚下不能收。吁嗟乎，世路莽荆棘，人心起戈矛，風塵澒洞不可以久留！嗚呼，風塵澒洞不可以久留！

湖東女兒詩

宋夢魚

采桑

育蠶忙未及安排，亂挽烏雲不掛釵。攜得筠籃侵曉起，露痕溼透鳳頭鞋。
山梯低傍樹枒杈，采到園林日影斜。歸路鄰村諸姊妹，相逢一笑問蠶花。

采茶

山村處處打茶鼓，山中夜夜落微雨。一雙蓮步滑難行，茶正甘時人正苦。

提筐採摘色新鮮，風味應推穀雨前。未瀹嫩芽先品水，教郎吸取五婆泉。

采 蓮

采蓮娘子屬誰家，結隊同行笑語譁。人看蓮花休看妾，妾容羞不及蓮花。

雲淡風清夕照天，船娘摇動采蓮船。莫教棹入花深處，防有鴛鴦水底眠。

采 菱

曉日曈曨露未乾，西風吹處覺微寒。恐防刺角傷纖指，且把紅菱仔細看。

晚涼天氣著羅紈，一朵烏雲髻上盤。采得菱花應作鏡，照儂顔色與郎看。

客中見阜李湖圖感而有作

宋光简

我家住在阜湖曲，緑樹團圝繞我屋。開窗四面對青山，山人夜伴山雲宿。曉鳥唤起夢惺忪，簷角曈曨已朝旭。石爐吹火烹清泉，蘭湯洗我看山目。一桁捲起棗花簾，排闥青來新如沐。别有爽氣滿西山，螺髻初楷春雨足。重重林樹罩湖邊，湖光倒映山光緑。生來占得好湖山，自喜山居頗不俗。迄今離别已經年，音信未問平安竹。忽然示我阜湖圖，對此茫茫離緒觸。眼看高處是寒天，鐵甲蒿尖都聯屬。下有一水名窰溪，泉聲琤琤漱珠玉。幾回玩索幾回思，精神都注圖一幅。有山可樵水可漁，住此山中即清福。笑我何事離鄉遊，走向紅塵徒碌碌。

庚午九日與同人登蒿尖峰賦此誌事

宋光範

杪秋雨初晴，風日媚林藪。佳節快登高，折柬招良友。冠者八九人，童子隨在後。初行路坦夷，漸入林深黝。松老幹權奇，石爛貌粗陋。禽鳥向人啼，雁奴雜鴉舅。巖壑生陰寒，循環窨如甀。徐步至山腰，俄驚石壁陡。圓沙滑履底，野蔓纏衣鈕。舉步恐傾跌，藤蘿捫在手。循壁力攀躋，精神頗抖擻。突兀上層巔，如身脱塵垢。仰視霄漢近，樹梢掛星斗。俯瞰衆山低，羅列等培塿。萬里豁晴光，一覽空所有。呼童埽苔茵，列坐松陰右。肴核席上陳，醯醬閒葅韭。酌以蓮葉杯，滿注茱萸酒。酣飲不辭醉，如鯨吞入口。四座聲號呶，當筵戰以拇。興至輒揮箋，大字書蝌蚪。行間鸞鳳飄，腕底蛟龍走。瘦硬通神奇，書法宗歐柳。對景復哦詩，良辰無孤負。或作大風歌，宏聲如雷吼。或爲落葉吟，逸韻和清瀏。佳句盛錦囊，妙詞喻齏臼。自從亭午始，讌賞直至酉。人生行樂耳，此會良非偶。忽然感慨生，問天頻搔首。光陰悵過駒，世事幻蒼狗。安得遊山人，人與山同壽。因思東晉朝，永和歲癸丑。蘭亭集羣英，留傳今不朽。我欲擬古昔，韻事垂悠久。摩厓遣石工，姓氏鐫某某。並書年月日，庚午之重九。

同日和弟雪嶼作

宋光籥

茶正濃時酒正香，三秋風月費平章。山登絶頂胷襟豁，人遇同心興味長。此境渾疑遊上界，良辰最好是重陽。衣冠我幸無拘束，落日賓筵尚徜徉。

南樓納涼詞

宋鴻璟

余世居阜李湖之南山下，宅邊堂叔祖齊雲公搆書室三楹，顏曰"南樓"。余幼時肄業其中，值盛暑登樓眺望，覽湖光山色，洗滌塵襟，因作南樓納涼詞八首，乞同人和焉。

面對南山倚小樓，千年松老幹如虬。林間忽覺清風起，爽氣來時不待秋。
讀書此地最清幽，水色山光曲抱樓。聽得耳邊聲一串，採樵歌裏雜漁謳。
門前垂柳影纖纖，翠竹重重壓畫簷。几淨窗明書帙静，緑陰滿地不開簾。
小雨初晴夕照天，半湖雲影半湖煙。此間占得人清福，不羨瑶臺閬苑仙。
十幅湘簾面面遮，俗塵飛不到窗紗。晚風初逗雨初歇，香送一湖紅藕花。
傍溪低築屋三椽，風景依稀似輞川。修竹疎時蕉密補，不教紅日漏窗前。
清閒不是利名場，脱畧衣冠任倘徉。好景最宜人領畧，琴聲書味與茶香。
到此真應俗慮删，柴門終日不須關。一邱一壑饒佳趣，勝似當年消夏灣。

續修宗譜告竣呈白樓叔祖

宋懷珍

南樓舊本謂太叔祖齊雲公。極詳明，紹述前脩屬老成。費盡苦心甫脱稿，温涼寒暑一年更。
無花老眼炯如星，筆墨勞勞不暫停。漏下三更人未睡，滿窗風雪一燈青。
家乘還應國史如，詞章修潔不粗疎。山川人物俱詳誌，當作湖東一志書。
甬江省墓歷風濤，浦水於今又放舠。公尋訪我家宋氏支派，三至慈邑。今秋又遣薦青族叔至浦陽查訪。欲爲源流尋嫡派，冒宗不似郭崇韜。
壯强猶是少年時，龍馬精神海鶴姿。一自宗支編定後，滿頭華髮盡成絲。

村莊雜詠

宋麟理

牧牛詞

山村有兒年八歲，生小狎牛逐牛隊。雙足居然跨牛背，明年送兒入村塾。棄擲牛繮把書讀，兒身在塾心在牛。登隴涉水思出遊，似讀非讀聲啾啾。來朝塾師呼放學，小兒仍把牛繮握。讀書争似牧牛樂，將書掛上黄牛角。

養蜂詞

老翁縛茅作一堂，東西南北皆蜂房。房中蜂去採花忙，採得花來飼蜂王。三月花開濃如雪，銜入蜂房釀成蜜。蕊爲米，花爲糧，蜜味之甘勝酒漿。種稻爲酒稻未熟，胥吏已把酒税促。何如養得幾房蜂，不輸官租食亦足。

打魚詞

東風吹雨雨不休，四山泉合水奔流。魚兒迎沫聚千頭，漁家趁水放漁舟。一舟逐魚飛如葉，魚思脱網逃尤急。須臾衆舟俱攢集，魚怒奮起作人立。水高浮舟舟如簸，魚大入網網欲破。魚與人争人則那，掀天忽起風浪惡。魚舟奔向裏湖泊，巨魚依舊縱入壑。

育蠶詞

緑陰滿地日無光，村南村北皆種桑。閨中一月不梳粧，女兒都爲育蠶忙。簾幙重重門未啓，育蠶人在深閨裏。人飢不怕怕蠶饑，與蠶同眠復同起。山棚搭罷蠶事了，山家女兒婚期早。新絲織就快翦裁，著得紅綾衣上轎。

歲暮追念先祖不勝悲泣

宋士蘭

曲指光陰又一年，梅花香透早春天。家家聚首天倫樂，我獨銜悲泣祖先。
芸窗曾記雪風吹，誨我叢經又誦詩。一盞青燈寒夜共，歲殘猶憶課孫時。
當年伴讀五更殘，膝下瞻依歲月寬。今日孤燈寒獨守，愁看花影上欄干。
一生著述篋中堆，披讀遺文繫我哀。剞劂未成人已逝，不勝採輯幾徘徊。
詞章零亂篋中盈，斲句毫端苦一生。補讀遺詩懷祖德，後人聊亦繼前人。
青春已逝落花天，辜負先人早愛憐。壯志灰心今故我，空聞祖逖快加鞭。

新正宴客追懷先祖

宋士蘭

歲月光陰是水流，囊錢匱乏日生愁。客來謾説無嘉味，默體主人暗頓頭。
大父當年讌客賓，每羅海物席前陳。一朝逝世家空乏，乃有餘錢買异珍。
也知盛譔讌嘉賓，無柰貧寒苦莫申。只看殺雞爲黍外，登筵自愧乏奇珍。
三經蓬蒿結敝廬，自推田産不多餘。家如擔石無長物，惟有詩書滿架儲。

見冬雪追懷先祖

宋士蘭

山河傾刻浪花堆，白雪飄來繫我悲。婉似梨花新著體，瑶臺銀闕動人哀。
霏霏風雪助人哀，憶昔先人白髮摧。清素家風懷祖德，枉疑明月悟前來。

見食年糕追懷先祖

宋士蘭

香菊冬糕伏臘時，年年節候莫差池。物堪復覩親難覩，轉嘆先人與世移。
家家土物共相高，五色粉粢沽酒醪。猶憶先人伴客坐，登筵喜進菊花糕。
重闈奉養進杯盤，常供冬糕作早餐。嗟息風光只一載，儀容難睹舊時歡。

先祖逝世後門無問字之車
堂乏高賢之座感慨當年偶成七律一首

宋士蘭

名士曾聯文字緣，争傳車馬往來前。老成凋謝門庭冷，世態炎涼歲月遷。休説人情忘故舊，疑休後嗣乏英賢。每懷祖德生悲泣，轉忘兒曹復續延。

辛丑年十二月十七日遷母殯於金灣山
與亡妻殯相鄰不肖晨笙偶成七絶以記哀懷

宋士蘭

庭幃久隔淚沾巾，寤寐縈懷枉費神。泉下晨昏誰奉職，仗妻替我侍娘親。
人世原同夢裏身，一朝回首最傷神。料知姑媳今相晤，共坐墓門苦意申。
終天抱撼苦哀吟，回首垂髫失慈音。誰道中年仍覺苦，蘭桂寂寂鎖春深。
母逝髫年妻逝今，淪亡相繼苦人深。天心似我同悲泣，雨滴窗簷淚滴襟。
生兒誠望克家賢，愧我年年疾病纏。擬想幽魂難瞑目，爲余不肖泣重泉。
抱撼終天二十年，墓門風木最堪憐。一坏黄土秋山裏，血灑丹楓色更鮮。
愁聽淒雨不成眠，荆棘荒涼抱撼天。馬鬣未封含宿露，傷心要廢蓼莪篇。

悼　亡　詩

宋士蘭

當年曾記阿娘家，繡閣閒妝倚碧紗。自適余門無暇日，炊粢未了又炊茶。
中饋勞勞爾獨肩，羣稱内助守家賢。一生與我同甘苦，淡飯粗茶二十年。
日抱沉疴氣力慵，首無膏沐髮蓬鬆。可憐憔瘦三十年，少婦恍同老婦容。
生前茹素有三年，默禱夫君疾病全。酬爾恩深難答報，徒然佛懺寄重泉。
交集百端逐日來，一番惆悵一番哀。知卿默體良人苦，擬想幽魂泣夜臺。
黄口孩兒媳小時，可憐無識又無知。靈魂迴顧門庭裏，惆悵家人夜泣悲。
呻吟撫枕日生哀，只爲嬌兒淚眼開。勸説阿爺同忍苦，幼年也是歿娘來。
垂髫弱媳唤迎親，自識病纏不起身。底事苦將郎面囑，爺爺也要具婆心。
飢寒啼笑見天真，嬌小孩兒失慈親。勞我時時加體恤，阿爹强學阿娘人。

生前破襖嘗留遺，檢點襟衫淚自知。教兒默體親娘苦，莫著華衣喜學時。
閑閑十畝近村鄰，勞爾當年灌溉辛。滿院柔條今已茂，種桑不見採桑人。
採得新桑作繭餘，和風藹藹繞庭除。青燈一盞春閨裏，卿飼叢蠶我讀書。
自悔生平意氣狂，微言不合鬧椒房。今思恩愛仍何及，淚灑蘭閨夜色涼。
家政勞勞病骨摧，每懷苦處不勝哀。生前憂悶無歡日，轉喜逍遥入夜臺。
卿言大父教孫時，日誦經書夜課詩。欲繼青氈休縱慾，莫忘祖訓愛嬌兒。
次兒襁褓始離身，誰料嬌兒失慈親。當似韓公幼失怙，莫忘嫂氏撫成人。
古語不癡不作翁，儀型全在不言中。勸郎權作女兒看，體恤無分一例同。
一生茹苦世何知，尚有夫君感賦詩。説與家人懷懿訓，令余含淚憶當時。

勉子伯銓讀書

宋士蘭

光陰荏苒疾如梭，虚度年華悵柰何。愚質但求循序進，戒兒終日莫蹉跎。

伯銓姑母家讀書臨行諄戒

宋士蘭

他年撫得爾成人，幾費劬勞姑母辛。要識恩深宜答報，替余養育即娘親。

四月寄伯銓書

宋士蘭

爽氣迎人秀麥天，香風吹到畫窗前。清和佳節宜勤讀，趁此光陰快著鞭。

在家教誨伯銓

宋士蘭

寒暖時時管爾全，阿爺謂我太多憐。含辛茹苦將誰説，日望兒曹繼象賢。

五月寄伯銓家書

宋士蘭

鄉關十里隔迢迢，兒念重闈白髮飄。年少宜知紹基業，他年付託一肩挑。

六月寄伯銓勵志讀書

宋士蘭

駒隙光陰似水流，功夫早歲勵推求。他年學術無漸進，追悔從前戲慢游。

兩兒髫年失母余見之不勝悲憐

宋士蘭

我亦當年失慈音，常存大母愛憐深。惟兒真似蓮心苦，寒暑淒涼直到今。

教兒孝養祖父

宋士蘭

孝弟以外少全人，順父先宜孝祖親。重闈白髮蒼蒼日，孝祖無非慰我身。

遊春感懷

宋士蘭

春光依舊豔新春，緑野青疇結比鄰。轉惜春光容易老，消磨歲月夢中人。

杏　花

宋士蘭

十里長安放杏花，歌吟舊有子京誇。試看及第尚書品，猶記新詞屬宋家。

嘅　世

宋士蘭

炎涼世態見人情，利禄縈縈苦屬身。轉喜逍遥遊物外，煙蓑雨笠卻風塵。

烏　石　岡

宋堯封

陡絶奇峰接斗躔，巖巖巨石壓層巔。就中鏤得玲瓏竅，好似西湖一線天。

牛　瀾　墩

宋堯封

杜君遺跡未消磨，且約詩朋泛棹過。立住船頭閒眺望，水晶盤裏擁青螺。

觀瀾堂

宋堯封

窗前松老幾枝虬，窗外溪清一帶流。蓼正紅時蘋正緑，此堂風景最宜秋。

鐵甲山

宋堯封

一山盤曲接寒岡，石骨巉巖氣鬱蒼。爲怕秋來林樹禿，穿將鐵甲戰風霜。

早梅

宋彩華

誰遣東風暗裏催，水邊籬落一時開。侍兒不解寒芳早，怪問雪從何處來。

感亡妹小珍

宋彩華

林梢月落夜三更，獨坐空庭感慨生。風夭海棠春不管，可憐費盡杜鵑聲。

至蘭芎山福仙寺

宋彩華

堪笑人間佞佛多，六親抛卻作頭陀。我來不把囊金賜，回首曾經拜孝娥。

事物記

宋棠

輶軒使至，徧覽乎風土人情；《博物志》成，詳誌乎飛潛動植。藉兹掌故，裨我多聞。吾族人安居而不遷，事經久而稍異，或遵循乎古禮，或習染乎時趨，或瑞氣祥光庥嘉疊至，或天災民變劫數難逃。至於地産美材，世所希有；家藏古玩，人皆同珍。爰舉余之見見聞聞，詳明記載；非駭人以奇奇怪怪，聳動觀聽。裔孫棠謹職。

風俗

秀讀愿耕，山樵水漁，無巨富之家，無極貧之户。田於湖山之間，不畏水旱，歲常豐稔。居民縮衣節食，守樸率真，鄉無争訟。子弟年幼，必令入塾讀書，故人多識字，文學之盛，甲於西鄉。所居不雜外姓，濟貧拯急，捍患恤災，有古洽比之風。

冠於彌月，薙髮，分送湯餅。

婚用丐户迎娶，向時揚旗鳴鑼，張傘開炮，擎燎俱用工人。自同治間，擎燎亦多用方人。即丐户。以轎夫四名，吹手六名，高燈宫燈四名，加以擎燎二名，合成二席，工人則旗鑼傘炮司轎司柴共八人合成一席，較爲省便。向時成婚時，吹手多立在堂上，今則移置中庭，不使男女渾雜。虞色風氣愛鬥新房，連宵達旦戲言謔語，殊傷雅道。吾族宴賞畢，年少子弟不過入新房觀看糕匳而已，無所謂抄房也。

喪用文公家禮，惟不用小斂。服制與他處一例，惟子壻著麻衣，今衹令著細白布開化袍子。自光緒年間白樓家始葬於七七内，非入穴則殯厝，未有停柩於家中者。祭則清明展墓，元旦上像，初五落像，謂之歲假。十三上像，十七落像，謂之燈假。以及中元、二至、除夕，各家行之。惟宗祠加春秋，分二祭。忌日之祭貧富皆行，誕辰則有祭有不祭矣。祭肴不甚豐，少者十簋，多者十二簋。清明多用少牢，中元之祭衹用蔬食。

元旦設祭筵於祖堂，用素食。族中男子會集一堂，拜天地神示。女子惟新婦亦拜一次。男子拜天地畢，拜祖像，午後庵廟進香，並拜近村墳墓。婦女衹拜像而已。晚，下以湯餅供像前。齊雲公家黎明懸漢仲子公、唐廣平公像，祭用三牲，申刻落像，發炮，焚化寶馬。是日，各家早睡，不張燈火。

初二日子時，放爆竹，啓户。各家牲牷齊集祖堂，謂之接年。族尊主祭，擇能文者宣讀疏文，祝呪。祭神畢，即以牲醴祭列代祖先。讀祭章，朗誦行諱氏名，凡三遍，始焚帛。黎明方撤筵席。是日，族中多財神會，祭畢暢飲，拇戰賭觴，至暮而罷。

初三日，有惜字會，祭文帝，飲福。坐位秩然，不准拇戰酗酒，洵洵儒雅，足徵士風。

初四日，詣廟，設立祭筵，祭社神杜良興公。越數日，懸燈，演劇兩晝夜而罷。臺下觀劇，男女各有位次，不相渾雜，亦不挨擠，不諠譁。紳耆罷拜，衣冠楚楚，頗有古風。

十四日，晚下以豇豆煑粥，謂之蠶花粥。

十五日，宗祠祭祖，笙簧肴醴，慶賞元宵。子孫來拜者，給以壽桃。

清明墓祭歷代祖墳，挨次不亂。展墓衹有男丁，惟省玉三公、揆一公、心二公墓，婦女皆至。新婦多豔糚。道旁聚觀輒相誇美。三月，村中迎會，用旗傘鑼鼓銃炮。或祖堂，或宗祠，設筵席、鼓吹以祀嶽帝，謂之禮拜。其迎會之人稱爲老佛，其鼓吹之人名曰十番。

穀雨後，婦女結伴采茶，不雜一男子，閨範頗肅。

端午食角黍，飲蒲觴，並磨雄黄拌酒塗小兒頭面，以解諸毒。又以雄黄(抄)[炒]豆，令小兒食之，可免腹痛。

五月，各山多生楊梅，或販至紹府，或售及姚邑，村無閒人。某未採摘時，先以牲醴祭山神，謂之作山福。

六月，曠地設筵，迎接桑侯并劉猛將軍，以祈年歲。驅蝗蟲神至之處，必設酒果以犒賞隨從。

七月薦新，亦在祖堂。交巳起至未末止，其儀注照接年之式。是月，婦女多往皁湖采蓮采菱，亦未有雜以男子者。

中元，各家糾會野祭，焚化紙錢，謂之散孤魂。次夜，延羽客作蘭盆會，施甘露米。

重陽，文人攜酒盞相約登高，北則寒天岡，南則烏石岡，暢飲賦詩，至暮而歸。

十月，復設筵接桑王以報賽。是月，即於宗祠内設立杜君神位，張燈懸彩，演戲一晝夜，以慶豐年。

臘月，廟住持送鍾馗圖帖門首辟邪。是月二十四日外，多醵錢爲會，宰豬分肉，以祀百神。

廿九夜酉末,族内會齊牲牷,俱於祖堂内送年,其儀注照接年之式,亥末方散。

除夕,家祭其先,羣長幼坐飲歡笑,謂之分歲。亦用湯餅,以粳米爲之。乾柔不用湯,謂之團圓果。飲食時多置碗筷,如有不速客來,喜與之食,以爲來歲添丁之兆。

軼　事

十一世美七,諱未詳,身軀魁偉,膂力過人。時翦刀嶺有石刻泗洲神廢棄於地,野人誤築田闕。公夢神求救,次日,過新開田,見之,負而置諸嶺上。鄉人皆稱其勇。

十三世化一,諱琦。當崇禎甲申之亂,嘗往山左探親,與客暮投旅店。店主獻肉二簋,曰米肉、糠肉,惟君自取。公意度米肉味佳,啖之,漸見手指,疑不敢言。夜與客同榻睡,客聞樓下磨刀聲,擊公股,驚告以變。急思下樓,梯已去。公慌悸凜冽,客曰:"余在,先生無恐。"即縛公於背,從後窗躍下。行不半里,回視燈火焰焰,追者將至。客負公迅奔如風,追不能及,一路護送至村西黎隩嶺下而返。公留之不可,贈以金不受,曰:"吾緑林中豪俠也,本相隨欲劫汝銀,不意同及於難,見汝一介書生,弱不自支,因憐而救汝命,不復取汝銀矣。"終不受而去。公至家門前,適值宰豬,復驚而染病卒。

十七世宗十四,諱元亮,往南京胞兄元奇家。奇業鑄鐵,逮元亮歸,贈以生鐵,令鎔作農器。置諸篋,將抵太湖,有盜夥見之,疑爲銀,故與殷勤,詭云同至浙江,喜得伴,不如另貰小舟,價廉,行較速。元亮信以爲真。撑至幽僻處,誘引上山。盜魁利其資,待以飲食。越數日,紿之出遊,啓其篋,鐵也。大怒,歸而縛於柱,責之曰:"誰教汝術,余反受汝欺耶?"令置之死。元亮哀求云:"家母老,妻少,子在襁褓,乞放回。"魁精命理,問其造,閲之,謂元亮曰:"汝未娶,而又誑余耶?"元亮哀泣,懇之愈切。魁曰:"汝壽可七旬餘,今不該死,余釋汝歸。但近日江湖多劫客,汝獨行難。"乃遣小嘍羅護送過錢塘江。

二十世慶二十,諱棠。道光癸卯二月,兄弟俱入郡應試,書屋三間皆空歇,惟右大房有業篁者獨宿。夜方半睡醒,見樓上燈亮甚明,欲覓火吸煙,尋思樓中讀書者時俱赴考,此燈亮何來?正遲疑間,火亦隨滅。

二十世慶十八,諱梁。道光癸卯二月,伊弟棠已遊庠,公猶未入學,憤而讀書,不解衣帶者者累月。一日,稍倦,倚几而睡,夢已出場,見弟棠接考,問以桌號,答曰:"號字。"弟曰:"此號必吉。余前獲儁,亦坐在號字。"及臨試入場,果坐號字。案發,進第八。蓋公坐號字八,名次第八。弟坐號字十八,名次亦十八。夢兆之驗亦神矣哉!

社廟杜君最靈驗。道光間,國慶傭於齊雲公家,累日卧病。忽家主曉起,啓其幃視病,牀内無人,驚惶叩神。《筊經》云:"水到渠成,聽自至。"午後果至。其云"水到渠成"者,蓋國慶症患熱,入池洗澡而回也。

道光癸卯正月抄,白樓公兄弟俱赴試。齊雲公歇廟問筊語,云:"雙敲好,不若單敲妙,枝頭喜鵲噪,連聲疊報至。"二月中浣,白樓公先入學。六月,兄滌人公又入學。所謂"雙敲不如單敲",兄弟獲儁連聲疊報也。又是年秋試,白樓公問筊語,云:"糠籮鼠思量滿食,誰知空透入。"是年,果薦而不中。又己酉秋試,白樓公往求筊語,云:"丹桂芳,滿庭春,折得一枝無限好,秋光分外明。"人皆以爲必中,白樓公獨不悦,曰:"分外字終有語病。"榜出領卷,批堂備,以額滿見遺,正所謂"分外"也。

道光間,白樓公表兄胡守基往保定遊幕。次年正月元宵,伊弟守身來叩歲,云守基已歿於京邸。是夕,白樓公夢中即見守基同立月下,贈以詩句云:"明月皎潔,顧影自憐。一朝決别,永絶圝圓。”是亦死而有靈矣。

滌人公，諱梁，夢兆多應驗。丙寅試前，夢學差擔穀數斗至其弟白樓公家，醒而未解其意。及試畢，白樓公案下補廩。不二月，丁内艱，故廩糧衹數斗也。又前道光乙巳科試前，夢與弟白樓公遊天竺寺，醒而會其意，語弟曰：“我與若俱應列二等。”案出，果然謂天字二人。“竺寺”字，是二等也。

道光丙午六月間，夜四更，有紅光一道約二丈許，向齊雲公新屋牆邊掛下，光燭一村，後無應驗。

十九世諱天爵，自外歸家，睡至天明，滿口齒牙俱脱，覓之枕席間，並無一顆，夢中亦未覺咽下，亦奇聞也。

廿二世儒士諱懷珍，府院已應入試。一夕，縣試前夢學差某負耒入門，曰：“君已雋矣。”及醒，未解負耒意。尋縣試期至，案出，列一圖廿八。始悟耒字直畫則二十，兩旁爲八字也。是年，即丁父艱，卒不售。自此復入七場，終未獲雋，知功名有定數，一夢已爲兆也。

祥　瑞

十五世宣五，諱志學，年五十時，夜自瀾嶺歸，見鹿數十隻滿山塞谷，向公跳躍。公大驚呼，鹿皆狂奔雷轟，山幾爲震。或云壽徵，後公果至八十六歲。

十九世崇十六公，諱璇，自生初起至五十二歲，家中歷産五了七孫，無一損傷。時會稽杜公尺莊贈以詩云：“芝蘭得地皆留種，桃李盈門盡向春。”首句美其子孫之旺，次句指笠畊、滌人、白樓均已入泮也。

十九世東九公，諱杏林，壽八十二歲。配陳氏壽八十三歲。夫婦齊眉，五世同堂。載入邑志。

二十世慶十一，諱正明，樵於蘆灣，採得靈芝，大寸許，色極鮮美。

災　異凡不專屬本村者不載。

道光三十年，沙湖塘決，無量閘圯，平地水高數尺。吾村可於節婦牌坊下繫船，水與牌坊石磴並。湖塘下村内不能舉火，親戚家貰船饋送飲食，從樓上窗口遞入。雨霽，鄉民連結成黨約千百人，沿門强索，并有搶虜穀石者。災平，皆鳴官究治。吾村但令其登門服罪而已，無一控訴懲辦。

咸豐初年，有猴精在村西作祟，白晝能作人語。有犯之者，對面飛刀從空中擘下。被害家懸硃砂鍾馗圖，上有天師印。翼朝，將鍾馗朱鬚盡塗爲污，且憑空放火，沙石亂飛。每淅米蒸飯，比熟啓視，輒變爲油。有現任貳尹回籍，前來問候，坐片刻，有大甕置在膝前。見者俱生畏懼。時棠年尚幼，作疏焚告城隍神，祝請驅逐。怪遂熄滅。

同治辛酉十月二十，髮賊闖上虞。族人多避劉家隩、大隩等處。廿二，賊抵村，沿山搜索，虜去男丁四十餘人。下新屋樓房兩進被燒。族内受害者一人，受傷者數人。獨齊雲公家眷三十六人俱不遇賊，家中藏書亦無蹧蹋。時斗米計價一千三百文，村中平價糴糶，人心安静。同治元年七月，流賊過境，虜去男丁又三十餘人，合舊虜共七十三人。後斃死賊營者衹一人，餘或逸或贖，均得還鄉。九月三十日，張觀察景渠援法國兵克復上虞。賊退。十一月，賊復盤踞娥江西岸，逼近上虞。白樓棠邀伊兄諱梁、族姪諱爂輝同王霞西請法國兵出城防守娥江。一月，並隨英兵廣勇帶農民荷耜耒渡江攻勦，賊退入越城，西鄉得免災。賊在時，西鄉僞軍帥某頗能保衛地方，不甚蹂躪，故東鄉人多避亂於吾村。凡寒者，滌人諱梁給以緜衣。病故者，白樓諱棠贈以棺木。笠畊諱標見自賊營逃歸者，皆給以飯。雨村諱楠於小兒被虜脱逃者，問其里居，遣工各送至其家。多有善舉。

光緒乙酉七月，祖堂左邊側屋起火，延燒樓房十餘間。火至祖堂而止。神臺上惟匾額被焦，餘俱拆卸。火熄，問之堪輿，云：祖堂向上側樓屋之高低、簷之深淺錯亂不齊，又於廳基地上起一小屋，當中塞向陽宅，大礙，故一年中失火凡七次，大受驚慌。爰議各給以資，悉令改造，一齊趕平，堵築照牆，以爲障蔽，火災方熄。

古　物

漢太尉諱宏公朝像，係宋侍御史王十朋題讚語，見卷首。畫藏十九世崇十六公祭内。

唐廣平公諱璟公朝像，係宋丞相文天祥題贊語，見卷首。畫藏十九世崇十六公祭内。

唐天寶元年贈宋諱渾公勅命，係泥金字，末有硃砂御印，方五寸許。裝裱後，楊司馬允斌於卷首題"盛唐遺蹟"四字。藏二十世慶二十家。

明板上虞陳蒲州金罍子。藏二十世慶二十家。

古碗，形粗，色淨白，扣之其聲清越。以長暑日藏食物，經久味不改。藏二十世慶二十家。

古尊，以銅鑄成，旁嵌金絲，色澤黝碧，下有三足。傳自唐代，藏二十世慶二十家。

土　産村中出息多者載，世所稀有者亦載，餘皆從畧。

菱，有兩角者，有四角者，皆名大菱，亦云水紅菱。又有細小生四角者，謂之刺菱，其實可以煑粥、裹角黍。均出阜湖。

藕，有紅荷花、白荷花兩種，生熟皆可食。齏之爲粉，補血。藕粉多以葛粉假充，惟出自吾村最真的。

楊梅，出吾村最多，色皆紅紫。更有一種白而微黄者，謂之白沙楊梅，味倍鮮甜。

茶，有春茶夏茶之别。他處茶皆焙熟，不甚乾燥。吾村女工極力搓挪，火候實足，故其汁較厚，惟失之碎，不似一旗一鎗葉片鮮嫩。

三管松，出鐵甲山。載入邑志。

並頭蓮，出村西池中，後稱其池爲瑞蓮塘。

苦竹筍，苦不可食。凡竹心虚，惟苦竹心實，出旋網山。

三足鹿，出大旂山，鳴則主村中傷人。

鯉魚、鯽魚、鰷魚、甲魚，多出於阜湖。

銀魚，阜湖所産，白而無鱗，但目兩點黑色，味最佳。邑志云：吾鄉呼爲梅魚，未是。

楊梅燒，以楊梅浸火酒中，故名。

楊梅乾，用鮮楊梅置釜中，活火蒸熟後，和以白糖、乾薑、火酒，加微火煨透，盛以磁器，味極甘美。

白樓生像贊

宋　棠

貌雖平庸不醜，心頗聰明學厚。恩我的不負，讐我的姑受。急來求必救，貧來借不扣。財從教讀來不苟,名以著述傳較久。妻長余喜偕壽,孫及曾已均有。情怡山水之間,身置圖書之右。只有耗我精神,邀觀劇起身便走;費我錢財,見名畫未肯釋手。且怒不能耐於心,言未免失於口,此係我之過咎。我無可贊,姑將我之好歹,書之以示爾後。湖東第一山主人棠自題。

内子錢孺人像贊

宋 棠

爾貌太憔瘦,爾心頗仁厚。事翁姑孝則無而順則有;待丈夫愛有餘而敬則否。處妯娌以和,頗稱賢婦;撫兒女太寬,真的慈母。執箕帚,操井臼,爾不惜頭蓬面垢;請親友,延故舊,爾不吝烹茗煑酒。爾與我辛苦持家,同至白首;我不能爲爾請封,向爾介壽。只有筆墨之權,全操我手。我據實以贊,勝出自他人之口。夫壻白樓宋棠題。

答宋白樓書

戴蘭疇

獨絃息羽,曾讀温柔敦厚之詩;霽月光風,忽頒俊逸清新之什。低徊朗誦,鼓舞軒蓌。誠推詞苑仙才,不愧騷壇作手。自非三昧,詎能杜老希踪,恨各一方,未獲荆州識面。弟徒矜螢耀,久仰鴻名,特囑敝徒,懇求佳搆。曩既飽觀大作,健筆深欽;今復不鄙惡詩,雅音遥和。臨風拜貺,浹日懷慚。所呈感懷四律,緣思廣乞瑶章,藉以抛磚引玉;乃竟過蒙藻飾,酬之合璧流珠。頓生色於寒氈,倍增輝於暮歲。林泉著作,正君自寫其淵襟;文字因緣,幸我得締乎遐契。況傳追七世,本支同出商邱;且時閲四科,譜誼還聯萃榜。雖良覿慳於半面,欣前因訂自三生。芳訊有通,神交斯在。從此賦梅詞杏,長縈劍水之老懷;何時摘豔薰香,快晤皋湖之賢友。曷禁心佩,不勝神馳。

與宋白樓書

嚴以榦

前月曾泐數行,并奉上。貴老師大著及題詞小詩六律諒早邀英盼。際此白雁黄花,秋光滿眼,想大吟壇,對景抒懷,錦囊中定增佳什,尚望惠我琳琅,以開茅塞。貴邑冠童子軍杜君,聞出明公門下。文章有價,賞識不誣,益見從者之春風化雨,桃李盈門,嘉惠後學非淺鮮也。天末故人,曷勝欣佩。弟候蟲自吟,仙蠹不化,名繮偶絆,詩夢都抛。回憶兒時燈味,白社聯吟,恍如隔世事。以視閣下坐擁臯比,嘯歌自樂,不啻天上人間之别。遥企絳帷,惟有健羡。弟昨晉郡謁王叔畦觀察,命題山陰道上圖。除拙作外,囑於詩友中分題,以待裝池成册,再付剞劂。并首推閣下,因前讀大集,叔翁傾倒久矣,是以轉希加墨,乞勿金玉爾音。幸甚!

再與白樓書

嚴以榦

桂花香裏,風送歸颿,當蒙左顧,并貺隆儀,覿面拜登,且慚且感。惜小聚摶沙,匆匆話别,迄今耿耿。對兹梅雪天寒，辰維鴻文足用，蛾術心精。翹首琴書，莫罄欣羡。惟長安遠上，獻賦未酬，不勉邑邑。雖天下皆知，羅隱何須科第，而奇才必有奇遇，豈崔翹拔萃一科，足了劬學。知大器晚成，金鼇頂上，定虚左以待。指顧青雲，跂予望之。弟一官落拓，筆硯久焚。姚江于役，忽兩年。季冬業經瓜代，行將聽鼓會垣。失巢舊燕，不知飛傍誰家門户。官況飄蓬，不堪爲知己告耳！河山咫尺，因風神往，不盡依依。

上宋白樓師書

胡仁耀

違侍師門，於今三載。南鴻屢至，問候常疎。祇以風塵困頓，學殖就荒，誠不敢以茅塞之胷瀆陳左右，致辜期望也。同門錢、杜諸生到京，伏承鈞諭，垂誨殷拳，循誦再四，猶然春風座上，娓娓譚經。至以屢躓秋闈，頗懷抑鬱，才命之左，古今同慨。然以吾師文章著述，自足千秋，區區科第，何足加損毫末。且比年以來，故鄉翹楚盡出門牆，桃李成陰，魚龍跋浪，尤足爲絳帷稱慶。獨如仁燿者，及門最早，受教最深，而氋氃之鶴尚未一舞以報羊公，爲負負耳。計今年再踏槐黄，春官五上矣。錦衣玉食之文，本非命達；描頭畫角之技，未工揣摩。鹵莽一試，尚何成功？夫子聞之，將亦嗤其率爾耶？現擬竣試後再定歸計。自維垂暮高堂，決難久淹異地。屈指數月，即當趍謁皋比，相從於琴歌酒賦間矣。虞邑新科四人，俱已抵都。聞春如、蓬洲諸君，亦已束裝有日。公車之盛，爲二十年來僅見。文運振興，意在斯乎？去年直省鄉闈，浙墨本差彊人意。而閩闈諸作尤能一空積習，獨出冠時。其典試者則孫學士詒經、王比部綷也。安得此輩數十人司文柄，則文風何患不轉移耶！紹郡小試，聞已届期。門下士獲雋者必衆。師駕亦擬往遊越中否？臨楮依戀，坿達愚悃，尚乞栽成。伏維起居萬福。

遊皁李湖即訪宋且農

陳繼疇

皁李探名勝，咿啞蕩小舟。湖光秋已晚，嵐氣雨初收。鐘打山頭寺，煙明水際樓。此中有佳士，相訪荻蘆洲。

思煌公壽詞

朱志闓

五雲佳氣繞靈椿，杖履逍遥叶吉人。日暖重添新甲子，機忘奚事守庚申。花飛梅蕊香初馥，酒泛霞觴味更醇。聞道庭階多玉樹，綵衣齊舞慶長春。

思煌公壽詞

朱光熊

越虞聞説古名洲，中有高人寄釣遊。記取蘿巖清隱地，幽情應共白雲留。

廣平風度仰前人，鶴算重添甲子新。遥指梅花香放處，滿擎椒酒祝千春。

題且園小像

陳其淵

别有高人趣，浮雲仰太虚。春芳留不住，流水去何如？畜物莊生論，參同魏子書。曠懷應獨絶，消息任居諸。

賀齊雲二子入泮

宋元琦

館開[illegible]綠振書香，膝繞蘭芝愛日長。麟趾祥徵青玉案，鳳毛瑞貯紫羅囊。當年王氏三槐茂，此日竇君五桂芳。家學源淵知有自，榜花第一姓名揚。

寄同研齊雲

徐　麟

勞勞終歲苦謀生，日自爲鋤舌自耕。羡煞宋家紅杏了，一堂倡和暢吟情。
弄月吟風抒好詞，題箋寄與舊相知。開幽革卻浮文敘，不話寒暄衹話詩。

題齊雲家慶圖

徐　麟

一、家桃李園，相聚正暇逸。寄興雲林外，林端共促膝。不是香山九，迴殊竹林七。或舉紫霞觴，盈盈酒湛溢。或譜雲璈曲，悠然諧鳳律。或意在畫圖，寫生呼欲出。或擕松陰坐，或把釣竿立。仙家日月長，仙翁閒自奕。樂事應無雙，欣賞此第一。令我嘗傾慕，披圖漫走筆。只愧阿堵中，傳神猶未悉。

題齊雲觀潮圖圖中有老少二小影。

車　暄

昔年觀潮曲江頭，黑雲捲地舞蛟虯。今年觀濤曲江曲，白雨漫天抛珠玉。江濤浩浩無窮已，江水年年望相似。吾生何事羡長江，往過來續皆如是。與君同學幾何時，别來不獲見容姿。倏忽十年容已改，舊日少年今有髭。有髭不異少年人，二其形者一其心。平生慷慨仗忠信，不隨世俗俱浮沉。披圖見君君一笑，興寄汪洋秋水深。

皁李湖弔杜君良興

車　林

皁湖傳是杜君鄉，紅蓼白蘋生夕涼。千嶂嵐光落孤艇，滿川漁唱起斜陽。田廬竟付滄桑變，德澤還隨山水長。歸路恰從(詞)[祠]下過，爲停蘭枻奠椒漿。

過宋十二丈齊雲隱居

車　林

繞屋桂扶疏，先生此隱居。西風吹金粟，亂點石牀書。

非非園宋笠畊過訪

車　林

一自倦遊返，村居日掩扉。素交竟誰問，高誼似君稀。繞砌黃花爛，登盤紫芋肥。談深不覺暝，纖月映蘆磯。

答宋二笠畊

車　林

兩三間屋小溪邊，避俗年來得静便。老樹卧波垂釣坐，壞檐滲雨徙牀眠。空留丹管堪呵壁，行買黃牛學種田。深謝故人相慰藉，芥舟那敢涉危川。

謁杜君祠

錢汝紳

杜墩基址久荒凉，故事猶堪説短長。一夕洪波仙劫慘，萬家遺澤口碑香。荒山松柏迷行徑，古殿藤蘿護短牆。到此不勝懷古意，好隨父老奠椒漿。

輓齊雲先生

其　一

孫道復

烏石山頭夜啼鵬，玉棺下地人去速。庭前萊彩化縞衣，闔門齊向瑶蒼哭。方今賊勢横無忌，鋒芒逼人命輕棄。知公此去似避兵，干戈不到重泉地。又當仲夏日吐光，炎氣鬱勃如沸湯。公復仙逝似避暑，陰風颯颯寒生裳。憶昔遇公甬江頭，長天落日帆牆收。平明分手復相約，今年同作武林遊。武林後會知有日，誰料生離成死别。吟殘杏苑不看春，賦罷梅花悲絶筆。我今在寓聞公訴，滿眶血淚如雨注。夜臺冷落静無人，想見吟魂自來去。

其　一

許正綬

别業三間遠市廛，先生小隱得天真。琴書詩酒延嘉客，風月湖山作主人。一去蓬萊空舊宅，滿庭花鳥哭殘春。廿年老友今分手，腸斷瀟瀟夜雨頻。

童顏鶴髮一仙才，擬祝遐齡共舉杯。歲厄龍蛇終逝去，賀驂鸞鶴不歸來。西風冷淡摧紅杏，夜月荒涼墮白梅。賸有琳瑯詩兩卷，千年心血未成灰。

其　一

王振綱

地號南樓擅勝場，仙鸞歸去景荒涼。一庭花草埋幽徑，十里湖山冷夕陽。老境忽驚榆影薄，遺詩猶覺墨痕香。登堂儀表依然在，特向靈筵奠酒漿。

題南樓壁

俞廷颺

言訪伊人宅，秋花山路香。禽聲砭俗耳，茗碗漱詩腸。地近潘安里，人窺宋玉牆。幽談正未已，屋角已斜陽。

題滁人湖東草堂詩草

陸　源

藝搜文苑集菁英，豔説齊鳴入翰林。寂寞流風七百載，深山重聽鳳凰吟。

學詩訓向鱗庭傳，堂下棣花樹樹妍。會看壎篪鳴盛世，合齊吹上大羅天。

登山臨水稱閑居，弄月吟花擅令譽。絶世風流誰擬是，一枝紅杏宋尚書。

題滁人湖東草堂詩草

謝申封

一卷新詩繼白梅，壎篪迭奏又多才。皁湖十里風光勝，都向君家筆底來。

慣持杯酒細論詩，不負花朝月夕時。風韻如君今亦少，年來常恨識荆遲。

君才原不藉傳詩，詩已容君樹一旗。讀到落花飛燕句，集中有“雨過飛燕重，風静落花遲”之句。丰神詎減六朝時。

和宋白樓感懷詩

陳修誠

有才如君大若斗，有詩如君醇於酒。興酣摇筆攄所懷，雒誦迴環新脱口。通德高門仰儒宗，南樓吟草行世久。壇坫風雅重主持，家學淵源青箱守。年少頭角雋黌宫，逐隊聯翩好儕偶。轉瞬身列拔萃科，聲名未肯讓人後。强臺展步快乘風，遠到鵬程摶萬九。計日著作承明廬，拾芥功名恣進取。何圖徧地動干戈，十載跳梁嘯羣醜。災氛漸次及鄉關，一塊淨土蒙塵垢。書生安事筆硯閒，怒髮上衝痛疾首。方袍幅巾詣軍門，談笑戎兵神抖擻。地圖進獻參密謀，大吏倚如左右手。遂令攙搶淨埽除，恢復機宜高浙右。天生宏材知有用，皇路置身效奔走。兩辱惠書禮爲羅，論功正當一官受。而君淡泊寡宦情，富貴浮雲我何有。家食甘守不字貞，先生仍然號五柳。翩翩羣從非凡材，親承庭誥敦孝友。繡閣亦工柳絮吟，論詩雅將精義剖。姊妹兄弟各名家，裒成大集緜世壽。青華自是萃一門，威鳳在郊鱗在藪。以其所餘波及人，桃李春風栽培厚。幾輩科第卜先聲，絳帳當年循循誘。始知樂育羅英才，經師人師兩不負。是亦爲政奚爲政，魏闕何必異畎畝。邇來詩酒悟良緣，煙霞寄傲稱逸叟。精神矍鑠意興豪，壽者相成符黄耉。消受閒福復誰如，不獨操家有賢婦。庭前羅列好兒孫，想見喜氣溢户牖。娥江迢遞越山高，地久天長同不朽。臨風一紙索贈言，願假此意頌岡阜。

與笠畊滁人泛皁湖並話村居之樂即以題贈

錢世敘

游魚初上凍痕開，習習東風暖意催。小住江村無曆本，水波動處識春來。
兩三廬舍自成村，日慣江頭不掩門。最好三家兒女聚，柳陰團坐飯黄昏。
村居淺狹宛如蝸，偶啓窗櫺望眼賒。占得清涼新世界，一湖秋水萬荷花。
彤雲漠漠起江干，向晚歸家得自安。爐火燒紅偎酒熟，一廬風雪不知寒。

和宋白樓原韻兼以奉贈留别

嚴以幹

秋風颯颯賦蘭臺，雲水光曾洗眼來。城北卜居隆駿望，湖東編集見鴻裁。新亭共灑憂時淚，武庫深藏命世才。集中論兵甚精當。更羨南樓吟眺處，好山相對畫圖開。

滿腔孤憤憶韓非，匣劍囊琴任所依。金粉六朝遊跡遠，文章千古道心微。青緗家學聲何富，白雪高吟和轉稀。著作一門名父子，漫誇王謝舊烏衣。

感君青眼獨憐才，花落閒庭舊雨來。薄宦敢輕焚筆硯，清貧未解恥瓶罍。秋深蘅杜芳同賞，江上芙蓉鬱不開。君秋闈屢薦，不解。我本官卑恩怨少，虚聲純盜愧交推。

臣壯何容賦《遂初》，分符也忝駕熊車。江山俯仰三年别，香火因緣一氣噓。得路君爲遐舉鵠，思鄉我憶武昌魚。從來翰墨交情古，共盼征鴻遠寄書。

過潘家陡

王鏗

三月尋春春已深，山林處處聽鳴禽。桃花落盡溪頭雨，一路人家住緑陰。

題湖東第一山詩集

謝采

蒿峰深處是君家，紅杏高才絶代誇。十里湖波翻皁李，一堂雅韻繼梅花。笙歌白下新詞豔，風月揚州舊夢賒。詩學南樓源可溯，吟情秀發賽春華。

誰把天門軼蕩開，涵今茹古費敲推。笑談真處性情見，筆墨深時風雨來。懷抱千秋評史事，研磨六代擴詩才。梅村奥博梅岑健，盡向君家腕下裁。

贈白樓即以留别

謝　采

殷勤判袂最牽心，聊把愁懷付短吟。閑地閒遊芳草徑，尋春曾過杏花林。題來佳句臨風贈，料得高情似水深。片葉輕舟歸意緊，曲高猶憶廣陵琴。

與宋晨笙黄晴初同遊阜湖

錢錦城

新雨初收水滿汀，客來三四好揚舲。石尤留得蒲帆住，飽看峰巒數點青。

蒼松翠竹密成叢，烏桕丹楓點綴工。别有裏湖秋色好，蓼花開處夕陽紅。

（宋清標主修、宋光簡纂修《［浙江上虞］重修古虞宋氏宗譜》民國十三年賦梅堂木活字本）

澧陽扶櫬還長沙賦

宋家軾

維閼逢涒灘之歲，孟夏月，宋子家軾奔喪於澧延，至季冬始得歸櫬。爰以長澧遠阻，魂罔所憑，乃體家鄉之感，諏水陸之程，作爲賦詞，泣告靈輀，以達於上下神祇之前。其詞曰：

彭山慘淡蜀道長，積雪一白壓梅芳。長沙千里幾回首，澧水九曲空迴腸。天將霽而愛日，歲已逼於青陽。於是紼引設，轝車張，計道里，達家鄉。湖紀岳，沅稱常，招彼澤，弔諸湘。魂兮靈兮憑我返，一山一水寫寒光。憶去年之季秋，拌一别於湘渚。宦囊澀而多愁，别淚盈而無語。誠一息之勿懈，嗟不遑兮啟處。省親切而未有歸期，寄書頻而獨憐羈旅。鄉心悵風月之留，詩思惱關河之阻。名山寂而鐸聲寒，冷署孤而姜荆怛。繄云亡於孟夏，羌延厝兮溽暑。誰束脩兮自行，俾喪葬其就緒。水平湖而將歸，期前定而言跆。悲族父之繼亡，亦家門之浩劫。越中秋兮三日，慘聞廳以重婺。嗟死魄與生人，並羈危而困乏。待余之歸兮重慈在堂，繄伯之亡兮凋零素業。慟牛眠其未卜兮，歸先兆以艱辛；紛鯉紙其促予兮，披鄉書以鱗甲。臘月初旬，番風報春，丹旐雙立，素車一新。輀並駕兮從此去，魂同歸兮毋逡巡。舍澧陽之壇席，别香潭之道人。彼西北之遊蹤兮，毋仍憑眺；望東南之歸路兮，出其城闉。過多道姓。安守姓。之橋兮，枉凝思於風雪；望寶塔之洲兮，詎失所於河漘。駐蘭江之驛兮，歧途休誤；渡黄沙之灣兮，即寶塔洲。陸路堪詢。上旬八日登舟兮，五夜泊三賢碑下；中旬三日啟行兮，崇朝經二聖灘濱。宋家渡古兮，寄憂傷於家世；官山潭深兮，增感慨於官民。按：官山係關山之誤。河則有堤兮，市則有津。父靈不歸兮，兒志不申。傍津市去澧州三十里。而泊舟，考水程而可誌。瓜子有洲，楊溪無二。窰坡去津市十里。問渡之區，江灣縈纜之次。觀音港去津市二十里。與新洲相近兮，魯家坪則上下名異。潭稱騎馬兮，先有馬頭之潭；地以水會兮，乃爲會口去新洲四十里。之地。張氏之窖已經，土地之潭未至。此則離澧州九十里也，而三汊河去會口十五里。又堪翹企。爾乃吳家河、兩家港地實非遥，楊家港、陳家河名殊雜厠。問彼蔡家磯去三汊河十五里。兮，張九臺名。勿登；越彼安鄉城兮，去蔡家磯十五里。楊家臺名。可識。簑衣窖名，去安鄉十五里西湖有十八窖。腰繫兮，腰口去簑衣窖十五里。衣置。聞過此而界屬龍陽兮，觸舊遊而抱慚趨侍。白夾子去腰口子三十里。與沙夾子去白夾子十餘里。相睽兮，中有七里湖名。百班之名；百班，口名。東湖有十八口。下良箭去沙夾三十里。與上良箭相倚兮，前有張家灣名。朱湮窖名。之類。五口出而柳林錆名。開，西港去良箭十五里。深而天星墜。自會口至此百六十餘里兮，而前途又分三四。其右道之出沅江也，沙灣去西港三十里。風清，沙嘴去沙灣三十里。晴曬。羌嘴無白水兮，迂行掉尾。往常德河名，去南嘴六十里。之東乃窖有黃泥去沙灣三十里。兮，幾爲淤淺所累。楊國老去沙嘴三十里，去黃泥窖三十里。按《龍陽古蹟》，有楊姓墓七，可稱國老者二三，如明太傅楊嗣昌，及國朝吏部尚書楊超曾是也。聞此塚乃係明人，則太傅墓也。志云：初葬龍陽兔子哨，改葬桃源金敞溪，未知其地即金敞溪否？至明之少傅楊鶴、太僕卿楊褫、雲南布政司楊□，似不足以當此。然而嗣昌亦不稱厥職矣。塚有必經兮，丁家山名知誰賜？枳木山名。對茶山兮，關稅以興蜀鷄；潭名，去楊國老十五里。入罾潭兮，魚鳥應萃白沙。去楊國老三十里。則古刹依然兮，告化去白沙十里。之墳山須避；迨至半邊灘兮，沅江可臨風以遲。若左經南嘴去西港三十里。兮，蘆林港名出南嘴五里。勿迷；口問八方兮，鸕鷀灘名，去蘆林港十里。先暨。罾埠即罾潭子。罾潭子去白沙五里，白沙去沅江三十里。不可霞栖兮，沅江不可僑寄。西沅相去百五十里兮，此亦可觀其大致。其迂道而不由沅江也，南嘴始歧，東湖漸湴。蕭家廟名，去南嘴六十里。何神？杜家洲名。去蕭家廟六十里。何自？布袋口去杜家洲六十里。出兮，高山望名。去布袋口十里。景行；老碼頭去高山望六十里。存兮，城磯望名。去老碼頭六十里。入皆。雲田去城磯望四十里。一片兮，蘆林去雲田三十五里。密而潭深；湘陰去蘆林潭三十里。三里兮，扁担塌而泥漬。去湘陰三里。經壕河去湘陰十五里。而青竹之徑不由兮，去湘陰十里。望清野去樟樹港十里。而樟樹之港去壕河十五里。先值。橋口去清野望十五里。拜鎮江之神，靖江去橋口十五里。無波濤之悸。自南嘴至此四百八十餘里兮，而西路較之則有近二百餘里之利。其由沅江而出橋口也，路分以三，支流葛施。沅江去告化山廿里。官鷄港名。西出益陽縣名。兮，瓦檐潭名。無煩睹記。對港而峡出天心兮，塔聳峙以孤高；去沅江十里。過峡而港如大筒兮，去天心峡十里。望城潭而蹲跂。去大筒港五里。晚過馬王灘名。兮，聽水聲以潺湲；去城潭望十七里。夜泊齊湖口名。去馬王灘三里。兮，警征人之寤寐。曉風清而黃姑潭名。迎，去齊湖口五里。初日照而大林港名。去齊湖口十五里。邃。百歲坊名。即紙紮河，去黃姑潭五里，去百湖塞十五里。之景物淒涼兮，百湖一名白虎塞。則水天憔悴。去南湖洲五里。南湖洲名。去百歲坊二十里，去百湖塞五里。則廛市蕭條兮，西林港名。去南湖洲十里，亦名西林圩。之圩田已治。將軍廟名。去西林圍十里。按志載：益陽塘汎其東路水塘有四八子哨塘、將軍廟塘、龍打窖塘、藍溪塘。賦中將軍廟即其地也。蓋廟圮而名存耳。無殿宇之森，玉潭古刹名，即茶壺潭。去將軍廟三十里。有血食之餌。此由西湖之新窖子也。去將軍廟十里。其時，小司湖名，進新窖子五里。之口尚説餘波，黃荆潭名。去新窖子十里，亦名黃金圍。圍，仝圩。之圩音愚。已無滯穗。過蒼洲圍名。黃金圍。對岸周圍六十里後抵沈木潭。兮西岸烏啼；賣茶壺兮東街鱗比。茶壺，潭名。玉潭古刹在此，即關聖殿。夜泊文洲圍名。兮，月闇天寒；即蒼洲圩對岸。朝發司馬棚名。去茶壺潭十里。兮，雲開晴翠。羊角腦去司馬棚五里。懷跪乳之慚兮，水激口去羊角腦五里。抱冰淵之愧。其右，則新窖分途，舊遊紀備。四月奔喪，經龍頭窖一帶。牌口進窖口五里。水流兮，沈木潭名。去牌口五里。興悲；龍頭窖名。去沈木潭五里。攷益陽東路水塘有龍打窖塘。賦作龍頭者，俗呼之訛耳。淵躍兮，南沙嘴名。去龍頭窖三里。灑淚。依依楊家舊堤，去南沙嘴五里。隱隱雲雷山寺。去楊家堤五里。其寺適鎮夫水激口兮，令余過此而有不可磯亦不孝之思。時則未至橋口而出省河也，然且去沅江已百里而不啻。其左，則南湖見前。有汊湖之分，西林見前。無園林之賁。姑嫂樹名。去南湖洲十五里。風微兮，官家潭名。去姑嫂樹十五里。何義？白馬寺名。去官家潭二十里。之白兮，當爲雪子廟名。去白馬寺三里許。之騎。

出臨資之口兮，去雪子廟十五里。湘水與益水分流；望劉公之灞兮，去臨資口十五里。壕河與灣河争媚。壕河去劉公壩五里。灣河去壕河五里，去樟樹港十五里。橋口當前，去灣河三十五里。鄉心如醉。斯時也，銅關之鶴避煙，銅關窰，在靖江對河。沙洲之雁書字。白沙洲，去新康五里，去靖江十五里。舊廟焕新康之濱兮，去靖江十五里。上港驚下泥之泊。去釘子灣十里。松樹港名。觸風木之悲傷，釘子灣名。白沙洲對河，去省城四十里，去新康十里。以鐵石而涕泗。廻龍洲兮廻恨長，百羊山去下泥港五里。兮百憂熾。魂歸省兮船行山汊磯名。去釘子灣二十五里，去下泥港十里。之濱，魂歸鄉兮祠拜榔梨市名。之肆。撈刀河名。落刀河名。時事更，城居鄉居本根庇。在天鑒臨，依我昆季。其陸路也，由澧東之要衝，望寶塔而蹤蹱。自東門至河濱兮，方十里其坦達；至新安而渡河兮，又十里其横縱。行行十里兮東山鋪名。寂，忽忽十里兮五泉塘名。濃。又十里而菱角虹見，菱角，橋名。更十里而化驛雲封。清化驛名。維三十里兮，問龍山而響應；更三十里兮，大龍站屬常德，在府北六十里。其雲衝。澧州，東南界常德沅江，南界武陵。按《常德志》載，武陵縣北至澧州，界十二鋪，石橋、清泉、長坡、中餉、陽山、韓僧、拆橋、大龍、馬鞍、柿子、坡堰、新建。歷歷常德六十里數。兮，須進北城而東出；星星地名。過河二十里數。兮，毋問武陵之仙踪。蒼港長沙府西北，界常德、龍陽。按《龍陽志》，有滄港古蹟。賦中作蒼誤。志載，常德武陵東至龍陽，界六鋪：毛公、賈家、馬步、社木、新村、白沙。龍陽西至武陵，界三鋪：黄鎮、滄口、宣布。沅江西至龍陽，三鋪：馬公、河渡、白駝。馬公距縣十里。河渡距縣二十里。白駝距縣三十里。龍陽東至沅江，界二鋪：張家、南疆。卅里兮河活活，小塘去蒼港三十里。兩河兮水溶溶。二十里數。押藍一作鴨欄。兮，押藍，鋪名。緑豆店當是毓德之訛。按龍陽南至長沙益陽，界八鋪：押東、望城、小塘、東滄、毓德、長崙、澄清、軍山。益陽北至龍陽，界四鋪：白鹿、白墀、迎風、牛鼻。同其遠；三十里數。迎紅橋名一作吟楓當從志作迎風。兮，益陽見上。程數相從。益水有城，亦北門進兮而自東門以出；渡河有鋪，其名三里兮而十三里始逢。廿里猪婁塘名。兮，又十里而蒼樹鋪名。蒼樹或是滄水之音變。按益陽南至寧鄉，界八鋪：總舗(在縣前)、石頭、寧家、青山、滄水、浮雲、衡龍、青華。衡龍、賦中作恒青；華賦作花，均誤。可誌；卅里龍橋兮，恒龍，橋名。其廿里中長林鋪名。可容。問廿里青花鋪名。兮，覓花魂而髣髴；望廿里寧鄉縣名。兮，寧鄉北至益陽，界一鋪[河蚪]。蚪，俗斗字。迷鄉思於崇墉。西城進而迂出南城之屹屹兮，過河橋而毋驚河水之淙淙。十里栗金鋪名。寧鄉東至善化，界四鋪，總鋪(在縣前)，歷經、夏落、油草。歷經，賦作栗金誤。兮，緑豆庵名。價符其數；十里油草鋪名。兮，黄泥鋪名。路罔異供。柏葉鋪名。當是白箬之音變。按善化西至寧鄉，界，志載六鋪：瓦店、山棗、赤竹、楓樹、白箬、黄泥。山棗，賦作三棗，誤。白箬，箬音弱，有公館。黄泥交寧鄉界。十里兮，曹家坳名。之相去猶是；楓樹鋪名。十里兮，磚頭鋪名。之異議無庸。三棗鋪名。十里兮，休懷仙果；望城坡名十里兮，誰主芙蓉。雲灣市名。去望城坡十里。隱漁村之照兮，橘洲渡煙寺即水陸洲。之鐘。寫風霜於一路，歸窀穸於殘冬。嗟山河之猶是，慟人物之皆非。憑靈爽以同返，悵魂夢其如飛。悲寸心兮千古，報三春之餘暉。願神祇之引導，俾朝夕其弗違。道路絶而風生塵，屋梁冷而月入幃。山川憫予之歌泣，魂魄庶乎其來歸。歌曰：澧水涸兮湘水漾，澧山下兮湘山上。朔風直向長沙吹，吹送歸魂故鄉葬。

余以季冬八日戊寅午刻取不可疾貞之義扶櫬入舟越五日癸未丑刻取相承征吉之義長行舟中既将路程賦繕寫數十篇因就所經諸地之有感於心者即綴以詞而附焚焉冥漠有靈當可以破岑寂耳

宋家軾

柩出大南門，城上龍形在。大南門外右城牆石上有龍形。土人云，係仙翁挖去，石在文廟對照。龍去形尚存，父靈應不改。

柩經東門口，城上一枝梅。東門内左城牆青石上有一枝梅形。土人傳呼數十年。梅花魂化石，石轉心可回。

柩過多安橋，橋極闊大，上有多安二公神像，及販夫住宅貨物。橋瓮十有一。上下通車舟，登臨獨慄慄。

柩經蘭江驛，驚見三賢碑。三賢：晉車武子，唐李文山，宋范仲淹。抗懷晉唐宋，江濱今有誰？碑豎江濱，上刻朝代姓字。

十三日由黄沙灣至新洲泊焉

柩經黄沙灣，即寶塔洲。曉晴生寶塔。回頭失古廟，謂三賢碑下邊之夏王廟。雲水誰離合。

柩行二聖灘，灘水性猶湍。胡不順流下，東難西復難。謂胡少卿司馬。

柩過宋家渡，不見宋家人。誰爲宋家子，如此不相親。

柩歷關山潭，在津市對照。潭水深千尺。關山潭因山得名。送青來，瞥眼浮雲白。

柩涉窖坡渡，煙平夕照清。誰燒此鄉土，熏我故鄉情。

當午停津市，向晚泊新洲。在嘉山對照。嘉山對滋戚，幾樹在峯頭。嘉山上間有三五株樹。

十四日泊簑衣窖窖，小河名。西湖有十八窖，此屬安鄉地界。

一問孱陵安鄉别名。禁，歸帆税吏諳。安鄉縣有鼇金關，船過必查。漫天風月冷，十里榜歌酣。沿岸漁舟數百。共泊船無幾，如簑屋兩三。靈燈正孤寂，禪意鼓鐘參。岸上茅舍内忽聞鐘鼓聲，蓋古廟也。

十五日由會口至楊國老地以國老碑墓得名泊焉

有水會口東，北流達沙市。屬湖北省，與澧之津市，同爲大都會焉。河水有北流，魂兮向南嘴。

有水西港西，南迤至龍陽。龍陽不可遊，事見澧騷詞注。魂兮歸故鄉。

十六日由楊國老曉發夜泊齊湖口

國老猶留塚，丁家賸有山。前村名枳木，今日唤茶關。丁家山、枳木山，皆在楊國老之東南。今於夏初至秋末，設茶關於枳木山。山之對岸汊河内出茶。此時水涸，故見汊河。掉尾河名，出常德者。掀泥戒，本由沙嘴、沙灣直出楊國老。因舟子爲漁舟所誤，故迂道由掉尾之東出黄泥窖口，而舟爲淤泥淺住。幸月明如晝，舟子掀舟出淤，乃得泊於楊國老。蓋迂道二十餘里去。賦中謂嘴無白水，並未言中特爲漁舟所誤，而適與之合。至黄泥窖，淤泥最多，則倖而言中耳。寒心行路艱。迷津誰指點，回首感沙灣。先嚴去秋至澧，亦乘此舟，道經沙灣。

纔過蜀鷄潭，又入罾潭子。聞聲舞者誰，川禽徒羡爾。

白沙一刹寒，白水幾曲去。水曲猶是湖，沙洶不知處。

四望平蕪一港蘆，紛言此界始齊湖。雖然涸盡重湖險，卻怪天寒路又迂。賦中所言多倖中者，亦計風順之程而言耳。

十七日泊文洲圍

兩岸圩田兩岸隄，夕陽天闇一烏啼。漸聞人語知鄉近，卻近家鄉倍慘淒。

待雨廳記光緒廿一年乙未。

宋家軾

乙未之春，宋子架木於齋房外，以爲書閣之郛。人以其閒也，呼爲廳。又以蕉覆其外也，謂之蕉廳。宋子乃取放翁“故種芭蕉待雨聲”之句,顔之曰“待雨廳”。客有訪於宋子者曰:“院之齋也,曷廳乎爾?”宋子曰:“非廳也,聽也。古之所謂聽事也。廳則其文之後起者也。”客曰:“齋而聽也,曷事乎爾?”曰:“予非聽事也,聽聲也。聽發於天籟,釀爲地籟,竅而爲人籟。大塊之氣,四時之聲,萬有不同。予之聽非隨聲而附和也。”客曰:“等聽聲也,曷爲獨雨乎爾?”曰:“名廳之時,適勤雨時也。是歲也,滌滌大旱。邑之人犇禱汗駭呼號之聲,予不忍聽。余方樹稻東郊,作霖之心有與天地民物俱繫者。是故,蕉非爲作廳而種之也,廳非爲聽雨而爲之也。劍南之詩意,與予之隱衷,蓋默默其相賍云。”客曰:“聽,無聲也,曷待乎爾?”宋子曰:“嗟乎!天下之有待而然者,獨予待而聽之也乎哉!凡物以不平而鳴,春鳥秋蟲,皆待時而發聲者。即推之官禮春秋下逮文人韻士,大率皆自鳴其意而以待後人之聽覽焉耳。然則鳴者必待天下之不平而鳴,而聽者亦無在無不平之聲之相待也。余之待其蛇蚹也耶?其蜩翼也耶?其聽之天而亦聽之人耶?予不得而知也。特其時緑葉縈愁,炎敲撲汗,居是廳也,獨無天時人事之感乎?”客俯而思,仰而嘻,曰:“有心哉,子之聽也!其必有不平於心者與!”於時,廳内産蕉二株,大者高於人一等,小者方尺許,然欣欣向榮,他日當出人頭地。客以兒子姤來在側,乃指小蕉而戲之曰:“此小宋,當自月窟來。”姤兒亦曰:“是爲乾巽。”方客乃自内徂外,近蕉叢抉蕉露。蕉露者,清心之良藥也。客得之,大喜曰:“宋門之蕉,其有心者乎?胡爲乎在門牆以外者則露,而入門牆以内者不露也。孰先生,孰後生乎?”時門下多以瑟歌見絶者,聞客嘲,知其爲外人不譽之甚,而疑宋玉之有遺行也。乃不禁欷歔而太息曰:“先生於門牆外者,有心出之,而自然流露者也。後生於門牆内者,有心含之,而不欲流露者也。生於外而有露者,惡我之藥石也。生於内而不露者,潛心退藏,直養而無害者也。然有心流露者,外人得而摘之,終不能安其生於先生之地,病狂喪心之徒也。若夫寒碧在室,屋漏懍天,是誠善保其生於後生之埸,有内心而不生枝節者也。”客曰:“同列門牆之間,而先生其外,後生其内,既有分門别户之嫌疑,有包藏禍心之象,毋乃滋蔓難圖乎?何爲内侵而勿伐也?”宋子曰:“是善氣之應也,何以伐爲?”彼其不被天澤,不出户庭,適類於予。予愛憐之不忍割。夫鳥有鳳而後能料天地之高,魚有鯤而後能量江海之大。至人有瑰意奇行,而後不求世俗之人之知。予以戊子之冬來居是齋,三年而蕉葉成陰,又三年而藏書造樓,迄今八載於兹,未嘗有風塵之染也。然則蕉有心而生於我廳之内也,蓋與予相對待也。慨自詩禮庭荒,車轍門寂,越十有三年矣。譽不喜,毀不憂,而余之杜門者不綦久乎?我生不辰,何物生之足云。每當涼颸警秋,寒雪入畫,蕉耶,予耶,蓋有物我俱化者矣。夫然則是蕉也,倘亦扶輿靈秀之氣,間見於斯者乎。予以爲非予莫能成是蕉,亦非蕉莫能名是廳。於其後凋也,乃哀客難之詞記而書之於廳之壁。

待雨廳序

尹朝楷

潭州故郡,長沙新府。星分火駟,湖南應歸房心之分,從來言天文者皆誤以翼軫混之。地接荆衡。襟重湖而帶三湘,控五溪而吞七澤。物華天寶,文光射大火之墟;人傑地靈,講席會朱張之侣。山齋月朗,黌館星羅。泐潭留古刹之風,節義伴忠臣之裔。學士汪公之雅望,時求忠主講,汪太史鏡清。絳帳高懸;茂才宋子之清風,緇帷暫設。十年閉户,牧藪以戊子年居此,至今十年矣。良友如雲。千里擔簦,高徒繞舍。騰蛟起鳳,孟氏詞宗。亥豕魯魚,孔門經學。武陵小友,麓山寄居。遇李觀光,策埸同坐張字號,一見如故。出闈訪戴。時維九月,序屬三秋。荷池闃而空潭清,書院之右有古荷池。

精舍係何貞老題額。桐葉飄而晚風緊。儼驂騑於上郡，訪風景於名山。臨鼓角之危城，得弦歌之小院。奎樓近聳，院中有奎星閣高聳。上出青霄；菜圃旁香，院左爲菜圃。飛來紅葉。廻廊曲檻，壯庠序之觀瞻；古井瑶階，齋房窗外有井欄。拱房櫳之體勢。攀木架，上層梯。書樓高其欽仰，書樓乃牧藪自造。聽事閒而駭呼。左房右舍，披蒲削竹之儒；後院前齋，問字聯吟之客。天高氣爽，茗話杯香。牆花與砌草争幽，蕉露與槐雲競秀。牧藪架木爲廳，外護以蕉，結有蕉露一毬，有心人也。鵲巢噪晚，響傳屋角之晴；蛩語驚寒，聲度窗前之月。談心促膝，高曲狂歌。楷爲度三曲。爽籟發而清風生，艷詞流而白雲遏。簷垂緑柳，絲牽栗里之門；齋繞柔桑，株想成都之宅。四美具，二難并。述鏖戰於中秋，策場同場，中秋日曾暢談賞月。極娱遊於暇日。天高地廻，覺宇宙之無窮；興盡人歸，歎合離之有數。問辰谿之舊友，訪乾邑之新交。楷有友新徙後齋，一辰州李君，一乾州田子。鎖院隔而洋學詢，棘闈罷而時務急。楷將於廿八日赴學院考洋學堂。功名矢願，誰憐投刺之情；學問何常，不盡操觚之感。懷帝閽而不見，奉宣室以何年？嗚乎！世運猝更，朝章屢變。中原多故，儒術分途。蘄多藝於温公，豈無經濟；策治安於賈子，匪侈文章。所賴傑士識時，達人憂世。老當益壯，不忘白首之心；窮且益堅，勿墜青雲之志。作同舟以共濟，扶大廈於將傾。西海雖遥，狂瀾可挽；東溟已静，破浪何難？時日人事甫畢，俄英交涉，事頗繁。希文有志，常懷天下之憂；傅介何人，直藐樓蘭之首。朝楷三生願大，一介身微。無路請纓，等於軍之弱冠；有懷投筆，慕宗慤之長風。念角藝之無憑，思出洋以充使。時陳中丞興洋學堂於衡清試館，爲將來出洋充使之用。非謝家之寶樹，類郝生之小草。他日成名，彈冠有侶；今朝言志，鑄劍無心。楊意未逢，撫淩雲而自惜；子期既遇，奏流水以何慚。嗚乎！千里相知，平時罕晤。雲龍韓孟，鷄黍范張。在場曾有范式、張劭之約。留別贈言，幸垂青於名下；胡蘆依樣，結雅素於先生。敢用俚辭，恭呈短引。一篇摹就，四韻俱成。

待雨閒廳院齋敞，書閣牙籤清無兩。楊柳晚風繞屋涼，芭蕉朝露空堦響。名山壇席樂悠悠，問學傳經幾度秋。廳中主客知誰是，廳外春風澹欲流。

代雲屏叔往楊宅分蘭花啓按：楊宅係姓歐陽，不是木楊。

宋修藩

譜展羣芳，寄閒情於潘岳，庭栽雜卉，況小屋之萊公。間對花姑，恨無香祖。頻經采水，煙迷上巳之辰，幾度披榛，路苦三湘之遠。竊憶春樓會宴，美酒言歡。髣髴謝庭，依稀楚畹。魚魧露浥，夢投玉女之懷；燕尾風梳，瑞靄善人之室。怎奈花神管住，無處偷香；然而芝室同情，相謀移竹。荀余情其信芳，幸良朋之比蕙。與君細話，許我平分。是用心深燕，喜膽任鴻來。謹奉雙瓶，煩移數朶。如君有意，直教臭合同心；愧我無才，敢謂賦攀騷客。既蒙茝賜，自解芳情。從此花奴護惜，春風掃學士之亭；待他菊婢安排，秋雨劍幽人之佩。爰書駢語，用代魚箋。謹布烏私，伏祈鴻鑑。

代雙湖叔寄涂莘畬書咸豐丁巳。

宋修藩

籬菊凝黄，江楓染紫。新秋佳氣，清人心脾。比惟莘畬四兄大人，履繶緌蘫，升華㿟遂。景仰鴻儀，曷勝鵠跂。憶自河梁一别，裘葛屢更。水遠山長，天涯地角。一朝分手，千里寸心，未嘗不係念遠人也。早歲，吾兄探花秋苑，拾翠春闈。次第蜚聲，榮逾晝錦。弟心殷燕賀，跡阻鳧趨，臨風觸懷，殊深歉仄。數年來，僅屬令弟家書中叱名問候，未獲手修雙鯉，逕達瓊扉。每當鴻音北至，鴈字南回，綺注屢交，緒懷彌悫。前閱家書，借悉嫂夫人玉體違和。近來漸次調治，諒已痊愈。令郎令嫒一切稔知可好？弟現在有子五人，均已延師課誦。惟三兒經籍完讀，勉强學作詩文。女四：三貞字文家衝陳。五貞聘令姪三哥。四、六兩女均未字。眼前兒女舊債偏多，如葛藤萬丈纏身，左縈右絆。所幸第身無恙，令妹亦不爲造化小兒苦耳。爰檢尺素，聊表寸丹。特命三兒敬書，統希青盼。令妹同此臨潁囑筆。順候升安嫂夫人祵吉，暨令郎令嫒均好。

代雙湖叔寄月初索債書同治癸亥。

宋修藩

清秋深夜，眉月盼人。小山叢桂，香風飄飄。從紙窗入，吹送耳朵兒邊，彷彿報華綺堂前近來好消息。信弟雖紅塵隔斷，然叔寳丰神猶繚繞左右耳。弟蟻蝶忙忙，九秋公事未能一筆勾當。茅亭獨坐，寒露四下，蛩聲壁間，如許荒涼，淒入心骨。門外時聞剝啄聲，呼僮視之，則爲退耕人至。延之坐語，未三四，即索筆書退耕。勸之，輒有不平語，百態千形，我輩更無躲閃處。手中無物，受人欺壓。情不忍言，亦不忍不言。諺云：窮人思舊債。弟將執斯語，掩面向台前索取纖悉。從故紙堆中討生活一路，幸勿督以過。疇昔之夜，夢有金甲神來告曰："我來不遠，見魚困于道，目枯尾頳，然鬐猶能動。會須令人取水活之，不然則秋陽暴烈，恐不日僵倒，爲飢雀糧。"言畢，指弟而言曰："子能悟乎？"弟俯而思，仰而歎曰："神其謂我乎？神其謂我乎？"神頷而去。弟亦驚而覺。

致祖衿父魯心田三公公精象數時年八十餘光緒甲申七月哉生明日。

宋家軾

久違龐宇，葭末思深。仰見天市垣前，尾箕星朗，想公四鄉遊覽，奚囊山水，定爲桑梓增光。引領之餘，曷勝健羡。軾倚櫬羈危，諸事尚無成局。大約重陽之後，可以扶櫬而歸。昨三弟來澧，具道從前費心處，又蒙惠及器物。感謝之私，未可言罄。但軾家自先大父以來，公悉青眼相待，而又擅青烏之學。以故先大父瑕丘同上有伯玉請前之樂，而先君子亦嘗顧軾輩言之：謂公壽且康，我數行且將盡。若得公擇地而葬我焉，則十世之利也。他日富貴，毋相忘。汝輩當模勒貞珉，謂某山某水某年月日，瀏邑魯公某大耋之年，爲某某指點者，則我之緣也，雖死亦復何憾。軾每念及此言，不禁泫然泣下，曰："斯言也，其機耶？其讖耶？抑亦與公有緣，而得藉公之名與藝，以並傳於不朽耶？"果爾，則公必有以爲先君子擇地矣。軾素欽佩公，亦或三生有幸得與榮施焉耳。惟公矜而鑒之，俯而察之。

冬至停酒免致修譜丁費過重啟光緒辛卯元旦。

宋家軾

我族自修祠以來，公欵陸續虧空，帳項至今未了。兹值續修譜牒，公項不足敷用，勢必重抽丁費，然後乃能舉行。竊思每年冬至酒席，用費不下六七十竿。與其徒供一日醉飽之樂，何如暫行停止，以助卅年收族之資。軾以爲自今年創始，可將冬至酒席停止五年。其法由管公者知會各房房長。房長通知花户。自停之後，如有故違公議，來祠覘伺，及道經棃市，不在所傳派事之列者，均宜到飯店自備火食。雖管公之親房，斷不徇私容留。族間近三十年丁多，而赤貧者不少，此舉原爲合族免重丁費起見。俟新譜告成，再議做酒可也。其餘修理牆屋，及一切不急之務。凡經費至數竿者，均請暫停。族人如皆同見，以此舉永遠施行，則將來扶孤保寡恤老興賢諸義舉亦可漸圖。是則祖宗遺澤之無窮，而亦軾所以參議之隱願也。光緒辛卯元旦，琦公長房家軾謹啟。

代海帆八叔父擬投考兩湖書院禀辛卯三月，時知府爲趙環慶。

宋家軾

治下長沙縣學生員宋鏡鴻、王世禧、李鼎澤等，頓首上書再菴公祖觀察大人鈞座。生等讀書嶽山之麓，側聞張節帥剏立兩湖書院於鄂垣之都士湖，分六門招考湘鄂人士。同學中蒙督學張公選舉八人，赴試者惟任元德。頃聞公祖咨送情殷，以薦舉廣示邑人士。仰見留心物色，與節帥爲天下求才之意足以相輔而行。生等望風豔羨，莫不作激昂青雲想。鏡鴻素治史學，於古今人物、諸儒理學，頗悉崖畧，並習古文辭。鼎澤始治《漢》《易》，兼習《説文》《爾雅》，羣經則涉獵而已。世禧專習《爾雅》《説文》，他經亦嘗涉獵。張節帥延攬分途，既不拘拘一格，而又體恤周詳，借籌資斧八百。孤寒誰不望西崕而翹首乎？加以公祖思賢若渴，推轂逾常，平原公子，直令人買絲盤繡矣。生等亦願借福澤爲文章吐氣。但試期已迫，務求即爲給咨，俾早赴鄂城，以副節帥培育湘人之望，並答公祖薦剡寒畯之深心。鴻等不勝感激，待命之至。三月五日謹上。

代翰青六叔二場告病三場求還繳卷當堂完繳禀辛卯八月。

宋家軾

具禀長沙縣學生員宋錫奎謹禀大人鈞座。竊生第弍場領卷歸北資號後，陡起熱病。巡綽官見生病重，督令繳卷出闈。昨放牌時，生即求入完卷。承龍門各官令生於點名時面求大人。生以親老家貧，毫無立錐之地。幸逢大比，冀附蟾宫，稍伸烏養。惟大人惠澤及民，租賦汰積年之弊；儒林仰德，孤寒懷廣廈之私。生望大人逾格鴻施，賞還繳卷。生即當堂完繳，上答三年造士之典，下慰八旬慈母之心，則感恩爲無既矣。生不勝悚惶待命之至。沾恩上禀。

遺族人書壬辰長至。

宋家軾

琦公房家軾謹禀列列族長鈞覽。家軾自祠歸齋，因祠堂公議未定，良用歉然，昨以丁費一節，與棣華六叔争論。在家軾固爲多口，在華叔亦未免執見也。華叔長於言語，故舉以爲房長。若能不執一己之見，則誠盡美矣。老例修譜合約，明言以祠堂餘銀及苦竹衝租穀作用，可謂法良意美矣。近來管公者專改舊約，絶不曉示族人，不知何意？管公一節，舊例皆於冬至祀祖後算帳交代清白，實帖曉單。豈有三年已滿，尚未彙出帳俗作賬目者。若再傳人算帳，又須用費，此例似不可開。若交代清楚，湘浦六叔或肯接管。即浦叔不接，護族房長可持契據簿據另擇殷實老成之人保管。現在修派如時萬四伯、楚卿二叔、湘浦六叔，家派如雲湘三哥、純塘仲二哥，玉成式派如七里衡範吾，皆可充辦。有才不用，實爲可惜。即楚卿二叔不願來祠，或掛名管公，令其子姪辦事可也。家軾蒙祖宗厚澤，我祖上四世同居，此公事迹不傳甚爲可惜。幸有楹聯可攷耳。聯云：慈孝諭家人，四世同居須繼美；讀耕貽子姓，五經馳譽應流徽。稍知文義，自分無力報效祖宗，維纘修族譜，草創之事，頗能勝任。若於今年腊月初間彙送書院，家軾願出此力，不受分文薪水，如有欺僞，天誅地滅。纘成之後，仍呈列列族尊討論之，修飾之，潤色之。停酒曉單須宣示各房爲是。家軾學淺性急，尚祈列列族長匡所不逮，不勝惶悚待命之至。壬辰長至日二鼓，泐於求忠書院齋中，乞恕不莊。

致族人書光緒乙未。

宋家軾

逕啟者。我族寒微，家乘頗陋。推原其故，皆由近來管公者不能恪守祖宗成法而推行之耳。夫四郊多壘，君子之恥。族姓流離，風人所譏。家軾每念列祖列宗，耕田發跡，承以忠厚，故能緐翼於數百年而不衰。嗚呼！七世之廟可以觀德矣。但以三房計之，人丁不過數百，而祭田之設不爲不多，條約之垂不爲不善。而乃無告者不聞矜恤，絶亡者無或繼承，失業者無能興復，頑頓者莫或創懲，此皆緣大義不明，良法久廢之故。何者？治家與治國理一而事殊。國之興也，必有賢宰相條舉弊政，務使百廢具興，而後膏澤及民，國安祚永，治族之理，何莫不然。竊見我族弊端不可指數，今約舉其大者，則莫如表章祖德，培益公欵，漸興義舉。諸大端皆未能施行也，必竊痛之。夫先民有言：詢于芻蕘。軾有所見而不以陳於族長之前，軾之不公，即軾之不仁，亦即軾之不忠不孝也，其罪在軾；若軾既言之，公議皆以爲可行而不行之，是則族人之多私多忌，不欲起廢興善也，其罪不在軾也。謹列條議如左，懇列列族長裁酌行之，祖宗幸甚，子孫幸甚！

一冬至祀祖，席費宜收也；一鰥寡孤獨，無告宜恤也；一忠孝節義，先德宜述也；一譜倣歐蘇，條約宜附也；一分門立傳，修譜宜仿史法也；一冬至祀祖，贊禮主祭之人宜頒胙也。

致三弟乙未。

宋家軾

月凡三弟知字。前略。請客只請房長護族新潭灣敌階諸人，他人不要請。五叔父分定田租即照他所説立關約。兄分所分租若干，長房三分之一。即以捐公。公項若干要扦出某幾邸田來。四房中有人進學，即收公租一年，每人考費一串文，以示鼓勵，庶有興起之日。弟須照吾信行事。

祠堂虧帳勸捐啟光緒戊戌十月。

宋家軾

古者大功異居同財，有餘則歸之宗，不足則資之宗。故《周官》：太宰以九兩繫邦國[之民]，其五曰，宗以族得民。大司徒職則有族使相葬法。古人重收族之誼，故大功以上無貧富懸殊者。宋范文正公守鄉郡，嘗剏立義田以贍宗族。蓋自宗法廢，而後世乃有義田、義門之名。今鄉俗宗祠，積公以贍族，猶明初義門之遺意也。然廟田無定制，事變無常勢，財力有優絀。其始也，族人萃其有餘之資而建以祠；繼因祠宇之建，而有餘者轉而不足；繼又以墓地争訟諸務益之以虧族人；又虞其不足也，爰議族中贍資者出其制産金百之一以益公；繼又以彌縫者之不足，乃復偁貸而益之。今公債有加無已，因又有變通其法者，聚族人而議曰：公室貧甚，將奈何？吾意族中擁厚資者力尚足以償此。他日制産後，即以償債之金凖舊例作百之一以抵算。凡族中有餘資而未能制産者，可凖此例行之。其金但作預支則可。若他日或不制産，而别用其金。此金斷無珠還者，而息可無論已，夫亦樂捐之變例焉耳。光緒著雍閹茂之歲陽月嗣孫某某同啟。

寄譜館諸公書光緒戊辰。

宋家軾

曉亭六公、海帆八叔、翰青六叔三大人鈞鑒。前略。至漆家橋宋二鋸匠，萬不可入我譜。譜館有人謂居於祖先墳墓之地者，即宜爲我族之人。且謂土橋近鹽豐壩當係我同族。其議論殊爲可笑。天地間朝南暮北之人何可勝道？田廬屋宇售於同姓不宗者往往有之，何得謂魚塘漆家橋一帶我族有墳，即其地所有之宋氏皆我族人耶？又有謂祖龕木主可憑。夫中落之家，其祖龕之寄於親戚者不可勝數。此亦不足爲憑。又有謂恒泰大鬍子當日糊塗。我舊譜非恒泰大鬍子之所修，既云殁葬未詳。其爲絶房無疑，不得以六泉五伯、硯農七伯之批載爲憑，而置其親房之議論於不問也。其本房明明攻駁，有數人到軾處説過。他日倘成訟事，牽涉家軾上堂作證。我只説是絶房不錯。親房不允是實。不敢駁舊譜而開冒宗之端矣。修譜之事，甯失之謹嚴，不可失之冒濫。質之祖宗，當不以我言爲悖謬也。此事必取其親房切結，方無後患。餘難盡述，耑此敬請公安。

再致譜館諸公書光緒戊戌。

宋家軾

曉亭六公、翰青六叔、海帆八叔、瑶階一弟及列列譜館先生大人賜覽。家軾於經課後忽得祖系源流，覺前此所攷尚不及今之詳。今合昭山、油草塘、龍潭、春花山暨我族乾隆時曙初公初修譜，以及次修、三修譜參攷疑誤，乃知我始遷祖如昌公由永樂宣德間徙長沙，一傳而爲沙湖、丹湖、見台、應台四房，再傳而爲本江、本元、本海、本成四房，三傳而爲宋金、宋全、宋仝三房。其本派無傳者。一四傳而爲龍潭始遷祖朝玉公之昆弟。六房所謂朝厚、朝權、朝用、朝棟、朝虎者，即分徙春花山、蛟潭各處者也。朝玉公遷龍潭在嘉靖二十年辛丑歲。時公年已五十，而尚未生子。春花山房之徙宋家衝在嘉靖卅五年丙辰歲。我族黼公徙蛟潭不詳時代，大約亦在嘉靖之末。龍潭爲宗子，故宗牌獨存於其家。宋家衝譜謂萬華公爲長子，次蛟潭，次龍潭，其説非也。人農，農字初修譜作“龍”。先輩明留疑案，以待後人之攷訂。且朝玉公生宏治五年，萬華公之父果生於宏治十八年，則朝玉公必非萬華公兄弟。蓋未有子先父生者。此以見春花山之譜不足據。而人龍、人農兩疑案既經攷定，皆可不存也。或謂黼公即朝虎公，因其卒於虎，故不忍直言。而葉氏哭殉，合葬，至今其地呼葉坡。然則自嘉靖至萬歷文昇公誕生之歲，五十餘年黼公、忠富兩世固可存者也。至“加作”一世，先輩於派字處作“佳”，於垂絲圖作“加”，明明留“佳”“加”互見之間隙，以待後人攷訂其所疑。今删去疑似之説，以輯爲實録。於數百年灰燼之餘，得攷其接續之世代，抑亦先祖有靈，鬼神來告者乎！夫如昌公之遷長沙，何以知其在宣德間也。蓋油草塘譜:如昌公爲德興公次子,其長子敬祖公生洪武三十一年,則如昌公之生不在建文四年之間,即在永樂改元之初。伊老譜載:如昌公配張氏,則其遷也。固亦如朝玉公之遷瀏,挈室以行,尚無子息者也。既遷而後所生沙湖、丹湖、見台、應台四房,即不悉出於張氏。而自永樂初年至宏治五年朝玉公誕生之歲,不過八九十年。即以二十年一世計之,亦適符世代之數古三十年而娶,今多二十而娶,明末與今世同。而無有少缺。然則我譜"加作"前人,實因傳聞。洪武落葉之誤"加"此一派,俾相接續耳。而又於派字垂絲圖中故歧其字體,以待後人之攷訂而删去。此情與事之顯然而無疑者也。夫乾隆時,龍潭房屏南先生廩貢生,名洪鎮,號石山。爲修譜事答覆蛟潭房書云:修譜建祠,盛舉也。爲人後而昧本原,有家族而等秦越,均爲昔人所譏。讀華札,知蛟潭各處諸先生深得我心之所同。然龍潭一支,的係滂塘衍派,滿望諸先生駕臨。奈分居各鄉及醴邑者驟難會集。俟邀齊,或扳駕,或來府,再有的音。辛巳本擬面談,因考後有事,歸家未獲久候,希恕。"觀此答書,知我族先人咸有合龍潭修譜建祠之意,特以人未邀齊,事成中輟耳。今龍潭宗牌世代可攷,龍潭之爲宗子無疑。惟宗牌獨存於龍潭房,故我族先輩殷殷致書,求龍潭房之合譜修祠焉。迨屏南公未能邀齊族衆,而我曙初公乃有乾隆乙卯之譜,當時不得宗牌以攷證,乃不得不證以故老之傳聞。夫江西填湖南此俗説也,趙宋時,南京金虜之變,南徙長瀏者尚有瞿氏若干族,不獨我族自金陵南來也。事隔數百年,以傳聞及田名山名證之,此舊譜之説先輩所不敢自信而必存疑案以俟攷訂者也。族人如有同心,當力改舊譜世系列出人農、加作兩名,復鹽豐壩宋氏祖墓舊碑。其餘疑誤,諸公有見聞確證、足資攷訂者,願賜覆書以匡家軾所不逮。是則家軾所日夕祈禱而不遑者爾。耑此。

代敔陔四弟致涂次衡表伯

宋家軾

次衡表伯大人鈞覽。日前至伯母家探問,欣悉老伯得昌圖康平要缺。此地當東西遼河之阻,與鐵嶺岫巖共作興京門户。轉瞬春風和煦,想見江翻鴨緑,林秀鷄烏。老伯以錦繡心腸,定當把酒賦詩,一爲江山生色而。又因虎穴圖功,龍顔志喜,他日三邊氛静,重荷恩綸,忝列葭親,若何光寵!升階指顧,豫頌心殷。姪僻處新潭灣,日以操觚爲事。先君子兄弟五人,不幸皆相繼而逝。姪輩兄弟凡十人,今惟大哥、六弟與姪三人而已。家運若斯,是以親友慶賀之事每不暇及,而於老伯榮遷大喜,尤爲疎畧。年來人丁既凋,家業復敗,先人舊田廬求售而未得主。先君子在時已與各房立定合通。竊維表伯置産方殷。姪家舊業皆表伯過從慣熟之區,既無葛藤,匪求善價。與其睹山隰而他人入室,曷若俾蔦蘿之施於松柏乎?顧田園寥落之後,即不免羈旅西東。老伯於本省鄰省不少知交,或者一枝有借,務求清論嘘枯,其自先祖慈而下,拜賜多矣。手泐敬請升安,統希鈞鑒不宣。

爲翰青六叔薦館書

宋家軾

緯堂七舅父大人鈞覽。時局大變,水陸悚惶。湖西爲風月之鄉,我舅氏演練舟師,將來波起海氛,必預有澄清江面之策。臨風禱祝,欽羡無似。甥鳩守求忠,書城坐擁,無緣獻策,慚類寒蟬。我舅氏當何以教我也。夙聞舅氏推轂多情,從前令姪麓蓀親家曾蒙嘘枯之惠,膾炙族媊。兹因堂叔翰青久虚館地,其人性情學術悉在舅氏洞中而。適聞貴同寅漆君家于省垣,其明年塾師未定。倘舅氏不惜齒牙餘論,則漆園叟玉成甚易,青山人金聘旋邀。甥不勝欣感待命之至。耑此。敬請勳安,諸維鈞鑒不宣。

代子南七弟寫信致思誠四叔光緒庚子。

宋家軾

思誠四叔父大人鈞鑑。昨晤李君次蓮,忻悉叔父勷帶蔣營,兼統中哨。想見揚威楚郢,定能復振湘軍,指顧升階,心殷豫頌。侄株守求忠,欲陳靡善。惟久慕手談,恨不暇與叔父鏖戰一日。兹有懇者,堂弟子南久有從軍之志。聞叔父新募湘勇,願附親兵,護威帳下。倘蒙不棄,賞收名目。其人樸拙老成,定獲指臂之助。十嬸母聞到叔父麾前,甚爲愜意。如他軍差遣,所不願也。至如舍親曹佩秋、何霞五、聞海濤,七弟曾薦之,叔父已經賞收。姑父母囑筆,務求教訓。恃愛瀆請,統希鈞鑒不宣。鴻賓六叔父恕未另函,闔潭均此問好。姪家軾謹泐。

代王某生子祀祖文咸豐乙卯。

宋錦鴻

蘭馨桂馥,栽培悉賴宗功;瓊樹瑶林,作育胥原祖德。蓋先猷赫濯,貽謀昭燕翼之隆;後裔綿長,雅號媲鳳毛之美。劉孺子明珠誌慶,謝宏翁佳器揚休。榮冠朝班,玉化懷中之燕;名揚宇内,石稱天上之麟。此皆品類不凡,光增俎豆,抑亦誕生非偶,慶衍門庭。又況彩色斑斕,繡户藹彩雲之瑞;金光燦爛,蘭房生金席之輝。尤爲先世之休祥,並令後人之傳誦也。兹以嗣孫某甫經寵玉,係側室所生,故云。旋獲弄璋。差同盧氏添丁,竊比蘇門有子。予小子承宗纘緒,際果錢佳會,宜溯水源;念先人赫聲濯靈,值湯餅華筵,敢忘木本。爰盛籩豆,敬獻祖先。伏冀鑒兹微忱,深加默佑。克昌厥後,瑞符麟趾振振;長發其祥,吉協螽斯揖揖。此時香水盤中,雛堪浴鳳;他日青筠簟上,夢更占熊。則嗣續等瓜瓞之綿,支庶若葛藟之庇矣。謹告。

入學祀祖文咸豐三年癸丑九月。

宋修藩

從來冠蓋相承,端賴宗功保護;自古簪纓丕焕,胥原祖德栽培。粤稽列祖之由來,益動雲仍之景慕。彩袍奪錦,名蜚鳳閣之中;金箸承恩,聲播螭坳之内。又況窗鷄渡虎,世澤光前;士鳳人龍,家聲裕後。溯閥閲於先朝,功名丕振;故留貽至今日,門第猶新。惟嗣孫某,青燈酉舍,羌黽没於丁年;黄卷辛勤,戒燕安於午夜。今者身遊泮沼,名列黌宫。芹水香生,悟淵源之有自;桂宫蕊結,識培植之良深。敢忘報本之思,用展敬宗之典。薦馨香而上達,謹布葵忱;欽赫濯於中庭,伏祈藻鑑。尤冀默垂樾蔭,厚眷蘭孫。更期丹桂之潛滋,再祝朱衣之暗點。待他時鏡兆芙蓉,一舉首登,艷插瓊林之杏;慶異日衣彈柳汁,百花頭上,魁争東閣之梅。

七十雙壽祀祖文光緒甲午九月初八，詠梅於是日完婚，代家進吾滿叔作。

宋家軾

後來羔觥霜月，《詩》揚介壽之庥；《豳風》。牛酒鄉風，《康誥》。《書》重養親之典。況老傳家事，《禮》。禮説推尊；古有稀齡，古詩。人生共慕。是以金丹鍊鶴東桑生事。東桑，道闡家人；玉杖扶鳩《續漢書》。北面，儀隆漢代。家君遇疎養學，《禮》。數蘊斲輪。《莊子》。談貳膳之文，《禮》。釋恭未敢；魯國氾行事。積三墳之卷，魏趙逸事。課讀彌殷。雉不朝飛，本韓文。母壽居然偕老；燕歌醉舞本白詩。孫扶詎減香山。擬白傅之婆娑，畢竟克柔筋力；王希夷事。數絳人之甲子，夫豈不知紀年。《左傳》。欲作若耶詩，比諸何家之揚祖壽；何胤事。雖與賓客事，定如周儆之喜孫曾。周藩愿事。都居鄉居萬壽都。符萬壽之期，是年皇太后萬壽。宜揚孝治；星獄應長沙之瑞，幸荷家庥。更期士鳳人龍，克繇先澤；惟冀談雞渡蟻，永續芳型。時當秋季，恪薦春觴，上祝康强，下徵逢吉。伏維來格，鑒此微忱。謹告。

迎火龍驅蟲蝗告神文咸豐丁巳。

宋修藩

水耕火耨，勤東作以望西成；犂雨鋤雲，遍南阡而盈北陌。值此中田有慶，方欣秋穫乎嘉禾；旋驚巨蠹爲災，不啻春蠶之食葉。加以集止山林，樹杪半形秃亞；飛來園圃，羣蔬悉被傷殘。制既窮於人力，驅全賴乎神功。兹據某某等倣迎貓迎虎之文，舉春儺秋儺之典。禮儀既備，告語宜虔。爰陳牲醴，敢告於某某尊神之前，曰：惟神位鎮五方，職司百物；帡幪共託，庇蔭無方。兹者望切三農，率符百隸，執戈載道，羌古禮之循行；揚盾當途，竟終宵而致敬。伏冀鴻威廣布，駿惠覃敷。或降西風，吹落連房之子；或投災火，焚殘匝野之虫。立看千倉衍慶，歡騰婦子之聲；并教百卉告成，喜溢疇人之色。則托樾蔭者悉詠鳩安，仰荷恩者咸賡燕笑矣。

驅蝗吃齋告土地文

宋修藩

惟神威鎮一方，操乎生亦主乎殺；職司萬物，赫厥聲亦濯厥靈。凡兹竹木禾苗，均仗庬恩之庇蔭；螟螣蟊賊，俱須駿力以驅除。兹以某等繡壤花塍，列南阡而分北陌；瞻蒲望杏，勤東作即待西成。更期山木之葱蘢，枝繁葉密；并望園蔬之翠茁，華發桐生。固深懼天災之流行，而惟冀物變之弗作也。本年時方秋穫，幸禽饗之無虞；頓報天菑，陡蝗飛之爲害。兩翼騰空，儼飛花而舞雪；寸身入地，乃伏子而藏孫。數莫計以三三，生則累於九九。涵淹在此，知來歲小民惟曰怨咨；易種于兹，恐明年越其罔有黍稷。行見圃雖樊柳，若火之燎于原；縱令斧不入山，何材之供厥用。爰是豫爲申告，咸致寅恭。盥面齋心，約一日虔修禋祀；潔卮滌箸，合三家共達悃忱。伏冀神工擣穴，鬼斧攻巢。或遂歸諸貍沈，或令化爲烏有。潛驅蝻子，補今冬兆白之三；預卜魚占，慶巽日分紅之二。而且聽披薪之稚子，濯濯無歌；問灌水之園丁，花花相對。從此不勝食，不勝用，永荷帡幪；於焉頌其德，頌其功，允宜銘佩。

代家碩軒派名修運作祭泉神文咸豐戊午。

宋修藩

從來鳩工作堰，實爲供子姓之烹調；掘地及泉，原以備丁男之洗濯。井之設，由來久矣。兹以本屋中庭，歷有古井，椿堅杙固，既月異而歲殊；雨洗風淘，未泥堆與沙擁。忽起腥聞，頓更臭味。波心轉黑，羌昏濁於崇朝；瀾脚翻黄，待澄清兮何日。臨淵空羨，瓢衹嘆其徒操；修綆雖存，甕欲提而莫汲。爰陳芹奠，用布葵忱。不須淘汰於堰師，願乞神靈於水伯。從中暗洗，俾玉液以無瑕；徹底澄清，擬銀河之可鑑。活水自源頭湧出，膏醴流甘；生香從鏡面浮來，金波耀影。從此圓璇方玉，居之安亦資之深；立看挹彼注兹，取不盡亦用不竭。仰荷波恩，永叨澤潤。謹告。

豎天燈文代作。同治二年癸亥六月十七日。

宋修藩

粵自梵刹森嚴，焕紫府長明之彩；精宫焜耀，晃月城不夜之光。續香帶以何年，點出九天星火；籠碧紗兮四面，銜來百顆仙珠。人關、鬼關、夢覺關，都借明光照破；菩薩、提薩、摩訶薩，總憑吉曜皈依。此天燈之愿所由來，而豎建相沿爲有自也。某家運晦蒙，命宫暗蔽。爲造化小兒所苦，等膏(盲)[肓]二豎爲災。未必幢幢鬼影，頻遮暗室之燈；卻嫌擾擾病魔，屢繞擎天之柱。墮兹漆室，見白日其何時？閟厥陰房，撥青雯其無術。惟仗神光之主照，庶憑火烈以宣威。是用除地爲壇，建瓶倚屋，結繩長繫，立木高懸。類湖燈之泛江干，比龕燈之籠佛右。結蓮花於午夜，紅徹重霄；然蘭炷於寅階，光騰百步。誰把銀釭挑剔，有六丁六甲之神；看兹寶篆團圞，是射斗射牛之概。不隨風忽滅，居然視遠惟明；好與月同圓，真箇自他有耀。宛靈犀兮遠照，萬怪俱逃；儼方鏡之中懸，百妖莫遁。空際一輪劍火，參旗偕井鉞齊輝；上頭半點圓光，金母與木公共守。從此山靈水物，儼然羣望而畏之；任他惡燄宄氛，到此都不可嚮邇。恭矢三年之願，鳩工用倩人爲；伏祈四序之安，駢語敢陳神聽。

代時萬派名修鴻同順諸人作祀靈官渡江神文光緒壬午，因木簰貼水簰上每歲溺人，故祀以禳之。

宋修藩

慨自潭水盤渦，膠艦覆周王之載；羅江泠月，懷沙招屈子之魂。此蓋問諸水濱，合古今而同悼；吟於澤畔，恨沈溺其難回者也。某等家依南郭，門面西湘；渡近靈官，村當夕照。青青河畔，三十年岸轉東西；坎坎江干，千萬架樹横左右。圜匪橋而貼水，方疑竹以排雲。碁布星羅，了不異叠牀架屋；風飄浪繫，究何能立木爲塗。始謂隨波上下，無人處如野渡横舟；惡知就水淺深，有險時類春冰病涉。近見遊人輒陷，墮者難回。或紅顔命薄，逐風浪於桃花；或白眼途窮，斷琵琶於楓荻。或青年有故，含羞憤而倒影池塘；或赤子無知，緣匍匐而失身坎窞。或鸕鷀中酒，捉月江心；或鸚鵡驚寒，拋頭鏡面。大率一聲骨董，欲援手而手不及援；豈無百里腰纏，欲贖命而命終莫贖。問河伯未嘗娶婦，胡投河者人不止三；看石尤豈盡阻夫，而墜石者指難勝數。嗟乎！觀諸川上，逝者如斯；胡爲泥中，必有以也？江魚之葬何辜，沙蜮之含輒射。誰無父母，那堪投不盡江流；猶是弟昆，怎忍付無情湘水。興言及此，能弗惻然！將近郭門以徙木，而遷地弗良；

將謀版築以修坊，而沿河易塌。欲驅策而他鄉奚罪？思填石而精衛徒勞。既不能在水一方，因懦弱而懲狎玩；復末由爲身無義，進圖説以語精魂。爰用萃聚街鄰，臨流拜禱。遥瞻某水府，謹叩某江神。剪葉葉之慈航，度一切衆苦厄；用紙紮船以濟。駕雙雙之寶筏，呪南無妙音經。誦往生神咒千萬。江上峯青，鼓瑟拜湘靈之廟；洲前浪碧，彈絃叩神禹之門。既安滯魄沈魂，彊死者弗爲人厲；長使金光璧影，浮生者儘管川遊。縱教投玉沉江，在監誓或有如白水；畢竟索塗擿埴，即瞽矇亦不及黄泉。豈徒伍子鴟夷，不白之沉寃弗遇；亦且尾生狙抱，昏黄之暴漲無淹。靈拜濤神，恩叨澤國。洲銷險阻，橘常浮無底之潭；瀾奠平安，竹不灑有痕之淚。庶幾白露横時，無妨樂水；紫瀾生處，弗視畏途。從兹水木兩行，相生不至於相剋；永識鄉鄰萬姓，離難均可以離身。諸凡啓迪，百福駢臻。

安土神文光緒己卯。

宋家軾

惟神德含萬物，位列中央。道原光大，行以直方。配博厚於至誠，一撮莫名其變化；卜廛區於近市，四時總冀夫康莊。某恩銘踐履，慎切冰霜。宅爾宅，有幹有年，願卜吉而安守轍；利其利，無譽無咎，必舉步而懍括囊。然而婦子家人嘻嗃，恐有時盈室；糞除洒埽時行，誰念於登堂。雖廣厚無私，品物總不嫌持載；而安貞乃吉，動静宜協乎柔剛。兹者節臨終歲，漸復三陽。本承天之至順，念行地以無疆。殺去凝陰，中含美利；禱來富媪，上薦馨香。伏祈消履蹈之愆尤，家延餘慶；向西南而卜筮，利主有常。從兹坦坦而行，下澤不忘於素履；行見平平有象，中文永協乎黄裳。謹告。

爲三姊爲夫酬神疏疏無足重，事有可傳。光緒甲申。

宋家軾

伏以澧蘭盂設，中元香拜佛之風；澤茗燈流，下界沐明神之露。固已供徹大德，周十地之飢寒；奉到高真，聚諸天之忠孝矣。某早嫁淮川，失恃灑思親之淚；新遊澧浦，相夫償事父之心。乃嚴君善病，不過怔忡；而夫子多愁，偏嘔心血。五月閏月奈何天，空自調冰雪藕；三更四更私祝地，聊爲剜肉醫瘡。事詳詩集《割肘行》。幸蒙靈藥仙方，調和療病；還領神茶餘惠，波及家君。丹悃蒙憐，刀痕化去；素心如結，環感銘深。兹者柏子風清，計設齋而懺悔；槐花露潤，效獻果之殷勤。寶篆熏心，盤香足月；膏油並進，燈火同燃。十指敢誇鍼巧，雙弓先自綉成。香油、鞋皆酬如來聖母者。惟是有恩必報，無難不求。夫君血疾愈已兩月餘矣，而脹背填胸無端耿耿，滋涎多吐難禁頻頻。身易沾寒，往往聲聲鼻塞；腹難久飽，尖尖頓頓心憎。而且腹便便其發熱，膝曲曲以憎寒。力烏有而多眠，舌黄胎而不散。凡此病根，非仙斧何由斫斷？欲爲健漢，向靈團或可拜來。既進香油，彌勤薰浴。伏冀滴將蓮露，俾飲水以留思；莫教瘦比黄花，羞爲郎而憔悴。此際蟠成凫鳳，常銘有脚之春；他時繡出鴛鴦，還獻白頭之慶。竭誠而進，謹疏以聞。

爲外弟章炳堂退飛廉白虎煞文光緒甲申。

宋家軾

某某偶中暑寒，致成疾病。頭昏若眩，身痛如鎚。熱到皮膚，似荼似火；響來腸腹，如鼓如雷。指不運而筋搖，身惡寒而汗浹。左右手力云烏有，大小便色竟黄流。任他美味百般，不思飲食；每欲强行幾步，殊覺偏頗。顧厥形骸，悵此日難爲鐵漢；倩查命數，説今年有犯金星。爰具酒殽，用伸告諭。伏願享兹微意，起我沈疴。推愛物仁心，《詩》騶虞即白虎。波及旅人病骨；切炳堂在澧。本衛喪德意，日依姑父靈魂。支江白虎衛喪，故借用之。倘不鑒赤子之誠，怒搖雪尾；或欲效黄公之殺，黄公能御虎，後遇白虎於東海，術敗，遂爲白虎所殺。威暴霜牙。則將率周處生徒，義興山有白虎，周處除之。時天下有三害，言周與白虎及蛟也。周除蛟虎二害，又爲人所殺。搏於山谷；仿元公故事，驅爾海隅。切飛廉白虎。甚且乞靈爽於將軍，額穿箭簇；王維詩：射殺山中白額虎。承勇威於叔段，計出火焚矣。化此芻靈，速飛爾駕；聊爲肉飼，其聽我言。毋昧先機，致貽後悔。謹告。

伯病代安室神文甲申八月十七日戊子。

宋家軾

惟神靖共爾位，陟降厥庭。辨方隅而應德，相時令以司動。分有常尊，奥竈豈果容媚禱；相在爾室，屋漏誠不可度思。然而修培造作，頻興土木之工；堂室庭階，時有糞除之事。門行之祀典既未能應令而行，軾常爲伯言室神不甯，伯未之信。工匠之喧聲又未免犯尊無禮。某也新來司鐸半年，禮有疏虞；加之舊任停棺兩次，實多驚擾。且署前取土築城，正犯今年土煞；伯平時最慎動土。適大南門水至，夜間取土築其城門，而巡役在署前挖取，正值煞方。伯不知也，豈非數哉！廚後築牆完廩，日添幾輩工人。沓來紛至之間，難免語言褻瀆。八月中秋之日，竟沾傷感災祲。拜一葉之如來，佛説有些關煞。向中堂而安奠，室神其尚鑒臨。余小臣爲司禮之儒，失禮原宜自責；至若輩有犯神之過，明神似可曲原。自知讀聖賢書，禱原久切；惟是舉神祇事，誄曰有之。爰陳不腆，謹述厥由。效明德以薦馨香，神必福我；倩工祝爲之代告，天其佑諸。此稿原不足存。存之以見祀典之不可廢耳。且八五五二二八皆犯可鑑。

（宋慕蘇等纂修《[湖南]長沙蛟潭宋氏五修友譜》 1926年鉛印本）

梧桐園書齋記

洪惟高

沿溪梧桐園，宋姓之家塾也，土名茶園下。未創時，族間英賢輩出，苦無修游地以聚首。雍正癸卯歲，高從岳叔祖静山先生讀書於宋氏祠左，往來噪雜，先生厭之，每語姪孫樹旆、孚遠諸公，欲一僻静地以搆書齋而不可得。及乙卯歲，樹旆、孚遠二公請集超霞、謙牧諸公，與先生共商竪造於兹土。其間田畝空土，俱屬諸公己業，一皆（槪）[慨]然相助，任衆經制，無一推諉。自是鳩工庀材，創竪前後二棟。所資用費亦非小可。其上下兩廳，乃超霞、謙牧、迪占、粹士四公捐資，共成上下左右一十六間。又各房公堂各造，暫立規制，畫然二棟。中空丹墀半畝，左右餘地仍俟日後增竪。時經營圖度，則有昇九、及泉、徐川、粹士諸公勤劬。各種落成後，先生名之曰“梧桐園”，率族間子姪輩詩書絃誦，無間寒暑。高每過斯齋，見其基局寬宏，雲烟綿緲，秀峰插天，緑水遍地。因思命名之意，未嘗不嘆奉之。萋梧桐自有雝喈之鳴鳳也，諸君子一家淵源，共鳴得意于盛世，豈不休哉！故不揣謭陋，援筆記之，以見一門父兄之賢爲不可及云。

蓮石山記

宋步鯤

吾鄉多石山。其鉅者曰“大帽崠”；其高者曰“紫雲山”；其低者曰“馬鞍山”；其凹而兩峰聳者曰“石門山”；其載於《瑞金邑誌》者曰“雲石山”：皆石筍嶙嶙，面面乂立。而蓮石山尤奇。蓮石山距余村里許，原田每每中石峰突起，青嶂參差層叠，四面石壁數仞，有咫攀援不可上。一望葱鬱，若芙渠菡萏，摇曳風前，故曰“蓮石山”。其樹木多生梧桐，細草蒙雜，皆從石罅怒生。其一非草非樹，無枝無葉，狀如虎舌，俗名曰“老虎舌”。舌上接生，高者數尺，小皆如掌。色青有疵，花如美人蕉。山下有塘，曰“蓮塘”，廣可數畝，爲此坊灌蔭。左右兩岩皆有竇，俯躬入，數武外豁然開朗，清水一泓，兩岩滙合，深不可測。前後兩徑，石蹬崎嶇，紆廻曲折，百數十級，始躋其巔。瓦屋數椽，顏曰“蓮峯寺”。余族人糾錢建之，以供西方菩薩。中爲佛堂，中左爲静室，前翼爲香積厨，中右及後翼則余族人供佛宿齋所也。天氣清朗，輕裾和暢，時一憑眺，覺罡風裂裾，雲氣襲衣。下視原田，烟光明滅中，勢若棋布。四圍山色，環列如屏。俯仰之餘，身世兩忘。昔石鍾山因蘇文公而著名，鈷鉧潭因柳子厚而顯跡。今此山惜無蘇柳其人，是亦山林之所愧也。然余族多人宜慎守之，恐有巨靈伸一臂摘之而去。時大清道光十年庚寅歲季秋月吉旦，海門步鯤謹撰。

大河陂記

宋廷桂

會邑東北隅，距城八十里，踰西岡而上，有村曰“沿垻”。吾始祖仲義公自明中葉徙居于此。子孫以耕稼自給。遞傳十餘世，所置田畝先年雖遺有陂數座，而水源甚短。遇天時亢旱，灌溉尚多缺如。嘉慶丙辰歲，族叔恭誘翁慨然倡首，拉集族人，在瑞邑狗頸垻橋下造陂一座，名曰“大河陂”，開圳一條，傍河弦直至廟背小河。河内築石陂，過土圍下始分爲二，所蔭田數千餘畝。是陂也，發源自蜜溪，其流甚長，而水益大，屢被沖圯。於是有族叔恭調、族兄家霆、家燻、族姪孫泰禮、泰煌輩再派田工，合議復作，振以大樹，砌以巨石。然後河底沙滿，雖有洪波駭浪，不致敗而無存。自是，後之人宜協力同心，時加修整，庶幾陂圳完固。遇天時亢旱，而原田每每得資其灌溉，非復向時缺如之嗟。則俾吾族共享無窮之美，利夫豈小哉！兹當五修家譜，諸父老命余書此以誌諸君子董事之勞，垂於不朽。余雖荒陋無文，亦樂而爲之記。時大清道光十年庚寅歲季秋月吉旦，小山廷桂謹撰。

始祖見爲太秋祭公堂記

宋學安

沿溪開基始祖義太祖妣劉太，自明中葉開闢以來，迄今已流傳一十三世。所貴子孫者，死如生，亡如存，礿祠烝嘗，不忘所事，庶幾光前而裕後。祖向僅有祭田壹十畝，在永豐堡小地名石村。因與他姓搆訟多載，田悉賣去。每年享祀，俱榮華二太系下捐供。至康熙五十年辛卯歲，重修家譜，剩銀一十八兩。彼時先君文行翁承衆推爲族長，總理其事。乃以其銀屬族姪孫次奉翁收儲生息，數年間，權子母而算之，得數十金，始分給各房傑士生息。至康熙六十一年壬寅歲，始買瑞邑袁姓早田三十餘畝，土名黄安隘官陂背等處。又買族姪元滋早田貳工五斗，土名過路陂邊。由是供祭僅有。權興乃子孫鄉試盤費、遊泮上捐花紅，俱能給於此。于是供祭益不敷用。姪超遐、姪孫粹士，痛供祭費用不敷，毅然以起立秋祭爲糾首，几系下子孫，原來者每丁捐精穀五斗，或一人而捐二三丁，或兄弟而共捐一丁，原無限定，以穀糶錢，每年收儲貨物，以爲生息，決不放外，庶免侵吞。夫二人以報本追遠之舉慨爲己任。此乃孝敬之心本於性生。二人既倡之於前，族間賢肖輩出，應有繼之於後，相於協力以成厥事，則先靈之血食可豫卜其大且昌者也。屬予爲記，以垂永遠。予不敢以無文委。念族間數千人，皆各爲身家計，而二人獨有志於是，誠盛舉也。謹詳巔末而樂爲之記。時大清乾隆二十五年上守執徐之歲吉旦，七世嗣孫學安謹撰。

（《京兆宋氏族譜》　清道光十年木活字本）

秋成有望隣友頻過小飲喜而有作

宋世鼐

力食勤耕鑿，歲功稍慰懷。稻粱三頃熟，風雨一尊開。老我甘貧賤，多君數往來。雄飛銷壯志，興盡有餘哀。

題　齋　壁

宋世鼐

愁聽干戈遍九垓，昏霾掃盡見天開。康强身幸全三樂，少壯時曾賦七哀。隨意壺餐留野客，蓄心經術教英才。近來頗得田園趣，屏列柴桑歸去來。

且　休　吟有序。

宋　文

歲居辛卯鄉試期也。予念歷試九科不售，而年已六旬。況病魔作祟，艱於行止，故絶意功名。爰作數詩，備述場屋之艱苦云。十二首，録二。

賦欲淩雲志奪標，當年興會在題橋。秋風漸漸催人老，何事轅門學射鵰？

學殖由來荒落多，而今青眼復如何。塗鴉盡是劉蕡策，不信朱衣亦被魔。

鼓缶歌有序。

宋文

歲庚子，余年六十有九，猶以舌耕爲事。春間，與及門謝子三舍、次兒紹裘讀《易》至離之三爻，不禁掩卷太息曰："余適相似也。杜門輟講，吾志决矣。"因作《鼓缶歌》六十九章，與余年數符焉。録三。

鼓缶兮歌《蓼莪》，終天抱哀恫，髫齔誰撫摩？九歲，先君棄世，隔年嫡母逝，不久余母亦見背。雞豚菽水有餘恨，歲時奠享空延俄。衰草一邱瞻馬鬣，秋霜春露淚滂沱。

鼓缶兮歌《棠棣》，予季嗟參商，仲子幸相儷。屈指皆當垂暮年，傧籩飲酒歡相繼。但視今爲總角時，前襟後裾行花砌。

鼓缶兮歌《伐木》，道德鮮知交，游戲相徵逐。奔馳聲氣通人羣，自愛誰能似金玉。蘭臭同心有幾人，一似乘駒入空谷。

先大人約菴公著作甚多，例難備載，而詩歌短篇雖帙隘，亦得附見。蓋大人生平未嘗研精吟詠，而一時寄興，皆本於至性至情。懼久而散佚，遵庸菴公例，略登數章，以見吉光片羽云。男紹錦謹識。

平山堂

宋之梁

六一風流地，千年占蜀岡。秋風飛病葉，寒日到虚堂。望裹峯巒窅，尊前橘柚香。繁華有銷歇，野燒入雷塘。

淮市逢魏二

宋之梁

梁園灑淚分歧後，淮上重逢賣酒樓。白髮蒙頭猶傲岸，青衿露肘尚風流。千秋文字悲潦倒，兩戒河山紀壯遊。我亦征途裘敝者，對君歌哭視吴鉤。

村居自遣

宋之梁

游倦歸來兩鬢鬖，徜徉水北與山南。執鞭自哂驅牛飲，仗策還思捫蝨談。抱一白髯癡老子，崇虚黄面病瞿曇。餘生藉此爲歸宿，卻稱嵇康七不堪。

題假鳴園

宋克明

小築依青嶂，灣環抱碧流。野花叢澗石，山鵲噪枝頭。牧豎驅黄犢，真人駕白牛。何時塵

事畢,來傍赤松遊。園主人好道

子夜聞雁聲寄汪柳門

宋克明

忽聽雲間雁,飛鳴過小樓。祇緣邊塞冷,不爲稻粱謀。月影霜華白,風聲蘆荻秋。避人長不穩,嘹嚦五更頭。

懷餘杭

宋克明

邑傍雲棲勝,湖通天目泉。和雲舂水碓,帶雨插秧田。闢地開三徑,誅茅卜一椽。何年成此願,歸老緑蘿前。

和柳門臘梅元韻

宋克明

衆卉悲摇落,兹花獨吐芳。瓣裁黄玉玦,鬚纈紫羅囊。性潔拋脂粉,姿貞耐雪霜。美人偏愛爾,香繞鬢雲旁。

重九將屆而菊尚含苞未放戲作此以詰之

宋克明

夜凉清坐絶纖埃,嗚咽城頭晝角哀。鴻雁已從今日至,菊花問汝幾時開?一鈎新月明還淡,無限閒愁去復來。儗上龍山最高處,茱萸滿把笑銜杯。

秋日登龍泉山用庸菴公韻

宋克明

滿山黄葉探秋登,兼訪巖居出定僧。樹接煙雲迷遠巘,洞凝石髓沁寒冰。高風人逝臺猶在,古竈丹空鶴已乘。我亦多情頻盼望,紛紛凉月上溪藤。

蚕春閒詠

宋克明

徧插荆榛護短籬,聊將溝洫作漣漪。愁來無計頻呼酒,情到難忘祇賦詩。草識春回偏出早,花因寒勒故開遲。衡門晝掩稀人跡,坐看階前日影移。

春日寄懷

宋克明

春風長醉百花前，屈指同遊二十年。投分真成膠著漆，分飛無奈箭當弦。頻頻夜夢還依楚，咄咄書空只向天。何日一尊重聚首，知君不惜酒如泉。

蚤春送汪柳門之廣陵

宋克明

欲繫征鞍折柳絲，長條猶未發新枝。平山堂畔梅千樹，留待君還好賦詩。

詠綠萼梅

宋克明

曾記瑶池綠萼華，雲軿長伴紫麟車。無端忽被風吹墮，散作庭前一樹花。

新安汪柳門鸞翔曰玉峯，性耽典籍，至老不衰。雖居市廛，吟詠之聲不輟。頗多佳句，如《感懷》云："空思狡兔營三窟，依舊寒禽啅六花。"《索余近作》云："春水不從雲外至，筆花難向夢中開。"《春暮懷人》云："池添嫫碧涵新漲，花落空尊想舊醅。"《詠雞冠》云："喔喔不驚劉越石，朱朱空唤祝雞叟。"《詰菊》云："鴻雁已從今日至，菊花問汝幾時開。"《蚤春》云："草識春回偏出早，花因寒勒故開遲。"側卸而下，圓轉如珠，高情逸韻，溢於行墨間。亦近日詩流中所罕覯者也。

滸塘後山賦以題爲韻。

宋廷桓

披今按古，賦兹樂土。勾餘之區，燭溪之滸。水逆折以西流，山迴環而東顧。極林巒之秀美，迺精英之萃聚，遡自開闢，凡幾易主。余既無從考覈，特記余之遠祖。賓姓氏於兩周，馳家聲乎三輔。值二帝之北狩，扈一王而南渡。謀善後以育子孫，屢易其居；相陰陽而審向背，聿來胥宇。課耕種，辨土地之肥磽；供爨汲，嘗水泉之甘苦。薙荒陋以成園，勤版築而環堵。蓽門圭竇，繩樞甕户。黎老熙熙，全其神；英才濟濟，繩其武。或簪筆以登瀛，或建牙而開府。或探道義之賾，功在絳帷；或抉性命之奥，名歸玄圃。美不勝收，指難屈數。豈非仁厚之澤深，山川之氣溥者哉！若乃青陽升，玄冥藏。農事興，蠶工忙。秉耒而深耕易耨，提籠而翦柘採桑。百箔三眠，鳴繅車於蔀屋；力耘數芓，浮烏犍於陂塘。饁彼南畝，姑婦蒸藜炊黍；勞其東作，子女提壺挈漿。乍綠波之漾漾，倏黄雲而穰穰；慎收穫以及時，乃腰鐮而成行。滿倉滿庾，盈囷盈箱。修秋社之報祀，薦嘗祭之粱薌。稍釋肩而息足，忽不知其天高氣清，而節邁素商。吁嗟乎！春秋代謝，寒暑易候。昔稱少好，今看老醜。孰掣其前，孰鞭其後？誠能窮天地之變遷，識盈虚之倚伏，則蟻垤高而泰山卑，彭祖夭而殤子壽。宜逍遥於玄境，何擾攘於塵寰。呼朋邀伴，雜黄童及白叟;著屐扶笻,玩碧水與蒼山。路不數武,任朝夕以登陟;山惟園後,隨晴雨而往還。是時井梧初落,巖桂將攀。襲清風之習習,聽流水之潺潺。邱壑消人躁妄,烟霞鍼我愚頑。羣松偃蹇挐雲,舒鱗握爪;列岫岧嶙蔽日,挽髻垂鬟。古藤夭矯,纏龍筋於木末;翠篛叢密,撲鳳尾於巖間。松根芝草秀,石壁土花斑。飲石髓以療老,餌苓术而駐顔。指夕陽之在嶺,乃循徑而返步。曾幾何時,歲聿云暮。修我牆屋,築我場圃。採薪備霜雪之儲,釀酒祝歲朝之祜。設祫祭於家廟,率紫陽之舊章;懸親像於影堂,法丁蘭之軌度。蔚矣人文,庶矣編户。出入相友,守望相助。候土脈之陽和,又將有事乎農務。嗣豳國之遐風,媲擊壤與含哺。雖鍾秀於山川,亦先哲之貽祚。俾繼緒之弗諼,爰抽毫而作賦。

辭曰:邑之西兮山連緜,山之水兮清且漣。聚村落兮山之下,蔭喬木兮山之巔。山迎日兮而含彩,山溜雨兮而鳴泉。觀石牀與石椅,及石甕與石船。豈山靈之所鐫而以資石隱之盤旋者乎?

蔚秀山記後山更名。

宋廷桓

滸塘之屏爲蔚秀山,其岡平衍而盤紆,其巔竦峭而岞崿。暇之日,登高遠矚,見夫四明、吴女東西二峯,與培塿諸山緜延四極。平疇交錯,窮緑野之蒼茫;長空寥廓,盡烟雲之變幻。惜無人築山堂數楹於山岡,爲憩息之所。攜美酒,囊名琴,手揮五絃,目送飛鴻,一寫其夷曠襟懷。餘歡未罄,復窮幽賾,於嵁巖之際,得奥區焉。羣峯嵐翠,倏忽藏匿。叢木蓊蔚,萬石林立。孕天地之奇,肖鬼怪之狀。蘇子瞻所謂踞虎豹、登虬龍,殆爲兹地發焉。異日當創亭于叢石間,春秋佳日,倚杖亭中,則欄檻之外,秀者、瘦者、透者、皺者、藴青霞者、翳苔點者,錯出於紅泉緑樹間,不假米南宫垂紳搢笏之勞,而逞奇效勝,羅列几席,以供隱於巖壑者之盤桓。吁嗟乎!昔柳子厚謫南荒,而後西山黄溪之勝始標名于簡册。若兹山之靈奇,如子厚所稱曠如、奥如者,不咸備於斯境歟?惜無子厚其人爲之闡發幽潛,使傳誦于古今。無乃丘壑遭遇,亦如懷瑾抱瑜之士,不得當道有力之人爲之引重,以表見於世,豈亦爲彼蒼所宰制,有幸不幸邪?慨萬類之同然,爰記之以誌余之遇焉。

經繁昌追懷家庸菴公

宋廷桓

余伯氏祖庸菴公,元至正中授繁昌教諭,尋棄歸。明興,徵修《元史》,後復徵典試閩中。事竣,皆不受職而還。其出處似與陶靖節相近,故詩文冲夷蕭散,亦近陶。歲辛丑,余舟行過此,念此地爲公絃誦之邑,故歷敘其高情亮節,而紀之以詩。

有元承宋運,率土皆蒸民。雖膺秉鐸任,亦屬天子臣。黎庶苦苛政,海宇多烟塵。緤組越千里,解綬纔九旬。迹向東郭隱,心與南山親。明興網英俊,修史徵隱淪。事竣不受職,歸釣舜水濱。楚嶂趨建鄴,皖江源西岷。公昔絃誦所,我今來問津。臨風仰潛德,長謡紀貞醇。

舟次郎陽敬懷家中丞公

宋廷桓

歷險已匝月，愈行愈疑懼。亂山沓迴抱，灌木莽参互。谿灘一綫開，沮漢千里赴。石似劍鋒攢，水如簷霤注。懸崖百丈牽，篙槳齊争泝。已盡荆楚疆，漸入隴蜀路。前明值正嘉，流寇此安附。梟獍叛靡常，負嵎拒收捕。桓桓中丞公，開府治其賦。節鉞掌專征，撫勦紓宸顧。梓里頌三廉，部中歌五袴。遺愛比桐鄉，名宦位崇祔。我來春已終，黍菽滋甘澍。埤堄延岡巒，烟嵐渺飛渡。酤酒返谿舟，銜杯壓驚怖。

冬日效陳白沙體

宋廷桓

曉晴凍鵲噪枯枝，睡起茅簷負曝時。久涉世情天趣減，向陽嬉戲羡羣兒。

松杪流雲石氣青，隔籬風日靄晴氛。好攜拄杖蘿牀去，坐聽松聲卧看雲。

雨後同族叔述明楚材訪倪宗山不遇題壁

宋廷桓

雨止偕行田野間，夕陽流影滿空山。題詩于壁歗歌去，新月到門人未還。

雨中寄菁崖巳亭

宋廷桓

欲慰閒居仗友生，無端風雨窒幽情。烟昏似令郊墟遠，泥淖何堪野彴横。遣日漫尋詩作祟，破愁權借酒爲兵。詰朝莫負登臨約，邱壑遲君與結盟。

相逢晨夕罄平生，衡宇遥望繫我情。遠浦参差鴻影杳，春山依約黛眉横。逍遥物外蒙莊子，遯迹杯中阮步兵。遲日弄君江上棹，泛波同與白鷗盟。

木 蘭 花 慢花朝邀菁崖先生巳亭同學遊蔚秀山。

宋廷桓

乍燒燈過眼，梅已謝，柳初匀。正淺碧池塘，嫩寒臺榭，魚鳥相親。凌晨，谷鶯唤友，趁韶華漸及踏青辰。雨過花容泥飲，風和詩興撩人。　　連畛，蔚秀遠城，闉登眺，意多新。見柳外瑀輿，橋邊畫舫，遊冶芳春。休嚬，友朋落魄，逞風流亦有技堪陳。賦就墨花濺席，酒酣茸草爲茵。

花朝後三日招同菁崖丈巳亭同學族叔楚材族弟之庾遊蔚秀山即席分韻，得蔚字。

宋廷桓

西來沓嶂走東南，浮嵐疊翠隱蒼蔚。突留一簣向平疇，造物經營豈無謂。獅井瀹泉自清泠，石甕留雲嘗霮䨴。蘿牀滑膩如醒石，醉眠静聽松風沸。似與居人作考槃，探奇不假雕鎪費。從遊况同嵇阮儔，白日抱琴曳芒屝。四明嵂崒江蒼茫，采擷松芝并山卉。春光駘蕩冥忘言，心與空青融一氣。興酣忽憶吴楚遊，天塹長江古所畏。出没魚龍歘舞中，遄征歷盡征途味。何似山居絶寵驚，園圃資生勤灌溉。舉酒屬君君莫辭，君飲我歌君亦慰。自古滄桑幾變遷，高臺曲池無髣髴。虎頭食肉作書傭，老將灞陵逢醉尉。蚤知窮達自有期，林卧何當覷品彙。酒渴思君浣腸胃，擎杯試問花開未？時菁崖有賞花之約。

花朝後三日漱石以詞相招遊蔚秀山郎席分韻，得秀字。

韓　泫

宋君草堂枕巖岫，來遊遲我消春晝。岡巒數武易攀躋，亂石參嵯紛結搆。縱橫攲側不成行，纍纍偃伏如蹲獸。石牀容我倦時眠，過雨留雲滴殘溜。遥嵐近翠供眉睫，野色分枰同錯繡。烟霞邱壑費品題，擬似琅琊蔚而秀。天然勝跡不雕鎪，亭臺欄楯將新甃。人生寄迹等浮漚，邂逅青山如故舊。不作匆匆俗客顔，薜蘿豈復嘲猨狖。瑣事時與樵牧論，浩歌亦答松風吼。此時臨眺一夷猶，贉得烟雲滿襟袖。主人相顧重開顔，長揖登堂勸醇酎。快飲何妨似吸鯨，盤餐況復工飣餖。相對清言良慰情，卜鄰思欲從君僦。吴會征車漫馳驟，如此巖巒石可漱。

和宋漱石蔚秀山八詠佚四

韩　泫

山中醉欲眠，石牀可倚徙。蘿月正娟娟，清輝一何綺。萬象涵空明，林巒淨如洗。一二素心人，浩歌自容與。蘿牀映月。

空山無儲糈，石甕何所厝。有時生白雲，晻曖自來去。本無澤物功，邱壑隨所寓。雲閒我亦閒，留得須臾住。石甕留雲。

林閒露未晞，清氣滿空谷。山鳥方一鳴，東峯吐朝旭。白雲散遥岑，嵐翠滴巖麓。幽人方晏眠，山根有茅屋。東豐朝旭。

餘霞絢西峯，冉冉斜陽度。返照入寒塘，射此山巔樹。遠山如脩眉，黛緑倏非故。遥睇含深嚬，蒼顔歎遲暮。峨眉西照。

送方正學先生配祀文廟七律四章

宋鏡旋

鐵石難磨肺腑堅，扶來名教幾忠賢。千秋配祀英魂妥，十族罹殃苦節全。赴義丹心何可昧，臨危白刃不須捐。麻衣披上明皇殿，漫戀師生共一天。

呼號無計籲終天，大義能教荷一肩。辱罵膽驚燕賊碎，明禋典渥虎彝全。書田自古收常稔，血性如今剖不偏。泮沼藻芹長漾碧，馨香幾見進先賢。

龍山正氣永乾坤，正學先生祠前在躍龍山，有石坊，上書“乾坤正氣”四字。斑駁荒苔緑漬庭。梓里猶崇坊表建，城内建有樹坊，有義井、忠泉、十族遺骨埋焉。硯臺不蝕雨風經。裂軀豈朽千年骨，書篡難寬一字銘。試向妙峯高望處，雲邊聳起木精星。先生生時，有木星降於其家。

五百年前孰定論，忠泉碧血任魚吞。九重復得綸音降，萬古能傳節義存。國號建文名屬長，祠堂緱里故里名緱城里。鳥呼冤。讀書種子台山秀，正學風規世世尊。

又次韻

宋鏡旋

欲把綱常樹範圍，莫將成敗論先機。皇孫主器終歸長，太傅登朝不挫威。肯使一朝身誤國，奈知十族血沾衣。當年定得君臣分，萬古昭然篡字非。

聖朝俊乂廑旁求，尚有讀書種子留。業紹尼山緜一脈，祀崇泮水配千秋。海丹鳳誥褒初下，緱里鵑聲咽未休。敬拜君恩崇理學，忠魂鑒此藻芹饈。

暮遊龍山即景

宋祖般

興來歌舞叱東風，即景呈情氣倍雄。最愛江城連屬處，長橋卧斷夕陽紅。

題山水圖內有騎驢者七人。

宋祖般

天成風味供疎頑，錯落雲山水一灣。莫笑跨驢橋上者，此生應不到人間。

夜雨初晴

宋惟懷

夜聞風雨小牀東，打碎芭蕉幾許叢。晨起捲簾理髮鬢，一輪紅日喜當空。

滬上小華園晏客

宋惟懷

豪飲露臺興味濃，微風淡月也陪儂。勸君更進一杯酒，不醉無歸不夜宫。

小華園裏晏相知，席散尚餘酒數巵。帶月連星飲幾盞，且斟且酌且吟詩。

題宋氏五老圖并序

周輔墀

宋五老，清上舍生。六橋先生，壽七十九，布政使理問；雨農先生，壽八十九，太學生；庭芳先生，壽八十一，誥封奉政大夫；杏春先生，壽九十，誥封朝議大夫；寶書先生，壽九十二，一門同慶，羣從熙熙，人瑞也。丁巳，宋譜成，其族人以是圖屬墀題。墀不獲辭，綴詞一曲，調寄洞仙歌。

勾留一半，十種行仙迹。是否星精渚遊息。畬長生，沆瀣不藉塵寰，丹汞力，誕降修文里宅。　商山慙缺席，真率耆英，年例何須引盧狄。只道夙根深，餘慶流傳，從頭指、數今猶昔。宋氏先有家藏《五世餘慶圖》。最難得熙熙一家春，看韡鄂棠華，比齡松柏。

（宋子蘭、宋百猷纂修《[浙江]餘姚宋氏重修宗譜》 1918年善繼堂木活字本）

李氏宗譜

重刊松谷遺草序

馬翊宸

天與人一,誠所感也。誠至則不期得天,而自然合天。故德盛者必下究;道積者必上彰。松谷張先生,憤賈豎之誤國,道不得伸;悲宋祚之入元,義無再仕。遂由李氏西席終老黄山。生前已能興雨以應禱祈,摘草以濟疾病。邑乘言之詳矣。予來宰仙源,公退李氏。故老爲予言,每歲旱,迎先生像下山,即有密雲隨輦,狀如車蓋,至則甘霖滂沛,屢驗不爽,咸以爲先生道術久而不泯。及讀遺草,而見文章之歌泣,皆忠孝之發抒,則先生之精誠實有足以格天,而非區區道術之謂也。雲開衡岳,天鑒孤忠,風反江陵,民懷善政。大豈有異術歟!今遺草漫漶,李氏後人懼久失傳,請予言,重付剞劂。爰序此以附不朽云。時嘉慶壬申夏月。

李玉峰徵君苻離吟草序

馬翊宸

詩有别才,非關學問,説詩者大抵如是。余竊以爲不然。詩本人情,非通德無以達情;詩該物理,非明道無以析理。且温柔敦厚,詩教也,有教即有學。所以三百篇中寫勞人思婦之幽懷,發孝子忠臣之隱願。或比事以屬詞,或借物以寄慨。山川草木,鳥獸魚蟲,俱見搜羅之富;里巷謳吟,廟堂贈答,悉徵醖釀之醇。是詩從學問而出,學問即因詩而見,獨才云乎哉!即其益四爲五,益五爲七,自漢魏及唐宋,以詩名家者多矣。要皆好學深思,心知其意,乃各就其時地之所處,以發爲詠歌。故身列廟堂,則心存乎國計民生,一吟一詠,無非切時勢以立言;即或窮居無事,問柳尋花,而風流藴藉,亦非空疏無具者所能爲。余嘗讀古人詩,每竊歎詩人之學問爲弗可及也。玉峯李君,仙源名士,少攻舉業,精於文,兼於詩,縱心孤往,力追前輩。歲科試輒冠諸軍,時爲當代名公所賞識。乃艱於所遇,屢薦不第。於嘉慶丙辰舉賢良方正,廷試用廣文。此亦未始非積學之報。而玉峯終鬱鬱不得志,抱膝長吟,詩愈工矣。余於辛未宰太邑,於周生訏齋處見其詩,黄鐘大吕,不同細響,不禁擊節稱賞。亟訪之,周生以司鐸鳳宿對,因爲余備述其生平攻苦,且言宿患水,奉檄賑災,大有裨於國。是余益慕其品而思其人。明年夏,自宿旋里,始得見之。雖已歷宦途,絶無風塵之氣,非公不至,惟以文字相往來。索其近作,即出《苻離吟草》一卷以相示。渾古大雅,韻流絃外,較前之所見者更上一層。是真可謂藴才於學者,是真不愧於選舉者。獨疑具此學識,早達亦不爲倖,而至今猶屈而不伸,此何以故?噫嘻!我知之矣。是蓋造物慮詩學之失傳,且留此人於學校之中,以廣詩教於斯世也!

李玉峯徵君文集序

凌泰交

憶自嘉慶丙辰,鄉人以余膺孝廉方正之辟,時當事薦牘已達皖江。先君曰:“爾年方弱冠,無與兹選。”余急趨詣前中丞朱石君師門下書辭謝。既辭後,暇日與大江南北諸名士登臨憑眺,因時時得聞玉峯李先生之爲人。時先生年登强仕,適與兹選。人之稱先生者,謂其守身比玉,重諾如金。其爲文也,圭璋其品,金玉其聲。余心慕之,而未見其人。嗣後,風塵歷碌,自燕京作宰,以迄出守黔南。江鄉雲樹,渺隔天涯,然所謂伊人,未嘗不心嚮往之,蓋三十年於兹矣。今年孟夏,余奉諱還鄉,適先生司鐸定庠,下車通欵。余見先生之德容道貌,抑抑温温,如入鄭氏之門,如坐馬融之帳。相與談往昔,幾忘夏日之移時。偶出昔年所著《荇離吟草》,見其古近各體皆入李杜堂奥。暇日,復出其應試制藝以示余。余受而讀之,見析理必精,選言貴當,殆陸士衡所謂“抱景咸叩,懷响畢彈”者歟!乃益信品重圭璋,聲發金石。疇昔皖江之所聞,良非虚譽。而至其服官數郡,年逾花甲,猶孜孜焉日就月將,德愈修而文愈粹,則又昔日稱道諸公所不能預料者。余既恨相見之晚,而又幸今日之猶及見也。抑余更有幸焉。定邑雖蕞爾彈丸,然窮鄉僻壤之士皆知争自濯磨,以仰副聖天子樂育興材之至意。得先生振興而鼓舞之,行見鄉之人熏其德而傚其文,不數年而皆能圭璋其品,金玉其聲也。是則余之大幸也夫,抑豈獨余之大幸也夫!用揮汗而書數語於簡端。時道光七年季夏上浣。

校修郡邑志自序

李夢源

志與史相表裏,而實與史異。褒譏互見,史所以取信後人;志則有美無刺,尤當循名而責實。發潛闡隱,當事操其權;至博採旁搜,則紳士之任也。歲乙丑,太守魯子山先生奉憲檄重修《寧國府志》。規畫甫定,以委攝皖郡未遑,冬月交卸歸,始延洪稚存太史主其事,而屬郡人共理焉。邑侯曹琴軒先生延余入郡局時,則修校諸席人浮於額矣。太守進余而謂曰:“一郡一邑之事寄耳目於採訪,責至重任至難也。子勉爲之。”稚存太史言於太守,欲移宣城程公,分修席以與余。余固辭,遂列名分校。未幾,五馬公過太邑,於邑侯學師前備極優獎,蓋勉之也。夫自癸酉以來五十餘年,散佚多則聞見少,將何以仰副盛典耶? 竊幸需次餘,閒自金石古蹟外,於節孝懿行諸門尤矢公矢慎焉。丁卯春,余赴任建德,而子山太守亦久攝寧篆,每於行臺謁見,輒以余爲至公且明。因檄委宣講聖諭池之六邑,冀以厚風俗而正人心。事未竣,池太守以建德令多恙,屬襄試事,旋促赴郡送考。因余勤謹,每試必命值場。俄而學使玉研農先生按試池郡,號令嚴明,同事中稍有不力,輙遭面斥。江寧録科日,教職俱扃門嚴試,諭余與送考諸人書房讌飲,竟日劇談,令賦聚星廳分草試律一首。閱余第二聯“笋班真玉立,鷺序勝鸞停”,與同寅歎賞,謂李公人品“鸞停玉立”,可謂詩如其人。自以束髮受書,未博一第,得官遲暮,禄養不逮,愧悔何可勝言!然以雕蟲小技,成童受知,京銜則特邀寵錫,天語則屢荷褒嘉,平生知遇不爲無聞,顧影自維,聊堪慰藉。蓋不可强求者命也,而有可自信者心也。《孟子》不云乎:獲上信友,道在誠身。今郡邑二志書成矣,反諸此心,尚無不誠之處,庶無負太守邑侯所厚期矣!

重刊李問羲先生文稿

杜　聯

合併稿者，明崇禎癸未進士李問羲先生作也。曷謂之合併？合已刻未刻新藝而併之者也。余聞之邑侯李公桐崖曰："是稿也，寶之於今凡七世，以亂故，拾諸殘篋中，巔末皆有脱簡。"今年春，公以催科廵東里，携斯稿而屬余補其闕。於是補之。郭序者，四十有八字，補之卷終者，六十有一字。既而又乞序焉。余曰："嘻！此亦非蒙所敢任矣！郭之序質以茂。吴之序典而奥。前人已表彰之。余又曷贅爲？"無已，則請以慨慕先生者，爲先生之文之序可乎？且夫文章、經濟，一而二，二而一也。先生以經世之才發之於制藝，抉性理，明氣節，隱然爲有功世道之文。先生之志可謂大矣！不幸而勝國鼎革，終不得有所宣洩，鬱鬱焉賫志以終。先生斯文之遇又何塞也！夫先生往矣。去先生之世今且二百餘年矣。而此百數十藝之散佚者，尚有我賢侯以慎守之，裒葺之。雖以譾陋如聯，亦猶得誦先生遺文，以想見前賢之學、之才，與夫經濟文章之大，亦足爲先生慰也。且我邑侯之爲政也，誠明而和，所謂家學，是耶，非耶？則雖謂先生至今存可也。敢拜手稽首而爲之序。

時光緒四年歲在著雍攝提格律中蕤賓之月。

醉園印譜前序

楊毓秀

摹印之爲技微矣。古人以爲昭信致遠之用，今則文人墨士，丹鉛所被輒署印紙尾，以識名而徵實，繇是講其技者益精。夫宜僚之丸，奕秋之棋，何關至要。苟性有所癖，精注神聚，有終其身不能窮其巧者矣。況印章存六書之遺，尤爲见道之端者哉。皖南李子豪卿英年學古，專究六書，其得力處有足裨吾學問之道者，故樂與之往來請益焉。觀其所作，方寸之際，變態横生，蝌蚪蟲魚、岣嶁石鼓、鐘鼎敦彝之勢，靡不畢具。金石、晶玉、瑪瑙、犀象之角牙、竹木之節本，刀之所觸，靡不騞然而成字，而又洋洋灑灑，動犀蒼勁，宅體安章，咸有自然中節之妙。噫，豈所謂道之進乎技者耶？然吾尤有疑焉。夫骨角金石之能以錸勝也。摹印者類。然玉之堅，金之確，持累黍之鋭，周折轉運，無不如志，果何異授而臻是？李子曰："不然。吾斂吾神以運吾氣。氣赴於腕，凝於指，貫於刀，而着於物。吾烏知玉之堅，金之確耶？吾氣之達物無阻焉，又安所謂異授耶？然吾始奏刀也，氣與刀隔，刀與石拒，而吾心之所好，窮日夜而不倦，歷寒暑而不厭，久之雖見金石亦不覺其脆且柔矣。"秀於是以李子之言爲近道，不禁爲之三復焉。李子善詩工畫，又常以其餘力鐫諸磁鑱，鏤乎草木昆蟲之形，仿效乎人物山川之態，直以摹印之道推之耳。李子正英年，其所至正無限量，曷敢以雕蟲小技目之耶？因敬其人而樂爲之序。時光緒庚辰年之春。

醉園印譜後序

鄭世燧

李君豪卿，風雅士也。皖南太平人。性耽吟咏，善畫梅蘭，尤精六書之學。燧初未識其人。

歲辛巳春,李君侍其尊甫,僑寓於荆郡之東,與予比鄰。睹其人沈毅而静穆,如木雞養到時候,以爲此君精神更大於身,有類衡岳之白衣山人者,心儀久之。及謁其居,一見傾心,樂與晨夕。讀其所著《醉園印譜》四卷,結構謹嚴,力追古篆,神趣蒼秀,變化從心,指與物化,妙造自然,殆所謂由技而進乎道者也。夫乾坤一元黄印局也。自來忠臣義士、烈婦貞女,矢百折不回之心,貫金石而泣鬼神,皆由其定心以持之也。力足以奠盤錯,識足以鑄鼎象,信足以格豚魚,夫而後手抉氛霧,身濟艱險,竭智盡慮,絶不作人間印板文字。其志不紛,乃凝於神,千古之癡人,乃能成千古之奇人。吾於李君之用心有以觸類而縱思者矣。惜乎李君以壯年奇特之才溷跡風塵,既不克握牙璋而運籌帷幄,又不克佩金紫而校訂秘書,徒以餘力所及,肆志丹鉛,僅供墨人騷士之賞識。吾於李君不能不喟然三嘆矣!然山林臺閣一樣俱見經綸,窮且益堅,何妨待時而動。吾爲李君卜之,且爲李君勉之。是爲序。時光緒壬午秋。

光裕堂序

李文遠

蓋聞“光前須種書中粟,裕後還耕心上田”。余幼時有志讀書,嗣因家道中落,未能遂志,年十六服賈,奔走江湖二十年,稍有餘資,已近四旬矣。癸酉五月二十八日,蛟水陡漲,族間沿河屋隨水漂流,家廟勢將傾圮,而水口廟宇文樓神像均蕩然無存。僧人幸得走脱。時余在長壽鄉貿易,聞知此事,星夜回家,目擊心傷。與族長商請未受災者慷慨捐輸,權建觀音閣安神與僧人居住。復力勸啟基之母孫建汪公大殿,肇譽之母胡建文樓,十數年間鳩工告竣。又與族人商修宗祠,并另建香火堂,估工需二千數百金。因議各出丁科,慫恿樂輸,并出己資,次第興工。五年之間,俱慶落成。余兄弟商建儀公支祠,雖令各出丁科,仍虞不足,又各出己資以充經費。閲三年告成。他如批田畝入樌公義館,以鼓勵人才。每逢修路造橋,捐金復不少。惜今余年已七十,髦老無能。願後裔體我心,繼志述事,庶無負余之所望云。是爲序。

同邑松如崔老先生宦閩詠史詩序

李嘉賓

“詩以言志”,志之所至,詩即形之。又曰:“詩本性情。”言非性情,無以爲詩。志乎忠者,言忠;志乎孝者,言孝。有關倫紀,即一詠一歌,皆可寶焉。松如先生,詩人也,實性情中人也。先生以名孝廉出宰閩邦,歷劇邑,卓著循聲。賓嘗耳習其名。乙丑通籍後,亦以知縣官閩。明年夏,携次子以行,至則急趨謁見如故,朝夕過從,所言非政績即鑑史事,蓋仕而優者也。閲五月,賓請假歸,瀕行,依依不忍舍,尤篤於誼者。迄今二十餘稔矣。歲戊辰,賓改官江右。先生尋返道山。乙亥,歸櫬過信州。賓適宰貴溪,登舟一奠,見其情景,蕭條不堪言狀,不禁撫然歎曰:“廉吏固如是耶!”側見兩孫,長十齡,次六齡,二秀穎異常,輙代欣然喜。己卯春,賓以助賑議叙晉階知府,由里門入都,束裝將就道。乃姪孫受軒世講以先生《宦閩詠史詩》見示,并索序。未卒讀,還之。心許焉未敢忘,然竟忽忽有年。昨來書催促,詢其兩孫,長蜚聲黌序,次亦成立,家稱義門,蒸蒸日上。乃知廉吏猶可爲也。賓三復思之,先生之容貌如在目也,先生之言語如在耳也。清而介,質而文,藹然可親,肅然可敬,恍惚得諸寤寐間也。先生是編志寓焉,性情寓焉。先生之性情,忠孝而已;先生之詩,言忠言孝而已。讀先生之詩,可以知先生,即不讀先生之詩,亦可以知先生。是爲序。

擬朱子周程邵張司馬六先生畫像贊

李士鰲

孔孟日遥，詖邪競起。絶學誰承？濂溪夫子。陰陽化育，太極圖裏。霽月光風，千秋仰止。濂溪

少從茂叔，學握真詮。源開伊洛，百世宗傳。金精玉粹，元氣渾然。和風慶雲，先生有焉。明道

初當嚴毅，晚濟寬平。功惟立敬，學在存誠。布帛菽粟，久而彌精。文理密察，是惟先生。伊川

不激而清，不流而和。焚香默坐，於安樂窩。書出自洛，圖出自河。皇極一編，元妙如何。康節

孫吴釋老，早歲經營。虎皮急撤，比見二程。其學嚴密，其意專精。周行示我，正蒙西銘。横渠

學惟其篤，行砥於純。書成資治，金鑑懸陳。文章德行，學術經綸。一朝名相，千古完人。涑水

題鄒雋之明府仙源覽勝圖

李嘉賓

水滙麻川，潭深隱約。山面黄峯，天空寥廓。

譜編憶東山族弟寄興

李　昺

江南春色還，風暖煙草緑。憶古繩宗親，鬱然腸斷續。增述西來由，但美東山曲。所貴在宗書，寸心良可足。

學舍頹傾移住小廳時適河決詩以誌慨

李夢源

儒官閑似僧，學舍類方丈。但無風雨侵，數椽亦軒敞。連朝逢漏天，榱棟委榛莽。移居編簾櫳，講堂作書幌。鍾離嗟陸沈，田廬半飄蕩。曉夕隨上官，蒿目流離象。糗糧濟生靈，王事甘鞅掌。平生虚願奢，春臺期其上。一室不自庇，猶作庇人想。長吟少陵詩，空懷萬間廣。

和李荷風判官秋日游龍岡白雪洞

李夢源

昔聞孟參軍，登高重九節。吾宗秋杪來，天氣更寥泬。古柏蟠虬枝，丹楓染鶻血。山僧引

客行，俄入巖洞缺。云昔白雲封，久與世人絶。偶經樵豎開，嵯岈白石裂。蜂聚而蟻旋，往往屐齒折。疑是神仙居，丹灶火常熟。造物孕精英，千年護巖穴。一朝斤斧侵，美玉碎爲屑。成毁原有時，鏟削何其烈。文孫工吟詩，聰明淨冰雪。懷瑾兼握瑜，把玩不忍别。示我琳瑯篇，卧游亦可悦。

自芙蓉嶺至松谷菴即贈松月上人

孫良鑑

出門望南山，平步三十里。迎路峯争來，當關洞豁啟。請觀比周園，邑侯徐公題。特筆告客子。異書讀從頭，妙畫看恰始。芙蓉嶺上聳，衡嶽酷相似。鳥道懸若空，龍潭洞無底。雖未跨絶頂，仰天已尺咫。打衣秋葉紅，印屐古苔紫。相誇腰脚强，共領邱壑美。禪宗振白羽，行我暮雲裹。蔬盤發香廚，茗碗支浄几。開門縱笑談，真如亦歡喜。

由松谷菴至獅子林菴爲李譚任三姓合建。嶺路係李子玉獨築。

孫良鑑

崎嶇引芒鞋，倥偬别松谷。一綫澗道微，亂草紛炫目。棧雲阻烏雀，梯石斷樵牧。攝衣跨寒潭，幽徑倚筇竹。垂蹬抱嵯峨，累磴攀直矗。十步九凝眺，一轉再回矚。躭奇屢神牽，怵險頻足縮。立趺出漢表，造化巧鑽簇。俄而頭上懸，俄而脚底伏。積砮翻日輪，車駕轉地軸。終朝雷雨喧，振古霜霰肅。前途不可竟，後峯忽相續。忽報躋極巔，蹇步頓行速。

壽李醉翁先生八十諱霖。

趙良霨

世人餌丹术，欲學蓬萊仙。學仙非異術，由來道力堅。先生文章伯，隴西舊遺澤。詩書寢饋深，便得頤養訣。早歲頌清芬，登場輒冠軍。披吟卷不釋，考究老彌勤。年高志逾鋭，棘闈久戰藝。慚惶榜中人，劉蕡每下第。陶然適性情，金石满書城。先生家藏金石甚夥，著有《金石彙編》，書法尤爲時賞。經傳秦伏勝，名困魯諸生。月旦孚鄉里，薪傳徧桃李。詩識外夷弓，文貴洛陽紙。興來一葉舟，江山恣遨遊。錦繡奚囊拾，雲烟涉筆收。二月届初吉，先生壽八十。百花齊放開，萬鳥争鳴集。遥占北斗星，合進南山什。醉捧紫霞觴，羣仙笑不及。

立秋有感

李　瀾

春去幾多時，倏爾秋風至。歲月不我留，光陰真如拭。回首童穉年，恍如昨日事。皤皤五十春，猶懷孺子意。雙親已九原，徒增風木淚。有弟痛早亡，家事頻相累。百年逆旅中，夢幻蜉蝣寄。草野望青雲，山林安素志。窮達聽諸天，坦蕩素其位。長嘯望晴空，太虚何蒼翠。

古　意

李　瀾

君心似流水，妾心似明月。流水無定方，明月常皎潔。珍重萬千言，見月如見妾。莫學宋廣平，一味心似鐵。

家在江南黄葉村圖爲江南春同年題

李嘉賓

依山舊結廬，傍水新築屋。落葉打柴關，參天有古木。昨夜夢還家，歷歷如在目。今朝展君圖，令我情懷觸。君住曲江濱，我居黄山麓。同是大江南，計程隔水陸。憶昔甲子科，赴宴歌鳴鹿。解頭惟君領，榜尾許我續。乙丑聚京華，開讌聽絲竹。識面自兹始，争推老名宿。再試捷南宫，復與聯齒籙。翰苑恨無緣，謫作親民牧。我揚閩海帆，君看廬山瀑。乃爾各分途，闊别情難篤。一朝散復聚，談心膝可促。索取舊詩文，盥薇細細讀。果然大雅才，未由窺藴蓄。匏繫共一官，勞形爲案牘。折腰習不慣，詎敢戀薄禄。何時携手歸，盤桓松與菊。故園風景佳，請看此尺幅。

病後代柬答子漁弟

李本熿

記得扶床别，相思一枕捐。浮雲剛出岫，秋雨正連天。啟行後，連日秋雨。衣冷綿添早，心焦火共煎。藥爐頻料理，詩筆久虚懸。喜我能扶杖，病後曳杖以行。揮毫快劈箋。黄花人面瘦，紅葉客途鮮。倘得嚴恩問，時家大人作客荆南，弟往省視。須言病骨痊。高堂兄自奉，異地弟誰憐？鳳雛新有種，虎榜已無緣。時秋闈報罷。志益堅磨鐵，時還樂在田。愧無名世業，且飲在山泉。氣力差前度，風情倍昔年。細情書一一，欲復復詩篇。

夏　家　潭

李本熿

在本邨西嶺上，有映奎亭，隔岸凌雲樓枕經閣，鐘聲時與溪水相和，溪山最佳處也。

散步出西郊，小憩嶺坳缺。高樓面面通，古樹森森列。危欄一徑斜，削壁千尋裂。下有無底潭，老龍據爲穴。偶聞隔岸鐘，波底吼不絶。時逢明月來，空明如鏡澈。掬手漱芳齒，冰清冷且冽。一吸學長鯨，滌盡心頭熱。

族譜告成自述

李　昺

昔人已往今人來，昔人已去今人哀。昔人一去不復返，今人在世何爲哉！後之視今今視昔,疎戚賢愚憑誰覈。惟有同宗譜牒書,綿綿瓜瓞堪尋繹。或忠或孝或富貴,若尊若卑若匹配。源流世系註分明,瞭如指掌珍如貝。我今行年届古稀,蹉跎歲月壯心違。自謂已往不可諫,敢云今是而昨非。昨非祇自心驚怵,敢效昔人稱著述。僕僕風塵三載勞,纂修幸克編成帙。帙成正慮力彌艱,多賴賢昆代付刊。族弟鶯代出刊資。料得後來賢知者,開編應有笑開顔。

異 災 行

張鍾琬

乾隆十八年癸酉五月二十五夜,瀑雨。吾邑四鄉發蛟處甚多,間有傷田禾廬舍者。惟望仙溝邨李姓受災獨重,冲塌廬屋數十椽,漂没男女數十丁口。余少從李德先師遊,因悉其地,黄山水口適當其衝。是夜,山水驟發,傍河居人無一存者。惟李容若上舍名文裕,全家獨無恙,水至其宅不入,若有鬼神呵護者。然相傳容若家世行善,故能遇災不害云。

溝邨夜半神鬼哭,黑雲遮滿河邊屋。須臾雨雹大如拳,閃電奔雷震山谷。黄山之水瀉自天,迅流比射强弩速。須臾駭浪白如銀,無數蛟龍争戰逐。旁河居人睡正熟,一夢黄粱難再續。隨波逐浪若浮鳬,可憐盡果蛟龍腹。逸老扶筇旁宅望,容若是夜夢其尊甫逸軒先生扶杖笑立。天曉,始驚駭詫爲咄咄怪事。天遣蛟龍先避讓。東西廬舍化平陽,惟有若家獨無恙。明朝勘災傍河走,上自橋頭下水口。自永濟、惠濟兩橋以下至水口,暨文樓、關廟盡頹,沖塌神像飄至數里外。桐棺飄泊佛像飛,亂卧山坳不忍覩。我自少游醉翁麓,緑水青山真絶俗。每憶春風舊講堂,扶疎古樹猶在目。陡聞奇災心震肅,追念舊游眉更蹙。似此横空浩刦來,凶殘甚於刀兵戮。嗚呼!天道盈虧往而復,大刦餘生重禱祝。從今積善釀天和,共樂天恩邀天福。

送曹琴軒明府膺薦入都

李應源

仙源之縣面黄山,三十六峰排雲間。石骨嶙峋水縈澈,千潭緑影清心顔。俗尚真朴人厖古,降神鍾秀見一斑。自從胥吏多玩法,輾轉告訐長刁奸。梟隼眈眸鳳凰泣,豺狼舒吻麒麟患。我公下車任德教,培養嘉禾稂莠删。十年頽波一朝挽,花邨夜静尨聲閒。横經負耒咸率職,書聲織聲聲相關。何期政成徵書促,攀轅走送淚潸潸。側聞漢廷最重親民吏,賜書晉爵命其還。安得我公重莅止,川麻黄嶽石起頑。

宿州大水行

李應源

嘉慶辛未七月二十一日,碭山李家樓黄河坐蟄,宿州城外東西北三鄉九十四集波流迅激,壞民廬舍,男女徙高阜以避。刺史熊公飛報上臺,旋載糗糧,集同官沿邨散給,源亦與焉。并濟不能自存,民口至郭外結茅與居。熊五公子思晉,尤殫心力。既而中丞廣公、錢公、方伯李公、本道本府暨各大憲踏災督賑,民賴以安。制軍百公駐李家樓,奮身堵禦,合龍之時,立風雨中凡四晝夜,乃得穩固。源職在著文,而追隨相度奉查賑災,半載於兹。親見水退瀾安,利民利國,因作此歌,以紀一時之盛。

辛未七月念一日，河决碭山黄水溢。符離城外聲洶洶，排天濁浪田廬失。居民墮水如凫泅，欲走高阜無扁舟。風雨更助波濤惡，人與魚鱉共沈浮。刺史目擊心爲傷，飛報上官旋裹糧。同官满載四鄉給，急甦民命免逃亡。水中村落本無數，九十四集若碁布。東面而行西面號，捩柁轉帆那知路。茫無畔岸浪連天，望救情如解倒懸。往來織走不停棹，遑顧石尤風打船。上官齊聲嘉稱職，刺史郎君更竭力。且施糗糒且濟人，他日爲官必報國。或乘輿馬或舟車，撫恤分途馳羽書。天恩大賑次第舉，我亦趨公半載餘。制軍手障長沙灞，回瀾不用强弩射。龍合猶防蟄大堤，風雨繆綢四晝夜。我皇誠信格天公，河臣指顧告成功。横流歸壑民田出，淤泥播種年倍豐。大吏同籌善後策，疎瀹引河親指畫。金湯從此永安瀾，爲告成功勒貞石。

擬韓昌黎董生行

李　瀾

桐柏山頭形勢好，千里長淮來浩浩。就中淝水窈以深，合迸争向淮南抱。安豐縣隸古壽春，山水縈紆多隱淪。昂昂白鵠雲中立，懿歟董生真其人。董生隱居復行義，連上春官思展翅。長安道上車馬紛，懷袖空教刺滅字。芒鞋布襪尚塵埃，一鞭飛渡黄金臺。屠狗何人空燕趙，專諸有墓長莓苔。歸來剩有三間屋，晝可耕兮夜可讀。赢得天倫樂事多，翻笑從來何逐逐。上書宰相憶吾曾，執政門深喚不膺。宦途可奈魚緣木，道境誰憐醫折肱。噫吁嘻！丈夫遇合會有時，悲歌慷慨亦何爲？願君長守後凋姿，猗歟，願君長守後凋姿。

弔白沙嶺殉難諸君即和項珍卿蘆溪行韻

李　瀾

白沙天陰新鬼哭，青燐夜照山邨屋。白晝無人入邨來，祇有寒鴉叫古槐。誰知清秋風高惡，吹得溪邊蘆花落。仰山教子真奇絶，不願得官願殉節。檀侯殺賊蘆溪邊，劍氣冲霄光捲雪。一場殺氣動風雷，千秋碧化萇弘血。

上楊繹堂明府

李光照

自古英雄建駿烈，半由大邑徵施設。矧乃保障地一丸，披星戴月彌懇切。公初課讀一燈紅，腹笥便便氣凌空。芥拾青紫櫇旋捧，花栽潘縣盡春風。三邑頻遷歌樂土，門雖如市心如水。飛鳧一夕到仙源，滿地烽煙忽四起。此時多少賢公卿，修乃戈矛礪乃兵。疆埸紛紛經百戰，殺賊如草不聞聲。顧彼兵精糧又足，防剿功高共遥矚。如公兵餉兩艱難，捍衛巖疆誠局促。頻番籌畫極分明，壁壘森嚴細柳營。散盡黄金募勇士，更搜奇策到書生。一時決計剪虎豺，三捷頻聞嚴防堵。鳴雁翻飛甫息哀，集於中澤知誰撫。四野歡騰如樂春，時逢桂馥慶崧辰。敢仿古人歌一什，如山如阜如岡陵。

風　雨　歌

李本熿

丙戌三月初六日，夜半風狂神鬼哭。大雨如注雹如拳，銀河倒瀉晶毬蹴。飛鳥墜林不敢宿，洶洶天地愁翻覆。疑是三丁五甲長呼踏空來，驅走山嶽崩巖谷。又疑五湖四海掀抉奔水族，百萬蛟鼉相追逐。排山倒海勢何雄，廬傾憂葬茅龍腹。起坐床頭情觳觫，雷火迸流光慑目。斯時性命如絲懸，求佑蒼天默禱祝。天明出門行畏縮，十丈横途仆喬木。頹磚碎瓦散飄零，到處人家補破屋。回首光陰真迅速，辛未之年雨如瀑。千鈞之石輕鴻毛，坊柱風雨卧山麓。彼當夏晝心危蹙，此值宵深更威肅。驚惶猶憶十年前，形狀至今往又復。吁嗟乎！烽火連天徧南服，漏網餘生逃殺戮。上天似亦憫民窮，災成幸不傷禾穀。秋穫欣逢歲大熟，記詳可比金縢讀。民歌四起慶西成，西周風俗圖繪軸，風雨西來先報萬民福。

楊　花　咏紀族烈婦楊氏也。

李本熿

黄山之峯高插天，黄山之水清且漣。山奇水麗長比妍，鍾靈毓秀本天全。我家家住黄山前，先世卜居名館田。遠溯淵源江右遷，甲科迭出如蟬聯。藐爾楊氏何娟娟，面比桃花心比蓮。結髮夫妻僅半年，可憐劇唱柏舟篇。况復家無屋數椽，阿翁百結類鶉懸。慫慂諸兄不解憐，翻勸文君重撫絃。楊氏聞之志益堅，不效世俗涕流連。紅絲一寸結因緣，九死相從無轉旋。佯謝阿兄傍夜眠，剪花鋒濺血花鮮。無限傷心五内煎，銜精有恨海難填。詰朝萬事俱茫然，一棺長閉冷於烟。我家孝廉勉卿先生。聞而賢，許立禋祀待旌旃。一抔黄土傍夫阡，或可於卿慰九泉。我亦心香夙夜虔，明窗淨几叠花箋。一曲楊花萬古傳，清風明月浩無邊。

响　山　行

李本熿

宣州城外有响山，下覽响潭聲潺潺。相傳漢朝嚴老子，垂釣於此心閑閑。又聞唐代權德輿，記鐫將軍舊守關。我來正值三月間，杜鵑花發紅斑斑。繫得詩筒兼酒榼，狂歌嘯傲看仙鬟。乘風直入白雲灣，行到上頭足不艱。快呼漢唐兩賢者，聯吟對飲我亦算入古人班。此時豪情逸興一發不可已，真欲登天覽日還。俯視麻姑與玉女，兩峰名。插花臨水若爲顔。遥指敬亭山，一角江城如畫夕陽殷。吁嗟乎！立身須立高處好，居高俯視都了了。他日如登太華峰，回頭一覽衆山小。

栽　花　曲

李本熿

東鄰有女愛栽花，西鄰有女愛種竹。栽花春發滿園紅，種竹長分三畝緑。兩家夾住水中央，緑覆紅垂頗不俗。我有幽閑解事妻，勸君移居山之麓。月夕花晨互往來，二美娟娟從此熟。笑向山荆轉問余，是竹是花誰意屬。我道種竹學虚心，更喜栽花自娱目。有客新牧河陽歸，携得一花剛一掬。徧覓花農好護持,情尚殷勤志尚篤。春風化雨已年年,嫩葉嬌花新簇簇。何處飛來跋扈風,翻怪花農力不足。花農花農可奈何!璧返珠還歸故牧。二美聞之太息言,世事都如棋一局。每因黑白不分明,變出風波千萬軸。今君既飲山中泉,那有閑情管榮辱。況君素抱惜花心,自有花枝知化育。嗚呼!今生本是惜花人,爲譜花農栽花曲。

題重修松谷菴

李志洙

黄帝丹成去不復,忙煞羣峰三十六。崢嶸幽窈各争奇,遲我祖師張松谷。松谷胡入此山遊,避世逃禪歌當哭。爲感先公意氣殷,留傳河洛闡義文。慧心直點紅鑪雪,浩氣能興黄嶽雲。我來欲拜千花座,劫後茅菴風雨破。誰解金錢復繕修,登高一響衆山和。頃刻庇材楝宇成,璃光丹彩散晶瑩。水奔斷澗鼉梁接,石鑿巉崖鳥道平。迎神從此歸山定,雲裏疎鐘花外磬。石塔氤氳檀氣熏,貝經彷彿蓮花證。老僧樸拙供齋廚,咄咄祇説神靈殊。虎豹潛藏鸞鶴見,魑魅盡遣海之隅。松風寒動日將夕,僕夫催下遊山屐。芙蓉嶺過筍輿升,回首仙峯天上碧。

軒 轅 閣

李 瓚

重上軒轅閣,縈迴一徑斜。寒巖懸白練,石鼎煮丹砂。翠繞峯頭樹,香含洞口花。蓬壺應在此,那再有仙家?

遊 松 谷 菴

李 琪

遊覽曉來凉,梯雲忽在崗。瀑泉非玉佩,丹竈是仙方。禪榻松陰冷,龍潭日影光。二仙歸去後,誰復可同行。

送李玉峯徵君歸仙源

洪亮吉

兩載交如水,驚心忽遠離。贈行無長物,惜别到臨歧。是我甘淪隱,因君嘆數奇。相期惟不負,何必淚雙垂。

宿 獅 子 林菴係李雩奎等建。

孫良鑑

其 一

絶巘開精舍,芒鞋此暫停。月光生室白,峰影逼燈青。仙鳥喧音樂,靈猿聽梵經。來途神恍惚,風急水泠泠。黄山有音樂鳥,即佛家所謂迦陵。余來適聞。

其　二

佛地超三界,仙巖渺九州。身棲高閣晚,足躡亂山秋。星斗依人轉,煙雲有客留。坐餘寒正劇,幸我鹿皮裘。

讀李玉峯徵君符離吟草題後

項　勱

君爲名下士,自幼號天才。在學稱同輩,居官重上臺。譽延三絶擅,誼重五倫該。蹔憩田園樂,門生問字來。時閲仙源書院課卷。

七夕閨情

李啟基

凉月滿中庭,秋風入畫屏。含愁懷遠道,無語拜雙星。離合情何限,人天夢未醒。年年當此夕,乞巧望雲軿。

將之宿州留别同社諸君

李夢源

千里衝繁地,清閑在泮林。寒氊原舊物,嘉樹望新陰。敢戀毛生檄,聊師宓子琴。宿徐接壤,同謁潘朗齋師。離堂同把酒,惜别話宵深。

彭城與家鳳鳴少府時省親利國巡宰任

李夢源

自作神仙尉,人知小阮才。省親居北岸,作賦擬南陔。山色連天遠,河聲繞郭來。黄樓思白下,瞬息一年催。

宿青龍寺題壁時查賑回。

李夢源

三宿青龍寺,徘徊夜欲闌。一夫如不獲,此枕便難安。石室侵霜重,疎鐘帶月寒。馳驅無定所,山好未遑看。

壽李星橋先生八十二首之一

孫壁文

佳篇遥錫我,珠玉落風前。果是青蓮後,公生平吟稿甚富。真同陸地仙。蟠桃齊宴會,驥子舊班聯。哲嗣簫三茂才與文交厚。厭聽凡音樂,生日對門演劇,公閉門枯坐而已。安心學老禪。

和張渭崖孝廉松谷菴見訪元韻

李　瀾

其　一

知有林棲者,幽人獨自尋。花肥緣雨瘦,山淺借雲深。丹陛連宵夢,青燈此地心。飛騰天路濶,不必卜升沈。

其　二

鼓角驚魂際,家山我亦曾。登城兵傲吏,寄寺客親僧。心事終霄漢,游蹤任葛藤。何年金闕下,待漏共挑燈。

新秋有懷諸子

李　瀾

時崔蘭嶼客蕪湖項芝田家,勉卿客荆南,汪質初客閩省。

歲月渾如駛,西風動客心。江山仍是舊,桃李喜成陰。立雪情如昨,凌雲望倍深。何當重把酒,同與話升沈。

湖　上　晚　眺時客楚北。

李　瀾

湖上晚凉生,煙波一望平。孤沙雲嶼遠,落照水天明。雁影拖秋色,漁歌鬬楚聲。驚回羈客夢,新月斗邊横。

水　仙　花

李　瀾

水國來仙子,風華似月娟。香從傳處得,神向淡中圓。翠帶凝寒玉,春旛護晚烟。最宜清雅客,添興鼓湘絃。

鰲魚洞

李秉連

曲徑疑無路，崎嶇一穴通。奇峯排縹緲，怪石架玲瓏。冷掬崖邊水，凉招澗外風。銜杯頻索句，瀟灑趣無窮。

秋日同遊獅子峯

李　釗

獅林看妙境，一望氣崇隆。高踞千巖上，雄蹲萬壑中。雲光供變幻，草色助氍毹。日暮松濤起，翻疑吼半空。

重遊黄鶴樓時燬於火。

李本嬇

明月猶無恙，江山一色秋。鶴從何日化，我且復登樓。擱筆懷先哲，凌虚憶舊遊。滄桑多少刦，鸚鵡剩荒洲。

遊西湖晚歸

李本馀

落日南屏照，净慈在南屏山雷峰塔前。瓜皮艇載還。澄觀一湖水，飽看四圍山。蟋蟀吟堤畔，鴛鴦戲藻間。荷池下見鴦鴛一對。明朝進天竺，難得馬蹄閑。

申江客舘坐雨

李本馀

一雨消炎暑，秋聲到耳端。凉生歸思悄，寒起寄衣難。新雁銜書遠，晚蟬曳語殘。雙星期會近，沽酒話更闌。

楊老公墓

李志洙

斯人不可見，荒塚自千秋。氣作蒼崖古，聲寒碧水流。野芳時用薦，高誼世難酬。欲去潛滋涕，林花落滿邱。

瞬　庵

李志洙

仙嶺採芙蓉，山僧一笑逢。路迴青嶂合，門冷白雲封。鳥雀驚禪寂，香花禮佛供。真如誰證澈，月上數聲鐘。

飲李翁隱居索題二首

劉元凱

相逢盡道爲官好，我道爲官不及翁。扶杖月初當户白，下牀日已上堦紅。神駒任重難辭馭，野鶴横空不受籠。試向塵囂深處看，始知清福在山中。

文章老子不失己，造物小兒能戲人。名利已償渠俗債，溪山贏得此閑身。一瓢春酒頻留客，三尺藤簑自釣鱗。他日聖明求隱逸，莫貪花月厭通津。

飲李汝新居

劉元凱

築室山中清更清，山光日影映庭明。誰憐渾樸存淳古，自喜幽閑際太平。畫棟倚雲飛小燕，朱簾捲月醉長檠。我今踏向前溪路，甘露靈芝長數莖。

與李氏諸子登玉峰

劉元凱

雲外嵯峨擁玉屏，道人今日試登臨。青天碧海開雙眼，萬嶺千峯絶點塵。巖穴豈無巢許輩，護呵應有鬼神靈。玉堂諸老今何在？雲外嵯峨擁玉屏。

和介夫弟陪趙山長游松谷菴韻

李　昺

人愛清閑鶴愛凉，天風送我上高岡。輿圖峻拔超華嶽，體勢巍峨鎮大方。萬象吐吞涵動静，一元升降運天光。静觀物理皆生意，自得新詩有幾行。

遊南斗庵和司馬提學韻名垔。

李　瓚

曉入黄山路渺茫，芙蓉削出最高岡。巖前瀑布泉分脉，洞口寒梅鐵作腸。雲鎖荒碑苔覆緑，煙横丹竈藥留香。繡衣驄馬經行處，收拾江山入錦囊。

陪趙山長公迪游松谷菴即步元韻

李　瓚

松谷祠堂清且凉，仙家境趣占高岡。撥雲却覓燒丹竈，煮石何須辟穀方。禪榻夢酣塵慮静，龍潭冷浸月（光華）〔華光〕。眼中多少知名者，到處留題字數行。

頌逸軒叔祖族譜纂成

李　煇

一自携書上國遊，白雲遥望思悠悠。春風適興頻開卷，夜月知心幾倚樓。族譜欣聞勞纂輯，吾儕愧未贊嘉猷。彝倫大義誠難得，萬派茫茫一派收。

游松谷菴和張明府韻

李　湛

天産奇形萬物華，峯頭仙致隱煙霞。松陰拂檻龍髯動，竹影横窗鳳尾斜。談釋坐殘深夜月，凭欄吟落满庭花。隔川風送鐘聲響，好是翠微僧飯麻。

壽陳孺人八十

李傳芳

清和四月氣溶溶，德耀前星映九重。酒泛西池稱上壽，詩陳南國效華封。謝庭玉樹斑衣粲，陶母風徽錦帨崇。鶴髮駝顔方介福，蒼蒼秀蔭比長松。

春　草

李啟基

萋萋苒苒接前邨，滿地春光度玉門。細雨乍侵游子路，落花低襯美人魂。芳迷古道牽離思，碧鎖深閨有夢痕。如帶如茵芟未得，何堪回首憶王孫。

渡　淮

李夢源

溪橋貼水易經過，破浪偏從此渡河。自笑一官惟苜蓿，何堪兩度涉風波。瀠洄桐柏春流漲，襟帶淮肥險隘多。見説觀魚華惠樂，濠梁遺跡待摩挲。

初至學署寄懷舊游

李夢源

東膠分席愧才疎，安拙無營樂有餘。五日趨公京兆職，三年敬業董帷書。鄉心淡蕩春雲外，客地浮沈曉夢初。爲問舊遊羣學侶，象山考業近何如。

謁閔仲兩夫子祠

李夢源

兩地祠堂古柏青，此心嚮往自髫齡。曬書草蝕千年石，負米風寒十里亭。片語流傳郲魯重，一官去就節才形。北來幸慰高山仰，親薦先賢俎豆馨。

六月朔送會侯歸里

李夢源

北來雨雪滿關山，此日思家冒暑還。跋涉勞形千里外，團圞屈指半年間。休因薄宦慙行色，且向高堂博笑顔。匏繫一官歸未得，客中送客淚潸潸。

登雲龍山放鶴亭

李夢源

亭仗坡仙一記留，盤旋石磴曲通幽。山巒果是當西缺，河水依然枕北流。地敞難尋三徑鶴，風高先得九州秋。隱居信可誇南面，戲馬臺能仿此不？

周亞夫墓

李夢源

條侯冤與絳侯均，召食翻爲絶食因。細柳營前威自肅，(榮)〔滎〕陽據後算尤神。遭時嘆是將軍約，失勢嫌非少主臣。獄吏尊於兵百萬，漢初法重續亡秦。

七月十九日生辰有感八首之四

李夢源

百事無能近六旬，最難忘處是青春。隨兄入塾纔三歲，舞象登場博一巾。暮齒孫宏猶應舉，早年荀粲正傷神。衹今捧檄遲毛義，花誥何時到老親。

醉翁峰下舊田廬，自背椿萱景象殊。十載久遲營馬鬣，此生抱愧對慈烏。登堂公瑾多新雨，下第劉蕡只故吾。太息先疇無計復，到門還有吏催租。

聽雨聯床老弟兄，袁家有妹更知名。門楣久别清臣壻，宅相欣多越石甥。攬鏡難忘雙舞影，援琴空憶四弦聲。女嬃骨立冰霜裏，鶴髮皤然尚未旋。

吴水燕山萬里游，飄零踪跡等沙鷗。晨星落落嗟前輩，卿月隆隆羡舊儔。老我此生甘冷宦，問誰他日破烟樓。衰年亦有新知己，氣象巖巖未白頭。

二忠祠春祀

李夢源

後先授命節同光，兩地忠魂聚一堂。已感雷南齊報主，更與郭李共勤王。死猶殺賊生堪想，身到殉城志已償。從此常山俱義憤，長安門户在睢陽。

山桑八景在蒙城學署作。

李夢源

荒臺蝶在夢難尋，悟到蘧蘧樂意深。草上悠揚東郭路，花間淡蕩短墻陰。寓言欲息蘇張舌，契道真傳孔孟心。熟讀《南華經》一卷，神仙原即是儒林。莊臺問蝶。

劉郎一去幾經秋，舊井無禽廟像留。玉虎空餘錢在手，銀蟾已化月當頭。靈源澤向千家汲，鼓吹聲傳兩部收。水面無塵丹九轉，風高應與葛仙侔。劉井呼蟾。

雙林籟静曉風降，遠聽疎鐘上界撞。泠帶清霜飛古塔，寒隨殘月落空江。曾聞日下傳金闕，轉憶寒山到畫艭。一百八聲剛聽罷，曈曨旭影到書窗。慈寺曉鐘。

一水灣環繞北城，晚來問渡小舟輕。沿溪棹發漁燈出，近市帆懸酒旆明。鏡裏春光濃黛瀉，天邊秋影暮潮生。羣賢上巳來修禊，贈芍從無士女盈。渦陽晚渡。

漆城遺址久圻墟，春到繁林緑自如。雨暗長堤雲斷續，天寒平野樹蕭疎。學仙不碍身爲吏，名隱偏宜日著書。隔水盈盈凝望眼，劇憐蒙叟舊時居。漆園春雨。

分得竹林山一房，亭臺縹緲水中央。人來夜久秋聲静，月到天空樹影凉。九曲欄開雲母色，半拳石轉水晶光。登臨欲把瑶琴弄，西晉風流事渺茫。稽山秋月。

丙子卸篆南歸留别山桑

李夢源

重泛江淮駐潁川，詞壇高會集羣賢。禮叨北面今多士，書訪南華有古仙。官冷祇緣心似水，學疎難藉硯爲田。一囊琴劍頻來往，垂老仍如負笈年。

焦時翁少君名春字泮捷扇詩

李夢源

英年赤幟樹宫墻，到得鱣堂到玉堂。我慮一經荒世業，三孫屢試失利。君欣十葉紹書香。芹搴碧水袍沾緑，桂挹丹霄袖染黄。待看秋風膺鶚薦，舊時婣婭亦依光。

周生兄弟文武泮捷

李夢源

清芬遠挹溯濂溪，忠諫承家自訥谿。乍喜珊瑚歸網，旋忻騏驥奮沙隄。雙珠弄美誇西晉，二鳳聯飛繼北齊。從此煙樓同撞破，宫袍把袂上天梯。

文學難兼武備該，兩人三奪錦標回。名儒竟作干城選，烈士偏歸大雅才。夜雨芝蘭欣並放，春風桃李罕齊開。從知積德多餘慶，忠義留傳未易猜。

梅影和項襄五明經韻

李應源

幾縷冰條破臘遲，但看花好影尤宜。横斜鏡裏疎狂態，清瘦溪邊屈曲枝。索笑不堪燈燼後，傳神偏稱月明時。每逢驛使愁難折，空向江南寄所思。

項志軒招賞菊花四首之二時年八十。

李元豐

半江紅樹古丹陽，枝江縣名。帶得秋英到畫堂。碧葉黄花舒景晚，紫山白水結鄰芳。佳能作友情緣淡，雅自宜人骨亦香。如此清高如此韻，箇中人便是羲皇。

轉篷身復把園窺，花樣新翻晚節時。透露更增三徑色，傲霜尚有半開枝。風懷惹我思陶令，韻事招人説項斯。何日滿頭歸插徧，濫誇儂也住東籬。

枕　經　閣

李　瀾

在本邨水口上，供觀音像，左傍凌雲樓，右有汪越國公殿。背山面水，頗饒幽致。族中俊秀多聚讀於此。

一朵慈雲下碧天，凭臨山郭不知年。斗峰秀挹楊枝雨，異水靈通璧月泉。隱地何妨人跡近，聽松猶訝磬聲圓。晚風定後曇花落，更有書香足破禪。

梵韻書聲在上方，天花隨處散餘香。春風絳帳安禪地，余館此四年。夜雨朱絃聽佛堂。應有山靈沾道氣，豈無塵跡近雲光。笑他車馬闐駢過，清浄林中此擅場。

獅　子　林庵名，李、譚、任三姓建。

李　瀾

萬箇瑯玕一徑幽，獅峯仙勝紀初游。泉聲帶雨趨花澗，鳥道蟠雲過石樓。客有閑情覘上界，天留妙景待名流。料他鹿洞鵞湖秀，應與高峯遜一籌。

呈楊繹堂明府

李　瀾

曾將清白憶家風，譽著循良歷任同。捧檄况當烽火後，宣猷更切簡書中。事經盤錯標奇績，法濟寬嚴秉至公。重挽黎元登衽席，於今澤畔少哀鴻。

保障還須計繭絲，辛勤屢閱寸心知。如麻事許從頭判，束笋書看信手披。薄賦不教嗟瑣尾，援師急似濟燃眉。爲緣撫字關心甚，鱸膾蓴羹不暇思。

和族叔星橋先生菊花詩原韻

李　瀾

頻年客裏過重陽，恨少黄花供草堂。此日凌霜應着色，無緣冒雨去尋芳。浮生肯耐秋容淡，傲骨誰憐晚節香。我愧東籬慳一面，空勞夢想意皇皇。

一室傳經法紫陽，清芬合供讀書堂。秋緣有景何嫌晚，鄰又多情喜結芳。雅士襟懷清到骨，詩人風味淡生香。曾將花樣參詩品，典雅終須勝裔皇。

一棹歸來又夕陽，秋英帶入澼花堂。親携鵶嘴培新土，巧借蟾輝映晚芳。透露争誇花樣好，迎風先得夜來香。詰期應有探花蝶，也算梧岡集鳳皇。

頌楊繹堂邑侯五十壽詩

李　淮

蕞爾山城界一隅，那堪烽火起須臾。四民業竟歸烏有，百里才偏屈鳳雛。花外争看迎竹馬，秋來無暇憶蓴鱸。朝歌事業徵盤錯，姓氏於今永溯虞。

琴堂快覩焕新猷，治術優從學術優。澤息鴻嗷民有頌，聲消鶴唳境無憂。一川德水思荆浦，兩袖清風憶歙州。恰值華筵開五秩，桂花香裏祝添籌。

夜歸山館聽雨樓在老鵶培嶺上。

李國賢

宿鳥驚巢拂地飛，寺鐘餘響出山微。邨荒有屋聲聞犬，月(泠)〔冷〕無光露滿衣。兩岸緑陰千樹合，一燈紅影萬峰圍。僧雛睡熟呼難覺，剝啄頻敲白板扉。

題樂善吟詩卷

李成紀

大參清白拓于門，積善承家羡後昆。福集人間循吏報，坊旌天上聖皇恩。康莊久共忘山徑，利涉何須有水邨。式里羣瞻宸藻麗，五雲深處姓名尊。

遊松谷菴

李　弅

游入雲山身自凉，纖塵應不到高崗。難尋軒帝燒丹處，寧得壺公縮地方。翠壁丹巖苔蘚合，白雲紅樹日華光。山僧滴露濃研墨，索我新詩和數行。

暮下碧山約李山人名光華，字焕文。

項兆麟

春風意似勸開樽，吹散蒼梧宿雨痕。僧背夕陽鋤竹院，人隨流水入山邨。千家花樹方迷路，一派書聲忽到門。空翠林亭相送晚，滿階凉月踏黄昏。

甲申臘八日送李子樵還溝村

孫繩祖

鐵硯同磨憶昔時，賞奇析義互相師。虚懷求益常開徑，癸未，延余課姪宗瀚。勵志潛修白下帷。周急不嫌囊橐罄，同學諸子多受君惠。論交猶覺腹心披。近來詩好如標格，我欲逢人説項斯。

憑欄看雪興無窮，腸斷驪歌一曲中。往事分明雲聚散，故人頃刻水西東。縱教小住情難慰，況欲權留歲已終。惆悵年年爲此别，者番不與舊時同。

都中呈李勉卿先生

孫繩祖

經師幸遇鄭康成，已傍門墻過半生。愛我居然同骨月，報公慚未到蓬瀛。木經雕後偏防朽，莊欲荒時尚勸耕。始信顔回雖篤學，不因附驥豈傳名。

館田八景按八景詩多有錯誤處，就原稿録之，以存真面。

李　昺

天馬前朝即回馬坦。

熟覽門前一廣坡，巧如八駿勢奔波。主賓坐對東南美，樵牧嬉歌樂趣多。烟靄纏空元氣合，風花滿目四時和。吾生老愛尋仙隱，富貴功名等若何？

斗牛後擁即醉翁峯，又名獅峯。

體勢如獅天造工，雲蒸霧集氣騰空。屏維第宅鍾英秀，毓孕人才繼士風。喬木參天承雨露，靈禽鬧曉兆興隆。安居自古傳今日，看並乾坤萬古雄。

華烏曉日

星稀月淡角初收，天曙扶桑五色浮。花露滴珠香濕砌，陽精散彩錦纏樓。喚回清夢林間鳥，耕破朝雲壟上牛。日上三竿眠不得，逼人詩景壯吟眸。

鼓角秋風

昊天萬里色青青，風到林臯葉弄聲。欹枕忽聞鳴玉珮，凭欄静聽振金箏。揮毫感發歐陽興，對景增悲宋玉情。萬物應時當肅殺，夕陽紅樹一川明。

黄峯削玉即五老峯。

亂雲堆裹勢崢嶸，未判乾坤有此形。六六瓊瑶参碧落，三三圭璧逼蓬瀛。芙蓉石筍天生巧，瑶草靈芝氣孕成。幾度乘閑登絶頂，眼空八表太山輕。

碧澗鳴琴

溪流一派碧涔涔，環抱里門自古今。响奏無詞鍾子悟，絃清有韻伯牙臨。漫誇澄澈開天鏡，更喜鳶魚契道心。扶我藜杖自來往，飄然神爽豁塵襟。

社公聖石

石肖神兮人以名，石因人感妙靈精。如屏氣象非鎸鑿，似鼎形模本自生。災患無驚民物阜，嘉祥永兆閭閻清。春秋崇祀無窮處，應與吾民享太平。

松谷仙庵

茅菴結倚白雲隈，一徑幽深絶點埃。老樹孤松留鶴睡，落花流水少人來。桃源雲鎖藏仙蹟，丹竈煙清有宿灰。勝境清奇天下最，尋真悟道樂忘回。

六十生辰述懷

李 釗

光陰迅速疾如梭，五十九年容易過。官冷奚疑奴婢少，家貧還喜子孫多。漫期當世斗山仰，休惜此生筆墨磨。我幸精神猶矍鑠，不妨兩鬢已皤皤。

同官半屬少年儒，前輩不居且染鬚。烏哺未償徒恨晚，雁行復斷又嫌孤。世風閲悉興衰異，朋輩訪知存没殊。卓茂封侯常羨慕，青雲果否是前途。

昔年罹難欲何之，天重斯文幸在兹。結髮仍憐老妻在，叩頭偏愛穉孫知。賓筵祝嘏贈詩稿，子舍承歡進酒卮。自笑暮年才思窘，和歌終日撚吟髭。

憶自艾年作學官，松城十載士心歡。休風亦欲成芹泮，清味何妨嗜苜盤。人羡丹顔誇未改，我敦素履冀能完。鹿鳴盛宴如重赴，髦老應邀禮數寬。

步王子裳太守飲餞百牙山固池菴元韻

李　釗

望華樓上啟窗凉，固池庵有望華樓。別酒當筵共獻觴。眼界昔會空海外，太尊曾游歷外洋。口碑今又遍池陽。異書乍見年華老，太尊著有《函雅集》。新學倡鳴教澤長。太尊開勸學公所。一棹歸舟載琴鶴，遥遥望斷水雲鄉。

秋日芝田勉卿同遊獅子峰

李秉連

同到獅林緩步遊，危崖聳立最清幽。蒼松匝徑寒烟鎖，翠竹沿蹊曉露浮。四壁雲山如入畫，一天風月恰宜秋。登臨無限流連趣，合與拈毫互唱酬。

宿獅子林和崔惠人宫詹壁間韻

李本爌

隨著雲根作健遊，雪泥鴻爪可能留？雄觀遠極三千里，仙境曾經廿八秋。咸豐庚申五月，避兵經此，時纔彌月，家嚴襁負而行。嶂雨海風寒澈骨，是夜暴雨，時正六月，寒勝深秋。泉奇危石飽吟眸。思量欲訂他年約，試問山靈記得不？

夙望名山勝望瀛，今朝真箇上頭行。多經險境心逾小，暫住禪房夢已清。風送蓮花香有韻，雷抽石笋出無聲。仙猿他日如重到，願共煙霞過一生。

山館與林慕周孫武周咏雪分韻得風字。

李本爌

山窻一夜雪號風，曉色無邊入望空。世路盡填白玉版，人家都住水晶宫。光摇銀海花無定，客醉瓊樽酒未終。傲骨不嫌寒氣逼，蹇驢踏過小橋東。

出門贈内丙戌冬。

李本爌

梓鄉未别已吁嗟，檢點琴裝淚暗賒。我爲時艱頻作客，卿因多病累持家。翁姑問視須勤奉，兒女恩威要互加。倘卜行人歸計日，小園紅雨灑桃花。

十月十七日起程入蜀留别漢臯

李本爌

離合悲歡頃刻間，年來兩鬢漸成斑。出門無復爲家累，入世方知合格難。薄宦况當貧病老，煢民竟備獨孤鰥。祇留弟姪情難割，雙袖龍鍾淚暗潛。

夔府謁鮑武壯公祠

李本𤓰

憶昔東南掃粵氛，英豪屹起會風雲。奇才獨受曾胡薦，大勇無慚左李勳。旗幟已先寒狗膽，僞英王號"四眼狗"，見公旗幟即遁。雄心誓欲逐羊羣。甲申，奉詔出關，上書云"願拼老命，誓逐羣羊"。試看俎豆馨香祝，姓氏於今亦共聞。

漢皋病中口占原唱

李本𤓰

每逢一病便經旬，不自悲傷亦愴神。藥有靈龜難奏效，境多磨蝎不如人。浮雲過眼渾同夢，舊雨關心若箇真。從此玉谿思懺悔，南華秋水悟前因。

病中排悶叠漢皋病瘧原韻

李本𤓰

飄蓬萬里病兼旬，舉目蕭條倍愴神。有藥莫療心上疾，無家空憶眼中人。卅年世事都成夢，八品官階肯當真？我欲問天無别語，請天詳示去來因。

和周漱泉廣文五旬自壽四律原韻

李本𤓰

萬里歸來恰小春，嶺梅花孕滿全身。偶譚道義傾肝膽，聊傍風騷拾爪鱗。正喜華年開大衍，果然絶學貫天人。黄塵滿面君休笑，曾作蓬萊隊裏賓。

文明世界託羣儒，政學分歧愈自愚。四海共喧賓奪主，九州冀免我爲奴。忍心國恥何年洗？侈口民權到處呼。造世英雄如尚在，近人以德相卑士麥爲造世英雄。霸功不羡管夷吾。

廿載資生學賣文，偶瞻芳躅話沈淪。空爲六合鳴孤掌，且把千秋問此身。麟木果能逢盛世，鶯花誰復戀清貧。滿腔熱血公知我，聊借巴音一步塵。

由海上回漢舟中度七夕以詩記之

李本餘

歸期七夕看銀河，襟上杭州酒意多。書劍一囊還楚水，人琴五省歷風波。賞心空憶湖中景，倦眼渾忘海上歌。自笑經年戒遊聘，輕舟又復訪煙蘿。

始信峰

李秉連

語到奇觀久蓄疑，誰知賞玩果然奇。路窮橋作鈎連勢，徑險松生接引枝。高士彈琴懷往事，名僧掛錫憶當時。從今歷盡諸般幻，始信人言不我欺。

醉翁峰

李志洙

年年社酒酌東鄰，散髮斜簪樂自真。疑若可談千古事，盎然衹抱四時春。風前鳥喚提壺漫，雨後花添醞釀新。最好羣山環拱處，宛如歡宴一家親。

秋日重登醉翁峯

李秉連

傾翻北斗挹天漿，欲把瑶池乞玉皇。底事神仙多幻劫，頓教頽老卧高岡。卉衣尚覩鴻蒙古，席地應憐鶴夢凉。我已再來君未醒，不妨邀月自飛觴。

隴西亭

李秉連

長松影落草披紛，閑倚闌干對夕曛。水織東西雙組合，山争上下一鞭分。隴頭稻滿棲中露，谷口樵歸帶斷雲。所願太平豐歲樂，萬家歌鼓酒欣欣。

題李氏陽基

張松谷

醉翁終日醉，回馬幾時回。一朝灘上起，馬上錦衣歸。
溝前莫做屋，河畔莫栽木。後人聽余言，莫作等閒讀。

書諸葛忠武傳後

李元超

高祖起巴蜀，終以定天下。乃不效淮陰，暗度陳倉道。

書荀令傳後

李元超

黄星今已兆，悔煞荀文若。早度不臣心，何必勸迎駕。

遊板石潭口占

李元超

偶來石上坐，山水清人心。笑看白雲起，散作天下霖。

步劉雲鶴明府板石潭韻

李一元

片石我題詩，清溪我載酒。醉呼潭底虬，高跨凌牛斗。

送李逢源星南下碧山

項兆麟

風帶飛花别，春雲滿澗東。故人似流水，不肯住山中。
欲共春風話，春歸鳥亂啼。望君如望月，夜夜到樓西。

夢筆生花

李秉連

石作凌雲筆，松生絶頂花。分明看妙景，休向夢中誇。

擬古四首存二

李本熿

東風鎮日忙，紅雨滿園香。不忍看花落，呼童掃夕陽。
西郊步晚凉，風捲稻花香。一笛誰家子，横牛弄夕陽。

到杭州野泊

李本餘

鼓櫂赴杭州，行踪逐野鷗。拱宸橋外泊，清夢到湖頭。

秀 水 亭

李志洙

深山新雨過，濕翠凉松頂。下有採樵人，灼火方瀹茗。

自 勉

李 剑

微瑕便掩瑜，未可忽須臾。莫以誤前事，而云贖末途。

南 斗 庵即老庵基。

張松谷

青山緑水興無盡，終老林泉破孤悶。衲被蒙頭萬事休，與世了無離别恨。

遷李氏基址

張松谷

千里靈踪瞭自然，醉翁回馬衛山川。示君安處無他技，放出風光代代傳。

封平江尉李南谷公墓

張松谷

飛來白鶴千山月，捉住青烏一片心。得艮便堪安汝止，徑將巳上放乾坤。

寄李千三公及其子社乙

張松谷

離却家山向遠方，使吾朝夕繫衷腸。何如早早催人捷，父子團圞歲月長。

雪中同詣李柱峰宅獨上醉翁峰飲

崔 涯

石作樓臺雲作帷，林間歌起鳥驚飛。野閑真趣誰能會？惟有青山是故知。

坐芙蓉峯下飲忽天霽日出

崔　涯

蕞爾芙蓉石上開，人遊到此即蓬萊。山中雪霽開奇畫，雲裏日來照凍杯。

遊松谷庵漫興

李　瓚

乘興閑來訪松谷，踏破烟霞絶塵俗。一身恍入畫圖中，收拾江山入詩腹。

題李氏祠堂在菴旁。

李　瓚

松谷菴東李氏祠，蒼松翠竹護庭墀。春秋享祀應無替，惟表當年水木思。

拜松谷塔

李　瓚

石徑縈迂入翠微，浮屠石結勢巍巍。軒山松谷今何在？夜半空聞白鶴歸。

過芙蓉洞族叔琪公配陳氏建。

李　瓚

步入軒山日未晡，洞門虚敞片雲無。欲詢此洞何時始？建自吾家女丈夫。

芙蓉亭有汪文節公記。

李　瓚

芙蓉亭廢古碑存，風雨年深篆刻昏。景仰前賢名不朽，呼童幾度掃苔紋。

横嶺橋下有龍潭桃花水。

李　瓚

叱石横流駕彩虹，古今從此覓仙踪。誰知下有桃花水，春雨風雷欲化龍。

天都峯

李治

天都峯頂與雲齊，下有仙菴傍此棲。舉目蟾宫應咫尺，書生何用上天梯。

油榨石

李治

油榨化爲石不朽，松谷移來鎮水口。中流屹立幾千秋，任他風雨蛟龍吼。

過關石

李湛

片石移來障翠巖，誰知化作度人關。至今景仰張松谷，多少遊人到此山。

芙蓉洞

李湛

翠擁林巒一徑通，洞門深鎖白雲籠。其中自覺乾坤别，此是仙家第一重。

芙蓉菴

李昺

山嶺盤桓積翠嵐，翠嵐深處著茅菴。古今多少修行者，日課華嚴夜坐禪。

題感應龍王廟

李昺

感應龍王廟已頹，野花荒草浸莓苔。白雲潭水依然在，仍濟蒼生旱魃災。

油榨石

李昺

上古軒轅不復來，石油缸在白雲埋。丹成一旦仙升去，墮有龍鬚草滿隈。

枕籠峯

李昺

菴前峯峻聳雲端，上有仙人枕籠安。雨罷晴空雲散盡，形圖獻出與人看。

題松谷先生小像

李應源

地老天荒志不渝，孤臣踪跡託浮屠。世人識得人難做，方信先生冠是儒。
艮嶽摧殘王氣消，清傳竹屋隱堪招。何人補立精忠傳，正氣千秋壯本朝。

題杏山庵壁詩

李之茂

種杏仙翁駐歲華，石林深處寄煙霞。而今樹老仙翁去，惟有寒泉浸碧砂。

和蘭

李瀾

空谷曾聞王者香，一枝流落在瀟湘。詩人别有相憐意，欲賦神仙洛浦粧。

雪夜

李瀾

孤館殘燈夢未成，窗前密密聽無聲。開簾何處香風起，一樹梅花瘦影横。

感事

李瀾

仙源聞説靖干戈，放棹還鄉喜共歌。到得故園魂欲斷，一番風葉愴懷多。
頹垣敗瓦極荒凉，城郭人稀慘夕陽。芳草滿畦連徑緑，聞言舊是救饑糧。
途生草木壁生苔，日暮柴門戒勿開。昨夜街頭餘血肉，驚傳猛虎入郡來。
癘疫薰人易染加，死亡相繼共咨嗟。東鄰寂寂雙扉閉，聞是新歸八口家。
景物人民却已非，山河當得認依依。冤魂刦數知多少，化作青燐夜夜飛。

蕪湖坐風俟男成紀歸自吴門未至

李夢源

南歸有約説春初，望眼將經一月餘。正欲渡江還繫纜，半緣風迅半郵書。

鳳穎判官以泗州石磬見贈

李夢源

膩玉聲能百里聞，何如片石泗濱分。虚堂戞擊清人耳，我亦江南李建勳。

贈李文卿上舍名光前。

焦春霆

身如雲鳥跡如萍，冷暖人情幾度經。祇有青山與君眼，相逢不改舊時青。

呈李朗民觀察

趙光祖

上書曾謁相公營，公曾獻地輿圖於曾文正，極蒙激賞。地輿圖開善用兵。今日誰憐醫國手，名傳盧扁活蒼生。又刻傅青主醫書濟世。

謁李白墓

李　霖

醉來捉月入江濤，千古詩豪即酒豪。尚剩墓前三尺石，青山采石兩俱高。

書嚴少平司馬退舫詩存後

李夢源

翰墨淋漓見性真，雲山江水想風神。元燈一盞傳家學，怪底才名到後人。少平爲我斯殿撰，曾孫汪如洋殿撰，妹倩。

詩才奔放有誰儔，浩渺長河妙筆收。吟到雲龍山色好，此身如再坐黄樓。

始信峯

李　釗

聞道名山妙入神，而今賞玩果然真。欲將幻景逢人説，又恐人云我誑人。

雜詠古人

李　釗

再興漢室展經綸，三代而還一重臣。天下奇才伊傅侶，莫將管樂論斯人。諸葛亮
兼人瞻畧鎮江東，赤壁曾成一炬功。莫謂少年諳練淺，當年亦困老英雄。周瑜
荆州請假策偏長，西顧無憂便自强。牽制曹軍操妙算，老成持重勝周郎。（肅魯）〔魯肅〕
興代何堪爲懿親，休言革命值天人。不忘漢室且悲哭，愧煞勝朝勸進臣。曹子建
討賊亦徒効死忠，國家無補惜貞冲。不如忍辱僞朝立，猶得徐圖匡復功。狄仁傑
江左久無社稷臣，右軍偏覺冠羣倫。國家曾畫奠安計，翰墨休將了此人。王羲之
趨走小臣非不良，埽除姦逆事功彰。宦官已啟專權漸，誰救他年漢祚亡。鄭衆
漫言誤國在虚名，人主原來失鑒衡。向使當年作令僕，儀型百揆共心傾。殷浩
夷齊孔老盛名傳，問孰辨姦著論先。永叔寬夫均被賣，一時交薦誤稱賢。王安石
曹氏無君人盡知，奈何擇主卒從之。他年死不能存漢，千古亂臣名永垂。荀彧

己丑大挑二等以教職用

李　釗

衣冠蹌濟一時新，鑒賞亦堪稱有人。縣令無緣予不惜，書生面目尚存真。

示在學諸生

李　釗

萬里御風振逸翰，鵷鴻争上九霄寬。及門發品知誰是，雲路我方拭目看。

光明頂

李秉連

峰外奇峰山外山，境臻絶頂便開顔。此身自入光明界，隔斷紅塵意自閑。

戊寅春與同學南園看杏花

李本熿

十里春風二月時，京華春色繫人思。杏花滿院紅於錦，能出墻頭有幾枝。

象山館賞牡丹醉歸口號

李本熿

暮從山館下芳微，踏月狂歌興欲飛。夜色二分人半醉，满身香氣看花歸。

擬小游仙四首

李本熿

縹緲樓臺碧篆文，乍從絳闕散仙羣。壺中别有清虚境，醉飲瓊漿枕白雲。
海濤輕渡泛紅霞，相約仙人萼緑華。赴罷瑶池阿母宴，閑來時倚碧桃花。
藥徑荒逃翠壁陰，洞門長鎖白雲深。桃花盡日隨流水，一片劉郎去後心。
雲車軿駕小斑龍，飛渡蓬萊海上峯。管領仙鬟新受勑，滿城花艷主芙蓉。

彝陵晚眺

李本熿

勝地新開海外天，雪泥鴻爪散如烟。椿陰游跡何從認，一過堤邊一惘然。

歸州弔古

李本熿

巴東江上古歸州，舊有王嬙屈子樓。楚漢河山何處是，美人騷客自千秋。

西蜀清明即事有懷四弟

李本熿

十年客裏過清明，今歲清明萬里征。正是五更眠不得，半窻風雨子規聲。

薛熹墓二首

李本熿

芙蓉城外薛娘墳，嫩柳夭桃覆墓門。正好春光二三月，鸞花合是美人魂。
豔説三唐女校書，我來重訪水雲居。紅欄一角胭脂井，染出花箋錦不如。

舟抵南海普陀

李本餘

三千里外瓣香誠，夜遇颶風客不驚。恃有慈航能普渡，白蓮菴裏證前生。

西湖留别允中績青兩上人

李本餘

淨慈清静古禪關，爲愛西湖住此間。四面荷花兩堤柳，孤山遥對鶴飛還。

高僧瀟灑畫圖新，兩世維摩筆有神。寺僧師徒善畫。三竺六橋知有主，年年管領一湖春。

聞子樵兄凶耗

李本餘

西川萬里勸歸程，手輯家乘基礎成。辛苦備嘗先瞑目，鱗編心血死猶生。
姜被情長往事空，承祧敢背電音通。衹愁骨月零丁甚，歲插茱萸感斷鴻。兄歿丙午九月七日。

古洞邊

李志洙

爲避嬴秦隱卜居，遥山近水認來初。任人説盡桃源好，比此風光恐不如。

遊象山館有感

李志洙

燕泥抛落散空庭，水滴闌干石尚青。聽説小窗螢燿處，當年先子此研經。

松鼠

李宗瀚

碩鼠無端共雀巢，託身偏在萬松梢。勸君莫恃飛騰技，恐有閑猫卧嶺坳。

竹雞

李宗瀚

清談常愛處宗鷄，忽訝啼聲出竹西。五色已全兼勁節，從今不復畏靈犀。

蘆雁

李宗瀚

征雁年年水作家，月明棲宿傍蘆花。隔江誰鼓湘靈瑟，驚起齊飛落遠沙。

菊虎

李宗瀚

陶令歸來徑已荒，笑他蟲豸敢猖狂。呼童好向東籬逐，莫損黄花晚節香。

題三門八景

谷秉濤

雁潭清影

雁潭隱隱鎖寒煙，薄暮人争渡口船。兩岸青山相對峙，碧波無語夕陽天。

燕洞春風

此洞曾傳燕子名，石門高險本天成。怪他王謝堂前客，却向山中把壘營。

七坡高尖

七坡煙靄畫難工，欲上層巒趁晚風。舉步不知行近遠，回頭都在白雲中。

六剌灘聲

何處翻江擣海鳴，宵深枕上夢頻驚。曉來六剌灘前步，始識風聲雜水聲。

烏山夜雨

三門古跡説烏山，山自青青雲自閑。記得昨宵樓上聽，今朝洗盡舊孱顔。

高路盞梅

聞説三門高路邊，梅如盞大不知年。若教供獻瑶池上，應似蟠桃色味鮮。

樵峯插雲

懸崖峭壁試攀躋，樹密林深路欲迷。直至樵峯頭上望，攝身高處覺天低。

仙人陡步

奇峰突兀倚晴空，象似人形幻化工。千古佳名留陡步，至今何處訪仙翁。

（清李嘉賓等纂修《[江蘇]江南寧國府太平縣館田李氏宗譜》 清光緒三十一年木活字本）

四修家乘捐助碑記

佚　名

自來國必有史，縣必有誌，家必有宗譜。考譜者，普也，世族悉具載焉。散之則分爲萬派，聚之則同爲一脉。宗者，本也。《書》言“江漢朝宗於海”，與子孫盡系於祖無異也。凡天下之巨姓大族，遷址之始，固一人而已。嗣後瓜分蔓引，愈衍愈蕃。譜牒之修，則上紀祖宗，下聯子孫，傳之久遠，而昭穆不紊也。否則父子視若途人，兄弟等如胡越，可不懼哉！若我族遭宋末元季兵燹，譜牒散失。至明正德九年，憲副止菴公致仕家居，始校正焉。及後續修於嘉靖丙午，三修於本朝乾隆丙午。由乾隆丙午以至於今,歷歷數之,百二十餘年。朱文公云:"人家三代不修譜,則爲不孝。"况我族有如是之遠且久乎? 故光緒丙午之秋,合族商議修譜之事。人皆曰:"修譜固迫不容緩之美舉,但經咸豐間紅巾爲虐,人丁減少,籌費維艱,念雖良,惟力未逮也。"於是各分樂善好義者皆踴躍歡欣,孝思深切,惟恐事之不速成,即鼎力捐輸,因此湊集公項可以優裕從事。丁未初夏開局,至季秋月即刊訂告成矣。吁! 一時之慷慨,而足以重新傳家之至寶,厥功何其大! 宜其芳名永垂於不朽也耶! 爰是勒之於石,以爲後之爲子孫者勸。大清光緒丁未年季秋月祖壽公後裔謹記。

(清李國烈等纂修《[安徽石埭]舒溪李氏族譜》 清光緒三十三年積善堂木活字本)

哭度兒七絶十一首

李達夫

一

我兒何事遽抛塵,聞説修文假與真。萬卷胸藏成畫餅,空庭長使淚沾巾。

二

多爾聰明少爾年,彼蒼似有不周全。簞瓢命短東陵壽,千古茫茫欲問天。

三

修短果然不可移,善人天祐我殊疑。與齡帝夢誠非妄,大造無私似有私。

四

東山好學獨稱回,不幸偏深尼父哀。好學若真能短命,當年何弗盡秦灰。

五

豈真厥疾入膏肓? 抑或歧軒乏善方。和緩至今如可作,我將子細究端詳。

六

嘆我浮生空自忙,幸爾聰慧不尋常。何期好古人俱古,古往今來恨與長。

七

父子牽情終有離,痴心何自苦相思。我先兒去我猶在,兒去我存無了時。

八

就學東岑歲幾更,恩深作育等生成。從朱溥源師讀書東岑菴五年。服勤未致身先死,猶父空餘猶子情。

九

兒年猶遜回年多,穎異由來靡有他。未達共傷三十二,我兒得半傷如何!

十

信是我躬多薄行,謾言天道不聰明。西河嘗悔離羣久,我目從兹一樣盲。

十一

寂寞夜台誰是鄰? 痛兒何自度芳辰。清風明月年年在,留與我兒作主賓。

次達夫哭度七絶十一首原韻輓之

朱聲京

一

謫仙原不久紅塵,幻夢浮漚那有真。衹是未應多誑我,弱齡已自耐儒巾。

二

共席詞壇已五年,解牛真自目無全。早知白玉樓初就,不使文名動上天。

三

歷盡艱辛志未移,五更猶自質羣疑。應緣命短工夫急,尚憶留心省退私。

四

論史談經日幾回,生長於論經史,最多新解。當時笑話此時哀。撑胸萬卷終黄土,從此教予百念灰。

五

潛心左氏究膏(盲)〔肓〕,生尤精《左傳》。妙解真傳肘後方。豈是古人驚穎異,故教泉路共推詳。

六

爲誰勤學爲誰忙,兄弟人人説季常。生於兄弟中尤穎異。肯信詩文能送命,村愚可卜日舒長。

七

那知死别即生離,握手依依繫我思。寂寞東岑風月裏,先生恰是斷腸時。

八

百里歸來夜幾更,凶聞疑是夢初成。生卒於十二月二十六,余正月自縣歸,十四夜於河邊得信始知。我非夢也生終夢,忍淚誰能此矯情。

九

師弟從來結契多,如生交誼更無他。案頭詩句尊中酒,天不相容柰若何!

十

路到黄泉孰並行,一朝千古隔幽明。身難隨死心隨死,何獨高堂子夏盲。

十一

淵商縱復結交鄰,大暮茫茫那可晨。泉路相逢應有日,是誰作主是誰賓?

懷隆度三首

朱聲京

依舊春風二月時,未堪桃李折高枝。三更入夢終成幻,幾處招魂已是癡。皺盡龍鱗松有恨,生來馬鬣草無知。柴扉密邇登門少,忍聽達夫哭度兒。

也知先後骨成灰,争柰癡懷觸緒來。佳句遂如投劾去,夕陽無復看花回。雲埋玉樹誰爲果,月到金樽獨舉杯。天上人間何處是,幾番腸斷幾疑猜。

竟日僧趺此寂然,無端涕淚上寒毡。喪予遂覺天難問,猶子終嫌道未全。本謂無兒堪永世,那知封土盡真傳。一腔離恨何時了,短髮頻巡數往年。我年三十四矣,尚無子,髮白且疏,不堪病憂之交集也。

叠前韻三首

朱聲京

賞心渾擬及芳時,玉樹因何折一枝。筆墨可憐憑鬼泣,性情誰解愛吾癡。蒼天有恨情都少,黄土無靈喚豈知。斗酒雙柑成往事,何堪傾耳聽鶯兒。

一寸丹心豈易灰,淚絲恒逐雨絲來。明經倘可還師謚,短命誰知早哭回。筆禿千毫留玉管,文成十卷碎瓊杯。緋衣奉版匆忙甚,真假教予子細猜。

一望山頭一慘然,松林如麈草如毡。魂依冷月情應怯,酒酹孤墳醉豈全。已讀詩書來世用,未埋姓字幾時傳。黄罏識我傷心否,日夜分明兩度年。

望隆度墳

朱聲京

新黄一聚土初乾,鬼哭風號分外酸。不慣受驚摧骨易,未曾同死放心難。青松惻惻龍髯冷,緑草凄凄蝶夢寒。愧我隻雞愁取辦,何當酹酒訴胸肝。

憶隆度往事

朱聲京

二十年來數百徒，似渠資學到頭無。讀書真可五行下，擊鉢何難四韻俱。慣喜拈題翻舊解，每緣論史笑迂儒。衹留一事終身悔，過警疎狂飭步趨。

爲有才華貴及時，幼年渾作壯年期。文非勝我嫌功淺，試不先人怒悔遲。士盜虚聲常切切，寒添半夜誡孜孜。聰明用盡歸黃土，來世還應笑拙師。

一絶聰明一絶癡，五年情緒有誰知？笑顔受我千回怒，好語令人十日思。山月酸吟同鵠立，秋風泣别兩狐疑。不堪追憶渾難了，寂寞寒燈夜漏遲。

病中口占七絶二首

李叔麟

人在病中最苦辛，更加苦藥常相親。語君能受苦中苦，不患不爲人上人。

久病心慵懶讀書，三餐飽食過日諸。日頭烘罷便圍火，到也無庸費滌除。

次隆度病中口占次首原韻傷之

朱聲京

一棺埋盡五車書，地下修文信有諸。行止不堪頻追憶，悽然涕淚下堦除。

次李君隆度病中原韻輓之

龍蘭軒

病中情狀最艱辛，經卷藥鑪手自親。有詔便從天上去，原來不是世間人。

偏説而今懶讀書，但須飽食過日諸。此中意境能超脱，一點凡心已剷除。

已知沉痼定難除，猶念日居與月諸。羞殺旁人空老大，只知醉飽不知書。此詩倒次其韻，以盡餘意。

達夫祖過衡郡所遇贈章

汪　寬

昨夜晴開耀德星，人來水秀間山青。千尋邱壑文章妙，萬頃波濤意境靈。快我雞談今下榻，隨君鯉對後趨庭。寬與君次男同科，故云然。一樽論罷西窗燭，别有奇書恨未經。

不類恒流不證仙，惟憑理學得真詮。心源直透羲文奥，眼底周環山水妍。行李何緣絃誦地，垂楊愧調翠微天。忘年也許同年譜，皓首青雲在目前。

仲麟入泮

朱聲京

泮水欣然賦采芹，揮毫頗許掃千軍。豈真立雪多先得，自是趨庭有異聞。倚馬淵源徵世業，登龍聲價仰封君。藍袍舊物重添染，且喜門前柳拂雲。

其　二

熊道式

薄板貽今信不侔，達人自是有前修。薪傳蚊屋詮真諦，舊話龍池據上游。贏我管見窺獄鼠，羨君衣缽念懷鳩。芹筵重赴懽無極，竚待瓊林好獻酬。

勉兒姪輩及時勤學

李克篤

理境幽深貴豁然，膏焚夜半細留連。若徒章句頻呫嗶，那得文思蓋世賢。
幸托明窗值少年，書同鄴架任磨研。韶光若使徒虛擲，皓首無成悔晚然。

聞姪南屏忿欲廢學入市詩以勉之

李克篤

孰似詩書得意多，拖青曳紫任高歌。驚聞入市師端木，可嘆當年費揣摩。
青雲得志勝金錢，孰肯抛書入市廛。況負英姿人共羨，休因挫折使心遷。

自　遣

李克篤

忽忽芸窗已壯年，未成學業愧前賢。今雖淡薄功名事，一念書囊便悚然。

勖堂弟季麟

李克篤

壯歲功名備少年，當思振奮繼前賢。頖宫芹藻曾重擷，莫使書香漸冷然。

父繼母逝追悼莫罄

李克篤

痛母偏枯十數年，晨昏未少戀床毡。持扶一向房中坐，麻苧經綸刻弗捐。

未覩慈顔已五年，此身恨不到黄泉。誰知有昊偏難問，又使趨庭倍黯然。
猶憶前年往岳山，曾呼我輩共追攀。今臨白露朝香去，不獲前途覩笑顔。
擴棟宏阡裕後隆，延師建塾念尤崇。喬陰若幸兒長托，或使鴻毛一順風。
一自高堂又失瞻，椿陰不復到庭檐。蒿我未辨悲何極，几杖空存痛更添。

痛滿兒光訖早世

李克篤

兒方努力奮青春，何遽奄奄殞此身。切愛居家多諳練，尤憐處世本忠純。雙親可念同枯木，一子曾悲作古人。正冀揚眉旋吐氣，偏將短命早抛塵。

爾遜回年少十春，胸藏大志繼前人。言辭慷慨從來少，意氣冲和分外親。不慣紅塵矜出殁，惟憑翠陌極調馴。臨機每見渾如拙，料事偏能妙入神。

自幼玲瓏契祖衷，此孫未許衆孫同。衹冀廻瀾爲砥柱，偏先駕鶴逐飛蓬。人傷血肉藏山壑，我慟英雄瘞土中。鼎足亭亭須竝立，當今折一恨難終。

自古丈夫亦愛憐，誰容子少赴幽泉。况非肉食同儕輩，儘有雄心繼前賢。可嘆浮生真薄德，偏摧令嗣不長年。悠悠歲月思何極，每坐空庭淚暗涓。

人生百歲也歸泉，百轉憂深總渺然。但念平居懷大志，爲憐棄世在髫年。湯傳續命空嘗藥，賦不招魂枉問天。却憶黄罏心未死，應隨夜月度前川。

克名公杖銘

李克篤

世路多崖岸，戰兢復戰兢。撑持今在手，福履或堪憑。

和龍德翔新成種竹園原韻二首

李光宇

高齋聳峙小墻東，彷彿淇泉菉竹叢。一兩三竿青不斷，百千萬个翠凌空。池環淺水風初上，樓倚寒梢月恰中。莫認阮郎爲大隱，不將姓字與人通。

閑種瑯玕屋角東，辟疆園内更多叢。濃陰匝地雲篩影，翠葉迎秋露滴空。已是棲鸞成翮後，誰當把臂入林中。知心只許梅花放，雪裏幽香一綫通。

東山窗吟十絶

李光宇

東山隱隱聳雲間，岫嶺層層左右環。縱不高盱天下小，登來也喜是東山。
翠竹蒼松幾叠關，書聲繚繞白雲間。課餘着個吟身好，近聽流泉遠看山。
三百雲梯上嶺巔，煙霞深處别開天。此間清景真清絶，不是桃源亦渭川。
一望亭亭渭畝千，讀書人在翠微巔。春風化雨沾來渥，鳳實龍孫次第聯。

奮志雞窗欲上天，此窗正好青雲緣。路從三百到天度，步月登瀛在目前。
五生耕種硯爲田，學負青箱敢自賢。煎鱔庖蛙充饌也，銜來竊冀有三鱣。
選丁入學尚冰堅，爾日春光花欲然。禹寸陶分當自惜，大家鼙鼓惠和天。
趁此韶光又茂年，休容委痺日高眠。試看百卉知春到，也向東風各鬥妍。
風雨晨昏共一編，雲程萬里快揚鞭。昨看笋角驚雷出，今又抽過舊竹先。
鳥語聲聲喜喚春，催耕催讀兩般人。遥覘南陌秧成錦，門内青藍應鬥新。

又續十絶以補前韻

李光宇

收拾乾坤别買山，絶勝人世一區寰。嶺千重叠雲千叠，溪水之流彎復彎。
尋得溪山絶俗蹤，溪山隱隱白雲封。紅塵萬有飛難到，落落青竿落落胸。
灑脱塵埃地上仙，東山高卧一吟肩。羊求不到徑常閉，自笑竹中高士賢。
癡腸肉食每饞涎，居有此君足值錢。不必侯封來此地，籜冠如意也榮遷。
萬緑叢中寄一廛，規紹鹿洞自淵淵。切磋不待春風惠，有斐長吟淇澳篇。
引風修竹韻悠悠，不減山陰勝地幽。桃李祈祈賢畢集，共追禊飲羲之流。
最好四時三月天，輕輕單袷着來妍。雖無東魯沂堪浴，偕我諸童上翠巔。
青林課讀日悠悠，靄靄翠圍一徑幽。無事豈容閑過日，青春不再應長留。
春光欲老日添長，蝶板鶯簧鬧衆芳。又是一年春事畢，思來得不意遑遑。
陽春叠唱殘陽天，只爲春光不我延。昨夜一聲春去了，又期清夏賦新篇。

東山窗詞四首

李光宇

山聳小窗東，突兀奇峯。誰知山谷氣濛濛。上下白雲終日蔽，彷彿仙宫。
竹密繞窗叢，个个玲瓏。引來面面是薰風。五六月間無暑氣，好個虚空。
静裏鬧中過，嚦嚦鶯歌。書聲相雜又誰多。易逝春光不我與，一擲如梭。
山徑少人行，隱隱仙蹤。化龍棲鳳此間中。一日風雲欣際會，萬里騰翀。

和蕭雨田試筆元韻

李光宇

天生奇才有奇窮，幾費錘爐見化工。莘野一犁春草緑，傅巖百堵夕陽紅。丹崖青壁人不遠，桂渚松山我是東。他日雲間相步逐，少微星入紫微宫。

春日賞牡丹贈主人歲貢生葛福七

李光宇

金開百兩賞名花，富貴花開富貴家。國色無雙宣絶艷，天香第一粲奇花。美人一捻脂痕在，學士三章翰墨嘉。誰作洛陽才子客，洛陽看畢賦温叉。

直從春盡吐霞英，一色殷紅照眼明。魏紫姚黄稱絶品，花王貴客錫嘉名。四香閣上賓朋滿，百寶欄邊瑪瑙傾。看到子孫常一樣，年年依舊向春榮。

步周南新洗筆池懷古原韻

李光宇

千古唐臣跡，褚公獨擅名。當年將筆洗，今日見池清。習楷遵王帖，懷忠媿狄卿。叩頭寧畏死，置笏不容情。正氣妖能掃，丹心日爲傾。精靈常結聚，翰墨自流馨。義早風霜凛，腸應鐵石成。尺波香霧起，金馬頌湘城。

余館花市年已七十矣
九日有諸學士强余登高賦詩索和因步原韻

李光宇

天高氣爽動星回，大會曲江學士來。試上龍沙凴眺望，同拈穎穎任敲推。遠張眼孔羣巒小，頓豁胸中一鏡開。俗慮彷如風捲籜，茱萸共醉樂無災。

六弟炳南六旬開宴有龍燈大儺之慶詩以致祝

李光宇

年晉六旬歲月悠，福人嶽降異恒流。化童鶴筭原難老，數甲松年不計秋。應召賢良徵博士，尚能矍鑠壯皇猷。龍頭此日老成屬，躍看天門最上頭。

秋日風雨後殘暑退而天氣爽
正學士讀書佳候也因賦詞二章以勵諸生

李光宇

日落大風雄，驟雨濛濛。風吹雨打縱横中，掃却塵氛殘暑净，爽氣玲瓏。　洗出鏡青銅，寥廓秋穹，放懷今古地天空。滿座清凉瀟洒景，好把書攻。

秋日正凄清，暑退凉生。况當風雨後初晴，滌盡胸中煩惱念，一鏡澄泓。　晚眺遠山平，心地光明，天高氣爽足怡情。爲策諸生同鼓舞，滿梵書聲。館南華菴。

喜堂弟渭源專修家乘體制完晰詩以誌慶

李光宏

燿村析派肇湘祧，城澗支分衍石橋。常祖徵修年已遠，文常祖肇修墨譜，距今百一十年矣。麟公踵續歲旋遥。仲麟叔續輯，至今又四十餘載矣。繼起凴君欣藉手，勷成愧我未同僚。余館他邑，恨未從局。從兹付剛垂先澤，子姓淵源百世昭。

（李建榮等纂修《[安徽]石橋壠李氏族譜》 1929年鳴鳳堂木活字本）

名派百字詩

李超瓊

名之有派不知始於何時，然唐虞之八元，周之八士，以伯仲叔季爲次，其即後人所自昉乎？陳氏之元方、季方；韋氏之元將、仲將，見於漢代，其來舊矣！《宋史・宗室世系表》言：太祖太宗魏王之子孫，蕃衍盛大，支子而下，各以一字别其昭穆，則"德惟從世令子伯師希與孟由"等字爲太祖、太宗所定。可知是字派之説未可謂非古也。吾家自始祖以下，命名之派類皆從同，故至今昭穆不淆。而大灣北寨山二房之不復聯屬，正以派偶不符，致有滕薛之争耳。族祖敬修公有鑒於此，故嘗與先贈公及族叔宇軒先生擬五言四句曰"朝廷洪武定，南國上川中。開業符東永，天恩世代隆"二十字，刻於大墳嘴三明公墓右之碑陰。超瓊竊欲推而廣之，期諸百世，復爲百字詩以遺族人。兹者纂譜既成，特刊而存之於册。子孫果世世相循，久無所紊，雖千枝萬葉，可秩然識所自也。若以奢願疑之，豈爲祖宗計嗣續由一世以至萬世而得謂之過哉！是在貽厥者知所培植而已。詩曰：

朝廷洪雅化，世緒溯符東。遠祖居荆國，初明至蜀中。開基根植厚，貽澤子孫隆。嗣乃遷遵義，時因遇獻忠。棠華聯孝友，桐梓樂和雍。昭代恩新沛，吾家業復崇。詩書敦士範，耕藝劭農功。繼起希昌熾，芳型在敬恭。大宗聲適駿，餘蔭福延鴻。百禩從兹紀，名宜次序同。

（清李超瓊等纂修《[四川]合江東鄉篆洞園李氏族譜》
清光緒二十一年陽湖官廨木活字本）

閤族蒙難記

李鎮邦　李佩環

蓋聞天道不能有泰而無否，人事不能有亨而無困。余也生不逢時，嘗廢書而嘆焉。是歲之春，家族治譜，堂兄光燎囑余作兵燹記。余不文，敢云作？試即歷次所遭者序之。曩者，賊起金陵，適際咸豐元年至八年，歲在戊午四月，賊由處州始襲我邑，據月餘而遁。越辛酉四月，賊入郡據城，縣令程招募鄉勇團練捍衛。五月，賊自南至，據邑抄掠，勇不能支，剽掠村落，虔劉老弱，係累子弟，民始蒙難。八月，賊之據武者率侵我邑，抄掠更甚。突有賊魁簫自郡據邑，假托安民，脅立軍師旅帥，給發門牌。初下一令，(素)〔索〕取未已。又下一令，名曰"禮拜"，分遣賊黨，按鄉誅求，號曰"把卡"。註：門牌每灶一張，索錢三千文。照糧派捐，每兩銀出米貳百斤，天出錢八千文，以供禮拜。予取予求，至於壬戌，即今聖天子嗣位元年也。越四月，民不堪命，閤邑復約團練勇挺身而進，斬簫賊首。斯時也，方將乘勢追逐，先取邑而繼取郡。詎料賊援猝至，其旅若林，彼衆我寡，勢何能當。於是殺人盈城，殺人盈野。賊類蠭起，人民奔散。牛羊犬豕，悉任麾牽，米粟絲麻，聽憑取掠。而且毁宗廟，如西岐公祠之毁於五月初八。焚宫室。如燎之廳堂屋曰樹德堂，焚於五月初七日。如魁之廳堂屋曰存德堂，焚於五月初八日。至若爲鬼蜮形，工逮捕術，彼近匿冷廟荒村者，固難逃其劫奪，即遠竄深山窮谷者，亦仍被其搜尋。當此之時，或扳援崖壁，冒風雨而魂消，或攜步陰幽，受寒濕而氣喪。天地雖大，一似藏身無所。嗚呼！困苦至此，誰能堪之！況不獨饑渴之交迫，猶且毒癘之頻加耶！窮形盡相，以迄六月，賊之假托安民者又至矣。族中人相率以歸，一波未平，一波旋起。七月三日，賊突自西來。倀倀無之，顧妻子者悉被擄；戀財物〔者〕盡捐軀；仗名義者寧就死；欲保身者必棄兒。最可傷者，白面書生繫頸受苦；紅顏少婦解足脅從。種種情狀，可勝言乎哉！註：此賊入義邑抄掠，路經過此，已刻到舍，被殺二十餘人，擄去八十餘人，婦女四人，兼之一宿，焆盡器用，搜盡財物，此次乃最慘。瘡痍未定，田園荒蕪。據邑之賊又肆豺狼心，很悍而來吾鄉，索我米粟，叫囂乎東西，隳突乎南北。一索焉，再索焉，以至三索、四索焉。其有未供者，鞭扑之。鞭扑之不已，則又倒懸之。不逞其欲不止。故賊之粟如山，我之室如罄也。嗚呼傷哉，甚矣憊！註：此次派捐，每兩出粟四百斤，天出錢六千四百文。每灶又出門牌錢貳千文。合族共計索去洋銀壹千五百圓零。忠厚者受盡鞭扑磨難。而賊害之紛乘，猶如水益深，如火益熱也。九月既望夜半，賊來自東，竊據芝英莊，方十餘里，四面搜羅，日夜接踵。我既不給夫饔飧，賊且益滋其饕餮，褫我三冬衣，取我五穀種，刺面詐花鈿，焚身烹金玉。月晦，賊更包藏禍心，以安民爲餌。智者入山，惟恐不深；愚者懷安而戀故土。十月朔，賊乃分館市舍，日食萬錢。註：又派糧供賊，亦索禮拜款。越十二日，狡計橫生，衆賊跋涉而來，環而擄之，處室者靡有孑遺。余亦被擄。余因憶賊匪捉余之日，目覩心驚，無所逃避，乃乘垝垣登矮屋，延瓦行上大廈，而伏之瓦上。繹騷，又從簷角翼如而下。匿於彼不可，匿於此不可。計伏陋室中秦大夫下，終爲賊獲，姑就賊。賊問："何業？"余以實對。及試予，謂余不欺，乃釋余，置余於側。逾日拔營，路經東邑。註：一路荼毒，莫可勝道。館於下厲市門，對八面山，雖不拘攣吾手足，何異牢獄望高山。乃天眷余，臘月五日出險而歸。家人不勝欣幸，而道及余弟藩金之未還，余心滋戚矣。嗟乎！師旅之加未已，飢饉之苦薦臻。悵家室之蕭然，暫寄食於舅氏。值此時窮勢迫，乞糴無從，不幾坐以待斃而幸也。癸亥正月十三日，蒙聖朝即補都司馬，克復我邑，掃盡惡氛，再見天日。此所謂萬死一生者也。無何，大兵之後，更繼以凶年。我雖菜色，人亦啼飢。黄粱徒成虛夢，青草徧采野田。註：正月至六月，糴米一觔，計錢百十文。食鹽一觔，計錢壹百文。豬肉一觔，四百廿文。菜油一觔，四百文。大麥一觔，六十文。小麥一觔，八十文。時酒一觔，六十四文。有書青苗以償債而借者，猶靳倍息之稱貸。有賣黄犢以救生而販者，尚操半價之奇贏。甚至賣田宅，鬻妻孥，貿貿然形容枯槁。壑有羸，塗有莩，纍纍然餓鬼潛號。所以田在草間，耕而不稼。況又旱魃爲虐，夏以連秋。嗚呼，否也！困也！竟至此極耶！雖然，否極必泰者，天道之循環也；困極必亨者，人事之遞嬗也。而今而後，吾儕長享太平之福，共賡屢豐之年，其厚幸矣哉！竊不自揣，憶所遭而濡筆以記云。

時同治七年歲次戊辰應鐘月，邑庠生清齋鎮邦錫山誌，國學生康齋佩環光燎撰。

黄淑人八旬有五徵詩文啟

李超元　李超瓊　李超瑜

家慈黄淑人，爲綏定府訓導子度公女孫，從九熙載公之次女。吾邑推詩書望族，必以黄氏爲稱首。家慈幼嫻禮教，最得兩世歡。年二十五，歸先贈中議公霽嵐府君爲繼室。時先妣胡淑人逝世，遺女兄一，年甫三歲。家慈視如己出，教育備至，族戚無不稱賢者。先王父卿伯公性嚴，治家尤整肅。內外食指以百數，自讀書紡織外，嘗竟日不聞人聲。子婦烹飪灑掃澣濯諸務，少不潔，必見斥。家慈逮事舅姑二十餘年，未嘗一獲呵譴。先王母陳淑人尤深愛焉，閫內事一惟家慈是倚辦。遭先王父母喪，哀痛逾恒，至今遇生日、忌辰，臨祭猶極悲戚。先贈公壯歲劬學，負笈于外者垂二十年，既不得志於有司，一以讀書爲樂，尤喜行利濟事。里中有貧而鬻婦者二人，券已署矣，先贈公聞而止之，家慈出釵釧以助，均獲完聚。吾家初已中落，經滇匪之亂，益不支。先贈公屢空晏如，獨念鄉閭習尚日漓，惄然有人心風俗之憂，時以《聖諭廣訓》、《朱子小學》二書及《古今格言》爲鄉人解説，祁寒盛暑，蹀躞于家祠里社間，無幾微勸怠之色。家慈亦殷殷贊助，雖饘粥不給，嘗不使先贈公知。甲子夏，米價翔起，家無儋石儲。一日卓午，先贈公方攤籤微吟，家慈進蒸飯書旁，謂："且讀且餐，免間清課。"先贈公食竟起視，始知家慈率兒女輩皆飽菜羹，听然一笑，曰："豈謂藜藿我不堪耶？何必如此。"先贈公性甘淡泊，一羊裘三十年，衣履補紉重疊，服之不厭。家慈能佐以儉素，不御華綺。平日尤勤操作，家居無婢僕，織紝舂揄廚爨薪菜皆率子婦躬任之，不以爲苦。仲父衍先公弱冠蚤世，嬸氏吴青年苦節。家慈憐而敬之，相依四十餘年，親愛甚篤。次兄朝寅之生也，甫彌月，先贈公即以爲仲父嗣。家慈于其試晬後，未嘗復入懷抱，懼次兄之知爲所出，而傷嬸氏心也。叔父雨田公、季父祝三公皆經三娶，先後宛若至六人，性情不一，家慈悉以和氣接之，以誠意感之，久而自化，嬸氏有垂殁歎家慈之容忍而涕洟自悔者。家慈生子女九人，鞠育劬勞，致爲慈愛。獨咸豐乙卯丁巳，居大父母憂，先贈公廬墓于外者五年。家慈督責不肖等，絶不稍貸。後嘗語不肖等曰："彼時汝父惟知痛親之切，我故分其教子之勞。若平時汝父訓誨固嚴，我但不似他人溺愛足矣，何待聒聒爲？"先贈公績學不售，於超瓊兄弟頗期以進取。不肖無狀，卒未克遂顯揚。每下第歸靦顔作詆觀語，家慈則笑曰："汝父躓童試三十餘年，未聞一怨言出口，爾輩不得舉人、進士便不平，不過分耶？"惟教子孫勤學，則諄諄不倦。嘗曰："人不讀書必不能明理，更何望有成。我非盡望其以科名顯也。"超瓊官溧陽，日理詞訟。家慈夜必詢審斷所由，案偶遲留未結，則曰："百姓已受苦矣！"嘗教超瓊曰："作官高坐衙齋，民間苦情不能上達。輕聽書役之言，必致悮事。願汝勿忘楊光斗、裴三頭，則平民或少受苦。"楊光斗者，吾里中棍徒；裴三頭則蠹役裴高也。超瓊兒時親見其串詐先王父，致吾家數年不得安，故家慈述以爲警。先贈公篤于骨肉，目覩諸父衣食之艱，嘗推解賙之，奈家運迍邅，貧與相等。丁卯易簀時，猶以爲憾。家慈教超瓊兄弟勉承先志。故次兄以出嗣仲父，析爨日久，其殁也，寡嫂孤姪即仍合食；叔父、季父亦于我乎養與葬；功緦中兩叔氏窮老無歸，并迎贍于家，爲之立嗣，授以生業：則皆家慈之命也。徐君東生，名旭，石阡舊家子也。先世宦游山左，貧不能歸。至東生益落魄無聊，奉其孀母及一弱妹僑寓常州，無以自立。超瓊以友人薦，延至溧陽司徵比。洎己丑去溧，薦之後任。而是冬，東生之母大病，其妹再刲股以療之，卒不能救。逾年春，東生又殁，惟存一妹，舉目無親。家慈亟命迎之至署，曰："世家弱質，不可使失所依。"謂超瓊既與其兄有賓主誼，即當以妹視之，且此女賢孝亦可使吾家婦女知所觀法也。既至家，慈視如己女，朝夕不離，飲食服珥悉與子女共之。超瓊爰託貴筑周子迪觀察諸公爲之相攸。辛卯冬，以配貴陽羅質庵儀部文彬爲繼室。羅爲辛未進士，官禮曹，雅負時譽。家慈聞之，則甚喜，奩贈一從其優。質庵以徐氏女之賢，又知其備歷艱苦，而得以自存之故，甚感家慈盛德，執子婿之禮焉。凡此縷縷，于家慈宅心行事不過一二。而自爲子者述之，已不免於語之繁而近于飾，實則未敢偶爲夸誕，以自誣者厚誣吾親。惟知己故人鑒其孺慕之私，錫之鴻文，惠以歌詠，俾不肖兄弟藉以稱觴誌慶，博慈闈垂白之歡，感激之忱與子子孫孫共之矣。男超元、超瓊、超瑜謹啟。

石 船 記

李超瓊

蜀多山,山多石。石之高者,常千數百丈。其寬廣延袤或數里,數十里,小亦以頃畝計。下至尋尺之勢,厥狀千萬,而皆有其名。峨眉、瓦屋、青城之奇,劍閣、夔門之險,巫十二峯之峻,玉壘之壘,銅梁之梁,蟠亘矗峙以爲山,自下上上無往而非石,故言乎高雖千數百丈,非侈焉。百里平疇,沃衍如秦豫齊楚吴越之地,成都八九縣外不可復得。然爲田隨山上下蓄水種秔稻,全蜀皆同,則所謂梯田也。其不可田之處必皆石,有石盤、石壩、石硍、石梁、石磧、石碭、石榻之稱,皆就寬廣延袤言之。至長而爲坡陀,巨而爲贔屭,碎而爲犖确,幽而爲巖厂、洞窟,又無論已。石之形似極數不能終,天之所生,地之所産,人力鬼工之所造作,皆有其曲肖者以肖之。其若牀者,若門者,若几席者,若欄檻者,若覆夏屋者,所在多有。惟文人韻士生長棲遲乎其間,歌詠圖畫以張之,石之名乃僅僅得傳。然千百萬億中見賞於文人韻士者,不過一二;而獲以傳者,又并一二不易得焉。是豈獨石之不幸哉!吾家之有石船,亦他石等耳。而形似且不甚肖其名,雖舊里人往往忽之。然春水方生,碧流環遶,奔湍急溜出其下,潺湲洄洑,具江湖浩森之勢。日長無事,坐睨乎其旁,髣髴舟行岸移,意(與)〔興〕俱遠。孟夏之月,兩岸稻畦始緑,日漸蔥青。水面時起碧煙,因風霏微,與新秧一色。田歌四起,臨水聽之,若有欸乃之聲與之相應。凡此皆兒時行眺所習見。尤以夕陽初下,徘徊於東碉之陰,得諸心目間者爲多。饑驅出門,此景遂不復睹,而夢魂往復,纖悉未忘。蓋出吾家東向柴門可五十步,爲松蓋山之東麓,叢竹及榕樹在焉。再上數武,循田塍而東,折而南,僅百許步,遂下大石,是爲東坪。坪之前,楊氏叢塚不可以數計,築室繚垣守之,今四傳矣。石船在其東十弓許,後爲田,前爲碉。碉亦皆石,面多坑窨,作盂盎罌甕尊罍之形,大小淺深不一。土人名之曰“天星窩”。水流其上,處處有盤渦之勢,琤瑽鞺鞳之音。船之旁,可坐可卧,可聽可觀,煙光水聲與石氣相摩盪,誠有可心賞者。年來迫衰病,又羈宦不得歸。每念此,爲悒悒者累日。自維生長棲遲其間,竟未及歌詠圖畫以張之。石之不足以傳明矣,然安知非石所甚幸耶?乙未五月,病中爲朋好覼縷話及,因筆記之。石雖不足傳,其能使余夢魂往復,以視峨眉、瓦屋、青城之奇、劍閣、夔門之險,巫十二峯之峻,玉壘之壘,銅梁之梁,尤親切而可述也。

右記一首爲超瓊近作。篇中所言石船風景,皆山居實迹。因附存於藝文之後。異時按迹以求,亦後人考證之資也。至超瓊平日所作古今體詩,則有《家山集》、《北行集》、《東游集》、《南來集》、《溧陽集》、《元和集》、一作《鴻城集》,已刻,三卷。《陽湖集》。文則有《公牘雜箸》二編。而皆以《石船居賸稿》名之,以舊稿不自收拾,固多散佚也。《誦芬集文》二卷,即譜中所刻《家傳》等篇。其未刻者,或已付鈔胥,或未盡搜輯。自維譾陋,不足以言箸作。而父兄師友之教與生平所經歷而酬接者,則可於此見焉,故亦不忍焚棄之耳。惜遼左所爲公牘稿皆不存。去秋,鳳郡復陷於倭,官中遺迹亦必蕩燬盡淨,每一念及,令人氣痛。因附誌於此。

述祖德詩

李超瓊

述祖德詩,勸敦睦也。超瓊聞族有鬩訟者,故作此以諷之。詩凡十章,章十六句,六百四十字。

猗歟我祖，本籍麻城。始遷入蜀，時爲初明。符水一隅，插杖躬耕。既安既宅，世守其成。子孫之盛，如木斯榮。枝分派衍，必載宗盟。譜牒既失，稽考難清。其失維何？言際崇禎。一章。崇禎之季，蜀苦流賊。屠僇靡遺，山骨川血。維妣氏王，卧病方亟。顧念諸孤，祖宗血脈。速其遠避，無任斬絶。孝友三明，欲留不得。既去復歸，夜行晝匿。卒葬母骸，兩石之側。二章。其時舊譜，已付焚如。石鵞舖宅，隻字無餘。兄弟入黔，桐梓是居。白鶴之巖。有室有廬。有妻有子，其樂舒舒。世既清平，疇返舊墟。長公次公，利彼新畬。我祖來歸，仁孝匪虚。三章。祖之歸來，言復我里。葛樹之灣，爰卜爰止。同氣寥寥，莫稽宗祀。上知二代，下有三子。亦越再傳，晉字斯起。洪維琰公，創業所始。曰篆洞園，輪奂胥美。至今賴之，流澤遠矣。四章。其澤云何？世傳忠厚。儉德謙光，無譽無咎。深公繼之，家益富有。眈眈里豪，環伺左右。侵侮魚肉，公惟忍受。卒遷縣城，以避凶醜。四子成立，乃安我畝。爰啟四房，庇蔭悠久。五章。四房既分，今又七傳。仕光朝廷，洪雅蟬聯。人則累百，指則盈千。返而溯之，胥出一源。緬維深公，德被緜延。凡百子孫，曷思我先。如木同根，如水同川。痛癢一體，孰可棄捐。六章。胡爲至今，弗恤宗族。凡我所聞，足爲痛哭。機巧詐欺，施之骨肉。忿則相争，怨則相讟。甚則相訟，公庭訇伏。陷之囹圄，快其鞭扑。匪直路人，何殊讎毒。九原有知，寧不慘目。七章。昔也我祖，讓畔讓畊。今也同族，毫釐必争。昔也我祖，耐辱忍尤。今也同族，相報如仇。昔也我祖，篤於兄弟。今也弟兄，寇讎乖戾。伯叔子姪，相違相棄。何以至斯，曰惟知利。八章。利之所在，忍於忘親。利有盡日，親無幾人。五夜思維，孰育我身？我父我祖，孰與依因？孰同哺乳？孰共天倫？何遠何近，忍昧本真。如足於手，敢曰忿嗔。思之思之，涕泗沾巾。九章。繼今以往，勿萌芥蒂。起視同族，如親兄弟。兄弟之真，孩提嬉戲。憬爾天良，何有勢利。勿聽婦言，學張公藝。族既雍和家免乖沴。子孫象賢，繩繩繼繼。祖宗眷之，熾昌百世。十章。

（李日新等纂修《［浙江永嘉］雅川李氏宗譜》 1924 年永嘉李氏木活字本）

熊磚井宗祠記

佚　名

祠在縣治東北二十五里李家岡之南，地名熊磚井，爲合族公建。吾族之有宗祠始自同治辛未。其先因系出自許，故慎所公以下七世神主咸祔祀於許氏宗祠，而心莊公乃不祀。同治庚午，八世瀚章公兄弟，追原受姓之由，遂倡議與許分祠。公商以承受文安公熊磚井老家住宅捐歸合族，改建李氏宗祠，公推藴章公董其事。辛未祠成，議定祠規，奉主入祠。至是，乃尊心莊公爲始祖，慎所公後裔各序支派而從祀焉。祠之方向位東面西，連祠門外場基，計占地二十八丈有奇。西以場基下小溝爲界，東齊後園牆外滴水爲界，南齊大園外祭田爲界，北連毓秀堂老宅及莊屋在内直抵私小溝爲界，對弓取直作爲宗祠基址。此外仍屬葛洲支祠公産。祠屋凡一宅三重：第一重大門五楹；第二重穿堂三楹，左右貫以通廊；第三重享殿五楹，每楹一龕。龕凡五級：中三龕，專祀大宗，自始祖一世祖以次，由君輔公遞序至章字輩長房，皆祀正中一龕；漢明公、漢申公支下之位祀於中左一龕；漢卿公、漢宜公支下之位祀於中右一龕，皆按昭穆分配。其左稍一龕，專爲君祥公支下子孫設位。右稍一龕，則祀各支成人而無後者。此同治辛未創修設置之大凡也。歷四十餘年，至民國丙辰，享殿爲風雨所侵，勢將頹廢。合族公議折卸重修，推經滇領首，委元璐、國恩監修。不足，則移葛洲支祠西宅之磚料以補之。經始於丙辰四月，至丁巳三月落成。祠屋規制稍加變更，由三重而增爲四重。第一重大門五楹，仍舊；第二重廢穿堂而爲看牆，中闢圓門三，左右均繚以通廊；第三重享殿五楹，仍舊；第四重增修正屋五楹，享殿内設龕亦仍照舊制，惟因代數遞衍，神位增多，議改兩代共書列一位，以期劃一。此丁巳重修與初修規制之不同也。至其他附屬餘屋之可紀者，祠南垣牆外有廚屋三間；再南爲守祠人住宅一所；前後兩重廂正屋九楹；北垣牆外毗連之毓秀堂老宅兩重，凡六楹；再北有草莊屋兩宅，爲承種祭田之佃户所居；其附近屬於宗祠之祭田共計實秧拾貳石柒斗伍升，春額麥租拾陸石四斗，秋額稻租貳百壹拾貳石五斗，契載譜内，附録《永禁子孫變賣紀》，宗祠之沿革因并及之。

葛洲支祠記

佚　名

葛洲，又名葛珍灣，在縣治東三十里，北距熊磚井宗祠六里。初文安公以咸豐乙卯卒於軍次，瀚章公兄弟卜地至葛洲，見其川原迴抱，卜之吉，乃購得葛氏田爲文安公營葬，而以藴章公元配程夫人祔焉。迨同治中興，鴻章公以平吴功領兩江兼圻，瀚章公亦開府荆襄。兄弟聚議，欲仿顔平原家廟之意，立廟紀恩。議既定，乃廢葛洲塋東田舍，改建家廟。經始其事者爲藴章公。於同治丁卯秋鳩工，己巳二月落成。崇宏規制，不匱孝思，洵足昭示來者。祠位北向南，門前照壁一座，東西轅門各一。祠屋全部分三宅：正中宅第一重爲廟門，凡五楹，有“李氏家廟”四字門額。第二重看牆，闢圓門三，門旁樹立李太夫人八十賜壽恩旨，及飾終恩旨御碑各一，左右夾以穿廊。第三重爲享殿五楹，居中設龕一，奉祀文安公暨配李夫人神位，其旁祔瀚章公暨配王夫人、羅夫人，鴻章公暨配周夫人、趙夫人；鶴章公暨配李夫人、周夫人；藴章公暨配程夫人、甯夫人；鳳章公暨配戴夫人、鄧夫人；昭慶公暨配郭夫人，均合祀一龕。第四重爲廚屋六楹。以上爲祠之中路。其東宅，第一重爲東客廳五楹；第二重看牆；第三重廳屋五楹；第四重上房住屋五楹，有“福壽堂”扁額。其西宅，第一重爲西客廳五楹；第二重爲平屋五楹；第三重爲樓屋五楹，有“省心閣”扁額。再西爲内園，闢西垣爲門，以通塋地。統計全部三宅，廂正屋九十二間。前垣牆東西南三方，長三十九丈。後垣牆東北(雨)〔兩〕方，長三十九丈。廟門至照壁長十三丈。東轅門至西轅門寬十七丈五尺。支祠之規制及占基大略如上述。至購置祭田，另立有契，已摘要採入墓域圖内，不另贅。敘兹謹述祠之創修緣起及規制，俾後世子孫有所考焉。

文安公巢湖中廟專祠記

佚　名

文安公中廟專祠，係光緒十八年，由合肥縣紳士、翰林院典簿王尚辰等六十三人，巢縣紳士舉人楊昌言等四十八人，各具聯名公稟，以公咸豐初年督練鄉兵，剿賊捍患，功在桑梓，請於合、巢兩邑交界適中之地，巢湖中廟之旁捐建專祠，列入祀典，并請將事蹟宣付史館立傳。分呈合、巢兩縣，轉詳院司，經安徽巡撫沈秉成專疏具奏，得旨允行。次年春即於巢湖中廟之東購地一區，興工建築。所有地價工費均由公支下子孫自行籌集。越歲工竣，奉主入祠。祠在淮軍昭忠祠之東，坐北向南，前後四進，皆五開間。頭進門堂，二進饗殿，三進廳事，四進馬房。其東一宅，亦四進五間。頭進門房，二進客廳，三進食堂，其上有樓，四進庖廚。總計祠屋八十三間。

饗殿中龕祀公神主，東龕祔祀瀚章公、鶴章公、鳳章公，西龕祔祀鴻章公、藴章公、昭慶公。殿内有張之萬、翁同龢、張之洞、徐郙、張佩綸等所題扁額、楹聯。

鴻章公京師表忠祠記

佚　名

鴻章公京師表忠祠，係光緒二十七年冬，由京師内外城紳、董大理寺卿王福祥等二百七十五人聯名公稟。以上年外兵入京，賴公持危定難，朝市復安，勳勞至大，民受其賜，感不能忘。請於京師，特建專祠，列入祀典以彰崇報。呈經慶親王奕劻專疏具奏，特旨允行。越歲秋，公子經方、經邁，公孫國杰等，請就崇文門内總捕胡同住宅改造專祠。即以前賜治喪之銀留充工費，經順天府尹奏准撥款興工。其不敷之款，仍由公子孫自行措集。三十一年仲春，祠成，奉主入祀，特錫祠名曰“表忠”，并賜祭文、碑文。有清一代漢大臣京師立專祠自公始，實曠典也。祠地計共五畝四分四釐五毫八絲，其形爲長方。大門南向。内有大院，中峙六角之亭。東西配房，爲室各三。入中門爲内院，中爲正殿，左右各有配殿。正宇之西附有小院，形亦長方。正宇之東則有七院，如古泉布形，馬號在焉。

鴻章公保定專祠記

佚　名

鴻章公保定專祠，係光緒二十八年，由直隸在籍紳士聯名公稟。以公久鎮畿輔，遺愛在民，請於保定省城建立專祠，列入祀典，以隆報饗。呈經直隸總督據情奏准，即擇定城西南隅淮軍公所街淮軍昭忠祠東首之地興工建造。越歲孟夏工竣，奉主入祠。祠地共約七畝六分，形式爲長，南狹北廣，而東北缺一隅角。蓋縱則三十五丈五尺，横則南爲十丈，北爲十九丈五尺也。大門南向。前進敞屋三間，兩序屋各二間。大院之中則有御碑亭二。次進列屋七間，兩序屋各四間。三進戲樓，形式爲方，每面樓之上下各有敞屋七間。四進正殿，有屋七間，凸棚三架，兩序繚以遊廊，屋各四間。正殿後爲夾道，寬六尺，長百尺。祠之東院爲廚，有屋五間。祠之西院爲廳，有屋三間，并下房二間。總計祠内之院凡大小共六屋，凡七十四間。大門之外，南有照壁，東有柵門，西則與淮軍昭忠祠相毗連焉。

鴻章公天津專祠記

佚　名

鴻章公天津專祠，係光緒二十八年，由天津在籍紳士翰林院編修嚴修等聯名公稟。以公坐鎮畿輔，前後垂三十年，駐津最久，功德在民，請於天津建立專祠，列入祀典，以隆報饗。呈經直隸總督袁世凱專疏具奏，得旨允行。即擇定河北金剛橋西首之地興工建造。三十一年孟春工竣，奉主入祠。祠地共計四十畝，其形爲長方，而西南圓斜。前爲祠宇，後爲蓮池。大門南向微偏於西。門内左右列室，中爲甬道，貫院入垂朱門，兩序夾院列室各三，皆以遊廊環接。垂朱門内復爲甬道，通貫大院，繞過碑亭，而甬道益廣，歷月臺捲棚以達饗殿。兩序亦以長廊繞院環接。饗殿左右爲東西配房，又各以小甬道接於長廊。西配房之西爲藏祭器之庫。庫外爲方角亭，東接東配房後之夕照廳。廊後爲十字甬道以達蓮池，而夕照廳亦接焉。此祠之正宇也。其東宇則由大門之東入門樓而至照廳，内有兩院，間以遊廊。院後及兩序均有室以居守祠者。照廳列室之東爲門房、廚房，計室爲七，而平廊列室爲四，皆隔長院與兩院相望焉。其後又有大院，有戲臺樓閣，兩序各有配樓。院有罩棚，内有廳樓，列室有七。棚院之後有鴛鴦廳，兩序繚以遊廊。廳後有甬道以接正廳東之平廈。正廳之後則有船廳，臨於池上。平廈之後則有廚房。循游廊折旋而南以達方閣，池中有荷廳。前有七曲橋，以接夕照廳。後有月牙橋，登陸以達花窖池。西有釣臺，連五方亭。出遊廊以達月宫廳。臨池之引水河則繞祠宇之西，三曲而至西牆水閘。河上有平水橋及玉石橋，以望西南之雙順亭。復有圓旋小石橋以接小甬道，東則達於祠之前院遊廊，西則達於西式平房。西南隅有車馬棚、馬號在焉。

鴻章公濟南專祠記

佚　名

鴻章公濟南專祠，係光緒二十八年，由山東巡撫周馥據東省官紳公意，以曾奉諭旨，准於公立功省分建立專祠。追念公督師平捻，重奠民居，東省尤爲立功最著之地。請於濟南省城，遵旨建祠，列入祀典，以隆報饗。專疏具奏，得旨允行。即擇定省城貢院之後購置隙地，興工建造。越歲仲春，工竣。奉主入祠。祠地共計四畝四分五釐二毫五絲。其形長方，惟缺西南隅角。大門南向。西有磚井門，内列室五間，院中峙有御碑之亭，兩廊各爲四間。入屏門，列室三間，兩序遊廊，室各二間。屏門後爲正殿，東西遊廊各爲六間，大院中有小池、石橋。正殿東牆之外有一小院，可通皖江公所，迤北有四角小亭一座。西牆之外有室二間，殿後爲樓廳。廳後有長方荷池。東南角列山石，中有六角水亭，名“覺漚”，接以木橋。樓上爲室三間。東西平臺各一。東平臺迤東有小木橋，以通方亭，名“潛亭”。樓下爲室五間，大院中列山石，東有長石山，西有長水池。池内亦峙山石，并有曲橋。院之東廊八間，遞上以登樓。中有方亭，名“翼然”。院之西廊七間，北有石磴，亦可登樓。西南角之東西各有船亭，有室三間。東北角有石洞以通水門及小庭院。水門則通大明湖，由此可登舟焉。西院北廳有室三間，南爲照廳，亦有室三間。院内之西有小草亭。照廳之南又有一院，東屋三間，西屋四間，皆以居守祠者。西有便門，可以出入。總計祠屋凡十五棟，院大小共七，平臺爲二，碑亭爲一，其餘大小亭共五，殿室三間，廳室十四餘室，共六十三間。正殿之中祀公神主，其旁袝祀公弟贈太常寺卿前鹽運使昭慶公神主，其西院北廳之中則并袝祀贈太子太保前福建臺灣巡撫合肥劉壯肅公銘傳、贈内閣學士前山東登萊青道貴池劉公含芳、贈道員直隸候補知府石埭陳公鬢舉三公之神主焉。

鴻章公杭州西湖專祠記

佚　名

鴻章公杭州西湖專祠，係光緒二十八年，由浙江巡撫任道鎔以曾奉諭旨准於公立功省分建立專祠，臚陳公生平事績，及督剿粤寇之役在浙省有底定之功。兩浙官紳追崇遺愛，請於杭州省城遵旨建祠，列入祀典，以隆報饗。專疏具奏，得旨允行。即擇定西湖棲霞嶺右，岳廟之旁土名東山衖口之地，興工建造。越歲工竣，奉主入祠。祠地共計四畝，縱廿六丈有奇，横十六丈强。大門爲東南向。祠外繚以圍牆。中分二宅：東爲正宇，西爲别墅。正宇，門樓三間，垂朱門三面,兩序夾院,東西廡室各爲四間,院中有甬道直接二重門樓;内院益廣,甬道益寬,歷月臺、捲棚以達饗殿。殿爲五楹兩序,二亭對峙,東爲碑亭,西亭穿門,可通别墅。院中有花臺四座,塔松排立。殿後有小園,植以花木。并有弓背長廊,穿過角門則曲通别墅後之西式住屋。此祠之正宇也。别墅外爲石庫大門。門内,前爲門房六間,周圍徧植臘梅。中爲四面樓廳,登樓可覽全湖之勝。廳左爲迴廊八間,後爲西式住屋三間,左有廚房一間,右有廁所一間,此祠之别墅也。至祠門之前有兩聯照壁,左右爲東西轅門。東轅門内有自造馬路,計寬三丈五尺,以與湖隄馬路相接。轅門近環翠橋,湖港由東環繞。西轅門外設有石臺,乘舟詣祠者,則由此可登焉。

鴻章公江寧專祠記

佚 名

鴻章公江寧專祠,係光緒二十七年冬,由江寧紳士三品銜補用道前河南南陽府知府濮文暹等五十三人聯名公稟,以曾奉諭旨,准於公立功省分建立專祠。江寧既係立功之地,而追懷惠政,被澤尤深,遺愛在民,宜隆報饗,請於江寧省城遵旨建祠,列入祀典。呈經兩江總督劉坤一專疏具奏,得旨允行。即擇定城内四條巷隙地,興工建造。越歲工竣,奉主入祠。祠地共計十六畝,其形長方。大門南向,前有照壁。大院東西各有轅門。大門之内:首進,列室四間,以居守祠者。次進,大廳五間,左右室各一間。循兩序通廊入中門。大院後爲饗殿五間,院之東西長廊環接。殿之兩旁各有院門通後。後進陪殿爲小五間,有室二間。殿右有平房一間。東牆有門以通後院。西邊則前後均有角門以通西院。此祠之正宇也。西轅門:右爲一小院,圍牆南向闢有二門。門内:首進小屋三間,中有小院,左爲平房二間,右爲廚房;次進正屋三間,後有一院,東爲長廊,西爲一閣,閣下有廊,前通廚房;後進廳室三間,由東長廊至廳旁,以通後院。院内蓮池中有玻璃廳院,西有平房二間,西北隅有披廈一間,東北隅有平房六間,後門在焉。此祠之别院也。

鴻章公蘇州虎丘專祠記

佚 名

鴻章公蘇州虎丘專祠,係光緒二十八年,由江蘇在籍紳士前奉天府府丞朱以增等聯名公稟,以奉諭旨准於公立功省分建立專祠,追溯公督剿粤寇之役。蘇省既係克復立功之地,而撫蘇惠政被澤尤深,遺愛在民,宜隆報饗。請於蘇州省城,遵旨建祠,列入祀典。呈經兩江總督劉坤一會同江蘇巡撫恩壽專疏具奏,得旨允行。即擇定虎丘地方興工建造。越兩歲工竣,奉主入祠。祠地共計十三畝四分。其形前長方,後横闊,東西微曲。大門向南偏東。門外有鐵柵門。沿河築有石級。門内左右列室三間,兩序有廊,中爲碑亭。甬道歧分,内接轎廳。兩序夾院,各室三間,由轎廳甬道直達月臺。後爲饗殿,兩序長廊繞院,環拱。左右配房各爲三間。殿後爲牡丹花圃,萬石聳立。殿之東西各有側門走廊銜接園中。走廈東首有室兩間,門題"靖園"二字。室旁有廳三間,名曰"竹崦"。由廳廊直上石山,有白鐵亭、四角亭、旱橋草亭。下山迤北,爲看山樓。樓之上下各爲三間。又有蝴蝶廳兩間,樓前爲蓮池。樓左由走廊以達船廳,前歷水橋、山洞,迤邐向南。橋右由走廊穿蝴蝶廳,灣繞至西,以達鴛鴦廳。廳計前後三間。廳左有萬字花臺廳,右有紫竹圃、石山洞。廳後有園四,圍繞以竹籬,中植櫻花。北有花房兩間,側門兩處通虎丘山,至山門之内。西首園外有隙地一處,則係與虎丘山寺所借用焉。

鴻章公上海專祠記

佚　名

鴻章公上海專祠，係光緒二十八年，由在滬紳商候補四品京堂龐元濟等職名公稟，以上海係公督師平寇立功發軔之地，又爲開辦洋務商務之初基，戰績成謨，遺愛在滬。請於上海建立專祠，列入祀典，以隆報饗。呈經工部左侍郎盛宣懷會同兩江總督劉坤一、江蘇巡撫恩壽，專疏具奏，得旨允行。即擇定徐家匯隙地興工建造。越歲工竣，奉主入祠。祠地共計四十畝。其形長方，東北約寬丈餘，西南稍缺。大門東向，臨海格路。門額表裏均題"丞相祠堂"。大門之内爲長方院，後爲祠之正宇。正門南向，對面則有照壁。東西各有轅門。中有大院。首進三間，東西廳室各有三楹；次進三間，前後俱有大院，繞以長廊，後院柏樹排夾甬道，直達正殿。殿之左右各有配房，皆以小甬道接於兩廊。東側有門，通亘南北。走廈門之對面，隔月樓爲戲臺。臺北隔巷列室三間，南爲長院，西通走廈，東通花園。院南有樓房，上下共廿六間，平房六間，其中各夾小院。樓房之南又有平房六間，中夾小巷。樓房、平房之後，皆有走廈以環繞焉，至前之長方院。南爲小河浜，河畔有花房，河水則縈繞五曲，以通西北角之小沼。東爲花園，界以冬青，中峙御碑之亭，并德國鑄贈公之銅像一尊，高與公身相等，下有銅座。其後有曲沼以通荷池。沼北有小橋、方亭，并有土山，十闢曲徑。越山則爲荷池，中有涼亭。亭之東西各有三曲橋兩座，互通池亭。池北爲小院，後門向西側有小街，在正殿之後。西北角有草亭。亭南有沼，是爲小河之源。西南角以竹編籬，植桂數株，復有小橋可通焉。

鴻章公合肥專祠記

佚　名

鴻章公合肥專祠，係光緒三十二年，由合肥縣紳士記名提督劉盛休等聯名公稟，以曾奉諭旨，准於公原籍建立專祠，追念廬郡當粤寇陷亂之時，賴公創辦團練保衛桑梓，功德在民。爰於合肥原籍遵旨建祠，請准列入祀典，以隆報饗。呈經安徽巡撫誠勳具奏，得旨允行。即擇定城内河平橋東首興工建造。本年季春工竣。孟夏奉主入祠。祠地共計十五畝。其形長方。大門南向，前齊街市，有大照壁。東西轅門各一，内有大院，由石階五層，以達月臺。首進五間，垂朱大門三重，前有捲棚，後有走廊、東西耳室，南面各夾三角小院以居守祠者。後有方院，東西廳室各爲三間，皆接走廊，中有甬道。次進五間，左右爲廳，後爲穿廳，東西各夾小方院。歷甬道以達看牆，入圓朱門三重，後爲長方大院。由石階七層上月臺，歷捲棚，以達正殿。殿爲五間兩序，各有長廊繞院環拱，此祠之正宇也。由次進耳門，則通入長方大園。此園係連祠東市房之後，内有磚井一眼，平房一所，共計兩進，係爲廚室。前有走巷，直達大街。園之圍牆東自張靖達公祠，經祠之正宇之後，繞至西首之河平橋焉。

鶴章公無錫惠山專祠記

佚　名

鶴章公惠山專祠，係光緒七年，由無錫、金匱兩縣紳士前河南學政朱福基等聯名公稟，以公同治初年統軍剿賊，收復縣城，功德在民。請於惠山建立專祠，列入祀典，用資崇報。分呈錫、金兩縣會詳院司，經兩江總督劉坤一、護理江蘇巡撫譚鈞培合詞奏請，得旨允行。次年即擇定惠山下燒香浜地方，由公子天鉞、經羲、經馥等出貲購地八畝，興工建造。越歲工竣，奉主入祠。祠坐北向南，正屋三進，俱三開間。前爲祠門，中爲廳堂，後爲饗殿。殿後餘地爲園，有池亭、山石。祠之東院有屋兩進。前進七間，爲門房廚屋。後進五間，爲客廳齋室。其後另有小屋三間，有廊相接。東爲園圃，中有土山、池亭并草屋三椽。祠之西院内有花廳三間，書室一間。廳南有戲臺及屋三間，廳北有池有船，廳西北有樓三楹，迤南有亭一座。全院環以長廊，前後通接。總計祠屋凡四十三間，門臨河浜，有迎神橋以通南岸。對岸爲祠之照壁，并建有碑亭。祠之西南隅墻外尚有餘地，立界石焉。至祠之地價、工費暨置辦祭器、家具、花木，各項用款，均由祠裔自籌。并另出私貲銅錢萬緡，分存該縣典鋪，歲取息金，以供祠用。

（李國松等纂修《［安徽］合肥李氏宗譜》 1928年鉛印本）

蘭溪拜祠墓小記

李錫爵

昔朱子父韋齋先生宦於閩，遂自婺源移家建陽。而朱子以舊居紫陽山下，因取“紫陽”榜其堂。古大賢惓惓於故鄉如是可知。千尋之木起於尺寸，江湖之水源於濫觴，蓋人宜不忘其本也。予先世籍浙之蘭溪，自十四世祖文之公於明崇禎間自蘭遷松，迄今七世矣。其初與蘭溪族人不通音問，自曾祖仁齋公寓書於蘭溪同族，訪求世次。乾隆間，族兄望榮抄寄世次與文之公高曾記略相合。我祖我父欣喜過望，欲親往拜掃祠墓，以事逡巡不果。迨予小子，遣人到祠求譜歸，述祠墓氣象，略知規模，而終以未克親至爲憾。嘉慶己巳秋九月，偕法華族弟應增同往，始克慰願焉。於時仰棟宇之輝煌，瞻松楸之鬱茂，始祖以下昭穆釐然。想見祖功宗德歷久勿衰，而謹修葺，禁樵採，我宗人族大支分，莫不同心協力，敦睦之風何雍雍也。惜予小子兹行留連僅旬日，過前人之故居，流涕慨慕，終當舍是而去。予則何以爲情乎！惟幸我祖我父之有志未遂者，予小子得成其志，非敢謂善繼述也。亦願我子孫世世不忘其本耳。是行也，泛錢塘江，溯嚴灘而上，到蘭溪，居停族兄啟祥家。歸則迂道越州禹墓、蘭亭，并攬其勝。洎返山陰櫂，遊西子湖，皆予平生所未歷也。爰記拜祠墓事而并及之。時嘉慶十五年歲次庚午冬十一月十九世孫錫爵敬書。

遇良醫説

杜廷鯉

夫醫始於岐黄。其理通天人，關性命，非苟焉而已。洎乎倉公不世出，扁鵲寧再生，杏林橘井而後不有讀書明理之子直抉其奥者，烏能勝任？今人讀書不能，每去學醫，可以治生，可以利死。循是説也，世之所以多庸醫也。嗚呼！庸醫誤人。天生不庸者出而挽回之，不致舉世皆受庸醫之誤，而惠然相遇於風塵物色之外，豈不快哉！吾今遇庸者，而知不庸者之異也。吾今遇不庸者，而知庸者之誤也。於何徵之？於予之病而徵之。予右腿患癰，癰腫而皮色如故。遍問諸醫，皆欲消之，而不識其名。内外紛紛，藥石妄投，幾成不治。内有一醫厚索其酧，而曰：“可退。"不知内潰而敗。不遇扁鵲倉公，予之命懸呼吸，其不誤於庸醫之手幾希。而庸醫終莫之覺也。方且人人自以爲倉公，方且人人自以爲扁鵲。誰知竊笑於倉公扁鵲。而吾之得遇倉公扁鵲自有其人也。其人謂誰？松溪李君雄文也。

遇良醫説

朱廷璋

聞之三折肱知爲良醫。良醫之不易遇也，尚矣！世之醫者互相標榜，杏林橘井，其得諸今日乎？然而難焉。癸丑春，外舅患一癰，初起絶無形象紅腫，祇小腹間痛甚。《靈樞》所謂"癰者，其皮上薄以澤"是已。徧延郡名家，終無一識之者。卒遇松溪李君雄文，勿藥有喜，不讓湔腸刮骨手，遂以良醫稱之，誠不愧。顧竊思之，上醫醫國，其次醫人，以調燮之功補造化之缺，其術豈易能者哉！惟其有不良者，而良者益顯。始有一醫，素背其師。師進清涼，彼投温暖。按之此症，未必盡誣，而居心狂悖，是不有師也。不有師曷有友？不仁莫大焉！繼有一醫，其技窮，其口利，其心貪，業既内腐，猥云可散。《易》有之"見金夫不有躬"，斯人之謂與？後又有一醫，高起寸許，大如鵞卵，尚謂此濕痰也。且停食，非清虚不可救。嗚呼！外症彰彰，而疑痰，疑食。苟信其言，勺水不入，烏乎獲生？是直操刃而剚仇人之胸也。醫之不良如是哉！非惟不良其術，而且不良其心，流毒將何所底止與！然而所遇者類若此，吾故謂惟其有不良者，而良者益顯。此天之所以顯雄文之才，故遲遇諸此日耶？抑天之所以哀我翁之苦，使幸遇夫雄文耶？雖然，當初發之時，而知其爲癰也者良斯不爽。迨乎此日盡人而知其爲癰也者，曷足爲雄文重哉！要之遇之早晚，殆有數焉。雄文既通仁術，考之《靈樞・癰疽篇》曰："其狀不甚變，而癰膿搏骨。"前人言之已詳，即無形象紅腫，亦諒能決其形勢也。夫曰良醫，誰曰不宜？是不第爲良醫慶，而且爲遇者慶也。不第爲遇者慶，且爲遇之而能識之者慶也。意彼雄文躋斯世於春臺，不難矣！杏林橘井云何哉！

雄文公醫案序

陳　灝

天地之生人也，勢不能盡舉其沴戾而袚除之，於是不得不鍾一人以補其缺陷。而其人之精神術業遂能補氣化所不足而炳焉。具壽人壽世之功若雄文李先生者，倘所謂天授者與？先生先世本係浙水蘭溪。緣祖文之公遊學僑寓雲間，以好施得異僧秘授青囊，遂復避地松隱，以醫名世。父顯生公，及母胡太孺人，咸精徹内經醫則，屢奏奇效。至先生而大集其成。蓋先生縱覽百家，殫精極軌，不待目覩手揣，早能神明於成法之外。甫診脉，便可決死生。其視危疾巨毒、世所目眩心駭退不能勝者，恢恢乎運量而行所無事。技也，而進乎道矣。是以旦夕待命，門如集市。且江左同事者，每遇難治之症，束手無策，便舉以推先生。先生則措之裕如也。故觀醫案所載，大率奇疾險症，非尋常耳目所經見。向非化裁通變，相地因時，何以按脉立法，觸手生春，致頌德者接踵盈門，當道者懸聯張額也。昔許引宗治新蔡王母病風，以黄芪、防風煮湯數十斛置牀下，令氣薄如霧。是夕，遂語王荆公患偏頭痛，擣萊菔汁注鼻輒愈。宋神宗皇子患瘈瘲，進黄土湯而瘳。此皆用法而不爲法囿者也。以方先生，何多讓焉！然先生方且不問貴賤，不辭勞勩，惓惓以利濟爲心，而絶無德色。此豈稍涉東垣、仲景諸書，貿貿然自矜能事者所可希其萬一耶？抑予聞之先生云：醫道與《易》理相通者也。大哉言乎！明乎吉凶消長之機，操乎變化往來之勢。咸拇可象左股無傷，則生生之意即謂見天地之心也可。予雖未知醫，頗志學《易》。竊嘉先生之利澤及人，仁心爲質，能補氣化所不足也，請以損疾遄喜之言爲先生贈。是爲序。時乾隆二十年歲次乙亥九月，年家眷弟山陰陳灝頓首拜題。

雄文公醫案序

胡德星

蓋聞拯危補懷保之窮，生死肉骨；濟困大和平之福，旋乾轉坤。是以泰岱恒修，得遇安期之術；龍宫密授，廣求思邈之方。换心久頌良師，刮骨羣稱高手。苟非著述，曷示神奇？我姻翁雄文李先生，三世傳家，十全制食。早通咸術，遇貴不憚於四難；夙擅岐經，攻療已本於九折。披葛洪之金匱，肘後常懸；守子豫之赤丸，庭前垂訓。爾乃委制治張子之背，流通見龍叔之心。膝有蛇蟠，不讓華陀繫犬；衾無走獺，何殊王纂神針。緣腠理以尋求，據膏肓而洞矚。銀丸金液，利濟恒多；湔胃滌腸，顛連有告。踵門若市，容旋馬者積屨盈庭；坐照如神，仰折肱者口碑載道。水鑿蘇躭之井，效可迴生；酒傾羊祐之樽，功宜益壽。遐方接踵，園多植杏之材；當事表間，堂著明經之額。爰採神功之歷試，用集醫案之大成。徙柳多奇，不羨秦王厚賜；針茅紀異，屢邀虢子趨迎。雖妙術不在著書，争説兄宗之得意；而秘方遵爲成效，欣看涪水之遺經。出數卷於懷中，即是長桑異遇；授一編於籠内，便爲扁鵲薪傳。時乾隆二十年乙亥初冬，年家眷姻教弟胡德星拜序。

（清李錫爵等纂修《［浙江金華］龍門李氏分支譜》　清松隱恩本堂鈔本）

李文正公山東遺像記

彭維新

此明少師茶陵李文正公先生之遺像也。先生以神童成進士，歷館閣，陟台輔，迄事武宗。貂竊王鈇，先生柔剛并濟，單心旋挽，而究不失其正，此《夬》之"九三"所謂"獨行遇雨，若濡有愠"者是也。余家距先生祖居至近，且世爲姻亞。少慕其人，思欲瞻其遺像，而不可得。緣兵燹疊經，其家族所世守者散佚殆盡。而先生嫡裔，又於明末鼎遷時，自京師畏吾村負幀軸遠依舊姻衍聖公於曲阜。故吾鄉人無不誦先生之遺文，而未有曾識先生之遺像者。庚子冬，余奉命視學山左，以次按臨曲阜。甫下車，即訪李文正公嫡嗣。歷世侵遠，隆替異情，姻戚之道薄，文正子孫不能無蔽芾其樗之傷焉。曲阜城中幾忘乎茶陵李氏嫡嗣，尚有世寄斯土者矣。洎予試後，謁至聖墓，將事畢，有尫瘠襤褸匍伏道左，口稱茶陵茶鄉人。問之，即先生嫡裔，名李興貴者。亟命曲阜令引至院署，令其悉見吾鄉人之在署者。詢其産業，則無宅無田；詢其人口，則惟一身及一七歲子耳。因詢及先生遺像，及四歲見景泰帝時衣履猶存否？則出之破壁塵網中，剥蝕破碎幾盡。予念文正公像不可以無傳也，舊縑無徑寸完好者，然猶面部尚未甚破裂，恐過此則不能彷彿，因飭工裝褫舊幀，貯以文木匣，付興貴同衣履謹藏之。又購素絹，募善繪者鈎摹數幅。俱毫髪畢肖，一以付興貴四時展拜，無復輕出舊像。一託孔氏子孫收藏，一則予自攜以歸。像成，予爲先生置主入報德祠。又與李興貴之七歲子以奉祀生，名之曰"隴"，冀其不忘李氏祖居茶陵隴下之義也。祭之日，予盥肅而往，曲阜令孔衍澤辦祭甚恪。四氏子孫咸奔走執事於祠。汶水以西十餘州縣官紳仕籍皆報名助祭。予令興貴率李隴就主位答拜。是日也，冠裳焜爚，舄履綢疊，祠不能容，充溢衢路，魯國傳爲盛事焉。予又捐俸百兩，購買祭田四十餘頃，足供十餘人之食。又令曲阜令爲李隴擇配士族，以衍其傳。魯國之雅雋能文名列仕官者，議婚始無虚日。憶先生之裔自僑居曲阜以來，聲光銷沉者百餘年矣。今以一興貴貧病村俗不能自存之人，一旦儼然與薦紳先生、鄒魯文學之士齒，魯國之素相爾汝者不復敢褻侮。由是人人心目中皆有茶陵李文正公，而文正一綫在東魯者今始大有起色矣。兹寄先生遺像歸里緣，敘其巔末於幀首。猶竊幸奉命東學政時，獲見先生真面目，兼願先生家族暨吾鄉人共爲臨摹以廣之，且咸知善人之後必昌，周公之封孔氏之里尚有先生嫡裔李隴者在也。石源彭維新薰沐書。

（清李修文等纂修《［湖南茶陵］龍溪李氏分修支譜》 清光緒十四年西平堂木活字本）

上南光復志略

李卓民

辛亥九月十二夜，上海紳商各董開會於總工程局樓上，議定十三日午後三時起事。先以製造局爲的，卓民擔任招集，南北商團會友，准時到滬軍營聽命。翌日到者二千八百餘人。列隊充先鋒者三百四十二人。是日上午，有人説總辦張楚寶反正。張曰："予朝廷命官，惟朝命是從。否則死耳。"及歸，報非口舌下也，乃用兵以進，彼已有備，排鎗齊鳴。吾師死者九人，然前仆後繼，有進無退，卒攻克焉。張沛如死之。余左足受二創，尚能勉强行也。

十四日，全體光復。南市一隅秩序大亂。卓民奉派爲城廂内外宣撫之職，率馬隊六十四周巡南北，安慰居民。十五日，有奉南川紳士王忍庭、唐少蘭等來會，以土匪將起，滿官欲逃，請上峯撥師往鎮。時滬軍都督方成立，以海防廳爲都督府，而辦事仍在南市工程局。夜八時，長官邀卓民入見，謂浦東奉南伏莽甚衆，恐將乘間起事，荼毒居民，是不可不有以鎮撫之。君南邑人，今滬役已成，又將以此事爲累君。如可者，即當率商團敢死團以往。余曰："長官命，其敢不從？惟南邑瀕海，民頑，不知光復爲何物。都司等兵隊不可不防其抵抗。此行也，人宜夥。"答曰："今夜先發一隊，明日當續派。"蓋滬秩序未復，防堵亦甚要也。遂領委照，受行軍司令。全權率小輪一、拋船二，夜分解纜，由閘江至新場。天黎明，商團來會，即登岸放哨。傳諭董保，各鋪懸掛白旗，并隨貼告示。復向東進發。兩岸鼓掌如雷，其官場富室遷徙者，均切實安慰，并分别驗給護照。

十六日上午十一時，抵南城未至三里，遥睹女墻上引頸西望者人多於鯽。有手持白旗在西城巔歡迎者。余即令暫止進行，發探二人前往。回報，西門洞開，有商團預備出迎。城上均係居民樂觀者，實無一兵。乃入城，在城門口與南城之商團行舉手禮，并彼此放槍致敬。即以城自治公所爲辦事之地。先是彼中人士已舉顧忠宣爲民政長。余等至，設宴於公所（即積穀倉），款洽至周。酒罷，悉賴令已居習藝所。余邀之來。未幾，賴及都司朱大斌并城守等先後來見，各繳銅木關防。當詢賴公款問題，稱由賬房管，除存莊不計外，祇有現銀二千餘。余囑迅交顧民政長。唯唯而去。後遵繳與否，不知也。其協助最力者，莫如張仁庠、楊爾墨諸君。楊君等均起立演説，深表歡迎之忱。余亦畧述上海光復狀況，并奉命周循之意。午後，張仁庠稱警務長查某刻欲告辭。未幾，果有辭職書來。余知難挽留，准之，而請張君權其任。顧民政長會同張警長點監甫畢，奉賢紳商代表到部，稱縣令趙亦欲挾款而逃，要求速往鎮撫。余有招撫奉南川三境之責,未可薄厚其間,不可不去。遂於夕間發動員令,派敢死團隊長戴漢斌爲駐南司令,會同顧民政長保護治安,并發貼安民告示數十張,以習藝所爲司令部。惟上海續派之師尚未至,兵力單薄,可憂殊甚。因與南城商團長鞠君少衡商,即以商團會同民軍協力維持。

十七日晨,部署已完,即雇舟赴奉南。商團遠送過三墩、大團等處,均開會演説,發貼告示。大團黄君菊坪又宴餉我軍。商團至是始回。我軍去大團十餘里,隨即趕來快馬一匹,報稱南城午間突有土匪蜂擁入城,燬學堂公所,刦賴令而奔。我軍陣亡者已有數人,回頭北望,第見火光燭天,槍聲不絶。余即下臨時命令,全軍登岸,悉數整隊北返,以挽狂瀾。違者有軍法在。衆躍然曰:"惟君馬首是瞻!"余即乘來騎,衆步行隨之三十餘里,且渴且飢,無倦容,無怨色。迨回城,已昏黑,全城罷市,留軍中俞君志偉已爲匪害,棄屍東門之外。許君如柏亦受重傷。各官及商團警察則星散不復見矣。乃舁俞屍至純陽殿,以銀十枚雇四人爲之照料許君,即寄養某君家。是夜,既無食宿,荒城斗大,又無接兵。萬户寂然,犬吠無聞,柝聲闃如。熙熙皞皞之餘,忽呈荆棘銅駝之象。中心於邑,傷何可言。至夜,遇顧民政長於盛姓家,商榷多時,未有善計。而我軍自遭摧殘後,袛有三四十人,何敷分布。乃發快騎二,回滬請兵。一面星夜赴新長城隍廟待旦。至十八日午間,有十字軍一隊來會。乃會同再往南城,駐軍於商會中。得商董楊時山、鞠少衡諸君之協助,派人赴海調查,連夜重發安民文告。四門分班看守,而謡言仍未息。每日夜必親自率隊往東門外二十里間巡哨一周。十九日,即以軍政府辦理情形報告,將俞屍送回上海,并詳請都督優加撫卹。二十日,遷司令部於縣署,委邑紳王君汝舟爲秘書,而市鄉紳董協助者甚夥。如陶賓初、陶蒙泉諸前輩,均於善後事宜盡力者也。其時滬軍營光復軍集師尚有二三營,兵力復盛,均歸余一人節制焉。

卓民致江蘇都督程德全書。雪樓都督閣下:敬肅者,往歲起義,卓民奉令率師赴浦左辦理奉南川招撫事宜。有商團會員俞志偉者,於光復南匯時被匪徒襲擊死事,甚慘。前滬督以俞君捐軀殉國,忠勇可嘉,蒙給資治喪,并月給撫恤該家屬銀二十元,在案。今自滬都督府取消,此項撫恤竟無着落。查俞志偉年纔弱冠,家無立錐,竈下生塵。白髪之高堂奚賴,膝前無嗣青年之嫠婦誰憐?慘苦情形,筆難盡述。卓民當時職司領袖,誼切同袍,今見俞母以領款無着,致使犇走啼哭,殘喘苟延,豈忍坐視。用特肅函台端,乞將前滬督所核准俞君家屬之撫卹銀兩檢查舊卷,仍懇按月撥給,既慰窮民無告於生前,又安志士忠魂於地下。我大都督之功德爲靡涯矣。至此事如何辦法,乞見示,以便遵循,不勝企禱之至。

程都督復書。倬雲先生大鑒:逕復者,前奉來函,詢取俞志偉卹款等情。當經指令候駐滬人事科高顧問官查復,再行核辦云。後兹據高君函復,該項卹款於上年滬軍都督府取銷時,業經按照十年卹款,由人事科發給中華銀行支票計洋二千二百二十元。有商團會長葉君惠鈞立公會收據爲憑。此種收據復據高君派人呈送本府驗訖,各在案相應。函復台端,希即查照,逕往該商團葉會長處領取,以清手續。是爲至荷。

(李卓民等纂修《[上海南匯]竹岡李氏族譜》 1921年刻本)

馬嘷詩鈔序

陳光鑑

海鹽李蒿園先生采録其邑中百數十年詩人之作,彙而輯之,名之曰《馬嘷詩鈔》,將授梓,而屬序於余。余讀其自序、例言，謙謹之思淵乎可覩。既而諷誦全帙，見有桑梓前賢，平生景仰，恨不同時者；有馳譽騷壇，生同時而不一識面者；更有年交世契，昔所慇懃歡接，而後先殂謝者。讀其詩，思其人，敬之，愛之，悲悼之，乃益歎先生之役之用心深至，而不能已於言也。古詩三千篇，其散見於十五國風，自通都大邑至窮鄉委巷，莫不有作。其得以流傳者，意必有人焉。如鄉遂大夫、州黨縣鄙之師，地近而與民最親，以時采録，而陳之太師，登之國史，今删存之三百篇，恃有此具也。後世詩各名家，家自爲集。漢魏六朝以降，至唐宋元明，代有傳本。然謂數千百年來能詩之士盡此，吾未之信。夫風雅之道微矣，或傳，或不傳。後之視今，亦猶今之視昔。惟名人才士有專集行世，得不湮没於操觚者之手。其鄉曲卑寒、殘膏賸馥，卒至澌滅無存者，何可勝道！且不特無集者之易就散失也，有集矣而或居非其地，遇非其人，則猶不得盡傳。此各省州邑志藝文一門爲不可闕也。大抵鄉邑之彦，隨其所見，得之心而宣之口，未必無當風人之旨，患無其人以時採録耳。先生少而好學，耄且不衰，於師友淵源，講論而切究之者素矣。是編博採精收，事則存詩，義足兼志，於以備輶軒之采而進之朝廷，則微顯闡幽之功莫大於是鈔云乎哉！嘉慶己巳夏五，秀水愚弟陳光鑑頓首拜撰。

馬嘷詩鈔序

周　春

海鹽李君蒿園選鹽邑國朝以來之詩，爲《馬嘷詩鈔》十二卷，授令子五峯茂才問序於余。見其因詩存人，因人存詩，體例秩然，搜羅浩博，採擇精審。此發潛闡幽盛德事也。乃知鹽邑百數十年名才輩出，當必有感謝入夢者，如顧氏秀野草堂矣。詩鈔以“馬嘷”名何也？鹽、甯接壤，本屬一縣。所分甯之稱海昌昉於吴。吴立海昌屯田都尉治，陸伯言以都尉合屢遷宰相是也。鹽之稱武原昉於秦。海鹽故武原鄉，莽曰展武，漢順帝時陷爲湖，謂之當湖是也。此二名者，至今習稱之。案馬嘷本《越紐・外傳記地》云，事見《吴史》。馬嘷城，地志在海鹽縣東南，殆即《水經注》之馬罣城也。余戊午掌教海鹽，自名其詩爲《覲鄉草》，秦少寇徵其解。余引《越紐》云：“海鹽縣始爲武原鄉。”又云：“覲鄉北有武原鄉。”爲證。少寇曰：“使天下知海鹽之爲覲鄉，自先生始，不亦可乎？”易之曰“馬嘷”，易之曰“覲鄉”，皆有關於地理之考訂，非好奇也。遂并書之，以爲序。嘉慶庚午嘉平月松靄周春撰，時年八十有二。

雙忠祠記

李聿求

雙忠祠者，以祀吾家司訓公父子、給諫公父子也。先是乾隆四十一年，有詔定《明殉節諸臣録》，凡三千六百餘人。吾家給諫公得賜謚“節愍”。公之子賜祀忠義祠。時都御史張公若溎奏請行文各省，再加採訪，録其姓名。而吾家司訓公父子并於明末殉節，彰彰在人耳目，將申詳題請，會閣臣格其事不果行，時論惜之。謹案：司訓公諱自明，字先脩，給諫公從祖也。先世居海鹽之苞溪，後徙居梅里。崇禎中以明經授揚州府學訓導。閣部史忠正公命公兼與諸將協守。公晝夜巡視不懈，城破，衣朝服自縊于學舍。而公子諱鳳侣，字來儀，亦從公縊于旁。時南都猶未下也。迨南都既下，而給諫公父子殉節死焉。給諫公諱毓新，字喬之，居嘉興。崇禎十年進士，授潮州推官，以勦寇功行取。擢兵科給事中。忤馬士英意，命出巡江上。南都既下，歸與吏部尚書徐忠懿公爲郡城守計。城破，公殉節死。而公子諸生，諱禎先，字迪臣，亦抱父屍死焉。當大兵之南下也，名都大邑望風瓦解，其時稽首投誠以圖富貴者何可勝數。給諫在當日無封疆城守之寄，無兵馬捍禦之資，而司訓公尤屬冷曹散秩，均能視死如歸，父死忠而子死孝。嗚呼！烈矣！給諫公既獲賜謚，公之子得賜祀忠義祠。宜有專祠以主春秋禋祀，族人謀建以祀公。念司訓公父子未獲并祀，於義有未慊者，復合邑中紳士，請大府覈實題達。既得請，因於苞溪始遷祖祠之東偏建屋三楹，中樹以亭，立御賜碑文。斯舉也，所以彰聖朝褒揚忠義之至意，以風勵臣節，不徒吾宗之光榮已也！祠經始於道光三年三月，落成於五年九月。祠既成，族人咸謂不可無記，因謹書之，以告爲李氏子孫者，俾志忠孝於不忘。是爲記。道光五年歲次乙酉，十七世族孫聿求謹書。

土假山記

李自明

瀫溪之里有土山崇然，乃余先世東巖公之所築也。吾李實著姓，於苞溪爲望族。自東巖公分居至此，始於所居之陰背築是山，而是山與吾姓并著於兹土矣。相傳於今已五六世，雖支分派析，而均曰是假山之後也。是山也，東南注以清溪，西北環以大路，高可五丈許，前後左右計三百餘步，固不由天造地設，然當暮春深秋，竚而望之，鬱然有興雲出雨之狀。其上昔有層臺角亭，而今則但荒荆野棘，雜以桑柘而已。余嘗登而遊，復退而思，曰：嗟乎！此先人之所留而後人之所守者乎？先人居其勞而後人享其逸乎？一壤一級何者非先人基業所在？而思見先人者即見是歟！且吾先世之所遺者非止一山矣。凡所爲田園、池沼、華居、大廈，與夫圖書長物者，至於今而散廢且殆盡焉。使是山而爲金，爲銀，爲貨藏，其不爲磨削湮没之盡也能有幾何？今以其塊然土泥，無益於用，故獨存焉。使行人野老指而言曰：此李氏之故址也。因相以爲表識。是猶幸兹山之存也。雖然，故國非喬木之謂，而況於家乎？一撮之土更歷百年，又不知誰氏子樵牧而耕種也。悲夫！今使此後復有承先志者出，加以一簣，完其九仞，修廢補壞，增高拓廣，則家聲不墜，餘業可知。是山將世世存之，未始不可。今當五世澤斬之日，繼舊圖新。噫！正其時矣！然則居山之下與夫遊山之上者，寧無思乎？

假山後記

李　燦

客有問子假山所自來者，應之曰："此子先世東巖公所築也。"公以名進士子自苞溪卜居梅會里東。時當歲儉，農民乏食。公聚鄉人具畚插興事，擔土若干筐，酬米若干斗，不數日而竟穹然成山。乃植竹樹，綴臺榭，暇與鄉人遊觀，遂名李氏假山。而東巖公後居是山下者亦曰"假山"。李氏禾郡七邑，惟瀕海有山。若桐川之殳史，武原之大小横山，在長水左右，皆不甚高。此外甑山、瓶山、胥山，衹一簣耳。而兹則遠接殳史、横山，及海昌、硤石兩山，則又六峯之外獨秀平野者也。嘗憶東巖公後兩宰官、一學博，圖書彝鼎，流傳富有，而子孫失之，行道傷之。惟此土山巋然獨存，深可慨也。其山高可五丈，綿亘約數百步。其下清溪一碧，與山相映。至今古樹杈枒，禽鳥飛集，臺榭基址歷歷猶可按。當春始和，桃花滿山，芳草鋪徑，寒食踏青者咸登焉。迨乎清秋木落，薄暮煙横，視殳史六峯在蒼翠離合中，眺望平原則見稻稼櫛比，邨落蟬聯，樵叟牧童與牛羊俱下。山雖小,四時之景畢具。每思跡故址築亭其上,以復當時舊觀而未逮也。然溯是山所由來,懼先芬之莫繼,則又不在乎臺榭之有無矣。客聞之,唯唯。因續少白公之記而廣其說。

義田碑記

鄭 遠

萬物本乎天,而人本乎祖。故庶類芸生,其種各殊,得氣則一。百族綿衍,滋生日繁,皆從祖出。自世遠而支分,親盡而恩絶,遂致顛連不相顧,疾苦不相恤。此其人但知有身耳。試從此身而上溯之其綿衍者,皆自一人而來,則愛敬之心油然生。更從此身而旁推之,其顛連疾苦者,皆此身之同體,則惻怛之意怦然動。此義田之設所以爲敦本睦族之善術也。昔范文正公出己産爲義田,公諸族人,迄今千餘年享其利,海内傳述。蓋以慷慨好施罔非義舉,而敦本爲獨大;歲時餽問罔非恩誼,而置田則可久。苞溪李氏族大丁繁,相率捐田若干畝爲義田,立公户,俾子孫世守。捐者得以祖先栗主設奠宗祊,春秋報饗。其推恩,先於鰥寡孤獨,次及冠婚喪葬之無力舉行者。仿范氏法,著例六則,規模略備。夫李氏自元初因宦卜居武原,代有名人。南莊西溪兄弟,望著儒林,志乘傳之。後之人皆讀書敦行,科第不絶。即服田力嗇者,亦率務本篤實,不墜先聲,故能捐田贍俗、惠及宗人有如此者。嘗考國家令典,民有捐置義莊,許呈明當事,請於朝,立册,子孫不得擅廢。今李氏捐置義田,立有條例,他日積而日多,請於朝而定爲制,如吴中范氏故事,又可爲後世言義田者取法也。慨自末世之偷也,良田美宅但爲身圖。其始兄弟不相能,而父母之心痛;其繼宗族不顧問,顛連疾苦不一救,而祖考之心痛。觀於李氏義田之設,而愛敬之心可以油然生,惻怛之意可以怦然動矣。故爲之記。時乾隆十三年歲次戊辰中秋前二日,賜進士出身中憲大夫直隸提刑按察使前浙江按察使仙游鄭遠撰。

書明給諫李公暨配蕭孺人傳後

楊大鶴

武原李君,名登瀛,以明經謁選京師,除梓潼令,出其尊人給諫雲岑先生暨母蕭太孺人行實示余。余讀之,竊歎自古忠臣義士孝子節婦世變多有,而獨萃於一門者爲特奇也。李氏故浙右望姓,代有顯人。給諫公以名進士,起家潮陽司李,善政纍纍,多異績。時流氛正熾,公數上方略於制府,洞中機宜。監軍禦寇,所在輒上首功。既擢留都諫垣,與時貴牴牾,拂衣歸。偕仲子禎先捐軀赴國難。嗟乎!以公之才,苟當日者大用之,其削平戡定之功固當與古人争烈矣。亦何至流離摧挫,斷頸絶脰,父子同死,竟以節著也。悲夫!而蕭孺人躬冒白刃,求公屍,手裦土葬之。勞苦患難,饑寒之狀無不備嘗,乃克撫藐孤以成立。然則公之死也實賢於生,而孺人之生也更難於死。嗚呼!君臣父子夫婦之倫大矣。其於死生之義顧不重哉!今李氏子孫振振蕃祉未艾,固公與孺人之食報有以啟之,良非偶也。余職史氏間,嘗遇忠孝節烈之事,尤兢兢志之,罔敢忽。會梓潼徵余言,余惟公之行事載在志乘者班班可考,謹書數言於簡末,以見李氏世澤之長,而梓潼之孝思不匱,表揚先烈久而彌切。凡前人之所未竟者,必有以克紹而光大之。梓潼勉乎哉!時康熙歲在乙亥蒲月,毗陵楊大鶴拜手謹書。

書嗜泉先生詩後

董佩笈

曩余兄弟赴禮部試，攜得友人齋頭《欽定四庫書總目》，暇輒循覽不置，求所謂卓然有著述者，以寄尚論之思，并以博異日收藏有真鑒也。於集部見嗜泉李先生，爲有明逸老，邃於詩，而隱居於海鹽之橫港，蓋高士也。心焉慕之。然僅詩存二卷，附録一卷，竊怪所存者少；而讀其目卒未見其詩，又詑流傳之不多。歲庚辰，余以縣令籤浙，心竊喜。甲申，又攝海鹽篆，謂弟雲舸曰："向心志之，迄未一寓目者，今不僅得讀其詩矣。"會邑之人方葺書院，邀余主議。中有李淑齋茂才，一見即詢其世系，果先生裔孫也。益喜，遂索得是册讀之。蓋先生優於詩，而欲然常若不自足者，故其晚年痛加删削，存者止此。并戒其子若孫，勿以是暴諸世。嗚呼！先生真不愧隱君子矣，而卒邀宸賞，垂之不朽。豈古今物之至珍貴者，欲終閟而必不能耶？此不可知矣。其詩吐屬自然，不事規仿，至精深渾雄處，直欲駕古人而上之。雖寥寥百十首，諸體畢備，不可方物。嗚呼！先生之詩藏之内府，傳之後嗣，其終不能磨滅也，固也。今李氏子姓均藉藉有聲譽，爲鹽名族，則又先生深自韜晦，鬱久而必將發也。而余得讀先生詩并見先生後賢，抑亦佛氏所謂有緣存乎其間者也，豈偶然哉！康熙二十九年甲申，賜進士出身知海鹽縣事武進後學董佩笈謹拜手書。

書蜕庵詩卷後

沈廷芳

論詩以風格爲宗，而佐以神韻，斯爲上乘。然必有體有派，則雖自道其性情，而淵源具合。讀者望而知其源流派别，若唐之元、白、皮、陸、九僧皆成體，宋江西社之有宗派皆是也。吾鄉朱竹垞先生爲國朝大雅宗工。其詩地負海涵，大含細入，凡古今體無所不備，而極其神明變化，以合乎四始六義之旨，海内奉爲圭臬久矣。其鄉後進胥得其緒餘，故凡一吟一咏，自具規橅，不同凡響。李君蜕庵夙抱性靈，丰神恬逸。其爲詩如初日芙蕖，當年楊柳，又如春山秋水，明淨鮮華，而氣韻時見蒼秀。蓋既有詩之學與情，復虚懷以條鬯。其宗派固正，承流自高也。余素聞其詩名，而恨未得觀。頃因台簣山方伯具書幣延至泲上，相於怏對，性本真率，談論洒然，且知爲少白先生從孫。昔人云，半千孫，固應爾。宜蜕庵之學行若此，不特熏習曝書亭之瓣香也。兹讀其婺州及西泠近槀，迥句若"江聲殘夢裏，人語亂煙中"，"遥村連霧没，高鳥帶雲飛"，"空谷禽聲樂，高林日色寒"，"曉風急鼓西津渡，殘月疎鐘北固樓"，"夜雨虚尋青草夢，春風誰補白華詩"，"白雲斜界仙人嶺，緑樹低圍故相祠"。他若五古之似錢、劉，七古之似高、岑，皆於韶潤中寓骨幹，而得言志永言之概。洵乎爲竹垞、少白兩先生之嗣音也已。君於暇時常尋明湖、華嶺之勝，吟眺爲樂。予幸爲之執鞭，挹其古處。欣兹晨夕相與，沿洄無窮。乃西風乍起，忽動歸思，留之不可，則爲載酒趵突泉上，吟君"緑酒一尊别，黄花滿地愁"之句，以當折柳。且書此以送行，而附諸簡末，幸詩派之得其人也。乾隆庚辰秋杪，欽取博學鴻詞山東提刑按察使司按察使仁和同學弟沈廷芳拜手謹書。

書小蓬萊閣詩卷後

張炳堃

是册余表兄李子健明經所著，編次以待梓者。余讀之而有感矣。余少，數客虎谿。子健暨諸弟導余登學海樓，見李氏著述之富：有所謂《馬嘷詩鈔》、《虎谿吟稾》者，爲蒿園太姻伯著；有所謂《魯之春秋》、《仇池春秋》、《遼西春秋》、《桂海虞衡志》、《補亡文鈔、詩鈔》各集，則吾姨丈五峯先生所著也。均爲有識珍賞，借抄無虛日。子健謂余曰："我祖若父培植期望至深厚，今無所成就。此先集大半未刊本。我將謀所以付剞劂，特艱於資。而校讐之役復誰任之？"時子健肆力於許氏六書，日有程課。暇則習小篆兼喜染翰，獨詩詞若不甚措意者。後攜先集信宿絳跗山館，囑余兄海門爲之校字，遂相唱酬。則子健詩不假苦吟有所得，縱筆書之已能推倒一切，相與詫異。蓋其天授有獨優，抑亦淵源於家學者深也。居無何，爲吴次平學士聘。囑其弟子中、子敬兩茂才録《魯之春秋》副本攜以北上。《魯春秋》者，爲明季魯王監國殉節諸臣傳，採證詳確，允推鉅製。會予兄弟先後入祠館，復襄校勘，可授梓矣。而子健於時又以六法延盛譽，畫成輒媵以詩，題識典贍，一時都下有鄭燮三絶之目，求索者駢闐於門。予兄海門見而歎曰："子之畫洵海内共寶矣，然捉筆役役，終歲不得少休暇，何計之左耶？"子健曰："唯。"一日，忽峭然有歸思，留之不得。歸，仍賣畫自贍。淑配徐湘雯夫人善寫仕女。虞山蔣霞竹《墨林今話》稱其伉儷合作，得者珍如拱璧。而於先集之未梓者，則任諸弟以監刊之役，次第開雕，將蕆厥事。嗚呼！曩留子健不得，其歸也，固將以圖不朽之業乎？詎庚申辛酉嘉屬七邑淪陷，子健以憂憤殉。子中、子敬先歿，余兄海門同時病不起。獨余倥傯戎馬間。往者何堪回首！癸酉，余攝楚江督糧篆。表阮、宣梅、廣文乃應宗子城太守之聘亦至楚，相見狂喜。遂詢先集所在，曰：某存板，某存稾。行篋中攜有《小蓬萊閣詩鈔》及《影几叢談》二書，皆其尊甫子健表兄所作也。遣僕往索，遂得是册。詩分四卷，率多題畫之作，在京時唱和諸什亦存焉。一皆氣勢灝瀚，胎息渾厚，與其先世所著覺别開生面，而宗旨又未嘗不同也。《叢談》一書大半皆畫禪語，筆意磊落入古。後附文房玩器銘，多至累百。蓋子健精鑒别，晚年收貯益富，因附録於此者。讀竟，余不禁喟然曰："古者賢達窮畢世之心力，以成一書。洎流傳也，或遲至數世後。李氏且窮累世之心力，以成數書，其將必有傳也，何疑？"然子健奔馳數千里，極心慮討論竭蹶，以謀刊先集。既刊矣，而復世亂，散佚於垂成。嗚呼！何其難也。今讀是册李氏之待刊者，愈久而愈多矣。又所著皆確乎一家言，有非可以磨滅者。雖然，李氏世代研經鑄史，不求仕進，孜孜焉以課其後嗣；而爲之後嗣者，又每克承先志。今宣梅、表阮亦以經學爲潤州丁稼軒學使所深賞，是已能繩其祖武者也。異日者，必將裒先集考訂以行世，獨《小蓬萊閣》一集云乎哉？因書此以爲勉，并以慰子健未竟之志也。同治十三年春分前二日，表弟張炳堃謹拜手書。

書孝女李祥芝詩卷後

諸　錦

李輔兄長女祥芝，余之姨甥女也。自幼穎悟，十齡，從其父訓以《孝經》、《論語》，即了然曉其文義，積學五年，徧誦六經、左史等書。暇又展讀《杜少陵集》，隨拈一題，無不成章，又積數年，而詩卷盈篋矣。其父攜其詩草請陳石泉先生評點，先生又轉呈宫傅錢公，俱爲稱賞其才第，其性純孝。丙子秋，母歿。號泣不已，未幾遂得疾，及病篤，呼婢速焚其詩草。惟《詠梅》、《詠雪》及《病中傷母》諸什未彙入稾中，得不焚。然即此數詩，亦可見至性之流露矣。余方有寒疾，不能殫述其美，略爲敘次云。丁亥仲冬日，八十二老人諸錦書。

雲岑李先生贊

趙士麟

明季給諫，一門善道。爲臣死忠，爲子死孝。配蕭孺人，諸艱歷蹈。苦節保孤，茹荼集蓼。撫育庶子，恩深襁褓。次君謁選，乞言章表。既誌其墓，載題素縞。忠孝節義，傳家永寶。

雲岑李先生贊

許汝霖

見危授命，舍生取義。聖賢明訓，琅琅傳記。讀古人書，所學何事？嗚呼先生，正氣浩然。司李嶺外，剔弊釐奸。昭雪覆盆，盪滅探丸。計車初上，尋丁國難。朝拜夕奏，批鱗奚憚。賈生痛哭，陳平深念。狼藩東犯，鼠相南馳。大廈將傾，一木寧支？罔極君恩，死以報之。報君以忠，從夫以節。公有賢偶，躬全四德。茹荼集蓼，以圖燕翼。燕翼既成，令子之名。經綸方試，民社是膺。佇昌畢萬，振此家聲。

雲岑李先生贊

張豫章

矯矯李公，蔚爲國器。佐郡天南，鏌邪初試。剖决如流，夙興夜寐。時值弄兵，風鶴皆惴。籌畫孔多，上書主帥。殲厥渠魁，脅從罔治。聞風解散，指揮如意。四十餘戰，歷歷可紀。厥功懋哉，封疆重寄。迨奉璽書，得陳封事。炎精淪亡，隄防四潰。南渡倉皇，大廈已圮。事不可爲，成仁取義。慷慨捐軀，死而猶視。夫人佐之，亦復不易。毀巢得全，以勖令子。迄於成立，皆母之賜。每一念及，如雨涕泗。志在顯揚，孝思不匱。爲賦短章，上諸史氏。

李公殉節誄

袁　佑

康熙三十有四年夏四月，梓潼令李君登瀛，以其父潮州司理公殉節狀乞都人士之能文者以傳之。公字喬之，故明末海鹽進士，以理官監紀有軍功，潮惠賴焉。其殉節也，吐辭琅琅，狀甚烈。子禎先抱屍同日死。鄉人道其事，及今五十年，輒泣下。余哀之，因弔以誄。其辭曰：

酸風射兮陣雲欹，壄燒殘兮鬼火滅。空鞍馬嘶兮，韉脱羈缺；嗟忠魂之何歸兮，望重泉之永絶。棠村梓里之蕭蕭兮，陵谷滄桑而愁結。緊仙李之誕敷兮，實盤根於崇岡。何條柯之交蔭兮，擷衆美而孤芳。少英英以吐鳳兮，馳驥駿於康莊。踐明允而佐郡兮，秉丹筆以流祥。銅馬肆其虐熾兮，爰參枹鼓於疆埸。漢苗頌其偉伐兮，敗寇宵遁夫炎荒。乃傍郡之借寇公兮，妖火噀杯而莫起。狂瀾潰以没城兮，雙龍冉冉而卻水。彼渡虎與迴風兮，允符合乎青史。羌孰殫其徽音兮，循聲藉藉而靡已。夫何哀角發兮，〔下缺〕白日衰壘，虚無人兮蜷旌旗。寒烏野鴟上下兮，草腥斑斑而低垂；隕繁星其如雨兮，爛白石以離離。衆殤頽兮狼藉，中有男子兮偉奇。戴鶡冠之峩峩兮，倚長劍之委蛇；睇玉貌其若生兮，何顔色之悦怡。爾乃聞孺子哭兮，裹馬革以相從。灝氣舒卷於絳霄兮，欽子孝以殉臣忠。眺千巖之巀嶭兮，削萬仞之芙蓉。流涕泗於衆壑兮，傷逝水之西東。幾閲霜露而彌永兮，羣景企而哀悒。掞藻步於中朝兮，寫丹貞之熠熠。掬荆流以灌漿兮，羅樊山而薦粒；瞻雲幢之翻翻兮，汗赤道遥而拱揖。攜愛息若健走兮，載色載以翔集。余擬騷而歌迎神兮，奚庸涔涔浪浪啜其爲兒女之泣。欽定博學宏詞科第一等特授翰林院編修侍班内廷充皇清大一統志纂修官明史纂修官東明後學袁佑頓首拜譔。

李雲岑先生誄辭

虞兆清

明給諫李雲岑先生，枌榆先達，姻婭祖行。勛績茂於遐陬，忠烈著於故國，没雖已久，名迺彌光。嗣君學洲叔翁追憶遺徽，博徵嘉翰。猥當蒙固屬，綴誄文。其辭曰：

猗惟給諫，仙李流芳。簪纓詩禮，奕世載揚。鍾慶篤生，淑秉純茂。英英灼灼，蓮馨芝秀。瑞凝蚤歲，厲翼羽儀。飛辯摛藻，經史騷辭。結緑呈輝，夜光加潤。巘拔壘壇，穎標廚俊。升車結綬，司李潮陽。威伸蛟鱷，恩接鳳凰。潮山名。五弼平反，庶獄明允。于張是侔，皋吕參準。府事脩和，膠庠孚尹。嶺嶠迄今，棠芾未隕。既濡文教，復展武功。乘墉厲鏃，扼險蹈空。内剷藩衛，外整羆熊。逆孽獸散，疆索以通。名徹御屏，寵嘉乃績。啟沃用資，肝捜血瀝。胡天之傾，胡日之微。支廈一木，砥瀾寸磯。勛名何有，所恥知幾。死忠死孝，父子同歸。嗚呼！滮水之濱，胥山之岑。惟公之靈，永與古今。誰發幽光，野史衢吟。誰纘遺緒？桂茁蘭森。亦緊太母，鄭侯世德。巾帨梱儀，蘋蘩内則。窮達靡違，孝慈并飭。粤遭多難，拮据瘏嘵。保家既覆，育孤撫髫。惟才惟節，千祺用昭。清附後學，亦參親雅。披帙陳書，易代之下。景行心儀，謳思涕灑。敬獻誄辭，敢告作者。康熙乙亥皋月上浣，賜進士出身文林郎協理江南道事湖廣道試監察御史年家姪孫壻虞兆清頓首拜撰。

雲岑李公殉節詩

袁　佑

噫吁嘻！勝國潮陽李司李，一戰城南悲風起。先後行間百戰功，鱷魚空避潮陽水。白虹飲江霜濤寒，青燐飛火楓葉紫。自言忍痛只須臾，誰能偷生終不死。亂離有子抱屍歸，遺編何處招魂是。我操史筆傳未成，表章將毋媿良史。

前　　題

胡會恩

先生磊落非常人，當時傑士誰比倫。肝腸如雪目如電，長鬚巨口七尺身。少年讀書破萬卷，下筆騰光疾飛箭。拾取巍科若等閒，觀者如牆争歎羡。流輩結交吴與陳，就中夏公情最親。一時意氣合水乳，它年風節同喉唇。潮陽迢迢數千里，時雨化人風俗美。善政民誇築子城，異事龍奔滅洪水。赤眉青犢偏相讐，蜂屯蟻聚來它州。上官閉門苦無策，先生借箸勞前籌。誅者自誅撫者撫，對陣堂堂揮白羽。驅除狐鼠安珉黎，封盡鯨鯢靖疆土。危城坐嘯清羣奸，眼看壘卵安如山。三年報最乘傳去，父老泣涕争遮攀。天傾地仄豹虎吼，宗社凄涼共誰守？龍髯挽斷難上天，血滴衣襟向南走。南都承旨拜夕郎，青蒲白簡飛風霜。奸相縮首應膽落，路人拭目瞻騰驤。兩京淪没悲無主，滿目蒿萊歸故土。梯衝鼓角臨孤城，碧血黄泉自終古。高天何處來巫陽，下家父子皆國殤。吴羹楚些招不得，悵望華表音茫茫。夫人髽髻衣麻衣，撫心飲泣聲氣微。提攜弱息草間活，毁棄破卵嘗危機。歷盡艱難凡幾度，集蓼茹荼共朝暮。堦前秋氣墜金萱，天上雲深迷寶婺。令子墨綬趨劍州，手把名紙雙流淚。弗言五十年前事，恐因舊恨增新愁。三世通門稱莫逆，題罷詩篇憶疇昔。好待他時史筆垂，萬古高名光簡册。

書雲岑先生傳後兼呈學洲親臺志别

杜　臻

李侯倜儻才瓌奇，經緯濟時擘畫資。芙蓉風清倚如手，幾年密贊多設施。一官謁選到天都，百里聊借士元姿。揭來相見道故舊，稱述先澤心惋悲。有元之初至自汴，以官爲家東海涯。苞溪再世三珠樹，南莊西溪琬琰貽。簪纓奕葉紹弓冶，文名吏治傳纍纍。惜哉太翁雲岑公，長才短馭志不衰。當其釋褐受司李，潮陽天末萬里馳。大庾小庾度巖嶂，上瀧下瀧激流澌。讞獄盈庭神摘伏，築城巨鎮堅樊籬。盧循孫恩接踵出，寇來在我張鼓旗。盱衡長策十有二，擣虚批吭無差池。祝龍龍退禱火息，千年直堪媲退之。厥功懋矣膺内擢，大廈既傾誰能支？荆棘載塗困忠義，信史自足伸鬚眉。雖然素抱未盡展，恩德已溢潮之湄。韓陳盛業差鼎立，子孫亦足抒嗟咨。只今聖世重循良，異績拔擢無常期。行矣錦江樹新政，蜚聲天闕其在斯。

李雲岑殉節詩

史　夔

官領廷平法，身參幕府謀。峻垣防豕突，沸鼎待魚游。横槊臨山磧，迴戈渡海陬。梅花大庾嶺，羽扇足風流。

激直梧垣望，悲傷麥秀期。壯懷甘齒劍，光氣凜乘箕。地底萇宏血，天涯石相祠。忠良今有後，花縣政堪追。

李雲岑殉節詩

陳奕禧

仙李家聲慶澤長，汗青傳得事功强。賑饑惠溥安潮郡，弭盜謀深定粤疆。忤相直言多蹇諤，捐軀亮節凜冰霜。猗與令子彰遺烈，鄙語深慚述表坊。

頌雲岑李先生殉難暨配蕭孺人撫孤大節

查　昇

盛事多因苦節傳，闔門忠孝得天憐。如今痛定還思痛，忍讀《瀧岡表》一篇。
一髮千鈞繫不輕，直從國史著家聲。立孤豈是尋常事，生者無慚死者生。

弔少白先生

王　焯

廣陵城邊怒濤怒，白楊蕭蕭滿平楚。可憐夜夜泣孤魂，鬻宫碧血埋何處？憶昔博士官揚州，正值艱難丁國步。黄侯史相愁難支，何況左馬交抵捂。荒王逸樂孤城中，遠輸左晉宋南渡。亦知天命歸真主，肯以全軀負吾素。尺書誓死遺雲岑，一門仗節滄江路。公從孫雲岑父子，亦先後死。父兮死忠子死孝，青史流傳動遐慕。近來綸綍愈寬大，近有旨修國史，不削弘光年號。會見褒忠膺異數。我來長揖展荒祠，兩兩神鴉自來去。君是仙人幾葉孫，公自負爲謫仙後身。至今腸斷行雲句。謂覽輝樓詩也。

題于苑先生詩後

王　焯

走哭遺骸劫燼中，江城秋草滿鬻宫。緑荷不見劉牢子，石塔何緣得信公。
茹蔬啜水老窮陬，短褐長吟寂寞秋。比似孝娥心更苦，江風海雨怨揚州。

和李子麟友見贈作

周　篔

屠羊亦有肆，賣酒亦有漿。處困無賢豪，在短遺其長。眷言歷饑渴，黽勉方自將。君子采葑菲，遺我瑶華章。遂令樗櫟姿，文采亦得揚。朱子磊落士，掞藻皆稱良。繆生秉高尚，志潔言亦芳。泥塗惜偃蹇，韞璞潛輝光。嗟余共晨夕，身隱名莫彰。鮑叔苟不遇，寸心誰能詳？

舟行尋李麟友舊居

周　篔

浩蕩遊子懷，煙波渺何極。秋水澄空明，雲浮去無迹。居恒苦奔馳，兹焉暫棲息。風力持一帆，輕舟屢欹側。秋葉先後凋，青林被霜色。寥落故人居，傷心我猶識。壁冷依莓苔，庭空布荆棘。山陽豈無感，清淚滿長笛。

宿李麟友村居

周　篔

疏樹孤巢宿鳥争,空堦荒草亂蛩鳴。煙依寒渚菰蒲積,月傍頽垣薜荔明。客館有懷仍入夢,譙樓無戍不知更。傷心往事虚流涕,愁聽霜楓響葉聲。尊公少白先生明季殉難。

李麟友招飲感賦

沈　進

銀燭醉初殘,明星照夜闌。春池垂柳暗,芳草落花寒。把袂歡歌易,論交生死難。百年渾若夢,相對勉加餐。

遊虞山次李于苑韻

沈　進

一徑懸崖束,孤峯傑石肩。高窺雲似絮,俯瞰掌爲田。蒼茫烽煙净,徘徊涕泗濺。中吴分霸日,曾此駐樓船。

不憚春寒峭,躋攀興豈孤。豐碑無歲月,深刻已模糊。山勢全趨海,江流曲抱吴。千秋遺廟在,榛棘滿荒途。

聽歌次于苑韻

沈　進

江湖老去更吹篪,白髪梨園弟子師。零落南朝後庭曲,石頭城下雨參差。

寄李于苑兼呈張權六

胡　山

尚憶南湖畔,從君汗漫遊。遥尋遠公社,更上李膺舟。驛路花初滿,山城我獨留。爲言張仲蔚,佳句好相投。

李蓼汀新居

王　涴

載卜南塘宅,仍開面水門。爲鄰皆舊友,聚族復諸昆。鶯語喧清晝,桐陰護短垣。羨君能愛日,添種北堂萱。

過李蓼汀村居

繆啟武

蒹葭深處舊溪灣，有客初從上谷還。黄綴籬根千點菊，翠飛簷角一房山。孤雲野鶴真吾侶，蟹譜魚經待爾删。只恐江干車馬至，未容長日卧松關。

梅里踏春詞

繆綏武

好花開徧假山頭，少婦閒乘舴艋舟。連日春寒蠶未浴，新曹王廟不妨遊。假山在溪東三里，前明李東巖先生所築，春時遊人最盛。東市梢有新曹王廟。

前張後李皆清望，東鄭西毛亦素封。更有三忠堪不朽，歲寒始見後凋松。前張後李，東鄭西毛，皆里中著姓。明季時，有貴陽丞王公允昌、寧海州同知李公士標、揚州府學官李公自明，先後殉節。竹垞太史思爲建三忠祠而未果。

李蓼汀村居用少陵遊何將軍山林韻

張　桐

背市茆爲屋，緣溪石作橋。短蒲低拂水，高樹迥凌霄。猿鶴拚爲侣，旌車未許招。自今吟抱膝，白日任逍遥。

松菊仍無恙，爲園樂不支。花扶阮公屐，草暗謝家池。得句兒旋和，徵歌婢亦知。閉門幽事足，世事任紛披。

蓴菜流匙滑，鱸魚入饌香。劇憐風物美，共坐水雲涼。是處身堪隱，名山業可藏。天涯留滯客，謂芋田及菱洲、水樵昆季。應悔鬢毛蒼。

李蓼汀母方太君輓詩

金介復

母儀人共仰，令節此堪傳。生死心凄絶，年時淚泫然。未悲門户薄，還羨子孫賢。薤露秋風裏，將詩弔九泉。

李蓼汀母方太君輓詩

朱　琪

賢母悲長逝，平生知最真。作詩同歎息，完節獨艱辛。國史傳他日，鄉評話幾人。時里中先後有請旌之舉。遥憐追遠典，白首看恩新。

貞壽詩爲李彭年母許太君賦

陸奎勳

仙李蟠根世澤長，芸編字字墨流香。孤鸞罷舞心同石，綵袖承歡鬢未霜。訓切丸熊追柳母，詩賡泛柏媲共姜。幸逢聖代端風教，綽楔烏頭賁九閭。

題蜕庵先生攬鏡小照

金　蓉

驢背船唇二十年，寸心長繫北堂前。歸來不敢稱頭白，祇倩荆關畫筆傳。

縱有秋霜兩鬢侵，江湖到處慣題襟。如何高館銀鐙夜，擁鼻翻爲憔悴吟。

鷓鴣聲裏促歸驂，詩老相逢快盍簪。謂娱村先生桑者舅氏。好結香山文酒社，春風白髮醉花南。

題蜕庵先生攬鏡小照

朱休承

憶昔執經侍皋比，諄諄提耳垂髫時。爾時先生亦壯歲，岸然道貌神長怡。一從驅車辭鄉土，歷贊公卿居幕府。聲名藉甚海内欽，廿年南北無定處。今春歸來長水濱，江村穩卧暫閒身。清吟常有鶯相和，泥飲何妨草作茵。傳神妙手渺難越，描取青菱光似月。鏡中不改舊時顔，惟换星星數莖髮。弟子初從邗上回，登堂拜謁好懷開。出圖命我題長句，私喜榛蕪有所栽。只今倦游計亦得，家食雖貧勝旅食。何時買取負郭二頃田，容我日日載酒親顔色。

蜕庵居士是空圖

邵祖節

青蓮本色坐蓮花，詩酒清狂逸興賒。自有鴻才籌借箸，漫逃禪悦結全跏。踏來實地即空地，悟到忘家仍在家。築得書臺隣顧況，雙峯禮磬静無嘩。

蜕庵居士是空圖

朱方藹

何人宴坐盤雙(趺)〔趺〕，六時習静依圓蒲。田衣被體巾覆項，鬚眉蒼老神充腴。琉璃淨地一方在，結跏便可同苾芻。甘露之缾衆香鉢，龜毛之拂螭頭鑪。一切供具且屏卻，何況熱釜牟尼珠。空諸所有乃常有，色空空色言非誣。真如蜜諦誰領取，解人唯屬湯休徒。夫君蟠根本仙李，青箱世業文學儒。詞場噉名數十載，詩筒酒榼盈江湖。參軍幕府偶然耳，丈夫肯受樊籠拘？彌衡一刺半磨滅，陶潛三徑將荒蕪。漾葭灣頭梅會里，飄然歸去棲菰蘆。捐除塵事悟禪悦，終朝面壁忘飢劬。天女縱入方丈室，漫空任作花紛敷。分明現示尊者相，盧楞伽筆摹成圖。揆予世網困束縛，未超欲界尋宗途。華鯨一吼夢方覺，和南願乞傳衣盂。法門初不尚文字，留題長句何爲乎？知君展卷定相笑，豐干饒舌徒區區。

蜕庵居士是空圖

朱 珓

高情振吟壇，家風本仙李。乃亦慕禪悦，遂欲棲法喜。開襟風動旛，揮(麈)〔麈〕月生指。卓哉天人師，早得清净理。千聞掃若雲，一心定如水。蒲團榮皋比，袈裟貴朱紫。(趺)〔趺〕坐静外紛，閉目專内視。諸相悟色空，微言辨即是。吾欲參詩禪，合十禮之子。

題蜕庵大兄小照用笠亭韻

李 集

阿兄賦歸來，家果綻青李。小印剝甕頭，情話亦足喜。示我一副圖，宗門得微指。披圖前致詞，箇中有妙理。雙樹聽好音，一絲颺活水。姬人擬曼殊，山花散紺紫。几席羅芳馨，何因滅聞視。諸色本無相，真空悟即是。我醉落言詮，引我一謦子。

和蜕庵濟南覽古詩四首

沈廷芳

葭菼忽秋思，湖光半浸城。緑陰隨棹轉，白鳥過崖明。椒露華不注，詩尋飯顆生。催南有前輩有手書少陵詩碣。嘉名等西子，鄉夢逐鷗盟。亦名西湖。大明湖。

名士聯何李，時同游者何君予謙。登亭木葉聞。花開昨宵雨，香冷一湖雲。淺渚輕鯈出，閒堦細草薰。柳圍今合抱，舉琖感紅曛。歷下亭。

别派仍通泲，兹泉冠歷城。激湍重勒石，噴雪舊知名。詞伯聯吟好，同游盛晴川孝廉亦有佳什。秋風步屧輕。我留大比側，亦喜濯纓清。大比泉在提調廨中。趵突泉。

韓倉與鮑村，賸有此樓名。白雪移居址，原泉稱潔清。李于麟白雪樓有二：一在韓倉，一在鮑村。今皆莫考。斯樓在趵突泉側，乃李中丞戴所建，仍名"白雪"，以志景慕也。風騷傳七子，邊許想前生。卻羨乘秋眺，佳山對酒平。白雪樓。

輓李五峯師辭四首

吴廷燮

一别成千古，星驚隱少微。高風誰復繼，吾道卜今非。白社留叢桂，蒼天誤布衣。先生自其尊人蒿園丈去世，布衣蔬食終身。山陽今夜篴，回首益歔欷。

著述平生事，長編續史通。先生著《魯之春秋》三十卷，《續漢書隱逸傳》三卷，詩、古文、詞及雜著又數十卷。萬言收典册，小技薄雕蟲。藻彩羅含鳥，蓬蒿仲蔚宫。他年遺藁在，耆舊擅江東。

世路薄遊倦，還山閲歲華。但栽彭澤菊，漫憶廣陵花。先生自揚州歸，杜門謝客，養蘭種菊，著書終身。天道真如此，人生詎有涯。傷心歌薤露，嗚咽動簫笳。

早歲資扶植，春風許共遊。余年十五從先生學古今體詩。才高師一字，心折爲千秋。流水人琴杳，名山事業留。亭前曾載酒，感激涕先流。

題李子健脩易印譜後即送其入都

吴廷燮

憶昔學詩從君翁，五峯先生。我年弱冠君成童。嶄然頭角身玉立，俊語出口清松風。寒暑推移十餘載，笑我兀兀仍雕蟲。君也讀書鄙章句，繪事獨出誇江東。更將餘技工篆刻，印花細燦丹砂紅。身懷絶藝人不識，頻年作客悲飄蓬。豔陽桃李春光鬧，我非壯年君非少。葡萄酒熟君遠行，惆悵花枝隔歡笑。臨歧示我印譜圖，故人動色嗟神妙。只今海内數交遊，趙翁武林趙次閑。刻石稱精到。能手還推孫當湖孫桂山。與楊，吴江楊龍石。摹古往往躋堂奥。其餘作者何紛紛，字畫規模强則效。二篆互舛雜蟲魚，六書未明失體要。君今學古冢所傳，《説文》繆篆供究研。上追斯籀相嫵媚，下揖漢唐争瓌妍。乃知能事有心得，存神摹畫皆天然。軟裘快馬遊燕市，流傳應貴長安紙。造化雕鎸神鬼愁，文人狡獪當如此。曾聞作譜首晁王，松雪吾邱亦并美。兵戈歷盡劫灰飛，斷册殘編今有幾？若教此譜貯名山，目中固已無餘子。羡君著作擅千秋，況有江山點筆收。督亢晴雲丹嶂出，潞河春水緑波流。東風吹送蒲帆快，秦山南望青如黛。煙樹迷離入畫圖，乞君示我荆關派。高歌長句送君行，師門體律今猶在。展卷揮毫定幾時，過亭問字知難再。五峯先生詩亦宗梅村，今歸道山已數年矣。有書一卷舊業傳，什襲珍藏深自愛。君不見徒步供奉官侍從，好取黄金綰腰帶。

用坡翁書王晉卿煙江疊嶂圖詩韻
贈海鹽家子健明經并索山水障子

李本仁

畫屏突屼生青山，螺旋蜿結蒸雲煙。春飃濛濛雨中遠，楊花欲暝江蒼然。誰能蓬勃洩真宰，縞素漠漠開林泉。我家營邱隱滄海，海勢震盪吞百川。興酣潑墨走萬象，解衣旁礴春風前。酒氣拂拂動十指，醉鄉披豁紅塵天。故人遠道贈尺幅，謂韻珊、湘漁。坐令庭宇增幽妍。武陵漁郎倘鼓枻，此中應有桃花田。自憐宦轍逾十載，高堂明鏡催華年。故鄉山水觸離夢，美人千里霽□娟。伯時瓣香幸可續，山莊更與圖龍眠。官齋拄笏使心遠，少文一枕堪游仙。空江明月鑒心素，鷗鷺自結湖山緣。願借清流洗塵滓，思君卻賦滄浪篇。

家子健淑配徐湘雯女史工寫仕女以詩索畫

李本仁

驚鴻飛燕鬭蹁躚，鈿閣文窗翰墨緣。一卷離騷香草本，十眉圖樣散花天。前生周昉傳神筆，偕隱吴興入畫船。乞寫鵞溪三尺絹，屏山閒對九疑仙。

輓李海安先生

嚴　辰

悲歌一曲痛人琴，更去徵詩□藝林。好共紙錢焚壟畔，九京評隲待知音。

送姪景孟之官莆田

李仲璣

莆陽千里路紆迴，纔掛征帆霽色開。爲政肯耽元亮酒，濟時須借倪寬才。壺公山色秋偏秀，石室寒光春自回。白髮故園如念我，逢人早寄荔枝來。

姑　蘇　臺

李季衡

夫差逞志營高臺，綺牕繡户參差開。子胥未棄吴江水，西施已到姑蘇來。百花洲上花如簇，西施醉倚闌干曲。一朝人去物亦非，故址荒凉走麋鹿。當日吴亡豈無故，只在獻媚君不悟。水聲猶似泣離魂，年年流過臺前路。

章　華　臺

李季衡

吞陳滅蔡開疆宇，封豕長蛇蕩中土。諸侯拱手莫誰何，玉帛紛紛競朝楚。好奢黷武非良謀，臺成已屬新王遊。雪中望斷乾溪駕，纖腰妙舞生離愁。荒城廢址何蕭瑟，怨魄茫茫歸不得。繁華一去空雲煙，露桃猶泣曉風前。

朝　陽　臺

李季衡

朝陽臺在巫山上，十二峯巒屹相向。斷雲殘雨知幾秋，筇竹椒花迷疊嶂。猿聲啾啾啼夜寒，叢祠寂寞山之間。君王何乃事游逸，遠棄國政來兹山。宋玉多才徒作賦，神女何嘗與王遇。遺憾茫茫耿不消，長江落日寒潮怒。

黄　金　臺

李季衡

昭王當日承宗社，不惜千金奉賢者。賢才何啻比千金，駿骨由來勝凡馬。郭生樂毅俱英豪，俯視列國同兒曹。蹈齊强燕猶反掌，復讐雪恥功何高。古來成敗知多少，故址年年自春草。即墨城開縱火牛，邯鄲回首英雄老。

戲馬臺

李季衡

八千子弟江東來，函關一叱强秦摧。還鄉自比錦衣樂，横槊戲馬登高臺。一朝垓下狂圖靡，楚歌四合兵塵起。陰陵失道歎天亡，尚騁餘威殲漢騎。拔山之力蓋世雄，空餘草樹生悲風。有舟不渡亦男子，揮劍直與騅同死。

歌風臺

李季衡

高皇逐鹿方東歸，千乘萬騎如雲飛。鬱蔥王氣屯沛邑，龍光焕爛輝龍衣。沛中故老歡聲動，擊筑真人思如湧。大風一曲酒正酣，忼慨還思賈餘勇。古碑剝落秋草荒，風聲雲氣猶飛揚。我來弔古空歎息，興亡之恨那有極。

銅雀臺

李季衡

魏家歌姬貯銅雀，高棟凌霄雲漠漠。眉嫵争誇翠黛濃，腰纖争妬羅衣薄。秦箏趙瑟無時閑，炰鳳烹龍頃刻間。綺裳映水月皎皎，朱簾映水花斑斑。一朝玉匣埋黄土，從此高臺罷歌舞。分香賣履屬何人，魂斷西陵泣寒雨。

凌歊臺

李季衡

凌歊高臺壯南國，突兀干雲天咫尺。珠簾半卷曉風寒，雕闌倒影秋江碧。臺邊軋軋金輿來，盈盈妓女花顔開。英雄一去不復返，朱甍畫棟俱塵埃。蜀山雪消青似洗，岷江西來幾千里。豪華霸業總成空，惟聞嗚咽臺前水

錢塘懷古二首

李季衡

大奸竊國正憑陵，河洛紛紛甲尚腥。無復漢光收故物，空餘周顗泣新亭。北來勍敵多如雨，南去諸孤散似星。俯仰不窮千古意，夕陽西下亂山青。

帝子龍飛渺海涯，城頭落日起悲笳。杜鵑夜叫空陵月，野鹿春啣廢苑花。緑水已無游客舫，青山都屬梵王家。興亡自是今猶昔，何必騷人重歎嗟。

蘇 臺

李季衡

姑蘇臺畔舊長洲,江水無情只自流。人去不生歌舞夢,客來空動古今愁。煙光漠漠孤城晚,樹色蒼蒼故壘愁。不獨凄涼眼前事,越王宫闕亦荒丘。

成 都

李季衡

漢家遺統在成都,王業重開異伯圖。忠武廟荒餘老柏,永安宫廢入平蕪。雲迷劍閣林巒瞑,霜落眉山草樹枯。千古寒江流不斷,也應遺恨失吞吴。

漢 昭 烈

李季衡

中山苗裔實賢君,紹漢還能集大勳。自信目中無二虜,誰知天下卻三分。渭濱師出人先殞,峽口營空日又曛。伐魏吞吴俱莫遂,峨嵋千古鎖愁雲。

漢 武 侯

李季衡

三分謀略孰爲優,王佐長才獨武侯。報主勳名過管樂,託孤事業并伊周。西風禾黍荒郊晚,落日松杉古廟秋。漢賊未誅公已往,千年遺恨自悠悠。

晉 陶 潛

李季衡

靖節知君志獨堅,終身不寫宋編年。門栽緑柳春偏好,徑植黄花晚更妍。清醑盈樽新有釀,枯桐掛壁舊無絃。欲知此日孤高處,都在歸來賦一篇。

韓 信 城

李季衡

淮流浩蕩楚原平,杖策英風感後生。天日可明歸漢志,風雲猶似下齊兵。千年城郭名空在,百戰山河姓幾更。還酹將軍一杯酒,黄鸝碧草不勝情。

嘗石首魚有作

李季衡

最愛吴中石首鮮，作羹薦酒味都便。絶勝漢口細鱗鱖，何似槎頭縮項鯿。入碗空思供母饌，登盤差喜佐賓筵。楝花風裏潮生處，多上東南賈客船。

送仲德昌司訓之官仙游

李季衡

送君持鐸上行舟，此去南閩作勝游。紅樹白雲江浦晚，青山緑水海門秋。驪駒歌罷難爲别，鸚鵡杯深且慰愁。到日吾兒如問訊，爲言强飯不須憂。

次韻春興四首

李季衡

香醪一飲味何甜，不覺茅堂日轉簷。風挾泉聲來曲澗，樹分花影上疏簾。隴頭牛出春耕雨，海上人歸晚負鹽。老我已忘機慮久，白鷗相近莫相嫌。

行李平分載小車，勝游隨處樂韶華。山前山後沽美酒，村北村南看好花。不歎鬢邊多白髮，只愁鼎内乏丹砂。若爲得似韓湘子，辟穀成仙咀絳霞。

懶散憐予似一僧，窮居無夢到飛騰。病劚詩骨清如鶴，字寫吟箋細類蠅。漁屋半臨滄海側，仙家遥隔白雲層。望中煙景堪圖畫，絶勝相如卧茂陵。

楊花落處雪紛紛，春色三分過二分。堦面草長青似染，波心風起緑成紋。鵓鴣啼散村前雨，蹇犢翻開谷口雲。欲作京華游宦客，棄繻無計愧終軍。明人詩鈔録。

多　景　樓

李季衡

無端江畔獨尋吟，最(受)〔愛〕斯樓景物清。兩岸平分秋色遠，亂帆斜帶夕陽明。煙霞杳靄金山寺，雉堞參差鐵甕城。何用荆關尋妙手，此間圖畫是天成。

樓閣嵯峨逼杳冥，望中風景有餘清。白鷗蕩漾秋波净，紅樹依稀夕照明。山路雨來還雨過，海門潮落又潮生。古來興廢知何限，幾度沉吟愴客情。

懷　維　新

李季衡

匆匆别我上京華，客裏俄驚歲月賒。兩地相望不相見，春來何處寄梅花。

淵明小像

李季衡

愛菊郎官本姓陶，拂衣歸去志何高。汗青千古遺文在，愧殺揚雄賦反騷。

送弟景孟計偕北上

李景安

才名弱冠推吾弟，歲晚金臺獨遠游。日下久傳鸚鵡句，道旁争識孝廉舟。名題淡墨尋常事，書借青藜次第讐。明主若聞花蔓集，可令使者早相求。

寄潘儒南

李景高

幾經秋蟀復春鵑，夢想何由與合并。别後容顔應太瘦，老來詩酒未忘情。潮聲近郭秋偏壯，月色當樓夜倍明。遥想閑居風致好，吟邊清興滿江城。

寄虞先生

李景高

有約溪邊放櫂來，床頭臘甕待君開。鵲聲空報明朝信，幾向堦前掃緑苔。

寄弟景孟

李景高

碧天霜冷雁來初，遠寄平安一紙書。最是情長不能盡，幾番開合倍躊躇。

夏日喜雨

李景孟

六月農望雨，晨夕呼皇天。天心亦慈愛，甘霖來霈然。轟雷震九地，新水平百川。蛙吹喧緑野，鳩語啼蒼煙。農夫喜相唤，負耜争後先。務除稂莠盡，毋俾傷我田。含餔庶有望，擊壤歌堯年。

在京寄劉季俊世經伯仲

李景孟

憶昔去年冬，寄跡東海邊。君家好兄弟，邀我情歡然。烹雞更炊黍，海錯羅尊前。新醞浮綠蟻,古鼎騰蒼煙。論文敘宿契,彼此皆忘眠。别來欻一載,兩地心旌懸。停雲護落日,過雁鳴蒼天。合并未有期,感懷徒悵然。

松坡琴室二首爲檇李劉宗遠賦

李景孟

劉君愛幽逸,築室松坡上。春來雨溜金粉香,静裏風生翠濤響。壁間焦桐三尺强,玉作徽軫錫作囊。先人傳之百餘載,後賢寶愛恒弆藏。不彈别鶴操,不奏離鸞曲。攜琴獨坐松石間,袖手沉吟意何屬。松有歲寒操,琴有太古音。撫松鼓琴得深趣,莫歎年來無賞心。

君家有古松,老幹凌蒼天。君家有古琴,玉軫聯冰弦。何年松下構此室,室有圖書琴掛壁。好書讀罷更何事,手調七絃寫胸臆。有時一鼓松之陰,松風滿座清人襟。高山流水有深趣,子期去矣無知音。勸君莫彈太古調,調古誰能識其妙?不如抱取登虞廷,朱絃撫出中和聲。導民之德宣民情,坐令四海歌昇平。

贈松陵史有常

李景孟

孟夏雨初霽,新水平溪橋。松陵史君最儒雅,放舟載酒來江臯。入門相問情如故,自云年少師吾父。别來倏忽四十秋,白頭始踏西溪路。吾父見之喜欲顛,開樽話舊何纏綿。人情自作雲雨變,道義恰比松篁堅。博山添香煙褭褭,笑談彼此開懷抱。夜深坐久更忘眠,不覺銀蟾墮林杪。人生良會非偶然,抽毫贈爾新詩篇。明朝别去重回首,暮雲千里迷蒼天。

題玉田山人宋廷壁畫

李景孟

玉田山人夜半酒初醒,抽毫濡墨寫出胸中奇。大峯小峯入雲表,彷彿江南雨後初見之叢林。茅屋小如斗,有客攤書坐來久。方今明廷側席需賢才,豈容銷聲匿跡老作巖穴叟?

梅花行送岑復元歸餘姚

李景孟

去年臘月盡,春意猶未回。今年臘月初,已見梅花開。梅花開時白於雪,不染塵埃自高潔。一枝折得暗香浮,不忍長吟贈離别。冰肌玉骨鐵石腸,歲寒不畏嚴風霜。君今分得江南去,春風兩地同芬芳。折梅贈君勝折柳,且欲離筵一杯酒。柳條雖緑不如梅,梅結子黄堪入口。佳實終當薦廟廊,願君去作調羹手。

終慕篇爲陸彦温作

李景孟

衆人慕華膴，孝子惟慕親。親恩罔極子難報，此心哀慕能終身。慈烏曉啼紅月白，夢想親顔夜臺隔。重裀列鼎雖有時，戲綵升堂竟無日。年華轉眼秋復冬，水流物换情無窮。松楸故隴一回首，殘陽滿地生悲風。

送王將軍督運還荆州

李景孟

將軍智略孰與儔，胸中豪氣横高秋。竭來坐駕萬斛舟，督兵挽運來荆州。手持三尺之吴鉤，夜深起舞神鬼愁。北風獵獵吹狐裘，國賦已輸兵不憂。昨朝謁奏拜冕旒，九重宫闕香煙浮。天顔有喜禮數優，賜歸曉出都城陬。將軍南還不可留，執手話别何綢繆。都門酒熟新出篘，勸君且飲三百甌。願汝乘時揮戈矛，勒功燕然最上頭。

新正後五日訪張孟先生

李景孟

乘閑來訪地仙家，掃榻相留意倍佳。香暖博山新擁火，光摇銀燭爛生花。玉壺注酒銷春思，彩筆題詩感歲華。明日不堪分手去，五湖清夢隔煙霞。

送嘉禾唐璵之京

李景孟

挾策匆匆上帝京，臨岐把酒不勝情。雲開遠嶠青螺擁，雨過長江素練平。曉月吟殘船背穩，晚風吹送馬蹄輕。請纓自是男兒事，會見南飛九萬程。

癸酉科得第

李景孟

三十年過歲又三，纔叨鶚薦我心慚。立身直欲攄忠悃，得禄還期奉旨甘。風散紫薇香淡淡，月臨丹桂影毵毵。鹿鳴宴罷天將晚，躍馬歸來酒正酣。

甲戌科廷試

李景孟

三月正當初一日，春官促入紫宸班。金爐香合開宫扇，待漏聲沉擁珮環。鳳閣嵯峨三島上，龍顔咫尺五雲間。丹墀對罷經綸策，躍馬長安得意還。

退朝有作

李景孟

朝回日日岸烏紗，西出長安一望賒。日上紅雲籠殿閣，風輕紫陌少塵沙。羽林勇立三千士，雞犬聲聞百萬家。竊禄自慚無補報，願歌聖德贊重華。

得雨喜而有作

李景孟

昔登黄甲宴瓊林，出宰莆陽兩載深。報主未能酬素志，憂民先喜得甘霖。千家雞犬鳴清晝，百里桑蔴藹緑陰。自愧才疏空竊禄，敢忘卓魯古人心。

聽月樓

李景孟

莫論無聲與有聲，登樓一聽便分明。羽衣按曲凌風細，桂子飄香撲地輕。玉兔不知霜搗就，冰輪猶用斧脩成。夜深坐對山河影，赢得牕前兩耳清。

詠書館蘭

李景孟

年年五月長中庭，緑葉參差覆紫莖。自與脩篁同冷淡，不隨凡卉共飄零。月移清影臨書幌，風度幽香襲研屏。赢得詩人吟興劇，一牕涼雨誦騷經。

月中桂爲王推府作

李景孟

不與人間百卉同，託根長傍廣寒宫。每逢秋半香逾滿，纔到更闌影漸空。葉暗只疑藏玉兔，花開渾不惹黄蜂。欲知仙吏高攀處，身在雲霄第幾重。

天寧寺牡丹

李景孟

洛下名葩孰與同，託根偏喜傍禪宫。艷欺優鉢含朝露，香壓旃檀逐曉風。攜自瑶臺霞作珮，散來天女玉爲容。金樽象板無由賞，着眼原知色是空。

送沈廷振上舍南還

李景孟

都門三月雨初晴，話別離筵酒漫傾。千里家山何處夢，十年湖海故人情。上書空踏金臺路，歸棹遥經鐵甕城。到日若逢朋舊問，爲言廊廟盡儒生。

題　　梅

李景孟

江南歲晚千枝發，江北春來一樹無。忽憶孤山林處士，夜深飛夢到西湖。

題扇贈鄭廷瓚

李景孟

乍脱征衫已暮春，柳花飛雪草如茵。關山迢遞行囊澀，一握清風贈故人。

題崇德天青宫白雲窩

李景孟

白雲本是山中物，飛占琳宫屋半間。莫謂無心輕出岫，道人自愛白雲間。

游天清宫

李景孟

天清宫前蘚苔碧，天清宫裏道人閑。笑指煙霞隔塵世，恍疑身在蓬萊山。

三月初七日出京有作

李景孟

曉辭丹陛出京華，檢點琴書共一車。三月酒家春正好，短墻幾處見桃花。

舟經衛河

李景孟

衛河北上九百里，一日南風過幾灣。莫道爲官今日易，也知行路古來難。

題 畫 魚

李景孟

大魚朝天小魚喜，揚鬐振鬣争趨奔。桃花三月春浪暖，一聲霹靂登龍門。

富陽道中

李景孟

一霎江行百里程，布帆安穩莫潮平。青山紅樹滿城郭，纔欲停舟風雨生。

夏日雜興分韻得魚字

李 澄

灌木千章障碧虚，天風時復到堦除。石欄下上將雛燕，蓮葉東西看戲魚。夜月揮殘清散曲，曉涼扇徧硬黄書。五湖尚有扁舟興，銷夏灣頭好寄居。

田家雜興七之一

李 璋

藹藹南山雲，紛紛出不已。茅簷一夜雨，新苗悦新水。兄戴禄萬鍾，其仲灌園矣。羊裘釣澤中，故人爲天子。會得古人心，耕鑿良可喜。

移 居以下和陶詩。

李 璋

成都八百桑，五湖三畝宅。古來賢達人，亦若計朝夕。吾生五十年，勞勞爲形役。今來住横港，聊作安几席。於此事耕牧，豈爲慕疇昔。願以長子孫，不必箸屢析。

吾友住前山，常寄山居詩。封緘束素絲，相與繚繞之。開卷再拜讀，令人十日思。思友不可見，每念羣居時。願將尋舊盟，且以俟來兹。慎哉此獨處，捫心毋自欺。

懷古田舍二之一

李 璋

海上足山水，吾亦屢登踐。不隨車馬塵，俗累吾知免。眷言古田舍，獨坐志已緬。譬如御風行，披襟泠然善。國與華胥古，跡似羲皇遠。安得負耒從，飄然竟不返。願學固在孔，毋笑沮溺淺。

飲　　酒四之二

李　瑋

讀書通古今，吟詩攄性情。愛此七尺軀，非爲千載名。誰與共傾倒，風味憐麴生。舉觴聊自適，毋顧俗眼驚。紛紛蟻子心，所謀竟何成？

淙淙南山下，泉石相與喧。吾廬結山北，吾友居東偏。醉歌行采樵，躡屐臨高山。山高去已遠，日落方始還。悠然會吾意，閉門無一言。

送友人之秣陵

李　滂

遠渡秦淮柳色迷，斑騅嘶入板橋西。南朝金粉消沉盡，剩有宫烏夜夜啼。

莫愁湖外空煙水，桃葉渡頭但夕陽。應向青溪問消息，小姑獨處尚無郎。

讀先世遺詩書後

李　淳

吾家本仙李，自昔數清門。兩世詩名遠，千秋手澤存。力惟追正始，體自陋西崑。雒誦忘深夜，檐花落酒尊。

登顧况讀書臺

李　淳

一自伊人去，芳菲絶可哀。况詩："日日兮春風，芳菲兮欲歇。"寒蛟潛古穴，殘碣没荒臺。槲葉連山暗，煙帆極浦開。昔游曾點筆，重拂舊莓苔。

秋　　柳

李　淳

津亭一回首，摇落滿江千。漢殿空思切，龍庭欲寄難。驚霜烏影亂，吹月篴聲寒。何處章臺是，凄涼不忍看。

貽王青上

李　淳

遠移半邏村邊櫂，來住梅花溪上洲。泉石久同元亮癖，溪山真作輞川游。余於舍後積土爲山，上植卉木，綴以亭榭，頗有巖壑之趣。人呼爲"小輞川"云。書堆鄴架兒堪讀，酒壓糟牀婦可謀。惟汝柴門來往數，遂成二老亦風流。

池上作

李　淳

別置閑園傍曲池，池邊宛轉結茆茨。杖藜十日不歸去，開徧白蓮人未知。

過審山道院

李　淳

小雨閑堦細草生，石闌斜逗夕陽明。一聲清磬客初到，槲葉滿山山鳥鳴。

題游仙圖

李世科

丫髻插三花，蜺旌夾道遮。迢迢一黄鶴，飛上太清家。
太清高不極，星辰手可摘。俛視渺八荒，一氣但空碧。
空碧久翱翔，紅輪起榑桑。仙人有樓閣，宛在水中央。
中央萬頃波，樓船在何處？一聲鐵篴吹，海鷗散如雨。

五雜組

李世和

五雜組，煙花陌。往復還，團圞月。不得已，風塵轍。
五雜組，蘇武節。往復還，趙家璧。不得已，賈生策。

即事

李世常

座上寒氊迸裂，盤中苜蓿凄凉。休問故園消息，雁飛不到衡陽。

七夕雨感賦

李朝縉

綵樓故事誰相問，徹夜顛風雨復侵。應是天公惡機巧，一時兒女罷穿鍼。

悵望經年始一過，平明依舊隔銀河。始知天上離人淚，比似人間灑更多。《歲時記》："七月七日雨爲灑淚雨。"

旅次得沈丈書卻寄

李儒烈

鶯花滿眼逼清明，我向閩南汝北征。兩地關河游子夢，十年風雨故人情。短書恰向愁中至，客感翻從醉後生。何日向平婚嫁了，買舟偕作五湖行。

任城客舍有懷何竹友

李儒杰

凌兢瘦馬倦風沙，望裏關山落日斜。寒去雪霜猶滿地，春歸鴻雁未還家。頻年客路愁難遣，是處旂亭酒易賒。忽憶江南何水部，苦吟詩句伴梅花。

題畫扇

李　熯

人家一片樹模糊，雲外依微塔影孤。昨夜虛牕凉雨後，忽然飛夢到西湖。

青山道中

李　星

瘦馬登登不覺疲，穿林涉水路嶔崎。舉頭絶壁渾難上，惆悵唯唫小謝詩。謝朓詩："青山不可上，一上一惆悵。"

白水在青山下

李　星

謖謖松風下壑遲，迴流瀰漫已平陂。分明白水爲明鏡，長照青山學畫眉。

賀海州吴侍御

李有光

南國蜚聲早，天朝寵渥新。烏臺霜夜月，驄馬玉京塵。意氣動山岳，精誠泣鬼神。即看丹詔下，四海藉陶鈞。

西征曲

李貞開

去年西征大點兵，將軍鼓樂出皇城。健兒十萬蔽原野，叱咤四顧風雲生。傳説三軍倚三箭,長驅奏凱天山平。今年軍書疾於電,邊鄙徵兵到鄉縣。爺娘哭子兄哭弟,死别生離眼中見。玉關一去魂夢遥,驚沙黯淡風蕭條。千年瀚海波猶黑,六月飛狐雪未消。令嚴四野人語寂,天陰往往鬼夜號。軍中幸有霍嫖姚,羊召切。且隨邊月開弓弰。君不聞李北平,數奇萬里徒横行;又不聞蘇屬國,埋没胡塵頭雪白。只今奮身擊大荒,願如虓虎驅羣羊。功成不願圖麟閣,但借明駝歸故鄉。

覽　輝　樓《明詩綜》録。

李自明

雨後驚濤響石磯,望中煙樹轉霏微。湘江直北陽臺路,舊日行雲何處飛。

沈十二進以匹練見遺賦謝《明詩綜》録。

李麟友

梅溪李生長衣褐,冬亦不加夏不脱。已經寒暑六七年,領袛不完襟縫豁。沈郎好我情不疏,贈我匹練五丈餘。製以爲衣見賓客,舉止覺與常時殊。鄉人重衣不重德,談笑從今壯顔色。

客　　夜

李麟友

夕陰山翠重,寒色上河橋。夜雨三更雁,秋風八月潮。官亭人寂寂,驛路馬蕭蕭。裘敝經年客,歸魂不可招。

登審山有懷周篔沈進褚越諸子

李麟友

長水通梅里,横山近峽川。登臨猶可見,惜别已經年。葉落清秋樹,鴻飛薄暮天。故人無恙否?卻望一淒然。

春暮有懷朱十彝尊客越

李麟友

飛花三月暮,春色滿江關。芳草天涯路,王孫去不還。

題　剩　舫

李可顧

真有浮家想,蓬牕愛枕河。伊人縹緲外,數武即煙波。席對鷗朋設,門通魚婢過。漁竿正堪把,歸隱意如何。

反彈鋏三首

李麟友

脱粟隨時給，侯門絶曳裾。曾聞高義士，口腹累人歟。遶圃瓜將熟，緣溪芡有餘。吾生能强飯，不歎食無魚。

久識趦趄苦，田園信所如。豈其勞畫舫，殊亦省籃輿。緩屧年年健，先鞭事事虚。殷勤捫足繭，不歎出無車。

自昔耽偕隱，安居興頗佳。一椽税風月，半畝就桑麻。遶逕先栽竹，臨流便放艖。山巔與水曲，不歎客無家。

老犬行

李麟友

東家事土木，陰陽頗爲忒。趨避苟有道，君子亦所急。出門三五日，春草斷垣塞。卓午道旁過，老犬司門側。遥認主人來，前蹄喜如立。回首望門頻，如勸主人入。自從主人行，三日井無汲。餘瀝寄鄰家，咄嗟義不食。摇尾向前迎，似感主人德。余時正行邁，顧視心惻惻。過信歷家言，畜爾乃不卒。人情類險巇，翻覆在頃刻。爾似人心涼，寧復主人識。含情告老犬，獨處休惕息。誠知戀爾主，去住理如一。爾主未寧家，夜吠爾之職。出入無招尤，全軀守蓬蓽。不久主人歸，飲食爾相恤。依依老犬心，當世人不及。

維揚道中

李正華

倚櫂邗溝寐未成，緑楊城郭晚風清。玉人去後簫聲寂，二十四橋空月明。

野望

李毓新

頻歲兵戈擾路衢，中原何處不荒蕪。海門日落埋龍子，梧省巢傾泣鳳雛。古巷無家迷舊犬，戰場有肉飽飢烏。裹屍馬革男兒事，敢負朝廷惜此軀。

夏日閑居

李如蘭

避暑宜園林，北牕爲可住。脩竹覆清陰，白日汲泉乳。如風自南來，鳴蟬在高樹。科跣來幽人，林下禮法恕。晚食烹園蔬，率意堪下箸。有懷琴試彈，無喧書且著。常與羲王民，會心在幽處。

早春雨望

李如蘭

着屐探春色，東風二月遲。花源隨水去，杜曲漫催詩。籬破淹蔬甲，煙寒凍柳絲。夜來梅欲綻，先問向南枝。

舟中晚望

李開美

白日忽西下，殘霞猶在天。估帆收岸影，漁唱散溪煙。魯酒醉還醒，寒砧斷復連。楓橋今夜月，孤客照無眠。

贈别徐韓方

李　穎

傾蓋結相知，談經悔見遲。高名壓流輩，文陣識雄師。苜蓿羞仍設，驪駒動别思。兒曹方嚮往，負笈永追隨。

觀海和韻

李榮昌

蔥鬱羣山連浙水，東南形勝此全收。光摇絶巘疑林動，勢撼孤城地欲浮。遺韻琴臺留海曲，雄風秦駐痛沙丘。相攜憑眺忘歸晚，遥見疎林泊釣舟。

羣流吐納此朝宗，絶壑争趨幾萬重。波漾淺沙翔雁鶩，濤驚怒石走蛟龍。丹丘何處堪求藥，斥堠無勞數舉烽。剩有山頭桃核在，今人相向説仙踪。

秋日同沈菜畦舅氏繆是龍嬾翁兩表弟暨舍弟蓼汀過觀瀾庵分賦

李　燧

筏公飛錫地，背市絶塵緣。瓢笠今何在？谿橋尚宛然。衡門掩秋水，古木帶寒煙。且翦西牎燭，同參五味禪。

送筠孫兄南還

李　燧

牢犖棲遲客，朝來又送行。曰歸真得計，爲别不勝情。鴻雁因風急，關山帶月明。空憐鄉國夢，一夕共南征。

秋思同稔鄉芋田作限忙字

李　燧

莫上高樓望,家家刀尺忙。林蟬猶吸露,塞雁早經霜。昨夜西風急,二年客夢長。自甘生計拙,歸思動江鄉。

碧雲寺同穎園蓼汀作

李肇開

碧落何年寺,孤筇策晚晴。雜花當户發,危石傍簷生。野鶴鐺邊避,山僧竹裏迎。伊蒲如可餉,歸路月華明。

清 明 即 事

李肇開

山城逢冷節,插柳尚千家。久雨貪晴色,孤筇策晚霞。緑蒲侵水短,紫燕逗風斜。明日東郊路,應多畫鼓撾。

題朱丈足臨秋宵觀象圖

李英樂

法象自古懸,可望不可即。造化洩其秘,圖書次第出。畫卦兼繫辭,聖人均取則。誰能觀會通,微顯了無惑。我翁工文藻,藝苑推法式。晚乃業益精,汲古得綆繘。讀易契元微,俯仰惟恐失。中宵手一編,垂象精鑒識。念自術數繁,各詡參稽力。一知與半解,大道孰羽翼?翁乃探其源,冥搜會有極。憑理以推數,豈復同蠡測。虎頭爲寫生,神超形自逸。耿耿貯元精,披圖見胸臆。我也東西馳,未遑勤學殖。衣不免塵污,志豈甘茅塞。行將息紛紜,潛心冀有得。剝啄勿厭頻,叩君求道術。

西 泠 懷 古

李　晉

西泠風物莽蕭蕭,惟見雙峯與六橋。新院有人懷北闕,故陵何處認南朝。那堪鷲嶺吟秋月,且向錢塘聽怒潮。我是子山身後客,江南賦罷恨難銷。

縉 雲 道 中

李　傑

筍輿窮百里,薄暮此經過。地僻人煙少,山深草木多。溪魚依淺渚,沙鳥逐迴波。回首孤城外,殘陽下薜蘿。

山房即事次韻

李鳳綸

避世多緣懶,居山不厭深。看松懷勁節,對竹抱虚心。狡兔藏幽壑,昏鴉集暮林。草堂無俗客,苔蘚滿堦侵。

雲殢依松逕,僧閑扃竹扉。屋穿容月入,籬破倩花圍。鴉鵲喧朝旭,牛羊返夕暉。半生惟薄醉,世事總忘機。

寄陳立羣時方在京。

李　潮

别後情懷欲話難,遥知化雨灑文壇。經傳劉向藜還照,字問侯芭酒未闌。他日詞章留館閣,只今車馬盛長安。黄金臺畔迴翔路,極目風雲仔細看。

立　秋

李　潮

斗柄看西指,火星自此流。晚凉人小立,不覺一身秋。

春雨喜晴

李際昌

久陰逢雨霽,彩澈見青天。風送一聲鳥,晴開萬里煙。花香迷舞蝶,柳重礙漁船。便擬攜樽酒,高歌任醉眠。

拜方州給諫墓

李　璜

給諫清名遠,吾鄉夙望存。卻金高使節,焚草重君恩。遺直留桑梓,餘芳薦茝蒸。淵源曾有託,先世舊師門。

擬　古

李士錦

美人生南國,妖麗世無雙。窈窕多令儀,淑貌耀朝陽。鮮膚一何潤,芝蘭竟體芳。皓齒若瓠犀,眉目清且揚。頭上金步摇,耳垂明月璫。飄飄連理帶,灼灼芙蓉裳。長袖隨風舞,顧盼生輝光。國人屬耳目,咸歎絶世妝。問女居安在?青樓大道傍。巍巍高閥閲,重簷結巖廊。墻上雪花泥，皎皎黄金釭。媒人側目看，高節不可量。君子求賢才，終夜起徬徨。遇合雖有期，時世安可忘。獨坐空閨内，搔首問彼蒼。

題何廣文承燕箬溪重泛圖

李鳳藻

簃谿彷彿是秦谿，盥手披圖憶舊題。余舊有《秦駐紀游圖》。讓與風流何水部，尋詩倚櫂任東西。

得趣何妨尋水曲，探幽不厭看山頻。秋高漫道無桃李，别有丹楓點綴新。

子　規

李武沈

半夜林中蜀帝魂，聲聲啼徹月黄昏。曉來檢點桃花露，不信枝頭有血痕。

看菊與濆民

李武沈

不知秋幾許，訪菊事幽尋。直使閑中客，同深世外心。高情懷白露，晚節笑黄金。攜手斜陽裏，孤煙淡素襟。

苞溪竹枝詞

李　亶

竹枝唱罷惜摧殘，我愛劉郎結古歡。願譜太平新樂府，苞溪真作畫圖看。
江村無處不飛花，溪水前頭第一家。踏遍六郎橋外路，清明時節看山茶。
鬢華詩思兩相催，古墓前朝土一抔。細雨年年寒食節，六郎橋外看花回。
甲申抗節守孤城，一死忠臣萬古情。畫戟朱干門第好，尚存宦里舊時名。
黄墻青塚久荒蕪，過客迷津問野夫。别有洞天何處是，花明柳暗澱山湖。
荷花池上遍生塵，尚有行人指點頻。每到春耕添野色，一犁好雨對牛濱。

春日官舍遣懷

［題］秋水公

古柏凌雲捲翠濤，庭除灑掃亂蓬蒿。好山不隔圍墻矮，明月深窺卧榻高。目斷飛鴻頻屈指，時望家書，不至。手臨乞米漫揮毫。胸中壘磈憑誰釋，把盞傾壺醉濁醪。

七十初度自壽

［題］秋水公

懶散人因號謫仙，平生文字結前緣。未曾一擲輸劉毅，不析秋毫薄計然。老去焚香翻梵莢，閑來燒燭檢芸編。莫言虛度光陰速，七十年過百卌年。

棘闈九轉未還丹，拔萃叨膺上國觀。曾賦凌雲羞狗監，甲辰，南巡召試。頻經棒檄累豬肝。前攝開花、上虞、龍游、錢塘學篆。銓除恰稱頭銜老，乙亥選授昌諭，年已周甲。中隱聊爲本分官。依舊青氈甘獨冷，奚須悔恨誤儒冠。

庭訓遺經憶鯉趨，龍章纔得賁黄壚。自憐伏櫪長鳴驥，不及栖枝反哺烏。五女未曾營竹笥，三兒且爲作羅襦。六十始得子，三兒俱幼。牙籤重理傳家業，試問將能跨竈無。

匏繫唐昌九載餘，一官耐冷勝閑居。印銅生緑依高枕，柏葉長青芘小廬。月旦評文裁玉筍，秋風彈鋏憶鱸魚。勾留半爲溪山景，抛得溪山賦遂初。

秋思

［題］莘亭公

北望重雲接地陰，秋風蕭瑟振高岑。愁來怕聽芭蕉雨，夢斷偏驚蟋蟀吟。長鋏空彈羞客志，朱絃誤拂動鄉心。夜闌人静難爲思，聊對漁樵問古今。

一夜西風括地吹，瀟瀟寒雨破蒼苔。青燈猶試凌雲志，白髮空矜作賦才。路斷荒村碪自急，夢回清簟雁初來。中宵無限傷懷抱，消得西園酒數杯。

雨中獨坐

［題］莘亭公

客舍倚桑麻，晨昏共歲華。醉來忘業障，静處見生涯。雨急蛙聲亂，風狂樹影斜。柴扉久寂寞，此夜夢偏賒。

自題漁網圖

［題］濬川公

年逾花甲愧無能，蘆荻叢中興可乘。記得鴛湖櫂歌句，竹籬隨意掛魚罾。

雅宜堂紅梅一枝忽作緑萼作長歌以誌異

［題］棲霞公

庭除寂寂安貞潔，鐵幹迎風春意洩。誰知造物自神奇，幻出名葩傲霜雪。吾欲探花山之間，山花凋盡空往還。雅宜堂畔憑石坐，瞥見南枝燦玉顔。問是此種來何處，手鋤明月歷寒暑。一本艷雪占春光，彷彿含醺金屋貯。何期疏影厭濃芳，卸卻紅衣效素妝。碎攢碧玉成瘦骨，不與桃李争芬芳。冷蕊横斜看輕霰，翠羽嘈嘈看不見。無端柳汁彈冰肌，何用紅粉傅嬌面。巡簷索笑恣顛狂，蕭疏淡遠聞空香。如來廨舍搜佳句，如入羅浮待月光。最愛癯仙换緑萼，珠蕾裂破生意足。荒山苔老閴無人，抱素無言守高躅。幽人夜讀手一編，臭味恰與梅花連。明牕紙帳安茅屋，不見孤山嶺上仙。

觀友人齋白頭蓮

［題］南人公

羡君庭院最清涼，白社蓮分著意藏。八九葉翻風外響，兩三花發月中香。田田學作霓裳舞，片片皆成粉面妝。乘興還邀階下坐，碧箭杯勸莫停觴。

察孝志感

［題］南人公

爲感堂前椿與萱，蓼莪誦罷痛難言。盛時幸際風雲會，小草偏叨雨露恩。世守簞瓢貧亦樂，家餘書卷業猶存。樗材自愧真無用，祇合躬耕老廢園。

雪中拜和靖處士墓

［題］南人公

清極原同雪，孤芳合比梅。當年甘小隱，今日仰仙才。山仄亭重構，林寒土半堆。整衣瞻拜處，墓古重徘徊。

采蓮歌

［題］牖心公

瓜皮艇子蓋涼篷，十五漁娃蕩晚風。頑性依然愁未解，蓮花不采采蓮蓬。
一種瓊姿先後開，瑶房留得好花胎。莫嫌蓮子心多苦，花好都從苦裏來。

上巳

［題］牖心公

春光過半惜匆匆，修禊今朝話又空。幾點瀟疏留客雨，一番料峭落花風。酒從節後賒常少，詩被催成鍊未工。回憶昔年觴詠盛，鴛鴦湖上畫船中。

自述四疊韻録三

［題］牖心公

曾已家無負郭田，人生只合老青氊。時時刻鵠慚詩聖，處處塗鴉愧草賢。未展蕉心猶昔日，懶騰驥足又今年。何當沽得新豐酒，一醉愁消斗十千。

不忘真味守書田，欲博聲名上細氈。净業空追蓮社逸，清游愧厠竹林賢。懷朋又過登高節，念子纔能典謁年。葛屨履霜聊復爾，任他紵絮有三千。

冷眼禾收雀滿田，讀書自笑虱生氈。情疏莫管花開謝，量窄何論酒聖賢。無夢還家常作客，有詩隨録不編年。翻憐歲歲南來雁，歷盡風霜路幾千？

古樸産芝歌爲鄭某作

［題］焦餘公

厥草厥木本殊質，靈芝古樸迥非匹。天生地長之功不到斯，何以攢青簇翠之樹忽産芝？或者仙真瑶鶴來此集，偶灑瓊液凝寒結；又或書帶餘秀所鬱勃，一枝甲坼焕五色。合歡之瑞那足論，椿樹之祥洵有神。争如古而樸者秀而靈，三花九畹萃一庭。

壽陳嶺塘訓導七十

［題］牖心公

解組歸來豈數奇，也知天命復何疑。栽培玉樹孫承祖，鼓舞霞觴弟與師。滿座春風真樂境，十分秋色正良時。年年歲歲籬邊菊，點綴先生兩鬢絲。

苞溪八景八首

李玉堦

對牛春耕

一犁好雨水濺濺，比户分秧樂種田。柳外牧童牛背穩，數聲短笛夕陽天。

月湖秋水

滿湖煙景四時秋，一色波光上下浮。爲愛人家明月夜，錯疑籬落認瀛洲。

暮霞歸樵

日日樵薪入翠微，一肩挑得暮雲歸。平林路坦無多險，常伴煙霞與世違。

楊灘漁火

裊裊垂楊隔遠堤，依稀漁火望中迷。波光照影明如鏡，可有桃花何處溪？

堰橋殘雪

堰隔西山雪未消，卧波虹影水迢迢。耐寒我欲探梅去，驢背詩情又灞橋。

崇勝晚鐘

幽溪曲徑少行踪，傍晚遥聞隔水鐘。滿眼松林何處寺？白雲深鎖暮煙重。

吾郎唤渡

吾郎堰上唤蘭橈，十五漁娃慣弄潮。日暮採蓮人不見，阿誰相伴學吹簫。

雪村書屋

在溪西月湖之東。先祖宗楷公築室湖南，樂善好施，優游終年。先考根白公，杖國之年猶教學講經，晨昏不廢，卒年八十有四。

皓首窮經樂有餘，雪村遺業剩荒廬。竹林瀟灑門庭静，一榻清風萬卷書。

漫　成

李仙根

松窗高枕讀《南華》，寶鴨清香石鼎茶。閉户著書閑歲月，膽瓶添水浸梅花。

題涉園圖爲梅閣賦

李仙根

本擬投閑住薜蘿，致身無柰主恩何？山林鐘鼎成全少，縑素烟雲寄託多。補衮至今留諫草，丹心終古炳巖阿。朝回想見鳴珂散，展卷流連老眼摩。

雪朝漫成

李聿求

半夜風驚竹，時聞雪壓樹。攬衣朝出門，山山徧積素。烟靄淡無色，寒深不知路。梅花隔前溪，曲折板橋渡。踏雪訪幽人，幽人踏雪去。數點蠟屐痕，閑尋雪中步。

中秋偕半圭醉後放歌

李聿求

秋色到城邊，秋高月正圓。人間無李白，空照幾千年。余亦乘槎客，何時上九天。舉杯邀醉影，終古一輪懸。

漁　笛

李聿求

漁翁弄笛繫輕舟，一曲吹殘天地秋。半夜客來江上望，梅花落盡故鄉愁。

題蔡望三永安三年蔡蜀師甎研

李聿求

我聞唐時研，本是銅雀臺中之瓦片。豈知寄奴城裏杏花村，永安之甎今又見。左文蔡氏背蜀師，風雨剝蝕形離奇。鐵爲肌膚玉爲骨，鱗鱗一片青銅皮。望三得自古垣邊，風霜飽歷不知凡幾年。乃命良工製爲研，君殆以此當力田。初疑陶研製自蜀王時，肌理細膩或過之。繼疑中郎後人更造作，傳之千載長留貽。古人甎埴殊有神，蝌蚪筆老尤絶倫。頽垣斷甓久棄擲，一旦逢君重拂拭。酒酣耳熱揮銀毫，看君紙上雲烟出。吁嗟乎！萬物屈伸安可期，斯甎遭遇良有時。

感　事

李承燾

人事有代謝，往來成古今。我獨何爲者，悲感託高吟。昌黎患佛氏，表上寓規箴。今更邪説熾，白日忽雲陰。鼓惑無底止，誰與下砭鍼。吾道更不振，岌岌深淵臨。山川今猶昔，秋鷹何森森。李郭本再世，星光何沈沈。一彈一再鼓，須知静者心。

移　居

李承燾

屢擬移家力未能，此番歸似打包僧。輕舟一棹行何駛，小屋三間喚即膺。半榻詩書皆祖澤，滿庭花草亦良朋。莫嫌斗室惟容膝，爲倚宫墻氣象增。居近學宫。

自題深山訪友圖

李承燾

伊人在何處？焚香獨鼓琴。明月一輪影，蒼松萬古心。高人久仰之，深山深復深。策杖欲從之，坐我滌塵襟。一鶴下天半，清磬散空林。翛然出人世，許我同攀尋。

江　行

李修易

遠樹離離動晚涼，江城秋老未經霜。西風落日收殘雨，一抹遥山鴨脚黄。

客　思

李修易

半簾斜月影模糊，畫角聲殘客思孤。紫蟹青蔆歸未得，小窗含墨寫西湖。

題自畫山水四之一

李修易

釣船横處一溪斜，疏柳籠煙夾岸遮。郭外人家無遠近，秋風開徧水蒹花。

秋日閒居

李修易

桐陰漠漠粉垣遮，每對西風感物華。一室著書消白晝，三秋留客醉黄花。倦游始信蝸廬穩，世路真如鳥道斜。此日杜門能避俗，自披風帽數歸鴉。

過采石磯

李修易

太白樓邊江水深，卧吹短笛答龍吟。蘭陵美酒樽中盡，日暮空江愁煞人。

無題

李修易

繁華閱盡樂清閑，家住秦淮日閉關。十里鶯花三月雨，一簾煙樹六朝山。人如洛浦湘江遠，夢斷銀箏錦瑟閑。回憶從前歌舞地，卻調脂粉笑開顔。

雜詩

李修望

獨坐蒲團上，心中無罣礙。閑觀瀑布花，默與青山對。

秋風篇

李修望

秋風吹枯楊，明月照我牀。雁燕遞來去，白露已爲霜。離人有所思，游子悲故鄉。思君如有失，遠道牽衷腸。孤帷香被冷，淚下獨徬徨。思之不得見，泣涕沾衣裳。商飈千里至，耿耿夜何長。

自述

李修禮

閑雲如我嬾爲霖，壑底蛟龍作苦吟。春蚓慣吹無孔笛，秋蟬同鼓不弦琴。客來共話棲遲樂，詩裏能傾鐵石心。同沐春風時雨化，豈知霜雪歷年深。

别靈山諸山

［題］紙　田

不恨歸家路渺漫，衹愁多病懶躋攀。天光依舊雲千疊，詩境翻新水一灣。爲惜朱顔尋大藥，時就醫吴江。好舒青眼看名山。再來吟眺知何日，孤棹夷猶未忍還。

落　梅

［題］紙　田

飛廉催送太無情，風信頻翻别樣新。待爾芳姿蕉萃後，百花從此敢争春。

病中念母

李祥芝

人生何怙恃，鞠育恩難替。矧芝長病軀，惟父藥有濟。今復被貞疾，苦與身相麗。昨夜恍夢母，精靈來相衛。夢覺轉徬徨，晨坐百交涕。念母生劬勞，罔極德匪細。芝自幼愚蒙，實感母勖勵。見母事親孝，見母奉長弟。外王母有疾，母侍日夜繼。積月不解衣，勞苦幾隕斃。復侍王母疾，溺器必親逮。左右不離側，深得姑心契。睦族必爲賙，待下克有惠。父出昃未歸，飲食不先嚌。十齡芝就學，父訓多精鋭。十三誦詩禮，十四識易筮。十五學女功，紉鍼時奉製。自後常依依，朝夕如爲繫。豈意母羸弱，一疾竟長逝。芝也慘痛心，呼天實無計。凄風來庭除，秋草萎階砌。永念母終天，女病輕淹滯。大弟勉成立，三弟須砥礪。長吁因書紙，伏枕情無際。

雪中六詠

李祥芝

僵卧詎少策，高志肯邀憐。未迨雲開日，何妨爨斷煙。心清隨冷淡，户閉儘安全。賢令非除掃，芳名若個傳。袁高士。

爲愛寒光净，臨風掃落霙。龍牙浮處冷，蚓竅沸中清。未識高人致，何如學士情。一甌良夜底，乳酒可能傾？陶學士。

詩懷何所是，傳説落長橋。驢背人偏逸，梅梢雪正瀌。碧流飛思冷，野岸寄情遥。吟罷興無限，春風一縷嬌。灞橋。

梅花四首

李祥芝

幾日輕寒待暖烘，南枝愁寂北枝同。香封姑射妝難試，春隔羅浮夢未通。野外溪橋猶漠漠，水邊籬落尚濛濛。朝來踏屐頻相探，消息偏遲昨夜風。未開。

初番風信逗韶光，蓓蕾梢頭次第芳。幾點乍寒春色暖，一枝新破雪痕香。好歌纖影勾詩夢，要逞微馨媚曉妝。底待索來檐月冷，已看隱約動昏黄。初開。

白作溪雲紅作霞，仙姿孤潔不鉛華。誰家竹外寒香遠，幾處籬邊瘦影斜。澹宕春風游屐徧，迷離夜月夢魂賖。廣平漫許心如鐵，斌媚曾憐賦裏花。盛開。

瓊芳開遍已經旬，乍遣霏霏貌失真。點額正宜嬌卧女，窺簷猶伴醉唫人。漫嫌減卻三分瘦，爲喜妝成半面新。一段離情流水遠，江城寒角聽來頻。將殘。

瑶　　華詠水仙。

佚　名

峭寒孕寂，每到花時，被春風先識。凌波去也，早減了、冷月三分顔色。羅幃對影，儘愁織、簾痕凄碧。試問他、瓊蕊開殘。誰解隔年相憶。

香芽寸許纔抽，漸出水亭亭，看已盈尺。今宵夢裏，應許我、細訴明明心迹。冰魂未醒，怎尋緑、偷傳消息。便肯教、仙子重來，禁得幾番淪謫。

南莊集序

李李衡

《南莊集》者，吾兄南莊先生所著也。吾兄清脩力學，淹貫經史，爲今通儒。永樂庚子歲，以經明行修薦擢本府司訓，尋遷汝寧，名日益噪，一時碑版之文胥出其手。然性疏懶，凡爲文，每脱稾輒爲好事者持去，故存者甚鮮。吾姪景陽廣爲蒐羅，積日既久，始克纂輯成編。以樂府歌行五七言近體詩爲前集，記序傳誌銘贊爲後集，凡若干卷。屬予序之。夫言之精者爲文，文之精者爲詩。文者，載道之器。詩者所以美盛德，贊休功，若六經之文，三百篇之詩是也。千載而下，有若唐之李杜，元之虞揭，其製作之盛，亦可謂卓冠一時，追配古作者。若吾兄者其亦庶幾矣乎？吾兄惓惓爲學，晨夕靡倦。其於昔聖先賢性命道德之微，與夫漢魏六朝三唐諸大家之作，莫不研精覃思，窮搜極討，以求夫意指之所歸。然後發而爲文，引物連類，屬詞比事，簡而不略，多而不泛，氣韻沉雄，意味元遠，深得古人著作之體。推其故無他，蓋其積於中也既宏深而有本，則其發於外也必浩博而精醇，可謂極文章之能事也已。方今聖明在上，簡賢任能，修崇禮樂，小大之才畢致其用。吾兄以篤實明粹之學則與修國史，出爲兩郡文學之佐，刮磨造就，靡不加之意焉。他日歟歷華要，鼓吹皇風，於以勒金石而被絃歌，以鳴國家治道之隆，不甚休哉！吾兄未仕時嘗奉親授徒於南莊别業，學者因稱爲南莊先生，而并以名其集云。

皇明正音序

李景孟

詩自三百篇而下，作者莫盛於唐。唐則有李杜爲之倡首，而岑宋韋柳復繼其後，斑斑乎其盛矣！至宋則皆性理道學之詩，僅見於周程張朱之作，然亦不多覯也。至於元則有若静修劉公、子昂趙公洎虞、范諸公相繼而出，先後以詩文鳴海内，焕然爛然，可謂盛矣。然究其所作，猶有未盡如唐人之發乎性情者。我朝列聖相傳以仁義道德治天下，三光五岳之氣復全於天地間，英敏特達之才接踵傑出，作者大備，遠宗唐體，馳騁宋元而過之。余嘗庭侍吾父西溪先生，間得聞國朝名人詩，則筆而録之。審其音節，辨其體製，凡其淫媚艷冶之辭雖工弗取，僅擇其得乎性情之正者。凡若干首，分爲五七言、古風、律絶，彙集成編，竊取己意而名之曰《皇明正音》。夫音者，聲之成文者也。觀所作長篇短章，舂容鏗鏘，其爲言也，直而不鄙，奇而不險，詳而不泛，略而不澀，典雅而不浮華，輕清而不滯泥，和平而不迫切，雄渾而不淺露。才足以達意，言足以載道，發纖穠於簡古，寄至味於淡泊，真國家治世之音也。壽梓以行，亦有以見我朝氣運之隆，人才之盛，而唐人不得專美於前矣。第愧余識之不博，知之不廣，姑取聞見之所及者，録而傳之，而不能無滄海遺珠之歎。尚俟夫鴻儒碩彦旁採精擇，以廣其傳云。

跋先子東巖遺稾

李世和

嗚呼，此吾先君之遺稾也。先君胸次灑落於花朝月夕之際，閲課農之餘，游戲觚墨，觸物遇事，一寓諸詩，積累數千篇。諸兄咸鋭意舉子業，未暇彙集也。惟予小子呫嗶面墻，賦役旁午，雖有志編録，鹿鹿未能。蹉跎淪没二十載，風木攖懷，追念罔極。近檢遺稾，得百之一二，泣而誦之，渢渢乎宛聆先君之謦欬矣。千里懷人，見書良慰。况父母之心聲手澤哉！用是寫輯成册，持走雙湖戴先生、東圩錢先生，懇其弁言，倩工刻之。冀與曾大父《西溪集》并傳不朽，俾子孫讀之，庶幾油然而動桮棬之思。若夫顯揚前徽，殆有望於諸兄弟也，和不與焉。

純嬾編序

李有後

予讀劉孝標《辨命論》，未嘗不輟卷廢書，而歎想巧拙之不能爲窮通也，從古然耶？予姪虞卿氏天才也。予與姪少相狎，稍長益相親。及予冠，而姪且病矣。予於叔輩中最少不肖，而姪獨契賞之，病中時有所懷，必揮箋示予。予亦日夕就榻而問焉。每問，輒訝其瘦減，怵然爲戒。而姪固于于然無幾微慘阻狀，自謂恒有所思，至竟夕不瞑，然皆搆想於文，非關病也。庶幾有鼠肝蟲臂之思乎？越七稔。病始霍然已。予慰甚，具杯酒往賀之。酒半酣，持一帙示予曰："此予病中作也。"予袖以歸，開卷展玩，詞章賦句，如入崑田元圃，罔非珠玉。雖起建安諸名家質之，必相顧駭愕，低首帖耳。矧戔戔予也，第有呿而不合耳，敢置喙哉？嗟乎！予姪具此瑰瑋之才，宜蚤奮跡青雲，與天禄石渠之選，何乃偃蹇支離，猶與駑駘陋質相賡歌迭唱於竹籬茅舍間也！雖然，有奇才而無奇遇者，予不數數見，但早晚事耳。予謹序之以爲他日榮登券。

華日堂記

李人虎

嘗誦《唐風・蟋蟀》之詩，首章曰："日月其除。"二章曰："日月其邁。"三章曰："日月其慆。"見唐俗之勤，不荒於旦晚如此！憶予少時，遭家多故，或告予以治生之計，逐什一之利。余應之曰："貿易雖倍於力田，然皇皇求財利惟恐不及，吾所不取。"於是晝而作，夕而休，胼手胝足，不辭況瘁。邀天之幸，歲之所獲，頼有盈餘。予誠不敢負此日，而日亦錫福於余矣。因搆堂而顔之曰“華日”,誌不忘也。昔徐簡肅戒子書云:“此逆旅舍耳,何事繁華?”此審於知足之理,酌於靡常之運,可謂名言矣!儆匪德之難安,識後事之莫保,亦如此日之升沉也。吾子孫或耕,或讀,登其堂,思其義,爲善當惜分陰,奉親當知愛日,即以予登耄耋,得曝背於簷下,已怏然自足,夫復何求?家西溪公詩云:“白日如流去不還,寸心宜兢不宜閑。”此即《蟋蟀》詩人之遺意,吾子孫尤當三復也。因請王君澹園書其額。澹園進曰:“《内景經》云,男服日象,使人五臟生華,長生不死。翁其有之?”予起而謝曰:“此言非予之所及也。”遂併書之,以爲記。時乾隆改元恩錫八品頂戴苞溪八十三歲翁李炳文書。

硤石兩山記

李自明

余所居南十餘里許有兩山焉,遠接平楚,雜以豐林。於樹木陰翳中兀然突起介我前者,硤石之西山也。其一隆然左出,上有浮圖,矗若孤峰,遠而可望者,東山也。兩山雖俱不甚高,而在莽蒼之間雙巒對峙,景遂幽絶。余支離善病,乏濟勝之具,未能時游其間。然排牕視之,朗如也。苟非大晦陰,雲漫霧迷,則飛翠浮青,宛在几席。蓋余之愛山水也甚癖,而其愛山水遠景也尤甚癖。況不遠不近,而朝夕可觀眺者乎?其得之目而會之神者,良亦深矣。是以環山而遥居者雖數百家,僅能同余勝而未必能同余樂者,則余心有獨契焉爾。然非獨余愛之癖也,而山真有可愛者。山之中有葛洪之井、食其之堂,皆往跡也。前人能道之,余弗暇述也。山之前後左右有梵宫寶刹,雜以民居,梠楹層疊,車騎輻輳之勝,與夫重湖廣源,林泉魚鳥之樂,皆近跡也。時人能悉之,余弗暇敘也。獨記夫余之所取於是山者耳。若乃春暉乍暖,林木始秀,煙霞蕩射,紫氣氤氳,花鳥縈紆,錦屏對列。及夫緑陰既濃,青蕪已接,清風遠臨,可以消夏。迨乎蒼煙暮凝,白雲高飛,風雨凄凄,愁苦雙眉,鳴泉遠沛,落雁遥依,供我爽氣,助我吟吚。既而元英肇砌,樹凈木脱,原野寂寞,匝雲堆雪,皎若瓊臺,朗如銀闕,憑高而望,如披畫圖。而余身亦列於其内矣!時序不同,風景各異。是故映朝霞而秀色可飡,照夕陽而紫霞可攬。指點行人,招呼酒伴。噫!亦稱勝矣哉!使其置於名都上國之間,豪華貴介,朝聯騎而暮挾妓。其爲賞識者又可知已!彼蘇之虎丘,杭之孤山,高廣迨不過是,而名勝甲天下。吾又悲此山之不遇也。雖然,惟其在荒陬遐僻,故恒爲幽人之隱棲,逸士之恣覽,而我之所忻然獨取於是也。是爲記。

落花喙自敘

李自明

古云:人生如樹花,或落茵蓆,或落糞土。斯言良有感也!余以壯髮抱病,清標雅韻置之空槁,日日蓬垢静卧一室,蕭條莫賴,不言可知。適有飛花踰小牕而入,映几曳袖,似爲有情。倚床數弄,慨歎者久之,因漫賦數十章,長歌短什相襍,以誌感焉。夫花之爲品,麗矣,媚矣。天發奇芳,地鍾絶艷,因時鬬妍,待節競冶。是故錦林日暖,繡陌風和,含朝露,弄夜月,如笑如語,如醉如舞,動深閨之愛惜,來芳郊之翫賞,鬧蝶忙蜂,坐燕啼鶯,一何其富贍也。一旦東皇宴駕,青女迴車,雨驟風狂,水寒煙淡,朱銷粉瘦,玉碎香埋,泣曉風,逐流水,斷芳魂,閑綉幕,啼紅淚,濕征衣,到處飄零,觸目傷心,一時佳艷盡爲塵土,又何其索莫也!是果爲誰而開,爲誰而落乎?吾知其無情矣!然落花無情,而人則不免有情。是故感蕭索而寄吟詠者,往往以之生感,況於病夫，則又感之深矣！蓋撫時序而惜流光，嗟浮生而悲薄遇，尤不能無繫念於斯也。然詩不足而繼以賦，賦不足而繼以歌。歌不足而又誰繼之？則又嘿嘿而已。默默乎何似？似落花之無語也！

落花賦

李自明

嗟夫！虞姬血濺，不墮芳名；妃子塵埋，留芬至今。蓋因生前之絶艷，故至没後而慨慕彌深。惟此落花迺爲似之，雖云飄零，而成敗景，實足感歎而寄遐思。方其舒藻風晨，吐華月夜，繡幙縈山，錦屏列野，鬬一時之芳妍，競三春之妖冶。固逞百媚而無端，縱悉萬言而難寫。俄而香銷色褪，景變時移，牽風亂下，啣雨愁飛，落紅堆徑，積紫平坡，蜂悽蝶慘，鳥泣猿啼，或逐流而過澗，或溷土而沾泥。始輕飛乎一片，繼撩亂乎千枝。江南千里物换，渭北一朝春歸。已矣哉！是誰使之而然兮，無可奈也若之何！其是以不言而令人結惓觸目，而使人生悲。乃若上林飄錦，御院殘芳，隨月穿牖，因風出墻，則有妃嬪媵嬙，駐輦徬徨，羅裳罷舞，翠鈿倦妝。惜時序之易暮，感紅顔之漸蒼，莫不憐香悼色，目斷心傷。及夫侯門日暖，公子開筵，穿鞦韆之曲，過欄杆之前，驚飛一瓣，愁覩無邊。臨東風而長歎，感光景而流連。騷人墨客，相與狂吟而慘惻；麗姬美女，因爲婉歌而潺湲。又若鳳臺晝寂，蘭房夜静。紗牕半開，石屏孤冷，帶雨斜過，隨風輕進。絆相思，添别恨。同血淚之千行，斷愁腸之一寸。爾其長亭别後，客路行時，暗迷馬跡，疏濕征衣，香塵縹緲，紅雨漫瀰。增旅館之落莫，動故園之歸思。傷春光之已暮，苦尋芳之較遲。更有隨濤逐浪，乘潮泛流，輕縈荇面，亂點萍頭，緑波紅間，青莎紫稠。江村日暮，野渡横舟。起武林之遐思，感小塘之舊游。又或墜形罕足之地，弄影無人之境。穿古樹與斜峰，襯荒苔與幽徑。逐鳥跡而紛飛，破蝶夢而初静。念誰人以見憐，秪將形而弔影。夫景味不同，風光各異。縱畫手之難描，豈詞箋之得記。去去春光，悠悠離思。對此蕭條，似傷情緒。嗚呼！榮枯相繼，代謝頻仍，乃天時之常數，亦物理之恒情。是豈因其輕薄，遂乃至乎飄零？吾故知其别東風而無怨，逐流水而何心，合喧寂而一致，總開謝而無因。然則感之者愁耶？樂耶？抑愁樂相半，更相忘耶？人生雖靈，孰謂無涯？本來究竟，亦如此花，一消一長，奚損奚加？固宜曠視而元覽，夫何留戀而嗟呀。亂曰：飄白兮飛紅，敲牕兮觸櫳。繞枝兮若有所思，映階兮羞以爲容。庭樹疏兮緑草積，野芳歇兮紫苔濃。問誰主兮開謝？總一任兮春風！

夏簟清涼賦

李自明

此伯子病起作也。伯子罹病六年，遷延而得起。時值仲夏日，置一榻倚北牕納涼颸，舉酒自酌，喜不自支，故作此賦。雖終篇不露一"病"字、"愈"字，而怡曠之情見於言表也。

風軒兮别墅，水檻兮幽居。子雲之舊舍，諸葛之遺廬。值朱暘之曉暇，繼星火之宵餘。掩木扉而晝静，下素榻而夕虚。辟琴書以高架，脱巾履以自舒。喜喧囂之畢遠，任雅抱之恬如。於焉蓬首跣足，高枕帖席。閑情不關，沖思若逸。意想千秋，神游八極。造化同其卷舒，陰陽同其闔闢。渺天地而長空，薄古今於一息。蹲踞形忘，類老氏之清虚；栩蘧物化，并莊生之自得。爾其煩思離去，幽夢醒回。疏簾静捲，明牕洞開。紅塵不到，清風自來。松陰入室，桐影摇齋。

緑槐夾道，翠竹當階。需茗沃肺，引扇清骸。劃然長嘯，誰識孤懷。又或午雨乍過，晚涼方集。蕉色洗青，苔痕净碧。蛙鼓交嗔，螻鳴雜出。移傍北牕，側窺西日。寄笑傲於九天，邀羲皇於一室。元龍匹其清豪，嵇康似其慵癖。既而鮮霞落盡，淡月初升。荷潭露冷，柳館煙凝。石屏螢度，古樹蟬鳴。狂歌自樂，有酒傾罍。既坐復卧，乍醉還醒。合俯仰之皆適，總伸縮而恬情。方且忘乎身世之何處，又奚知夫炎熱之從生。

秋 思 賦

李自明

昔之賦秋者多矣，騷人輩出，代有作者。然宇内之景不窮，人心之思各異。絲竹宫商不同音而并奏其奇，夏璜魯璵不同名而均擅其寶。況有感於衷，何能不見乎辭？余因一時之興，成一家之言，遂作賦曰：

餞朱神於南郊，迎白帝於西極。驚玉露之應時，慘金風之變律。睠宇宙而蒼蒼，惝遠近之一色。見澄江之若練，望青山之如滴。何秋光之乍臨，而景物之蕭瑟也。於是衆芳委質，羣卉罷榮。庭空蛩響，葉落蟬驚。捐紈扇於不用，着紵衣而覺輕。悄看西院螢三點，時聽南樓雁幾聲。蓼花灘上風初急，蘆葉汀邊月正明。感秣陵之彫弊，懷瀟湘之凄清。丹楓露冷，碧樹煙凝。既秋濤之洶湧，復秋雲之縱横。固瀰漫於天壤，尤凛冽於神京。神京縹緲長河表，風色颼颼秋更早。夕陽斜對午門楊，幾度興衰御溝草。衰草斜陽遮錦宫，宫門窈窕幾千里。傳玉壺之永漏，報金井之殘桐。心焉恍惚，思且鬱葱。傷朱顔之易老，悲翠輦之難逢。昔年選入青蛾淺，今日愁來白髮濃。對雙星而惻惻，臨團月而忡忡。自無心於乞巧，復何意於脩容。黄金買賦愁無益，紅葉題詩恨不窮。豈無承恩於永夜，亦有專寵於他宫。是何離合之各異，以致悲歡之不同。暮暮朝朝雲雨斷，宋玉多情賦秋怨。一朝消瘦帶寬腰，十載君王難覿面。芙蓉錦帳露偏侵，細柳軍營霜已滿。柳營芙帳兩堪傷，怨女征夫各一方。天子自將臨雁塞，將軍從此戍漁陽。連綿墩寨烽煙悄，迢遞關河道路長。燦旌旗之閃日，紛劍戟之凝霜。夜啣枚而疾赴，朝整轡而騰驤。鐵衣照月而光冷，笳鼓風急而聲揚。莫不耳惕骨折，膽裂心張。壯士悲歌辭故鄉，狂夫慷慨老疆場。誰教誤覓封侯去，斷盡機中少婦腸。機中少婦秋無寐，獨坐孤幃淚如雨。織成迴錦倩誰傳？裁就寒衣憑若寄。顧行雲兮不還，問征鴻兮無語。因宵冷於蘭房，識曉寒於邊戍。嘗停杵而自傷，亦倚門而遠憶。渺渺秋光，紛紛秋思。何地無感秋之人？何人無傷秋之意？既繞思於天涯，尤啣愁於目前。豈其用情之故偏，皆因感時而使然。柳葉凋零悲故妓，花容憔悴泣當年。窺孤鸞於别鏡，引怨鶴於離絃。懷儔鴛而侶鳳，竟意馬而心猿。空房寂寞愁難度，競向江邊去採蓮。弱袂飄飄臨北渚，輕羅款款出南川。見野芳之已歇，睠瓊枝之既殘。延素頸於極漲，慘離目於高天。歸來深閣心如結，脈脈閑情向誰説？去年分别正春初，今年又是中秋節。沉吟無語暗傷神，祇恨秋來風與月。何如春月之多情，不似春風之可悦。但揮粉淚以滂沱，惟照離懷以耿切。年年景物倍悽愴，歲歲飄零傷遠别。争道秋來天氣清，誰知秋到愁腸絶。於是僕本病夫，淹留邱壑。驚歲月之遞遷，嗟生涯之蕭索。慚鵬翮兮鳳姿，蹇蚊眉兮蝸角。萬里扶摇不可摶，側身天地空飄泊。況清宵兮寂寥，更孤衾兮單薄。念良晤兮末由，望佳人兮難作。江村牢落幾逢秋，相對紅顔忽白頭。當日黄金散已盡，四望泬寥風颼飀。噫嘻，悲夫！暮雨霏霏庭桂香，曉風點點菊花黄。不如桂菊長年好，每到秋深鬭晚芳。

觀　潮　賦

李自明

慨四海之漭泱兮，尤勢傾於東南。因大塊以呼吸兮，乘月運以推遷。環鴻蒙以洩氣兮，亘終古而長流。合晝夜其不舍兮，尤湍激於中秋。忽臨涯而遠眺兮，背失夫中洲之所在。渾元黄以一色兮，渺汪洋之萬派。乍極目於萬里兮，倏奔騰於目前。勢驚雷而逐電兮，欲裂地而排天。蒸霮徒感切。霸以四合兮，颯陰風之怒號。若散亂而霧迷兮，須鬼避而神逃。漫漫乎如素帷縞蓋之連空兮，沄沄乎如霜矛雪刃之相錯。滚滚乎似千軍萬騎之騰驤兮，洶洶音凶。乎類火輪砲石之交作。始留連而少息兮，既合會而復來。川谷爲之震蕩兮，山林爲之傾頽。浩兮瀁兮，長驅而遠駕兮；潏兮湓兮，争先而突出。洞音訌。洞衍溢已瀰而漫兮，滆泌洶涌復漂以疾。皛音渺、灧潤滉、渲澧音宜。汎瀾兮，渾沌沉濁、滵音密。淤汩淪。潫潋滺泫、從中横絶兮，淀涸渫滐、四溢紛綸。□邛據疆、衝決悍傲兮，雜沓轉轂、潛伏委隨。漰溢涻音脈。漷、音霍。怫乎震怒兮，潀音聰。瀇澌瀝、愀乎嘯啼。憑虚導坎、滑乎無禦兮，觸嶮凌崖、磕乎相擊。蛟龍黿鼇舞跳出没兮，鰆鱧鯡鯀蟂蜷湊集。揚鬐掉尾、亦既凌雪兮，蒲伏連延、乃復反側。氤氛蜃氣幻忽而莫窺兮，江神河伯逡巡而不前。吼鯨魚以戲駭兮，翔鵬翼而洄沿。鼓靈夔而鬭飛廉兮，捉巨妖以生食。促虬螭使失勢兮，長淫舞而魍魎泣。神童乘白馬而東戾兮，精衛啣木石而西來。六鼇雖云共肩贔兮，五山亦矶乎殆哉。將崑崙以西折兮，併中國而靡之。抑高崗以下伏（矣）〔兮〕，排層霄以上馳。傾北海以倒流兮，捲扶桑而落日。注銀浪於碧漢兮，侵蒼茫於晝色。沉澏音洽。景以爲柱兮，駕長虹以爲梁。垂穹窿以爲幕兮，羅萬寶以爲藏。蕩滌太空，吞吐六合。直決頺踏，斜奔䨠音業。嚁。音葉。餘聲千巘，崖響谷答。波流沫及，川洽螯湝。望之無端，始之淼淼，音渺。繼之湍湍。激而成山，散而爲原，聚而若團，續而若連。潏音骨。裂潰潰，奔沙投石。消盈益虧，曾不頃刻。滔滔汩汩，肆而忘歸。上下高低，茫乎若迷；南北東西，側而若移。艨艟舳艘，杳而不見；檝楫帆檣，如薪凌亂。連山參差，遠島隱現。一目萬里，傍無畔岸。其來也，誠莫知其所自；其逝也，又不知其所止。飈流矢激，曾不少俟。身不及迴，目不及視。天高地渺，絶無芥帶。填溢胷次，擴寬眼界。至其軼於胷之中，超於目之外者，又若混沌未判，惝然而不及勝載於斯時也。仲秋之月，既望之朝，士民駢集，遠邇呼招。劇觀肆覽，據要登高。目駭身竦，心動神摇。值颶風兮正作，更飛沙兮狂飇，相顧影失，反視魂逃。但見乎洋洋，不知乎人形；但聞乎潺潺，不知乎人聲。羣動小於蠛蠓，衆音隱於蛟寅。漁夫水役，蟻雜螬行。張罟後待，舉網先争。伺日既中，須潮既至。則有王官長吏，飭規從事。嗇夫駿奔，蒼頭魚次。張防海之羽儀，擁守方之容衛。列甲胄，森戟鎗。清虬道，戒龍塘。整旃帛，肅冠裳。進純牲，獻脩觴。於是鄙邑大夫東向再拜，跪而祝曰："惟爾大海，澤流無邊。爲國之險，作王之藩。利興鹽魚，小民賴焉。今惟天子，明明罔愆。德威廣被，四宇奠安。不揚其波，於瑞宜然。上體天德，下憫民願。寢氛息擾，易爲安瀾。興雲致雨，沃我公田。與厚地分功，與泰山并禪。當誦休於不竭，永奉祀於萬年。"

秋　葵　賦

李自明

瞻彼秋葵，既幽且奇。披金風以森茂，沾玉露以華滋。相亭亭而梃植，不倚莖而附枝。亦娟娟而净飾，匪污鉛而塗脂。繁花如蒴，巨葉若披。燦金光之的爍，紛翠色之葳甤。接芳蘭於既斷，契秀菊於新知。蓋天培其異質，而地發其幽姿。以故背青陽而向白藏，衆彫落而獨敷榮。挾凌霜之勁節，顯傾日之貞精。表五氣之正色，著三秋之孤清。豈徒與木渠而比艷，并露槿而争英。誠有似乎君子，而爲我之所鍾情。

蟋　蟀　賦

李自明

夜正清兮蟋蟀鳴，蟋蟀鳴兮無斷聲。汝助余之愁歎，余爲汝而傷情。匪相期而識起，實因感而言生。嗚呼噫嘻！萬物之情今知之矣！彼夫大化匠形，元功鼓氣。蠢蠢同符，洪纖一類。咸莫爲而自然，各含生而具智。是故因時而動，應候而鳴。其爲物也，蒼黄其色，局蹴其形。鬚尾兼具，足翼俱成。貌同跳躅，狀類飛蟥。與蛄蟻爲伍，與蛩螿爲朋。穿庭階之曲，居廡砌之横。構隙土以爲窟，縈落葉以爲城。飲草頭之墜露，照壁孔之餘明。可謂於世無求，於物無争者矣。然而乘風度吟，待月送響。雄聲據張，清音嘹喨。若絶若續，如懽如愴。伴夜讀於牕前，亂宵杵於機上。入離人之愁耳，侵幽客之夢況。既爾思悲，亦焉心賞。雖曰無知，實由動想。爰有王孫公子，嬉兒娱童。緣聲訪跡，卜響尋踪。周游不已，秉燭以從。截筒以爲物色，折箸以爲先容。張袖以爲羅網，結木以爲環攻。投閒抵竇，發幽搜空。類晉人之覓介子，似漢使之求嚴公。拔乎其尤，簡乎其異。鐵首蜂形，金腰虎背。品質既殊，聲價遂倍。居之瑶盆，登之瓊宇。飼之豐粒，飲之潔水。凡切所需，莫不精備。朝伺夕窺，一日數啟。善而藏之，若護珍貝。其爲黜落而不得與者，十居其九焉。然猶未也，招朋偕侣，消暇乘閑。依稀乎命帥出境，彷彿乎拜將登壇。賭以玉麈，注以金錢。東西對列，左右傍觀。策之以草榦，鼓之以笑喧。其形昂若，其聲喑然。見形而鬭志遂起，聞聲而雄心各前。張牙耀刃，竪鬚矗竿。挺翼直接，跋足争先。一進一退，載合載旋。形勢既陳，步伐不愆。或佯輸而詐走，或凝立而持堅。頡頏已久，雌雄乃殊。負者斂形卻竄，勝者凌勢長驅。餘聲不絶，膽氣猶粗。逞雄憍於頃刻，變贏敗於須臾。蓋不離方寸之餘地，而若開八陣之壯圖。莫不揚聲贊采，抵掌諧呼。

又或寄生水濱之遐，托響深山之杳。足音無聞，履綦不到。抱異質而莫顯，發閑吟以自弔。與霜草而同枯，等荒壤而并槁。若是者又不知其多少！然則其生也將何所爲？其鳴也抑何所思？其隱而藏也何所托？而逃其出而顯也何所求？而期其具鬭之性也，果有何不平而含忿？其見鬭之形也，果爲誰效力而揚威？其鬭而捷也，果何慕於受賞？其鬭而怯也，果何乞於垂悲？問之蟋蟀，彼實不知。忖之余心，余復何辭？嗚呼噫嘻！物誠有然，人亦似之。世有青年美質之子，芝館芸牕之士，效促織之微吟，工雕蟲之末藝。賞兔宴之清談，博雞場之雋譽。希蹤囊螢，竊名執雉。終日無休，窮年不止。及夫進取同塗，喧囂并作。競功利於蚊眉，較智利於蝸角。得勢者升青雲，失時者委溝壑。其間赫赫隆隆，與夫淹淹没没者，萬有不齊，顛倒相錯。至若懷奇抱異，斂響韜光，守道不出，順時以藏，長嘯山林，孑居草堂，甘肥遁於没齒，因見棄於明王。玆豈其才之不足、智之不長也！毋迺所謂嗇其遇而身名不顯，全其德而寵辱兩忘者乎？嗟夫！萬物一府，古來共盡，小大不殊，修短莫論，動息由時，行藏皆運。雖遭際之或異，實化歸之俱順。彼寓形宇内，固已渺乎爾，托鳴長夜，復能幾何？慨寒風兮將至，傷留連兮無多。喁吁啾唧，悽情宛轉。一唱三歎，重於斯乎有感。

馬嘷詩鈔自序

李仙根

詳於近而略於遠者,其人情乎?紀事之書,得諸耳聞目見,所能詳也。若吾生以前,無徵不信,則略矣。其於著述也不然。著述之在人間者,往往忽近而貴遠。遠者或數十世以上,聞風想慕,每恨古今人不相及,得其集則什襲珍之;不得,則必蒐採而録存之。若桑梓之地,耳目所可及者,以爲是亦求之易易耳。惟忽近而貴遠,故遠者詳而近者略矣。雖著録繁多,數十百年後,其湮没而無傳者,可勝道哉!吾邑爲禾郡之一隅,蕞爾之地,僻在海濱。然而山川靈淑之氣積久而發,宏通淹雅之士往往出於其間。晉唐以來,若陸,若于,若顧,其尤著者也,著於篇者如王文禄之《海鹽文獻》,見諸《杭氏藝文志》;劉常之《武原集》,見諸《檇李詩繫》;徐濟貞之《海谷遺風集》,見諸《浙江通志》。然其書皆佚而不傳,近若《樊氏藝文志》六卷,録自三國,訖於宋元,而明代闕焉。近《王氏藝文志續編》八卷,專録前明之詩,而未及於昭代。所謂忽近而貴遠者,豈其是歟?我朝自開國以來百數十年,沐浴清化,人才蔚興,彬彬乎殆將紹晉唐而軼宋明矣。其間詩文别集無慮數十百家,卒未有起而彙輯之者。余不揆弇鄙,稍加編荅,先以家藏舊本詩集鈔撮成編,既又廣爲蒐採,彙而録之,爲《馬嘷詩鈔》十二卷。越七八寒暑,始克蕆事,付兒輩校訂授梓。雖尠聞寡見,不無挂漏之譏,而發潛闡幽,庶幾桑梓必恭之意。異日者輶軒所及,或有取焉,亦考文徵獻之一助云爾。李仙根撰。

喜得先祖石刻遺像記

李承熹

先祖明經公遺像,刻於張徵士芑堂燕昌石鼓亭。沈布衣芥舟宗騫畫,伯父南人徵士摹上石後刻。公傳文爲歸安章學博光曾撰,丹即張徵士書也。承熹少時僅見家藏搨本。先府君示承熹曰:"石存石鼓亭。張氏金石傳家,取便搨布公原像藏家中,時可仰瞻也。"承熹謹取展觀,乃一長卷,枯樹數株,寒鴉幾點,先祖側立其下。蓋寫先世嗜泉公秋眺詩意也。知先祖仁孝之思隨在皆寓。因徧檢先澤,皆有題識。後得一像,長鬚白眉,貌甚偉。展閱,知爲先祖業師董孝廉德潤像。先祖存日,供奉者也。益知先祖尊師重道,非時人所及。先府君因戒承熹曰:"我家自明季嗜泉公隱居邑西横山之陽,學成不仕,世稱横陽先生。遂讀書世家。至明經公孝友性成,學力尤邃。收羅一家文獻,增刻嗜泉公詩存,刻横陽李氏支譜。他如卹孤寡,濟貧乏,隱德不可枚舉。我家詩書不替者,明經公振起之也。先澤具在,爾其善寶之。"承熹謹誌之不敢忘。咸豐辛酉仲春,粤匪犯海鹽。承熹倉皇出走,先世手澤及各種書板盡化劫灰,每以爲憾。事平,承熹收得嗜泉公詩册,訪石鼓亭,已爲瓦礫,太息久之。今年冬,里人沈姓者於續魯橋南掘得石,有像在焉。張熙臺明經壽康見而拂拭之,知爲承熹先祖像,飛札招示。承熹驚喜累日,備禮奉歸。像傳頗完好,石尾稍裂,無損字跡。嗚呼!人生孳孳不已求居積之富,耳目之娱,轉瞬皆空。先祖留心祖澤,敬事師儒,經劫火而像與傳猶存,殆有鬼神呵護歟!承熹身遭喪亂,未克守先澤,今得此石,悲喜交集,謹表晦而得顯之理如此。我子孫勉修孝謹,以契天心。祖澤留貽當更遠爾。同治八年十二月。

論畫八則

[題]乾齋公

李營邱筆跡在當時已吉光片羽，米襄陽因之作無李論也。然董文敏所藏有著色山圖，所謂“危峰奮起，蔚然天成。喬木倚磴，下自成陰”者。又謂“余嘗見一雙幅，每對之，不知身在千巖萬壑中”。王煙客奉常又得《山陰泛雪圖》，費至二十鎰之多。以二公之真鑒，必不以燕石寶之。豈米老與營邱翰墨緣慳，造物故隱其跡，至隔數百年之久，始流出以示人耶？

倪元鎮自題畫云：“非近日王蒙輩所能夢見。”而題王畫則又云：“王侯筆力能扛鼎，五百年來無此君。”或曰：“雲林何前倨而後恭也？”余謂，雲林乃元季蕭散之士，當畫畢時，自鳴得意，猝作無顧忌語。及攬王迹，又迥非時史所能及，遂作悦服語。時移境遷，本無定論。且天下惟不服人，乃能真服人者也。昔庾征西不服逸少，有“家雞野鶩”之誚，後以爲伯英再生。吴道子不服僧繇，曰：“浪得名耳已！”而坐卧畫下三日不忍去，其自相剌謬，不與元鎮一轍乎？

昔沈啟南摹雲林筆，其師趙同魯呼曰：“又過矣！又過矣！”浙江和尚一生學雲林，新安畫家多宗之。張瓜田見倪真蹟，謂猶在門外，當以董香光爲法則。沈與董之相去何可以道里計！雖然，石田之老筆密思與雲林之疏散蕭遠者，趣不同耳。畫無論繁簡，要各有其趣。仿古人而與趣不合，所謂覿面千里，冰炭不雜也。假使仲圭在前，又將引石田爲知己，香光不瞠乎後塵耶！

改伯韞與錢松壺寫樹石若出一手。而改以人物名，錢以山水名，相埒也。方樗庵與奚蒙泉樹石亦極相似，而方以花卉兼山水，奚以山水兼花卉，名亦相埒也。向使四人皆欲以山水傳，恐論者於此必有左其袒者。楊子鶴爲王石谷高足，山水純學其師，而名遠遜。惲正叔謂石谷曰：“此道讓兄獨步矣！”讓，正不讓也！真正叔眼光鑠破四天下處。董文敏云：“同能不如獨詣。”信然！

摹黄鶴山樵一派，其題每曰：“叔明爲趙和興甥，故學有淵源，然非得力於右丞，烏能酷似其舅。”云云。以予考之，叔明乃吴興外孫也。吴興婿爲王璉，即叔明尊人。見《元人詩鈔》。記之，以正題跋之誤。

龔半千《畫訣》刻入《知不足齋叢書》。其言六法，乃啟蒙小品耳。惟論《畫柳》一則，能道出前人不傳之秘。蓋畫柳不可太工，工則板滯無情；又不可離法，離則少摇颺風致。半千之言從静悟得來也。

昔王逸少書《東方朔贊》，飄飄然有凌雲之氣；書《誓墓》，即有孝子順孫之心。此雖官止，殆以神行也。余嘗寫竹梅松石，慨然想見王子猷、林君復、陶泉明、米海岳之高致；寫凡花雜卉，不過刻畫形似而已。甚矣！品格之不可不高曠也。

余所見王耕煙畫甚夥，大江南北諸縉紳家所藏卷軸、册子，不下數百件。卷子當以嘉禾姚氏所藏《仲長統樂志論圖》爲最，册頁無過於硤山蔣生沐廣文所藏水墨十二幀，立幅以余家所藏《古樹寒鴉圖》爲第一。無峰巒、屋宇，惟拔地參天作枯樹五大株，點寒鴉數筆，極飛鳴顧羣之態。正面以焦墨寫枯柳十餘筆，荒率蒼涼，最奇絶也。耕煙自無題誌。楊子鶴跋云：“此耕煙師得意筆也。丙辰春日，得觀於鳳逸先生齋頭。吉光片羽，今不可復得矣。”云云。押角有崑山徐健庵尚書收藏印。余得之海昌查伯俞郎中處。蓋耕煙畫幅大抵絹本，青緑居多。此幀獨紙本，水墨完好，真無上神品。非得真鑒者不輕以出示也。

（清李洽等纂修《[江蘇海鹽]苞溪李氏家乘》　清光緒十六年刻本）

重復湛峴山衛國公墓記

汪士侃

今天子御宇之元年三月，上諭宋丞相謚忠定李綱，立朝守正，風節凜然。生平讜論忠言，具詳奏牘，實能扶危定傾，明體達用，以天下爲已任。允宜特與表章，敦崇風教。李綱着從祀文廟西廡，列於先儒胡安國之次。謹案：李忠定公，閩之邵武人，祖諱賡，徙居無錫。父諱夔，累官集賢修撰。母吴氏，贈令人。建中靖國元年，令人吴氏卒。以其年三月，葬於無錫縣開原鄉湛峴山。迄宣和三年閏五月，修撰疾終於家。歲八月，合葬於湛峴山吴令人之穴。見楊龜山先生所作墓志。《龜山集》爲欽定四庫全書所收，當不誣也。嘗考公《梁溪集》中，有《送季言弟還錫山省先壟》詩。又《無錫縣志》載，宋贈太師李公諱夔墓在湛峴山。山在嶂嶍之北，去錫山十餘里，即忠定公廬墓處。蓋公後雖歸閩，而公父之墓。依然在湛峴山也。國朝雍正七年三月，上諭修理古昔陵寢祠墓。各直省遵奉辦理，每年歲終，將防護無虞之處咨報工部，彙齊奏聞。無錫一縣，得防護之墓有五，修撰之墓與焉。士侃官屯田司時，嘗親見其案。惟年代曠遠，墓祭乏主，而山居之世爲監守者據爲己有，滅其碑碣，而盜葬之。道光二十九年，歲歉，山居民秦有容率其族，竊賣其地於邑人諸立齋。立齋察知爲李氏古墓，則減價售於忠定公族裔李璨。山民恐李墓之復，則盜葬者不得安，於是聚其族而圖反復，遂相率成訟。一時議者，忘乎每年報部之結，妄以北宋之墓爲臆度，且斥縣志爲不足憑。盜葬者駸駸乎得志矣。賴邵吟泉大令出而任其事，率邑士爭之官。斡旋至一年有餘，值邑侯吴雨亭先生蒞任，始得察其情而斷其實，而修撰之墓乃得復其真。夫保墓之責，苟非子孫，即在學者。國家澤及先民，凡前代邱封，藉得永留勿替。矧兹皇上勵賢崇化，祀典加詳，將見鄙薄寬敦，聞者興起，即使生居異地，猶思瞻拜而生仰止之心，又何論桑梓之邦，得被流風餘韻者乎？大令爲文莊族孫。文莊親築忠定公祠，大令力復修撰之墓，何古今事之相符如是耶！士侃嘗纂道南諸儒，每慨想其後來不知若何？近於丁未，鄒氏得鄒經畬墓；戊申。邑人重碣喻玉泉墓。輒爲欣喜累日。今大令重克復修撰李公墓，此真適合素心者，能無稱道哉！抑錫邑澆風，慧山近地，嘗有坎瘞未久，即見發掘者。大令此舉，非特奸民有所懲，即有司循例報部之案，亦不致徒成具文云。

復衛國公墓記

李星琪

蓋聞子孫之責，莫重於守墓。誠以墓爲先人骨肉之所歸，更重於祠萬萬也。我始祖忠定公封翁衛國公墓在無錫開原鄉湛峴山之原，上至山頂，下通大路。左有廬墓處，椽屋三楹。前有滌硯池，清泉一勺。忠定公曾兩廬於墓，手植松柏數萬株。洎乎代遠年湮，失於祭掃，世爲監守之山民秦有容據爲己有，滅其碑碣而盜葬之；後又竊賣其地，轉輾及於族伯曉霞。山民恐公墓之復，則盜葬者不得安，聚其族而圖反覆，遂相率成訟。賴邵吟泉大令率邑士爭之官，適吴公雨亭來宰是邦，秦有容始知畏法，私平其塚而讓焉。於是大令遂偕合邑紳士，暫時公祭，然後徐議歸還李氏，因遭髮逆之亂未果。克復後，其孫海嶠踵而行之。至同治壬申，始謂吾族諸君曰："吾祖克復君家之墓，而君等不思收回，於心安乎？"吾族諸君皆唯唯曰："敢不如命！"惟是兵燹以後，力薄者多，祭掃修葺之費無着。光緒丙子，祠中春祭之期，合族咸集。琪商之翼宸、思誠、韻泉、秋亭等曰:“今邵君以公墓來歸。先立祭掃之章程,次籌修葺之經費,吾等今日之急務也。”翼宸等矍然曰:“合邑諸紳,俱屬異姓,猶竊保護之思,而爲之後者,反度外置之,其罪上通於天矣!”遂稟明族叔晴川,於東北兩處祠田中開銷春秋祭掃之費。而秦有容之子上元,乘鄺李交接之時,仍將金墩堆起。因着地保押令遷去,再邀合族捐資修葺。建牌坊,築墻垣,一載有餘,其工始竣。雖不能復曩時之基址規模,而祭掃無闕,修輯有常。庶幾後世子孫,永守勿替矣。是爲記。時光緒三年歲次丁丑季秋之月,後裔星琪朗階氏謹記。

(李康復等纂修《[江蘇無錫]錫山李氏世譜》 1949 年雍穆堂鉛印本)

冬心草堂詩存序

何維棣

詩人之稱,自後世知詩者定之。古之工爲詩者,其思力必不於詩人而止。歷觀唐宋大家,下及金之遺山,明之弇州、升庵、卧子,國朝之漁洋、竹垞、惜抱數輩皆工爲詩,皆不得以詩人限之。其詩之能工,與工而能傳,傳之而能久且遠,方其自爲時,亦莫能自度其所至。惟藉名山勝水、可欣可愕之事,聊以寫其胸中之奇,良由贍智逸才横溢旁出,不專於尋章琢句之間。其於詩也,直若寄焉。而詩亦遂無乎不工。後世尚論專門,始羣奉以詩人之號。若當時舉一得以見許,斷非數公所甘自任者也。

丹徒李丹叔先生,文祖齊梁,具陽湖諸老勝處,詞筆紓徐清麗,棲格在白石、草窗之間。并時才英工斯詣者,自譚復堂、馮蒿庵兩先生外,殆罕其匹。文詞已排印行世,獨所爲《冬心草堂詩鈔》迭次芟剔,僅存十二卷,猶歉然以爲不自信。命其子樹人貳尹屬余選定付刊。余受而讀之,頗疑先生弟子周君所審定者已病其刻,無庸重删。何也?先生所詣不止於詩人,而其爲詩實能尋繹漢、魏、三唐樂府遺意,行之以浩灝之氣,組之以沈鬱之思。至於紀事闡幽,激昂凄惻,高者直可嗣音子美,次亦不失爲渭南。若沾沾於篇句求之,非所以語先生之詩也。先生自跋,述望溪方公語竇應喬君曰:“公詩胡不自收拾?古文詩字工,後世知之。”誦斯言,爲之憮然。余所謂詩人之稱定於後世者,亦即此恉。知新競騖詞章,道衰。先生博學高年,文事不輟。所纂《巢湖》、《采石》諸志著録甚繁,當與竹垞、惜抱諸先生遥遥輝映。是編先宜授梓,用慰海内舊學家佩慕之私。余不敢以詩人限先生,懸詩人之名,以待後世以證望溪之言。先生其然余説否耶?光緒三十二年十二月道州何維棣序。

李母蔡太宜人七秩徵詩啟

華曉梅

譜千秋歲,世爲壽母而興謡;居八寶城,國有賢媛而作贊。此地之瑞也,此梅之志也。迺復旁及遐陬,式歌壼範,得毋言難摭實、語尟練真?若夫十載厲公,七袠賢母。比鄰之愛,無間乎枌榆;登堂之惠,有渥乎雞黍。承天幼,漸慈訓,外閫皆知。宋公表曰:女宗過閭必式,宜加修褉。敢效引喤,如我李母蔡太宜人者,尤可得而述焉。稽其幼依外氏,蚤號莊姝。婉娩修儀,中外稱實。膏屧相讓,姊弟與怡。語言自佳,僕媪亦喜。追賦于歸,聿彰有爛。其箱盈珠斝,籢幣錦粲,皆外祖母鄒太宜人之所贈也。當是時,家傳兩世之經,户盈千里之屨。李固負笈以訪師,是賢公子；胡瑗闢齋而課士，乃真先生。孺人司中饋之勞，縮都養之費。諳姑食性，而翁更朵頤；謹我女功，而鄰尤誇爪。矧麟士有賢弟子千，陸賈得丈夫子五。其間，姒娣無罅議，鍾郝抗賢聲。婦健持門，寫向隴西行裏；姑恩紀曲，唱入江南道中。嬪豈易爲，德真罔忝。我肇修先生，始以劉向授經之志，體及先人；繼本許衡治生之方，兼言貨殖。孺人凡女布男錢，出入咸理；款賓贍族，奢嗇得宜。夫萊畚荆釵，此自崇其儉也，而未免鄰於矯焉；孟舂桓汲，此自食其力也，而未免近於褊焉。孺人不喜陿隘之狀，不爲噓煦之仁。慷慨愛義，能成夫子之名；履席雖豐，何損儒家之素？故墻曲棗肥，一任鄰撲；庭間李熟，不屑核鑽。指囷匡乏，脱釧捄貧。荀氏《女誡》之書，能示諸掌；范家陰德之傳，彌印以心。年歷七旬，頌如一口，有由來已！獨是款冬之花，非凌寒不耀；卷葹之草，非抽心不榮。憶道光壬寅，重洋烽起，四郊壘多。潑雪刀光，六月而寒。驚唳鶴如麻，野燎孤城，而殃及池魚。其時命弱於絲，室縣如磬。旋以地避華陽，憂貽漆室。孺人環瑱宵撤，懷巴婦之清；概散晨饘，謹季蘭之祭。於是大厦獨支，諸孤有恃。紡甎月落，機答蛩聲。竈突煙寒，甕淘蛀米。事傷棘手，苦耐荼心。凡此數十年來，婚嫁就完，家室復整。皆孺人疐後跋前，磨肌戛骨之所庇也，抑尤有進焉。且夫剉薦供賓，陶母成子之苦；折葼訓孤，仉氏體夫之志。我肇修先生經術湛深，才名馳噪。搜宓犧靈秘，最善摛文；倣司馬長篇，尤工撰賦。孺人戒括讀父書，勖喬紹先業。謂勿作腐儒之瑣瑣，宜成大集之洸洸。今社弟亞白，其季嗣也。掉鞅詞場，馳譽藝苑。虞卿頗善著書，客兒妙能述祖。署雞冠秀才，天生聰耳；推騷壇盟主，詩雜仙心。至其伯仲相處，塤篪互和。沈家泯腰鼓之嘲，穆氏無乳腐之誚。芹茆之香既扇以家風，棣萼之榜將竢諸他日。孺人熊丸之勞，象賢之望，其情固綦竺也，其願罔弗伸也。梅與亞白，自癸丑之歲聯縞紵之歡。話徐陵故里，原忝鄉親；托孟母芳鄰，宜詳閫德。暇訪茆容而瞻謁，得知湛氏之生平。羡其惟慈召祥，在躬提慶。桐枝梃秀，萱意忘憂。護晏子納楹之書，有子能授；卻崔婦升堂之乳，哺孫轉歡。每當鶴广花明，雞窗晝永，則或御板輿，或耽葉戲。種子母檀欒之竹，色總青蒼；談婦姑膊腷之棋，意俱整暇。家事付諸兒輩，時光戀乎晚晴。宜其氣體不敝，歷憂虞險阻而更華；福嘏偕臻，極梨眉鮐而未艾。

今以己巳初秋爲古稀華旦，時則函關氣紫，仙人因獻犂而來；閬苑花紅，天姥爲投壺而笑。冰蟾乍滿，銀河愈澄。凡雲軿天媛，競奏靈璈；豈影組名卿，翻慳法曲。伏蘄琳琅寄贈，煙墨分擲。編七月之什，勝九霞之觴。擘織女成章之錦，謄此鴻詞，分鮑姑盈斛之砂，潤斯兔穎。庶幾壽宇宏開，仙謠遠播。光湖似鏡，永涵寶婺之輝光；彩筆生花，倍發詞壇之氣燄。世愚姪華曉梅頓首拜譔。

（清李恩綬等纂修《［江蘇］潤州李氏宗譜》 清光緒二十九年湛露堂木活字本）

爲修譜事函闔族尊長兄弟書

李大揆

敬肅者：大揆於本年六月九日上午十時行經東城剪子巷，因目力不及，跌入路旁坑中，右腿幾折，兩肩重創。經鋪商二人扶出，息刻餘，始徐行回寓。是夜痛楚昏沉之際，至一大宅，庭院寬敞，屋寓高大。廳上一人，面南端坐，年約四旬，莊嚴無鬚，而合兩目。旁侍一人曰："此養林公也。"揆心知養林公，字盛之，乃太高高祖耳。遂拜之。養林公合目曰："汝修譜耶？吾李氏之譜迄今二百年未能修敘成帙，此後之子孫何以知宗祖創業之艱難，課讀之勤苦乎？歸而語諸族之長與幼，以勤儉耐勞之心，同心合力保全先塋，保存祖宅。使年幼子孫知爲寶坻世家之後裔，深其水源木本之思，啟其紹承先業之志，勿令貧無立錐也。若譜之無傳，亦不能傳信於後世，顯揚祖德。予曾記作有一文，題爲《學而時習之不亦悦乎》。此文雙全公尚爲存留，可以録入。汝好自爲之，可速歸矣！”語畢，侍者送揆出，并指導歸路。頃之乃覺，始知夢也。時天猶未明，創痛亦稍止。自度蒙祖宗之佑祐，得以復蘇。回憶夢中囑諭之言，希望族人保守祖業之殷，不禁泣然流涕。今爲子孫者宜如何奮勉，以慰祖宗在天之靈耶？養林公二十八歲廢讀經商，貿易二千里事親立業，勞力勞心，中年殞逝，僅三十六歲耳！遺孤俊儒公年甫十一。雙全公壽享八旬，教孫成立。想惜日必有此文存留，蓋年久遺失矣。爲存先人手澤，揆修譜綱要中本有著作詩文之目，而幽冥中已爲盛之公知之，從此揆益盡力於家譜事，欲竭盡病目之力，以期早日完成付梓，俾傳久遠，方不負祖宗之囑諭，方不愧爲李氏之子孫，方不負此身也。謹此奉書，伏祈尊長昆弟鑒察爲叩。民國二十七年歲次戊寅夏六月十一日，大揆謹上。

序譜異夢誌

李大揆

戊寅冬，卜居，月餘不得。今春上元日，始於地安門臘庫内家得屋，可方丈，攜妻子載書卷而居之，暫蘇喘息。然口腹之累，更有如歌長鋏寄食孟嘗者。既得室，殊喜敘譜復有地。以五十之年，雖在病目，憂勞困頓中，不息目力，仍專心於譜事。近覺十年不視之左目漸放光明，蓋仰承祖宗神靈佑祐，助此譜之早成，則從此益晝夜勤勤無稍間。忽於三月二十七日夜，夢一老嫗年約七旬，髮蒼齒落，扶室門問余夫婦曰：“爾等姓李耶？爾始祖由何時遷移寶坻者？”余對曰：“揆之始祖仲銀公，初爲東北昌平人，因明末避兵燹，遷居寶坻之張五甸。至三世祖雙全公，復遷林亭鎮。其後，乾嘉時子孫貴顯，服官京師，曾迭次往昌平訪詢李姓中同宗者，終未得。今能得其詳乎？”嫗曰：“我即昌平李姓也。仲銀我熟知之。其父乃由縣令仕至知府者耳。”余聞之，驚喜，遂急問名諱、科第爲何？嫗曰：“科名我説未詳。我子亦同來，可招彼告知。”問在何處，曰：“後院中耳。”嫗語畢，出室招之，未及至，夢乃覺。時室中寂黑，天猶未明，心殊急悶，自思能再續夢一聞，究竟不知如願否？頃之，果復夢所招其子者來，年約三旬餘，布衣敝履，入室面墻，東向立。余喜甚，兼述以修譜事而問之。其人似答，但模糊間未能記憶，而夢復覺。窗明室静，弗見夢中之人，但聞斷續雞聲，(詹)〔簷〕前鳥語焉。嗚呼噫嘻，悲哉！余之知矣。夢中之老嫗者，豈非仲銀公之母也耶？其子豈非仲銀公也耶？年約三旬餘，布衣敝履，面墻而立，似語而未能聞記者，又豈非在葬親之後遭兵燹，損貲財，倉惶攜眷流離辛苦，避難於張五甸之時也耶？且老嫗之言曰：“我子亦同來，可招彼告知。”豈非明示其子爲仲銀公乎？既告以仕至知知府者，爲仲銀公父，雖未告以名諱科第，亦豈非明示仲銀公之先代亦皆禮義傳家、書香繼世乎？夫以三百年未得訪明之先世，竟於夢寐中得之，豈非祖宗鑒揆修譜之誠，顯示神靈，以作考詢之證者乎？爰記譜端，以示後世。民國己卯三月二十八日晨，十一世孫大揆謹誌。

敘譜記

李大揆

大揆童年於課讀之暇，每侍祖父母飲食時，輒爲之講説祖先治家立業之故事。必敬聽而謹記之。且每歎曰:"吾李氏自始祖至爾輩已十一世,歷二百餘年。譜系猶未成帙,而傳記一切更付闕如。爾等可勤勉讀書,將來成立,務望繼先人之志,修敘完成,俾垂不朽也。"自聆訓後,即以修譜爲己任。故自光緒三十三年起,已作家傳十數篇。迨至民國十三年甲子秋,文孫、秘卿、瑞丞、鐵庵諸叔祖及丹孫、樂山叔皆會聚於京師。譜之門支及科名、官階復得考查周詳。然宦居各省之族人名字、支系仍有多不盡知者。二十五年夏五月,仲華叔由蘇來京,將子丹公支之親屬詳爲示及。丁亥冬,家大人復以所記各支統系稿授之,則修敘益有門徑矣。今譜稿共分十册:一爲諡法、御賜碑文、祭文、誥封、官銜牌、匾額、壽序;二爲序圖、圖記、影像、李氏世代統系圖、科第、職官等表;三爲家傳、事略、行述;四至九爲李氏各支親屬敘註表;十爲寡訓、家書、著作、詩文。自去春至今夏,乃於病目困頓中,終日勤勤,未間寒暑,始能成書。庶可上慰祖宗在天之靈,下垂子孫紹承先業之志。惟歷年已久,遠在各省之族人親屬姓氏遺漏甚多。至在京師之上輩親屬婚嫁姓氏年遠無考者,於宋季章太姻長多有諮詢補註。宋諱憲曾,行十一,祖姑丈宋儀卿之胞弟,曾任軍機處貢士,於去冬十二月卒於北京,享壽七十六。今譜既成,復於秋七月函詢耕莘叔祖。仁輔叔將居鄉各支族人親屬生卒年月、婚適姓氏未詳者補敘詳明。令子姪等繕録清稿,復同秘卿叔祖,潤生、季梅叔,慕韜、效坡、學志弟,詳爲校對。即由十一世孫鼎措資付印三十部,分存本族,俾傳久遠。嗣後如有遺漏,容再補遺可耳。民國二十八年歲次己卯秋八月,十一世孫李大揆謹記。

(李大揆纂修《[河北]寶坻李氏譜稿》 1939 年打字本)

宗法要議

李朝樹

立祠堂,置祭田,遵家禮,以祀四代之祖。孟秋行事,立春則薦先祖,冬至則祭始遷之祖。宗人皆從祖祔食,致齋,致愛,致慤。祭畢,則相率宴會。而齒德之最優者則西向坐,而訓諸族人。謂凡爲吾祖之子孫者,當忠君孝親、敬長慈幼、和親睦族、勤耕苦業,各恪守先規。謹遵國法無胥欺也,無胥訟也,無争鬬也,無博弈也,無游蕩也,無攘竊姦侵以戕身也,無鬻子賣媳以辱先也,無爲奴爲隸以玷家聲也。有一於此,生不齒於族,死無顔見祖宗於地下。於是族人皆俯首聽命,交相勸勉。然後族人之文者以譜至,登記一歲之生卒,并公舉一族之臧否。善則當衆獎賞。果有行誼卓犖者,即大書特書,以示鼓勵;死則爲之立傳於譜中。其有犯於前所訓者,憑衆面責,勿許入祠;能自悔悟,則仍爲收恤。至讀書子弟,奮志上進,尤當設立學田,多方獎勸。而族人歲時見謁,雖富貴貧賤,以其屬稱;喜慶憂弔,以其服屬。倘無服無嗣而死者,則羣哭,羣葬,羣祭,而是日不肉不歌。

主祭議

羅念菴曰:"或言主祭推族長,不以宗子,何也?"答曰:"古之言宗也,蓋有相率而宗之,非徒以虚名已也。是故四民世事,士之子恒爲士。以其世士,故有禄可仰,而其力足以制五宗。五宗之人莫不從。《詩》:'君之宗之。'言宗之尊亞於君也。封建廢而宗法不行。非無法也,禄不世,則人無與宗。彼謀身之不暇,而暇以率人乎哉? 其甚者淪於厮養,賤等輿臺。望族之貴顯者乘堅策肥,鳴騶里門。長者方且卻走屏立以俟,其所宗安在哉?"然則宗法非禮與? 曰:"否。

今之宗族，勳戚武弁則猶行之；禮不行庶人，古今一也。”將欲維持族類，以附於小宗。其爲説亦有三：尊尊，老老，賢賢。惟所遇焉，斯可也。視其族行輩長者得主之，斯尊尊矣無已；行卑而年高者得主之，斯老老矣無已；而德誼足稱年行雖卑亦得主之，則賢賢矣。此宗法之變也。

固守墳墓議

祖宗賴有子孫者，惟其能保遺體，傳永久也。凡墳墓四至最要分明，憑樹木以志界限總不足恃，或築土壕或砌三沙，用石深鑿祖山字樣，旁註清晰，窨立堅穩，允爲妥協。倘塚壞稍圮，及碑碣磨蝕，須倡率同志及時繕葺，不得因人心不齊遂至積壞不修。其遇歲時節序，宜親身往醮，不得委諸僮僕。今先太父北鴻公祠内歷有祭租，爲設立五人一届，齊集掛掃，無論分行尊卑，總以年齒上下，挨次輪流推之。生年百歲，一生不過一次。一墳未到，罰銀三兩，兼要責懲。倘仁孝爲念，雖非值年，私行醮掃，尤屬賢肖。近時有爲子孫者生未嘗一掃先壠，并不知某祖、某伯、某叔及考塋、妣塋何處。在村夫俗子，稍知根本者，尚不蹈此。乮巨室大家，席豐履厚，素沐祖蔭，往往相沿成習，畧不省憶，殊爲可怪！間有趣於衆議，勉强登山拜祭，甫畢，亟亟圖歸，以致界限侵占，失於稽查，追悔無及。嗣後春秋上壠，必須周迴繞視界石有損否？坵木有枯否？無被人斫伐否？地上有新掘坑及泥埠否？或無埠而土動如陰埋骨瓶等可疑事，俱要再三勘明，不嫌瑣瀆。至遠代祖墓，壙志未備，尤當重行補泐，納入隧道，以防陵谷變遷。其各處祖山有曾立公約不許祔葬者，務遵守勿違。其地原廣闊曾經疊葬者，雖可祔塚，亦必照依昭穆，彼此無礙爲思。先有遠祖，然後有近祖，不可逆犯尊輩，擴棺切槨，自喪厥良。至父母之喪久停暴露，須防水火盜賊，尤不可酷信風水，妄葬非分墳山，致播遷禍敗，相尋無已。更要嚴禁希圖小利，盜賣本身祖塋。良以坵墓係先人宅兆，體魄所藏，容肯自甘凍餒，不可以此鬻外。再有異姓藉端强占，或侵犯至界位内，子孫須與講明，亟圖恢復。其族内旁支有遭人欺占，勢不能敵者，家衆出力扶持。存歿兩沾，抑亦錫類之孝法。例初設爲諄切議此。冀相引勿替，俾先塋藉以長保，而子孫亦得永庇。

喪事題主議

世俗重題主。考古必葬而後題主。魄體歸主，神魂入廟。今人惑信風水，或山場年月不就，必先窨厝寮舍，寄埋淺土。故點主之禮即并行於發引之日。固因喪家繁文重禮，難於再次舉行；抑喪禮有退而無進，相沿已久，義難驟更。記曰：“禮從宜，事從俗。”故當仍之。但據《朱子家禮》，題主擇善書者，未嘗論其爵位崇卑。今世俗之禮，率請尊貴書之，而又慮其體貌隆重，不敢久勞，苟簡遷就，創爲一點。不知所借重於尊貴者，重其品行乎？抑重其官爵乎？有品行者，雖布衣之士，足爲父母光重。若有官爵而無品行，究何足光重其親？乃待其潦略一點，有類兒戲，而又需索重酬，鋪席筵客，攀聲援勢，情誼不屬，財神亦耗。何如保全物力，營壙整墓，以專治亡者之要事乎？

禁僧道作佛事超度議

喪事厚薄，稱家有無。所最宜斷絶者，當亡人屬纊之辰，俗名救苦逢七之期，俗稱過案。莫不延僧呼道，喧聚家堂。我輩讀書明理，亦何不考究古人七七之義也。按古者天子九虞，以九日爲節；諸侯七虞，以七日爲節；大夫五虞，以五日爲節；士三虞，以三日爲節。春秋，大夫僭諸侯，以七虞之禮。後世遂以人死之後，每七日必供佛飯僧，爲亡者消災滅罪。夫幽明異趣，人鬼殊途，獄主曹官，安得一一而呼名指姓。豈三代以前地府空虚，事佛以後，地獄、天堂從新更設，造化亦勞勞多事矣。况吾輩立身即非聖賢，亦似可少厠中人。即使過重如山，豈一二僧雛羽客所能探湯援手？又不知孝子順孫何所見，而故推納其親於網羅罪罟之中也。最害者，喪主内外方哭踊不遑，而無端堂上延集僧徒，吹鐃擊鼓，撼壁震鄰。喪主耳目昏馳，僕婢叢奸作祟，盤盂器具，衣履巾衫之類，皆各乘勢盜竊。七七相連，無五日間隔。主人六十日哀悲既已，神疲骨立。僮僕六十日勞瘁，亦思歇息少休。每每舉家睡熟，盜賊乘危刓壁攻門，盡空所有，吾見亦累累矣。更可笑者，孝子孝孫，衰絰滿身。忽爾三尺之道衆沙彌持數寸之紙旛，命拜則拜，命跪則跪，不殊傀儡，何異失心？有識者不知如何軒渠絶倒也！知禮者當破此俗癡。

喪事奠弔議

古者未葬不變服，食粥居廬，蓋悶親之未有所歸也，故期以三月而葬。今人不能從古，陰陽形家世俗所慎，雖有宋大儒不以爲非。至於預卜藏穴，門人裹糗行紼，六日始至。蓋慎擇之道，先儒已爲之。今父母既喪，附身之事甫畢，而附棺之事絲毫未舉。方欲講究精詳，規求永久，速終大事。而先以弔答彌文，耗神費財，自朝至暮，匍匐迎賓。鄉間親友，奔走遠涉，既不俯依弔期，遂至歲無虚日。使孝子之心不能專一爲亡者終事，亦非所以俯體人情也。且古之弔者，知生則弔，知死則傷。今城中之弔有類習儀演禮，鄉間之弔有類設席延賓。揆之古義，相去愈遠。不如一概懇辭，俟發引有期，先於旬日前通知親厚諸友，俯勷大事。爲靈車祖道，亦隨其家之厚薄爲豐儉也。

惑信風水議

風水之説，舉世信從。況送死大事，先聖賢亦復審詳至再。但山川既不能言，而時師又不足盡信，兼或子孫房分衆多，各持偏見，遂有親没十載及三四十載，而不得抔土之安者，皆風水兩字誤之也。每見前輩墳塋，豈非高官顯爵，亦豈不力爲父母爲子孫計，重幣延師，尋山覓水。今其人雖没，其地現存。不數十年中，能保全者幾家？稱吉壤者幾穴？又豈當時地師主客無一知解，見識盡皆出於今人之下哉？故爲父母卜葬，全無檢擇，撥置由人者，固非仁人孝子。倘形家相視，稍無水蟻，可以安墳者，即不當計及於後代榮華若何，富貴若何。又莫過於試蔭之法，或買新山，或扦舊塋，一年兩年，如法試蔭。俟半年一年，取開看驗，乾燥者即是吉壤，雖使郭景純活口争持，不爲撓阻；黑爛者即爲凶土，雖使楊救貧現身説法，不敢遵從。一以正術士之妄誕，一以杜閑口之是非，一以定化者他日筋骸之公據，至捷至妥之法無妙於此。而又有謂山川朝塚不朝屍等語，此皆邪人妄語，救敗邪説，安足聽也！試問所埋者何人？而諄諄爲己身福澤起見，此心已不可問矣！至於既葬之後，魂無不之形化爲土，天地一定之理。且人生貧賤富貴，相遞乘除，吉凶成敗，變遷不一。每見人家小有失意，不自安心受命，便先歸咎墳塋。又復遇貪利地師，攛掇起遷，檢筋拆骨，别圖改葬。朝廷律例開載一款，凡開棺見槨者斬。在他人猶係不赦之條，何況親如祖父、前賢。所謂重戮屍於地下，害理傷心，至於如此！倘或别有現地可埋，尚可免其抛露；不則以單薄瓦罐裹聚枯骸，置之荒園曠野之間，屢月經年，不一看視，己不能葬而望之子，子不能葬而又望之曾玄。水火豈能預料，盜賊無歲無之，此數片殘骨不至棄之糞壤，歸之無何有之鄉不已。何如不行起遷，聽其自朽自化之爲愈哉！此爲人生至重，羣疑最難曉譬，故於此力言之，以爲愚盲開導云。

命名字派議

子孫命名須用字派，以便周知。倘兄弟同行，彼此互異，則一家之中序次莫辨。我族自玉堂公肇遷醴邑，迄二十二派字，固無庸更議。今二十三派酌取"家"字。推而遞之，即用"家運昌隆，人文蔚起，宗枝齊振，用篤前修"十六字循次爲派，上下隨用，務期妥當。至三十八派後，另擇成語若干，再爲續增，總不可干犯例載敬避字様及祖先名諱，致涉咎戾。乾隆乙未長至前一日，朝樹謹志。

鄧背庵記

李朝樹

距縣城東四十里有地爲温泉，先曾祖海寧公當年習静處也。時先曾祖母陳安人謝世早，先祖北鴻公年最幼。繼曾祖母鄧安人愛憐之，每由家攜往省視，輙負先祖於背，歲以爲常。先祖既長，用即其地而建爲庵，因名曰"鄧背"，蓋志繼曾祖母恩勤，以示不忘。其環庵四面皆山，庵藏山塢中，見山而不見庵，真幽境也！由村口數折而入，路轉峰迴，緑蔭叢密，彷佛山陰道上。既而過小澗，履平疇，炊煙透籬間，雞犬桑麻不減武陵源矣！於焉憩足田畔，聞蛙聲亂鳴，更唱迭進，殊嘈嘈聒人耳，然以此聊當鼓吹也。再入再折，轉幽而敞，有方塘，上下游鱗可數，且荷蓋披紛，澄泓蕩漾，清風更徐來也。行不數武，山門在望，見古樹錯立，森若列戟。初從嶺脊環眺，以爲水盡雲深，不知複道重軒，此中有一梵刹。蓋花塢接簷，香氣襲檻，即庵之棟甍見焉。庵左有一巨石，峴峗錯磍，横卧方丈。聞建庵時，用工剗削，因雷轟電掣輙止。此物疑爲山靈所結，神鬼呵護，雖有秦鞭不可得而驅也。環菴兩旁爲園，咸依山麓而壘之，臺之，壁之，巖之，或竹或梅，或桃李穠縟，或松桂叢森，隨其淺深，而皆有天然位置，堪入圖畫。庵後一泉從石竇中湧出，直通茶竈，甘洌異常。凡僧廚所需，無事遠汲，用竹透流，并可爲田園之灌。由庵後而望絶頂，諸峯峻拔。顧落葉覆苔面，石肌膩滑，不可以跽。迺從樵路拾級而登。時山禽野兔依依親人有時，拂之不去。步入巔頭，羣巒環列。蓋此地界連萍鄉、大平一帶，諸山延袤盤亘，儼如天際長城，出没隱見，自得於煙雲杳靄之外。大約泉石清奇，吾邑勝地無有過於是者。余以少年從廬陵蕭老人遜雪游此，每日解襟脱幘，隨興會爲起止，留連月餘不能捨。今隔二十餘年，重來斯庵。時老人在此僑寓，山中信宿盤桓，迴憶昔年游歷諸景，依稀如昨。兹之青翠怡人，豈減從前風流。夫天地既以山水之勝樂我後人，後人值可游之地，遇得游之時，竟束縛於憂幽頽廢之日，可惜孰甚？況此庵爲先人所遺，不必躡康樂之屐，汎玄真之舟，遠涉而求之外也。庵在東鄉十五都，建以康熙壬申，正殿高廣深靓，廊廡寢廬庖湢皆具。上祀三寶諸佛，旁列護法等神。前架峻樓凡五，内奉漢壽亭侯，因記斯菴而縷敘之。時乾隆癸未仲秋。

捐鄧背庵田土碑記

李朝窻

城北李朝窻，同室人袁氏，緣康熙壬申，先祖北鴻公曾捐貲，於治東温泉天人山創建鄧背庵。庵向爲先曾祖海寧公及繼曾祖妣鄧安人長齋事佛處。初住持爲法悟長老，以聞瓣香，恪守清規。原募有百子燈田價買劉雲禄産業。其地畝詳勒於鐘。遭奸僧一諾侵噬盜賣，屢控鳴公府，冀歸其業。奈案稽未結，致輾轉迭售，久莫能直。繼緇徒踵至，類多不法。歷乾隆甲子，激憤，逐僧，另延誠實老人侍奉諸佛。然庵内毫無出息。時余與蒼谷、芳園兩兄追念先人成蹟，不忍荒蕪湮没。幸祖遺庵外田山，鬮分余兄弟承管，歲給穀八石，用備檀煙蘭膏之需，并逐年檢蓋繕葺及守庵日食等費，合力仔肩。迨歸余獨管，仍率由舊章。凡經營措置，合計前後近五十載。顧事關往昔勝果，非設法良善，慮難圖終。爰憑姪鰲、炘、照將庵前塘内開荒成熟坵塅，不計實毛田種貳斗，又麻土、麻兜貳片，永遠捐入菴内。而照姪更商集我先兩伯父及先父三分嗣裔，用裒先祖北鴻公祠内公項。諏今壬子歲吉，屬功課程，踴躍重修。自是規制整頓，煥然聿新。且僉議每年八月二十三日，值先祖母匡安人誕辰，量給銀四兩，囑令住菴老人先期詣詞面領，庶佛前香火綿延不替，而侍奉者且營生有資。在後斷不停僧，永杜滋擾。因於祠簿註明，爲紀崖略勒石，以志不朽。

重建醴泉亭碑記

田　彬

邑有醴泉一區，吐自姜村石竇間，味極甘郁，愈疾溉田，功用磅礴。其上聳然特起者，世爲李氏祖山。李故邑之望族，數百年來，科第蟬聯，簪纓隆盛。泉之靈秀所鍾於兹，可見一斑矣。去年春，余承乏來醴，簿書之暇，探奇問勝於兹泉，獨低徊留連不能去。蓋以神靈滋液，飛潤流甘，尤非他泉可比。考邑乘，斯地原構有亭。康熙丁卯，前令陳公九疇創爲之。雍正乙巳，張公明敘續建之。無何，破瓦頹墻，化爲灰燼。欲求其髣髴，而故蹟已無存者，爲太息久之。頃李氏修砌祖塋，念勝蹟久湮，捐公囊百餘金，周欄甃石，廢田爲垣，復作亭於井之畔，視舊制廓如也。經始乾隆丙子季秋，凡五閲月落成。會邀余登臨，以記相屬。余喜名勝克復，非復曩時荒落。并深幸泉之繫於邑者，重得李氏重建此亭，巋然壯觀，後世子孫更嗣而葺之，庶斯景之不没也。倡是舉者，爲李公應暹令孫輩也。時一門紳士約計數十，共襄厥事，咸與有勞。謹次其概，俾勒諸石，以諗於後。

重建醴泉亭後記

李朝樹

邑緣泉得名爲醴。泉素見稱於邑，而其靈異休嘉，固不待言。惟是泉舊有亭，創自陳侯九疇。其後張侯明敘因之續修。邑人士游者，率以此爲休憩之所，名景生色矣。日月不居，忽忽數十年，而道旁蕩漾沉碧，荆棘蒙翳，爲問亭，則垣頹塹斷，蹟久不存，致使玉鏡晶盤埋没荒煙落照間。於是游人過客，對此惆悵。而余以歷世祖山峙立其上，每展墓往來，尤感慨係之。會去秋修砌祖塋，念勝蹟鬱湮，應圖興復。爰商諸兄弟羣從，用捐公貲，重構一亭。既四圍甃石，周以迴廊之壯，又闢其前軒廢田爲垣，庶登臨憑眺，可以任步。其制較前加敞焉，加靚焉，舒焉，峻焉。自是林壑幽邃，雲煙杳靄，出没於空曠之間，以與泉相映發者，俱於一覽收之耳！斯亭之作，蓋非徒爲祖山增形勝，實爲邑名景壯觀瞻。於以攄幽發粹，詠歌流連，借泉以沁其脾，洗其胃，知胸次日拓，而塵氛不入，益恍然於亭之不可不復也。夫物之廢興成毁，相尋無窮。令權輿不承，則平津客館，始雖宏傑詭麗，終且化爲坵墟。況此荒基榛梗，野鼠銜人，弗以時修葺，表而出之，將探奇攬勝者久，幾莫辨其處。然則作爲文字，俾斯亭長守勿替，庸可已乎！亭建乾隆丙子季秋，歷臘底告成。在事者，余與兄同升、弟經邦暨慶章、柏章、蔚章、光漢、敬旃、耘東、松華諸姪咸與焉。爰謹志其梗概,勒石亭畔。後之覽者,亦將有感於斯乎?

蒲溪公配黎安人捐田碑記

佚　名

竊氏幼歲嘗承父訓,每切戒曰:"凡爲女子,貞静專一而已。"及笄,于歸夫君蒲溪。時夫嗜讀書,而賦體最弱,攻苦過瘁,遂奄奄嬰疾而逝。没之日,顧氏囑曰:"予病恐不起,汝雖僅生一女,當篤志撫孤,無廢予祀。"氏拊膺抱痛,祇承厥志。撫夫長兄韞山公四子宇材爲嗣,視如己出。今稱未亡人,已四十餘年矣。年踰六旬,精力漸衰,桑榆晚景,難保無虞。回念夫先世,累葉書香。夫雖英年賫志,而幽光殊不容没,謹憑户族將東鄉失鯉浦墳墓下田種捌碩分捐立祭,亦聊以恪承夫志於不替耳。計捐入台公祠内田肆碩,爲氏夫婦生辰兩祭。每祭,豬一、羊一,設筵陸席。除完糧辦祭,餘概歸祠。又捐入學公祀内田肆碩,每年清明寒衣爲氏夫婦致祭。每祭,豬一、羊一,設筵肆席。值年者詣氏夫婦墳墓掛掃。除完糧辦祭,餘概歸學公祀。命男宇材書立捐契貳紙,并老契貳紙,交台公祠及學公祀分别收領。另設簿據貳拾捌本,除存祠壹本,餘送交户戚,以垂不朽云。道光庚寅仲冬月立。

致敬齋公書

蔡來儀

素聞年兄文采風流,奕奕動人。弟心已傾之久矣。今春客寓長沙郡城,得親麈教,聚晤經月。年兄丰神高朗,議論霞舉,嬉笑之餘,皆成文章,未可以今人比擬也。蓋聖賢大道如江河載地,無日不行。年兄英姿超越,能窺其秘而發其藏,固有羽翼乎斯道者,豈止綴典籍之盈箱,以侈其富麗而擅其才華已耶?是又知年兄之文采風流當從學道中出也。以如是之才,行如是之道,摛詞揚厲,潤色乎大猷者正未可量也!昨弟歸次貴邑,道出廡下,本擬拜謁階,以親炙光霽。緣同隊諸友相迫疾行,致疏晉接。今冬科試,又得接駕郡城,則邸舍之間,自可快聆清談。臨池仰切,曷盡溯洄。

致敬齋公書

李壽愷

楚南燕北,往返萬里,得與宗年兄同朝共夕,濯露披風,旅次雖苦,覺似天倫樂事。乃自漢陽分袂,遂爾咫尺天涯,甚至魚雁闊絶,心竊怏悒。矧閣下渾厚貞静,芝蘭久馨,尤我輩中所不可多得。兹歸家兩日,復有事星沙,迴棹湘潭,訪周年兄乾一,不克晤。然幸得登堂拜年伯翁,亦稱快事。偶有吟詠,倏聞鄰舟有來貴鄉者,弟亦不知何許人,遂跼蹐小艇,潦草奉候。

致敬齋公書

陶　煓

星沙分袂,後不奉教言者,屈指數閱月矣。前郴陽之行道經珂里,擬與年兄并轡而往。不意祖鞭先着，徒深悵惘。然幸得登堂拜見年伯先生與兩令兄年翁，一披積縷，亦窮途快事。況復荷授餐，遠人尤足生客路之感矣。兹有江右張友挾風鑑之術頗精，遊屐所至，輒爲傾動。梅邑盛年兄正誼薦之，在舍弟亦不敢自私，特介紹於左右，幸加意青睞，并廣爲吹嘘，則弟之叨光多矣。

致敬齋公書

劉慧珠

醴攸相隔，盈盈一水，而良晤之艱，徒深伊人之想。上冬舍舅歸里，得悉老年台福履亨嘉。至今又春風吹上柳梢矣，新禧迪吉，不蔡可知。兹啟者：敝世兄鄧光祖，字紹武，力學有年，覓筆耕於貴邑。介紹之力，不得不仰藉老年台，重爲之吹嘘也。倘得一席，渠自感佩非淺，而抱負之才必不致有負台薦矣。前曾爲薦揚館事，冒瀆記室，今復干求，知老年台萬間廣廈庇盡天下之士，而懽心佩服，無不口碑載道也。

致敬齋公書

陳士堳

荷疊青錢，榴放紅艷。知老年台福履當與夏日俱長矣。貴事前有小札奉達，不日自有好音馳報。兹江南一友，姓曾，字繼殷，風雅英俊，挾丹青妙技而作楚遊，遇合所在皆有。今春到舍盤桓數月，其大小工寫頗有虎頭之致。今敝州譚梅老以書薦之貴邑廖湘門處，道經珂庭，是敢令其前來晉謁。望進而教之，并祈廣爲推揚，使得見許於名邦大區，以壯其行色。其拜榮施者，不僅在曾友也。

致敬齋公書

劉榮封

同譜十四人，天各一方。惟羡周子乾一、盛子正誼，次第登鄉薦，增光於前矣。愧弟駑駘，何日得騰於後也。幾思芝眉，無由得敘闊悰。兹幸世兄光顧，覩其風範，實爲雲中俊鶻，融融冬日，差足方其態度，天上麒麟，原自有種，良非虚語。奈言旋迅速，情歉投轄，諒叨年好，當必爲弟包荒於萬一也。圖晤何期？臨穎神馳。

致敬齋公書

盛有義

廿載離情，勞勞夢想，拈毫寫愁，殆難罄諸楮墨間也。曩昔年長兄振鐸永陽，蘇胡雅範，膾炙人口。已聞需次鳴琴，喬遷指顧，乃竟以騏驥之足羈伏櫪下，可勝扼腕。弟叨附蘭譜，謬廁青氈，屈指待選以來近三十年矣。又值此冷落邊庠，尸素兀坐，殊無善狀可告知已，祇深慚懼而已。所喜同寅黎天如先生氣誼款洽，相得甚懽，足破岑寂。且時道及與年長兄朱陳世好，得悉盈庭康履，甚慰鄙私。兹黎世兄言旋珂里，便肅荒函，恭候崇禧不備。

致敬齋公書

李晉興

弟以家世，忝辱同宗。嗣復叨年誼之好，謬附驥尾，獲與吾兄并赴都門，數共晨夕。凡相視莫逆，最爲親密。廼自歸梓以來，彼此闊别，天各一方。每一追慕，時縈寤寐，惟落月屋梁，徒廑懷思耳。兄早以鱣堂起瑞，得請假沐榮旋。兼與伯仲同擢牧令，晝錦一堂，晚景攸隆，得未曾有。弟愧以衰朽之質，需次待銓，計三十年，兹幸僭膺貴邑司諭，俾老年兄弟幸得早晚相晤於屏山淥山間，以共敘芳園之樂，真人生一大快事。近接邸報，不勝雀躍。想吾兄聞之，諒必爲弟懽忭靡已也。肅泐一行，預先奉達。聚首在即，一切積縷，統容面佈。

與芳園公書

管　樂

闊違丰範近三十年，渭北江東，不知望斷幾層雲樹，勞結如許寤寐也。足下英姿卓犖，蘊抱殊常。弟早擬騏驥千里，至今未酬夙願。毋亦時數有待耶？弟自乙亥去醴，仕途飄梗，音書隔斷，載沈載浮。追維十數年前，奔走大湖南北，虛度韶光，如夢如幻。往事不堪回首，惟有素心人往來心目，時深企戀。如足下其首屈一指者也。在醴三年，毫無恩澤及人，虛負賢輩重望，總以事浮於才，力不從心爲歉。後雖屢得善地，蚊負滋虞。洎解組歸里，而後乃少釋兹重疚也。遥望三楚，故知依依如昨，無由申敘契闊。兹幸公家瓊樹作我贊侯，時親道範而沐休光。追述舊好，如坐我於屏山淥水間，令人神馳忘倦。但弟以衰朽之年，株守窮鄉，蕭條寂寞，無事可人意。年來惟率領幾個愚鈍子孫，作老教書生計，資以待老。生平親友，惠問鮮及。忽奉教命，驚喜欲狂。兼以古誼深情，沁入肺腑。凡足下所罄生平以縷縷稱述者，皆弟所竭愚忱以縷陳尊座者也。而足下已先得我心矣。足下才高學富，今值强仕之年，正當矯翼勵翮，恣意所存，以發名成業。所謂吐氣揚眉者，皆指顧可驗焉，慎毋以抑塞自阻也。惟黄年兄珧與令姪孫秋元文學，不免玉折蘭摧之感耳。弟自歸林後，有二小兒祖蔭早歲入泮，已於戊子即世。今第五子名升階，洎長男之子名奕簪同年産醴署，俱僥倖飫二十人中。其餘諸猶子輩以增廩應鄉試者頗有，并未獲售。均不堪爲足下道也。因足下關切世誼，不覺傾吐至此。贊府心地高明，才猷卓爍，獲上宜民，合邑共仰。弟實賴其庇覆，安能有所補益？第夙叨太翁雅愛，念舊情殷，每於公餘接坐，不敢不罄抒一得，惟以至誠相與，片言不欺而已。前有小詩一章，奉贈贊府，諒已寄呈臺覽。至貴邑人士，老成徂謝，不勝傷懷。惟鄢年長兄道體康强，後起英發。别後時蒙存問，無從覓便答復，兹附寄小函，幸祈轉致。再弟於丙申孟夏刊刻《孝信》一編，本不足觀，但愚意欲總括生平閱歷與拙見所及者，録而從之，敬呈知己明鑒。肅勒奉復，并候近禧。

與芳園公書

畢光祖

夏季接手書，情款綿綿，過辱獎借。受足下之知，而不克當其諛。僕所爲喜而轉愧也。去年館穀湘皋，思與足下一晤未果。今復奔走南來，借氊安仁，敷教未遑，且滋鄙悋。所守不定，由於學疏，每憶諸葛公"非静無以成學"之言，未嘗不珍爲藥石，自慚莫逮也。古人水陸舟車皆踐學理性之時，僕之鹿鹿無似，固難妄擬萬一。但抱此虚願，終思有所償益，爲一二知己鍼其失而教之，則僕可以少進矣。足下厲品白璧，篤學淡名，以沈潛入高明之墟，服古而不逐俗，可謂超矣。然非僕，少有知足下者。足下亦宜充其所守也。卸任當在九月之初，思欲便輿過醴，一握故人。緣書篋數肩，陸行費倍，到省後方再籌之。肅椷佈復，并候近禧。不戩。

再與芳園公書

畢光祖

别後日月如流，人事怠廢，回首壯盛，忽忽如夢中事，追何及矣！足下古誼高深，睽違之久，纏綿愈新，每接書詞，令人忻感交集。顧以酬贈紛錯，不及如願裁答，類於樂新忘舊、薄忍之所爲。此衷脉脉可捫，故人自當神契矣。足下銀海復光案上業，固宜深造不窮。僕以駑拙入鬧場，兼之家累日增，神思耗減，所謂聰明不及前時，道德負於初心，出之古人爲謙言，反之於僕爲錮疾。少壯所僅得者，近亦荒蔓不治。明旦有懷，慚嘆紛熾，以此煎損心腎，究無補於毫末。屬在知心，何以爲繞朝之贈也。音韻早已高閣，散行文字偶一爲之，心氣疏浮，苦無自信之處。常多自畫之愆，是區區者而未能卒業，遑問高遠耶？此僕之所爲怛怛疚心而獨言之足下者。寄呈詩稿已付令姪孫旋元手中，諒已妥交。湘流雖便，入醴者少，頃以許明府令親之便，託素奉酬，兼候近祉。餘惟心照不宣。

（清李履堂等纂修《[湖南醴陵]城北李氏家譜》　清光緒三年燕喜亭木活字本）

束氏宗譜

廣徵束氏文獻考敘

束昌霖

人道之大莫過於尊祖，尊祖之道莫先於重譜。蓋由百世之下而知百世之上，察昭穆之異同，識世次之遠近，非有譜以聯之不可也。是以古人重之，不修譜者謂之不孝。明儒方正學先生有《宗儀》九篇，訓其族人，首曰尊祖，繼即曰重譜。而凡睦族、廣睦、奉終，皆以漸而相及焉。其終則歸之於務學、謹行、修德，而廣之以體仁。予嘗推究其説，豈特可以化一族也哉！雖以之治天下可也！吾宗之譜自南渡以來創始於元之壬寅，傳至康熙壬戌，纂修者已七易其〔人〕。而記載詳明，莫備於壬戌一譜。於以昭示來兹，光耀家乘，□云善矣。第譜之爲義，將以表揚先烈，使爲善者知所勸，爲惡者知所懲。所以正學先生之論譜也曰："正月之吉，會族以修譜也。四時孟月，會族以讀譜也。十二月之吉，會族而書其行以爲勸戒也。""勸之"之目曰："婚姻相賙也；患難相卹也；善相勸也；惡相戒也；臨財相讓也；養親事長能孝而弟也；親姻鄉里能睦而順也。"反是者亦書之以爲戒。譜之重也如此。

今觀吾譜所載世紀而外，皆仕宦顯達者之行歷，而布衣窮居之士，豈無孝友仁讓可以儀型一族？而以孝稱者，崇芳公之外無聞焉。即仕宦中之行述列傳，又無當世名儒碩彦爲之闡揚功烈，假令譜中之文盡如孟堅之傳二踈，荆公之祭元道，則束氏之傳人當不知有幾也。人以文傳，文以人重，不信然耶？余嘗有志於此，深媿言之不文，行之不遠。然自幼隨侍先祖怡先公，竊見公無日不以敦倫睦族爲念，易簀之時，猶惓惓於祠事焉。今族中澆漓成俗，視怡先公之世相去遠矣！豈人性之善有今昔之異耶？良由禮義不明，而父兄之教不先也。夫三代立教，皆以明倫。余嘗體怡先公之志，而求當日先王立教之本。蓋三代之時，以井地養民，以比閭族黨之法聯〔民〕，以學校三物之典教民。其羣居耦聚者，非必有昆弟之親，□族之序，然貧能相助，患能相卹，喪相救而死相葬，喜相慶而戚相憂。小而五家之比，大而萬二千五百家之鄉，其情皆如骨肉之親，之厚且篤也。其於一族也，又立大宗、小宗之法以維持之。是以百姓親睦，風俗和厚。自井田廢而天下無善俗，宗法廢而天下無善教。法弛教失，雖同宗一本之人，乖離涣散，倫理大壞，不可復振。然則生三代之後，而立教興行猶得見先王之遺意者，惟譜系之法爲可行耳。一鄉之中，一姓之人少者數十家，多者數百人。其富貴、貧賤、賢不肖之等至相懸也，惟有譜以别之。其人而賢也，雖貧且賤，必表而書之。其人而不賢也，雖富且貴，名字之外，悉畧而不書。使一族之人聚而觀之，默而思之，必奮然興而惕然懼矣。匪惟一鄉爲然也，同邑同郡之一姓皆然；豈惟郡邑之一姓，天下之大，千百里之遠，皆可以郡邑之法行之。是道也，實先王化民成俗之遺意，而世之廢而不講也久矣。世家大族非不以修譜爲先務，然亦循行故事，列名諱，記世次而已。夫譜而僅載名諱世次也，則亦奚重乎譜哉？予也網羅舊聞，竊謂吾宗之譜必遠承二傳固已,但踈之先實係何氏?嘗考古書所載,有云疏〔爲〕猗氏之後。則猗在三代時爲何國之族,至漢而乃以踈自□。少傅公爲太傅公兄子,班史合傳中未詳世及。而去"足"爲"束"者,實始於孟達公。晉史稱公爲太傅之曾孫,則少傅公之子孫固已失傳矣。夫太傅公之去位在宣帝中葉,歷元成哀平而後爲新莽之世。當新莽篡位,太傅子孫不聞有仕於朝者。不知孟達公何難之避,而改姓徙居,以遠其禍。迨光武中興,可以出而仕矣,而又隱淪不著。終東漢之末,未有繼二傅而興者。至晉武平吴之後,廣微公兄弟始以高才畸行傾動一時,而隴西馮翊亦以子若孫而著。三城束氏以統領公爲始祖。舊譜稱其行居十六,則統領公之父若兄必載於合肥原譜。此得姓之源流。及世數之遠近,不可不考也。

蘭陵爲嶧縣地,古有蘭陵城,即太傅公故居,地名漁灣。而散金臺,輿地志又載爲沂州治。今嶧縣有二踈祠,明弘治中邑令李孔曦重建,今已傾圮。碑卧豐草中,里人楊三畏移置散金臺畔。其傍巍然六七塚,太傅公之墓在焉。詩碣十三笏,俱載《㠘繹志》。則謂散金臺在沂州者非也。且舊譜云,由元城而南陽,由南陽而合肥,由合肥而丹陽。夫南陽爲束氏郡名,遂疑中州南陽爲束姓遷徙之地。獨不思廣微公之胄世居元〔城〕地名束□,不知舊譜何所據,而云自元城而南陽。且姓之有郡必其□世有顯達者,而後得名。如隴西之李,以李廣也;渤海之龔,以龔遂也。諸如此者,可以類推。今南陽之束,渺無聞焉。若以太傅公爲據,則當名蘭陵;以孟達公爲據,則當稱沙鹿,或稱陽平:均不當以南陽名郡。予謂束之稱南陽也,實始於太傅公。而南陽疑即嶧縣舊地,故以此名郡耳。《孟子》曰:"一戰勝齊,遂有南陽。"南陽,古齊地,《孟子》之書鑿鑿可據。今山東有南陽鎮,與嶧縣、沂州錯壤而列,則南陽實兖州治之南陽。而舊譜乃云先世爲中州人,訛以傳訛,相沿未改。不特此也,舊譜又云,自南陽而合肥,自合肥而丹陽。其自合肥而遷者,一居姑蘇城,宋理宗朝某公之居號御帶府。元壬寅間,丹陽與姑蘇合譜,其時御帶公曾孫諱從大者,與静山公同主其事。則御帶府之在姑蘇實有其地。明甲申春,舒城去非公在陽以舒譜見示,中載四十七世有琥公者,遷居延陵;珊公遷宛陵;瑚公遷歙西;珀公遷淮;珍公遷遂安;珠公遷嚴州;瑪公遷德興。兄弟七人俱遷於外,似合肥竟無一存者。不知四十九世明初遷舒城,諱均甫公者又屬何公之胤?且舒譜既云琥公遷居延陵,後人遂疑琥公即統領公之原諱。但明初遷舒城者〔爲〕四十九世,逆而上之,自明初至宋高宗南渡幾三百年。若〔統〕領公自合肥南遷,當爲四十二三世,與秦州刺史元嘉公等同時。則四十七世遷延陵者又屬何人?夫延陵,古丹陽地,然自三城而外,别無束氏。即以三城而言,承信公之後,支分爲三,村分爲七,而七支之中又星羅碁布,散處於常鎮兩郡。此古今里居之不可不考也。

太傅公祠在嶧縣,主祭者爲東兖監司。廣微公祠在元城。元大德中,耆民王義等重建,至今千秋廟食。而三城宗祠則自宋南渡,而後明嘉靖間懷玉公倡議創建,佐之以中明公,而祠始成。至康熙七年地震傾圮,主遷留墅支祠,怡先公重建而恢宏之。中祀統領公,上祖太傅公,傍以少傅公配,而肇姓始祖之孟達公、元城之廣微公,咸與焉。其餘若留墅、張巷等村,各有專祠,皆上祭統領公與始遷分支之祖,而太傅公等不敢及也。計合肥、舒城等縣自各有祠,其祖蘭陵而宗元城,則彼此如一轍也。此各地祠宇之不可不著也。建祠之外必有田以供祭祀。嘗怪德齋公施仁好義,繪塑佛像,創立菴舍,所費不貲,而於宗祊獨未置念,何也?傳聞公有義田千畝,以贍族人,詳俞邑侯記。不數年,而田爲烏有。豈公甫建議,未及施行而没耶?抑爲其子孫者不〔欲〕繼公之志,而引以爲私耶?嗣後,中明公捐田入祠,又經宿□、湛宇諸公經營增益,歲時祭祀賴以不缺。宗祠之祭,定以春秋二分日。七支常川辦祭,犧牲籩豆俱有定式。其各村支祠之祭,則於元旦冬至祭祀。公田所在多有,惟留墅南支爲盛。此各支祀田之不可不詳也。束氏自太傅公、少傅公位列三公；至晉而隴西馮翊諸公爲郡刺史，廣微公爲尚書郎；歷五代、隋唐，隱淪不顯，至宋獬公高掇巍科，一時元嘉公、莊公皆以州牧起家，績流萬古；沿及有明，清公以人材擢用，爲一朝名宦，官終方伯。世之所傳者，僅知萬載縣時一二事而已。以至文豹公從征閩越，以身殉國，功載旂常；金公澤及三吴，特賜服俸，均爲吾宗傑出之彦。其餘或爲部曹，或侍禁闥，或宰一邑，而乘田委吏，抱關擊柝之流，亦各以功名自竪。此歷代勳階之不可不考也。至於邱墓者，先人魂魄之所藏也。太傅公墓在嶧縣，廣微公墓在元城，方輿所載，不容泯没。惟是自元城而合肥，自合肥而丹陽，上下千百年間，庸庸者無論矣。若合肥之獬公、元嘉公、莊公，名垂史册。其碑銘誌碣，子孫必能世守，取而閲之，不惟表先人之宅兆，且即其文可以知人，可以論世，所關匪淺鮮也。丹陽一派始自統領公，譜稱公〔墓〕在大墓岡，而世遠無徵，迷失已久。今西村劉姓之田隙地□隅舊名大墓岡，中有古墓存焉。土人相傳爲東氏祖塋，而子孫涣散，無一人過而問焉者，非仁孝之思不篤也，以遺失已久，不敢不慎焉故也。他若東西排墓、後彭等處，當年未有碑銘，往往爲牧豎之所侵陵，而後彭爲甚。承信公墓在大秀，長子崇文公附焉。今大秀僅存一塚，而崇文公之墓無存，抑獨何歟？且也報恩菴在後彭墓側，德榮公兄弟共建以祀崇懋公者也。菴傍有山，山外有田，緇流主之，以供祭祀。不知後人何以失守，致菴廢而田盡没。即懷玉公宦成之後，門弟子爲構數椽於萬松嶺中。萬松嶺即後彭地也，不再傳而松徑無存，山爲守墓得所有。今之以馬而冒東者，其塋儼然與東并列，而東氏諸塋反茫然不可復識。向使當年造塋之始各有碑誌銘碣，以示來兹，烏有淪没之患，爲他人之侵盗而不覺耶？嗚呼！以懷玉公之賢，樵夫牧豎皆知敬而禮之，而子孫不學，竟不能爲先人保丘墓之藏，其他尚忍言哉！壬戌之譜，雖有丘墓一志，然寥寥數公，而崇懋公之葬後彭，各支祖墓如打鷹山等處，俱不載焉。且本支内清公、懷玉公皆鄉賢名宦，葬地悉遺漏不書，尚何丘墓之志爲哉？此古今丘墓之不〔可〕不志也。元城、合肥歷來譜牒詳明，不必言矣。而三城宗譜成於元至正戊寅，創之者，杭州學正静山公也。至永樂間，山東運使孟恭公廣徵序跋，纂成一書。雖原譜與姑蘇從大公通譜，而今所傳者，則惟承信公一派。蓋當孟恭公之世，静山公原譜已燬，而不復存矣。孟恭公所修止詳承信公一支，而國顯諸公之子孫不暇及也。但今言譜牒者，止知創自静山公，而不知録遺編於灰燼之餘。孟恭公之先又有彦中公，其功尤不可没也。向微諸名人之序言，則後人幾不知有孟恭公矣。此怡先公之所扼腕歎惜，而亟録其遺文以爲表示者也。嗣後屢修屢廢。萬曆丁巳，雲衢公續修。天啟中，翼所公議修而未成。至康熙壬戌，怡先公始起而纂成之。時去雲衢公修譜之日已六十三年矣。世紀始於統領公，自一世至二十五世，薪傳相續，悉仍舊譜。其太傅暨孟達公所傳四十九世，則舒城去非公所録也。其譜自太傅公至孟達公，闕者二代。且譜系多屬單傳，而分支之派不與焉。竊疑由太傅公而來，千支萬派，分散於四方者，不可勝數。果如舒譜，則千餘年間，所傳者僅寥寥數十人而已耶！此歷來譜牒之不可不審也。二踈列傳成於班固，廣微公傳列於《晉書》。其後咏二踈者，□晉及明代不乏人。他若元壽公之循吏有傳，清公之名臣〔有〕傳，懷玉公之鄉賢名宦有傳，以至歷代名人傳贊詩詞，褒然成帙。其最著者，静山公之家山圖跋，羣賢唱和，士林推重。譜敘，自元王柯山及清拓菴賀先生，計二十餘篇。然止就三城一邑言之，若合肥、舒城、元城、項城諸同族，自唐宋及今，名流贈答，必十倍於陽邑。此歷代藝文之不可不録也。

余不揣固陋，欲纂成八志，以爲尊祖敬宗，敦倫睦族之本，所謂觀吾譜而孝弟之心可油然而興也。雖然，忠孝之性有生而具，而孝子慈孫不多見於世者，世教衰而人不興行也。今夫高爵厚禄，世人之所欣羡，而不可必得者也。昔太傅公居師保之任，兄子受并爲少傅。太傅公以年老乞休，計少傅公之年未必與太傅公等也。而乃以太傅一言，解組同歸，不敢少忤其意。此不惟知足不辱，太傅公見幾而作，不俟終日；而實少傅公之奉命惟謹，仁孝之性根於心而不可解也。又況賜金遣歸，日具酒食，與族人故舊相爲娱樂，期於金盡而止。太傅公子孫猶間請老人陳説，勸買田宅，而少傅公亳不加意。一堂之上，雍雍穆穆，皆以壽終。吾族之以孝稱者，當自少傅公始。而崇芳公之奮不顧身，出父於虎狼鋒鏑之下，尤爲卓卓可〔稱〕者。其次則承歡無間，孺慕終身，雖名譽不彰，爵位不顯，如近〔時〕泰瞻、楚廣之流，不過一編户之民耳。而敦倫重義，曲盡友于，迥非世人之所能及，則亦均在可傳之列也。若夫忠君愛民，以道自守，此尤有位者之所難也。夫事君之道，忠告爲先；從政之方，勤民爲本。昔太傅公以一言而止許舜之監護，侃然正論，宣帝爲之動容。則平時之輔導太子，動必以禮，可以見矣！廣微公不應趙王倫之辟，棄官高隱。其兄璆不娶石鑒之女，甘心淪落，清風高節，與二疎之去位先後合轍。廣微公位雖未顯，然其生也邑人爲之立祠，其殁也元城爲之廢市。至今千秋廟祀，非澤及於民，何以有此！至於宋之元嘉公、莊公，明之清公、懷玉公，善政善教，史册書之。獨念瞿先公之治秦也，臨民甫及三月，其卒也，秦民如喪考妣。公嘗自言王道易行，此其驗矣！惜其後人式微，不能躋於名宦之列。則夫去非公之宰莊浪，簡齋公之官吏部，其豐功偉績，湮没而不彰者，可勝道哉！此忠節之在朝廷，宦蹟之垂天壤，不可不表也。嗚呼！自漢及今，幾二千年。滄桑遞變，吾族之富貴而名磨滅者，比比皆是。獨廣微公以一尚書郎，而補亡詩，辨竹書，名高青史，不朽盛業，此其著焉者矣。蓋經自秦火，而後漢廷諸儒拾遺文於殘燬之餘。學者各守一經，師弟相承，數傳不改。太傅公以《春秋》教授，少傅恭謹好禮。二公好學篤行，數傳而至廣微公，源源本本，宜乎家學之克承也。其後懷玉公以經明行修倡學東南。吾宗先達道德文章譽聞當世者，亦間有人。而道接二帝三王周公孔子之傳，學闡濂洛關閩之秘，如懷玉公者，元城而後一人而已。儒林之選，此外無聞焉。其次則樂山公、德一公，以茂才選舉；孟恭公以人才擢用；静山公以進士出身，歷同州、嘉興諸書院之長；本朝怡先公以孝廉薦舉，累徵不就，後以高年碩德特重賓筵之選；同時如湛宇公者，剛方正直，選任湖州别駕，致政後先怡先公而爲祠正，賓筵之舉亦先怡先公而爲之。至若樂淵公、元吾公等，或以耆善而受冠帶之榮，或以剛直而爲鄉約之長，自非名實相符，不足以膺賢良之舉，而列德行之科也。然若此者，皆有位於朝，有稱於鄉國者也。至於不事王侯，高尚其志，則逸民尚焉。夫草野之人，躬耕隴畝，長爲農夫以没世者，何足勝數！惟是德修於身而甘心肥遯，視世之蠅趨蟻附奔走於勢利之場者，其相懸不啻萬萬也！且夫宋元之末，天地閉，賢人隱士之超然遠引，不求聞達，固其宜也。若夫有明之世及本朝，列聖教養之餘，廟堂之上登賢選能，俊傑之士躋躋在列，應運而興，此其時矣。而自十一世以至十四世，俱終身隱約世以貲雄閭里。豈靖難之時，忠臣義士誅夷殆盡，士皆潔身高蹈。而天順正德之時王振、劉瑾相繼擅權，縉紳名流俯首降氣，甘爲之屈，士氣不振，此吾束氏之不以姓名顯也。所以如古公博學能文，郡邑皆禮而聘之，而公夷然不屑，日以程朱之學訓迪後人。於是有懷玉公以爲之子，而其先則有蕭塘、草亭，後又有東園、西園、玉山諸公，皆高才絶識，雖爲郡邑博士，而放清泉石，著述自娱，不赴棘闈，以干進取。挹其風徽，亦云邈矣。近世如聖然公、南英兄等，咸能修身淑性，教授生徒，年登八十，而樂琴書、觀魚鳥之志不少衰焉。古之所稱隱居者流，殆其人歟！且夫太上立德，其次立功，其次立言。立功非隱遁者之所有，而立德立言則賢人君子所以自見於世而！亦不得志之流，放言高論，以自恣於山巔水涯之際者也。昔太傅公以《春秋》名世，其時風俗淳樸，學者不以著述自炫，然即其告族人之語，言約指遠，洵乎其爲有德者之言也！十傳而至廣微公，補亡六詩，功在聖經，勸農諸議，事關民社。不獨元居之釋爲茂先之所重也。璆公、粲公與廣微齊名，惜乎其文不傳。而宋之元道爲荆公畏友，不知何以一無表見？嘉靖中葉，懷玉公父子文章氣節直接廣微之傳。瞿先公以曲阿繼元城是已。但《蘭陵集》皆後世詠二踈之詩論斷之筆，而太傅公遺訓特散見於孟堅之傳，似不當以蘭陵名集爲元城之開先也。更可異者，九河公少游京雒，即登賢書，一時名流如鳳阿姜先生、菲泉來先生等皆極力推崇。至爲介溪相國願見而不可得，舟泊河干傾心延訪拒不爲禮，雖以此賈禍，然其守正不阿，實沈青霞、楊椒山等一流人也。而其詩文無一存者。豈九載幽囚，篇章散佚，不可復得耶？本朝以來，吾族以詩名者，惟先府君藹園公及兄澹仙公。藹園公向有《驛路塵言》、《藹園閒嘯》、《非非草》諸刻行世。而《澹仙公集》則秘藏笥篋，不求人知，故世未有以詩知公者。其弟南英幼工詞律詩，亦與公相上下。他若雲門公，晚年以詩自娱，著述爲多。而玉山公所著《選擇》、《渡津》等集，尤世所罕有，文苑之傳當廣爲蒐輯，以遺子孫者也。

至於閨閣之内，雖無功業文詞可以著見，然而二南之化本於《關雎》，《柏舟》之誓昭垂千古。女子有能以義守身，保孤立節，是即綱常之所由植，而人紀之所賴以修也。又況大義素明，以巾幗而行丈夫之事，徽音克嗣，爲一族之女宗。如先曾祖母孫安人、先母殷孺人者耶。節烈之著，遠者吾不及論，本支如西樓公之孫孺人，清操堅節，有司請於朝，爲之建坊。千秋貞珉，雖孺人之賢有以致之，然能彰母之節，以垂不朽，通族之中碧泉公一人而已。蓋節烈之難必有賢子孫以爲之繼，而後其節始顯，其名始揚。今吾村之内六八兄之妻聶氏，八一兄之妻殷氏，皆青年矢節，撫育遺孤，四壁蕭然，其勞瘁之況人所不能堪者，兩人皆安之若素，卒能創業起家，豐亨饒裕，遺子孫以久安之計。惜其子皆不學，硜硜自守，不能出貲財效碧泉公孝行，使母之苦節抑而不揚。諸如此類，不可勝數。今天子褒崇節義，殁者勅有司各地立祠，生者建坊旌表。命下數年，不聞有應詔而舉者。雖有司奉行不力，而亦縉紳先生及里中耆舊不以節義相高，遷延姑待，卒無成議。甚者造爲蜚語，以相誣謗，風俗陵夷，可勝慨哉！謹爲按其行實，并當道獎旌之語，詳書於傳，以爲貞烈之勸。而孝婦則立槐之妻譚氏，孝事繼姑，怡先公特書彰善簿中，以爲首倡者也，亟爲表揚，俾世之採風者有所擇焉。

已上八志、八傳，皆始自太傅公，迄於今。兹蓋志以考遷徙之源流，使族之子孫知蘭陵、沙鹿、合肥、舒城、姑蘇、丹陽，雖各處一方，而統之以太傅公，則千支萬葉同一本也。若夫祠宇、祀田、譜牒等志，則報本追遠，實由於此。而歷來祠正之功過亦於是而可稽焉。蓋有功者必載，而無功與有過則削而不書，皆以祠事爲斷，非敢以意爲去取也。傳以彰先人之忠孝節義、道德文章，一行之善，在所必登；一言之美，有所必録。不以貧賤而弗彰，不以富貴而濫及。一支之中得一人以顯於族，則七支之内必有慕效而起者。慕者愈多，則所勉者滋衆，其顯於世垂於後也，理之必然，無足異者。桐城靈皋方子正學先生之族也，嘗謂予曰："桐城方氏三百年無商賈，子孫日以耕讀爲業，其閉門著述、終身未出户庭者甚多。"今之世家大族，德行文學有能出方氏之右者乎？吾族之人丁非不多，而仕於朝者無人。勉於學者日鮮，操奇贏，善會計，往來於杭越者紛紛不絶。蓋父兄挾是術以教子，而族之嗜利不學者率趨而慕之。其視一族之人若秦越人之相去，利害欣戚毫不關心，反挾貲以掊剋宗族者多矣。嗚呼！富者衆之怨，太傅公之遺訓也。爲子孫者有不聞之者乎？又況散金以具酒食，日與宗人聚飲。則平時之賙隣卹族，不以財利自私，概可見矣！予故綜核前事，勒成一書，以告通族，使知尊祖之外，莫先於重譜。而譜之所以重者，以爲善者有所勸。不爲善者雖不書於譜，然既不務學，又不謹行，不能睦族，不能體仁，而見患難相賙，婚姻相助，皆載之於策，以爲美談，亦將赧焉愧汗，跼蹐而不能自安矣！其於勸善癉惡之功豈淺鮮哉！第恨見聞不廣，舊譜既多遺漏。壬戌一譜，亦缺略不全，且止就丹陽一邑言之，而元城、合肥諸遠派概未之及也。夫誦詩讀書，千百世而上猶尚友焉，況其在同宗者乎？行將渡江而北泝黄河謁太傅公之墓，而觀其詩碣碑銘。然後踰泰山由濟寧而陽平，訪廣微公之故址，而考其世系。自孟達公徙居，而後尋原竟委，而凡中州、合肥、舒城之分支别派，無不考據詳明。其間忠臣孝子、義夫節婦及夫文人學士，詩文著述，可以繼元城之緒，而登作者之堂者，咸廣收而博采焉。于以備一家之史，上繼怡先公未竟之志，此予之獨任其責而不敢諉之他人者也。惟望同宗碩彦，憫文獻之無徵，其本支内有行足録而文足傳者，分類寄示，并廣爲採輯，得成全書。庶幾束氏自太傅公以來或隱或顯，然不至淪爲下賤，得廁於江左冠裳之族者，世德相承，厥有自也！

嗚呼！富貴利達，存乎命而不可强者也。仁義道德，則修之身而可以自必者也。古之賢人君子、公卿將相，其生也豈有種哉！在人之自修耳！吾宗之人第訓誘其後人，勉强力行，以從事於聖賢之學，則爲善之身，子孫必有興者矣！盛德大業，譽流千古，文獻之傳，炳炳烺烺，將不僅如斯編之所載已也！予有志於先王化民成俗之道，而力未足以行之，故特於宗譜之修而不憚勤求跋涉以爲之也。後之有心惇睦者，得是編而考之繼往開來，於世道未必無少補也。是爲序。南遷二十一世丹陽留墅支昌霖撰述。

（《［江蘇丹陽］束氏宗譜》 清木活字本）

汪氏宗譜

仰魯堂記并序

曹志宏

余素忝松巖張夫子門下，因得與湘潭宅公範汪年兄諸昆嗣遊。以公務特造其里，偶步勝境，憇息別墅，睹其規制宏麗，寓意良深，不揣鄙陋，遂樂紀其大概，聊爲登高行遠一助云。

自古聖主明王莫不首重乎學。學也者，所以淑身、淑世者也。士不稽古，馬牛而襟裾也。學不宗聖，儒名而墨行也。顧學必擇地，萃山川靈秀之氣也。聖必求至，遵大中至正之矩也。斯仰魯堂所由昉也。堂曷爲乎以“仰魯”名？祁之南距城二十里許，村落繁衍，煙火相耀，辭人達士代有其儔，誠巨族也。乃從而西望焉，不半里，見有雄偉聳峙，氣欲淩霄，兩手環抱，勢同拱揖。下臨曠壤，水練山廻。其巍峩而特出者，即鄉人素稱魯峯也。峯以魯名奈何？仍舊號也。曷仍乎舊？峯已古，名斯遠也。其肇斯名也奈何？得毋脉接楚丘，文公訓學勵行之風猶有存乎？抑亦孟氏所云楚良比學周孔也。周孔魯産也，見魯如見周孔也。其仰之之意奈何？即今命堂之意也。命堂之意奈何？《詩》云：“高山仰止，景行行止。”其即龍門向往之謂也。然必仰魯奈何？吾聞興起不如親炙，地相近而世未遠，環谷實稱芳鄰，理學之嫡嗣，族姓所宗依也。不知心不自足，法必取上，溯流窮源，舍魯奚適？堂由是建，而名由是立也。斯堂也，訪其境之所入，有潺潺瀉出於兩山之間者，張溪也。其水口有梁，踰梁而西，循山麓步阿邱，徑則紆致自幽也。徑盡而堦見，拾級而登，憑門而眺，額則湘潭別墅也。湘潭者，村居之雅稱；別墅者，肄業之芳址也。門前有文星横卧，位涖東方，紫氣吉辰也。緣門而曲達焉，忽睹有半璧者，址形如半璧也。璧固寶器，又文象也。而所謂仰魯堂，儼然在矣。堂構三間，軒厰壯麗，背南面北。北有乾象峰，即魯峰也。乾，君象也。魯，聖區也。君子朝北闕，面君顔乎？毋亦達道必本求志，聖學實先王道。淑身淑世，殊途同歸也。故不曰“仰乾”，而曰“仰魯”。命意深，責備厚也。欲學者一舉首，而蒙嶧之車服、禮器尚可想也；辟雍之鸞旂、鐘鼓尚可再覿也。周孔，百世師也。學者臻此，登峰造極之詣也。前有墀，後有廂，石砌，松竹林立。堂上圖書燦列，虎裀絳帳所也。左側曲欄而入，有偏廳三所，面東、面南、面西不一，向皆蟄虫伏雛地也。池有二：大小方曲不一製，皆升騰變化象也。園有一，隸門樓側旁坐小房。觀百卉之芳菲，覩萬木之葱籠，皆菁莪棫樸資也。諷誦之暇，或登高，或臨深，匡居閒步，隨所適而皆有得也。肄業其中，誠顧名而思義，則聖主明王之佐不外乎此也。建斯堂者誰？湘潭三鳳承嚴君志也。嚴君者誰？抱經濟才，有希聖心，纘前烈，勵後裔，汪君中庵是也。

仰魯堂二溪宗祠建修本末紀畧

汪發寀

仰魯堂者，即二溪宗祠。本雲谷公承父志手建爲家塾計。以址接明德書屋舊基，故俗沿稱書屋。學内爲廳事而各方向者四，列三間，凡四所。大廳爲仰魯講堂，以北向魯峯，故取《孔子世家·贊》"仰止"義。中廳爲尺木居，面牆東向，同頭門大門也。小廳則罌篠，南向院牆圓闕。闕前路外有石闌。闌下方塘。塘前弦上有花階、石巘也。塘東坪中連二柱爲曲檻，兩頭接石闌。而面塘西弦者，即廻查榭西向之舷廊。查榭，即船廳，亘南北。南入瓶門爲曠房，東開層窻。廳上卷篷，象船艙。艙皆花檻，外爲廊，象船舷。艙檻可闔闢，故東西向任意。東向，則東敞；西向，則東闔；均闔，則成艙；均闢，則信無分於東西也。稍異者，艙西檻中六扇，左右吊窗，下半牆，舷廊中横曲檻凭臨塘。而東艙檻中八扇，左右四，均可啟閉隨位置，東舷廊則左右皆倚欄，而中下横院耳。横院方長視船廳，廣畧殺。前有花畦，畦靠牆，上横磚檻，外爲花竹園。院左牆有八角户，斜通號房、門樓屋。院右牆爲曲逕，東入花竹園，西抵曠房窗外，南折入射圃，有厠所、耳門。圃外周垣以溝，環植深柳間修竹，南蔭以栲梗棗栗諸大章，翳芇申明亭下路。路由張坑橋右入，傍射圃、花園堡，及頭門。頭門東向。左右牆分八字，下各圓坐磴。中堦七級，上爲櫺柵門。四進爲門樓屋，額曰"紫氣函東"，取《道德經》旨。門聯云："問道已知環谷近，入門方見魯山高。"西桐吴書升題。屋扉四，扉可左右中開，斜入，右廣而左狹，爲璜形。内院右牆接門樓屋，有磚檻。檻下有叢桂，寓"冬榮林枝"意，左角卧右梅，寓"初日春魁"意。講堂大門由此出外，額曰"半璧"，仿頖璜也。内楣檐二椽，便延佇、揖讓、迎送，即講堂天庭。右牆下與左牆大磚檻對照。門樓屋右壁靠牆有角扉，入爲閽舍、號房，内面院。右牆磚窗，便通報、偵伺出入，而斜通船廳。東院左户，循頭門外垣北轉，則餘屋莊居門口，田角有井。入門，有二長廊，便賓客車馬置頓。左附以柴房。右則講堂照牆背。中進一廳二房。廳搶心，左右入。有後廳，四合回廊。有天井、明堂、上下對房四間。前後樓準此。右過牆門，通長廚房。廚房外截有門，通講堂。左耳門即静室，窗下曲廊，有石闌小魚沼。沼有嶼。嶼靠講堂左牆。上有花磚大檻，對大門。有公事，則就石闌架露台、雨板，便置頓閽伶。值堂茶廚司内外照會事訖，則撤以觀魚。其由廚房裏截牆門通者，則尺木居。左房隔壁衕，衕内有梯，繞房後登尺木居樓。衕外出尺木居左，有廻廊，三面抱天井，襟以卍字欄，有石墩几、花磴。循右廊而下，牆角有圭門。出而左，即静室背。右行覆簷下數武，曰"一綫天"。前入隱巷，上爲複道巷。西有門通罌篠。左邊房檻下巷折而東，則有户通講堂寢閣。左倒房巷末則南出秋葉門，而通船廳東舷廊左角。由秋葉門入巷末，則有梯通複道。更上，乃登船廳脊上起之瑶光閣，匾曰"瑶光室"。劉國璽書懷素大草。頂爲飛簷，八角有鐸振天中，以平八風，窻敞八，資高遠眺矚。上供文昌象。奎宿蹶而跂手，斗筆磬折，頫注講堂屋脊，現出於天庭下望見也。由閣下短梯即複道。右旁下衕末梯，左旁曲通罌篠樓之東。又由篠樓肩上通尺木居樓右，蓋稍高矣。尺木居樓面牆，無可見，故樓房皆西北啟窗。若罌篠樓，雖差低，而檻外松薇並出。簷南列遠岫，天開一峰見焉。由尺木居樓右肩梯而下折，即左房隔壁衕。直出本居左廊，横入廚房裏截門。固可觀其會通矣。其曲逕通幽，則莫如複道中。下衕當曲處，置五明風扇，繩引，以轆轤上下翕闢。當暑，司以僮，則四廳事風滿，習習徐來，忘所自由。衕牆迴勒，各户闥翦裁驅遣妙也，故區畫毫不可易移。洵乎體大思精，鈎深致遠矣。所謂高明沈潛，神明變化，動合藏修游息之趣，而不主故常。蓋算數精而文心縝焉。

抑公之意量識度畧於是乎？見視直口袋拆襪線，參死句作十成語，平板三間，四合學子，奚翅户闞窗格紋式一無犯複雷同哉！

公諱明巽，字震友，號雲谷。性慷儻縝密。少商中州朱仙鎮，往來淮海江表間，所至爲市商班領，交儒賈文紳殆遍。嘗外出，徽守忽函使召厥兄。家大駭怪無故，顧不得不赴。既謁，乃悉守以需次，賴稔公得貸謀營，量移履任，故感訪公家，厚禮讌公兄而歸欵爾。方承遺命而建斯宇也，時弟甫十齡，兄庠誦，母持家，外事惟公任。公既營彝德堂村墅，命曰"一錦七囊"，擬居七子。所云"侍臣鵠立通明殿"，七房者既成，適考終。以是囑乃繼志，自拓基度圖經。始創餘廨，駐工役，躬攜雙鶴琴籍省試。夙喜李氏《半半歌》，手書幾百十徧，暇則理弦長吟，鶴輒和鳴對舞。每間成，則徙處制置，若與鶴商定而樂意相關也者。故於船廳西榭左右圖鑑湖鴛湖，而艙頂則畫雲鶴十八。雖寓"登瀛作舟"意，蓋隱自寫照矣。既落成，乃延吴西桐師課弟姪諸子。叔標公肇龍暨吴蒼伯遠平、馬天石輩羣業其中。公亦時過從賞析，以是母壽康而考願酬。昆季列郡庠，子瓊珙，姪珽璐輩，踵武聯翩集泮矣。迨乾隆七年，冒宗案起。公首任，帥二溪族控理，始終五載，務獲直清源正本。及嘉慶紀，元孫輩遂共輸爲二溪宗祠。歲正月十八，合祀越國俊公以下祖。次年，乃開合修家乘局於此，亦成公素志也。閱嘉道以還，迭館名，經生多舉賢書、升上舍、貢成均者。粵氛起，乃常爲公局。至咸同間，曾文正討賊駐祁，以此爲節制四省糧台軍械所，争皖南，接濟上游湘軍。李勉林、王鈐峯等實劄居焉。而左文襄、李次青及中興諸公，胥經過館。此時瑶光閣、射圃已頹繼壞。於光緒中之賃租茶號，致花園船廳俱毁圮。近且並餘屋莊廨無存椽。兹幸緣二溪辦地方自治設局，四廳事即漸修復。予恐先型遺迹之就湮，而後修妄改也。雖始曹君有記，而未詳，用覶縷據述備紀，以俟族之能纘緒而興實。學者其亦高魯規矩之思，而漢官威儀之感也夫。

諸聯額附補具右：仰魯堂北對魯峰，原聯云："學窮源流，派衍虹泉歸環谷；心竊景仰，脉接龜蒙望魯岡。"楹聯云："舊德先疇，及此日當思世澤；科名理學，願後生勿替前修。"裔孫起璐爲宗祠題也。前柱聯云："溯本源衍我烈祖，俾昌熾宜爾孝孫。"爲春正祀祖題也。堂上左右榜列歷朝科目名宦。照牆横題"此中有王有相"六字，以下有花墀，墀栽木芍藥三叢，叢間以金帶圍四故。尺木居，舊名"尺蠖"，聯云："風動槐龍舞交翠，雲從桐鳳挂收香。"廊云："上馬殺賊，下馬作露布；入關棄繻，出[關]請長纓。"曌簃俗名"映月"，取則天空明南離中女虚明也。聯云："筆底樽前，漢唐兩北海；天光雲影，煙月百東坡。"圓闕上内篆"圓靈水鏡"四字，外隸"倣螯屋"三字。船廳額曰"廻楂榭"，聯云："水屋陸舟，周轉星河以外；浮家泛宅，往來苕霅之間"。艙内房嵌方長青石"曠"字。銘門作罍形，上題"壹壺"二字。一綫天内静室，壁篆"静"字，圓紫石銘。皆肇龍公作。本鄉復九區，文約每九年輪屆。二溪閱壬午、庚子，及今己酉設局於此，凡三次。此次設局，九區集議承辦地方自治、諮議選舉，暨禁煙、興學要務。以講堂爲公廨，槎榭爲上房，尺木居爲客廳，曌簃爲内署。予不能事事，聊寓槎榭，會備賓客應對，官紳頻煩，祇籌費不吾以也。感題諸聯帖。講堂云："文生於情，則惡可已惡可已；約我以禮，曰如之何如之何。"前楹云："仁義先王之蘧廬，道德先民之傳舍。"又："周爰諮諏，樂聞駁議；既集墳典，亦聚羣英。"尺木居云："功曹羸二百賭行，主吏送徒，故增封四縣；亭長以十千署進，大言上坐，實不名一錢。"簃曌云："三分水，二分竹，一分屋；百人俊，千人傑，萬人英。"又："修期常稱六十九，道子佈施幾百千。"槎榭外云："范蠡一舸五湖長，宗慤長風萬里侯。"舊句云："窗含西嶺雲山白，日出東峯煙水茫。"内房："江斆趣移床遠客，劉祥羞障扇見人。"倣螯屋牆聯云："山沓水匝樹襍雲合，周情孔思騷韻莊經。"

龍飛宣統元年花朝節後，忝長文會裔孫發宰時年六十有二寓槎樹謹識。

（清汪衍桂等主修、汪發宰纂修《[江蘇祁門]韓楚二溪汪氏家乘》
清宣統二年木活字本）

沈 氏 宗 譜

沈公金甫遭赭寇之亂率衆拒賊死難因賦長歌以弔之

宋肇琨

荒村月黑風透檽，寒鉎摵摵燐飛青。忠魂毅魄常戀此，獨留萬古薦芳馨。我公本爲邑之望，生而爲英没爲靈。乾坤正氣留一綫，在天爲星辰之象，在地成河嶽之形。咸豐庚申秋八月，陽九百六厄運丁。殺氣騰騰血漉漉愁雲慘霧天地暝。長空一彗白晝見，赤地千里妖風腥。天意如此事可知，我公獨起勤王師。一腔熱血激忠憤，當年始識英雄姿。共籌團防建大計，張君定璽公所推。雖無利兵與堅甲，猶以忠勇奮一時。我公忠勇本無敵，是何意態雄且傑。振臂一呼村衆集，白布纏頭皎如雪。禮義可以作干櫓，農器不妨爲劍戟。慷慨誓師詞令嚴，精誠所至金石裂。天崩地坼城垣圮，大股賊匪紛紛起。身先士卒獨衝鋒，鬚髯戟張怒目視。此行誓使掃欃槍，奮不顧身拚一死。出入鎗林彈雨中，裹瘡血戰無完體。衆寡不敵無奈何，可憐智勇盡於此。賊酋負弩作前驅，靦然不識有羞恥。欲以甘言動我公，我公叱之如叱豕。從古斷無降將軍，死得其所奇男子。取義成仁頃刻間，碧血千年埋烈士。一門四口同殉節，死生之故亦大矣。君不見東南建節有元戎，統領貔貅十萬雄。祇爲貪生與惜死，一朝解甲散如蓬。又不見滿朝文武盡臣工，頫首敵營如奴慵。食君之禄忠其事，胡爲不以臣節終。方今世變日益亟，綱常墮滅人道窮，安得忠貞如我公，輔世翼教挽頽風。

咸豐庚申八月賊陷常昭沈公煦亭罵賊死義謹賦長歌以弔之

宋肇琨

虞陽城頭烏嘎嘎，趫悍尳豁來貐貏。赤眉銅馬競稱王，殺氣横秋劍齒齾。其時江湖無完土，不見官軍見醜虜。挺身赴難徐壯愍，怯敵熸師何督部。樓船截流矗高牙，雄關天塹失金柱。刀光晃雪鼓殷雷，捲地狼烟塞江浦。錦繡山河付浩劫，哀時誰是庚開府。問道天痡胡慘酷，賊酋痡下三吴毒。霜花泠泠語髑髏，一坏剩土莓苔緑。莓苔鎖緑恨無垠，罵賊輕拚七尺身。聞説吴興有烈士，編年紀事溯庚申。庚申之刼遭百六，讀書臺空走麇鹿。雲楣繡栭莽榛棘，遺址于今問樵牧。山坵白骨纏草根，尚父湖邊血漉漉。血漉漉，鬼夜哭，霎時間龍蛇起陸。玄黄一戰賤種族，玉魚暗泣悲陵谷。世間不乏奇男子，陳容甘共臧洪死。威風凜冽漢兒城，毅魄英魂猶戀此。五更月黑天雨霜，精氣鬱勃髯戟張。一腔熱血澆冷鐵，頭顱滾滾棄道旁。嗚呼！以公之烈，爲張睢陽齒，爲顔常山舌；以公之節，天可裂，地可坼，川可竭，山可齧，忠義於今不可滅。白骴一寸棺三尺，俠骨棱棱堅鐵石。春雨棠梨麥飯寒，要離塚上燐飛碧。君不見琴河之水清且漣，丹心燭天徹九泉。湖邊芳草年年緑，公殉節於湖蕩灘。日暮潮聲帶恨咽。

先君价藩公家山四樂圖序

沈養孫

先君子《四樂圖》，小子什襲之，非小子臆造之，仿鹿樵張公舊卷而作也。摹先人玉照，則陳君蓮舟手繢也。得四時佳趣，則王君惕庵手繢也。傳神欲活，布景入情，置之鹿樵舊卷中，幾亂楮葉矣。然自春徂冬，天固不一其候。自少至老，人亦不一共時。鹿樵公《四樂圖》祇寫終歲所閲之四時，先君子《四樂圖》注重終身所歷之四時。披卷瞻拜，而先君子面目顔色，少壯時何若，將老時何若，既老時何若，態度畢真，次序明瞭，較張公遺圖差爲優勝。庶幾乎同中見異焉。其同於張公者，如春日垂釣而桃花流水，楊柳扁舟，猶是執竿而戴笠；暑日消夏而荷館送香，柳陰凭檻，猶是攜扇而披襟；洎乎暑退蘭池，涼生梧院，秋聲夜至，秋氣西來，紅樹百章間偕僕夫而眺賞者，猶是停車吾谷也；浸假而巽二行令，古木怒號，滕六作威，窮陰凝閉，登劍門而極游目，扶奚童而渡峯腰，等隱君子之雪後訪梅者，猶是踏雪虞峰也。其異於張公者，在尚湖則張亦作濠上想，在西莊則張亦馳域外觀，然不若先君之富于年；即幽探吾谷，紅映楓林，高躡虞峯，情深踏雪，未嘗因峭寒而減清興，儘可撫景物而數年華，張君之圖此爲缺點。小子不敏，感陳王二君之工於繪事，俾先君子生前笑貌開卷全呈，先君子身後清芬披圖如在，利賴後人，豈淺尠哉！歲在癸丑仲夏下浣，謹識。

題四樂圖

俞鍾穎

价藩表兄怛化已四年矣。日月易邁，音容愈杳。硯銘表阮捧遺照屬題。流年惟少壯老，既逝者之如斯，由春而夏秋冬。洵寫真之入妙。撫今思昔，勉綴蕪詞，泣然曷已！癸丑仲春花朝日題，同邑南郭遯叟俞鍾穎佑萊。

披圖奚啻弟呼兄，六十年來萬事更。歲月不居悲死别，丹青阿堵肖生平。浮雲天際柧棱蔽，宰木山深匑碣擎。悽絶佳兒孺慕意，勝於刻木奠前楹。

垂髫中表萃蘭芽，老去今猶憶外家。歎我幼孤恒歔泣，與君宅相每同誇。正驚赭寇風聲惡，共讀青鐙月影斜。回首蓮芬書屋裏，不堪師弟散團沙。

憶奉安輿駐漢臯，惠然過訪涉江濤。慈闈相見歡尤甚，宫閣能閒識最高。兄愛雅遊攜笠屐，我謀歸養隱蓬蒿。十年呴沫潛鱗意，垂憫居憂風樹號。

出山泉濁每慙予，黯黯臨歧百不舒。炎海飛鼭方墮水，故園化鶴忽傳書。好藏仙蜕歸深谷，高逐冥鴻返太虚。四序推遷終古在，此圖韞匵善藏諸。

題四樂圖

丁汝瑞

不事揮鋤不負薪，翛然獨往問湖濵。一篙新漲孤舟影，十里晴漪二月春。濠濮無心下鉤餌，磻溪有意理絲綸。韶華何處芳菲鬭，付與丹青好寫真。尚湖垂釣。

一曲南薰暑未消，西莊攬勝絶塵囂。青衫紈扇風清逸，碧水芙蕖露氣饒。高卧欲從彭澤隱，清遊怳入輞川遥。此心悟徹炎涼境，神妙長康著意描。西莊消暑。

秋色平添晚境華，丹楓絢似赤城霞。爲吟小杜新詩句，來駐少游下澤車。空谷鳥聲春夢繞，疏林人影夕陽斜。頰毫神彩增如許，展向堂前衆口誇。吾谷停車。

銀作峯巒玉作泥，扶笻雪後路攀躋。隔山梅隖花鑽鏃，繞壑松林枝亞低。遺像清高芳躅遠，寒雲慘淡畫圖迷。淩虚自有神仙骨，俯視塵寰孰與齊。虞峯踏雪。

達人玩世縱吟眺，孝子愛親思語笑。良工阿堵妙傳神，髣髴奇花開四照。一圖瀟灑美少年，春光湖影鉤絲偏。一圖體胖意徜徉，團扇風前菡萏香。一圖添毫神彩勝，丹楓絢爛石有徑。一圖矍鑠壯精神，尋梅踏雪嶺頭身。四時美景看不足，嘆息流年如轉燭。謝公屐著任攀躋，少伯舟浮快遊矚。愛蓮茂叔表同情，停車小杜追芳躅。人生行樂正及時，霜鬢侵人抑何促！六十年來玉局游，偶逢異境必句留。虞山名勝一十八，到處搜奇窮探幽。若此四地尤耽愛，垂老不作龍鍾態。丹青欲斂尺幅中，坐卧一室煙嵐在。一朝蜕化紅塵外，微笑拈花空四大。令子終身孺慕思，仰追先志爲圖繪。從兹明發倘有懷，展圖便見顔和藹。一慈一孝兩依依，天上人間日相會。

題四樂圖

戴壽昌

余聞海虞多佳山水，爲靈秀所鍾也。辛亥鼎革後，余挈眷遯居於此，以爲游山樂水，將以終焉。卒因人事多違，於此中名勝竟不獲一一搜訪，輒引爲恨事。然未嘗不昕夕眷眷於懷也。適沈君硯銘以其先德价藩公家山《四樂圖》索題。披圖一覽，其林木之幽深與烟雲之杳幻，既已實獲我心，尤以佩公之超然物外，有古隱君子之風焉。爰拈四律，用答雅命，以紀慕忱。

來去無心自在身，翛然物外寄天真。千叢花木俱臨水，滿目雲山遍是春。活潑定知濠上趣，風流絶似武陵人。名韁利鎖齊拋却，日向湖濱理釣綸。尚湖垂釣。

纔入山莊暑半消，坐中有客最逍遥。欄邊扇影摇圓月，午後茶香起暗潮。荷葉雨餘侵袖碧，柳絲風細隔簾飄。《南華》讀罷心如水，一片清涼待白描。西莊消夏。

停車一望興飛揚，多少山頭競上妝。滿眼繁華皆晚景，十分新豔是斜陽。詩情端爲雲霞幻，屏影先窺錦繡張。如許秋光描不盡，定題紅葉付奚囊。吾谷停車。

横空十丈白於瓊，如此山河琢不成。笻竹一枝頻徙倚，梅花數點認分明。銀鋪水面窺雲凍，玉叠峯腰識路平。遥想藍關寒徹骨，昌黎底事賦長征。虞峯踏雪。

題四樂圖

沈汝瑾

癸丑春，小齋獨坐，展閱成伯所贈《芥彌精舍印萃》，適伊弟硯銘捧其先德价藩宗兄遺照索題，謹按時分韻以報命。

尚湖水泱泱，太公昔垂釣。一瞬三千年，裹古來長嘯。舴艋泊柳陰，絲綸拂殘照。神游接英風，莫逆相視笑。尚湖垂釣。

郭西臨水莊,境僻暑亦涼。遥山青入座,晚風送荷香。時尋遊仙夢,高枕忘日長。濯纓隨地可,何必歌滄浪。西莊消暑。

孫氏已無園,楓林説吾谷。吾谷,本孫氏園,以楓樹著名。霜葉醉晚霞,巾車駐高躅。菟裘何須營,即景可悦目。如今陟岵人,披圖感風木。吾谷停車。

踏雪劍門去,雪厚填路平。千里一豁目,大地玉琢成。早梅折寒蕊,臭味同冰清。此景誰善寫,惟有王叔明。虞峯踏雪。

題四樂圖

金鶴翔

癸丑秋日,余辟亂歸里,沈君硯銘以其先德价藩先生遺照,介余弟鈍金來索題。以俗累久不報,比始得閒,四景各系一詞,録應雅令。

臨江仙尚湖垂釣。

嚴江遼闊風波險,林巒無此清華。幾人修得到浮家。白鷗天淨,隨處好停槎。　莫問武陵春去路,桃花渡口迷霞。梅谿雅韻漫相誇。滿船萍絮,生計足魚鰕。

菩薩蠻西莊消暑。

清風襲襲看帆去,芰荷香裏迎鷗路。人倚畫闌干,鴛鴦偷眼看。　日長香篆短,水閣晴雲暖。待把小簾開,新凉雨送來。

山花子吾谷停車。

山色如妝錦滿林,尋詩疑入繡圍屏。隱約鴿峯西去樹,夕陽沈。　畫裏山靈應識我,年年攜屐聽寒禽。幾輩尋秋人已去,鶴伶仃。

虞美人虞峯踏雪。

滿天玉蜨隨風舞,枯樹寒鴉语。鴉聲似带古今愁,不道有人衝雪过峯頭。　劍門路滑行蹤少,别径松間遶。梅花還在草亭西,我亦幾回尋夢到雲棲。

題四樂圖

黄金振

一葉扁舟一釣竿,順風鼓枻水鄉寬。湖光山色空塵障,箬笠蕉衫勝綺紈。有志澄清型尚父,無端拜跪笑方干。青春價值年華富,柳緑桃紅畫裏看。尚湖垂釣。

年年避暑到城南,獨向西莊勝地探。楊柳樓臺流水繞,荷花池沼遠香涵。畫欄曲似虹垂澗,紈扇圓如月印潭。壯士華顔高士志,招涼不待徑開三。西莊消暑。

槿墜蓮疏葉脱桐,薰風一去换涼風。松陰未減沉沉緑,楓葉已驚片片紅。得句留題奇石上,停車坐愛夕陽中。青山不老人將老,賦讀秋聲感慨同。吾谷停車。

高低一色白如銀,雪後嵐光點綴新。封谷渾疑花作幕,登山幾訝玉爲塵。松陰印徧鴻泥爪,梅隖香圍鶴氅身。節届隆冬驚歲暮,老人杖履小童親。虞峯踏雪。

題四樂圖

王慶芝

流水桃花庵夕陽,扁舟容與此中央。子和畢竟君儔侶,渺渺烟波鷗鷺鄉。尚湖垂釣。
尚父湖邊打槳過,一竿在手意云何。商量欲下滄浪釣,只爲魚兒此處多。尚湖垂釣。
山莊近築傍城西,隔岸斜陽翠柳迷。最是風來香不斷,芙渠出水畫橋低。西莊消暑。
畫圖絶似輞川留,水色山光檻外浮。試捲簾櫳容小坐,清飈微颸覺生秋。西莊消暑。
指點前頭吾谷峯,峯前半被白雲封。霜楓紅透真如畫,卻改青山舊日容。吾谷停車。
楓林清絶幾回經,一任籃輿行復停。愛煞此間好風景,泉聲咽石水泠泠。吾谷停車。
一片寒光映北山,攜笻喜得此身閒。峯巒踏徧吟肩聳,鴻爪猶留點點斑。虞峯踏雪。
不作山陰訪戴行,穿來林麓境幽清。前蹤已渺頻遐想,一幅圖成隱寄情。虞峯踏雪。

題四樂圖

龐 超

虞山之下城之東,有君子兮留芳蹤。令嗣轉輾思音容,倩人繪出瞿鑠翁。態度翩翩清而丰,全神活潑在箇中。按時妙境點染工,自春及夏及秋冬。春水緑波挂短篷,尚湖垂釣伴魚筒。夏日西莊拂荷風,納涼徐步閒倚笻。秋風送爽雲歛空,吾谷停車觀晚楓。冬嶺蒼蒼秀孤松,劍門踏雪爪留鴻。四時佳興與人同,胸襟瀟灑異庸庸。兒時杖履常相從,芝顔猶記笑融融。蓬壺一去難再逢,令我展圖起敬恭。

題四樂圖

龐 裁

同光間有一老翁,隱居吾虞城之東。春則尚湖垂釣,秋則吾谷觀楓。夏則西莊消暑,冬則劍門停蹤。四時佳興,樂與人同。謫塵期滿,魂歸太空。老成歎彫謝,令嗣思音容。遺跡一一繪,按時點染工。圖呈紙上,神在箇中。斯何人哉?是我姑丈价藩沈公。

題四樂圖

金宗暟

自昔雲臺圖像,漢室庸勳;太空傳形,古人垂戒。洎後增華踵事,隨在寫照圖真。所以逸士高人往往山水寄情,丹青託意。至若某水某山,迺是童時釣遊之地;一丘一壑,無非平居杖策之方。倩妙手以圖形,十年遞進;運靈心而布景,四序頻更。恭惟我价藩姻世伯大人,吴興望族,寄隱虞山;歙水高門,卜居琴瀆。放翁氣慨,團扇争描;永叔清才,副圖競寫。青年運甓,勤惜分陰;弱冠蜚聲,名驚儕輩。賓朋雅集,孟嘗之食客恒滿堂階;親族相週,范公之義田先盈倉積。指囷濟困,待舉火者千家;解衣贈貧,被陽春者萬衆。而小子則忝鄰仁里，時接音容，辱附蔦蘿，常親杖履。曾於庚子夏初之吉，過我衡廬；偶於清談閑隙之時，誇以圖卷。公一見，愛慕特甚，遂假以歸，不旬日而賜還。越日，而公病。至七月二十五日，而公遂歸神矣。嗚嘑！昊天不弔，奪我儀型。梁木其頹，幸留遺像。今年秋，偶過令嗣彦銘君齋，出圖囑記。拜閲之下，如親謦欬，且見公少時遺像。道貌高風，與年俱進；德容標格，隨境遷移。不意旬日之留，竟成百年之事，可喜亦可慕焉。然而鏘金戛玉，滿卷琳瑯；白雪陽春，盡諧宫羽。謬蒙見囑，甚願橐筆以從；譾陋自維，大懼效顰難似。邯鄲道上，既許學步以隨；瀛海圖中，强欲附驥而進。句成長短，勉效野人牧豎之謌；調唱咿啞，難逃下里巴人之誚。癸丑八月謹題。

湖波清，湖水平，中流容與漁舟輕。春水明如鏡，釣絲逐水縈。貪餌者鈎廉適性，庸人自擾智無營，春來樂事盈。尚湖垂釣。

風光好景，好是西莊。古木森森圍四面，新荷陣陣送清香。驕陽逼不入，炎暑潛消忘，夏日樂偏長。西莊消暑。

秋來風景獨翻新，錦嶂丹崖列作屏。吾山吾谷幻如神，造化意回春。楓葉盛，客停輪。天高氣爽淨無塵，流連樂意伸。吾谷停車。

虞山最高峯，飛雪滿長松。銀裝玉琢誰堪共？招我者山僮，侶我者釣傭。被裘踏雪，老健無衰容。登高遠眺，天空水重。澄心滌慮，慮淨心濃。誰持妙筆狀君態，寫盡四時樂事難追從，披圖遐想步高蹤。虞峰踏雪。

芥彌精舍印萃自序

沈煦孫

梅雨新霽，庭樹展柯，濃翠欲滴。明窗無事，爰檢敝簏，出舊藏印章把玩。有客扣門，入坐未久，即問曰："子好金石。子亦知十餘年前，有一戴笠跨驢僕僕於吴越間者，凡名山勝處，遇古碑幢，每拂拭讀之。雖日莫猶戀戀不忍去，繄何人哉？"予應之曰："此即芥彌精舍主人沈子也。沈子嗜古成癖，尤喜儲印。嘗曰：'尋丈一拳，均堪娱情悦目。'恒於通都大邑，足跡所經，留心物色。或得於故家，或易諸市肆，蒐羅至二千餘事。年來倦遊，斂門辟俗，出向所藏弆者選擇之。自有明國初，及近世諸名家，得數百方，次第手拓。每逢春秋佳日，與二三知己品評玩賞。故吴越間名山勝處，今罕見其人焉。"客乃頷首，一笑而出，遂記問答語以爲叙。

題成伯農部芥彌精舍印萃詩

吴俊卿

尊彝碑版富收藏，丹篆雲霞滿錦囊。千紐芙蓉峰上石，纍纍亦足傲侯王。
倒薤懸針論點畫，《凡將》《急就》溯淵源。《印人傳》後添嘉話，今日重生周櫟園。
新學猖狂日月昏，區區印學更誰論。多君好事勤搜討，尚有斯冰一脈存。
指僵頭白老癡聾，舊作居然入卷中。孏與文何較工拙，銅斑玉血學雕蟲。

題芥彌精舍印萃詩

沈汝瑾

秦漢製印章，鑄銅及刓玉。六朝法稍變，制古文尚樸。唐宋篆九叠，别趣有元戳。造作品益奇，象齒雜犀角。迨至明中葉，花乳石争斵。文何稱專家，自謂腕不弱。懸鍼並垂露，繆篆勤考索。雕鐫軼古法，各隨意所欲。詩句連俗諺，别號與齋閣。青田昌化産，五色眩人目。王質始作俑，争求價逾珏。雙金易寸璧，重載車折軸。出匣騰虹光，獸紐琢天禄。鴛鴦龜鼉龍，伏虎雙蝙蝠。新樣種種奇，市肆争販鬻。櫟園印人傳，續者汪啟淑。康乾至同光，文房慶多福。西泠著七子，紫泥粲朝旭。後起趙无悶，缶廬更奇倔。直接東西京，奇氣吐山嶽。吾宗癖好古，兼收而並蓄。明清五百年，名手羅置櫝。累累千餘事，手拓數百幅。愛翫珍瓊瑶，不换珠十斛。近世談維新，陳腐嗤舊學。六經嗟掃地，高文受奇辱。印信不復重，官符亦刻木。西域字旁行，名刺附簡牘。吾邱卅五舉，早入敗紙簏。《凡將》《急就》章，皆視爲棄物。文字關世運，天地有翻覆。我保我國粹，時危志益篤。士各有志願，勿受天桎梏。吾不合時宜，嗜古好幽獨。豈知有同心，如蘭在空谷。當與海上顧，印藪同卓犖。他人重金章，高位炫流俗。子惟寶燕石，留影紙一束。風雲殊未已，閉户抱殘璞。傳國璽無人，莽莽沉大陸。

（清沈壽祺纂修《[江蘇常熟]虞山沈氏宗譜》 清宣統三年木活字本）

天醫神會序

沈　豫

十全爲上，醫業之專精；三折稱良，天心之仁愛。風雨晦明六氣，惟天之所爲；辛苦酸鹹五味，任人之妙用。是則醫以天乃神，天以醫司化已。我長巷社廟，諸神俱有誕會，獨於天醫一座，祝獻無聞。族姪英首創斯議，鳩合同志十有四人，各出青蚨，肅祈鴻化。偉哉此舉！活人帶算矣。溯夫鶉居既邈，鯢齒斯希。乖四節於攝養之初，受六鑿於銷鑠而後。斯則神農上品，究無補於垂危；秦越奇經，亦何裨於救死。誠以陰陽之殊，致虚實之異。宜耄小之不同，南北之各轍，自人而爲之，不如自天而爲之爲得也。彼夫顔回敗於叢蘭，冉耕歌夫芣苢。齊侯之疥遂痁，晉君之惑蠱疾。此雖投以參朮，非可保厥春秋。又或病入膏肓，攻達不至；症兼寒熱，涼燠難施。是則玉機書讀，亦知四胗之微；而金匱年荒，莫探六元之秘。藉非元功司槖，必致偏枯；大地回春，焉冀痊可。天者，坦也，躋斯世於仁壽；醫者，意乎？悟癥結於微茫。某等或簿書鞅掌，王事賢勞；或四牡皇華，軺車星使；或性耽六藉，薰灼心源；或酷嗜四詩，嘔吐腸胃；或西疇戴笠，暑雨有咨；或南畝披簑，祈寒未免。又或牽車服賈，戀烟瘴霧之鄉；馬首船唇，細雨斜風之苦。在在資其保護，一一得所安全。上壽中壽下壽，享黄帝之三百年；保精保氣保神，樂彭聃之八百歲。此日豚蹄競祝，應知夢裏之熊；他年鶴髮鬅鬖，共看填河之鵲。

上于邑尊停止挑掘北海塘外引河書

沈　豫

蓋聞，圖事者必謀其萬全，建議者斷貴於一是。上年夏仲，嚴徽暴水，漂蕩廬墓，億秭無算。被害紳耆，咸深蒿目。今春，劉大中丞札諭道府，詳勘蕭邑海塘，自長山以東相度情形，以爲開掘引河，消納上八府洪流漲漫，以奠民居。後因花地撤種，俯念輿情，此舉停止。仰見各大憲上謀國是，下帖民生，忠愛之情，感深愚賤。

邇者復聞憲委前來查看，繪圖呈送，興舉在即。豫居近海塘，自委員插標以後，塘外男婦驚惶失措。緣長山至瓜瀝一帶三十餘里，數十年來開荒之地盡爲魚米。其間生齒之繁衍，物產之豐多，文教之秀發，廬舍之稠密，較之内地過無不及。一旦盡東其畝，不幾剖割其腹心，而欲四肢之無恙，得乎？然此猶利之小而害之淺也。今之議開掘者，將以謂暢下流之勢，則上游自殺而不至於衝決也。雖然，此策可行之於淮黄，無庸行之於江浙。夫黄流發源於崑崙，經甘陝、山西、河南，委迤而至淮，漫衍萬餘里，澎湃六七省。其源遠，故其法宜疏，宜排，宜決，併多設閘座，挑挖支河，以洩其怒。至金衢嚴處之水，來龍不逾千里。況所慮者亦止在夏末秋初，非如黄河之須防三汛也。今以徽嚴之陡漲，而歸罪於北海之汙塞，是猶祖父之過誤，而移獄於孫子也。豫竊以爲未可矣。且試問上八府之水災其果始於今乎？其不始於今乎？如其始於今也，則誠是下流壅塞之弊也。豫竊按舊志，新林堡以東曰“丁村渡”，再東曰“瓜瀝渡”，前百餘年間，明明是蛟龍出入之處，魚鼈浮沉之鄉。而各大憲曷不取上八府災賑水利諸書考之，有無水患乎？豫竊以爲難免也。此其故不待知者而知矣。顧執此以論，得毋以鄰國爲壑，而不通時務乎？又非也。魯與齊擊柝相聞，若越人視秦人之肥瘠，亦豈爲聖天子撫綏兆民之至計。可即上游一帶察看情形，或開其溪瀆，或濬其汙池，俾梅雨淫霖有所蓄洩，而何至潰冒衝突，有沉竈產鼃之苦乎？況滄海桑田，變遷倏忽。今者五月海水驟進，直至三岔路口，安見不欲乂安上八府之生靈而復還故道，無俟人力爲也。且舊志云劉帥築塘，稱名捍海。東發作記，謹栽萬柳，恐蟻穿螾漏。明明欲其固吾圉也，今欲鑿而通之，無乃與前賢之經畫相左乎？子輿氏曰：“禹之行水也，行其所無事。”今者亦行其無事可矣。豫翻閲故紙，時勢未諳，聊舉舊志，撮述大略，謹陳管見，望明公垂督之。不勝檮昧疎狂之至。

周寄凡越中百詠序

沈　豫

夫書傳《越絶》，備詳風物之宜；莊賦越吟，聿攄蕭騷之緒。斯則桑梓之地未免情多，山水之佳不無興發。周子寄凡，亢爽士也。其人鶴立，其筆鳳鳴。本自諸生，家承素業。溢氣坌涌，飛辯騁辭。雖屢冠青衿，見賞宗匠；而未拋白紵，尚滯科名。遂乃溯之江，遊吳會，坐鴨嘴之船，聽驪歌之唱。胭脂匯畔，多半勾留；鴛鴦櫂前，揭來飄忽。跌蕩於五湖三泖之上，廊廡在鱔門虎阜之間。青氈還我，大好斯文；朱衣點頭，定當來歲。浮白大叫，按拍高歌，遂得《越中百詠》焉。鄉思乙乙，蠶吐絲兮纏綿；别緒盈盈，鳥向枝而環繞。詠山川，即班氏地理書也；詠名宦，即范史循吏傳也。詠忠烈，即浦陽人物志也；詠臺觀，即未央宫闕記也。藴之以性情，發之以藻繪，諧之以韶濩，振之以金石。騰踔風雲，刷洗俚鄙。既文既博，亦雅亦騷。君其兼之無遺缺巳夫！

百一之篇，德璉創其體；百詠之作，竹垞寫其懷。自古文人多以數記，於今作者亦仿斯裁。闢詩學之奥津，法史家之外乘。繼自今續越風者，將於君爲取則焉。是爲敘。

募捐水龍會啓

沈　楷

民生不可一日無者水火，而患亦特甚。其發之暴而猝不可以力濟，則火爲尤甚。戒火者曰：厚爾垣，曲爾突。爨下無積薪，熄炭藏灰，毋近楹若柱。夜將寢，周視其庖廚，有燎毛爇布之㦬於鼻。警滅豎焉，慎留其種火。偃無宿燈，檐有渟水。若是者，則可謂戒備矣。然而難之作也，或出於鄰右之不審嚴，僮媪之不察治，耳目一時之不皇暇。一星之遺，赤天紫地，鴉飛虹落，延毗百家。萬金之産，朝而猗頓，暮而黔婁；環堵之宫，頃而笑言，俄而露處。人以戒備爲足以禦患，而戒備固不足以禦患，則臨患而救之之術又曷可少哉？

夫臨患而救之之術，則莫若水龍。水龍之利既世又具見。近世吾鄉行之者，若張川胡氏，科名壽考，豐衍蕃昌，嘖嘖人口又如是。豈天之報之固獨隆哉？蓋由其中心誠出於利人，則其仁氣之所涵濡，惠澤之所滂沛，湛深洋溢，自有以卽然而遂其天地之生也。廉囊不自量，既糾諸同人製水龍一具，其器械應用各件略完以備。惟是突有告警，動必需人，一切犒賞工食、修繕之費，罔識所措。每一念及，愧汗不知幾許。兹欲仿同善會法，人各立願，願惟所多寡，以歲計，以月要。則集力者易成，繼聲者無匱。所望樂善諸君子雜然慨允，以底於成功。豈惟鯫生，其自毗近矚目所及，實受其賜。抑僕又聞之，火之用主乎通，而患常生於塞。凡人之身，風淫其表，食逆其裏，於是有口呿、鼻液、膚灼之疾。其甚者，乃漂疽溲膏，骨立至殆，此蓋夫人而知之矣。今其於家也，或中外焦然，志頊頊不自得，雖無剝廬焚次之變，不亦危乎。《詩》有之："凡民有喪，匍匐救之。"能與物通者也，畏天之威于時，保之能自通者也。通則無患矣！夫是以君子不忽於患之所生，尤慎於患之所由生。水也者，上善之象也；龍也者，普施之德也。誦其名，達其義，將臨患而救之者，即未患而備之者乎？則僕於諸君子有厚望焉。

歲暮懷人

沈　豫

梅花孤影絶清癯，紅燭宵深半欲無。檢點舊時爵里譜，螢窗夏課笑倪迂。倪蒼溪承弼。

紅牆隱約暮雲高，萬派黄流湧怒濤。鶴田時爲安東廣文。湖嘴鶯花堤上酒，一官司鐸老閒曹。朱紫綬鶴田。

冀北淮南路最賒，莫嫌鎩翮負京華。春農朝試未上。春風特地爲擡舉，留冠羣英讌杏花。張春農世慶。

腰圍庾信劇堂堂，大被評詩三五霜。予到鳩江五載。季布千金呼負負，青蚨飛不上奚囊。家秋畬廷富。

帖報金泥二等來，黼卿，朝試二等，以知縣改教。少年争羡上强臺。如何不種河陽樹，高説公門桃李栽。家黼卿廷貴。

梧桐月上緑陰低，一榻秋風小閣西。予與峙亭，夏秋盤桓數月。偏是隔牆鶯語巧，直教蕩子憶前溪。周嘉福峙亭。

清明篠園招同輩至春長巷小飲步大虹園歸

沈　豫

緑漲晴湖水半篙，開樽小飲貰松醪。單衫瘦馬春風裏，先試青魚會一遭。

緑楊紅杏上秋千，人影衣香度水邊。六扇玻瓈窗隔住，果然金粉亦天仙。

讀甌北詩鈔

沈　豫

人間一魁星，咄咄推趙壹。讀破萬卷書，天生一枝筆。意所欲語時，口隨探喉出。健或鵰鷹俱，快逾奔馬逸。愈幻乃愈真，中法兼中律。妙偶金玉相，奇氣市樓失。壘築淮陰兵，矢發養由蝨。持論間俳諧，遣詞恰劌怵。季路民社譚，宣尼亦難詰。天有手足耳，辯才誇秦宓。百七十年來，要是風雅帥。

釣　臺

沈　豫

猶賸巋然一釣臺，菰蘆匼匝緑成堆。可憐僞詔遊雲夢，淮水潺湲日夜哀。

有　所　思

沈　豫

斯人如可作，吾道不憂貧。望氣驚城劍，知音識爨薪。黄金沽駿馬，青史畫麒麟。歎息非常遇，隆中有葛巾。

寶劍篇贈津門邵大

沈　豫

青蠅不刺魚腸結，寶鞘玉玦衣帶襭。熊熊閃閃夜氣沖，當年一片荆軻血。文火武火太乙爐，三軍頭白持寸鐵。此劍由來壯士珍，千餘年歸君拗折。軒昂儻蕩突兀胸，孤撑奇氣雷電掣。枕頭細印碎花文，猶恐蛟龍競偷竊。請君摩挲好護持，無使干將來補綴。

莫　愛　遊渡黄河作。

沈　豫

莫愛遊，陸行乘車水行舟，陸行防銜撅，水行愁石尤。黄河滚滚亘葱嶺，陰晴詭秘鴻絧幽。萬斛艘，一葉浮，駛如雲馬輕如鷗。靠舷兩邊鐵貓壓，夭矯蟠結相拏鉤。自昔馬遷史，周行萬里奇徧搜。憬彼蘇穎濱，上書太尉歎此流。笑我東南一蕞品，亦欲笑傲凌滄洲。啞鐘不復響，爨琴誰與收？長安索米容易不？莫愛遊，堂上雙親今白頭。

大觀亭懷余忠宣公二首

沈　豫

不同趙括喜談兵，百戰身餘志孰攖。三楚烽煙殘壘盡，六朝禾黍故宫生。誰知鴻鵠心原壯，尚有烏鴉恨未平。一抹斜陽幾尺土，黄流滚滚泣江聲。

太息降幡出石頭，森森貔虎壯千秋。争言勳畫麒麟閣，何似名留鸚鵡洲。七載孤城寒鐵騎，全家報國恨金甌。傷心一點萇宏血，灑作啼鵑淚未休。

移館航隖山房僧舍

沈　豫

欲伴參寥苦未能，硯設坡公座下無一住持。熒熒一點佛前燈。山房容我偷閒嬾，補作人間帶髮僧。

一枕鯨鐘隔寺來，黄粱夢熟不勝哀。漢廷多少封侯客，老殺馮唐執戟才。

伏日酷暑偶讀忠雅堂集有冶春詩社圖詩十二絶悵觸舊懷輒次原韻三首暑漸退思亦漸減矣

沈　豫

一片柔腸寫錦牋，秦淮水榭撥箏絃。蓮生去後無消息，愁煞紅橋已十年。

芍藥花開悵卧遊，越州怎道勝揚州？青衫依舊憐如故，添得霜痕上黑頭。

猶佳風韻憶秋娘，小夥飛忙度蜀岡。曾説太翁五雲去，商人稱太翁。弄花惹得滿身香。

冬夜懷杏史張十

沈　豫

蜀岡新卜築，門掩雪花深。抛得紅塵路，求安白髮心。一堂剛五代，寸管即兼金。鄭重洪喬付，雙魚寄此吟。

吾儕真惜别，況復幾經年。暮雪青燈裹，衰顔緑酒前。買書當舊友，養静即參禪。何日尋歸計，山陰泛畫船。

袁浦新秋早發

沈　豫

頻聽雞唱警愁眠，一枕淮流送客船。十上不行何處雁，萬言請試忽鳴蟬。浮名太盛終消福，遠道長經易老年。凄絶盂城應不遠，時馬篷灣漫溢。蒼茫無限滿湖烟。

壽尺莊杜三孝廉六十用坡公送沈逵赴廣南嗟我與君皆丙子韻并序

沈　豫

尺莊杜君,余夙無半面交,而心契者數十載,富而好禮者也。客秋一見如舊相識,若不知爲傾蓋者。君曰:予與子年同,貌同,并病亦相同。世豈有若此之相類者!得毋有夙因耶?自後,豫上城,便即到杜君處。君曰:我與爾今年同六十矣,無容爲壽,朗誦《坡翁送沈逵赴廣南幕》"嗟我與君皆丙子"句,命各步一章,遠勝南山松柏頌也。余不善詩,近心疾有甚,而君意殊厚,難却也,勉應之。嗟乎!余與君年同,貌同,并病亦同,而所處之境與地則大不同。而君顧以爲同,以同者還其天,以不同者安其素。君無庸慰詞引爲同,我不以强詞勉爲同將毋同。

嗟我與君皆庚子,六十青衫窮不死。一榮一枯畫鴻溝,赤幟高懸難摩壘。江淮橐筆十餘年,楚尾吴頭真夢耳。世間酒人尚難得,何况才人夾袋裹。神飛戢麓作寓公,豫癸巳在袁浦病甚,將未刻《皇清易經經解》託雪舫廿九轉寄杜君,置之簿録中。疾病顛連疑死矣。有緣握手一大笑,蔡澤短小殊相似。彼我豈無當易觀,君家阿戎輕萬里。功名原不重司勳,豚子猶然棗栗喜。和兒纔十歲。丹砂勾漏今付君,仁者得壽吾竊恥。秋來把盞黄花杯,隗交築臺從今始。

自題課孫圖小照有序

沈守謙

行年六十,志願都違,惟有殘書數帙,付授得人,斯無憾焉。因畫斯圖,并成數絶,以示小子,使他日幸得有造,庶不負今日督責之勞,并盼望之切云爾。

隙駒迅速信如馳,我已蹉跎兩鬢絲。念爾髫齡春景好,栽花著意未開時。
垂柳絲絲静閉門,重温舊業課諸孫。詒謀自顧無長策,一卷詩書付後昆。
歲月驚心疊次催,童年懶學悔將來。翩翩子弟知多少,斲削不經終廢材。
讀書豈必爲科名,只恐心聾耳又盲。螢火一囊雪三出,百般辛苦自能成。

春夜懷竹香并序

沈守謙

挑燈獨坐,顧影無聊。春雨連翻,愈增愁思。因搦管率成兩律,聊遣悶懷,兼罄積悃云。

連宵風雨擾春眠,爲寫相思起擘牋。况味想君清若水,情懷諒我淡如烟。不趨勢利不違俗,也伴漁樵也力田。息影將軍舊精舍,焚香讀《易》意翛然。

竹林雅契是前因,同調吾宗有幾人。白髮添來猶未老,青氊坐破不知貧。吟風弄月詩多妙,臨水登山技入神。相約豔陽天氣好,扁舟共泛緑楊津。

若耶溪采菱曲

沈祖蔭

郎別若耶去，於今魚雁沈。菱花怕與對，恐觸白頭吟。
菱葉有時聚，妾身殊不然。彈淚入溪水，相約到君邊。

題莫少尉宛委探奇圖

沈祖蔭

名山不合才人住，才人自愛名山去。瑶草琪花掩映間，箇中知有藏書處。龍門太史來此遊，縱橫筆陣推千秋。後賢寥落無人繼，煙霏霧黯山靈愁。莫君才妙析天奥，衫屨探奇恣所到。心寄元夷使者知，不煩猿鶴爲前導。我代山靈前致詞，銀編金簡莫傳疑。登壇此日急國士，紅樹碧雲無盡期。

題鞠石圖

沈祖蔭

展軸見高士，孤芳滿片紙。不受春風生，豈畏秋霜死。彭澤終千古，黄花無知己。
好女不在容，好石不嫌醜。生平無屈膝，對君忽稽首。移置東籬下，與訂忘年友。

祝馮母陳太安人入秩帨辰

沈藻芬

東風昨夜回蓬萊，嶺楳都作桃花開。雙成弄管上元下，菊英新醉延齡杯。我欲翼風翔弱水，鵬路三千何處是。忽聞斑彩舞華堂，風馬雲車來降此。華山家世傳希夷，林下之風人中師。賓朋滿座晉霞爵，猶話少君初嫁時。朔風捲野寒雨急，家苦相如四壁立。朝挽鹿車暮提甕，習勤恥作牛衣泣。君家寒，母箕帚，君家泰，母井臼。饁田冀缺仗山妻，藝橘李衡愧阿婦。何況仁聲由内助，銘在人心碑在口。山鬼窈窕薜荔碎，修理故隴成新阜。莓苔滑緑病行人，壘石長途便馳走。頻年荒歲歉收息，十户無炊常八九。儂家苦飽人苦饑，忍聽哀鴻滿林藪？見人在厄心如焚，不知名氏爲誰某。夙生定受摩頂記，長齋一生蠲塵累。雨花香静雲繽紛，藨然獨得西來意。庭階玉立三珠樹，江東薛氏奚足數。膝前圍繞森蘭芝，光風麗日殷勤護。乃知奇福非天授，慎戒必恭恭則壽。我聞此言心肅然，再拜再誦德家篇。奉以東海安期生之棗，承以太華玉井峯之蓮，但乞靈蘐灼灼三千年。

題莫少尉宛委探奇圖

沈明楷

丈夫不虚生，卓犖爲時出。不讀黄石書，闖入孫吴室。乃知圯上編，借以神其術。精能本天授，麟鸞無陋質。莫君高世姿，精爽古罕匹。往者破賊時，風雲生呵叱。偶來玉笥山，頓觸烟霞疾。芒屨惜悤悤，寫入丹青筆。自昔磊落人，才雄氣轉逸。安得發金匱，朗讀皇古帙。忘言師其意，此意人來悉。知公明略優，冥契與道一。從容萬事理，敢卜丈人吉。來威壯此行，膚功奏良弼。

題鞠石圖

沈明楷

鞠節匪傲，石貞匪頑。予既頑既傲，曷袪予患？規隟地以及晦，喜蒿蓬之可删。峙怪質兮崛屼，環幽葩兮斕斑。吾飢可飫，誰謂食囏？吾倦可枕，遑云力孱。於時百役旁午，蕭然獨閒；家累咫尺，曠然若山。則亦足以杜讒弭謗，逃嘲息訕。豈必匡廬之屏九疊，甘谷之水一灣？於戲！桃源莫避，荆扉自關。毋爲負版，毋爲獨巒。毋抗塵容而動色，毋顧清影而恧顏。苟斯約之不爽，詎良緣之我慳。縣圖東壁，精神往還。晤素心於旦暮，吾其求之晉宋之間。

題飲酒桃花圖

沈明楷

君學武陵隱，莫種武陵花。時人易識處，白雲難久家。濁世莫我知，隱莫大於斯。問花花無言，幽懷欲告誰？

君愛謫仙詩，宜習謫仙酒。方外罕人蹤，歡伯亦良友。風塵莽牢落，惆悵烏能已。銜杯付一笑，萬事本如此。

庚辰仲夏重修州署落成口占七律四章以誌闔州之慶

沈雲駿

捧檄匆匆五載過，且欣政簡與民和。訟庭静寂花陰滿，官舍經營物力多。篳路重新夔子國，騷壇猶認屈公沱。落成剛届薰風至，一曲同聽解阜歌。

卅年鴻雪憶蓬萊，自撫霜華兩鬢堆。但使歡顏開廣廈，敢將民力效靈臺。楩楠曾向千巖採，桃李親經兩度栽。春燕也知尋舊主，營巢恰比我先來。三堂梁木甫架，即有燕來巢。

鳩工多士快争先，桑土綢繆未雨天。位置琴書俱得所，安排竹石幾經年。五龍山聳瞻名勝，雙鳳臺高仰昔賢。自古有材惟楚最，霓裳同詠集羣仙。五龍山，即五芝山，聳出雲間。

恰喜閭閻樂歲穰，作詩還比作官忙。雲來隔岸喬松翠，日夕開軒晚稻黄。製錦自慚無實政，問心且莫負虚堂。景星門外文星朗，蔚起人材慶國光。

通山縣交卸作八章以誌别

沈雲駿

愧無實政及閭閻，退食捫心爾室嚴。屈指下車剛一載，鬢邊贏得曉霜添。

催科撫字費經營，製錦無才浪得名。此去宦情何所似，桃花泉水比心清。

多士雲從下講帷，匆匆倏已及瓜期。他年聲價龍門倍，憶否羅峯翦燭時。
六里巡行幾度忙，採茶未了又分秧。家家報道今年稔，含笑歸來趁夕陽。
豈真長吏是神明，敢説無私易得情。不到訟庭終歲樂，蚩蚩何事苦紛争。
一鞭載道唱驪歌，卧轍攀轅意若何。孝弟力田明詔在，苦心切莫負春婆。
半生宦轍歷塵喧，依舊書生面目存。漫道阮囊貧似洗，此行添得兩兒孫。
輕舟穩渡片颿開，無限離懷酒一杯。且喜後來賢令尹，甘棠留待召公栽。

初夏寓真如雲房

沈　銘

年來僧舍暫爲家，春去何心問落花。燕語鶯聲都不管，小窗自愛緑陰遮。
兩三籬落不成村，山徑泥深晝掩門。竹屋紙窗新補葺，愛聽風雨到黄昏。

山居冬雪

沈　銘

莫問松崖與竹隈，一般珠玉拂雲堆。呼僮且掩巖扉卧，恐有人間熱客來。

戊午三月十二日抵任永春道中口占

沈　晉

廉明政績爾何知，竹馬争迎彷佛之。恐有道旁人竊笑，去時未必是來時。

白石行

沈　晉

白石寨前石齒齒，遥望中流平若砥。鯨鯢遠遁海若藏，借問何人能致此？樂安少尉雄駿姿，一見爲我前致詞，自從三年海氛作，居民遷徙靡所之。小臣終夜作文牒，意將插翼申上司。旁有老吏嘻且咄，謂我此舉殊無益。請餉餉仍出自民，請兵兵更甚於賊。不如瀝血告父老，守死弗去爲正策。其時小臣膽正粗，出門攘臂聊一呼。中有百千勇敢子，手持棘矜争奔趨。沈江大礟出水面，一試轟若雷車馳。又聞夜半獲秦諜，已死七日乃復蘇。問渠緣何不敢入，得毋舍此將他圖。云是内應覓不得，因此欲進仍趦趄。西風一夜去無跡，曉看楚幕皆有烏。父老相慶手加額，椎牛遂作三日酺。至今屈指已八載，官民安堵無驚虞。貪天之功爲己力，用敢一一告僕夫？嗚呼，君莫謂，貪天之功爲己力，民保於城城保德。姑蘇臺上麋鹿游，武林門外狐狸穴。豈無貔貅十萬師，大將無人誰統攝？安得當時展布盡若君，四海妖氛胥盪滌。

桐山道中作

沈　晉

上山終日仰，下山終日俛。俛仰不由人，方知行役苦。上山復下山，忽開坦然路。四馬可以馳，六轡可以馭。區區一肩輿，疾行何所慮。況兹數僕夫，連日歷險阻。九曲繞羊腸，未曾失故步。胡爲身一傾，奇凶占折股。豈伊力已疲，豈伊途偶誤。問其所以然，僉云不知故。人生天地間，此類難悉數。當其轟烈時，險夷皆可遇。末路一念差，恨已成千古。

哭家媳高氏辛酉

沈　晉

吾家貞節溯雲英，遺廟江干下拜誠。三百年來誰比烈，二千里外已傳名。青山自分難偕老，白水何妨矢獨清。一事至今尤可異，澄波泛出面如生。

晴江宛宛舞龍魚，似向靈宫問起居。大節既能留死後，貞魂原不異生初。明璫翠羽臨高閣，風馬雲旗護敝廬。縱使海枯兼石爛，定垂青史焕丹書。

十年婦德本無虧，一旦臨危志不移。兄可死忠儂死節，敢將此事讓男兒。

忽地人誇一女豪，當時絶不爲名高。試看嗚咽門前水，肯向錢塘作怒濤。

讀卓峰詩集題柬符雪樵明府用前韻

沈　晉

何必名山有此人，近來心跡倍相親。十年舊縣懷題壁，一别新亭訝轉輪。曾於小牧太守席間唱君《舊縣題壁詩》，有“楊花飛上樓頭去，莫作浮萍誤此生”句。忽忽數年。過眼雲烟看已足，到頭頑豔感能均。不堪重唱楊花句，都是東風幻後身。

歷劫猶存不壞身，天涯相識豈無因。三朝筆札推前輩，一部歌頭絶後塵。阜帽至今稱揖客，芒鞋終古屬詩人。從知正氣歸風雅，瓜苦薪蒸字字新。

建溪行

沈　晉

犖犖確確石有角，石角向船如欲攫。溪行十里五里間，不覺揺揺心膽落。或如亭如臺如橋梁，或如刀如劍如錐琢；或如牛馬飲於河，或如黿鼉登於陸。迅疾或如鷹上盤，委垂或如鶴俯啄。應是當年不受秦王鞭，遂至今日難施五丁鑿。不然何以坡陀磊落萬億千，一一俱歸建溪曲。君不見吾越今年西塘傾，萬民盡入江魚腹。增卑培薄非不勞，秉杆難勝怒潮觸。安得精衛銜去之江東，免致年年成澤國。湯公馬公如有知，聞我斯言應歎服。即使還問釣龍臺上無諸王，當亦欣然一笑諾。

甲子小除夕門人林月槎以其老母所畫醉翁圖寄贈詩以記之

沈　晉

次公醒,山公醉,醒醉古今同一致。徐邈聖,左相賢,聖賢名姓今猶傳。我今非賢亦非聖,避世避人從所請。醒時亦醉醉時醒,終日相依以爲命。兩年寥落湯嶺頭,天寒歲暮風颸颸。況復三百五十九日今宵過,安得不與青州從事、平原督郵喧呼終夜相拍浮。古來憂患都從識字始,著書半是窮愁子。伯倫以外無與遊。謝瀹口中惟飲此。陶公有田二頃半,不使種秔意良是。南閩老嫗知我糟邱已高築,爲寄醉翁圖一幅。開圖一笑復陶然,醉到明年五十六。

擬老杜諸將五首甲子秋月,聞克復金陵作。

沈　晉

鐵馬如雲下蔣山,鐃歌唱徹秣陵關。乍聞鼓角來天上,遂使車書復兩間。授鉞早欽專閫重,援枹敢説左輪殷。殺人喜有曾參在,莫訝宣尼獨鑄顔。曾帥兄弟。

青犢長驅到石城,十年猶未拔前旌。忽收河朔千屯戍,已下平陽九道兵。楊綰名馳諸部肅,彭宣威重百僚清。此行信有渾身膽,不數當年趙順平。陝甘督楊,兵部侍郎彭。

已聞吴越罷傳烽,又見飛章達九重。不特東陽堪特達,并教北地亦分封。狼貥絶島來新貢,拓羯臨洮入正供。四海兵塵從此靖。尚勞聖慮及春農。江撫沈。蘇撫李。

銅柱何須絶域標,欃氛兩浙已全銷。吴山蟻穴都清廓,越水鯨濤頓寂寥。此舉豈煩回紇馬,克復杭城,不用戈登,其意深矣。當前甯負侍中貂。清門世列中都伯,閩浙督左。九錫還應拜聖朝。

青山白髮感重來,百萬蟲沙劇可哀。已見皇威清夏甸,還看民氣樂春臺。試刊從獵陳倉鼓,不舉横汾漢武盃。一代乾坤勞整頓,安邊重賴濟時材。

龍湫雨霽

沈如槑

攝衣披草訪龍湫,航隖峯前雨正收。選石坐看千萬緑,飄然神與白雲遊。

馬路斜陽

沈如槑

十里横斜馬路紆,夕陽掩映景堪娱。松篁風動龍蛇影,畫出當年抗節圖。馬路,以辰所公得名。抗節,謂守西興事。

喬木森森夏自幽,籠烟蔽日鎖清流。問誰管領湖中景,草閣深横一釣舟。

新寺晚鐘

沈如槑

真如寺近洛思峰,多少名賢去住蹤。正是懷人無著處,斜陽影裏一聲鐘。

樵

沈如槑

越嶺登山日已曛,歸來濃壓一肩雲。回頭笑看中天月,何事吴剛尚運斤。

寄呈李夏珍先生

沈乙輝

消受詩書福,清閒無如我。我本閒散子,小痁亦云可。無書令人枯,無學令人野。有詩令人瘦,有病令人雅。揭來養病詩,學杜頗穩妥。好吟懶於字,苦求阿連寫。寫成寄與誰?詩友李老夏。

書　懷

沈乙輝

漂泊三千里,平安兩字沈。山花迷醉眼,秋雨滴鄉心。鬱結詩功進,蒼涼酒氣深。莊周化蝴蝶,達者有胸襟。

(清沈荇等纂修《[浙江]蕭山長巷沈氏續修宗譜》 清光緒十九年承裕堂木活字本)

沙氏宗譜

贈李山人

沙萬里

爲愛溪山好，相從近卜居。曉耕春雨外，晚釣夕陽餘。把酒看新竹，栽花雜野蔬。清時自爲樂，何用曳長裾。

題小雲巷

沙萬里

英英生遠岫，縹緲濕仙衣。吐葉根猶淺，成鱗氣尚微。無心向碧落，有態弄朝暉。解入襄王夢，頻教帶雨歸。

句曲早發

沙萬里

擊柝孤城罷，催裝趁曉行。山雲隨馬起，野火出林明。露重衣偏薄，峯迴路忽平。客中仍送別，離恨此時生。

水月臺會

沙萬里

病懷逢勝賞，晴日共登臺。渺渺寒江淨，蕭蕭塞雁來。山光明老眼，野色照深杯。潦倒惟堪醉，慙非作賦才。

和王淡泉池亭韻

沙萬里

王子談經草閣閒，每來佳客坐忘還。呼將拍拍牀頭酒，共看青青郭外山。碧水紅蕖秋自麗，小門深巷晝常關。何時來聽池塘雨，一點寒燈竹樹間。

倣李義山無題和徐魯源韻

沙萬里

含情脉脉鬢飛蓬，獨立階前月正中。錦字封魚沉漢水，玉簫吹鳳隔秦宫。新裁白苧圍全減，舊繫香羅色尚濃。莫怪清宵重惆悵，秣林芳樹易秋風。

春夜胡光禄園林宴集

沙萬里

名園桃李鬭芬芳，爲惜韶華數舉觴。緑野春風開綺席，畫樓明月照紅妝。酒翻鸚鵡還移席，曲按霓裳故繞梁。夜半踏堤歸路遠，更聞漁笛起滄浪。

七夕同徐魯源沈劍南黄海南燕毘陵吴崑麓宅

沙萬里

旅泊毘陵宿雨收，偶逢佳節共登樓。凉生冰簟池塘暮，翠掩雲屏院落秋。竹葉漫傾狂客醉，柘枝低唱美人愁。興來不道塵凡隔，直欲乘槎問斗牛。

陌頭楊柳次徐魯源韻

沙萬里

數株弱態弄輕盈，更自殷勤贈遠行。細雨河橋頻繫馬，東風驛路慣藏鶯。天涯望斷迷芳草，酒畔聽殘唱渭城。却笑章臺易攀折，可能常綰别離情。

秋日同徐魯源王明吾訪徐陽濱舟中值雨

沙萬里

細雨菰蒲兩岸秋，望中雲物坐來收。稻花香颭晚風細，山鳥白翻烟樹稠。數酌薰人茅店酒，片帆乘興剡溪舟。相逢不用悲蕭瑟，秉燭論詩亦勝遊。

雨後過西村

沙萬里

晨朝小雨作春泥，策杖尋幽過瀼西。紅杏村邊黄犢卧，緑楊庭外乳鳩啼。年來酒興尋常發，老去詩篇汙漫題。只此幽偏疑隔世，何須更問武陵溪。

爲高體仁留乃舅江鳳巖出遊

沙萬里

瑶草朱花本在山，何須尋訪徧人寰。請君静坐蒲團上，自可鑪中結九還。

有扶乩降仙者以賤名作對喜而有作

沙萬里

或出對云："一百八十年亨嘉之會，非陸世昌乎？"仙對云："九千七百里艱險之途，乃沙萬里也。"或云："九千七百里不及萬里。"答云："沙之爲字，原少三也。"

自笑平生疏懶性，學書學劍總無成。蕭蕭白髮甘衰老，却喜神仙識姓名。以上《載澄江詩選》

自題小像

沙萬里

此像作於乙未年，凡三十稔於兹矣。中間憂患勞瘁之時多，無惑乎顔貌之異於昔也。然予此心則固自若耳。作小詩以自感。

屈指傳容三十年，披圖覽鏡意茫然。雖云顔色隨時改，却喜丹心只似前。

古歌二首

沙一卿

朝發沅湘頭，暮達五龍河。瓶中養花水，猶是沅湘波。朝發五龍河，暮泊大堤宿。孤月無四鄰，兩岸夾舟緑。

孤兒

沙一卿

盛夏不畏暑，隆冬不畏寒。問兒何能爾，少孤使之然。阿兄役羽林，長嫂持家權。兄去兒恒飢，兄歸兒得餐。得餐不及飽，多説兒過端。欲訴父母知，厚土掩深棺。號咷向空野，淒風助悲酸。歸遲畏嫂嗔，歸速淚難乾。寄聲謂兄嫂，生兒及壯年。

病婦

沙一卿

昔年二十八，妾面如桃花。誤蒙君子愛，生子爲蘭芽。一時三撫摩，咄咄還咨嗟。妾今年四十，顔面如菜葉。生子爲蒹葭，何人更憐惜。母妍兒新鮮，母媸兒陋醜。妍媸易兒子，容華恨難久。桃花遇春榮，菜葉當秋零。春榮會結子，處處繫郎情。新容少膏沐，舊珮少珠玉。病久容益衰，心慚入郎目。兒首蓬經旬，兒衣漸蒙塵。母在已如此，況復母他人。唧唧復唧唧，撫兒三歎息。好語後來人，留心保顏色。

烏生八九子

沙一卿

烏生八九子，子子學飛鳴。樓頭有寡婦，徹夜聞烏聲。聞烏聲，繞牀行，腸中車輪轉不停。不嫁顏色好，欲嫁兒女小。雄烏啼罷雌烏啼，恨不人生學禽鳥。吁嗟乎！烏雛能飛烏母老，願逐雄烏瘞荒草。起視霜天月皎皎。人禽之分爭此一念。

燕雛行示震兒

沙一卿

雛飛飛，飛莫低，低飛有塗泥。一解雛飛飛，飛莫高，高飛有鴟梟。二解履厚土兮戴碧霄，不上不下雛游翱。三解

古玉磬行

沙一卿

玉磬何年墮塵土，韜精韞耀自今古。乾奇鋭上坤偶下，日星河嶽鏤成譜。禾書一行差可辯，名勒臣夔暨臣禹。憶從舜帝苗格年，擊向天階節干羽。一聲二聲岳牧拜，三聲四聲麟鳳舞。時移星换至寶匿，清廟升歌雜砆碔。漢家天子鑿昆明，一朝無意獲天璜。太守薰沐獻闕下，璽書特遣通侯迎。傳示公卿識者少，博物獨數東方生。臣朔稽首賀萬壽，此磬上有虞時銘。殷周閲歷二千歲，秦趙空誇十五城。惜哉鐘虡盡淪没，獨器難奏簫韶聲。帝瞻古器帝心慕，臨雍告廟賜民酺。大集諸儒講古音，古音不合今時度。誰道元音别白難，翻訝璿璣聖人誤。慇勤懸磬向長楊，何以承之玳瑁梁。奇珍出世既不用，何如還向土中藏。

吴宫詞

沙一卿

吴宫晝扃吴王醉，千門萬户鎖珠翠。黄昏强起設晨朝，西施宰嚭交相媚。衛士秉燭餐，都人半無寐。日東昇，月西墜，一夕蘭膏一州税。會稽亦有長頸王，爾時含膽草中睡。

廢第歎過馬士英故居。

沙一卿

鉅橋多積粟，韭廉苦不飽。郿塢富黄金，董卓日患少。蠹飫樹爲薪，螟肥稻已槁。奸雄若有知足時，九州父子猶相保。華堂轉盼成蒿萊，勸君莫爲前人哀，林甫死後國忠來。

建業雨一百四十韻

沙一卿

康熙歲丙午，仲夏晴晝悠。沙子客建業，讀書三銘樓。時值黄梅旱，炎威萎庭榴。百家争井汲，潮溢河無滮。去冬未見雪，二麥薄有收。一春雨澤慳，焦土不受耰。瞻雲望河漢，草莽多幽惆。未幾疾風飄，震雷翻龍湫。濃雲幕長空，萬里張緇幬。甘霖三晝夜，點滴皆琳球。漠漠水田白，嚶嚶泛鸕鷗。老農陌上歌，稚子庭前泅。詩人詠篇章，酒客調箜篌。旅懷快婆娑，拭拂牀頭緱。喜極感慨生，長言擬輿謳。九州刺予腸，瘡痍望噢咻。休息二十年，瞑眩或少瘳。獨此三吴民，枯羸等涸鰍。禹貢考田賦，下下維揚州。自從秦漢來，僻若島與洲。蒲菰不種生，蛟螭聚如鰍。何嘗通上國，貢賦亦罕修。漢末争割踞，賸此甌脱區。孫郎襲取之，鼎足抗曹劉。稍稍擴前陋，土闢民亦稠。五馬渡江來，一牛獨垂旒。仍此建都會，小朝不復羞。中原苦陸沉，衣冠半來投。王謝互戮力，披荆拓石頭。偷安事清談，曠達號風流。吴士俗一變，曳裾冠俅俅。五氏遞相噬，閲主如傳郵。天運未全亨，地力日已抽。珂里萃簪纓，倡樓列尊卣。冠蓋趨晨朝，旌旗講春蒐。白駒王孫騎，蒼鷹健兒韝。蔚然成舊章，車書習軒輶。回視沮洳初，豐儉迥不侔。五季錯壤居，兩雄昇與鏐。錢王號英武，李主亦仁柔。類能悉民隱，閭閻頗蒙庥。束手歸宋廷，蒼生免戈矛。所以江淮間，年年慶盈篝。被野多畜牧，連村峙粻餱。墾田日益廣，利盡江海陬。良由用力苦，非緣則壤優。其俗好侈靡，粉飾多夸浮。習勤不習儉，燕會珍羞捄。衣裝競華美，楚楚如蜉蝣。婦女耻荆布，簪珥多璣玒。土木尚壯麗，市里半俠游。巫覡張鬼神，六博好樗骰。苟且銜目前，不爲久遠謀。卑隰易荒祲，民居錯鯨虯。歲豐苦穀賤，稻黍空油油。一或眚災告，菜色上頬傾。豈如陶唐風，蟋蟀多遠憂。所賴盛王世，節制調競絿。有年恒備荒，未雨先綢繆。卑居惡衣服，瘦馬樸鞍鞦。白粲儲如沙，黄金賤於鍮。庶幾蚩蚩衆，聚養如蚍蜉。人孱不挺險，俗厚亦易揉。畏法戀田廬，受恩能仰酬。況多文學彦，絃誦媲魯鄒。彬彬觀國光，大雅儲薪櫄。此地苟富庶，能使他方賙。是以古仁人，眷兹神臯丘。休養息其力，耻言繭絲抔。汴宋遷於杭，畏問中原讐。軍興急糧糗，歲幣需繒綢。三吴作三輔，賦税日益掊。賊臣好聚斂，利析秋毫搜。將亡富大夫，官帑充私賕。蠹飽善良飢，厓山卒沉舟。元末士誠起，建國號曰周。撫民有慈恩，吴民感以慺。效死爲登陴，投石發弩彄。王師暴經年，破斧缺錡銶。城潰士誠俘，帝心憤前讐。遂取豪家籍，準租税民疇。嗟彼登陴人，威驅戴兜鍪。桀犬雖吠堯，論心本無訧。帝度曠如天，宜見旌與褒。如何重賦額，十倍加誅求。萬乘讐一方，毋乃非王猷。帝心想悔此，蠲赦頻咨諏。國事如張弓，弛弦俟箕裘。誰知三百年，更莫闡民幽。我聞父老言，明初吴民愁。散走之四方，村落多麋麀。畏田等蛇蝎，沃土皆蕪蘨。皇天降水旱，千里無來牟。欲贏反得絀，國課多逗遛。賦殿宫屢易，錫褫類沐猴。徒然驅襏襫，犴狴作羈囚。巨室鮮完衣，近郊多殍髏。但聞風雨夜，鬼哭聲啾啾。當時正全盛，版圖類金甌。竭兹東南髓，窮邊養螟蟊。失計亦已甚，禍首難追尤。豈無監門圖，痛哭苦無繇。仁人周文襄，金鎞抉民瞀。下車詢疾苦，最苦催科蹂。百計事興除，奏請疾於飍。民隱罔不達，吏弊莫敢廋。哀鴻漸來歸，中澤興版牏。至今數百年，尸祝誦遺休。重賦雖未除，民生聊以偷。課及什五六，有司免參糾。匪爲吏惜官，憚人得其攸。悠悠二百載，世易弊仍留。豈靳蠲減恩，何以養貔貅。近來四五年，旱魃挾炎飀。天吴佐其虐，逃亡去如儵。竭力勉鞭笞，束溼恣拏摯。窮簷揭瓦甓，古墓摧松楸。將無類東野，策駑如策騮。蕩蕩三吴疆，蹙蹙成甌窶。富者化爲貧，貧者轉乎溝。減之縱不能，何忍錙銖裒。商賈操奇贏，服食擬王侯。

賦役百不加，婢擁千金裯。官胥恣咆哮，角虎而翼彪。結隊走通衢，擇人飽其喉。金玉飾狗馬，錦繡衣輿騶。獨兹南畝農，面鵠而形鳩。猶存富庶名，泥沙肆鏤鎪。誰知富庶者，不辨菽與麰。苦樂互相形，無言淚如溲。頗悔作良善，焚耜思賣牛。吾生亦須臾，涉世如浮漚。何爲苦戚戚，抱愁述千秋。但恐陸海區，民散難爲遒。仍如秦漢前，化作蒲與蕕。哀傷訴民瘼，願言告持籌。遠躡文襄蹤，爲民去瘻瘤。窮黎跂踽足，野老拭哀眸。望澤如望霖，甦彼焦枯儔。誰能沛恩膏，如此甘霖不？

冶鐵行四十誕日賦。

沙一卿

冶鐵冶鐵，丹邱之東。日月爲炭，陰陽爲工。祝融騰燄，蓐收颺風。朝鎔暮鍛三百秋，五神圍鑪七曜周。千鍊萬鍊剛乃柔，冶之欲何爲？帝曰爲我鑄吴鈎。吴鈎出冶耀六合，虬螭魍魎啾啾愁。韜之麟角鞘，繫之鸞筋緱。守鞘彼何人？一龍挾九虯。餘鐵在冶須帝命，帝命更鑄鋤與耰。夙昔寒冰子，持此開郃周。一揮播黄茂，再揮貽來牟。下濟蒸黎飢，上解堯舜憂。鑄成獻帝帝太息，異寶無價不可褻。天筵天樂集諸天，左顧微臣取其一。臣拜稽首兩受之，攜向塵寰寄踪跡。吴鈎藏匣四十年，獨把耰鋤事力穡。莫言劍貴耰鋤賤，等是當年天冶鍊。斬除稂莠培嘉禾，能使蒼生罷征戰。男兒四十仍耰鋤，勤劬抑鬱不復羞。肯隨世好逐毫末？錐刀瑣屑矜奇謀。我歌冶鐵誰知音，浩浩乾坤古復今。爲蛇爲龍有定分，敢負天公冶鐵心。

洛城謡

沙一卿

洛陽城内多金穴，洛陽城外多餓殍。金聚一家不厭多，殍散四方不厭少。一朝殍起裹黄巾，洛城金穴都成塵。何如早散一家穴，甦此嗷嗷百萬人。

苦寒

沙一卿

少年寒侵肌，中年寒徹骨。安用十重衾，斯寒非外入。家居寒徹骨，客居寒徹髓。何事里居人，辭家作遊子？

大田歎

沙一卿

大田有螟螣，豐歲無嘉禾。人忽螟食少，我畏螟類多。一螟食一禾，禾存能幾何？

架上書

沙一卿

十三經，廿一史，牙籤滿架貽孫子。胸中書少架上多，君其奈此孫子何？君不見田間有子起白屋，偏向朱門借書讀。

東風起

沙一卿

東風起，茅屋破，屋下有人白晝卧。五車羅胸不醫餓，西鄰蕩子纔識丁，汗透重裘擁爐坐。

大麥行

沙一卿

大麥青青小麥黄，丈夫斸場女採桑。防營千騎早放牧，躪場齕麥如飛蝗。男兒釋斸淚如注，女子騰身上桑樹。急搴緑葉障紅裠，不然抱爾跨鞍去。

射雁二首

沙一卿

西風落雁羣，嗸嗸下平野。就中聲最哀，應是孤飛者。射雁不射單，憫其無所依。莫將雙雁射，定有一孤飛。

猿塚歎時人有父葬十年，不一展墓者。

沙一卿

老猿死葬南山側，小猿捧土加寒食。手携樹葉蓋墳頭，今年積雨墳多溼。塚旁一塚土半頽，十載望兒兒不來。可憐塚下長眠叟，一聽猿聲一度哀。

桑寄生

沙一卿

小草本無奇，特以寄生寶，馬上誰家兒，容顏白皙好。新銜晉羽林，錫爵自襁褓。兒豈生空桑，桃蟲化飛鳥。爲問生兒翁，乞身作傭保。

嚴君平簾

沙一卿

簾内羲皇簾外漢，一簾之隔古今判。與臣必言忠，與子必言孝。如何莽大夫，不受先生教。

姜家被

沙一卿

當塗煮豆豆爲泣，八王争被被全裂。從來勢力薄天親，不及姜家手足真。君不見花萼樓中作大被，禄山兵來三哥避。

孟母機

沙一卿

子曠學，母投杼。七篇書，功配禹。一母兼父師，千秋作規矩。

曹節婦節婦，蔣大參謹妹，生員曹起鳳妻。

沙一卿

夫死妾亦死，妾能成名夫無子。妾存子亦存，子能成名夫如生。夫死不復有，夫子長復有子。妾報妾夫心盡矣，六十年一日耳。

黄孝子行有引

沙一卿

孝子名向堅，字端木。崇禎末，父由孝廉授雲南大姚令，挈母弟往，易代後，淪落不得歸。孝子痛焉。辛卯冬，拜墓辭家，徒步萬里，出入烽煙，亂離豺虎荆棘中，遇兩親於白井。歸而無資，又徒步五千里有奇，丐資斧於大姚之門人，乃獲以肩輿奉兩親歸。吴孝子又徒步萬里隨之歸。往返二年，徒步二萬五千里，開闢以來未數數見也。吾師張西山先生督學三吴，以純孝旌。予聞孝子事，肅然起敬，賦此贈之。

吴中尋親黄孝子，徒步二萬五千里。往來豺虎荆棘中，出入干戈盗賊裏。滇南萬里戰血燐，形影相弔二老人。子不能來我焉往，分將骨化滇南塵。夢魂夜夜還吴域，合眼便見兒在側。夢歸容易真歸難，兒存兒亡兩難測。十年烽火塞天陲，豕蛇横野山崔巍。人耶鬼耶疑骨肉，倚閭鬈指將何爲？一朝喜子從天降，父猶矍鑠母無恙。喜極翻教〔涕〕泗漣，縱不歸吴情亦暢。兒羸兒瘠感兒翁，兒衣破[裂]兒母縫。相憐相慰竟日夜，何計能令馬首東。父槖蕭然兒槖罄，窮途寥落誰相贐？崎嶇更歷五千程，遄歸白井修温凊。柴車載得二人回，車後星馳有草鞋。傾國縱觀父老泣，何人毛裏不興懷。古來孝子多尋親，近或千里遠百城。似君辛苦開闢少，卓哉奇孝動鬼神。同時恨不識君面，遥聞高誼背霑汗。小人有親何處尋，夜臺渺渺難重見。孝衰妻子近俗囂,堂上閨中萬里遥。興慶重華咫尺近,唐肅宋光多不朝。聞君太節應生愧,廉頑懦立争者退。大舜曾参豈獨賢,景星卿雲不爲瑞。擔當名教在一身,愛莫能助勞我心。吴山峩峩滇海闊,千秋萬世綿芳聲。

李盧行方士言李林甫、盧杞皆仙人暫謫,詩以闢之。

沙一卿

李腹劍,盧藍面,生爲奸佞臣,死登蓬萊殿。神仙若容如許人,頓令志士羞飛昇。奸人附會媚權貴,勿爲簧鼓混天真。爲臣盡忠子盡[孝],金丹不煉延千春。

寶刀歌

沙一卿

天策將軍佩寶刀,上鐫日[月]雙輪高。水斷蛟龍陸剸豹,羣雄芟刈如蓬蒿。一揮[千]里盡流血,獸奔鳥駭神鬼號。陣雲戰霧愁黯黯,英光閃鑠衝旌旄。吁嗟寶刀天下少,英雄藉爾成勳勞。此刀若復盡神技,山猱穴狖何從逃。請向寶刀銘四字,"神武不殺"真人豪。

晒麥

沙一卿

三時甘雨盈一尺,載籍黴犇兩沾溼。晴暘麗天威赫然,兼欲晒之苦庭窄。家人僉謀先蓋藏,老夫獨欲先縹緗。小婦前致詞,請郎自忖量。前年苦連凶,舉家噉糟糠。槖中麥可支旦夕,擁書萬卷竟何益? 老夫含笑不能答,只得置書先晒麥。

蜃樓歌佛教淩替,叢林日多,聚斂無厭,而興作不已。余作此歌,爲民告哀。佛如有靈,必然斯言。

沙一卿

蜃樓高,高百尺,五綵絢熳耀天日。劖山填海碎金珠,鬼運神輸不暫息。千夫産,萬夫力,漢家天子何寒酸,露臺却爲黄金惜。一蜃樓兮百蜃樓,魚鼈沸騰鳥雀溺。蜃樓高,高百尺,驕人窟□勞人血。何時佛日照蜃樓,蜃樓處處當陽滅。

慈母機送友人楚遊。

沙一卿

慈母心中機,晝夜爲兒織。織得髩邊絲,鬖鬖白如雪。瀟湘千點雨,點點眼中血。兒即早歸來,母髮人復黑。

列 仙 行

沙一卿

死若可錢代，天下皆富人。仙若可勢求，天下皆貴人。富貴不免死，貧賤何足耻。君不見秦皇採藥死沙丘，少翁改事漢天子。

責躬詩五首六十誕辰，客青州署中賦。

沙一卿

天長而地久，吾生亦須臾。墮地爲男子，百憂叢一軀。荏苒六十年，毋乃太區區。少壯不復來，恒與憂患俱。武公登耄耋，矇瞍警抑隅。秉燭念前芳，願言勗桑榆。造化真平心，豐儉有定理。

巢棲不狎淵，予角奪其齒。析圭關内侯，珥筆柱下史。古來幾人兼，況復田舍子。灼灼西陵花，朝發夕已萎。蹉跎感天心，緼袍何足恥。先師有懿訓，不辱在知止。

皂帽踞木榻，葛巾漉濁酒。一室自黄虞，浩然塞九有。古人豈不賢，所悲厄陽九。丙穴懷鱒魴，三星空在罶。桃源有逸民，魏晉成敝帚。□歌雜碔砆，太璞寧不剖。何必生同時，千秋結良友。

昔我年四十，顧盼殊自豪。垂雲渺天池，九萬淩波濤。彼時亦何恨，所恨負劬勞。及今二十年，歲月徒滔滔。舊日赤松子，青齊建旌旄。推食分盤飧，解衣贈綈袍。豈特愧生我，勞心增忉忉。古調世不賞，入耳徒喧囂。元音貴知希，爲公奏雲璈。四十誕辰，客先生家，有《冶鐵》一詩。

我昔家三山，百代無千支。琪葩遍園林，蒼麟守階墀。三五老弟昆，雲端羨遊嬉。憫我困塵勞，相邀餐紫芝。豈不念舊侶，遷謫固有期。雲泥一以隔，感爾猶相思。相思何所爲？低眉了殘棊。安得棗如瓜，療此蒼生飢。

題 樂 府 後

沙一卿

古調從來不易知，誰將一字作吾師。高山流水依然在，欲買黄金鑄子期。已上樂府

四 寡 箴

沙一卿

嗇夫喋喋，君子慥慥。一默百宜，淑身之要。言能洩德，譬彼漏巵。三復圭玷，懿哉我師。寡言

友以自輔，敢厭其多。石可攻玉，莠或敗禾。擇慎於先，敬要諸久。麗澤之功，左宜右有。寡友

欲能鑠心，如火爇木。寡以養心，寡以惜福。星星弗遏，炎炎燎原。沃以澄流，務潔其源。寡欲

八駿嘶風，不追事後。心日戰心，心乃罔咎。連城之璧，累以一瑕。卓矣蘧公，令範匪遐。寡過

田園五古十首

沙一卿

家貧親已没，遂絶干禄想。愛此十畝宫，揮鋤辟榛莽。力耕遠愧怍，罷讀驅慨慷。水採南澗蘋，陸收北園橡。長跪獻先靈，兒今幸成長。

初夏山水明，連野緑漪漪。遍觀鄰叟田，自恐獨後時。迂步覺岸長，歸鳥飛參差。夕陽下已，盡飄風吹我鬂。俯仰復何言，蕭條返茅茨。

比閭有老翁，問年七十餘。戴笠遂終世，無心慕乘車。謀生在稼穡，餘興托樵漁。自言二十年，足未踰鄉閭。再拜稱弟子，願與叟游居。叟曰非吾徒，爾曹解詩書。

春秋多暇日，斗酒娱比鄰。四座無雜業，皆能説耕畬。相逢鄙意氣，相助秪艱辛。醉餘禮數寬，喧譁亦天真。乃知叔孫通，不尊草茅人。

賣書買黄犢，牧向塘東西。草長礙牛腹，石鋭傷牛蹄。吾聞牧牛者，古稱戚與奚。登高渺八荒，茫茫望秦齊。

驕驕稂與莠，種賤生偏蕃。萋菲敗苗羣，芟除豈易言。去之詎不力，恐誤傷苗根。吾觀古聖賢，皆有遺勤存。力田不去莠，何以貽子孫。殷勤别非種，良苗知報恩。

爲苗誠苦辛，知苗知不知。用志一無雜，良苗向人肥。饁農豈素餐，壺漿寧復辭。力田不負田，胼胝亦委蛇。

輟耕多暇時，時與詩書親。縱横千萬卷，中有英雄人。呼之若可出，四海無荆榛。

古人重著述，意念良已深。不識紙上字，粗知言外心。素琴本無絃，山水皆有音。楊雄愛探奇，白首號書蟫。

南上少石山，山高可百武。所見雖不遥，悠然列今古。古人生今時，意見亦相左。事事如心期，安得千百我。栖栖歸去來，力耕不言苦。

送人往彭澤七古

沙一卿

江陵千里昨歲還，耿耿只憶彭澤山。蒼黄紺碧不一顔，饑虬渴豹呑烟鬟。錯落芙蓉千萬蕊，孤城恰嵌花心裏。督郵不來寄奴死，陶公十年應住此。我歌一曲送君行，夜夢隨君泝江水。

月 光 美

沙一卿

月光美，月華美，靳準二女，漢劉粲后。靳準盡除劉氏鬼。石遵誅，石鑒誅，冉閔族石石無餘。閔也螟蛉親，準爲肺腑戚，一旦相屠甚讐敵。吁嗟天道真好還，殺機近在蕭牆間。

放歌寄毛亦史

沙一卿

策未及上愁不收,珠未及獻羞暗投。有酒且御白髮至,無官偏抱蒼生憂。鯨鯢可釣在濁流,羨君不下污瀦鈎。珊瑚可採在海陬,羨君不泛滄溟舟。躬耕十畝可八口,手編一卷堪千秋。讀書若爲功名計,毛公抱經何所求。

輓義興周貞女

沙一卿

雙星謫天一星死,帝簡鬟眉畀女子。三綱隳頹名教靡,千秋巨擔汝當仔。麻裻苦塊伴獨寢,血淚綆縻當合巹。鬼神飲泣天地愁,秋霜炎炎夏日冷。胡家媳婦周家女,解爲人間勵廉恥。白光匹練觸天閽,女心悲哀帝心喜。

田歸五律

沙一卿

飢來催我返,逶迤轉柴扉。麥飯煮初熟,園蔬摘未稀。誠慙經世拙,敢怨作田微。此意鷗全識,相看不復飛。

晚霽柬曹紫垣

沙一卿

霽色如相約,山山洗翠微。鳥歌天意出,日落夜光肥。遊愛歸歟晚,詩欣和者稀。不嫌村酒薄,欵欵叩柴扉。

送大育張頭陀歸江上

沙一卿

不盡黍離感,同時客舊京。題詩多削草,弔古每吞聲。月裏悲笳鼓,天陲罷戰争。壚頭新釀熟,相對説無生。

瓶菊答少參分惠

沙一卿

何處邀高士,冰壺注碧泉。香分官閣裏,秋到小窗邊。淡泊誰能並,清癯肯受憐。洛陽花萬種,只解鬥春妍。

重過桴亭拜陸先師遺像二首

沙一卿

溪水寒仍碧,空亭獨到難。書成三代出,人老六經殘。笑語尊前杳,衣冠畫裏看。心喪何日釋,重拜淚汍瀾。二十年前話,殷勤紫玉驄。骨存誰買駿,翼伏敢稱雄。悔我屠龍技,輸他汗馬功。貞觀殊未易,慚愧傳王通。

小試示姪孫元文

沙一卿

小試雖曰命,要之必論文。寸金羞丈鐵,百騎冠三軍。瀑掛非關雨,峯奇半插雲。惟看渥洼種,一躍便空羣。

元文,名際熹,天賦奇才,孝友並至。與定峯季君桐昉稱沙氏兩龍,相繼夭歿,令人惋惜不已。此詩勉其進試,元文遽以冠軍遊庠,年未二十云。曹峩嵋

郡志告成有感

沙一卿

巢傾安顧卵,豹死尚留皮。慷慨追良友,從容憶我師。恨無丁廙米,敢怨魏收私。何限滄桑感,低回只此時。

題　像

沙一卿

鶴骨癯如鐵,虬髯燦若霜。已探千佛髓,不襲一僧裝。磴草趺時偃,天花定裏香。歸期那可約,家在藕花莊。

送京口友人遊越

沙一卿

送君何處去,吳越舊王都。捫虱論興廢,驅驢走畫圖。掉頭辭北固,放眼看西湖。夜靜思予處,空山片月孤。

三侯四處士詩

沙一卿

七人皆三代以下第一流人物,而行事不同,潛顯亦異。取而合詠之,毋乃不倫乎?定峯曰:人生遇合何常?用則爲三侯,舍則爲四處士,未易一二爲流俗人言也。謂予不信,請

質之七先生。

漢張留侯

世亂人才降，留侯三代英。老當扶漢鼎，少豈受秦阬。不畏晨雞索，詎同走狗烹。時人不相識，並駕數良平。

蜀漢諸葛武侯

高卧隆中日，何心作漢臣。間關扶帝胄，時勢阨天民。正閏分三國，安危係一身。古人誰鼎足，釣渭與耕莘。

唐李鄴侯

天意開靈武，崧高降甫申。白衣天子友，赤膽上皇臣。妙算摧强敵，孤忠動鬼神。嘉謀如盡用，唐命慶維新。

漢處士管幼安

芥視封侯貴，方成處士高。三分人割踞，千仞鳳遊翱。避地將焉避，逃名莫可逃。同時生漢末，管樂一何勞。

晉處士陶元亮

處士不帝宋，寄奴安足論。胸無萬乘貴，晉以一人存。倩酒澆胷塊，貽詩污後昆。獨嫌人境淺，結想託桃源。

宋處士邵堯夫

有道不求仕，空山老鳳麟。微吟成太始，薄醉有陽春。稷契皆良友，巢由徒隱淪。一聲啼杜宇，遺恨在天津。

元處士金仁山

舉世迷糟粕，先生號獨醒。名超高士傳，書翼對人經。異代沾時雨，同堂聚德星。生今無復憾，仰止企先型。

乙酉登君山七律

沙一卿

紘干山頂雀呼風，杼軸空哀大小東。嘗膽卧薪前史裏，殘山剩水夕陽中。金消王氣謀何拙，鐵鎖長江技已窮。江左夷吾誰得似，新亭遥拜始興公。

答張頭陀大育

沙一卿

秋水蒼蒼白露寒，檀車淪落老河干。逃名未必天猶忌，出世何愁山不寬。馮道六朝工販國，張良五世憶臣韓。他年遂欲成高隱，莫着羊裘把釣竿。

題張菊隱隱居

沙一卿

覓得幽村好避塵，擬從東壁卜芳鄰。興躭翰墨不知老，家有奇書誰謂貧。種菊與君稱晚友，力耕代食是先民。暫來也覺清凡慮，何況長吟抱膝人。

潯陽夜泊弔白樂天先生

沙一卿

江州司馬擅才名，一夕琵琶萬古情。客異悲歡聲自別，人分吴楚月同明。青衫不復京華舊，白墮難澆塊磊平。笑我飄蓬成底事，也來此地弔先生。

謝吴仲纓先生

沙一卿

先生靖海侯九世孫，予《七老詩》中一老也。予修宗譜求序於先生，先生讀予譜引，痛哭不已。序中道國恩家誼甚悉。賦此謝之。

東觀未許小侯開，共逐屠沽息草萊。世好愧於窮日講，英雄莫向暮途哀。茅分帶礪從龍會，筆貺球琳倚馬裁。家誼國恩何以報，願簪彤管謁雲臺。

和西山師登峩嵋絶頂

沙一卿

不徒小魯隘黔滇，極目寰中第一巔。明允文章同蓋世，文饒勳業在籌邊。難甘勝地偏歸佛，更上高峯好問天。新志輯成垂不朽，燕公大筆信如椽。

維揚感懷和郁東堂

沙一卿

移裝差喜過輕舟，攬勝還成信宿留。梅子摘殘何遽去，楊花飛盡阿麽愁。誰云煮海輸天府，我欲鞭山截上游。感慨江南多少事，却來今日弔揚州。

自秦郵入淮

沙一卿

桐柏孤流自注邗，何年禹績竟全刊。平分清濁衺堤介，吐茹東南陸海寬。十道轉輸争堰上，千村耕牧俯舷看。由來轉運推斯路，偏爲蒼生想士安。

喜西山公將歸

沙一卿

星軺久喜出鸞叢，底事淹留道路中。總爲樞衡徵趙抃，肯教父老惜文翁。高牙鼓吹葑溪月，小隊旌旗柳岸風。知顧生平勞望眼，幾回翹首五雲東。

曹無山少司馬招同人賞花

沙一卿

小院深藏萬點紅，飲醇共喜坐春風。青山好句無康樂，緑野高懷有晉公。笑語不知車笠異，主賓全在畫圖中。百年佳話分明記，莫忘琴尊此夕同。

寄　兒

沙一卿

鄉心夜夜返江村，家信傳來喜抱孫。薊北老身淹歲月，牀頭慈母好晨昏。三時耕稼存真朴，百卷詩書細討論。瓜瓞緜緜須努力，汝曹何以大吾門。

留别彦弢象心兩弟二首

沙一卿

寂寞蘧廬愧壯遊，依依二仲勝羊求。自堅冰雪成三友，豈以豪華羨五侯。秋老燕山愁聽筑，月明淮水夢聯舟。慚予踪跡飄蓬慣，又逐星軺過豫州。

同時無着與天親，共作長安乞米人。調協塤篪忘和寡，盟無車笠較情真。三歌楊柳數行淚，萬樹桃花一片春。最羨升堂同拜母，征衫换却綵衣新。

和高季迪梅花九首之五

沙一卿

藍田咫尺傍崇臺，誰把圭璋斵月栽。三十三天神女降，一年一度藐姑來。霜消鐵幹呈蒼篆，露滴瓊英洗緑苔。不是國香推最上，百花愁處敢先開。

清標疑佛亦疑仙，肯逐凡葩締俗緣？瑶屋玉階先得月，竹籬茅舍也宜煙。霜鬌道者形容古,月面如來授記前。獨把調羹須異日,蹉跎亦自戴蒼天。

不辭霜屐破苔痕,珠比匀圓玉比温。雲母屏開圍雪竇,水晶簾幙傍烟村。一聲長笛驚鷗夢,幾點疎鐘唤蝶魂。徹夜相看看不厭,忍教容易閉柴門。

勁骨嶙峋迥出塵,欣然同調契幽人。解將枝上一團雪,散作人間萬象春。惜落可堪憂悄悄,方開莫厭醉頻頻。楊家脂粉偏諧俗,底事三郎媚太真。

獨憐開處對斜陽,漠漠幽蹤烟水鄉。亦惠亦夷花裏聖,非空非色樹頭香。挽回厄運甦千卉,唤轉春温被八荒。珍重東皇相顧厚,窮冬特地教諳霜。

柏鄉相國招同辨若先生亮采世兄兼濟堂夜話

沙一卿

深院銅龍月二更,再傳開閣引書生。一堂父子兼師友,四海車書偃甲兵。萬石家風希著述,燕公手筆賸文名。何如共坐春温裏,説命臯陶取次賡。

陳説巖少司成生日

沙一卿

太行千里錦屏開,共羨西京作賦才。望重墨頭依禁闥,懽携彩袖拜蓬萊。千秋信史公心定,五色宸章大手裁。最是春風能被物,狄門桃李及時栽。

城南度夏

沙一卿

遊踪莫定漫膏車,借得城南水竹居。烈女湖邊回萬雉,酒仙祠畔繞雙魚。杜康祠,在雙魚溝北。風能戰暑喧松徑,月解窺人瞰草廬。此外生涯無一事,唐人詩句晉人書。

春　　日

沙一卿

乍喜綈袍暖漸回,閒庭晝永獨徘徊。一聲嬌鳥無心囀,萬樹桃花不約開。溪水漲時忘魏晉,醉鄉遊處即蓬萊。久拚伏櫪成逃世,聞道黄金又築臺。

哭太史陳其年二首

沙一卿

鹿社鷗盟兩不猜,幾將魚雁到蒿萊。玉樓天闕成何早,金馬人豪恨易摧。自是聲名能損福,非關造物弗憐才。長安耆舊多零落,今日爲君賦七哀。

抑鬱才名四十年,一朝里巷羡登仙。如君遭際終歸地,似我栖遲敢怨天?舊德不因門第重,新詞應託管絃傳。中郎剩有書千卷,逆旅何人是仲宣。

讀唐詩紀事志感

沙一卿

累朝著作分軒輊，百代人才別佞忠。誰料子孫興廢事，但留名姓簡編中。昭陵石馬眠秋月，興慶寒鴉噪晚風。欲問諸公埋骨地，芊芊蔓草接長空。

懷李山人介立

沙一卿

回憶滄江老布衣，萬松深處掩柴扉。人間甲子當春换，天上星辰向曉稀。燕笋滿林村釀薄，河魨出水蕨拳肥。可能寄我相思字，候雁於今正北飛。

寄女氏孟貞兼簡趙留耕姻丈

沙一卿

今夏榴開舊日紅，老來跡踪歎飄蓬。轉因兒死偏憐汝，却爲家貧更憶翁。青史論文殊恨少，白頭逢世若爲工。輸君歲晚猶堅卧，一枕羲皇牖北風。

自題小像

沙一卿

英雄孰解死前休，逃向空山已白頭。正閏懶稽堯甲子，是非虚憶魯春秋。去來逐草溪邊鹿，上下隨波水面鷗。便與閒人作朋友，不知塵世有王侯。

雨夜憶孫

沙一卿

又向瑯琊寄客裝，擬將好夢到羲皇。聽殘夜雨驚新枕，數盡秋蛩似故鄉。叢菊爲誰籬下綻，新醅憶我甕中香。含飴自覺茅堂好，回首江淮道路長。

盼家書

沙一卿

盼盼家書半載無，傳聞旱魃寇三吴。故人原上多青草，豪客堂前變緑蕪。萬里秋飈鷹欲出，一輪朝旭鵲頻呼。鱸魚豈便關歸興，劇愛烟霞范蠡湖。

寄 家 書

沙一卿

忘情未免有情癡,每向南雲寄所思。未見答書頻遺信,無心覓句又成詩。巨螯不厭尊前索,大斗還堪醉後持。寄語江南春色道,好妝花柳慰棲遲。

寄懷元文姪孫

沙一卿

槐蔭重重護碧苔,思君不見更登臺。一枝寄跡偶然耳,三徑就荒歸去來。愧我老彭猶好古,憐他小阮只論才。東風若解相逢樂,喚取梅花次第開。

旅 食

沙一卿

旅食青州又一冬,夜長晝短稱疎慵。客中骨肉親縣毯,舊里知交愧菊松。白雪滿頭偏對鏡,好山當面不攜笻。人生百歲須知倦,却怪營丘號始封。

閲晉兒所作史論

沙一卿

豪氣空教蓋九州,渥洼奄逝黯然休。賦成幸不逢黄祖,書就誰能薦馬周。萬事憶來惟有悔,百年過半只生愁。江湖夙有漁樵約,敢把盟言負白鷗。

城東觀荷二首

沙一卿

清池曲曲繞城東,更有名花白與紅。萬點漁燈然遠浦,一羣鷺羽浴晴空。泉分别派鳴絃上,人倚垂楊坐鏡中。彷佛習池風日好,可知童叟待山公。

山城共道見花難,菡萏驚傳滿碧湍。只恐新秋忙裏謝,不辭冒暑病中看。高風直可兼夷惠,國色從知陋虢韓。添個酒壚深樹裏,何妨十日恣盤桓。

題 四 皓 圖

沙一卿

不向桃源避祖龍,麋羣鹿友共從容。非關濟世無長策,聊爾尋山曳短笻。自愛芝香非漢禄,笑他松老受秦封。黄瓜臺畔無邊恨,獨把新辭悟九重。

贈邑侯陸天濤先生四首

沙一卿

八家聲價定如何，愚嘗言陸宣公若有文集，應居八大家之首。惆悵宣公未著書。大業自須孫子繼，隆名豈讓柳韓居。一官游刃超三異，萬卷胸羅陋五車。最是虚懷能下士，不辭延訪到樵漁。

當湖才子蓉江牧，政事文章兩最優。揮霍簿書還嘯詠，品題花月自春秋。人同阮籍難青眼，老歎馮唐易白頭。我拜先生非拜宰，願從前哲繼風流。

豈因蓴菜動歸心，欲質宗工問賞音。郊外勸農春載酒，庭中息訟夜鳴琴。絳帷愛琢人中玉，廉橐惟餘賦裏金。更願早施霹靂手，掃除鴞鸝慰珍禽。

蔣琬真非百里才，已聞兩地頌蕓萊。新硎澤遍春申浦，舊德聲高古帝臺。先生前任河南陝縣。北墅有言空藝苑，西湖作賦隸天台。所著有《北墅緒言》、《西湖賦》。躋堂願比豳風老，敬上南山酒一杯。

陸明府同朱近庵過訪即事

沙一卿

三逕蓬蒿頗自安，高軒過處暫盤桓。熙朝避世嗤園綺，北墅雄文傲柳韓。豈意干旌來草閣，擬將粗糲薦冰盤。同遊況有朱公叔，車笠還期共歲寒。

壽吳園次太守時以疾失明

沙一卿

一代才名播九州，吳興太守最風流。新詞盡入梨園譜，舊德遥傳蔀屋謳。左史失明垂著述，樂天有子振箕裘。忘年許預耆英會，長擬追陪戲十洲。

和答門人王昌時

沙一卿

老去親知難會聚，星辰況復散殊方。誰能澹泊甘家食，羨爾追隨共故鄉。媿屈烏衣稱弟子，喜同皂帽歷冰霜。春雷啓處交相慰，詩思清如八尺篁。

清涼寺五言絶句

沙一卿

樹静龍俱默，雲深鳥不聞。古碑無一字，吾已悟無文。

觀魚

沙一卿

竟日想無慮，携羣泛碧流。若知池外樂，那得恁優游。

雲亭道中

沙一卿

歲寒羣景儉，日落小山高。欲覓前村醉，雞聲隔樹遥。

雨中寺

沙一卿

鐘聲無形象，風雨不能溼。冒雨過前山，穿雲到幽室。

題扇

沙一卿

老樹罩深溪，大石何磊磊。下有長年人，無言釣秋水。

嚴子陵垂釣圖

沙一卿

二疏辭朝歸，父老爲垂泣。試想披裘翁，高風豈易及。

聞鴈

沙一卿

嘹嚦數聲鴻，淒其墮曉風。樓頭歡會處，聞與不聞同。

半水園

沙一卿

水闊魚吞雲，林深鳥噪月。中有無懷民，披襟坐蘿樾。

春　風

沙一卿

宛轉梅花裏，驅香入座來。顰眉多少事，憑仗一吹開。

憶京邸諸友

沙一卿

良友散四方，縮地苦無術。展書見古人，呼之或可出。

四十客金陵六言十首

沙一卿

冉冉生平歲月，滔滔今古長江。蝶夢依然年少，鳳城洵美他鄉。
春作一犂煙緑，冬收萬頃雲黄。必待功成歸隱，人間有幾張良。
山無險巇易陟，水有漪漣可娱。壯志都消難老，晚年進德能迂。
看花東塢西塢，訪友前村後村。去路春風蘿帶，歸時夜月柴門。
素琴膝上山水，奇字囊中酒錢。經授《春秋》見志，詩成甲子編年。
社酒東醉西醉，漁歌晝聽夜聽。對鏡一頭半白，看山兩眼全青。
伯勞枝上催績，布穀牆頭勸耕。鳥友莫非吾友，絶人豈近人情。
仙人車騎白鶴，隱君鼓吹黄鸝。跨鶴有時相訪，聽鸝不醉無歸。
微言請俟後世，賫志吾憐古人。芝山此日息駕，桃渡何年問津。
男貴不如董賢，女貴不如玉環。不識向平何意，笑看五嶽開顔。

百丈峯七絶

沙一卿

百丈峯高迥絶羣，氤氲俯瞰下方雲。誰云佛語多奇秘，一擊晨鐘萬耳聞。

五　車

沙一卿

五車空詫腹便便，老大猶然困簡編。莫怪蠹魚成脉望，偶然三度食神仙。

岳忠武三首

沙一卿

一夕中原卷戰旂，千秋墓柏挺南枝。當年不遇秦長脚，便是唐家郭子儀。

長風直踏賀蘭山，十二金牌一日頒。豈是權臣能誤國，九重自怕父兄還。
留得丹心照汗青，蒼蒼不祐小朝廷。人如不殺天應殺，五丈原頭墮將星。

寄台臣弟

沙一卿

霪雨連緜正麥秋，他鄉歲月故鄉愁。書來莫道催科事，黑髮於今止半頭。

聞　笳

沙一卿

幾聲譙鼓雜悲笳，不是愁人也憶家。想得江南今夜月，一天秋水浸梅花。

蝸　牛

沙一卿

牛名蝸實已堪憐，抵死緣高欲上天。莫倚有涎能潤壁，生來能得幾多涎。

懷　歸

沙一卿

盟堅緑水鷗全諾，事異朱門燕許還。斗酒雙柑生計好，只憐笙鶴去緱山。謂晉兒。

己巳夏日口占

沙一卿

一枝偃息傍江村，埽地焚香晝掩門。除却讀書無一事，而今方覺此身尊。

新　月　詞調減字木蘭花。

沙一卿

一彎斜掛，天半蛾眉誰解畫。萬里横秋，散與人間無數愁。　三分剩一，爲問素娥何處匿？露白參横，百種人看百樣情。

雨 夜 讀 書調釵頭鳳。

沙一卿

燈昏處，天將曙。濃陰漸露階前樹。顛危愧，興亡淚，一朝丹槧，萬年功罪，睡，睡，睡！
《離騷》句，《南華》注，名垂天壤非身遇。收經笥，删愁思。何煩感慨，不須憔悴。醉，醉，醉！

題澤枯庵調滿江紅。

沙一卿

庵在祝塘萬骨塋上,印白僧收葬。乙酉江陰城守戰骨處也。予有碑文記之。

張許南雷,共成就、睢陽全節。歎公等、匹夫匹婦,轟轟烈烈。唐室江淮空再造,漢家陵寢空淒絶。任斜陽、樵牧弔遺踪,從頭説。　百戰地,心如鐵;三尺塚,骸如雪。笑無情、江水依然潮汐。細草寒煙兒女恨,白虹紫電英雄血。問他年、何以慰芳魂,董狐筆。

醉和東坡赤壁詞調百字令。

沙一卿

繞樹無枝,歎蛟龍、竟久作池中物。徒手君臣三寸舌,撐住東南半壁。火怒烏林,雲蒸夏口,賊骨舖如雪。東風一夜,吹成萬古豪傑。　酒酣拔劍婆娑,野店荒雞,共悲歌齊發。無數新愁,舊恨似、江濤易起難滅。未放歌前,既停杯後,一刻堪華髮。寡情多壽,算來只有明月。

懷歸調高陽臺。

沙一卿

芡實房空,芰荷香老,蟹螯個個添肥。人不歸來,空教菊綻東籬。鷗鄰漁社都堪念,傍江村、幾處柴扉。莫登臺,雲也依稀,樹也依稀。　驚心烏兔分飛,漸金風化臠,玉露成霏。一派砧聲,家家檢點寒衣。客腸此際愁應斷,被鸜哥、冷笑相譏。笑先生終日言歸,甚日真歸?

閨情戲作獨韻調千秋歲引。

沙一卿

今朝説去,明朝説去,誰信道些時真去。簾前紫燕去還來,陌上青驄來又去。魂同去,夢同去,去,去,去。　雲山烟水知何處,郎身盡日經過處,妾心盡日經過處。安知深院寂寥時,不是歌樓歡笑處。相恨處,相思處,處,處,處。

小長至苦寒調滿庭芳。

沙一卿

簾挂虬鬚,地皴龜甲,無風亦自稜稜。秦淮深處,没底一篙冰。翹首羲和不見,難牽挽、萬丈長繩。昏黑也,阿誰同坐,黯黯只孤燈。　相思當此際,新詩莫寄,遠信無憑。奈醉隨漏盡,愁逐寒增。夢向天公陳訴,道蒼生、冷甚難勝。天報道,不須愁歎,明日一陽蒸。

詠　史項羽本紀。

沙　震

重瞳老子不學書，雄心欲學萬人敵。力能扛鼎才過人，吴中賢士羣避席。八千子弟渡江來，竟蕩强秦自霸立。牧羊豎子豈民望，可惜范增奇計拙。項氏世將勢莫當，當年何苦立懷王。陳嬰倚項稱名族，黥布諸將咸來屬。斬通斬義如斬羊，沉船破釜摧秦强。軍中各持三日糧，士心必死勿徬徨。以一當十勇如虎，九戰之功邁千古。楚兵當日冠諸侯，諸將皆從壁上觀。虜王離，燒涉間，轅門衆將膝行前。章邯再拜淚涕漣，二十萬卒何足憐。萬時不數漢沛公，南面只有楚重瞳。鴻門燕上玦三舉，三顧項王默不語。此劍連斬上將頭，何不一試亭長喉。項伯項莊拔劍無，若屬且爲沛公虜。從此楚漢若戰争，宰制王侯徒紛更。棄關中，都彭城，富不歸，如夜行，沐猴而冠真可烹。齊梁反書何足憑，殘滅降卒起田横。精兵三萬擊漢軍，五十六萬喪彭城。倘非大風從北起，圍漢三匝功垂成。數侵甬道絶漢食，請和不行間計入。滎陽圍急紀信出，亞父見疑權稍奪，君王自爲請骸骨。成皋敖倉得復失，高俎太公亦何益。楚漢相持久未決，不殺太公留項伯。杯羹幸分天性滅，誇言鬥智不鬥力。龍且軍既破，彭越復反梁。黥布久已去，淮陰説不降。謹守成皋定梁地，此事猶爲未失計。外黄舍兒能免坑，司馬曹咎輕自棄。歸漢妻子并太公，割分天下鴻溝中。張良陳平首負約，託言虎患遺無窮。漢西楚不西，楚東漢遂東。信越兵皆至，垓下圍數重。四面皆楚歌，夜起飲帳中。慷慨歌數闋，左右莫仰視。虞兮可若何，騅兮奈不逝。潰圍八百人，渡淮百餘騎。陰陵迷失道，田父奉天意。二十八騎分四隊，三馳三勝氣益鋭。會騎三處亡兩騎，斬彼一將一都尉。瞋目一叱辟數里，赤泉人馬倒驚退。三引天亡非戰罪，烏江自刎雄心碎。當時漢王多内愧，異日韓彭應自悔。一時帝王何足貴，千古英雄猶下淚。

後樂堂銘

沙　枚

貧而有骨，老而有節。骨且益堅，節且益潔。守義安命，順帝之則。詔我後人，服膺勿失。

四　箴

沙　枚

心之所鬱，以和解之。氣之所激，以義平之。理之所窮，以情通之。識之所蔽，以古鑑之。念兹釋兹，廸吉於斯。

比干墓

沙　枚

獨夫腥四海，王子惕冰堅。伏泣雙行血，仔肩一綫天。赤心懸皎日，白骨瘞寒泉。馬鬣封無恙，龍鱗節更添。忠魂誰向訴，坏土可長眠。尚有桐宫在，愁雲斷處連。

謁閻陳二公祠

沙　枚

一縷孤臣血，千秋俎豆香。冠裳今禮樂，竹木舊戈槍。百戰誰寒膽，雙忠共熱腸。芙蓉今夜落，柱石一朝傷。青史何曾録，丹心未及彰。從兹新廟貌，瞻拜並睢陽。

秋　懷

沙　枚

秋懷抑何楚，茫茫百端集。秋風颯生寒，秋月淡添白。秋光色漸衰，秋蟲聲亦急。覩此種種秋，如何心弗惻。白首寄四方，積卷曾何益？衹緣餬口艱，未許安家食。相依霜髩妻，終年只數節。兩地各孤眠，寒衾度宵夕。百年餘幾何，常恐遭不測。子孫雖云多，膝下頗難得。對景益愴然，魂夢常嗚咽。秋兮秋兮且莫來，暮雲殘照多消魄。把酒呼朋看菊時，回首春光那堪憶。

辛未二月寄勖四兒繼照

沙　枚

計程廿四日，我兒進北直。鞍馬雖云勞，帝都幸可即。而翁屏南山，屈指不忘刻。車輪滚不停，親腸轉弗息。悠悠白雲牽，渺渺目光極。努力尚加餐，休戀家與室。祖父愛北遊，勞勞至頭白。濡滯待吾兒，享名須勁骨。勿效桃李姿，勉樹松柏節。騰躍出天衢，叨恩宜報國。祖先著作多，盼望後人述。書債倘能償，孝思永堪則。

辛丑五月十五日母誕增感

沙　枚

三年不見母，母誕增我苦。榴花依舊鮮，夜蛙聲更楚。庭前草萋萋，堂上景非古。捧爵進雙親，音容渺多阻。盈盈淚滿襟，徒把雙棺撫。口澤尚依然，慈親可侑妥。我痛誰爲憐，魂愁孰爲吐，蕭然弟與兄，愀愴感風雨。回憶當年觴，躋堂祝壽母。孫男滿膝前，紛紛散時果。今日何伶仃，抑鬱傷肺腑。樂事每不常，一失總莫補。寄語後來人，親年屈指數。乘時盡孝思，斑衣還戲舞。豈不見日暮枝頭一點紅，忽然没入西山土。

十月朔祭始祖

沙　枚

二吴從祀久，錫典肅烝嘗。功德山河遠，春秋雨露長。支分暨陽邑，祭設化成鄉。族姓零丁在，遺容儼抱傷。

癸巳江舟阻雪

沙　枚

雪壓千層浪，風留萬里船。白雲飛故里，歸雁落江邊。茅店雞鳴月，荒村屋斷煙。憑檣一眺望，玉屑徧桑田。

弔海烈婦

沙　枚

一片寒江月，三更野岸舟。千針和血度，萬里任尸浮。心跡誰爲揭，聲名豈欲留。香閨成鐵漢，祠中扁額題云“香閨鐵漢”。海嶽泣霜秋。

庚午秋中别闈號

沙　枚

血戰十五次，埋頭四十年。青衫還是舊，白首不如前。仄號愁伸足，輕囊懶上肩。驅飢更無術，尋夢未能眠。亦感晚成説，終思歸去篇。老來圖適意，那復爲名牽。

自　歎

沙　枚

臨闈十有六，三薦黜孫山。甲辰、壬子、丙辰。白眼看新榜，青山老舊關。敢云肱九折，不覺鬢雙斑。寄語征途子，蹉跎恐後艱。

古　意

沙　枚

香消月冷夜，色減露寒天。孤意憑誰訴，幽芳只自憐。隋宫長鎖柳，吴沼幾開蓮。千古繁華處，哀猿嘯暮煙。

又新樓看竹

沙　枚

尺地三竿竹，環庭四面樓。翠浮摇碧落，風動引箜篌。清韻應消暑，疏枝倍感秋。朱欄頻徙倚，何事羡林丘。

用六兒雪夜讀漢書原韻

沙　枚

黑夜紛飛白，挑燈閲古人。兩雄經百戰，一帝定三秦。亞父功宜録，留侯策倍神。擁爐翻舊卷，寒透不知貧。

送黄文中司鐸金壇

沙　枚

金沙連鐵甕，司鐸振名邦。門下三台拱，齋前五老降。文光騰北闕，化雨灑南江。此地多人傑，陶成定寡雙。

諸葛武侯七律

沙　枚

先主當年叩伏龍，鼎分成算出隆中。魂褫瑜懿非關智，力敵孫曹豈逞雄。拜表欲酬三顧德，出師連喪兩番功。千秋正史還尊漢，誕瑾胡爲業不同。

除夕示及門

沙　枚

孫陽已遇尚蹉跎，舊臘今宵一瞬過。兩岸芙蓉勞夢久，六橋楊柳繫情多。羣材敢詡甄陶力，素志期聞攻錯歌。惆悵知非明歲事，一樽聊共醉顔酡。

九月過雲亭憶前輩七絶

沙　枚

迴峯别見一天秋，古樹蒼茫秀嶺頭。我弔當年張大育，英風披拂未曾收。

看池荷有感

沙　枚

荷花透水紅滿池，栽荷之人勞我思。思之不見淚欲洒，蓮子離離那堪采。

廣福寺聞鐘

沙　枚

大地聲傳百八鐘，婆心一片醒凡庸。豈知覺世翻迷世，唤起愚狂入夢中。

主　　静

沙繼照

主静立人極，萬感從此寂。不睹與不聞，莫入亦莫出。仰参造化機，於穆真堪繹。人身一天地，静專亦静翕。惟静乃生明，惟静斯動直。動極復歸静，太極本無極。人生不解此，何怪汩且没。終身陷牿亡，夜氣胡從息。哀哉平旦時，幾希何處覓。

遊萬壽山步徐中翰原韻

沙繼照

皇家宫闕倚高秋，處處如逢海上樓。立仗仙官何所羨，蓬壺晝永侍宸遊。
湖光澄澈一泓秋，映出行宫五色樓。中有畫船如可渡，瀛洲縹緲共君遊。

破　　硯

沙繼照

磨而不磷器傳神，片石何堪歷刼新。記得墨池龍化去，曾經投筆付荒塵。

破　　簏

沙繼照

藏經貯史亂成堆，黠鼠磨牙暗作傀。只爲多年作遊説，舊編塵鎖未曾開。

破　　帽

沙繼照

頭巾别後换新裝，舊物難抛尚貯箱。一領青衫曾作伴，何年章甫相君王。

破　　床

沙繼照

何須長枕戀牙床，會得羲皇不學莊。破榻久懸誰許下，只因徐穉卧南崗。

破　　屋

沙繼照

一望頹垣不蔽風，穿雲度月四圍空。居然聲出諧金石，不羨章臺與雪宫。

過江西樂平德興萬年三縣

沙芑豐

波清溪淺向西流，一望平濤半石頭。儼似虬龍蟠碧浪，更疑飛虎據青州。竹橋斜插幽廬徑，釣艇横依遠谷湫。只怕高峯當艋立，天晴忽見黑雲浮。

過南京釣魚臺

沙芑豐

石磯横亘卧江邊，波撼瓔瓏映日鮮。楊柳依依無限緑，亭臺樓榭列山前。

婺源領兄柩回籍

沙芑豐

中春十五靈輀駕，設奠同寅禮意隆。若我一人連答拜，忙中易吉謝羣公。

過休寧石隄

沙芑豐

步行石垎三十里，一片生成平若砥。高廣惟有二尺餘，滑如凝脂直如矢。

過吴村古墓

沙芑豐

巨室參差間畫亭，喬松修竹十分青。共傳虎咥吴村祖，半夜夫妻八百丁。徽州歙縣吴村之祖娶妻，甫至夜半，忽聞叩門聲，啓視之，乃虎也，即被害。余過此墓時，其子孫已八百丁矣。

自　笑

沙　圻

屈指吾生六十餘，及門微誚子之迂。冥搜蠹窟鬚全白，細作蠅頭眼半枯。訪友叩門驚犬吠，玩花即席待村沽。最憐吴越山川勝，只守蓬窓看畫圖。

苦病旅邸

沙　圻

老病身誰惜，天涯作故墟。眼前抛骨肉，帳下戀生徒。藥餌憑渠製，酸疼孰我扶。平明千感集，中夜一心孤。餬口終非計，談文亦已疏。餘年還有幾，風雨愛吾廬。

讀文選有感

沙寶田

摛辭敷藻腹便便，鬥靡誇多跨昔賢。草木山川光播地，都城宫闕欲騰天。誰知蜀魏三都賦，不敵豳南二雅篇。天子風流推魏晉，典謨誰續帝王編。

自題六十小像

沙寶田

生長在清溪，趨庭亦耳提。螢窻原我分，雁塔看入題。六代同三學，單身聘四妻。悠悠無限意，都與水流西。

詠庭中三醉花

沙寶田

一醉那堪添兩醉，羨君越醉越鮮妍。老翁酡面今頻減，對此還期醉幾年。

大覺歌

沙永基

孑然而來，脱然而去。無物可貪，無人可顧。只此性靈，物還其故。到此方休，本心乃悟。

年六十吟四時樂

沙永基

六十翁披春風，桃園杏圃任西東。遊人絡繹踏春去，爾乃提壺半醉還蓬宫。
六十翁當暑中，科頭跣足眠喬松。綠陰移處白雲接，不覺一天炎火消長空。
六十翁愛秋容，菊黄三徑芙蓉紅。白衣有酒何須送，看渠抱甕登高踞五峯。
六十翁值冬烘，歲寒松柏圖真容。我生也有不彫在，只須紅爐煖酒還吾童。

偶成

沙永基

一片桃花開處，幾篷漁父歸時。村釀清渾不計，市朝理亂無知。

詠　老

沙永基

年交六十三，閑愁已盡删。劈開盤錯節，斬斷馬猿關。製藥防身病，持杯破老顔。看花攜杖去，訪舊折巾還。幸有圖書積，堪消歲月閒。親朋如惠顧，疏水不須慳。

閒　吟

沙永基

有骨能撑老，無錢不厭貧。啓予完手足，放眼脱荆榛。静裏乾坤大，虚中性命真。後來閒日月，翻似度長春。

久困棘闈

沙永基

勵志文壇老不休，三條燭燼久淹留。明經未拔身隨老，落卷空嗟淚欲流。一領青衫千古恨，半生虀飯百年愁。名心從此余方淡，聊爾消遥到白頭。

登顧山文選樓懷古二首

沙　照

百尺危樓倚碧岑，昭明曾此快登臨。圖書萬卷披吟富，仁孝千秋景仰深。學士碑新摹玉枕，曼陀花發照寒林。虞山更有崇臺古，松柏蕭蕭(瑣)[鎖]暮陰。

不數休文八詠樓，蕭梁《文選》擅風流。人同季子賢聲遠，名壓春申碩望收。天命若教承大統，臺城何事失皇猷。水南題句增惆悵，落照西風總繫愁。

送金宸英之洛陽

沙　照

當年意氣兩相投，今日重來作舊遊。聚首纔傾桑落酒，離羣又上木蘭舟。瀟疎柳色秋風裏，慘淡烟痕古渡頭。渭北江天從此别，心隨帆影到滄洲。

示通兒

沙　照

眼界寬時活潑生，觀摩須以德爲鄰。玉能温潤方稱寶，金要陶鎔始見珍。心上機神常似水，目前花鳥總成春。鳶魚妙理知參否，勤學爲人在一真。

秋日吟雞冠花

沙　照

秋深花事欲闌珊，剩有離奇一簇丹。名借汝南饒逸韵，色分陳寶耐清寒。無聲可起劉琨舞，賈勇常翹仲氏冠。莫道宋窗岑寂甚，曲闌干外鬬霜翰。

新　竹

沙　照

春日淇園長緑筠，漪漪乍見一竿新。風前戛玉聲猶細，月下篩金影未匀。栖鳳自應憐瘦弱，化龍漸覺有精神。他時我欲頻來此，會借清陰避俗塵。

哭輓曹遜齋二兄

沙　照

子敬人琴竟渺然，靈牀獨上淚涓涓。一箱賸稿留兒讀，半世貽謀仗友全。擺脱久明舟壑理，纏緜難忘鶺令篇。鯉魚圖罷西風急，腸斷重題舊賦箋。

送張練江表兄赴宰武昌

沙丙焕

卓然才識早驚人，渴望於今慰楚民。莫爲年衰增感慨，肯教吏治狃因循。生平素擅廉明譽，到處從知惠澤新。績著樊山應在邇，佇聽報最入楓宸。

贈别徐閬賓表甥北上

沙丙焕

迢迢廿載憶何如，喜獲佳音意氣舒。虎榜聲名騰此日，雞窓辛苦想當初。蘭階曾被春風力，楷堂、榮堂受業門下。棘省行看淡墨書。我爲情深愁遠别，泥金帖早寄幽居。

送兄春船入都會試

沙丙焕

庭闈聚首樂天倫，千里遥分在此晨。正值園梅初放候，欣看獨占百花春。

寄兄春船京邸

沙丙焕

一緘珍重等琅玕，報慰椿萱近日安。更喜重闈康且健，榮歸及早慶承歡。

有　感

沙丙焕

歷盡崎嶇受折磨，總緣傲骨惹愁多。畢生志願殊難了，奈我蒼蒼兩鬢何。

示兒榮堂

沙丙焕

光陰迅速逝難追，莫待蹉跎悔已遲。好自栽培承舊德，家聲勿墜慰予思。

先君幼年性耽吟咏，後力任家政，吟箋底草半歸散佚，即偶有遺興之作，亦不自珍惜。今於故紙中檢得此數首，音容已渺，手澤如新，讀之泫然，益增風木之感。榮堂謹識

君山懷古七律

沙　昱

雲中翠岫擁江樓，蔓草荒煙一色秋。野寺松聲連碧浪，孤嵐鴈影落寒流。當年珠履埋幽徑，此日黄花成古丘。惆悵春申君不見，滄波江上動人愁。

書院碧桃

沙　昱

植根幸得傍黌宫，堪喜栽培雨露融。色映湘簾開曉日，光含絳帳醉春風。生香浪溢池邊錦，入夢花添筆底紅。深羨羣英依講席，萬花深處月朦朧。

梧桐月向懷中照

沙　昱

一葉知秋月倍明，枝枝皓魄向懷盈。冷光欲老高岡樹，素色還輸雅士情。穿透千條侵骨瘦，平鋪百尺喜心清。徘徊長步三更後，時有朝陽度鳳聲。

水中雁字五律

沙 昱

雁字驚寒寫,淩空健筆扛。懸針橫碧漢,倒薤浸蒼江。龜體呈雲錦,魚鱗逗畫艭。臨池書渺渺,帶月點雙雙。波静如摹楷,風來似換腔。憑將遠寒意,順水寄南邦。

大 車 行

沙 沂

大車遵古制,致遠本無前。我來長安道,車行日憂煎。塵隨風輪起,泥沙常蔽天。無端驚地震,地轉天亦旋。有時忽雷鳴,擊石聲連連。突焉上高阜,此身竟倒縣。陡然一輪下,如墜百丈淵。崢嶸好頭角,一擊碎難全。時時覺反側,坐卧悉無權。奔馳疑覆轍,僕夫反加鞭。心旌已遥遥,遠道仍緜緜。我思輪輿制,其利溥萬年。樸屬更微至,考工極精研。車鄰與駟鐵,詩美滿詩篇。懸車更束馬,直上太行顛。轍跡遍天下,曷計路萬千。不聞長征苦,我行何不然。一笑匪無故,南人慣乘船。倘可陸資車,丹朱亦何嫌。筮易義勿乘,胡爲不舍旃。請從大夫後,徒行較安便。而無車馬喧,願學陶令賢。

歸田述懷集陶二十六韻

沙 沂

草廬寄窮巷,棲遲固多娱。梅柳夾門植,草木縱横舒。如何舍此去,暫與園田疎。遶宅生蒿蓬,門庭日荒蕪。一朝辭吏歸,投冠旋舊墟。稺子候簷隙,相將還舊居。憶我少壯時,委懷在琴書。羲農去我久,慨然念黄虞。寢跡衡門下,不樂復何如。如何蓬廬士,婉孌憩通衢。柳下遺墟在,東方故址傾。持竿無鼠輩,古堞絶笳聲。二麥郊原秀,雙岐聖瑞呈。太平徵道蕩,行旅頌時清。景物車中樂,風謠馬上成。遥瞻雙鳳闕,敬謁九重城。

秋 夜 五 律

沙 沂

我是悲秋客,中宵倍愴情。窗寒驚月白,夜静怕蟲鳴。弄笛誰家思,敲砧幾處聲。倚欄長仰望,河漢自盈盈。

村 居 集 唐

沙 沂

江村獨歸處杜甫,晚見雁行頻馬戴。流水如有意王維,青山空向人劉長卿。渡頭餘落日王維,澗底束荆薪韋應物。幽意無斷絶綦毋潛,閒依農圃鄰柳宗元。

遣 興

沙 沂

宦海辭三楚，歸田近十年。已看婚嫁畢，應少利名牽。把酒尋花笑，哦詩對月眠。及今身未老，長此樂堯天。

癸亥元旦七律

沙 沂

有生何幸際昌辰，盛世年華此又新。爆竹一聲千户曉，衣冠萬國九重春。城闉處處桃符换，村巷家家柏酒陳。自是屢豐增氣象，普天同作太平民。

北上紀行三十四韻

沙 沂

不識長安道，於今赴玉京。雲山鄉井遠，風物客途驚。揚子春帆穩，邗溝夜月明。杭河經一葦，遵陸便千程。横楫辭南浦，登車咏北征。三條披路廣，九達筮衢亨。緑樹連村合，垂楊夾道生。沙飛迷遠近，塵暗失陰晴。廟古兼天峻，橋長卧地平。酒旗風裏漾，茗舍客來烹。土壁淳哉俗，茅簷蚩者氓。戒期人畢集，鬻市物充盈。馳騁雙輪疾，奔騰萬馬輕。轆聯咨族里，轂擊半簪纓。梓誼誠非泛，萍逢亦有情。停驂常傍午，致館即呼庚。食有無魚嘆，人争爲黍精。朝饔羹一豆，夕脯菜千莖。旅館喧招宿，輿夫促啓行。計程逾百里，有夢只三更。夜柝千巡警，晨雞四境鳴。關山無玉笛，粉黛有銀箏。歌舞村村徧，琵琶處處迎。垂髫能度曲，蓬首亦調笙。來慰征人苦，翻教别緒縈。我行稽古蹟，載道盡碑横。坏土英雄盡，屠沽大將榮。三遷崇廟貌，一宿仰賢名。投耒去學仕，似爲飢所驅。遥遥至南荆，規規一何愚。立善有遺愛，終當歸空無。自古歎行役，關河不可踰。我行豈不遥，戢枻守窮湖。崩浪聒天響，風波阻中途。虚舟縱逸調，登降千里餘。冰炭滿懷抱，臨水愧遊魚。久在樊籠裏，綿綿歸思紆。即日棄其官，終返班生廬。六載去還歸，再喜見友于。杜門不復出，在世無所須。負痾頹簷下，春醪解饑劬。漉我新熟酒，摘我園中蔬。起晚眠常早，客養千金軀。餘榮何足顧，此語真不虚。

登興國寺塔頂放歌

沙 沂

吁嗟乎，欲排閶闔攀虬龍，重黎已絶地天通。神仙隱約滄海東，海門日出無行蹤。今我何爲忽御風，引入青霄第幾重。浮屠七級摩蒼穹，丹甍恍若貫白虹。雲梯百步横長空，削出芙蓉天半中。星河入户光融融，縹笙縹緲聲玲瓏。大江滔滔不可終，令我千里目力窮。吁嗟乎，安得從兹極穹窿，奮飛直入廣寒宫。

古 別 離

沙 沂

君不見，長安道上車馬馳，遊子天涯遠別離。又不見，南浦灘頭春草碧，殷勤折柳送君時。別時只道相離日，夢斷羅浮月落時。荀令香原無俗韻，逋仙清更畏人知。從今只合孤山住，菊淡蘭幽并不思。

訪 菊

沙 沂

何處尋芳晚節黄，扶筇帶雨屐聲忙。立殘荒徑松間雪，踏徧南山籬下霜。境僻雲深那知處，地偏心遠或聞香。彼君子者花中隱，望美人兮天一方。

丙子元旦登黄鶴樓

沙 沂

青蓮擱筆已無詩，好句於今得更遲。鶴去樓頭仙愈杳，笛横江上客誰吹。春帆渺渺渾無際，雲樹悠悠若有思。憑眺自窮千里目，偏驚物候宦遊時。

金陵懷古

沙 沂

金陵自古帝王區，六代豪華氣象殊。兩岸燈船桃葉渡，一樓烟雨莫愁湖。故宫寥落皆秋草，城郭依稀是舊都。回首昔年增浩歎，景陽遺跡半荒蕪。

落 花

沙 沂

尋芳踏徧綺羅叢，無限飄零小苑東。細雨簾垂燈影裏，故園客去鳥聲中。三春艷質原難久，六代繁華總是空。莫怨芳菲摇落早，芙蓉江上晚霞紅。

潘容齋曾起給諫招諸同人讌集梨園小部縱飲追歡賦詩紀盛

沙 沂

江城雅會樂無窮，北海尊應此日空。滿座簪裾任昉宴，一堂絲竹謝家風。飛觴錯落歌聲外，舞袖聯翩燈影中。何幸追陪逢勝餞，敢將作賦繼羣公。

北行道上呈程漱泉壽齡督學

沙　沂

輶軒此日共長征，怪底文星一路明。立雪未曾門下侍，步塵偏許道旁迎。二分月色三春別，千里京華九度行。深感下車先下問，先生忘分我關情。

班馬文章海内驚，木天幾輩孰齊名。滇南玉尺量多士，冀北金針度後生。分隔雲泥增我愧，仰同山斗素心傾。他時開府旌旄建，好聽東廂鼓角聲。

巡　　堤

沙　沂

巡行敢説抱如傷，長吏年來鬢欲霜。萬户田廬誰保障，一江波浪賴堤防。春潮已集哀鳴雁，秋汛仍憂赬尾魴。營築告成還搶險，更勞檢點到垂楊。

莫　愁　湖

沙　沂

烟雨半迷樓，湖光一望收。客愁殊未已，翻作莫愁遊。

繡林野眺六言

沙　沂

江上鶴汀鳧渚，洲中露白蒹蒼。處處半灣流水，家家一樹垂楊。

登七里灘嚴陵釣臺七絶

沙　沂

嚴灘也等渭濱閒，釣罷千秋認水灣。尚父功高君遯跡，聲名一樣滿人間。

之　官　石　首

沙　沂

恩光新沐宦初成，風物從頭問楚荆。報國無如民瘼切，在山我亦一蒼生。

虎　　丘

沙　沂

虎丘峯頂入雲中，地匪清幽築梵宫。悟得色空空是色，何妨佛坐綺羅叢。

生公説法傍山隈，身後常留一講臺。莫笑虎丘山下石，當年盡是點頭來。

戊子述懷

沙 沂

養痾八載托林泉，起廢原應及壯年。天眷許教還舊地，臣心猶是戀歸田。祇因政拙情先怯，敢望身閒職反遷。從此遂初真不悔，《伐檀》終日詠詩篇。

齋中牡丹盛開楚山方丈城見過看花不問主人而去爰咏牡丹即簡方丈

沙 沂

貧官寂處忽繁華，爲有庭開富貴花。醉立春風摛錦繡，艷迎曉日燦雲霞。留賓正好同攜酒，問主何須忽返車。如此名葩肯辜負，還期勝賞樂無涯。

西江道中

沙 沂

西江碧浪鏡光澂，歸路迢迢一葉乘。灘險泉聲飛百道，水清峯影倒千層。田家截溜安雲碓，漁父緣溪布釣罾。楓葉荻花隨處好，秋山兩岸暮煙凝。

石署池荷五言絶句

沙 沂

爲政繕堤防，吾民歌樂只。清操弗染泥，庶對花君子。

和戴容甫登澄江樓望月韻又觀日出韻二律

沙德培

倩他明月好遨遊，縱目登臨一望秋。蜃氣溟濛雲霧濕，蟾光蕩漾海天柔。吼灘雪浪頻吞石，拍岸銀濤欲撼樓。博望仙槎如可借，斗牛咫尺復何憂。

漸見扶桑曙氣蒸，倚樓東望日華昇。蕩開蛟室重光澈，擁起螭車五色凝。紫塞晴空朝霧斂，青齊隱見曉烟澄。登臨雅興良非淺，杖履追陪第一層。

山海關

沙德培

滄桑變幻記傳聞，城上憑臨倚夕曛。此日金風排雁陣，當年玉壘駐燕軍。時移碑卧秦皇井，仙去雲封果老墳。渤海連山資保障，烟霞萬里靄詳氛。

樂壽亭

沙德培

憑臨絶頂最高亭，縱目遥看面面形。隱見帆檣明夕照，奔騰波浪吼雷霆。煙凝成壘無邊紫，山挾長城不斷青。動静果然參造化，却從至理悟心靈。

留别江陵士民四律

沙心培

政拙多慚去後思，深勞父老送旌旗。塵中久自甘腰笏，道左何堪説口碑。祖帳殷勤人盡望，吏能淺薄我猶知。此邦賢令光前史，駑驥無由許並追。

渚宫經歲忝彈冠，望裏心驚七澤寬。但有神功懷息壤，媿無奇策障狂瀾。邑南岸虎渡口臨江，支隄及北岸裏河各隄，皆附近紳民協力修防之助。依巢乳燕聲俱樂，返宅嗸鴻夢亦安。撫字若非資衆力，輇才何以濟艱難。北岸江隄水溢之後，凡權宜急賑及重建育嬰堂，都人士勇於捐助，且相與經理其事，俱臻妥善云。

新成樓勢鬱嵯峨，膏壤回春土脈和。歲滿遽逢瓜代速，秋來應長稻孫多。廨東有觀稼樓，頽廢無存。余爲葺之，甫届落成，即受代矣。招携欄畔春雲侣，次第罇前白雪歌。樓成，諸公題咏甚多。未得巡檐觀納稼，扁舟回首已滄波。

柳色官橋緑漸生，蘭橈欲發不勝情。纔傾岐路金尊酒，便聽高樓玉笛聲。三異豈能符課績，一長差覺在平情。章臺鄂渚遥相憶，兩地愁看夜月明。

同安次香姚石癖喬梓孫也村中表璞如姪登焦山步次香韻

沙心培

萬里洪濤滚滚來，東風復挾暮潮回。波摇倒影金山動，日射平沙鐵甕開。南北江分傷往事，楚吴天塹説英才。千秋功業空流水，不若嚴陵有釣臺。

無數青山過白門，江南惟有此山尊。嵐光秀入瓜州渡，樹影高遮浦口村。薄宦十年成大隱，懷人何處不銷魂。鄉思此日知多少，翦燭篷牕子細論。

和黄巖湯漁村都督攀龍述職回任紀事原韻時予適宰是邑

沙心培

宫衣辭陛馬蹏輕，喜聽郵籤報屢更。虎拜恩承新雨露，鷹揚胄衍舊簪纓。遺碑正切甘棠頌，負弩尤深蔭樾情。何幸栽花依細栁，風清海甸際休明。

春日有事西郊得句

沙心培

繞郭嵐光接水光，四圍花樹正芬芳。多情春色因誰豔，不語青山笑我忙。佩犢風猶存巷陌,維魚象未徧農桑。蒼溪已是經年往,製錦能無愧寸長。

莊居無事感賦

沙　溶

偶因抱病避塵囂,豈意鄉居轉寂寥。目暗反嫌書字小,耳聾惟覺話聲遥。敝廬風雨愁難庇,薄産饔飧敢詡饒。式食不須多且旨,時挑野菜善烹調。

癸丑春避寇於富貝鄉王君宏昌宅時牡丹蕙蘭盛開賦詩誌感用呈主人

沙　溶

名花可惜雨中開,邀賞同遊到翠苔。折得一枝瓶植好,勝如九畹種移來。愛他穠豔如人意,分我光榮儼自栽。曲枕書齋眠借穩,喜今晨夕共追陪。

干戈未净苦無依,老病難堪世事非。我已辭家投樂土,君猶安處在庭闈。野花争發山前滿,勝日尋芳陌上稀。此會欣然緣避寇,半叨福蔭賦旋歸。

西 湖 散 步

沙　溶

湖山如舊我重來,無主林花取次開。梅鶴豈真妻子伴,芝蘭難認友朋栽。詩成唱和須知已,路入崎嶇孰與陪。招得同心賦偕隱,玉泉煮茗共持杯。

竹馬歌十五世雲樓公宰江陵,士民頂帶捧香百十成羣同聲歌頌,另兒童無數執綵傘騎竹馬遮道攀轅。

沙　溶

竹馬歌,哀鴻哭,鴻足匆匆鴻羽肅。公來何暮去何速,爐香卮酒送生佛。
哀鴻哭,竹馬謳,送我公上渚空舟。我公豈忍棄之去,欲行不行心煩憂。
歌聲雜,哭聲多,我公去奈蒼生何?傷心九十九洲水,知是淚雨是恩波。
哭聲悽,歌聲咽,此際公心應如結。誰爲磐石亘長隄,砥柱中流勿使決。
公竟去,民欷歔,語公勿渡姑徐徐。暑雨尚愁岷江水,秋風忍食武昌魚。竹馬歌,歌何如。

花 朝 偶 成

沙雍臯

客中偏是好風光,二六時中九曲腸。十里青山剛去路,一簾芳草又斜陽。花如有恨開何早,春若無情晝底長?説着生辰癡便絶,這番晴雨替商量。

毘陵旅舍晤葉實士

沙雍皋

我鬱相思意,晤君欲一宣。乍逢渾禁語,小坐當奇緣。旅舍悲春盡,綺懷憶少年。依依難遽别,心許易生憐。

潘令中年感,賈生壯志增。腸爲情所斷,才使命能憎。清瘦憐君甚,疏狂嘆我仍。抱懷言不得,各有淚如冰。

月夜度笛

沙雍皋

暮春時節年分驂,細雨飛花總不堪。學得聲聲楊柳調,要吹離恨到江南。

夢難成睡酒難磨,怎遣相思萬斛多。不是五更憑玉笛,今宵奈此月明何?

花影頻移月影微,猶將哀怨(訢)[訴]依依。代他殘夢深更寫,吹得相思滿地飛。

曾記偷聲五月邊,李謨當日正青年。渭城一别匆匆甚,屈指依稀九載前。甲申歲,外祖母命余讀書其宗祠。夏日,有少年陸八元者來祠,善笛,爲余度數闋,今已九年矣。

戊申清明掃墓歸途遇雨

沙　淳

細雨逢佳節,紛紛宿霧横。採蘭思上巳,鬬草憶清明。士女春難踏,王孫馬不行。三間茅屋裏,處處聽鳩聲。

木　天

沙　淳

何處天爲木,繇來翰墨林。宏規唐代創,紫氣歲星臨。宣室徒誇樹,祇園漫布金。才華堪富國,詞賦衆臣欽。

談玄雞

沙　淳

宗氏雞能語,談玄共處宗。司晨應笑鳳,雄辯漫誇龍。法聽千金字,經通五德胸。棲塒安可擬,玉羽降仙蹤。

辛亥春遊懷古偶作

沙　淳

兩袖清風策仗藜，等閒踏遍柳橋西。一番桃李花開盛，客路争妍物我齊。

甲子除夕和定峯韻

張能鱗

一官終歲坐如眠，十載青淄戀醴泉。歷紀上元稱甲子，人當除夕願豐年。長調周鼎宜文火，静理虞琴佐五絃。莫謂昇平無大隱，中天尚自有遺佺。

和定峯城東觀荷二首

張能鱗

十年荏苒滯齊東，聞説芙蕖别樣紅。數朶青錢初夏過，一彎雪藕半秋空。樽開北海青池上，夢憶西湖畫舫中。花事暫供遊客賞，栽培誰識自元公。

淺水栽蓮出水難，分泉每欲借澄湍。清從汶汶淤中出，直愛亭亭雨後看。香入句來凌鮑謝，風行水上見歐韓。名花不逐滄桑改，陵谷徒勞弔景桓。

初夏過九鑪沙山人

季　科

春深芳草暗天涯，結駟聯翩過隱家。野曠清溪浸茆屋，林高劇樹掛藤花。閑盟久廢青山在，芳社重開白日斜。十五年前詩酒伴，雪鷗無恙鬢先華。

秋分前一日訪沙九鑪郊居

季　科

雙輿欵欵度楓林，欲向山家隔竹尋。十里煙嵐迷曉望，四郊雲物結秋陰。筵開小雨還修社，興在臨池可費吟。佳節明朝又看月，北來征雁總關心。

初冬二日同静宜觀訪九鑪

徐　識

小春逢二日，結侣出郊墟。江市初收蟹，霜園晚摘蔬。南山陶令宅，西蜀子雲居。逸興拚沉醉，浮雲任卷舒。

定峯兄過談賦政

王崇簡

鳴鳥嚶嚶送好音，君來掃徑坐疏林。最憐磊落多高致，莫歎飄零負素心。交以文章情自洽，談因山水不妨深。尊中適有新醅熟，翦燭爲聽長短吟。

紫　玉　驄爲門人沙定峯賦。

陸世儀

紫玉驄，才何雄，產自渥洼間，不與凡馬同。一鳴墮地赤光滿，汗血千里追長風。生平不願受羈靮，絶漠荒沙縱奔逸。朝發扶桑夜西極，虎豹見之皆屏息。紫玉驄，真雄才，爾家本龍種，何用隨駑駘。不見天馬行空御雲氣，神龍爲伴蛟爲侶。震雷砰砰電如矢，騰蹈九天作霖雨。

爲定峯題像調寄滿江紅。

陸世儀

七尺昂藏，雙臉際、紫潮初漲。談笑處、雄姿英發，虬髯飄颺。宗慤長風開萬里，李侯奇氣驚千丈。論功名、唾手取封侯，應非妄。　鐵硯損，金門亢。黄卷破，青雲障。歎驊騮、無路可堪凋喪。不畫雲臺麟閣裏，卻圖尺幅單條上。對西風、撚斷數根鬚，空惆悵。

送定峯遊豫兼呈吴梅村

龔鼎孳

其　一

婁東吴祭酒，雲外尺書來。説汝揚雄賦，攜登郭隗臺。藏山名士業，入洛古人才。每見文章進，風簷喜一開。

其　二

高閣斜陽裏，題詩爲送秋。跡奇名姓换，客久雪霜稠。車上推張禄，人間問馬周。因風報舊雨，老懶漸知休。

送定峯道兄南還

沈　荃

流潦行將盡，長河木葉稀。高歌辭帝里，清夢繞柴扉。笳吹千帆下，關山一雁飛。故交看漸少，那得不沾衣。

十載重來此，行歌每斷魂。時瞻雙闕樹，不過五侯門。鴻寶書仍秘，扶風道自尊。蕭然拂衣去,世業在南村。

賦定峯先生

曹國柄

玉波清淺靚荷衣,星聚蓬萊占少微。鸚䲭盃空輸北海,珪璋器重軼南畿。擅塲有句花初綻,報國無才髩已稀。莫道蓴鱸燕薊少,扁舟把臂賦來歸。

題定峯先生大集

吴 綺

相看驚鬢髮,此會足春秋。莫灑憂時淚,中年不任愁。

京國時遭迓,歡塲獨淚痕。只緣慈母老,猶喜故鄉存。八月濤翻海,三秋月塞門。楓林連定麓,攜手白沙邨。

相見歡何極,翻增觸鼻辛。汗青無用物,湖海不貲人。流水新春夢,桃花舊日津。從今聊送老,文采鬬時新。

朅來雲水外,惟爾數能過。嘆息詩書内,遭逢離亂多。聖朝無籍在,後世謂予何? 廣武登臨者,悠悠只放歌。

定峯長兄蜀遊奉懷一律

曹 禾

東堂朋舊半摧頹,講幄欣看綵鷁開。氣鼓湘潭波瀲艷,思横劍閣石崔嵬。探花溪上題箋去,得句簾邊問字來。落月屋梁勞遠夢,唱酬舊徑長青苔。

定峯兄讀書僧舍有贈

徐遵湯

虯盤牙管未焚餘,不是艱難不讀書。竪着脊梁撦世網,倒翻筋斗入僧廬。聲名影裏尋歸宿,湯火池中試禊除。我似盲人堪問道,已知無地可樵漁。

定峯貽詩四韻集句答之

施端教

白雪一聲清晝長許渾,高吟今遇孟襄陽劉兼。客星近入文昌座蕭静,葭露徒懷秋水方徐升。管樂有才終不忝李商隱,(符)[苻]堅投箠甚荒唐杜牧。救時經濟珠藏久于逖,且共賡吟過草堂張文宗。

題定峯小像

陸次雲

席帽山人後，詩人又見君。眼空滄海水，脚踏泰山雲。書自家中著，名爲天下聞。此邦饒傑士，繼起更超羣。

贈定峯

曹　禾

吾子文章聖，云胡羨棘荆。道高同輩忌，骨傲俗人輕。何敢争千古，行當附一程。蟪蛄聲切切，難對鳳凰鳴。

贈定峯

許　覲

巷深門僻可迴車，粉堞翻成碧翠居。箕踞柳陰曾學鍛，從容濠上更觀魚。螺浮遠岫雲侵幔，花發前湖錦壓廬。回首烽烟成小憩，況兼坐擁百城書。

贈定峯

徐　章

征塵暫爾罷巾車，近對南山傍隱居。北路關河驚草木，東隅風景翳禽魚。談經楊子留花塢，問字侯芭過草廬。莫怪晚涼多痛飲，可知下酒有奇書。

寄贈定峯先生

張元昇

蹉跎才已老，摇落鬢成斑。江海空垂釣，丘園只掩關。雄心歸史内，佳句落人間。别後秋風苦，相思寄定山。

追憶沙定峯

張元昇

幾春天末聽鶯聲，銀髮歸來兩鬢生。才藻談能輝列宿，文章力可撼長城。中郎望重憐王粲，北海才高識禰衡。予極承公推奬。惆悵虎賁無覓處，一尊此日淚空横。

奉和定峯城南度夏元韻

朱廷鉉

知津何事更停車，小隱城南當卜居。琴響不驚藏樹鳥，墨香偏飽出遊魚。藤床無暑雲生枕，竹屋如秋月到廬。欲借清風拂苔石，披襟容我讀奇書。

前　　題

陳其雞

天涯遊子老征車，何事城南賦索居。鄰樹幸來飛倦鳥，徽音歡比出聽魚。文章畢竟推前輩，笑語從今托敝廬。烟月滿園殊不惡，囊中剩有古人書。

前　　題

張　拙

大涯遊倦返征車，愛僻來從茂草居。静對山光能悦鳥，閑臨水色不驚魚。清風有意來松徑，皓月多情戀竹廬。咫尺相親誰似我，飽看良友滿床書。

己未夏日江陰旅次承定峯老年翁先生垂顧攜詩文數十卷示教捧讀不已擬作小序贈之促於歸棹賦一律以志意

洪圖光

當代文章起大賢，斗星迴入五雲邊。若非韓柳容誰任，未許鄒枚出爾前。吴楚江山詩即畫，王侯車馬客爲仙。朝廷側席徵修史，中使應將姓氏傳。

奉送定峯先生豫遊

侯　榮

簪盍京華止論文，雄談驚座酒初醺。元龍意氣傾湖海，杜老交情薄雨雲。江上十年思一見，陌頭千里恨離羣。風塵此日誰知己，乍喜逢君又送君。

辛亥立夏日定峯誕辰

曹震坤

上苑鶯啼幾度聽，今攜柑酒醉芳庭。詩因游歷登峯極，學以觀光見典型。龍種一飛先露角，鳳毛羣起效修翎。揮弦正值薰風至，雅稱當筵祝歲星。

辛亥立夏日定峯誕辰

孔興綗

天産奇英列游夏，雄才獵獵名都下。字挾冰霜氣若虹，公卿折節連城價。五年作客遊辟雍，六館如雲樂鼓鐘。文章自可摇山岳，建安鄴下亦庸庸。仰瞻寥廓見鵬翼，以時遵養六月息。濂溪風月賦歸來，一星遥矚輝南極。懸弧好景正春深，穀雨花開堪醉心。主人歡甚酌大斗，相將不惜費長吟。

將之閩中和定峯贈别

張師召

萬叠青山一葉舟，孤雲野鶴兩相猶。君才十倍猶堅卧，我技多窮只浪遊。海氣日騰迷北望，江花初發動人愁。心盟不與鄉音改，海若天涯自唱酬。

送定峯長兄遊河北贈别

陸允繩

蕭寺鐘聲杜曲觴，天涯風雨共聯床。廿年鬢髮相看老，千古襟期不厭狂。自愛奇書探石鼓，争傳樂府唱金梁。平津東閣遲君久，却羨雲山入洛陽。

太行天末隱芙蓉，翠積淇園路幾重。山勢千迴終望嶽，河流百折自朝宗。名賢邑井傳蘧史，謡俗輶車問邶鄘。懷古登臨思倍切，錦囊三尺倚孤筇。

京邸燕集定峯寓齋

毛師柱

繁絃急管對花叢，尊酒何妨日日同。剩有餘香還訪菊，轉因萍合慰飄蓬。清砧月皎疏燈外，白鴈秋殘好句中。醉後莫辭投轄飲，幾人淪落滯江東。

寓邸柬定峯

黄　層

雙扉寂閉小衚衕，聒耳家家鬧晚通。竹榻病除三伏雨，葛衣淒近一秋風。愁深市酒兼旬醉，眼暇奇書徹夜攻。曷可無君高趣在，不時得句報牆東。

家弟鶴尹招陪定老長兄賦贈

王　撰

跂想風流已廿年，忻從傾蓋識名賢。筆峯直欲摇五岳，學海真能注百川。話永清尊塵慮淡，交深縞帶道心堅。揚亭賴有侯芭在，重緝遺編一泫然。謂令師桴亭陸子。

送定峯先生北上

沈受宏

江左登壇第一流，蒼髯如戟紫貂裘。西州記室推孫盛，東漢諸生重賈彪。獻賦十年金馬夢，揺鞭三月白門遊。故人今日高歌罷，繡被春風上鄂舟。

贈　定　峯

陳維寅

天池波浪大江通，崛起文星蓋代雄。蚤以蒐羅窮二酉，幾將談笑動三公。濛濛霧隱山中豹，靄靄雲騰渭水熊。四海論文推博物，延陵千載繼高風。

懷介臣大兄五古二首

賁　琮

不見眼中人，悲歡無一可。步出城西門，夕陽照花朵。前月得君詩，知君念我切。把讀忘夜深，開門一天雪。

定峯枉顧青遇堂即席唱和

吴　寬

别離火已四鑽槐，忽接修髯張緒才。千古疑城言下破，百年孤抱眼前開。風捎簾幙歡方洽，馬滑街亭恨早迴。可有韓山差共語，歲寒心意屬疎梅。

城南精舍次定峯長兄韻

王曜升

清溪一曲抱雲堂，修竹千竿緑映廊。未領上人拈拂意，但聞童子碾茶香。敲窓葉落空山雨，繞砌花明半夜霜。我自風塵倦行役，暫依此地倍清凉。

奉送定峯夫子遊浙中

王永世

少遊荆楚壯遊燕，又向湖中樂晚年。到處逢迎多舊友，無邊名勝待新篇。帆過震澤程三百，酒近餘杭價十千。莫使絳帷遲歲月，諸生早願得師傳。

聞説西湖甲九州，四時歌管不知休。樓頭秦女携箏出，馬上王孫挾彈遊。如此滄洲償夙願，縱然白髮也風流。隨湖更過錢塘渡，又放山陰訪戴舟。

好按輿圖詠禹功，千巖萬壑一囊中。登臨奇句驚山鬼，弔古雄文補化工。秦望峯高攖日角，富春潮滿送風篷。此行莫謂無同調，前有披裘一釣翁。

馬首東歸擬再逢，一堂相對話從容。閒來博局消長晝，興至看山曳短筇。花徑自栽修竹護，鹿門好倩白雲封。從兹儘享林泉樂，莫使人知有卧龍。

送别定峯先生

蔡　泓

鴈聲寂歷過江天，一片歸心滿畫船。擊楫有懷歌白苧，維裝無計醉青田。奇文軼世冰霜淨，古道交人玉石堅。如此忍教千里别，夢隨吴月逐波圓。

戊辰春日曾青藜華商原嚴庶華讌集徐石霞之有鄰堂即席奉呈定峯先生分得歌字

鄧漢儀

十日春寒翦緑莎，喜看霽色媚烟蘿。杜康橋畔誰沽酒，孝穆堂中好放歌。詞賦自推梁苑勝，賓朋較比竹林多。肯辜良會輕言别，轉眼鶯花又逝波。

己酉夏重晤定峯兄次韻

沙鍾珍

山川不見憶人情，瘖瘵依依詣帝城。風度應疑空上國，才華自信薄西京。成均初著千秋業，翰苑將蜚百代名。覯止春明欣晤對，愧無佳句慰心旌。

送别定兄遊豫兼别彦弢

沙可續

天涯倍覺友朋親，況復塤篪倡和人。隨意壺觴皆地主，忘機笑語見天真。談心坐落三更月，屈指重來兩度春。似此雄才應並駕，驚看雁塔姓名新。

讀定峯先生樂府古詩恭和

釋德元

君在南山南，我在北山北。三月同采薇，九月同采菊。相思不得見，耿耿抱幽獨。飛雲從南來，春陽布窮谷。貽我雙瓊瑶，古道照心目。斯道久沉埋，可當壁書讀。

題約泉先生寒江獨釣圖調沁園春。

周季康

萬頃空明,軟絮紛紛,堆梢壓篷。任寒威徹骨,港蘆淒絶,浪花掀艇,好豁心胷。煖閣圍爐,梁園睹賦,笑彼趨炎術太工。今來也,趁一天凉雪,横剪吴淞。　看他裘笠蒙茸,疑合在蓬山頂上逢。胡一竿坐把,一瓶沽滿,嚴灘繫穩,獨對江楓。冷眼斜窺,雄心孤寄,贏得雙鱗信便通。催題筆,早一緘示我,敲碎詩筒。

北行道上步約齋沙明府韻

程壽齡

聯鑣拱北咏遄征,喜遇牟尼照乘明。桑梓怏聞停轍問,芝蘭竊幸望塵迎。木天老我簪毫侍,花縣看君展足行。鄉誼迴殊萍誼泛,斯文同氣況情深。

獎飾瑶章寵若驚,英姿見面勝聞名。我慚腹稿車中覓,君富心花馬上生。旅舍自知疎李報,宦途共勉矢葵傾。他年若遂同舟願,好逐棠陰和頌聲。

題約齋先生愛吾廬詩草三首

李兆洛

一庭清露引新桐,把卷閒吟緑影中。盡得風流在何處,天工本是不求工。

消遣流光聊乞禄,破除鞅掌只吟詩。且欣松菊歸來早,風月無邊任總持。

争門孰與共騷壇,白雪從來屬和難。可惜鍾期遽仙去,洋洋流水爲誰彈。鍾期指繆薇,初玉銘有評句。

約齋大兄示詩稿題和

周仲簡

長袖偏教舞早停,歸田正及大參齡。明季,連江參政年三十六致仕。賢勞可信官無謗,恬退還看室有銘。幸托比鄰時顧我,坐觀碁局本忘形。廓然胸次知何似,雲淨天闊月蒲庭。

贈約齋先生歸田四首

徐燮鈞

報最何曾減壯圖,季鷹端不爲蓴鱸。歸裝有石傳清節,暮夜無金識故吾。三徑且尋陶令宅,四時還乞賀監湖。黄紬客我酣眠熟,尚憶應官況瘁無。

陡折江流繞堞隍,頻年辛苦費宣防。桃花春漲朝營築,瓠子秋風夜促裝。百堵已安中澤雁,千塍都種召公棠。然明德政知多少,最是金堤惠澤長。

羽檄朝飛夕戒裝,單車火速赴淮揚。溧山衆煦驕成□,負瀑河流怒莫當。柔轡自能綱惡馬，長堤並可駕□艎。七千里外經年役，敢説賢勞鬢欲蒼。

健翮摩霄忽倦飛，故園花發好遄歸。最難青髩辭榮早，尚惜丹忱有願違。不第劉蕡還獻策，去官疏受已忘機。何時栗里重相訪，樽酒同攜話鱖肥。

（清沙曷纂修《［江蘇江陰］暨陽沙氏宗譜》　清敦德堂木活字本）

貝氏宗譜

介菴貝公配王太君九十壽徵詩文啟

佚　名

蓋聞得地長生，妃月映海蟾之彩；後天不老，婺星分南極之輝。桃熟瑶池，恰到三千之候；蓮開玉井，恒騰十丈之芬。標靈異於琅函，丹臺注籍；炳懿徽於寶牒，銀管蜚鋕。易還含貞，并爲女子之舍；淨明忠孝，即是神仙之宗。俾爾大年，受兹介福。

恭惟貝壽母王太君鄉飲介賓，播天先生之德配，上舍照生、鴻文兩年世兄之尊慈也。門高茂苑，族望瑯琊。父文學無懷翁，傳(清)[青]箱之世業，家本烏衣；母張碩人，慕椎髻之閨風，室如鴻案。太君生承規矩，幼備德容。婉(免)[娩]不懈於組紃，敬共無違於盥漱。廼以中郎之女，相從謝韞之姑。深院攤書，雙推博士；瑣牕刺繡，并譽鍼神。太君幼與叔祖漆園翁女蔣太夫人同堂肄業，即迪甫太史祖母。及笄有行，曰嬪於貝。時則介賓，材儲楨幹，器蘊璠璵。蔭藉未衰，卓爾清江之後裔；伶仃初立，傫然儒士之孤兒。舅開仲公明崇禎時禮部儒士，殁京師。姑程撫孤成立。太君利以女貞，成其家節。甫辭宗室，惟虔棗栗之脩；纔遠姆師，益潔蘋蘩之奠。永懷君舅，敬事孀姑。星爛天東，早結問安之巾帨；露零堂北，未迴視寢之履綦。量寒燠之宜，關心縫紉；調滑甘之奉，洗手膳飧。辛勤井臼之操，黽勉虀鹽之蓄。蓋慈闈凜嚴霜之性，譬喬松之覆蔦蘿；而賢父承愛日之歡，猶天木之勝梁棟。是以介賓有曾參嚙指之應，有子春傷足之憂。跡其母子之間，良獲友賓之助。若乃淑身婏德，景行寫心。楚來妻之賢明，遺榮若浼；羊琇母之識鑒，料事如神。加以地道含宏，天懷易直。叶珩璜於行步，石可玉攻；和琴瑟於坐彈，弦兼韋佩。井井篋囊之目，綱則有條；恢恢江海之襟，容而不溢。介賓雞鳴相儆，鴻漸用儀。陳仲弓每化薄夫，鄉閭無怨；衛叔寶寧於非意，喜愠不形。列孔氏之四科，德居於首；興周官之六行，孝最爲先。作我嘉賓，釐爾女士。固宜笙簧交洽，歌太平醉飽之詩；几杖就加，享皇極壽康之福。洎乎夫子考終正寢，太君晝哭帷堂。謚易其名，不改黔婁之正；誄成於手，親知展季之賢。凡送往而事居，悉竭情而盡慎。若夫婦人之義，常内夫家；女子之行，必遠父母。況年逼既衰之景，乃宗無爲後之人。割宅延迎，分甘奉養。有館甥之爲主，忘生女之非男。斯又立愛自親，永言維則者也。太和醖釀，實凝茀禄之基；至德充盈，大著蕃昌之報。箕裘不墜，川流之慶方來；堂構重新，山嶽之光自遠。太君身有食子，膝惟弄孫。舒化日於階除，蘭枝載衍；拂光風於户宇，蔗境彌甘。易爻元吉之占，祥由視履；雅祝無疆之什，壽必期頤。兹者序届一陽，齡登九秩。葭灰欲動，瓊閨添線日之輝；鐘律初還，緹室麗書雲之色。雪銜梅蕊，映萱樹以俱榮；春轉柳條，依松寒而永茂。斑斕綵服，無非地行之仙；綽約朱顔，定有凌霞之客。酌砂泉於廖井，不覺延年；承菊水於酈溪，自然還少。

猗歟盛世，覯此瑞人！伏願藝苑宗工，詞壇名宿，運雕龍之妙手，揚抆清喬；施繡虎之文心，發皇彤管。丹青琬琰，竚裁黄絹於行間，咳吐珠璣；競譜白華於字裏。稱斯仁孝，繪子政之新圖；紀此壽昌，嗣魯侯之舊頌。將見玉山曲宴，萬里賡戴勝之謡；小有靈音，諸天和雲璈之奏。謹啟。

貝藻菴公茂才小像記

姜在臣

娱山子之爲人恂恂自好，無近世浮夸態，蓋古誼質直人也。當舞勺之年從余游，晦明風雨，商榷典型，相與辨古今，析疑義，亹亹不倦。每見余有所著述，即手録而吟詠之，蓋喜予之學近古而非今也。嘗酒後耳熱，撫膺而謂予曰："士生斯世，必揚眉唾氣，悉酬素志，終當爲赤游可耳！豈能呢喈慄斯，從齷齪兒手中討生活耶？"因感慨悲歌而不自止。以故，雖弱冠游庠，恒潦倒青襟中，不屑趨鶩縈名也。素善病，常閉户静攝，益肆力古文詩詞，兼及子史醫卜諸書，靡不通曉。然視其外貌，則簡默寧静，若木雞然。每一援筆，千言立就，博洽淹雅，不蹈恒轍。其詩文俱從性情中出，而警策不凡。余故樂觀之，亦以其學之近古而非今也。性喜友，故交友之情甚真；喜酒，故飲酒之興甚豪。尤酣愛山水，故山水之盟甚篤，以此自號爲娱山子。戊寅秋仲，與余煮茗劇談，刻燭吟詠，出小像索余題句。余覽之，見其丰姿秀削，清逸不羣，卓然有特立獨行之概。因謂之曰："貌固昂藏，年甫强仕。眼空斯世，自命不小。負此學力，濟以經術，必能爲天下不可少之人，立吾人三不朽之業。是可決於子之學，亦可決於子之貌也。娱山子，其勉旃乎哉！"

貝藻菴公像贊

朱　斌

謹行謹言，極孝極友，一鄉善譽，吴中望舊。千頃汪波，咸仰德厚；三峽泉源，匪哆辨口。然亦談言微中，如魯仲(達)〔連〕之爲人解煩理劇，而釋紛者之赳赳；又如淳于髡之詼諧善飲，而一石亦醉者先以一斗。更喜其唾棄糟粕，目擊道存，品行卓犖，清風兩袖；即今之方袍博冠，輕描淡抹，朗朗如玉山上行，而丰姿挺秀。我儀其人，文學簇簇，阮眼青，王頭黑，止在筆鋒上争出一段奕奕風度。殊識其真面目與操守，已盡脱乎少年佳公子五陵裘馬之華胄。且其馳情於螢窗雪案，儼如沈腰之消瘦。將與昔賢之茶竈竹牀、約巾車、供笑傲、搜奇探奥者并垂不朽。

貝藻菴公像題詩

朱　曦

舞雩歸詠坐春風，儒服儒冠百歲同。眼前妙理都領契，循環天地待無窮。

貝藻菴公像題詩

湯　師

吴中才子挹餘芳，落落詞華獨擅長。何事今朝成默坐，恐驚鬼膽斂文光。

貝藻菴公像題詩

孫 鈞

傾心原夙昔，名下恐多虛。自我共晨夕，知君逼古初。俗情胥屏絶，豪氣亦湔除。當代豈無士，清真獨有餘。

青峰高莫測，擬是舊稱巫。大雅中恒足，疎狂半點無。類與風雲會，性同松石孤。屈伸惟自樂，誰識不凡夫？

曾讀君文字，層層若有神。胸中豫其富，腕下豈憂貧。稟賦皆由命，遭逢莫責人。陶然忘世外，樂道不圖伸。

不逐紅塵擾，偏能別築廬。留賓嘗藜藿，共客讀奇書。座上香不斷，罇中酒有餘。遠紹羲皇侶，高車莫教如。

窮途雖共歷，自管足稱佳。書不拘秦漢，人還慕葛懷。炎涼忘世態，風雨耐空齋。欲作空山隱，何妨寡所諧。

貝藻菴公像跋

貝孟墉

道光十三年九月初十日秋，祭先節孝祠。大房瑞初叔敬持先世遺像三軸，藏之祠後邀青閣上。一即是幅藻菴公，名鑒，爲瑞初叔之曾祖。一殿仙公像，公名紹灝，爲瑞初叔之伯祖。一尹東公像，公名林桂，爲瑞初叔之伯。命墉記數言於此幅，以備後日有考，并録家譜内。小傳一通。清河四房潛谷公支四世從孫孟墉謹跋。

潛谷貝君小像卷題辭圖繪唐人詩意“閒看兒童捉柳花”。

徐葆光

近代往往喜繪其顔形者，何也？曰：“將以傳後也。”然則人之傳果在此乎？其不在此乎？無可傳而繪，雖繪猶不繪也。有可傳而繪，斯真繪矣！閒嘗考古之人，子子而稱純孝者有之；弟弟而稱因心者有之；敦本支，給窘窮，瘞暴骸，恤寡稚，廣福田者有之；素履豐豫，絶去矜奢，行誼紹前烈，名聲著鄉閭者有之。惜乎！余第知古人之傳名與行，而不獲覩古人之遺容而親炙之也。今貝君潛谷余之同學也，自羈宦京師，音問日益暌闊。乾隆二年冬，余老且病，給假歸里。未幾，潛谷辱存問，并出其小影爲之請。竊見圖中嬉嬉若孫兒輩覓花趁蝶，老子於是顧而色喜者。蓋由道義藴於中而天機發於外，故能自樂其樂而人罕知其所以樂也。夷考其生平：子子而純孝若是；弟弟而因心若是；敦本支，給窘窮，瘞暴骸，恤寡稚，廣福田若是；素履豐豫，絶去矜奢，而行誼紹前烈，名聲著鄉閭又盡若是。若是，則古之人何患不相及耶？去冬十月朔，君應鄉飲舉，太守白親涖其事。賢有司真能以義得人，而應之者果能名副其實，且又繼先人之賓筵，兩世得以膺盛典，輝宗祚如君者，後雖欲不傳，其可得乎？繪與不繪又無論已！余慨習俗之澆漓久矣，兹覩君之貌，憶君宿昔之行事，予雖負疴，不得不亟道其所爲，爲吾鄉僞采淫泰、離本而徼末者取法焉！

潛谷貝君小像跋

虞景星

雍正辛亥，余謫居平江時，過從同門老友徐澂齋老先生二友軒，因晤其同學貝潛谷先生。挹其言論丰采，温温藹藹，有古君子風，遂訂交焉。後徐公入都，離索之思與潛翁共相慰藉，屈指交情已踰八載。熟悉其樂善好施，兼備六行。吾門長已詳言之，何待更贅！壬子冬，恭逢憲皇帝下舉孝廉方正之詔。適吾同年王虛舟老友至金閶，謂余曰："聖朝曠典，宜乎慎重。名實相符，無如潛谷。"可見當代名人之賞識大約畧同。余因毅然居之，而輿情亦翕然悦服，而翁則卑以自牧，辭之者三。此真七松六逸中之謙尊而光者耶！余決意推奬，僅受鄉飲嘉賓之薦。《詩》曰："既見君子，我懷如何。"《書》曰："作賓王家，永世無窮。"貝君有焉！今展玩君照，如坐春風，如飲醕酒，一種孝友睦婣任恤之高風厚誼，不啻於卷中遇之。而丹青妙手不惟肖其形，肖其神，抑且肖其品，肖其心。余爲之狂喜稱絶，而書此數語以附青雲之士，而施之後世焉。

潛谷貝君小像跋

沈德潛

潛谷貝先生命周君方懷寫圖，惟肖也。因古人有"閑看兒童捉柳花"句，并屬補成之。余惟天下之物有動有静，有虛有實。動静不能相兼，虛實每難相生。而柳花之爲質動而能静，静而仍動，質處於實，形鄰於虛。周子所謂動而無動、静而無静者耶？《尸子》所謂"潛虛栖真，復還於虛"者耶？當其因風乍起，飄揚無定，而兒童之無心者乘其無定而撲捉之，此皆天趣游行。不關人事，而性情之至静涵虛者，乃相遇於微渺之間。潛谷以此寫圖，其寄興也遠矣！潛谷事親孝，接物誠，抱經濟才，温温不試。年既老，望重邦國，膺賓筵憲乞之典，可謂名與實副。而潛谷謙抑彌深，欿然若不自足也。非進於道者，其孰能之？因題照而并及其生平如此，誌予傾倒之忱匪一日云。

潛谷貝君小像跋

王縈世

潛谷先生，孝子也，悌弟也。其品概行誼久著鄉邦，心竊慕之。迨後得親炙，而真誠古樸爲今人中罕(親)〔覯〕。闊絶數餘年，嚮往之私未嘗一日少弛。丁巳歲，先生爲余援引館於城西，常造廬請謁。周旋晉接間，温恭和藹，風度令人可挹。雖翔步謦欬，皆徵有德有道之符。門庭雍睦，嘉氣襲人，知積厚者，光自流也。今披此圖，先生之形果似，而先生之神更似。不寧惟是，先生之性情心術亦無不似此。殆所謂繪水繪聲者耶！同郡薦紳先達偕諸名流輩，各裁巨製，以詠歌先生。體雖不一，而道揚讚頌先生之品概行誼者若出一口。且能核其實以譽之，非過其情以諛之。予何言！予惟撫掌點首，謂丹青手妙矣！道揚讚頌先生者誠信而有徵矣！託先生厚愛，聊贅數語，以誌"高山仰止，景行行止"云爾。

題濳谷貝君小像詩

李 果

濳谷老人海鶴姿，高懷磊落人清奇。一丘一壑性所愛，幼輿位置毋乃宜。暮春三月日遲遲，柳花無際漫空飛。不見穠桃與豔李，兒童亂撲相娛嬉。天機流行致足樂，寓目不覺情爲怡。君昔觀碑游太學，邦伯分刺需蹇帷。板輿侍母行花下，三公不易承歡時。母年九十乃棄養，春霜秋露頻含悲。伯兄温恭篤友愛，田荊姜被風堪追。平生結納具遠識，鴻漸鳳舉心相知。黄金萬鎰不足重，意氣一合山可移。慷慨自得魯連意，顧視瑣屑真庸兒。聖人臨御貴養老，屈指耆德無異辭。尊公六行夙所重，賓筵重舉君繼之。令子瑩瑩如片玉，諸孫矯矯皆龍彪。雲霄奮迅在咫尺，會排閶闔凌天墀。優游晚景如啖蔗，無事抱膝還吟詩。東皋虚舟輒相訪，醉把健筆盤蛟螭。眼前上□□□□，脩齡定見躋期頤。昨日長康爲寫照，展圖使我生遐思。何當騎鹿躡君後，更入商山尋金芝。

題濳谷貝君小像詩

姚許壽

汝南之枝今虎頭，懷瑜握瑾人難求。德容妙手一朝遇，運管若與神相謀。宛然坐向春風裏，丰采奕奕明雙眸。伊何人斯貝夫子，兼優六行無能儔。北堂九十盡孺慕，生養葬祭無少媮。有兄七旬猶矍爍，愛敬式好情何周。鄉黨頌德姻婭悦，疏遠亦得相綢繆。聲名藉藉聞大吏，賓筵競薦光皇猷。高懷偏覓閒中樂，笑看垂柳舒芳柔。柳花飄易有風舞，兒童争逐還傍搜。天機活潑於此見，憑將詩料囊中收。我觀此圖深仰羡，雅意豈是常人流。欲尋周生更泚筆，寫我作伴同君游。

題濳谷貝君小像詩

吕 華

生平締交固不鮮，如君敦厚誠無多。慈親耄耋盡色養，天倫昆季春風和。經綸夙昔抱大志，胸襟直欲吞長河。濟人已飢猶己溺，交朋勉勵同琢磨。閑情逸興託尊酒，坐花對月時高歌。賢名顯著重鄉黨，五更三老非君何？鬚眉尺幅表精采，陽春新調紛吟哦。柳花飄拂動怡悦，兒童追逐看婆娑。慚予巴人添一語，考槃相挈棲巖阿。

題濳谷貝君小像詩

黄子雲

濳谷先生嶀村叟，少而姻婭長爲友。經過晨夕娱文酒，不覺追隨共黄耇。計君年長十八九，問我良工今有否。欲使顔形記前後，五年一繪作關紐。丁巳之歲季春首，兔毫特授汝南手。須臾點漆雙睛黝，更綴顛毛白雪厚。老氣盎盎臨軒牖，南山兀立蒼松秀。誰知墨妙筆如帚，拂簷掃出千條柳。柳花亂撲春風走，上薄晴空下林藪。賺得兒孫笑開口，馳逐中庭左或右。頓跌不顧父母憂，玉腕高擎白於藕。空天引領芒芒守，老子爲之延佇久。回憶童年此興有，果知匠心有所取。蘸碧塗黄各不苟，光風駘蕩鶯初教。邀予記取月日某，放筆狂吟不辭醜。即此便作千金壽，君須酌我酒一斗，五年一題不相負。

題潛谷貝君小像詩

張 崧

憶昔移居離苕霅，故人不得相周旋。蘇臺近邁與君友，情好真摯意纏綿。從此晨夕屢經過，氣誼陳雷膠漆堅。況君鶴鳴喜在陰，天籟逸響散林泉。父兮高唱紫芝什，予也朗誦白華篇。高風亮節動刺史，鄉飲父子列賓筵。君年花甲已踰六，精神强健勝芳年。今觀此圖更壯麗，樓臺層疊護雲煙。雙童跳躍折楊枝，綵衣斑爛差比肩。君也顧之殊色喜，崢嶸頭角堪承先。富貴浮雲甘肥遯，葛洪鮑靚同成仙。戀君一步一攜手，賦詩金石聊相宣。

題潛谷貝君小像詩

沈志祖

春景何駘宕，春花復娟妍。石磴紆曲徑，清溪抱晴川。幽人寂無事，對此可忘年。不受世網羈，聊以全吾天。兒童臨水嬉，意致殊褊褼。坐觀亦復佳，託興在林泉。人生行樂耳，君意更灑然。

題潛谷貝君小像詩和黄野鴻韻。

朱 斌

余生踽踽爲書負，清河潛谷周旋久。手提畫卷乞余言，濯濯丰姿儼臨牖。欣瞻妙繪逞遠思，楊柳青青環座右。長髯豐頤與俗殊，温潤其質如春柳。仙耶人耶無可分，今我漫識長髯叟。辭嚴義正古而奥，待後承先謹自守。矯矯孝弟如古人，鄉里觀感羣獎誘。聲稱藉藉廟堂聞，鄉賢薦飲誠不謬。紵袍矍爍爲寫照，萬條舒緑呈窈糾。生憎柳絮白如綿，孃孃晴空灑林藪。幾同白鶴共翺翔，宛若游龍低舞袖。箇箇斑衣學兒戲，雙雙微笑拈花手。想見張緒少年姿，還期柳汁染衣綬。撚鬚延佇忘甲子，道心間與逸人耦。高風凜然當世賢，掃盡塵埃離塵垢。且應長嘯柳花圖，翠柏蒼松同壽者。

題潛谷貝君小像詩和黄野鴻韻。

蔣恭棐

昔我白頭老祖母，早年有姪閨中友。十三于歸作健婦，相莊鴻案賓筵叟。吾家中落飄摇久，每羨德門餘慶厚。諸郎玉粒芝蘭秀，其季潛谷尤大受。温潤而澤圭璋剖，入室孝弟輕進取。旦旦上堂具粢糗，呼兒汲泉妻舉臼。一室融怡笑開口，棲遲自可衡門守。再拜阿母欣無負，鶴髮華筵登秩九。弟兄侍立皆黄耇，凱風寒泉思怮怮。外家凋謝知存否？快見吾翁如見舅。歲時起居互爲壽，薄俗乾餱或愆咎。即此風義殊不苟，睦婣任卹徧閭右。周官六行身具有，博士薦書咸肯首。鄉飲延致酌大斗，顏形屬我紀子丑。誰與爲此非俗手，屹然蒼松俯培塿。坐看兒童戲花柳，吾詩附人希不朽，聊溯親串悉前後。

題潛谷貝君小像詩

顧文炯

頻年羈跡胥江曲，低回俯仰間彳亍。索居抱膝苦離羣，殷勤文酒怡潛谷。潛谷先生老中表，由來過從情敨篤。健筆縱横少壯雄，氣似湘蘭神似玉。我舅星溪江夏公，東床笑坦羲之腹。聯茵接席誼更親，況同里閈文徵逐。如駛流光四十年，扶危卹乏維風俗。羨君霜鬢已抱孫，上堂嬉戲斑斕服。羨君談笑擕老兄，彈棋烹茗頭顱禿。羨君門閭日寖昌，朝夕温恭卑自牧。羨君習静擯濃華，琴書左右呼醽醁。山塘夜月鄧尉楳，香清几棐東籬菊。時榮久謝掃輕塵，春秋翔步相連屬。義深仁普振鄉邦，賓從喧闐滿華屋。聞君被命滋益恭，傴僂辭讓容可掬。賓筵再世世豔稱，澄懷淡淡非其欲。心情高寄門前柳，絲絲垂柳摇窗緑。柳絮隨風西復東，亂點青苔兒共撲。當前物序成真趣，從容胸次忘寒燠。展圖見志非等閑，春風童冠差堪續。

（《[江蘇吴縣]吴中貝氏家譜》 1939 年承訓義莊石印本）

邱氏宗譜

定風波十詞詠園中之景，信筆不工，聊以遣興。

邱　汲

文　雅

一點閒愁不到眉，每逢好景便吟詩。暇日相從文字飲，與客，携壺適意更圍碁。　絶口不談當世事，清風明月最相宜。自去自來還自樂，瀟洒，襟懷料得少人知。

求　志

不爲輕肥要進身，世人未解識吾心。謾仕皆緣思報上，將謂，貪榮不肯學淵明。　富貴浮雲非我有，良辰美景却關情。洗盡塵襟多少事，一壑、一邱自足過餘生。

芳　錦

葉嫩枝疎别一般，未臨霜月已凋殘。到得春來猶未發，直待，清和滿樹始斑斑。　萬緑枝頭裝綴巧，芳心密蹙絳羅單。濃艷燒空渾似錦，宜向，雨晴時節倚蘭干。

冰　壺

一段清水不染塵，天教分付與閒人。世上風波何用説，洗耳，時聽簷外百禽聲。　池面新荷初映水，窺魚鴦鷺兩忘情。老去壺中真得趣，清淨，身心更待月華明。

涉　趣

五畝春風事事幽，海棠睡足似嬌羞。檜塔桂香相映帶，深窈，芳溪日日自來遊。　不用笙歌喧晝景，閑看蜂蝶爲花留。獨坐無言心自喜，時序，相催生意幾曾休。

融　春

抖擻吟懷臺上看，四山景物入毫端。不特春濃花木好，梅訊，浮香月夕可憑欄。　壘土更須高百尺，風光清絶離塵寰。極目江頭千古浪，要見，波濤勢接北溟寬。

梅　臺

小小臺邊幾樹梅，却非人力腈栽培。葉密枝交元自好，可愛，清陰滿地暎蒼苔。　到得粉裳初縞夜，凝眸渾訝雪成堆。花底玲瓏宜吸月，未信，孤山此景可徘徊。

百　杏

行遍園林小徑斜,紛紛紅紫任交加。對植疎篁依立石,結箇,茅亭小景也堪誇。　　滿架清香添玉蘂,品題來自衛公家。好與荼蘼爲伴侶,時人,不識疑道是梅花。

藥　欄

天賦芳姿軋萬株,栽培得法沁春腴。堪笑園丁渾不解,只比,羣花都不費耘鉏。　　紛白宫黄何處也,捻紅嬌紫亦全無。觸目雕欄堆紛纈,可惜,奇芬瘦損混榛蕪。

拙　逸

不向長安看好花,却栽桃樹競春華。地僻人稀成小隱,垂柳,陰陰葉暗可藏鴉。　　百拙自憐非世用,且圖安逸樂無涯。樽酒莫辭花下飲,落魄,情懷不醉不歸家。

嘯　翁　詞并序

邱　汲

士生斯世,修身成名,不負所學。昔人所謂虎嘯而風行者,遇時也。若夫進不見用於世,退不求譽於人,雖未及耄而已有無能爲之誚矣。所謂東皐舒嘯、抱膝長嘯者,不遇也。愚謂遇不遇有命焉,不可强而致也。隨時窮通付之一嘯,故自號曰"嘯翁"也。嘯翁之意不在窮通,在乎舒暢懷抱耳。因歌成《八聲甘州》。

問嘯翁底事歸來早,肯作掃花遊。任情懷冷落,一塵不受,偏愛清幽。自有園林五畝,草木已綢繆。極目君峯近,俯瞰江流。　　不必東臯登眺,且尋芳擇勝,苦爲詩留。更從容抱膝,萬事付休休!嘆人生、何時自足,但隨緣、行樂儘優游。誰似我、相忘名利,一嘯何愁!

因兄桂陽公花園有作

邱　汲

吾兄愛作藏春塢,亭館池臺無俗情。長抱玉琴石上鼓,每携竹杖月中行。千年老鶴迎人舞,七尾靈龜出水鳴。獨樂不聞司馬後,幾番重見芰荷生。

八　幻　詩

邱　鞏

蓮　蓬　人

自是青蓮影化身,碧筒醉倒自稱臣。一塵不染真君子,三寸無多僞小人。茂叔看來疑亦愛,西施採去定生嗔。君王昨夜空房宿,怪爾花魂不識春。

桃猢猻

此兒聞説已三偷，偷得仙根可似不？有質豈緣君子化，無冠空學楚人囚。雕虫巧借猿呈技，鑽核何勞李代投。欲向桃源尋舊侶，巴西幾處覔封侯。

蟹和尚

烈火湯中多難多，本來面目一頭陀。色聲久已隨形滅，香味而今總刹那。黄甲逃禪羞説法，無腸降伏近云何。老僧到處偏饒舌，一陣腥風撲鼻過。

鮝頭鶴

堪笑魚頭妄自尊，官非參政竟乘軒。豈因胎化還留骨，似得仙緣故返魂。旦望西山真有味，暮歸華表獨無言。腰纏倘上楊州去，涸轍頻呼幸一援。

石獅子

白澤何年傍户留，雄威坐鎮幾春秋。漫誇搏象須全力，且共蟠螭作戲游。翁仲乍看疑伏虎，兒童習見效騎牛。河東舊日曾傳吼，踞地無言只點頭。

紙老虎

洛陽忽訝都於菟，管裡窺來宛不殊。馮婦遥看應攘臂，楊香望見誤攫鬚。毛將焉附原無鞟，變未成文但有軀。世上如君强半是，横行何處辨真誣。

泥美人

風流一捏小蠻腰，飛燕啣泥和粉描。默默無言情似冷，如如不動韵偏饒。懶窺菱鏡容疑减，怕浴蘭湯質旋消。寄語蛾眉休見妬，長年虚度可憐宵。

木皂隸

當年作俑始何人，盡道西班多誤身。莫怪奸胥時弄假，由來傀儡本非真。放衙獨立空餘影，退食羞歸豈爲貧。不笑不言還不取，蒼鷹一見恐生嗔。

五色詩

邱振鷺

青

雨過山排闥，春深草入簾。箱傳王氏學，牙插鄴侯籤。照讀藜然閣，承恩帳給縑。纈袍宫柳染，玉案篆香添。白眼誰相對，蒼髭只獨拈。無錢非學士，萬選復何嫌。

黄

日下臺初築，雲邊榜乍標。河流方滚滚，木葉正蕭蕭。九日銘傳菊，三元頌獻椒。書思瞻象笏,换酒解金貂。官額新粧漢,花王舊數姚。雙柑攜柳外,洗耳聽鶯嬌。

赤

記曲人拈豆,談經幔隔紗。袖曾誇柿葉,裙解妬榴花。鸚䳇餘香粒,珊瑚吐秀芽。雲霞着處處,燈火望家家。楓落秋光老,鵑啼月影斜。童顔如可駐,物外采丹砂。

白

院落梨花月,庭吹柳絮風。鷗盟尋舍北,蝶粉褪牆東。筆滌冰甌裏,詩吟閬苑中。春來鴻踏雪,客到鶴闡籠。何處人如玉,相看氣似虹。抽黄偏解對,應不讓宗工。

黑

草玄方閉閣,潑墨正臨池。月落樓頭暗,雲歸洞口迷。成廬呼五木,對鏡畫雙眉。端冕垂旒日,緇衣面壁時。簾闉通燕羽,几在憶烏皮。爲語王家椽,搔頭莫嘆遲。

勸 忍 歌

邱祖聖

吾人於世,惟有忍之一字終身行之不盡。故夫子有云:“仁者其言也訒。”又曰:“小不忍則亂大謀。”然則人之不可不忍也。嘗試歌之曰:忍字面目小,刃心作用大。人若稍忽之,嘻笑成怒駡。忍則言語謹,忍則行無失。忍則利可趨,忍則害不及。忍則能隱惡,忍則善必揚。忍則人無怨,忍則弱反强。圖榮須忍辱,忍屈可求伸。忍固可立命,忍亦可修身。胯下若不忍,何能興漢家。行成若不忍,胡以報夫差? 父子不能忍,必乖天性恩。兄弟不能忍,必傷同氣情。夫婦若不忍,必失倡隨義。朋友若不忍,難永金蘭契。不忍於里鄰,失此相助親。不忍於族黨,是伐一本根。忍受無量福,不忍種禍機。予雖非會忍,殊無不忍非。

學忍子祖聖自述。

有 感 歌

佚 名

吾願深山結廬好,傍松友柏鄰瑶草。岸栽五柳學陶公,沼種千蓮仝茂老。閑棹扁舟伴水鷗,勿留荆棘蘭交好。甘吾淡泊矢無求,任彼金珠多有斗。入世不如出世高,濁歡未若清煩惱。詩書不貴世情羶,衫履弗修容貌槁。但我本來自有真,奚當漫聽人顛倒。因思高卧且加餐,深去山中居趁早。

憲章氏述懷古風。

味 澹 説

邱 静

丁卯之歲,館居江濱。族中譜事告成,譜師索余行署。余轉懇芳之楊老先生,兼求其號。

菊月重九，先生携諸同志登高臨水，過余齋而問焉。少頃，出行畧授余，號曰“味澹子”。余曰：“人之咀嚼，必待調齊，入於脣吻，然後可味。至若澹者，啜焉漱焉，若吸風飲泉，雖已下嚥，而莫辨也。先生味澹之號，必有深意存焉者，請畢其説，以爲終身味。”先生遂誦曰：“厥有一物，生天地先，主宰人物，萬化出焉。代明日月，流峙山川。飛潛動植，發育兩間。存中藴内，純粹虚通。不偏不倚，至正大公。推乎其前，弗究厥始；推乎其後，莫知厥終。桀紂非嗇，堯舜非豐。全爲聖賢，失爲狂蒙。是爲古今之會，事物之宗。故舜禹之精一執中，所以執乎此也。湯武之建中建極，所以建乎此也。周公之思兼三王，思乎此也。孔子之一以貫之，貫乎此也。詩書易禮之所載，載乎此也。洙泗濂洛之所明，明乎此也。子誠味乎？此涵養本原，刮垢磨光，性真皎然。存天理於流行之際，遏人欲於未萌之先。自强不息，終日乾乾。苟無二以無雜，可希聖以希賢。此冲澹之極致，而莫有出乎其前者也！子所以欲味以終身者，其在兹乎！”余聞其説，勃然改容，避席踧踖而前，曰：“先生所謂味，誠天真之澹者也。至矣，盡矣，其靡有加矣！斯固小子之所願聞者也。小子端居守道，存心養性以事天，猶懼坐井未明。今得聞先生，啟蔽焕然，若執熱而濯我以清冷也。謹再拜稽首以爲終身味。”

澹子静自述。

（邱昌禮主修、姚錦枝編輯《[浙江潤州]邱氏族譜》 民國二年木活字本）

邵氏宗譜

廬墓記事

邵士遴

嘗記叔匡泰語遴曰:"吾人立身第一。每見世間子弟好街市風習,凌厲嬉戲,無復人意。彼自以爲能,吾以爲辱及父母也。爾其戒之!"特以爲偶然言耳。及觀其生平所爲,無不與斯言相符者。是時,叔年方弱冠,叔祖父鎮侯公及叔祖母蔣俱無恙。鎮侯公嚴甚,叔追隨左右,以恭謹爲先。鎮侯公以其多能也,每以事遣,叔則無不躍然而趨事。或遇怒,則屈膝待責,及怒息,而趨事如故。少而然,長無不然,總之其事親無失禮云。後鎮侯公疾,叔延醫療治,不愈,遂夙夜憂懼,衣不解帶,夜不内寢,刲股嘗糞,禱之于天。而疾遂愈,年至七十有二而終,人以爲孝感所致。當鎮侯公没,叔卜地於室之東偏,即結廬墓側,欲遂三年之報。居數旬,母憐之,禁之而止。叔之事母也,禮儀必恭,志意必謹。母性嗜酒,每晨必親進酒,飲食必先母而後食。又母老,必爲之親滌溺器。至朝夕定省之禮,他人所視爲漠然者,叔必凜然爲之而未嘗少懈也。一日,母命諸媳事不就,母怒,叔即屈膝母前,請責。母撻之,指其婦曰:"此皆汝婦之不賢使然也。"少頃曰:"婦能默受吾言,吾無惡於汝婦矣。"後,婦之事姑頗謹,至今以孝稱。自鎮侯公没後,叔祖母蔣孀居二十餘載,而叔之事母爲里中籍籍稱賞。不幸於丁未之二月七日終,年八十有二。叔痛悼之餘,即遷鎮侯公柩合葬先人墓側,結廬其旁,孑身獨宿。居月餘,有巨蛇擄其牀,而林中鬼語時嚶咿有聲,而叔之意不迷也。晝則出作,夜則入宿,而以其餘哀發之詩歌。非其性有過人而能若是與!里中兆東黄先生,盛德君子也,偕其友潘君履謙欲白其事於縣。而叔泣止之曰:"吾其以父母沽名耶?且吾又安能孝也,特以吾父母之畜吾兄弟,其苦有過於他人之父母者,而吾之爲此,亦稍盡其志耳,何云孝爲?"叔之不畏艱,不沽名,志行卓卓,雖使古人復起,恐無有過之者。此皆遴之所歷歷親見者也。今兹春莫,服當除,會有人又欲白其事於當道,因爲之述其梗概如此,且使爲子弟者知以辱及父母爲戒。

姪士遴謹識。

玉樹草堂文集序

蔣　亨

景康邵先生與予先父爲同硯交。方予總角時,先生結社爲文,與予先父届月面課。先生英異出羣,稱畏友焉。先生性穎敏,心思才力較勝先父,而又沉静端凝,不輕言,不苟笑,故其發之楮墨間者,抑皆見性之言,絶無半點浮囂氣習。至今讀先生文,清新秀麗,如玉如金,當不終爲廣陵散矣。先生困童子試幾四十餘年,然執意甚堅,口不絶吟,手不釋卷。至以遇知因培李太宗師補邑庠弟子員，其年既邁。是歲乾隆二十年乙亥也。先是，先生苦志芸窻，積年不售，曾決兆于少保忠肅。于公夢見鳳仙花三朵，卜者謂此乃秋色，當晚就耳。先生初猶未信，數年之後，再決以籤，其詩句亦與前相符，始知天之所以危其身者，安知非天之所以老其才歟！抑有志竟成，讀書稽古之報，神終不予欺也耶？說者雖謂一衿小就，然視吾先父之兀兀終年而一無所遇者，其爲窮通得喪，又何如哉？今先生有手録遺編數百首，名曰《玉樹草堂》。恐其散軼，聊節其一二尤者附諸家乘，俾後人無忘先生惓惓積學之雅意云爾。

乾隆歲次巳亥清和上浣，眷世姪蔣亨頓首拜草。

讀楊忠愍公集

邵東木

楊公千載一人傑，報國忠君肝膽冽。百折不撓天地清，一腔正氣乾坤裂。死生不計心如石，利害渾忘身似鐵。偶讀遺編歌泣生，至今魂魄如何烈。

玉樹草堂歌

邵東木

滆子湖邊一草堂，亭前玉樹甚芬芳。論文常把《春秋》讀，學武還將韜略商。新得相知盈色喜，偶聞孤雁斷情腸。平生性拙顛將醉，此外紅塵那不忘。

春殘夜閨怨

邵東木

此癸酉春莊撫臺觀風題也，限"幽遊樓秋籌"。内藏一官名，一地名，一戲名，一女名，一鳥名，一花名，一藥，一曲牌名。

其一

獨抱琵琶春恨幽，戲名。卻憐夫壻夜郎遊。地名。樂昌比節松筠操，女名。司馬才如五鳳樓。官名。清夜杏花殘落處，花名。曉窓孤燕獨歸秋。鳥名。鷓鴣啼罷淚痕濕，曲牌名。何處萩萱妄自愁。藥名。

其二

蘭閨春盡思方幽，藥名。望斷長安壻遠遊。地名。司馬題詩懷漢室，官名。琵琶獨抱舊秦樓。戲名。雁書誰寄天涯路，鳥名。棠棣徒嗟地角秋。花名。念及王孫哀不盡，曲牌名。女嬃長夜自尋籌。女名。

解愁一首

邵東木

幸得爲男子，丈夫氣有餘。窮通付天地，卓犖觀羣書。

復愁二首

邵東木

人情多反覆，雲雨片時生。友道惟金重，無錢然諾輕。

好鳥彈清調，羣鴉又亂音。紛紛衆聲雜，用是亦愁吟。

贈叔匡泰廬墓

邵東木

築室空林思極哀，攀枝傍晚向蘿臺。乾坤有意雷偏震，草木無情花自開。月夜未能相笑語，夢魂惟有共徘徊。墓前老栢鮮人否，華表他年鶴一來。

偶憶九逵

邵東木

相別無多日，懷深似有年。伯鍾久不作，管鮑復當前。園内三熊出，湖邊二鳳眠。交情無背義，難與外人言。

感遇有懷李白

邵東木

顛狂真足哀，世盡忌長才。欲殺李生衆，至今令我悲。

湯用三詩序

邵東木

蓋聞屈原作賦，開千古之詞宗；蘇武吟詩，爲百年之騷祖。子建七步成章，才思敏捷；少陵五車盡讀，學問淵深。元白齊名，李杜並美。自古既多雕龍繡虎之章，至今不乏繡口錦心之士。吾友湯子用三，抱八斗之才，竭二酉之學。遇草木而流連，每誇韻事；對昆蟲而感慨，獨擅風壇。把酒寫懷，發豪情於字裏；拈花賦志，含逸興於句中。登彭澤之堂，奪隴西之筆。鄭圃芳花，吐於言下；漆園麗蝶，舞於行間。歌聲振木，不啻昔日之秦謳；遺響繞樑，何異當年之韓咏。固已令聞者心驚，讀者神動矣。某也忝同益社，愧列下風。亦常執筆塗鴉，難免鉛華之色；何能得心應手，别傳冰玉之神。然謝眺驚人之句，何日忘之；李白啼鬼之詞，心乎愛矣！足下擊鉢成章，非江花入夢，安得易幾？記珠讀古，必劉校燃藜，始能及是。聊陳鄙語，漫辱鴻文。

硯弟邵東木景康氏書於玉樹草堂。

跋東木邵先生文集後

湯宅俊

時文之盛，自昭代迄今，可謂極矣！學人殫智畢力於其中，一如唐人之於詩。庸庸者即歸於澌盡，其傑出者則精英之氣終有不可泯没者存焉。嘗試論之，凡文之高下，一隨其人之性情，故觀文可以知其人，而見其人亦可以知其文也。雖然，人以三寸之管、一縷心思，而能蟠天際地，窮極萬物情狀，發揮聖賢精藴，非學識兼至，涵養功深，則其紕繆立見。文洵不易哉！東木邵君生于湖濱，世守農業。君獨秀出，沉潛六籍，貫穿百家，至老猶手不釋卷。所作時文幾二百餘首，皆風度端凝，氣骨清挺，外寬和而内精悍，如君之爲人也。有言以蔽之，所謂端莊雜流麗、剛健含婀娜者，蓋庶幾焉。君爲人，言必忠信，行必篤敬，孝友著乎家庭，古誼孚於朋友，無纖毫柔媚態。望之藹然，即之温温，而是非可否之在心者屹乎不可動。顧嫉惡太甚，與世齟齬。游庠未幾，即抑鬱以没。惜哉！惜哉！余與君總角交，稱畏友。又居相近，與君相知爲深。君既歿，令嗣右廷裒其遺文眎余，囑余爲之序。余於君文見之久矣，至是益見所未見，更嘆其才思之敏捷，學力之日新，因告右廷曰："此先正典型也。今不可多得矣。"自吾宜文風甲於江左，康熙、雍正時特盛。與君同時者，無論其他，同里則有吴泊村、王棣園、蔣廷璧、黄中林、周鯤扶諸先生，皆風流人豪，君實步武其後。今諸先生文膾炙人口，則君文亦必不至湮没。然吾聞草茅之士以文問世，殊難，以文傳世尤難。雖以卓然可傳之文，苟非科甲之藉，與有力者之推挽，則不易以傳。自古佳文之埋没者不知凡幾，安在後世必有識者，即能收而貴之也哉。惟是，藏於家而俟有識者，其遇不遇、傳不傳，天也！若以余言弁其首，則不足以重君而適以累君。何也？余非文學中人，又無勢力可推挽，於君所謂草芥之賤微，將使覽者見余言而目笑存之，而并以輕君之文未可知矣！無已，則姑跋君之文，質於域外有識之士，求其定論焉，庶乎其可乎？

時乾隆己卯仲冬下浣之吉，社弟湯宅俊頓首拜書。

書廬墓記事後

黄　棟

廬墓之事，先儒所不許也。蓋以先王立中制節，定爲喪禮，而未言及此。誠以孝子之於親情無盡，而義有所止，不使其有或過焉耳。惟《大易》之文有云："喪過乎哀。"則廬墓之事亦在過於哀之例而已。夫當世降風漓，有三年之喪，而無一日之戚。而有能過於哀者，斯其意不已善歟！且夫觀人於三代以下，亦論其意而已。意有是有非，有真有僞。其過於哀者，其可謂之非耶？意既是而無非，而能不憚艱苦而爲之。至於感動物類，使枯竹生光而夜照，虺蛇與伍而不傷，鬼物相親而無害，鄉隣共美而不居，斯其意可不謂真歟？昔郭巨埋兒之事，前人嘗有議之者，而終不没於傳記。豈非以其意之真歟？今以匡泰之事擬之，其又何如耶？先聖言，觀過可以知仁。今匡泰之廬墓不必諱言其過，而其意寧非君子之所樂觀？且聖門高弟尚有爲短喪之説者，使得此意，又寧有是哉！

乾隆七年三月十三日，里人黄棟率筆書。

亮竹記

周大鈞

亮竹者，九苞里匡泰邵公廬墓所致也。匡泰廬母墓三年，届二十七月，服滿之期爲雍正七年四月。同里組右王先生、兆東黄先生倡其鄉鄰具文請旌。督撫令縣公先給匾示奬，准其題奏，而匡泰具呈懇辭，事遂中寢。其年七月，亮竹生。亮竹者，蓋墓旁多竹，其新篁之枯者，皆炯炯有光，如飯瓜梗之囊螢，黑夜愈亮，熒熒若螢火之點空。星稀月没，雨驟風號，時掩映于憂惶哭泣中也。

余嘗論，孟宗哭竹而笋生，王祥卧冰而鯉躍：皆天之特表其異以彰孝行也。世人于妻子無不竭其誠，于父母則罕致力者。或且厭惡之，甚者忤逆之。其忤逆之甚者，風雷水火天必特顯其奇報以示儆。則孝順之至者，自必破常格以旌異之。不如是，人且謂造物無知，神鬼不靈，而物類亦冥頑不可化矣！精誠可貫金石，中孚可格豚魚，又何疑！亮竹之爲孝思所感格乎哉！抑又聞之當時，遠近宣傳，觀者如市。半月後，漸爲童子盡折以去。其家置諸家堂及竈上，仍亮二三夜，否者即暗。豈神靈式憑耶？抑精氣所凝結可尊而不可褻耶？吾不得而知。特是匡泰三年泣血哀思，出入于凄風苦雨、蟲蟻蛇蝎之中，而有懷不寐，中夜耿耿，有如此竹者。天故特表其心，以明示遠近，是又不在尋常報應中矣。聞其廬墓時，雖當遠出，或遇風雨，子夜必歸。或深夜猶聞誦經聲。夏則蚊蟻攢膚，冬則冰霜慘裂，曾弗少輟。嘗一日篝燈造廬，有巨羊當道，叱之，徐起去。心異而目送之，適有從此道提燈至者，詢以羊，無見也。又一日，就寢席間，窣窣有聲，及旦視之，大蛇蟠于枕側。其他狐兔出没，神鬼嘯號，一切可駭可愕事，淡然安之。而心凝神結，伴孤坟而寂守，思泉下而痛心。三年血淚，真有樹爲枯而竹爲斑者，而又甘心韜晦。宜乎天鑒其誠，而有亮竹之異也。

嗚呼！觀于此者，孝弟之心可以油然生矣。予生也晚，於時尚在幼冲，未獲親覩其事。今所傳者聞諸公冢嗣岷南翁暨冢孫慶餘。蓋公之孫子振振，以耕以讀，天必將昌大厥後矣！乾隆己亥仲春既望，霞邨廩膳生眷晚姪周大鈞拜誌。

古體一首并序

王承寵

余于又七月初三日自館歸里中。父老皆言邵君匡泰廬墓之處枯竹生光，幾及半月。遠近觀者如堵，至黄昏夜静，墓上之行踪滿矣。予不勝駭異，遂宿于友人館中，至夜往觀，不復見，心甚怏怏。頃之，有幼童攜尺許一株示余。曰："此昨所折，今猶有光也。"細觀之，果爾。燦爛光明，皓皓可愛，宛如孩子取飯瓜梗置螢火于内者然。玩之久，驚異特甚。因思邵君之孝誠能格乎天心者也，故物呈其瑞而枯竹生輝。豈非千古僅見者哉！因賦以誌其事。

人生有百行，惟孝爲至大。試看古今來，能者有幾箇。大舜耕歷山，象鳥來隴間。至誠感天地，後世誰敢攀。厥後有王祥，繼母愛魚湯。卧冰雙鯉躍，千載姓名香。孝哉有孟宗，哭竹笋生冬。持歸作羹食，此行誰與同？凡此何足奇，唯誠能格之。可以貫金石，草木亦有知。美哉邵氏子，誠孝無可比！廬墓伴親魂，三年猶未已。一念感上蒼，萬物獻其祥。古樹添新意，枯竹夜生光。遠近不勝訝，傳聞非是假。觀者甚紛紛，半月無虚夜。可恨無知兒，毁折非所宜。直至五更後，光輝散滿枝。余親覩其狀，徘徊壟墓上。愛慕積心胸，至今嘗景仰。

題匡泰邵君廬墓之作二首

潘　巖

半畝荒墳積,依稀一徑存。鳥烏常守塚,霹靂不驚魂。古木添新意,啼眶復舊痕。紛紛毛裹愛,過此獨堪論。

罔極誰能報,如君廬獨存。何緣仍繞膝,是處欲招魂。地僻風難静,林多月有痕。素冠今庶見,此禮可重論。

題廬墓五章

凌昀五

哀亭日夜痛心關,目斷雲飛墟墓間。縱欲招魂何處是? 知君獨自淚潸潸。
春來到處試新粧,滿眼繁華君斷腸。惨卧月明花影下,慈風飄渺最堪傷。
白楊衰草盡成哀,孝子從今哭夜臺。惆悵北邙無限意,風風雨雨爲誰來?
猿叫三山月滿天,孤坟猶是對親眠。只今回首斑衣舞,零落殘燈倍黯然。
春風拂拂露瀼瀼,對墓無聲欲斷腸。痛惜長眠呼不起,夜寒何處問温涼!

過邵君廬墓處感而賦此一首

凌雲鴻

廬墓今人棄如土,君獨情真志復古。哀至無心出自然,旁人安得知其故。憶昔嬰孩親膝旁,提攜乳哺多憂惶。即使盛壯或他適,倚門倚閭猶相望。只今長卧蒼苔圃,凄風薄暮催零雨。塚邊草木爲含愁,幽篁枯死靈光吐。結伴孤燈影復清,月冷霜寒淚不禁。廻看送葬皆兒女,歸來諧笑誠何心。似兹輕薄紛紛是,浩歎素冠終古今。

廬墓詞五首贈邵子匡泰

錢　振

蕭蕭風木動餘哀,孝子思親守夜臺。枕塊寢苫揮涕處,一輪明月映蒿萊。
幽篁深處結茅廬,秉燭中宵讀梵書。三載墓旁酬罔極,熙朝純孝有誰如?
蓼莪詩咏親恩重,也只諄諄未養生。惟有博陵廬墓者,秋霜春雨倍含情。
夢回荒壠月三更,壓被修蛇總不驚。物類也知君盡孝,故來高塚夜相偵。
黄昏風雨滿郊坰,號泣焚香坐草亭。只爲至誠能感格,苑邊枯竹燦如螢。

瑞竹歌爲邵君岷南先尊人賦并序

王　式

邵君岷南姻黨中爲至契,蓋純樸人也。其先尊人匡泰公,諱志珪,力行孝道,備歷艱辛。母喪廬墓，曾致亮竹之異。時郡縣爲具申督學及藩司，欲題奏予旌，公堅辭而中寢。邑中諸前輩咸爲作詩歌敘紀以羨其事。岷南彙成一帙，而庋之其家。間出以相示，因漫書數語，題曰《瑞竹歌》而綴諸簡末焉。

吾聞九苞之羽名鳳凰，非梧弗棲，非竹弗翔。不知何歲年，乃集濱湖萬二鄉。里人爰以顏其里，將毋此地多篔簹？千竿萬竿矗如穗，邵氏先塋獨稱瑞。既非闕實如卵，又非因鳳來萃，獨瑞此塋有何義？憶昔雍正丁未間，邵公匡泰丁母艱。靈輀夙駕此塋上，公亦移苫來倚傍。罔羊怪鴟故相擾，木魅花妖兀相向。朝復朝兮暮復暮，舊竹斑斑淚痕污。歲更歲兮年更年，新篁箇箇指痕穿。遮莫傷心到行路，不奈我公了不顧。任他攔阻有親朋，不奈我公百不從。直待精誠貫雙曜，琅玕一夜生光耀。亮節耿如鑒寸衷，虛心炯若融道妙。是時觀者途路填，但聞嘆息聲喧闐。君不見祥松與瑞芝，迸生荀氏徐氏之墓田。至孝古來多感召，今人差較古人賢。吾皇孝治初臨宁，《事實》親編爲製序。我作此歌望採風，採入二百餘人卷筴中。

書邵子匡泰廬墓詩集後

湯宅揆

廬墓刲股，非古也，然世有爲之者，法令卒不能禁。蓋哀痛迫切之誠有所不能自已，何有於身家性命死生存亡哉！此鬼神相之，祖宗鑒之，而凡有愛親之心者莫不因之以感動，倘所謂秉夷好德者歟？而卒不能間執求全者之口，或以而沽名，或以爲矯僞。嗚呼！不能自致其情，而反訾人之致情，亦已過矣！且人即釣名，寧至以身家狥人也？吾邑自堵牧游公墓居虞山之麓，聞者興起，至今日而此風泯矣。匡泰邵君，處士也。至性所激，嘗以父疾割股，母喪廬墓三年。有目之爲孝，則恧焉不自安。鄉里慕義者請于有司，冀得旌典，君聞而力辭，蹙然若無地自容，人咸憐其誠，事乃已。既而廬墓之側凡新竹之枯者，忽每夜生光，耿耿達旦，如瓜梗之囊螢，夜明晝熄。於是遠近喧傳，來觀者日夜不絕。如是經月，人皆曰至孝格天。君乃撤廬而歸，復其常所。當時邑中文人學士情不能已，相率爲歌詩以頌其事，以爲君之行卓矣。此君仲子岷南所以得之而成是集也。君雖不習舉業，然好讀古人書。遇忠孝大節事，輒反覆不能休。于古人格言，則津津爲人談不置。處家以儉約，接人以寬和。督子弟讀書孜孜，日不暇給。延致老師宿儒，雖破產勿恤。噫！君之志又遠矣。此文學之人所以喜與君遊也。余偉夫君之行，庶幾振頹風而挽末俗。諸先生之詩可以傳世而行遠，不敢佛頭着糞。亦姑附數言，使異議者憬然而有悟焉。

乾隆庚辰嘉平月，同里晚學湯宅揆頓首拜撰。

邵孝子詩文遺事序

楊丹桂

蓋聞仁孝之事，聖賢盡其全體，愚夫婦盡其一節。一節亦全體之所分，即一節之見端，徵全體之流露。總之，一誠焉盡之矣。誠至格天，誠能動物。當其堅忍紆鬱，至性孤行，務適乎心之所安。迨心事表暴行道，泫然有流涕者，而天地鬼神、風雲草木亦且休徵叠至，彰其孝思。猗歟，偉哉！千載不磨已！

我邑九苞里邵公匡泰，諱志珪，孝子也。孝子當雍正間，父病，嘗糞刲股。母没，廬墓三年。

里中父老相與請旌。孝子泣謝，事遂中寢。已而，冢竹爍爍有光，遠近異之。後孝子卒于乾隆壬戌，迄今壬子，近五十年矣。予少時聞其事，志欲訪孝子家世。盡取邑中前輩所爲詩、古文辭及請旌狀，究其詳實，爲一言以附諸文人後，冀孝子之事廣其傳。乃今幸于其冢孫慶餘先生得之。慶餘持己古樸，接物安和，舊嘗識之。好讀書，治古文，羣從多賢。長而同居，望而知爲孝子後也。近教授趙氏，去余南宅不一里。嘗數數過其學舍，詢廬墓事，事甚悉。一日，過予南宅，持同邑近著詩文一帙，囑予爲文以光大之。予瞿然曰："孝子之道自能久也！奚藉瑣瑣者爲？且諸前輩生與孝子近世，目見耳聞，其所著述有以張大之矣。"雖然，事有一二人知之，而欷歔感激者，不如廣之十數人；十數人知之，而流連嚮慕者，更不如廣之千萬人。由鄉國而遞推類于無窮，各盡其仁，各全其孝，而貫徹以一誠，此父子定而天下化之旨也。若是，予不可以默。且予少時志也。予見世之論者謂廬墓割股，非先王中制，是固拘牽文義，以忮嫉爲心，而妄有所短長。否則謂破常格，希寵榮，要譽于鄉黨朋友，此尤意氣虚憍、用心詐僞者之論，要皆未識夫孝子之誠仁誠孝也。夫孝子生長農家，未嫻典訓，于古人無所仿傚，而至性懇諄，孝思淳實。方其伏墓哀號，成人孺慕，不失赤子之心。歷寒暑，犯霜露，荊榛灌莽，凶妖鬼魅，試諸艱辛，而孝子毫無顧藉。風凄雨驟，坦然枕塊，三載于兹。此豈前有師于已事，後有覬于方來，博一聲施驚愚飾智也哉！迨至操行貞篤，心事光明，當道請旌，具呈懇謝，未幾墓竹瑩然，芒光遠近，殆所謂格天動物，上下神祇，昭布森列，隱鑒其誠，而顯呈其瑞者歟？予特爲序言以附諸詩文後，復作詩十有六韻，綴諸篇末，以藏笥篋，以廣傳流。既時時用以自警，且使讀是文者，其于仁孝之事庶幾有所感發而興起焉。其詩曰：

有唐董生垂聲久，生祥下瑞及雞狗。宋世郎中朱壽昌，刺血寫經晚奉母。貴賤夸奪終一邱，積誠動物斯不朽。韓公蘇公大手筆，仁孝争傳百世後。猗歟我邑邵孝子，予生恨晚嘗搔首。讀其遺事爲嗟咨，時輩詩文不去口。廬墓三載至性殊，當道請旌謝不受。方其哀號苦凶時，蚊虵蚋妖風雨吼。罔兩百怪何凄其，一枕安恬獨謹守。冢間瑞竹炯有光，徹夜喧闐競奔走。由來純孝感天和，神鬼百靈彰顯厚。詩歌紀述警後來，孝弟油然豁矇瞍。嗟余有筆苦低摧，盛事驚呼欲父手。惜哉昌黎東坡死，雄文彈壓無其偶。坐使幽潛光弗耀，埋没埃壒同敝帚。會逢有道銘太常，萬古斯文齊岣嶁。

贈邵君岷南截句八首并序

王　式

自有虞氏紀綱羣倫，而別族以九，敷教以五，於是乎親朋往來之事緣以生焉。親也，朋也，是合以人也，非天也。雖然，世宙邈矣，六合遥矣，芸生淆矣。今于茫茫塵界中，而别一人焉，曰此吾之戚屬也，朋友也，是則非强爲者也。又於往還過從之内而別一人焉，曰此吾之友朋而戚屬也，戚屬而友朋也，是尤非强爲也。蓋亦有天者存焉。

滆水鄉邵君岷南，號玉峯，于余爲甲乙之友。彈指間，幾廿閲歲于兹矣。乾隆甲申新正之月，余以拜節客岳氏蔣處。邵爲岳氏宅相，一晤甚歡，有如舊識，若弗以尋常姻戚視者。自是余往來岳氏，必兼過岷南氏。每過，輒數晨夕焉。或踰時不一見，未嘗能釋然于懷也。一日，余以事將遽歸，慮此君且以投轄困我，乃迂道疾趨。路沿河岸，驀有短衫草帽者從岸下叢茅中頎然出，方錯愕間，則岷南其人也。把手大噱，復被拉一醉云。邵爲人貌極諄謹，動止舒徐，言呐呐然如不出諸其口。與人交，初不甚温煖，然數十年如一日。昔人言：與公瑾交，如飲醇醴。今以邵君觀之猶信。厥産惟中下，食指頗繁，歲蒔禾秫十畝餘，餘種瓜及烏白菘或紫薑、薯蕷、青蒜等物，得息若干，僅足温飽，而性喜結納。嘗誦孔北海之句云："座上客常滿，樽中酒不空。吾無憂矣。"素不習儒，又酷愛呫嗶，有舉業人至其家，便相要講説四子書數章，或漢唐文藝數則，屏息滑聽，了無倦容。戊戌己亥之交，鋭意宗譜，因出一編眎余曰："此吾先人廬墓事蹟也。諸前輩題贈頗多。吾謹彙而成帙，今刊諸家乘，毋俾先澤就淹，吾願畢矣。"因備述五六歲時隨父宿墓間，目擊種種諸怪異。余爲作《瑞竹歌》以紀焉。平時朋從姻好，多衣冠者流，然貧不自存，率皆如余類也。君蓋意存周卹，而力不能支。歲時餽遺微贄，白磨如睹，朴誠非拘拘于投報而已。某敝人也，性故踈放，與時俗多齟齬。又復中年而後，哀樂中之，形槁心灰，一切世間酬贈之事，彌不勝任。然回念二十年以來，少陵雲樹之思，蘇李河梁之感，邵君于余爲最深，余于邵君亦倍。至此蓋有天者存乎其間，豈猶夫泛泛之友朋也、戚屬也云爾哉！知己之懷未能忘情，聊復筆之如左。

彈指流光二十春，武陵花放有漁人。君家慣向桃源住，不記何年是避秦。

平橋八字柳陰多，黄栗留傳婉轉歌。莫羨揚州二十四，且攜柑酒興如何。村東有兩石橋，形如八字，名八字橋。

麥黄甚熟午風吹，深樹一聲啼竊脂。昨夜官符勾緊税，明朝野市貿新絲。

春畦瓜蔓緑成團，紫芋紅薑手自剸。勝國故侯空賜第，隱君未解憶長安。

中郎廬墓緣亡母，令伯陳情誓報劉。猶記新塋三載住，啼烏夜夜使人愁。父匡泰廬墓三年，岷南時方五六歲，每夜隨往。

當年枯竹瑞光呈，歲歲春風笋自生。半畝荒墳留勝蹟，只君能不墜家聲。墓竹生光，觀者如堵，競爲詩文以紀其事。

徑入晚厨炊黑黍，旋來野圃剪烏菘。爲貪共話湖村好，元直頻過龐德公。

淵明詩思怪來慳，晚秫已蕪下濮田。紅友有情君莫惜，攜來須趁菊花天。

眷弟王式草。

（清邵惟昇等主修《[江蘇宜興]九苞邵氏宗譜》 清咸豐四年天遠堂木活字本）

夢夢詩鈔

邵萱隣

萱隣本未學詩，奔走河干又復十有餘載，風清月白，全忘子曰《詩》云；利鎖名韁，盡爲"等因""蒙此"。荒疎之目，自昔宜然；俗吏之稱，於今尤當。自憐筆墨塵封，可笑枵腹從事。然興之所到，偏賦短章；佳偶在前，輙思步韻。究之命詞立意，字裡行間，與江南平湖調、山左鼓兒詞，彷彿相似，故自知爲夢夢，聊存數稿，以博一笑。

題沈閬齋詩後

珍玩詞章盡物華，藻思冉冉筆生花。錢劉纖麗存清格，王謝風流屬大家。字費推敲金共韻，句經磨琢玉無瑕。理文兼擅争前步，奪錦從今未足誇。

祝李某八十壽

南山佳氣鬱菁葱，人瑞應徵國瑞隆。銅狄摩挲承化日，金經談説坐春風。華堂已食詩書報,賢路分鑣品望崇。試看藕花開十丈,鳩含杖玉鶴盤嵩。

祝袁母六十節壽

籬菊舒黄已滿枝,諼庭花甲正週時。汝南自昔嫺坤教,江左咸知仰母儀。粧匣幾分雲釧白,書窻長伴雪燈移。祥徵節壽熙朝貴,淑德應承百福隨。

華閥家聲仰女宗,北堂今日拜儀容。松筠有操徽音厚,鸞誥喜頒雨露濃。丹鳳綵衣徐晉爵,雙娥翠袖漫扶筇。久欽阿母熊丸教,八座他年捧檄重。

立春日賀人新開典當代曹少尹作

韶光明媚正宜人,活水源頭許問津。樂利興歌逢化日,欣榮有象兆芳辰。咸恒慶叶三陽泰,富貴花開大地春。屢中不遺賢者事,持平從此著經綸。

六月初九日赴宿遷途次是日賤辰并以誌感

謀食鍾吾一泛舟,做官難煞下場頭。是時丁外艱,家計甚累,適爲陶守戎所聘。每逢母難空垂淚,卻爲家貧更遠遊。兩岸花多風寂寂,一帆雲映水悠悠。鬢絲心鐵已如是,强語妻兒且莫愁。

送柴大洊雷歸里

相逢萍水話相知,相對何堪忽別離。愧我十年縈客夢,羨君此日賦歸期。帆懸好雨新晴後,人遠斜陽欲墜時。可恨行蹤無定所,更逢應不在邳圯。

咏雪和峒峿宰原韻

密布彤雲見雪霏,天涯極目盡光輝。千家山郭凝寒潔,萬里江樓入翠微。松底鶴巡還繞繞,渚中鷗映故飛飛。試騎驢背尋芳信,未識梅花瘦與肥。

歲暮感懷和沈閬齋原韻

推遷歲月不由人,浪跡浮雲是我身。叩鋏馮生非降志,陳書季子豈迷津。自憐心印鐫愁字,可笑癡兒點絳脣。憶出江干無韻事,何時蒲柳更逢春。

瓶中桃花

武陵溪畔緑陰排,多少濃華浥露開。爲愛雨餘嬌欲語,故教折向膽瓶來。

甘泉取次注冰壺,移浸紅香意態殊。屏畔簾前塵不到,揣摩近已得詩無?

題沈閬齋山水清音小照

既是詩篇夙有癖,更於山水不能廉。從兹漸入蓬萊路,占得清高兩字兼。

有山有水兩優游,影入斜陽翠欲浮。最愛此間仙境似,高人惟許鶴爲儔。

念劬之都候選以此示之

薄宦因循每自憐,爾今又整北行鞭。短翎漫道初棲棘,不到高頭不息肩。

數語瀕行勗馬頭,逢迎須早辨薰蕕。立身有道循先訓,清節嘉名到處留。

致身不盡出科名，繩武此身最上程。負郭雖無田一頃，甘虀奕世振家聲。

此行黽勉爲加餐，轣轆車行道路難。老馬守臞能自護，秋風無事憶暄寒。

冬日八詠一東至八齊。

曝日

桑麻共話對隣翁，爲卻寒威愛日紅。自是負暄無箇事，又攜鳩杖過籬東。

圍爐

寒雲密布幾重重，藉有圍爐守歲冬。榾柮燒殘烘暖處，短歌小飲興偏濃。

試裘

蕭蕭瑟瑟近寒窻，試御新裘氣未降。地勢漸高風漸烈，輕衫度歲憶珠江。

煮茗

奚童階下拾松枝，蟹眼初浮解渴思。活水正宜然活火，細斟茗汁夕陽時。

呵凍

墨池凝凍逼寒威，牙管呵來幾度揮。惟羨詞臣燒玉燭，也須檀口倩宮妃。

敲冰

放舟河畔欲求魚，無那冰凝白玉如。擊戛惟聞聲斷續，縠紋影裏雜瓊琚。

探梅

冰肌玉骨一株株，山意衝寒得信無？芳夢幾回尋不到，來朝策蹇訪清癯。

掃雪

深深門巷小橋西，六出花封徑欲迷。幾度呼童勤掃卻，不教屐齒印芳泥。

開門七事并序

俗吏庭空，門可羅雀。經營日用，支絀時形。矧復天雨連綿，無聊獨坐，因思開門七事，磨折半生，率意口占。以題爲韻，不自計其工拙也。

柴

樵歌斷續度重厓，帶月歸來孰與儕。荷擔計惟烟冷處，明朝市上賣松柴。

米

瓶中何事歎無餘，稼穡須知勤四體。而今有句續淵明，折腰曾爲五斗米。

油

漫云東壁光難借，三尺長檠好爲謀。列炬讓人紅徹底。剪燈我自繼膏油。

鹽

調羹常與米營兼，瑣碎何堪逐日添。歸洞客惟青箬裹，含咀還有水晶鹽。

醬

處内禮經載所尚，調和不得寧相向。佐以葱滐問庖人，獻食先操齊與醬。

醋

分掌周官嘗莫誤，鹽梅相處兩相顧。漫嫌辛味屢攢眉，性本近酸疑似醋。

茶

雀舌釵頭味孔嘉，閒窻茗椀學盧家。坐看魚眼風生腋，活火宜煎日鑄茶。

緑萼梅

幾樹梅開緑萼花，春來素質吐奇葩。無言不讓荷衣薄，有恨常依竹徑斜。翠羽孤山隨處士，碧陰殘夢擬仙家。慈恩寺裡枝先發，獻與詩人詩興賒。李白游慈恩寺，僧獻緑萼梅一枝。

清明日普濟寺訪僧

踏青閒步訪僧家，笑囑沙彌細煑茶。知愛圖書通筆墨，豈無緣法著袈裟。雨滋翠竹新生筍，風過紅梅見落花。屈指今朝春又半，故園何處尚天涯。

酒帘

一頁酒帘拂半空，因風摇曳任西東。依於柳岸新添緑，懸傍桃林遠綴紅。養我性情聊復爾，示人臭味不雷同。黄河以北酒帘上多號"雷不雷同"四字杖頭攜向長安市，仙吏詩成百幅中。

寒食喜晴和韻

泠節喜逢霽色開，殘雲風捲出陽臺。新晴好值酴醾熟，勝事争傳蹴踘來。句引錫簫花滿塢，潤餘繡草酒盈杯。恨予未及嘗羹酪，辜對晨曦守不才。是日富安諸生郊遊，各有詩賦。予未得與。

祝薛晚江五十

河東家世振儒巾，秋水文章不染塵。百歲星躔一半度，三千桃李十分春。壽在三月十六日。來多此日稱觴客，爲憶當年勸酒人。晚江與其夫人同庚，因夫人先期逝世，謝客稱觴。君似有情君未老，森森庭樹養天真。

齋前山茶一本上冬結朶甚盛因天氣嚴寒殭而不放今春已云暮暖風煦拂滿樹花開疑花亦有待時之感賦此

嘉樹原宜雪裹嬌，無何寒甚信迢迢。春深□見丹砂放，日暖從教宫粉摇。絶艶風流憐此卉，可人清貴在今朝。待時久著寶珠號，留與桃花色共夭。

惜春

游絲到處裊晴烟，最是江南春暮天。多少繁華將蔵事，零星朱紫倩誰憐。花堤雨過全藏錦，柳岸風來盡作棉。無那東皇喚不住，鬢霜一顧一凄然。

咏洋楓此種來自外洋，故名。春天葉紅，至夏方緑，頗爲罕見。予於富安始識其種，惜無實典可寫。

纔覺東風滿帝城，丹楓摇曳使人驚。種分洋海春多脚，車泠霜林夜有聲。以葉作花非俗艶，先濃後淡亦神清。梯航移植吴江畔，不用悲秋别寫情。

和崔吟香三月晦日作原韻

迅駛韶華逐水流，蹣跚自笑白盈頭。每緣花落頻爲惜，又到春闌莫解愁。無計濟時聊抱膝，空期載酒共登樓。敢云電掣蹉跎易，壯不如人事即休。

吴三潤泉招飲兼賞牡丹繡毬

郇公廚美潔肴盤，花陣酒兵罄日歡。名重洛陽含淺笑，粉圍蛺蝶已成團。錦袍偏向筵前舞，琢玉尤宜月下看。設席今朝枝壓帽，一回射覆一凭欄。

疊前韻

紛紅繚白映冰盤，芳氣風吹特地歡。高捲絳羅錦在幄，頻穿粉蝶玉盈團。玲瓏自得閒中趣，富貴還從冷眼看。來與羣仙同玩賞，盛筵啟處傍雕欄。

和崔吟香書懷原韻

頭顱如此宦情稀，雖是官衙静掩扉。絶少門庭來熱客，偏緣酬應典春衣。故園何處頻頻夢，新雁南來款款飛。爲憶鑑湖風景好，斜陽小立若依依。

往返東亭舟中風雨大作出崔吟香秀才倡和諸作讀之率意題其詩後即用惜春詩原韻

雲護船行擁翠烟，妬花風雨落花天。澆愁未有濃於酒，怯冷還須薄著棉。傲骨輸君堪共賞，別腸愧我受人憐。騷壇牛耳誰能執，集著鴛鴦氣盎然。

龍舟競渡

節逢地臘水增波，畫鼓朱旗夾岸過。彩鷁争穿晴浦緑，雕龍遥隔遠山多。湘潭此日留忠憤，人世今朝憶汨羅。細葛含風輕且捷，飛鳧叠浪樂如何。

崔吟香以詩走詢和其原韻

一日幾回卧榻登，無端午夢客愁增。酒錢省卻終何有，詩卷生涯究未曾。貧境羨君如啖蔗，浮名愧我類懸冰。頒來好句知音甚，玉樹臨風最上層。

生　日

年華不覺去如流，馬齒徒增挽莫由。投筆慚無侯相志，讀書羞爲稻粱謀。鬢邊已過三分白，心裡常懷十斛愁。百歲消磨將及半，光陰能許幾攀留。

題友人山水彈琴圖小照

千山環空翠，百水勢汪洋。獨坐理素琴，山高而水長。山前荷樵擔，江邊理釣簑。誰是知音者，彈琴發浩歌。

題友人選竹題詩圖小照

繞屋竹娟娟，披圖坐冰雪。爲問題詩人，位置何清絶。白石勢巖巉，旁綴數竿竹。題詩坐其中，翛然真面目。

七夕立秋

銀河迢遞暑初收，繡幄雲中忽報秋。玉露侵簾添舊恨，涼風壓體動新愁。心期無限聽砧杵，離别經年望斗牛。桐葉乍飄橋乍渡，好陳酒菓數更籌。

叠前韻

涼氣初生暑氣收，橋填靈鵲碧梧秋。乍驚白帝乘時令，偏助銀河遡别愁。芳夢兩重悲落葉，良緣一水待牽牛。佳期正喜逢佳節，無復雞人報曉籌。

寄懷薛晚江孫石橋

齋前花色近何如？盆藥籬英樂有餘。二公俱善養花。位置藥爐神矍鑠，晚江善病。把持酒盞體清虚。石橋善飲。照人肝膽常師汝，二公遇事每爲人排難解紛。閒咏詩箋亦和予。予與二公常有倡和。遠道無由勤握手，離懷憑寄一封書。

寄懷崔吟香

兩載吟壇乍失羣，離懷如醉復如焚。遥知賦著名山業，定有詩藏列宿文。行脚類僧爭笑我，側身薄宦鎮思君。若將佳句郵函入，岑寂猶堪對酒醺。

寄懷傅竹溪葉殿人

陽春判袂掛蒲帆，如草離情未可芟。同憶鄉關勞夢寐，予與二公同鄉。久嘗世味别酸鹹。予與二公同客於外。杏林添植幾千樹，丹竈曾誇第一銜。二公俱善岐黄。異地相逢梓誼重，空懷感激入郵函。予與二公異地相逢，頗承二公關切。

書懷用寄薛晚江原韻

壯也於人猶不如，河壖又復十年餘。敝車羸馬筋骸弱，春燕秋鴻歲月虚。峗崿襟期渾未化，邅延心事渺愁予。殘編或可消岑寂，老眼常嫌細字書。

王營至都中口占

征塵拂動曙光寒，奕奕皇圖啟壯觀。山色有無真活潑，松陰濃淡任盤桓。車輪馬足襟懷濶，利鎖名韁眼界寬。此去欲留留不得，一身進退兩皆難。

都中親朋話舊仍用前韻

離悰廿載易暄寒，氣宇鬚眉半改觀。久别有情皆欵欵，乍逢無語不桓桓。鑑湖風格今猶昨，燕國聲華壯且寬。相對自憐還自愧，中懷偏覺告人難。

自都回江南舟中率成

初夏車行燕北游，懸帆南下值深秋。程途匝月三千里，主僕兩人一葉舟。隔岸有時聞牧笛，凭橈無語對閒鷗。息肩欲踐西湖約，何日乘槎自在流。

車行阻雨

車行旬日出江南，轣轆前驅勢正酣。無那雲興忽作雨，偏教泥濘欲停驂。陰連野店難成夢，跡阻荒村孰與談。惟願來朝虹不見，勃然霽色碧於藍。

分水龍王廟

此源來自甕河，至廟所二百餘十里兩分其勢，一向北流，一向南流，皆係順水，可以濟運。廟立東向，正居二水之中，與來源有對峙之勢，屬山東運河廳，工程最大。廟中香火甚盛，神甚靈驗，稱勝蹟焉。

兩流本是一源通，立廟端居二水中。南北擘分皆順匯，東西對峙奪天工。朝宗勢接海門迥，砥柱功侔祀事豐。浥注無窮用不竭，河清海晏四時同。

和柴大省齋寄懷原韻

寸腸南北兩相牽，跋涉經年路萬千。行脚屢驚異地月，側身如入暮雲天。喜君已得閒中趣，奈我還同釜底眠。何日鑑湖堪載酒，離情一聚一欣然。

舟中大雪寒甚無聊作此自遣

千里浮蹤寄短篷，彤雲釀雪布空濛。戀枝凍雀噤寒氣，挂樹孤猿怯冷風。村落柝聲燈影外，凄清懷緒酒杯中。凭橈雙袖無聊甚，我與梅花瘦應同。

舟次姑蘇與同人遊虎丘

錢塘擊楫溯東流，望裡湖山接虎丘。仙石有情堪共坐，獅峰對峙屢回頭。籐蘿深處千層碧，風月佳時一葉舟。明日烟波催去櫂，可能勝地續清游？

雪中楓葉

瓊英簇簇透寒光，飛入楓林點綴忙。艷質不嫌傅白粉，輕綃偏欲蓋紅粧。葉端色相分濃淡，樹底丹華半露藏。錦奪吴江真面目，天工好與鬬芬芳。

歲除雜咏四絶句

門神

誰加名號卻稱神，劍佩衣冠閥閱新。賺得一時好風景，年年焕彩盡宜春。

爆竹

震聾駭聵臘將除，花簇錦圍興不孤。卜得年華呈歲稔，聲聲響亮徹庭隅。

壓歲錢

孔方到處盡宜人，壓歲猶傳阿堵神。最是兒童争萬選，錦囊戲貯不辭頻。

祭竈糖

司命東廚報賽宜，香餳一片味如飴。非關方物由來潔，爆響燈紅臘盡時。

題韓映山夢櫟圖小照

身外原非幻，天機入夢偏。橫經宜釋耒，名士近神仙。得意偏遺古，會心言不傳。林泉幽隱處，瀟灑出塵緣。

釀　雪

空濛如霧亦如烟，一片陰浮釀雪天。微鎖日光偏靉靆，寒鴉不斷噪簷前。

對　雪

六出花飛勢不停，偶從梅外得餘馨。簾前促膝臨寒潔，坐對炊烟幾縷青。

泛　雪

環江縠浪蹙銀河，泛棹中流逐綺羅。滿載畫圖滿載酒，何妨乘興濕寒蓑。

聽　雪

縠濤叠浪曉寒生，牕外惟聞折竹聲。似譜陽春恍入韻，臨風蕭瑟奏昇平。

煮　雪

團雪還將活火侵，一甌味美滌塵心。徐吹松籟多憐潔，茗汁瓊花子細斟。

掃　雪

彌漫階前路欲迷，行吟幾覺碍東西。呼童擁帚開芳徑，尋到梅花供我題。

雞　聲

一聲高唱動羣雄，棲墀何曾間雨風。物亦知時勞客夢，嘐嘐霜重月明中。

蛙　聲

鳴蛙處處緑池塘，鼓吹時聞抑復揚。最是新晴春雨後，碧丰茸裡響斜陽。

蠅　聲

營營入幕一重重，未許人多午睡濃。遽集適從何處至，工讒鼓翅有誰容？

蚊　聲

白鳥爲家占水限，晚風隱隱響如雷。温柔鄉裡誰憐爾？漫道飛揚小有才。

蘆　花

片片蘆花西復東，共驚秋老雁聲中。傍流影襯蕭蕭月，臨渚愁聞瑟瑟風。輕點釣人頭欲白，寒侵霜葉色偏紅。當年好比綈袍暖，孝子依然著體充。

踏　青

柳齊碧處草齊嬌，既歷横堤更渡橋。一曲春風籠荇帶，千層雲髻束山腰。采蘭爲佩情何逸，臨水浮觴興自饒。醉矣不嫌歸路晚，隔林烟景若相招。

囑燕

紫燕南來月正三，畫梁少憩各呢喃。休教好語頻聒絮，應惜詩人午夢酣。

放蜂

嫩蕊嬌枝貯翠瓶，遊蜂悮入愛餘馨。鈎簾放出雙雙去，囑咐奚童護曲櫺。

慰猫

主人食亦久無魚，慰爾狸奴莫向予。自有酬勞逢鼠孽，好生護我案頭書。

嘲犬

裋褐亦曾噬盜跖，峩冠竟不吠神堯。問心豈是識人者，先量衣裳後擺腰。

春夢和韻

如幻如真杳莫尋，無端蹤跡攬春衾。静機片刻邀晴藻，底事永宵愜素心。蝶化三更緣草徑，鶴隨孤枕擁華林。幾曾想入非非境，覺後香醪盞滿斟。

辛酉上巳由虎墩抵清江舟中自遣

買舟遠赴曲江曲，解纜時當三月三。遊倦幾忘春有脚，夢回自歎雪盈簪。溯流夾岸鶯聲老，擊檝空明花色酣。問我此行何所事，扣艫無語對晴嵐。

題孫石橋石橋步春圖小照

幽居近石橋，春色層層布。吾友孫石橋，迤邐策閑步。夾徑雜柳花，隔籬閟雲霧。羣鳥静不譁，游魚清可數。一步一行吟，石橋好風度。以之繪成圖，枵腹何能賦。

題崔南村村墅讀書圖小照

依山有墅，傍水有莊。風流倜儻，誰似崔郎。脱帽露頂，萬卷胸藏。奚童默會，侍茗於旁。神仙名士，春態秋香。讀書之樂，樂且未央。

予歸自京都崔吟香秀才以詩走詢未遑裁和吟香索酬再四勉賦答之

不才那敢以詩名，青眼屢垂屬老成。撚斷髭鬚卿笑我，嘔殘心血我憐卿。詞壇自昔聯同好，行脚何堪訂宿盟。早欲掃除文字障，青袍久已誤平生。

題和尚松下獨坐念經圖小照

蹊徑意何佳，松陰尤蕭爽。下有念經人，飄然出塵块。参透此禪關，眉宇清且朗。何必坐蒲團，繪此遺世想。

雪夜集飲陳大躍桴新築書舍即席有作

小築初成勝地偏，壺觴永夕雪花天。也知少尹無多俸，躍桴時作清河典史。罄日能償酒肆錢。

蠟梅香破小窻寒,愛客傾尊雪夜歡。況是數楹新結搆,花欄竹檻足盤桓。
屋角新開地幾弓,瓊花飛落酒杯中。高齋今夜多觴咏,聲轉麗譙興未窮。
蠟屐曾將雪徑開,友朋能得幾銜杯。風流怪煞多情者,即席恐無咏絮才。

雪霽過横溝寺登樓遠眺

過從精舍愛清幽,一上層樓豁遠眸。到處瓊英留點綴,夕陽斜照晚山稠。
寒陰初散雪初晴,萬壑千巖入望清。坐眺最宜風過處,隔墻聞有木魚聲。

老　友

總角雞窻已訂交,如蘭臭味屬吾曹。毋忘富貴情偏永,長共晨昏道亦高。形跡胥捐占麗澤,箴規獨切愛同袍。當年傾蓋堪回首,髩上於今有二毛。

老　僕

應門五尺即趨隨,經歷幾番事事宜。僕固有才戴主德,人惟求舊貴心知。風晨月夕爲吾伴,酒盞詩筒各自司。閱久老成情性熟,慇懃練達屬伊誰。

老　馬

曾聞馬老識西東,無那臨岐力易窮。有意望雲難蹀足,何心向月屢開騣。追風已乏騰驤勢,伏櫪誰誇騏驥功。願效馳驅如八駿,可能千里一朝通。

老　妓

誰將宮様鬭嬋娟,惓惓春懷憶少年。齒落那堪調玉笛,髩蓬無事貼金鈿。自憐風月今衰矣,强作逢迎思惘然。面對菱花多峠崿,黄昏慵立鏡粧前。

甲子歲除書懷叠韻

相看又見歲華新,成句。浪跡虚名愧此身。自顧鬢邊全欲白,那堪甑底屢生塵。蹉跎無計留餘臘,饕餮依然列五辛。壯也於人猶未及,而今老更不如人。

相看又見歲華新,疊鼓兒童翠繞身。爆竹聲中催玉漏,桃符焕處逐飛塵。來朝若箇逢歡樂,今夕阿誰慰苦辛?轉瞬六街車馬繞,熙熙都是太平人。

相看又見歲華新,櫪驥周旋賸有身。廿載河湖勞畚插,半生車馬老風塵。感時詩咏梅花瘦,撫景杯浮椒酒辛。細數更籌眠未得,他鄉恐憶故鄉人。

相看又見歲華新,身外浮名物外身。涉世孰垂青白眼,經年徧踏軟紅塵。風光拌醉屠蘇美,閱歷須嘗薑桂辛。此夕送窮窮不得,文章聲價豈饒人。

乙丑元日雜咏

元日風光好,晴空不染塵。門更新帖子,酒慰舊年人。對景開生面,研詩信有神。欣逢明盛事,蒲柳又舒春。

元日風光好,微明散曙霞。千門同拜舞,百戲助年華。客裏椒盤列,春來梅信賒。青陽方布令,和藹徧家家。

元日風光好,笙歌到處聞。晴窗迎旭彩,青酒酌斜曛。綵勝金花颺,桃符玉縷分。太平欣有象,鳳歷綴龍文。

元日風光好,旅人偏感之。高堂昨夜夢,稚子故鄉思。又到梅花候,畏聞爆竹時。辛盤知寂寞,晨起故遲遲。

滿城風雨近重陽

滿城風雨近重陽,辜負登高晉此觴。顧影自憐雙鬢白,對花空惜一籬黄。有官未必强人意,無俸何曾怨絶糧。六十年來成底事,我身猶幸得康强。

滿城風雨近重陽,笑把茱萸子細嘗。羹膾銀鱸浮碎錦,盤堆紫蟹蘸新薑。昔年落帽誠佳事,今日題糕爲底忙? 不是龍山無賦手,酒狂未足勝詩狂。

滿城風雨近重陽,猶是尋常入睡鄉。籬畔雖增三徑色,甕頭空對十分香。喜逢佳節無酬應,惟聽詩人自主張。我亦登高能賦者,文章争奈入荒唐。

滿城風雨近重陽,蕭館伊誰載酒漿。擺榼猶嫌聲淅瀝,書懷無計步康莊。秋容老矣情何限,人事徒然恨轉長。莫怪今朝豪興淺,半生不結少年場。

輓黄越艇先生

先生雉水卜安居,秉鐸邗江出仕初。欲向詞壇陪後學,驚聞仙仗息前車。生平無事留餘憾,杼軸惟存舊著書。矧是教忠兼教孝,箕裘克紹大其廬。

夙欽山斗未瞻韓,謦欬無如接席難。彩筆昔曾緣化徑,邑乘今得識儒冠。文章嶽峙留名翰,緒論淵停屬大觀。千古螾山人物地,幾人節錯與根蟠。

品行文章率性真,杜門由是著經綸。卅年堂上培根厚,廿四橋邊棒檄新。沙籍力争恢舊額,崇川共識有完人。趨庭惟訓詩與禮,茁茁榮枝許問津。

東皋僑寓鬱晴嵐,佳氣鍾靈道氣涵。朋輩共推延福五,士林争重達尊三。豈期黄髮增仙籙,莫近清風屬雅談。七十餘年遺範在,桂蘭應早沐恩覃。

賀胡憩園三兄得孫之喜

泰占吉夢兆熊羆,安定門闌新茁枝。自是文孫堪繼祖,可欣令子得佳兒。不須摩頂咸誇異,試聽啼聲便覺奇。今日掀髯拌一醉,解囊贈以石麟詩。

喜報懸弧爲解頤,碧梧未老發孫枝。掌珠今日鍾三世,天禄他年重一時。錫福階前欣繞膝,公餘庭畔笑含飴。胥無災難根培厚,青眼猶看到鳳池。

與同人游平山堂

緑陰深處艤蘭舟,同上平山記壯游。堂額舊題香翰墨,"平山堂"三字係董思白書。詩人今入小瀛洲。路盤石子灣灣好,溪繞羊腸曲曲流。廿四橋前真勝蹟,蜀岡邗水兩輕浮。

再游平山堂

平山幾曲敞閒堂,與客重登逸興長。荷氣徐來盈几席,竹風摇動引壺觴。萬松翠滴分晨露,列嶂紅拖映夕陽。歸路更看新月上,佳游應許續詩囊。

天寧寺三層萬佛樓

維揚城北天寧寺,樓聳三層佛十千。梵唱不因青嶂鎖,慧燈常與白雲連。諷經塔畔林巒翠,洗鉢池邊筍蕨鮮。松徑豈知人代遠,右文還藉御題傳。

崇寧寺看梅

屹然古刹署崇寧,塔院層層繞翠屏。數架竹橋穿仄徑,千章梅樹發幽馨。留題詩句人同瘦,恍入羅浮路幾經。梵響未傳因坐久,静看疎榦插雲青。

咏菜根

珍錯原多品,無如菜味長。園蔬甘淡泊,肉食等尋常。冒雨提壺徧,侵晨抱甕忙。連畦鋪蓼紫,傍砌翦葵黄。春韭乘時匝,秋菘應候香。柔根青似玉,嫩甲白含霜。調鼎修蘋藻,堆盤薦廟堂。飽餘高且潔,寧羡綺筵張。

半畝方園幾種花事自春徂冬次第盛開各賦一絶以紀其事未足云詩聊詠園中所有耳時就養沔署作。

菜花

冬後花事已了,偶得瓢兒菜種之圃角,既食其菜,復留其種。入春,菜花甚開,似補其時花之缺者。首以廿八字紀之。

春回圃角散金葩,嫩甲輕黄色最賒。自是菜根滋味好,民間亦且重其花。

桃花

東風鼓盪入茅齋,灼灼夭桃裛露開。最是新晴春雨後,輕紅齊放擬天台。

杏花

小園春到杏交枝,最愛將開半吐時。昨夜露濃舒笑靨,呢喃新燕逗臙脂。

李花

蟠根仙品竟無言,漫道成蹊值小軒。笑杏伴桃春味足,尤宜月色擁黄昏。

西府海棠

海棠嘉種自西來,名壓南枝次第開。三月嫣紅春睡穩,最宜人處任徘徊。

牡丹

臨風婀娜鬬芳辰,國色天香自絶倫。壓倒繁華樓十二,詎同凡卉作嬌嗔。

芍藥

淡抹濃妝廿四橋,酒籌詩料暗魂銷。午晴不作揚州夢,小院攜樽興亦饒。

蘭花

移來盆盎足芬芳,斗室時聞王者香。臭味不偕衆草伍,栽培喜得伴縹緗。

薔薇

一架薔薇半院陰,垂條四面總成林。釀來甘露衣衫襲,歷久猶聞香滿襟。

金銀花

莫道繁花不值錢,金銀嘉號總怡然。青囊偏愛紗籠貯,黄白堆成億萬千。

石榴

滿樹明如絳蠟融，安榴帶雨十分紅。酡顔枝蒂誰同爾，似妒猩裙逗好風。

罌粟

暖風吹到米囊花，階畔亭亭襯彩霞。色相自分紅間紫，枝柔未許放蜂衙。

荷花

田田移植兩三缸，翠蓋紅英傍午牕。清遠香聞雨乍過，鴛鴦逗出一雙雙。

玉簪

似簪玉琢美無瑕，皎皎臨風意態多。爲問藍田種最貴，凝脂即是此花麽？

秋海棠

盈階匝砌緑陰稠，唤作神仙報早秋。自昔未傳工部賦，品題今日爲誰留。

藍菊

菊蕊叢開色蔚藍，早秋籬畔興常酣。由來未載陶家譜，不識陶家徑有三。

雞冠

昂首空階炫紫冠，入秋常冒五更寒。偶因風力輕摇曳，欲試啼聲振羽翰。

鳳仙

此花如鳳亦如仙，是鳳是仙豈偶然。五色紛披籬落畔，翩翩時浥露華研。

龍爪

神龍遺爪發靈根，透出奇葩自海門。仙掌有時含宿露，抱珠眠處賽天孫。

桂花

丹桂有根擷衆芳，花間金粟逗新涼。階前誰欲攀條實，記取秋來有異香。

菊花

品淡無如菊最宜，生成傲骨有誰知。情能耐久留清供，晚節秋香兩得之。

蠟梅

黄金作瓣蜜爲心，歷歲凌寒色自深。香味不嫌同嚼蠟，相傳磬口到於今。

小園花事競芬芳，閒裏拈來琢句忙。惟冀周郎頻顧誤，推敲還願費商量。

心花

欲固心苗善自栽，靈犀一點漫徘徊。箇中若得花成樹，騎鶴揚州任去來。

鏡花

無端百卉影交加，時落時開看處賒。色即是空空是色，從來世事鏡中花。

筆花

胸有文章筆有神，花開筆底欲生春。而今未逮文通夢，擱管須知幻是真。

燭花

燭籠結綵鬬芳菲，伴我書窗興不違。爲羨詞臣撰御賦，也須翦跋倩宫妃。

燈花

宛如瓔珞短檠垂，濃淡何曾蜂蝶知。報喜來朝抽乙乙，恐驚花落莫敲棋。

園中之花真而非幻，續咏五花幻而不真。是真是幻率意成之，自知信口無佳句，都在方家一噱中。

賤辰之日承范鴻文大世講集葩經四章以贈愧不敢當率成四絶謝之

首章答謝學問人品之贈

風流儒雅本天真，萬里雲霄愧此身。少壯已無文字癖，而今老更不如人。

二章答謝功名事業之贈

一枝橐管昔趨朝，卅載河壖禄俸邀。自歎飽嘗雞肋味，依然門巷賦蕭蕭。

三章答謝子孫衆多之贈

居然有子子生孫，四世同堂萃一門。繼德述功宜食報，毋忘水木發根源。

四章答謝榮壽期頤之贈

纔周甲子敢言壽，升斗微名未足榮。自愧齒增無建樹，青袍固已誤平生。

（清邵煜纂修《[浙江會稽]邵氏家乘》 清道光二十七年謙益堂刻本）

周氏宗譜

早　行

周玉基

晨興赴遠道，落月留微光。雞聲出老屋，策蹇沿荒塘。山澤多縈紆，關城迷所望。哀風起木末，墮葉帶清霜。觸物感懷抱，涕淚沾衣裳。悲哉浪遊子，歸期安可量。

楓林晚眺

周祖典

偶來林下有誰期，秋老山中晚更宜。風静且留將墮葉，霜輕早染最高枝。蒼寒暝色僧歸外，黯淡煙嵐日落時。好句冷江成絶唱，苦吟堪笑獨歸遲。

遊石公山

周祖典

片帆飛渡石公山，絶巘層巒任往還。雲峽有情天覺小，月波無主地偏閒。步隨香雪仙源近，身倚岑樓俗慮删。自笑此生成老大，百年能得幾回扳。

雲　牋

周德星

凌虚一幅脱鸞容，濯錦江頭展曉風。龍渡衍波頒絳闕，鳳銜玉版下蒼穹。月規高映銀鈎澹，雁字斜行墨影空。最愛浣花溪上色，稜層分得斷霞紅。

素心蘭

翁　氏

尼山古調意悠長，曾許亭亭擅國香。韻擬江妃珠作珮，情高楚客玉爲觴。叢生秀質含清露，獨藴冰心異衆芳。賦性守貞塵不染，非關移自白雲鄉。

病起二首

翁　氏

病思懨懨乍起時，繞梁匆見燕差池。不知簾外春多少，猶和傳來新柳詩。
黄鸝繞樹啼紅雨，白鷺沖天破碧煙。花信作寒春怯冷，爲憐好景起鈎簾。

寄懷蓴涯弟

周祖鳳

正喜銜杯共賦詩，無端作別意遲遲。清標遥憶嵇家鶴，高格長懷仲氏篪。湖海經年愁鬢髮，鄉山入夢話相思。八吟才調飛卿捷，曾唱當年折柳詞。

寄懷敬齋弟

周祖鳳

詞填柳叔曉風輕，詩詠何郎絶比倫。傲俗性同陶處士，逃榮身慕葛天民。三杯美酒書聲壯，一闋高歌劍氣新。落拓自如舒眼白，珠璣滿腹肯言貧。

己卯春日金閶寓舍姪霽軒招遊郊西諸山歸而賦此寄贈

周祖廉

夙懷常愧負湖山，魚鳥奔馳鬢漸斑。自惜韶華空暗擲，拉乘雅興共追攀。行吟爽挹千峯翠，挈伴同偷半日閒。風景朝來猶在抱，夢魂時繞白雲間。

霞山兄清芬書屋素心蘭

周祖廉

楚江人遠楚香沉，九畹重標高潔心。雅抱既空穠艷色，芳衷自表雪霜忱。丰姿不受纖塵染，骨格真無凡俗侵。静挹清芬霏滿座，離騷相對北窗吟。

寄蓮洲十兄

周月貞

楊柳依依緑染絲，江潮掩映暮帆遲。歸津有渡愁難渡，地遠天長念別離。
長憶秋林霜滿枝，一山黄葉日吟詩。而今兩地無消息，愁聽征鴻叫月時。

寄淑嫺八姊

周月貞

鄉山夜夜夢中還，姊妹時同歡笑間。驚起挑燈無覓處，枕邊惟有淚痕斑。
聞説紅顔薄命多，那知薄命在村姑。堪憐我命真如紙，不怨蒼天不怨夫。

思　　親

周之德

違拜慈親一載餘，夢魂常自繞山居。久疏問省高堂膳，幸接寒暄玉友書。因愧毛生情捧檄，卻慚孫賈倚門閭。抱愆應責深無極，烏鳥依依憾不如。

觀瀾閣對雪

周之德

高閣寒雲鎖，湖山一色新。瓊瑶垂玉樹，好景待詩人。

和湘筠弟雪燈韻

周之德

琉璃光潔似銀燈，纖悉渾無一點塵。若使孫康當日有，至今借映是陽春。
乾象如球不夜燈，凝脂瑕映絶無塵。寒窗若得相爲助，須惜分陰大地春。

題半池弟山塘寓樓

周克澄

芳塘七里勢迂迴，臨水層樓據勝開。蘭桂香飄花市散，笙歌聲沸畫船來。雨餘山靄迷孤塔，夜静梵音出講臺。羨爾此間常下榻，凭闌吟眺日徘徊。

家譜落成敬題卷末

周德晟

譜牒欣看梨棗新，宗功從此不愁湮。事經歲月工纔竣，派衍親疏誼最真。克振家聲須立行，不忘祖德重修身。他時丹誥邀天錫，卷帙輝煌待後人。

自然齋銘并序

賀　廉

姑蘇兆瑞峯周用常者，篤於求道，博聞廣記，徧閱三教而歸爲一。扁所居室爲"自然齋"，因來求銘。昔孔子朝聞道夕死可矣，先儒謂已見大意。今周氏孜孜澹泊，竦自求安覺性，厥本慕順當然之理，葢有見之而學於道乎？爲之銘曰：

道本无爲，莫可名言。爰有混成，在天地先。萬化同矣，四時行焉。物物太極，細大不捐。各正性命，品彙一原。載飛載躍，在天在囦。花香竹影，窗艸池蓮。體用名具，是曰自然。惟顔卓爾，前後高堅。以信得入，學信得賢。曰賢希聖，曰聖希天。至誠無忘，斯無所衍。無二惟一，合乎純全。循正其理，所以妙玄。我銘玆室，周也勉旃。

竹林隱叟説

周　欽

夫竹，植物也。非有言辭命令以交於人，智謀機略以資於人，何古之君子咸愛之如友朋，親之如子弟？而人何取於竹，而竹何以致之也？嘗聞李廣云："桃李不言，下自成蹊。"葢道之大，原出於天，而具於人物。人能擴而充之，以至於全；物則局於一偏一隅，而不能全耳。惟竹則不然，其心虚於以見其備道之體，其膚圓於以見其備道之用，其性直枉曲之態弗作也，其節堅確守之操不移也。凌霜雪而愈茂，經寒冬而不衰，比之朝華夕萎，春生秋殺者，自難侔矣。雖然，豈特拔萃於品類中。今之首髮横目名之曰人，較其所守，要如竹者葢寡矣。孰謂天之道獨豊於人而嗇於物哉？是以古之君子有取於此者，良以是也。

包山用常周翁性嗜澹泊而忌華諛，厭喧囂而樂清淨，故託意以名其躬曰"竹林隱叟"。間求余説以廣其義。予因知翁之心，有所默契其旨矣。體竹心之虚以宏其涵養包容之量，法竹膚之圓以極其和光同塵之情，取竹之正直則不近於迂曲諛佞之友，效竹之堅剛則不狎於委靡偷墮之人。如此，則於彝倫日用之間，視聽言動之際，無非道之所寓，何必求之虚無寂滅，然後爲道歟？姑書於此，以俟質諸名世大儒。是爲説。

贈周氏以道四子字説

賀　廉

嘗謂穹然而處乎上者，人皆知其爲天也。隤然而居乎下者，人皆知其爲地也。中立而與之參爲三才者，人皆知其爲人也。然天有萬象，地有萬彙，人有萬狀，不可不以名而命之，使曉然而不混混也。如世之人凡姓周者皆周家之子孫。周家忠厚之德雖萬萬世而不墜，猶或世遠流殊，賢愚亦異，能世其德者或寡矣。周氏以道世居包山之陽碧螺峯之下，以忠厚傳家，以謙謹爲行。生四子，皆穎悟聰敏，鄉黨宗族之所稱許。其衣冠也，則濟濟而不過於華；其言辭也，則温温而不過於諂。至於執筆札而爲文，負耒耜而爲農，操舟楫而爲商，無適而不可。葢孔子所謂不器者與？且得乎湖山之秀氣與？抑得乎家世之所自與？彼富而不能好禮者，固不足以表之也，愚而不能知禮者，亦不足以稱之也，今周氏家世好禮，而四子又能明達乎禮，可無字以表其德乎？鄉先生嘗名之長曰“同”，蓋欲其知所同德之理而全也。字之曰“原德”，則知仁義禮智之德皆原於天之元亨利貞之道，無一人之不同以之成己而成物矣。次曰“達”，蓋欲其以同德之理行之，而無不通也。字之曰“原顯”，則知功名之顯著原於德行之通達，使無一行之或虧，將以知微而知彰矣。次曰“肅”，蓋肅者恭之見於外，苟非原於本心之敬，或流而爲僞矣。字之曰“原敬”不亦宜乎？又次曰“忠”，蓋忠者信之存於内。苟不著於所言之信，則或泯於無矣。字之曰“原信”豈不當乎？然則原顯者德之效也，原敬者德之發也，原信者德之存也：何往而非德。尤足以見原德爲首，三者繼之，而善無不備。舉天下理不能外是矣！四子咸能顧名思義，一發言也，恐或戾於理，一舉足也，恐或違於德。勉勉循循，使言行之相符，體用之兩全。有天理自然之安，無人欲陷溺之危。則家聲益振，子孫益繁。後之士大夫將指而言曰：某也賢，某也能，某也善，某也良，皆某氏之子，某氏之孫也。其家種德之芳，流澤之遠，抑何能若此乎？是則不負於父師命名之意，將見人之論巨族者，必於周氏而歸焉；聖朝之欲取士者，必於周氏而徵焉；父兄之欲訓於其子弟者，必於周氏而取法焉。爲婚姻者，欲相託而不疑；爲朋友者，欲相與而不棄。豈不盛歟！豈不美歟！鄉之父老咸曰：“然。”遂書之以爲贈。

存齋説

葉　楚

夫人之所以異於物者，以其能存心也。心不能存，則與物無異，尚何足取？抑心之所存，豈無善惡之殊邪？是故君子心存乎善，凡其所爲，無不適於善，則爲君子矣。小人心存乎惡，凡其所爲，無不適於惡，則爲小人矣。善惡之機，其端甚微，而其流必至於此。奚啻毫釐千里之失，可不慎諸！可不慎諸！

吾友周天績氏隱居洞庭之滸，讀書博文，樂從賢士大夫游，匾其所居之室曰“存齋”。余一日過之，因扣其義。周君曰：“懋竊怪夫世之人不善者多，而善者寡，由其存心之不審故爾。《孟子》曰：‘君子以仁存心，以禮存心。’其教人之意切矣。懋非敢望爲君子，曷肯自墮而流於小人也哉！用是號‘存齋’，嚴以自勗，俾我心兢兢業業，守而勿失焉耳！豈求異於人也！”余聞之，曰：“善哉！周君學爲君子而存心者矣！”故聽其所言，皆善言也；觀其所行，皆善行也；察其所與游，皆善人也。其得乎存心之益者多矣，其爲君子也必矣。《論語》云：“得見君子者，斯可矣！”然則聖人猶致願見之意，況於吾人乎？吾何幸得與周君游！因著其説以告諸當世之昧乎“存齋”之義者。

（清周克豫等纂《［江蘇吴縣］周氏家譜》　清嘉慶五年刻本）

題周氏世譜

張起巖

奉觀先牒起遐思，南北家乘續舊支。一脈祖孫無異姓，千年昭穆似同時。烝嘗共守唐臣廟，金石猶存宋誥辭。惟願族人崇孝敬，莫將身世負君師。

紹濂堂敬瞻先賢歷祖遺像卷軸

周王尊

鬚眉光宇宙,人物大文章。唐宋衣冠古,程朱筆墨香。歷朝崇祀典,百代祖綱常。生氣還如昨,流風裕後長。

陸墅宗祠伏懷先儒夫子濂溪公

周王尊

二百餘年烟水鄉,不知吾祖老牆門。追宗來叫先夫子,溪上蓮花依舊香。

紹濂堂讌集羣族倡議修譜賦此

周王尊

草堂邀夜宴,父志敬承哉。履芳嚴君明德公存日手修宗譜。一語千人諾,三杯九族來。深求祖宗本,遠爲子孫培。問自誰投核,桃花處處開。

乾隆甲辰八月二十五日于陸墅敬瞻始遷祖抱忠公所自出周氏宗祠

周王尊

風霜九秋樹,葉落原歸根。江河千里流,浪静終不渾。豈不念吾祖,尋緒無墨痕。片帆掛斜日,放舟陸墅村。村翁字履芳,構宇棲祖魄。宗祠重建適成。自晉及唐宋,先哲名俱存。中有明處士,清白布衣尊。攜家遷獨山,歷十餘改元。整衣肅拜倒,不肖九世孫。廟饗各有主,人家各有門。此間雖可安,不近我後昆。階庭執灑掃,户牖司晨昏。請從湖上便,千秋享蘋蘩。

秋日于南橋紹濂堂敬覽周氏宗譜喜得吾祖始遷根蒂

周奇珍

濂溪來派問真宗,繫棹膠山東復東。活路小橋秋水緑,斷蟬疎樹夕陽紅。一根本上人非别,二百年前井亦同。聚散漠然驚隔世,未枯血脉又相通。

余應周氏諸君之聘,襄理譜事,見各職事交盡心力,爲賦七律數首以分贈之,工拙所不計也。

贈藎臣先生任財政

陳宣鐸

先生事業過前人,丰度端凝太古民。整理宗祠新氣象,謀修統譜費精神。直施鐵筆延多士,措置金錢仰一身。益國家聲縣勿替,咸推祖廟是功臣。

贈振基先生任總裁

陳宣鐸

一木竟爲大厦支，修祠輯譜兩維持。饗堂式廓甫完事，世牒謀新未肯辭。尚有精神評亥豕，還從統系辨參差。支分派别敦倫序，展卷瞭然事事宜。

贈心香先生參校時年已近七旬，蒞局校讐，獲益不淺。

陳宣鐸

可敬先生一念誠，和衷修譜刻期成。前番纂輯功難奏，今日經營事易行。帶病猶來參校對，有疑互質定權衡。香山文字昭明選，誦讀如君可著名。

贈志昌先生任繕稿賬目

陳宣鐸

譜事由來非易圖，唯君效法宋歐蘇。從公黽勉飢忘食，信手紛披筆亦枯。儲蓄開除登册籍，盈虧出入計錙銖。廉明共信無私曲，一片冰心在玉壺。

贈淵泉芝田兩君採訪，集款

陳宣鐸

九經首重在親親，陸墅宗祠古變新。既整庭階隆祖祀，重修譜牒序人倫。振振子姓幾千户，日日辛勤閲四春。悉仗二公週採訪，不辭勞瘁逐風塵。

（周振基等修《[江蘇無錫]陸墅周氏宗譜》 1917年木活字本）

周氏宗祠賦有序

周在熾

吾家宗祠創始於方伯嵇山公，明末燹於兵。今牌樓灣其舊址也。厥後，户部司務文敷公、光禄司農佐應公搆祠於邑河東，旋圮。嗣我先君雅園公，倡族復興，卒以基址議殊未就。乾隆丙子，容齋叔父官粤東，致書同族，主建舊基。衆議畫一，閲年而落成。春秋祀典，一時稱盛。噫！創始難踵，興亦不易。繼盛增美，後嗣是賴。用賦巔末，爲來兹勗焉。其辭曰：

緬牌樓之舊址，肇吾祖以掇科。聯喬梓而繼捷，表綽楔於崇阿。左仙峰而鵠聳，面嵇嶺以龍蟠。襟黄泥之帶水，鎖方橋而卧波。原夫我祖嵇山，載興祠宇，相基度地，輪奂斯舉。綿奕祼之馨香，爰聚族而環處；展歲時之禋祀，昭孝享於來許。爾乃勝國末造，荆湖騒變。驕兵過以村墟，悍賊來而血濺。慘荆棘以卧駝，寂春林而巢燕。丹甍碧瓦，偕楚炬以俱焦；木豆竹籩，隨刁斗而席卷。迨我清朝，豁清薄海，拯生民之陷溺，燃餘燼於兜鎧。嗟空巷以何人，率十室而九改。惟崔盧之舊族，幸雲礽之猶在。憫棟折以榱崩，念神恫而鬼餒。時則維我户部司務暨我光禄司農，恨故絳之已圮，置新鄭於邑東。既上棟而下宇，亦庇雨而蔽風。爰鏤主而刻櫝，乃謁祖而報宗。爾乃基址卑隘，欂櫨匪堅。廟乏守祧之士，山無綿上之田。族星居以晨散，支孤桷于潭沿。届期則醵金而飲福，祭畢則瓦解以紛旋。是以祀事寖衰，駿奔絶少。雞豚各薦於家龕，霜露空警乎墓草。風饕雨餮，杜固之旺氣何存；葉隕枝披，韋家之花樹仍槁。嗣我先君眷焉心惻。憾一木之難支，倡衆擎而努力。既輸鏹而署名，旋筴龜而卜域。惟爽塏之議殊，斯築舍之情惑。事未諧而中，而歌曰：廠兹宗堂鬱輝煌，有基弗壞會寖昌。歲之春秋祀孔將，雲礽來從肅馨香。自今以往蔚有光，本支百世綿綿長。維時族衆乃賡載歌曰：牷既陳兮酒既清，衎我祖兮樂我生。考金鐘兮伐鼓，擊玉磬兮吹笙。森衣冠兮雲靄，鬱艾蕭兮霧横。眷同根兮一本，歷數百祀兮萬千丁。欣兹堂之繼起兮，匯衆木之支撑。盼後嗣之增美兮，揚世德之家聲。

述祖德詩六首

周在熾

述祖德詩，若謝靈運之述其祖先是也。後世爲之，大都侈談勳爵，而先世之隱德鮮述焉。吾家達人多矣。顧我支自玩齋公後四世隱居，光韜德晦。然其遺訓手澤猶有存者，懼越時而數典忘也，用述梗概，以補傳誌所闕。嗚乎！念爾祖而修德，余何敢云哉！

於戲玉其，卓然儒者。翩翩貴介，風流大雅。塵視軒冕，曲高和寡。謝賄卻賂，性天瀟灑。鬱鬱佳城，千秋驚馬。

文學玉其公，諱相。方伯嵇山公仲子，中丞潙陽公仲弟。好讀書，不樂仕進。守令每折節交之。有賄公言事者，拒弗顧。葬善邑驚馬橋。

雲巖進士，四映名堂。等身著述，炳炳烺烺。秦灰既冷，孔壁誰藏。一越於今，實典云亡。名山疇發，遺恨長塘。

歲士雲巖公，諱燿詩。博學善文，著有《四映堂詩文》等集，兵燹後無隻字存矣。卒葬品墻灣之長塘。

伊惟拔門，抱神守静。飽讀詩書，騂騮不騁。當代偉人，崇封石井。司農題額，歸元異景。潛闡幽光，百年文炳。

處士少峯公，諱堪寓，號拔門。讀書甚富，丁明季亂，隱居窮山，卒葬石井來佛洲。從弟司農公表其墓，有當代偉人之稱。題墓額曰“歸元異景”。雍正間，因洗墓得誌石，丹書朗然，有“抱經伏處”云云。

嗟嗟静菴，三世一線。救死弗暇，安辭窮賤。躬負犁鋤，心牽筆硯。孝養庭幃，菽水歡忭。五尺墓門，死猶戀戀。

静菴公，諱銘，字心浴。單傳至公，凡三世，躬耕養親，未嘗廢學。母没，哀毁以身殉，遺囑葬母墓下五尺。墓在品墻灣住屋後龍之左峽。

樂軒創業，苦徭出亡。書傭遯跡，歸理土疆。救鬬指囷，推解傾囊。捐施蘭若，慈月輝光。善人逝矣，隣里涕滂。

樂軒公，諱問溥，字仲徽。艱難創業，明季苦徭役，遯跡中湘，爲道家作書傭，事平乃復境土。喜爲人排難解紛，好施予。建慈月菴於鸚鵡山，力行諸善事。卒之日，鄰里巷哭街啼。

我祖松亭，讀書至樂。生平有言，寧厚毋薄。唾面自乾，尊拳可卻。麤衣糲食，戒奢以約。

久要不忘，千金一諾。

松亭公，諱持樞，字秉彝。以讀書爲樂。凡事敦厚，道遇有忤，輒恕人而責己。迭遭外侮，俱以含容遜順釋之。勤儉克家，然諾不苟。

喜宗祠落成三首

周在熾

肇基遺跡幸猶存，比屋依然共一村。綽楔百年傳史乘，簪纓累世遞乾坤。波歸滄海來星宿，葉茁芝蘭馥本根。杜固至今饒望氣，欣看此地焕新門。

新門還向碧山開，磊砢雲根取次培。接武待追騏驥足，肯堂玆樹棟梁材。松迴事嶺濤聲近，日射嵇峰紫氣來。烟火競看雲鬱起，春秋霜露不須催。

春秋俎豆肅清規，廊廡笙鏞足鼓吹。色愛参天擎四柏，文堪擲地壽雙碑。舊傳竹帛蛟螭古，新簇衣冠鵷鷺隨。從此馨香綿百代，韋家花樹盼葳蕤。

（周培莪主修、周康炳主纂、周校璜等纂修《[湖南寧鄉]周氏族譜》1929年惇叙堂木活字本）

秋吟序

劉自强

嘗覽古今騷人墨客，每牢騷感慨以悲不遇。乃其所爲詩，則又以發於窮愁困阨中者爲最工。昌黎韓子求其解而不得，則曰：詩能窮人。歐陽子又從而解之曰：非詩窮人，乃窮者而後工詩也。於是世之人懼其禍己，多漫爲之，而古人性情獨至之處遂因以不傳。天下於是乎無真詩。

周子瓠庵少有詩癖。家君賞其工詩也，爰訂牽絲之約。其後周子迭嬰禍患，以致貧窶廹。於丙辰更遘閔凶，當沉疴劇患中，僦人廢屋數椽以居，户無門，牖無窻，粒粟如珠，勺水如甘露。追逋索負者如蝟，下石者如豺如虺，平日以意氣相結納者避而不敢問也。予輩愛而弗能助，不忍見也。詩能窮人，其窮斯極矣！竊意周子之於詩，必且下逐客之令，出絶交之書，爲之吹虀畏影，易轍而趨，乃周子方置一編於枕間，注目凝思，遊神往古，直欲吐棄塵世，不復知病苦，不復知困阨，不復知虎狼蝮蠍㪷嚎而吮螫也。有愛之者從而咎之，周子顧予而言曰："詩不可咎也。寒，吾以之爲衣。饑，吾以之爲食。顛沛，吾以之爲安車。自吾以之爲耳，而不聞横逆之聲。自吾以之爲目，而不覩猙獰之狀。至吾奄奄欲絶之時，則又以之爲返魂香、續命散。詩之爲德，於吾靡有紀極。至於吾之窮，命也。安得咎詩哉？"嗟乎！周子之志如此，宜乎其窮愈極，而學詩愈力，詩益工而窮益甚也。

近予授徒北郭，每切懷思，忽惠鴻編俾予卒讀，予不知天既畀周子以能詩，而何以委委曲曲引之，廹之，使底於人所不堪之境。將使其窮而後得以工詩耶？抑妬其工詩而遂使之窮也？今其詩具在，無庸予贅，姑述其工詩之所以窮與窮而益以工詩者，如此以與知周子者共論之。

名流贈言序

周　綱

古今文士之權最重，自有書契以來，凡人之嘉言懿行、潛德幽光，以及夫奇才異能、豐功偉烈，莫不藉文人之紀載論著以傳。故昔人謂文士之權與君相埒。夫君相操宰制天下之權，以進退予奪爲人之榮辱，勢至赫矣。彼文人學士之所褒譏彰癉，空言何補，乃欲躋其權於君相之列，將無大謬乎？不知君相之進退予奪可以榮辱人於一時，而未必皆當文士之褒譏彰癉於一時。雖若無所損益，而千百世後莫不信而傳之，其所以榮辱人者遂無窮盡。以較君相一時之權殆尤重焉。故凡仁人孝子之欲顯其親者，視文士之一言不啻華衮也。叔祖鏡夫公與□□□□□祖兄弟，少之時去儒業醫，於醫之中默寓仁民愛物之意，老而彌篤，暇則庭訓諸叔讀書務本。且念先大父不置，命諸叔善視其後人。以故諸叔視予兄弟雖猶子行，而有塤篪之好。順治己亥，郡遭兵燹，兩家俱中落。公遂以憂患喪明。然而人以疾求治者，未嘗以病廢辭。於是德公者甚衆，羣思有以報公。適歙有奇士挾異術遊天下，道過京口，聞公之賢，廼爲公開瞽復明。所有德公而患無以報者，咸相鼓舞嗟歎，以爲不世奇遇。

郡故當南北之衝，天下之文人學士往來經過者衆。次叔建西君雖處窮約，素有能詩聲，每致諸公貴人車騎過從。於是諸公貴人知公之德足以感人而致兹美報，咸爲歌詩贈公，以紀其異。建西君得輒受而藏之。後數年，公既謝世。建西君念無以表公之德於將來，爰取其詩編次之，壽諸梨棗，以傳命綱爲引其端。綱雖不文，義弗敢辭，敬爲述其顛末如右云。

伯兄懷玉先生遺稿序

周　綱

文章之遇不遇豈不以命哉？予嘗觀夫世之論文者，往往寬於論遇合之文，而嚴於論不遇之文，輒爲之慨然太息。彼幸而獲遇，其文庸或有所未至，論者必爲之委曲迴護，以表章其所長，而曰非幸也，宜也！(此)〔比〕不幸而不遇，即使其功力已深，造詣已至，其爲文已能有合於孔曾思孟之旨，而論者必曰其文某處未至也，某法未善也。否則曰惜也，某不善逢時也。嗚呼，由是言之，文章寧知有定價乎哉！

家伯氏懷玉，天資英敏，讀書過目便了，一覽終身不忘。少學制舉義，才雄志遠，取六經四子之書，參之以濂洛關閩之説，鼓之以漢唐大家之氣，律之以成弘嘉隆諸先正之規，發而爲文，如長江大河，一瀉千里。同時英俊，莫不歛手心折。已而，同志中所自視不及者，强半飛騰掇高第，食厚禄，聲施當世，而伯氏卒無所遇。其後文風日下，競以浮薄佻達相高。伯氏之文不能投時好，後生小子視之靡不等爲芻狗。聞伯氏談先正之文，靡不棄而去。邇年以來，主持文教者力挽頹風，歸之先正。乃先正之傳燈久熄，學者雖知趨向，莫遘津梁。而伯氏之文固得先正之真傳者，庶幾可以一當於時。乃伯氏則悄然以悲，自傷其年力之衰而雪生不逢時之涕，且嗔予曰："二十年前所教若者何如？乃不我信，今奈之何！"嗚呼，予方於窮愁中，爲伯氏幸其晚成，極力慫恿，俾出所素積以應當世之求。無何，而伯氏染疾不起矣，豈非命哉！兩姪椎魯，不能讀父書。予幸後死，爲檢伯氏遺稿，録而存之，因題數語於簡端，以誌無涯之感。竊願後之衡文者，勿徒以遇不遇定文章之聲價也。

楚吟序

周　綱

《詩》亡，然後《春秋》作。孔孟没，而天下無知《詩》之人。厥後，楚大夫屈原氏不得於君，蘊其忠君憂國之懷無所施，乃取六義之道長言之，著爲《離騷》以發揮其志意。自是詩學之源流不在天下，而在於楚。歷覽古今英賢之所撰著，與夫遷人羈客之所悲傷而憑弔者，非楚莫能達其辭，暢其意。凡楚之城郭人民、山川草木舉而入之於詩，蓋益覺其詩愈工而情益愴也。

從弟天緯少有大志，中遭變故，慷慨自奮，走數千里遊京師，久之無所遇，棄而歸。康熙甲寅，今大將軍張公率師復楚，頓兵於岳陽城下者四載，未有尺寸功。乃建議水戰，回京口調取戰艦，思得帷幄之士佐其謀。因致天緯偕往，已而大勝。己未春，遂入岳州，且連復數郡。既有成效，天緯辭歸省親，手一編名《楚吟》者示予，曰："凡楚之情形文物與夫戰攻勝負之故，以及羈情旅思，盡在是矣。"予受而讀之，且讀且駭，竊滋愧赧。夫天緯素未從事於詩，今乃於矢石波濤中磨楯爲之，舉其生平之所抱負、耳目之所涉歷、心志之所悲慨，悉以歸之於詩。其爲言也閎中肆外，博而不浮，清而不癯，憂深而思遠，悲壯而不慘瘁。豈楚之城郭人民、山川草木獨宜於詩耶？豈詩之源流不在天下而獨在於楚，能使遊楚者即能工詩耶？抑豈才大者於凡天下之事固不待尋章摘句而後能耶？何天緯有得於楚之深也！予自學詩以來忠蹈時人剽竊之弊，而力矯之刻求自得，乃才不逮志，囁嚅嚘嚶，終屬小兒伎倆。何如天緯剖藩決籬，浩然自將，直抒胸臆之爲快哉！予蓋不能不退三舍避之矣。

秋吟自序

周　綱

僕自垂髫染翰，即辨四聲，束髮操觚，遂研衆體。無如時逢厄會，事不利於雕蟲；命與仇謀，計難成於畫虎。當其春風椿殞，秋雨荆枯。桐焦烽燧之中，鶯化鴟梟之族。莫營兔窟，悵九徙以靡依；既覆鵲巢，哀六孥之俱殀。鼠牙雀角，亦有株連；蝨怨蟻讐，每多芒刺。傷心射影之兇，回首觸藩之悔。凄其欲絶，孑爾誰憐。四壁非吾，一寒自我。人都棄置，鬼且揶揄。歷年廿載有奇，閱境萬端不足。所賴筆花未謝，尚解窮愁；文陣猶雄，堪扶骨性。然而目治雖存，魂亡難復。春花秋月，興至時歌。短咏微吟，悲來即止。不耐雕鏤，但抱陵陽之璞；誰聆絃奏，因懸靖節之琴。初猶病於作輟，繼且任其荒蕪。既未守立，幾成曳白。内弟子莊，英年霞舉，藻思雲飛。遵庭訓而流長，擷奇文而葩茂。且復不憚嗜痂，每勤載酒。於時秋也，居北郭以竊經；想我人兮，臨西風而寄簡。既慰秋士之悲，兼索愁吟之句。雖逡廵而未應，實慚恧而難辭。

夫以一時之景物不解拈毫，則此半世之辛勤將無刻棘。於是拂拭羅文，鞭笞毛穎。借資楮子，試效墨卿。負長吉之錦囊，策浩然之驢背。遊神六合，涉想八荒。山巔水涯之際，時肆冥搜；清風皓月之中，每窮坐照。若夫金飈夕起，玉露晨流。黄葉初飛，紅荷已褪。寒砧四響，村墟改蕭瑟之容；曉角孤吹，草木呈變衰之狀。誦文通之《别賦》，黯然銷魂；歌平子之《愁詩》，潸焉隕涕。潘岳之興徒深，宋玉之悲何極。遇目所見，意到成文；觸耳有聞，思成落筆。雖巴人下里之歌，未足相當於旗鼓；而思婦勞人之咏，亦堪自述其心思。聊爲黄鳥之鳴時，譬若山鷄之愛羽。陸士衡以之覆瓿，所甘心也；蔡中郎因而賞音，非敢望焉。

紀夢詩序

周綱

予自辛亥以後，迭嬰禍患。親知率皆掉臂，其間病死、禍死、憂死、憤死、饑寒死，展轉相續，無絲毫生理。秖有方寸靈明與傲骨一副，不肯被諸魔降伏，輒復苟延。至丁巳臘月之朔，積雪封户，奇寒襲人。時已不火兩日，難以遣無告之懷，廼呵凍濡毫，取蘇文忠公《雪詩》韻各和二章。既夕就枕，夢至一宅，有偉丈夫危坐其中，旁一人揖謂予曰："此文忠公也。"予聞之，驚喜欲狂，匍匐而前，捧持其膝，泣且言曰："平日讀公文，謂公爲千載以上人，想像百端，不意尚在人世。今幸得親覩光儀，倘肯收爲厮役，亦所甘心。"公不答。因又問曰："自公文章傳世以來，評論之者衆矣。不知誰最得公之真。"公乃大笑曰："所言皆未當，吾不過一無識無知癡頑老子而已。"予欲更舉所疑質問，爲鄰鷄驚覺，意殊悵悵，閉目尋思，恍忽之間復至其處，乃堂中則虚無人矣。方徘徊，頃見鄉先輩錢六謙先生自外入，呼從者引錦衣年少數人布席聽講。予逡廵下階欲去。先生顧謂之曰："正欲與子辨論一大事，幸爲少留。"既展卷，則太史公《項羽》、《漢高本紀》也。夢中忘其固陋，與先生反復楚漢興亡甚悉。先生歎賞之不置。諸錦衣郎皆錯愕瞪視，莫能出一語。予不覺豪氣勃然。既醒，猶歷歷如覩也。因憶七八歲時所居去學宫不半里許，一夕夢與羣兒戲於門側。衆忽驚而掩門曰："夫子過！"予竊從隙中窺之，見其侍從儀衛甚盛。夫子軒車而冕旒儼如王者。諸弟子從者數十人，嚮學宫而去。後數載學弄筆墨，家伯氏偶示以徐文長《香煙》詩，命之屬和。予沉思其義，竟日未能了了。至夜，夢文長款門，既入，坐與伯氏縱談今古，議論風生。予侍立移時，懵不知其何語，覺後賦《紀夢十絶》以自悼。今其詩久付祝融，莫能尋繹，感於宵夢，廼續爲之，并記前事，以見予之不肖，弗能從讀書論世之餘親炙古人，而徒於夢寐中彷彿之，爲可耻也。然而一時饑寒欲絶之苦，實賴之以甦焉。天之所以成我，與鬼神之所以生我者，豈其微哉？

瓠庵文選序

周約

杜少陵云："文章千古事，得失寸心知。"葢言文章一道不惟作者難，識者尤難也。今之操觚者粗知染翰，輒勦襲左國史漢、唐宋八家之殘膏剩馥以自矜詡，妄樹幟於詞壇。乃盲者不察，遂從而尊崇之，不啻扣槃捫籥而求日，以爲文章之道不過若是而已矣。嗚呼，文章果若是乎哉？吾兄瓠庵先生少孤而嬰多難，平生絶無他嗜好，獨好讀書。順治己亥，郡遭兵燹，民人爲之一空。即先生之伯兄亦挈其眷屬避地於雲陽。先生時年十八耳，廬兄之藏書放泆，乃能以義命自安，獨留於荒城。頹垣斷井、狐嘷鴟嘯之中，閉門塞竇，尚友古人於千載。其繙閱二十一史也，僅六易蓂莢，而竟於凡歷代之政治得失、人物臧否，皆可舉而悉數焉。自是益肆旁搜遐討，研極羣書，遠遡先秦，下迄故明，靡不殫心採括，尋其義藴，究其指歸，手録數千百篇，期以爲傳世之業。至其所爲文，則謝華啟秀，獨出機杼，以弗詭於道、弗戾於法爲主，不屑傍人門户，剽竊辭華，務悦時人之耳目。雖著述甚富，秘而不輕以示人。乃人或有見之者，亦多以爲平平無奇而置之。是以攻苦四十餘年，無由表著於當世。然而先生年益老，其志益奮。家愈貧，其學愈力。嘗慨然謂予曰："文豈易言哉！非能蠲除萬感之私，不足以昭融千古之載籍。非能沉酣百家之説，不足以發揮一己之才華。世亦有餙優孟之衣冠而足傾人之視聽者，吾則有所不能。吾之於文，第求其是而已，不暇計其與時枘鑿否也。況古今之騷人墨客比肩而立，當其吮毫濡墨、經營慘淡時，孰不欲舉其心之所得措之於言，以庶幾於一當。究之世人知而傳之者固多，其與野烟荒草共爲銷沉者亦復不少。是其中蓋有天焉，人固無如之何也。吾亦惟盡其在己，期無歉於心，有合於古，斯已耳，敢求知乎哉？”

觀先生之持論如此，則其爲學從可知矣。先生既精研文體，靡不得其要領，故其所作諸體具備，不名一家，理微而詞顯，語朴而味腴。法周而不露鍾鍊之迹，氣暢而絶無矜躁之容。非有得於古甚深，安能若是？以視世之塗脂抹粉、效颦東家、學步壽陵而相炫燿者，何啻霄壤，乃竟闇汶無聞以終老，豈非千古之恨事乎？邇因年力已衰，自念雖復見知於世，亦不堪驅策，乃合其生平之所撰著，芟繁汰冗，其得詩文若干首，釐爲五十卷，録而存之，用以傳示子孫。不以予之無似，舉以相示，俾爲之序。同族中惟予知先生甚深，兹之所命，烏乎敢辭，謹即以所得於先生者叙之如右云。

尚志齋記

周　綱

嗚呼，志之於人尚矣。傳曰："心之所之謂之志。"又曰："志者，氣之帥也。"即吾夫子繼天立極，爲萬世人道之宗，而祖述憲章，上律下襲，莫非志學之所推也，況下此者哉？是以古之人或志於道德，則禄之以天下有弗受，繫馬千駟有弗視焉。或志於仁義，則甕牖繩樞弗以爲陋，肘見踵決弗以爲困焉。或志於功名任俠，則妻可殺，子可燔焉。或志於忠烈，則心可剖，淵可沉焉。或志於隱逸廉介，則讓天下之言耳必不可受焉，洗耳之水牛必不可飲焉。寧抱石立槁，而不義之生必不可顧焉。凡若此者，皆以不欲違其志。故雖天子之尊，有國之富，鶉衣百結之貧且賤，妻子之親，死生之重，固未肯以彼易此也。

予不敏，不明志之所當立，少有慕於慷慨倜儻豪俠之所爲，長而與人結納，無不推誠待之，未能别其賢否。遭不肖者欺，以其方事過而覺，覺而悔。既復如之。馴至破産之後，事弗可爲，人亦遂棄而去。屈指十年之際，空餘鑄錯之悲。其昧於立志之方，爲害一至於此！戊申陽月，僦居陋巷，蕭然數椽，藉古人以銷晨夕。一日偶會於子輿氏尚志之説，有取焉。夫爲士者當其德之未成，學之未至，上之公卿大夫之任既非其分，下之農工商賈之業又非其宜，則惟有一乃心，專乃慮，以務其所當爲，行其所可爲者而已矣。然使志或有所未立，立或有所未堅，則且激於怨毒之刺心，而出於非仁者有之；迫於饑寒之剥膚，而出於非義者有之；亦或疏畧於幾微而非仁非義之念動於不暇察、發於不及持者有之。是烏足以言居仁，又烏足以言由義也哉！故陽明王子謂，志之不立，如無舵之舟，不啣之馬，漂蕩奔軼，終無所止。蓋爲此也。於是益悔少時之所志非士君子民胞物與之正道，其敗也夫復誰咎？因不自揆，以尚志名其所居之室而自勉焉。《中庸》稱"素位而行"。《易》稱"不事王侯，高尚其事"。夫不事王侯，即子思所謂素貧賤時也。高尚其事，即君子所以行乎貧賤之事也。合孟子之言而求之，古人惟原氏子庶足以當之。彼以子夏之賢，且出見紛華靡麗而悦。使非立志堅定，亦安能泰然獨處於繩樞甕牖之中，而自樂其仁義也乎！太史公云："高山仰止，景行行止。"雖不能至，而心嚮往之，予之謂矣！

薦瓠庵於所知書

韓　曉

曩承委覓一記室，藏之胸中久矣。而未有以報者，非忘之也。夫以執事之雄才大畧，而欲付人以捉刀之任，苟使戔戔者當之，必有僨轅覆轍之虞，非得倜儻不羣之士，固未敢以聞於左右。

玆有敝友周子瓠庵，才而好學，文既習爲專家，詩亦兼通衆體。秖以家貧貌陋，因而隱德韜光，靡由表見於當世，其同郡竟無一人知之者。邇來僕幸與之比鄰而居，因物色得之，間叩其所蘊，不禁爲之痛悼。舉世悠悠，大都皮相，誰能索駿於牝牡驪黄之外乎？且夫高山流水之調不遇鍾期，不過一琴工已耳。追風躡電之材不遇孫陽，不過一凡乘已耳。連城之寶，裂石之聲，不遇卞和、蔡邕，不過一頑石棄薪已耳。安能顯試其所長，使當時共覩希世之珍哉！伏惟執事深情具眼逈出尋常，倘一聽嶧陽之桐，策渥洼之馬，覩荆山之璧，見柯亭之竹，其爲賞識，固無異於鍾、孫、卞、蔡也。苟推其憐才之念，不以形迹相求，進敝友而廷教之，使得奏其哀音，逞其逸足，剖其美質，而呈其逸響，當必爲之慨然太息，悲其所遇之窮，而恨夫相得之晚，無俟僕之多贅也。異日僕當買棹遡鑾江而上，爲執事能得士賀，執事亦當浮大白以酬僕薦士之功。庶幾吾兩人行事可以不愧古人，而敝友亦可因以免虞翻之恨，豈非千古之快事乎？

客涇陽寄瓠庵壻第六書

劉　觀

接來札，知欲有所舉，使我心懸懸一刻不安也。倘止而未行姑已，如既行則咎與悔吾知不免，而甕之敝漏且甚多矣。然不必以此一錯纏繞於心，惟當半上不落時，忽然落下，留些缺陷，聽其自然，此最是鑄錯良方也。四書五經、性理程朱等書，如萬斛明珠，其寶光異氣直透入人心肺。只人心上私欲蔽錮，拒而不納處多，故一時雖或開明，旋復茫昧，終不能得力耳。我日前自家錯誤，及今精力向衰時去讀真記，所謂過時而學，勤苦難成，悔恨不了。足下方當年富力强之時，萬勿蹈我之覆轍，宜亟取諸書深思而熟讀之。苟有得焉，其樂不可限量。至其他諸子百家，皆旁枝異派，可讀可不讀，幸勿妄費耳目也。大抵吾人處世，凡事須從大處理會，不僅讀書爲然，一切治人治己、治身治心，惟提挈得大頭腦起，則可以絶四無，可以謹四勿，可以敦五常而端百行，造道不難矣。至於人世之貧賤富貴，生死患難，則天主之，命定之，無所施其避就。苟一逢之，切須將身體認。體認得一分是一分受用，體認得十分是十分受用。道理只在目前，不必舍日用常行别尋道理也。言短意長，幸詳察爲祝。

客廣陵寄瓠庵壻第九書

劉　觀

相别久之，憂足下貧甚，乃揆之天道，準之人事，竊又不勝爲足下喜也。夫以足下如此立心，如此制行，必有以回方蹶之天，不長貧賤。何言之？自亡女之殁今六載矣，足下能達觀無我，置方壯之身於度外，不自爲計，乃拮据爲孤姪完姻，以廣祖宗嗣續。祖宗有靈，能不爲之增福於冥冥中乎？此一可必也。數世之棺或已葬而未安，或暴露而未葬，固積有歲月矣。足下家無擔石之儲，乃能竭力營葬，俾祖宗父母兄長之魂魄奠安。祖宗有靈，又能不爲之增福於冥冥中乎？此二可必也。今有親生父母日以饑寒叫號於兒女之側，而兒女往往置若罔聞，惟一味自私自利者。足下乃能將撫育己之庶祖母爲心，恨身無可鬻以供養之。一室中，上天下地，前後左右之間，獨無鬼神乎？抑有鬼神而皆不知人之心肺者乎？如其不然，決無有不加以鑒觀而錫之福祐者。此三可必也。且人自一身外，所急者名耳，利耳，雖辱人賤行無所不爲。足下乃能以生人之樂槩聽之天，非義之財一毫弗取，惟以聖賢經史爲性爲命。饑寒迫身，至於僅存一息，而其志弗移；患難病苦交乘，惟期命盡則行，而其心弗懈。如是者歷四十餘年矣，而竟不食一報。吾知孔孟大聖賢決不若是恝也。此四可必也。至其他行爲，人所難能者尤多。愧予老未能以筆墨述也。然即此四大端，已足以慰衾影矣。此愚所以再四思維，謂天地鬼神必祐足下而爲足下喜者也。餘不盡。

與瓠庵弟

周　經

《寒江集》火藻艷發，五彩迷離，而纏綿悱惻之情，則一歸於忠孝，非驚才絶學，其孰能爲之？王季重文，雕心鏤骨，讀之令人心目洞開，如蘇合一丸，服之三百六十毛孔都透，是人間之快書也。《文衡》中文，如劉宋、王褘、貝瓊、趙汸、蘇伯衡等作，字字俱有關係，不可不讀。王聞修所選《文瀾》雖多係膾炙人口之文，然能爲古人别開生面，一批一跋，都非草草，是真能讀書者！幸皆留神細閱之。

名二子説

周　綱

凡人智巧便佞之術勝，則其天真必亡。天真亡則元氣日就朘削，而其人之年必不能永，家必不能昌矣。是以聖人最惡私智小慧、巧言利口也。吾少時遊於親族之間，覩其流風遺韻及老成耆舊之人，皆質實無所矯飾，不知何以能致其家之富盛也。遇鄉黨中有大争辯事，或相就正，則以迂腐之言評其曲直，不知人何以無不折服也。未幾，而風俗忽變，後進之人競以儇利捷給相勝，雖在孩提，便能舞機弄詐。及其既長，則閃閃爍爍之情，緝緝幡幡之態，日新月異，莫可名狀。彼既自矜爲能，人亦無不從而譽美之。至鄉黨中有大争辯事，皆樂就若輩爲之解紛。向時耆舊或有存者，則皆退避三舍矣。吾往往心憂其家之必衰也，已而果然，且多中年夭折者。

吾用是甘拙毋巧，甘迂毋捷，甘忍饑寒而不敢苟且於快心適志之途。幸邀天佑，鑒吾之朴誠，晚年得汝兄弟二人。吾不患汝輩之不能智巧，而深懼其流於智巧之習也。吾不患汝輩之不能便佞，而深懼其染於便佞之風也。故名汝以“學愚”，凡有所知皆當藴蓄之，以爲求進於聖賢之階，爰以“藴知”字焉。名汝弟以“學訥”，凡所欲言皆當藴蓄之，以爲發揮夫理道之助，爰以“藴言”字焉。審能顧名思義，戒慎於知與言之間，以善培其元氣，保其天真，庶幾汝輩之生可永，而吾父祖以來之志事可以繼述而無難矣。愚訥云乎哉！

（清周瀛等纂修《[江蘇丹徒]潤州周氏重修宗譜》　清道光七年承敬堂木活字本）

學宫古柏行

周成文

不栽桃李栽松柏,留得古柏高百尺。根深入地蟠成龍,幹老撑天立如石。我思此柏初盛時,和風嘘拂雨露滋。翠蓋亭亭蔽天日,蒼枝鬱鬱盤虬螭。於今數株繞學署,香葉自招鸞鳳翥。五百年來不改形,争看文忠手植樹。相傳,大成殿後古柏爲宋相國周必大手植。大厦若選良材良,惟兹真堪作棟樑。工師尚未旁求到,且俟他年貢廟堂。君不見春官桃李推艷絶,一經風霜便減色。那如翠栢勁千秋,葉不彫零常挺直。

天台藤杖歌贈外兄任澧塘

周　迪

我昔臘屐游天台,手支靈壽登瓊臺。瓊臺高高一千丈,倚杖獨立煙雲開。歸來兩袖竟何有,一握萬年藤在手。深感山僧珍重情,轉以贈翁介翁壽。此藤生長赤城中,風搏露結駭虬龍。縝密以栗肖石骨,窈窕而曲摹松容。去與詩翁作伴侣,筆勢天矯將毋同。翁有賢妻同德曜,病惟藉杖扶持好。雙攜小立看分甘,圖畫中間益佳妙。早春雪霽梅正芳,期翁踏雪來草堂。看燈玩月到街市,定有好句盛奚囊。

脆菊葉歌次蔚齋原韻

周　迪

東籬綻徧黄金菊,執束蒼頭笑可掬。爲道主人速客情,仙骨由來總不俗。錦棚花幔開綺筵,滿座吟朋漱芳蔌。新製園蔬脆且清,白雪盤堆緑雲緑。葉葉香霑玉露英,食譜翻來未經目。齒間但覺冰雪涼,耳畔如帶松風謖。射覆猜拳脱帽狂,屢舞僛僛笑相逐。菊兮愛作花瓊枝,方對芙蓉矜馥郁。饞涎甘汝勝落英,白茅純束以其族。喜擷秋光撑肺腸,偷取清陰恣口腹。彭澤當年未省嘗,吾儕偏享郇厨福。作歌賦物類神工,願乞靈機與心軸。書畫同詩一樣清,重見倪迂繼高躅。起看堦前葉影翻,掀髯一酧杯中醁。

持螯歌

周　迪

秋月白,秋風清,美人置酒風日晴。花如含笑偏無語,鳥太深情巧弄聲。煮黄甲,餉紅丁,從來詞客憶平生。玉髓乍沾名士袖,金膏共憶故園情。桂爲醑,菊爲英,白眼看他世上名。何處着卿誇雋味,有時許我亦横行。飄煙篆,颺簾旌,花外斜陽爾許明。千日中山同契友,一年好景匹香橙,神脈脈思盈盈。

催租行

周迪

饑寒迫我來茅檐，恍若點鬼判筆拈。年豐惡佃競説欠，嗟哉苟賤誠不廉。兒曹懦弱屢遭侮，牽率老夫襆被兼。差幸筋骸尚粗健，倚篷曲項飯量添。夜飲馬頭早酒薄，朝飲鶩觜東風尖。力與村農計升合，肩挑背負汗濕沾。先人饘粥都在此，山田瘠薄敢少嫌。是時隆冬氣方肅，長川凍合冰霜嚴。雲中淒厲呌饑雁，帆隙冷淡窺涼蟾。貂裘坐擁者誰子，錦屏肉障將身潛。何知塵世貴勞力，太行西上推車鹽。明年我亦買黄犢，老農結伴誠非謙。新篘得醉且拚醉，拍手大笑掀吾髯。

潮音寺觀傳戒歌

周迪

一僧當壇坐對檐，衆僧排列香花拈。口中念偈半難曉，大旨重戒隅與廉。不鼓不鐘復不磬，戒板當頭撲抶兼。兩僧巡行執香察，以警惰者妄念添。趺坐移時走百折，光明心照塔頂尖。如是勤修七晝夜，妄冀飛絮泥不沾。重以焚頂炷香誓，佛法爾爾卿毋嫌。粤稽寺建自明代，金剛裝束色相嚴。四周空闊臨煙水，拜斗壇古飛銀蟾。觀察穹碑相公額，淋漓墨瀋蛟螭潛。法輪常轉地轉勝，諸法相付水中鹽。年豐户户競施捨，長老見客貌益謙。北風陡作唤我渡，中流恐犯虬龍髯。

江口阻風浩歌

周蔭南

寒風烈烈吹江頭，漫天癡雲擁不流。萬千檣櫓兀自守，奇窮客子生悲愁。今我胡爲來，范丹塵甑行將頹。阿爺鬱惱妻兒餒，驅之急走無徘徊。今我胡爲去，一枝可借頻籌箸。相國書函幕府情，得沾光末堪底豫。吁嗟乎！所謀不過麤衣食，極慮經營不終得。名場刖足誰更憐，讀書空自勞心力。搔首問青天，青天無奈何。廣厦萬間無地設，爾輩慷慨徒悲歌。況今夤緣軒冕非文字，結納公親只比阿。決獄催科任黠吏，豈有案頭兔册須研磨。動不入時言太古，請君裹足無奔波。此言非過激，自問良應然。今年貧到無錐立，尚説憐名不愛錢。世人縱不分清濁，驚悸猶疑到枕邊。從此牢騷須化盡，浮看世事如雲煙。鎮日江風不得渡，忘機且自同鷗鷺。萬丈洪濤捲地來，雄情催我登高賦。四山雪意當窗含，清寒助我銜杯趣。已矣人事只隨緣，夫惟捷徑以窘步。

（周聽聲等修、周志靖等纂《[江蘇宜興]國山周氏世譜》 1915 年立本堂木活字本）

孟氏宗譜

遞年由并里名

孟金瀛

或曰：譜載遞年，昉自何代？義於何取？余默然久之。老成者曰："是亦步畮夫屋之推而名之者也，然非天下之通名也。凡府隸省，凡縣隸府，凡都隸縣，凡圖隸都，而吾都遞之名亦緣是起。"考之縣誌，圖之多寡，衡以土著之田地里居而興廢，往往不常。故當軍賦徭役及官衙什物無有支應者，在昔邑長因頭會遺意，挨村編户，而其中仍以族姓之大小、房分之親疎及烟居之遠近，相爲連屬，領之以坊，而立以長，輪年承辦，遞相供給，故曰遞年。吾夫概里屬暨之十二都，圖有三，遞有十，村居、姓氏稱之。自吾孟氏外，故族約八九焉。最早者吴，次則孟，次則樓與應與周，次則莫、楊、駱與寺，統爲十遞。十遞中孟居其七焉。如今三莊、前孟、堂樓下、大分、橋頭牆衖、西院、井干與散居之應村、上下東山等房，皆二年也。其下宅、寨頭、考溪，概屬四年。魏家塝之爲五年。與下坂、櫸樹下之爲六年。村居者、半散居者，亦半至於八年。畫爲裡外兩區，裡八年，即今二年；而外八年一房，僅存一綫，無分房别名。若夫居村西大廟左右，兼星居村涯如廟後、塝下、烏石頭、烏槎隝等處，皆屬十年，而户丁亦相頡頏。此外各年多屬異姓，如頭年纛山俞姓、孟姓，三年樓、應、周三姓，七年吴、莫兩姓，九年楊、駱二姓及天曹寺，皆緣圖立遞，而係以年也。緝譜者即累仍之，因其名之夙昭人耳目焉。至里之以"夫概"稱者，由吴王之弟夫槩子孫卜居於此，或以爲邑誌之樤概，相傳之名也。記此以見譜載遞年之有自，而里名之非無説云。

乾隆十三年戊辰之冬，鄒國六十九世孫金瀛譔。

詣鄒謁祖艘中記并引

孟金瀛

水陸騁遊，舟車遞叱。時久路迢，閒忙錯出。即事即景，展箋攄述。緒長語紛，措言維質。

始祖亞聖孟子，鄒人也。今轄山東兖州府東五十里，距浙二千餘里，吾宗北支居焉。乾隆戊辰春，上東巡，謁孔子廟陵，加恩十三氏後裔，增廣學額，部祀者賜銀幣，褒崇至矣。復念十三氏嫡裔遠不及躬邀恩禮者，命學臣考驗文行，貢入成均。詔下，直隸、山東、江蘇、浙江、河南五省俱有嫡裔膺選。其江西孔氏衍聖公格外請焉。稽十三氏之在浙者有五：孔氏、孟氏、顔氏、閔氏、端木氏。而孔、孟二氏世居鄒魯，當宋高宗時，扈蹕來南。孔氏由衍聖公諱端友僑居於浙之衢州，今西安凌湖塘是。制有孔廟，世襲翰林院五經博士一，孔學二名。吾孟氏諱忠厚，亞聖第四十七世孫也。建炎二年，詔奉隆祐太后及六宫皇子如杭州，封信安郡王，即衢州。賜第姑蘇，爲南孟祖。若吴之常州、無錫，若臨安之塘西、嘉善，若越之山會，皆世傳有孟氏，而食采於暨。

卜居夫槩里者，爲吾藝祖封開國男、贈太尉、字德載、信安郡王幼子也。制有孟廟及奉祀生員四名。是歲戊辰六月，承詔將應考生員孟恒、孟崧、孟占先、孟甫、孟夏、孟紹洙，由學詳縣府及學院，咨衍聖公飭五經博士孟衍泰查明，申詳禮部覆准，移學院考拔，視衢州府孔氏例而外，籍台州府孔氏亦與焉。抑亦因流溯源之一道也。自是南來諸氏咸由浙之魯，而吾孟氏亦由暨達兖，祗謁始祖云。

越歲己巳十月上旬，余偕族弟克典、幹周。姪聖慕。束裝祖道，自里之杭，整備儀物。十有六日，戒程段河頭僱船，次晨出城，行三十里，過姚家壩，至塘西登岸。買菜蔬少許，由徑道舟行約八十里抵嘉善。孟孔、成家會約偕行。成不果。自嘉善到烏湖約九十里。湖心石峯壁立，上顏“中流砥柱”四字，乃江浙交界處。時十有八日也。朝過師姑橋、錢馬頭，到平望驛。界連蘇杭，奸宄特甚，雖稍起步不遑物色。由平望至吴江縣四十里，薄暮過寶帶橋。橋長五十三架，爲江南杠梁第一。達旦，度蘇之胥門，即姑蘇驛。五子胥剜眼掛此，故名。夫蘇，吾祖郡王賜第在焉。勝跡若范文正義莊亦在焉。時風利貪程，同舟人復相促，備觀未盡。日晡，艤舟虎邱。揚州張君繩武、山陰許君行一，拉余步玩。偕弟若姪觸緒感懷，因各咏《虎邱冬景》一絶。過滸墅關，有税。歷獅子山，諺云：獅子回頭望虎邱。而日薄西山矣。隔宿到無錫。無錫去蘇里以百計，城北有惠泉，土人藉以釀酒，味較美。使榜人沽二三斤，燒燈共酌，興酣乃睡。睡覺，東方既白。訪其地曰“常州”，下距無錫百里，上距丹陽亦百里。而丹之距鎮江畧同。至二十日晚，抵鎮江之京口馹。烈風四起，客舟集擠揚子江口。二日，守風也。江中有焦、金二山，相去三十里，砥柱長江。金山之亭觀臺榭、層巒叠翠，望之莫盡。而郡中喜雨樓、海岳庵、甘露寺，與張良放鐵颾架、子胥所過昭關，尤嘖嘖人口也。二十有三日黎明，風稍静。僱救生紅船幫渡。極目盱覽，雲水接天，所謂一日風波十二時也。江北爲瓜州。傳言瓜至清江三百七十里，隋時煬帝所開，水逆難行，不比江南八百里，古稱平江也。自杭北關至鎮江口。過瓜十里爲豆閘，有税。十五里爲三叉河。本朝御建親王祠壯麗異常。再十五里至揚州鈔關。自瓜至揚皆古楚地。有煬帝之迷樓。歐陽文忠之平山堂。次日更舟，舟名馬溜子，可容十餘人。越二十有六日，客滿，乃開。是時許、張二君皆別矣。環顧舟中，卬須又非。誦“西出陽關”之句，爲之慨然。翌辰，到召伯驛，纔五十里，舟忽滲。駐葺。因訪馹之所由名。以晉謝安築堤於此，比德甘棠之意。明日，到高郵，約六十里。早由高郵抵界首馹，又六十里。明日，由界首至寶應縣六十里，再七十里至淮安府。府近淮陰驛。客謂驛稱四絶地：武出韓信，文出甘羅，孝出王祥，逆出楊耿，皆一時之傑也。信釣臺、漂母祠並在。行三十里，至板閘。即淮關，有征税。舟又滲，更舟。二十里抵清江浦。時十有一月朔日也。過清江，水益逆，歷上五閘，客俱起曳纜。夜二更，到黄河口。翌辰渡河，舟子薦牲如渡江然。適天有霧，四顧杳渺，蒼茫無限。初三日，從新河歷黄家營、桃源縣。岸上轔轔車聲，與舟楫欸乃相應，亦南北異樣風景也。次早，抵宿遷關。征税。吾暨舊尹崔公雲龍爲宿遷關中河廳，進謁，款洽殊隆，不勝他鄉故知之喜。後過猫兒窩、洳口汛上坡。初七日早，到臺兒莊。夫臺莊舟車交錯，乃河北水陸大都會也。稽其至鄒里數，水陸各四百有(寄)〔奇〕，與清江至臺莊相彷彿。由旱道勞而費，水道逸而省。無如時方水傾閘阻，用整行李，投馮泰來行，寫牲口，揚鞭就道。迴思接滕舟中，非又一番風景歟！行六十里，宿嶧縣陰平棧。雞初鳴，即起，由南常棧臨城汛，宿南沙河，約百有十里。初九，將旦，過滕縣。滕之父老曰：“滕有孟子生善書院，今圮。”有上宫祠。又有文公行井田碑。寓目久之，曷勝追感。行三十五里，抵界河驛，係鄒滕接壤。又三十里，爲夏集，去嶧山不過二三里，層巒峭壁，彷彿巖巖氣象。再三十里，乃抵鄒，即吾始祖孟子釣遊之鄉。嗚呼！邱壑如故，道範莫親，今昔之慨當何如也！

時舍館未定，同行馬君集三邀入鄒典史署中伊舅吴文光處宿焉。詰朝，執贄見宗主。宗主衍泰議論風旨，爾雅不羣，且親親之誼甚摯。遂易寓其第，相與校核譜志，備文申明。涓吉具牲，謁始祖亞聖。工祝祭告，執燔致胙，謹如儀。是歲十一月十有二日，長至節。世尚賀冬，獨鄒邑槩不一舉。緣孟子卒日適届冬節，邑人哀之而廢賀冬禮。越日，具申文書賫往曲阜，衍聖公晉接有禮。信宿而旋，宿於鄒興鄉一名儒里，今所謂傅村，乃孟子誕育地也。去至聖昌平鄉僅十里餘。村有孟子父母祠。祠前清池一泓，廣數畝，俗呼爲孟母泉。進祠瞻拜，與族人揖别。纔一里，即馬鞍山孟子父母墓。墓旁有望嶧亭遺址，向傳爲孟母初遷處。離二十里則四基山孟子墓。墓周垣約一百步，饗亭三間。垣外，孟孫氏歷代吉塚、二世仲子以次峙焉。山之下族居宗人，與傅村約二三百家云。越二十有五日，拜宗主衍泰辭行。宗主訂重遊期，贈有詩，且頒《三遷志》一、始祖遺像二、御祭碑文五，載與俱歸。然鄒魯勝跡何日忘之。

鄒距魯五十里，所謂近聖人居也。地苦寒沍，土地之宜，桃棗柿梨黍粱荳粟，而獨無稻禾。比居廬舍悉仍茅茨不剪之舊俗，尚樸勤，且信義，有古遺風。城之北曰後市，地多廛居者。世傳孟母再遷近市，即此城之東南隅。崇教門構子思子祠三楹，又有子思作中庸精舍，乃思孟授受處，左孟子曝書臺，右孟母斷機堂，從祀孟子像一，如子思子祠。蓋三遷學宫旁，所謂真可居者，此也。他如豫省之遊梁祠，范縣之孟子臺、孟子河，茌平縣孟家莊之孟廟、孟舘，陽穀縣之孟母祈蠶祠，則遠不及矣。去斷機堂一里爲子張子祠。去祠半里即始祖亞聖宗子五經博士第焉。第畔即始祖廟。每歲春秋上丁，博士率縣尹致祭，朔望拈香如之。免徭祭田四千五百畝有奇。廟址縱四百八十四步，横一百二十四步，繚以垣墻，南櫺星門，東西對峙，繼往開來。二門當垣之中：一知言門，一養氣門。舊稱鍾靈毓秀。進謁出入由此。進數百步，則亞聖坊。進坊百餘步，儀門三間。再則承聖門，列間仍三。循是以進，則亞聖正殿，肖像其中，配利國侯樂正子像。棟宇宏敞。堦東有天震井一，砌之以甓，環之以石。詢其命名，因出水時聲震如雷云。噫嘻，異哉！尼山迤東傳孔井也，徐州之北傳曾井也，陋巷之中傳顔井也，而孟氏亦有此井，是亦足以昭淵源歟！中堦鋪石，方一畝，高離地四五尺。南與東西俱石梯。離南梯丈許爲祭饗拜跪之位。獻告升降由東西梯上。正殿前，耳房各五間，從祀諸弟子木主。東廡九：公孫丑、浩生不害、陳臻、屋廬連、陳代、公都子、高子、盆成括、子叔疑。西廡八：萬章、孟仲子、充虞、徐辟、彭更、咸邱蒙、桃應、季孫。元明間詔歷來儒績，又以昌黎伯韓子、宋司空孔道輔、明尚書錢唐等陪祀，以有功孟子也。正殿後始祖妣田夫人殿，間架惟稱，設木主神座。離兩正殿五六丈，東西各築小墻一，直區正旁也。墻之中對設禮門、義路二門。墻東屋三層，前啓賢門，中肖亞聖父邾國公像，而旁則孟子侍坐。石像後則孟母宣獻仉夫人殿，乾隆二年加贈"端範"。亦肖像其中，并孟子侍坐。石像祭以仲丁。楹椽榱桷，明堂甬道，並遜正殿之半。墻西屋層叠如東，由致敬門入，即更衣亭。過亭，即致嚴堂，及大宗家廟。兩廡前夾以廂廊。左爲宰牲所，右貯祭器庫，餘乃廟户住守，以司啓閉灑掃事。若祭謁宸誥，若諸弟子請業請益，并歷聘諸侯王問答。各石像碑碣森森矣。且叢薩古木，若松若楸，若楷，交暎而芬芳矣。而蒼蒼古柏，更焕以彫欗，遠與至聖廟檜、端木氏楷後先位置，真令人眺矚不忍去也。至魯南門外，從舞雩進謁闕里孔子廟。廟址倍孟廟之半。肖至聖像及四配十哲，而子張子與焉。我朝又崇入朱子像，餘皆木主。而宫室、車服、禮器、黝堊、丹彩亦惟倍。去孔廟半里即陋巷顔廟，正殿肖復聖像，兩廡肖二世三世像。制度式廓與孟廟同。惜曾子廟及諸子祠與魯舊墟、少昊氏陵，道阻且長，不能往瞻，亦屬憾事。出城北三四里謁孔子陵墓，垣二重，洙泗内繞。墓前饗亭一所，左沂國公墓，下子思子墓，又廬墓堂三間，及子貢子手植之楷。又駐蹕亭三：宋真宗一，國朝聖祖仁皇帝一，今上一。城東二里，爲周公廟，即子所入太廟。廟貌神像崇飾焕然，左位魯公，右金人立焉，緘厥口，背列銘詞一章。今十三氏所稱東野，乃公苗裔也。噫！兩地勝致，千古常新。其世爵世禄，自公而翰博，而主事，而奉祀生，昭昭在人耳目。又前明四氏學之設，歲科取入二十名，闈試三名，别號耳字。在學衿制以青袍藍鑲，恩加於他族一等。且賜行名字樣二十字："希元公彦承宏聞貞尚衍興毓傳繼廣昭憲慶繁祥"。孔顔曾孟四姓幾如一家焉。吾孟氏南北分支地相去二千餘里，世歷二十餘代，譜諜犂然合若符節，水有源木有本也。

十有二月十八日旋里，緬懷旅況，來與往大畧相似。惟中途河凍，車轍馬跡，較新丕、官河、牌豆、北餞、新店及宿遷關，凡六晝夜風霜，差覺勞頓倍常耳。

宗主衍泰去始祖亞聖六十五代，尊於金瀛輩四世。昆弟八人，衍岱、衍岳，其仲與叔也。

欽賜候選州同知子八人：嫡長典銚早世，生子毓泗，年纔十四；次興錞，恩貢，次興釪，弟子員；次興鋘、興鈉、興錡、興鍠、興銈，俱業儒。毓泗之師李先生，諱碧，字子炤，爲宗邦名彦，世誼之篤，與我宗主一德無間云。時乾隆十四年，歲次己巳，亞聖南宗第六十九世孫金瀛謹誌。

平鋪無結束，直叙無斷制，此作記之通病也。此記結束處曲而勁，斷制處簡而賅。尤妙在敘次亞聖廟制，旁及先聖賢祠，并三遷實蹟處，井然釐然，直令讀者如置身其中，親覩巍焕之盛。江慎脩之《宫宅記》、聶崇義之《廟堂考》，得此真可鼎立爲三。眷晚生周臺拜識。

夾敘夾議，章法疎密相間，一片渾成。外孫周桐謹識。

（居采麟等纂修《[江蘇常熟]臨海屈氏世譜》
清光緒九年忠義祠堂刻，1922 年鉛印增補本）

季氏宗譜

重修小板嶺玄女殿募捐序

［题］翰卿公

虞西最高峰稱蘭芎爲第一，而自蘭芎分支者小板嶺其尤著焉。屹然聳峙，峭而峻，秀特異常。凡往來行人，固不克舍此别由，又不能徑趨直過，登其巔必稍爲之憩息，卒遇風雨，慮無所蔽。鄉先輩集十方捐資，於山巔創建殿宇，中奉九天玄女娘娘，夙有令名，素著靈異，子息功名，求無不應，災危疾苦，感而遂通。故有敬送匾額者，有樂助盔袍者，有張羅執事而巡迎者。而於殿宇之傾圮，殊未之見，何以肅壯觀瞻而昭誠敬乎？某等目擊心驚，其從前制作本屬粗陋，兼之積久塵封，鼠傷蠹朽，皆所不免，若此不修葺，不堪式觀。咸擬採購木料，重建暖殿壹座，并造大佛殿壹座。一切經費，爲數不輕。慨獨力之難支，思衆擎之易舉。惟祈四方善信，量力輸捐，隨願樂助，齊破慳囊，共襄善舉。集狐腋而爲裘，庀鳩工而效力。行見殿宇輝煌，益徵威靈赫濯，皆出諸君之功德焉。結勝果於今日，還福報於他年，定當拭目俟之。

募捐萬民傘啓

［题］翰卿公

竊維龜爻晝重文，必當間以單尺；蜺旌須對舞，尤宜配以獨把。安排執事，首重華頂之彌天；整肅鑾儀，端資寶蓋之幕地。誠耀武以揚威，洵干霄而蔽日。

虞邑東嶽聖帝，爲四鄉驅災降福，萬民感戴者也。戴其德而報之以戴其身，莫切於萬民傘焉。夫傘曰"萬民"，則敬之者公。一傘之需費以半百計，出之者多則不形其難。必一人焉間而捐之，隨書隨繡，隨繡隨迎。是民以可戴之儀物報之，神更以可戴之恩澤施之。仰止彌殷，羣被怙冒之蔭；景行倍至，均沾覆幬之仁。求無勿應，感而遂通，豈虚語哉！惟祈各出囊金，共成美舉，庶幾樂善不倦，獲福無窮。是爲啓。

答和鄭也香先生三律原韻

［题］翰卿公

高才欽佩已經年，況復揄揚有少泉。氣質清明原率性，姿材穎悟終由天。自成書法超塵俗，如此詩懷亦散仙。先輩法傳休過數，行看風度追前賢。

有志芸窻事竟成，從來茅屋出公卿。賈而好讀徵真學，暇復能吟發至情。植骨能隨霄漢上，居身不爲俗塵輕。知君定有遭逢日，舟楫鹽梅擁帝城。

昨訪文几潔復清，談心得意忘更深。唐碑晉帖摩風味，舊什新詩抒性情。句入妙來神愈爽，事談過去氣纔平。南亭有此真佳士，著作如林向慕傾。

作古風一篇，爲鄭也香先生書扇

［題］翰卿公

吾友姓鄭號也香，詩字兩藝擅其長。懷中覓句如探囊，筆底風生傲鍾王。書屏書聯堂而皇，書一摺箑足輝煌。然而絶詣不欲彰，心似謙讓猶未遑。童子攜來急忙忙，倩余拙筆列數行。余於斯道實疏荒，腕固生硬肚又光。卻之不恭受慚惶，字既顯醜醜莫藏。撰些俚句不端莊，如此儉手復枯腸。敢云健筆凌青霜，還幸包羞擲字筐。不然貽笑於大方，頦脱齒落奚以當？

當洪楊革命，家室流離，不特詩書盡付兵燹，即家之住房無一椽之庇。凡此吉光片羽，盡於交游中録得，藉存文獻之證。

孫錫畢謹識。

无妄居額銘

［題］玉波公

蕺山劉先生曰：无妄動易，无妄心難；无妄心易，无妄念難；无妄念易，无妄意難。意无妄則誠矣。君子無妄以誠意，故顔以自警。

有　　感

［題］玉波公

蒿目時艱奈若何，滔滔目下若江河。狂瀾既倒誰能挽，安得將軍號伏波。
搔首蒼蒼奈若何，豈真當爲吾民魔。頻年禾麥收成薄，更值秋冬厲疫多。
爲官只道爲何來，盡是以身試發財。近日名場皆利藪，民間焉得不遭災。
自恨當年少讀書，如今覺得腹空虛。眼前同學青朱艷，垂釣無綸徒羨魚。

送梁湖分司吴公琪德政

［題］玉波公

下車剛及一年周，載道聲聲頌德猷。緝捕巡更常永夜，黎民高枕得無憂。
體恤民情至且周，婚成養媳沐君庥。不循私意不畏勢，遇事公平牘不留。

嘲己丑案首

［題］玉波公

廣錢固可通神明，未榜先知第一名。莫謂案魁無定價，三千擲地震金聲。

題山水條幅

［題］玉波公

十里青山一帶溪，兩峰并峙六橋西。三間茅屋雙扉掩，四望無人百鳥啼。

公之道德文章推重一時，足以信今而傳後。惟道山歸後，卷軸飽蠹，於殘編另稿中得此數言，藉備後人之摩挲耳。

姪孫錫畀謹識。

題兄弟子弟三人合照相

［題］子嘉公

稻香衷曲我知深，總角於今稱合襟。同室芝蘭成臭味，滿庭花萼孔懷吟。君非避地愛高尚，兒已升堂足慰心。從此弟兄期白首，龍孫鳳子各成林。

題稻弟流水今日明月前身小影

［題］子嘉公

問君是何人？君是名教中樂人。丹青妙手寫得真，志同明月朗心清。碧水濱，丈夫貴，自立方識歲寒身。安分維守舊，知足嫌維新。不是葛天氏，定是無懷民。我願與君結芳隣，詩酒談心朝夕親，靈山曾上或有前因。

題子嘉兄半身照相

季錫畀

君知我心，我知君深。一點靈犀兩知音，自從孩提迄於今。二人衷曲如合襟，君之清品同琅琳。君之交友誼共欽，君之然諾重千金。名教樂地自相尋，有時邀客對花斟，有時抱膝自長吟。滿而不溢富不淫，静而有常棋與琴。滿門桃李已森森，莫説異苔可同岑。

題子嘉兄與余及兒合照

季錫畀

人生難得一堂時，父率子兮子從師。澤及兒曹沾化雨，情深手足醉瓊巵。君真如我能知我，我不知君更有誰？但願常常依宇下，明珠魚目兩無疑。

子嘉吾兄，長余二年。兒時嬉戲俎豆，如形隨影。及長，執經問難，朝夕過從無虚日，兼蒙命兒從游，坐於春風。兄之義高雲漢，腹飽經史，私心仰慕，亦已久矣。今夏適電照來里門，余及兒三人合照，兼囑留題，遂成俚言四韻，以博大雅一粲云。

題百我堂兄小照

季錫畢

脱其帽，執其書，胸羅萬卷，學足三餘。知文明之變法，有端木之名譽。不以科名干當世，而以天爵樂閒居。瞻彼椿萱皆并茂，常棣樂盈廬。梁孟齊眉，麟鳳充閭。此中佳境有誰如，世外神仙君相於。俚句何足爲高雅，碔砆斷難并璠璵。請君擲字簏，免得方家笑學虚。

甲辰自題小影法李白將進酒體一首

季錫畢

君不見松間明月自東來，冉冉向西不復回。君不見高山流水從嶺落，無清無濁同歸壑。人生在世如蜉蝣，且釣鱸魚美酒酌。有時泛舟花香裏，有時看竹醉溪邊。一觴一詠也爲樂，何必日食費萬錢。李太白，陶淵明，千古以酒名。小子無實學，亦願同醉月三更。人世浮華何足愛，大江景物别有情。富貴功名非我有，故不與世兩相争。江上清風山間月，及時賞觀不可忽。試看多少名利者，昨日少年今白髮！侣魚蝦，友麋鹿，斯圖斯景神仙福，丹青先爲我預卜。

題鍾伯友兄照相

季錫畢

伯友兄，虞之名宿士，僕之同志友也。戊申歲，掌教成美校，以喬梓電照囑題。搜索枯腸，率成俚句，非敢班門弄斧，亦以就正有道云爾。

君貌雖樸，君品則莊。君心本慈，君志何剛！詩禮趨庭，蘭桂騰芳。或以爲范文正之家法，訓勉維重乎義方；或以爲謝靈運之門第，聚處共集夫鳳凰。而余曰：否，否！蓋眉山之三蘇，道德而發爲文章。肯堂肯構，孝悌門墻。是父是子，世葉書香。愧鯫生之不才，未足以寫先生之中藏。還祈包羞藏拙，而擲於字筐，免失學之慙惶。

自題小影絶句

季錫畢

一輪明月照江心，寂寂無聲夜未深。翠竹紅顔映碧水，停舟釣客對花斟。
流水高山月倍明，松濤竹韻伴吟聲。倘如大地皆春色，何必争求利與名。
竹裏茅廬甘處貧，香醪碧藕醉江濱。醒來獨釣蓮塘月，欲與煙霞作四鄰。
世事人情不掛胸，高山流水步幽蹤。荷花竹葉皆成趣，不學神仙學赤松。
君既好閒避俗塵，勞勞何苦自勤辛。速將世事付流水，長作煙波垂釣人。
本來極早可停驂，與世無求味亦甘。熟讀《黄庭經》一卷，江山樂趣自尋探。
美人顔色古人書，名士風流我不如。只爲清風明月夜，荷花深處借吾漁。
精神愛惜早閒居，釣水登山樂有餘。獨坐舉杯邀月共，香風十里吹芙蕖。
有花有竹本逍遥，樂水樂山俗念消。此景終難如願償，丹青何必再虚描。

一葉扁舟月上初,倚舷醉坐釣鱸魚。閒看山水風流景,我必無緣到此居。

夏景八詠

季錫畀

槐蔭蟬吟

蟬聲嘒嘒到書堂,高唱低吟葉底藏。輕翼微鳴譜韻曲,深林常奏合宫商。吸風飲露三更夢,愁噪歡歌百轉忙。獨坐蕭齋聽逸響,餘音嫋嫋伴詩狂。

花叢蝶夢

香風拂拂過牆東,粉翅瓊鬚宿蘂中。未到雕欄舞冉冉,先來錦蕚睡朦朦。芳情倦若楊妃醉,雅態輕如飛燕同。蛺蝶也知妖艷趣,穿花竊馥獨玲瓏。

草塘蛙鼓

青草池塘處處蛙,鼓吹兩部調更嘉。聲隨碧水驚佳夢,身寄清泉伴野花。不識官私鳴大地,盡除蝨蟹護田家。騷人消夏無良策,閒聽和音意興賒。

茅廬蚊市

市不是真卻似真,齊聲擾擾竟如人。熙來攘往供饕餮,巧計奸謀飽腹身。吸血飲膏同惡吏,鑽膚聒耳若貪臣。茅廬未必露筋廟,何故終宵四面巡。

竹徑螢火

月白風清竹徑涼,飛螢點點入幃忙。龍孫舞罷同珠落,鳳尾摇來若雨狂。行到渭川疑蟹火,瞻觀淇澳猜星光。我非古代好勤學,何必窗前掛一囊。

蓮池鴛偶

披衣閒詠立蓮池,忽見鴛鴦意興癡。葉底新粧成好夢,湖中艷質有仙姿。紅顔映日雙飛樂,翠蓋臨風并蒂垂。花鳥均非凡俗品,騷人能不作蕪詩。

柳岸漁舟

出没煙波一老翁,扁舟行到柳汀東。扣舷共頌陶公德,舉網同吹壩岸風。不是桃源仙景地,卻如彭澤賦歸躬。浮家泛宅終身樂,五内全無利慾衷。

柴門懶客

家住柴門陋巷中,平生懈怠百無工。栽花種竹厭多事,釣水登山未用功。時共良朋話舊雨,常吟明月弄清風。不知世態炎與冷,静坐銜觴自此終。

詩賦會歸途即景偶感絶句

季錫畢

黄花晚節正堪親，秋水文章不染塵。莫道夕陽容易過，晚霞猶勝十分春。

題病後電影百字銘

季錫畢

余體弱，尚無重疾。去秋偶患濕熱，亦自爲無妨，繼增劇，瀉紅，共危之。幸胞弟吉相素業醫，診之，謂病由酒成，積久應現凶象。遂擬方藥，之病漸除，猶恐元氣未復，更爲多方調護，未始非灼痛之隱與爲充周。特書百字，以誌弟德，并留電影，以爲人合歡時之紀念云。

慎 交 額 銘

季錫畢

夫人有賢不肖之殊，道有仁不仁之異。故交人貴乎擇賢，學道先宜求仁。吾自愧失學，又鮮知己，爰書"慎交"二字以自勉之。但願飽學忠信之友來此講學論道，以規吾過失。不願狂暴無忌之徒來此巧言令色，以壞我心術。戰戰兢兢，竊所仰望。諸公之辱臨於斯者，請一覽教之。

光緒二十四年稻香畢識。

題美人春思圖

季爾康

一牕明月照當頭，默默無言獨倚樓。蹙住眉痕渾不展，替誰悲怨替誰愁？
時到天涯信未通，九迴腸斷注東風。可憐無限相思恨，都在低頭不語中。

題 自 畫 牡 丹

季爾康

學畫苦難著色新，胭脂遍乞玉樓人。楊妃舞態終嬌絶，不信邊鸞寫未真。
魏紫姚黄未足誇，天香淺染幾枝斜。昨宵不作江淹夢，筆底猶開五色花。

看列國志有感

季木蘭

政不行時令不聞，取禾取麥事紛紛。成周已定偏安局，不問强臣只問君。
居然列國各争雄，卒歲干戈擾攘中。要識危亡何處是，犬戎之後轍遷東。
軍入雒陽鼎遂遷，漫言人事定於天。周家不是存忠厚，國祚難延八百年。

挺身牀上已多時，屍骨蟲攢尚不知。各據朝堂佔儲位，有兒反不及無兒。
妻妾由來忌艷妝，齊姜息嬀壞綱常。後宫但納無鹽女，卻有忠言到耳旁。
到頭飲劍事成空，半世功名一夢中。可畏讒人三寸舌，古今屈煞幾英雄。
六國連兵勢不振，甘心北面事仇人。君王不得存宗社，半爲妖妃半佞臣。
穢褻宫庭僞亂真，始皇原不氏嬴秦。王孫只爲貪歡樂，混一輿圖慶賈人。

曹娥江

季木蘭

自是曹娥死，長江遂得名。雲封孤塚冷，月照斷碑横。粉黛愁何極，波濤恨不平。夜深舟泊處，嗚咽哭爺聲。

其二

季木蘭

江水不堪聽，江船幾度經。一隄新筑石，雙檜舊顔亭。祠并河山古，編垂史册青。浣花汾渚上，猶説孝娥靈。

泣夫

季木蘭

妾嘆良人赴夜臺，傷心獨立更堪哀。如賓如友情何切，鼓瑟鼓琴魂不回。扶櫬淒涼親謝祭，萬千血淚滴墳苔。有懷莫白向誰語，未識何年化鶴來？

哭母

季木蘭

一别親門廿八年，晨昏曠職罪難宣。三更方哭鏡分夢，又驚萱堂噩耗傳。
深恩未得報涓埃，飲血椎心百念灰。每到痛傷無白處，影形相弔獨徘徊。

敬頌本縣知事袁公堯村賢侯德政

季木蘭

公兩治吾虞，政尚和愛，有宓子鳴琴風，民依之如父母。即我女校，感栽培。今奉省檄升遷，爰賦俚言以誌去思。

爲愛詩書不弄材，緣因女學在胚胎。得公苦力相維護，從此閨門無棄材。
裙釵何敢敵鬚眉，讓到三分卑又卑。明鑑如公憐薄命，中流砥柱鎮安危。
攀轅呼號不能留，載道聲聲頌德猷。他日常懷循吏績，錢清江上話君侯。
百里雷封未慰公，三台五馬仕途通。武城雖小弦歌久，留得清廉兩袖風。

（佚名纂《季氏宗譜》 德潤木活字本）

宓氏宗譜

框峯八景賦

宓芝軒

鄉傳康樂,地曰"框峯"。山矗雲而光怪,水拖練以泂瀠。東際四明,來青挹翠;西連八剡,凝碧流紅。謝眺南馳,覆卮北峙。邱壑幽深,林木萋萃。窮谷則雲霞散幔,懸岸則瀑布飛灕。且夫春雨初晴,錦繡濃粧於杜隴;冬雪乍凍,瓊瑶密堋於梅溪。聞伐木之許許,聽流水之澌澌。靈鵲呼風,哀猿嘯月。夏家田麥穗成雲,天堂崗楊花點碣。南朝太傅嘗著屐以登遊,北宋中丞尚脱冠而竭蹶。又如雨色霏微,嘔啞歌興於西坂;蟾光皎潔,咿唔聲出於東樓。担架霧開,樵笛寫梅花之怨;長潭雨過,漁竿破荻絮之秋。煙樹微茫,雲林逶迤。澗水交流,崖石對峙。青松護宓子之書樓,蒼苔没謝公之屐齒。因時負耒,耕殘東塢之雲;適興開樽,觴流西山之水。桂園新地,水遶山環;松塢佳城,龍蟠鳳舞。危峯疊嶂,因靈運而傳奇;淵碧沙明,來御史之啓宇。落霞孤鶩,依稀彭澤之秋;柳緑桃紅,彷彿武陵之浦。夜雨供廚,剪西園之嫩韭;秋風納稼,刈上坂之嘉禾。非李愿盤谷之居,茂林修竹;勝王維輞川之覓,牧唱樵歌。豈不以秀冠東吴,奇超南越。商旅經營,士夫遊歇。或築室而結廬,或停驂而税軏。拾翠收青者,常攀木以捫蘿;覽勝尋芳者,每穿雲而戴月。嗚呼!越中風景,尚嵊邑之清暉;剡曲溪山,羡框峯之嵂崒。聊染翰於西窻,志吾鄉之仙窟。

時成化十一年歲在丙申蒲月望日,芝軒自撰。

框峯八景詩

佚　名

康樂溪山

山自巉巖水曲流,謝公遺韻幾春秋。九皐每聽鳴仙鶴,萬頃遥看漾玉鷗。碧草深埋巖畔屐,緑楊低覆宅邊洲。古今賢達知多少,相繼登臨次第遊。

中丞閥閱

畫棟雕甍聳杏村,宋朝閥閱近猶存。規模鼎出光前烈,清白流芳屬後昆。富庶不夸陶石第,聲名寧忝謝王門。芝蘭燁燁生堦下,都感當年雨露恩。

西坂耘雲

布穀聲中雨乍收，一(梨)〔犁〕春水足田疇。農歌斷續來郊畔，牧唱高低起隴頭。欲學南陽諸葛隱，終成谷口子真謀。幾多戴笠披蓑者，各及黄昏爭飯牛。

東樓讀月

東樓幾夜月華明，竟夕咿唔不斷聲。漏静每從蕓案展，更殘攜向竹窗迎。因思向日囊螢計，深識當年映雪情。箇裏一朝功業就，華堂珠翠耀燈檠。

杜隴春晴

東風拂拂雨初收，萬紫千紅遍隴頭。黄鳥聲中仙樂細，緑楊陰裏翠雲稠。隋園未許鮮綾綴，杜老曾經策蹇遊。偶憶武陵源上景，風光常與此中侔。

梅溪冬霽

由來瑞雪不宜多，愛日游觀轉霽和。萬里寒光先解凍，一溪碧水欲生波。横斜始見浮疎影，欸乃初聞發浩歌。乘興王猷歸去後，扁舟誰復遠相過。

松塢佳城

羣山羅列勢嵯峩，虎踞龍蟠勝槩多。古樹年多生琥珀，斷碑春老鎖藤蘿。野猿有恨雲迷隴，石馬無聲草滿坡。歲歲東風喧野鳥，依稀薤露舊時歌。

桂園新第

桂花林畔結幽居，一種清芬繞里閭。翠色書連窗外箔，天香秋度案頭書。新枝垂砌争培植，老榦當簷不剪除。堦下幾多蘭蕙繞，燕山應讓此扶疏。

(清宓芳洲主修、宓名榮等纂修《[浙江嵊縣]宓氏宗譜》清光緒十二年鍾遠堂木活字本)

宗氏宗譜

平民襍詠三十絶

宗廷銘

平民所望是年豐，正本先除煙賭風。終歲勤劬拚一擲，飢寒交迫害農功。
年頭茶舍聚遊蹤，不識梓鄉當敬恭。喝采呼盧消晝永，可憐畢世爲人傭。
杏花春雨酒盈缸，醉罷披蓑渡石矼。土潤如酥荒草碧，一犁叱咤力能扛。
柳緑桃紅三月時，貧黎枵腹有誰知？比鄰温飽難稱貸，泣對牛衣痛小兒。
月照孤村織女機，暮春蠶事又相祈。柔柔摘盡新絲出，可惜難成身上衣。
新絲一出繳田租，最怕追呼猛吏胥。醫得眼前瘡不發，心頭剜破肉無餘。
黄梅時節稻苗腴，雨笠煙蓑隔岸呼。麩餅充飢耘少力，又愁南畝轉荒蕪。
赤日行天病夏畦，驕陽炙背眼昏迷。東陵瓜熟堪消暑，易米充腸價復低。
青黄不接鬱愁懷，無米無柴空上街。欲向富商謀斗粟，願輸重利暫安排。
柴門臨水稻花開，粒粒空愁積債臺。未到登場先探問，豐收仍舊苦飢來。
富商狡獪四時春，漁獵平民歲歲貧。一畝難償米一石，寒冬困坐淚沾巾。
爲祈生活亦辛勤，秋借秋還四百斤。可惜號寒小兒女，面容黧瘦足皮皸。
鄉愚學道苦無門，貧賤焉知孝友尊。父母在前時凍餓，妻兒反覺笑言温。
私心自利各分餐，兄弟相争無日安。暇日不知修孝悌，問誰能振萬家寒。
小民賦性本癡頑，從惡如流從善山。灌耳未聞仁孝語，即聞亦不易躋攀。
於今無地可安全，煙霧茫茫不見天。魚肉小民生計絀，沐猴那識問心田。
培植心田宿霧消，去貪崇儉靖鴟梟。奸商不敢營私利，皓月長圓在絳霄。
老少安懷信所交，移風易俗見同胞。人心既正知勤力，胥吏何從肆詐敲。
搜刮無遺盡富豪，竟教河廣不容刀。一筵甘費中人産，那顧澤中鴻雁嗷。
米粟堆倉非不多，那知餓莩苦奔波。積而不散心何忍，縱聽呼庚哭當歌。
人無職業最堪嗟，遊手無能似亂麻。宜撥富資收拾盡，栽培心地各成家。
人無恒産恣猖狂，十畝一夫八口糧。我勸擁田千萬者，願安鳩拙勿貪狼。
深耕易耨賦從輕，長長親親天下平。珍重農官修美德，莫教水旱使人驚。
公德心存地自靈，各村宜插柳青青。圩隄既固柴尤富，不僅春光翠滿庭。
池塘春草本無憑，半種菡萏半種菱。寬水養魚魚易長，自然之利及時興。
濬河機器各鄉留，道路橋梁處處修。人在緑楊紅杏裡，春風無地不夷猶。
農業銀行浹衆心，一分餘利一分金。富翁何必藏私窟，當典尤爲盜賊林。
各鄉小學訓童男，第一須將德性涵。識字不多知道理，能行孝悌寸心甘。

便利交通檢察嚴,山人自爾足魚鹽。無欺到處均貧富,儉德相師各養廉。
家庭教育有誰監,旌別表坊自不凡。僻處山(椒)〔陬〕荒島畔,更宜整潔古衣形。

養性説

宗廷銘

任性逍遥實若虚,隨緣曠放有如無。凡心既盡山含玉,勝解卓然淵韞珠。水面風來魚自躍,天心月到鳥相呼。静中寓動還須静,一理渾然太極圖。

大霧

宗廷銘

天地茫茫混合時,欲行無路究何之。會須日上消除净,鳥轉歌喉花映池。

寒砧

宗廷銘

家住清溪上,夫從絶塞征。朔風吹客思,寒月擣衣聲。市近羣龙吠,天空獨雁横。霜華滿地重,同夢枕戈生。

冬晴

宗廷銘

冷熱愛晴光,寒山色轉蒼。葉乾聞鹿走,雲净看鷹揚。嶺外梅如雪,籬邊菊傲霜。野人來獻曝,小坐話豐鄉。

之默舅齋

宗廷銘

清香一柱對紗窗,窻外幽花隔竹樁。静氣迎入頤老境,蒼苔怪石兩三缸。
緑牕人静藥何如,獨坐焚香閲古書。不識塵寰有些事,落花偶引看盆魚。

從軍行

佚名

槍如林,馬如龍,大將軍威行其雄。羽書日夜馳星火,急赴戎機立戰功。關山遥隔火車通,江河欲渡商輪封。輜重何纍纍,强捉民伕負擔從。街坊閉户少人行,傭人販卒皆心驚。農人隴畔未輟耕,短褐跣足催上程。親戚故舊不敢送,田舍家家有哭聲。筋疲力盡道傍死,魂魄不得返故城。誰謂好男不當兵,當兵猶得稱弟昆。將軍戰馬啣肥荳,民夫枵腹長途征。誰無父與母，朝朝倚閭望。誰無妻與子，夜夜守空房。沙場白骨埋青草，夢中猶是想還鄉。嗟吁四民有業農與商，商自納稅農輸糧。無罪無辜被迫强，驅民不異驅羣羊。誰爲戎首啟鬩墻，齊燮元與盧永祥。

對 菊 吟

佚 名

花開一度一回秋，花不知愁人自愁。我已逢秋四十九，人生能得幾回秋。

夜 坐

佚 名

深宵坐茅茨，銀燈剔復滅。空堦逗月明，時聞響落葉。

秋夜登文定橋閒眺

佚 名

橋上清和夜，風高露濕衣。市虛人語少，野曠犬聲微。天迥星如墜，雲行月似飛。登臨一閒眺，長嘯欲忘機。

救 災

佚 名

水横平地作江湖，歎息人間田地蕪。呼癸呼庚誠苦矣，發糧發粥動心乎？十男卿相陽雍伯，一拂先生鄭介夫。天試人心原有報，古今未必不相符。

勸 善

佚 名

聚財難必子孫賢，散在貧窮報在天。但學士謙能種德，何求如願號多田。公忠對國倪文一，孝友傳家薛半千。從古名人開大族，總由爲善得蟬聯。

恤 貧

佚 名

窮民無告最淒涼，富貴豪華不覺傷。美錦潛銷多士暖，一筵空費半年糧。彥謙得俸周親友，文正營田作義倉。有力能爲須濟急，子孫受享壽年長。

家法韻言戊申九月二十日作

佚名

黎明即起，灑掃庭除。問安視膳，讀聖賢書。夫妻相敬，是德之輿。兄弟手足，宜怡怡如。妯娌山海，切莫齟齬。和順爲法，永保令譽。勿因小故，相説欺予。匡其不及，歡愛有餘。争先幹事，大啟門閭。持躬勤儉，處世謙虚。教子以義，私財莫儲。念念在孝，世世同居。

（宗廷銘纂修《[江蘇宜興]世存集》1914年天香閣木活字本）

居 氏 宗 譜

擬居氏宗祠重建享堂記

李振禧

辛丑春,余薄宦淮東,冷署多閒,與兒輩縱談往事,憶及居譜南先生。余少時避亂甓湖所親炙者也。俄而,僕夫持函入,則先生文孫虞卿、瑞卿輩所致。其言曰:"吾家世居高郵城南,號曰上莊,舊有宗祠。先大父譜南公所創也。屋止三楹,未及推擴。時丙生叔宅居祠後,願納其屋,改爲享堂。公欲償以價,而某弗受。公曰:'彼家非有餘,而坐收其産,不可。'故終公之世弗果納。光緒己亥春,丙生姪文培嗣居此宅,貧且瘠。吾昆弟告之曰:'子之叔父所以不受價者,因子孫不敢與祖宗相貿易也。今子抱痼疾,而境益困。即祖宗在,亦當憫而周之,受價庸何傷。'文培及其妻湯氏咸感此言,因邀適楊門之姑母與恩慶、文標等書券,以屋歸諸祠,受價百六十千文有奇。此祠内歷年公産所餘而司事人從而撥用者也。但屋久失修,非堂構重新,不足以供享祠。又因刊譜未竣,無暇兼營,期以來年鳩工蕆事。願得長者一言以記之。"余既讀畢,因語兒輩曰:"居氏之昌其未艾乎!是舉也,有數善焉:妥先靈,繼祖志,恤族姓,一舉而三善得。譜南先生爲有後矣。"余羸老也,而又不文,猥以記言相屬,恐不足以稱斯堂。然念少時卜宅祠右,奉先生若嚴師。每當春秋佳日,長虹卧波,濃陰匝地,偕其長君鹿泉昆玉酌酒賦詩於祠前。而歲時伏臘,見先生衣冠古處,率其族黨雍雍肅肅而入祀於祠。余亦從旁觀禮焉。時虞卿、瑞卿猶總角也,皆從余遊。噫,此猶昨日事耳!今則不唯先生下世已久,即鹿泉兄弟亦復無存矣。乃虞卿、瑞卿等問記於余,設非余歷交三世,又烏知其敬宗收族三世猶一世乎?此余之所以責不容辭也。至若輪奂興,鼎俎設,環以松杉,嚴其管鑰,則居氏諸君子自能佈置,無煩老夫爲越俎之謀矣。爰撮其崖畧,口授兒輩書此以歸之。

光緒二十七年歲次辛丑夏月,姻世弟儀徵李振禧謹撰。

居氏宗祠祭田記

許秉鋐

公卿有田禄者,藝黍稷奉宗廟,一則曰:"我倉既盈,我庾維億。"再則曰:"以饗以祀,以妥以侑。"祭祀之典大矣哉!郵邑世族之蕃,世德之久,莫居氏若也。於是有撰宗譜以奠世系者,有置田以供祭祀者。而十二世東里公於本莊東偏將己田七畝五分三垖移入宗祠,以備祭掃。其二畝一垖在公墓迤北,其五畝五分二垖在公墓迤南。並其舊宅基阯南北計十五丈餘,東西則南計七丈七尺,北計八丈八尺,亦歸宗祠。其濱河東南隅有仲梁碾房基三間在内。族姓高其義,遂設主而祀焉。厥後奉政大夫匠門公由光澤令解組,宦橐無多,亦遺命以水衡錢八十貫歸祠爲修葺牆屋需。嗣值同族有售其承分梁家壩之祖産於他族者，内有高曾墳墓在。少南、雲莊兩公不忍視此歸異姓，且恐日後致遭蹂躪，爰令子儀姻叔將八十貫錢並祠内餘款數千，隨同瑞卿、蜚卿叔合置此田二十五畝五分，議明在八畝田内擘分。南首三畝二分永歸宗祠執業，佃房車木等隨田通用，號曰居氏祭田。所有錢糧租耔洎丹堊塗茨諸務，歷年均由瑞卿叔經理。田中界至均以立券人老契爲憑，居氏萬子孫其毋得稍有變置乎。都計宗祠祭田不下十畝餘，春秋享祀牲酒靡闕。里遠而能仁，俗儉而可久，此誠百世之計也。

烏乎，今之治家者惟生産是營，其於水木之義，胥棄而不省，又何論譜牒之不明，長幼尊卑乖其分，至相凌相詬，儕於路人。先王維世持民之道其衰矣！夫天下之俗固非一家之所能變，然《易》稱一家正而國定。使有家者咸克明其譜牒，禮文之相糾，馨香之相報，毋逐末而忘其本，毋先疏而後其親，庶幾可以迪孝弟之心，長保其室家而不乖乎。若居氏之祭田，東里公創之於始，而子儀叔善體乃考及伯叔心以行之於繼。兹復得瑞卿姻叔等克承前志，經理先世墓田，以歲歲供祭祀。俾覽者忠厚悱惻之念油然而生。庶幾爲法於鄉黨，垂範於家乘，推廣於來許，而億萬萬世其勿替歟。

光緒辛丑年仲春之月，姻再侄甘泉許秉鋐頓首拜撰。

（清居奭等主修《[江蘇高郵]秦郵居氏續修家譜》 清光緒二十七年居氏宗祠刻本）

屈氏宗譜

義莊書田序

陳用光

昔惠先王士奇之説地官，吾有取焉。其言曰：管子法《周官》事類相近，凡孝弟忠信、賢良儁材，由其下以次復於上；有過惡，由其下以次及於上。猶是《周官》比閭族黨州鄉勸善糾惡、慶賞相共、刑罰相及之意，非若商君什伍連坐之法，益之以暴也。蓋古者政詳於下，故其上之政簡。夫相受相保，相賙相救，民之所以自致其恩誼也。然而曰使之云者，則政行於其間矣。不然，何以曰施教灋於邦國都鄙哉？自《周官》之灋不行，而賢士大夫能敦孝友睦婣任卹之行者，往往足以輔教化之所不及。若范文正之義田是也。

常孰屈氏四世之立義莊書田，其信可謂能法文正者歟。當屈傅野先生自景州牧歸後置贍族田，其子畢節令君曾發增置安濟堂，州同君曉發續捐義田，其孫睢寧教諭君文基又擴充之。今農部君廷鎮復本其嗣父奉政公文在所遺膏火田捐爲書田，以贍本支子姓之能讀書者。孝友之風四世弗懈，益恢以宏，洵可謂賢矣！景州之爲贍族田，自爲之記。畢節之爲安濟堂，沈文慤公德潛爲之記。農曹君之爲書田，姚秋農侍郎亦爲之記矣。農曹君復檢諸記及其義莊規條暨夫由縣牒部勒石示後諸文示用光，俾更爲之序。夫牒部以垂後者，爲歷世久遠計也。人家子孫賢否不能齊，固有漠視其先人良法美意而因以自利者矣。行之官而恐不得其人，若常平、社谷之建，有不若聽民自任爲，可杜吏胥之欺蔽者，勢位之足以閡夫事權也。行之民而恐不得其人，若義莊、義田之建、必聞諸官而勒之石，乃可示法守於後世者，禁令之足以輔夫仁義也。人與法相維，惟賢者能與時消息，而守良法美意於勿替。農部其可謂能用心於久遠者矣！吾家義田向亦嘗牒於部者，故不辭而爲之説如此云。

道光壬午仲夏。

詔旌忠義屈毓庵先生家祠記

錢大昕

乾隆四十有一年，高宗純皇帝表章忠烈，追録明季殉難諸臣，加恩錫謚。且訪求士民之捐軀死義者入祀郡縣忠義祠。常孰屈先生坦之其一也。閱廿有餘年，其六世孫訓導軼與其族之賢者率錢鳩工，建立專祠於縣城翼京門外，請於郡守春秋委員致祭，設祀田世守，以永烝嘗。祠既成，屬大昕爲文記之。

屈氏，春秋時爲楚公族，任兼將相、名列内外傳者十數人。戰國三閭大夫忠諒之節皭然與日月争光。虞山之屈，則自宋忠州防禦使堅死金人之難，其子三班奉職裳黻扈蹕南渡，因卜居焉。先生之高祖輜仕明爲江西瑞州府推官,祀名宦。曾祖以下三世爲名諸生。先生字毓庵,幼好讀書,受經於馮翁培南。同研席廿餘人,翁獨稱王忠亮及先生。嘗曰:"王生聳壑凌霄,故自令器。屈生超然有出塵之表。"其後忠亮成進士,仕至監司。先生雖偃蹇不仕,終以名節顯。

先生事親孝,與朋友信,尚耿介,嫉勢利,累舉鄉飲賓。邑有大興革,有司造廬咨訪,指陳利弊,不避嫌忌。嘗於顯者坐,見一士人俛仰作卑詘狀,即厲聲訶之曰:"若名家子,乃爲此態邪?"里中貴人怙勢多不法,先生於鄉飲時數其罪而責之,其人局蹐不敢出一語。崇禎甲申之歲,先生年七十有五,矍鑠尚善飯,聞流賊陷都城,方食,投箸號慟,絶粒七日,水漿不入口而卒。嗚呼,當國家無事之日,印纍纍,綬若若,雲集霧合,夸毗噂沓,罔上比下,而其君方視爲股肱心膂,謂緩急可倚仗也。一旦大盜乘墉,土崩瓦解,向之登膴仕者,摇尾乞憐,受僞命而不知恥;而搤腕捐生乃在於窮鄉韋布、不沾寸禄之人。此《山有扶蘇》之詩所爲痛心於所美非美者也。世傳莊烈將自縊,泣涕太息曰:"朕非亡國之君,諸臣皆亡國之臣。"夫諸臣固無可逃罪。顧用之者誰乎?天下未嘗無才,以人才爲無益而不用,或用而旋棄之,獨與亡國之臣共居而倚以圖治,此莊烈之所以亡也。當聞變之日,士民誓不欲生者,吴中則有許炎、顧維寰,虞山則有祝舜齡及先生。即一郡不乏賢士,況以四海之大,何至乏才邪?今幸聖朝褒揚節義,公道大彰,而屈氏又有賢後嗣誦先芬而述祖德,立祠崇奉,與楚靈均並垂不朽,豈非忠義之報歟!大昕忝在舊史,用敢取龍門之例,摭其遺事書之。百世而下,過尚湖者庶幾溯前哲而申志潔行芳之慕焉。

嘉慶六年歲次辛酉十一月。

清忠里三閭大夫祠堂碑銘

李兆洛

常熟屈君軼營三閭大夫祠堂既成,自序其堂庭面勢及經始落成之年月,介予爲文以碑之。夫斯文之入人心也深矣哉。遠而彌新,彌久而不厭。動於所不容已,而天下莫能自外焉,則天下俎豆之矣。六經皆言之精者也,子獨曰:"不學詩無以言。"蓋文之溢於情者,惟詩爲然。溢於情,故假於物以將焉,博其詞以充焉。宣其鬱結,通其志氣,非豐於詞而華於章者不能。故凡文之豐於詞而華於章者,皆詩教也。屈子深於詩,怨慕悱惻以自理其性情。而後之學士大夫有屈於志,有鬱於情,不能自通,讀其辭則不啻怡然釋然者,皆詩之所爲教也。故竊以爲屈子有功於詩教甚鉅,宜與韓嬰、申培並祀兩廡。近世士大夫號能詞章者,就所愛以相尸祝,若李白、杜甫、白居易、蘇軾、陸游之倫,所在飾館宇相奠醊。而三閭之祠惟楚中間有之,他郡邑無聞焉。兹非闕乎?屈君托胄荆芈,篤念追遠,誠大夫之神所宜憑依。而予獨以《離騷》二十五篇明天道,達大倫,紬繹聖籍,以誘來學,其肆祀昭享爲宜先於唐宋諸賢也。爰爲銘曰:

禮幹樂葉,芳華在詩。孕以光嶽,竅於吚唲。勾軋孚意,葳蕤吐辭。英藻紛詭,道無參差。風首南音,昌於正則。爓朗明志,憔悴窮愊。荃察拳拳,鳳詒惻惻。去聖非遠,來芳無極。胄經恢宗,大啓昆雲。豈曰文章,以性道尊。齊魯傅事,毛鄭詁言。於此寂寥,於彼鍘鑊。高陽孫子,肆予肇祀。度鄸有虔,饋食稽禮。高堂邃宇,烹魚酌醴。汨吾南征,豈必沅澧。南沙之阿,巫咸婆娑。虞仲放言,子游絃歌。山兮陂陀,有荔有蘿。水兮曾波,有芷有荷。靈兮宴娭,是笑是睇。凡能治經,綴萩諦系。灑掃拜跪,宜鄒魯媲。權輿在兹,薄海淳制。

安濟堂記

沈德潛

我國家子惠萬方，寰宇化洽，不使一物失所，於教民養民外，建設育嬰、普濟諸堂，幼有所長，老有所歸，恩至渥也。於是各直省大吏士夫聞風嚮義，從厥攸好，胥建堂以安天民之煢獨。然皆請之國帑所餘，成之衆力所助，未有傾囊橐，竭心力，獨創宏模，以拯一鄉之顛連無告，若屈傅野先生者。

先生以名進士出宰盧龍，擢景州牧，持己以廉，養民以惠，勸農桑，興學校，清訟獄，而於救災卹患尤日夕圖維，州縣民至今感之不忘。解組歸田，思以行之官者行之鄉。擇邑中平敞閒地，輸金三千五百兩，起造安濟堂；輸金四百兩，備什物器皿。又捐所置孰田一千畝，於中收養遠近鰥寡孤獨，時其飲食，給以衣被，病與藥，殁與棺葬。爲屋一百六間，設監堂一人，醫士二人，司收養一人，司支給一人，司租税一人，司查勘一人，費皆取於千畝之息。始工壬申七月，竣事癸酉十月。立以規條，申以約束。先生之用心勤，先生之爲功鉅矣。昔漢文帝春和一詔，患百姓鰥寡孤獨窮困之人阽於死亡而莫之省憂，冀望爲民父母之賑貸。千載下讀之如見其惻隱之念，而慨奉行者之無人。今先生仰體聖天子仁育至意，不費國帑，不藉衆力，成永遠弗墜之善舉。南豐曾氏曰："其施雖在越，其仁足以示天下。其事雖行於一時，其法可以傳後。"爲趙公救災言也。先生此舉允符斯言，則仁人莊士之遺風餘思庶幾可以被之奕禩哉。堂成，請記於予。予惟匹夫爲善，慕名而捐其所恪。君子與之，以其於人尚有所濟也。若先生者，爲所欲爲，且無所爲而爲，準之張子乾父坤母之旨深有合焉。蓋仁心爲質，自其性生者然也。因其利濟，思其爲政，則先生之惠澤其普被於畿輔間者爲何如哉？堂本高丘庵故基，燬於火，有僧盛修募緣興復，未成而卒，先生即其地成之。今以樓房三十餘間供佛像，居僧徒，蓋不没其舊云。先生名成霖，虞山人。長子曾發，予戊午同年生。

義田記

鄒植行

人之有生也，不謀所以生，則不得生；不有代謀其生者，則亦終不得並生。夫使人人各謀其生，則亦何假於人之代爲謀者。然而緩急人所時有也，鰥寡孤獨世之所不能無也。有代之謀者，所以濟生人之窮也。其權總於君相，其補苴罅漏則恃乎世之仁人長者。其事可以風天下，而通有無，濟緩急，則必先由宗族而及里黨。

虞山屈傅野先生以刺史告歸，首置義産爲贍族用，别置田千畝以養邑之老且貧者。而義莊及安濟堂之設則長君省園明府成之，續置義田百八十畝，則次君若木司馬廣之。至長孫廣文毅齋增置田百二十畝，次孫封君穎濱復别置書田六百畝。親疎内外，規模漸備矣。余友起居注主事敏山爲封君嗣子，其官中書時，復增義田如書田之數，其間宏綱細目一一加詳焉。吾因以歎刺史遺澤之長，而子孫之善承先志也。今夫水其始涓流耳，因而利導之，則爲江爲河，以注於海，而其來且未有已也。

人之有生猶是也。九州四海之衆，其初皆一人之身。自有同德同姓之義，而同之中有異矣。自有大宗小宗之法，而異之中仍同矣。三代以降，宗法漸微，世之擁重貲登顯宦者大抵厚奉其身，而置族黨於不問。即有谿刻自處者，亦不過斤斤爲子孫之計。又乃爲之説曰："吾非不能厚吾族人也，懼其恃乎此而不自謀其生也。"夫有所恃而惰廢者，人情固亦不免。然試問爲其子孫者果遂無惰廢矣乎？未幾，族之富者貧，而貧者轉富，則又以其術行之而莫之相卹，甚且相傾焉。嗟乎，一人之身而至於如此，可哀也已！

昔范文正公以幼孤阽阨感激而創爲此舉，今刺史非有所激也，顧踵行之惠且周於一邑，豈非好善出於天性者歟！其經始也，顯於邑人而於族人猶隱。其纘承也，惠於疏宗，而於本支加厚。其規制之詳既有，絶其冒濫而禁其游惰。至於孝友節義，則尤在所急而有以明夫人之所以得生之理，是又不徒區區衣食之謀也。自兹以往，其子孫以及族之人有不繼續而成之者，豈情也哉？不寧惟是，世之人聞是風而猶有相傾而不相卹者，又豈情也哉？吾聞屈氏之先出於楚靈均，以忠諫讒斥，百折不迴。非篤於宗支者，不能如是。至漢之時，猶有昭屈景爲三閭之遺，大家世胄，必有所以維持於勿替者，惜乎其不可考也。

嘉慶甲戌仲夏。

屈氏書田記

姚文田

常熟屈敏山農部捐其封公所授膏火田六百畝爲書田，以贍本支子姓之能讀書者。上其事於部，勒石以垂久遠。余聞之而歎曰："善哉，斯舉乎！"夫士者四民之首，以其行誼爲鄉里矜式，即風俗人才皆繫焉。要其所以克成爲士，則未有不由於學。吾見世禄之家功名執位烜赫一時，及其子弟席先人餘緒，驕淫怙侈，滅理犯義，未幾而陵夷衰微者有矣。此無他，不學故也。然亦有子弟非甚不肖，徒以生齒日益，而先人遺業瓜剖豆分，以至於不能自立。其賢者猶知自勉，材質下者乃終歲惰游，而其家遂亦漸落。是故，欲後人賢，則莫如讀書。必先使之有所憑藉，是即孟子恒産恒心之説也。

農部之曾大父景州公首創義莊以贍族人，伯祖畢節公建安濟堂以養其邑中之貧老而無依者，大父司馬公、父學博公再增益之。農部樂善不勧，又捐田六百畝以濟義莊歲用之不足，可謂善承先志者矣！兹復置書田如義莊之數，吾見以養以教使後之人有所憑藉，而皆得自奮於學。他日人才蔚起，出可以見用于世，而處可以淑其鄉人，其爲功豈直屈氏一家而已！昔范文正公置負郭常稔田千畝以濟其族人，八百年來支裔幾遍天下，亦代有聞人。屈氏自景州公以下科名相望，由兹以往其世澤正未有艾，吾知其歷久而彌光也。安濟堂之設，歸愚宗伯記之。義田之舉，禮畊太史記之。余故續爲書田記以志私心所向慕焉。

嘉慶戊寅歲十二月朔。

公産裕後録序

屈　軼

古無祭田。祭田，非禮也。禮稱圭田無征，又曰：士有田則祭。明乎古者食禄之家受田於公，以奉祭祀。下此無田，特薦焉已爾。今之所謂祭田，昉於朱子《家禮》，視見田之多寡以爲制。緣乎情，起乎義，而得禮之權。凡公卿大夫士庶人家得自置焉。夫産之沃不若意之嬍也，額之豐不若法之良也。或陸海連阡，不數十載而浸微者矣。或汙莱片壤，有一再傳而滋大者矣。彼胡以促此？胡以昌？無他，世澤有長短，而裕後之道異也。

先祖歲貢府君遺有祭田六十晦有奇。嘉慶戊午，先兄雲穀物故，軼始接筦。越明年，以家訟事白時恭季從祖，謂府君既遺祭田，不可無所維繫，以延世澤。迺列條目請於邑侯陸明府，署官牘，印租簿，俾世守勿替。元議歲入稃租自輪賦共祭一切用外，贏餘六股均分，以杜盜賣侵挪諸弊，爲公産善後計甚周詳也。顧念兄弟叔姪食舊德，服先疇，深懼弗克負荷，詎宜公産所餘計較錙銖，蹈古人貪得之戒。軼既經理厥事，自不敢苟簡遠嫌，漫無區晝，用是謀始於辛酉歲杪，統計嘉慶六年分祭田租息贏餘錢萬九千有奇，彙貯勿散，念我叔父仍照元議分給贏餘六股之一。善爲籌運，俟累積至百金以上，或權子母，或買膏腴。覈之元議章程稍有變通，而於本支各房公費不無小補。自時厥後，秋毫必析，歲會無差，理之如私稸則繁耗省，别之爲公財則覬覦消。事雖猥碎煩苛，誠不免爲世訾笑，然慎斯術焉以往，子子孫孫勿替引之，樽節滋長，寧有量也！昔漢疏廣不買田宅以益子孫，謂不欲益其過而生怨，史氏稱之。夫令德不足垂後，但以怠惰教子孫，損矣！承先人遺澤，擴充而光大之，使子孫之賢若愚者咸知所保守焉，雖千斯萬斯，庸患多乎？筦子曰："倉廩實而知禮節。"孟子曰："無財不可以爲悦。"彼廣之所道，抑亦末世矯激之譚，豈篤論哉！軼因祭田發明其義，爲贏餘，討論其方，反復諄切，用示來茲，并述緣起。即以弁簡首云。嘉慶七年歲次壬戌二月初吉謹序。

經理公産，此爲第一良法，行之久，久必有成效。然不如意事常八九，可慨也！甲子三月，念我叔父病殁無後，又起訟端。明年乙丑，予自京師歸，始集房族立嗣，議以此項公産内同、氣、連、彼四號共田四十七畝有奇，授與叔父嗣子，永爲世業。其自辛酉歲以後所積贏餘，亦陸續以充公用。甚惜前序一番規晝竟付空言。今存的、亦、談、短四號祭田十三畝有奇，皆附墓磽瘠之産。又丙寅春，查出談號田三畝三分，短號田七分。所收租米即抵給墳丁工食，亦屬有名無實。予偶檢閲前序，不勝太息，姑録存之，以俟異日。庚午冬至記於惠南書院講堂。

嘉慶辛未閏三月既望，予自南匯歸里，將赴京師。予以見存公産通計歲入恐虧春秋祭掃，爰割己業坐落昭文之上仙圩制號田十三畝二分三釐，又南湖邙號基地二分五釐，永爲州同、歲貢兩府君墓祭公産，租補祭虧，賦隨租納。嗣後我子孫毋許收回本户，亦不得與羣從較量多寡。《詩》不云乎："戚戚兄弟，莫遠具邇。"尚其敬念之哉！軼載記。

上族父教諭論家譜書

屈　軼

京飩充節，山罽迎寒。伏審叔父杖履康寧，桑榆榮暢，以頌以慰。叔父違鄉宦學，多歷寒暄。祠墓無恙，族從無恙，永言家牒。今茲適離合之機，惟以體例指歸，皇皇然靡攸就正，輒敢縷述始末，咨稟清裁。

吾家都監府君始遷常孰，但有傳言，曾無實録。自非生憑廩竹胄屬螟蛉，迺泝宋以前淵源瀰瀚，繇元以降，世繫茫迷。名氏虧濟美之譽，雲礽蒙數典之誚。此我房祖亮章先生所爲太息於世序失傳，作族譜以存什一也。軼生不辰，幼孤失教。顧自有知識，便殊軌趨，竊欲竟前人未竟之志，完後人未完之責，焦心灼慮，研僻蒐奇。況渡海之歎汪洋，譬登峰之驚絶壁，抑鬱扼塞，蓋十七八年於兹矣。曩因家廟落成，資遣族人訪求支裔，爲修譜筌蹏。而鄉居各支大槩榮悴平分，士稀農夥，罔識所宗，惟金涇塘一支頗能累述五六世。然按之吾家族譜，總未脗合。其居宅左近有冢塊然，宰木参拔。據述宋南渡時始遷祖葬此，考其名字官秩，僉諉不知，碑識闕如，未得要領。又軼所識膠山陳生云，長、錫之間多屈姓。且聞黄埭某老翁有譜。即介陳訪購之，首尾殘缺，就中節録贈制及正史别傳家傳凡十二篇，雖真贗莫辨，然直講府君、郡庠筆記，世次分明。昔荀崧有言，與其過廢，寧與過立。軼獲此秘帙，手自鈔録，私心竊喜，意謂久失世序，離而復合，仰荷先人靈貺，慨然有修述之思。特望淺分卑，未敢僭踰自任，更苦將伯無助，坐是因循。夫容穴隙之光者不足以測離明，窘堂塗之步者不足以規遠到。統計吾族，黄白約七八十人。其中提槧懷鉛，什居三四，然皆因陋就簡，不以爲意。此外或目不識丁，奚堪載筆？或口猶呼癸，詎暇編摩，若凱園聲九輩之保殘守缺，足資商搉者已罕有其倫。維叔父德邵年高，洽聞殫見，趨庭之問答，插架之收儲，其於吾宗文獻蓋庶幾焉。如今要以此事推袁，固非異人任已。軼坎廩頻年，翰墨荒落，應時他技洵不如人。若使網羅散佚，條析異同，涉獵殊方之外志，諜組史氏之舊聞，萃精會神，修飾潤色，鋪張世德以闡前光，推述家風以垂奕葉，不揣譾劣，或可效一得之愚，以隆一家之乘。叔父誠倡率而舉行之，則家譜可計日告成也。抑聞氏族之學古有專家，濫觴於魏晉，甲乙於隋唐五季。至宋譜學失墜，廬陵眉山起而振興絶學，指歸則一，體例各殊。歐譜譜其宗也，歐陽氏譜，始系景達，下迄修，特詳八祖之子孫自長沙而吉州，而永豐，凡二十五世。後世言宗譜者仿此。而於世次爲疑。歐譜：詢生通，通三世，生吉州刺史琮。當唐末黄巢陷州縣，率州民捍賊。自琮八世，生安福令萬。自萬九世，生修。以此考之，詢仕唐初，至唐末黄巢時幾及三百年，僅得五世。琮在唐末，至宋仁宗時才一百四十餘年，乃爲十六世。自是有誤。此據《齊東野語》。蘇譜，譜其族也，蘇氏譜，始著高祖釿，下迄洵，旁及昆弟之子，凡五世。後世言族譜者倣此。而於義分爲儉。蘇譜不記味道至涇，及族屬之無服者，以親盡也。予謂老蘇爲族譜發凡起例，未免語涉疵纇。由高曾而上，是爲遠祖。推緦麻而外是爲同姓。老蘇概指爲塗人，乖親親之道，非篤論也。慨自大宗小宗之法廢，世家巨室無所統繫，其族屬繫惟譜實賴，可不詳慎與！軼按，常孰之屈所從來遠，其代序可考信者，斷自城南支祖，始由兹而下别爲三房九分，秩然不紊。名德已往，竊取史裁，血脈所因，參用宗法，損益往牒之體例，歐譜例，上自高祖，下止元孫。圖限五格，實爲四世。蘇譜例，上自高祖，下止及身、昆弟、昆弟之子。圖限六格，實爲五世。予家譜，上自曾祖，下止曾孫，義取承高啟元，世世不絶服也。圖限四格，實爲三世。非敢别創體裁，仍依歐、蘇二氏譜例，參酌變通，稍有損益云爾。折衷曩喆之指歸，傳之無窮，庶幾不盭於古。伏候叔父鑒詧財示，幸甚。

（居采麟等纂修《［江蘇常熟］臨海屈氏世譜》
清光緒九年忠義祠堂刻，1922年鉛印增補本）

承氏宗譜

鶴坡承君印譜序

張　襄

蓋聞刻印莫先乎論篆，論篆尤貴乎探源。八體創自秦時，六書更从漢代。鵠頭鳥跡，體正而醇；金錯芝英，法奇而古。故必下參徐鄦，上溯籀斯，究圜朱滿白之文，審切玉爛銅之刻。搜羅既廣，辨識無譌，斯克擅夫專長，可無虞其貽笑。否則[illegible][illegible]莫辨，[illegible][illegible]將分，乔歪既形殊夭趾，[illegible][illegible]亦象異[illegible]毛。[illegible][illegible][illegible]並之身，今連而古塴；[illegible][illegible][illegible][illegible]之首，今直而古紆。次弟之“弟”，借爲兄弟而紛增第、苐之文；雩帝之“帝”，假作帝王而别造蒂、蔕之字，以至玆、兹易溷，孛、孶相同。改[illegible]而用，終變僾而爲僾；[illegible]形正而反偏，[illegible]體邪而反正，祇諧俗日，莫覩原义。降及偏旁，尤多譌舛：心目立而疑“小”，手目挑而侶“才”。[illegible]首如云，[illegible]頭敵廿。易[illegible]爲廾，在奉、春則溷“大”，在昇、井則溷“丌”；省[illegible]爲卩，于御、印則疑“邑”，于遷、卺則疑“已”。詐分[illegible][illegible]，莫辨囗口。凡此僭差，難勝指摘。所貴得史倉之遺意，汏齊梁之僞書，庶幾合古無難，追宗有本。由是符章印璽，更審其名；漢魏、周秦，復詳其制。毋(私)〔師〕心自用，而緬成規；勿稽古未精，而从僞體。斯胸有成竹，然後(奏刀)〔運筆〕；目無全牛，迺能(運筆)〔奏刀〕。筆立其幹，刀全其神。輕重屈伸，俛仰去住，强弱疏密，貴增減以成章；單雙正側，衝澀遲留，埋切舞平，在利鈍之合節。故用筆則穠纖得中，修短合度。曲而有筋，直而有骨。實而有肉，包而有皮。當行即流，當止即峙。遇周斯規，遇折斯矩。動不嫌狂，静不嫌死。咸得之于自然，不假道于才智。用刀則大者宜重，小者宜輕。麤者宜沈，細者宜浮。曲者宛轉而有筋脈，直者剛健而有精神。正入猛而勢雄，側入平而大雅。用久自化而卧不流滑，搶上無旋而鋒取乎中。如行不行，似緩非緩。單入固易争奇，雙入乃能免俗。救刀宜用短，宜用斷，尤宜留有餘；挫刀宜不疾，宜不徐，尤宜顧牽法。舞刀在熟極，勿有意强求；切刀不轉旋，迺有時救敗。複刀取勢，覆刀取式。反刀取韻，飛刀取情。刺刀取鋒，澀刀取意。字簡尚勁，如泰華孤峯；字繁尚緜，如重山積翠。字短尚狹，如幽谷芳蘭；字長尚寛，如喬松大石。字大尚壯，如横刀入陳；字小尚瘦，如獨繭抽絲。字太繁尚安適，如閒雲出岫；字太省尚美麗，如百卉争妍。字太緊尚從容，如長霞散綺；字太疏尚結密，如古錦(抒)〔杼〕文。字太板尚飄逸，如舞鶴游天；字太佻尚整嚴，如神鼎立足。字太難尚擺撇，如天馬脱羈；字太易尚阻艱，如驚寒雁陳。字太平尚奇險，如靈鼉鼓浪；字太奇尚平穩，如正士垂紳。點綴如著草落花，承接如彈丸脱手；斷絶如長虹截雨，轉折如鴻毛遇風。壯膽在于始基，小心歸乎收拾。惟得心而應手，乃游刃而偁良。善傳神外之神，妙盡法外之法。近今作者，造此殊難。承君鶴坡雅善鐵筆，曾爲余刻小印數枚，用丹鉛之暇，擅篆刻之才，已届工能，自臻妙逸。並訂《印譜》一書，介吴克齋師索序。《竹軒》五卷，馮昭玉遜此專門；《菌閣》一編，朱修能讓其獨步。余生自闐幃，學慙金石。年剛髫稺，文愧淵雲。敢染柔毫，聊以頌鐵畫銀鉤之妙;伏惟高雅,幸無責配青儷白之工云爾。

(承壽古等纂修《[江蘇常州]毘陵承氏宗譜》 1948年德楊堂木活字本)

續濬舜河記

承儁尊

陽湖之東,江陰之西,有港曰“舜河”,即俗所謂“新溝河”者也。濱河土地卑下,而秦峯、舜嶺、白石諸山又環峙其上。夏秋霪雨,山泉奔注,益以蓉湖外漲,孟瀆狂溜,往往匯成巨浸;雨或愆期,則立形龜坼。故前人傍山鑿港,凡所以資蓄洩、備旱潦者,法至良也。河隸陽邑者,計長二千三百丈,溉田七千一百九十餘畝。隸江邑者,計長二千一百三十丈,溉田與陽邑相埒。當前明洪武朝,官爲開濬,工費由帑支給。厥後則官督民挑,或武進、大甯、江陰、良信等十鄉通濬,或濱河諸鄉會疏而鄰鄉之得沾水利者助之。民不逋役,疏不違時,水旱之年不爲大害。今則規畫懸殊矣,河形日偪矣。殆陽江之民心力有不齊與?同治庚午,哀鴻初集,其時去江民張尊一通濬已五十餘載,浮沙壅閼,潮汐斷流。先大夫憫農民之數困旱潦也,乃白諸郡邑侯,命胡君東翹、曹君守謙、繆君仲和督兩邑農佃疏之。越三年,歲旱得免於烖,蓋河之有利農田洵不誣也。迄今閱十九年,河復就湮矣。儁尊懼蓄洩無資,旱潦莫備,爰偕胡君東翹、牟君吉夫,集鄉之紳耆董正上告邑侯,會同江邑仍業食佃力之章爲通力合作之舉。淺者深之,塞者通之。經始於戊子冬十月,告成於己丑春二月,凡百三十日竣事。是役也,陽邑計靡金錢四百四十餘千,江邑計靡金錢三百四十餘千。雖兩邑各有捐資,而集數無多,罔給於用。幸邑侯金公稚蓮慨捐俸錢二百緡,族子柳溪又以百緡輔之,事乃克濟。至治河諸彥,尤各殫心力,有功鄉閭,例得志名,俾垂久遠。董陽邑工務者爲胡君東翹、是君敘九,而東翹固長於治河,辛勞尤著者也。他如徐君鏡平、族兄雲坡、戴君榮培、顧君筠溪、莫君琴溪、琴泮,及各董皆與有力焉。江邑集事尤難,繆筱山太史實淬勵成之。而董其事者爲繆君晉卿,其佐繆君治理者則曹君勝方、繆君晉初、張君義齋。而晉卿尤不避嫌怨,不辭勞瘁,同心合德,以相與有成者也。若儁尊不才,何敢膺治河之任,惟謬爲邑侯所推,誼不容於旁諉。惟有勉竭愚忱,持籌終始,以期無負此心而已。工既蕆,父老屬一言以志顛末,爰書大畧以諗後之治此河者。

(清承乃韶等總理《[江蘇]毘陵承氏宗譜》 清光緒二十九年聽經堂木活字本)

於氏宗譜

薄暮小飲

於金

寂坐西窻晚照收，聊傾醽醁散閒愁。自憐好客過文舉，敢望生兒類仲謀。萬竹影摇湘水月，千松聲吼峽山秋。詰朝擬赴東村社，着屐徐看紅蓼洲。

按：舊譜有此詩，乃六世祖新五公所自作也。公諱金，洪武時以廩生特拔鄉貢進士，子孫稱省元公。讀此詩足以彷彿其生平焉。乾隆辛丑孟春，裔孫士宏謹述。

林 氏 宗 譜

蒲月望日同年友洪江發棹

林張詩

與君挾策駕舟輕，欲傍同人附驥名。談劍固知新友好，歌驪難恝故鄉情。滿天月色頻相照，萬種心腸半未明。斯去治安酬側席，素懷欲抒一朝平。

晚泊延津望明翠閣

林張詩

舟泊延津借一間，長途萬里許多關。近凝翠閣嶙層起，遠望名山次第扳。垂釣漁人臨水泛，據鞍客子逐橋還。等閒正欲尋僧話，忽聽鐘聲浪上潺。

初 夏 即 景

林張詩

東風怎去日初長，榴色舒紅笑柳黄。新燕堂前方試剪，老鶯枝上仍調簧。探書每作抛書夢，踏月多應愛月忙。景物四時皆入玩，熟梅煮酒興尤狂。

恭和御製閨怨春夏秋冬四景

限一二三四五六七八九十百千萬丈尺寸雙兩半溪西鷄齊啼韻。

林張詩

一

君在沙場妾五溪，兩人二地别東西。一心萬愿千傳柬，雙黛十愁九轉雞。百計三思籌是幻，四方八卦卜難齊。半將春色過六七，丈尺難量夜夜啼。

二

千山四野許多溪，即喜淹留每欲西。二六芳辰皆雅調，一雙佳景只聞鷄。萬難五夜尺襟會，半爲三更兩夢齊。百丈荷香飄七八，十回風雨九回啼。

三

曾曉昌齡過五溪,最憐雙丈久邊西。八千路遠驚飛鳥,三尺龍鳴厭唱鷄。萬望魚書六七返,半慚鴛枕一雙齊。四鄰十室九思恤,兩淚沾襟百樣啼。

四

一身十載九邊溪,兩地平分半是西。欲話二三欣托帛,懶投丈尺苦催鷄。雙眸四望頻頻轉,七竅千思未未齊。六出紛飛周八面,百寒五内萬端啼。

游觀音閣

林弘造字以式,號宜園。郡庠生。

水田初插暮春天,四野蛙聲鬧百川。驪酒甕攜市上鬻,新茶爐煮日低懸。天屏憶勒千年跡,龍谷疑藏古洞仙。結伴尋芳重覽勝,忍將高枕獨成眠。

九日登白鷄峰絶頂

林弘造

直上高巔第一重,興酣力倦坐青松。眼空塵宇三千界,路遶雲窩百六峰。短髮羞將青帽落,深山誰遣白衣逢。芒鞋踏遍懷歸去,龍谷風迴送暮鐘。

寄錦園諸同人

林雄臣

慚開虎帳午風清,矯首雲山不計程。帶帛屢傳雖有雁,調簧相對已非鶯。錦園騷客羣酬興,楓嶺勞人獨繫情。試問别來三載裏,朱弦幽操可曾更。

秋過笑園書贈

林宸聰

錦圃開東野,徘徊意氣舒。花酣紅日醉,香飽碧窗虚。逃世雲川竹,留賓月畹蔬。高標誰作侶,孤劍一床書。

雁　　陣

林宸聰

一去待春歸,啣枚次第飛。歌風列陣巧,哨月逐星稀。蘆帳籌多算,沙營隱妙機。想知司馬令,酣戰趁秋肥。

賀花燭

林宸聰

銀燈斜映玉杯光，環珮珊珊拜綵堂。日射畫屏飛孔雀，月窺翠幌戲鴛鴦。催粧嶺上新梅放，醉客籬邊晚菊香。最是袁筠得意處，直乘春色試文章。

興林寺醉歸復集飲披雲齋

林宸聰

酩酊歸來減卻寒，況逢同志話更闌。故知剪韭予增愧，不道開樽客倍歡。月吐雪峰清似水，囊收佳句臭如蘭。漫言此會閒游謔，好把人情仔細看。

題望鰲亭

林宸聰

鰲嶂凌空曙色開，翠連雁麓逐波來。從旁展翼堪題字，當牖昂頭欲占魁。讀史燈分平野月，捲簾花入小樓杯。兒童課罷垂絲釣，幽迴依稀一釣臺。

水底中秋月

林宸聰

龍宫玩月此宵同，偏令嫦娥繞地行。光入銀濤明分外，波飄桂影濕無聲。一團皎潔江心賞，五彩迷離水面生。直待金烏暘谷起，霓裳奏罷瀨濱泓。

白鷺

林宸聰

幾度尋巢欲遠塵，長林橋畔樹蓁蓁。飛來兩翰誇如玉，看去渾身卻是銀。午夜共眠榕杪月，夕陽獨睥曲江鱗。難將膻穢蠲除盡，惹得平生潔不純。

臘忙寄友

林宸聰

何事忙中寄素箋，幽懷一片汝應憐。江村梅樹十分白，贈與詩人不當錢。

冬日題夏景美人

林宸聰

名園弄蝶不成歡，忍着輕紗度歲寒。二八計來還未嫁，冰肌羞映與人看。

倦尋芳　秋雨懷人

林宸聰

風梧拂雨，小圃苔鮮，含愁踏遍。幾陣秋雲，飛入孤城莫見。　清品擬來光似玉，長江恨殺白如練。看几上，劍鋒芒難割，相思一片。

西江月　送别何一之粤東

林宸聰

短塌幽窗月冷，蒼梧碧草霜凋。騷人一去望迢遥，無奈相思夢渺。　應識甲兵滿腸，堪邀車馬如潮。我今離緒正摇摇，何處敲成雅調。

十四夜笑園坐月

林東里字以僑，號拙齋。

堪愛秋光好，相邀踏月明。行經叢菊徑，坐趁晚風輕。樹裹清輝遍，林間落葉鳴。更深談未已，幾度雁歸聲。

十五夜笑園集飲

林東里

澄徹秋中景，清輝一片明。菊摇籬畔影，杯泛月中情。白露凝寒氣，村砧落晚聲。醉餘深不寐，拈韻詠殘更。

十六夜笑園賞月

林東里

望後探秋色，樽開待月明。兔升雖稍緩，輪現覺猶盈。縱飲尋花令，行吟聽樹聲。盤桓良夜久，歸去晚潮平。

十七夜笑園遇雨

林東里

秋色平分後，銀河耿耿明。擬將月出好，無那雨偏傾。晚徑嘆徒過，同人虛遠行。歸來眠不穩，獨坐夜潮生。

餞　菊

林東里

聞道秋光老，蕭蕭菊圃中。輕盈曾幾度，消瘦迥難同。枝傲猶經雪，英殘不耐風。何當輕汝別，杯酒祖籬東。

承用光侄孫延予設館笑園次韻以答

林東里

書劍飄零眼欲昏，畏言招我館東軒。十年潦倒無長策，此日棲遲愧笑園。語未驚人衹養拙，文難酬世且探源。多君饒得清幽趣，時對花明月一樽。

秋夜笑園小飲

林東里

露白風輕笑圃東，樽開恰好趁秋中。詩敲夜静蛩聯韻，酒醉更深雁嚦空。入座疏砧鳴遠巷，映階遲月上高桐。留連不盡吟哦興，茶灶頻燒落葉紅。

薇亭小飲時立秋後五日

林紫閣字以凝，號霞川。邑庠生。

秋雨瀟瀟下，薇亭花正香。裁詩摹杜甫，買醉類高陽。潮長風初急，蟬鳴樹轉涼，共期牛女會，先酌紫霞觴。

賦得首夏猶清和黄學院考古學題限和字

林紫閣

赤帝方司令，薰風過碧阿。炎生天不冷，暑到氣還和。結翠花迎蝶，輕陰麥化蛾。黄鸝眠媚柳，白鷺亂新荷。簾影樓臺動，波心乳鴨過。天時非酷烈，自得性情多。

奉和蕭老師九日登高

林　楧初名宏，字以恭。貤贈文林郎。

重陽黄菊綻秋期，不盡東林仰我師。三徑花香迎謝屐，半腔詩興寄陶籬。風飄落葉天横雁，樹接飛煙野渡鷗。此日喜聞登絶頂，龍山萸酒託相思。

仙井樓有感集唐

林　楧

别有仙人洞壑幽，宋之問。熟尋雲樹縱閒游。曹唐。若將雅調開詩興，楊巨源。猶恐行藏墜俗流。韓偓。道氣清凝分曉爽，王建。風神灑落占高秋。鄭谷。悠悠幸寄羲皇傲，陸龜蒙。萬籟聲沉暮靄收。段成己。

春日同游文殊寺

林天碩字以賢，號几峰。乾隆癸酉鄉貢士。

春光猶舊事皆非，日日山中望翠薇。谷已真空思客滿，溪如獨語畏人歸。鷓鴣聲煖桃花飯，籬薜香深草蝶衣。共向佛前無一念，行看惟有白雲飛。

夏夜感懷

林文郁字興學，號□□。郡庠生。

蛙鳴池畔雨紛紛，牢落幽懷出岫雲。閲世未聞心面一，交情深嘆古今分。聊將撫景隨風度，何必看花帶酒醺。輾轉匡床長不寐，朦朧枕上漫成文。

夏日病坐小樓寄友

林文毅字興東。

倦體披衾坐，難堪日正長。乾坤多火燄，樓榭有風涼。酒興因愁減，詩懷爲病荒。故人皆遠隔，誰與話聯床？

除夕

林文毅

韶華荏苒去如飛，暗想吾身事事非。踪跡年年空孟浪，風光歲歲太依稀。應時有愧奇文字，隨分何慚敝布衣。爆竹今宵催臘去，好迎春色到柴扉。

送黄夫子公瑾歸壺峰是年設絳虎峰,予往從焉。

林文毅

多年淘水侍青毡,虎岫重游感不捐。正擬同羣歡永日,偏遭失恃恨終天。相思夢每依樓上,送别言難罄馬前。强抑愁懷頻縱目,壺峰疊疊野雲牽。

季春送用周侄太學赴選

林文毅

愛向成均占上流,劍光初出即冲牛。恰同桃浪當三月,何俟鵬程屬九秋。聲價得揚君正暢,遭逢未偶我偏差。臨行弗及陽關餞,聊肅霞箋佐壯游。

乞 紅 梅

林文毅

梅花幾樹傍東鄰,聞有嬌紅最可人。自古清芳須共賞,寄言分我數枝春。

臘月同友游五靈巖

林士敬字興儼,號畏菴,邑廪生。

縱步尋幽徑,危巖半接天。梅香同對酒,雨意共談禪。眼曠思無地,心閒夢欲仙。月臺遥一望,煙火萬家連。

送黄公瑾夫子

林士敬

董帷高設傍龍溪,負笈登門伯仲齊。磊落才名空冀北,從容模楷重關西。春風一載談經款,寒雪三冬話别凄。愧乏梅樽遥致餞,獨含愁緒聽歌驪。

重九同弁修姻舅以達以僑二阮興山興檀二仲登高留飲西聞上人禪室

林士敬

蒼茫秋色碧涵空,登眺還從謁遠公。菊徑芬芳花正吐,楓林蕭瑟葉皆紅。龍江浪激城南棹,鰲嶂風迴塞北鴻。欲效吹冠羞髪短,聊將萸佩與人同。

夜　　讀

林國勳字興姬，敕贈文林郎。

古人燈下立，雄辨復清淡。水響山空應，雲稀樹影参。所思期不滯，獨得貴無貪。此意伊誰語，開門月滿潭。

春日送别

林國勳

辛夷花發海棠飛，執袖臨岐怨落暉。聚散野雲無所定，浮沉萍水暫相依。龍江浪急魚書少，虎岫峰高雁字稀。此後憶君何處甚，風吹楊柳雨霏霏。

聞　蟋　蟀

林國勳

促織堦前夜月明，輕隨彤管起悲鳴。頻敲細響過書案，乍弄清音上弈枰。草徑露稀塵慮净，池塘煙淡晚風清。聽來不必金籠貯，斷續更深多少情。

感馬伏波二律

林在寬

裹草疆埸志早堅，漢家惟有馬文淵。才追負鼎英雄遂，智足知人富貴捐。祇願兒曹思刻鵠，不忘官屬憶飛鳶。城西槁葬千秋恨，誰謂功名理固然。

死戰雄心總未灰，據鞍顧盼願猶存。功成只合奉身退，老去還虞負國恩。塞漠幾時纔返旆，臨鄉無處可招魂。纔言早啓梁松搆，何事專論薏苡寃。

送以洪叔祖之京應選左都督

林維新字用周，號岐山。

少年豪氣貫長虹，曾受陰符圯上翁。投筆遠圖萬里業，請纓奇樹一方功。赴銓卻喜承文檄，論賞應誇錫矢弓。物色燕京知得意，好音頻寄往來鴻。

寄懷黄公瑾設絳龍溪

林維新

其　一

誰令雲樹隔東西，叔度多違意倍凄。卻羡無心江上水，朝朝流得到龍溪。

其　二

君自東兮我自西，紙窗風雨漫凄凄。何時學得山陰棹，好把龍溪繼剡溪。

春宵同諸友集飲松音寺即事

林文瀾字用海，號□□。邑庠生。

月到上方淨，人爲知己來。老僧歡設宴，勝友縱傳杯。蠟燭青烟散，詩魔玉漏催。溪橋芳樹影，夜静久低徊。

丁巳送諸同年回閩

林維雍字用建，號支山。

客中誰慣輕言别，況是紛紛如電掣。薄酒盡君今日歡，閩南燕北分轅轍。秋風江左鱖魚肥，浪捲長天鷁怒飛。縱飲談歌珠斗燦，同舟李郭水光威。愧予三試鑒前車，蠹管空攤中秘書。曾見十年面壁者，繄余敢也畫葫蘆。榮枯安置皆如寄，英妙蜚聲造物忌。珍重鄙夷皆有心，貧者贈言君須記。誰當才巧誰當拙，糊窗不值詩空切。經綸揭地與掀天，始信科名非混設。綸扉槐棘是何人，一命無煩太認真。今日倖邀君齒冷，由來名實未相賓。于山經過太山下，水則江河深莫亞。心胸拓得眼睛高，鴟將腐鼠毋相嚇。十週認字未全愚，世故人情崎復嶇。糊口已從刀筆業，初心敢與翰英俱。西來諸水撼金山，觸目應知砥柱難。自古秀才天下任，豈云已博錦衣還。

賀桐城張夫子壽

林維雍

清時養福推元輔，佳節呼嵩祝大年。潤色兩朝鴻業炳，榮封五等異恩綿。身依日月精神迥，地近雲霄瑞應全。柱石永擎貞協地，箕籌長衍格平天。姿同海鶴凌秋健，算與喬椿閲歲堅。祥桂香飄玉座畔，黄花英綻綴堦前。瓊漿甘醴增眉壽，寶樹芳蘭繞綵筵。珥筆莫書單厚慶，登堂只誦九如篇。

擬和聖製

林維雍

陽回泰運景綿聯，閶闔天開萬象鮮。乍慶椒觴浮緑蟻，旋敲雅調叶朱弦。近光鵠立羅千仗，頒韻貂行待九筵。欣誦賡歌入舜典，聖懷謙附柏梁編。

過螺江阻風

林維雍

峽門風怒白沙驚，一片烟光射客旌。馬躍龍江堪砥柱，蟹依虎岫自横行。莫言波險憑舟穩,且喜船欹着脚平。一望中天蒼狗幻,夕陽閒照遠潭清。

謁黄石齋講堂

林維雍

偶避塵囂叩講堂,引人入勝思茫茫。木天銅篆蛇添足,蜀道燕臺劍挫鋩。努力昔曾摹繡虎,多岐今已嘆亡羊。翩翩英妙尋幽趣,獨我回頭自赧惶。

送周力堂學使者復命

林維雍

韓歐德望斗山懸,十郡英豪邇大賢。風格西江曾弁冕,才華中秘羡飄翩。滿襟朗貯千潭月,盈尺紛堆萬選錢。自此聲名達黼座,掖垣深處五雲箋。

代漳平鮑公名梓閲卷

林維雍

千古文章事最公,少年高揖白頭翁。鮑公暗中摸索,前矛俱是英妙之年。曾知緑玉藏荆石,爲愛緇衣讀鄭風。駿可售金連骨市,木堪成器抱山童。相看不在枋榆上,羊角須教六翮翀。

丁卯蜀闈與宴

林維雍

闢門典禮耀昌期,末吏躬逢意自疑。德教未敷蜀父老,衣冠幸綴漢威儀。紫薇堂上分三酌,丹桂叢中摘數枝。回首南闈剛一紀,當年曾此卜相知。余係前卯閩闈廁名。

揭　榜

林維雍

琳瑯滿目快前期,割愛今朝忽忽疑。瑜也既生偏有亮,蘇而猶在詎能儀。房薦擬元,至揭榜置第二。平分得失三生恨,莫問輪囷百尺枝。梁父卻車寧盡載,文章千古寸心知。

和嵎易陳姑丈詠雪

林維雍

西風昨夜震牕紗,帶霰空中嬝嬝斜。旅舍添衣問柳絮,香閨閣筆比梅花。蕭條欲閉袁安户,風味休誇陶穀茶。相約煖寒誰主會,快予醉倒在鄰家。

戲疊二十首有引

林維雍

紅嬌緑嫩，平分春色於錦江；匵買珠還，素淡後庭之玉樹。怨每焚夫祆廟，好不學彼登徒。此調只有廣陵，凡目自相秦越。偶逢可愛，委曲以致其情；乃罔聞知，輾轉而生其恨。質身固願，運蹇唐寅；扤拂可奔，才慚李靖。桃腮空潤，玉腕頻攜。無如冷氣侵脾，難冀倖於萬一；熱中指髮，莫憐念其凄清。水覆思收，甑破仍顧。若以含羞蕭澁，豈無半就機緣。異時或有一得愚忱，今日勿吝再思餘地。自負入羣不亂，亂竟有時；只此棄予如遺，遺當致悔。陽關三疊，將策駑以驅塵；夜雨五更，免聞鷄而碎膽。

隱躍羅浮風雨迷，箇中消息倩誰知。迴腸飽貯三生恨，愁緒飛縈百道絲。前度鶯花經幻夢，邇來環珮每愆期。困人天氣剛羈旅，豈必魂銷待別離。

坐起支吾恍醉迷，前身情種老天知。非關金穴貪鷄肋，都爲鉛刀斬藕絲。張目而今輸阮籍，解音何處建鍾期。朱顔黄土渾閑變，兀自傷心古別離。

曾入花叢性不迷，偏于狹路覓相知。片言可有迴天力，五月誰貽續命絲。慧質訂交忘遠局，癡情鐃舌叩幽期。懸旌無泊揺揺況，覿面何緣卜合離。

誰欺老耄自癡迷，易謝紅顔瞬息知。有眼無珠空賞石，將心作繭苦抽絲。尚存三徑花堪種，待醉千鍾友訂期。視蔭還思戈指日，長吟周道黍離離。

粉黛骷髏互覺迷，恩深怨重兩心知。坦懷羞設藏鉤餌，暴氣難穿入叩絲。屢接香腮疑有意，床連細語杳無期。相思最是摧生劫，不即何當又不離。

馬首戒途途已迷，情疏貌合偶窺知。都緣擲果添嬌態，莫作前魚上釣絲。此日固慳握手好，他生還訂晤言期。嘔心絶筆仍回夢，瞥眼征衣且訣離。

私事牽纏公事迷，短長日子頗難知。含眸從未垂青睞，裹足多應示色絲。秀外慧中思永好，追神攝魄自前期。片時不見情何似，三月三秋三歲離。

注目揺精韻態迷，外間共訝寸心知。情人當戀重圓鏡，羈客還疑未染絲。早趁鶯梭穿柳眼，恐過駒隙失瓜期。話長紙短憑何寫，玉樹蒹葭賦仳離。

雲暗銀河烏鵲迷，天孫悄度少人知。金風蕭颯催殘夢，玉宇玲瓏褭緒絲。幾許遥情猶待旦，何居歡會卻先期。世間儘有難平事，頃刻庭階各合離。此係七夕前一夜有感而作。

細蕋芳葩粉蝶迷，采英輸與野蜂知。抛餘俠淚空乾血，撇下機梭斷累絲。綺語吐來傷肺腑，仇緣割去净襟期。只憐愚悃堪長託，剖付情人反速離。

望門寡女悔昏迷，熬受三秋若個知。瀝膽示人如撈月，回頭掙氣僅懸絲。雙關好語終虚局，一往深情早戒期。翻盡初心償積恨，恐教魚網有鴻離。

自入梅花陣脚迷，拭開慧眼偶先知。晏安習慣甘酖毒，保障崩頽恣繭絲。勿戀魚魚兼雅雅，且同艾艾與期期。幽居棖觸添煩燥，故土聲光頗陸離。

早悟緣慳仍執迷，天生尤物至知知。只因學製非添錦，坐覺如棼强治絲。底事参差難動聽，中情影響莫相期。繁花縟草皆空相，無那當前未忍離。

色本迷人人更迷，悲生别又樂新知。雙飛有約三秋艷，一點無緣兩鬢絲。佇看鷄皮誰見惜，當時驥尾且相期。塵心四載東流水，命駕遲遲偏未離。

半世達觀偶錮迷，娱情寄意自難知。摩空有鵰將舒爪，守户如蛛免網絲。異艶迎人聊注目，狂蜂作隊莫邀期。迴思妖冶紛羅日，頃刻星馳弩箭離。

西風吹夢不袪迷，一段骯髒懶愬知。我輩鍾情終按劍，庸人厚福各牽絲。灰心難買雙行淚，詎語空詹五日期。輾轉中宵無見解，任伊發付幾時離。

失身一醉少年迷，猛省靈機應覺知。飛語干戈在肘腋，暱情菅蒯作麻絲。多因迂闊供人厭，那得迴翔與我期。交淺言深須結舌，悠悠陌路不爲離。

清幽掃淨彩雲迷，沁入心脾觸景知。的礫明珠饒韻致，團圞圓玉絶瑕絲。生憎砍桂吴剛劣，昔人云，吴剛在月宫。希倖游仙張果期。總是撩人眠不穩，急招若木吐南離。此值中秋而作。

重陽風近陌塵迷，不漏秋光旅客知。鳥起籜飄曾嫩筍，兔肥草萎本柔絲。荒煙斷梗西施葬，寶馬香車北里期。此日已無鶗鴂舌，征鴻北去教人離。

北邙秋草望中迷，同盡妍媸冷眼知。鄧氏鑄山徒槁餓，何郎行肉近綸絲。許多驕倨炫當局，不道凄清在後期。踏遍春光芳翠岸，情緣未斷語支離。

探月樓静坐口占

林維雍

斗大室，口大池。竹盈尺，桂一枝。古木頭，茁靈芝。嫩花卉，偶灌蒔。樓隘巷，閑揞頤。不甚解，書可披。欠酒趣，引半卮。孫環膝，與含飴。朋輩至，相顧嘻。戒時事，免皺眉。觀成敗，一局棋。威不屈，貧不移。休問字，莫談詩。失故我，叩子綦。天假年，古所稀。且自樂，復奚疑？過此往，未之知。吾師乎，陳希夷。

贈水部天后宫達上人

林厚載字用坤，號敦原。

歷遍祇園已有年，逢君始覺淨塵緣。風翻貝葉經和史，雨濕曇花燭吐蓮。卓錫層巒聞夢案，渡盃活水想源泉。三秋月色光如許，别後相思再聽禪。

雨後賞菊迴文

林維應字用谷，號怡山。乾隆戊午科副舉人。

籬邊佇賞儼咀華，雨噴經風舞葉斜。懸淚幾莖金醉酒，綴枝數蕋玉流葩。毡鋪倚檻孤芳挺，繡簇含香晚節誇。弦上指勞休得趣，箋題趁蝶戀閒花。

偶見庭梅放兩枝漫成

林　揚字用九，號豫源。乾隆鄉貢士。

奔走年年負此勞，怡然索笑傍黄昏。孤懷已逐初花遠，百感還因嫩蕋繁。月未下溪寒不寐，春將吹谷淡無言。此中喜有人如玉，静裏觀書獨掩門。

南中榮橘柚得榮字

林陽春字用仲,號庚南。嘉慶庚午科舉人。

厥包書禹貢,橘柚錫嘉名。淮北踰難茂,閩南種自榮。纍纍垂白露,簇簇雜黄橙。色帶蠻烟老,香隨瘴雨生。囊懸觀有耀,液蘊味殊清。籬落珠星曉,江村錦樹晴。李先蹊吐艷,梅後嶺含英。聖世勤培植,輸將達帝京。

七夕集塔光堂分韻

林騰龍字守元。乾隆辛未鄉貢士。

共向筵前索酒籌,埜堂今夜駐高眸。水摇碧漢聲初静,人望雙星夢已秋。何處枯吟來驟雨,不知塵慮上虚舟。年年聚散驚蓬葉,坐對清光漸白頭。

題興林寺緑蕉

林正茂字守庚,號耐軒。太學生。

種來羅扇繞松扃,楊萬里詩:"繞身無數青羅扇。"愛向蕭蕭雨後聽。留得當年懷素意,應教人作緑天銘。唐僧懷素種蕉萬本,號所居曰"緑天"。

過酆都城口號城西有洞曰"酆都"。前知縣某秉火入探,見神尊嚴如王者。洞口横溪流沙積水。縣官每年備刑具一付沉于沙内,年久未見填滿。

林正茂

曾駭金經説嶽神,今朝解纜過酆津。世間儘有赫靈處,眼見方知事涉真。

游金光寺訪僧不遇寺在四川順慶府。

林正茂

散步金光寺,秋陽挂樹間。予心空所染,世事不如閒。半偈任情讀,幾天飛錫還。臨歸題數字,長嘯出松關。

九日登高和陳念祖韻

林正茂

不須戲馬快稱觴,天放新晴共徜徉。桐葉山中調徵羽,雁行空際篆鍾王。人當落帽懷纔暢,句必題糕氣始揚。醉裏壯心隨處發,拈花插鬢對斜陽。

泠露無聲濕桂花得聲字

林正茂

丹桂臨秋發，天漿應候傾。霑濡全弗覺，野綴直無聲。似粟開偏滿，如珠轉較輕。風前微蕩漾，月下頗分明。陣陣天香噴，瀼瀼夜氣清。紋應騰五色，響豈徹三更。折處衣疑泠，滋來烏不驚。一枝雲外影，特地沐恩榮。

次用九族叔韻贈普濟和尚受戒詩三首

林　堡字守甲，號達夫。太學生。

超脱孽緣悟道津，湧泉咫尺得皈頻。數聲鐘磬俱無着，一點空靈别有真。貝葉山中傳寶相，蓮花座下禮金身。從今識得西來意，半世枯楊一日春。

金身聞誦便津津，應笑争名與利頻。孤石雲生開覺性，清池月白見修真。千花長供參禪座，雙樹猶封説法身。屈指升堂蓮正發，杏花香處又經春。和尚丙戌四月受戒。丁亥春，予自蜀到家，次韻補贈。

緣盡如君許問津，方淘喜聽法聲頻。已經十載無塵慮，自是三生有性真。金粟如來難再世，雪山童子擬前身。何時更與陶潛友，從此無心故國春。和尚有家小在螺州，年四十削髮出家，現住尚幹奎光閣。

輓侄女殉烈大義陳家四言古

林東榮字守魏，號一楊。嘉慶庚午科舉人。

嗚呼哀哉！汝父壯年，身即棄世。汝在母胎，父便相離。汝身睘睘，并無兄弟。甫脱孩提，頗知孝義。虔恭北堂，酒食是議。迨後簪笄，母又仙逝。于歸名門，夫君智慧。静好倡隨，樂且泄泄。乃失所天，慘哉遭際！俯育無兒，何所維繫。搔首問天，飛難奮翅。夫君死時，誓盟勿替，前月歸來，爲親葬計。窀穸完全，旁支承繼。汝之孝心，誠通天帝。七日届期，前盟深契。之死靡他，何須卜筮。生兮同衾，死兮同瘞。就義從容，非同激厲。身赴黄泉，無慚夫壻。吾也憐汝，(潸)[潸]然出涕。臨别依依，聊爲致祭。雲旆飛揚，靈其暫憩。

菊花雜詠

林東榮

鑄出紅爐九月天，金金鵝眼五銖圓。滿園散亂知多少，好與淵明作酒錢。金錢。

故園生長雜蓬蒿，千古知心只一陶。任爾牡丹宜衆愛，何如歲晚節猶高。陶愛。

花開三徑正秋清，潔白光分太乙精。我亦校書三徑晚，可能吹火杖頭擎。太乙白。

毛羽分明細細開，中央辨色絶塵埃。臨題試問當年種，敢是黄庭换字來。鵝毛黄。

欲向龍門化此身，先來陶徑問迷津。風翻鱗甲金鋪地，曾否人間濟得貧。鯉魚金。

粉黛曾聞冠六宫，只今沉醉倚籬東。相逢縱有陶彭澤，不及皇家寵眷隆。醉楊妃。

閨　　詞癸丑齋居有感

林東榮

君王下詔選宫娥，司徒取進八千多。大開南面争春院，定他顔色孰如何。風前旖旎楊輇袖，月下玎瑠響佩珂。女伴相逢深恭喜，爲問今宵得意麽？可憐貧女不逢時，生來年貌正相宜。只因不入司徒眼，以致君王無見期。寂寂掩柴扉，軋軋弄鳴機。當窗蓬鬢無心理，還爲他人作嫁衣。夜深反覆自思維，天阿生我命如斯。憶昔同年諸姊妹，半與君王作愛姬。余今不見君王面，何年光采生門楣。空嘆息，暗傷悲，階前促織亂咿咿。情長情短憑誰訴，枕邊落下淚漣洏。相憐幸有毛氏女，欲解愁懷前致語。而今觸景倍關情，有情何必徒凄楚。君王憐色若憐才，一年一度使人來。珊瑚不久沉珠浦，玳瑁終教上玉臺。遇合争遲早，志氣休頹墮。天生汝貌也不媸，天生汝年猶未老。汝且螺髻兒高盤，汝且蛾眉兒淡掃。自然取汝有司徒，管教君王稱道好。

玉以瑜潤得清字

林光波字守觀，號錦江。邑庠生。

美玉經追琢，金瑜潤以清。藏宜歸典瑞，價自擬連城。淑氣山川發，瑩光天地生。鄭環留舊跡，楚弁作先聲。蒼璧形容盡，黄琮色相成。神寒非附熱，骨重豈沽名。衛玖爲桓報，秦瓊送舅行。聖朝珍席上，應鄙暗投情。

馬　遷　史

林邦禎字守棟。

獲麟以後史誰傳？珥筆蘭臺有馬遷。蠶室幽情千古恨，龍門奥秘萬年懸。搜羅事自唐虞始，紀載才超楚漢前。局立三長欽獨擅，薰香濃壓孟堅篇。

杜　陵　詩

林邦禎

恍看霞蔚與雲蒸，天寶詩篇仰杜陵。直北關山懷故國，江東雲樹憶高朋。半生飄泊雄才老，萬丈光芒健筆淩。最愛浣花溪上月，六朝浮艷更誰稱。

釣龍臺懷古

林惠中字守猷，號心孚。邑庠生。

漢家裂土重酬庸，無諸建國疏王封。當日築臺青冥上，曉來垂釣滄江龍。此龍潛蟠恣荼毒，幸得我王振芳躅。一鉤香餌擲黄金，十丈長竿横碧玉。老龍釣出石潭空，倏看江上波沸紅。陰雲黯淡日晦黑，海若凜凜欽英風。苗裔流傳自神禹，封疆猶是故周土。江流浩淼轉三橋，山色空濛接五虎。蒼天一雨復一晴，臺前臺下緑波平。龍兮一去民安樂，至今射鱔共勳名。臨風把酒聊憑弔,依舊高臺聳古廟。箇中何以慰寂寥,幾片紅霞澄夕照。

拜獻先資得先字

林惠中

颺拜昭風烈,儒臣慎所先。取資皆有本,靖獻自無愆。罄折躬頻鞠,書思志愈虔。寅恭垂雅度,辰告奉華編。象笏當朝搢,鴻謨此日宣。霓裳羅衆詠,衣砵領真傳。録是千秋鏡,才原萬選錢。聖朝披仕籍,蹌濟集羣賢。

文必己出

林惠中

昔有昌黎伯,高才擅論文。詞應憑己出,義豈襲人云。成竹胸中具,生蓮舌底分。經營俱子細,組織更辛勤。風韻標新穎,雷同戒舊聞。有辭皆顯露,無筆不凌雲。蛾術徵糟粕,鴻裁燦典墳。螭蚴欣染翰,藻思貴超羣。

只餘三日便清明

林惠中

無限思春意,春光荏苒過。只餘三日矣,奈此一朝何?後甲流光迅,芳辰惜别多。丁欄深蝶怨,卯酒聽驪歌。别緒縈紅雨,幽情寄緑波。載賡楊氏句,勝景憶清和。

寒食即事

林登元字是方,號瑞齋。乾隆丁未鄉貢士。

如今廬舍半灰殘,欲弔綿田涕淚乾。江水無煙魂欲黯,巖花未雨竟先寒。日斜古廟鴉聲急,春入貧家燕影單。病客一樽懷潦倒,又誰扶我出門看。

題觀音閣另亭

林其蔚字是駒。邑增生。

寺寂入松風,溪流無時竟。始知一壑中,獨具萬山性。秋氣林木陰,幽亭有餘蔭。老僧如竹色,引我過幽徑。日午飯香稻,石前發清磬。寂然衆慮空,時時生吟興。坐久攜杖歸,長林煙欲暝。

茶亭早起

林師健字是乾。邑增生。

是處猶岑寂,禪機入夜分。片鐘敲落月,一犬吠荒雲。異地人如夢,空村客獨聞。振衣聊出望，槐影隔墻紛。

一室初生白，燈光與佛分。長空無旅雁，同宿有春雲。氣静林巒領，風清草木聞。今朝心眼異，洗卻向來紛。

龍谷弔印空師

林昂霄字是烈邑廩生

瀨岸茫茫一蹔登，忽聞遺偈念皆冰。春山過雨來孤客，荒徑盤龍哭老師。半夜空聲如引杖，千年大事有傳燈。修齋我亦逃禪久，欲學長生愧未能。

登天游觀

林逢春字是仲。邑庠生。

咫尺天能到，憑觀霽色初。千峰雲出没，百道水盈虚。覽物知無外，游心見有餘。神仙今在即，我亦欲棲居。

館中有詠

林鵬池字是程。邑庠生。

曾誇廈屋住名賢，今日空餘草着烟。記得舊年荷沼上，猶留殘葉映筵前。底事秋風冷怕人，滿庭蕭瑟似殘春。蝶蜂久住無情緒，日晚羣飛過隔鄰。

赴試寓楊家偶詢世系口占答之

林　溶字是湧，號紹西。太學生。

五虎山前水竹居，萬家煙火自唐初。虧君問我先人業，金馬玉堂世讀書。

釣龍臺懷古

林　溶

越王山聳瞰江流，江上雲消瞥眼秋。故井無龍遺跡在，荒臺留像霸圖休。蓮瓜會識酬恩意，歲時里人猶作蓮瓜之句。珠玉詩增弔古愁。韓偓當年開病眼，想將一笑付松楸。

鄉　　虎三十二韻

林　溶

嘉慶甲子年，九月廿八雨。鄉愚走紛紛，走言野有虎。問虎從何來？氣喘語難吐。我亦隨衆觀，宛在江之滸。虎癡不斂威，覷人等臭乳。咆哮視眈眈，尾挺迎風舞。人亦奈我何，餘勇尚可賈！人或亦怯之，膽寒時縮武。誰知惡滅身，惹起天人怒。冥冥神鬼驅，踏水不踏土。逞威度河西，鄉人急操觞。不必颭雲旂，不必勒士伍。不必退鳴金，不必進檛鼓。只見合鄉人，三三與五五。雙手張空拳，短刀并竹弩。一刺左眼中，再刺脅與股。登時蹲岸邊，環視人如堵。扛來古廟中，綑繩掛廊廡。人猶懷怖心，不敢手前拊。剥皮臠肢分，挨到夜過午。血肉腥一鄉，善惡昭今古。惡類如可長，善良終招侮。天運有盈虚，彼人何莽鹵。親友御輕肥，誰指范公瘦。一富一貧交，氣義生眉宇。因之而吁嗟，挑燈寂扃户。吴市子胥簫，秦關井伯羖。淮飯念王孫，綈袍恤貧窶。蒼蒼赫照臨，此中豈無主。夜寒燈影微，古人義可取。弟兄坐團圞，虎形已可覩。我家素善良，兢兢力自努。

和奎光閣高峰和尚秋興

林　炳字是迴，號蔚堂。邑庠生。

壯士悲秋秋轉深，那堪風急撼長林。山門十載琴書地，依樣葫蘆畫到今。

淘江奎閣十景

林　炳

露臺夜月

累石起高臺，臺高得月早。萬壑寂無聲，清光應更好。

石壁清泉

石壁飛泉落，涓涓流不涸。終作大波濤，奔騰到海壑。

鰲峰曉霽

夜雨灑鰲峰，曉來山更碧。我將陟其巔，探彼真人跡。

淘水歸帆

秋來淘水平，春至淘水碧。一片孤帆征，莫作久行客。

塔影返照

古塔摩空碧，峭拔尖如筆。最愛夕陽時，倒影横石室。

鼓岫掛雲

労崱峰頭石，雲來横練白。安得一心人，幽棲共怡懌。

螺渚春潮

錢塘八月節，波濤一何烈。春漲入淘江，真成兩奇絶。

玉枕疏鐘

危樓高百尺，遠望寺幽僻。只有清晨鐘，不爲江水隔。

峽江漁火

日落峽江黑，漁舟行未息。萬頃水茫然，一燈南復北。

長林煙雨

地靈人自傑，萬井眼前列。莫作煙雨看，佳氣長團結。

游永福方廣巖

林　枚字是歐，號朴野佚。邑增生。

幾番心醉趁秋晴，此日儼如天上行。突出奇觀驚俗眼，別開生面愜幽情。山門臨澗千峰合，斗室嵌空一石横。數景未完催去策，新詩急就付雲城。

游福清靈石寺兼呈住持

林　枚

八閩名勝舊馳名，今日來游愜夙情。風入三秋松盡吼，雲横九疊雨初晴。登堂未敢參禪理，觀佛猶能脱俗情。支度風流名士品，擬將蚓竅作鶯聲。

賀澤夫侄捷南宫

林　枚

甘棠遺義舊光輝，予祖丁巳科進士詞林。今覲瓊林赴宴歸。顧我氣衰周夢寂，惟君年少里兒稀。唐詩"名成空羨里中兒"，借來翻用。安仁行見花侵縣，褒德旋膺服賜緋。漢卓茂爲褒德侯。現在高堂承色笑，宫袍不減老萊衣。有黑髮親尤爲人世所稀。

哭長青侄孫同研丈

林　枚

曾共談心萬緒紛，欲將筆硯向空焚。晚年惟有君憐我，今日何堪我哭君。蟬噪菊窗秋夜雨，蝸涎粉壁近時文。門前終古千峰在，仍舊殘陽起暮雲。

臺江懷古二首

林　枚

王氏閉門據國秋，如花宫女蕩蓮舟。于今江上何其寂，只有寒波帶月流。事去千年不用嗟，隔江漁婦唱梨花。一壺清酒臨波酌，卧看長橋集暮鴉。

登釣龍臺懷古

林夢梅字是忠,號枕山侯。邑增生。

會州城南三里許,高結層臺臨江渚。相傳自昔東越王,釣龍古蹟今其所。臺前臺後景悠悠,山自青青水自流。客艇縱横風乍起,漁燈明滅靄初收。漢家陵墓餘芳草,會結蓮瓜幾度秋。蓮瓜會裏多仙蹕,天下江山誇第一。俞向英雄不再逢,徐熥詩句教誰匹。園鄰桑苧半莓苔,堂啓松風亦已哉。龍去潭空休感憤,登臨猶憶古南臺。

壬戌秋七月自京歸因自己之落魄慨予季之嬉游撫今追昔作五言古八十韻以勉之

林　逵字是綏,號雪訪。嘉慶辛酉科舉人。

男兒貴讀書,資以廣知識。萬卷殊羅羅,研窮曷有極。只看舞勺時,中虛便外直。應對與進退,事事不違則。因之參學問,文行交相飭。詞章華實茂,氣質剛柔克。始基既勿壞,所成未可測。匪緊取功名,處世亦得力。見大心常泰,理足事不惑。曰從讀書來,千古珍翰墨。今爾夙從師,馬帳足矜式。總角突弁兮,堂堂然侍側。躋彼成人列,衣冠儀不忒。詎知中敗絮,金玉胡外飾。志氣怠而昏,朽木辜培植。不憤又不悱,七竅心茅塞。每課夜焚膏,文理棼荆棘。學書復塗鴉,筆下拙鉤勒。諦視病根源,好名不好實。懶讀其本懷,愛閒習所逼。年年月建卯,上塾早諏吉。事靡不有初,雀躍入齋室。麟角與龍賓,净几排乙乙。釋菜幾何時,塵坌滿縹帙。明旦發深省,口耳强佔畢。屈指終歲功,勾當四之一。其餘盡嬉嬉,恍惚虛度日。所費僅錙銖,時哉弗可失。亦越小試年,量才懸玉尺。逐隊切觀光,雕虫難合格。落後多英雄,于爾乎奚惜。試罷絶書聲,恐驚新貴客。不謂己無功,反謂人弋獲。罕譬惰農夫,鹵莽以塞責。力薄不逢秋,荷鋤徒役役。予既爲爾言,感今復追昔。我家三桂堂,書香世弈弈。嗟嗟予小子,惓懷時代隔。剥蝕舊遺墨,視之如拱璧。予十一世祖有遺墨一幅,字體遒勁。予忽得之,喜不可言。先烈墜茫茫,俯仰思無斁。不先不後身,若斷若續跡。九齡予入學,差强辨菽麥。三字經發蒙,句讀卻明白。發蒙始于服伯,字守依。凡背誦字句,必求明晢。奈何多呻吟,數年駒過隙。五年間,隨服叔祖諱天相、族老叔祖諱有花、又族老叔祖字興華。十五學操觚,束髪侍講席。是年隨豫源族伯祖字用九于奎閣,始作全篇。靈犀一點心,先生勤誘掖。問必叩兩端,循循示法脈。草創文一篇,理明語澀嗌。潤色遜公孫,腹笥少書癖。厥後訪義溪,問字子雲宅。予客坊口陳舅公家,因隨葛夫子名玉藍一年。最久聚岑樓,用仲叔祖園亭。五載數晨夕。師事得其人,澹齋迺族伯。澹齋,諱捷南,字守柱。大特書教條,諄諄語不易。經史嚴課程,文選參紬繹。困勉將何如,人十必己百。入手先其難,試我題狹窄。是時齋課多虛冒小題。鼓勵我性靈,使我文思闢。過此年紀多,世故增繁劇。擔簦希卒業,頓把煩襟釋。厥初託興林,在興林寺隨金井夫子。林深圖史碧。榕省繼尋津,茶峰曾揖屐。省中藏山居,隨圭田家夫子。塔峰面松軒,隨南輝張夫子。綜計五六年,後先蒙教澤。閼逢揖提春,離羣居寂寂。從游已倦游,未聞道滋慼。攜琴彈奎垣,甲寅,予仝道梅、道嘉抱讀奎閣。好友殷勤覓。剛得三人行,奇賞疑則析。章句義奥如,三年苦尋摘。居憂歸故園,數椽燈映壁。書味等雞肋,無肉漫自喫。欲棄不忍棄,潦倒深閱歷。己未占拔茅,匠門收散櫟。青襟喜游庠,廉隅礪乾惕。未諳範馳驅,棘闈偏中的。匆匆辦行裝,長車走江北。旅況風味酸,驛路征塵黑。京華落魄歸,氈毯仍無色。權作閒散人,一官未效職。歷陳舊行蹤,有失亦有得。人鑑取匪遥,同胞備決擇。莫謂迂腐談,反言來相劾。

輓族妹殉烈大義陳家五言古四十韻

林 逵

族叔守衛女,於嘉慶二十三年四月爲余姻親陳若乾續娶過門,賢慧過人,敬事姑嫜,上及太翁,内外無間言。未數月,夫病,服侍憂勤備至。以次年四月初一日夫亡,未有子息。初三日,殉烈。陳表以珠啓來徵詩。時予丁憂,本不宜應酬詩歌,但與陳家姻親,不得辭,作此以答之。

義溪有世家,風節罕倫比。姻婭半吾宗,清名慚玉倚。懿厥族中妹,蓬門一女士。去歲賦桃夭,于歸歸繡里。食貧二十齡,幸事佳公子。富家知好禮,意態絶驕侈。依然舊糟糠,好合諧魚水。高堂二世人,得婦無弗喜。孝敬侍庭闈,朝夕調甘旨。瞬息半載間,夫兮病不起。藥必先自嘗,心苦藥差擬。扶持兼抑搔,無時離床笫。越月四初吉,夢斷南柯裏。算來三百朝,奄忽如斯已。如斯也由天,天寧諒人只。匪石心不轉,誓作靡他矢。阿弟唏嘘來,婉詞苦勸姊。阿母嗚咽來,慰誨終復始。豈知志已堅,有言都逆耳。言告堂上老,太翁姑舅氏。婦存不如亡,乞容存婦是。無計可留生,割愛成之美。志氣薄鬚眉,慷慨歡容止。换我嫁衣裳,薰我剩蘭芷。塗我殘胭脂,戴我舊簪珥。談笑謝諸親,諸親難仰視。計以初三日,從容就義死。死者心得安,何求題青史。幸有闡幽人,徵詩馳桑梓。瑶函陳芳徽,爲我詳原委。愧我苫塊中,何心雕蟲技。顧兹族戚親,得不爲之誄。我思婉孌姿,心腸胡乃爾。曰嬪名門來,所見大如彼。家法扶綱常,遺俗厲廉恥。淑慧本天生,因之能淑己。生覺一身輕,死等三峰峙。聖朝有褒章,風化維以此。嗟嗟,魂飛鳥比翼,墓拱樹連理。千年不死心,流芳掛人齒。

魚骨作鶴漫成一律示諸同學

林 逵

鱗羽原來任倒顛,巧將枯骨變蹁躚。脱胎河海三春浪,寄志雲霄萬里天。瘦骨稜稜猶帶鯁,清姿濯濯已忘筌。諸君刻鵠師遺意,得勢高飛破遠煙。

啞 僧

林 逵

寂寂諸天萬籟平,一僧趺坐口難鳴。言簧積孽徵前果,舌劍招尤懺此生。念佛不聞金粟號,呼童只仗木魚聲。默然會得拈花意,翻笑談禪是俗情。

眇 妓

林 逵

千金買笑爲情癡,翻信含情側目宜。巧借琵琶遮半面,羞憑楊柳畫雙眉。孤懸明月懷人夜,一轉秋波送客時。卻似當年紅拂女,獨饒隻眼識英姿。

禿　奴

林　逵

落寞蒼頭亦異哉，猶然摩頂列輿臺。茗鐺役似茶僧老，書令供如管子頹。愧侍脱巾濡墨側，羞隨落帽插花回。誰知髮短心長處，俯首鞭笞爲愛才。

聾　婢

林　逵

如疑如忽侍兒情，謬附青衣給使令。扳拍琵琶惟解意，蘢傳鸚鵡任呼名。司花羯鼓聞猶罔，伴月瑶琴聽豈清。只有通詩靈性在，不關提耳亦分明。

自題適然居一律

林　逵

小齋聊號適然居，勘破豪華一夢如。無大才能休好事，得些閒暇且看書。英雄原不論成敗，儒懦何須校毀譽。他日有心人過訪，亦將隨分謂知予。

登虎頭山晚眺

林　逵

峰迴路轉抵巖巔，風景霏微近日邊。象嶺斷邀歸霧補，龍江曲引晚潮連。目迷野色薰殘照，耳亂秋聲碎暮煙。欲探仙源何處是，幾回搔首碧雲天。

游靈文寺

林　逵

殘照中林石徑斜，寥寥古刹半雲遮。客攀巖磴憐修竹，佛對山門笑落花。野水迴環天竺界，老松盤繞梵王家。牆東荒草餘閒地，好與山僧學種瓜。

撲　滿

林　逵

人情皆惡滿，小物亦宜然。何以陶成器，猶同虜守錢。錙銖潛入鷇，子母暗持權。不識多藏戒，終貽悖出愆。成虧機在我，聚散理由天。招損堪垂訓，遺言紀古賢。

催罌粟花一律

林 逵

栽培力不勝耘耔，只見繁陰緑滿籬。糧借東風春閉糴，囊空碧玉鳥啼飢。麥秋已報吹桐候，穀雨頻催望杏時。近日書田多歉歲，花神好送米爲炊。

詠 罌 粟 花

林 逵

乍疑香稻是前身，幻作東風點綴新。種乞畦丁無别税，糧儲花國有長春。千囊御米供青帝，十斛珍珠贈美人。罌粟，别種爲虞美人。漫道牡丹誇富貴，雍陶歸詠不愁貧。

靈濟宫懷古二律

林 逵

節鉞南來事已遷，王侯千古兩神仙。龍湫風雨精靈合，鰲背雲霄寢殿連。斷碣殘碑今社稷，金符玉版舊山川。登臨無限銷沉感，惟有鐘聲似昔年。

蔓草荒階拜上真，低徊遺跡軼風塵。煙霞自得忘歸路，符竹何知屬後身。五代山河無剩土，三台宫闕尚明禋。南唐兵敗終如許，還算逃名是解人。

長青侄孫以乩詩見示道是女鬼所作詠此以答之

林 逵

乩壇誰信可通神，況復香奩得句新。未必窺臣原是女，衹因好鬼故欺人。巫山有夢空迷楚，洛水無情託感甄。筆墨從來多幻想，莫將詩話認爲真。

秋日同游東臺東峰寺

林 逵

半林黄葉澹秋煙，古寺尋幽眼豁然。荒徑卻饒鋤月地，頹垣不蔽雨花天。金銷羅漢徒穿井，俗傳廢井有羅漢金身，久迷其處，尋獲之，僅古碗數具。石刻宣和尚記年。興廢何關游客事，大家談笑白雲邊。

嫁 女

林 逵

兒女情長累亦長，無財遣嫁費商量。癡妻傾篋搜殘珥，幼婢更衣理舊裳。未必悦人歡笑眼，先教斷我别離腸。臨行莫訝奩貲薄，椎髻猶堪學孟光。

和陳仲正表叔山齋漫興原韻

林　逵

不必業樵漁，惟君樂自如。棋聲敲竹徑，琴韻出蓬廬。詩酒天機暢，煙霞世慮虛。山齋期共話，益我十年書。

又和薄暮野望

林　逵

蒼茫迷望裏，入眼夕陽斜。塵起忙歸騎，林喧亂暮鴉。晚炊千樹靄，殘照一天霞。更羨郊原迥，和煙半種麻。

北上舟次洪山橋

林　逵

訂得同袍好弟兄，買舟北去趁新晴。鳳凰臺上開高眼，萬里溪山第一程。

舟過白石頭

林　逵

我爲浮名泛小舟，江湖兩度鬢毛秋。無知頑石千年在，爲甚風霜亦白頭。

羅　漢　灘

林　逵

羅漢灘頭浪作堆，驚濤怒吼勢如雷。佛家何惜杯爲渡，卻使舟人冒險來。

延　平　府

林　逵

一帶雄城俯碧溪，倚山雉堞與雲齊。延平門外舟如織，晚泊同歸劍浦西。

浦城過山

林　逵

溪流泛盡水之涯，千里紅塵路半賒。莫道山行無樂趣，春風忙裏看梅花。

過仙霞關

林 逵

巖關高踞控羣靈，俯瞰諸峰列翠屏。跰足半空盤石磴，振衣千仞上雲亭。仙人已去霞猶紫，我輩重臨眼倍青。便是方壺圓嶠地，那堪虚度不留銘。

謁關聖廟拈香

林 逵

堂堂漢代一功臣，大義春秋獨認真。多少斯文齊下拜，愛君原是讀書人。

詠菊八景

林 逵

芳容不怕老秋風，冷艷遥看浥露勾。絶代佳人籬下立，洛陽脂粉一時空。菊色。
臭味深沉渺衆芬，冷然不藉煖風薰。晉朝多少清談客，只有淵明静裏聞。菊香。
佩實啣花託露寒，調勾豐度最爲難。誰從閲歷炎涼後，别作風流一種看。菊韻。
隱逸歸來自寫真，風霜歷盡見精神。此生長伴湘簾月，修到梅花作後身。菊影。
荷襟已製委泥塵，裁剪秋風又一新。賤卻綺羅誇雅淡，隔籬寄與素心人。菊衣。
滿地黄金點點鎔，珠星錯落結重重。陶潛藉此牢懷抱，扭住芳情不放鬆。菊鈕。
陶鑄風霜貼徑圓，鎔成火候恰無煙。錯疑彭澤餘廉俸，買得秋光值幾千。菊錢。
素女擎來琥珀光，安排三徑洗清霜。差陪國色春酣酒，露滴無聲浸冷香。菊盞。

守觀叔課讀弟侄二人時有兩僧徒共學作此以贈

林 逵

儒釋奇童共好文，居然侍坐樂同羣。他年學就分途去，半步青雲半白雲。

游觀音閣有感

林 逵

風月銷沉寺久荒，荆榛占斷舊吟場。呼僧急剪當門棘，還與梅花自主張。

春晚醉歸

林 逵

頹然一醉夢流蘇，不問評花酒有無。花事已非春社散，青山只管叫提壺。

夏日即景

林逵

采蓮歌後日舒長，銷夏灣頭任納涼。卻羨沙鷗無約束，避炎先我過菱塘。

題仙床石

林逵

仙家日月夢中長，寂寞空山有石床。萬壑松風今似昔，阿誰一枕熟黄粱。

番菊

林逵

幾從塞外歷風霜，種附中華晚節香。胡地卻傳秋信早，開花曾不待重陽。

過三瑯峰舍人廟

林逵

傾頹古廟覆榕陰，斷碣留題字到今。不是溪山自第一，爲經名士昔登臨。廟前有碑，上題“溪山第一”。

和秋齋感蝶

林逵

相見西園幾度秋，低徊飛舞莫淹留。花叢尚有蛛張網，何處更堪任爾游。
休將金粉擅風流，前此春光不再留。夢破朱欄秋已晚，莊生老矣又何求。

偶閱隨園詩話中有書到今生讀已遲之句續成截句一首

林逵

書到今生讀已遲，來生尚可早爲之。那堪忽忽如斯已，又有來生悔過時。

擬張志和漁歌五曲

林逵

東風水面片帆飛，好趁春潮魚正肥。戴竹笠，着簑衣，釣得松鱸帶雨歸。
緑波蕩漾月光圓，漁火紅楓影共連。潮夜落，不繫船，流到桃源即是仙。
同舟婦子兩相歡，鱸鱠爲羹佐夕餐。歌一曲，侑杯乾，管甚鷗眠江水寒。

津橋何處問漁翁，只在煙波西與東。桃花浪，楊柳風，數聲短笛思無窮。
蘆花作絮葛爲裘，涉慣風波一葉舟。名利事，付東流，江湖爲樂復何憂。

游石竹山寓目所及漫成截句六首

林 逵

古洞誰銘字紫雲，筆痕舊没緑苔紋。瑶池西望知何處，暮靄殘霞日半曛。紫雲洞。
曾傳石罅米流珠，何獨于今半粒無。料是仙家能辟穀，不勞升斗計錙銖。出米石。
桃源舊是避秦風，只有漁郎得路通。幾度問津尋不見，原來卻在此山中。武陵谷。
疊石爲爐古煉丹，至今猶鎖碧煙寒。丹成九轉誰曾覓，月滿空山水滿灘。丹竈。
世界三千半醉鄉，何疑醉石卧高岡。鐘聲幾度能醒否，夢傍仙家日月長。醉石。
欹側危橋俯碧溪，卻驚山半駕虹霓。想從此路通蓬島，漫許游人策杖藜。仙橋。

偶拾殘硯製爲一大二小大者厚徑寸小者方式薄質旁刻夔龍紋又一小刻松竹梅今失于京師會場中爲號軍所竊惟小方爲余常用故係以詩

林 逵

自裁方寸玉無瑕，磨洗曾經石與沙。但願子孫能慎守，莫教流落别人家。

登寶珠山記

林祖逵

塔山者，名之所謂寶珠山也。山不甚高大，自百六峰而來，鍾靈於此，平地突起，如寶珠然。上有庵，久廢。今僅存七級塔，創造年代無可考。意者珠圓善走，藉此以鎮之歟？人或惜其地臨闤闠，樵夫牧豎朝夕扳踰，徒見其韜光匿采，而感慨係之。余嘗從師面松軒，後伴讀又四年。軒旁小門可通山上，誦弦之暇，輒流覽及之，幾嘆此山等暗投之非所者久之。乃知登臨之勝亦如濁水求珠，在其人之善取已矣。南望鰲峰，背負煙雲，首昂霄漢，日光激射，隱隱有金鱗跡。古云一釣連六鰲，吾借珠山以弭之。北望龍江，兩峽對峙如禹門，萬頃洪波東注爲淘水，穿吾鄉而周迴此山之下，吾將以合浦名之。東則有玉枕之峰，横亘錦江濱，每秋月出於其上，與此山相照耀，吾將以夜光品之。其西則爲五虎山，奇形怪狀，俯瞰此山，如作獅子戲毬勢，吾將以珠毬賞之。他如洗馬池，則洗珠之淵也；長林古洞，則藏珠之府也：皆天然璧合，美不勝收。且吾爲之設一想焉：游此山者得孔北海爲東道主，張蓮花幕，設錦步障，沽文君酒，烹張翰鱠，汲金山泉，煮陸羽茶，擇曹子建、陶淵明、謝靈運、李青蓮、杜工部、孟浩然、蘇東坡諸詞客，以珠山即景命題。藻思紛綸如貫珠，揮毫成詩，各誇驪珠獨探之妙。覓書手如王羲之字法珠圓，執司馬題橋筆，書以薛濤箋，裱以蘇蕙娘之織錦，琳琅滿目，補《廣輿記》及《名山勝蹟紀游詩》所未備。誠如是，珠山之名不崇朝而遍天下矣。豈不爲吾鄉增光而壯色哉！人第見此山高不過數仞，周圍不過數百步，無蟻穿九曲之勝，又處乎鄉中，爲鄉人肉眼所狎玩，而不免以魚目混之。凡登臨游覽又將遠搜博訪，以求大觀。宜乎此山之落寞銷沉，數百年來而不復有賞識之者也。嗟乎！游人胸有智珠，雖一邱一壑亦自有會心之處。苟習以爲常而忽之，則約舉海内滕王閣、醉翁亭、黄鶴樓、戲馬臺諸名勝，人往風微，慕其名而忘其實，亦覺厭見習聞而無所甚異，幾與買匵還珠者等誚耳，豈獨吾鄉之珠山云乎哉！

適然居序

林　逵

常人之識能見已然，而不能見未然。既不能未然，而顧思其力之所不及，憂其智之所不能，甚矣其愚也！豈知人事之推移變幻，此中固有適然者乎？

余高祖字以益，號環水。家少康，别有小構曰"怡居"，東則爲惠風亭，西則爲川月亭。嘗自題其壁曰："環水道人，存心養性，樂天知命。"亦可以見其胸懷之大概矣。然前五十餘年間興廢無常，盛衰異致，時也，數也，非余高祖貽謀之不善也。猶幸川月亭一所尚未盡屬他人，但歷年久風雨侵焉。家嚴懼先業之失墜，從而修葺之，且爲余述往事。余是以慨然有感焉。

夫人生亦適然耳。前吾而生者，不知其幾千萬萬也。後吾而生者，亦不知其幾千萬萬也。而吾適有此身，適生此時，適居此地。倘得藉宗祖之靈以終吾業，行吾志，是固予之素願也。不然，老死牖下，是亦余之無能爲也，尚何言哉！已往之廢興不必計，將來之成敗未可知，余惟恐不能盡其所當然，順其所固然已矣！至於富貴貧賤之跡，尚何煩爲過計哉？偶因土木既竣，徘徊俯仰，即家嚴之所言與吾心之所感，額其居曰"適然"。今之所謂適然居，即昔之所謂川月亭也。非敢擅爲改易，名雖不同，意各有當也。高祖有靈，亦當無憾于吾言之謬矣。是爲序。嘉慶三年春三月上浣作。

和題朱夫子象贊

林　逵

二程以後誰繼美，恭默思道端容止。六經闡發有餘閒，消遣青巾共朱履。我懷哲人今既往，摹形想象曷能已。僞學之禁奈若何，羽翼宫牆不可毁。宫牆不毁姓名彰，數百年來愈表揚。坐對鼓峰顔色古，幾回瞻仰欽圭璋。天風海濤亭在否？千古山高與水長。

朱子樓夜坐有懷方兄世瑚

林　逵

三十年前共執經，今宵獨對一燈青。君饒舌鐸居賓席，我借肩牆晤考亭。世事升沉山上月，人生聚散水邊萍。鵬程好振秋風翮，肯許聯翩到北溟。

舊學生施弈波入泮先有議余教門不利漫作一截解嘲

林　逵

槖駝謀食託人家，種樹無靈物議加。近向春風問桃李，舊根不壞亦開花。

并蒂蓮傳

林　逵

君子姓連,逸其名。伯仲同心,非常品也。其始祖家玉井,有仙骨,戒其子自相依附,勿與羣芳侣。漢靈帝時,有一産而連枝者四,遂分其派,蕃衍於人間。唐有千葉氏見寵於明皇,因大宴太液池上,與楊貴妃并肩憑欄。千葉氏病其好色,非同德,終朝晤對,無一語,上意稍輕之。會禄山亂,引去,伏處泥塗,又輒遭羣婢指摘,零丁孤苦,一線僅延。昔所謂一品氏、重臺氏、分香氏,譜帙皆缺不傳,獨宋周茂叔慨然爲之尋遺芳於將墜之餘,僅得一君子,且品之曰:富與貴并子非其倫,隱與逸并子非其匹,勉爾清修,亭亭獨立。周子後,愛之者鮮,故其子孫雜處菱芡之鄉者久之。迨我朝,和風甘雨,匪伊朝夕矣。麥穗兩岐,禾實同穎,間氣所鍾,歲多紀瑞,而君子適以孿生聞。初,其母碧藕氏爲瑶池侍宴女,下嫁於洞庭侯佳耦也,嘗夢湘妃惠以連環,令佩之宜男。驚覺,命魚妾以青錢卜之,得"同人"卦,五爻動而爲重離之象。魚妾賀之曰:"乾之宫生物芃芃,離之宫映日烘烘。二五含英,外直中通,變而重之,文明其從同,殆寧馨而并育者乎?"誕而果然。初生若無甚異,少長,内斂英華,卻有分辨,不食人間煙火氣,唯相與餐風吸露而已。壯則同氣之中形骸無間,一裳也色不殊,尚一蓋也柄必共擎,風月之夕,霽日之朝,未嘗不把臂而立。人望見之,以爲神仙誕降,有美必雙也。由是名震一時,好事者每於合巹之交杯、聯輝之華燭、雌雄之寶劍,皆存其意,以爲嘉話。即佳人才女不遂其志者,亦莫不聞其風而稱願焉。但不喜雕飾,聞人號以鬭紅粧,則滋不悦,謂與己襟期不相類也。嘗握雙枝筆游江湖,卒爲幕府西賓。暇則聚首飲碧筩杯,伯仲治如也。每臨風舒懷,凌波起舞,互相激昂,時露其棣萼交輝之概。主人窺其意,乃謂之曰:"君子競爽如是,蕊榜聯芳,如拾艾然。胡清漣共樂爲?"遂計偕就試於水晶宫,筆非秋而垂露,若取之左右逢其源。文成,華實并茂。適馮夷司藻鑑,奇其品,并收之,莫能定其高下,第統稱爲芙蓉人鏡之目。爰相得慶連茹焉。歸而雙披紅綃,拜主人。款留三日,竟逸去,不知所往。但遺二翠,結于緑玉盤上,并繫以詩云:"漢室嬋娟雙姊妹,天台縹渺兩神仙。當時偶有風流過,謫向人間作瑞蓮。"主人奇之,使人遍訪於白蘋汀曲、紅蓼洲限,皆不見。反命曰:"風塵物色,何地無之?求如前日同心君子,不可復識矣!"或曰:此二君子得净土之修世,傳羽化之術,往來人世,不可方物類如此。惟偶一誕降,則爲藝林佳瑞,是亦我國家人才萃聚之徵也。故爲之傳。

東臺雙江祠勸學記

林　逵

臺山之麓有仁里焉,陳姻伯之所家也。其地靈人傑,固不待言。余獨愛其境僻而静,其風俗淳樸無囂凌氣。曩余以瑣瑣姻婭數至此,而心羡者久之。今年春,姻伯爲培植子弟計,招余伴讀於雙江祠。祠外,環顧皆山,人家稍遠,固静而尤静者也。時同予學者,少年意氣率鮮浮動,進退應對恂恂滋益恭。顧余自維識見譾陋,數年來紛擾於俗情,揶揄於世態,譬諸行潦之水,鮮不以雜投瓦石而益亂其清,言之適足貽同學羞。乃始焉愧,少焉忘,終則曠然有感。

竊以篤學在心,養心在境。境静則心清,心清則學粹。寧静致遠,要不外當前取之而已。耳司聰,時而籟發濤生,可以砭吾耳。目司明,時而日出霏開,可以豁吾目。胸襟不宜滯,時而山雨來、松風至，可以陶洗吾胸襟。由是氣質昭融觸會更廣。聳然峙者爲東峰，吾取其高以立品。湧而出者爲古井之泉，吾取其清以浴德。松柏有心，竹筍有筠，思内外交修之大節。山梁雌雉、邱隅黄鳥，守時行則行、時止則止之遺言。凡此皆爲學之助，而得之豈偶然哉！姻伯不自私，而與余公之。予仍不敢自秘，又與諸同學共領之。外此，崇尚聲華之士所樂不在此，此亦不足使之聞。

嗟乎！臺山非以葉相公得名耶？當其秉鈞衡，調鼎鼐，氣爲居移，與余書生所見烏乎同？而其窮而未達也，或不免有别業潛修、躭静惡囂之想，抒其所見，又何必不與余同。要之，同不同未可知，余獨嘆葉相公勳名銷沉在已遠，諸同學志氣觀感在後時。得兹静境，沈潛力學，正不必倩金鷄以起舞，假石鼓以作興，名山大業可拭目爲之觀厥成焉。持此言質諸姻伯，亦當不余迂也。或者曰："此間岑寂，胡自苦爲？"將舍業以嬉，徒事于尋山玩水，猥云會心不在遠也。是又非余所望于諸同學意也。故爲之記。

北洲種蜆序

林 逵

閩疆東南濱海，魚鹽蜃蛤利甲他州。而附省内地，自馬瀆江以上，淵停水淺之處，人亦得以依洲傍渚種蜆爲生，佐海利所不逮。所謂物土之宜而布其利，其是之謂歟？

但蜆之名不見于五經，即《爾雅·釋蟲》有"蜆"字，注云："小黑蟲。"而不稱爲水物。惟考《隋史·劉臻傳》稱：臻性好啖蜆，以父名顯，與蜆同音，諱名之曰"扁螺"。此亦不過取其爲尋常盤飧之需，味淡可常食而不厭云爾。至其所以種蜆之法，書缺有間。余以意度之，大率其法有三：曰天時、地利、人和。何則？相其水勢之所宜，若者當編竹以障流，若者當布網以防魚，一一處置有度，然後視氣候寒暑，及歲時水旱，一切撙節之經，是又在主其事者隨時善爲變通焉，而終濟以同心，無乖辟，無争訟，爲足普生財大道之源。故夫陰陽和則百産蕃息，人己和則百貨阜通。是説也，尤足補天時人事之缺憾，一種蜆而三善備焉，又何往而非不匱之藏也哉！

若北洲居烏龍之上流，通女螺之匯澤，挹洪塘之餘波，潴蓄潮平，水清沙潤，和會隩區，發育無量。吾鄉合夥種蜆，其間往往利獲三倍，因而囑余序以紀其事。余自維見聞淺陋，未足訂蟲魚之疏，講生殖之經，第念我國家承平百有餘年，海晏河清，澤梁無禁，俾民于耕桑之外，得收美利于無窮，庶佃漁無閒民，江河無棄地。即此種蜆亦猶因民之所利而利之者，蓋不獨掛席拾海月，揚帆采石花，足徵生物不測也已。

詠并蒂蓮疊韻二律有小引

林 逵

并蒂蓮，吾聞其名未見其花。兹本翊表弟設絳南園，時荷池中偶有此花一莖兩萼，鮮美異常。其爲藝林佳瑞無疑，爲此歌以紀之。

化雨栽培合璧池，驚看面面六郎姿。共憐一脈冰絲藕，卻作交柯玉樹枝。妙品平分初日候，清襟競爽晚涼時。憑君雙管毫餘墨，翊表善畫，故云。爲寫聯芳得意詩。珠星璧月滿瑶池，花得菁華萃異姿。歌和楚江裳疊錦，夢生庾幕筆騈枝。蘭臺賜炬聯輝夜，蓉鏡裁葩鬭艷時。記此凌波饒勝賞，同心君子許題詩。

（林志棠纂修《[福建閩縣]陶江林氏族譜》 1931年鉛印本）

宗祠八景詩七律

羅國俊

龍山雪霽

銀岡蜒蜿勢如龍，曉霽蒼茫曙色濃。珠吐一輪紅日上，煙收四野白雲從。嫩晴新帶烘春態，遠樹頻添撥霧容。逸士尋梅詩興健，鞭催瘦馬陟高峰。

大洞風清

洞天幽壑笑風清，壁障晴空爽氣横。牧唱晨光音遠送，樵歌晚照語分明。聽泉石上塵緣濬，訪景崇阿逸興生。路接桃源知是否，糢糊莫辨問行程。

金雞曉日

古蹟猶存尚可稽，金雞不見野烟迷。啼醒寂夜天將曉，唤起居民月漸低。國士聞聲長劍舞，關人出客曙光凄。孳孳爲善何嫌早，學舜無他要旨提。

誦嶺夕陽

東山絲竹久無聞，忽聽高僧誦夕嚑。覺路遥開天半月，靈光遠照嶺頭雲。赭鞭遺烈騰崖谷，丹竈餘輝映水濆。佳趣伊誰能領略，禪心入定絶塵氛。

泉塘活水

一塘宏闢匯清湍，當作文瀾秀水看。到底仍堪飛鯉躍，此中合有伏龍蟠。山光倒映波翻緑，霞彩斜拖浪轉丹。想是銀河流下界，源泉混混自瀰漫。

佛寺晨鐘

碧雲深際佛居新，數杵鐘聲鬧嚮晨。閣内寒僧揩睡眼，枝間宿鳥亂囂塵。殘燈尚伴花龕側，淡月驚沈石澗濱。最喜上方聞獨早，昏迷頓覺夢中身。

鵝林秋籟

鵝林嶽嶽翠屏横，樹内秋聲樹外清。荒徑花黄松欲語，空山木落鳥頻驚。蟬餐玉露悲西陸，雁調金風送晚晴。呼鶴歸來方醉月，祠前爽籟又環生。

山市晴嵐

街居祠後便交通，一道晴嵐障太空。車馬頻穿春樹緑，魚樵争賣夕陽紅。村前生意清光藹，市裏炊烟淡日籠。天地菁華欣萃此，魚鹽差可造英雄。

宗祠八景詩七律

林梓材

龍山雪霽

何來躍出老蒼龍，化作高山突兀峰。珠吐一輪紅日上，氣噓四海白雲從。枝猶帶雪巖腰竹，樹欲吟風谷口松。葉壯花酣鱗甲動，此間地脈秀靈鍾。

大洞清風

靈區獨得氣之清，陣陣風來淡蕩輕。葉脱辭枝飛不響，花飄落地聽無聲。涼飈颯颯知秋早，灌木欣欣向煦榮。深谷野禽啼語怪，錯疑巫峽夜猿鳴。

金雞曉日

聞道當年静夜嘶，林間報曉有金雞。一鳴氣壯天將曙，三唱聲高月漸低。紅樹霜酣紅雁叫，碧梧秋老鳳凰栖。洛鐘遥應銅山響，定有軒昂石馬嘶。

誦嶺夕陽

掃地焚香朗誦經，寺門高敞遠堪聽。一灣流水通幽壑，半角斜陽透曲櫺。泉溜净如僧眼碧，山光濃似佛頭青。道人説法拈花笑，谷應崖奔草木靈。

泉塘活水

錢塘江外有泉塘，山澤潛通地脈長。清露五更荷葉潤，平疇一帶稻花香。祇因曲澗源頭活，定作長波海面揚。多謝陽侯資灌溉，膏腴彌望樂豐穰。

佛寺晨鐘

觀音廟近凌雲寺，一例鳴鐘趁曉晨。響送花龕香有韻，聲傳蓮座净無塵。穿來野徑霜痕重，遥過山村曙色新。但得題詩籠壁上，不辭飯後作游人。

鵝林秋籟

祠門嶽嶽對鵝林，遥望蕭森古木深。賦讀秋聲增感慨，時逢佳節喜登臨。松風撼作千層浪，竹籟喧鳴一曲琴。疑是黄庭初寫就，右軍韻事話山陰。

山市晴嵐

翠嵐高矗藹晴空，近市康莊道路通。鳥雀嬉林春樹緑，漁樵買酒夕陽紅。落霞輝映佛堂外，豐歲聲含人語中。欲上祠樓觀景物，編成詩句寫屏風。

（林魁雅等主修、林憲文等纂修《[湖南劉陽]瀏東林睦宗祠誌》 1918年忠孝堂木活字本）

法氏宗譜

咏貼梗海棠高祖遠儒公遺詩

法啓明

名花枝派出安南，新染猩袍濕未乾。偎點丹砂烘晝錦，天留正色挺春寒。直將鐵骨違時好，不逞纖腰與世看。長此結巢堪痛飲，醉來雖老尚桓桓。

自　　勉祖仁源公遺詩

法徵麟

幼日良暴棄，於今憶讀書。鬚眉漸趨長，胸臆尚空如。撫景傷春往，聞鳩識夏初。寄言後來者，復鑒我前車。

（清法慶祥等纂修《[江蘇武進]法氏宗譜》　清光緒二十六年錦暉堂木活字本）

竺氏宗譜

讀竺芥舟先生文稿九言古風道光壬辰秋,作於厚山課塾

王秉鈞

憶昔成童初學作文章,輒聞嘖嘖先生姓名香。先生品行學問兼教術,超前軼後卓卓冠吾鄉。吾聞其語未見其人也,徒令抗懷往哲心怏怏。丙戌之歲予年方弱冠,得偕二吴棠溪,聿人名金科,節甫名金和,昆玉也。一竺達甫,名廷璋,爲先生族侄。皆是年同窗。歌在泮。當時濟濟一堂東林王月湖,名鑑靈。鵜竺怡亭,名廷鑑,先生族人。愛亭,名淇籥。冶亭,名松勁,與焉。狂與狷,共事魏師東湖石莊夫子,名敦廉,道光癸未進士。從游三峰院。清隱寺,古名三峰院。先生季君斐園,字德望。亦同列程門,予幸得與晨夕共筆硯。每聞載誦先德揚清芬,使予胸襟颯颯滌塵氛。既知予心久切高山仰,乃手一編出示先生文。急接捧讀一過神飛揚,但覺韓潮蘇海氣汪洋。細按脈理直湊單微處,天機盤曲天骨又開張。戛戛獨造一洗庸與腐,足徵先生植品亦高古。宜其一時英俊接踵來,時奉化、新昌從游者甚衆,不獨本鄉。後先執贄金庭先生下帷於金庭義塾最久。屨滿户。自行束修先生所得修金最薄,親從不過三千文。無不誨諄諄,遠近咸被春風與化雨。各就性之所近曲爲成,一一興歌采藻快菁英。先生素性不喜趨時尚,竟爾屈抑明經先生於嘉慶十五年庚午貢。終生平。嘉慶十九年甲戌辭世,年四十有五。不知身後一洩鬱積氣,令徒葛竹王懋菴,名謨。得拾唾餘賦鹿鳴。道光壬午科闈題,先生有舊作,爲懋菴素所熟讀,竟以此獲雋。始信文字終須有定價,不發及身即發於學生。可見文交章顯晦有時命,潦倒科場豈爲先生病。從旁誇耀但覺及門榮,識者且爲先生地下慶。予時略見一斑猶未足,追窺全豹心始深佩服。迄今又閲七年予自庚寅至今,下帷於先生族侄素園、猗源、敏軒、愛亭輩家塾者三載,得季君斐園時相往還,計自丙戌至此七年矣。情未忘,乞再惠予不厭百回讀。讀罷不禁長言詠嘆生,聊志景仰情深時往復。時道光十二年壬辰秋月之吉。

偕竺君達甫斐園輩同游顯聖寺

王秉鈞

相約平橋去,旋來古刹前。山門圍老樹,佛殿繞香煙。留餉伊蒲饌,同參玉版禪。歸來日將暮,仍校蠹魚篇。咸豐庚申重九前,作於厚山譜局。

贈竺氏諸父老暨各相好并鳴謝悃

王秉鈞

諸君厚意最纏綿,鉛槧偏邀委任專。迭致魚緘招舊雨,俾參蠹簡换新編。各家重話敦槃

好,數卷徒留筆墨緣。疏拙那堪膺重責,負慚禮遇過殷全。咸豐庚申重九後,作於厚山譜局。時咸豐十年庚申季秋之吉。

題中和堂家慶圖四言古風并序

吴祖賢

余壻於竺氏,歲輒過訪,今春憩内兄翰香家。詩酒暇,披道光戊申中和堂家慶圖,内寫太岳翁元清公、太叔岳玉山公暨王王兩太母、岳母輩兄弟四、德配四,合十二人生容。均係結髮兒孫并環侍。其時翰香髮未燥,今且鄰强仕。歷年既久,圖内考終過半,祇三叔岳母、小叔岳父母三人存耳。髮毿毿白矣,得毋如流之感歟。然元清公偕老近八旬,玉山公夫婦過之,伯岳林生、岳父長鳳兩公八旬左右分鸞鏡,三叔岳梅溪公壽鄰古稀,現存者亦均矍鑠。吁!中和堂内合爨五世,白頭伉儷如許多多耶,既齊眉,復繞膝,家慶乃爾,洵可羨矣。爲綴蕪辭於左。

松柏挺危巖,葛藟相鉤帶。骨月非他人,匡廬欣高會。塵世坎坷中,福緣何處匄。天下十人中,八九無依賴。惟鳥有鶼鶼,惟獸有狼狽。造物不爾扶,伶仃將胡奈。誰謂百年長,身軀徒委蜕。我羨岳翁家,陽舒陰復泰。椿萱茂且榮,況復芝蘭薈。竇桂田氏荆,家聲流中外。毋慕驕與奢,辛勤甘粗糲。仁里德門兼,方興將未艾。熙熙太古風,駒光毋玩愒。神游浩蕩中,乾坤抑何大。一幅團圝圖,可是倪迂繪。俾爾熾而昌,萬千歲無害。

時光緒十六年歲次庚寅花朝前一日。

豹南堂記

張時來

從來名人賢士品題大廈,於州縣則曰"樂只堂",於學校則曰"明倫堂",而於家之所建或曰"餘慶",或曰"集賢",變新則曰"半野",曰"桂芬"。名之不一,要名義有所取爾。

厚山竺氏,道學淵源,人文蔚茂,素號望族。克尚翁創建一堂,巍巍乎勢若参天,可仰觀而不可褻視,獨以"豹南"名之,何哉?蓋義取乎"南山有豹,霧隱七日而生文"。明居是堂者,其亦有文明之象,姑隱於是以待時乎?遡其先世舊宅,廳堂聳秀,鑲宇聯綿,非惟可蔽風雨,抑且無容袒足,何其素封若是哉!因值兵火,而翬飛者忽爲茂草矣,鳥革者變成坦途矣。歷先人而毁廢如故,至尚翁時遇益艱,遂棄其書笈而往來通都大邑間。結駟連騎,不啻端木之遺;鬻販奔馳,奚讓膠鬲之舊。一生精力幾耗,而家道之積儲亦漸厚耳。爰於遺址東側外卜一隙地,丁亥孟冬十有三日而建是堂焉。跡其形勝,左金庭、石鼓,而右獅峰、象翠。駕眠牛、天馬而枕四明、金盤。行其道,則門徑紆徐,低徊欲絶。升其堂,則明窗净几,琴書在御。更上一層,則四顧長空,遐爾極目,第覺九十户之雞犬桑麻参差可掬,數十里之街衢巷陌彷彿在懷。居斯堂者,當亦灑然樂,欣然喜矣!因樓拱南山,直懸一"豹南"之額於其上,使其子若孫安於耕鑿,敦修倫紀,思創造之艱難、守成之不易,乃其故事而終非命名之意也。

長君介清岱華之質,瑛璜之姿,風雲之概,錦繡之思,擅名童子場,早蜚聲於黌序,托隱於兹,矢志潛修,以養鵾鵬健翮。其必千里驥足,行見奪錦於鹿鳴;英才九十掄魁,臚唱於瓊林九重。御墨淋漓,則其變豹莫測,文明彪炳,可立而待矣。豈遁跡巖阿,終隱南山乎?匾之曰"豹南",何其所志者大,而所期者遠哉!介清久從遲庵游,而遲庵與予素稱莫逆,緣稔知其藴蓄之深，抱負之大，日後必長駕遠馭，克副所望，而尚翁命名之意諒不虚矣。是爲記。

時康熙五十二年歲在癸巳荷月之吉，眷侍教生張時來拜撰。

翊倫堂記

竺　玟

五倫之道，賦之者天，成之者君，而翊贊之功則在士君子矣。蓋親義序别信之理，自本來而已具。帝王庠序學校之建，昭明其義於上，而尤貴士君子之身盡其義於己。以風化之本於國曰"明倫堂"，而於家則曰"翊倫堂"，此吾祖命名之意而子孫世守者也。是堂之築創自本悦公，傳至我朝，十五年間棄於兵燹。先君子心焉憫之，毅然身任其責，櫛風沐雨，拮据勤勞，於辛未歲而堂構依然，棟梁挺舊。卓爾與"積慶"并竣，焕乎同祠宇重新。卜者以爲竹苞松茂，雕閣翬飛，而爰居爰處，乃寢乃興。將維熊維羆，於是堂而夢焉；維虺維蛇，於是堂而占焉。黄耇台背，亦莫不於是堂而祝焉。而要皆非其本也。惟孝慈於家，而父子之倫於是堂而翊；筮仕於朝，而君臣之倫於是堂而翊；琴瑟在御，而夫婦之倫於是堂而翊；先後不紊，而長幼之倫於是堂而翊；忠信成交，而朋友之倫於是堂而翊。誠足以儀型於家，爲法於世。夫非大有贊於五倫、克全乎天之所賦、無愧乎君之所成者哉！謂之翊倫，洵不誣矣！厥後孝子慈孫，繩繩相繼，皇皇多士，代衍不絶以增光，奕葉箕裘，而無忝先人創垂之深意也可。

時康熙五十二年歲在癸巳七夕，六世孫玟百拜敬識。

遺安堂記

竺正廉

嘗讀《漢書》，有龐德公未嘗入城府，夫妻相敬如賓，劉表候之，釋耕於壟上，而妻子耘於前。表指而問曰："先生苦居畎畝而不肯官禄，後世何以遺子孫乎？"龐公曰："世人皆遺之以危，今獨遺之以安。雖所遺不同，未爲無所遺也。"表嘆息而去。今吾伯雲從新構一堂，匾額"遺安"，得無意乎？

蓋富貴者多危機，而食力者鮮後患。遺子孫以官禄，似安而實危也；遺子孫以力穡，雖勞而實安也。聞伯幼好詩書，樂與聖賢相親，苟留心仕進，易如反手。第恐居高位，享厚糈，子孫必尚侈靡，習爲浮薄，淫逸無度，鮮不如欒郤之後降爲皂隸，叔敖之子窮而負薪。此非遺之以安，適遺之以危耳！伯乃忘情顯達，而樂躬耕，置瘠田半百，勞於寒暑，力於耕耨。焦思苦慮，不安於心；沾體塗足，不安於身；而且夫倡婦隨，不安其室；而且父前子後，不安其孥。人見其不安如是，皆曰：是人也，將終於不安，而更無可遺者乎？不知此不安者，正所以爲安之道也。由是而布衣韋帶，被服安也；疏食菜羹，飲食安也；男婚女配，嫁娶安也；輸將急公，國課安也；緩急有備，家計安也。以視危明憂盛，患得患失，而不敢即一日之安者，其相去何遠哉！洵乎以逸爲安者，不如以勞爲安者之樂也。

昔構精舍於積善堂之南，既成而災。不數年，又於本宅之東卜一隙地，擴其基而堂宇復爲之一新，不尚雕刻，不事塗畫，雖質素而無文，實堅樸而永久，確有醇古之風焉。斯其所以開先者，勞而又勞；而其所以遺後者，安乎非安。是故吾伯既不安於安而安於勞，欲後之居斯者，仍服疇力穡，安耕鑿之素食。先人舊德亦不以安爲安，而以勞爲安，因名其堂曰"遺安"。是殆有龐公之遺風乎？誠吾族所罕覯者。余生也晚，不能備述，但建斯堂之艱，名斯堂之意，固稔悉之矣。爰不愧俚言，請一一爲吾伯誌。

時康熙五十二年歲在癸巳荷月之吉，東乾房侄正廉頓首拜撰。

荆茂堂記

高克廣

昔田氏堂前植紫荆一樹，茂甚。後兄弟欲分財，共議斫之爲三，未幾而荆已先枯。兄真嘆曰："木本同株，因議分析，而先摧悴。況人兄弟孔懷，而可離乎？"緣相感而復合之，荆亦旋茂焉。後人有鑒於此，而即以荆比人兄弟。此其意蓋猶是以椿萱稱人父母者，各有取爾也。然椿取義於八千歲春秋之高，萱取名於宜男而并可忘憂。故稱父爲椿，以椿無不得八千歲；稱母爲萱，以萱無不宜男而忘憂也。獨荆則異是茂者：荆也，非荆自茂也，兄弟之合茂之也。比兄弟以荆者，固特比其茂。而荆之所以茂，未嘗一致思焉。

厚山夔宣竺先生昆季有六，怡怡一室，白首無間，以孝友聞於剡東。康熙乙未年，新建大廈落成，名其堂曰"荆茂"。夫豈以雁行輩舉皆隆隆起家而有取於荆之茂耶？蓋實有鑒於田氏之荆，欲後人有以常保其茂耶！夫茂不茂，何常之有？《詩》曰"兄弟鬩於牆"，雖茂者不茂矣。兄弟既翕和樂且耽，雖不茂者亦茂矣。子孫能體乎此，羣居和壹，而思所以保其茂，則於是堂之名實有合焉！

余與夔翁昆季文玉先生向以文藝相交，因屬余言以爲記。遂即見之所及者以書之，未知果窺其深意否？至若美輪美奂，生斯長斯，聚國族於斯，則惟俟之善頌善禱者。克不文，不敢贅。

時康熙五十五年丙申清和吉旦，歲進士玉庵高克廣記。

垂裕堂記

俞　煋

往復者，歲時之新故；盛衰者，世運之循環：此理之常，無足異者。顧有盛而衰，亦有衰而盛。世運不能無，而人事未嘗不重賴也。

余客兹厚山三載矣，見夫山川之美弗勝誌也，風俗之醇弗勝數也，男女之勤弗勝羨也。其盛矣乎！予雅與孔森兄游。偕予二人游者惟正術。今春花朝節，三人同散步，暮而歸。正術款予於家。將及門，予覩其壇場曠闊，基址畫然，曰："是豈古之第宅耶？"曰："然。"問："何以傾圮與？"曰："此垂裕堂也。兵燹之餘也。"問："誰氏之業與？"曰："予祖軒六公所創也。"余曰："厚山之第宅遭兵燹者亦多，子孫皆重興之。胡以至今不建，任其就衰也？"術曰："竊有志焉。"嗟乎！夫人亦貴立志耳。志圖名則名成，志圖利則利得。顧熙熙攘攘，決無有無志而漫與周旋者乎。今有志於斯，是即能爲祖宗復先疇者也。非衰也而繼以盛哉！噫，盛衰之理，吾固知其如此。今雖不久留於是，他日過而觀之，美哉輪，美哉奂，必將曰"有志者事竟成也"。君其識之。遂書此以誌云。

時乾隆三十三年戊子仲秋上浣之吉，南明俞煋拜贈。

世德堂記

姚耕心

從來世家大族子姓繁衍，福禄無窮。類皆由祖宗修德於身，積累閎深，而後延之數十世之久，猶得以蒙其福庇，繼繼繩繩，而未有終極。昔于公治其門使可容駟馬，王氏植槐於庭，而曰："吾子孫必有爲三公者。"豈二公之雄才大略，可以僥倖於天而取必於不可知之數哉？蓋其德之修於身，而遺於後者自有不爽耳！

厚山正達竺先生持身醇樸，處世和平，素以厚德著聞者也。雍正丁未，鼎建大廈，額其堂曰"世德"。落成之後，丐余一言以爲記。余聞而美之曰："有是哉，先生之殷殷以世德爲念也！"蓋曠觀乎古今來盛衰升降之原，而欲使子若孫之居是堂者體此意，以相衍於無窮也。《書》曰："惟德動天。"又曰："惟天佑於一德。"天人之際，理有可憑，感應之機，捷於影響。因是堂之額，而以觸於目者警於心；即以存於心者見於行。以德相傳，與世無窮。此于公之所以克昌厥後，而王氏之所以貽厥孫謀也。安知駟馬之榮、三公之應，不再見於世德之堂也哉？間嘗考先生家世淵源，先代軒二公作令武昌，解組後建其堂曰"積善"，而尊人雲從公有"遺安堂"之額，知其祖若父世以德爲箕裘也。且諸嗣君恂恂信實，俱有令德。世德作求，先生有焉，則斯堂之名固非虚稱，而將來騰達亦安可量哉！因樂得而爲之記，以爲有德而無不報者操其左券。至於竹苞松茂，鳥革翬飛，一切鋪張揚厲之辭，抑末也。余故略而不贅。

邑廩膳生獅巖姚耕心撰。

敦睦堂記

錢邦基

余自入剡以來，常居停於厚山之前後，近人爲道竺兄載安常所行事甚悉，至友于一節，尤嘖嘖稱難。予心識之久矣。戊子歲，余友新邑陳子從龍下榻其家，目覩其金昆玉季間怡怡式好，深契其有古人風，因贈其堂曰"敦睦"，而問記於余。余以昔之所聞，合之陳子所見，而喜爲之言曰：先王教民六行，其一在睦。《孟子》論鄉田同井之故，亦及於親睦。睦爲之道，甚矣哉！然此猶概言之，要不若《記》所云"兄弟睦，家之肥"者爲得其最先。何也？天倫之樂，難得之數也，敦是而其他自無不漸及矣。特近日之於同父，牆可鬩，室可戈，其貽憂於堂構者不少。予孑焉一身，所由每顧而不生卜商之嘆也。玆何以能若是？是非深有味於《記》言睦兄弟者乎？固宜其家之肥也，而何有於先王之教之或遺，《孟子》之言之或背與？夫昔人有得於中，往往即所托處者以示不忘，如燕飲以樂其室，"花萼"以名其樓，皆是也。然則玆"敦睦堂"之額，其亦古兄弟無忘於天倫之樂者哉？陳子多兄弟，宜其言之親切。而予觀於此，又不禁愀然於人皆有我獨亡者然記之，并以願竺氏之世世怡怡式好於昆季間也。

時乾隆三十三年歲次戊子巧月之吉，會稽北塘錢邦基題贈。

遂安堂記

錢邦基

昔雲從先生取龐公對劉表之語作遺安堂，迄今讀其堂記，其所以爲子孫計者至深且遠。蓋真有合於古人之言，而得古人之意者矣！然吾謂有以遺之，必當有以遂之。彼夫大家世族可危者固不足論，而耕田而食，鑿井而飲，含哺鼓腹，克享太平者，方自謂帝力何有矣！然不再傳而仍飄泊失所、且罹禍災者，非什之二三，即什之四五焉。此豈盡所遺之不安哉？而何其多不遂也！由是言之，則積德尚矣。雲從先生樂善好施，而其嗣掄才公諸昆玉又克承先志，聿焕新猷，田日以廣，家日以富，而屋舍亦日以增，安也，豈有未遂歟？今又傳三子，而長君則昌、次君孔森，與幼君揆文，皆守禮達義，務尚忠厚。其樂善好施之懷，視其前如一日者，而復構大廈，建新堂，竹苞松茂，美奂美輪。凡過是鄉望之，其宅幾過厚山之半。又沐聖天子休養煦育之仁，耕讀其中，雖桃源之仙景不啻也。回念雲從先生遺之以安，而無不克遂其安。祖孫父子之間歷凡三代，而卒高枕無憂者何哉？有遺安之名，而復有遺安之實故也。夫乃知耕田鑿井之儔不再傳而飄泊失所遇禍災者，惟無德以堪之也。乃三君之後，又復彬彬儒雅，恂恂循謹，其遂安正永永而未艾矣。因本遺安而贈以“遂安”額，作《遂安堂記》。

時乾隆三十三年歲次戊子荷月，會稽北塘錢邦基拜贈。

思安堂記

錢邦基

昔令祖雲從先生雅慕高尚，因取龐德公對劉荆州言，而額其堂曰“遺安”。予即仍此意爲孔森兄作《遂安堂記》矣。今成周定周兄亦問堂名於予。予以成與孔皆遺安堂所分，皆當不忘於其舊，於是贈以“思安”額，而復作《思安堂記》，曰：君子有九思，唐丞相徵上《十思疏》。凡以見思之有益，而久安之非無自而致也。蓋安者危之反，亦即危之伏。天下惟自以爲已安，而安無時矣。天下惟居安而常思危，而危無時矣。是故思前之所遺，則守成者不易。思後之爲遺，則開創者維艱。不然，居郊野之間，耳不聞朝廷之黜陟，目不睹城市之嶮巇，其誰非遺之以安者？而何以不再傳，而安居樂業者之竟寥寥也。嗚呼，弗思而已矣！兹間成周之家，男勤耕讀，女勤績紡，雖素封有餘，而常存樸實。其於思過半者，庶幾不負於乃祖雲翁之所遺，而見永享其安而無艾也。其必以安之言爲不謬也夫。時乾隆三十三年歲在戊子花朝後六日之吉，會稽北塘錢邦基撰。

順德堂記

徐元宰

且夫名者，表其實也。故有其實，始可表其名。若無其實，而徒表其名，豈不見哂於識者乎？吾友竺公、諱伯通者，其爲人也古處自敦，天性醇樸，且耕讀傳家，勤儉爲本，而家聲丕振，廓大前模。乾隆辛巳年，創建大廈，因問堂名於予。予深知翁之本末，聞其先有“積善”、“遺安”二堂，皆名實相符。迄於翁，克纘先型。見其家父慈、子孝、兄友、弟恭，一室之内，和氣融融，此其順也。矜孤恤寡,濟弱扶傾,種種善舉,難以筆罄,此其德也。因名之曰“順德堂”。嘗觀史云:“天道無親,惟德是依。”又曰:“積善之家,必有餘慶。”以翁之德洽于人者深,斯食報于天者順。吾見蘭孫玉立,英才繼起,安知今日之順德堂,不爲異日之于公門乎?然則順德堂之額果有其實,而非虛表其名也。是爲記。

時乾隆三十三年歲次戊子仲秋之吉,古虞眷弟徐元宰拜撰。

德厚堂記

陳抃

史云:天道無親,報施善人。蓋天下未有積德厚而流不光者。是以,于公積慶,而大厥門。太邱樹德,而光厥族。此固尤大彰明較著者也。吾友竺公師亮翁者,金庭尚義人也。闇修自樂,而身名俱顯。以勤儉餘資,創大廈一所,雖未嘗雕龍鐫鳳,而樸素渾堅,已足爲貽謀之則焉。當燕飲以落之時,錫名未果,而進士張公來宰兹土,適以表揚之舉,公車就訪,見其制度之宏敞,雅與公德相符也,遂額之曰“德厚可風”,因即以名夫堂。自是李公贊之曰“規範一方”,而沈教諭、葉訓導并譽之曰“德可型方”。交相贊譽,而終莫易其命名之允洽焉。而公德公堂遂并馳於剡嶠矣。嗚呼盛哉!方公壯時,杕杜單傳,每憂椒衍之未蕃。今則前輝後映,倍加壯麗,而紛紛竹立,芬芳庭下,了無土滿人稀之患。抑且崢嶸頭角,待風雲而思奮者難以僕數。安知今之德厚堂,不爲異日之鳴珂里乎?則斯堂之餘慶何一非公德之滋培者厚哉!余固知天之報施善人者不爽,而是堂之果堪歌哭而聚族也。爰爲之記。

時乾隆三十三年歲在戊子仲秋之吉,剡西眷弟静庵陳抃頓首拜撰。

敦厚堂記

王培元

山之名厚,蓋自伊祖汝泰公卜居始也。一以望子孫存忠厚,一以使富厚累世不失。意至深遠矣!竺君、翼周二兄向居嵊之厚山。近擇於厚山之南三里許則新之北隅也,地曰茅洋坪者,廣數十餘畝,闢草墾田,種竹植木,鑿池塘,儼然武陵之勝。於是構廈其中,永爲樂土,而問堂名於予。予以君厚山所分,忠厚固然,富厚又然,自當不忘於“厚”,俾後之顧名思義,雖百世如一日者。此敦厚堂之所由取也。夫人之立家猶作室然,厚其址基則不頹,厚其牆垣則不壞,厚其柱筍與瓦蓋則不折不漏。厚之爲道要矣哉!蓋厚者,德性中之自有,而往往流失於習俗。非厚之難,不敦之故也。故《中庸》曰:“敦厚以崇禮。”由是言之厚固人人之所宜敦,而況承祖宗名山之意,當厚山遷居之餘,有不以此爲汲汲者乎?然則“敦厚堂”之額非人所得而共,乃君輩所得而專也。時乾隆三十三年歲次戊子荷月之吉,會稽王培元拜撰。

慶善堂記

陳垣

天下有可慶者三:曰福,曰禄,曰壽。然必有植福之基,而始受兹祉福;必有綏禄之本,而始膺兹厚禄;必有種壽之泉,而始臻兹上壽。則可慶之名在此三者,而可慶之實惟一善而已。剡之厚山有慶善堂，建於嘉慶癸亥。竺氏增挺公積勤儉之餘資，思恢宏先業，爰於故宅外卜一隙地，鼎立堂構。越數年，垣墉塗塈，金碧爛然，顔其額曰"慶善堂"。亦何取乎爾？蓋有可以自信者也。間嘗走通都，過大邑，見夫棟宇巍峨，一再過，而室爲墟矣。又見閈閎大啓，不再傳而門生莠矣。當前可慶，而轉瞬即不可慶者，何可勝道！今觀是堂，秩秩斯干，幽幽南山，竹苞松茂者，閱千年而不朽也。約之閣閣，椓之橐橐，鳥革翬飛者，歷百世而常新也。可知無善而慶，其慶暫；有善而慶，其慶長也。然其慶正非一二端而遂竟也。如承歡堂上，子善事父，則有萊衣之慶；戒謹堂前，婦善相夫，則有琴瑟之慶；肩隨堂上，弟善敬兄，則有儐籩之慶；攻錯堂前，友善訂交，則有伐木之慶：其一一盡善，故一一堪慶耳！況積善之家，必有餘慶。今秀髦接踵，濟濟一堂，人才之盛可慶者在今日，而福與禄與壽之致，可慶者即在將來也。戊子秋，會修家乘，其子鑑旂囑記於余。余思其父善作者也，其子善述者也，余得不與人爲善哉？是爲記。

時道光八年歲次戊子九月下浣之吉，南明邑庠生陳垣謹撰。

懷清堂記

裘元杰

人間樂事，兄弟孔懷，厥父肯堂，家傳清白，顧堂不可以無名。厚山竺氏鈺翁性沖澹，弟銘翁尤倜儻。世業岐黄，神鍼天目，所謂"一粒丹開世界于光明"也。嗣迺卜蝸廬，偕清虛子置别墅于村之上游，堂闓軒廠，額曰"懷清"。面南闢囿，藤蘿交匝外，名花奇卉，葳蕤四時，冷艷古薌，清懷薇蕨。左甃池，别搆書塾，又面山，山號東嵌空石齒。遥望西山，風清如昨。諺云：物胚始，人胚祖，祖而父，父而子。願子子孫孫堂階尺咫永懷聖之清，不屑銀青兮金紫。挑鐙泐此，付剞劂氏。是爲記。

時光緒二十一年歲次乙未巧月上浣之吉，邑增生裘元杰拜撰。

聽彝堂記

吴人麒

厚山長鳳竺公，余姻長也。館其家六載，今年春，令幼君柳堂雋於庠，開芹宴。余登堂賀。先是，公搆新廈，塗塈丹雘，畢乃工矣。席間，公以堂額囑。余應聲曰："聽彝。"旁有客詰曰："曷取乎爾？"余曰："聰聽祖考之彝訓，《周書》句也。"客曰："是固然。然於斯堂曷取？"余曰："人生品類，知愚賢不肖，萬有不齊。既爲祖考，無不訓子孫。既訓之，無不彝登諸額，所以警之也。"客曰："竺氏祖考君其稔悉乎？所謂訓者，烏乎爲彝？"余曰："僕往還厚山久，見夫地饒物溥，俗茂風醇，他處罕企。長公鳳素叨愛末，數其先世，耕讀相沿，潛德弗耀。蓋敦龐純固之氣一脈流傳，馴致乎斯。要其所以致斯者，無他，彝訓耳，能聰聽耳。君不觀富家子弟乎？蔑視祖訓，甘蹈下流，甚而驕奢淫佚，悖逆誣妄，靡所不爲。曾不踰時，華屋山邱。向之翬飛鳥革，竹苞松茂者，猶有存乎？溯厥由然，咎將焉屬？君子鑒此，知驕奢淫佚之非訓，所謂彝者，禮義廉恥而已矣；悖逆誣妄之非訓，所謂彝者，孝弟忠信而已矣。極諸内而修齊，外而平治，無有乎不訓，何有乎不彝，又何有乎不聽？長鳳公嘉嗣二：長翰香，入國學；幼柳堂，隸邑庠，并從予游，有賢聲。其於祖考彝訓宜何如兢兢者，繼是而子孫而曾元而來耳。雲仍二生亦祖考矣，賢後嗣克迪前光。登斯堂也，寓目怵心。聰不待耳，無非聽焉。稱先則古訓，不由祖無非彝焉。'聽彝'兩字，義勿膠柱，不尤爲解人乎？竺氏後人尚其勉旃！"客曰："然。"是爲記。

時光緒四年歲次戊寅蒲夏之吉，棠溪姻晚吴人麒拜題。

樹德堂記

謝 震

非非子醉鄉汗漫，藝圃逡巡，眄天地古今爲無有，援仁義道德爲紀經。雖棲心於寥廓，殊未揆乎人情。有閒閒公攜一匏酒、一盂蔬而造焉。曰："吾餉子，欲有問於子，可乎？"非非子曰："願聞問。"迺置酒列蔬，坐而言曰："蓋聞皇天惟德是輔，明神以德爲馨。然伯夷窮餓，介推致燔，子胥沈江，比干剖心。此數子者，非所謂有至德哉？而卒不保其身。若跖蹻暴戾，横行天下，其徒誦義無窮，而天又與之壽。其故何也？豈樹利者受上賞，而樹德者反蒙顯戮乎？"非非子曰："子所謂泰山上一樵夫，海舶中一舵工，侈言山海之廣大，而實不知山海之何以廣且大也！夫德賦於天，樹德不過以人而承天，而涵養之，擴充之，豈爲獲福計哉？即以福論，禹稷躬稼有天下，孔孟皇皇喋喋，轍環當時，廟食百世。福孰有大於此耶？且子不見夫世之樹利者乎？以都市爲田，以貨物爲種，以持籌握算爲耒耜，以左右望爲祈年禱雨。工心計、善指畫輩，莫不撮壤崇山，導涓宗海，利不貲矣！迺命班輸匠石之儔相度基址，具文榱，抗虹梁，雕玉瑱以居楹，裁金璧以飾璫，木衣綈錦，土被朱紫。粉黛列焉，才俊滿焉，名公卿大夫胥貽數字而致頌禱焉，可謂壯哉！無何，上天不佑，彼所自據者輒爲冷風衰草，消歸烏有。一轉瞬間，遂不可問，何利於前而不利於後耶？抑亦不樹德使然耶？"閒閒公蹶然而起，曰："鄙人不敏，道昧醯雞。今聞子教，渙然冰釋。余閒游無事，敬佩子言，以告天下之徒知樹利者。"迺酬飲而退。今光緒辛卯歲，竺君平齋建室宅，顔之曰"樹德堂"。此其承先啓後，獨率其天而不徇流俗人之見也審矣。福田之利，詎有量乎！屬余爲之記。即録前説以贈。蓋言不樹德之害，則樹德之獲福又在所不必言。是説也，余蓋得之閒閒公云。時光緒二十一年歲次乙未仲夏，邑南謝震拜撰。

（竺猛濤等纂修《[浙江嵊縣]原山竺氏宗譜》 1940年積厚堂木活字本）

范氏宗譜

大水嘆寄范芸圃諸君

王惟孫

平地欻倒江河入，白雨崩騰黑風急。山腹吼裂水争飛，老蛟向人作人立。田禾漂没古木號，千邨萬落奔洪濤。爺娘妻子不相顧，咫尺性命輕鴻毛。往歲一冬天少雪，入夏無麥民愁絶。今歲上臘雪下多，老農預爲有年歌。豈意陽侯忽逞毒，飛廉屏翳恣揮呵。血肉腥穢魚爲市，可憐人畜相併死。浮雲慘澹蒼天愁，人哭鬼哭聲塞耳。嗚呼！安得化作百千身手遍持扶，死者獲收困者蘇。男兒有志庇四海，況此更爲桑梓區，仰天搔首空悲吁。

時嘉慶五年歲次庚申仲秋月，荔村王惟孫拜稿。

水災行和王荔村前輩

范肇沂

我聞周處無賴真雄豪，擒蛟赤手輕波濤。又聞吴綽弄斧華陽洞，乘龍割耳紛遯逃。斯世既已無其匹，百怪嘯聚山陵號。崩沙走石水張勢，人民踞屋聲嗷嘈。黑雲壓頭聲不起，西風倒捲秋江水。可憐性命輕鴻毛，闔門盡拚洪流死。爺娘妻子遥相呼，骨肉不能同持扶。縱有一生幸而免，梧桐井塌白骨枯。秋雨逗漏鬼神泣，游子歸來血淚濕。精衛填石幾時滿，恨氣欲迴海波立。荔村詩句史與儔，懷襄載筆勞窮搜。寄我長句怵心目，日月慘淡天爲愁。如君安堵尚悽惻，況我抱痛終天憂。嗚呼，況我抱痛終天憂！

哭　母小祥後二日作。

范肇沂

嗚呼不孝男，厥罪難具數。坎壈生與俱，髫年喪所怙。哀哀母氏勞，窮廬守風雨。持家躬操作，尸饔忘貧窶。四兒身上衣，一母手中縷。養我衣與食，課我訓兼詁。柳丸并歐荻，用心良亦苦。兒長身漸成，母老齒全齲。

嗚呼不孝男，離膝慣異土。春出殘臘回，庭幃例一聚。去歲上征途，别懷耿難吐。執手淚暗垂，抑情還慰拊。謂兒且勉行，少壯力須努。勿作陟屺悲，好養扶風羽。含悽竟遠離，斯意銘肺腑。青紫苟可拾，聊佐萊衣舞。

嗚呼不孝男，顚違孽自取。潛蜃逞兇威，洪流蕩屋宇。天親廿五人，畢命馮夷府。吾母更何辜，神天亦弗祜。聞訃一以號，聲激寒潮怒。匍匐星馳歸，血淚灑江滸。口澤渺莫存，音容杳莫覩。剜心已無肉,舉目失環堵。

嗚呼不孝男,骨立强撑拄。侄幼事未諳,弟弱身嘗瘉。不能死相從,徒愧生無補。母兮早歸來,兒今不出户。孤燈照幽獨,白雲冒前浦。夢裏一降真,呼兒親噢咻。覺後始自疑,此身誰爲主。慟哭問蒼天,此恨終千古。

(清范峻崃等纂修《[浙江武義]梅山范氏宗譜》 清道光二十八年木活字本)

连氏宗譜

三江漁父詩集序

張鳳孫

今上御極之元年，大開詞科。天下懷鉛握槧之士，莫不羣集都下，把臂論交矣。然而不盡相知也。有數人者學同、志同、名譽同，而困頓場屋、兩中乙科又同，則三江漁父與桐城劉耕南、會稽胡穉威、歸安姚勵圃及余也。

漁父爲義門先生高弟，嘗客王儼齋司農所，預修《明史》之列，得交一時名公鉅卿，故所學具有本源。顧性閒傲，不屑奔走要津，尤不耐與俗子道寒暄、論文藝。每酒酣耳熱，意有所不平，輒徹頸發赤，長身聳立，嬉笑怒駡，雜出於高譚雄辨之間。四座愕然，而長者絶不以爲忤也。少游淮浦，遭主人之難，漁父挺身出救，陳詞慷慨。人咸義之。無何，主人介弟襲上公，秉節鉞，遂招之以賓師之席。自吴而之滇黔，之秦蜀，賦從軍之行，贊籌邊之畫，出入諷議，間爲歌詩。予倡女和，雖膠漆無以喻其契也。漁父家荒江之濱，無田以養，又艱於嗣息。上公既入相，所以贈遺之者甚厚。而漁父亦自是息影菰蒲，著書終老，不復挾策干諸侯矣。嗟乎！自丙辰報罷，同人星飛雨散，潦倒於風塵、浮湛於書記者何限！如漁父之生平落落，得一知己遂可以托性命之交，就名山之業而成身後之名，不可謂非遭逢之幸也已。

今年春，令子齊聃裒其遺稿，一再叩余門，請余删訂而爲之序。余觀漁父詩沈博絶麗，才氣縱横，入蜀後益臻雄深雅健之境。李玉洲先生稱其跨孟韓之席，升李杜之堂，信乎可謂知言矣！回憶曩者連床玉洲先生邸第，漁父解衣捫蝨，賦牛字韻詩送余入滇，意氣殆如昨日也。此後一晤於京師，接葉亭，再晤於淮陰旅舍，遂成千古。即穉威、勵圃諸人，亦已赴玉樓之召。而余以眼昏頭白之年，爲之訂遺稿而傳之，可勝死生聚散之感哉！令子齊聃頎然而長，眉目宛肖，弱冠善屬文。讀書種子庶幾在是，余不能無厚望焉，遂删訂而爲之序。乾隆辛卯嘉平月，年愚弟華亭張鳳孫頓首拜譔。

跋三江漁父詩集

李重華

凌雲健筆，本極縱横；抱䣛長吟，究歸寧静。儷元龍則豪氣故存，參司馬則文心彌潔。落落焉，跨孟韓之席；駸駸乎，升李杜之堂。所謂排奡以妥貼爲期，絢爛以平淡爲至者耶？吾子能自樹矣，老夫其何間然。玉洲李重華跋。

迮耕石先生三江漁父詩集序

龍　鐸

一竿湖近，鼓雪棹於寒江；半笠澤平，掛風帆於遠浦。我知魚樂，依稀濠濮之游；人與鷗親，仿佛杜陵之樂。磊落本乘鼇之客，垂綸欲拂珊瑚；逍遥疑跨鯉之僊，得句隨生珠玉。吴江迮耕石先生，胸羅五岳，鋤芝偶謫崑崙；名滿三江，採藥時游蓬島。牙籤甲乙，裝玳瑁以成緘彩；管玲瓏，浣薔薇而滌研。詩吟五字，偏師誰破長城；賦獻《三都》，聲價頓增洛邑。天雲海水，休誇宋艷班香；冰柱雪車，不數郊寒島瘦。

乃若襟懷似海，藏甲胄者十年；器度容舟，吞雲夢乎八九。張步兵之白眼，醽醁千觴；濕司馬之青衫，琵琶一曲。劉公下第，何人不愧登科；馮客無家，知己皆爲彈鋏。然而鞭馬攬滇黔之勝，竟願識韓；揚舲游秦蜀之區，都聞説項。峨眉嶂下，松飛萬頃之洪濤；鹿玉峰頭，瀑掛一簾之疏雨。山川滿目，揮毫盡入囊中；邊塞關心，挾策常游幕裹。雖花磚影過，珮聲未到鳳池；而藜杖光騰，椽筆早傾麟閣。江上之煙波飄渺，咸推三島神仙；山中之事業峥嵘，不羡十年宰相。

余也識霽顔於鄂渚，曾親前輩風流；接令子於松陵，盡讀遺編魚雅。然而香焚一瓣，曾南豐之景慕徒殷；座冷六經，韓北斗之風徽已杳。寂寂龜蒙之社，難尋茶竈藥罏；蕭蕭靖節之墟，孰訪松林菊徑。殘編斷簡，雕龍尚有存書；守藝傳經，題鳳殊舞隻字。千言獨賞，香生河北之牋；數語留題，情溢膠東之版。古人如可作，願相酬乎流水高山；絶調少知音，誰復辨此曉風殘月。丁未重陽後五日，宛平龍鐸拜題。

郢堊集序

孫　儒

梁劉彦和綜述詩賦源流曰："詩者，持也。持人情性……義歸無邪。"賦則"文雖新而有質，色雖糅而有本"，然後能體物寫志，毋誚"霧縠"，益言扶質立幹惟植體之爲尚焉。齊張子云："文豈有常體，要當以有體爲常。"老杜詩云："别裁僞體(視)[親]風雅。"然則修辭而不究體裁，是猶無射而窕摦，雖具在懸，其何適於用矣！迮子蘊高讀書知體要，文藻卓然爲時冠，其所著述務模範前型，戛戛焉以求力追正始。觀其詮述賦體，折衷於子雲，麗以則之一言。詩則陶寫性情，不事塗飾，探證於《詩品》、《談藝録》諸書，而得其宗旨。今誦其所作，冲容朗澈，粹然入矩。擬古諸作，尤爲渾合曩篇。其誠慎所取擇，知摩體以定習者矣。夫規武既端，進趨自正。朝華夕秀，披振懷新，由此風格遒上不懈，而及於古。蘊高所造，駸駸其未可量也。抑聞之郢人堊其鼻端，匠石運斤成風斲之，盡堊而鼻不傷。謂克勿以雕刻失真，去其贅附乎體者，而正體具焉。今蘊高取以名集，冀當世宗匠加之繩削與？其亦即别裁之意也夫。乾隆壬辰莫春之月，渠陽孫儒書。

六竹軒詩鈔序

迮鶴壽

族叔五山先生，秉姿雋上，立品孤高。少工舉子業。其爲文也，得味於閒，取神於遠，如深林邃壑，耐人尋玩。若其爲詩，則又幽情獨出，奇趣横生，非尋常作詩者意想所及。余幼時，見其文讀之，見其詩又讀之，心知其美而不能言也。及長，而復向先生索觀之，則已隨手散去，百不存一矣。壬午冬日，余弟翊宣以《六竹軒詩鈔》見示，謂是先人手澤，敬從敗簡中録出。余正襟讀之，嘆曰：此五山先生應酬之作，烏足以見先生之真哉！夫作詩之道，必胸有所觸，不可遏抑，然後借彼筆墨寫我襟懷，故其詩有真趣。至于應酬之作，類多粉飾之辭，或者鏤心刻骨，强而致之，而我之真趣不存焉。余弟欲集先人遺稿，求其幽情獨出、奇趣横生者不可得，僅得其應酬諸什，是烏足以見先生之真哉！雖然，先生之真固不可得，而先生之手澤或可藉是以傳，則應酬諸什又曷可廢耶？嗟乎！余每慨近日詩文之士終其身詠謌著述，手録成編，親自删定，以貽後人，一旦身死，子孫絶不以爲意，非束之高閣，即付之蠹魚，甚至覆瓶支食，悉歸于磨滅而後已。今五山先生不自録之于生前，而余弟尚能存之于身後，瓣香相繼，未可多得，又何論乎詩之工與拙哉！道光二年十一月初九日，侄子鶴壽拜譔。

（《[江蘇吴江]迮氏家乘》 清鈔本）

郁 氏 宗 譜

宿江左草堂即事

郁惠徵

地遠塵煙夢亦清，幽棲驚夢只啼鶯。日高霧斂開林影，雨過泉奔走澗聲。俠骨美人同説劍，閒情仙侣獨吹笙。緑雲深處谿山畔，萬壑風濤不住鳴。

詠　　梅

郁惠徵

峥嶸鐵幹玉爲葩，落落平沙樹樹斜。因度暗香風弄蜨，爲憐春色鳥啣花。白雲時護幽人榻，明月平分處士家。坐對疏林徐製曲，清芬收拾付琵琶。

雪 壓 梅 花

郁惠徵

玄都春煖颺東風，六出何緣墜碧空。玉洞有花渾似玉，瓊英著樹半如瓊。還疑綵袖沾餘粉，錯認羅衫露淺紅。此日仙源重鼓棹，箇中風景可相同？

新夏家居即事

郁惠徵

半生生計似團沙，寄跡荒園學種瓜。喜見往來無事蝶，驚聞鼓吹有聲蛙。拾將枯竹烹新笋，尋取閒藤摘野花。有客叩門無俗語，袖中貽我本山茶。

詠　斗　室

郁惠徵

無一齋中貧孟嘗，盤飧潦草酒尋常。村醪如水何曾醉，野菜披鹽最有香。月照虚牕非挂礙，花開荒榭不炎涼。頹然一枕湖山夢，百萬腰纏讓睡鄉。

祥琴草序

馬世奇

生平孜孜無他嗜，讀書作文外，與二三及門窮經論古，歲月累移，機鋒不輟，自謂如酒人逢麯車。辛未以來，此事時存夢寐。客冬，予沐還里，鍵户了甲戌房選。問字屨頻，爲剥啄所傳。夫亦人不我遐，謂我行迷之未遠也。

郁子世翔從江上來，灼然玉舉，有古才人風。其議論風旨，不減鄭德輝九天珠玉、白無咎太華孤峰。已而讀其文，秀傑出人，磊砢英多，每豎一義，不槌碎黄鶴不已。嘗讀白香山《草堂記》曰："古松老杉，大僅十人圍，高不知幾百尺，修柯戛雲，低枝拂潭，如幢豎，如蓋張，如龍蛇走。"長公記石鐘山曰："大石側立千仞，如猛獸奇鬼，森然欲搏人。而山上棲鶻，聞人聲亦驚起磔磔雲霄間。"竊謂天下山之奇，無如匡廬之香爐、彭蠡之石鐘；文之奇，無如香山、眉山。以郁子翺翔其間，真不難睥睨雲樹，凌爍虬龍，所謂層崖積石，噌吰鞺鞳，胥於筆墨間得之矣。至于峰迴路轉，枹止響滅，郁子存笥近藝更臻佳境。有所爲"四榻無塵，一間如畫"者，又有所爲"輞水淪漣，與月上下"者，摩詰於此中固有深趣，而瓊山亦於白蘋紅蓼繁鬧詞中着此淡語，乃知修江湧翠與華子崗，總不在香爐、石鐘下也。水落石出，竿頭進步，尤使匡廬無秀，彭蠡無奇。大率得其意之所在，四子亦必相視而笑。郁子韻人，固亦無所不可者。

郁子尊人元禎先生深沉嗜古，少薦賢書。時有爲歌天馬者，謂渥窪之産在郁卿家。今郁子又將以駒齒驤首天衢，迦葉一衣，端自有屬。庚午之役，例以童子冠軍應南闈試，尋爲讀禮所阻。厥後，兩遭集蓼。雖頭角已英英露爽，而天池之翮猶六月息也。今服闋且出而問世矣。騁驥騄於千里，仰齊足以并馳。行有復爲君家賦天馬者，以此相服，亦何難哉！郁子之友秦原賜曾語予曰："郁子才不止八斗，文章之外，兼工詩詞、雜著，落紙煙霞，時幻五色。"昔魏文《典論·論文》謂："粲之《初征》、《登樓》、《槐賦》、《征思》，幹之《元猿》、《漏卮》、《員扇》、《橘賦》，雖張、蔡不過也，然於他文未能稱是。""孔融體氣高妙，有過人者，然不能持論，理不勝詞。至於雜以嘲戲，及其所善，楊、班儔也。"其亦能之者偏歟？如郁子者可謂通才能備其體者矣！

元禎先生向讀書敝里，與家嚴訂蘭簿，迄今猶欽其典型。郁子顔其草曰《祥琴》，誌不忘也。經國大業，不朽盛事，郁子自有壽先生于無窮者。余亦豈止以八股相期，謂迦葉一衣，其在是哉！

崇禎乙亥春正月，梁溪通家友生馬世奇題於澹寧居。

祥琴草序

劉光斗

江上世翔郁子，天下士也。久以青箱家學來游吾門，夙賞其磊落多奇，欲發其篋中言以問世。世翔曰："余方在疚，琴未調也。"甲戌春日，苫夢初回，忽見蒼髯叟挾緑衣童子而賁於庭，真心勁骨，暗香疏影，彷彿對郁子元度，既而知法潛勝友、端伯清友皆代郁子以制舉義問弁於余也。余以郁子颷材颺思，一往而前，如鷹之解絛，虎之飲石，自不久菰蘆中，摩娑夜光，有目其睹，庸煩棘人之元晏耶？雖然，郁子吾友也，惟郁子之事吾也深，亦惟吾之識郁子也異。王臨川云：吾欲變學究爲秀才，不欲變秀才爲學究。今經生家多尚傳註，先輩雅重自飾，實咯咯喉間，且盡人而學究矣。郁子亭亭玉立，迥出塵表，而肆志文藝，賈餘勇，人人自廢。每制一義，必欲眼識空千古，膽氣蓋一時。雖其近藝多入古雅，雍雍肅肅，神韻安閒，如長康圖蘧伯玉車。而向來夙慧，英英胸錦，筆花靈心，獨闢一字不由人，則固如蒲元(性)鑄刀，利斷鐵珠，應手虚落。臨川所謂"大秀才文章"，郁子之謂也。郁子髫童出試，受知於吴陽衢邑侯，再受知於李玉完文宗，方以儒士走南都，尋以丁内艱中止。自後，兩遭集蓼。臺司歷試，概未一與。人以爲郁子之才遇何遲，吾爲其息以六月，正游以九萬里者也。讀禮之餘，其先人元禎先生所藏古籍翻繹殆盡，每見批註手澤，揮涕之餘，刻骨捧讀，家學珠玉之淵搜剔無遺。

予非特賞其文，心更多其孝行也。先生數上公車，被褐靡釋，未竟之緒，尚留以需後賢補。居恒，憐郁子埒掌珠，積薪之望，意預有屬歟？乃若祖武家聲，兩世賢書，并以即吉脱穎。今郁子鱗羽業從苫塊中潛養以成，後先一揆，翀舉非遥。知郁子之善成先志者恒於斯。予漫評其數十義，付之剞劂。祥琴雖云不調，已成聲矣。且將以是集爲子昂之琴，走四海之聲譽矣。若惟是，郁子知余，余知郁子，則又如羲皇北牖之琴可以無聲而喻。

崇禎甲戌冬日，蘭陵友生劉光斗題。

見莊橋道旁秋色甚佳口占

郁奎徵

秋色映春花，秋容倍可誇，祗愁風亂擺，霜雪損芳華。

自　適　詩

郁奎徵

款款數間屋，肥肥百畝田。官逋并不負，私債素無牽。

中秋夜賞月

郁奎徵

知己論心聚，停杯待月升。不辭酩酊醉，攜手石梁登。

春日齋居

郁奎徵

差喜逢迎少，梅花鎮日看。隔簾時送雪，命酒可消寒。

入佘山訪陳眉公

郁奎徵

入山訪故舊，山色帶晴開。傑閣隨峰轉，漁船指路來。先時修煉地，今作養高臺。睍睆黄鸝鳥，頻頻侑客杯。

舟中思友

郁奎徵

出門殊寡合，求友念何堪。憶爾緣同調，憐予未細談。有情常得病，無量反能酣。落月看來晚，頻將理義參。

久雨文心堂見月

郁奎徵

積雨滔天後，晴光滿草堂。漫言星好雨，且對月如霜。花影凝苔砌，茶煙颺石床。盈盈看皎色，進酒莫停觴。

過滸墅遇董思白同燕孫民部衙齋

郁奎徵

神交日已久，邂逅幸重逢。潑墨龍蛇走，談詩神鬼工。春初思翦韭，秋末好嘗菘。官舍清於水，論心世誼通。

七夕逢立秋

郁奎徵

正喜雙星渡，俄驚一葉飛。露蟬聲乍咽，河鵲影初微。涼入班姬扇，愁生織女機。穿針豈爲巧，小婦製寒衣。

讀王亦房詩有感

郁奎徵

每詠王郎句，泠然山水音。平生持論别，中夜燭懷深。才大能涵古，名高欲變今。悲哉騏驥厄，伸首一長吟。

村夜

郁奎徵

纖月映西浦，涼風來北林。羣喧一以息，百籟相與吟。始悟邱園裏，能生清净心。悠悠何所寄，獨坐撫瑶琴。

松上雪

郁奎徵

經年對松嶺,幾度雪中看。澹澹濤聲静,陰陰素蓋圓。凝枝光奪翠,照地影分寒。皓魄宜相映,中宵試一觀。

病中遣懷

郁奎徵

其一

晨起無他事,呼童掃石欄。惜花隨處護,愛竹幾回看。晴日開山麗,輕雲透户寒。嫦娥有靈藥,寄慰勿云難。

其二

卻病須忘病,消愁莫道愁。量思江海闊,名愛古今留。險穽從人造,奇翎自我修。願言甘蠖屈,好聽鹿呦呦。

送李鴻臚爾承奉使還朝

郁奎徵

捧觴方罷擁旌行,二月王程聽早鶯。滿袖香煙如召問,軍威勿論論蒼生。

送元勁叔試南宫

郁奎徵

江流噴湃似文濤,射策金陵羡爾曹。笑指健翎秋奮早,巍科高掇冠時髦。

邀曇如上人仍過紫竹林

郁奎徵

其一

石橋流水尚依然,猶記生公説法年。一鉢曇花朝夕現,雪衣飛出竹林邊。

其二

石筵香爐佛千聲,隨處修真隨處成。因果種來還復始,茅菴夙契踐同盟。

世翔弟掩關折梅代面

郁奎徵

寒香折贈膽缾中，映入新篇藻思濃。爲問静修何所事，羽毛養就待凌風。

全　生　銘

郁奎徵

勿以娱生敗趨向，勿以尊生墮色相。勿以貪生廣祈禱，勿以憂生作煩惱。

過　　湖

郁奎徵

千頃清波水鏡平，遥山遠樹望中迎。此心最愛湖光潔，爲囑長年帶月行。

清明日砂山偶詠五首

郁奎徵

駕舟風送逐嬉游，此日春光分外悠。疏柳禁煙鶯度曲，滿鄉士女挾羣投。
寂寂荒山一望苔，朱纓絡馬騁能來。但是行人攢擁看，加鞭益覺賣餘才。
富兒争飾艷衣來，嬌婦矜修青髩開。五色土人添價買，買回燈下共相猜。
酒興偏於此日高，夕陽曠地競争豪。無端蜂聚肩摩過，笑語聲中雜永號。
物力年來日漸貧，貧家偏欲賽芳辰。蠶桑一日都甘廢，不負今朝是好春。

古鏡道中口占

郁奎徵

古鏡家家愛種菊，萬錦裝成不見緑。村村桑婦盡簪花，只爲秋殘人不鬻。

農家詞五首

郁奎徵

左臨流水右青山，半畝村居屋數間。莫道田家偏作苦，較他車馬自安閒。
鄰舍相過兩稻名，君家種秫我家秔。我能飽飯君能醉，占得秋來樂事盈。
荳棚瓜圃兩邊開，野菜山花不用栽。纔與弟兄攜酒坐，又看稚子釣魚回。
蘆壁茅簷竹作椽，任他風雨我高眠。週遭樹木連雲碧，犬吠雞鳴自一天。
較晴量雨徧村莊，晴課桑麻雨插秧。不待西成看貯積，欣聞六月稻花香。

見　柳　花

郁奎徵

爲憐春色一登臺，非雪非梅不可猜。半百老人頭漸白，莫教吹上鬢邊來。

齋 居 自 叙

郁奎徵

搨得平原争坐帖，放開兜率照顏花。今朝穀雨新晴後，梅笋初甘又試茶。

大 雪 賞 臘 梅

郁奎徵

銀屋參差玉作花，開樽相對興偏賒。餘香不共三分白，疏影還教帶月斜。

病餘即事漫賦五首

郁奎徵

澄然一室萬緣空，問病朝朝有客同。箕踞無煩松下坐，衹餘颯颯灑清風。
連宵月色净無塵，照入幽齋景倍清。一夜雲迷新緑暗，空階雨滴夢中聲。
蕉葉初成映草堂，半摇書幌半侵床。遽然午睡神方覺，怪聽鶯聲度曲廊。
竹石蕭蕭點緑茵，餘寒冉冉似殘春。黄鸝豈爲憐孤寂，也傍廉櫳唤友頻。
院廊深鎖斷塵埃，拂几時將古帖開。任意臨摹纔數字，山僧何事扣扉來。

夜 泊 野 岸

郁奎徵

怪聽風聲以怒號，吹來青鬢漸成凋。隔林夜半聞雞報，起舞寧禁志氣豪。

偶　　成

郁奎徵

不琴不弈不參禪，到手三杯便酩然。文債久耽名未就，閒尋花柳漫題箋。

上林閣同弟世澍世忠賞玉蘭

郁奎徵

素質亭亭向閣栽，凌霄直上五雲開。肌膚綽約空幽谷，香氣芬芳逼早梅。對月恍疑珠樹合，臨風常恐玉山頹。醉餘漫數無窮白，不羨瓊花閬苑來。

訪董思白太史

郁奎徵

名重人寰朝野驚，如椽揮就價連城。曾衡藻鑑湘江水，先綰彤文翰苑英。投散暫時雲外志，徵書不久谷中臨。利城小子常相企，今幸躬逢紫氣傾。

訪 姜 神 超

郁奎徵

意氣翩翩絶世豪，少年早已冠英髦。暫留驥足追風遠，會見龍光并斗高。江舍遥瞻懷短(剌)[刺]，里門親炙幸投醪。匪才深忝通家誼，一曲何妨奏鬱袍。

訪吴伯玉祠部

郁奎徵

年誼如君情意殷，瀟然局外冠多聞。擁花不惜千金笑，留客常過五夜分。題詠拈來成白雪，染毫寫就有奇雲。江干芍藥年年燦，轉棹相將願寄勤。

喜　雨

郁奎徵

家家憂旱盡瞻天，忽見陰雲沛雨先。初插秧苗如助長，久乾瘠土似平川。閒牕静聽簷聲滴，危閣遥觀山色連。倏罷桔槔簫管歇，村村歡舞樂蹁躚。

次文徵明太史江左草堂原韻

郁奎徵

結廬江畔暢幽懷，邱壑胸中信自開。適我閒情疏石去，借他人力引泉來。山間覓伴雲侵幌，檻外尋聲水遶臺。一縷清香煙繚繞，探奇客至供春醅。

訪 趙 凡 夫

郁奎徵

羡子深山隱姓名，姓名由此震人驚。倚廬不忝終身慕，鑿石無慚處士耕。篆古一空魚蠹習，著書長作老龍吟。更嘉内德能文史，一派禪機静裏精。

秋夜有感

郁奎徵

泡影徒勞願未酬，空隨寒暑代沈浮。慧因早著俱成誤，年近無聞始識愁。毁譽兩歧蕉共鹿，身名一葉芥爲舟。中心耿耿難捱甚，卧聽秋蟲語白頭。

月下玉蘭

郁奎徵

楚畹曾傳擅國芳，奇花如玉色偏良。千紅未羨桃林滿，萬緑寧誇柳徑涼。白帝初分瑶作蕋，素嫦只喜淡爲裝。看來月下渾無艷，卻認枝頭有暗香。

花　影

郁奎徵

含嬌借日弄參差，無色無香總幻姿。窺户有情來復去，倚闌若待合還離。枉教蛺蝶忙終日，未遂鷦鷯寄一枝。隔絶幾番雲雨會，相逢猶在月明時。

偶　成

郁奎徵

匡床眠坐儘優游，興至三杯過即休。偶出不支笻竹杖，輕寒旋進木棉裘。迎春花發差嫌富，看月庭空漫起愁。較得近來詩句拙，肯容心力費雕鎪？

（郁殿安主修《［江蘇江陰］澄江郁氏宗譜》 1948年上海鴻發印刷所王鴻賓鉛印本）

金 氏 宗 譜

贈金君臚聲詩七絶三首

周仁洛

興隆橋畔尋常見,京翼門西幾度迴。他日講堂長舞綵,隔林再聽友聲來。
疏林黄葉落遲遲,講舍蕭條十月時。夜雨添寒愁夜永,一番離緒一燈知。
孤燈寒照夜悠悠,無限離情觸我愁。砧杵一聲驚别夢,滿隄楓葉落庭秋。

贈金君臚聲感别詩三首

張　崙

磨勵精神待鑒衡,文壇鏖戰鬼神驚。筆端掃卻千軍去,金甲臚頭第一聲。
疏牕夜雨響沈沈,打動離人一片心。别卻吴江歸北去,珠城孰是我知音。
浮雲一别幾何時,紅豆飄香繫我思。爲告珠城無别好,春梅一朵報相知。

贈金君臚聲小别詩三首

鄒光嶧

空疏無具愧同羣,攻錯他山賴有君。我本無情遊冶子,愆尤莫遣外人聞。
郊原芳草碧悠悠,南浦溪邊一葉舟。春水不知離别苦,緑波依舊向東流。
長隄話别盡纏緜,借酒慰離實可憐。唱到驪歌聲一曲,杜鵑啼遍夕陽天。

贈金臚聲君七絶詩三首

楊基琛

欲離仍聚話前因,悱惻纏綿信有真。惱恨無枝棲好鳥,與君同賞畫堂春。
吾君幾擷泮宫芹,静坐芸牕細論文。此後青雲終得路,應教我輩嘆空羣。
屋梁殘月惹情多,花落春歸唤奈何。愁裏不堪驚客夢,莫教童子逐飛蛾。

(金根海等纂修《[江蘇常州]毗陵錢橋里金氏宗譜》 1946 年雍睦堂木活字本)

漁　說

金　安

癸巳夏五月，水雨交漲，麥芽腐秧不得插。予泛艇蕉溪，坐史氏看山樓下飲酒，談及湖居之民當以漁爲耕，以魚爲穀矣。但未知捕魚之法有幾？言未已，有老父蝦鬚而鼈眼者二人，自詡能悉得數十事，施諸江海者弗與。因援筆令口數之。一曰剪網，網幅丈，聯數幅，圍水，漸掣魚不遁，亦名囤網。一曰絲網，有浮沉各一半，皆紆而截渠，魚觸之，纏縛急不得脱。一曰罾，有提罾、扳罾，扳用架，提用手。一曰趕網，網方長，穹竹匡之，三面有闌，窘魚於灘，而還入之。一曰罱網，網疊兩幅，柄竹交叉，啓闔舟中淰魚。一曰揚網，三尖而兩角，前菱，從岸上取魚。罱雙柄，揚獨柄。一曰散篙網，大於揚。覆河滑而以長幹槌衝之。一曰捽網，網圓上尖，鐵緣下口。立艖頭，負網曲背，捩首扭身撒之。一曰攔河截流而漁。即所謂網者：一曰拖網，網層疊爲小袋，附泥徐徐曳之。一曰摭網，折竹作三角，繫網于下，虚一角，持虚角爲柄，拖用俯，挑用仰。一曰敲罾，一人以楫擊舟作聲，一人以大趕網乘魚之驚而傍岸者。一曰擡網，兩人扛網兩邊闌魚，此宜平底旱潭用之。一曰溻網，取舊網不甚探魚者，夜投深塘魚所聚處，曉則收之。一曰趵鰵，以輕絲結兜，兩人在兩岸掣走如飛。魚不及避而被襲也。溻以遲取，趵以急取。此皆魚之用網者。一曰釣，有引塘，有散釣，有夜釣，有神仙釣。引塘者，用棉子雜糠粃舂炒，或用米捽于菰藻閒，魚噏聚，以長緡細餌沉而取之。散釣不用引。神仙釣并不用餌，以紅銅爲丸，貫鉤上。魚戲丸而試嗤之，不知鉤之乘頷也。夜趵鉤，有鑱貫紫蚓，夜施淺水，魚吞不可嘔。一曰哨鱸魚，以小鉤扎小蝦，用軟竿圈水作聲，蝦隨轉如躍。鱸魚攫之。一曰探黑魚，凡魚散子皆不見，烏魚獨浮子於藻，若密花。蛙欲蝕之。以鉤扎小蛙向子旁，趯趯作薦食狀。魚莽護，奮身齧之，故被掣也。一曰亂探，凡烏魚皆喜搶蛙，故以此法取之。一曰掇鼈，製鐵鉤如蜘蛛，而銛其爪。天暑，鼈必透水吐息。擲蛛，鼈必仰腹載之，捷掣而擒之。原其故，鼈水居陸卵，蚊蚋咂卵則瘕。蛛網其上。鼈德之，見蛛沉，必相救耳。一曰硬鉤，用篾柄鉤，貫引於石橋罅探鰻鰷，岸窟探鱣魚。此皆漁之用鉤者。鉤宜静探，哨宜動。神仙釣，動静半，掇必捷。硬釣必徐。一曰罩，有大罩、小罩。初夏雷雨之夕，鯉上蘆汀散子，羣雄銜尾，潑刺環追。負罩籠鵠，候魚狂忘，人多罩至六七尾入籠者，此大罩也。小罩則用於春水乍生，魚夜游平田淺波，以火照之，魚見火卒洋洋不去，旋用罩罩之。一曰糠簽，用炒糠下引沿岸數十處，插簽標之，掉小舟如飛，而水不動，以小罩罩簽魚不及散。此皆漁之用罩者。釣以情牽，罩用勢窘。一曰叉，有七指，五指，三指，指皆有鑱。春暖秋涼，魚颺藻荇之際，擲叉取之。善叉者知魚之進退，鯉宜前，鰋宜後。凡魚中，一曰暗叉，隨意稓水洲葦港閒，得大鼈焉。一曰擾箔，凡魚皆可網，獨鯉不受網，遇網輒投泥銜草而竪其尾，故常脱。乃製大索橫掠水底，上浮一繩，以小竹直繫于上下兩繩，徐曳之。鯉駭，即埋首倒立，下繩過其背上。繩過浮起，攢叉扛剌之，或剡木爲槳，旁歷鐵牙，掠魚起之。亦曰打槳。三指叉止以叉蛙。此皆漁之用叉者。罩以圍取，叉以直刺。罩之外，亦有用竹具，曰擅，曰籠，曰斷。造籠如牛腰大，中束而兩頭内坳，有逆梳，入不可出。置于魚經行之處，量暖寒淺深，鯖鰱魚皆入之，名曰"擅籃"。其小者曰"撬籃"、"蟹籃"，則乘斷隙張魚蟹。斷，編竹斷流，曲折而留罅孔。竪罅張捫篘，横孔則張撬籃。斷之直者曰簾。下横蟹筐簾，止取蟹不及魚也。古之所謂笱者，今曰"退籠"，大小不一。乘岸窟取魚，順逆水皆可。其别一曰"蝦籠"，則專取夫蝦者。以數百小籠繫貫大繩，置河底，籠置麵一丸，晨收之，得蝦最多。篘受薄鱗，撬匿健尾，擅施内港，斷設潮渠者也。網之外，亦有用網者。其一淰信魚，怯暖即附泥，泥動沫浮，以罨網拑之。此惟早春時有之。若春暮，則引鱖，名曰“綽浮把”。取菰菱及薀草等，縛如大帚，下繫河底。鱖喜于昧旦來繞此把，擦粘其子，日出即散。多設把，鱖環集，以挑網舉之。俗云“鱧椿”，鱖魚也。若初夏，又以網兜繫舟尾，輕摇緩進，得白蝦如銀鈎燦燦。此法之最文者也。鈎之外，亦有名釣者。唯蟹不鈎而餌，斷蛙、鱔肉寸許，線繫之細竿，佈河湑。鯢鱧蹣跚來噙食之，徐徐掣近岸令浮，以撈兜盛之。蟹可釣，亦可聽秋深田水下渠，蟹隨水下，掩鐙於窟候之。初來逡巡有渾水，其驗也。有非網、非釣、非罩、非叉而致魚，曰“劃白船”。小船如荳莢之半，染白板披於旁，略侵水。并兩船於碧波明月輕劃漸進，魚駭躍上板而獲之。又曰“放水鴉”。水鴉，魚鷹。漆黑身健者雄，擒巨鱗鯉、鰱、鱓、鯔、鰋、鮎、鱸、鱖之類。花白毛、身豐下者雌，拾稚鯤、鯽、鯿、鱛、鰵、鮍、鮀、鰟皮之類。雄常嫩，雌常勤。嚴冬必破冰浴之，食以犬肉，方耐冷。鴉魚無味，其氣穢也。白船魚亦無味，其神失也。又曰嗆鮎魚，用石灰致橋縫，破堅冰没水捫隙，攪灰，鮎嗆即出，以網乘之。雖服砒亦僵涷不能上厓，此漁之至苦者也。他若戽池、用藥，計之末也。拾蚌捉螺，技之微也。蜆可搨，鱔可抉，務之細也。袒而摸，撈而綽，謀之淺也。皆不與乎漁之數。惟前四十餘事，或并作，或獨行，或乘時，或就勢，有其舉之無弗獲者。巧或見優，拙亦無失。多可給七八口，少亦膳三二人。川塘渚澤皆漁田也，官不能禁。風雨雷雪皆漁時也，天不能阻。得魚沽酒，坐柳陰，呼同儔，高歌擊楫，拍手相和。醉則藉蓑一憃，涼月滿身，不知其樂也。二老言既，予一一思之，其事不虚，若予皆所目遇而知其瑣屑。夫湖居之民，即歲豐歛早，亦掉舴艋，挈罛麗，向葭蒼露白，取浮利，給餘甘，供碎費，況此滔滔皆是，有不竭智索能以糊其口。鯨鯢是取，市可以鬻，澤不患赤。是造物欲以水魚民，而民即因水網利。氣數之乖，天地不能主，而生人之道常餘。兩間唯人之能自盡其力耳。以吾所聞詩書記載捕魚之術，之器用，亦曾無幾。夫九州寥遠，物土異利，計巧殊出，失傳者不已多乎？因思學者往往守諸典籍，採厥傳流十一舊聞而淹博競許。不知郙野閒有一事之微，一用之具，一方之近，且不易以指數，而況乎性道之精，治術之要，風土人情之大者耶！

答内母舅鄒鶴亭先生索詩啓

金　安

昨者猥蒙舅翁大人賜裁珠玉，辱問芻蕘，不禁爽然，無以報命。即欲搜諸蠹篋，檢彼塵囊，曾無刮目之片言堪伸函丈，寧有愜心之一字得奉針砭。念甥童年罔覺，豪氣自都。秋月春花，喜逐朋從，而把臂濡毫索韻，乃思呫嗶以效顰。其奈才慳八斗，足繭一隅。運思則春草未生，得句輒夜郎自大。併紅儷白，工亦等於雕蟲；鏤月裁雲，巧或傷夫大雅。是何僥倖，謬竊聲光。一鳴偶契于文衡，六韻即叨其弋獲。要之，吴江楓落，終貽譏乎見不如聞；郢客歌來，實自遜乎曲高和寡。距今以還，疏狂益甚。面塵未拍三斗，鬢雪已加數莖。獵譽無心，恒懷杜甫山前之誚；潛修罔念，幾抱江淹夢後之憂。加以邇者，韻友參商，舊游零落。酒闌花謝，疇拈斑管以尋題；雨晦風蕭，每對銀缸而感嘆。伏惟舅翁大人，菑畬經籍，學養淵涵，偶試緒餘，自工吐屬。湧春泉于腕底，隨處皆源；懸秋月於毫端，無微不徹。而乃屢垂珍翰，惠及葭莩。潛鱗含屈蠖之悲，鎩翮動棲鸞之感。知音難遇，藹然問道於盲；就正有心，敢爾固藏其拙。爰録數章，以供捧腹。倘蒙一削，允克銘心。是誠雙鴛雖繡，未知暗渡之金針；寶月思圓，必賴修成於玉斧。謹復詩若干，附上。

致秦哂戕書

金　安

僕嘗謂足下乃蓉湖佳士，今而知猶有辨。今夫山水之靈實生偉人，然亦有正有僻。得山之靈以生者，即如山之靈蠢焉。若夫水，則汪洋灝瀚，百折而不回，智者近之。其僻也，則流蕩忘返爾矣。足下家蓉湖，是水之靈所鍾者，既已讀書能文，汪洋浩瀚矣。而何以數試不售，去秋遂爾不與，是異於百折不回之意也！今春有言及足下坐華嚴道場者。嗟乎！足下其倘得乎水之僻，而未正者耶？不然，何爲流蕩而不智若此？僕無以譽足下矣！僕嘗聞英雄之流每不好譽，而或奮於激。僕今有以激足下而即與足下言山乎。夫僕家去秦山三里，觀山里倍兹。二山者，秦僵直而不紆，觀四出而不深。蓋僵直者得其氣，雖剛亦拙；四出者得其氣，雖穎亦佻。然而，兩山之閒虚無人。僕自謂將起而應之，邇來名心勃發，抑若有引之前、推之後者。非山之靈其助我耶？夫僕之才，足下所知。而僕如此，是亦足下所笑。然而僕且如此，足下亦未必非可笑者也。足下其試登我秦、觀兩山閒一望，夫蓬蓬然青雲之氣，忽爲飛龍，忽爲舞鳳，忽又爲樓臺、綵衣之類，其能無折而下拜乎？則僕亦將舉蓉湖一勺之水哭弔之矣！噫嘻，山水之説盡於此。再與足下言佛可乎？夫佛，今古第一好功名之人也。如不好功，何欲救人無量？如不好名，何欲人之誦之也者？足下其體此意，雖日坐道場中，而不廢正誼也。則僕又將誦經以謝足下。呵呵。

半舫軒記

金　安

逸岐史翁宅後隙地千笏，地有竹石，有佳木，有池。池有荷，有軒，其外繚以過眉之垣。垣外有山，若人之露額而窺夫園者，池上軒適當之。軒當池一角，如大舫藏壑而僅露其尾。翁之令子蟾賓顔曰“半舫”。且爲詩詞若干，粘舫壁上。往來屬贈者，不可計數。舫半，而詩則滿矣。猶憶向時曾與翁徘徊于荳棚蔬町閒，睹棗柏叢篁，槎枒薪翳，而圃豎菜丁踜踀踽蹇于其際，不覺喟然思所以劚竹誅茅，開其生面，廓池蒔荷，構軒而丹碧之，簾幙之，與諸君子爲消暑卧游地。乃閲十年來，始克踐前意。噫！時之不可强若是乎？今來此游者，對一鑑，撫千花，泥心于緑水紅妝，眙目于粉圍香繞，莫不倚闌拍膝，側腦抽思，招我吟魂。澆之斗酒，曉風斜月，夢醒雨餘，或品篸箽，或歌欸乃。珍珠一絡，林樾迴飈，好鳥來鳴，潛魚出聽。遥山躍躍，便欲入垣。孰不曰：“樂哉！”不知主人指畫十年，一旦得此，其樂更何如也！客有請“半舫”之説。安曰有二義：舫者，舟也；半者，虚之之辭。昔人等身世爲虚舟，爲半舫，人生遇難全美，得半焉足矣。萬斛之艑，折于風濤，不知足也！苟非高視遠寄，冥心超形，雖快意當前，徒爲物累。作虚舟觀，安往而不自得耶？善悟者觸境皆悟，此逸翁之意也夫。又舫者，浮物。全乎舫，不免乎浮。去其半，則止矣。去浮知止，學者之大要也。對君子之花學，君子之學將無一事不求諸實踐。玩物可以喪志，燕安所以溺心于此中。求一止境焉，不啻御不完之舟而涉大川，惴惴唯沉覆自懼，操舵能不力耶？若此則浮去，去浮則得止，善學者觸境皆學，此蟾子之意也夫！未審半舫主人亦許予爲知心否？是爲記。

石粉記

金　安

傳曰:"飢者易爲食。"誠哉是言。食何以易得之難也?人情孰不甘膏粱,而乃試諸粗糲,不得已復試諸木石,時不聊生,式食庶幾,其爲難耶?易耶?安生二十五年矣,賴祖父貽業,託居飯稻羹魚之鄉,長而不知飢也。歲乙亥,薦荒,秋無成。比來春丙子,糠覈且罄,或屑草糊樹以延旦夕。是春之仲,予適娶婦,無燕爾之樂,有惄如之憂,然亦縮手罔策,若睢陽之守孤城,于鼠雀一空。而後惟懷憒果腹,與飢陣相鏖已耳。稍餘蓄積者,方龜縮鼻視,不欲分人半絲半粟,其惡亦與賀蘭等。環視閭左,雞犬不聞,草木蕭條。日未斜而户早閉,道有殍,溝有瘠,往往鬼哭與人啼相雜。忽有走相呼曰:"蒸山矣!"羣相訝何謂?謬解者曰:"觀音者,救苦之大士也。憫人絶食,而焫山石熟之,七日後俾可取而啖矣。晨起望山,果若饙餾者數處。予鄉則陶灣之龜山,煙浮浮焉,氣勃勃焉。數日,或試探之,石如粉若可食。于是傴僂者、蒲伏者、畚橐而鍬鑿者,趾錯坡下。余亦往視,穴山膚赤土而入一二尺許,得白石細膩純淑,揉之以水,摽浮去沉,數揉而乾之,和以粯粡,可飦可餌。初入口甚澁口,入喉棘喉,及膻膻梗及腹,腹鎮焉將墜,欲便,便艱作痛。然而人卒食之。以岌岌就頹之五臟廟,藉爲塗塈守須臾耳。計是春所食,有草生坡麓閒,葉如韭而根若蒜,抉其根,搗浸久之可食,急則傷人。瀕江則取嫩蘆根屑而食之,腹痛。余鄉則粉蒲根甘平而粘,但飄輕難碎。山家則采野葛取粉。圩民則徧斲野鳧茈及螺蚌蜆螄。論草,薺菜、馬藍爲上,狗跡、牛舌等次之。論樹,榆皮而已。然皆不及石粉之易取而多,食可奈久。嘗見《聊齋》所載,新城王欽文家圉人王某幼入勞山學道,不火食,惟食松子與白石。向日視之,即知石之甘苦酸鹹如啖芋然。行將往矣,求仙家吞石一法,以爲穀食者助,上以輔神農后稷之所不逮,下以補荒政之闕,則幸矣。

是徵君舜山別業後記

金　安

舜山別墅,是徵士仲明既毀而復新之也。其植梅于門,鞏橋而上,窊庭爲沼,大石虎踞沼上。又鞏橋而上清風臺,臺前洗心池,皆舊制。惟臺右小樓與西之梅花軒爲新構。其最上之幾希堂、傳薪閣,猶然廢址焉。四圍松竹桐楸,年深愈茂。珊瑚碧樹,枝柯相糾。琅玕戛風,盛夏可以忘暑。歲壬辰,徵士甫歿二春,余適過之,不覺落葉棲庭,迥非昔比。獨憶五六年前,與鐵琴濱湖少溪月凡數至,撫其几案精潔,樓榭玲瓏,轉側可玩。徵士往往相與爐香椀茗,静話天機,久而忘返。今幾何時,蕙帳猶懸,而漏壁蝸涎,蘚堦闕仄,蕭寂若此。若復數年,空山無人,窗楹易朽,游跡罕至,其別業勝境將付諸野花黄蝶已哉!徵士動静雅飭,口不遽言,貌古而氣和。浮躁人見之,輒不敢縱。固高出世輩多矣!其所以構此,欲與同志爲講道闡學之地。惜遽歿,志未就也。予向見徵士時固未知學,乃今竊有心嚮往之,求而不可得。顧瞻斯墅,藐焉長懷。雖存亡興廢固理之常,然可傳者或不在此,而臨風快悒,不能無斯人與歸之感耳!仲春清明後一日記。

古跡記

金　安

造物偶然幻化，與人之精誠適相結，而成一事一物之奇，歷千秋不滅。此名山大川往往有艷稱之古跡焉。然亦或有湮没不傳者。山川之靈，其不欲盡洩耶？抑未遇其時也。予鄉秦望山之麓，有烏窠禪院，相傳爲唐高僧烏窠禪師結茅于此。院則有小池，池有小螺，偏身緑繡而無尾。其肉欲脱穎出，盈池之螺皆是。取而蓄之盆盎，將十日，尾生皮。又數日，完甲矣。復取返之池，不匝月，仍失尾。或取他池螺投之，亦與俱化。此予所親試而信爲然者。詢諸故老，謂烏螺必斬其尾，以鹽蘸之，烏窠師見而惻然，乞投諸池，後遂有此院，亦荒落矣。非通邑大都，無名公碩儒流覽而題詠之。里人見，弗爲訝。俗士外人或指語之，弗遽信。宛然小沼，松竹環翠，螺于其中，獨有千古。人雖不知，跡亦不變。夫豈造物者之顯晦有時，而桑門高識之流不欲炫異于世，亦或其傳之之人猶自有待，或不傳而鍾靈得以愈久。跡不在小，山不在大，天地茫茫，湮没何限！予不禁顧斯螺而浩嘆矣！且予聞秦山有螺跡，舜山有牛跡，野山有蟹跡。今野山之嘴有大石，石面有穴，水津津常流。此豈所云蟹跡歟？抑别有在歟？牛跡僅見花灣顧氏墓碑誌耳。跡亦不知何處，唯螺跡爲彰云。

趙知縣

金　安

趙知縣，石爲心，鬼爲膽。天子命爾知縣事，縣中有荒爾則搒。積怨之下民心敢，闖然來，爲告哀。急呼皂(肄)〔隸〕爲我負妻子，踰垣走避口不敢開。趙知縣，真奴才！

苦旱吟

金　安

己酉端陽後，四旬不雨，民情惶急。病渴館中，口號六章，擬明七子集中時事樂府體裁，記事而已。

午風吹來，燿人肉，夜風吹來汗如沐。十家戽水五家哭，七日不潮良苗誅。半月不潮苽粱枯，西江斗水何有乎！

父老握香低徊，兒童執柳去來。道士登壇，鞭龍勑雷。雷兮猛，電兮炳，礟車雲陣嚴整，焚輪風疾驅騁，忽聞撒荳，不聞簷漏。羣黎中夜忻忻，明朝赤土仍依舊。

鳥鼠乏飲，嘵嘵噍噍。涸魚朝浮，驚蟬夜號。農人告予，厥草何夭，厥苗何燋。竭貲插兮囊空空，竭貲戽兮空囊出。三時兩暑，舉家奔競。甌窶汙邪，一朝畢命。欲愬焦勞天不知，蒼林日落啼怪鴟。

書生無狀，蹋地狂號情獨愴。鏡宇高懸，精靈杳然從何想望。我聞天帝下都崑崙上，增城九重障空曠。崑崙之高八萬仞，其去中州五萬里。禱也難通，咒也如聾，自古千秋幾見庸人達帝聰，幾見仁人朝帝宮。

微軀胏恙秋難撥，況復相如加病渴。倚簟扶床夢不成，忽聞神語相呼聒。若云汝舌應斷，汝魂應竄。民罹災魔,民罪滋多。二稔四豐,民情莫裁。淫以富扶,奸以賄媒。氣盈災兆,氣虚殃來。神于爾時,盰目以張。運至數會,旱潦瘟瘴。不此云禍而妄言天遠,天在人人腔子裏。

生童來叩茶瓜飲,驀地無聲月横枕。嘈嘈遍耳桔槔鳴,汗流神戰疇能寢。人也休哀,天也休猜,息我心罏歸去來。

四箴自省

金 安

酒

得酒未必生,失酒未必死。胡爲嗜狂藥,戀戀不知止。世俗交道下,以酒勸爲美。快事與良辰,譁然付杯裹。初斟笑眼開,半醺狂興起。主云須盡歡,衆客愈色喜。醉步失威儀,醉言亂臧否。旁觀爲我笑,長者爲我恥。我獨意揚揚,猖狂倒冠屣。惟聞醉失事,未聞醉合理。醒有不堪言,言之顙有泚。噫嗟乎欷歔,敗德至若此。溺此竟終身,卑乎何所比。從今謝酒交,相逢淡如水。長嘯别糟邱,清風蕩口齒。

色

人生方少年,陽盛滋于陰。血氣既盈滿,于情自不禁。游思動妄想,夢寐亦誨淫。因之或苟且,蔑禮爲獸禽。凛哉宣聖言,頂門下一針。年少戒在色,此訓當倍欽。自少至壯老,保身常自箴。如何色可戒,此理吾細尋。昔人曾有言,當境不亂心。方其對少艾,悚如白骨臨。吾意此猶淺,洗濯殊未深。去病絶根株,把持豈在今。平時養方寸,堅潔同好金。獨行不愧影,獨寢不愧衾。廓然天地閒,何物還我侵。

財

天地日生財,人生日趨利。逞兹無涯慾,爲我百年累。賢達有曠懷,苟安不求備。夫豈惡夫貨,志在不暇治。我生雖食貧,天然得高資。而亦有貨心,爲不甘況悴。又思身若富,此心當愈熾。情與境相緣,貪惱心難置。試問世閒人,既富誰能棄。所喻久殊途,顧利胡思義。吁嗟富與貧,蓋棺究何異?大地有常在,馨香誦不墍。曷不勵我躬,抱此邱壑志。隨遇而可安,委身任天地。回也樂簞瓢,衡門酌清泌。

氣

睚眦生殺意,受侮必加怒。君子有大勇,小挫不爲顧。我秉氣粗浮,每不甘人忤。人或斥我非,强辨争回護。有時雖内悔,未肯謙受諭。猝然遇無知,憒憒不能裕。當事有不平,争執非自懼。讀史恨奸讒,攘臂呼天訴。自問此何爲,茫然不知故。爲學竊有年,胡乃無雅度。既乏涵養功,粗色動浮露。吾氣豈不大,乃爲慾所錮。無慾養其源,和衷應諸務。正氣得持平,客氣從何寓?尋常所感觸,自反無詿誤。千秋孟叟言,浩然誠可慕。

寶 刀 歌

金 安

斬鐵如斬風，劈人如劈水。斬風無滯影，劈水無留滓。關西大俠虎兩眸，黄衫毳笠虬髯儔。揮刀一試心未快，兩指折斷投東流。投東流，水起裂，海若龍公驚縮滅。

和舜功朱同學秋江晚釣

金 安

長空横白露，葭菼聲颼颼。倚我青篔簹，坐作煙水儔。夕陽淡空寥，一葉着碧流。輕飈蕩微緡，掣動萬頃秋。沉機矚動静，兀坐忘移鈎。釣亦非羡魚，委懷付清幽。龍神驕不餌，直釣千古愁。叩舷發浩歌，雁下沙渚頭。美人不可見，以我絲綸收。霜花撲歸棹，明月起中洲。

題許簡夫讀書秋樹根圖

金 安

大造一塵甕，生人盡納此。達者眼高頂，砉然破圈子。仍是天地中，就中得所止。舉世愛勝地，勝即穿鑿耳。適意不在多，會心應爾爾。假如秋林閒，投足聽遐邇。拂面有清風，刺心無棘枳。位置從所宜，取裁成獨是。胸中有邱壑，山原自角犄。眉邊無榮辱，物色任枯萎。翛然樹根坐，萬類失驅使。消息若有得，卷書出懷裏。一讀凡境空，再讀凡骨洗。息機通造化，靈爽契真旨。區區景與象，借意不屑齒。此時許簡夫，樂在其中矣。

漫 興

金 安

我欲滄海外，飛舄渡洪波。治家三神山，潦草成一窩。兄弟得常在，妻孥同太和。塵交自隔絶，仙侣共婆娑。有客東方來，爲我宛轉歌。歌中何所有，但云方壺、員嶠不可即，滄海浩渺不可過。有懷不能前，流光催奈何！

摹五嶽真形圖題贈是菊圃五十

金 安

中州巖巖嶽惟五，天之五臣掌秘府。上際下蟠極盤薄，撑拄元精鼓晴雨。就中南嶽稱壽星，尊嚴萬丈通天扃。七十二峰分布濩，爲南人壽鍾其靈。五岳真形秘難遇，誰其泄之天帝怒。締結苞符顯神瑞，爍有雷霆莽回護。奉此真形大吉昌，日月合照懸高堂。再瞻壽岳熒光起，千歲萬歲含禎祥。

霪雨謡

金　安

霪雨霪雨爾何物,乃敢違奪天帝心。吾聞天帝愛萬物,豈肯殘虐横相侵。重陰彌月端陽起,入夏三時竟不止。瓶罍盡滌插蒔中,田疇全入波濤裏。上年天子乙亥春,惟雨爲祟饑傷民。至今剜肉瘡未補,死生竭蹶多艱辛。我昨棹舟出圩口,寒波極目心欲赳。急歸登堤遇老父,呼之不應但摇手。細看兩淚泣復嘘,白鬚綯頰殘衿袪。答言小子汝何喜,老父經荒萬死餘。予謂爾翁莫徒苦,胡不將情籲官府。老父擲杖大怒言,爾敢有錢但塞户。遇荒我亦曾告荒,勘荒長官白面郎。沿堤扶轎略一過,回語父老稱無妨。牙隸來鄉鼎如沸,追呼里長索册費。富家出錢争買荒,貧家荒盡都無謂。當時緩糧今亦完,籤提票捉何能寬。我民今日但無福,此事何敢怨上官。老父説罷仰天哭,忽然層雲起方幅。疾雷一聲雨如礮,高山大麓俱傾覆。予謂老翁且莫悲,天意未卜將何爲。汝但哭死死復哭,皇帝聖明安知得?

登君山望海樓

金　安

不知水到何方住,但見飛帆破空去。望海樓高望海來,來時適值斜陽暮。馬馱對看低翠匀,中有一塔如美人。披煙抹露乍梳洗,亭亭孤立疑傷春。近看鵝鼻刺波裏,潮來欲浮浮不起。遠看紅日盪京門,滿江晃耀翻金紫。青蛇倒走妖蛟浮,馮夷踏歌海若游。大風忽來吹日暝,浩氣磅礴吞九州。蓉城自昔多英烈,晝地支天天不悦。斷戟沉沙消未消,精魂散作江流血。登高樓兮發高歌,不悲古人悲逝波。流光大業兩無待,願抱膝兮山之窩。

念奴嬌新秋有懷

金　安

一宵輕冷,又换出、千古傷心秋色。白地晚煙,吹作雨、消減露荷香力。籬曲黄昏,牆頭清曉,隱隱蟲啾唧。流光如許,壯懷可奈相逼!　我愛拍手狂歌,等閑時惹動,别離胸臆。萬里孤行,寒與暑、誰念解衣推食?滿目江山,依稀猶記取,舊來消息。暮雲江樹,望中天遠何極!

沁園春即事

金　安

緑萼一株,當僧院中,花時黯然。算前身種玉,争誰化碧,今生抱月,又恁籠煙。嫩煦溶溶,皺寒脈脈,總是芳魂釀夢天。曾何故,便連朝風雨,催散華筵。　倚倚亞字窗前,恍欲笑遠韀劇可憐。看晝螺痕淺,冰肌微綯,翠鬟香卸,粉額齊偏。弱不勝扶,嬌仍怯墜,零落蒼苔點雪圓。閒思想,向人間天上,重締良緣。

離　別　難送别姚先生吟山兼似秦哂戕

金　安

落落孤踪偶相逢，傾志相投。記年中，促坐談心，數雄懷、感慨寄千秋。端只爲、迅速韶光，凄涼客地，兩事難留。看須臾、依舊水南山北，離恨壓眉頭。　雲黯黯，思悠悠。指歸途、煙淡滄洲。且漫題酒闌人散，便分明眼底儘堪愁。何況是、别館閒宵，雞鳴風雨，一概都休。今後也，直待草香花媚，來繫泗河舟。

西 江 月 二 闋漫興

金　安

酒興天空海闊，詩情虎卧龍跳。終朝握管更銜瓢，添得數聲長嘯。　野性十年如故，美人千里難招。一齊分付與逍遥，畢竟此生草草。

醉裏鶯花荏苒，吟成風雨漂瀟。别開方寸種靈苗，凡事且隨心了。　白眼看他世上，青衫由我今朝。逼人丹詔倘相邀，答道小臣終老。

減 字 木 蘭 花舟行

金　安

波平如練，嵌入曉霞紅一線。葉樣舟輕，箭破波光幾道明。　桅梢日上，萬頃琉璃相激盪。載取盈舟，蘆絮寒煙兩岸秋。

重陽登君山口占

金　范

客中最喜是重陽，恰也題糕引菊觴。行到君山山半路，可憐浮遠竟無堂。

庚子大水寄史春坪

金　范

寄聲舊友小山莊，蟹可肥來橘可黄？不是褰裳莫相訪，蓬廬宛在水中央。

老友子珊陳君不棄賤誕枉駕稱觴信宿解維風雨作惡頗切驚憂歸舟雲中限蔡涇寄榻蔣氏而予懷終未釋也因賦以志感二首

金　范

風雨故人别，無言對舉觴。歸心誠莫挽，老骨可無妨。卅里蓉江路，千迴孟岸塘。君將我心去，且醉鳳鳌堂。

二孺一輕舠,陰風逐浪鏖。玉樓嗟起粟,襏襫喜同袍。榻爲陳蕃下,門緣蔣詡遭。遥知唯老叟,消息問兒曹。

病知不起屬别老友陳子珊

金　范

蓉江健叟莫驚惶,我即乘雲返帝鄉。保重臨風勿懷想,丁寧贈縞已珍藏。毫端蘭竹衡湘瘦,腕底龍蛇蘇米香。若遇會稽賢伯仲,羡他玉屑滿庭芳。

病　起

金　范

七旬邁叟病魔擾,塵夢悠悠本可醒。三月併忘藥餌味,九秋方喜菊英靈。冰霜寒骨甦春意,松柏羸皮轉潤形。坐起呼兒闢南牖,遠山眉黛可還青?

明窗斜倚對秋芳,不捲筠簾爲避涼。笑問黄花誰惜瘦,淺斟緑酒我添香。初心比鶴辭雞鶩,今耳猶龍苦雨暘。舊日金蘭如不棄,短籬修竹柳陰堂。

舜山道中

金　范

竹塢桑園邨墅匀,唱歌作息答比隣。舜山不是桃源路,只住南薰舊日人。

更有幽棲峰轉處,峭巖倚壁水當門。蕭疏古木無多屋,可愛當年不琢邨。山北磵魏氏邨,即不琢故址。

曲徑斜通棗樹林,小橋剛渡兩三人。舜山北去江邨路,風色清和日嫩晴。

朝陽菴玉蘭盛開同張春巖犖花下作

金　范

粗枝大瓣静排空,一望珊珊焦水東。彼美温其昄佛日,有人淡若坐春風。拖緋紆紫知身外,抱璞含芳入世中。不遜華容擅天下,玉山十丈梵王宫。

四月一日承姊丈馥馨索賦杜鵑花即呈三律

金　范

遣景日逍遥,尋芳泛酒瓢。送春剛昨夜,詠物又今朝。望帝魂疑返,啼鵑血未銷。誰知三四月,獨有此花嬌。

種類辨春夏,標題别舊新。鶴林雖脱垢,閬苑得分身。殷七七事。有色嘗窺蝶,無香不厭人。溪南舊風格,伯仲自相因。令兄宗華溪南草堂花推一時。

無那渭陽情,詩哦菊有聲。未忘秋九日,且擬月三更。花譜疇兼姓,禽經互注名。年年當爛熳，長與慶華平。同人鶴麓樓詠菊，每稱亡甥二如詩。

疊韻爲海棠解嘲

金　范

調脂暈粉故遲遲，風雨天涯隔所思。何日曉簾晴鵲噪，滿庭芳草落花時。

同家仙儔張春巖横溪訪紅白蓮

金　范

出水依蒲三兩枝，訪花客到夕陽時。是誰獨領風流趣，紅袖人歌白苧詞。

陽湖泮宫即事

金　范

旅宿毘陵日，宫牆試一游。橋經羅漢古，徑轉玉梅幽。苹聚水青面，禽棲樹白頭。藏經高閣徧，文教甲南洲。泮宫大銀樹時有白鳥聚其上。

題張春巖説劍圖有序

金　范

此張子春巖照也。春巖，名犖。其先出于顧，又以顧姓。復名更生，字行。亦探源崑崙星宿之意。圖則申浦繆子常，以莊生緒論爲之。先是，予鄉多詩人，吴横谿史莪耳提倡一時。春巖以穎秀之姿追隨服習，幾何時而神彩焕發，如豐城之光上達牛斗矣。則嘗縱酒吟詩，日往來焦溪、鶴嶺閒，以失偶成《錦瑟集》千餘言，哀艷愴惻，讀者輒爲唤奈何！而春巖則嗒然曰："無倚天之劍一揮縷縷，奈何！"且予觀春巖骯髒，不可一世，遇不韙不避，當其激昂慷慨，匣中之寶知必爲之鏗然也。繆子洵知春巖哉！圖成已五六閲歲，題詠徧而予未一言。今春寒且雨，梅杏晚作花。心鬱鬱無所展拓，乃披圖成五言三十韻，而先序之。時道光柔兆閹茂如月上弦也。

説劍劍難説，書攤《越絶》篇。風胡儲腹笥，薛燭富言泉。巨闕神嫌散，豪曹色豈全。金搜堇山窟，銅涸若耶淵。力且分雷雨，功還助帝天。鋩寒秋水亘，鈲爛列星聯。焕焕流冰谷，巖巖削石拳。芙蓉光奪未，牛斗象呈偏。歐冶刑劍也。成五，純鈎值尚千。玉兵追古聖，鐵鋏記吴賢。謂干將、莫邪。獄底探雷焕，延平躍茂先。況驚人有俠，更憶術能仙。黑衛來飛電，虬髯去駛煙。丈夫原意氣，女子亦嬋娟。朗朗知眉列，津津樂口傳。簡編難指屈，談吐任河懸。誰取長康法，來描蒙叟詮。焦溪人似玉，申浦筆如椽。抱匣宜紅袖，依帷整翠鈿。松濤春磵静，花褥晚霞鮮。酒盞問何處，茶鐺記一邊。瀑喧風細細，石卧草芊芊。不盡英雄志，難于婢妾宣。相看原嘿嘿，撫膝詎便便。指點洵豪邁，摩挲忍棄捐。倮蟲雖屈伏，龍氣正蜿蜒。篋有琴書在，胸曾塵土蠲。儘同嫌落拓，而别盡纏綿。至我多情者，披圖益悵然。也知紉錦帶，吟嘯自年年。

曉發棲霞過燕子磯口號

金　范

秋風十幅布帆寒，放櫂中流溯急湍。山到金陵皆絶壁，水當燕子獨迴瀾。滄洲蘆荻于今老，天塹波濤自古難。仰止御碑亭子上，曈曨旭日焕宸翰。

游靈谷寺

金　范

瘦驢短策出城東，禾黍離離官道通。隔岫未瞻靈谷寺，秋林先遞景陽鐘。四山環繞三門碧，萬樹深圍一塔紅。荆棘銅駝高廟塚，只今巍焕梵王宫。

五十自述呈同學諸子

金　范

每説知非愧昔賢，倏經五十度華年。陽秋漸欲加人上，霜雪居然壓鬢邊。修短達参《齊物論》，逍遥解讀《養生篇》。銜杯且試新篘熟，有酒何妨便學仙。

耕讀相承世德長，馳驅已負少年場。父兄手澤遺經冷，老宿才華片楮香。吴二菴、史問樵前輩高雅。三外父是菊圃岳丈，詩文書畫并推於時。宅有環山資倦目，門臨流水洗名腸。可堪自署爲農隱，京國知交任激昂。

百年三萬六千場，得半于今重與商。舊有世情差可懶，壯慚人下亦將忘。向平債已粗粗了，高適功堪細細嘗。喜是懸弧正佳日，清和時節日初長。生辰以四月十二。

記得金陵幾度游，西風帆影渡江秋。垂楊小閣鐙前酒，打槳涼篷月下謳。兩字功名原落落，六朝金粉正悠悠。江山倘亦如人老，不必湖仍號莫愁。

撩人景色最依依，柳眼朦朧杏頰肥。寒意煖情催物换，雨絲風片遞春歸。閒横短笛看騎犢，狂發長歌慕浴沂。疏拙自今隨世俗，爐香書卷遣芳菲。

甲申大水述事

金　范

雲黯風號雨更顛，月來郚墅斷晴煙。恰當布穀催耕日，恍覩商羊起舞年。一望平鋪田盡海，四周排激浪浮天。泥濘衢巷猶歌頌，九載唐堯古册傳。

圩堤崇厚儼堅城，捍水由來勝捍兵。蓑笠荷鋤朝逐隊，泥塗没骭夜持更。郚郚鐙火如燐火，刻刻金聲雜雨聲。南國稻粱民命在，可堪秋實望庚庚。

丙戌下榻張溪幢勝菴先君子舊館地也感賦

金　范

銀杏高撑勢鬱蟠,連林竹木儼承歡。西軒卅載親何在,東道多人我自單。況有雨聲零夜永,祇争梅蕊綻春寒。生徒抱得遺經到,一撫丹鉛一浩嘆。

獅蹲象伏更龍蟠,指點于今强笑歡。龕列金身非丈六,庭參翠柏只孤單。鼓鐘落寞僧無侣,香火蕭條佛亦寒。菴外溪流接江水,漫憑江水寫長嘆。

承甥琴軒紫坪修舊興于鶴麓樓菊滿庭中信傳江上未歌歸去已遞吟箋先和韻卻寄即隨鴻雁南征爾

金　范

欲問從前種菊場,板橋溪上面垂楊。主人不忘西園興,舊圃何嫌水伯荒。主人蒔花處,辛巳大水廢。世上眼争隨阮白,樓頭花獨爲陶黄。寸函遠寄新詩句,元正能成風定章。

愛菊誰從客裏栽,一庭衰草漫成堆。劇憐黄葉西風勁,況到青鐙北雁哀。書屋爐香供隱逸,衡門樽酒賦歸來。遥知不負相思意,留取新枝待我開。

訪徐仲甘即贈

金　范

爲訪知交到輞頭,疏林野水漫經游。一弦琴自佐儒業,七碗茶偏先酒籌。脱劍影隨梅玉綻,説詩神共柳絲柔。出門醉步寒雲白,雁影斜陽相去留。

白　蓮

金　范

上宫玉井擅清華,高出紅塵絶垢瑕。此是泥汙同結體,何殊炎熱炫生花。霧痕煙影相依約,鷺立鷗眠自整斜。忽聽蕩舟人笑語,魯連陂外好浮家。漁洋詩:“魯連陂上路,十里白蓮花。”

隔水盈盈細認踪,嫣然合度態纖穠。紵衣歌向花間去,素手人于葉底逢。蒲柳相依空顧影,蒹葭可溯欲修容。試猜鏡凈波澄處,誰寫煩襟一葦從。

南湖每去櫂芳塘,十里曾無幾輩行。魯望品應今罕覯,芙蓉神想舊濃妝。文當絢爛求平淡,詩到清真佔色香。爾亦珊珊佇遥浦,獨矜冰帔與雲裳。

讀罷濂溪説愛蓮,暑窗人倦歇茶煙。一樽白墮顔微暈,五尺冰紋夢入仙。鶴自翩翩掠雲表,蝶還栩栩狎簾前。此情欲訴花無語,爲誦風清月曉篇。

訪徐仲甘澍即贈

金　范

訪菊前深契輞頭，登堦今更羡南洲。一弦琴紡具名。自佐儒業，半挺墨常换酒籌。親老喜看談笑健，兒長能代旨甘謀。那堪輕易寒雲白，雁影斜陽相去留。

穀日雪探親蔡畸

金　范

大地回春律，人寰换物情。老梅纔可意，寒雪又争盟。岫遠看添色，林疏聽有聲。維摩當日興，亦作輞川行。蔡畸在輞頭河南。

宿玉鎮菴贈僧清塵

金　范

佛本無空教，師何日夕忙。鋒能參一指，梯已上初桄。殿上旃檀味，庭中雪月光。此時誰静悟，獨我醉禪床。

石蓮菴感舊

金　范

近寺常游今式微，煙嵐猶昔護雙扉。籬梅枯到無多蕊，庭柏戕餘僅一圍。世事曇花同瞬息，懶僧無爲。詩叟徐宗皋。記依稀。石蓮何處佛無語，誰論山中歲月非。

同張春巖華軒侄鳳鼇堂訪海棠不意花容憔悴矣春巖成一絶自感因次韻而反其意

金　范

庭花獨數海棠遲，每到春歸慰我思。今日花前問花語，客來可是暮春時？

題陳子珊硃竹畫幅三首其一

金　范

故人陳子珊，胸藏竹萬竿。寫出神妙處，换骨靈砂丹。我來乞寫竹，逢君點易餘。正悟蒼筤意，遂作一筆書。持歸張屋壁，清風生紙素。動盪新釣竿，欲拂珊瑚樹。

仲春雪

金　范

客冬何少雪，春半雪偏霏。人説堪滋麥，儂嫌已質衣。柳柔先着絮，梅瘦或添肥。誰更惜桃杏，寒暄話竹扉。

災賑行有引

金　范

昨歲夏秋大水，四閲月不退。災之甚，近所未睹矣。入冬，民受賑者三月，繼復不堪嗷嗷。學使者湘潭周公，檄借蘇藩司庫帑平糶接濟，于兹春始以食新麥止，民命得全。作《災賑行》。

六月没禾田，七月没蔬圃。八月江之南，見水不見土。九月奏災饉，恩即頒天府。十月給初賑，次三兩賑按月補。十一十二月，凍餒賴支拄。君恩亦云優，民飢瘳未瘳。春從何處來，飢似與春相爲謀。盎然日以和，惄焉日以輖。斯時飢民飢，死生難自由。慘悽江天高，嗚咽江水流。

地下民星暗，天上文星燦。炳蔚綜人文，餘光照民難。曰爾捧檄吏，賫告蘇藩司。挪帑五千貫，曰宰爾請糴。平值四鄉散春風，餓殍如草甦斷岸。

一日復一日，汎舟城南門。蹩蹩啼號輩，資朝饔夕飧。一月復一月，黄雲徧郊原。自此家食吉，頌散草野喧。喧頌使者賜，乾隆戊子當共論。乾隆三十三年戊子秋，旱民挾槁禾告災，宰以非時叱之。民譁於署，學臣長白景公倉皇策馬來慰撫之，始散。縣揭大吏奏，公先馳疏實情，江民保全。

浮遠堂晴眺

金　范

君山臨江江水黄，芙蓉城北天茫茫。一春積陰阻游興，此日晴開浮遠堂。江天爲我埽煙霧，敢嫌泥滑登山路？出城況已山相迎，飛樓早到春申墓。墓側曲上峰轉迴，磴草洗沐無塵埃。幾叢短竹幾盤石，擁護軒檻憑江開。大江日夜望海走，此山卻當入海口。爽心豁目極汪洋，惟有長天與容受。海門西來數百里，金焦北固一髮似。滄溟東去萬里遥，蓬萊諸山縹緲矣。對面横沙拱馬馱，雲光霏微連平波。脚底尖峰展鵝鼻，日影明爍驚蛟鼉。洲渚濛濛下飛鳥，蘆荻如煙青不了。晚潮未上漁艇閒，曬網醉歌殊草草。忽然日馭風催回，奔騰勢撼天傾隤。坡仙高詠真仙句，浮天并欲浮山來。濤頭一派紅萬縷，流火掣電炫難睹。低徊晚景對晴江，那堪月竟東山吐。

季子墓下作

金　范

江上一坏土，低徊去復留。聖人垂十字，公子表千秋。馬鬣無餘憾，魚腸本自謀。可憐賢伯仲，深望衍箕裘。

次韻酬汪庾梅安貧之作四首

金　范

不必爲文賦，何曾擾我中。身心原自適，境物底須豐。屋淺月盈白，庭荒花亂紅。此閒耕筆硯，遠勝畝南東。

無榻爲人下，時偏有客來。味兼鮭菜設，座近蓽門隈。縞紵新詩句，寒温濁酒杯。同心晤言外，世路任迂迴。

亦有妻孥累，誰知總絶塵。負薪勤以力，舉案敬如賓。相聚怡怡日，常凝盎盎春。家庭乃如是，行素得天真。

詎久寄人廡，不聞嫌巷深。溪山知在望，佳日便登臨。時復發金石，音同鼓瑟琴。洵君不爲病，先我薜蘿襟。

夢中訪友不值得句

金　范

一軒小小貯溪光，幾樹沿溪柳半黄。不有主人留客住，西風何處菊花香。

春　風

金雲倬

花信幾番過，沖融氣漸和。臨風懷想處，自覺化工多。

春　雪

金雲倬

莫道韶光早，當春雪正寒。霏霏過柳岸，不作柳綿看。

杏　花

金雲倬

春意鬧何許，枝頭深紅處。此時賣酒家，多少人來去。

春日田家

金雲倬

淑景當三月，田家樂艷春。紅蒸桃萼麗，緑舞柳條新。布穀催應未，提壺喚已頻。書窻同永晝，縱目及良辰。

鴻兒殤繆西席藝齋詩以唁之賦答

金雲嶼

字字珠璣豈暗投，三年師弟本綢繆。開函未敢高聲讀，恐益萱親老淚流。

受業蓉城吕雅堂夫子痛赴道山未申弔奠風雨孤鐙感賦三絶

金晉蕃

嘔心文字痛生天，天竟于師不肯憐。早識才人多薄命，儘教鐙火費鑽研。
八月鵝江起怒潮，滿江寒色氣蕭條。何時重上江邊閣，侍坐西風酒一瓢。
哭師不及拜師棺，痛咽無聲黯自酸。風雨瀟瀟情歷歷，夜深獨對一鐙寒。

中秋訪桂

金晉蕃

幾枝銀蕚綻秋空，氣味芬芳孰與同。後起未逢籬下菊，先彫已見井邊桐。無聲花濕三更露，隨意香飄八月風。幾度欲攀攀未得，徒勞夢繞廣寒宫。

大雨謡

金晉蕃

南風烈烈起轟雷，黑雲四合大雨來。滂沱連日不得歇，江潮助虐漲成災。平疇滿目洪波起，禾苗汩没餘無幾。市頭米麥價頓昂，貧人愁嘆富人喜。憶昔道光庚子年，自夏徂秋水連天。桑田處處變滄海，豐穰未幾又如前。西隣人家日一粥，賣盡良田又房屋。心頭肉剜難醫瘡，鳩形黄小牽衣哭。東隣積粟高于邱，兒曹飽飯無他求。天晴浪煖輕鯈出，棹舟舉網向西疇。

和張春巖妹倩同徐竹圃及予夜話之作

金晉蕃

舊事思難寐，挑鐙興不孤。酒徒吾輩在，交道世間無。雨歇吟蚯蚓，春歸唱鷓鴣。有懷何處訴，相對話江湖。

夢世母覺後口占

金雲閣

攤書獨坐閴無人，世母親來問課程。話到辛勤倏驚醒，紙窗斜月唱雞聲。

散步即事

金雲閣

四野含殘雨，千峰翠色浮。明霞纔着眼，新月已當頭。笈負身慚寄，禽歸樹㥩留。邨煙遠望處，添得一鐙幽。

賦得江湖秋水多府試題擬作

金雲閣

極目江湖闊，相思兩地秋。水多還泛泛，浪湧更悠悠。迢遞書難達，風波我欲愁。一帆紅樹隔，千頃碧雲浮。曲爲伊人製，詩從天末謳。雁鴻消息杳，翹首盼行舟。

寄懷張春巖世兄

金雲閣

古樹臨溪碧葉浮，午陰猶記纜輕舟。片帆昨夜南風便，孤館今朝北客愁。嘒嘒蟬聲盈耳噪，娟娟竹影壓簷修。歸期屈指中元近，待我書齋共唱酬。

蓉湖雜詠

金耀卿

聽罷漁歌夜不眠，月明斜掛柳枝邊。晴空一碧清於洗，照徹平湖水底天。
魚池屈曲板橋通，楊柳千條拂晚風。湖上波光清似鏡，一輪月浸水當中。
一路黃鸝隔樹聽，閒行不覺過前汀。昨宵雨霽晴光嫩，洗出春山分外青。
谿友相逢笑語譁，陶然沽酒話桑麻。從今莫説窮通事，且看新開二月花。

有感

金耀卿

江南多少畫樓臺，一炬争教遍地灰。燕子不知人事改，雙飛猶覓故巢來。

避寇

金耀卿

破曉霜濃立岸邊，蓉湖水色碧如天。溪橋折斷平隄毁，逃命須留擺渡錢。

思　閨

金耀卿

偏是孤眠夜愈長，心縈閨閣費思量。倘教促膝燈前話，應恨村雞報曉忙。

悼亡室李氏

金耀卿

何日能教破鏡圓，紙錢焚化已徒然。齊眉辜負三生約，結髮須爲再世緣。坏土憐卿埋白骨，一身恨我不黄泉。孤魂寂寞如相憶，入夢還當話舊年。

紗窗日暮倚闌干，悵望南郊淚不乾。淑女遽歸新築土，拙夫空減舊時餐。淒魂應怯三更冷，瘦骨無如五夜寒。自古幽明雖異路，料知卿倍我心酸。

西　江　月

金耀卿

身在他鄉作客，心縈故里思家。春宵獨宿倍堪嗟，月映花枝自白。　夢裡相逢咫尺，醒來一别天涯。芭蕉移影上窗紗，可奈關山遠隔。

壯歲時夏明之處境異常負材卓絶遺一言以頌之

金容照

羨君福蔭迴超倫，色笑依依樂自真。堂上椿萱雙樹老，階前蘭玉幾枝新。吐詞泉湧才無礙，運思風馳筆有神。轉瞬春光回泮沼，好磨利器拭青蘋。

辛丑修譜即以姓爲題賦七律一首

金容照

氏推少昊豈無因，號金天氏。金之氏始此。漫説完顔國女真。金太祖。一作女直。姓賜西京勳久著，金日磾，漢武帝賜姓金。編垂南史澤方新。金仁山。正希大節昭千古，金聲。文靖英名動九垠。明武英殿大學士。幸喜後賢光克迪，江都家學裕傳薪。明金九疇，居江都，博學多聞。

（金殿益纂修《［江蘇江陰］孟岸金氏宗譜》 1946年鳳鬗堂木活字本）

籬　豆　嘆

金定禮

籬豆初移時，僅有一尺長。蔓柔根復弱，培壅勤衛防。常恐地不腴，兼愁草埋藏。頃緣天亢旱，舉室皆怱忙。注心救禾黍，旦夕竟汝忘。藤因豕齧斷，葉被雞啄傷。牽引空長繩，編插虚枯篁。山妻未忍棄，澆灌殊倍常。藤長葉復生，日酷風又狂。細嫩不可支，委頓還焦黄。來客睨之笑，而我欲拔將。兒童强解事，編籬接泥墻。反因墻上力，本固末漸强。雞豕弗侵陵，雨露添輝光。數日緑樹巔，裊裊拂漢蒼。繁花紫色潤，嫩莢青且芳。絡緯夜喧鬧，蝴蝶時飛颺。采莢和茗煑，隔屋聞餘香。山妻向我笑，兒童更誇張。我亦重嘆嗟，萬事難預量。有因必有果，佛説詎荒唐。遲速各有時，人心自皇皇。細物尚如此，吾道非粃穅。際會豈無期，焉用眉不揚。爲我攜酒來，對月歌新章。

劍南行爲丁翁賦

金定禮

巨靈劈山山豁開，碧含一線天恢恢。不知其劍長幾尺，一揮直破千尋石。雄夫擬作劍門看，凌虚欲捫星斗寒。劍南丈人氣屼峍，生憎强暴卑寒酸。直行不避荆榛路，直言不避王侯怒。青萍術老志難移，斫地悲歌嗟歲暮。憶昔遇我山之陽，時同酒客飛瓊觴。姚姬臉嫩秋波活，山窗樹緑薔薇香。孫處士禹錫，連將軍斌，一時吐氣皆經綸。沉酣萬象難爲分，蜾蠃螟蛉何足論。而今處士已乘鶴，姚姬更作巫山雲。將軍未得封侯去，金生無路排天閽。蒼蒼松柏明斜曛，空山麋鹿悲離羣。以兹丈人增感慨，門前黑白從紛紜。招丙穴，呼郫筒，翩然攜我躋巃嵸。坐看西湖氤氤氲氲霧俱斂，湖光山色上下磨青銅。落落湖村坐平野，孤煙裊裊吐出垂楊中。遠見天南諸山隱隱約約參差而北走，彷彿青鸞翠鳳顛倒迴虚空。一雙白鳥去杳杳，片帆帶日來溟濛。丈人再進琉璃鍾，春風雙頰霞能紅。離披索我歌長句，飛毫駭落江天虹。君不見東家新墳棄枯骨，西家枯碑换新勒。吴王宫闕成劫灰，越王臺殿惟蒿萊。何如劍門一片石，乾坤萬古長崔嵬。丈人不用愁衰頹，爲我招來丁令威。同教俠骨變仙骨，醉踏雙龍翫九垓。

賦得客路梅花寄贈何商楫何名允濟。

金定禮

風流何遜觀光日，雪岸梅花正發時。春意著人堪對酒，暗香迎棹豈無詩。折枝寄我憑誰到，落實調羹預汝期。最是不禁寒夜永，相思惟有月明知。

桃　源　澗

金定禮

犇流一道落高崖，赴壑寒分幾道斜。松夾翠濤猶帶雨，桃翻香浪半浮霞。蛟龍窟處疑無地，雞犬林間别有家。躋勝更須淩突兀，醉歸挤得跨仙麐。

拂　水　巖

金定禮

巉巖千仞掛飛流，倒噴寒聲四月秋。截破紫煙翻雪乳，劈開青峽走霜虯。風迴亂雨身毛竪,石轉輕雷鬼魅愁。吾欲窮源向何處,晴空慘澹白雲浮。

劍　　門

金定禮

倚天試劒者誰子,劈破重雲千古秋。曩日靈山敢不避,至今石色猶含愁。余從罅探恐復合,客覩勢險言歸休。詩成激烈吐壯氣,上方昏黑龍啾啾。

立春前一日同允兼諸丈西關小飲夜宿宗弟顧良樓中

金定禮

東郭探春逢舊侶,西關載酒醉新年。巖花高下半含雪,湖草有無如隔煙。把酒看船來樹杪,愛山移席傍雲邊。酒醒不記分攜處,卻在惠連樓上眠。

江上讀陳明逸詩因寄

金定禮

乾坤何處著閑身,頭白依然釣海濱。一片雲山空在眼,幾番風雨獨傷神。錢無子母難諧俗,藥有君臣不療貧。此日爲君舒一嘯,暮年詩句自清新。

破山寺後禪院用常建韻

金定禮

問僧尋寶地,踏雨入中林。繚繞雲初散,逶迤路轉深。澄潭孤客影,住想百年心。坐久山逾静,幽禽送晚音。

將入藤溪戲呈禹錫

金定禮

偃蹇連蜷萬樹秋,月明何處雨颼颼。乍來疑是蛇龍窟,不信林間可醉游。

憩昭明讀書臺

金定禮

百尺蒼梧挂落雲,蕭蕭落葉照碑文。不知帝子歸何處,臺廢來游鹿豕羣。

題劍門

金定禮

振衣千仞劍門石，萬壑蒼崖觀絶壁。兩峡古松飂飂碧，一道寒泉獝獝白。渾如匹練吴門劃，西風倒飛三萬尺。樹梢灑灑天半濕，山頭噴薄雨花滴。恍疑老龍拂龍髯，千年翻窟千崖坼。又疑仙人開石扉，亂把明珠當面擲。崎嶇贔屭赤日烈，到此凜冽寒煙色。手掬飛泉飲玉液，不覺相隨金烏夕。西望藤溪無飛舄，東望桃源倦馬力。筍輿還度劍門石，路旁相笑兩游客。

子游墓

金定樂

步出言公里，徘徊隴樹邊。風泉何處響，想象武城弦。

仲雍墓

金定樂

遜國來空山，馬鬣層巖下。訪古拂殘碑，松風向人灑。

影娥池

金定樂

圓影照琳宫，滄池秋滉漾。娟娟竊藥人，宛在澄波上。

辛峰亭

金定樂

獨坐舒清嘯，巖亭爽氣多。重湖南郭外，木落水生波。

丹井

金定樂

羽客丹何在，林荒玉甃空。絳雲飛不斷，留護蕊珠宫。

石梅澗

金定樂

峭壁挺疏梅，天逕斷車馬。澗户水香時，日有尋花者。

昭明書臺

金定樂

帝子談經處,荒臺倚碧岑。尚留書帶草,交翠滿松陰。

初平石

金定樂

曲磴羅奇石,懸崖爛紫芝。披雲探石室,疑有牧羊兒。

雪井

金定樂

山上銀床井,中含玉屑泉。不須仙掌露,一歃可長年。

達觀亭

金定樂

結構控巖城,棟宇雲霞會。臨眺孤峰巔,神游八紘外。

吾谷

金定樂

蘿徑松扉盡日行,每於霜葉更留情。到來空谷疑丹穴,看去寒山似赤城。繁彩幾經涼露濯,餘妍猶共晚霞争。尊前願託僧繇筆,摇落無勞客子驚。

金昌舟中送錢受之計偕北上

金定樂

肅舲辭鄉邑,浩蕩遡滄流。送子遊上都,追扳叙綢繆。迅炎滌炎蒸,潦水亦已收。連山控胥江,蒼翠凝長州。斗酒不爲薄,佳人暫遲留。贈言未及申,徒御促行輈。北指黄金臺,佳氣空中浮。鵷雛覽德輝,凡鳥焉能儔。銜圖應靈瑞,翔集在神州。

晨雪喜嚴道澈使君見過

金定樂

衾薄宵寒重,窗明曙色催。披衣開澗户,飛雪滿山隈。翠木交檐竹,香籠卧檻梅。使君多逸興,委巷獨行來。

陳錫元孝廉閉户著述經歲始成因贈

金定樂

芙蓉闕下看花還，竹素園中歲序閒。瑶砌葉堆寒不掃，戟門松老晝常關。覃思擬建千秋業，泛覽將空二酉山。綵筆更須千氣象，石渠天禄五雲間。

一雲道中

金定樂

躋險歷層阿，時時捫薜蘿。四天青嶂合，一壑白雲多。松影禪扉寂，泉聲梵語和。逢人問迷路，不答自行過。

天池山

金定樂

逶迤遵竹徑，突兀覩蓮峰。山合雲千疊，池分樹幾重。筍肥園叟市，茶嫩野僧供。趺坐耽禪寂，花臺聞暮鐘。

送薄味元孝廉北上

金定樂

祖道煙含碧草新，欣當臘日暖於春。條風預解江南凍，膏雨徐清薊北塵。遥謝竹林疏酒伴，喜聞楓陛重詞臣。長安馬上泥金帖，爲報山陽社裏人。

天岳賦詩見贈次韻答之

金策

蒹葭秋老塞鴻飛，兀坐懷人恨隔扉。謬以齊諧供笑口，賺將楚雪破愁圍。襟期澹宕如君少，物論疏狂似我稀。相惜縑囊肝膈在，孤燈和月盥薔薇。

旅舍立秋懷于王兄時赴玉峰試。

金策

炎蒸鎮日動羈愁，愜喜涼飈洗玉舟。銀漢無梁遲巧會，時猶七月五日。井梧著雨報新秋。咿唔午夜籌文戰，落托良辰負勝游。遥憶故園三徑客，敲詩引興月當樓。

邸中與一如兄聖揆家季言别次前韻

金　策

孤雲離嶠轉生愁，百里湖山一葉舟。碧樹紅闌城闕曉，蒼葭敗柳野塘秋。探囊不信能餐字，覽勝還應抵夢游。屈指三年風月近，肯隨舊雨過秦樓。

田家即事

金日烺

陰久晚偏涼，迢迢日正長。望晴惟澤國，多雨稱高鄉。漣動知歸鴨，墳孤半牧羊。田家偶留止，閒境漫徜徉。

題畫菊

金日烺

獨立占秋光，寒花耐肅霜。操高長避世，性潔自孤芳。未肯埋荒徑，寧思入畫堂。塵氛難托跡，片紙寄行藏。

寄玄辭

金日熊

天生予兮亦胡爲？吾無以報天地兮誠憂思。表此心兮心可憐，寄仙玄而情無愧。君不見，避秦難之方滋，羡桃源之春媚。桃花灼灼兮無數開，多結子兮三千歲。又不見，奉使行巡秋濤堪玩汎，仙槎誤入銀河漢。河邊星斗夜微茫，凌雲皎月光尤燦。是敢山川足漫投，不見麻姑引上天台半，幾使仙凡音信斷。

羑里辭

金日熊

美人不來，抑又何妨？美人不歸，亦有何償？償以金璧，獻以玄黄。曷若所好，洛西開疆。狐裘襹襹，麗姝娟娟。戎馬騂騂，歸來歸來其徜徉。

麥秀歌琴操

金日熊

麥秀蔪蔪兮春風迺迺，涉水隨波兮余獨何求？援琴嗚咽兮物其有秋，悲余渡兮水中流。慨無涯兮意含羞，青山爲我笑，白雲爲誰留？

履霜操

金日熊

維荷之衣,維花之食。其寒其饑,履霜終朝。飲痛咨且,孤離憂思,母逐安尤? 予有兄弟,將母來依。母兮,母兮,兒罪當笞兮逐何爲? 何辜皇天兮生惟奇。

竹林七賢歌

金日熊

登稽山兮嘯傲,下尋流而賦詩。舉青眼兮忘倦,懷瑾瑜以握琦。抱素琴以聽鼓,鳴我志兮無欺。談風雲兮淡泊,恒對酒于清泉。或忤人于意氣,安知識之自然。樂身心之罔束,不求時宰以擢遷。但指竹而嬉戲,聊逍遥以全年。

夜分

金日熊

樹老風聲瘦,山深鶴唳長。夜清連夢思,幽響達滄浪。

秋閨

金日熊

花爲不言番解語,鶴多清夢益驚秋。碧梧暮院銀床静,同向欄干月一鉤。

小窗

金日熊

牕間數梅樹,寒枝每欲低。小鳥時嚶嚶,來往向予棲。雨下風施威,雛母悉憂之。陽和飛且舞,同聚聲參差。凭闌念兹鳥,情貽日易西。芳草緑無狀,欣欣還遠蹊。

西村草堂

金坤元

草堂虚敞稱幽居,逸致閒情晝不如。掃斷紅塵千個竹,消殘白日一編書。漫愁庭小難容鶴,最喜溪深易養魚。坐久不知天已晚,隔簾窺得月來初。

初　夏

金坤元

四時初夏好，最好是山家。石罅穿新竹，籬疏逗落花。村童閒鬭草，鄰女笑分茶。野水添三尺，時聞處處蛙。

秋夜即事二首

金坤元

湘簾初卷夜雲輕，檢點殘編照短檠。竹外流螢三四點，芭蕉先解作秋聲。

玉宇凄清夜色涼，茶煙花氣滿書床。天生一種蕭騷意，風過欄干月上墻。

詠水仙花

金坤元

檀心玉蘂小嬋娟，本是清虛謫下仙。洛浦神光融夜月，湘皋疏影媚寒煙。消除俗艷波三尺，點綴幽情石一拳。家住江南雲水窟，弄珠拾草自翛然。

紙　鳶

金坤元

竹作胚胎紙羽翰，全憑一綫入雲端。兒童拍手休相笑，得路方知仰面看。

瑪瑙寺

金夏時

吾聞秦通蜀道功誠恢，五丁鑿山山爲開。又聞華嶽五朵蓮花頂，乃係巨靈一掌天外横伸來。可知斷鰲始立極，人工信克參天哉！臨安都會稱衍隩，一氣迴旋萃清淑。水源迤邐發桐江，山骨崚嶒自天目。清波一勺明聖湖，兩隄蘇白開名區。畫船摇蕩足歌吹，荇藻縈洄饒雁鳧。沿隄一徑走屈曲，嶕嶫亭臺鎮連屬。心摇目眩神爲飛，怪怪奇奇看不足。層巖千尺號壽星，斧之鑿之令露形。七日不愁混沌死，山靈乃亦遭鯨刑。林泉競説後湖好，古寺巋然稱瑪瑙。猶存始皇當日纜船石，千年大佛頭如栲。

平湖秋月至放鶴亭

金夏時

縱目湖山外，煙嵐入抱來。軟莎循路轉，弱柳殢人迴。放鶴閒亭古，吟香别業開。疏林不堪問，和靖舊時梅。

香　雪　海

金夏時

不分嶺畔與坡前，如雪漫漫浸海天。馥郁渾疑衆香國，丰神依約藐姑仙。鶴巢掠羽初無地，僧舍烹茶別帶煙。直共銀河路相接，便應從此泛張騫。

貝園望七子山

金夏時

尺幅圖開七子山，貝家園子儘清閒。竹環小閣遮三徑，水帶長橋卧一灣。勝地正堪勞步履，浮生安得謝塵寰。主人何處春光好，落盡梅花獨掩關。

寄耐雲侄西湖新築

金夏時

僵卧滄江已十年，是非榮辱總都捐。西鄰謾惑纓冠救，東郭仍安納履穿。十里湖山供筆格，一簾溪水入琴弦。白沙泉下長堤路，爲我從容僦半椽。

新柳次徐南村韻三首

金夏時

螺碧鴉黄媚遠村，殢人天氣候初温。風當颺處應千縷，月帶殘時祇一痕。好疊舞腰延醉客，謾抬青眼盻朱門。班騅蹀躞長隄路，斷盡年年灞水魂。

翡翠樓頭惹曉煙，瘦分南國不禁憐。十圍曾隕金城涕，二月初飛漢殿綿。杯酒朝來人獨往，歌聲夜寂夢猶牽。章臺走馬匆匆去，留待長條綰玉鞭。

百六時光箇裏消，春風著意染輕條。一番汴水廉纖雨，幾度臺城寂寞潮。露浥楚山眉有恨，風傳羌管韻無聊。沈郎憔悴年來甚，莫騁腰肢更鬬饒。

述　　懷

金　檝

灼灼三春花，團團九秋菊。衰榮各以時，咄嗟遲與速。志士明立身，勢利安可黷。譬彼風霜施，後凋見貞肅。魚鳥樂林池，寤歌矢薖軸。僶俛三十年，得失同蕉鹿。草屋八九間，窮居宛幽谷。溪水緣户鳴，野花傍階馥。北窗卧初起，東鄰釀正熟。時有故人來，清風動修竹。

吴茂才頊儒客徐久絶音問詩以懷之

金 樾

雨過暑如洗，露下風作涼。梁月忽掩映，雲樹生微茫。茫茫渺何思？故人滯遠方。音塵久隔絶，安知近行藏。讀君留別書，慷慨淚沾裳。淚盡烏能已，道里日相望。浩浩黄河水，九曲如迴腸。

贈鄧愛吾上舍二首鄧，湘涇人，復璜之父。

金 樾

楊柳栽無數，真如陶令門。地偏聞鳥語，山近見雲根。睡起閒驪犢，詩成時灌園。偶因林月上，來與話寒暄。

入户七峰碧，當窗一水横。頻聞漉酒響，時聽讀書聲。竹影捎墻月，花香落豆棚。日高嘉客至，好夢未曾驚。

牡丹同愛吾賦

金 樾

花開猶富貴，知我未全貧。百兩金初買，萬卷書尤珍。百兩金、萬卷書，俱牡丹名。客來貰酒急，茶熟題詩頻。爲問平章宅，繁華誰問津？

子夜歌四首

金 樾

開簾見鴛鴦，約眉入洞房。郎來就調笑，嬉戲轉倉皇。
楊柳萬千絲，絲絲似儂緒。别郎有所思，見郎忽不語。
江頭楊柳枝，願郎早攀折。揀取最長條，綰作同心結。
願爲芭蕉心，莫作芭蕉葉。葉展任風吹，心卷爲歡疊。

清明偶成

金 樾

連朝風更雨，霽景出清明。紅濕墻欹杏，黄深柳到鶯。蹴來毬宛轉，踏去草葱菁。羹脯隨時薦，凄然兒女情。

送春三首

金　檝

鶯老花殘劇可憐，餞春春去惜芳筵。纔澆别酒斜陽裏，惹我相思又一年。
柳絮因風撲岸飛，池塘又見緑陰肥。天涯多少思鄉客，送得春歸身未歸。
東風簾幙暗香飄，一刻千金是此宵。珍重落花君莫掃，好留春色到來朝。

秋郊晚眺

金　檝

郭外塵氛絶，飛霞入眼明。山浮晴嶂遠，江瀉暮潮平。林静梵鐘徹，煙低漁艇横。歸鞍催落日，一樹亂蟬鳴。

秋　蝶

金　檝

夢魂栩栩入南華，餘興依然弄影斜。此日風情寄衰草，舊時春色憶鄰家。霜凝薄翅添新粉，丹綴疏林悮晚花。莫怨王孫歸未得，東籬猶足覓生涯。

題梅小坪上舍冷梅庵圖

金　檝

絶勝孤山處士家，梅花萬樹影横斜。漫天香雪澹春色，一片白雲空月華。君是幾生修到此，我方三載客天涯。灣環十里寒山路，太息棲遲願尚賒。

河上感懷簡宗牧庄

金　檝

書卷抛殘負歲華，無端浪跡又天涯。三春暉向何時報，千里駒真未足誇。入洛羨君年正少，登樓憐我久忘家。那堪往事重回首，淚灑棠梨一樹花。

溪堂和徐南村

金　檝

閒來散步向溪堂，冷翠光中引興長。竹裏烹茶泉更碧，花間吟句字分香。疏簾清簟人如玉，羽扇綸巾芰作裳。莫問馬家舊池館，水雲一抹似柴桑。

登燕子磯

金樾

靈磯插天天可捫，下與江水相并吞。嶔崎怪石莫名狀，或起或伏臨江蹲。江流如線環空碧，江風吹起連天白。兩岸青山不斷青，捲地風帆雲拍拍。傑閣危亭瞰太虚，懸崖磴道盤縈迂。滿徑花香開桂子，一聲清磬落穃箊。我來倚檻當風坐，松風謖謖松花墮。登臨自愛勝情遥，何處詩人尋飯顆。徘徊延佇欲何之，猶記前春二月期。款段一鞭紅杏雨，畫船雙槳(緣)[緑]楊枝。夕陽西没暮鴉逝，歸心雖切不施繫。回首長江依舊流，榜歌一闋秋風細。

清明前一日舟次袁浦與王芝亭少府話别三首

金樾

行期記得月初三，水驛沙程味總諳。太息風光又寒食，明朝同唱望江南。
平生蹤跡類鴻泥，又向天涯作瓦雞。多感君情似楊柳，青青送我過淮西。
分取河陽一縣花，板輿迎養計非賒。憐余白髮高堂在，那得桑門乞半瓜。

沛縣道中有懷張淥卿

金樾

一鏡微湖外，扁舟若建瓴。微山湖較運河水高丈餘。渚花蒸日紫，隄柳逼天青。春色金醅艷，溪風魚膾腥。停橈重延佇，何處訪劉伶？

送春次韻贈别王西園

金樾

與春同作客游身，送客何堪又送春。三疊陽關朝雨後，一聲啼鳥落花辰。牽船我愛張融儉，處幕誰憐王粲貧。樽酒相看誰是主，分攜各爲一沾巾。

臨淮關晚眺

金樾

一碧長淮水，蒼茫夕照收。亂帆林杪出，殘堞鏡中浮。山勢南徐遠，人煙下蔡稠。觀魚曾未得，有夢叩莊周。

出山行

金樾

遠山插空青了了，羣峰近列如環抱。渴驥怒猊不可名，奔騰放逸殊奇矯。大好山水在眼前,妙景往往恣搜討。曉風一徑度層巖,緑樹陰陰日杲杲。野花仄磵影參差,蒼龍拏空舞牙爪。下上幽禽自在啼,曳聲飛蟬出林杪。山之人兮何所求,山人不識歲月老。烹泉石上煮松枝,拄杖雲根摘瑶草。可憐髩影與鞭絲,鎮日留連看不飽。滿樹殘陽噪晚鴉,前山已出桐城道。

登大觀亭二首

金　樾

江水日波瀾,江亭號大觀。風帆三楚出,煙樹六朝寒。雁汉漁歌溢,龍山磴道蟠。秋光渺不盡,搔首一憑欄。

一徑松陰净,孤雲獨往還。勝情餘此夕,小憩愜投閒。刹近鐘時吼,碑豐蘚自班。緬懷何子晳,高曠又誰扳。

王静山明府有七夕感懷之作奉和一首

金　樾

銀漢當窗匹練横,深宵客枕夢難成。偶因天上虚無事,翻動人間宛轉情。何處針樓邀好月,是夕微雨。誰家綵室乞長生。可憐最是填橋鵲,秃尾童頭不敢鳴。

袁氏山房同静山明府晚眺

金　樾

望去疑無路,週遭只有山。亂雲全裹樹,新月半垂鬟。塵慮我能屏,官身君未閒。籃輿明日去,一笑静緣慳。

題熊鞠莊别駕聽秋圖

金　樾

遥夜涼風生,秋光動林樾。異地感飄蓬,新知誰莫逆。江右鞠莊子,倜儻風流客。傾蓋平生歡,語言吐肝膈。示我聽秋圖,幽香散空碧。芝蘭繞砌生,丹桂當階植。或品盧仝茶,或拜元章石。抱琴不出囊,桐陰發清越。意境何蕭閒,謂是性所適。君系名門彦,家世舊通籍。萲草要忘憂,遂捧毛義檄。讀君香雲詩,盎然好春色。胡爲圖聽秋,秋多成佳實。手持安石榴,此意魏收識。

瑞蘭圖爲姚研山上舍題

金　樾

小春天氣風和煦,飄飄吹送如煙雨。烏桕紅梨艷夕陽,曲終久歇山香舞。索居寡偶愁成城,消愁無計尋桃笙。忽漫山中傳尺素,慇懃爲道芳蘭生。聞説此蘭已閲歲,菁菁緑葉猶陰翳。養晦韜光過兩春,凌冬忽報香融砌。美人日暮來何遲,江皋解佩幾經時。樽前翠□雙蛾影,夢裏祥徵并蒂枝。珍重擬將金屋貯，巧堆綺石它山助。移栽翡翠架珊瑚，位置琴書最高處。昔時憔悴同蒿萊，此日驚奇客座猜。竟體香光凝玉几，一簾清照泠莓苔。研山居士蘭爲癖，素心樂與同晨夕。生怕當門教刈鋤，貌入齊紈倍珍惜。一花一葉自精神，居然奪得建陽春。挑鐙静夜焚香坐，雅稱清齋伴讀人。

題張漱石柳陰垂釣圖

金　檖

畫裏相看尚少年，江湖真有散神仙。萬條疏柳迎新漲，七尺琅玕破曉煙。靈嶽蹔遲分半席，滄浪先聽扣雙舷。鱸魚原是君家味，牽我秋懷到酒邊。

新柳次韻

金　檖

一夜東風凍欲消，曉來嫩緑逗輕條。春歸白下添新恨，烟煖青溪漾早潮。纔學笑顰偏有態，任看眠起總無聊。含情重憶張思曼，當日風流依舊饒。

秋柳次韻

金　檖

萬縷千條枉斷魂，韶華回首謝朱門。記從南國牽愁緒，忍向西風浥淚痕。班馬一聲秋草路，亂蟬幾樹夕陽村。含情爲問張思曼，往日風流可再論？

秋　雨

金　檖

庭院生涼暑氣收，竟床長簟足清幽。多情葉上瀟瀟雨，併作書窗一味秋。

石船次韻在銅官山巔，明人嚴某鎸詩其上。

金　檖

磵畔誰將石作船，摩崖勁筆舊相傳。松驅巨浪千層湧，纜借長虹百丈牽。虚腹漫乘江口月，到頭長對海門煙。分明悟得《南華》理，夜壑藏來不計年。

辛巳荷月自題墨蘭軸

金　埕

明月入我室，焚香彈素琴。一唱復三嘆，曲罷有餘音。幽興正不淺，寫蘭託遥岑。寄以琴中意，畫出弦外心。擲筆一長嘯，明月當窗沉。

自題墨蘭横幅

金 埕

日與善人居,如入芝蘭室。久而不聞香,臭味與之一。有客索我畫,畫成竟一日。豈日自娱戲,思與君子匹。睹此芬芳姿,視履應多吉。爲之寫幾叢,爲之題幾筆。記取是何時,時年歲甲戌。

江 上 吟

金 輅

欲覓蘆中人,還向蘆中去。天際一聲鴻,水深不知處。

吴江竹枝詞

金 輅

寶帶橋頭月自明,柳郎祠畔暮潮生。不知何與東風事,吹得漁舟箇箇横。

春晚喜晴

金 輅

林梢一抹暮雲横,預卜明朝可放晴。打點杖頭錢幾箇,銷磨湖上月初更。不知白首埋何處,且向青山寄此生。蝴蝶夢醒誰是我,未應栩栩戀浮名。

兀坐無事口占

金 輅

賃得湖陰屋數椽,端居日暇永如年。無魚久已羞彈鋏,有酒何妨便學仙。幸以長貧辭俗累,每於多病語因緣。披裘不作沽名客,何必溪頭問釣船。

和鐵顱徐二感春原韻四首

金 輅

春愁自懊儂,春思亦添慵。鳥啄枝頭雨,僧眠午後鐘。拖黄村舍柳,颭緑酒旗松。剩有飄零者,詩情特地濃。

幽居一徑斜,籬落四圍遮。紅杏不成樹,青山便是家。風輕排麥浪,水煖試魚叉。無事踏春晚,林梢月又華。

庭石一拳頑,野花隨意删。瀟湘數竿竹,煙雨半屏山。夢斷仍高枕,人來卻掩關。撫琴情懶甚,興在有無間。

清閒到處宜，何事苦支離。性癖交常淡，情多夢亦癡。拈詩嘲皓月，把酒醉黃鸝。卻笑花間蝶，忙忙劇可悲。

白　　日

金　軫

白日懸秋光，疏簾罨雲影。彈琴和草蟲，聲聲凄復冷。草蟲亦知吟，秋來愁感深。美人煙水遠，何以將吾心。

秋夜述懷三首

金　軫

客館凄清夜不眠，短檠無焰暗生煙。候蟲四壁若催曙，殘月半輪猶在天。漫嘆傳經非絳帳，未應餬口薄青氈。療貧無術愁無補，堆雪頭顱異昔年。

鯉魚風急暮雲稠，雁叫長空動客愁。奮翮恐遭矰繳慕，避人難免稻粱謀。且隨俛仰同林鳥，漫逐高低學水鷗。嗟我離羣鮮兄弟，輸他排列聚汀洲。

殘夢初醒絳蠟融，柝聲遥咽五更風。虚談季布千金諾，贏得相如四壁空。名利自來争腐鼠，文章久已薄雕蟲。謀生計拙從人笑，安用劬勞托塞翁。

養痾雜詠二首

金　軫

權賃湖邊屋幾間，開門猶得傍青山。由他鳥雀自來去，時與漁樵相往還。多病可能無俗累，有兒差喜慰衰顔。焚香掃地身兼僕，卻笑癡翁老更頑。

村店沽來酒一巵，漫將餘瀋酹花枝。門庭落寞朋逾少，疾病纏綿飯較遲。架上有書能療俗，欄中無藥可醫癡。室人安分無交讁，自謂長貧我最宜。

謁武肅王祠

金　軫

起自草萊間，白水銷殘夢。月落五更霜，點點梅花凍。

謁岳武穆墓

金　軫

衝冠餘怒尚難平，再拜階前百感生。半壁獨存亡國恨，九重愁聽渡河聲。空餘大樹皆南向，更有何人議北征。一死便堪垂不朽，謾將塵土嘆功名。

題孔瑶山折梅圖二絶

金　輅

孤山之畔水之涯，曾見横斜幾樹花。此日披圖重回想，香寒影瘦更誰家。君即梅花花即君，漫勞圖畫記殷勤。憐予多病兼愁絶，更比先生瘦幾分。

湖　上　吟

金　輅

野橋流水試青鞋，信步行來誤亦佳。小憩酒樓春正好，一螺翠黛壓花釵。

法相寺竹閣獨坐

金　輅

空山伐木響丁丁，恍似樵歌琴曲。落指聲。深塢歸雲原有路，亂林啼鳥更無名。江頭白浪帆千幅，湖上青峰屋半城。此日莫嫌知己少，飛飛鷗鷺自相親。

野　　眺

金　輅

杏落飛紅雨，山横銷碧煙。春光初一瞬，蠶事已三眠。水長魚苗貴，籬疏槿葉鮮。江村好詩料，收拾寄吟肩。

感　　遇

金　輅

人生何必論雲泥，鏡裏頭顱自品題。季子多金原有嫂，買臣失路便無妻。青銅不臭思崔烈，馬糞猶香笑日磾。但看花開花又謝，狂蜂容易逐高低。

冬 夜 書 懷

金　輅

庭樹集昏鴉，高城咽暮笳。馮驩惟有劒，王粲已無家。揞枕尋殘夢，挑燈惜落花。青衫終夜濕，不爲聽琵琶。

題畫蘭贈陳谷生

金　輅

秋風颯颯消煩暑,月吐銀蟾印江渚。良夜美人來不來,弱水三千沉片羽。從來香草如美人,年年寂寞空山春。空山樵子作斧薪,長與枳棘棲黄塵。自古在昔已如此,行芳志潔徒爲爾。君不見滿堤桃李花,春來爛漫如雲霞。又不見金錢落午夜,珍重黄磁寄臺榭。可憐香草鋤當門,月拂風篩空斷魂。賤子愛之已成癖,圖形未必傳其神。偶逢伯樂一仰秣,狂吁怪嘆隨天真。陳子谷生固雅士,篆追秦漢證亥豕。縱横鐵筆如飄風,與余畫蘭得毋似。

自題搔首圖小影

金　輅

碧柳朱欄間畫樓,西風何處問離憂。畫工寫箇窮愁相,只有青天在上頭。

臨安道中

金　輔

緑樹前村暗,停橈問酒家。草隨隄勢遠,柳逐岸容斜。水漲橋疑矮,花迷路欲差。謝安高卧處,古木噪昏鴉。

答友人

金　輔

少日因循已白頭,煙霞錮癖復何求。無才敢負江東望,有病何堪薊北游。蘆是虚花難悦世,竹因多節不驚秋。勞君指點飛騰路,可奈驅馳不自由。

改庵上人見贈墨竹

金　輔

觸手禪機合化工,幾竿修竹拂層穹。掃除色相原無礙,抱著虚心即是空。個影參差疑漏月,墨痕濃淡不摇風。分明一片瀟湘意,煙雨空濛在此中。

對　雪

金　輔

一夜西風枕上驚,起來天地總晶瑩。樹兼遠近花皆滿,山逐高低路盡平。可是碎瓊聽約略,渾同舞絮認分明。袁安此日孤懷冷,只把醇醪手自傾。

曉　行

金在鎔

宿霧未全收，行人尚不多。遠村雞亂唱，曠野雨初過。山乍舒晴色，江纔動白波。出門知太早，猶喜路無訛。

送樵雲叔之山左

金在鎔

廿載藉提撕，何堪話别離。歸鴻知杳杳，去馬願遲遲。驛路秋風厲，征途朔雪披。濟南千里道，從此繫相思。

春初偶成

金在鎔

簾外新鶯囀尚遲，窻前弱柳欲垂絲。韶光恰似閨中女，短髮初梳十五時。

答鐵香弟寄懷

金在鎔

春草入宵夢，相思倍黯然。别愁積已久，良晤尚無緣。倚檻招雲雁，開緘護錦箋。諄諄努力語，一詠一纏綿。

偕鈍齋信齋竹香過永昌禪院聯句

金在鎔

爲愛新晴好，尋僧到上方。鈍。緑槐清講席，修竹浄禪床。竹。妙諦何人悟，塵懷此日忘。補。不愁歸去晚，流覽恣徜徉。信。

雨後偕鈍信二老村邊晚眺聯句

金在鎔

蛙鼓鬧平疇，村郊雨正收。斷雲天外落，積水澗邊流。鈍。荷浦香初動，槐陰翠欲浮。信。田家新景好，補。長眺爲遲留。鈍。閒步乘初霽，信。新涼生曲池。補。水深魚自得，鈍。風到竹先知。鳥集林陰處，霞飛日落時。補。徘徊饒逸興，小憩共題詩。鈍。

村居自遣

金在鎔

避俗閉門居，身閑心更虚。但求壺有酒，不嘆食無魚。花好春光富，家和樂事餘。偶然出村落，安步當乘車。

元宵雨窗

金在鎔

待得春來喜溢懷，賞鐙準擬訂同儕。如何風雨偏相妬，不放團圓月滿街。

坐雨偶成

金慎思

殘梅落盡了無痕，兀坐蕭然晝掩門。燕子不來簾半捲，滿窗風雨又黄昏。

新豐舟次

金慎思

舟次新豐市，帆開夕照斜。境迂山四面，水溜港三叉。紫陌喧春社，青簾認酒家。初晴天氣好，流覽興偏賒。

自棲霞至京口看沿江山色

金慎思

好風送我春江曲，兩槳煙波破濃緑。六朝山色迎面來，詭狀奇形看不足。一峰宛似淩波仙，玉釵斜嚲煙鬟偏。一峰忽作狡獸熊，如立如卧如盤旋。峰峰變幻多萬千，俛仰欹側排隨肩。我坐船頭興殊顛，身未及至目已先。最好欲斷未斷處，一條匹練横飛泉。不知危崖直上幾千丈，但見白雲來去翻翩翩。拍手大笑心胸豁，江上殘陽鋪一抹。安得生我雙修翎，踏徧瑶峰萬朵青。

金山寺

金慎思

金碧炫玲瓏，禪宫峙遠空。僧歸雲影外，山湧浪花中。勝蹟興衰易，登臨今古同。卻憐名利客，鼓櫂去悤悤。

待閘丹徒小憩全真道院

金慎思

道室真清寂，終年人到稀。雨餘花怒發，春暖蜨交飛。徑窄山爲障，雲深鶴護扉。幽情探不盡，閒立對斜暉。

寄懷補巖大兄

金慎思

被共姜家好，其如徹骨寒。貧來分手易，別去傍人難。此意空相惜，何時返舊歡。寄書期努力，不是勸加餐。

孤　雁

金慎思

記得春深候，曾看塞雁橫。多時在何處，今日尚孤征。冒月憐單影，銜寒忽一聲。飄零誰念汝，客子獨傷情。

西郊閒步三首

金慎思

撲面紅塵亂落，殢人春色方酣。羨煞幾家茅屋，竹西溪北山南。
殘花沾屐還香，空翠滴衣欲濕。夕陽溪上何人，喚渡一僧閒立。
夾岸桃花爛漫，漁翁釣罷收鉤。歌入煙波深處，落英飛滿船頭。

移　居

金慎思

一角危樓小苑東，煙波無際海天空。窗因延月開三面，庭爲留雲拓半弓。世味漸諳聊笑傲，時宜難合付癡聾。鷦鷯暫卜枝棲穩，得失何須問塞翁。

遣悲懷二首

金慎思

欲遣悲懷悲莫支，深情一往想當時。艱難作客常愁我，辛苦持家最惜伊。食爲歲荒頻減膳，病緣力絀罷招醫。更堪嫁作黔婁婦，長把雙蛾鎖別離。

遺容一幅寫霜紈，似否形模拭淚看。此日空教勞想像，隔宵還與話團圞。衣箱典後無餘布，藥裹賒來有剩丸。都是不堪縈目處，爲伊淒絶廢三餐。

春　　歸

金慎思

留春無計減吟懷，殘句敲成韻未諧。孤悶難憑清酒遣，深愁應共落花埋。遺蹤再訪紅粘屐，去路重尋緑繞階。欲向東皇問消息，淡煙如夢隔天涯。

重過圓覺禪院訪岐嶷上人二首即改庵上人

金慎思

河橋小泊訪招提，鴻爪模糊認雪泥。半日偷閒心自笑，十年重到路全迷。沿隄曲折遥穿竹，入寺彎環近繞溪。且喜舊交支遁在，談詩遮莫夕陽西。

禪房深處劇清幽，瀹茗題詩到上頭。竹色壓檐渾似雨，花光浮檻不知秋。憐多羞向人間乞，交寡聊從世外求。自信善緣原不淺，山僧相對味偏投。

拂水山莊懷古

金葆真

虞山三月煙花好，蠟屐雙攜事幽討。不知何處耦耕堂，只見峰巒互環抱。上有萬丈屹立之高巔，下有千仞不測之深淵。潺湲一瀉不復返，迴風吹起如珠濺。巖名拂水境屈曲，卜得幽居便離俗。中有詩人抱膝吟，吟聲時與泉聲續。白雲深處抱花眠，清福消來能幾年。立身一敗事瓦裂，絳雲紅豆多荒煙。我來弔古增惋愕，寂寂空山怨猨鶴。至今風月屬誰人，處處巖花自開落。

病餘遣興二首

金慎思

潦倒十年餘，名虛利亦虛。爲貧常作客，因病廢攻書。茗椀都盛藥，齋厨久斷魚。索居無長物，傲骨自蕭疏。

病發皆逢節，年年計弗差。難求不死藥，且賞及時花。遣興仍裁句，消眠漸戒茶。閉門耽静攝，應少俗人譁。

游　虞　山

金　韞

錦峰峰轉折，拂水危梁激。幽禽聲自圓，蒼松翠欲滴。龍氣腥硐泉，劍光迸崖壁。時有白鴒飛，丹砂不可覓。

夏日閒居

金大錫

閒居觀物理，静坐興偏饒。黏壁蝸留字，緣階蟻作橋。點茶餐茉莉，試墨寫芭蕉。竹閣軒窗净，微吟暑氣消。

春日即事

金大鎣

滿田麰麥長新苗，鶯囀園林嚦嚦嬌。明月二分風五兩，一簾春色看桃夭。

金山寺

金大鎣

玉局曾經記舊游，坡公遺墨此間留。眼前鐵甕連山脚，足底金甌奠石頭。一片曇雲浮濁浪，半空法雨灑清秋。古來勝地僧多占，卧聽江潮日夜流。

京口阻風

金大鎣

屹然雄鎮對瓜州，如此波濤且泊舟。遠樹碧連千里色，斜陽紅帶六朝秋。眼中人物東流水，天下江山北固樓。一醉聊沽京口酒，卧聽玉笛起蘆洲。

秦淮雜詠二首

金大鎣

秦淮十里水通潮，丁字簾前駐畫橈。香霧一重花四面，夜闌人散月無聊。
桃根桃葉舊春風，唱罷新番十二紅。燕子不來庭院冷，晚來依舊入簾櫳。

虎邱玩月歌

金大鎣

金閶門前花十里，兩岸紅樓中一水。忽看水底玉蟾明，擧頭月掛垂楊裏。水波涼共月波流，有客來乘一葉舟。船家女兒十六七，對月嬌嬈弄清瑟。煙光散處碧天低，冶坊濱口蘭橈密。繫纜還尋短簿祠，仰蘇樓外露華滋。樓閣迴旋盡明月，塔影鐘聲聚山窟。清光更照劒池邊，松風吹過寒肌骨。大地浮空一粟同，仙游何必廣寒宫。歸舟清夢飄飄甚，只在玻璃世界中。

秋閨二首

金大鋆

陣陣歸鴻點點鴉，一緘音信寄誰家。小鬟不解傷離意，猶指窗前夜合花。
冷雨凄風絶可憐，楊花一徑軟拋綿。夜來消息燈花准，不用金釵當卜錢。

信　　筆

金大銜

平生無所好，花月乃吾事。屋中有煙雲，户外尠車騎。彈琴琴亦調，飲酒酒輒醉。醉後發狂歌，遥和孤鶴唳。面山開南軒，引彼微風至。軒前一老松，盤盤鬱青翠。有時弄濤聲，勢若秋雨墜。倚松獨盤桓，幽閒絶塵累。紛紛廟堂客，輸我南窗睡。隻身天地間，有若逆旅寄。何爲擾紅塵，蠻觸鬬神智。冥想凌九霄，豈必順而遂。偶涉非分榮，轉恐造物忌。籬菊識陶心，池蓮託周思。一卷《南華經》，逍遥物外意。吟成信筆書，百慮盡捐棄。仰首看青天，白雲共游戲。

金　山　寺

金大銜

萬頃銀濤瀉不收，芙蓉一朵插中流。江天静湧三霄月，吴楚平分兩界秋。潮束南徐沉鐵鎖，山連北固控金甌。當年玉帶風流在，公案分明玉局留。

金陵雜詠四首

金大銜

道是前朝舊帝都，蕭條宫院盡荒蕪。只今五鳳橋邊樹，細雨斜風泣夜烏。舊王宫
湖光掩映接山光，雨霽風和鏡一方。艇子載愁隄畔過，浪花猶帶粉花香。桃葉渡
亦是風流絶代人，綵箋題句醉臨春。野花開煞紅無主，月樹臺歌總劫塵。江令宅
一彎碧水漲平堤，雁齒匀排草色迷。鎖住秦淮好風月，不教流到石頭西。長板橋

過　昭　關

金大銜

秋風秋雨復秋山，策騎行行度曉關。設險舊時吴界盡，承平今日楚雲閒。天開石壁爲屏障，地抱江濤作鎖鐶。滿目蘆花人不見，漁舟空自櫂歌還。

旅夜接家書

金大衎

盻煞雙魚杳，書來旅思寬。開函情轉怯，著眼看平安。

讀史有感

金大録

思古發幽情，聊爲紙上語。卓哉義士風，采薇美可茹。孔孟道莫容，棲棲終覊旅。功高反間行，讖遠鴟夷貯。湘水動離憂，長沙引愁緒。將軍隤家聲，太史幽囹圄。歐范義相高，蕭王賢益著。獠鄉柳子居，蠻縣文公處。託諷欲誅蘇，直言又貶褚。雲臺闕馬班，黨籍誣文吕。岳背鑄盡忠，檀目光如炬。才名潘陸齊，將略韓彭侶。敬業蓋前愆，賓王興義舉。復唐狄力多，扶晉張功鉅。幸以榮名終，古來能幾許？大都抱奇才，與世多齟齬。

從伯母章烈婦夫死年少家貧無依或勸改適因絶食而死迄今六十餘年採訪局上其事於朝得旌典也因爲歌以紀

金榮海

松柏稟貞性，不待時而蒼。蘭蕙含清芬，不待人而芳。猗嗟我伯母，誓死同首陽。幽貞自坦白，大義何激昂。一息競千古，九死扶三綱。以此冰雪資，争彼日月光。玉壺瑩奇彩，寶婺垂寒芒。乾坤苟不毁，浩氣詎銷亡。荏苒六十載，忽得聞朝堂。天子重節烈，給帑俾建坊。潛德久益著，彤史增輝煌。

謁岳武穆墓

金榮海

六橋如畫裡，名跡列紛紛。多少來游客，争先拜岳墳。

謁于忠肅祠

金榮海

易儲無諫書，卓識高千古。後世論紛紜，豈識臣心苦。

題斜橋殉烈圖并序

金文沅

麗公子培聘氏吴，即君華、君亮之嗣祖母也。詩書門第，荆布家風，身殉江濱，潔同冰玉。君華、君亮於承平日久之餘，憶兵燹流離之苦，爲繪《斜橋殉烈圖》以彰其德。嗚呼！有賢烈婦，斯有賢子孫也。緬想前徽,安能無語?

貪夫殉財,烈士殉名。婦人何殉?殉以全貞。從一勿二,如是我聞。一解。身之未亡,志在奔喪。奔喪未及,赭寇忽昌。匪寇之猖,我願之償。二解。斜橋三水,清且漣兮。潔我之身,還所天兮。何知刀兵之在前兮。三解。從容難激,烈易無論。難與易死,當得其地。死得其地,難易非所計。四解。生則穴單,死則穴雙。完此貞榦,以歸于麗。俾夫獲嗣,我心則降。五解。曹娥之江,其水瀓潔。清風之嶺,其石嵯薛。展斯圖也,齊芳比烈。六解。

孤　　感

金文沅

一息尚存誰恕我,千金散盡孰知交。茫茫身世如匏繫,壺酒盆花未忍拋。

月夜渡京江

金鳳臺

快哉清風江上起,長煙一空月千里。插脚琉璃世界中,回頭煙霧塵寰裹。旋驚星斗落平洲,又訝銀河足下流。四望茫茫杳無際,此身疑在天上游。近看舢艫一一排山邊,遠見波濤踴躍奮迅而來前。上有巍然獨秀之孤島,下有淵乎莫測之重泉。仙鄉入,靈境出。鷗鷺宿,蛟龍伏。天將今夜秋光加十倍,爲我一洗胸中積年之磈磊。君不見古來多少風流伯,雪泥鴻爪留遺蹟。金山玉版蘇東坡,采石錦袍李太白。采石金山仍未改,東坡、太白今何在?莫思往古重添愁,衹恐扁舟不能載。願踏金鼇嘯一聲,風雲叱咤震江海。

哭　　兄兄字伯英,有小傳。

金鳳臺

庭前忽瘁一枝荆,哭父纔過又哭兄。共被連床關至性,推肥居瘠見真情。顔淵短命天難測,兄卒年同。伯道無兒理莫名。大樹既傾根又絶,九原何以得心平。

扶疾寫懷

金鳳池

儒生與世多齟齬,貧病相因固其所。起坐牀頭擊節歌,少年鋭氣未全去。安得長江大河萬里之奔浪,一洗平生磈磊腸。豈必窮途皆效哭,牛衣涕泣笑王章。笑他反出婦人下,困阨猶知自激昂。遮莫靈均足千古,湘水離憂曾何補。遮莫賈生才蓋世,長沙痛哭終無濟。莫道此身不得位,未妨捫蝨而談天下事。莫疑名教無樂地,未妨賦詩以見平生志。嚱吁!富貴非我有,借徑梯榮皆可醜。嚱吁!貧賤本吾分,惟天所予更何憾!

詠　梅

金鳳池

骨格原非世俗論，何妨謫處在江村。妙香本自清中得，真艷偏從淡裏翻。一片白雲高士夢，二分明月美人魂。縱然風雨難禁受，畢竟芳心不著痕。

洒金碧桃

金鳳池

乍見渾疑似麗姝，翻紅覆白總清腴。集來梅杏三分艷，譜出雲霞一幅圖。才子文章濃間淡，美人粧點粉和朱。饒他宮錦行家製，得似此花新樣無。

萬笏林

金爾桐

孝義忠貞仰古風，天開靈脈此山中。幾人憂樂關天下，吾輩登臨拜殯宫。一夜驚雷成勝境，千秋怪石聳長空。奚須象笏牀邊滿，卻笑前朝郭令公。

題自繪金村圖

金爾桐

慈烏村裏是吾家，曾祖愛蓮公畫蘭有此印。門外青山一帶斜。福壽七峰朝映日，鳳凰雙岫晚含霞。年來荆棘消除盡，劫後廊房逐漸加。試向暗溼河上望，幾株疏柳暮藏鴉。

秋夜蟲聲

金爾桐

蟲吟唧唧助淒清，坐擁寒衾夢不成。萬縷愁思容易觸，一腔熱血最難平。秋深有恨同誰訴，夜半無聊向我鳴。勸爾風霜須静耐，春回消息聽雷聲。

癸丑病中自輓

金爾桐

愛惜微軀盡孝思，那知血氣已全虧。半生心事何嘗了，近日衰頹自覺危。身到窮途惟灑淚，運當厄處只吟詩。可憐泉下彌天罪，罔極深恩未報時。

慈親九十壽辰繪四景畫幅上獻以博笑顔籍申孺慕

金爾桐

春山迎我笑顔開，似助村人舞彩來。九十慈親能健飯，何嘗采藥入天台。
長夏炎炎卻暑難，山深林密去逃禪。行行不覺紅塵遠，自笑騎驢未下鞍。
秋樹蕭疏作淡妝，白頭兒媳侍萱堂。卻欣曲徑疏籬外，猶有黄花晚節香。
冬雪初晴玉作皴，白雲如絮問前因。欲求愛日春常在，且覓桃源去問津。

丙申元旦卧床呻吟

金爾桐

余生乙未冬，丙申始元旦。瞬息花甲周，倏已成老邁。老母笑顔開，對余發長嘆。曰汝首歲朝，被擁窠籃載。啞啞笑且言，能博公婆愛。丙申今重逢，汝已成三代。願已了向平，人生當亦快。聞汝呻吟聲，使我心多礙。余日不孝兒，罪通天地外。命同冉伯牛，磨蝎宫臨犯。春暉日正長，萊衣當舞綵。病羽不能翔，承歡亦無饌。瓣香籲穹蒼，願賜春長在。

養疴自述

金爾桐

多病辭徵逐，翛然自閉關。茶煙消白日，筆墨寫青山。入夢添游興，參禪作賦閑。忘憂萱草茂，幸勿笑兒頑。

雜詩

金爾桐

喬松挺百尺，邱壑生波濤。猿鳥巢共巔，因風時怒號。不充棟梁選，乃以供採樵。豈無大匠至，仰見高枝高。廊廟急需材，委之在蓬蒿。此樹竟不言，此意洵堪表。所貴歲寒心，不變乃强矯。

偶成

金爾桐

人生不讀書，無以袪俗鄙。詎知即讀書，曾未析名理。得粗而遺精，至道不可企。入之既非深，轉念誣其始。孟德起勤王，新莽先下士。已事試追思，敲骨直見髓。嗟彼斗筲量，一得即自恃。更笑耳食者，嘖嘖稱不止。

庚申八月城陷於今三年賊勢不衰民苦騷擾毓琴兄挈眷渡江作詩送之

金爾桐

留亦非長策，送君挂席行。壯懷經歷老，亂世别離輕。日落鄉情切，潮消客思深。牽衣無一語，衹看暮雲横。

登琅山

金爾桐

拾級捫蘿徑，層層欲上天。客懷增磊落，極目動烽煙。風緊潮疑撼，雲低塔欲連。家山應戀我，隱躍立當前。

山行即景

金爾桐

一路緣山坡，人語山凹應。何處微風來，疏林落清磬。

初夏漫興

金爾桐

倦吟時復檢平生，往事回頭喜又驚。月果有情寧肯缺，鳥如無恨不須鳴。得錢遠市沽春去，結伴深山採藥行。知己相逢開口笑，清和時節日方晴。

暮春感賦

金爾桐

誰使春光繫客思，來從何處去何之。惜花反爲花生惱，怕憶深紅淺紫時。
留春無計奈春何，容易春風一度過。爲惜韶華拌醉飲，回頭終竟嘆蹉跎。

山齋讀書放歌

金爾桐

庖犧未製文，前有周孔無傳紀。姒王既傳子，後有巢由不見矣。時運十二萬年，世界三千大千，流光彈指速。世變無常局，俯仰今古兩茫茫。願賃瑯嬛恣飽讀，有好弄兒見者咋舌顽可知。有蓬頭妻鬧埽弗學事鳴機，往往笑我成書癡。無端感觸怒罵笑，嬉視宇宙同桎梏，可惜坐使雄心摧。噫嘻，男兒不佩斗大印，豫章黄金況堇堇。解從陳人糟魄會真如，奚啻樂過封侯富猗頓。君不見莽傳首，劉復興，蕭王寧弗協輿情。奉來赤伏先三月，更始尚守長安城。項氏幸或事能成，坑降卒不必醢韓彭。太公不幸果就烹，放義帝猶愈分盃羹。又不見亂賊當時忘僭亂，築壇直學唐虞禪。都假廢立濟奸謀，伊霍真貽萬世患。虞典報功有車服，息夫作姦爵可要。《周官》理財取用饒，和嶠癖起銅山高。果使祖龍當日盡一火，定法永垂禁作者。從此絶後更空前，古人安得遥遥千載來欺我。不然還當置我五嶽三山絶頂峰，振衣長嘯凌天風。霾煙瘴霧一埽空，我得開拓萬古之心胸。

出京口渡江

金爾桐

鎮江城頭曉柝鳴，好風送我揚帆行。碧天無雲初日升，江水不波素練平。推篷看山山來迎，金焦對峙煙冥冥。倏忽中流魚浪腥，島門突出篙師驚。帆檣當面直相凌，欲待轉側勢已傾。既非龍驤能超騰，不及鑿山遣五丁。急水船飛逐兔鷹，駿馬下坡蹄更輕。剛聞彼此絶叫聲，劈開兩下如奔霆。容髮其間險莫名，回首風波十里程。不覺蛟龍魚鼈頃刻徙南溟，説險朋儕記昔曾睹馬臨池懼色形。豈知當境情忽更，直如馬上殺賊逞縱横。有前無卻勢必争，壯哉斯游我欲健舉追風鵬。更欲隻手捫列星，探源岷山快一登。上呼列子駕御風泠泠，下使憑夷執策驅長鯨。盡把長江變酒供我醉莫醒，横吹鐵笛卧吴舲，飽看江南江北無數青山青。

自題四十小像

金爾桐

大塊敷文章，假我亦不俗。曾颺散微雲，一覽豁胸目。洪荒亦須臾，吾生更迫促。神仙誤虚無，富貴事營逐。忽忽四十年，捫懷何轆轆。楚邱生椅桐，雜産不材木。未老心半空，公輸罷礲斲。誰信工揣摩，蘇季失親屬。浪説請長纓，終軍驚髮秃。顧此枯槁形，自返知不足。畫工能肖神，豈與傳心曲。伯龍誠堪笑，唐衢多事哭。感發或搔首，道破亦捧腹。信口發浩歌，歡言酌芳醁。朱紱直儻來，何必不食肉。赤松如許游，何必不辟穀。科名非良貴，妄干愈握齱。飛昇自古誣，金丹不可服。明知稼圃小，遲也猶請學。檢點種樹書，差勝經披六。入室罷弦縵，居村號碌碡。一笠荷斜陽，滿野舒新緑。有錢誓買山，擬把山田斸。盆開舊種花，窗拂新栽竹。造化不負人，人自負化育。

登　金　山

金爾桐

四顧忽長嘯，吾行合暫休。臺連天一碧，浪湧地俱浮。落日鐘聲動，微風江氣秋。如何潮日至，不洗古今愁。

過　焦　山

金爾桐

寺近佛迎客，推篷眼尚昏。何年鼇跋浪，從此石盤根。曉色全黏樹，風濤直打門。江山如此好，底事逐流奔。

閨　　怨

金爾桐

不因富貴改初心，一任公孫强委禽。自閉深閨甘寂守，了無情緒到如今。髮逆開科取士，僞官等迫余應試。潛逃幸免，今二十年矣。

娣侄青春嫁及時，道郎加意惜妍姿。自疑莫是嬌顔減，潛拂菱花照黛眉。

曉鏡粧成下畫樓，嬌癡女伴共凝眸。縱教極口相諛美，夫壻頻年事遠游。

少年漠北挽强弓，至竟何愁不奏功。但惜封侯歸已晚，妾顔非復舊時紅。

題何子範繞屋梅花圖

金爾桐

癡心向抱梅花癖，尋春時訪幽人宅。自笑園無隙地存，手種盆梅不盈尺。夜深夢繞梅花邊，梅花仙子揖我前。持贈緑玉金條脱，買山種樹荷鋤便。醒來依舊形瑟縮，起視一鐙昏老屋。尋思無計覓羅浮，欲倩畫工圖尺幅。咄咄，何子真能得我心，將身圖入梅花林。謂花即我命，我是花知音。對花忘我爾，百千萬億皆。何子觀我花不殊，一花一榦皆清臞。昔聞君家之水部，一樹官梅興飛舞。君今結屋萬花叢，東閣也應歸舊主。是香是色正無涯，春光常在野人家。徵歌肯讓羅紅艷，侑酒應呼萼緑華。主人愛花比花潔，飢嚼梅花渴飲雪。引我吟魂轍夜飛，夢境仙心兩奇絶。定知亦是梅花癡，敲門不厭頻催詩。但乞花間繪箇山癯貌，我亦巡檐來索笑。

雨中排悶柬張申甫

金爾桐

生不能持詩一證李杜前，果否容我狂上天。臣朔苦飢不家食，插標賣賦自年年。連日陰雨客不樂，把酒遣愁愁更作。雪盡何曾訪戴行，春殘又負尋梅約。忽憶君家居當艇，卷軸紛羅汲古綆。一夕閒談似不稽，醉裡呼余若暫醒。安得冒雨不速來麈塵，使我心顔開掀翻海嶽。入懷袖管領，花史戲蓬萊。莫言富貴我家物，昔日金張安在哉？我昨聞言知有以，今請爲君進一解。儘誇裘馬作客豪，不及枕肱安衡茅。儘買羣花開笑口，不及河東獅子吼。

詠　　史

金爾桐

鼂董或并稱，兩人正相懸。董策追三代，正誼明道焉。錯也結主知，偏在功利間。效忠不善全，中途生暇舋。建策不慮後，流弊滋轉瞬。削邑方展謀，譖言旋即進。納粟例一開，官方不可問。

向讀耕戰書，竊怪其説異。謂惟詩書輩，戰守不可使。國有十者存，敵安得不至。當其變法時，功非不立致。滅秦機已萌，猶作興秦計。一家猶一國，振興無近效。人知商君非，甘心是則傚。并無補目前，恐貽商君笑。

漢興建親藩，本與共富貴。誰使驕日增，曰出天潢派。誰使侈日甚，曰有銅山在卒授。置相權掣肘，無乃太可惜。五宗王，但衣租食税，甚者乘牛車，貧至無聊賴。愛固有時弛，況乃不自愛。

萬物苦自擾，一理默爲驅。事未極其變，謂握靈蛇珠。薄姬生天子，在彼不在此。許負豈妄言，魏豹自誤耳。厲入晉侯夢，巫言寧不中。已先不食新，巫亦被鬼弄。

詠　雪

金爾桐

天末起同雲，禁寒動酒興。初醉覺雨響，醒來凍溜定。光徹誤晚晴，風甚亂清聽。遥想灞橋頭，蹇驢怕還濘。竟日掩柴關，客來不知徑。

山僧懶不埽，霏霏堆寺門。參禪無天女，何來花繽紛。偶傳早梅香，想像到前村。胡不尋芳去，一望路無垠。還待好游者，先留屐齒痕。崎嶇常自慎，況是浪翻銀。

銀海何茫茫，瞥眼花欲眩。誰試并州刀，剪水太零亂。夾雨尚横飛，迎風益力戰。蘆花壓漸低，酒旗露過半。乘興欲放船，剡溪雲凍斷。

三更窗忽明，不見月流影。知有白描手，爲補殘冬景。山童曉來報，寒衾夢初醒。倒壓折梅梢，積深没鶴脛。且自起開門，射目光俱冷。

我亦僵卧人，瑟縮同蠖蟄。偶然觸景吟，得句都寒澀。鑪烘墨乍融，室虚光引合。倏忽堆滿庭，恍聞聲颯颯。冷風怪欺人，偏解乘隙入。只道窗紙飛，一拂卷端濕。

山態本善變，面目今全非。林巒且莫辨，何況澗與蹊。排闥亦有時，舊日青已迷。我因怕干人，閉門甘忍飢。經宿不相見，凍壓山頭低。

重游鄧尉歌

金爾桐

去年來游遲，今年來游早。梅花笑我不及時，坐此一生常潦倒。即今多少趨時人，五洲游歷學維新。云將無用翻有用，賺得金錢萬萬緡。蘇季多金踞高位，得計全憑争際會。新莽安石法周公，飾經不若明言利。我對梅花放厥辭，憐君枉抱雪霜姿。憑將白眼看塵俗，人各有心花豈知。濛鴻不動山容改，游客還尋香雪海。中丞遺蹟二百年，石額抛殘石柱在。獨有司徒廟古柏，最神山村結社號。柏因雷霆風火歷千劫，人功畢竟輸天真。萼緑華來發長嘆，但隔仙凡各譏訕。居山只飲在山泉，自覺人間熱不慣。君不見嬴項紛争忽啓劉，商山四皓竟優游。勞者甘勞逸者逸，千古何嘗不自由。

七十初度述感四律

金爾桐

石火流光七十年，境遷事過總憮然。借枝無力營三徑，賣賦何能蓄幾錢。老不逃禪惟待死，飢猶高卧或疑仙。祗慙于世毫無補，祝到昇平悔禍天。

何人不願賦同仇，戰守無憑國士羞。已歷紅羊非浩劫，任投白馬亦清流。米珠薪桂生何賴，螳黠蟬癡聽自由。且向黄壚拌一醉，國憂家累暫時休。

誰教耳塞目糢糊，斯世聰明不若無。灞上戟門兒戲耳，錦衣稻食汝安乎。翻新敢作非非想，由舊難禁負負呼。民力彫殘更多事，定知人被鬼揶揄。

青氊坐破竟何功，得失無由問塞翁。未免有情終是累，本來無物贅言空。思非爛熟仍多味，蹟背時趨枉送窮。誤到兒曹還槖筆，不應老至悔雕蟲。

壬子送春和城南漁隱韻

金爾桐

攬殘飛絮亂游絲，剩有荼蘼强自支。懸樹啼鵑關血性，穿花倦蝶總情癡。焉知穠蔭堪眯目，爲惜餘芳晝折枝。如許韶華輕一擲，幾忘酣醉有醒時。

隔院鐘催漏未殘，關心畢竟是疑團。埋香不惜輸忱拜，剪綵何堪耐久看。陰展緑蕉心捲疊，雨濡紅藥淚闌干。最憐别得東君後，作賦江郎席未安。

載道驪歌着意催，滿腔離緒更依依。忍看苔徑隨風埽，省識蓬山有路歸。南國刺桐新葉布，皇都煙柳舊條非。苦留畢竟留難住，誰倩陽公把日揮。

織成雲錦仗鶯梭，緩緩新吟陌上歌。社雨番風塵夢杳，香車寶騎别情多。仙山境隔憐鸚武，青海風來問槖駝。屋角花棚都落盡，補茅商略待牽蘿。

壬子九月石友招同志登高作

金爾桐

秋高氣爽風日清，沈子招我看山行。預訂老頑招漁隱，卌年舊侣感飄萍。酒載一船人四五，口不談今只談古。蓋世文章土一抔，山莊臺榭皆禾黍。更披荆棘步斜陽，摹得殘碑字亦香。美人黄土三百載，垂絶遺書尚慨慷。錢氏家變，録有柳夫人遺屬。回首平生幾重九，此日題糕得未有。驚風駭浪倏經年，分將邊腹便便負。説與城南合破顔，倦飛好在得幾先。爲問世間、若箇身隨徐衍負石拌入海？若箇手攀黄帝龍胡飛上天？何如得過且過任自然。

九月五日言調甫翁思九汪冠英邀余父子同游破山寺言君有詩紀游補賦奉答

金爾桐

城市久不至，世變人都非。偶來尋舊雨，落落晨星稀。新知僅兩三，選勝山之隈。吟秋得爽氣，巖壑俱增輝。水浄本可鑑，眸子苦不瞭。山深本可棲，塵心苦自擾。小憩入戒壇，禪機我寧曉。尋碑問古人，竹徑恣幽討。山僧不迎客，寺僧適出。齋供亦既飽。且住非不佳，夕陽紅樹杪。

偶成二律寄漁隱

金爾桐

無疾身忘老，横經家不寒。衰顔酡夕照，清夢隔長安。風月得天趣，琴書來古歡。錫秦知帝醉，金策豈無端。

詩成題乞食，抱膝賦閒居。啄粟憎黄鳥，勞薪惜頳魚。慣聽圓夢説，争學嚇蠻書。不信南行客，辭親竟絶裾。

吟　　哦

金爾桐

吟哦事苦辛，學海嘆迷津。心得亦陳説，吾生後古人。靈機非意造，絶唱總情真。丁卯蒙譏刺，千秋論莫伸。

癸丑重陽感事和石友均

金爾桐

避災久笑汝南桓，易主荒園菊嫩看。馬射但知誇尚武，魚書猶是勸加餐。流民目擊銅人徙，壯士心驚鐵甲寒。贏得白衣還送酒，東籬原自遠長安

誤認晴霞赤滿城，不關風雨慶承平。夜長角枕炊粱夢，秋老宫槐落葉聲。誰道鍾陵千里客，全輸酒國一壓氓。劇憐人比黄花瘦，腹漲彭亨唤作兄。

漁隱答和偶成二律再次前均并訂來春之游兼寄石友

金爾桐

清秋才幾日，雁陳已驚寒。顧影憐花瘦，函詩報竹安。無心營得失，有夢雜悲歡。欲結尋梅伴，相期待履端。

顔巷今真陋，離羣苦索居。忘危嗤幕燕，知樂想濠魚。脚軟羞扶杖，眸昏喜校書。誰興文字獄，筆諫當牽裾。翁思九刊其叔祖《瓶廬詩鈔》，誤雜石友作，頗爲饒舌。因致書漁隱勸解之，收句即指是也。

賞牡丹飾太平也世變未已樂眼前耳

金爾桐

花好年年不在家，今春飽看一欄花。封姨肆虐何多事，贏得春光占已多。漢宫春滿沈香亭，步輦相隨照夜行。清平三闋風流在，妃子名花艷共稱。深色一叢賦十户，花貴黄金財糞土。當時舉國走中風，下效上行固其所。漁陽鼙鼓不聞聲，龜年曲舊儘翻新。不見萬户野煙西，向慟凝碧池頭雷。海青我家臺榭悲，易主留得春光能。幾許恰喜茆齋艷，一叢淺白深紅媚。老圃時艱苦乏杖頭錢，典裘還許沽十千。直令漁翁樵叟入座皆開顔，一齊醉倒花間眠。吁嗟乎！賞花不見種花叟，試問昔日繁華還記否？且高歌，呼進酒，富貴儘誇我自有，難得花前盃在手。

崇川作

金爾相

何事寓崇川,豈真有夙緣?此身成旅客,極目悵烽煙。樂土情難適,故鄉思悄然。賊氛終不靖,搔首問蒼天。

秋柳

金爾相

攀盡長條更短條,江南江北總魂銷。腰肢舞罷渾無力,眉黛愁來不肯描。鴉噪白門秋瑟瑟,馬嘶紅板雨瀟瀟。何堪羌笛離人聽,葉落西風客路遥。

秋燕

金爾相

瑟瑟秋風燕影稀,江南花事已知非。抛殘一樣新團扇,冷落三春舊舞衣。側翅猶從深巷過,鄉心無奈故人違。前途幸得風毛順,祝汝長征莫倦飛。

秋蟲

金爾相

豆花棚下草蟲鳴,似向空階訴不平。吟到冷時風四壁,寂無人處月三更。庭前落葉蕭蕭和,砌下銜泥趯趯行。多少悲秋騷客恨,憑伊一夜觸寒檠。

游光福山同石頑槃薖西涇諸老作

金爾相

百慮一身侵,還將樂處尋。問誰堪砥柱,招我訪泉林。社柏增奇慨,坡梅溯賞音。漫山風韻溢,如海雪香深。高士花坊墮,名賢墓木森。峰迴靈氣聚,寺古聖恩欽。拾級懷同騁,登樓眺莫禁。列屏湖口嶺,光照豁塵襟。

香雪海

金爾相

幻出山中海,漫山只樹梅。香迷紅日淡,雪濺白雲堆。題古留鴻證,寒清待鶴陪。酸風恐易透,子結好花殘。

時　嘆

金爾相

富貴久爲人所欲，患得患失誰知足。處仁擇里聖訓明，於今寡和成高曲。競争舉世染夷風，貧弱强半由煙毒。考察政治震强鄰，歸來謀洗君王辱。廣開學校試徵兵，急求遠到輕收録。將才師範付庸流，經術先捐屏營緑。新編新教繹新書，章服新政驚村墟。信口熱心謀福國，普通實業才咸儲。發起文明基武備，鐵血主義人争抒。教育竟有速成術，少年喜與孫黄居。逋逃革命喧傳黨，緹騎四出工篦梳。尚文尚武尤尚警，紛紛新政初彪炳。地大物博經費繁，計臣再把加捐請。煙酒銷耗不妨增，菽粟養命亦難幸。小民苦力博蠅頭，生機盡被洋機并。誰縱教民剥國民，安有身屈心甘靖。飢寒無告致流漂，附和裁兵怨不聊。脂膏既竭輕走險，良善忽伍匪與梟。嗚呼！良善半伍匪與梟！

勵 幼 童

金爾相

慶歲剛逢幼稚時，問年計十略參差。出神不復飢寒憶，快意何嫌日月馳。失足旋忘深抱痛，掩睛還喜迷藏嬉。飛鳶樂繫繩千尺，走馬全憑竹一枝。安識後生真可畏，要求先達作明師。躬親灑埽勤修職，身沐詩書重習儀。夏楚收威蒙待養，冬烘設教聖初基。羣兒自貴終資學，游戲因循莫悔遲。

勵 壯 年

金爾相

隙中影捷勝駒馳，弱冠年華挽已遲。幸化童心捐故我，願伸壯志重男兒。知非勿令清談誤，求是還將實業期。學古考參明庶務，通今歷練好投時。試經日夜神常足，縱值飢寒力不疲。入贊謨猷四海定，退留表率一方資。無聞碌碌嗟餘子，有道殷殷正就師。若使身由名利役，終教垂老益傷悲。

游 狼 山

金爾相

高撑石壁秀且遒，倒映斜陽一塔浮。回顧諸山都寂寞，海天長嘯一聲秋。

秦　淮

金爾相

盛衰相倚伏，繁華不久留。含情無一語，碧水自悠悠。

紙　鳶

金爾相

奮爾凌雲志，飛揚破碧天。紅塵終不遠，只爲一絲牽。

登天平山

金爾果

我疑媧皇煉石成高峰，化爲朵朵青芙蓉。攀籐附葛陟天半，摩霄跨漢何巃嵸。樵夫導我臨崔嵬，舉頭喜見蒼冥開。當空怪石層層立，颯颯松風衣上來。怪石層層高幾許，蹈空履險恍霞舉。同人驚駭不敢前，我於此時氣未沮。巉巖磴道盤旋入，天門一線豁然白。鐘聲隱隱落重巒，萬樹回環懸絶壁。峰回路轉愈坎坷，徑向白雲泉下坐。雙丸日月足底生，百道煙霞澗邊鎖。吁嗟乎！登山之難難於上青天，到此如陟峨嵋巔。行百里者半九十，請君且酌白雲泉。

登　狼　山

金爾果

躡屐陟岧嶢，登臨客伴招。緑浮初霽雨，紅撼夕陽潮。石削摩天迥，樓高望海遥。家山頻指點，烽火幾時銷？

無　隱　庵

金爾果

聯袂暢春游，興亡弔廢邱。時靈巖諸寺毁廢殆盡。深山行不盡，古寺巋然留。苔徑花香静，松房磬韻幽。山僧逢共話，清興自悠悠。

崇川旅次

金爾果

烽煙滿目蔽山河，誰向江南奏凱歌。賣盡行裝增落拓，倚來長劍幾摩挲。身棲異地知交少，詩學少陵感慨多。兀坐無聊且問課，家鄉風景近如何？

君山朝眺

金爾果

孤峰横枕大江邊，不盡波濤響遠天。樹色緑浮山寺雨，朝暾紅破海門煙。風摇鈴鐸千尋堞，星布人家四面田。我欲相尋公子墓，手披殘碣相當年。

出 京 口

金爾果

江流萬里海天遥,鐵鎖樓船久寂寥。不盡波濤來滾滾,無邊菰荻戰蕭蕭。山光明滅連三楚,霸業消沈慨六朝。獨坐篷窗酹杯酒,幾行歸鳥度金焦。

暗 涇 煙 柳

金爾果

煙柳裊絲絲,風斜雨細時。岸高涇自暗,一幅畫中詩。

東 園 松 柏

金爾果

麗矚樓已空,會心亭何在。獨此松柏存,蒼顏曾不改。

徐 塘 秋 泛

金爾果

何處蕩舟行,徐塘水自清。兩三漁艇泊,一片月空明。

永 昌 晚 楓

金爾果

冷信逼江村,孤楓偃寺門。停車乏客到,霜葉自留痕。

金村竹枝詞

金爾果

慈烏村裏是吾家,聚族于斯幾歲華。約略到今傳廿世,家家有譜譜堪查。
慈烏村裏是吾家,風俗由來樸不華。半效横經半負耒,相承耕讀即生涯。
慈烏村裏是吾家,五月農忙門水車。車到斜陽紅欲墜,西涇閣閣又鳴蛙。
慈烏村裏是吾家,歲晚農閒鬧酒家。詩思不須驢背覓,塘南風雪正交加。

小石洞和石頑兄

金爾果

小雲棲近屬家山,杖策何須事遠攀。但使玲瓏穿石徑,天然幽秀出塵寰。清泉一掬波瀾静，古洞千春歲月閒。漫詡劍池雄虎阜，比來淺露卻難班。

重泊木瀆和石頑兄

金爾果

記昔來游此，垂將四十年。兩人看白髮，幾輩悵黄泉。市覺今時鬧，山仍舊日妍。所嗟衰力減，難復踏層巔。

讀石頑兄鄧尉觀梅諸作覺興味特饒于此游良爲不負敬和四首

金爾果

卻笑人間何事忙，山中我自樂徜徉。萬峰精舍僧留茗，嚼得梅花齒亦芳。

拾級何曾嫩折腰，還元閣上喜逍遥。貪看山色漁洋近，如與名流晤一朝。

夜雨愁聽未得眠，同舟衆漫擬神仙。半生蹭蹬功名路，不道登山亦少緣。

欲買蘭花手自栽，扁舟特向虎邱來。山窻半日逢僧話，卻戀林巒幾忘回。

劍號魚腸未一磨，空隨朽骨葬巖阿。客來欲問吴王事，令我衰年感慨多。

今歲丁酉又值大比之秋余年已逾艾自維荒落作計不預矣被韻生叔牽連仍赴南闈以塞其責非有餘望也叔和幼香心齋三侄英姿挺發正功名唾手之時偕行北上爲吾族從前未有之盛舉黄花香裏側耳捷音余愧無以贈行聊抒里語以拂征塵不足爲詩也

金爾果

無分鈞天想渺茫，卅年枉自戀名場。駑蹄合讓駒千里，雲路欣看雁一行。人到蓬萊文自壯，榜聯花萼興尤狂。薊門樹色蘆溝月，此去都應入錦囊。

連翩俊侶上金臺，萬里飈輪亦快哉。首善名區堪擇友，中朝時局正需才。遥知傑構凌雲出，定卜佳音掣電來。若問秦淮舊風景，縱然逐隊已心灰。

游光福寺

金爾果

探罷梅花興不窮，閒尋古寺暢幽衷。山光近接湖光緑，塔影遥分日影紅。璀璨琳宫僧駐錫，莊嚴寶座佛瞻銅。此來幸得前游補，一笑塵緣尚未空。

游端園

金爾果

名園閒訪恰當春，一入門來便隔塵。徑路縈回隨石轉，亭臺間接向廊循。房宜采秀香常拂,廬愛環山景畢陳。休悵平泉今易主,林花依舊笑迎賓。

無　隱　庵

金爾果

尋到庵無隱,重來佛有緣,卌年成惝恍,半晌得安便。眼已看山飽,腸還許俗湔。非因舟泊遠,日夕肯言旋?

擁 翠 山 莊

金爾果

重疊峙巖腰,山莊静不囂。泉臨憨井近,城望闔閭遥。翠色浮嵐擁,茶香入座飄。詩尋題壁滿,好句惜寥寥。

四面千手觀音

金爾果

菩薩原來喜近人,故教面面得相親。如何一輩癡男女,猶念南無未識真。
茫茫苦澥盡風波,隻手無能拯溺何? 想爲慈悲心念切,故須臂化得多多。

謝襭紅侄惠紅梅

金爾果

連日春寒苦雨滋,探梅有約尚遲遲。多君知我相思甚,先爲殷勤送一枝。
過房來恰喜花朝,滿屋春生破寂寥。擬設湯筵延舊主,恐因止酒未能招。

題襭紅侄天台山游記後

金爾果

華頂峰前一片雲,拜經台上日初曛。昂頭覽盡天台勝,此際高吟信不羣。
當年劉阮入天台,曾與桃花作壻來。君到洞邊春未晚,桃花應復笑顔開。
曾讀興公賦一篇,此身恨不作飛仙。賴君示我天台記,省識天台路正便。
霞瀑飛流映日殷,赤城高峙石梁環。更尋桐柏宫前路,我亦天台采藥還。

中秋和襭紅侄韻

金爾果

明遠樓頭鏡乍磨,當年豪興此宵多。今看一樣團欒影,照徹鬚眉奈白何。
人生能得幾中秋,樂與嫦娥把酒酬。未識六街更易斷,當頭皓月肯勾留。

月華澄澈界三千，詩境空明詩思鮮。想見微吟淺醉候，有人身置大羅天。

詠　梅

金爾果

衝寒欲放恰殘冬，羞比梨花一樹濃。撐出孤枝憐玉骨，妝成半面稱冰容。枯節我自風前立，縞袂人疑月下逢。底事和羹消息遠，甘從物外伴高蹤。

怪底梅花賦冠唐，偏宜鋉石作心腸。凌寒未肯輸巖桂，耐獨何曾聘海棠。埋向空山甘寂寞，覯來茅舍總凄涼。丰標自軼塵埃外，不與凡花鬥艷妝。

和澣紅侄鐵佛寺韻

金爾果

一徑入雲去，深山古寺秋。飛泉隨磴瀉，空翠接煙流。畫本羣峰拓，禪心一磬收。風流裙屐在，莫便悵無儔。

詠　梅

金廷模

老梅榦如鐵，愈冷愈堅潔。任爾風霜摧，花開白似雪。懶未步蒼苔，寒香入室來。詩脾得以沁，筆花含怒開。詩情益高迴，梅格益清挺。具此作相材，可以佐調鼎。翛然寂處時，幽人素心知。冰姿兼玉骨，和靖最相思。天寒鶴來守，足以娛老壽。花骨與詩骨，凌風鬪孤秀。

送春和城南漁隱韻

金廷模

小桃舒錦柳垂絲，連日風狂弱不支。酒思飄零花亂撲，鶯聲帶恨蝶情癡。驀驚桃渡紅翻浪，旋覩桑田緑滿枝。并道東皇歸去也，春婆剛喚夢醒時。

留春無計惜春殘，陣陣飛英絮作團。衹有離懷縈院落，寂無花韻寫欄干。當階芍藥先人醉，空谷芳蘭帶淚看。怪雨盲風猶未定，窮鄉聊借一枝安。

滿地文章太零落，芳春景物思依依。尋君昨夢迷胡蝶，唱别長途有姊歸。五夜禁鐘敲斷未，六時宫漏聽疑非。一樽婪尾聊相餞，不覺臨風淚暗揮。

一瞥駒光疾似梭，深情無限寄驪歌。金鶯到此啼將歇，玉蝀猶然舞集多。南浦載愁移畫鷁，北征歸里仗明駝。風狂如虎茅齋破，閒看村童補緑蘿。

和病鶴侄壬子送春韻

金廷模

浪捲濤翻陸海淪，還從香國祝長春。一樓五步凄涼甚，片刻千金愛惜珍。過眼浮雲渾似夢，聯歡舊雨總非真。今番悵斷東皇駕，上苑誰堪作主人。

飛英滚雪趁風斜，撩亂清溪水一涯。飄泊詩魂哀故國，繁華新夢落誰家。但聞好鳥啼深樹，漫喚奚童埽落花。如許河山算無恙，少年莫負此芳華。

菊　　影

金廷模

種種傳神説范村，不留香色只留痕。鏡中人病同憐瘦，簾外霜嚴獨競存。三徑日高堆墨瀋，一籬月淡宿黄昏。淵明死後無知己，悄立西風自寫魂。

豢　　鶴

金爾粟

前身小隱釣璜磯，皮相應知食肉非。碧海揚塵餘舊恨，青雲有路懶高飛。生留鯁性超凡骨，名列仙曹感化機。誰作酒邊游戲事，綴成丹頂卻增輝。

觀　　潮

金廷樞

不盡長江浪，蒼茫撼遠天。空中帆似織，煙外望無邊。

月 夜 即 景

金廷樞

極浦蒼茫裏，江空水自流。三更明月夜，一葉釣魚舟。

落　　花

金廷樞

花落太匆匆，寒驚一夢中。滿庭好春色，凄斷五更風。

辛卯秋試歸舟苦蚊與潤卿襭紅兩侄聯句

金　粲

歸舟纔暑退，猶自鬧秋蚊。玉。神倦夢偏杳，鐙殘膏屢焚。潤。有時殲厥醜，無術渙其羣。玉。痛癢相關處，殊難置不聞。襭。

蘭陵道中同襭紅侄

金　棨

孤舟風雨薄城陰，切切淒淒助苦吟。我與寒蟲同不寐，一鐙相對訴秋心。

鐵佛寺和襭紅韻

金　棨

鐵佛何年鑄，山中不紀秋。金身隨日鑠，慧眼數星流。林壑幽襟豁，城闕壯氣收。殘碑不堪讀，還問白雲儔。

清　涼　寺

金　棨

一徑入篠簩，松篁夾梵居。江光叢樹外，山色暮雲初。寺古莊嚴淡，僧慵世態疏。清閒銷一晌，俗慮盡删除。

小　雲　棲

金　棨

信步夕陽裏，僧居暫得閒。水環三面嶺，雲護一房山。室小容杯斝，泉流鳴佩環。數聲清磬動，笑摘野花還。

自題獨立詠詩圖

金爾振

不衫不履任天真，尋到梅花覺後身。疏懶不堪爲世用，只宜酒國着斯人。

哭歸宋氏長姊

金爾振

歸寧猶憶小春前，一别西風意悄然。飛絮空庭吟響斷，聲聲啼血野村鵑。
悵望天涯淚若絲，人生聚散幾多時。從今姊妹團圞處，只少瓊花第一枝。同祖姊妹六人，姊居最長。

迎山樓落成

金爾振

夙有看山癖，登樓愜素懷。遠招青靄入，高與白雲偕。福釜朝添爽，河陽夕更佳。諸昆託高庇,勵學漸升階。

輓姻兄佩卿周公

金廷棫

人生塵世間,無非逆旅客。與公久周旋,相看鬢斑白。絲粟盈倉箱,田園連阡陌。策杖猶耕耘,米鹽勤擘畫。施丹復拯饑,閭里沾惠澤。長君矜已青,仲子奮健翮。娛親日正長,定省供子職。萊衣慘蓋棺,終天恨何極! 君與我同庚,我苦窮鬼迫。我今哭君還笑君,定知笑我有人更喧咋。

讀兩當軒觀潮行諸作竊嘆其才之豐而遇之嗇也用歌以弔慰之

金爾森

天地有奇氣,才人得其半。庸庸多奇福,才人偏扼腕。造物本來狡獪才,那容兩美皆如願。吾讀前後觀潮行,日月失色天地瞑。胸中湧起泉萬斛,腕下放出花一莖。傾心昔數隨園老,而我今亦甘角崩。先生之詩誰可敵,李家長吉偕狂白。不辨仙才與鬼才,只宜一例呼詩伯。壯年竟赴玉樓游,想是長庚星再謫。天與才命各升沉,人生福慧誰兼得。吾今寄語慰泉臺,奇福何如有奇才。有才如君死不死,庸庸富貴安在哉?

奇 冤 篇并序

金爾森

貞烈女德貞,王君壽臣來復女也,與余爲從外孫。自幼知禮嫻静。年甫十七,怨家以蜚語中之,遂仰藥死。瀕危,語母曰:"兒自問無忤人事,而污兒至死。死而有知,誓必報之。兒此時無他顧,所不能忘者,顧復恩耳。"言畢氣逆喉嘶,淚隨聲墜。隣婦强灌以藥,則嚙其指幾斷,遂絶。時光緒八年壬午四月二十一日也。王君傷之甚,繪圖徵詩。余不文,烏足表揚貞烈,但忝居姻長,生共里閈,忍令其沈冤地下,寂寂無聞乎? 爰賦《奇冤篇》以弔之,兼爲王君慰焉。

怪哉世事乃有此,奇冤竟萃一女子。測彼奸人排擊心,公然不殺勢不止。君家弱息淑且賢,十七盈盈正待年。少小自矜女貞木,平生羞説污泥蓮。密謀忽起蕭牆衆,四播流言污嬌鳳。精衛啣冤不敢啼,誓拚一死泰山重。牽衣訣別淚如絲,一盞元霜絶命時。自言無故遭讒口,既及黄泉報不遲。柔腸寸斷嗚咽泣,卧地衹餘微氣息。一聲阿母説分明,未酬顧復真罔極。瑟瑟悲風霧氣昏,金閨從此杳香魂。全家慘聽號啕哭,木石吴兒似未聞。人生泡影渾虚耳,貞名自足標青史。莫恨匆匆奪掌珠,有女如此死不死。

暮 春 雜 詠并引

金爾森

多才詠絮,刻意傷春。聽燕語兮呢喃,訴花魂而髣髴。庾信有寄哀之賦,文通多傷别之詞。僕本不文,久疏翰墨。案頭筠管既生長夫蒲蘆,架上芸編半叢殘於脈望。自慚小草,貽笑大方。

生徒以四詩相質，爰成八絶，兼綴數言，謹示同人，并希教我。

花　影

淡濃疏密一叢叢，如夢如煙色相空。絶艷須從無處覓，夜闌和月倚簾儱。
高燒銀燭照紅霞，倦眼模糊認欲差。斜月墜簾簾半捲，驚看滿屋是狂花。

柳　絮

爲誰飄泊爲誰忙，一任東風替主張。似厭路人攀折苦，飛花滚雪過河梁。
隋苑千枝趁晚晴，隨風一例去長征。可憐化作青萍子，依舊飄零過一生。

睡　燕

玳梁穩便稱雙棲，啄絮啣泥倦尚飛。不解寄人檐宇下，春深猶自夢烏衣。
謝家庭院已成塵，軟語商量聽未真。似厭繁華易消歇，不將醒眼看閒人。

送　春

殘紅飄泊悵飛蓬，九十韶光轉眼空。始信人間有離别，一樽清酒酹東風。
杜鵑聲裏雨如絲，過電光陰一霎馳。恨煞柳枝無氣力，只留春住不多時。

哭　殤　兒

金爾森

春風一棹返蘇臺，特報充閭喜氣來。盡道是兒能類我，一時博得笑顔開。
豐頤廣額健啼聲，熊夢占成頗慰情。塵世因緣纔七日，豈知汝便薄浮生。

禮經云殤兒不哭予既哭之因復以詩自慰

金爾森

七日爲人父，汍瀾亦是癡。從知身未老，豈必我無兒。玉樹三春殂，曇花一夕隳。此言非作達，聊以慰嚴慈。

紀　　别

金爾森

歡悰如夢霎時回，一曲驪歌唱夕暉。不折楊枝恨飄蕩，背人偷贈蜀當歸。

春光漸暮花事闌珊庭前牡丹海棠零落殆盡感美人之遲暮惜麗景之無多爰賦短章用誌惋悼

金爾森

墮茵墮溷亂於麻，一夜東風百感賒。如此樓臺竟摇落，方知富貴鏡中花。
幾日春風幾日陰，東皇也算惜花深。而今竟逐楊花去，孤負通明一片心。

乞桂詩呈陸君筠生

金爾森

風送靈芬冉冉來，遥知瓊室即天台。禪機參透原無隱，付與天香禮亦該。
知有名花興便狂，裁箋覓句更忙忙。此行定被姮娥笑，何不蟾宫自折將。
聞道吴剛利斧施，廣寒從此景離披。靈根遺在人間久，敢向西風乞一枝。

憶蘿月　春庭書所見寄辛芝表兄

金爾森

三春花事，惱得人心死。瞥見尋花雙屧至，分付花枝留住。　花枝無力難留，除非蔓草風流。難得獸環着意，偷將鳳髻牢鉤。

雙雙燕　春感呈王俊臣譜兄

金爾森

畫梁對語，甚春色者般，歸早簾摇。緑影院落，竟無人到。遥睇棠陰未老。更柳眼、煙籠樓小。分明認得空閨，舊主愁眉難埽。　花好，花翻被惱。正默對烏衣，淚濺多少。雙飛雙舞，怕逐寶釵低裊。無限韶光誤了，夢紅雨、凄迷不曉。風裏翠剪依依，怒撤繡窻人俏。

滿江紅　歲暮解館即席留别汪鶴巢諸君

金爾森

彈鋏歸來，有積雪、寒凝如銕。回首處、暮雲春樹，故人傷别。茗話纏綿思往事，酒壚醉倒空陳跡。嘆人生、聚散怎匆匆，摧秋葉。　楊柳折，團欒歇。魚雁杳，音塵絶。且高歌一曲，替君排説。叙首必從分手始，丈夫不作女兒泣。到明年、花底又相逢，休於邑。

學正公箴言

佚　名

承先箴

厚承祖德，何術仔肩。外觀親族，莫拯顛連。内示子弟，不免尤愆。未能身教，徒以言宣。必成大欲，敗類成全。遂令清夜，使我心煎。力求定向，難再少年。享福不造，愧天愧先。粤稽往哲，何事惕乾。

啓後箴

後嗣何觀，表正形端。動静語默，先令心安。離由責善，語信不刊。從改悦繹，有嚴有寬。博文約禮，中道盤桓。變化氣質，出如肺肝。下愚上智，各趨所歡。既甘自棄，教似沙摶。

禮讓箴

禮以防欲，讓斯守謙。範圍易越，樂受針砭。争競致禍，安免危阽。身羞由徑，自遠疑嫌。淵懷若谷，忿釋毫纖。修齊平治，二德先兼。

勤儉箴

勤能補拙，儉可養廉。日無暇晷，茹苦如甜。貧不爲病，積鉅由纖。勤而不儉，暴殄是嫌。不勤徒儉，消耗何添。夏王明德，惟兹克兼。

新晴步月同潤卿弟作

金鶴汀

四顧天街净，幽情破寂寥。雨過花更艶，風定樹猶摇。犬吠村邊路，人行月裏橋。聯吟還未就，何處一聲簫。

初夏登麗矚樓

金鶴汀

登樓閒眺望，陰緑潤於油。人懶春初去，花殘雨乍收。遠雲行樹杪，新筍出牆頭。風景抑何好，江村處處幽。

送王敬安慶長北上

金鶴汀

一聲楊柳去迢迢，燕北江南兩地遥。我守青氊君橐筆，生涯吾輩太無聊。
無窮身世感鴻毛，回憶前塵首重搔。富貴功名等閒事，須知立脚要堅牢。

壬辰秋偕殷厚培表弟游泰山

金鶴汀

肩輿初進岱宗坊，傑閣飛丹禮玉皇。此是上清真境界，凌霄花發一庭香。玉皇閣
一天門裏是紅門，香火人聲聒耳喧。賴有清泉烹玉茗，看山一洗眼花昏。紅門
綺窻阿母幾時來，留得瑶池一鑑開。欲學飛昇泉咽冷，當年漢武豈仙才。皇母池
紫光拜罷又朝真，金屋能藏大士身。底是楊花零落盡，轉教塵土誤青春。斗母宫

車中口占

金鶴汀

僕語鈴聲聽不真，雙輪磨石石磨輪。最難土燥風狂日，撲面驚飛十丈塵。
子夜登車强自嘲，行裝舖設雀營巢。布衾轉側身無定，人坐渾如不繫匏。
辛苦風塵未慣經，衹欣登岱揖山靈。横行别具肩輿致，飽看名山四面青。

甲午春日小飲燕香書屋和叔和幼香兩弟韻

金鶴汀

薄陰天氣是晴餘，斗酒招邀爲夙儲。羣季翩翩皆俊秀，清才我愧不相如。
春去春來又一年，花前且學飲中仙。東風畢竟多情甚，吹老碧桃紅晚天。
回首京華客當家，井泉新汲試煎茶。旗紅槍緑渾難辨，香味都憑茉莉花。

甲午秋夜泊金山下

金鶴汀

嚴城鼓角聽三更，雲淨江東玉宇清。水面魚游吹月碎，港中風動覺潮生。鎮山塔勢撑天迥，出寺鐘聲趁曉鳴。試看雄師天塹守，海疆何日奏昇平。時日人占韓，兵勢既交，江防嚴密。

渡江遇險

金鶴汀

連日陰雲霽未開，亂流搶渡大江來。者番出險還思險，話到風波首屢回。

重九偕殷甥同孚崇寬登南皮西城

金鶴汀

光陰容易又深秋，萬象憑高一望收。四顧蒼茫天地窄，夕陽衰草動人愁。
繞隄楊柳碧毵毵，一曲清溪秋影涵。記得去年今日事，萬家煙樹帝城南。

贈　蘭

金鶴汀

種花十年花早開,種德百年德不發。花開不厭主人貧,對此名花空咄咄。主人耐貧已多年,無肴無酒真倉卒。無詩恐更負花多,搜索枯腸氣鬱勃。花好還須趁好春,好春能有幾多旬。何況人生尤草草,怎禁臣壯不如人。瓦盆一具聊位置,有如陋室安我身。我身窮約奚足惜,累花寂寞度芳辰。詩成謝花花不語,暗吐奇香自容與。似笑主人俗未消,處貧氣概宜軒舉。從來臭味本相投,有詩已勝酬佳醑。果然懷德德必馨,今日花開不負汝。

賀新涼

金鶴汀

十載空埋首。到如今、青衫落拓,孤棲甕牖。錦樣韶華都去也,形質槁如蒲柳。尚敢説、功名不朽。身世飄零無限感,只一鐙風雨常相守。剩豪氣,貫牛斗。　年來事事居人後。再休提、名場角逐,文章原有。縱説吟身無恙在,生我幾多辜負。怎酬得、天高地厚。可奈好春今漸晚,且安排事業名山壽。任磨折,肯銷受。

題徐貞六内弟小影

金鶴齡

男兒不得意,終身耕硯田。攬鏡忽自詫,華髮已盈顛。因思志業就,當在三十前。吾生正如是,大都誤在先。如弟少英發,凡事持當堅。探水欲竟委,登山欲躋巔。偶攜小影至,索我題其偏。試徵繪圖意,笑云無他焉。我今年廿六,更事已變遷。貌亦隨之改,所過如雲煙。倘復經歲月,故我詎依然。借此八寸紙,聊結當日緣。當日亦易逝,丹青駐我顔。斯言頗有意,但非宜少年。少年貴努力,一一争先鞭。豈爲目前計,徒託毫素傳。試觀銘功石,猶没蒿萊間。書此誌座側,籍當勵志篇。

贈　内

金鶴齡

三載相偕静好真,雍和須釀一家春。勞兼薪水憐卿弱,製到裙釵愧我貧。要比弟兄將叔視,莫輕言語惹姑嗔。心非西子偏常捧,知否糟糠更有人。内子有肝疾,發輒心痛。或言氣鬱所致。

哭蠢兒

金鶴齡

壬申歲,余授徒城中曾氏。四月十九日,以兒病歸,越二日,兒死。此兒生甫六月,早具知識,余最鍾愛,故不能無傷悼云。

面麗豐厚舉家誇，詎道真成一現花。索乳無聲猶戀母，瀕危含涙尚呼耶。裁衣待汝身材長，負襁憐余顧復賒。魂小也能來入夢，朦朧還似聽咿啞。

麥天殘月夜寒增，兒絶還蘇涙不勝。愈病安求仙界草，迴天空拜佛前鐙。孩提豈有難消孽，啼笑曾無不壽徵。早識今宵終撇我，掌珠應悔愛逾恒。

辛卯秋試闈中望月

金鶴齡

星斗疏明玉宇寬，夢回矮屋夜深寒。團圞一様中秋月，照入風檐兩様看。

闈中遇雨

金鶴齡

青油幕底夕陽明，忽送輕雷歛晚晴。一陣疏風催急雨，疑從蕉院聽秋聲。

雁陣

金鶴齡

卅載銷兵政府才，從前宿將半蒿萊。微禽獨識防危意，故向秋風結陣來。

鐙花

金鶴齡

自顧無聊擬遣愁，閒憑棐几剔銀篝。莫嫌如豆鐙光小，儘有榮華許到頭。

夏日寫懷和王壽臣來復姊丈

金鶴年

長夏風光次第新，自慚枯管不生春。閒中事業三杯酒，亂世生涯一釣綸。松月有情醒醉夢，雲山無恙屬詩人。疏狂莫怨無知己，琴劍相隨自可親。

贈李觀察維翰之淮揚新任

金鶴年

文采風流世莫如，中興開榜列賢書。公登同治壬戌恩榜。入官先占談經席，退直仍來問字車。何止詩名傳海外，久聞輿頌偏匡廬。今番捧檄臨淮海，二郡生民困可舒。

銷鑰長淮此要津，霓旌重莅話前因。郊原快覩隨車雨，池館猶留昔日春。公於庚子年曾權斯篆。雅抱不甘同俗吏，名臣自古屬詩人。情殷借寇欣如願，指顧真除下紫宸。

聞幼香弟有湘中之行意有所感率成二律聊以寄懷旋知仍館海上姑録奉寄

金鶴年

相聚無多又相别,湘南淮北悵分投。浮樓話月虚前約,弟蘇寓有浮樓,約余去時再過話月。嶽麓題詩想壯游。道遠應增鄉國感,飢驅只爲稻粱謀。四千里外時相憶,慰我魚書望寄郵。

弟兄分手各西東,聚散無常類轉蓬。苜蓿一盤同屈蠖,音書千里托賓鴻。月來海上情無隔,客到樽中酒不空。一事羨君當獨步,椿庭老健氣彌充。

和漕臺陳筱石夔龍留别原韻

金鶴年

桑麻徧野已成陰,春滿郊圻喜不禁。臨别留詩新治譜,爲民興利老臣心。恩膏湛似淮河水,解阜風迎舜陛琴。從此閭閻多食德,田歌聲裏起謳吟。

地處中州是要津,兩河坐鎮仰公身。長材未許投閒散,特簡欣傳賁綍綸。紫陌朝天勤述職,蒼生託命屬斯人。來年開府江南日,節鉞重臨福我民。

除暴從嚴治尚寬,淮流清晏四民安。萑苻永靖蘇民困,廣廈宏開恤士寒。此日東都新幕府,當年列宿舊郎官。不才幸隸帲幪下,半載多蒙青眼看。

梁園移節播先聲,士庶欣欣樂意生。留守威名符李郭,和戎偉略媲良平。棠甘南國多遺愛,槐蔭西京列上卿。此後汴中同氣者,樓臺近水得光明。時胞弟鶴籌以通判中州。

先兄潤卿歿後兩年得獲選泰興司訓之信爲之凄然

金鶴年

荆樹摧傷已兩年,忽聞除檄下遥天。生前文字知音少,身後功名託夢傳。心血磨殘三寸墨,國恩難及九重泉。一官微薄終虚願,每誦鴒原涕泗漣。

自　述

金鶴籌

刦後伶仃失怙時,三齡小子有何知。可憐膝下依慈母,只識嬉嬉不識悲。
墮落塵寰僅七春,忽逢海甸擾紅巾。傷心骨肉皆分散,尋得桃源暫避秦。
蕭條四壁十年中,母子五人甘苦同。仗得慈親勤紡績,朝朝聊可補貧窮。
弱冠年華意氣雄,追隨伯仲入黌宫。青衫誤我廿餘載,十戰秋闈運未通。
抛卻儒冠入仕途,天涯雁影不嫌孤。梁園豈少知心友,月夕花晨詩酒娱。
萍踪飄泊任浮沈,宦海風帆願早收。得把弦歌參治化,急流可退復何求。

哭頌青二哥

金鶴籌

誤盡平生是一官，睽違南北豈心安。横經袁浦殊孤寂，聽鼓梁園更寡歡。弟久愁兄多疾病，兄嘗憐弟太單寒。兄嘗謂弟一人在外諸多不便。家貧只爲謀升斗，説到分離心暗酸。良醫何處覓長桑，小住昌亭復故鄉。兄爲就醫假旋，先住蘇垣幼香弟寓，然後還家。數載宦游留破硯，兩人心曲話聯牀。離多會少情逾戀，酒後詩前興尚長。一瓣心香頻禱祝，吉人天相壽而康。梧葉天涯乍報秋，遠行相與共車舟。兄假滿再赴清江，時適立秋，余與同行。潮分京口添離恨，山入中州悵獨游。别後蒼茫隔雲樹，書來慰問速星郵。詎知判袂無多日，凶耗傳來涕泗流。變幻從來一刹那，年華況届六旬多。歌聞曳杖悲無奈，聲斷吹篪痛若何。原憲清貧殊落拓，阿咸學識待磋磨。而今家政仔肩重，奈我年來鬢已皤。

哭季皐弟

金鶴籌

作客中州已十年，頻將家政託仔肩。離多會少誠無奈，南顧情懷不必牽。
去年秋末返家山，彼此驚心兩鬢斑。差幸弟兄相聚首，怡怡把酒話松關。
差回河北啓家書，兩字平安報豈虚。電耗傳來疑信半，終宵反覆痛何如！
雨驟風狂萼棣殘，一回嘆息一心酸。可憐宦味如雞肋，我亦無心戀此官。

游少林寺

金鶴籌

古刹巋然鎮大河，門臨崧麓勢嵯峨。額題御筆康乾盛，碑讀名人董趙多。四壁藤蘿紅絡索，一庭松栢緑婆娑。當年技勇傳衣鉢，豈僅慈悲禮釋迦。

演易里謁文王祠

金鶴籌

至德千秋仰古祠，三分服事聖仁垂。悟君意在彈琴日，望道情深演易時。漢廣歸心歌父母，渭濱罷釣作王師。當年牧野麾旄鉞，八百丕基創自岐。

謁岳忠武廟

金鶴籌

愴懷獄底大冤沈，奉詔班師見赤心。深恨權奸真誤宋，竟將國祚暗輸金。偏安奇恥終難雪，兩字精忠永作箴。俎豆故鄉千載盛，新詩題罷淚沾襟。

初冬武安署中遇雪示張芷舫大令

金鶴籌

三千里外客途孤,宦海沈淪誤壯圖。還憶江南天氣暖,此時六出放花無?

玉屑霏霏下太清,多情天亦阻歸程。登樓眺望千山白,萬樹梨花照眼明。

夢中還家

金鶴籌

昨夜竟回家,妻兒笑語嘩。數聲驚短柝,一夢覺天涯。

癸丑元旦六十自壽

金鶴籌

一聲爆竹歲華遷,忽忽已逢耳順年。意亂屈原居待卜,方求葛氏病能痊。足疾服活絡丹而愈。歷經霜雪須知足,剩有田園好息肩。但得吟身常老健,子房底事學求仙。回思五十九年事,富貴功名一笑空。避世不遑談理亂,識時豈復計窮通。十年兄弟凋零盡,同氣四人惟予在矣。百歲夫妻憂樂同。大好林泉供嘯傲,尚湖煙艇老漁翁。

西湖

金鶴籌

曾憶來游已卅年,西湖風景尚依然。葛洪嶺上雲迷樹,蘇小墳前水接天。欲拜崇祠尋舊址,何來烈魄壯新阡。朱顔白髮殊今昔,滄海桑田感變遷。

靈隱寺

金鶴籌

蘭若參差盡有名,越州靈隱久心傾。飛來鷲嶺峰何聳,會看龍池水自清。甘露誰能祈佛座,冷泉大好濯吾纓。世間詎有仙人島,到此真堪了一生。

游雲棲寺山中口占

金鶴籌

穀雨初過日正長,女郎都爲采茶忙。暮春暖日和風裏,紅粉緑芽并有香。

苦　旱

金鶴籌

滬江風鶴屢心驚，四野同嗟旱象成。久盼雲霓橫碧落，竟無霖雨慰蒼生。天恩未許隨車至，田祖徒勞擊鼓迎。月下納涼銀漢净，惟聞盈野桔橰聲。

萬里長空火繖張，緑楊隄上逼秋陽。已嗟世局翻新舊，怎奈天時失雨暘。誰矢丹忱能感格，可憐黄海又兵荒。編氓半爲飢寒迫，老死溝中壯四方。

陶藴輝齋頭賞菊

金鶴籌

已到重陽就菊時，花開底是尚遲遲。霜前佳種憑君植，月下清姿繫我思。冷艷曾經尋舊譜，秋情且欲訊東籬。主人雅意殊殷摯，把酒持螯訂後期。

幾經雨露費培栽，報道園中次第開。堪與竹梅爲伴侶，應教桃李作輿臺。孤高詎肯求知己，清潔何曾受點埃。栗里家風猶未墜，何妨共醉菊花杯。

和烏程周夢坡慶雲五十自述

金鶴籌

回思少壯歲華遷，慚愧予生長十年。往日無緣謀識面，他時有願樂隨肩。知非應步蘧卿後，歸隱敢誇陶令賢。光復時，予適篆河南濬邑，旋以足疾辭歸。欲向濂溪尋舊學，試看生意滿窻前。若論祖籍是同鄉，我祖仁山先生，浙人也。添得離愁各一方。君處六橋三竺勝，我居虞嶺尚湖旁。秋風得意登龍榜，晚歲知交晉兕觴。歇浦蒼茫雲樹隔，殷殷一瓣祝心香。

悼　亡十首之二

金鶴籌

姻聯中表有前因，廿五來歸婦道循。卅載辛勞爲諸子，半生勤儉類慈親。食惟果腹何求美，衣但章身不喜新。知我家寒能茹苦，宴然相與樂清貧。

捧檄梁園涖汝南，曾於舊館試停驂。堂前静穆無敲扑，月下徘徊共笑談。欲勵清廉曾卻鲊，藉消岑寂學調齏。杏花開罷榴花放，署中有此二花。得禄雖微意自甘。

開浚竺塘工次口占七首之二

金鶴籌

回憶前功已卅年，潮流灌溉惠農田。老成雖去遺型在，我輩如何讓昔賢。光緒八年浚此河爲麗雲槎、夏眉仙暨先兄仲卿諸先生，迄今三十餘年矣。

詰朝天氣放新晴，畚築如何洽衆情。賴有諸君勤補助，河堤廿里樂觀成。

鐵佛寺偕吴君聘衡弟星齋侄逸凡

金鶴籌

佛心非鐵佛身鐵,我豈鐵身是鐵心。殺盡萑苻方已亂,低眉菩薩豈知音。

春　游

金鶴九

陌上春初至,垂楊動遠心。柔風飄似線,曉日耀如金。籬下閒耕犢,溪邊掠水禽。世途盡荆棘,吾自樂山林。

東園晚步

金鶴九

抛卷窺園圃,迎風信步來。緑匀三徑草,碧罨一庭槐。倚檻新涼挹,微吟夕照催。不禁衫袖薄,無酒想銜杯。

和幼香弟鐵佛寺韻

金寶章

古鐵煉成佛,風霜幾易秋。香飛金粟散,雲净碧溪流。詩思羣峰落,幽情彩筆收。寺藏黄葉老,悵憶四僧儔。

課　臺　兒

金鶴振

記得青鐙夜課時,先生嚴責讀書遲。光陰迅速催人老,轉眼偏教自課兒。

哭　臺　兒

金鶴振

可憐撫育太蹉跎,泣别床頭唤奈何!到底不知兒負我,細思我實負兒多。

乙巳春寄幼香弟浮鷗館

金鶴振

驚心寒食又經年,聽徹餳簫古驛邊。愧我難追飛兔駕,憐君暫作蟄龍眠。吕璜本藴磻溪水,豐劍曾經藥竈煙。閒裏莫嫌孤館悶,晴開總是艷陽天。

登　金　山

金鶴振

預約扁舟泊柳隄，當年坡印此游棲。置身峰頂天疑近，放眼江心月亦低。銕甕笳聲風裏激，金陵壯氣望中迷。試看戰艦匀排處，大將龍旗出水齊。

吴門黄摩西齋頭晤朝鮮劉四宜秉觀先生

金鶴振

高髻來星軺，游踪萬里遥。踏雲雙脚健，航海一身飄。流水懷前夢，奇緣證此宵。去冬余游鄂，曾與先生一遇。莫言分手易，佇看浙江潮。先生行將浙游。余與幼香弟亦往浙訪友。

黄　鶴　樓

金鶴振

一樓萬古動人思，黄鶴飄遥只剩詩。漢口平浮沙岸窄，洪山高遏暮雲遲。羈身楚北三千路，低首江南十二時。東望吴煙天淡宕，離愁惟有夕陽知。

破　琴　歌并序

金鶴翔

琴名蔭緑，本東園故物。道光乙酉緗題先生重修，去今乙未七十有一年，埋于灰塵者四十餘年。堂弟默菴得之東園旁舍，出示余，不僅焦尾，且爛額矣。作《破琴歌》以記之。

伯樂不生良馬蹶，壯士一去寶刀折。奇才不逢真賞識，炫能求售殊不屑。破琴破琴奈爾何，七十餘年流水過。東園先生卧不起，海天渺渺空生波。波渺渺，音寂寂，園中破瓦如山積。春雨秋風長蘚痕，此才此遇良堪惜。人爲破琴惜，我爲破琴歌，有才不用古來多。君不見焦桐三尺世所寶，知音不遇終枯槁。不如心灰弦絶存此身，常懸破屋全其真。既不許琴僮抱入五都市，又不許琴師漫把金錢論。吁嗟乎，此調不彈誰能和？此琴一破長高卧，奈何讀書收萬卷讀不破！

天　台　行

金鶴翔

男兒三十不看上林花，便當把酒談桑麻。四十不書竹素功，亦當踏徧青芙蓉。我生三十今已過，買山無錢可奈何！四十匆匆亦將近，阿婆春夢猶未醒。剡溪城頭黄鸝鳴，勸我快作天台行。天風飄飄吹我襟，笋輿拍拍如鷗輕。有客謂我且勿爾，斷崖絶壑茫無際。曠古豈有神仙事，劉阮桃花託言耳！況聞七寸石梁無人登，萬八峰巔寒難勝。不如卧讀興公賦，虚堂猶聞金石聲。我聽客言笑且語，人生局脊徒辛苦。環球都是崎嶇路，平地何嘗無狼虎。時有謂山中多盜者。何況眉峰遠遠送青來,引我日日心顔開。二百十里拜經臺,七日山程可往還。時乎時乎若再逡巡不前去,青春堂堂誰留住。

京都龍樹院古刹也中有蒹葭閣閣外十數畝盡蒹葭也丁酉仲秋同張璚隱鴻徐紫若元綬沈北山鵬諸君茶瓜清讌竟日流連秋水伊人令我動遐思焉

金鶴翔

一葉天涯已報秋,軟紅何地可尋幽。天開鷗國藏孤寺,樹幻龍形出破樓。幾點萍蹤風約住,半潭花影雨來收。分明同作長安夢,絶似西莊載酒游。

壬寅除夕

金鶴翔

無端三十八年春,今夕他鄉守歲人。殘燭替拋傷逝淚,是日得緘,三兄凶耗。敝袍還戀舊吟身。海天遼闊琴聲斷,風雪飄零酒思新。堪嘆西峰梅一樹,高寒誰與鬭精神。

癸卯元旦

金鶴翔

四山風緊雪花麄,歲月增新笑故吾。昨夢依稀黄葉棹,舊題惆悵頌椒圖。紅牋名字藏書匣,青鬢流年變世途。報與故園諸弟語,塵容又減幾分臞。

癸卯花朝徐紫若將離剡邑邀諸友宴集谿山第一樓余即以花朝二字排韻成二律兼贈諸君

金鶴翔

已爲傷春惜歲華,三年游屐滯天涯。病餘酒思因誰發,風裏萍緣許我賒。更有濕雲黏柳綫,快教微雨長茶芽。飄零詩卷無心理,消息江南又杏花。

玉梅開盡雪全銷,臨别山容轉寂寥。樓外鳥聲當歌管,樽前鄉味詡烹調。主賓不礙談風月,僮僕何知説劍簫。漫與諸公商後約,二分春好是今朝。

壬子送春寄黄摩西人

金鶴翔

東皇下駕新天國,大颰朱旛第一春。此去應嫌風色厲,初逢倍覺别情真。壯丹高貴香無主,蝴蝶飄零夢不真。滿地文章未收入,不知留贈與何人?

芳草江南日易斜,桑陰緑得徧天涯。鸚哥漫問君王信,燕子還飛百姓家。世界紛綸團雪絮,芳期匆促過櫻花。星球轤轆情無極,坐令傷春客鬢華。

重修言子墓和邑宰謝公韻

金鶴翔

萬劫荒陵寢,巋然此獨尊。愛人周道在,野祭漢風存。石圮山爲障,松高雲護門。舊題文信國,繼詠費評論。

水調歌頭　夜夢偕友登黄鶴樓

金鶴翔

秋冷洞庭水,目斷楚江山。一樓千古奇絶,人去月光寒。鵑血峨嵋啼盡,雁信衡陽愈緊,歌響破雲天。舊夢儘抛卻,乘醉倚危欄。　敝袍客,烽煙路,甚流連。乾坤旋轉,誰手請聽唱刀環?高會簪裙先散,孤艇蓑綸難理,何地是寬閒。長笛激風起,與爾共泠然。

桂枝香　戊申中秋偕龍尾千秋艤棹尚湖

金鶴翔

秋生遠浦,趁蘋雨初收,呼鷗同渡。分得新涼夠引,盈觴清醑。一襟芳思和愁亂,更煩絮、水邊蟲語。最難輕放,人間今夕,如煙颺去。　試重到、去年來處。看柔波如鏡,垂楊猶舞。如此輕舟誰許,五湖同住?風萍例受飄零恨,漫癡問銀橋通路。年年但祝,姮娥長照,湖天吟侶。

八聲甘州　辛亥春暮招寓蘇諸弟集飲浮樓

金鶴翔

軟紅堆甚處,洗閒愁林鶯引人飛。指閶亭東下,春波瀲灧,小閣斜暉。好借危闌徙倚,呼酒拍新詞。當日笙歌地,换了壎箎。　都是漂零倦客,問甚時萍轉,載月同歸?奈好春將去,枝上老紅稀。待商量、短牋殘唱,付隔隣檀板寫傷悲。空惆悵,桃花唐宅,燕壘都非。

霜　花　腴輓黄摩西

金鶴翔

問天底是賦異才?還教誤了儒冠!劍氣鑪中,簫聲市上,漂流身世良難。恨深帶寬,彀消磨燕後鵑前。忍重吟疊韻新詩,天涯孤鶴唳聲寒。　莫向軟紅消息,嘆蜩螗多事,早化涼蟬。别後江空,劫餘山瘦,傷心只剩詞箋。暮潮送船,尚載將霜月娟娟。料吟魂遁入非天,劫棋心嬾看。

秋　　成

金鶴章

農事《豳風》載，功完待築場。紀時維九月，納稼慶千倉。雞黍情堪洽，犁鋤苦始償。前村毆社鼓，共樂報豐穰。

詠 木 蘭

金鶴章

不憚行軍苦，蛾眉仗策從。爲王驅大敵，代父埽前鋒。竟任男兒責，誰知粉黛容。木蘭真孝女，後世孰追踪？

和病鶴兄鐵佛寺韻

金宗宜

何年鑄此佛，鐵冷亦悲秋。世事天雲薄，繁華水月流。禪機一鐙静，山靄夕陽收。縱是此中樂，難爲木石儔。

黄摩西寓中贈朝鮮劉清嵐秉觀

金宗宜

星槎飛渡海天寬，邂逅麋臺永夕歡。相見莫驚冠帶異，翦鐙引作古人看。

癸巳八月焦山夜泊

金宗曜

波濤洶湧盪明星，突兀臨江一點青。孤月荒荒清磬裏，更無魚鳥出聽經。
神州莽莽扣舷歌，如此江山可奈何！水向東流挽不住，海天空闊亂鴉多。

甲 午 過 京 口

金宗曜

萬里長江萬里山，金焦對峙鎖重關。天南烽火飛書急，但見樓船時往還。時正有中日戰事。

登 陶 然 亭

金宗曜

望斷蒹葭出古亭，亭與龍樹院之蒹葭閣相對。曲江佈置卻瓏玲。亭爲張曲江所建。雲瞻北闕吟懷壯，爽挹西山醉眼醒。佛火静生離世想，歌聲清喜隔簾聽。一方秋水伊人遠，甚作天涯不繫萍。

舟過煙臺對月有感

金宗曜

天上清暉月，蒼茫落海中。水聲來浩渺，雁影在微濛。戍鼓三邊動，輕舟萬里空。鄉心平地起，歸去趁長風。

夜半津沽口，霜輝濯魄明。干戈今暫息，時中日和議已成。少壯未成名。普照猶中土，時旅順、威海衛已在日人掌握。嚴防尚駐兵。横江飛白露，秋色盪寒旌。

哭劍兒

金宗曜

一慟憐兒弱，雙親淚爲乾。書聲渺何處，字跡忍重看。誰解重闈悶，追思五夜寒。病中疏藥物，魂夢總難安。

風雪空山裏，埋棺祖墓旁。相依三尺土，聊供一壺觴。月暗愁青草，天昏亂白楊。一聲呼小字，含淚斷人腸。

平湖春泛

金宗曜

間艤鸚湖棹，空亭在水鄉。四圍雲樹凈，一片野花香。佛塔藏名墨，報恩塔記爲高江村書。珠樓送夕陽。長橋卧波上，惠澤溯賢良。湖旁石梁爲陸清獻公所建。

翁忍華以同人春雪詩屬書長卷書竟率和一章

金宗曜

尖叉門韻意高冥，滿紙璆琳筆未停。際地蟠天雲樹白，登峯造極布鞋青。學袁有榻成孤卧，訪戴無舟未出庭。如此繽紛春色變，荻村鷗鷺聚寒形。

甲寅夏修言子墓用謝知事韻

金宗曜

文學開吴會，先賢道自尊。墨香留井在，靈氣共山存。草去人遵路，松高月瑣門。彬彬虞麓士，禮教快同論。

予喜搜集古銅印晨夕把玩將有集印之刻詩以寵之

金宗曜

漢碣秦碑過眼多，廿年辛苦費搜羅。繁華自古如流水，金石誰教委逝波。獅虎崢嶸雄鎮紙，虬龍蟠屈幻成窠。銅花斑駁添光澤，對酒摩挲勝鼎戈。

瞿忠宣公小印歌文曰"起田氏"，朱文，爲文文肅公所刻

金宗曃

鼎湖回首愴烽煙，嶺表猶頒神朔年。一代精忠貫金石，千秋姓氏在人間。人間萬事何堪問，留守浩氣猶能奮。擁立深謀國祚延，捐軀誓盡孤臣分。嘆息東臯舊草堂，蒿萊滿目幾滄桑。隱囊塵尾俱灰燼，一印偶傳耀故鄉。朅來二百有餘歲，鐵畫樸茂色光怪。忠宣表字文肅鐫，鴻泥偶印真堪愛。想見當時訂石交，謇謇諤諤同登朝。一枝鐵筆傳家法，異代高名史册標。我生恨晚托同里，碧血崇封尤仰止。得公舊物寶何如？秦璽漢章難爲比。嗚呼！片石宜署雙忠名，神奇不數玉帶生。有時啓匣一撫玩，無限南都懷古情。

飲 酒 讀 陶 詩

金宗曃

我生識字初，即愛陶淵明。憑几弄朱墨，偷貌柴桑形。了不解詩意，誦之亦鏗鏗。濁醪有何好，怪爾時時傾。及兹二十載，悠悠竟何成。徒增胸中鄙，慚愧少日情。停杯默自嘆，正未能忘名。

謝公託高蹈，苦難割聲伎。喜怒既不形，胡乃折屐齒。可知睹墅時，一勝亦偶爾。矯情學賈衒，祇足詑婦子。何如率其真，兩忘人與己。興至造人飲，醉來揮客起。漉酒笑脱巾，此翁亦可喜。

口 占 一 絶

金宗曃

云何不做詩，恐落他人後。及余偶欲言，已出他人口。

游 桃 源 澗

金宗曃

空山人不見，何處有謌聲。日落樵歸晚，炊煙墟里生。

題　畫

金宗暟

秋風一號，萬木盡脱。留其根株，春煦再作。

踏 青 詞

金宗暟

道是春城節禁煙，東風寒食自年年。鄉村徧地晴如繡，畫出清明三月天。
百千紅紫闘芳菲，蜂蝶尋春着意飛。我愛江村好風景，麥裀菜褥柳成幃。

梅根硯銘

金宗暟

梅何取乎香而潔，根何師乎勁而節。矧其爲歲寒之益，友宜相劘而相切。

端溪長方硯銘

金宗暟

爲喉舌，有仲山甫之德。明曲直，以臯陶氏爲責。無矯飾，毋厲刻。慎爾出話，乃其責。

我住老烏窠二首

金鶴翀

我住老烏窠，烏窠緑樹多。徐塘秋水好，天籟發漁歌。我住老烏窠，烏窠安樂窩。賣文得微禄，餘力付吟哦。

家住虞山北四首

金鶴翀

家住虞山北，郫居虎穴旁。前朝遺跡在，懷舊感滄桑。
家住虞山北，淵源出項王。至今學書劍，舉止亦尋常。
家住虞山北，烏巢闇水邊。醉鄉遺墨在，嘆息賴前賢。
家住虞山北，相傳五百年。兒孫勿遷徙，聚族好耕田。

東園松柏

金鶴翀

廢圃少春意，寒墟生晚煙。野花猶解笑，老樹不知年。鳥宿雲封裹，濤聲雨後天。百年風物改，惟此色蒼然。

闇逕煙柳

金鶴翀

寂寂幾人家，闇逕煙柳斜。東風籬一角，細雨路三叉。夜月珍禽宿，曉風春色奢。及今光景好，應作畫圖誇。

東臯曉色

金鶴翀

侵曉出籬門，東臯氣候温。海天紅日影，村步宿蹄痕。羨汝有恒産，躬耕在舊村。此間春色好，猶有古風存。

永昌晚楓

金鶴翀

散步東臯外，欣然看晚楓。古碑秋草外，廢殿夕陽中。老樹四圍抱，新霜一夕紅。莫言生意盡，猶自倚西風。

壬辰秋七月望夜與兄居滌煩軒坐花對飲聯成詩十韻酒盡兄醉滅燭而寢

金鶴翀

清絶新秋夜，桐陰夜氣涼。翔。蟲聲風送遠，翀。詩思漏催長。鐙淡紅餘焰，杯寬緑泛香。翔。披書抛蝶夢，翀。移座近蟾光。翔。人静松濤沸，翀。庭空竹影蒼。繁華懷舊院，明净剩方塘。翔。世事隨流水，翀。春光易夕陽。翔。兩人閑若此，翀。今夕醉何妨。坐久寒侵骨，翀。深談恨入腸。翔。宅心本清静，翀。無奈别離忙。

環秀老樹山房偶成

金鶴翀

繼琴兄僑居環秀，其書室五間，門臨流水，簷承清陰，可蔽庭十之八。秋陽失威，明月篩影。余以秋來婆娑其間，頗有幽閒之趣云。

幾株高柳，種于池邊。根埋牆外，陰蔽簷前。日影在天，樹影在地。避暑此間，悄焉秋思。曉窗時聞鳥聲，秋樹能生萬籟。月明人静黄昏，欵乃幾聲牆外。

要離墓

金鶴翀

文物昌明少激揚，吴中民氣久摧傷。要離死後無奇士，俠烈凝爲墓上霜。

梁鴻墓

金鶴翀

不因人熱奇童子，家有賢妻不礙貧。一自伯鸞遁吴市，至今春月有高人。

校牧齋詩文集沈子公周賦詩見贈和之

金鶴翀

百年文字獄，傳遠始于今。未入儒林傳，常懷故國心。斯才非易事，蘇子有知音。茅坤疑東坡《司馬温公神道碑文》不工，獨牧翁謂出于《華嚴》，文之至者。王李聲塵歇，千秋一豁襟。

偶成

金鶴翀

作詩何必嘔心肝，處世終當隨遇安。名酒易求毋過醉，好花難得始貪看。道高好作爲山譬，天遠何能坐井觀。但恨文章無骨力，此生不是悮儒冠。

東園白皮松

金鶴翀

珊瑚換得青松樹，留與兒孫看緑陰。欹倚多年曾未倒，須知歲久本根深。咸豐間，有賊帥佘拔羣者由福山來，曰："五百年大松之下必有琥珀。"欲拔樹取之，園主雲江先生以珊瑚樹贈之，乃止。

和襭紅兄銕佛寺原韻

金鶴清

扶筇登絶頂，萬壑樹生秋。黄葉隨風下，蒼松拂翠流。鐘聲雲外渡，爽氣望中收。遠岸斜陽淡，茅亭約酒儔。

送日本巽健雄先生回國

金鶴清

坐我春風化雨中，三年吟徧舊吴宫。先生主江蘇師範校席。從今最繫相思處，鐙火櫻花一様紅。

壽盧彬士母夫人六十

金鶴清

華陰家世重當，年動静胥依女誡篇。調罷羹湯盤錦字，染成丹彩拜花箋。身經桑海有餘感，節勵冰霜信至堅。記取萊衣稱慶候，薰風催韻上琴弦。

閨怨以溪西雞齊啼爲韻，嵌一二三四五六七八九十百千萬雙半丈尺十七字

金鶴清

百丈思潮落九溪，尺書萬里寄遼西。半簾秋卷三更月，一榻寒聽五夜雞。道路八千思更遠，眉峰十二恨難齊。亭臺六七人何在？手剔四弦雙淚啼。

病鶴兄羡余蓄茶花多種因即分送一盆以詩爲媵

金宗瑋

雪夜圍壚品衆芳，弟兄持論判低昂。寶珠自古稱佳種，時下偏珍玉磬香。余與二哥論寶珠價直，今昔不同。

故園老樹散丹砂，二百年來保此花。東園漱六齋寶珠高二丈，百餘年物也。此日應知春尚淺，瓦盆先送到山家。

阿兄善飲愛金罍，分贈堯翁赤玉杯。梅堯臣《山茶詩》："南國有嘉樹，華若赤玉杯。"此去吟床添雅伴，幾曾風度遜寒梅。

和張禊觴先生韻題翁忍華陽春白雪圖

金宗瑋

凍雨寒煙黯紫冥，寰中淑氣頓銷停。人游麪市全迷白，目斷雲山鮮露青。六出好花開滿樹，一天飛絮積空庭。風光冷淡春無主，莫道陽烏久遁形。

過西湖左文襄祠

金宗瑋

英魂浩氣震東南，儒將才華萬象涵。漫道功高負知己，伏波老去喜雄談。

謹題九老圖

金鶴翬

九老合一圖，鬚眉靄春氣。問年逾花甲，兩世連枝誼。家風本儒素，舊業傳經笥。或盡義梓鄉，或知幾退位。或平恕貿易，或研精文藝。不進取求榮，不逐物自累。初心既莫負，晚節尤純粹。香山縱難儔，慈烏寔啓瑞。斯圖傳千年，古道賴不墜。

秋夜和王書奩妹丈

金鶴翬

落葉西園夜未深，空齋閒坐罷長吟。遥天雁唳誰傳信，敗壁蟲吟客碎心。露冷關山何處笛，月明庭院幾家碪。隔林瑟瑟金風起，相對書鐙感不禁。

春　雨

金鶴翬

平蕪彌野柳垂隄，淥影溶溶漲碧溪。花落香隨桃浪遠，煙寒輕捲麥風低。畫中山色添螺黛，簾裏春愁濕燕泥。今夜有人眠未穩，關心不在海棠西。

西逕齋頭賞并頭荷花

金鶴翬

豈容凡艷并争芳，清絶瓊枝出水香。風貌亭亭誰足喻，唐妃宫樣駢肩粧。

湖橋觀魚

金鶴翬

一棹秋風薄暮天，湖隄細雨柳如煙。白鷗飛處漁歌起，羡爾收罾换酒錢。

秋　晚

金鶴翬

林壑空明葉落黄，隔溪風送稻花香。參差阡陌炊煙起，幾樹寒鴉噪夕陽。

南都兵變

金鶴翬

戰血模糊白骨堆，漢家元氣未能回。頻年江上驚鋒鏑，何日天生救世才。

甲寅正月四日考妣合葬祭畢述哀

金鶴聲

爲妥先靈啓殯宫，飛霜吹淚小橋東。古時委壑情何異，他日過庭慕曷窮。麥飯寒香空野祭，蘭苗遺澤泣春風。此生虚願酬罔極，勉把箕裘紹冶弓。

晴春野眺

金鶴聲

春光不薄野人家，萬紫千紅儘可誇。柳岸風和開曉霧，桃林日暖暢晴葩。蝶尋香夢深深醉，鳥弄芳辰處處嘩。欲暢清游游不了，流鶯聲外夕陽斜。

暮秋

金鶴聲

草木凋零宇宙清，秋光已老便無情。荒園殘蝶隨花瘦，空谷寒蟬咽露鳴。日暮西山雲意冷，風狂東海浪花生。乾坤肅殺金行令，豈獨離人觸目驚。

望海

金鶴聲

江漢朝宗浪走東，茫茫大海氣横空。鼇山雲物長天外，蜃市樓臺夕照中。萬丈濤聲喧落港，半天帆影飽乘風。狂瀾隻手何能挽，砥柱中流孰竟功。

乳燕

金鶴聲

和風習習翠煙霏，相看離巢乳燕飛。曾識華堂棲玳棟，深憐舊巷住烏衣。簾前約略窺花影，林下呢喃愛晚暉。日暮倦知還故壘，忍隨杜宇送春歸。

晚菊

金鶴聲

金英晚節飽經霜，耐得清寒殿衆芳。雪色尚餘三徑白，香心還抱九秋黄。寄身老圃西風健，息影東籬夕照涼。不似芳羣誇鬬艷，登高會裏獨韜光。

納　涼

金鶴聲

亂蟬幾樹送殘陽,池畔新荷翠蓋張。一陣香風簾外度,羅衣微動晚添涼。

題　畫

金鶴聲

木落萬山秋,秋高攜杖游。一聲空谷應,人語出僧樓。

春雨晚霽

金鶴鳴

陰久逢晴喜,春光二月天。風和新柳軟,雨過晚花妍。林杪雲歸壑,橋邊石咽泉。還疑芳徑濕,唤渡立溪前。

丹　楓

金鶴鳴

摇落西風樹,寒霜色染紅。蟬鳴黄葉老,蝶誤晚花同。碧襯前山艷,丹留夕照烘。深林無限好,點綴讓天工。

亂中和王仲達表叔韻

金　鑑

静坐焚香幾費思,此生得復際清時。潑開離緒三杯酒,寫盡愁腸一卷詩。有命奚妨行我志,無才豈肯受人知。凄涼況味襟懷在,漫説前程遠莫期。

南旋誌感

金　鑑

瓦礫縱横掩破扉,欲尋門巷轉依稀。夜深風雨牽蘿補,草長庭除見雉飛。氣到求人恒覺短,淚無知己肯輕揮? 獨憐故犬猶相識,不解炎涼迓我歸。

暮秋即景

金　鑑

讀罷推書起,夕陽淡欲昏。雲深藏古寺,樹秃露孤村。鐙影添愁緒,鐘聲净惱根。此中真味在，相對竟忘言。

詠　錢

金　鑑

誰施妙手鑄青銅，從此人人盡唤窮。不計滿盈憂器撲，但知羞澀愧囊空。一文堪逼英雄死，萬事終輸點綴工。莫怪孔方争覓得，挽回難處仗神通。

不盡錙銖死不休，泉刀奚惜執鞭求。浪抛一箇常生惱，縱得千金莫解憂。儘爾聰明也束手，仗兄顯貴亦低頭。人情悦服須阿堵，貧士原來易召尤。

秋日遣懷

金　鑑

潦倒半生歲漸推，入秋心事覺全灰。衣於典後寒偏逼，書到荒時卷亂堆。隔院有香蜂自去，空齋無伴月仍來。紅羊一劫繁華盡，此日江南更可哀。

和王壽臣姑丈韻

金　鑑

羨君詩思鬬花新，筆底生花恰當春。有感欲尋前代碣，無聊還理舊時綸。百年青史能容我，一局殘棋易老人。莫怪疏狂知己少，名山何與世相親。

自題探梅獨立圖

金　鑑

湯君竹村喜吟詠，工繪事。自避兵崇川，不見者幾二十年。今歲旋里，相對泫然。臨别寫《探梅圖》見贈。嘻，世途磨折，不滅冰霜。吾性孤高，孰同臭味。因抒素悃，聊作長歌。時己卯臘月大雪後也。

朔風颯颯括地起，掌大雪花飛滿宇。頭顱白盡髀肉生，匣中寶劍鳴不已。丈夫插脚紅塵中，出門吐氣若長虹。手折一枝何所贈，茫茫四顧無人踪。吁嗟乎！桃李春榮桂秋實，家家愛玩不忍釋。而今萬木盡凋零，冷節孤芳誰物色？逋仙早已去，鹿門不可即。問花花無言，悄然臨風立。一番惆悵一番憐，天涯冷落度年年。忽歌忽泣忽長嘯，世莫余知詫爲顛。有故人兮來狼麓，會得斯意倍棖觸。青衫未改憔悴容，重裘爲寫豪華服。似我非我何必論，但覺爽氣撲塵俗。梅乎，梅乎，爾性不畏冰霜，爾容不染丹鉛。惟我與爾爲莫逆，爾亦與我乎周旋。不然疇賞爾于風塵外，爾其負此磊落不羈之梗概。

重游端園

金 鑑

煙雲變幻無不有，世事興亡直反手。立德立功與立言，不朽惟三乃可久。憶昔我游錢氏園，笙歌徹夜車盈門。春風香拂芙蓉帳，秋月筵開玳瑁罇。玉几珠簾翡翠榻，當日相看不甚珍。而今吟屐欣重來，雙扉寂寂呼僮開。雲光慘淡月色沮，樓臺滿眼都塵埃。吁嗟乎！秦皇宮闕漢皇殿，蓋世豪華才一見。滄海桑田萬古同，豈特斯園頃刻變。過眼利名真草草，對之不覺心如擣。寄語天涯得意人，人生春夢醒宜早。君不見萬笏林邊高義堂，巍然不改雲霄旁。山之高兮水之長，歲寒俎豆千秋香。

小雲棲和叔祖玉如先生韻

金 鑑

禪房幽寂地，花木更清閒。屋白非因月，霜紅忽醉山。千尋峰削起，四面石回環。絶頂捫蘿上，暮鐘催我還。

物 理

金 鑑

物理閒中得，年來味飽嘗。風高花意倦，雨急水聲忙。梁雉猶驚色，園蜂每誤香。世途多變幻，自古嘆迷陽。

述 懷

金 鑑

久抱鮮民痛，心慚反哺烏。清温人共省，喜懼我俱無。嚴命此生負，慈恩到死孤。緬懷先祖澤，何以答勤劬。

錦瑟弦三絶，承祧賦小星。兒曹多稚弱，昆季半凋零。悼女思前事，弄孫嘆暮齡。茫茫身世感，大夢孰能醒。

獨處懷師友，飄離歲月徂。春風雙淚落，秋雨一鐙孤。宿草憐知己，栽花學灌奴。心喪呼負負，寥落倩誰扶。

憶歷紅羊劫，驚心事事非。幾回人欲殺，三匝我無依。荆棘叢先塚，蓬蒿掩破扉。古稀年不再，長此願相違。

壬子送春和病鶴叔

金 鑑

翻雲覆雨幾番經，惆悵年華似絮萍。芍藥將殘誰護惜，牡丹雖貴亦飄零。落花無主埋三徑,養樹成陰占一庭。豈是曉鐘猶未到,人間何日夢能醒。

古　意

金　鑑

何事徹夜鳴,勞臣思婦情。如泣又如訴,能唤幾人醒?
浮雲蔽白日,時露一隙明。忽焉塵霧起,漫天勢欲傾。
兔盡狗乃烹,狗烹兔又生。所以《大風歌》,慷慨思彭黥。

東園古松

金　鏞

誰識斯材大,蒼然不變移。貞心經歲久,晚節沍寒知。臨水魚承蔭,留雲石門奇。縱懷梁棟志,何忍斧斤施。

臨江玩月

金　鏞

月色渾無際,長江獨自流。天邊横練影,波底滚晶球。大地風生警,空山氣早秋。清狂懷白也,孤艇此停留。

和禶紅叔鐵佛寺韻

金清桂

入山秋更淡,人更淡於秋。佛火一鐙静,天機萬籟流。酒参香積味,山拱畫圖收。後會知何日,登高預結儔。

春雨客感録呈禶紅叔

金清桂

風雨破窻棱,空齋感益增。恩讎銷短劍,音信卜孤鐙。寄跡憐梁燕,埋頭笑紙蠅。青氊常兀坐,況味冷於僧。

長夜寒逾甚,鐙光四壁嵌。天時嗟冷暖,世味辨酸鹹。鄉夢縈繩榻,家書檢枕函。可憐階下鶴,耐冷倚松杉。

清冷風吹牖,琤琮雨打門。燭摇游子夢,花瘦美人魂。懷舊詩千首,澆愁酒一尊。夜深空對影,鑪炭賸餘温。

狂病療難愈,身貧興益豪。尊生箋藥譜,養氣讀兵韜。别恨抛瑶瑟,雄心認寶刀。淙淙簷溜瀉,疑是枕江濤。

七　夕

金清桂

斗杓西指火西流，斜月如梳玉宇秋。不見銀河駕烏鵲，争傳織女詣牽牛。人間何物還須巧，天上從來亦有愁。采縷一絲鍼七孔，賺他瓜果滿璃樓。

和禰叔清涼寺韻

金清桂

竹林團聚樂賡酬，唱徧清涼世外秋。隔斷俗塵開法界，占來靈境擬仙游。禪参悟處還疑幻，名欲傳時幾費愁。漫道出山風景好，一般明月照當頭。

峰迴徑曲隔紅塵，欲叩慈航問古津。途熟轉思歧路好，人疏反覺佛緣新。詩吟老寺皆禪理，畫到秋山見本真。欲叩三生應覺悟，待招雲鶴伴閒身。

過京口沿運河從邵伯至高郵寶應西東皆長隄西隄外則邵伯高郵寶應諸湖連屬二三百里一片汪洋隄上徧植楊柳東隄爲往來大道隄内田疇屋宇低于湖水約丈許高寶興泰東阜鹽城七邑全賴兩隄保障近來輪舶暢行隄根不免爲之衝殘矣

金秉達

甓社湖邊落日紅，長隄兩道亘西東。船如奔馬行天上，民患其魚在釜中。瑟瑟荻花縈别夢，蕭蕭楊柳怯秋風。家鄉景物猶如昨，纔過江來已不同。

江　行

金秉達

萬里乘長風，烟波浩淼中。歸帆争轉北，江水自流東。日落半天碧，山秋萬樹紅。蒼茫人獨立，去住任孤篷。

哭亡弟公俊

金　栩

涼風送秋至，寒蟬鳴聲稀。負笈各西東，勞燕徒分飛。居者病懨懨，行者心依依。孰知暫分飛，竟作長别離。

離家未三月，歸夢已兼宵。怕聽風前雁，愁看雨裏蕉。形容凄隔絶，魂魄定逍遥。修短究何準，吞聲問碧霄。

坐雨

金同照

院宇深沈悄倚闌，飛花和雨雨如丸。空齋枯坐無人問，嬾把新書仔細看。

冒雨訪郭筠齋夫子

金同照

春陰連日雨瀟瀟，怕向河梁折柳條。記與師門曾有約，不辭笠屐過溪橋。

夏日偶成

金同沂

緑暗蕉陰日正長，山齋無事午風涼。樓頭乍覺蟬吟罷，又聽蛙聲起野塘。

頻來語燕定新巢賦

金爾森

烏衣舊巷，香國前因。留心擇木，作計依人。啄香泥而宛轉，吐細語兮圓匀。帶雨來歸，差池倦羽；受風飛到，窈窕輕身。指大廈之落成，商量款款；乞小康之結構，往返頻頻。夫其初辭海角，遠度林隈；流鶯唤起，征雁飛回。看着色之南朝，許多夏屋；憩游蹤於花國，何處春臺。小别經年，爲問故人無恙；雙飛到此，争誇舊地重來。則有綉閣名姝，紅閨少女。相待年年，同居處處。訪玉京之舊院，任爾來棲；指關盼之層樓，憑誰爲侶。者番認取，繫綵線之深情；是處堪依，掠飛花而絮語。更有王氏池臺，謝家庭院。舊主相逢，故居堪戀。評量半晌，聽妙舌兮呢喃；斟酌雙棲，算華堂之穩便。乍飛乍語，宛同三月啼鶯；或往或來，忙殺一雙社燕。時則紅雨一簾，緑陰滿徑。雙剪齊披，同聲相應。更番相過，熟知藻井雕梁；何處飛回，直到柳昏花暝。願學鷦鷯棲托，一勞遂爾永閒；肯如鳩鵲遷移，三匝依然未定。瞥爾嬉春，空梁惹塵。競誇輕俊，絶妙丰神。楊柳曉風之路，梨花寒食之辰。數艷迹于江南，樓臺依舊；寄浮生于堂北，壁壘翻新。無何涼秋漸逼，故地重抛。迢迢遠塞，寂寂荒郊。無限離情，訴閒愁于柳曲；頻年旅食，縈别夢于花梢。憐渠真是勞人，常此辛勤擇壘。笑爾本來過客，何須子細營巢。

春草賦以"春色先從草際歸"爲韻

金鶴齡

灞橋雪盡浥香塵，和雨和煙認未真。南浦情根今尚在，東風吹遍蕪城春。於是夢杳堂西，詩尋舍北。軟不勝扶，疏還堪織。蹄引馬而愈驕，爪没鴻而難識。蘇芳野之燒痕，迷晴天之黛色。則有吹簫館裏，挾瑟場前。香逐歌扇，艷凝舞筵。混半墻之薜荔，戲一架之鞦韆。金屋藏嬌未，紗窻上緑先。别有繡塍日暖，綺陌烟濃。料襯墮鞭之影，淺留着屐之蹤。六朝粉膩，三月花釀，踏青節近，拾翠游從。至若客子天涯，羈人遠道。愁緒頻牽，離懷易惱。怨塞北兮路長，憶江南兮春早。惜别曾停陌上驂，多情最是河干草。又若永巷自憐，長門終閉。上墻之苔影平分，引輦之竹枝空繫。青暗綺寮，翠縈玉砌。莫不買賦禁中，望恩樓際。天氣尋芳好，人情逐境非。何若讀書領真趣，緑滿窗前春不歸。

慈烏村隱居賦并序

金鶴齡

慈烏村去治所三十里，前嚥徐塘，左枕暗涇，右則西涇注焉。村之小不能百畝。明初，暗涇之上老樹扶疏，有純黑烏數千巢樹上，村名所始也。成公綏《烏賦序》稱：孝烏，柳仲郢每遷官，必有烏祥。然則村果祥也乎？水土之美則有之矣。予生長于此，釣游于此，有長卿立壁之窮，無顔氏負郭之殖。問舍求田，我則不暇，吹豳飲蠟，情在于斯。去年居民耕得唐人墓磚，稱海嵎山北廿五里太平鄉潘圻剎，是可爲鄉居舊話矣。爲賦曰：

荒兮一區，於海之隅。惟吾祖兮來此，寖草茅兮就誅。東樹之柳，西樹之榆。搤野豕，驅封狐。澤有乳人之虎，村東百步名虎踐洲。樹棲反哺之烏。父老曰"慈烏啓瑞"，今東園門有此四字。其在斯乎？地鄰景市，見盧知州《琴川志》，在村東南二里。宅據沙灣。今稱黄泥灣。西以顧新爲帶，顧新塘通揚子江，見《明史·河渠志》。東以七峰爲環。倚廬南望，白雲往還。蒼蒼終古，是爲烏目之山。蓋其土厚而水深，風迴而氣聚。流泉夕陽，板橋藥隖。是相是度，有規有矩。是以數傳而成村，重遷而安土。

爾乃弔孟市之墟，見《琴川志》，今西村等處猶稱孟市堡。過朱扈之側。見《琴川志》，去村西北二里餘。巷陌俱非，雲樹無色。東園已廢兮邑志稱東園小隱。松柏蒼涼，滌煩猶存兮滌煩軒在東園。荆榛壅塞。間嘗讀書其下，與鳥爲朋；儻教高卧其中，無人能識。且吾猶及聞故老之一二也，惟常熟之培塿兮，常熟山，一名銅官山，爲七峰之一。南沙舊地。《通鑑》胡三省注：南沙，即常熟之福山鎮。今去村東七里而近。雖學半之丘墟兮，永昌猶寺。永昌禪院，即潘圻剎，有學半齋。合璧已廢兮，合璧堂，在滌煩軒東。枉想花容；蔭緑已破兮，誰知琴意。東園主人有琴名蔭緑，因構蔭緑亭藏焉。然而紀其風土，二十餘井，井井流甘；一百餘家，家家識字。或則詩酒十載，壯志半銷；或則風雨一編，家聲未墜。或則淡以明志，盡謝塵緣；或則思若有神，最嫻文事。是雖兹村之窮僻，倘亦發迹之所自乎？以兹村之小也，爲閎者七，爲衢者五。半村書聲機聲，幾處茶户酒户。小橋流水，三家兩家；後巷秋風，楓浦荻浦。予也飲暗涇之水，愈病析酲；過野人之家，窺園學圃。東鄰風過，時聞酒香；長夏雨餘，閒緟茶譜。是亦村居之清趣也。

乃若衣敝酒盡，鶉居無聊，粥字賣文，轂食易給。丈夫負耒而横經，醜婦蓬頭而出汲。樂天則蟲臂亦甘知足，而牛衣何泣？雖然，請待十年，去此數里，東卜覆釜之鄰，覆釜山，一名福山，爲七峰之一。西買河陽之市。在河陽山下，明時人煙甚盛，今稱河陽橋。未違丘墓之鄉，更誇江山之美。某家早輸官賦，足算良民。願諸公共致太平，容我作寒泉之吉士。

雲溪詩稿自序

金日熊

予之詩詞何以名之哉？予以甲午至辛丑八年之間，攜西溪張老相與耕于南皐，親刈荑稗，胼胝日中,流汗炎暑,井渫是甘。歸卧北窗,及覺已晚,不知張老之在隴否也,于是自恨其失時,又自笑其勞,又自文其惰。年豐而樂,自恃其能,年不登而悲歌自傷。數年之間,予詩不過數十首,名其集曰《耘浦》。甲辰乙巳,詩百餘首;丙午,三十首。每于夜分坐卧而成,既寢或起而録之;或東方未明,明星猶爛,則資燈光一書所懷,書竟曉色入牖。家人不知其何爲也,或疑爲急務。予曰:"伴月而已。"于是嗤予。或寒更静舍而寫其孤苦之狀,或月朗風清而洗滌其日間煩躁,是曰《伴月雜草》。丁未二百餘篇。春日偕友探梅鄧尉,歸作《觀梅賦》,取古人"江梅含雪蘂"句,名曰《含雪集》。是歲藝蘭牖下,戊申花發,爲《嗅蘭閒詠》。己酉,食玉炊桂,庚癸皇皇,斫青枝以煑粥,聊作饔飧,斯爲《斫青集》。庚戌,世與我而相遺,自視量才豈爲大用之器,而又不敢安于無用,名曰《寓匏集》。辛亥,多清芬麗質之題,且多樂府,假幽怨于芳魂,取"古人助我瘦吟詩"句,名曰《瘦吟集》。壬子,集内琴操十餘首,且多古題序事,雜録爲《瘦吟》下卷。癸丑,身謝世紛,作《古琴操》八篇,寓憂于詩,夢寐稍安,名曰《六安新草》。甲寅,雜詠,附《筆諳經》一書,爲《六安》下卷。最後爲《點易集》,取古人"研朱點《周易》"而名之也。雲溪日熊自識。

濬河記略

金染香

古人言水之利害至鉅,故凡疏九川,塞瓠子,引濁漳,鑿涇水,皆所以興利除害也。金村自前明以來,至乾嘉時,民居漸聚,合數十家爲高區一小市集。西枕徐塘,通湖水。由徐塘而東不一里爲新造橋,通海水。一曲而北,入村口,則潮斷而湖流,至東阜之彎涇壩而止。以故水程能西行,而不能東達。跨塘南北通以小橋。乾隆間,吾叔明府君所造也。顧地雖僻而不能無舟楫往來、田園灌溉。但市河積瓦礫,村口外百丈積潮泥,有塞而無疏,不待小旱,已覺舟行礙艣,飲汲苦汙。村人于光緒三十年之春已集資興工,忽水潦降而中止。嗣後因循不果者又五年。迨宣統紀元閏月十九日,始祭塘築壩,戽水擔泥,匝月而工竣。小橋改石爲基,向無名,宜名之曰"淑民橋",不忘本也。先一月而成,梧岡獨任其勞。河工計三百八十丈,築大小壩四。王君心谷、吾家永齋董其事。規畫則有友竹。襄事則有蓀涯、章甫、君樸等。至捐數之多寡,各項之開支,具在册籍。余此次發議,同事俱有難色。今既告竣,故書此,以見果敢不同于鹵莽,退葸自别于審詳。祗"因循"二字足以誤盡天下事,慎勿謂目前之利害甚微,可無事急急也。宣統己酉孟夏,染香記。

書示兩兒

[題]石頑老人

天壤間莫可如何之事,聖人亦聽之自然。我第盡我當盡之心,天不必竟如我心也。而二氏即由此乘閒而入,謂爾親病危篤,獨不思消災弭患乎? 爾親死罹諸苦,獨不思度亡生天乎? 由是愚民趨之,智者亦惑焉。至南北朝僧道迭興,始有紙錢,而回殺七期、天堂地獄衆説繁興。亦思古來才如周公,德如孔子,威力如秦皇、漢武,皆不能昇天,而釋老直駕歷聖帝王而上之,其謬妄爲何如耶? 吾年五十四,汝先祖棄養彌留時,但諄諄以緇黄齋醮爲戒。竊意古人遺囑,若楊王孫、趙咨、史虚白輩其不當從者,惟裸葬近于棄壑,勿祭近于忘親。至素棺黄壤,不爇楮鏹,極合返古復初之義。宋起景靈宫,行忌祭,宰執率百僚行香,僧道列殿廡。宋祁疏言:求于非福,是諂祭；懺于無罪，是誣親。故余當侍疾時，惟有籲天請代，事後悼痛，亦悔醫藥省視之未周，甯恨不及奉佛禱鬼乎？無奈汝祖母囿于俗論，仍延僧道作懺度。嗟乎！二氏之惑人也久矣！觀夫司馬温公以居喪作佛事爲不孝，劉青田舉浮屠氏之説一一翻駁，至明至晳。覺近十年來杜門稽古，輒竊笑流俗者竟不克自别于流俗，然後歎邪術禍人，深入骨髓。藉令斯世皆智，猶且足患，況乎世正多愚也！迄今每憶遺言，益加慙悔。書此以示汝輩，用志勿忘焉可。石頑老人書。

誡兄子書

［題］玉汝公

十八日，陳叔田送來課文四篇。汝能作文，予甚喜慰。但吾所望于汝者，尤在戒賭，戒鴉片，戒遊蕩。汝能除此三者，然後可以爲人，然后可以讀書作文。不然，暫作即輟，猶枯苗而得微雨，終無大益。汝早年失教，謂早喪父也。一涉世即爲俗物所誘，故心之所慕，身之所趨，無非下流之人所爲，而不知自污其身固已極矣！汝去年得入學，實爲大倖！苟能卑思約志，食貧安分，即足以守祖父家風，較之屠沽負販、逐蠅頭微利者，相去十倍。乃不思自愛，甘自暴棄，不亦大可惜哉！觀世人之所好，大抵如太史公所言，耳目欲極聲色之好，口欲窮芻豢之味，而心誇矜勢能之榮。此數者，人之所趨，汝亦趨之，亦何足怪。然而，上等之人犯此者少，下等之人犯此者多。吾今不必高言植品，即以世俗之人論之，亦必學時文，飾名行以自貴重，決未有自輕自賤、人人訕笑，而可以爲上等之人，安享逸樂者也。然則烟賭遊蕩可不掃除乎？

治濬記

金鶴籌

昔人謂南北風氣有柔弱剛勁之分。今河北之濬、滑兩邑東與直隸之長垣、開州接壤，向爲盗匪出没之所，而土著之爲盗者隨在皆是。日則爲農，夜則爲盗。署中差役半與盗通，在署則爲差，在外則爲盗。教之不聽命，撫之不知恩，似生性使然。是以濬、滑號稱難治。然則如之何而可？曰惟有嚴刑峻法而已！宣統三年十月初六日，奉藩憲俞檄委署理濬縣事。竊以譾陋之才，任煩劇之邑，悚惶無已。然籌頗思稍展其志，謂抱定毋貪、毋怠、毋杜、毋縱八字宗旨，必無大誤。遂於是月十九日接篆。當斯時也，適南方革命風鶴驚心，響應徧於寰區，謡言達於宫寢。河北一帶雖無革命之蹤，然不靖之徒狡焉思逞，地方匪類乘間竊發，甚至截路搶劫，路少行人。到任以來，報盗者日必數起。初猶不忍遽用重典，孰知盗心益肆，毫無忌憚。因思盗多若是，非悉盗之名而捕之不爲功。於是用前賢劉衡之法，出示令民密禀，且許以不顯稟者姓氏。不旬日，而著名劇盗已得盡知。按名密拿，重者置死，輕者折脛。雷霆一震，盗賊潛蹤。然此猶盗而非匪也。北方之在元會，大約與南方之青紅幫相似。其首有郭平者，邑西鄉之郭村人也，勾結黨羽，夜聚明散，傳聞於五月初八日起事，鄰縣告急之書紛至沓來。因立刻會同營官，選派捕役，先一日夤夜馳至郭村，尚與該匪覿面。惜捕役膽怯，見其手執快鎗，未敢即拿，致令兔脱。雖未拿獲，亦已聞風漸散矣。然此猶星星之火，苟未燎原，尚易撲滅也。邑中有土豪張天福者，與袁總統居同邑，在濬爲袁氏管理田事，恃勢欺人，無惡不作。籌初到時，屢爲盗犯李某求情釋放。當時以該犯贓證確鑿，斥之。天福懷恨，密以“賣票受賄、縱役殃民”字樣電稟撫憲張公。名鎮芳。張公派委密查。籌以天福説項原函及該犯案卷送交委員查閲。委員某君復四面察訪，輿論翕然，深悉天福之挾嫌，頗不直之。一面由委員稟覆，一面由籌以知事七不可爲辭職，並另單稟揭天福。旋蒙撫藩兩憲竭意慰留。撫憲張公批：“稟悉。現在不可爲者豈止七端。仰該令勉爲其難，切勿辭退。以後張天福如再多事，儘可稟辦藩憲。”王公批：“稟悉。該令到任以來措置裕如。方今時事艱難，正賴賢有司和衷共濟，幸勿遽行辭退。”第天福即不再多事，而袁既信任，究亦無法以懲之。因念國基之紛擾，民氣之猖狂，憲眷雖隆，而退志已決，適足疾增劇，再上書乞退，始蒙允准。於八月十九日卸篆，計在任十閱月。下車之始，清理前任積案，下午二點鐘坐堂，非到八九點鐘不能退。過夜半十二點鐘方得休息。如是者，計三閱月。此間民情刁詐，誣告之案甚多，雖未必照例反坐，然必重懲之，使不敢輕試其技。凡遇人命盜案，無不即予批示，不假他手。提到之案，無不隨到隨問。自後詞訟漸簡，而鄉民之感戴頗深。惟學界談革命者多以剪辮爲言，甚至上控登報，均置不理。後知籌立志甚堅，亦無復言者。臨去之日，送者塞途，且有送至二十里外者。此皆在濬實事。後之子姪輩如有繼吾而爲令者，未始不可取法一二也。故爲之記。

重濬竺塘涇記

金鶴籌

竊維利民以濬河爲先，濬河以籌款爲要。但籌款於前清時代難，籌款於民國時代更難。其故安在？前清時代尚可向藩庫撥借，或在縣有公款籌商。至民國則上無藩庫可借，下無公款可商。居今日而欲言濬河，誠非易易。竺塘涇者，福山塘之支河也，東起蕭家橋，西至高神堂，北至金村之南，長三千四百丈，土方二萬九千五百二十六方。兩岸農田賴以灌溉者，計有二萬數千餘畝。名雖支河，而工程實與幹河同。自光緒八年春，先兄仲卿同龎君雲槎、夏君眉仙等開濬後，迄今垂三十餘年，河道淤塞，潮汐不通，屢議開濬不果。適籌於民國元年即陰歷秋八月卸河南濬縣篆旋里。其時同族諸君如星齋、蓀涯、蘊齋、軼凡等與籌商議開濬事宜。而夏君貽重尤爲熱心，蓋欲繼其父眉仙先生之志也。於某月日偕族姪軼凡來招籌議濬河事，並述蘊齋、蓀涯之意。僉謂目前籌款之法，舍向各業户商借，別無良策。籌深然之，即創捐洋二百元。徐君貞六聞之，捐如前數。然猶未信以爲是也，邀集四鄉慈妙、福山、歸義、三塘。諸同志會議於虹橋蕭氏之宅。衆亦贊成前議，並舉籌爲總理，星齋、貽重爲協理。籌深恐弗勝其任，有負諸君之委託，但力辭不獲而性又不喜諉卸，遂與星齋、貽重日奔走於各業户之門，苦口勸導。雖有一二如某之冥頑不靈，然急公好義者尚不乏人。歷三閱月，得集洋四千一百二十一元。然經濟猶未充也。幸是年值白茆塘工合邑漕米每石帶征洋六角。而竺塘工程賴縣議會議決，就所在地每石得撥洋四角，共領到洋二千五百元，而款始集。擇甲寅二月初動工，三月初蕆事。其最爲出力者爲貽重、星齋、蓀涯，其次則有顧君渭臣、王君綬臣、弟既勤。若籌不過因人成事而已，其有愧於總理之目多多矣。適是年夏秋大旱，若非春間開濬，所有二萬餘畝之農田有不枯槁者幾希。人皆謂若有先見云。

酉叔筆記

金鶴翀

仁山先生篤于分義。有故人子坐事，母子分配爲隸，不相知者十年。先生耿耿在抱，爲之物色經營，傾貲營購，卒贖以完。其子後貴，先生終不自言，相見勞問辛苦而已。

《醉鄉筆記》載：啟明公所居在暗涇東南百武許，蓋即所謂虎踐洲也，明時又稱虎窠。後因暗涇上多烏，鄉人呼爲老烏窠，又稱慈烏村。至金村之稱，始見於《潮災記》，邑人嚴虞惇著。則前清雍正間也。鶴翀嘗讀書于邑之翁家莊，其附近練塘、冶塘等處頗多金姓。問其所自，則皆曰自老烏窠，而族人往往稱邑之錢花橋及江陰等地金氏多爲吾同族，鶴翀不能無疑焉。吾族自啟明公居此數世成村，其他徙者甚少，而先世往往記之，如錢大舍、潘大舍之徒是也。後橋支雖有失其名者，未嘗他徙，安有先世所未及聞知失于記載若是之多者哉！光緒壬寅之春，鶴翀至練塘金氏問之，云從老烏窠來。問其所謂老烏窠，則曰去此數里而已。知非金村也。又在長洲之東、崑山之西亦有地名老烏窠者。與時墓鎮相近。鶴翀嘗訪吴江廪生金熙年，彼云安徽故里亦名金村。乃知地固有同名耳。《練塘金氏譜》稱："自洞庭山中遷常熟。"益可知不出于金村也。

族譜世系表中梅花道人雲遊嶺南之説，不知從何得之。雅少公年四十而卒。見壽序，其墓在馬宕涇。與萬里外成者相遇情迹似不合。有妻有子，與不以嗣續爲重語亦不合。蓋別有梅花道人，而非吾雅少公也。且舊譜不載。

金氏自啟明公以來無顯者。明季，雅少公以詩名，善長公起義兵爲福山軍羽翼，金氏始著。乾隆間，含光公以多財好義稱，耐云、愛蓮二公以畫聞，餘多以文章知名。翁叔平先生稱爲詩書舊族也。

金氏啟明公以明初自崑山來居夏皐、潘圻之間，久而成市，至于今五百餘年。金氏子孫今可七百口，大凡分居金村、即慈烏村。西村、令狐墩、同塘、許莊五處。金村多讀書或服賈，同塘多漁，餘多力田。

吾氏在清初以西村支爲盛。乾隆、嘉慶間，西村猶有讀書稱富者，今則居貧力田矣。乾嘉間，以含光公支爲最盛，今則衰落已甚。同治以來，以吾載仁公支爲最盛云。吾氏當乾、嘉、道光之世，家法甚嚴，族有不肖子，則衆共逐之；有爲不善，則衆共笞之于祠堂。雖以載坤公有大功于宗族，其子猶被逐無後。西村有雨亭者寡廉鮮恥，叔珍先生遍告族人，牽雨亭至祠堂德輝公像前笞之。笞數百，而雨亭遺矢滿室矣。觀者無不失笑。自後家法日弛，不復有出族笞責之事矣。

東園小隱，縣志云金坤元所搆，水木亭臺，頗具勝概。陳祖范記按，東園水榭有額曰"養拙"，陳祖范書并爲跋語耳。後重修時，邑人嚴本中乃爲之記。東園與宅幾十畝，嚴本中記所不及者。曰"潄六齋"，曰"燕香書屋"，園屋也；曰"寶善堂"，明時老屋也。西園與東園相並，肇基公培元所搆也。園宅七八畝，結搆稍不如東園。道光間，爲王氏所得。金氏造園時私租田萬畝云。

金氏世祠前有節婦坊，爲立三公配程立也。有貞女坊，爲廷鏞公諱泗未昏妻楊立也。中堂供木主，始祖啟明公也。東室塑像二，德輝公與唐孺人也。西室以安女神主。祠屋三進，凡四十間。東北有隙地若干丈。今私租田二千畝云。

前清咸豐中，賊帥佘拔羣自福山至金村，見東園有數拱之白皮松，曰："大松之下必有琥珀。"欲拔松取之。園主蓉江先生謂佘曰："老柏下乃有琥珀，松則無之。"遂以所寶珊瑚樹長六七寸者予之。佘乃止。昭文黄人曰："東園之松，燕園之石，吾園之水，皆爲邑中園林之勝。"民國三年里人争取松皮合藥。皮去膏流，松遂枯。其根圍一丈二尺，蓋蘇州境内所無也。

金氏家祠有楹語"漢京忠孝之家"云云，鶴翀病其不切，乃自選一聯云：在楚封項，在漢爲劉，當五季，又改稱金，瓜瓞葛虆，長此耕讀傳家，便是吾宗熾盛；自越至吴，自崑遷虞，受一廛，已成安土，崑崙碣石，異日子孫數典，毋忘創業艱難。

昌周公居西村敦善堂。乾隆庚午，邑人陳祖范書額，又有扁曰“篤行遺風”。乾隆丁丑季秋，屺懷歸宣光記云：“昌周親家敦本創業，務崇禮讓，高風古誼，達于里黨。既有可志，今壽已七十，昆仲豐雷等請一言以爲贈，書此。”

拳石齋記

金　鑑

物無貴賤，而其所以貴之、賤之、重之、輕之者，要皆人心爲之耳矣。吾叔緘三嘗置石缸中以蓄文魚，觀者見魚即見石也。後魚隨物化，石亦無過而問者。今年夏緘叔北上，叔幼香借讀滌煩軒，忽于階畔得之，泥污蟲集。其弟叔遠剔其穢，濯其垢，稜竅乃畢露。余一見異之。幼叔曰：“識之乎？是即緘兄舊藏武康石也。棄擲埋没歷有年矣！久浸水中，苔花斑駁，子盍携歸以古盆供之。”余乃爲之植佳木，綴小草，時時沃以清泉。越日，幼叔過我，出與共對，便覺欝欝蒼蒼，生趣盎然。然使無識而拔之者，恐仍熟視若無睹焉。嗟乎，用舍之不同，升沈之無定，殆即柳子厚之所謂遭也。英雄不遇，偃蹇終身。石何幸有此知己哉！石高數寸，上豐下殺，大踰于拳，遂以“拳石”名我齋，且識其巔末如此。或曰，是石也其形類獅，則背有文曰“獅峯”，良有以也。

（金廷桂等纂修《[江蘇]常熟慈村金氏家乘》 1914年木活字本）